ジュニアクラウン

中学英和辞典
第15版
オールカラー

田島伸悟＋三省堂編修所 編

JUNIOR
English-Japanese Dictionary
CROWN

三省堂

© Sanseido Co., Ltd. 2025

First Edition 1959	Ninth Edition 1996
Second Edition 1962	Tenth Edition 2002
Third Edition 1967	Eleventh Edition 2006
Fourth Edition 1971	Twelfth Edition 2012
Fifth Edition 1978	Thirteenth Edition 2017
Sixth Edition 1980	Fourteenth Edition 2022
Seventh Edition 1988	Fifteenth Edition 2025
Eighth Edition 1992	

Printed in Japan

編　者　　田島伸悟　三省堂編修所

執筆・校閲　　三省堂編修所　石井康毅（教科書エッセンスページ（前置詞））
　　　　　　　佐古孝義（巻頭ページ Speak out!）　田上芳彦（オンライン辞書追加語）

英文校閲　　Jesse Davis

デザイン　　九鬼浩子（STUDIO PRESS Inc.）
巻頭ページイラスト　　有田ようこ　磯村仁穂
本文イラスト　　ナイトウカズミ　土田菜摘　堀江篤史　ホンマヨウヘイ
　　　　　　　向井勝明（SUNNY.FORMMART）
写　真　　Aflo　imagemart　Shutterstock
見返しイラスト　　ナイトウカズミ
見返し地図　　ジェイ・マップ

装　丁　　吉野愛
ケース装画　　ナイトウカズミ

13版までの執筆・校閲　　平野幸治　瀧澤恵美子

Let's speak in English!

Greetings (あいさつ)

いろいろなあいさつ表現

Good afternoon. (こんにちは。) / Good evening. (こんばんは。) /
Good night. (おやすみなさい。) / How's everything? (調子はどう？) /
I'm doing well. (いい感じだよ。) / Not so good. (あまり調子がよくないんだ。) /
Nothing's new. (特に変わりはないよ。)

Self-introduction (自己紹介)

● 英語で自己紹介をしてみよう。

Hello! I'm Sato Rikako.
Please call me Riko.
Nice to meet you.
(こんにちは！佐藤梨佳子です。
リコと呼んでください。
はじめまして。)

Hello, Riko!
My name is James.
Nice to meet you, too.
(こんにちは、リコ！
ぼくの名前はジェームズです。
こちらこそ、はじめまして。)

I'm from Kyoto.
Where are you from, James?
(私は京都出身です。
あなたはどこの出身ですか、ジェームズ？)

I was born in the US.
Now I live in Tokyo.
(ぼくはアメリカで生まれました。
現在は東京に住んでいます。)

I see.
(そうですか。)

いろいろな会話表現

How do you spell your name? ― R-I-K-U, Riku. (あなたの名前はどうつづりますか？ ― R-I-K-U, リクです。) / Where do you live? (どこに住んでいますか？) / How old are you? ― I'm thirteen years old. (何歳ですか？ ― 13歳です。) / I'm a junior high school student. (私は中学生です。) /

Let's speak in English!

● 友だちの誕生日を聞いてみよう。

Hi, Kumi.
When is your birthday?
（やあ、クミ。誕生日はいつ？）

My birthday is on the 15th of December [December 15th].
（私の誕生日は 12 月 15 日だよ。）

● 家族や友だちのことを紹介してみよう。

This is my brother.
He can play soccer very well.
（これはぼくの兄です。
彼はサッカーがとても上手です。）

She is Nao.
She is my friend.
She has two dogs.
（彼女はナオです。
私の友だちです。
彼女は犬を 2 匹飼っています。）

Which school do you go to?（どこの学校に行っていますか？）／ I am a student at Crown Junior High School.（私はクラウン中学校の生徒です。）／ What do you want for your birthday?（誕生日に何がほしいですか？）

● 好きなものや得意なことを英語で言ってみよう。

"Tell us about your hobbies, or your favorite things."
(趣味や好きなことについて教えてください。)

I like to play the piano.
(ぼくはピアノを弾くことが好きです。)

I'm good at basketball!
(私はバスケットボールが得意です！)

いろいろな趣味

I like to ... (…することが好きです)
　play the guitar (ギターを弾く) / read books (読書をする) /
　play video games (ゲームをする) / draw manga (マンガを描く) /
　take pictures (写真を撮る) / post videos (動画を投稿する) /
　talk with friends (友だちとおしゃべりする)

because it ... (なぜならそれは…からです)
　is interesting (面白い) / is fun (楽しい) / is exciting (わくわくする) / makes me happy (私を幸せにしてくれる)

Let's speak in English!

● 将来の夢を英語で言ってみよう。

> "What do you want to be in the future?"
> （将来、何になりたいですか？）

I want to be a scientist because I like to study.
（ぼくは科学者になりたいです。なぜなら、研究することが好きだからです。）

いろいろな職業

I want to be a [an] ... （私は…になりたいです）
police officer（警察官）/ firefighter（消防士）/ pilot（パイロット）/ artist（アーティスト）/ designer（デザイナー）/ hairdresser（美容師）/ doctor（医師）/ nurse（看護師）/ vet（獣医師）/ actor（俳優）/ singer（歌手）/ pianist（ピアニスト）/ writer（作家）/ translator（翻訳家）/ teacher（教師）/ nursery school teacher（保育士）/ soccer player（サッカー選手）/ astronaut（宇宙飛行士）/ cook（料理人）

because I want to ... （なぜなら…したいからです）
because I like to ... （なぜなら…することが好きだからです）
help people with difficulties（困っている人を助ける）/ take care of people（人の世話をする）/ make people happy（人々を幸せにする）/ compose stories（物語を作る）/ paint pictures（絵を描く）/ sing songs（歌を歌う）/ cook（料理をする）

After school (放課後)

●放課後に英語で会話をしてみよう！

Are you free tomorrow? How about going to the movies?
（明日はあいてる？ 映画を観に行かない？）

I'm sorry, but I have plans tomorrow. I'm free on Sunday, though.
（ごめん、明日は予定があるんだ。でも日曜はあいてるよ。）

Sunday would be nice. Let's meet at the south exit of the station.
（日曜日いいね。駅の南口で待ち合わせしよう。）

OK. I'll go there at 1:30.
（オッケー。1時半に行くね。）

Well then, see you on Sunday.
（じゃあ、また日曜日に。）

約束をするときの表現

提案する・誘う

When shall we meet?（いつ会おうか？）/ How about five o'clock?（5時はどうかな？）/ Where should we meet?（どこで会おうか？）/ Do you want to come with us?（私たちと一緒に来る？）/ Do you want to

go out for coffee?（コーヒーでもどう？）

承諾する／断る

OK.（わかった。）/ That's fine with me.（いいよ。）/ That sounds good.（いいね。）/ Let's do that.（そうしよう。）/ Sorry, I'm busy now.（ごめんなさい、今忙しいんです。）

In the town (町で)

●英語で買い物をしてみよう。

Let's speak in English!

May I help you?（いらっしゃいませ。）

I'm looking for a cardigan. May I see that blue one, please?（カーディガンを探しているんです。その青いのを見せてもらえますか？）

Sure. What's your size?（はい。サイズはいくつですか？）

Medium. May I try it on?（Mサイズです。試着してもいいですか？）

Yes, of course. This one fits you perfectly!（もちろんです。ぴったりですね！）

I'll take it.（これを買います。）

買い物で使える表現

What can I do for you?（いらっしゃいませ。） / Do you have this in a bigger size?（これのもっと大きいサイズはありますか？） / Can you show me a smaller one?（もっと小さいのを見せてください。） / I'm just looking, thank you.（見ているだけです。） / How much is it?（いくらですか？） / It's too expensive.（値段が高すぎます。） / Please give me a discount.（少し割引してください。） / That'll be 3,000 yen.（3,000円になります。） / Here's your change.（おつりです。）

オンラインショッピングの表現

special offer（特別価格） / recommendations（おすすめ） / *required field（*入力必須項目） / in stock（在庫あり） / out of stock（品切れ） / add to cart（買い物かごに入れる） / total price（合計金額） / cancel（キャンセル） / payment method（支払い方法） / credit card（クレジットカード） / cash（現金） / order confirmation email（注文確認メール） / delivery（配達）

●英語で道案内をしてみよう。

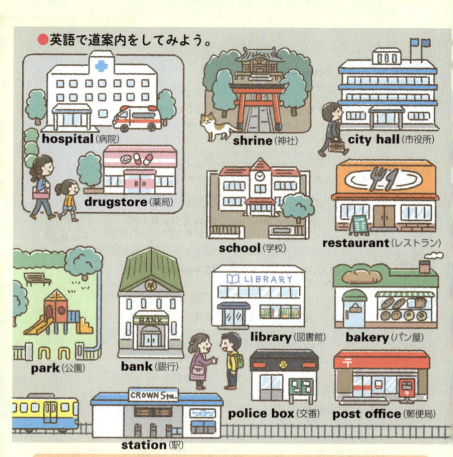

Excuse me, but could you tell me the way to the city hall? (すみませんが、市役所への行き方を教えてくれませんか？)

Sure. Go straight for two blocks, and turn right at the school. Go down the street, and it will be on your left.
(はい。2ブロックまっすぐ行って、学校のところで右に曲がってください。通りをまっすぐ進むと、左側にあります。)

Thank you very much. (どうもありがとうございます。)

You're welcome. (どういたしまして。)

いろいろなコミュニケーション

●英語で電話をかけてみよう。

Thank you for calling Yamada Dental Care.
（お電話ありがとうございます。山田歯科です。）

This is Priyanka Sharma speaking. I have a toothache. I'd like to see a dentist.（プリヤンカ・シャルマです。歯が痛くて、先生に診てもらいたいのですが。）

Please hold the line... how about Friday at three in the afternoon?（お待ちください…金曜日の午後3時はいかがでしょうか？）

That's fine with me.（それで大丈夫です。）

OK, we will see you on Friday.（では、金曜日に。）

電話での会話

I'll call you later.（またあとでお電話します。）/ May I speak to ...?（…さんと話せますか？）/ Who's calling, please?（どちら様ですか？）

●外国の友だちにメールを送ってみよう。

```
Dear Daniel,
Hello.
How are you doing?
It's very hot in Tokyo and I don't want to do anything.
I am so glad to tell you that I will be in Shanghai next month. How about meeting in Shanghai then?
Are you free from August 11th to 21st?
Looking forward to hearing from you.

Your friend,
Haruto
```

ダニエルへ
やあ。
元気にしてる？
東京は暑くて何もする気がおきないよ。
うれしいことに、来月上海に行くことになったよ。そのとき上海で会うのはどうかな。
8月11日から21日の間は空いてる？
お返事を楽しみに待っているよ。
それじゃあ。
悠人

手紙やメールの結びの表現

Cheers,（カジュアルな表現）/ Thanks,（親しい人へのお礼を言うメールに）/ Love,（家族、友人、恋人など親しい相手に）/ Regards,（やや丁寧な表現）/ Best regards,（丁寧な表現）/ Yours,（丁寧な表現）

Around the World

世界中の地域の有名なものを集めてみたよ。
このほかにも知っているものはあるかな？

Santa Claus
(サンタクロース)

ballet
(バレエ)

flamenco
(フラメンコ)

panda
(パンダ)

camel
(ラクダ)

banana
(バナナ)

cacao
(カカオ)

Mt. Everest
(エベレスト山)

koala
(コアラ)

elephant
(ゾウ)

Uluru
(ウルル)

Buildings
（建物）

世界にはいろいろな建物があるよ。
国や地域の文化や暮らしが表れているね。

1 アンコール・ワット
（カンボジア）

12世紀頃に建設されたクメール文化の代表的な寺院で、世界遺産にも登録されているアンコール遺跡群の一部。壮大な建築と神話や物語を表す精巧なレリーフで知られる。もとはヒンドゥー教の寺院だったが、現在は仏教寺院である。

ノイシュバンシュタイン城 2
（ドイツ）

19世紀にバイエルン王国の国王ルートヴィヒ2世によって建設された、ドイツ南部の美しい城。「白鳥の城」とも呼ばれるロマンチックな外観は中世風だが、城の建築や内部施設には近代技術が用いられた。

3 シドニー・オペラハウス
（オーストラリア）

1973年に竣工と新しい建物だが、貝がらや帆船を思わせる独特の形状が「人類の創造的才能を表現する傑作」と認められ、2007年に世界文化遺産に登録された。シドニーにおける文化・芸術の中心地であり、街のシンボルとして愛される。

Around the World

 ### タージ・マハル（インド）

ムガル帝国の皇帝シャー・ジャハーンが、亡くなった妃であるムムターズ・マハルのために建てた白大理石の霊廟。左右対称の造形美で知られ、インド・イスラム文化の代表的な建築物である。

エンピア・ステイト・ビル （アメリカ合衆国）

ニューヨークのマンハッタンにある地上102階建ての超高層ビル。1931年の完成から約40年間、世界で最も高い建物であり続けた。その壮大さでマンハッタンの高層ビル群を象徴し、さまざまな映画のシーンに登場した。

（中央やや左 長い尖塔のある建物がエンピア・ステイト・ビル）

Houses around the world （いろいろな世界の家）

イグルー（イヌイット）
雪のブロックを切り出して積み上げた家。狩りに出ている間に住む。

高床式の家（パプア・ニューギニア）
地面から床が高いので、風通しがよく、洪水にも強い。

日干しレンガの家（モロッコ）
泥を乾かして作った家。西アジアや北アフリカなどに見られる。

ゲル（モンゴル）
組み立てたり折りたたむのが簡単なので、遊牧して暮らすのに便利な家。

Dishes
（料理）

それぞれの国や地域の食材をいかして、さまざまな料理が作られているよ。

クスクス（モロッコ他）
小麦粉の粒状のパスタ。蒸して、肉や野菜のシチューをかけて食べる。

フォー（ベトナム）
米粉を水で練った麺を、牛肉や鶏肉、ネギなどの香味野菜を添えたスープに入れて食べる。

カリー（インド）
肉や野菜、豆などを、さまざまな種類のスパイスと一緒に煮込んだもの。

ボルシチ（ロシア）
牛肉や野菜類を煮込んで、ビート（赤カブ）を加えた、赤い色のスープ。

タコス（メキシコ）
トウモロコシで作った薄い皮に肉や野菜をのせ、サルサ（ソース）をつける。

シシカバブ（トルコ他）
羊の肉を、野菜と一緒に金ぐしに刺し、あぶり焼きにしたもの。

フィッシュ＆チップス（イギリス）
白身魚とポテトのフライ。塩、レモン汁、酢をかけて食べる。

Around the World

Traditional Clothes
（民族衣装）

世界の民族衣装を見てみよう。
どれも素敵で着てみたくなるね。

chima jeogori

チマ・チョゴリ（韓国）
韓国の女性が着る伝統衣装。「チマ」はスカート、「チョゴリ」は上着を表す。

ディアンドル
（ドイツ他）
南ドイツやオーストリア等の伝統衣装。形はドレスに似ているが、エプロンを着用するのが特徴。

dirndl

キルト
（イギリス　スコットランド）
スコットランドで着用される、スカートのかたちをした男性用民族衣装。生地の格子柄はタータンチェックと呼ばれる。

kilt

ao dai

アオザイ（ベトナム）
正装として着用するベトナムの民族衣装。「アオザイ」とは「長い上衣」という意味。

サリー（インド）
インドの色鮮やかな民族衣装。5メートル程の長さの布で身体を包み込むようにまとう。

sari

Festivals
（祭り）

いろいろな国のお祭りを紹介するよ。

バラ祭り（5〜6月）
（ブルガリア）

ブルガリア中部の「バラの谷」と呼ばれる地域で行われる。バラの女王を選んだり、民族衣装を着てパレードやダンスを披露して華やかにバラの収穫を祝う。

ソンクラーン（4月）
（タイ）

タイ暦では4月半ばがお正月。水を仏像にかけてお清めをしたり、人々が敬意を払ってお互いに水をかけ合い祝う。

リオのカーニバル
（2月〜3月）（ブラジル）

キリスト教のカーニバル（謝肉祭）に由来する。あでやかな衣装を着た人々がサンバチームを作り、この日のために練習を重ねた踊りなどを競い合う。

Around the World

インティ・ライミ（6月）
（ペルー）

ペルー南東部のクスコで行われ、太陽を神としてあがめていたインカ帝国の儀式を再現する。ケチュア語で「太陽の祭り」という意味。

ベネチアのカーニバル（2月） （イタリア）

仮面や衣装で中世ヨーロッパの貴族やピエロに仮装し、街中を練り歩く。ゴンドラやボートを使った水上パレードも行われる。

I want to visit all of the countries!
(全部の国に行ってみたい！)

They are so gorgeous!
(とってもすてき！)

Speak out!

Getting Information from a Poster
イベントを知らせる掲示を見てみよう。

Environmental Club Field Trip

Care about the environment?

✱ **Activity**	: Nature walks and environmental cleanup. Enjoy nature and learn about the environment!
✱ **Date**	: June 9
✱ **Location**	: Green Harmony Hills
✱ **How to Join**	: Register with the club leader by June 1.
✱ **Fee**	: Free
✱ **What to Bring**	: Hiking shoes, water bottle.

······················ **Words & Expressions** ······················

(p.24)   ❏ Environmental Club（環境クラブ）   ❏ *field trip*（校外学習, 社会見学）
         ❏ *care about* ~（〜に関心がある）   ❏ *nature walks*（自然散策）
         ❏ *cleanup*（清掃活動）   ❏ *location*（場所）
         ❏ *fee*（料金）   ❏ *register with* ~（〜に登録する）
         ❏ *what to bring*（持ち物）

(p.25)   ❏ *be held*（開かれる）   ❏ *sign up*（申し込む）

Speak out!

●左ページのポスターを見て、YuriとMaiが会話しています。

Quiz ポスターと2人の会話を読んで、空欄に何が入るか考えてみましょう。わからない語は、辞書を引いて調べてみましょう。

Yuri: Hey, what's this poster about?

Mai: It's for the Environmental Club's trip to Green Harmony Hills.

Yuri: **Oh, cool!** When is it held?

Mai: It's on (1)_____. Pretty exciting, right?

Yuri: **Yeah, definitely!** And what are we going to do there?

Mai: We'll walk around nature and do a cleanup. It's important, **you know**.

Yuri: **That's great!** Do we need money to join?

Mai: No, it's (2)_____. ✿ **A good deal** , huh?

Yuri: ✿ **Awesome!** What should we bring with us?

Mai: Just bring (3)_____ and a water bottle. ✿ **Simple stuff** .

Yuri: **Sounds good! Shall we** sign up right now?

Mai: **Yes, let's** do it! It'll be more fun together.

会話に使えるあいづち表現・フレーズ

❏ Oh, cool! (わあ，すごい！)　　❏ Yeah, definitely! (うん，絶対！)

❏ ~, you know. (〜だよね)　　❏ That's great! (いいね！)

❏ ✿A good deal (お得な話（このdealは名詞で「取り引き」の意味）)

❏ ✿Awesome! (素晴らしい！)

❏ ✿Simple stuff. (簡単だよ)

❏ Sounds good [nice]! (良さそうだね！)

❏ Shall we ~? (〜しない？)　　❏ Yes, let's ~! (うん，〜しよう！)

✿のついた語句は、少し難しい表現ですが、自然な口語表現のためマークをつけて紹介しています。

Quizの答え：(1) June 9　(2) free　(3) hiking shoes

25

Giving a Speech
将来の夢についてのスピーチを読んでみよう。

Hello everyone. My name is Ryo.

Today, **I want to talk about** my dream. My dream is to work with technology, because it makes our lives easier and more convenient. There are three areas I am most interested in.

First, I am interested in Artificial Intelligence (AI). AI can be your personal *assistant that never gets tired. It must be really convenient!

Second, I am excited about Virtual Reality (VR). VR can change how we learn about history and science. We can see and feel things in VR. This is a great idea.

Third, I think cybersecurity is important. We must keep our information safe. I want to work on making our digital life *secure.

In short, I want to use new technology to make good changes in the world.

Thank you.

注 *assistant アシスタント   *secure 安全な

和訳　みなさん、こんにちは。私の名前はリョウです。
　　今日は、私の夢について話したいと思います。私の夢は、科学技術の分野で働くことです。なぜなら、科学技術は私たちの生活をより簡単で便利にしてくれるからです。私が特に興味を持っている分野が3つあります。
　　まず、私は人工知能（AI）に興味があります。AIは疲れることなくあなたの個人的なアシスタントになることができます。それは本当に便利に違いありません！
　　次に、私はバーチャルリアリティ（VR）についてワクワクしています。VRは、私たちが歴史や科学について学ぶ方法を変えることができます。私たちはVRで物を見たり感じたりすることができます。これは素晴らしいアイデアです。
　　第三に、サイバーセキュリティが重要だと思います。私たちは自分たちの情報を守る必要があります。私は私たちのデジタルな生活を安全にするために働きたいと思います。
　　要するに、私は新しい技術を使って世界に良い変化をもたらしたいと思っています。
　　ありがとうございました。

Speak out!

テーマ別用語集

いろいろなテーマごとの用語集です。スピーチで発表してみたいテーマを探してみましょう。

環境問題 ◆**climate change**（気候変動）◆**global warming**（地球温暖化）
◆**the food chain**（食物連鎖）◆**renewable energy**（再生可能エネルギー）
◆**solar energy**（太陽エネルギー）◆**wind energy**（風力エネルギー）
◆**recycling bin**（リサイクル用回収箱）◆**air pollution**（大気汚染）
◆**natural resources**（天然資源）
◆**sustainable development**（持続可能な開発）

科学技術 ◆**artificial intelligence**（人工知能）◆**virtual reality**（仮想現実）
◆**cybersecurity**（サイバーセキュリティ）◆**space exploration**（宇宙開発）
◆**digital technology**（デジタル技術）◆**social media**（ソーシャルメディア）

人権・社会問題 ◆**human rights**（人権）◆**social justice**（社会正義）
◆**gender equality**（ジェンダー平等）◆**fair trade**（フェアトレード）
◆**public health**（公衆衛生）◆**cultural diversity**（文化的多様性）
◆**racial discrimination**（人種差別）

発表に使える表現・フレーズ

スピーチに役立つ言葉やフレーズを集めたものです。スピーチは、導入・本体・まとめという順で話を進めると、聞き手にとって理解しやすくなります。

導入部に使える表現

❏ I want to talk about ~.（～について話したいと思います）
❏ Today's topic is ~.（今日の話題は～です）

本体部に使える表現

◆**列挙**
❏ First(ly), / To begin with,（まず第一に，初めに）
❏ Second(ly), / Next,（第二に，次に）　　　❏ Third(ly),（第三に）
❏ Also, / Moreover,（また，さらに）
❏ Lastly, / Finally,（最後に）

◆**話題を変える時**
❏ By the way,（ところで）
❏ (Now), let's talk about ~.（さて，～について話しましょう）

まとめ部に使える表現

❏ In conclusion, / To sum up, / In short,（結論として，要するに）
❏ Therefore, / That's why ~（したがって～）

Making a Presentation

環境問題についてのプレゼンテーションを見てみよう。

Introduction

Hello everyone. Today **I want to show you** how we can save our beautiful planet.

（こんにちは、みなさん。今日は私たちの美しい地球をどう守るかについて話したいと思います。）

Clean Water

Why Clean Water is Important

First, let's think about clean water. **This slide shows** the importance of clean water. We need to keep rivers and oceans clean for the fish and animals living under the water.

（まず、きれいな水について考えましょう。このスライドはきれいな水の重要性を示しています。水中に住む魚や動物のために、私たちは川や海をきれいに保つ必要があります。）

Solar Energy

The Power of the Sun

Next, I'll talk about solar energy .

Look at this picture of solar panels. They use sunlight to make electricity. This is good for our planet and *helps stop global warming .

注　*help + 動詞の原形　～するのを助ける、役立つ

（次に、太陽エネルギーについて話します。太陽光パネルの絵を見てください。これらは太陽の光を使って電気を作ります。このことは私たちの地球のためになり、地球温暖化を防ぐのに役立ちます。）

Speak out!

Eco-Friendly Habits

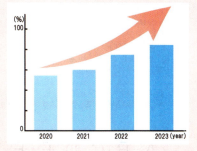

*Annual Plastic Bottle Recycling Rate

Finally, I'd like to talk about being good to our Earth. Doing easy things like taking the bus or walking instead of using a car is a good idea. Recycling is important, too. **This figure *indicates that** plastic bottle recycling in our town is increasing.

注 *indicate 示す　*annual 年度別

（最後に、地球に優しくすることについて話したいと思います。車を使わずにバスに乗るか歩くなど、簡単なことをするのは良いアイデアです。リサイクルも重要です。この図は、私たちの町ではプラスチックボトルのリサイクルが増加していることを示しています。）

Conclusion

To sum up, remember our planet is our home. We must take care of it. Let's all work together for a better future. Thank you.

（まとめると、私たちの地球は私たちの家だということを忘れてはいけません。私たちは地球を大切にしなければなりません。より良い未来のためにみな一緒に努力しましょう。ありがとうございました。）

プレゼンテーションに使える表現・フレーズ

- I want to show you ~. （~を示したいと思います）
- This slide shows [indicates] (that) ~. （このスライドは~を示しています）
- (Please) look at this picture of ~. （この~の絵[写真]をご覧ください）
- a figure （図表）

アルファベットの書き方

英語のアルファベットの起源は,古代エジプトの象形文字です.例えば A は牛の頭,D はドア,E は両手をあげた人,H はハスの花を形どったものです.

英語のアルファベットには,漢字を書く場合の筆順にあたるものはありません.したがって書きやすい順に書けばよいのですが,下に一応の目安としてもっとも一般的な楷書(かいしょ)体の書き順を示しておきます.

▶ 大文字の書き順…文字はすべて上2段に書きます.

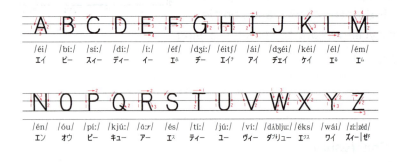

▶ 小文字の書き順…大文字と違い,文字の高さ・位置がさまざまです.

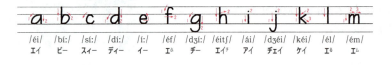

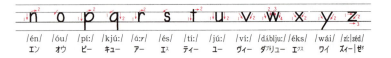

注意 特に形が似ている b と d, p と q, r と n と h の違いに注意しましょう.

第15版　はしがき

　第14版でオールカラーになり，書名も新しくなった『ジュニアクラウン中学英和辞典』が3年ぶりに新しくなりました．今まで通りすべての小学校・中学校の英語教科書を調べて，その結果を反映しています．

　『ジュニアクラウン中学英和辞典』の特徴は下記の通りです．

1. 今の小・中学生の学習にぴったりな掲載項目
- ・総項目数 17,000
  教科書の内容に合った見出し語・成句を掲載しています．
- ・重要語ロゴマーク1　小学校・中学校ロゴ
  小学校教科書に多く出ている語には 小，中学校教科書に多く出ている語には 中 をつけています．
- ・重要語ロゴマーク2　CEFR-J ロゴ
  外国語能力の世界基準 CEFR（ヨーロッパ言語共通参照枠）の日本版，CEFR-J の語彙リストに準じて，初級ランクの重要語に A1 A2 をつけています．
  ※ CEFR-J について，詳しくは「この辞書のしくみ」ページ下を見てください．

2. 教科書エッセンスページ
　教科書の重要なポイントを身につけるページです．このページをマスターすれば，文法と発信力の基礎が身につきます．

3. 意味マップ
　最重要語のうち，品詞や語義が多くあるものには，囲みで品詞と語義の一覧を示しました．探している意味が見つけやすく，また語のイメージをひとめでつかむことができます．

4. 豊富な用例
　約 17,500 の豊富な用例で語の使い方がしっかりわかります．また，「チャンクでおぼえよう」コラムでは，特によく使われる言い回しをおぼえることができ，発信力をつけるのに役立ちます．

　このほかにも，活用形の表示や，黙字（発音しない文字）を薄い文字で示すなど，学習のための工夫がいっぱいです．また，第14版から始まったサービスであるオンライン辞書「ことまな+（プラス）」では，冊子の辞書に掲載されていない内容も収録されています．

　初版編者である河村重治郎先生（1887-1972）と，後継者である田島伸悟先生（1932-2010）は，「ひざをつき合わせて生徒に英語を教えたい」という気持ちでこの辞書を執筆されました．両先生の心は，この辞書のすみずみに生きています．

　2024年　秋

　　　　　　　　　　　　　　　　　　　　　　　　　　三省堂編修所

◎ この辞典のしくみ

総収録項目
主見出し 約 9,300 語
成句や変化形を含めた総数 約 17,000 項目
用例(句例・文例)数 約 17,500 例

見出し語
太い活字でアルファベット順に並んでいます.
重要な見出し語は赤い文字で示しています.

最重要語 赤大活字(約 770 語)
重要語 赤中活字(約 800 語)

上記の2種類の見出し語をマスターすれば, 初級の学習には十分といえるでしょう.

重要度ロゴマーク
特に重要な見出し語には, 以下のマークが付いています. 優先して身につけましょう.

小 多くの小学校教科書で学習する語
中 多くの中学校教科書で学習する語
A1 A2 CEFR-J の語彙リストに示された語
※ CEFR-J についてはページ下に解説しました.

発音
発音記号とそれに近いカナ文字を / / 内に示しています. アメリカとイギリスで発音が違う場合, | の左に米音, 右に英音を示しました(重要語以外は原則米音のみ). 「**カナ発音の読み方**」も参照してください.

意味 map(語義一覧)
多品詞・多義の最重要語には, 囲みで品詞と語義の一覧を示しています.

黙字(発音しない文字)
見出し語に含まれる発音しない文字(子音字)を薄い文字で示しました.

※ **CEFR-J について**
CEFR は Common European Framework of Reference for Languages(ヨーロッパ言語共通参照枠)の略称で, 外国語の学習や評価に役立つ基準として, 多くの国で使われています. この辞典では, CEFR を日本の英語教育に適用した CEFR-J の語彙リストに示されたもののうち, 初級の学習で重要な A1・A2 ランクの見出し語にロゴマークを付けています. A1 は小学校〜中学校 1 年, A2 は中学校 2 年〜高校 1 年に相当します.

参考資料『CEFR-J Wordlist Version 1.6』
東京外国語大学投野由紀夫研究室

---

close

collection A1 /kəlékʃən コレクション/ 图
収集; 採集; 収集物, コレクション
• He has a large CD **collection**. 彼は CD をたくさん集めている.

collector /kəléktər コレクタ/ 图 ❶収集家
❷集金人

college 中 A1 /kálidʒ カれヂ|kɔ́lidʒ
コれヂ/ 图 (優 **colleges** /kálidʒəz カれヂズ|kɔ́lidʒəz カれヂズ/)
❶大学 →**university**
POINT ふつうは学部がひとつだけの単科大学をいうが, しばしば総合大学にも使い, 区別は厳密ではない.
• a **college** student 大学生
• go to **college** 大学に通う, 大学に進む
• a junior **college** 短期大学
• a women's **college** 女子大学
• My sister studies French at **college**.
姉は大学でフランス語を勉強しています.

Coke /kóuk コウク/ 图 =Coca-Cola (コカコーラ)

cola A2 /kóulə コうら/ 图 コーラ →黒色の炭酸飲料で, 元はコーラの木の実を主材料としていた. コカコーラなど.

cold 小 A1 /kóuld コウるド/
形 ❶寒い; 冷たい
❷冷淡(れいたん)な
图 ❶寒さ
❷風邪(かぜ)
意味 map

—— 形 (比較級 **colder** /kóuldər コウるダ/;
最上級 **coldest** /kóuldist コウるデスト/)
❶寒い; 冷たい (反意語 **hot** (暑い, 熱い))

comb A2 /kóum コウム/ 图 くし
—— 動 くしですく, とかす

チャンクでおぼえよう
□ 犬を呼ぶ
□ 彼をビルに呼ぶ
□ 彼女に電話をかける
□ その試合は中止になった.

品詞と略記号

图 名詞	徸 複数形
代 代名詞	固名 固有名詞
冠 冠詞	形 形容詞
助動 助動詞	動 動詞
前 前置詞	副 副詞
間 間投詞	接 接続詞
略 略語	(話) 話しことば

変化形

最重要語と, 語形変化に注意が必要な語については, 変化形を発音付きで示しています. 動詞には三単現・過去形・過去分詞・現在分詞を, 形容詞・副詞には比較級・最上級を, 名詞には複数形を示しています.

語義

重要語義は赤活字・太字で示しています. 多義語では, ❶, ❷で意味を分けて表示しました.

——(棒見出し)

品詞が2つ以上ある語の場合, 2つ目以降の品詞は棒見出しで示しています.

用例

語の使い方の実例を, 句と文で表しました.

成句(イディオム)

2語以上が集まってある意味を表すもので, 太斜体活字で示しています. 赤活字は重要成句です.

かっこ類

[ ]は中の語句が前の語句と交換できることを, ( )は中の語句が省略できることを示します.

チャンクでおぼえよう

特によく使われる言い回し(チャンク)をまとめました.
これをそのまま覚えることで, 発信力をつけることができます.

コラム

学習に役立つさまざまなコラムが満載です.

実践的な会話用例

文化的な背景の解説など

文法 ちょっとくわしく

注意すべき文法の解説

《米》米国用法　　　　　《英》英国用法

↪ 文法・語法・百科解説　　× よくある間違い

最も基本的な用例　　会話用例

関連語 類義語 反対語 関連する語をまとめて紹介

→ 参照

＝ 言いかえ

POINT 文法や意味についてのポイント

◎ カナ発音の読み方

＊この辞典では，発音記号になれていない人のことを考えて，カナ文字発音をつけました．大きな
カナ文字は主に母音(ぼいん)をふくむ音を表し，上つきの小さなカナ文字は子音(しいん)を表します．
母音とは，日本語の「ア・イ・ウ・エ・オ」のように，口の中で舌・くちびる・歯などにじゃまされ
ないで出てくる，声をともなった音(おん)，子音とは，のどから出る息や声が，口内のどこかでじゃ
まされて出てくる音のことです．

＊/す・ず・ふ・る・ぐ/などのひらがなは，子音の書き分けを表しています．

＊太い文字はその音を強く発音する，すなわちアクセントがあることを表しています．

＊カナ文字/ア/では /æ/ /ʌ/ /ɑ/ /ə/ のちがいを表すことができません．ですからあくまでもカナは
参考にして，実際のつづりと音の関係を覚えるようにしてください．

＊下の表はカナ発音とそれに対応する発音記号とを示したものです．

母音		例
/ア/	/æ/	add /アド/ carry /キャリ/
	/ʌ/	uncle /アンクる/ rough /らふ/
	/ɑ/	watch /ワチ/ knock /ナク/
	/ə/	across /アクロース/ career /カリア/
/アー/	/ɑ:/	father /ふァーざ/ calm /カーム/
	/ɑ:r/	sharp /シャープ/ heart /ハート/
/ア〜/	/ə:r/	early /ア〜リ/ girl /ガ〜る/
		person /パ〜スン/
/アイ/	/ai/	ice /アイス/ eye /アイ/ buy /バイ/
/アウ/	/au/	loud /らウド/ down /ダウン/
/イ/	/i/	image /イメヂ/ busy /ビズィ/
/イア/	/iər/	ear /イア/ here /ヒア/
/イー/	/i:/	eat /イート/ see /スィー/
/ウ/	/u/	pull /プる/ look /るク/
/ウア/	/uər/	poor /プア/ tour /トゥア/
		sure /シュア/
/ウー/	/u:/	moon /ムーン/ lose /るーズ/
		true /トルー/
/エ/	/e/	egg /エグ/ bread /ブレド/
		friend /ふレンド/
/エア/	/eər/	air /エア/ care /ケア/
		there /ぜア/
/エイ/	/ei/	age /エイヂ/ break /ブレイク/
		pay /ペイ/
/オイ/	/ɔi/	joy /ヂョイ/ boil /ボイる/
/オウ/	/ou/	old /オウるド/ know /ノウ/
/オー/	/ɔ:/	call /コーる/ abroad /アブロード/
	/ɔ:r/	order /オーダ/ warm /ウォーム/
子音		例
/ク/	/k/	cook /クク/ count /カウント/
		keep /キープ/ quick /クウィク/
/グ/	/g/	egg /エグ/ gate /ゲイト/
		guide /ガイド/
/ヂ/	/dʒ/	page /ペイヂ/ judge /ヂャヂ/
/シュ/	/ʃ/	dish /ディシュ/ machine /マシーン/
		show /ショウ/
/ジュ/	/ʒ/	rouge /るージュ/ measure /メジャ/

/す/	/θ/	bath /バす/ thank /さンク/
		thin /すィン/
/ス/	/s/	loss /ろース/ peace /ピース/
		soon /スーン/ city /スィティ/
/ず/	/ð/	smooth /スムーず/ there /ぜア/
/ズ/	/z/	rise /ライズ/ music /ミューズィク/
		zoo /ズー/
/チ/	/tʃ/	much /マチ/ choose /チューズ/
		chin /チン/ nature /ネイチャ/
/ツ/	/ts/	statesman /ステイツマン/
/ヅ/	/dz/	goods /グヅ/
/ト/	/t/	eat /イート/ tea /ティー/
		potato /ポテイトウ/
/ド/	/d/	read /リード/ dinner /ディナ/
		date /デイト/
/ヌ, ン/	/n/	channel /チャヌる/ noon /ヌーン/
		need /ニード/
/ふ/	/f/	half /ハふ/ food /ふード/
		photo /ふォウトウ/ few /ふュー/
/ブ/	/b/	tub /タブ/ book /ブク/
		build /ビるド/
/プ/	/p/	keep /キープ/ pull /プる/
		paper /ペイパ/
/ヴ/	/v/	live /リヴ/ visit /ヴィズィト/
		voice /ヴォイス/
/ホ/	/h/	when /(ホ)ウェン/ house /ハウス/
		hair /ヘア/
/ム, ン/	/m/	calm /カーム/ moon /ムーン/
		mother /マざ/ number /ナンバ/
/る/	/l/	mail /メイる/ look /るク/
		low /ろウ/ sleep /スリープ/
/ル/	/r/	rule /るーる/ row /ロウ/
		reach /リーチ/
/ン(ぐ)/	/ŋ/	bring /ブリンぐ/ drink /ドリンク/
		finger /ふィンガ/
/イ/	/j/	year /イア/ yard /ヤード/
/ウ/	/w/	wood /ウド/ way /ウェイ/
		want /ワント/ quiz /クウィズ/

◎ コラム インデックス

●意味マップ

a
about
across
after
all
am
and
another
answer
any
anyone
anything
are
around
as
ask
at
away
back
bad
be
before
book
both
break
busy
but
by
call
can[1]
care
case[1]
catch
change
class
clean
clear
close[1]
cold
come
cook
cool
cry
dark
day
dear
do
down[1]
draw

drive
early
earth
either
end
English
ever
every
face
fall
far
fast[1]
find
fine[1]
follow
for
free
from
get
give
go
good
great
grow
hand
hard
have
hold
home
hot
how
if
in
is
keep
last[1]
late
leave
letter
life
light[1]
line[1]
little
live[1]
lose
make
may
mind
more
most

much
must
near
no
of
off
old
on
once
one
open
or
other
out
over
paper
pass
play
point
poor
pretty
put
remember
right
rise
round
run
save
see
set
show
sign
since
so
some
spring
stand
step
still
stop
subject
take
tell
that
then
these
this
through
time
to (2か所)

too
turn
up
want
watch
way
welcome
well[1]
what
when
which
will[1]
with
word
work
would
wrong
year

●POINT

a (2か所)
able
adjective
adverb
advice
after
afternoon
also (2か所)
am (2か所)
an
and (2か所)
another
any (2か所)
anyone
anything
are
as (3か所)
asleep
at
aunt
baby
be
bear[2]
become
been (2か所)
belong
better
between
big
bird

black tea
both
boy
bread
breakfast
brother
build
building
busy
by
cake
can[1] (2か所)
cannot
captain
certain
cheese
child
claim
cold
college
come (3か所)
cost
could
cup (2か所)
dark
deep
dice
did
die[1]
dinner
dislike
do (2か所)
downstairs
during
each (2か所)
earth
elder
else
English
enough
enter
evening
every
everyone
everything
experience
family
far (2か所)
farm
father

few	live¹ (2か所)	should	●文法ちょっと	apple
field	long¹ (2か所)	show	くわしく	apple pie
find	look	sir	a	Arthur
finish	make	sky	afraid	association
first	me	small	agree	football
fish	mean¹	so (2か所)	all	atlas
floor	means	some	alone	avenue
flower	milk	sorry	arrive	bank holiday
food	million	speak	clause	Bible
football	mind	sport	complement	Big Ben
forget	mine¹	stand	enough	Boxing Day
free	Miss	stop (2か所)	get	carnival
friend	money	story¹	give	centigrade
fruit	moon	student	half	doggy [doggie]
fun	most	such	have	bag
furniture	mother	take	how	Downing Street
game	movie	talk (2か所)	is	downtown
girl	must	tea	many (2か所)	driving
give	need	teacher	might¹	Dutch
glass	neither (2か所)	tell	most	egg
go (4か所)	never	that (2か所)	much (2か所)	England
gone	nice	the	neither	English
hair (2か所)	no (3か所)	there	none	excuse
half	not	think	nor	Fahrenheit
have (7か所)	notebook	till (2か所)	object	garage sale
he (2か所)	now	toilet	of	Gettysburg
hear	number	too	one	Address
her	o'clock (2か所)	toward	person	grace
here (3か所)	of	understand	remember	Great Britain
hers	on	until (2か所)	some	Guy Fawkes
hire	one	usually	tell	Day
his (2か所)	only	very (3か所)	that (2か所)	Halloween
house	other	wait	think	high school
how (3か所)	ours	waiter	this	however
hundred	own	water	to	Humpty
hurt	pardon (3か所)	way	way	Dumpty
I² (2か所)	pen¹	weapon	what	Jesus Christ
if	penny	wear	when (2か所)	Jew
in	picture	what (6か所)	where (2か所)	King
-ing	plane¹	when (2か所)	which (2か所)	Lincoln
interesting	pleasant	where (2か所)	who (2か所)	London
it (3か所)	please	which	whom (2か所)	May Day
Japan	poor	who (2か所)	whose (2か所)	melt
keep	present²	whose (3か所)	why	middle name
kill	read	why (2か所)		mouse
kind²	reason	will¹	●参考	name
know (2か所)	remember	would	Achilles(') heel	New Year
large	say	yours	African-Ameri-	Noah
lay¹	school¹		can	one
let	sell		Aladdin	oneself
lie²	several		Ali Baba	or
life	shall		Anglo-Saxon	Palestine
little	she (2か所)		ape	pencil

Pied Piper
P.R., PR
preparatory
　school
Prince of Wales
pudding
rainbow
right
Rip Van Winkle
river
Romany
SDGs
seal[2]
shrug
sign
sister
Sphinx
supper
talent
tea
teddy bear
Thanksgiving
　(Day)
toast
United
　Kingdom
United States
valentine
V-sign
Wales
Wall Street
Washington
WC
Westminster
　Abbey
wink
witch
wolf
zero
zodiac

●イメージ
beaver
bee
bird
blue
bulldog
carp
cow
crab
dog
donkey
dove[1]

dragon
eagle
fish
fox
goat
hawk
horse
lark
lemon
lily
lion
moon
mouse
mule
octopus
olive
owl
rabbit
rat
red
rice
robin
rose[2]
sheep
snake
stork
violet
yellow

●関連語
bark
basement
cow
doctor
dog
drink
flock
marry
planet
say
temple
through
wedding

●語源
April
August
breakfast
December
February
Friday
hat trick
holiday

January
July
June
March
May
Monday
music
November
October
Rugby, rugby
sandwich
Saturday
September
Sunday
sweater
Thursday
Tuesday
Wednesday
X-ray

●文化
bar
bathroom
beckon
bedroom

●類似語
borrow
country
cow
discuss
dish
forest
game
gathering
glass
kayak
learn
liberty
little
look
on
perhaps
port
road
see
shade
shrub
similar
travel
upon
whole
wit

yard[2]

●チャンクで
　おぼえよう
ask
call
come
do
draw
feel
find
get
give
go
have
help
know
leave
like[1]
look
make
play
put
run
say
see
set
show
take
tell
think
try
turn
want
work

●教科書
　エッセンス
　ページ
about
across
after
among
around
ask
at
before
between
by
come
do
down
during

find
for
from
get
give
go
have
in
into
know
look
make
of
off
on
out
over
put
say
see
since
take
think
through
to
under
up
want
with
without

◎「辞書に出ていない」とあきらめる前に

　この辞書には重要語の変化形がかなりていねいに示されています. しかし, 次のようなつづりで終わっている単語は, 規則的な変化形ですから, ふつう辞書に出ていません. このような時は, それらのつづりをもとの形にもどして辞書を引きます. そのもどし方に注意しなければならないこともあります.

つづり	例	意　　　　味
-ed	looked → look lived → live stopped → stop studied → study	❶ (動詞の過去形で)〜した. ❷ (be＋過去分詞で)(受け身形)〜される. → **am, are, is** 助動 ❸ (have＋過去分詞で)(現在完了形)〜してしまった; 〜したことがある; 〜している. → **have** 助動 ❹ (名詞を修飾して)〜された〜.
-er	longer → long larger → large bigger → big happier → happy	(形容詞・副詞の比較級で)もっと〜.
-est	longest → long largest → large biggest → big happiest → happy	(形容詞・副詞の最上級で)最も〜.
-ing	playing → play coming → come getting → get	❶ (be＋*doing*で)(進行形)〜している. → **am, are, is** 助動 ❷ (名詞を修飾して)〜している〜. ❸ (動名詞)〜すること.
-(e)s	books → book boxes → box babies → baby plays → play washes → wash studies → study	❶ 名詞の複数形. ❷ 主語が3人称単数の時の動詞の現在形.
-'s	boy's → boy Tom's → Tom	(名詞の所有格で)〜の.

one 1 a

A a 𝒜 a

A¹, a /éi エイ/ 名 (複 **A's, a's** /éiz エイズ/)
❶ エー → 英語アルファベットの1番目の文字.
❷ (**A** で)(成績の)優, **A** → 最高の評価.
・I got an **A** in the test today. 私はきょうテストでAを取った.
A² /éi エイ/ 略 =**a**nswer (答え)

a 小 A1 /ə ア/
冠 ❶ 1つの, 1人の 意味 map
❷《その種類全体を示して》〜というもの
❸ 1〜につき

―冠 ❶ **1つの, 1人の**
基本 **a** ball 1つのボール, ボール1個 → a + 数えられる名詞の単数形.
・**a** boy 1人の男の子, 男の子(が)1人
・**a** cat 1匹(びき)のネコ, ネコ1匹
・**a** book 1冊の本, 本1冊
・**a** lemon and **an** apple レモン1個とリンゴ1個

POINT apple /アプる/ のように「アイウエオ」の母音(ぼいん)で始まる語には, 発音のつながりをよくするため a は an になる. → **an**

・**a** knife and fork ナイフとフォーク → 一体と考えられる物の場合はふつう初めの語にだけ a をつける.
基本 **a** big ball 1つの大きなボール, 大きなボール1個 → 形容詞がある時は a + 形容詞 + 名詞の語順になる. ×big a ball といわない.
・**a** very small boy 1人のとても小さな少年
基本 **a** glass of water コップ1杯(ぱい)の水
POINT water (水)は形がなくてなくて数えられないから ×a water とせず, water を入れる容器 (glass) を使って「コップ1杯の水」のようにいう.

・**a** pound of sugar 砂糖1ポンド → sugar も数えられないから ×a sugar とせず, 数えられる量の単位 (pound) を使って「1ポンドの砂糖, 砂糖1ポンド」のようにいう.

・I have **a** ball. 私はボールを(1個)持っています.
・Alan is **a** small boy. アランは小さな男の子です. → このように「1つの, 1人の」は日本語では特に訳さないことが多い.
基本 I have **a** dog. The dog is white. His name is Shiro. 私は犬を(1匹)飼っています. その犬は白い(犬)です. 彼の名前はシロです.

文法 ちょっとくわしく
話の中に初めて出てきた時 **a** dog, 二度目からは **the** dog となる. 人名・地名のようにもともと1つしかないと考えられる名詞(=固有名詞)には a をつけない. したがって ×a Shiro としない. → ❹

・Don't say **a** word. 一言もしゃべるなよ.
・Lend me **a** hundred [thousand] yen, please. 私に100円[1,000円]貸してください. → one hundred などと one を使うと堅苦(かたくる)しい感じになる.

❷《その種類全体を示して》**〜というもの** → 日本語に訳さないほうがよい場合が多い.
・**A** cat can see well in the dark. ネコ(という動物)は暗がりの中でもよく目が見える. → Cats can see 〜. というほうがふつう.
・**A** dog is a clever animal. 犬は利口な動物である.

❸ **1〜につき**
・once **a** week 1週に(つき)1回
・one hour **a** day 1日に1時間

abacus

a

- I have four English lessons **a** week. 私は1週間に4時間英語の授業がある.
- The stores are open 24 hours **a** day, 365 days **a** year. 店は1年365日, 1日24時間開いている.

❹ (**a**＋固有名詞で) ～とかいう人; ～家の人; (**a**＋有名人の名前で) ～のような人, ～の作品[製品]
- **a** Mr. Smith スミスさんという人
- **a** Smith スミス家の人(1人) →「スミス家の人々(みんな)」は the Smiths.
- **a** Picasso ピカソのような(偉大(いだい)な)画家; ピカソの作品

abacus /ǽbəkəs アバカス/ 名 (複 **abacuses** /-iz/, **abaci** /ǽbəsai アバサイ/) そろばん

abandon /əbǽndən アバンドン/ 動 (沈(しず)む船・家族などを)見捨てる, 捨てる; (計画などを)諦(あきら)める, やめる (give up)
- **Abandon** ship! 船から脱出せよ!

abbey /ǽbi アビ/ 名 大修道院; 寺院. (**the Abbey** で) ウエストミンスター寺院 (Westminster Abbey)

ABC /éibi:sí: エイビースィー/ 名 (複 **ABC('s** /éibi:sí:z エイビースィーズ/)

❶ アルファベット (the alphabet)

❷ (物事の「初歩」という意味で) ABC, いろは
- learn the **ABC**s of baseball 野球のいろはを学ぶ, 野球の手ほどきを受ける.

ability A2 /əbíləti アビリティ/ 名 (複 **abilities** /əbílətiz アビリティズ/) (～できる)能力, 力; 才能
- a woman of many **abilities** いろいろな才能のある女性, 多才な女性
- Only humans have the **ability to** speak. 人間だけが話す能力を持っている. → ×ability *of speaking* としない.

able 中 /éibl エイブる/ 形

❶ (**be able to** *do* で) ～することができる (can *do*) →主語になるのは「人・動物」. → **unable**
- Cats **are able to** see in the dark. ネコは暗い所でも見ることができる[目が見える].
- Ken **was able to** read at the age of three. ケンは3歳(さい)の時から文字を読むことができた.
- The baby will **be able to** walk soon. 赤ちゃんはすぐ歩けるようになるでしょう.

⚠POINT will など助動詞の後にさらに助動詞の can をつけて ×will can とすることはできないので, be able to を使う.

❷ 能力のある, 有能な, 優(すぐ)れた
- an **able** pilot 腕(うで)のいいパイロット
- He is **able** enough to do this job. 彼はこの仕事をするだけの能力がある.

aboard /əbɔ́:rd アボード/ 副 船[飛行機・列車・バス]に乗って, 船内[機内・車内]に
- go **aboard** (船などに)乗り込(こ)む
- All **aboard**! (出発です)皆(みな)さんお乗りください; 全員乗船[乗車], 発車オーライ.
- **Welcome aboard**. ようこそお乗りください ました, ご乗船[ご搭乗(とうじょう)], ご乗車]ありがとうございます.

── 前 (船・飛行機・列車など)に乗って
- Welcome **aboard** Japan Airlines. 日本航空をご利用いただきありがとうございます.
- The passengers are all **aboard** the ship. 乗客は全員乗船しています.

A-bomb /éi bɑm エイ バム/ 名 原子爆弾(ばくだん) (atom(ic) bomb) → **H-bomb**

aboriginal /æbərídʒinəl アボリヂナる/ 形 太古からの; 土着の

── 名 先住民 (aborigine)

aborigine /æbərídʒini アボリヂニー/ 名 先住民; (**Aborigine** で) オーストラリア先住民, アボリジニ → ab (＝from)＋origine (＝origin (初め)).

about 小 A1 /əbáut アバウト/

前 ❶ ～について(の), ～に関して(の)　意味 map
❷ ～の辺りを[の]
副 ❶ 約, だいたい
❷ (英) 辺りを[に]

── 前 ❶ ～について(の), ～に関して(の)

🔲基本 talk **about** fishing 釣(つ)りについて話す →動詞＋about＋名詞.

🔲基本 a book **about** fishing 釣りについての本, 釣りの本 →名詞＋about＋名詞.

- Do you know anything **about** him? あなたは彼について何か知っていますか. → ×about *he* としない.
- What is the story **about**? それは何についての話ですか. →意味のつながりの上では about what (何について)だが, what は疑問詞なので文頭に出る.
- After their long vacation the students had a lot of things to talk **about**. 長い休みの後で生徒たちは話すことがいっぱいあった. →

about 小 A1 /アバウト/

イメージ
〜の周辺，周り

基本の意味

何かの「周辺，周り」が基本の意味（前❷・副❷）．場所の意味に限らず，時や数の周辺なら 副 ❶「約，だいたい」，ある話題から離れないで話すなら 前 ❶「〜について」の意味になる．

教科書によく出る**使い方**

前 ❶ I read a book **about** a basketball player.
私はあるバスケ選手についての本を読んだ．

前 ❷ He was walking **about** the park. 彼はあてどなく公園を歩いていた．

副 ❶ She is **about** 160 cm tall. 彼女の身長は 160 センチくらいだ．

教科書によく出る**連語**

How about you? （あなたについてはどうですか⇨）あなたはどうですか．
 I'll have coffee. **How about you?** ぼくはコーヒーにするけど，きみは？

talk about 〜 〜について話す
 Today I'm going to **talk about** the new recycling rules.
今日は新しいリサイクルの規則について話します．

hear about 〜 〜のことを(よく)聞いている
 We don't **hear about** him these days. 最近彼についての話を聞かない．

above

意味のつながりの上では talk about a lot of things (たくさんのことについて話す). →**to** ❾②

❷ ~の辺りを[の], ~の周りを[に]; ~のあちこちを[に] →この意味ではふつう around を使う.

• He looked **about** him. 彼は自分の周りを見回した.

• Is there a post office somewhere **about** here? どこかこの辺りに郵便局はありますか.

How [***What***] ***about ~?*** ～はどうですか, ～についてどう思いますか →誘(さそ)ったり, 意見を求めたりするときに使う. →**how** 成句, **what** 成句

── 副 (→比較変化なし)

❶ 約, だいたい, ほぼ

🏠基本 **about** fifty people 約50人の人々

• **about** six o'clock 6時頃(ごろ)(に), 6時前後(に)

• a man **about** sixty (years old) 60歳(さい)ぐらいの男

• He is **about** my age. 彼はだいたい私と同い年です.

• Ken is **about** as tall as Roy. ケンはロイと同じくらいの背の高さだ.

• Well, that's **about** it [all]. えーと, (言いたいことなどは)それで全部です.

❷ 《英》辺りを[に], 周りを[に], あちこち →《米》ではふつう around を使う.

• walk [run, fly] **about** 辺りを歩く[走る, 飛ぶ], 歩き[走り, 飛び]回る

• He looked **about**, but there was no one **about**. 彼は辺りを見回したが周りには誰(だれ)もいなかった.

be about to *do* (ちょうど)~しようとしている →be going to *do* よりもっと近い未来を表す.

• The sun **is about to** sink. 太陽が今まさに沈(しず)もうとしている.

above 🀄 A1 /əbʌ́v アバヴ/ 前

❶ ~の上の方に[の], ~よりも高く →**on** 前 ❶
類似語

• fly **above** the clouds 雲の上(の方)を飛ぶ

• the mountaintop **above** the clouds 雲の上の(方の)山頂

• There is a picture **above** the fireplace. 暖炉(だんろ)の上の方に絵が掛(か)かっている.

反対語 The airplane was flying **below**

the clouds a minute ago. It is flying **above** the clouds now. 1分前まであの飛行機は雲の下を飛んでいた. 今は雲の上を飛んでいる.

関連語 Shall I write my address **above** or **on** or **below** the line? 住所は線の上に離(はな)して書くのですか, 線上にくっつけてですか, それとも線の下に書くのですか.

• The mountain is 2,000 meters **above** sea level. その山は海抜(かいばつ)2,000メートルだ.

❷ ~の上流に[の]

• a waterfall **above** the bridge and a mill below it その橋の上流の滝(たき)と下流の水車小屋

❸ 《数・地位などが》~より上で[の], ~より以上で[の]

• a man **above** fifty 50過ぎの男

• He is (a little) **above** fifty. 彼は50歳(さい)を(少し)越(こ)えています.

• My grades are **above** average. 私の成績は平均より上です.

── 副 上(の方)に[の]; 上流に[の]

• the sky **above** 上の方の空, 上空

• in the room **above** 上の部屋に

• Birds are flying **above**. 鳥が上を飛んでいる.

── 形 前に述べた, 上記の

• the **above** facts 以上の事実

above all 何よりも, とりわけ

• He is strong, brave, and **above all**, honest. 彼は強くて, 勇敢(ゆうかん)で, そして何よりも正直です.

Abraham /éibrəhæm エイブラハム/ 固名 アブラハム →旧約聖書に出てくるイスラエル民族の先祖.

abroad 🀄 A2 /əbrɔ́ːd アブロード/ 副 外国へ[に], 海外へ[に] →**overseas**

• go **abroad** 外国へ行く →✕go *to* abroad としない.

• live **abroad** 外国で暮らす, 外国に住む

• my friends **abroad** 外国[海外]の私の友達たち →名詞+abroad.

反対語 at **home** and **abroad** 国内でも国外でも

• **from abroad** 外国[海外]から(の) →前置詞+abroad.

• Is your uncle still **abroad**? 君のおじさんはまだ外国においでですか.

• We are going **abroad** in France on vacation. 私たちは休暇(きゅうか)にはフランスへ海外旅行に行きます.

abrupt /əbrʌ́pt アブラプト/ 形 突然(とつぜん)の, だし抜(ぬ)けの (sudden); ぶっきらぼうな

absence /ǽbsəns アブセンス/ 名 欠席; 不在, 留守, いないこと 反対語 **presence** (出席)

absent /ǽbsənt アブセント/ 形 欠席して(いる), 休んで, 不在で[の]
反対語 **present** (出席して(いる))
• **absent** pupils 欠席している生徒たち
• Who is **absent** this morning? 今朝は誰(だれ)が欠席ですか.
• Bob is **absent from** school with a cold. ボブは風邪(かぜ)で学校を休んでいます.

absolute /ǽbsəlu:t アブソルート/ 形 絶対的な, 絶対の, 完全な, 全くの

absolutely 副
❶ /ǽbsəlu:tli アブソルートリ/ 絶対に, 全く
❷ /æbsəlú:tli アブソルートリ/ 《話》(返答で)全くそのとおりです (certainly), もちろん
会話 Are you going to the ball game tonight?—**Absolutely**! 今夜野球の試合を見に行くの?—もちろん!

absorb /əbsɔ́:rb アブソーブ/ 動 ❶吸収する ❷(注意などを)奪(うば)う, 夢中にさせる

abstract /ǽbstrækt アブストラクト/ 形 抽象(ちゅうしょう)的な

ábstract nóun 名 《文法》抽象(ちゅうしょう)名詞

absurd /əbsɔ́:rd アブサ~ド/ 形 ばかげた, ばかばかしい (silly)

abundant /əbʌ́ndənt アバンダント/ 形 豊富な, (あり余るほど)たくさんの

acacia /əkéiʃə アケイシャ/ 名 《植物》 ❶アカシア, ミモザ →春に黄色い花をつけるオーストラリア原産の高木. ❷ニセアカシア, ハリエンジュ →初夏に白い花をつけるアメリカ原産の高木. 英・米・日本で acacia と言えばこちらを指す.

academic /ǽkədémik アカデミク/ 形 学問の, 学問的な; 大学の

academy /əkǽdəmi アカデミ/ 名 (複 **academies** /əkǽdəmiz アカデミズ/) ❶学院, 学園 →主に専門学科を教える学校名に使われる.
• a police **academy** 警察学校
❷学士院, 芸術院 →学芸の進歩のため優れた学者や芸術家が選ばれて設立されたもの.

accent /ǽksent アクセント/ 名 ❶(発音の)強勢, アクセント; アクセント記号 (´, `)
❷口調, なまり

accept A2 /əksépt アクセプト/ 動 受け入れる; (喜んで)受け取る, 応じる 反対語 **decline** (丁寧(ていねい)に断る), **refuse** (拒否(きょひ)する)
• **accept** a gift 贈(おく)り物を受け取る
• **accept** an invitation 招待に応じる
• **accept** him (仲間として)彼を受け入れる
関連語 I **received** this by mail yesterday, but I can't **accept** such an expensive gift from you. 昨日郵便でこれを受け取りましたが, こんな高価な贈り物をあなたからいただくわけにはいきません.

acceptable A2 /əkséptəbl アクセプタブる/ 形 受け入れられる, 受け入れるのにふさわしい

access /ǽkses アクセス/ 名 (人・場所への)接近; (コンピュータープログラムへの)アクセス
── 動 (コンピュータープログラムに)アクセスする

accessible /æksésəbl アクセスィブる/ 形 近づける, 近づきやすい

accessory /əksésəri アクセサリ/ 名 (複 **accessories** /əksésəriz アクセサリズ/) アクセサリー, 付属品 →女性の服ならバッグ, 手袋(ぶくろ), 帽子(ぼうし), スカーフなど, 車ならカーステレオ, カーエアコンなど.

accident A2 /ǽksədənt アクスィデント/ 名 ❶事故
• a car [train, plane] **accident** 自動車[列車, 飛行機]事故
• Jimmy had a traffic **accident** and broke his leg. ジミーは交通事故にあって足を折った.
• James was killed **in** a car **accident**. ジェームズは車の事故で死んだ.
❷偶然(ぐうぜん), 偶然の出来事, 思いがけないこと
• Our meeting at the bus stop was a happy **accident**. 私たちがバス停で会ったのはうれしい偶然だった.
by accident 偶然に, ふと

accompany /əkʌ́mpəni アカンパニ/ 動 (三単現 **accompanies** /əkʌ́mpəniz アカンパニズ/; 過去・過分 **accompanied** /əkʌ́mpənid アカンパニド/; -ing形 **accompanying** /əkʌ́mpəniiŋ アカンパニイング/)
❶(人が)~といっしょに行く, ~について行く, ~に付き添(そ)う →堅苦(かたくる)しい感じの語で, ふつうは go with を使う.

accomplish

❷《歌・歌手などの》**伴奏**(ばんそう)**をする**

accomplish /əkɑ́mpliʃ アカンプリッシュ/ 動
(うまく)**やり終える, やり遂**(と)**げる, 成し遂げる**
- If you put your mind to it, you can **accomplish** anything. (やろうという気持ちを持てば何だって成し遂げられる ⇨)何事もなせばなる.

accomplishment /əkɑ́mpliʃmənt アカンプリッシュメント/ 图 ❶ **完成, 達成** ❷ **業績, 功績**(こうせき)

according /əkɔ́ːrdiŋ アコーディング/ 副 (**according to ～** で)**～によれば; ～にしたがって**

accordion /əkɔ́ːrdiən アコーディオン/ 图 《楽器》**アコーディオン**

account A2 /əkáunt アカウント/ 图
❶ **勘定**(かんじょう)**書き,** (収入・支出の)**計算, 会計**
- keep **accounts** 会計帳簿(ちょうぼ)をつける
❷ **預金口座, 預金残高**
- open an **account** with [at] a bank 銀行に口座を開く
❸《コンピューター》**アカウント** → コンピューターを利用するための権利・資格.
- an email **account** メールアカウント
❹ (事件などの)**報告**(書)**, 記事, 話; 説明**
- There is a full **account** of the accident in the newspaper. 新聞にその事故の詳(くわ)しい記事が出ているよ.

on account of ～ **～のために, ～の理由で**
(because of ～)
- The baseball game was put off **on account of** rain. 野球の試合は雨のために延期された.

── 動 (**account for ～** で)**～の説明をする, ～の理由を言う**
- Can you **account for** the success of your business? あなたの仕事での成功の理由を説明してください.

accountant /əkáuntənt アカウンタント/ 图
会計士, 税理士; 会計係

accurate /ǽkjurət アキュレト/ 形 **正確な**

accuse /əkjúːz アキューズ/ 動 **告訴**(こくそ)**する, 訴**(うった)**える; 非難する, 責める** (blame)

accustom /əkʌ́stəm アカスタム/ 動 (**accustom A to B** で)**AをBに慣らす**

ace /éis エイス/ 图 ❶ (トランプ・さいころの)**1, エース** ❷《話》**ぴかいち, ナンバーワン, エース** ❸ (テニスなどの)**サービスエース**

ache /éik エイク/ 图 **痛み** →head**ache** (頭

痛), tooth**ache** (歯痛), stomach**ache** (腹痛) などのように, 絶え間なく続く鈍(にぶ)い痛みをいう.
[類似語] 急にくる鋭(するど)い「痛み」は **pain**.
── 動 **痛む**

achieve A2 /ətʃíːv アチーヴ/ 動 (努力して)**成し遂**(と)**げる,** (目的・目標を)**達成する;** (名声などを)**手に入れる**
- **achieve** one's goal in life 人生の目標を達成する
- She **achieved** fame as an opera singer. 彼女はオペラ歌手として名声を博した.

achievement /ətʃíːvmənt アチーヴメント/ 图
❶ (目的の)**達成, 成功** ❷ **やり遂**(と)**げた事,** (優(すぐ)れた)**業績, 偉業**(いぎょう)**;** (学校での)**成績**

achievement test 图 **学力検査**[テスト]

Achilles /əkíliːz アキリーズ/ 固名 **アキレス** →
ギリシャの詩人ホメロスがトロイ戦争をうたった叙事(じょじ)詩に登場するギリシャ軍の英雄(えいゆう).

Achilles(') heel 图 (アキレスのかかとのような)**唯一**(ゆいいつ)**の弱点, 泣きどころ**

> 参考　アキレスの母は息子(むすこ)を不死身にするため魔力(まりょく)を持つ川にアキレスを浸(ひた)したが, その時彼の足首を握(にぎ)っていたので, そこが川の水に触(ふ)れず全身不死身のアキレスのただ1つの弱点となり, トロイ戦争の時ここを射られて死んだといわれる.

Achilles(') tendon /əkíliːz téndən アキリーズ テンドン/ 图 **アキレス腱**(けん)

acid /ǽsid アスィド/ 图 **酸**
── 形 **酸**(性)**の; すっぱい, 酸味のある**

acid rain 图 **酸性雨** → 工場や自動車から排出(はいしゅつ)される二酸化硫黄(いおう)や窒素(ちっそ)酸化物を含(ふく)んだ雨で, 森林を枯(か)らす原因になると言われている.

acorn /éikɔːrn エイコーン/ 图 **ドングリ** → オーク (oak) の実.

acquaintance /əkwéintəns アクウェインタンス/ 图 ❶ **知人, 知り合い**
[関連語] He is not a **friend**, only an ac**quaintance**. 彼は友人ではなくて, ただの知り合いです.
❷ **知っていること, 面識, 知識**

acquire /əkwáiər アクワイア/ 動 (努力をして)**自分のものにする; 習い覚える, 身につける**

acre /éikər エイカ/ 图 **エーカー** → 面積の単位で, 約4,047平方メートル.

acrobat /ǽkrəbæt アクロバト/ 名 （綱渡(つなわた)り・空中ブランコなどをする)軽業(かるわざ)師, 曲芸師

across 中 A2 /əkrɔ́ːs アクロース|əkrɔ́s アクロス/
前 ❶《動きを示して》〜を横切って, (こちら側から)〜の向こう側へ 意味map
❷《位置を示して》〜の向こう側に
副 ❶ 横切って

── 前 ❶《動きを示して》〜を横切って, (こちら側から)〜の向こう側へ, (あちら側から)〜のこちら側へ →「横切る」という動詞は cross.

基本 go **across** the street 通りを横断する, 通りを渡(わた)る → 動詞＋across＋名詞.
• swim **across** the river 川を横切って泳ぐ, 川を泳いで渡る
• sail **across** the sea （船が[船で]）海を渡る
• take a trip **across** Canada カナダ横断旅行をする
• She walked **across** the street to the supermarket. 彼女は通りを渡ってスーパーマーケットへ行った.
• A tall man came **across** the street. 長身の男が通りを横切ってやって来た.
• Clouds sail **across** the sky. 雲が空を流れて行く.
• She helped the blind man **across** the street. 彼女は目の見えない男性が通りを渡るのを助けてあげた.
• We can communicate **across** cultures with gestures. 私たちは文化の違(ちが)いを越(こ)えてジェスチャーで意思を伝達することができる.

❷《位置を示して》〜の向こう側に, 〜の向こう側の
• the house **across** the street 通りの向こう側の家
• His house is **across** the street. 彼の家は通りの向こう側にあります.
• Ken lives **across** the street from Ben. ケンはベンの（家から見て）通りの向こう側に住んでいます.

❸ 〜と(十字に)交差して, 〜とクロスして
基本 a bridge **across** the river その川に架(か)かっている橋 → 名詞＋across＋名詞.
• The pen is lying **across** the pencil. ペンは鉛筆(えんぴつ)の上に斜(なな)めに（重ねて）置いてある.

❹ 〜の至る所に, 〜じゅうに; 〜を覆(おお)うように
• **across** the country 国の至る所に
• Lay the napkin **across** your lap. 膝(ひざ)

across
中 A2 /アクロース｜アクロス/

基本の意味
十字形（cross）を作るように何かを横切る・越える動きや, 十字のように交差している状態が基本の意味（前 ❶❸・副 ❶）. 横切った結果に注目すると 前 ❷「〜の向こう側に」の意味になる.

イメージ
〜を横切って反対側に

教科書によく出る 使い方・連語

前 ❶ John walked **across** the street to the hospital.
ジョンは通りを渡(わた)って病院に行った.

前 ❷ The bus stop is right **across** the street. バス停は通りの真向かいにあります.

come across 〜 〜にたまたま出会う
I **came across** Mr. Suzuki at the station. 私は鈴木先生に駅でばったり会った.

act

の上にナプキンを広げなさい.

across from ～ ～の向かい側に
• The museum is **across from** the park.
博物館は公園の向かい側にあります.

come across ～ ① ～を横切(って来)る（→
①）② ～にたまたま出会う, ～をふと見かける
• I **came across** an old friend today. 私
はきょう昔からの友達にばったり出会った.

── 副 (→比較変化なし)
❶ 横切って, 向こう側に
• swim **across** 横切って泳ぐ, 泳いで渡る
• run **across** 走って渡る, (道などが)交差する
• The bridge is safe; you can drive
across. 橋は安全です. 車で渡れます.
• I looked **across** at him. 私は(テーブルの)
向かい側の彼を見た.
❷ 幅(はば)が, 直径が
• The river is a mile **across**. その川は幅が
１マイルある.
• We dug a hole 5 meters **across**. 私たち
は直径５メートルの穴を掘(ほ)った.

act 中 A2 /ǽkt アクト/ 動

❶ 行動する, 振(ふ)る舞(ま)う
• Think well before you **act**. 行動する前に
よく考えよ[よく考えてから行動せよ].
• Coral reefs **act** as natural breakwa-
ters. サンゴ礁(しょう)は自然の防波堤(てい)の役目をす
る.
• **act** as chairperson（議長として行動する
⇨)議長を務める
• Carol sometimes **acts** as her father's
secretary. キャロルは時々お父さんの秘書の役
をする.
❷ (劇などで役を)演じる, (映画などに)出演する;
「お芝居(しばい)」をする, ふりをする
• Who's **acting** (the part of) Cinderella?
誰(だれ)がシンデレラの役をするのですか.
• She doesn't really hate him. She is
only **acting**. 彼女は本当に彼が大嫌(きら)いなわ
けではないのです. そんなふりをしているだけで
す.
❸ (機械・薬などが)働く, 作用する, 効く
• The brake doesn't **act** well. ブレーキが
よくきかない.
• This medicine **acts** very quickly. この
薬はとても速く効きます[効き目が速い].

── 名 **❶** (一時の)行為(こうい), 行い
• a kind **act**=an **act** of kindness 親切な行

為
❷ (演劇の)第～幕 (→scene **❷**); (1つの番組
の中の個々の)出し物, 演芸
• *Hamlet*, **Act** I /ワン/, Scene ii /トゥー/『ハ
ムレット』第１幕第２場
• This comedy has three **acts**. この喜劇は
３幕あります[３幕ものです].
❸ お芝居, 見せかけ
• She doesn't really hate you. It's only
an **act**. 彼女は本当に君が嫌いなわけじゃない
よ. あれはほんのお芝居さ.
❹ 法令

action 中 A1 /ǽkʃən アクション/ 名

❶ 行動; (一時の)行為(こうい), 行い; (日常の)
振(ふ)る舞(ま)い
• Stop talking. Now is the time for **ac-
tion**. 議論はやめろ. 今や行動する時だ.
❷ (俳優などの)動き, 演技
• **Action!** 《映画監督(かんとく)の指示》演技始め!
❸ 働き, 動き(方), 作用
• Let's study the **action** of sunlight on
plants. 植物に対する日光の働きについて勉強し
よう.
❹ 戦闘(せんとう), 交戦; 訴訟(そしょう)

in action 動いて, 活動中で, 戦闘中で
out of action 活動していない, 故障して
take action 行動を起こす

active 中 /ǽktiv アクティヴ/ 形

❶ 活発な, 行動[活動]的な, 活気のある, 活動して
いる
• an **active** volcano 活火山
• My grandfather is still very **active** at
80. 僕(ぼく)のおじいさんは80歳(さい)でまだまだ動
き回って元気いっぱいです.
❷ 積極的な; 《文法》能動態の
反対語 **passive** (消極的な; 受動態の)

áctive vóice 名 《文法》能動態 →is 助動 **❷**

activity 小 A1 /æktívəti アクティヴィテ
ィ/ 名 (複 **activities** /æktívətiz アクティヴィテ
ィズ/)

❶ (しばしば **activities** で) 活動, クラブ活動
→勉強や仕事以外に楽しみとしてする事.
• club **activities** クラブ活動
• school **activities** (音楽・演劇・運動・文芸な
どの)校内課外活動
❷ 活動していること, 活発さ, 活気があってにぎや

かな状態

• the level of **economic** activity 経済活動のレベル

• There is a lot of **activity** on our playground after classes. 放課後は僕(ぼく)たちの校庭は(生徒が動き回って)とても活気があります.

actor 小 A1 /ǽktər アクタ/ 名

(性別に関係なく)俳優; (特に男性の)男優; 役者; (ラジオ・テレビの)声優 →actress

actress /ǽktris アクトレス/ 名 (女性の)俳優, 女優; (ラジオ・テレビの女性の)声優 →actor

actual /ǽktʃuəl アクチュアる/ 形 現実の, 実際の

actually 中 A2 /ǽktʃuəli アクチュアリ/ 副
実際に(は), 実は, (まさかと思うかもしれないが)本当に

• It was not a dream; it **actually** happened. それは夢ではなかった. 実際に起こった事でした.

• She looks quiet, but **actually** she is very active. 彼女はおとなしそうに見えるが実はとても活発だ.

acute /əkjúːt アキュート/ 形 ❶ 厳しい, 深刻な; (痛みなどが)鋭(するど)い ❷ (感覚・知力などが)鋭い

A.D. /éidíː エイディー/ 略 西暦(せいれき)[キリスト紀元]で →ラテン語 Anno Domini /ア́ノウ ド́ミニ/ (わが主(イエス・キリスト)の年で)から. 年代が紀元前 (B.C.) と紀元後にまたがる時, また紀元後のごく初期の年につける.

ad /ǽd アド/ 名 広告 →もとは advertisement の略.

ad. 略 =**ad**verb (副詞)

Adam /ǽdəm アダム/ 固名 《聖書》アダム → 神が土から造ったという最初の人間[男性]. そのあばら骨の1つから造ったのが最初の女性イブ (Eve).

adapt /ədǽpt アダプト/ 動 ❶ (新しい環境(かんきょう)などに)合わせる, 〜に合うように変える[変わる], 慣れさせる[慣れる] ❷ 〜向きに変える, 改造[改作]する, (小説などを)脚色(きゃくしょく)する

adaptation /æ̀dæptéiʃən アダプテイション/ 名
❶ 適応, 順応 ❷ 改作, 脚色; 脚色作品

add 中 A1 /ǽd アド/ 動

❶ 加える, 足す; 足し算をする

• **add** 6 and 4 [6 to 4] 6と4[4に6]を足す

❷ 言い足す, 書き足す, 付け加える

• She **added** a few words at the end of the letter. 彼女は手紙の終わりに二言三言書き足した.

add to 〜 〜を増す

• Books **add to** the pleasures of life. 書物は人生の楽しみを増す.

add up 合計する

addition 中 A2 /ədíʃən アディション/ 名 ❶ (付け)加えること, 追加; 加わったもの ❷ 足し算

• do a quick **addition** すばやく足し算をする

in addition それに加えて, そのほかに →形式張った言い方. ふつうは also, too, as well を使う.

in addition to 〜 〜に加えて, 〜のほかに

• He speaks French well, **in addition to** English. 彼は英語のほかに, フランス語も上手にしゃべる.

additional A2 /ədíʃənəl アディショナる/ 形
追加の

• **additional** time (サッカーの)アディショナルタイム, 追加時間 →試合中に競技以外のことで使われた時間を補うためのもの.

additionally /ədíʃənəli アディショナリ/ 副
《ふつう文頭で》それに加えて, さらに →かたい言い方.

address A1 /ədrés アドレス, ǽdres アドレス| ədrés アドレス/ 名 (複 **addresses** /ədrésiz アドレセズ, ǽdresiz アドレセズ/)

❶ 住所, (会社などの)所在地; (手紙の)宛先(あてさき); (Eメールの)アドレス →相手の名前は含(ふく)まない. この意味では《米》ではしばしば /ǽdres アドレス/ と発音する.

• What's your **address**? ご住所はどちらですか. →×Where is your address? といわない.

• Write the name and **address** clearly on the envelope. 封筒(ふうとう)に相手の名前と住所(宛名(あてな))をはっきりと書きなさい.

❷ (公式の)演説 →一般(いっぱん)には speech を使う.

• an opening [a closing] **address** 開会[閉会]の挨拶(あいさつ)

• the Gettysburg **Address** (リンカンの)ゲティスバーグ演説

• The president gave an **address** to the nation by [on] television. 大統領はテレビで全国民へ向けて演説をした.

— /ədrés アドレス/ 動 (三単現 **addresses** /ədrésiz アドレセズ/; 過去・過分 **addressed**

adequate 10 ten

/ədrést アドレスト/; **-ing形 addressing**
/ədrésiŋ アドレスィング/)

❶(手紙に)宛名(相手の名前や住所)を書く; (手紙を)~に宛(あ)てて出す
• **Address** the envelope clearly. 封筒にははっきり宛名を書きなさい.
• I **addressed** the letter **to** my aunt. 私はおば宛(あて)に手紙を出しました.
❷(~に向かって)話をする, 演説する
❸(問題などに)目を向ける, 取り組む

adequate /ǽdikwit アデクウェト/ 形 適当な, ふさわしい

adios /ædióus アディオウス/ 間 《スペイン語》さようなら

adj. 略 =**adj**ective (形容詞)

adjective A2 /ǽdʒiktiv アヂェクティヴ/ 名 《文法》形容詞
⚫POINT 人・物・事の姿形や性質を表す語: a *blue* sky (青い空), The sky is *blue*. (空は青い)の *blue* など.

adjust A2 /ədʒʌ́st アヂャスト/ 動
❶ 調節[調整]する
• Please **adjust** the television picture. テレビの画像を調節してください.
• You can **adjust** this desk to three heights. この机は3段階の高さに合わせられます.
❷(新しい環境(かんきょう)などに)合わせる (adapt)
• The children **adjusted** quickly to the new school. 子供たちは新しい学校にすぐに慣れました.

adjustment /ədʒʌ́stmənt アヂャストメント/ 名 (複 **adjustments** /ədʒʌ́stmənts アヂャストメンツ/) 調整, 調節

administration /ədminəstréiʃən アドミニストレイション/ 名 ❶(学校など組織の)管理, 運営, (会社の)経営, (国などの)行政 ❷管理[経営, 行政]スタッフ; (the Administration で)《米》政権

admirable /ǽdmərəbl アドミラブル/ 形 称賛(しょうさん)に値(あたい)する; すばらしい, 見事な, 立派な

admiral /ǽdmərəl アドミラる/ 名 海軍大将; 海軍将官(中将と少将) → **general** 名

admiration /æ̀dməréiʃən アドミレイション/ 名 称賛(しょうさん)[感嘆(かんたん)]の気持ち, うっとりした[憧(あこが)れの]気持ち; 称賛[憧れ]の的

admire A2 /ədmáiər アドマイア/ 動 感心する, 称賛(しょうさん)する; (感心して)眺(なが)める[聞く], と

てもすばらしいと思う[言う], ほめる
• I **admire** you. あなたは本当にすばらしい.
• We **admired** him for his courage. 我々は彼の勇気に対して彼を称賛した[彼の勇気をすばらしいと思った].

admirer /ədmái(ə)rər アドマイ(ア)ラ/ 名 賛美者, 崇拝(すうはい)者

admission /ədmíʃən アドミション/ 名 入場, 入会, 入学; 入場料, 入会金
掲示 No **admission** (without ticket). (チケットのない方は)入場禁止.
掲示 **Admission** free. 入場無料.

admit A2 /ədmít アドミト/ 動
(三単現 **admits** /ədmíts アドミツ/ 過去・過分 **admitted** /ədmítid アドミテド/ **-ing形 admitting** /ədmítiŋ アドミティング/)
❶(会場・会・学校などに)入れる, 入ることを許す
• The boy was **admitted to** the school. その少年は入学を許可された.
❷認める
• I **admit** that I was wrong and I am sorry. 私は自分が間違(まちが)っていたことを認めます. どうもすみません.

adopt /ədápt アダプト/ 動 ❶養子にする ❷採用する, (他人のやり方を)取り入れる

adore /ədɔ́:r アドー/ 動 (~を)心から愛する, 慕(した)う; (~が)大好きである (like very much)

Adriatic Sea /èidriǽtik sí: エイドリアティク スィー/ 名 (the をつけて)アドリア海 →イタリアとバルカン半島の間にある海.

adult A2 /ədʌ́lt アダルト/ 形 (→比較変化なし)大人の, 成人(用)の
• an **adult** person [dog] 大人の人[犬], 成人[成犬]
• an **adult** ticket 大人用チケット
—— 名 大人, 成人 (grown-up)
反対語 This movie is for **adults** only; **children** cannot go in. この映画は成人向きです. 子供は入れません.

adv. 略 =**adv**erb (副詞)

advance /ədvǽns アドヴァンス/ 動 前進する, 進んで行く[来る]; 前進させる
—— 名 前進, 進行; 進歩
in advance 前もって; 前金で

advanced A2 /ədvǽnst アドヴァンスト/ 形 先に進んだ, (思想などが)先進的な; (程度が)上級の
• take an **advanced** English course 上級

eleven　11　**aerial**

英語講座をとる

advantage A2 /ədvǽntidʒ アドヴァンテヂ/ 名
❶ 有利な点, 強み; 利益
• the **advantages** of movies **over** television　映画がテレビより優(すぐ)れている点
• The long arms of the boxer are a great **advantage** for [to] him.　そのボクサーの長い腕(うで)は彼にとって大きな強みである.
❷ 《テニス》アドバンテージ →ジュースの後の最初の得点.
take advantage of ~　~を利用する; ~につけ込(こ)む
• He **takes advantage of** her kindness and borrows her CDs too often.　彼は(彼女の親切さにつけ込んで ⇨)彼女が親切なのをいいことに彼女の CD をしょっちゅう借りる.

adventure 中 A2 /ədvéntʃər アドヴェンチャ/ 名 ❶ 冒険(ぼうけん); 冒険談
• go [set out] on an **adventure**　冒険に出かける
❷ わくわく[はらはら]するような体験, 楽しい[珍(めずら)しい]経験
• Going to the zoo [a circus] was an **adventure** for us.　動物園[サーカス]へ行くのは私たちにはわくわくするような(楽しい)体験でした.

adventurer /ədvéntʃərər アドヴェンチャラ/ 名 冒険(ぼうけん)家

adverb /ǽdvərb アドヴァ~ブ/ 名 《文法》副詞
POINT 動詞・形容詞・他の副詞を修飾(しゅうしょく)する語. run *fast* (速く走る) の *fast*, *very* big (とても大きい) の *very* など.

advertise /ǽdvərtaiz アドヴァタイズ/ 動 広告する, 宣伝する; (advertise for ~ で) ~を求める広告を出す, 広告で~を求める

advertisement A2 /ǽdvərtáizmənt アドヴァタイズメント|ədvá:tismənt アドヴァ~ティスメント/ 名 (新聞・ポスター・テレビ・インターネットなどによる)広告, 宣伝 《話》では **ad** と短縮されることがある. 類似語 ラジオ・テレビなど音声を伴(ともな)う「宣伝」は **commercial** ともいう.
• put an **advertisement** in the paper　新聞に広告を出す
• Have you seen the **advertisement** for that new camera in today's paper?　きょうの新聞に出ていたあの新しいカメラの広告を見ましたか.

advertising A2 /ǽdvərtaiziŋ アドヴァタイズィ

ング/ 形 広告の, 宣伝の

advice 中 A2 /ədváis アドヴァイス/ 名 忠告, 助言, アドバイス
• give [ask] **advice**　アドバイスをする[求める]
• ask (him) for **advice**　(彼に)アドバイスを求める
• go to ~ for **advice**　~に助言を求めに行く
• Let me give you **some** [a piece of, a bit of] **advice**.　君にいくつか[1 つ]忠告させてくれ.
POINT advice は数えられない名詞なので, ×some advices, ×an advice などとしない.
• Take [Follow] the doctor's **advice** and go to bed.　医者の言うことを聞いて(もう)寝(ね)なさい.
• My **advice** to you is to go and see a doctor [that you should go and see a doctor].　医者に診(み)てもらいに行くこと, これが君への僕(ぼく)の忠告です.

advise A2 /ədváiz アドヴァイズ/ 動 忠告する, 助言する, 勧(すす)める →advice とのスペリング, 発音の違(ちが)いに注意.
• **advise** him on his future　彼の将来のことで彼にアドバイスをする
• **advise** (to have) a good sleep＝**advise** having a good sleep　十分な睡眠(すいみん)(をとること)を勧める
• **advise** him against smoking ＝ **advise** him not to smoke　彼にタバコを吸わないほうがよいと忠告する
• The teacher **advised** us to read these books.　先生は私たちにこれらの本を読むように勧めた.
• Please **advise** me which I should buy [which to buy].　どっちを買うべきか私にアドバイスしてください.

adviser, advisor /ədváizər アドヴァイザ/ 名 忠告者, 助言者; 顧問(こもん), アドバイザー

advisory /ədváizəri アドヴァイザリ/ 形 助言を与える; 顧問(こもん)の

AED 略 自動体外式除細動器 →Automated External Defibrillator. 心臓に電気ショックを与える医療(いりょう)器具.

aerial /éəriəl エアリアる/ 名 《英》(ラジオ・テレビの)アンテナ (《米》 antenna)
—— 形 ❶ 空気の, 気体の ❷ 空中の, 空中からの, 飛行機による

aerobics /e(ə)róubiks エ(ア)ロウビクス/ 名
エアロビクス → ふつう単数扱い.

aerogram(me) /éərəgræm エアログラム/ 名
航空書簡, エアログラム (air letter) → 航空郵便用の１枚の紙で, 折り畳（たた）むと書いた文字が隠（かく）れて封筒（ふうとう）の形になる.

aeronautics /eərənɔ́:tiks エアロノーティクス/ 名 航空学; 航空術 → 単数扱い.

aeroplane A1 /éərəplein エアロプレイン/ 名 《英》飛行機（《米》airplane）

Aesop /í:səp イーソプ/ 固名 イソップ → 『イソップ物語』(*Aesop's Fables*) を作ったといわれる紀元前６世紀頃（ごろ）のギリシャ人.

AET 略 英語指導助手 → Assistant English Teacher.

afar /əfá:r アファー/ 副 =far (遠くに)

affair A2 /əféər アフェア/ 名
❶ (しばしば **affairs** で) やるべき事, (～に)関係ある事(がら), 仕事, 事務
•my (own) **affair** 私がやるべき事, 私だけに関係ある事
•business **affairs** 仕事上やるべき事, 業務
•Go away. This is my **affair**, not yours.
あっちへ行ってくれ. これは僕（ぼく）の問題で, 君の知った事じゃない.
❷ 出来事, (漠然（ばくぜん）と)事, もの
•The birthday party was a happy **affair** for Mary. 誕生日のパーティーはメアリーにとって楽しいものだった.

affect 中 /əfékt アフェクト/ 動 ❶ ～に(悪い)影響（えいきょう）を与（あた）える, (健康を)おかす ❷ ～の心を動かす, ～に悲しみ[同情]の気持ちを起こさせる, ～の心を痛める

affection /əfékʃən アフェクション/ 名 愛情, (動物などへの)親愛感, (物に対する)愛着 → 家族・友人などに対する愛情を表すことが多く, **love** に比べて静かで永続的.

affectionate /əfékʃənət アフェクショネト/ 形 愛情のこもった; 愛情深い, 優（やさ）しい

affectionately /əfékʃənitli アフェクショネトリ/ 副 愛情を込（こ）めて, 優（やさ）しく
Affectionately yours = *Yours affectionately* さようなら → 親子・兄弟などの間で使う手紙の結びの文句.

affirmative /əfá:rmətiv アファーマティヴ/ 形 肯定の, 肯定的な; 賛成の 反対語 **negative** (否定の)

afford /əfɔ́:rd アフォード/ 動 (can afford ～

で) ～の(ための金[時間]の)余裕（よゆう）がある, (金・時間などを)都合つけられる; (can afford to *do* で) ～する余裕がある → 否定文・疑問文で使われることが多い.

会話 Why don't you take a trip abroad; **can't** you **afford** the money? —Yes, I have enough money, but I **can't afford** the time. 外国旅行でもしたらどうですか. お金が都合できないのですか.—いや, お金はあるのですが, 時間的な余裕がないのです.

Afghanistan /æfgǽnəstæn アフギャナスタン/ 固名 アフガニスタン → アジア南西部の高原にある共和国. 公用語はパシュト語, ダリ語. 首都はカブール.

afraid 中 A1 /əfréid アフレイド/ 形

恐（おそ）れて, 怖（こわ）がって; (be afraid of ～, be afraid that ～ で) ～を[～するのを]恐れる; 残念ですが～

会話 I'm afraid. There is a snake over there.—Don't **be afraid**. That is just a stick. ぼく怖い. 向こうにヘビがいるんだもの.—怖がらないで. あれはただの棒切れだよ.

会話 **Were** you **afraid** in the airplane? —Yes, very (much). 飛行機に乗って怖かった?—うん, とっても.

•Frogs **are afraid of** snakes. カエルはヘビが怖い.
•Don't **be afraid of** making mistakes. ミスをすることを[ミスをするのではないかと]恐れるな.
•She **is afraid that** he doesn't like her. 彼女は彼が自分のことを嫌（きら）いじゃないかと恐れて[心配して]いる.
•The wall is very high and I **am afraid** to jump [of falling]. その壁（かべ）はとても高いから, 僕（ぼく）は怖くて飛び降りられません[落ちるのではないかと心配です].

> 文法 ちょっとくわしく
> jump (飛ぶ)のように,「自分の意志でする行為（こうい）を怖がる」場合は **afraid to** jump とも **afraid of** jump**ing** ともいう.
> fall (落ちる)のように「自分の意志でなく思いがけなく起こる行為を心配する」場合は **afraid of** fall**ing** しか使わない.

I'm afraid (*to say*) ～ 残念ですが[すみま

せんが)〜と思います →相手または自分にとって望ましくないことをていねいに述べる言い方.
- **I'm afraid (to say)** I can't help you. 申し訳ありませんがあなたをお助けできません.
- **I'm afraid** it's going to rain. ＝It's going to rain, **I'm afraid**. 雨が降ってくるんじゃないかしら.
- **I'm afraid** I must go now. (残念ですが)もうそろそろおいとましなくては.

Can you come to the party?—No, **I'm afraid** not. (＝**I'm afraid** I can't come.)
パーティーに来られますか.—いや, だめでしょう.
Are we late?—**I'm afraid** so. (＝**I'm afraid** we are late.)
僕たち遅刻(ちこく)かな.—そうかもね.

Africa 小 /ǽfrikə アふりカ/ 固名 アフリカ
African /ǽfrikən アふリカン/ 形 アフリカの, アフリカ人の
── 名 アフリカ人
- the **Africans** アフリカ人(全体)

African-American /ǽfrikən əmérikən アふリカン アメリカン/ 形 アフリカ系アメリカ人の
── 名 アフリカ系のアメリカ人

参考 以前は **Afro-American** /ǽfroʊ アふロウ アメリカン/ とも言った. アメリカの「黒人」を指す言葉としては **black** が一般(いっぱん)的だが, 最近は African-American という人が増えている.

after 小 A1 /ǽftər アふタ|áːftə アーふタ/
前 ❶ 〜の後に, 〜の後の 意味 map
❷ 〜の後を追って, 〜を求めて
接 (〜が〜した)あとで[に]

副 あとで, のちに
── 前 ❶ 〜の後に, 〜の後の, 〜後に[の]
会話 基本 play **after** school 授業の後に[放課後]遊ぶ →動詞＋after＋名詞.
会話 基本 club activities **after** school 放課後のクラブ活動 →名詞＋after＋名詞.
会話 基本 long **after** sunset 日が暮れてからずいぶん後に →副詞＋after＋名詞.
- soon **after** the war 戦後まもなく
- (**the**) **day after tomorrow** (あしたの後の日 ⇨)明後日, あさって
- **the week** [**month**, **year**] **after next** (次の週[月, 年]の後の週[月, 年] ⇨)再来週[月, 年]
- Please read **after** me. 私のあとについて読みなさい. →×after I としない.
- Close the door **after** you. 入った[出た]後はドアを閉めなさい.
- It's ten minutes **after** six. 6時10分過ぎです. →《英》では past six という.
- We were tired **after** our long journey. 私たちは(長い旅行の後で ⇨)長い旅をしたので疲(つか)れた.
- **After** thinking for a while, he finally said yes. しばらく考えた後でとうとう彼は承諾(しょうだく)した. →after＋動名詞 thinking (考えること).

❷ 〜の後を追って, 〜を求めて
- A dog was running **after** a cat. 犬がネコを追いかけていた.
- He is **after** a job. 彼は職を求めている. (この意味では He is looking for a job. がふつう)
- What is he **after**? 彼は何を求めて[狙(ねら)って]いるのですか. →意味のつながりの上では after what (何を求めて)であるが, what は疑問詞なので文頭に出る.

❸ 〜にならって, 〜にちなんで
- name a boy **after** his uncle おじの名をもらって男の子に名前をつける
- He was called [named] Robert **after** his uncle. 彼はおじの名をとってロバートと名づけられた.

── 接 (〜が〜した)あとで[に]
- He came **after** you left. 彼は君が去ったあとにやって来た. →文＋after＋文.
- **After** I came home last night, it began to rain. 昨晩私が帰宅してから雨が降り出した.

after

小 A1 /アふタ | アーふタ/

〜の後に

基本の意味

順序や時間が後であるということが基本の意味（前❶・接）．先に進んだものについていく場合には「〜の後を追って」の意味になり，先に進んだものを目標とみなすと「〜を求めて」の意味になる（前❷）．

教科書によく出る **使い方**

前 ❶ Can you come to my house **after** school? 放課後にうちに来られる？
前 ❶ Let's read together. Repeat **after** me.
いっしょに読みましょう．私の後に続けて言ってください．

教科書によく出る **連語**

look after 〜 〜の世話をする
I have to **look after** my brother today. 今日は弟の面倒をみなくてはいけない．

after all 結局（〜なのだから）
We lost in the first round. **After all**, we were not prepared enough.
私たちは1回戦で負けた．結局のところ，準備が十分ではなかったのだ．

- I received a letter from him two weeks **after** he left Japan. 彼が(日本をたったあと2週間 ⇨)日本をたって2週間後に私は彼から手紙をもらった.
- We will have dinner **after** you come home. 私たちはあなたが帰ってから夕食にします.

POINT after ～が未来のことをいう場合でも現在形を使う. ×after you *will come* home としない.

── 副 (→比較変化なし)

あとで, のちに →after は修飾(しゅうしょく)する語(句)の後ろにつく.
- See you tomorrow, or the day **after**. 明日か明後日に会おう.
- soon [long] **after** すぐ[ずっと]あとで

after all 結局, やはり
- I waited, but he didn't come **after all**. 私は待った, しかし結局彼は来なかった.

After you! (私はあなたの後に ⇨)どうぞお先に →順番を譲(ゆず)る時の言葉.

day after day; night after night; year after year; *etc.* 毎日毎日; 毎夜毎夜; 毎年毎年(など) →「繰(く)り返し・継続(けいぞく)」を表す.

one after another 次々に, あいついで
one after the other 1つずつ, あいついで →2つしかないものについていう時に使う.

afternoon 小 A1 /ǽftərnúːn アフタヌーン|ɑːftənúːn アーフタヌーン/ 名 (複 **afternoons** /ǽftərnúːnz アフタヌーンズ/)

午後 →**evening**

POINT 正午から夕方までの間をいう. 暗くなりはじめたら evening だが, あまり厳密ではない.

基本 in the **afternoon** 午後(に)
- early **in** the **afternoon** 午後早いうちに
- late **in** the **afternoon** 午後遅(おそ)くなって, 夕方近く

基本 on Sunday **afternoon** 日曜日の午後に
- **on** a cold winter **afternoon** ある寒い冬の日の午後に →日曜, クリスマス, 寒い日など特定の日の「午後に」の前置詞は on.

基本 this **afternoon** きょうの午後(に)
- tomorrow **afternoon** 明日の午後(に)
- all (the) **afternoon** 午後の間ずっと →the をつけないほうがふつう.
- I met her one Sunday **afternoon**. 私はある日曜日の午後, 彼女に会った. →this, that, tomorrow, yesterday, one, next などが前につく時はその前には前置詞は不要.
- He came at three **in** the **afternoon**. 彼は午後3時にやって来た.
- He is always busy **on** Sunday **afternoons**. 日曜日の午後は彼はいつも忙(いそが)しい. →afternoon はふつう複数形にしないが,「いつも午後には」のように習慣的なことをいう時は afternoons.

Good afternoon. A1 こんにちは →午後の挨拶(あいさつ).

áfternoon téa 名《英》午後のお茶 →昼食と夕食の間午後4時から5時頃(ごろ)に紅茶やコーヒーを飲みながらとる軽食のこと. 単に **tea** ともいう.

afterward /ǽftərwərd アフタワド/ 副 あとで; その後で
- long **afterward** (それから)ずっとあとで
- We studied during the morning and went fishing **afterward**. 私たちは午前中勉強してそのあと釣(つ)りに行った.

afterwards /ǽftərwərdz アフタワヅ/ 副 《主に英》= afterward

again 小 A1 /əgén アゲン/ 副 (→比較変化なし)

❶ もう一度, また; 《否定文で》二度と
- Try **again**. もう一度やってごらん.

See you **again** on Monday, Bob.
—Yes, see you then.
ボブ, また月曜日に会おう.—うん, じゃあその時また.

- He never said it **again**. 彼は二度とそれを言わなかった.

❷ 元の所へ, もとの状態に, また

against

- I walked to town and back **again**. 私は町へ歩いて行ってまた帰って来た[町まで歩いて往復した].
- He went abroad last July, but he is home **again**. 彼はこの7月に外国へ行ったけど, また家に帰って来ている.

again and again 何度も何度も, 再三
now and again 時々
once again もう一度
over and over again 何度も繰(く)り返して

against 中 A2 /əgénst アゲンスト/ 前

❶《敵対》～に逆らって, ～に対して, ～に(ぶつかって)
- swim **against** the current 流れに逆らって泳ぐ
- She married **against** her will. 彼女は自分の意志に反して[いやいや]結婚(けっこん)した.
- We played **against** the strongest team and won. 私たちは最強のチームと試合して勝った.
- The rain is beating **against** the windows. 雨が窓に打ちつけている.
- Differences in languages often work **against** understanding among nations. 言葉における違(ちが)いはしばしば国家間の(理解に逆らって作用する ⇨ 理解を妨(さまた)げる.

❷《反対・禁止》～に反対して;《違反(いはん)》～に反して
反対語 I want to have a dog. Are you **for** it or **against** it? ぼく犬を飼いたいんだけど, (それに)賛成? それとも反対?
- Smoking here is **against** the rules. ここでの喫煙(きつえん)は規則違反だ.

❸《防衛・準備》～を防ぐように; ～に備えて
- This drug acts **against** headaches. この薬は頭痛に効く.
- Ants store up food **against** the winter. アリは冬に備えて食物をたくわえる.

❹《強い接触(せっしょく)》～に(もたれて・寄せかけて), ～に(当てて)
- Watch out, Ken! Don't lean **against** the wall! I've just painted it. ケン, 気をつけて! 塀(へい)にもたれちゃだめ! ペンキ塗(ぬ)ったばかりなんだ.
- He pressed his ear **against** the wall. 彼は壁(かべ)に耳を押(お)し当てた.

❺《対照》～を背景として, ～と対照して
- The earth looks really beautiful **against** dark space. (宇宙から見ると)地球は暗い宇宙を背景に[宇宙の中で]実に美しく見える.

age 中 A1 /éidʒ エイヂ/ 名

❶ (人間・動物・物の)年齢(ねんれい), 年(とし)
- old **age** 老齢(ろうれい), 老年
- the **age** of this tree この木の樹齢(じゅれい)
- at the **age** of fifteen 15歳(さい)で[の時に]
- children of all **ages** いろいろな年齢の子供たち
- Turtles live to a great **age**. ウミガメは高齢(こうれい)まで生きる[とても長生きする].
- She is just my **age**. 彼女は僕(ぼく)とちょうど同い年だ.
- We are the same **age**. 私たちは同い年です.
- He has a son your **age**. 彼には君と同じ(ぐらいの)年の息子(むすこ)がいる.
- He looks young for his **age**. 彼は年のわりには若く見える.
- He is fifteen years of **age**. 彼は15歳です. ➡ He is fifteen years old. のほうがふつう.

❷ 時代
- the Ice [Stone] **Age** 氷河[石器]時代
- in the Internet **age** インターネット時代に

❸ (an age または ages で)《話》長い間
- I haven't seen you for **ages**. ずいぶん長い間お目にかかりませんでした[お久しぶりです].

be [***come***] ***of age*** 成年に達している[達する] ➡ 米国では州によって成人年齢が異なる.

aged A2 /éidʒid エイヂッド/ 形
❶ 年を取った (old)
- an **aged** man お年寄り
- the **aged** (=old people) お年寄りたち
❷ /éidʒd エイヂド/ ～歳(さい)の
- a boy **aged** twelve 12歳の少年
- people **aged** 65 or older 65才以上の人たち

agency A2 /éidʒənsi エイヂェンスィ/ 名 (複 **agencies** /éidʒənsiz エイヂェンスィズ/) 代理店, 取次店; あっせん所; (政府)機関

agent A2 /éidʒənt エイヂェント/ 名 代理人; 代理店

ago 中 A1 /əgóu アゴウ/ 副 (➡ 比較変化なし) (今から)～前に ➡ 今からみて時間的にどれくらい前なのかを表す.

関連語 「(過去のある時から)～前に」または漠然(ばくぜん)と「以前に」という時は **before**.

命基本 three years **ago** (今から)3年前に →
時間の長さを表す語(句)＋ago.

• a few days **ago** 2～3日前に
• years **ago** 何年も前に
• long **ago** ずっと前に, 昔
• not long **ago** 少し前に, つい先頃(ごろ)
• Long, long **ago** an old man lived near the woods. 昔々1人のおじいさんが森の近くに住んでいました.

agony /ǽgəni アゴニ/ 名 (複 **agonies** /ǽgəniz アゴニズ/) 非常な苦しみ, 苦悩; 激しい苦痛

agree **中** **A1** /əgríː アグリー/ 動

❶ (意見が)一致(いっち)する, 同意する, 賛成する

• I **agree with** you [your opinion]. 私は君に賛成だ[君と同じ意見だ].
• I **agree to** this plan. 私はこの計画に賛成だ.
• I cannot **agree with** you on this point. この点については私は君に賛成できない.
• We all **agreed** to keep the dog. ＝We all **agreed** on keeping the dog. ＝We all **agreed** that we would keep the dog. 私たちは皆(みな)その犬を飼うことで意見が一致した.

文法 ちょっとくわしく

「agree＋前置詞＋名詞」の場合, 名詞の内容によって前置詞は次のようになる:
agree with (人・意見・行為(こうい))
agree to (提案)
agree on (決定すべき事項(じこう))

---

❷ (気候・食物などが)体質に合う; 気が合う

• The food in that country didn't **agree** with me. その国の食べ物は私に合わなかった.
• Brothers and sisters don't always **agree**. 兄弟姉妹(しまい)がいつも気が合うとは限らない. → not always は「いつも～とは限らない」.

agreeable /əgríːəbl アグリーアブル/ 形
❶ ここちよい, (感じ・気持ちの)よい, 楽しい
❷ (～に)適する, 合う; (人が)賛成で, 乗り気で

agreement /əgríːmənt アグリーメント/ 名
(意見などの)一致(いっち), 同意, 合意, 協定(書)

agricultural /ægrikʌ́ltʃərəl アグリカルチュラル/

形 農業の

agriculture /ǽgrikʌ̀ltʃər アグリカルチャ/ 名 農業

ah /áː アー/ 間 ❶ああ!, まあ! → 驚(おどろ)き・喜び・悲しみ・哀(あわ)れみなどを表す. ❷ えーと → ためらいを表す.

aha /aːháː アーハー/ 間 ははっ!, へーっ! → 驚(おどろ)き・喜び・満足などを表す.

ahead **A2** /əhéd アヘド/ 副 前へ, 前方に
• look **ahead** 前方を見る; 先を見通す
• go **ahead** 先へ進む → 成句
• go **ahead** with *one's* work 仕事をどんどん続ける
• Go straight **ahead** along this road. この道をまっすぐに行きなさい.
• There is danger **ahead**. 前方に危険がある.
• He shouted, "Iceberg **ahead**!" 「前方に氷山が!」と彼は叫(さけ)んだ.

ahead of ～ ～の前方に; ～より先に
• I could see traffic lights **ahead of** my car. 車の前方に交通信号が見えた.
• He is **ahead of** us in English. 彼は英語では私たちより進んでいる.

go ahead (相手に行為(こうい)・話を先に進めるように促(うなが)して)さあ, どうぞ, それから?

AI **中** **略** 人工知能 → Artificial Intelligence.

aid /éid エイド/ 動 助ける, 援助(えんじょ)する → help を使うほうがふつう.
── 名 助け, 援助; (補助)器具

aide /éid エイド/ 名 補佐(ほさ)官, 側近; 助手

AIDS /éidz エイヅ/ 名 エイズ, 後天性免疫(めんえき)不全症候(しょうこう)群

aim /éim エイム/ 名 狙(ねら)い; 目的
── 動 ❶ (aim at ～ で)～を狙う; (aim *A* at *B* で)Aを Bに向ける, AでBを狙う ❷ (aim for ～ で)～を得ようとする, ～を狙っている ❸ (aim to *do* で)～しようとする, ～するつもりだ

Ainu /áinuː アイヌー/ 名 (複 **Ainu**, **Ainus** /áinuːz アイヌーズ/) ❶ アイヌ人; (the Ainu [Ainus] で)アイヌの人々(全体), アイヌ民族 ❷ アイヌ語
── 形 アイヌ人の; アイヌ語の

air **中** **A2** /éər エア/ 名
❶ 空気
• fresh **air** 新鮮(しんせん)な空気 → ×a fresh air,

air ball

×fresh air などとしない.
- mountain **air** 山の空気

❷ (ふつう **the air** で) **大気, 空** (sky) → 自分の周りの「空気」, 頭上の「空」の意味.
- in **the** open **air** 野外で
- high up in **the air** 空高く
- fly up into **the air** 空に舞(ま)い上がる
- It could be seen only from **the air**. それは空からしか見えなかった.

❸ 様子, ふう, 態度; (**airs** で) 気取り
- put on **airs** 気取る
- The town has a European **air**. その町はヨーロッパ風のところがある.

by air 飛行機で[の], 空路を
- travel **by air** 飛行機で旅行する

on the air (テレビ・ラジオで)放送されて
- An interesting program will be **on the air** at eight this evening. おもしろい番組が今晩8時に放送されます.

―― **動** 空気に当てる, 干す, 乾(かわ)かす

áir bàll 名 風船

air-conditioned /éər kəndíʃənd エア コンディションド/ 形 エアコンの利いている, 冷暖房(れいだんぼう)装置を付けた

áir condìtioner 中 名 エアコン, 空調; クーラー → この意味での「クーラー」は和製英語. →**cooler**

aircraft /éərkræft エアクラフト/ 名 (複 **aircraft**) 航空機 → 複数形も **aircraft**. 飛行機・ヘリコプター・飛行船などの総称.

áircraft càrrier 名 航空母艦(ぼかん)

áir fàre 名 航空運賃

airfield /éərfiːld エアフィールド/ 名 《米》(軍用などの小さな)飛行場

áir fòrce 名 空軍

áir gùn 名 空気銃(じゅう)

airline /éərlain エアライン/ 名 ❶ 航空路
❷ (しばしば **airlines** で) 航空会社

airliner /éərlainər エアライナ/ 名 (大型の)定期旅客(りょかく)機

airmail /éərmeil エアメイル/ 名 航空郵便, エアメール

airplane 小 A1 /éərplein エアプレイン/ 名 《米》飛行機 (《英》aeroplane) → 話し言葉では **plane** という.
- travel **by airplane** 飛行機で旅行する → ×by an [the] airplane としない.

áir pollùtion 名 大気汚染(おせん)

---

airport 中 A1 /éərpɔːrt エアポート/ 名 空港
- at Heathrow **Airport** ヒースロー空港で
- in an **airport** lounge 空港ロビーで

airship /éərʃip エアシプ/ 名 飛行船

airsick /éərsik エアスィク/ 形 飛行機に酔(よ)った

airway /éərwei エアウェイ/ 名 (複 **airways** /éərweiz エアウェイズ/) 航空路線; (**airways** で) 航空会社; (**Airways** で社名として) …航空

airy /éəri エアリ/ 形 (比較級 **airier** /éəriər エアリア/; 最上級 **airiest** /éəriist エアリエスト/) 風通しのよい → air+-y.

aisle A2 /áil アイル/ 名 (教室・劇場・客車・教会などの座席間の)通路

AK 略 =Alaska

AL 略 =Alabama

Alabama /æləbæmə アラバマ/ 固名 アラバマ → 米国南東部の州. **Ala.**, (郵便で) **AL** と略す.

Aladdin /əládin アラディン/ 固名 アラジン

> 参考 民話集『アラビアン・ナイト』の中の1つ「アラジンと魔法(まほう)のランプ」の主人公. 中国の貧しい仕立屋の少年であったが, なんでも願いをかなえてくれる魔法のランプ (**Aladdin's lamp**) のおかげで大金持ちになり, 中国皇帝(こうてい)のお姫(ひめ)さまと結婚(けっこん)する.

alarm A2 /əláːrm アラーム/ 名
❶ (言葉・ベル・ブザーなどによる)警報, 警報機; 目覚まし時計 (alarm clock)
- a fire **alarm** 火災警報[報知器]
- give [raise, sound] the **alarm** 警報を発する
❷ (突然(とつぜん)の)驚(おどろ)き, 恐怖(きょうふ)
- The bird flew away in **alarm** when it saw a cat. 鳥はネコを見るとびっくりして飛び去った.

―― **動** 不安におののかせる; (**be alarmed** で) 不安におののく
- Don't be so **alarmed**. そう慌(あわ)てるな.

alárm clòck A2 名 目覚まし時計

alas /əlǽs アラス/ 間 ああ!, ああ悲しい! → 悲しみ・後悔(こうかい)などの気持ちを表す.

Alaska /əlǽskə アラスカ/ 固名 アラスカ → 北アメリカ北西端(たん)の大半島で米国最大の州(日本の約4倍), **Alas.**, (郵便で) **AK** と略す.

Alaskan /əlǽskən アラスカン/ 形 アラスカの,

アラスカ人の
── 名 アラスカ人

albatross /ǽlbətrɔːs アるバトロース/ 名 《鳥》
アホウドリ

album A1 /ǽlbəm アるバム/ 名
❶ アルバム →写真帳・切手帳・サイン帳・レコードを入れておくレコードアルバムなど.
•a photo **album** 写真帳
•an autograph **album** サイン帳
❷ (何曲か収録された) CD, レコード, カセット

alcohol /ǽlkəhɔːl アるコホーる/ 名 ❶ アルコール ❷ アルコール性飲料, 酒

alcoholic /ælkəhɔ́ːlik アるコホーリク/ 形 アルコールの, アルコール性の

ale /éil エイる/ 名 エール →ふつうのビールより苦味があって濃(こ)い.

alert /ələ́ːrt アら~ト/ 形 油断のない (watchful), 抜(ぬ)けめのない, 機敏(きびん)な, すばしこい
── 名 警戒(けいかい); 警戒態勢

Alexander /æligzǽndər アれグザンダ/ 固名
アレクサンドロス, アレキサンダー →紀元前4世紀のマケドニアの王. **Alexander the Great**
(アレクサンドロス大王)と呼ばれる.

Alfred /ǽlfrid アるふレド/ 固名 アルフレッド →
英国王 (849–899). **Alfred the Great** (アルフレッド大王)と呼ばれる.

Ali Baba /ǽli bάːbə アリ バーバ/ 固名 アリ・ババ

参考 民話集『アラビアン・ナイト』の中の1つ「アリ・ババと40人の盗賊(とうぞく)」の主人公. ペルシアに住む貧しいきこりだったが, ある日盗賊たちが「開けゴマ! (Open sesame!)」と唱えて岩を開くのを見て, 自分もその呪文(じゅもん)を唱えて中に入り, 盗賊の隠(かく)した宝を見つけて大金持ちになった.

alien /éiljən エイリャン/ 形 外国の (foreign); 異質の (different)
── 名 ❶ (在留)外国人 ❷ 宇宙人, 異星人

alike /əláik アらイク/ 形 よく似て, 同様で
── 副 同じように, 同様に

alive A2 /əláiv アらイヴ/ 形
❶ 生きて →live²
•The snake is still **alive**. そのヘビはまだ生きている.
•They caught a bear **alive**. 彼らはクマをいけどりにした.

反対語 Is the bird **alive** or **dead**? その鳥は生きていますか死んでいますか.
•We are trying hard to keep our folk culture **alive**. 私たちは自分たちの民俗(みんぞく)文化を絶やさないようにとても努力しています. → keep A (名詞) alive は「A を生かしておく」.
❷ 生き生きして, にぎわって
•The streets are **alive** with shoppers. 通りは買い物客でにぎわっている.

all 小 A1 /ɔːl オーる/
形 ❶ すべての, 全部の
  ❷ (not のある文で) 全部の～が…ではない
代 すべてのもの, すべての人々
副 全く

意味 map

── 形 (→比較変化なし)
❶ すべての, 全部の
基本 **all** boys すべての少年たち, 少年たち(は)みんな →all＋数えられる名詞の複数形.
類似語 一つ一つを個別的に考えて,「すべての」という時は **every** を使う.
•**all** my friends 私のすべての友人たち →×my all friends としない.
•**all** the boys of our school 私たちの学校のすべての少年たち →×the all boys としない.
基本 **all** my money 私のすべてのお金 →all＋数えられない名詞.
基本 **all** (the) morning 午前中ずっと →the をつけないほうがふつう.
•**all** day (long) 一日中
•**all**-Japan team 全日本チーム
•He was silent **all** the time. 彼はその間中黙(だま)っていた.
•We spent happy days with our granddad **all** summer. 私たちはおじいさんとその夏中楽しい日々を送った.
❷ (not のある文で) 全部の～が…ではない, すべての～が…というわけではない
•**All** books are **not** good books. すべての本が良書だというわけではない(中には悪い本もある). →一部を否定する言い方.
•I did **not** buy **all** the books. 私は全部の本を買ったわけではない.
── 代 すべてのもの, すべての人々, 万事(ばんじ), 全部
基本 **all** of the pupils (＝**all** the pupils) 生徒たちのすべて, すべての生徒たち

alleluia

- **all** of us 我々のすべて[全員] →×*all us* とはいわない.

> **文法 ちょっとくわしく**
> **all of** の次には限定された複数名詞が続く: 従ってその名詞には the, these, my, his などがつく:
> ○ all of **the** pupils
> × all of *pupils*
> 人称(にんしょう)代名詞 (us, you, them) はそれ自体が限定された人や物を示しているから **all of** us [you, them] でよい.

- **all** (that) I have 私の持っているすべてのもの →関係代名詞 that は目的格だから省略できる.
- **All** I have is this small bag. (私の持っているすべてのものはこの小さなバッグです ⇨)私が持っているのはこの小さなバッグだけです.
- **All** are silent. みんな[全員]黙っている. → all を all people (すべての人々)の意味に使う時は複数扱(あつか)い.
- **All** is silent around. 辺りはすべてが静かです. → all を all things (すべての物)の意味に使う時は単数扱い.
- We **all** [**All** of us] like him. 私たちはみんな彼が好きです. →We と all は同格. ×*all we* としない.
- ことわざ **All** that glitters is not gold. きらきら光る物が皆(みな)金とは限らない. →一部を否定する言い方. →形 ❷

── 副 全く, すっかり
- **all** around 周りじゅう → **around** 成句
- **all** together みんないっしょに
- **all** alone 全くひとりぼっちで
- **all** through the night 夜通し
- The sky was **all** dark. 空は真っ暗だった.

above all 何よりも → **above** 成句
after all 結局, やはり → **after** 成句
all at once ① 全く突然(とつぜん) (suddenly)
② みんな一度に
all over ① 一面に, すっかり
- I feel itchy **all over**. 私は体じゅうがかゆい.
② すべて終わって
- The party is **all over**. パーティーは全部終わった.

all over ~ ~じゅうに[で]
- **all over** the country 国中に[で]
- Players from **all over** the world are talking to one another. 世界中から来た選手たちが互(たが)いに話をしている.

all over again 繰(く)り返して, 何度も
all right A1 よろしい; 元気で → **right** 成句
all the way はるばる, ずっと
at all 少しでも (even a little)
- Do you know him **at all**? 君は彼を少しは知っているのか.
- I'll come in the afternoon if I come **at all**. (たぶん伺(うかが)えないでしょうが)もし伺うとすれば午後になります.

in all 全部で, みんなで
- There were ten questions **in all**. 質問は全部で10あった.

Not at all. (英)(お礼に対する答えに用いて)どういたしまして (《米》You are welcome.)

会話
Thank you very much.—**Not at all.**
どうもありがとう.—どういたしまして.

Not at all.
Thank you very much!

not ~ at all 少しも~ない
- I did **not** sleep **at all** last night. 私はゆうべは少しも眠(ねむ)れなかった.
- It doesn't matter **at all**. そんなことは全く関係ない[どっちでもいい].

That's all. それで[これで]おしまい; それだけのことだ

alleluia /æləlúːjə アれるーヤ/ 間 = hallelujah

allergic /əláːrdʒik アら~ヂク/ 形 アレルギー(性)の

allergy /ǽlərdʒi アらヂ/ 名 (複 **allergies** /ǽlərdʒiz アらヂズ/) アレルギー →ある物質に対し, 不必要な免疫(めんえき)反応を示すことで引き起こされる病.
- a pollen **allergy** 花粉アレルギー

alley /ǽli アリ/ 名 ❶ 狭(せま)い裏通り, 路地, 小道 ❷ (ボウリングの)レーン

All Fools' Day /ɔːl fúːlz dèi オーる ふーるズ デ

イ/ 图 **万愚節**(ばんぐせつ) → **April Fools' Day**

alligator /ǽləgeitər アリゲイタ/ 图 **アリゲーター** → アメリカや中国産のワニの一種.

類似語 **crocodile** ほど鼻先がとがっていない.

allow A2 /əláu アラウ/ 動

❶ **許す**; (**allow** A **to** do で) **A に～すること を許す**, **～させておく**

• **allow** him **to** enter 彼が中へ入ることを許す, 彼が中へ入るままにする[入るのを止めない]

• You must not **allow** the children **to** play here. 子供たちをここで遊ばせておいてはいけない.

• No one is **allowed to** smoke in the car. 車内では誰(だれ)もタバコを吸うことを許されない[吸ってはいけない].

• Dad doesn't **allow** smoking in this room. 父はこの部屋でタバコを吸うことを許さない.

• Smoking **is** not **allowed** in this room. この部屋ではタバコを吸うことは許されない. → **is** 助動 ❷

❷ (小遣(こづか)いなどを)**与**(あた)**える** (give); (時間を)割り当てる

• **allow** him two thousand yen a month for pocket money 小遣いとして彼に月 2,000 円与える

allowance /əláuəns アラウアンス/ 图 (定期的な)**手当**, **小遣**(こづか)**い**, **～費**

All Saints' Day /ɔ̀:l séints dèi オールセインツデイ/ 图 **万聖節**(ばんせいせつ), **諸聖徒日** → カトリックの祭日の1つで11月1日. 聖人の霊(れい)を祭る日だが一般(いっぱん)家庭では特別な行事はしない. → **Halloween**

almanac /ɔ́:lmənæk オールマナク/ 图

❶ **暦**(こよみ) → カレンダーのほかに気候・日の出, 日の入りの時刻・潮・年中行事などの記事がある.

❷ **年鑑**(ねんかん)

almighty /ɔːlmáiti オールマイティ/ 形 **全能の**, **万能**(ばんのう)**の**

—— 图 (the **Almighty** で) **全能者**, **神** (God)

almond /ά:mənd アーモンド/ 图 《植物》**アーモンド(の木・実)**

almost 中 A1 /ɔ́:lmoust オールモウスト/ 副 **ほとんど**, **おおかた**; **もう少しで** → all, every などの前につくことが多い.

• **almost** all (the books) ほとんどすべて(の本) → ×*almost the* books とはいわない.

• I've spent **almost** all my money. 私は自分のお金をほとんど全部使ってしまった. → ×*almost my* money とはいわない.

• **almost** every book ほとんどあらゆる本

• **almost** always ほとんどいつも

• **almost** the same ほとんど同じ

• It is **almost** ten o'clock. もうそろそろ10時です.

• Bob is **almost** as big as his father. ボブはほとんど父親と同じくらい大きい.

• I **almost** caught the fish. 私はもう少しでその魚を捕(つか)まえるところだった.

• We are **almost** there. (私たちはもう少しでそこにいる ⇨)もうそろそろそこに着く.

• Are we **almost** there? もうそろそろそこに着きますか.

aloha /əlóuhə アロウハ/ 間 **こんにちは**, **ようこそ** (hello); **さようなら** (goodbye) → ハワイ語で「愛」の意味.

alóha shirt 图 **アロハシャツ** → ハワイ由来のシャツ. 華(はな)やかな柄(がら)のものが多い.

alone 中 A1 /əlóun アロウン/ 形

❶ **ひとりで**, **単独で**

• Cinderella was (all) **alone** in the house all day. シンデレラは一日中家に(たった)ひとりでいた.

• I am **alone** with nature in the mountains. 私は山の中で(自然とふたりっきりでいる ⇨)自然に囲まれてひとりでいる.

• We were **alone** in that hall. そのホールには私たちだけだった.

> **文法 ちょっとくわしく**
> **alone** は名詞の前では使わない.「ひとりぼっちの(さみしい)子供」は ×an *alone* child ではなく, a **lonely** child という.

❷ ((代)名詞+**alone** で) **～だけ**

• Aunt Margaret **alone** can make this cake. マーガレットおばさんだけがこのお菓子(かし)を作れます.

—— 副 **ひとりで**, **単独で**

• She lives **alone** in the house. 彼女はひとりでその家に住んでいる.

• The old man and his wife worked **alone**. その老人と妻は彼らだけで働いた.

let [**leave**] ～ *alone* **～を構わずにおく**, **～をそのままほっておく**

along 22 twenty-two

- **Leave** me **alone**. 私のことはほっといてくれ.
- **Leave** that **alone**. It's mine. それに触(さわ)らないでくれ. それは僕(ぼく)のだ(から).

let alone ~ ～は言うまでもなく，～はもちろん

- I don't have a computer, **let alone** a tablet PC. 私はタブレットコンピューターはもちろん，(ふつうの)コンピューターだって持っていない.

along 中 A1

/əlɔ́ːŋ アるóːング|əlɔ́ŋ アるóング/ 前
(道・川など)**に沿って**，(道)**を**
関連語 **across** (～を横切って)

- walk **along** the river 川に沿って歩く
- walk **along** the street 通りを歩く
- trees **along** the road 沿道の並木
- Cherry trees are planted **along** the street. 通りに沿って桜が植えられている.

―― 副 ❶ (先へずっと)**進んで** →道(など)に沿った「動きの方向」を示す. 日本語には訳さないことが多い.

- walk **along** 歩いて行く
- come **along** やって来る，通り掛(か)かる
- ride **along** (馬・自転車などに)乗って行く
- Come **along**, children. さあいらっしゃい，みんな.
- "Move **along**, please!" said the police officer. 「(止まらないで)先へ進んでください!」と警官が言った.

❷ (人と)**いっしょに，**(物を)**持って**

- sing **along** (楽器・歌手などに合わせて)いっしょに歌う
- Can I bring my friend **along**? 友達をいっしょに連れて来ていいですか.
- Take your umbrella **along**. 傘(かさ)を持って行きなさい.

get along (生活・勉強・仕事・他人との関係を)やっていく →**get** 成句

go along 進む，(うまく)やっていく

go along with ~ ①～といっしょに行く
②～に同調する，に賛成する →**go** 成句

aloud /əláud アらウド/ 副 **声を出して**

- read **aloud** 声を出して読む，音読する

alpha /ǽlfə アるふァ/ 名 **アルファ** →ギリシャ語のアルファベットの最初の文字 (α, A).

alphabet 小 /ǽlfəbet アるふァベット/ 名 **アルフ**

アベット →英語の場合は ABC 26文字のこと. 一つ一つの文字ではなく26文字全部をいう.

alphabetical /ælfəbétikəl アるふァベティカる/ 形 **アルファベットの**

Alpine /ǽlpain アるパイン/ 形 ❶ **アルプス山脈の** ❷ (alpine で) **高山性の**

Alps /ǽlps アるプス/ 固名 **(the Alps で) アルプス山脈** →フランス・イタリア・スイス・オーストリアなどにまたがった山脈. →**Mont Blanc**

already 中 A1 /ɔːlrédi オーるレディ/ 副
(→比較変化なし) **既**(すでに)**に，もう**

中基本 It's **already** dark. もう暗い[暗くなった]. →**already** はふつう肯定(こうてい)文で使い，否定文では **yet** を使う.

- I have **already** finished my homework. 私はもう宿題を済ませてしまった. →**have** 助動 ❶
- The bus has **already** gone. バスはもう既に行ってしまった.
- Are you leaving **already**? 君はもう行ってしまうの. →**already** を疑問文で使うと，予想以上に早いことに対する驚(おどろ)きの気持ちを表す. ふつうの疑問文では **yet** を使う.

alright A2 /ɔːlráit オーるライト/ 形 副 《話》= all right

also 小 A1 /ɔ́ːlsou オーるソウ/ 副 (→比較変化なし) **～もまた，また**

POINT 《話》では too, as well などを使うことが多い.

- You must **also** read this book. 君はこの本も読まなければならない.
- I **also** think so. (=I think so, too.) 私もそう思います.

POINT 「～も～しない」の否定文には either を使って，I don't think so, **either**. (私もそうは思わない)となる.

- French is **also** used in Canada. カナダではフランス語も使われています.

not only A ***but*** (***also***) B A だけでなく B もまた →**only** 成句

ALT /éieltíː エイエるティー/ 略 **外国人語学指導助手** →**A**ssistant **L**anguage **T**eacher.

although A2 /ɔːlðóu オーるぞウ/ (→gh は発音しない) 接 (～は～する)**けれども** (though)

- **Although** it is snowing, I must go. 雪が降っているけれど私は行かなければならない.

altimeter /ǽltímətər アるティメタ/ 名 (飛行機の)**高度計** ➔alti (=high)+meter (計量器).

altogether /ɔ̀:ltəgéðər オーるトゲざ/ 副 ❶ **全く**, **全然**, **すっかり** ❷ **全体で**, **全部で** (in all)

aluminium /ǽljəmíniəm アりュミニアム/ 名 《英》 =aluminum

aluminum /əlú:minəm アる−ミナム/ 名 **アルミニウム**

- **aluminum** foil アルミホイル

always 小 A1 /ɔ́:lweiz オーるウェイズ/
副 (➔比較変化なし)

❶ **いつも**, **常に**

- She is **always** cheerful. 彼女はいつも明るい. ➔always の位置は be 動詞+always.
- **Always** be cheerful. いつも明るく振(ふ)る舞(ま)いなさい. ➔命令文などで be 動詞を強める時は always+be 動詞.
- Ken **always** wears a red cap. ケンはいつも赤い帽子(ぼうし)をかぶっている. ➔always+一般(いっぱん)動詞.
- **Yours always** (「私はいつもあなたのもの」という意味から親友間の手紙の結びに使って)じゃあまたね, お元気で.

関連語 Bob **always** sleeps during class; Sue **often** sleeps; Ken **sometimes** sleeps; Kay **seldom** sleeps; Ben **never** sleeps. ボブは授業中いつも居眠(いねむ)りする. スーはちょいちょい居眠りする. ケンは時々居眠りする. ケイはめったに居眠りしない. ベンは決して居眠りしない.

❷ **(not のある文で) いつも〜とは限らない**, **常に〜するわけではない**

- It is **not always** cold in Hokkaido. 北海道がいつも寒いわけではない. ➔一部を否定する言い方. It は漠然(ばくぜん)と「気温」を示す.
- I do **not always** go to the sea in summer. 私は夏にはいつも海へ行くとは限らない.

am 小 A1 /弱 (ə)m (ア)ム, 強形 ǽm アム/
動 ❶ **〜である**   意味map
❷ **(〜に)いる**
助動 ❶ **(am** *doing* **で) 〜している**
❷ **(am+過去分詞で) 〜される**

—— 動
過去 **was** /弱 wəz ワズ, 強形 wǽz ワズ/
過分 **been** /弱 bin ビン, 強形 bí:n ビ(−)ン/

-ing形 **being** /bí:iŋ ビーインヶ/

❶ **〜である** ➔am は主語がI (私は[が])の時の be の現在形.

基本 I **am** a student. 私は学生です. ➔I am+名詞.

- I **am** Bob. **I'm** Tom's brother. 僕(ぼく)はボブです. トムの兄[弟]です.

POINT 自己紹介(しょうかい)ではふつう **My name is Bob.** という. I am は話し言葉ではふつう **I'm** /アイム/ と短くしていう.

基本 I **am** fine. 私は元気です. ➔I am+形容詞.

- I **am** thirteen. 私は13歳(さい)です.

会話 Are you really Tom's brother? —Yes, I **am** /アム/. 君は本当にトムの兄[弟]ですか.—ええ, そうですよ. ➔I am の後ろを省略した時は am を強く発音し, ×*I'm* という短縮形は使わない.

基本 **Am** I wrong? 私は間違(まちが)っていますか. ➔疑問文では Am I 〜?

基本 I **am** not a teacher. 私は教師ではない. ➔否定文ではI am not 〜.

Are you happy? —No, **I'm** not! **I'm** very sad.
君はうれしいですか.—とんでもない! 私はとても悲しいのです.

- **I'm** right, **aren't** I? 私の言うとおりでしょ? ➔〜, aren't Iは「〜ですね」と念を押(お)す言い方. ×*amn't* という形がないので are not を短くした形 **aren't** を使う.

❷ **(〜に) いる**

基本 I **am** at home. 私は家にいます. ➔I am+場所を示す副詞(句).

- I am red. I **am** in the garden. I **am** in a sandwich. What am I? 私は赤いです. 私は野菜畑にいます. 私はサンドイッチの中にいます. 私は何でしょう. ➔なぞなぞ(答え: tomato).

Where are you, Bob? —**I'm** here, Mother.
あなたはどこにいるの, ボブ.—僕はここにいます, お母さん.

—— 助動 ❶ **(am** *doing* **で) 〜している**; (これ

a.m. 24 twenty-four

から)〜しようとしている →現在進行形.

•**I am playing** the piano now. 私は今ピアノを弾(ひ)いている.

•**I am leaving** next week. 私は来週出発します.

POINT go (行く), come (来る), leave (出発する), arrive (着く)など「行く・来る」の意味を表す動詞の現在進行形は「近い未来」を表すことがある.

会話 Are you going out?—Yes, I **am**. 出かけるの?—ええ, そうです.

❷**(am＋過去分詞で)〜される** →受け身.

•**I am loved** by my parents. 私は私の両親に愛されています.

❸**(am to** *do* **で)〜すべきである, 〜することになっている**

•What **am** I **to** do? 私は何をすればよいのか.

•**I am to** meet him at the station. 私は駅で彼と会う予定です.

a.m., A.M. 中 A1 /éiém エイエム/

略 午前 →ラテン語 ante meridiem (＝before noon) から. →**p.m., P.M.** (午後)

•6:30 **a.m.** (読み方: six-thirty a.m.) 午前6時30分

•the 6:30 **a.m.** train 午前6時30分発の列車

amateur /ǽmətər アマタ/ **名形 しろうと(の), アマチュア(の)**

関連語 professional (プロ(の))

amaze 中 /əméiz アメイズ/ **動**

びっくり仰天(ぎょうてん)**させる, 驚嘆**(きょうたん)**させる; (be amazed で)びっくり仰天する, 驚嘆する**

•The whole world **was amazed** by the news. 全世界がそのニュースにびっくりした.

amazement /əméizmənt アメイズメント/ **名 びっくり仰天**(ぎょうてん)**, 驚嘆**(きょうたん)

amazing 中 /əméiziŋ アメイズィング/ **形**

驚(おどろ)**くべき, 目を見張らせる**

•an **amazing** sight 驚くべき光景

•It is **amazing** that so many young people are doing volunteer work nowadays. 近頃(ちかごろ)こんなにもたくさんの若者たちがボランティア活動をしているのは驚くべきことだ.

amazingly /əméiziŋli アメイズィングリ/ **副**

びっくりするほど, 驚(おどろ)**くほど**

Amazon /ǽməzɑn アマゾン/ **固名 (the Amazon で) アマゾン川** →南米第一の大河(約6,500km).

ambassador /æmbǽsədər アンバサダ/ **名 大使 関連語 embassy** (大使館)

ambition A2 /æmbíʃən アンビション/ **名 (何かを成し遂**(と)**げたいという)盛**(さか)**んな意欲, 大望**(たいもう)

ambitious /æmbíʃəs アンビシャス/ **形 意欲的な, 大望**(たいもう)**を**[**大志**]**を抱**(いだ)**いた**

ambulance /ǽmbjuləns アンビュランス/ **名 救急車**

amen /eimén エイメン, ɑːmén アーメン/ **間**

アーメン →キリスト教徒やユダヤ教徒が祈(いの)りの最後に言う言葉で,「(今祈ったことが)そうありますように」という意味.

amend /əménd アメンド/ **動 (法律などを一部)修正する, 改正する**

America 小 /əmérikə アメリカ/ **固名**

❶ **アメリカ(合衆国), 米国** →米国人はふつう自分の国を the States /スティッツ/ と呼ぶ.

❷ **(南北)アメリカ大陸**

American 小 /əmérikən アメリカン/ **形**

アメリカの; アメリカ人の, アメリカ人で

•an **American** boy アメリカの少年

•He is **American**. 彼はアメリカ人です. → He is an American. よりふつうな言い方.

—— **名 アメリカ人, 米国人**

•an **American** アメリカ人(1人)

•the **Americans** アメリカ人(全体)

Américan dréam 名 (the をつけて)アメリカン・ドリーム →自由と平等の国・アメリカで, 努力と運次第(しだい)では誰(だれ)でも獲得(かくとく)できると信じられている社会的成功のこと.

Américan Énglish 名 アメリカ英語, 米語 →**British English**

Américan fóotball 名 アメリカンフットボール, アメフト →米国で最も人気のあるスポーツで9月から1月がシーズン. 単に **football** ともいう.

Américan Índian 名 アメリカインディアン →北米先住民. 現在ではふつう **Native American** という. →**Indian**

Américan Léague 固名 (the をつけて)アメリカン・リーグ →アメリカのプロ野球連盟で大リーグの1つ. このリーグの優勝チームがナショナル・リーグ (National League) の優勝チームと全米一を賭(か)けて争う.

Américan Revolútion 固名 (**the** をつけて) アメリカ独立革命 →アメリカの13の植民地がイギリス本国と戦った独立戦争 (1775–1783). この戦争で植民地軍は勝利し, アメリカ合衆国を建設した.

amiable /éimiəbl エイミアブる/ 形 気立ての優(やさ)しい, あいそのよい

among 中 A2 /əmʌ́ŋ アマング/ 前
～の間に[の], ～の中に[の] → 3つ[3人]以上の間についていう.
類似語 「2つの間に」は **between**.
(中)基本 sit **among** the five boys その5人の少年たちに囲まれて座(すわ)る →動詞＋**among**＋3つ以上のものを表す名詞.
(中)基本 a tent **among** the trees 木々の間(林の中)のテント →名詞＋**among**＋名詞.
• Divide the cake **among** you three. 君たち3人でそのケーキを分けなさい.
• He is **among** the greatest poets in Japan. (＝He is one of the greatest poets in Japan.) 彼は日本における最高の詩人の中にいる[最高の詩人の1人です].
• Choose one from **among** them. それらの中からどれでもいいから1つ選びなさい. →

×among *they* としない.
among others [*other* ～] 他にもいろいろ(な～が)あるが(特に)

amount 中 /əmáunt アマウント/ 名
総計, (金)額; 量
• a large [small] **amount** of money 多額[少額]の金
── 動 (総計)～になる, ～に上る
• **amount to** a million dollars 総額100万ドルに上る

ample /ǽmpl アンプる/ 形 広い, 大きい; 豊富な, 十分な

Amsterdam /ǽmstərdæm アムスタダム/ 固名 アムステルダム →オランダの首都. → **Netherlands**

amuse /əmjúːz アミューズ/ 動 楽しませる, おもしろがらせる, 笑わせる; (**be amused** で) 楽しむ

amused A2 /əmjúːzd アミューズド/ 形 楽しんでいる, おもしろがっている

amusement 小 A2 /əmjúːzmənt アミューズメント/ 名 楽しみ, 娯楽(ごらく)
• for **amusement** 楽しみのために, 娯楽として

amúsement pàrk 中 名 遊園地

---

among 中 A2 /アマング/

基本の意味

(3つ以上のもの)の間に囲まれている状態が基本の意味. 「同種の多数のもの・人に囲まれて」という状態だと, 「～の中の(1つ[1人])」という「範囲」の意味になる. **between** は「(2つのもの)の間に」が基本の意味.

イメージ
(3つ[3人]以上)の間に

 教科書によく出る 使い方・連語

- There is a bear **among** five seals. 5匹のアザラシの間にクマが1頭いる.
- Choose the one you want from **among** these five books.
  これら5冊の本の中から好きなのを1冊選びなさい.

among others 他にもいろいろあるが特に

amusing /əmjúːziŋ アミューズィング/ 形 おもしろい, おかしい (funny)

an 小 A1 /ən アン/ 冠 **1つの, 1人の**
⚠POINT an は発音が母音(ぼいん)で始まる語の前につける. an の n と次の母音を続けて発音する. 用法は a と同じなので, 例文は →**a**
基本 **an** apple /アナプる/ (1つの)リンゴ
・**an** elephant /アネぁファント/ (1頭)の象
・**an** Indian /アニンディアン/ (1人の)インド人; (1人の)北米先住民[アメリカンインディアン]
・**an** old /アノウるド/ man (1人の)おじいさん
・**an** orange /アノーレンヂ/ (1つの)オレンジ
・**an** umbrella /アナンブれら/ (1本の)雨傘(あまがさ)
・**an** X-ray /アネクスレイ/ (1枚の)X線写真
・500 yen **an** hour /アナウア/ 1時間につき500円 →この h は発音せず /アウア/ だから an がつく.

analyze /ǽnəlaiz アナらイズ/ 動 (三単現 **analyzes** /ǽnəlaizəz アナらイゼズ/; 過去・過分 **analyzed** /ǽnəlaizd アナらイズド/; -ing形 **analyzing** /ǽnəlaiziŋ アナらイズィング/)
分析(ぶんせき)する, 分解する 関連語 **analysis** (分析)
・**analyze** information 情報を分析する

ancestor A2 /ǽnsestər アンセスタア/ 名 祖先

ancestral /ænséstrəl アンセストラる/ 形 祖先の; 先祖代々の

anchor /ǽŋkər アンカ/ 名
❶ (船の)いかり
・A tanker is at **anchor** in the harbor. タンカーが港にいかりを降ろして停泊(ていはく)中だ.
❷ (リレーの)最終走者[泳者], アンカー
❸ 《米》=anchorperson
—— 動 (船を)停泊させる; (船が)停泊する

anchorman /ǽŋkərmæn アンカマン/ 名 (複 **anchormen** /ǽŋkərmen アンカメン/) (男性の)ニュースキャスター →**anchorperson**

anchorperson /ǽŋkərpə̀ːrsn アンカパ〜スン/ 名 ニュースキャスター →報道番組でいろいろなニュースを整理し, 解説などを加えながら報道する人. 男性は **anchorman**, 女性は **anchorwoman** ともいう.

anchorwoman /ǽŋkərwumən アンカウマン/ 名 (複 **anchorwomen** /ǽŋkərwimin アンカウィメン/) (女性の)ニュースキャスター →**anchorperson**

ancient A2 /éinʃənt エインシェント/ 形 **古代の**;古くからある, 昔からの
・an **ancient** city 古代都市

and 小 A1 /弱 ənd アンド, ən アン, n ン, 強 ǽnd アンド/
接
❶ **〜と〜**
❷ **そして(それから)**
❸ **〈結果を示して〉それで, だから**
❹ **〈命令文などの後で〉そうすれば**

—— 接

❶ **〜と〜, 〜そして〜**
基本 Bob **and** Susan ボブとスーザン →名詞+and+名詞.
・you **and** I 君と僕(ぼく)
・the sun, the moon(,) **and** the stars 太陽, 月そして星
⚠POINT 3つ以上のものを並べる時はふつう A, B, and C あるいは A, B and C.
・two **and** a half 2 1/2
・three hundred **and** ten 310 →100の位と10の位の間に and を入れていうのは《英》. 《米》では three hundred ten というのがふつう.
・One **and** one is [are] two. 1と1で2になる[1+1=2].
・husband **and** wife 夫婦(ふうふ)
⚠POINT 「対(つい)」になる語を and で結ぶ時は×a, ×the をつけない.
・day **and** night 昼も夜も
・a cup **and** saucer 茶わんとその受け皿 →2つで一体と考えられる時は, 初めの語だけに a をつける.
・a knife **and** fork ナイフとフォーク
・bread **and** butter バターを塗(ぬ)ったパン →この場合はパンとバターを別々でなく, 1つの物として単数扱(あつか)いとなる. and は弱く発音し, /brédnbʌ́tər ブレドンバタ/ という発音になる.
・bacon **and** eggs ベーコンエッグ

angle

- 基本 a black **and** white cat 黒と白の混ざったネコ, 黒白ぶちのネコ →形容詞＋and＋形容詞. a black and a white cat は「黒いネコと白いネコ」.
- It was dark **and** cold in the room. 部屋の中は暗くて寒かった.
- Dinner is ready, boys **and** girls. みんな, 食事の用意ができたよ.
- 基本 sing **and** dance 歌いそして踊(おど)る, 歌ったり踊ったりする →動詞＋and＋動詞.
- 基本 I am twelve, **and** my brother is ten. 私は12歳(さい)です. そして弟は10歳です. →文＋and＋文.

会話
How are you, Bob? —Fine, thank you. **And** you?
ご機嫌(きげん)いかがですか, ボブ.—ええ, 元気です. あなたは？

❷ そして(それから) →**and then** ともいう. →成句
- I said "Good night" to my parents **and** went to my bedroom. 私は両親に「おやすみなさい」と言って寝室(しんしつ)へ行った.

❸《結果を示して》それで, だから →**and so** ともいう. →成句
- He fell down on the ice **and** broke his arm. 彼は氷の上で転んで, それで腕(うで)を折った.
- It's cold, **and** we can't swim. 寒いので, 私たちは泳げない.

❹《命令文などの後で》そうすれば →/アンド/ と強く発音する. →**or** ❷
- Come here, **and** you will see better. ここへいらっしゃい, そうすればもっとよく見えます.
- One more step, **and** you are a dead man. もう1歩でも動くと(死人になっている⇨)殺すぞ.

❺《話》(**come** [**go, try**] **and** *do* で)～しに(行く, 来る), ～して(みる)
- **Come** (**and**) see our new house. (＝ Come to see our new house.) 私たちの新居を見にきてください. →《米》では and を省略することがある.

～ and ～ ～も～も; どんどん～; 大いに～する →「反復または強意」を表す.

- again **and** again 何度も, 再三再四
- for days **and** days 何日も何日も
- He cried **and** cried. 彼はわんわん泣いた.
- It grew warmer **and** warmer. だんだん暖かくなってきた.

and Co. /ən kóu アン コウ, ən kʌ́mpəni アン カンパニ/ ～商会, ～会社 →ふつう **& Co.** と略す. **&** は and を意味するラテン語を図案化したもの.
- Jones **& Co**. ジョーンズ商会

and so それで, だから
- He is old, **and so** he can't work so hard. 彼は年を取っています. だからそんなに重労働はできません.

and so on [**forth**] ～など
- He asked me my name, my age, my address, **and so on**. 彼は私に名前, 年齢(ねんれい), 住所などを聞いた.

and then そしてそれから, すると
- She usually watches TV for two hours **and then** does her homework. 彼女はたいてい2時間テレビを見て, それから宿題をする.

and yet それでも, それなのに
- It was raining hard, **and yet** he went out. 雨がひどく降っていたが, それでも彼は出て行った.

Andersen /ǽndərsn アンダスン/ 固名 (**Hans** /ハンス/ **Christian Andersen**) アンデルセン →デンマークの童話作家・詩人(1805-75).『人魚姫(ひめ)』『みにくいアヒルの子』などの名作を書いた.

Andes /ǽndi:z アンディーズ/ 固名 (**the Andes** で) アンデス山脈 →南米西部を南北に貫(つら)ぬく大山脈.

android /ǽndrɔid アンドロイド/ 名 ❶ アンドロイド, 人造人間 ❷ (**Android** で)《商標》アンドロイド →スマートフォンやタブレット用の基本ソフトのひとつ.

angel A2 /éindʒəl エインヂェる/ 名 天使, 神の使い, エンゼル; 天使のような人

anger /ǽŋgər アンガ/ 名 怒(いか)り, 立腹 関連語 形 **angry** (怒った)

Angkor Wat /ǽŋkɔːr wáːt アンコー ワート/ 固名 アンコールワット →カンボジアにある石造寺院遺跡(いせき). 12世紀半ばの建造物でクメール美術を代表する.

angle /ǽŋɡl アングる/ 名 (2つの線・2つの面が作る)角, 角度 →「(物を見る)角度・視点」の意味でも使われる.

Anglo-Saxon

Anglo-Saxon /ǽŋglou sǽksən アングろウ サクソン/ 名 アングロサクソン人

> 参考 5世紀に現在のドイツ北部にあたる地域からイギリスに移住したアングロサクソン族 (**the Anglo-Saxons**) の人で, 今日(こんにち)の英国人の祖先. **Anglo-** は現在では「英国」の意味で使われる: **Anglo-French** (英仏の).

angrily A2 /ǽŋgrili アングリリ/ 副 怒(おこ)って, 腹を立てて

angry 中 A1 /ǽŋgri アングリ/ 形
(比較級 **angrier** /ǽŋgriər アングリア/, **more angry**; 最上級 **angriest** /ǽŋgriist アングリエスト/, **most angry**) 怒(おこ)った, 怒って, 腹を立てて; 荒(あ)れ模様の → **anger**

- an **angry** look 怒った顔つき
- an **angry** sea 荒れ狂(くる)う海
- **angry** words 荒々(あらあら)しい言葉
- be **angry** 怒っている
- get **angry** 腹を立てる, 怒る
- look **angry** 怒った顔をしている
- She is **angry with** [**at**] me for breaking her doll. 彼女は私が彼女の人形を壊(こわ)したので私のことを怒っている. → angry with [at]＋人.
- Ben often gets **angry about** foolish things [**at** my words]. ベンはばかばかしいことで[私の言葉に]よく腹を立てる. → angry about＋物事 [at＋言動].
- When (you get) **angry**, count to ten. 腹が立つ時は10まで数えなさい.

animal 小 A1 /ǽnəməl アニマる/ 名
(複 **animals** /ǽnəməlz アニマるズ/)

❶ (人間以外の)**動物**, (特に四つ足の)**獣**(けもの), けだもの (**beast**) → 一般(いっぱん)的には人間以外の動物を指すことが多い.
- wild **animals** 野生の動物, 野獣(やじゅう)
- domestic **animals** 家畜(かちく)
- Be kind to **animals**. 動物に優(やさ)しくしよう.

❷ (植物・鉱物に対して)**動物** → 人間・馬・昆虫(こんちゅう)・鳥・魚・ヘビなど.
- Humans are social **animals**. 人間は社会的動物である[社会を作る動物だ].

ánimal dòctor 名 獣医(じゅうい)

animate /ǽnəmeit アニメイト/ 動 生気を与える; アニメ化する
── /ǽnəmət アニメト/ (→ 動詞との発音の違(ちが)いに注意) 形 生きた; 活気のある

animated /ǽnəmeitid アニメイテド/ 形
❶ 生き生きした; 生きているような
❷ 動画の, アニメの
- an **animated** movie 動画, アニメ映画
- an **animated** cartoon 漫画(まんが)映画, アニメ漫画

animation /ænəméiʃən アニメイション/ 名 動画(の製作); アニメ映画, アニメーション

animator /ǽnəmeitər アニメイタ/ 名 アニメーター, アニメ[動画]製作者

anime 小 /ǽnimei アニメイ/ 名
(特に日本の)**アニメ** → animation からつくった言葉. 類似語 英米などのものは **cartoon** と呼ばれることが多い.

Ankara /ǽŋkərə アンカラ/ 固名 アンカラ → トルコ (Turkey) の首都.

ankle A2 /ǽŋkl アンクる/ 名 (くるぶしを含(ふく)む)足首
- sprain *one's* **ankle** 足首をくじく

anniversary A2 /ænəvə́:rsəri アニヴァ〜サリ/ 名 (複 **anniversaries** /ænəvə́:rsəriz アニヴァ〜サリズ/) (年ごとの)**記念日, 記念祭**
- our tenth wedding **anniversary** 私たちの10回目の結婚(けっこん)記念日
- This year marks the twentieth **anniversary** of the foundation of our school. 今年は私たちの学校が創立されて20年目です.

announce /ənáuns アナウンス/ 動 (正式に)**発表する, 知らせる**

announcement /ənáunsmənt アナウンスメント/ 名 発表, 公表, 通知, お知らせ
- a boarding **announcement** (飛行機・船の)搭乗(とうじょう)案内

announcer /ənáunsər アナウンサ/ 名 (ラジオ・テレビの)**アナウンサー; 発表する人**

annoy A2 /ənɔ́i アノイ/ 動 (一時的に)**いらいらさせる, いやがらせる, 困らせる; (be annoyed で)いらいらする, 困る**
- The noise from the street **annoys** me. 通りの騒音(そうおん)が私をいらいらさせる.
- I **was annoyed** with him for keeping me waiting. 私は私を待たせたことで彼にいら

いらした．
- I **am annoyed** at his carelessness. 私は彼の不注意に困っている．

annoying /ənɔ́iiŋ アノイイング/ 形 いらいらさせる，うるさい，迷惑(めいわく)な
- **annoying** ads うっとうしい広告

annual /ǽnjuəl アニュアる/ 形 1年の，年間の；毎年の，年1回の，例年の

another 中 A1 /ənʌ́ðər アナざ/

形 もう1つの，もう1人の，別の　意味 map
代 もう1つの物，もう1人の人，別の物[人]

── 形 (→比較変化なし)

もう1つの，もう1人の，別の

基本 **another** pen (別の)もう1本のペン → another＋数えられる名詞の単数形．

POINT **another** は an (1つの)＋other (別のもの)で an (1つの)が含(ふく)まれているから，前に a, the, my などをつけて ×*an* another pen, ×*the* another pen, ×*my* another pen としない．→**other** 形 ❶ POINT

- **another** boy (別の)もう1人の少年
- I want **another** cup of tea. 僕(ぼく)はお茶がもう1杯(ぱい)欲(ほ)しい．
- **Another** day passed. (別の1日 ⇨)また1日が過ぎた．
- The next day was **another** fine day. その次の日もまた晴れた日だった．
- Let's do it **another** time. またほかの時にそれをしましょう．

会話 You will have a test tomorrow. —**Another** one? 明日テストをします．—またですか．

── 代 **もう1つの物，もう1人の人，別の物[人]**

- I don't like this hat. Please show me **another**. この帽子(ぼうし)は気に入らない．別のを見せてください．→Show me **the other**. は「(2つの帽子のうち)もう1つのほうを見せてください」．

the other　　　　another

- from one person to **another** (1人の人か

ら他の人へ ⇨)人々の間を次々と
- from one place to **another** (1つの場所から別の場所へ ⇨)場所を次々と
- in one way or **another** (1つのあるいは別の方法で ⇨)なんらかの方法で
- A week went by and then **another** (went by). 1週間が過ぎた，そしてさらにまた1週間が(過ぎた)．
- Soon they had a child and then **another** the next year. 彼らはすぐ子供ができその次の年また1人できた．
- Saying is one thing and doing (is) **another**. (言うことは1つの事，そして行うことはもう1つの別の事 ⇨)言うことと行うことは別の事だ．

one after another 次々に
one another お互(たが)い (each other)
- All countries must help **one another** to maintain world peace. 世界中の国々は世界平和を維持(いじ)するためにお互いに助け合わなければならない．

answer 小 A1 /ǽnsər アンサ | ɑ́ːnsə アーンサ/ (→w は発音しない)

動 (言葉・手紙・動作などで～に)答　意味 map
える，返事をする
名 (言葉・手紙・行動による)答え

── 動 三単現 **answers** /ǽnsərz アンサズ/；過去・過分 **answered** /ǽnsərd アンサド/；-ing形 **answering** /ǽnsəriŋ アンサリング/)

(言葉・手紙・動作などで～に)**答える，返事をする**
→**reply**

answer the question　　ask a question

基本 **answer** the question その質問に答える →answer＋名詞．
- **answer** him 彼に答える
- **answer** a letter 手紙に返事を出す
- **answer** the telephone 電話に出る
- **answer** the door (ベルやノックを聞いて)玄関(げんかん)に出る
- Please **answer** in English. 英語で答えて

answering machine

ください.

- She always **answers** the teacher's questions in a small voice. 彼女はいつも先生の質問に小さな声で答える.
- She **answered** yes. 彼女はイエス[そうです]と答えた.
- I knocked and knocked on the door, but no one **answered**. 私は何度も繰り返しドアをノックしたけれど誰(だれ)も出て来なかった.
- The man **answered to** the police that he had nothing to do with the case. その男は警察に対して自分は事件とは何の関わりもないと答えた.
- He is always slow in **answering** my letters. 彼はいつも私の手紙にすぐ返事をくれない. → 前置詞 in+動名詞 answering (返事をすること).

answer back □答えをする

—— 名 (複 **answers** /ǽnsərz アンサズ/)
(言葉・手紙・行動による) 答え, 返事; 回答

- give him an **answer** = give an **answer** to him 彼に返事を出す[答える]
- I don't know the **answer** to your question. 私は君の質問に対する答えがわからない.
- He gave no **answer** to my letter. 彼は私の手紙に何の返事もくれなかった.
- I knocked on the door, but there was no **answer**. 私はドアをノックしたが何の答えもなかった.
- A wink was his only **answer**. ウインクが彼のただ1つの返事だった.
- He answers the teacher's questions first, but his **answers** are always wrong. 彼は先生の質問に最初に答えるが, 彼の答えはいつも間違(まちが)っている. → 最初の answers は 動.

ánswering machìne 名 《主に米》留守番電話

answerphone /ǽnsərfoun アンサふォウン/ 名 《主に英》=answering machine

ant 小 /ǽnt アント/ 名 《虫》アリ

antarctic /æntάːrktik アンタークティク/ 形 南極の; 南極地方の 関連語 arctic (北極の)
—— 名 (the Antarctic で) 南極地方 関連語 the South Pole (南極)

Antárctic Cóntinent 固名 (the をつけて) 南極大陸

Antárctic Ócean 固名 (the をつけて) 南極海, 南氷洋

antelope /ǽntiloup アンテロウプ/ 名 《動物》レイヨウ → アフリカ・アジアの草原地方にいるシカに似た足の速い動物.

antenna /ænténə アンテナ/ 名
❶ (複 **antennas** /ænténəz アンテナズ/) 《米》(ラジオ・テレビの) **アンテナ** (《英》aerial)
❷ (複 **antennae** /ænténiː アンテニー/) (昆虫(こんちゅう)などの) 触角(しょっかく) (feeler)

anthem /ǽθəm アンさム/ 名 祝い歌, 賛歌

anti- /ǽnti アンティ/ 接頭語 「反対」「敵対」の意味を表す.

- **anti**nuclear 核(かく)兵器反対の

antique /æntíːk アンティーク/ 名 形 骨董(こっとう)品(の), アンティーク(の)

antler /ǽntlər アントら/ 名 (枝のようになった) シカの角 類似語 「牛・ヤギ」などの「角」は **horn**.

anxiety /æŋzáiəti アンぐザイエティ/ (→発音に注意) 名 (複 **anxieties** /æŋzáiətiz アンぐザイエティズ/) ❶ 心配, 不安; 心配事 ❷ (〜すること)に対する)念願, 切望

anxious A2 /ǽŋkʃəs アンクシャス/ 形
❶ 心配な

- an **anxious** look 心配そうな顔つき
- Our grandmother will be **anxious** about us. おばあちゃんは私たちのことを心配するでしょう.
❷ (be anxious for 〜 で) 〜を心から願っている; (be anxious to *do* で) とても〜したがっている
- We **are anxious for** your success. 私たちは君の成功を心から願っている.
- He **is anxious to** go with you. 彼は君といっしょに行きたがっている.

any 小 A1 /éni エニ/

代 形 ❶ 《疑問文・条件文で》 意味map
いくつか(の), 何人か(の), いくらか(の)
❷ 《否定文で》1つの〜も, 少し(の〜)も
❸ 《肯定(こうてい)文で》どんな〜も, どれでも, 誰(だれ)でも
副 《疑問文で》少しは
—— 代 形 (→比較変化なし)
❶ 《疑問文・条件文で》いくつか(の), 何人か(の), いくらか(の)

anyone

🟩関連語 Do you have **any** caps? —Yes, I have **some** caps. 君は帽子(ぼうし)を(何個か)持っていますか.—はい, 私は帽子を(何個か)持っています. →any+数えられる名詞の複数形.

⚡POINT この時の any は日本語には訳さないことが多い. 肯定文では some になる.

🟩関連語 Is there **any** water in that bottle? —Yes, there is **some** (water) in this bottle. その瓶(びん)の中に(いくらかの)水が入っていますか.—はい, この瓶には(いくらか)入っています. →any+数えられない名詞. 次に名詞が続く時の any は形容詞, 単独なら代名詞.

• If you want **any** money, here's some. お金が(いくらか)いるならここにいくらかあります.

❷《否定文で》1つ(の〜)も, 1人(の〜)も, 少し(の〜)も

💬会話 Do you have any sisters? —No, I don't have **any** (sisters). あなたにはお姉さんか妹さんがいますか.—いいえ, 姉も妹も(1人も)いません. →any+数えられる名詞の複数形. any の次に名詞が続くときの any は形容詞で, 続かないときの any は代名詞.

💬会話 Is there any milk in that bottle? —No, there isn't **any** (milk) in it. その瓶に(いくらかの)ミルクが入っていますか.—いいえ, その中には(ミルクが)入っていません. →any+数えられない名詞.

Are there **any** apples on the table? —No, there aren't **any**.
テーブルにリンゴがある?—いや, ない.
Is there **any** bread in the kitchen? —No, there isn't **any**.
台所にパンがある?—いや, ない.

❸《肯定文で》どんな〜も, どれでも, 誰でも

🔵基本 **Any** child can do this game. どんな子供でもこのゲームはできる. →any+単数名詞. この文の否定は ×Any child cannot do 〜. としないで No child can do 〜. とする.

• Choose **any** apple from this tree. この木からどれでも好きなリンゴをとりなさい.
• **Any** (one) of you can come to the party. 君たちのうちの誰でも(1人)パーティーに来てよい.
• You may come (at) **any** time on Friday. 君は金曜日ならいつ来てもよい.
• Mt. Fuji is higher than **any** other mountain in Japan. (= Mt. Fuji is the highest mountain in Japan.) 富士山は日本にある他のどの山よりも高い[日本で最も高い].

⚡POINT 同じ日本の山同士の比較(ひかく)では, other (他の)をつけないと比較する山の中に富士山自身も入ってしまうから **any other 〜** とする. 他国の山との比較では other をつけない.

• Mont Blanc is higher than **any** mountain in Japan. モンブランは日本のどんな山よりも高い.

── 副 (→比較変化なし)
《疑問文で》少しは, いくらか; 《否定文で》少しも

• Are you **any** better today? 君はきょうはいくらか具合がいいですか. →any+比較級
• She could not work **any** longer. 彼女はもうそれ以上長くは働けなかった.

💬会話 Do you want **any** more? —No, I don't want **any** more. 君はもう少し欲(ほ)しいですか.—いや, (これ以上)もういりません.

any one (〜) どれでも1つ(の〜), 誰でも1人
any time いつでも; 《答えで》どういたしまして

💬会話 Thanks a lot. —**Any time**. どうもありがとう.—どういたしまして.

at any rate とにかく, どちらにしても
if any もしあれば; もしあるにしても

• Correct the errors, **if any**. 誤りがあれば訂正(ていせい)しなさい.
• There are few, **if any**. もしあるにしても, ほんのわずかだ.

in any case どんな場合でも, どちらにしても

anybody 🔵A1 /énibɑdi エニバディ|énibɔdi エニボディ/ 代 →意味・用法とも **anyone** と同じ. → anyone, somebody

❶《疑問文・条件文で》誰(だれ)か
❷《否定文で》誰も, 誰にも
❸《肯定(こうてい)文で》誰でも

anyhow /énihau エニハウ/ 副 =anyway
anymore 🟩A2 /enimɔ́ːr エニモー/ 副
《疑問文で》もっと; 《否定文で》もう(〜ない) → ふつうは any more と2語に書く.

anyone 🟩A1 /éniwʌn エニワン/

代 ❶《疑問文・条件文で》誰(だれ)か 意味map
❷《否定文で》誰も
❸《肯定(こうてい)文で》誰でも

anything

— 代 ❶《疑問文・条件文で》誰か →**any one** と2語につづることもあるが，その時は状況(じょうきょう)によって「人」を指すことも「物」を指すこともある．

基本 Can **anyone** answer this question? 誰かこの質問に答えられますか．

・Is **anyone** else coming? ほかに誰か来るのですか．

・Is **anyone** going to the movies tonight? 今晩映画を見に行く人いる?

・If **anyone** comes, ask him [《話》them] to wait. もし誰か来たら待っていてくださいと言いなさい．

❷《否定文で》誰も，誰にも

基本 There wasn't **anyone** in the room. 部屋には誰もいなかった．

I heard someone shouting at the gate. Did you see **anyone** there? —No, I didn't see **anyone**.
門の所で誰かが叫(さけ)んでいるのが聞こえたけど．そこで誰かに会った?—いや，誰にも会わなかった．

関連語 肯定文では **someone** になる．

❸《肯定文で》誰でも

基本 **Anyone** can answer such an easy question. 誰でもそんな易(やさ)しい質問には答えられます．

POINT この文の否定は ×Anyone cannot answer ～. ではなく，Nobody can answer ～. →**any** 代 形 ❸

・**Anyone** who lives in this town can swim in the town pool. この町に住む人は誰でも町のプールで泳いでよい．

anything 中 A1 /éniθiŋ エニすィング/

代 ❶《疑問文・条件文で》何か 意味 map
❷《否定文で》何も(～しない)
❸《肯定(こうてい)文で》何でも

— 代 ❶《疑問文・条件文で》何か

基本 Do you want [Would you like] **anything** (else)? (ほかに)何か欲(ほ)しいですか[いかがでしょうか].

・**Anything** else? ほかに何かご用は?

・Can I do **anything** for you? (あなたのために私は何かすることができますか ⇒)何かして差し上げましょうか．

関連語 I want **something** to eat. Is there **anything** to eat? 私は何か食べるものが欲しい．何か食べるものがありますか．→肯定文では **something** になる．

・Is there **anything** like go or shogi in America? アメリカには「碁(ご)」とか「将棋(しょうぎ)」のようなものがありますか．

・If **anything** happens, let me know. もし何か起こったら知らせてください．

❷《否定文で》何も(～しない)

基本 I don't want **anything** else. 私はほかに何も欲しくない．

・I've never seen **anything longer** than it. 私はそれ以上長い物を見たことがない．→ anything＋形容詞に注意(→❸ POINT). → **have** 助動 ❷

I'm hungry. Is there any bread or fruit?—Sorry, there isn't **anything** to eat (=there's nothing to eat).
私はおなかがすいている．パンかフルーツかありますか．—すみません．食べる物は何もありません．

❸《肯定文で》何でも

基本 I will do **anything** for you. 君のためなら私は何でもやります．

・He likes **anything** sweet. 彼は甘(あま)いものなら何でも好きです．

POINT 「甘いもの」を ×sweet anything としない．anything, something, nothing などに形容詞がつく時は，いつも後ろにつく．

anything but ～ ～のほかは何でも; 決して～ではない →この場合の but は「～を除いて」の意味．

・I will give you **anything but** this ring. 私はあなたにこの指輪のほかは何でもあげます(指輪だけはあげられない).

・The picture is **anything but** beautiful. その絵はきれいだとはとても言えない．

anytime /énitaim エニタイム/ 副 《米話》いつでも; (返事で)いつでもどうぞ，どういたしまして →**any time** と2語にもつづる．

anyway 中 A2 /éniwei エニウェイ/ 副

❶とにかく，どちらにしても (anyhow)

・Thanks **anyway**. (ご好意も役に立ちません

でしたが)でもとにかくありがとう.

- It may rain, but I will go **anyway**. 雨が降るかもしれないけれど, とにかく私は行きます.

❷《否定文で》**どうしても**, **なんとしても**

- I can't do it **anyway**. 私はどうしてもそれができない.

anywhere 中 A2 /éni(h)weər エニ(ホ)ウェア/
副 ❶《疑問文・条件文で》**どこかに[へ]**

- Did you go **anywhere** yesterday? 君は昨日どこかへ行きましたか.

- If you go **anywhere** today, take your umbrella with you. きょうどこかへ出かけるなら, 傘(かさ)を持って行きなさい.

❷《否定文で》**どこにも**

- I didn't go **anywhere** yesterday. 私は昨日はどこにも行かなかった.

関連語 I left my umbrella **somewhere** in the library yesterday. And I went there today, but I couldn't find it **anywhere**. 私は昨日図書館のどこかに傘を忘れた. そこできょうそこへ(図書館へ)行ったのだが, 傘をどこにも見つけることができなかった. → 肯定(こうてい)文では **somewhere** になる.

❸《肯定文で》**どこにでも**

- You may go **anywhere**. 君はどこにでも行ってよい.

apart A2 /əpáːrt アパート/ 副 **離(はな)れて, 分かれて; (分離(ぶんり)して)ばらばらに**

- The two houses are more than a mile **apart**. 両家は1マイル以上離れている.

- He lives **apart** from his family. 彼は家族と離れて暮らしている[別居している].

- John took the watch **apart**. ジョンは時計を分解した.

apart from ~ **~は別にして, ~はともかくとして**

- **Apart from** the cost, it will take a lot of time. 費用はともかくとして, それはとても時間がかかるだろう.

apartheid /əpáːrtheit アパートヘイト/ 名 **アパルトヘイト** → 南アフリカ共和国がかつて黒人に対してとっていた人種隔離(かくり)政策.

apartment A2 /əpáːrtmənt アパートメント/ 名
❶《米》**アパート** (apartment house) **内で1世帯が住む部分** (《英》flat)

- a building with 15 **apartments** 15世帯用のアパート[マンション]

- He lives in an **apartment**. 彼はアパートに住んでいます.

❷《米》**アパート, マンション, 集合住宅** (《英》a block of flats) → **apartment house** [**building**] ともいう. → **mansion**

ape /éip エイプ/ 名 **類人猿(るいじんえん)**

参考 ゴリラ (gorilla), チンパンジー (chimpanzee), オランウータン (orangutan) のように尾(お)のない高等のサルのこと. 小型で尾の長いものは **monkey**. → **monkey**

Aphrodite /æfrədáiti アフロダイティ/ 固名
《ギリシャ神話》**アフロディテ** → 愛と美の女神(めがみ)で, ローマ神話のビーナス (Venus) にあたる.

Apollo /əpálou アパロウ/ 固名 **アポロ(ン)** → ギリシャ・ローマ神話における太陽の神で音楽・詩歌・予言などをつかさどる美男の神.

apologise A2 /əpálədʒaiz アポロチャイズ/ 《英》 =apologize

apologize A2 /əpálədʒaiz アポロチャイズ/ 動 **謝(あやま)る, おわびする**

- George Washington **apologized to** his father **for** cutting down a cherry tree. ジョージ・ワシントンは桜の木を切り倒(たお)したことをお父さんに謝った.

apology /əpálədʒi アパロチ/ 名 (複 apologies /əpálədʒiz アパロチズ/) **おわび, 謝罪**

app /æp アプ/ 名 **アプリ** → **application** ❷ のくだけた言い方.

apparent /əpǽrənt アパレント/ 形 ❶ **明らかな, 明白な** ❷ **外見上の, 上辺の, 見せかけの**

apparently A2 /əpǽrəntli アパレントリ/ 副
❶ **外見上は, 見たところでは; どうやら** ❷ **実は** (in fact)

appeal /əpíːl アピール/ 動 ❶ **懇願(こんがん)する; 求める; (理性・世論などに)訴(うった)える** ❷ **(人の心に)訴える, 興味をひく**

── 名 ❶ **哀願(あいがん), 訴え** ❷ **魅力(みりょく), (心に)訴える力**

appear 中 A2 /əpíər アピア/ 動
❶ **現れる, (テレビ・記事などに)出る**
対義語 **disappear** (消える)

- The stars **appear** at night. 星は夜に現れる.

- He often **appears** on television. 彼はよくテレビに出る.

appearance

- He did not **appear** until about noon. 彼は昼頃(ひるごろ)まで姿を見せなかった.

❷ ～に見える，～らしい

- He **appears** (to be) rich. ＝It **appears that** he is rich. 彼は(見たところ)金持ちらしい. → It は漠然(ばくぜん)と「状況(じょうきょう)」を表す.

関連語 She **seems** to be sick, because she **appears** pale. 彼女は病気のようだ，見たところ顔色が悪いもの.

類似語 **seem** は心に感じた印象から判断して「～に見える」. **appear** は目に映った外観が「～に見える」.

appearance A2 /əpíərəns アピアランス/ 名
❶ 現れ出ること，出現 ❷ 外見，格好

appendix /əpéndiks アペンディクス/ 名 (複 **appendixes** /əpéndiksiz アペンディクセズ/, **appendices** /əpéndisi:z アペンディスィーズ/)
❶ (本の終わりなどに付ける)付録 ❷ 盲腸(もうちょう)

appetite /ǽpətait アペタイト/ 名 食欲 →一般(いっぱん)に「欲求」の意味でも使われる.

ことわざ The **appetite** grows with eating. 食欲は食べるほど増す. →「持てば持つほど欲(ほ)しくなるものだ」の意味.

applaud /əplɔ́:d アプロード/ 動 拍手(はくしゅ)喝采(かっさい)する; 称賛(しょうさん)する

applause /əplɔ́:z アプローズ/ 名 拍手(はくしゅ)喝采(かっさい); 称賛(しょうさん)

apple 小 A1 /ǽpl アプル/ 名

リンゴ; (**apple tree** とも) リンゴの木
- eat an **apple** リンゴを食べる
- pare [peel] an **apple** リンゴの皮をむく

参考 リンゴはアメリカ人の大好物で最もアメリカ的なものと考えられている. 生で食べるほか，アップルパイ (apple pie), リンゴ酒 (cider), キャンディーアップル (candy apple) などとして食べる. アメリカ人はリンゴというと，ジョニー・アップルシード (Johnny Appleseed) という伝説的な人物を思い浮(う)かべる. 彼は開拓(かいたく)時代のアメリカの原野をはだしで放浪(ほうろう)し，リンゴの種 (apple seed) をまきながら神のお告げを説いて回ったという.

the apple of *one's* ***eye*** (人)の瞳(ひとみ), (人)の命 →「(～にとって)この上なく大事な人」の意味で使う. この apple は pupil (瞳)の意味.

apple bobbing /ǽpl bàbiŋ アプル バビング/ 名 リンゴくわえゲーム →たらいに浮(う)かべたリンゴを手を使わずに口でくわえて取るゲーム. もとはハロウィーン (Halloween) の遊び. bob は「口でくわえる」の意味. **bobbing for apples** ともいう.

ápple píe 名 アップルパイ

参考 最もアメリカ的な食べ物の1つで, (as) American as **apple pie** (アップルパイと同じくらいアメリカ的な) は「とてもアメリカ的な」の意味.

appliance /əpláiəns アプライアンス/ 名 器具, 装置，設備品

applicant /ǽplikənt アプリカント/ 名 志望者, 志願者; 申込(もうしこみ)者, 応募(おうぼ)者

application /ǽpləkéiʃən アプリケイション/ 名
❶ 申し込(こ)み，志願，申込(もうしこみ)書，申込用紙
❷ 《コンピューター》アプリケーション(ソフト) →**app** と略す.

apply A2 /əplái アプライ/ 動 (三単現 **applies** /əpláiz アプライズ/; 過去・過分 **applied** /əpláid アプライド/; -ing形 **applying** /əpláiiŋ アプライイング/)
❶ 申し込(こ)む，応募(おうぼ)する
- **apply for** a job as a salesman セールスマンの勤め口に応募する
- **apply to** college 大学を志望する
❷ 当てはまる; 当てはめる，応用する
- The law **applies to** everyone. 法律はすべての人に適用される.
- You cannot **apply** this rule **to** every case. 君はこの法則をあらゆる場合に当てはめることはできない (当てはまらない場合もある). → **every** ❸
❸ (薬などを)つける; (物を)当てる (put)
- Mom **applied** a plaster **to** the cut. 母は傷口にばんそうこうを貼(は)ってくれた.

appoint /əpɔ́int アポイント/ 動

❶(人をある職・仕事に)**任命する**

❷(日時・場所などを)**指定する, 決める**

appointed /əpɔ́intid アポインテド/ 形 **指定された, 約束の**

appointment A2 /əpɔ́intmənt アポイントメント/ 名 **❶**(人と会う)**約束**

•keep [break] an **appointment** 約束(の時間)を守る[破る]

•make an **appointment** to meet him at six 6時に彼と会う約束をする

•I have an **appointment** with [to see] the dentist at three. (私は歯医者と3時に会う約束がある ⇨)歯医者に3時の予約を取ってある.

❷任命, 指名

appreciate A2 /əprí:ʃieit アプリーシエイト/ 動 **❶**(真価などを)**十分に理解する**; (芸術などを)**鑑賞(かんしょう)する, 味わう**

•Many foreigners can **appreciate** *Kabuki*. 多くの外国人が歌舞伎(かぶき)の良さがわかります.

❷感謝する

•I deeply **appreciate** your kindness. (= Thank you very much for your kindness.) 君の親切には深く感謝します.

類似語 **appreciate** は「親切・好意など」を目的語とし, **thank** は「人」を目的語とする.

approach /əpróutʃ アプロウチ/ 動 **近づく** (come nearer (to))

—— 名 **近づくこと, 接近**; (問題への)**接近法, アプローチの仕方**

appropriate A2 /əpróupriət アプロウプリエト/ 形 **適切な, ふさわしい**

•Her dress was not **appropriate to** the occasion. 彼女のドレスはその場にふさわしいものではなかった.

approval /əprú:vəl アプルーヴァる/ 名 **承認(しょうにん), 賛成** 関連語「賛成する」は **approve**.

approve /əprú:v アプルーヴ/ 動 (**approve of ~** とも)**~に賛成する**; **~が気に入る**; **~を承認(しょうにん)する** 関連語「賛成」は **approval**.

Apr. 略 **=April**(4月)

apricot /éiprikat エイプリカト/ 名 **アンズ**; アンズの木

April 小 A1 /éiprəl エイプリる/ 名

4月 →**Apr.** と略す. 詳(くわ)しい使い方は → **June**

•in **April** 4月に

•on **April** 8 (読み方: (the) eighth) 4月8日に

•He entered high school last **April**. 彼はこの4月[去年の4月]に高校に入学した.

語源 (April)

一説にはギリシャ神話の「愛と美の女神(めがみ) Aphrodite (アフロディテ) の月」の意味だといわれる.

April Fools' Day /éiprəl fú:lz dèi エイプリる ふーるズ デイ/ 名 **エイプリルフール** →罪のないそやいたずらにだまされた人 (**April Fool**) も怒(おこ)らないことになっている4月1日. **All Fools' Day** (万愚節(ばんぐせつ))ともいう.

apron A1 /éiprən エイプロン/ 名 **❶エプロン, 前かけ**

•put on [take off] an **apron** エプロンをつける[取る]

❷(飛行場の)**駐機(ちゅうき)場**

apt /ǽpt アプト/ 形 **❶**(**be apt to** *do* で)**~しやすい; ~しそうである** →好ましくないことに使う. **❷**(場合・目的などに)**ふさわしい, 適切な**

aquarium 小 /əkwéəriəm アクウェアリアム/ 名 **❶水族館**

•visit an **aquarium** 水族館に行く

❷(水生動植物を観察する)**水槽(すいそう)**, (ガラス製の)**養魚鉢(ばち)**

Arab /ǽrəb アラブ/ 名 **アラブ人**; (**the Arabs** で) **アラブ民族** →アラビア語を話し, イスラム教を信仰(しんこう)する民族で, モロッコ, リビア, エジプト, レバノン, シリア, イラク, サウジアラビアなどアフリカ北部から中東の国々に広く住んでいる.

Arabia /əréibiə アレイビア/ 固名 **アラビア** →紅海とペルシャ湾(わん)にはさまれた大半島.

Arabian /əréibiən アレイビアン/ 形 **アラビアの; アラビア人の, アラブ人の**

—— 名 **アラビア人; アラブ人**

Árabian Níghts 固名 (**the** をつけて)『**アラビアン・ナイト**』→有名なアラビア民話集. *The Thousand and One Nights*(『千夜一夜物語』)ともいう.

Arabic /ǽrəbik アラビク/ 名 **アラビア語**

Árabic númerals 名 **アラビア数字** →1, 2, 3などの算用数字.

Arbor Day /á:rbər dèi アーバデイ/ 名 **植樹日** →米国・カナダの各州で春の1日を決めて木を

arcade

植える日. 主に小・中学生やボーイ[ガール]スカウトが行う. arbor はラテン語で「木」の意味.

arcade /ɑːrkéid アーケイド/ 名 アーケード
(両側に商店の並んだ)屋根付き商店街.

arch /ɑːrtʃ アーチ/ 名 ❶ (建物などを支える弓形の)アーチ; アーチ状の門 ❷ アーチ形のもの; (足の)土踏(ふ)まず

archaeology /ɑːrkiɑ́lədʒi アーキアロヂ/ 名 考古学

archbishop /ɑːrtʃbíʃəp アーチビショプ/ 名 (カトリック教会の)大司教, (英国国教会の)大主教, (仏教の)大僧正(だいそうじょう)

archer /ɑ́ːrtʃər アーチャ/ 名 ❶ 弓を射る人, 弓術(きゅうじゅつ)家 ❷ (the Archer で)《星座》いて座

archery /ɑ́ːrtʃəri アーチェリ/ 名 弓術(きゅうじゅつ), 弓道(きゅうどう), アーチェリー

Archimedes /ɑːrkəmíːdiːz アーキミーディーズ/ 固名 アルキメデス ←古代ギリシャの物理学者・数学者 (287? -212 B.C.).

architect /ɑ́ːrkətekt アーキテクト/ 名 (建物の)設計者, 建築家 関連語 **carpenter** (大工)

architecture A2 /ɑ́ːrkətektʃər アーキテクチャ/ 名 建築; 建築物

arctic /ɑ́ːrktik アークティク/ 形 北極の; 北極地方の 関連語 **antarctic** (南極の)
• the **Arctic** regions 北極地方
• the **Arctic** Ocean 北極海
—— 名 (the Arctic で) 北極地方
関連語 **the North Pole** (北極)

are 小 A1 /弱形 ər ア, 強形 ɑːr アー/

動 ❶ (私たち[あなた(たち), 彼ら]は)〜である
❷ (〜に)ある, (〜に)いる
助動 ❶ (are doing で) 〜している
❷ (are+過去分詞で) 〜される

意味 map

—— 動
過去 **were** /弱形 wər ワー, 強形 wə́ːr ワー/
過分 **been** /弱形 bin ビン, 強形 bíːn ビ(ー)ン/
-ing形 **being** /bíːiŋ ビーイング/

❶ (私たち[あなた(たち), 彼ら]は)〜である
are は主語が we, you, they または複数名詞の時の be の現在形.
[基本] We **are** Japanese. 私たちは日本人です. →We are+形容詞.
• You **are** beautiful. 君(たち)は美しい(です).
• These flowers **are** very beautiful. これ

らの花はとても美しい(です).

[基本] They **are** [**They're**] brothers. 彼らは兄弟です. →They are+名詞. we are, you are, they are などは話し言葉ではしばしば **we're**, **you're**, **they're** のように縮めていう.
• Tom and Huck **are** good friends. トムとハックは仲良しの友達です.

[基本] **Are** you happy? 君は幸せですか. → 疑問文では Are you [we, they] 〜? となる.

[基本] You **are** not a child. 君は子供ではない. →否定文では You [We, They] are not 〜. となる.

[会話] **Are** you students at this school? —Yes, we **are** /アー/. 君たちはこの学校の生徒ですか.—はい, そうです. →we are の後ろを省略した形の時は are を強く発音し, ×we're という短縮形は使わない.

Are they American? —No, they **aren't**. They **are** British.
彼らはアメリカ人ですか.—いいえ, そうではありません. 彼らはイギリス人です.
→aren't=are not.

• You **are** lucky, **aren't** you? 君(たち)はついてますね. →〜, aren't you? は「〜ですね」と念を押(お)す用法. 次の 〜, are you? も同じ.
• You **aren't** a spy, **are** you? 君はスパイじゃないでしょうね.

[会話] I'm sick.—Oh, **are** you? 私は具合が悪いのです.—おや, そうですか.

❷ (〜に)ある, (〜に)いる → **there** ❷
[基本] Your comic books **are** on the shelf. 君の漫画(まんが)本は棚(たな)にあるよ. →特定の複数主語+are+場所を表す副詞(句).
• There **are** 50 comic books on the shelf. その棚には50冊の漫画本があります.

Where **are** they?—They **are** in London now. They **are** not in Paris any more.
彼らはどこにいますか.—彼らは今ロンドンにいます. もうパリにはいません.

—— 助動 ❶ (are doing で) 〜している; 《近い未来》〜しようとしている →現在進行形.

会話
What **are** you **doing** here? —I'm waiting for Bob.
君はここで何をしているのですか.—ボブを待っているところです.

・They [We] **are leaving** next week. 彼ら[私たち]は来週出発します.

POINT go (行く), come (来る), leave (出発する), arrive (着く)など「行く・来る」の意味を表す動詞の現在進行形はしばしば「近い未来」を表す.

会話 **Are** you **going** out?—Yes, we **are**. 君たち出かけるのかい.—はい, そうです.

❷ (**are**＋過去分詞で) **〜される** → 受け身.

・We **are loved** by our parents. 私たちは両親に愛されています.

❸ (**are to** *do* で) **〜する[なる]ことである; 〜すべきである; 〜することになっている**

・You **are** not **to** do that. 君はそんな事をしてはいけない.

・We **are to** go on a picnic tomorrow. 私たちは明日ピクニックに行くことになっています.

area 中 A2 /é(ə)riə エ(ア)リア/ 名
❶ (大小さまざまの)**地域, 地方**; (〜用の)**場所**; **領域**
・a mountain **area** 山岳(さんがく)地帯
・a picnic **area** ピクニック用の場所
・a free parking **area** 無料駐車(ちゅうしゃ)区域
❷ **面積**

área còde 名 (米)(電話の)**市外局番** → (英)では dialing code, あるいは単に code.

arena /ərí:nə アリーナ/ 名 (円形)**闘技(とうぎ)場**; **競技場, アリーナ**

aren't /á:rnt アーント/ **are not** を短くした形
会話 **Aren't** you Bob's brothers?—No, we **aren't**. 君たちはボブの兄弟ではないですか.—はい, そうじゃありません.

会話 You are Bob's brothers, **aren't** you?—No, we **aren't**. 君たちはボブの兄弟ですね.—いいえ, そうじゃありません.

・I'm late, **aren't** I? 遅(おく)れたかな? → ×amn't という語はないので, 代わりに aren't を使う.

Argentina /à:rdʒəntí:nə アーチェンティーナ/ 固名 **アルゼンチン** → 南米南東部の共和国. 首都はブエノスアイレス (Buenos Aires). 公用語はスペイン語.

Argentine /á:rdʒənti:n アーチェンティーン/ 形 **アルゼンチンの** → Argentina
—— 名 **アルゼンチン人**

argue A2 /á:rgju: アーギュー/ 動 (いろいろ理由を挙げて)**主張する**; **議論する**
・**argue** with him about [(英) over] 〜 〜について彼と議論する[言い争う]
・**argue** for [against] 〜 〜に賛成[反対]論を述べる
・He **argues** that the plan is not practical. 彼はその計画が実際的ではないと主張する.

argument A2 /á:rgjumənt アーギュメント/ 名 **主張**; **議論**

arise /əráiz アライズ/ 動 (三単現 **arises** /əráiziz アライゼズ/; 過去 **arose** /əróuz アロウズ/; 過分 **arisen** /ərízn アリズン/; -ing形 **arising** /əráiziŋ アライズィング/) **起こる, 生じる**

Aristotle /ǽristɑtl アリストタル/ 固名 **アリストテレス** → ギリシャの哲学(てつがく)者 (384–322 B.C.). 師はプラトン (Plato).

arithmetic /əríθmətik アリスメティク/ 名 **算数**

Arizona /ærizóunə アリゾウナ/ 固名 **アリゾナ** → 米国南西部の州. 有名な the Grand Canyon (→その項(こう)がある. **Ariz.**, (郵便で) **AZ** と略す.

ark /á:rk アーク/ 名 **箱舟**(はこぶね) → **Noah**

Arkansas /á:rkənsɔ: アーカンソー/ 固名 **アーカンソー** → 米国中南部の州. **Ark.**, (郵便で) **AR** と略す.

arm 中 A1 /á:rm アーム/ 名
❶ **腕**(うで) → 肩(かた)先から手首または指先まで.

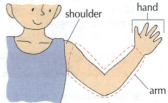

・open [fold] *one's* **arms** 両腕(りょううで)を広げる[腕を組む]
・hang a basket on *one's* **arm** 腕にかごを提(さ)げる
・take him by the **arm** 彼の腕をとる → **the** ❻

- a woman with a baby in her **arms** 赤ん坊(ぼう)を抱(だ)いている女の人
- He was carrying a book under his **arm**. 彼は本を脇(わき)に抱(かか)えていた.
- She threw herself into my **arms**. 彼女は私の腕の中に飛び込(こ)んできた.
- She threw her **arms** around her mother's neck. (彼女は母の首の周りに腕を投げた⇨)彼女は母の首に抱きついた.

❷ (洋服の)袖(そで); (椅子(いす)の)肘掛(ひじか)け →形・働きが「腕」に似ている物.
- the **arm** of a chair 椅子の肘掛け
- The **arms** of this shirt are too long for me. このシャツの袖は私には長過ぎる.

❸ (主に **arms** で)武器, 兵器 →銃(じゅう)・刀・こん棒など「腕で使う物」.
- carry [take up] **arms** 武器を携帯(けいたい)する[取る]

arm in arm (互(たが)いに)腕を組んで
- He was walking **arm in arm** with Ann. 彼はアンと腕を組んで歩いていた.

armband /ɑ́ːrmbænd アームバンド/ 名 腕章(わんしょう)

armchair A2 /ɑ́ːrmtʃeər アームチェア/ 名 肘掛(ひじか)け椅子(いす)

armed A2 /ɑ́ːrmd アームド/ 形 武装した; 凶器(きょうき)を持った
- the **armed** forces of a nation 1国の軍隊
- **armed** groups 武装集団

armor /ɑ́ːrmər アーマ/ 名 ❶ よろいかぶと; 防護服 ❷ 装甲(そうこう) →軍艦(ぐんかん)・戦車などの外側を包む鋼鉄板. ❸ (集合的に)装甲部隊 →戦車隊など.

armour /ɑ́ːrmər アーマ/ 名 《英》=armor

army /ɑ́ːrmi アーミ/ 名 (覆 **armies** /ɑ́ːrmiz アーミズ/) 軍隊; (ふつう the army で)陸軍
関連語 **navy** (海軍)

arose /əróuz アロウズ/ 動 **arise** の過去形

around 小 A1 /əráund アラウンド/

意味map
前 ❶ ～の周りを[に]
    ❷ ～のあちらこちらを
    ❸ ～の辺りに
副 ❶ 周りを
    ❷ あちらこちらを
    ❸ 辺りに

── 前 →《英》では **round** を使うことが多いが, 最近では **around** も使われるようになった.

around 小 A1 /アラウンド/

基本の意味
「(円で囲むように)～の周りに」が基本の意味(前 ❶・副 ❶)で, 囲まれたような一定の範囲内を移動することを表す 前 ❷・副 ❷「(～の)あちらこちらを」, ある場所の周りから離れないことを表す 前 ❸・副 ❸「(～の)辺りに」の意味に広がった.《英》では round を用いることが多い.

イメージ
～の周りに

教科書によく出る 使い方

- 前 ❶ The students sat **around** Ms. Osugi. 生徒たちは大杉先生の周りに座った.
- 前 ❷ Ken traveled **around** Hokkaido during summer vacation. 健は夏休みの間に北海道を旅して回った.
- 前 ❸ There are two restaurants **around** my house. うちの近所にはレストランが2軒ある.

arrival

❶ ～の周りを[に], ～の周囲を[に], ～をぐるっと
- **around** the world 世界中で; 世界中で[に]
- from **around** the world 世界中から(の)
- sit **around** the fire 火の周りに座(すわ)る
- go **around** the corner 角を曲がって行く
→360°回らない時にも使う.
- put a rope **around** a tree 木にロープを巻きつける
- The moon moves **around** the earth. 月は地球の周りを回る.
- The toy train went **around** the room. おもちゃの汽車は部屋の中をぐるぐる回った.
- She put her arms **around** her daughter. (彼女は娘(むすめ)の周りに両腕(りょううで)を回した⇨)彼女は娘を抱(だ)き締(し)めた.

❷ ～のあちらこちらを
- travel **around** the world 世界1周旅行をする, 世界中を旅して回る
- a trip **around** the world 世界1周旅行
- I'll show you **around** the city. 市内をぐるっとご案内しましょう.

❸ ～の辺りに, ～の近くに[で]
- play **around** the house 家の中か近くで遊ぶ
- Is there a post office **around** here? この辺りに郵便局はありますか.

── 副 (→比較変化なし)

❶ 周りを, 周囲を, ぐるりと; 反対側を向くように
- look **around** 辺りを見回す; 振(ふ)り返って見る
- turn **around** くるりと向きを変える
- The merry-go-round went **around**. メリーゴーランドが回った.
- 会話 How big **around** is this tree? (= How big is this tree **around**?)—It is seven meters **around**. この木は周囲がどのくらいですか.—それは周囲が7メートルあります.

❷ あちらこちらを
- walk **around** 歩き回る, 散歩する
- travel **around** 旅をして回る

❸ 辺りに, 周りに
- gather **around** 周りに集まる
- Be careful. There are big sharks **around**. 気をつけろ. 大きなサメが周りにいるぞ.
- I saw nobody **around**. 辺りには誰(だれ)も見えなかった.

❹ 《話》～頃(ごろ); ～くらい (about)
- **around** noon 昼頃(ひるごろ)
- It will cost **around** 10,000 (読み方: ten thousand) yen. それは1万円ぐらいするだろう.

all around 周りじゅう(に)
around and around ぐるぐると
around the corner 角を回ったところに
→「すぐ近くに」の意味でも使われる.
- Christmas is just **around the corner**. クリスマスは(すぐそこの角まで来ている⇨)もうすぐだ.

come around 回って来る, 巡(めぐ)って来る
- Christmas soon **comes around** again. クリスマスがまたすぐやって来る.

get around (困難などを)避(さ)ける, 解決する
go around 回って行く, 回る; 行き渡る
- There was not enough candy to **go around**. みんなに回るだけのキャンディーがなかった.

the other way around 逆向きに, あべこべに
this time around 近頃(ちかごろ)は; 今度は

arouse /əráuz アラウズ/ 動 ❶(興味などを)呼び起こす ❷起こす; 目を覚まさせる →ふつう awake を使う.

arrange /əréindʒ アレインヂ/ 動
❶ 並べる, そろえる, 整える
❷ 取り決める, 打ち合わせる, 準備する

arrangement /əréindʒmənt アレインヂメント/ 名 ❶(きちんと)並べること, 整頓(せいとん); 配列
❷ (**arrangements** で) 準備

arrest /ərést アレスト/ 動 逮捕(たいほ)する
- He was **arrested** for murder. 彼は殺人の容疑で逮捕された.

── 名 逮捕
- Don't move. You are **under arrest**! 動くな. お前を逮捕する.

arrival /əráivəl アライヴァる/ 名 到着(とうちゃく); 到着した人[物] 関連語 「到着する」は **arrive**.
反対語 **departure** (出発)

arrive 40 forty

- on (my) **arrival** (私が)到着した時, 着いたらすぐ
- the **arrival** time of the plane その飛行機の到着時間 →**departure**
- an **arrival** lounge 到着ロビー
- The **arrival** of Flight No. 745 was delayed due to a storm. 第745便の到着は嵐(あらし)のために遅(おく)れた. →745の読み方: seven four five.
- The books on this shelf are all new **arrivals** from the U.S.A. この棚(たな)の本はすべてアメリカから届いた新着本です.

arrive 中 A1 /əráiv アライヴ/ 動 三単現

arrives /əráivz アライヴズ/; 過去・過分 **arrived** /əráivd アライヴド/; -ing形 **arriving** /əráiviŋ アライヴィング/)

❶ (場所に)**到着**(とうちゃく)**する, 着く**

関連語 「到着」は **arrival**.

会 基本 **arrive** here [home] ここに[家に]到着する →arrive＋場所を表す副詞. ×arrive at home としない.

会 基本 **arrive** at school [in New York] 学校[ニューヨーク]に到着する

> **文法 ちょっとくわしく**
>
> 到着する所が駅・家などの狭(せま)い場所や地点の場合は at, 国や大都市など広い地域には in を使うのが原則. ただし小さな村でも自分が住んでいる所には in を使う. このように, in, at は必ずしも場所の客観的な大小に関係なく, 話し手がそこをどのように感じているかによる場合が多い.

- The train will soon **arrive at** the Osaka terminal. この列車はまもなく終点大阪に到着します.
- He will **arrive in** Paris tomorrow. 彼は明日パリに着くでしょう.
- The circus will **arrive in** our village next week. サーカスが来週私たちの村に来ます.
- The spaceship will **arrive** on Mars in a week. 宇宙船は1週間のうちに火星に到着するでしょう.
- She usually **arrives at** school before eight. 彼女はたいてい8時前に学校に着く.
- Your letter **arrived** yesterday. 君の手紙は昨日着きました.

- Summer **has arrived** at last. ついに夏がやって来た. →現在完了(かんりょう)の文.
- The guests **will be arriving** here any minute. お客たちは今にもここにやって来るだろう. →未来進行形の文. 未来のある時点での進行しているであろう動作を表す.
- He is late in **arriving**. 彼は到着が遅(おく)れている. →前置詞 in＋arriving (動名詞).

❷ (**arrive at ～で**) (結論・合意など)**に達する**

- **arrive at** a conclusion ある結論に達する

arrow /ǽrou アロウ/ 名 ❶ 矢 関連語 **bow** /bóu ボウ/ (弓) ❷ 矢印(のマーク) (→)

art 小 A1 /ɑ́ːrt アート/ 名

❶ 芸術, 美術

- an **art** museum 美術館
- an **art** gallery 画廊(がろう), 美術館
- an **art** school [teacher] 美術学校[美術の先生]
- a work of **art** 芸術作品, 美術品
- study **art** at school 学校で美術を勉強する →×an art, ×arts としない.

ことわざ **Art** is long, life is short. 芸術は長く, 人生は短し.

❷ 技術; こつ, 腕前(うでまえ)

- the **art** of conversation 話術

Arthur /ɑ́ːrθər アーサ/ 固名 (**King Arthur** で) アーサー王

> 参考 5～6世紀頃(ごろ)活躍(かつやく)したとされるイギリスの伝説的な王. その宮殿(きゅうでん)では部下の騎士(きし)たちが座(すわ)る席順で地位の上下がつかないように円いテーブル (円卓(えんたく)＝round table) を使ったので, 彼らは円卓の騎士団 (Knights of the Round Table) と呼ばれた.

article 中 A1 /ɑ́ːrtikl アーティクる/ 名

❶ 品物; (同類の品物の)1点

- **an article of** clothing [furniture] 衣服[家具]の1点 →clothing (衣類)や furniture (家具類)は, その種類全部を指す言葉だから, ×a clothing とか ×a furniture としないで, 上のようにいう.

❷ (新聞・雑誌などの)記事, 論文

❸ 《文法》冠詞(かんし) →the, a, an のこと.

artificial A2 /ɑ̀ːrtəfíʃəl アーティふィシャる/ 形
人工的な, 人造の, 模造の; 不自然な

- an **artificial** flower 造花
- **artificial** intelligence 人工知能
- an **artificial** leg 義足
- an **artificial** smile 作り笑い

反対語 These flowers are **artificial**, not **real**. これらの花は造花で,本物ではない.

artist 小 /άːrtist アーティスト/ 名
芸術家;(特に)画家

artistic /ɑːrtístik アーティスティク/ 形 芸術的な,芸術(家)の,美術(家)の

ártistic swímming 名 アーティスティックスイミング ➔水中で音楽に合わせて踊(おど)る競技. 以前は **synchronized swimming** /síŋkrənaizd swímiŋ スィンクロナイズド スウィミング/ と言った.

árts and cráfts 小 名 図画工作, 図工 ➔日本の小学校での科目名.

artwork /άːrtwəːrk アートワ〜ク/ 名 さし絵, 図版; 《米》(絵画などの)芸術品

as 小 A1 /弱 əz アズ, 強 ǽz アズ/

副	(**as** *A* **as** *B* で) *B* と同じくらい *A*	意味map
接	❶(〜が〜する)**ように**, (〜する)**とおりに**
	❷(〜が〜する)**時に**, (〜が〜する)**につれて**, (〜が〜し)**ながら**
	❸〜**なので**
前	❶〜**として**

—— 副 (➔比較変化なし)

(**as** *A* **as** *B* で) *B* と同じくらい *A*

POINT 前の as が「それと同じだけ(A)」の意味で副詞,あとの as は「(Bが)〜である[する]ように」の意味で接続詞.

基本 I am **as** tall **as** he is. (私は彼(が背が高い)と同じだけ背が高い ⇨)私は彼と同じ身長です[私は彼と同じようにのっぽです]. ➔as+形容詞+as.《話》では I am **as** tall **as** him. という.

- I have **as** many books **as** he has [《話》 **as** him]. 私は彼と同数の本を持っている[私は彼と同じくらいたくさんの本を持っている].

- The country is twice [four times] **as** large **as** Japan. (その国は日本と同じ大きさの2[4]倍だ ⇨)その国は日本の2[4]倍の大きさがある.

- I am not **as** tall **as** he is [《話》 **as** him]. 私は彼ほどの身長はない[私は彼のようにのっぽではない].

基本 He ran **as** fast **as** he could. = He ran **as** fast **as** possible. 彼はできるだけ速く走った. ➔as+副詞+as.

- These roses smell just **as** sweet (**as** those). これらのバラも(あれらと)ちょうど同じくらいよい香(かお)りがします.

—— 接 ❶(〜が〜する)**ように**, (〜する)**とおりに**
- **as** you know 君(たち)が知っているように
- Do **as** I say! 私の言うとおりにしなさい!
- Do **as** you like. 君の好きなようにしなさい.
- **As** I said in my last letter, I am taking the exam in March. この前の手紙で言ったように,私は3月にその試験を受けます.

ことわざ When in Rome, do **as** the Romans do. ローマにいる時はローマの人がするようにしなさい. ➔「人は住む土地の風習に従うのがよい」の意味.「郷(ごう)に入っては郷に従え」にあたる.

- Leave it **as** it is. (それをそれがあるままにしておけ ⇨)それをそのままにしておきなさい.

❷(〜が〜する)**時に**, (〜が〜する)**につれて**, (〜が〜し)**ながら**

- They were leaving **as** I arrived. 私が着いた時彼らは出発しようとしていた.
- I forgot about it **as** time went by. 時がたつにつれて私はそれを忘れてしまった.

POINT **as** は **when** よりも, 2つの出来事や動作が接近して起こる時あるいはほとんど同時に起こる時に使われる. その同時性がさらに強まると,「〜するにつれて」「〜しながら」と訳すことになる.

- **As** we climbed higher, it got colder. 高く登るにつれてだんだん寒くなった.
- We sang **as** we walked. 私たちは歩きながら歌を歌った.

❸〜**なので**, 〜**だから** (because, since)
- **As** I was sick, I did not go to school. 私は病気だったので学校へ行かなかった.

❹〜**だけれども** (though) ➔as の位置に注意.《米》では **as** 〜 **as** の形でも用いる.

- Old **as** he is (= Though he is old), he

ascend

can still work. 彼は年を取ってはいるけれど、まだまだ働ける.

• **As** interesting **as** the idea seems, there is no way to prove it. その考えはおもしろそうだが、それを証明する方法がない.

── 前 ❶ ~として

• His father is famous **as** an artist. 彼の父は画家として有名です.

• Please wrap this **as** a gift. これを贈(おく)り物として包んでください.

❷ ~の時に、~の頃(ころ)に

• I came here **as** a young girl. 私は少女の頃ここへ来ました.

❸ (しばしば **such** (~) **as** ~ で) ~のような~

• **such** fruits **as** pears and apples = fruits **such as** pears and apples ナシやリンゴのような果物 → **such** A **as** B (**such** 成句)

── 代 (**such** A **as** ~ で)(~する)ような A, (**the same** A **as** ~ で)(~する)のと同じ A

POINT 関係代名詞として、as 以下の文を、as の前の名詞(=先行詞)A に関係づけて説明する働きをする.

• I want **such** a brooch **as** you are wearing. 私はあなたがつけているようなブローチが欲(ほ)しい.

• I have **the same** dictionary **as** you have. 私はあなたが持っているのと同じ辞書を持っている.

as ~ as A ***can*** A ができるだけ~

• I moved **as** quickly **as** I could. 私はできるだけすばやく動いた.

as far as ~ ~と同じくらい遠く、~まで; (~が~する)限り → **far** 成句

as for ~ 《ふつう文頭で》~はどうかというと

• **as for** me 私はどうかというと

as if まるで(~が~する)かのように

• He talks **as if** he knew everything. 彼は何でも知っているみたいに話す.

• I feel **as if** I were 〔《話》was, am〕dreaming. 私はまるで夢を見ているような感じです.

as it is 《文の最後で》その(あるが)ままに (→ 接 ❶ 最後の例); 《文頭で》今のところでは、実のところ

• **As it is**, I cannot pay you. (金があれば払(はら)うのだが)今のところ君に払えない.

as it were いわば、あたかも (so to speak)

as long as ~ ~と同じほど長い; (~が~する)限り(長く) → **long** 成句

as soon as (~が~する)とすぐ → **soon** 成句

as though = as if

as to ~ ~については

as usual いつものように → **usual** 成句

~ ***as well*** 《話》~もまた (too) → **well**¹ 成句

as well as ~ ~と同じようにうまく; ~と同様に、~だけでなく

• He can speak French **as well as** English. 彼は英語と同じように〔英語はもちろん〕フランス語も話すことができる.

not as ~ as A A ほど~でない

• I **don't** study **as** hard **as** he does. 私は彼ほど熱心に勉強しない.

ascend /əsénd アセンド/ 動 登る; 上がる, 上昇する 反対語 **descend** (降りる)

ascent /əsént アセント/ 名 登る[上がる]こと、上昇 反対語 **descent** (下降)

ash /ǽʃ アシュ/ 名 (しばしば **ashes** で) 灰; 燃えがら

ashamed /əʃéimd アシェイムド/ 形 恥じて、気が引けて

ashore /əʃɔ́ːr アショー/ 副 岸に; 浅瀬(あさせ)に

ashtray /ǽʃtrei アシュトレイ/ 名 灰皿

Asia 中 /éiʒə エイジャ|éiʃə エイシャ/ 固名 アジア(大陸)

• Japan is in East **Asia**. 日本は東アジアにあります.

Asian /éiʒən エイジャン/ 形 アジアの, アジア人の

── 名 アジア人

aside /əsáid アサイド/ 副 横に, 脇(わき)へ, 脇に

aside from ~ 《米》~は別として; ~はさておき (《英》apart from ~)

ask 小 A1 /ǽsk アスク|áːsk アースク/

動 ❶ 尋(たず)ねる
❷ 頼(たの)む, 求める

意味 map

ask  /アスク | アースク/

三単現 **asks** /アスクス/ 　　　過去・過分 **asked** /アスクト/
-ing形 **asking** /アスキング/

教科書によく出る意味

動 ❶ **たずねる**
- May I **ask** you something? あなたにちょっとおたずねしてもよろしいですか？

❷ **たのむ，求める；(人に)〜してくれとたのむ**
- She **asked** me to call back. 折り返し電話するようにと彼女は私にたのんだ．

教科書によく出る連語

ask (〜) a favor　(人に)お願いする
- May I **ask** you **a favor**? あなたにお願いしてもよろしいですか？

ask (A) for B　(Aに)Bを求める
- He **asked** me **for** some advice. 彼は私にアドバイスを求めてきた．
- They **asked for** help. 彼らは助けを求めた．

— 動 (三単現 **asks** /æsks アスクス/; 過去・過分 **asked** /æskt アスクト/; -ing形 **asking** /æskiŋ アスキング/)

❶ 尋ねる，問う

基本 **ask** about his new school 彼の新しい学校について尋ねる →ask＋前置詞＋名詞．

基本 **ask** the time 時間を尋ねる →ask＋名詞．

基本 **ask** him the time 彼に時間を尋ねる →ask A B は「AにBを尋ねる」．

- **ask** him a question＝**ask** a question of him 彼に質問する
- May I **ask** (you) some questions? いくつか質問をしていいですか．
- May I **ask** who's calling? (誰(だれ)が電話をしているのか尋ねてもいいですか ⇨)(電話で)どちら様ですか．
- If you don't know the way, **ask** a police officer. もし道がわからなかったら警官に聞きなさい．
- **Ask** if we may go with them. 私たちが彼らといっしょに行っていいかどうか聞いてくれ．
- He **asked** me about my mother. 彼は私に母について(元気かと)尋ねた．
- "Do I really believe it?" Bob **asked** himself. 「僕(ぼく)は本当にそれを信じているのかしら」とボブは自分に尋ねた[自問した]．
- "Where does he live?" she **asked**. ＝ She **asked** where he lived. 「彼はどこに住んでいるのですか」と彼女は尋ねた．→where 以下の語順の違(ちが)いに注意．
- She **asked** me where to sit [when to come again]. 彼女は私に自分はどこへ座(すわ)ったらよいか[いつまた来たらよいか]と尋ねた．
- You can easily find it by **asking**. そこは聞けばすぐわかります．→前置詞 by＋asking (動名詞)．

❷ 頼む，求める；(**ask** A to do で) Aに〜してくれと言う

- **ask** his advice＝**ask** him **for** advice 彼の助言を求める →**ask** A **for** B
- **Ask** Ken. He will help you. ケンに頼ん

asleep 44 forty-four

でごらん. 彼なら助けてくれるよ.
• May I **ask** you a favor? あなたにお願いしたいことがあるのですが. →favor＝お願い.
• **ask** him **to** help 彼に手伝ってくれるように頼む
• The children **asked** their mother **to** read the book. 子供たちは母親にその本を読んでとねだった.
• I **was asked to** wait there. 私はそこで待つように言われた. →受け身の文.
❸ 招く (invite)
• They **asked** me to tea [for dinner]. 彼らは私をお茶[ディナー]に招いてくれた.

ask ~ a favor ~にお願いする

ask after ~ ~が無事[元気]であるかどうか尋ねる

ask for ~ ~を求める; ~に面会を求める
• **ask for** help 助けを求める
• I **asked for** Mr. Stone at the office. 私は事務所にストーン氏を訪ねて行った.

ask A for B A に B を求める
• The girl **asked** him **for** a date. その女の子は彼にデートを申し込んだ.

ask for it (自分から)災(わざわ)いを招く
• You're **asking for it**! また痛い目に遭(あ)いたいの! →いくら注意してもいたずらをやめない子供に対して.

if I may ask (もしお尋ねしてもよいとすれば⇨)失礼ですが

asleep A2 /əslíːp アスリープ/ 形 眠(ねむ)って
• be **asleep** 眠っている →名詞の前にはつけない.
🟢POINT 「眠っている赤ん坊(ぼう)」は a **sleeping** baby といい, ×an *asleep* baby としない.
• lie **asleep** 眠って横たわる, 横になって眠っている
• fall **asleep** 寝入(ねい)る, 眠る →fall は「(~の状態に)なる」.
• The baby was fast [sound] **asleep**. 赤ん坊はぐっすり眠っていた.
反対語 Is she **awake** or **asleep**? 彼女は目を覚ましてる, それとも眠ってる?

asparagus /əspǽrəgəs アスパラガス/ 名
《植物》アスパラガス
• a piece of **asparagus** アスパラガス1本
→数えられない名詞なので ×an asparagus としない.

aspect /ǽspekt アスペクト/ 名 (事件などの)様相, 局面

ass /ǽs アス/ 名 ❶ ばか者 →「やることや言うことがまぬけに見える人」の意味. ❷ ロバ →日常語では **donkey** という.

assemble /əsémbl アセンブる/ 動 ❶ 集める; 集まる ❷ (部品を集めて)組み立てる

assembly /əsémbli アセンブり/ 名 (腹 **assemblies** /əsémbliz アセンブりズ/) ❶ (公式の)会合, 集会 ❷ (機械の)組立て

assessment /əsésmənt アセスメント/ 名 査定, 評価

assign /əsáin アサイン/ 動 (仕事などを)割り当てる

assignment /əsáinmənt アサインメント/ 名 ❶ (仕事などの)割り当て ❷ 割り当てられた仕事, 任務; (米)(学校の)宿題 (homework), 課題

assist /əsíst アスィスト/ 動 助ける, 手伝う (help)

assistance /əsístəns アスィスタンス/ 名 助け (help), 助力, 援助(えんじょ)

assístance dòg 名 補助犬 →盲導(もうどう)犬 (guide dog), 聴導(ちょうどう)犬 (hearing dog), 介助(かいじょ)犬 (service dog) など.

assistant A2 /əsístənt アスィスタント/ 名
❶ 助手, アシスタント
• He worked as an **assistant** to his father [as his father's **assistant**]. 彼は父の助手として働いた.
❷ (shop assistant とも) 店員
── 形 補助の, 副~, 助~
• an **assistant** principal [《英》headmaster] 副校長, 教頭

associate /əsóuʃieit アソウシエイト/ 動
❶ (associate A with B で) (A と B を)結び付けて考える, (A と言えば B を)連想する
❷ (友人・同僚(どうりょう)として)つき合う

チャンクでおぼえよう ask	
□ その本について聞く	**ask** about the book
□ 時間を聞く	**ask** the time
□ 彼に質問をする	**ask** him a question
□ 彼女にアドバイスを求める	**ask** her advice
□ 助けを求める	**ask** for help

forty-five 45 **at**

—— /əsóuʃiit アソウシエト/ 图 (仕事上の)**仲間, 同僚**

association A2 /əsouʃiéiʃən アソウシエイション/ 图

❶ **会, 協会**
- the Young Men's Christian **Association** キリスト教青年会 →頭文字(かしらもじ)をとって Y.M.C.A. と略す.

❷ **付き合い, 交際; 連合, 提携**(ていけい)
- in **association** with ～ ～と提携して

assóciation fóotball 图 サッカー → 《米》ではふつう soccer (サッカー)と略称する.

> **参考** 19世紀の半ばにイングランドのサッカー協会 (the Football Association) が, それまでまちまちであったルールを統一して1チーム11人の現在のような形のサッカーにしたのでア式[協会式]フットボールと呼ばれるようになった. 《米》ではふつう association の **soc** をとって **soccer** という. → **football**

assorted /əsɔ́:rtid アソーテド/ 形 **詰**(つ)**め合わせの**

assume /əsjú:m アスューム/ 動 **～と思い込**(こ)**む, ～と考える** (think)

assure /əʃúər アシュア/ 動 **保証する, 確信させる**

asterisk /ǽstərisk アステリスク/ 图 **星印** (*) → 参照・省略・疑義などを示すのに使う.

astonish /əstániʃ アスタニシュ/ 動 **ひどく驚**(おどろ)**かせる, たまげさせる; (be astonished で) とても驚く**

astonishing /əstániʃiŋ アスタニシング/ 形 **驚**(おどろ)**くべき, びっくりするような**

astonishment /əstániʃmənt アスタニシュメント/ 图 **驚**(おどろ)**き, びっくり仰天**(ぎょうてん)

astro- /ǽstrə アストロ/ 接頭辞 「**星の, 天体の**」「**宇宙の**」という意味の語をつくる:
- **astro**naut **宇宙飛行士**
- **Astro Boy** アストロボーイ →『鉄腕(てつわん)アトム』の英語名.

astronaut 小 A2 /ǽstrənɔ:t アストロノート/ 图 **宇宙飛行士**

astronomer /əstránəmər アストラノマ/ 图 **天文学者**

astronomy /əstránəmi アストラノミ/ 图 **天文学**

---

at 小 A1 /弱 ət アト, 強 ǽt アト/

前 ❶ 《場所・時間の一点》**～に, ～で** **意味map**
❷ 《方向・狙(ねら)いの一点》**～に(向かって), ～を(目がけて)**
❸ **～の点で**
❹ 《値段・程度・割合・速度など》**～で**
❺ 《ある場所に》**～していて**
❻ 《所属》**～に所属する, ～の**
❼ **～を聞いて, ～を見て**

—— **前** ❶ 《場所・時間の1点》**～に, ～で**
基本 at the door そのドアの所に[で] →at＋名詞.
- **at** six (o'clock) 6時に
- wait **at** the station 駅で待つ →動詞＋at＋名詞.
- the store **at** the corner 角の店 →名詞＋at＋名詞.
- There is someone **at** the door. 玄関(げんかん)にどなたかおいでです.
- Were you **at** school yesterday? 君昨日学校にいた?
- We arrived **at** the station **at** five. 私たちは5時に駅に着いた.
- **At** night I like to stay **at** home. 私は夜はうちにいたい.
- Express trains don't stop **at** my station. 急行電車は私の駅には止まらない.
- The thief entered **at** this back door. どろぼうはこの裏口から入ったのだ. →この at は《主に英》. 《米》では by または through を使う.
- He died **at** (the age of) 80. 彼は80歳(さい)で死んだ.

❷ 《方向・狙いの1点》**～に(向かって), ～を(目がけて)**
- shoot an arrow **at** the target 的に(向かって)矢を射る
- aim **at** a tiger トラを狙う
- look **at** the moon 月を見る
- laugh **at** him 彼をあざ笑う
- smile **at** a child 子供にほほえみかける

❸ **～の点で, ～に関して(は)**
- Ken is good [bad] **at** tennis. ケンはテニスがうまい[下手だ].
- She is a genius **at** mathematics. 彼女は数学にかけては天才です.

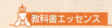

at 小 A1 /弱形 アト, 強形 アト/

(ある一点)で

基本の意味

場所の一点をさして「(ある地点)で」というのが基本の意味(❶)で, ❶時間, ❷方向・狙い, ❹値段・割合などの一点をさすのにも用いられる. さらに, 上手・下手などの判断の視点を表したり(❸), 「ある場所にいる」と言うことでそこの組織に所属することを表したりする(❺).

教科書によく出る **使い方**

❶ I'll see you **at** the station. 駅でお会いしましょう.
❶ Our school gate opens **at** 7 AM. わが校の校門は午前 7 時に開きます.
❷ Look **at** the screen. 画面を見てください.
❸ Yui is good **at** football. 唯はサッカーが上手だ.
❹ I bought this smartphone **at** a discounted price.
　私はこのスマホを割引価格で買った.
❺ Ms. Kono is a music teacher **at** Dai-ichi Junior High School.
　河野先生は第一中学の音楽教師です.

教科書によく出る **連語**

at home 家に, 在宅して；くつろいで, 気楽で
　Please make yourself **at home**. ゆっくりとおくつろぎください.

at first 最初は, 初めのうちは
　At first, I could not trust my homeroom teacher.
　最初は, 私は担任の先生を信用できなかった.

not (〜) at all 全然〜でない
　Am I bothering you? – No, **not at all**. 「ご迷惑かしら」「いいえ, 全然」

forty-seven　47　**attach**

❹《値段・程度・割合・速度など》～で
• **at** a low price 安い値段で
• She bought two books **at** a dollar each. 彼女は2冊の本をそれぞれ1ドルで買った.

📍POINT「1つにつき～で」のような時は at を使い，単に金額だけの時は for を使う: buy a book **for** a dollar (1ドルで本を買う).

• The car took off **at** full speed. その車はフルスピードで立ち去った.
❺《ある場所にいて》～していて，～(に従事)して，～中で
• be **at** (the) table 食卓(しょくたく)についている，食事中である
• He is **at** his desk [books]. 彼は机に向かって[勉強して]いる.
• The children were **at** play [school] then. その時子供たちは遊んでいた[授業中だった].
• My father is not at home; he is **at** work. 父はうちにはいません. 仕事に行っています. → 最初の at は ❶
❻《所属》～に所属する，～の
• a teacher **at** M Junior High School M中学の先生
• I am a student **at** this school. 私はこの学校の生徒です.
❼～を聞いて，～を見て，～に(接して)
• We were surprised **at** the news [the sight]. 私たちはその知らせを聞いて[光景を見て]驚(おどろ)いた.
• The birds flew away **at** the sound. その音で鳥たちは飛び去った.
• **At** that he stood up. それを見て[聞いて]彼は立ち上がった.
• He did not stop his car **at** the red light. 彼は赤信号にも車を止めなかった.
❽ (Eメールのアドレスの@ (at sign) を at と読んで) (@に続くドメイン)の[に所属する]
at all 少しでも →**all** 成句
at first 最初は，初めのうちは →**first** 成句
at last 最後には，ついに →**last**¹ 成句
at least 少なくとも →**least** 成句
at once すぐに，直ちに; 一度に →**once** 成句
at one time 一度に，いっぺんに; 一時は，かつて(は) →**time** 成句
at (the) most 多くとも，せいぜい

Not at all. 《英》(お礼に対する答えに用いて)どういたしまして(《米》You are welcome.)
not ～ at all 少しも～ない →**all** 成句
atchoo /ətʃúː アチュー/ 圖《米》はくしょん → くしゃみ (sneeze) の音.
ate 中 /éit エイト/ 動 **eat** の過去形
Athens /ǽθinz アセンズ/ 固名 アテネ → ギリシャの首都.
athlete 中 A2 /ǽθliːt アすリート/ 名 運動選手，スポーツマン (sportsman); 《英》陸上選手
athletic /æθlétik アすれティク/ 形 運動競技の
athletics /æθlétiks アすれティクス/ 名 運動競技，スポーツ (sports); 《英》陸上競技 → ふつう複数扱(あつか)い.
atishoo /ətíʃuː アティシュー/ 圖 《英》=atchoo
Atlanta /ətlǽntə アトらンタ/ 固名 アトランタ → 米国ジョージア州 (Georgia) の州都.
Atlantic /ətlǽntik アトらンティク/ 形 大西洋の
Atlántic (Ócean) 固名 (the をつけて) 大西洋 [関連語] **the Pacific (Ocean)** (太平洋)
Atlas /ǽtləs アトらス/ 固名 アトラス → ギリシャ神話で怪力の巨人(きょじん). ゼウスを中心とするオリンポスの神々に背(そむ)いた罰(ばつ)として，地球の西の果てで天球を肩(かた)で支えているように命じられたという.
atlas /ǽtləs アトらス/ 名 地図帳

🐻参考 1枚1枚の地図 (**map**) を集めて1冊にした本. 世界最初の地図帳の巻頭には天球をかついだアトラス (**Atlas**) の絵が飾(かざ)られ書名もアトラスであったことから.

atmosphere /ǽtməsfiər アトモスふィア/ 名 ❶ (the atmosphere で) 大気 → 地球を取り巻く空気層. ❷ (ある場所の)空気; 雰囲気(ふんいき)
atom A2 /ǽtəm アトム/ 名 原子
átom bómb 名 =atomic bomb
atomic 中 /ətámik アタミク/ 形 原子(力)の → 一般(いっぱん)的には nuclear (原子核(かく)の，核の)を使う.
atómic bómb 名 原子爆弾(ばくだん) → atom bomb, A-bomb ともいう. 投下された原子爆弾は地上数百メートルの空中で爆発(ばくはつ)し，ものすごい爆風(ばくふう)と光熱を放出する.
attach /ətǽtʃ アタチ/ 動 ❶ 付ける，取り付ける，張り付ける，結び付ける

attack 48 forty-eight

- **attach** a chain to a dog's collar 犬の首輪(くびわ)に鎖(くさり)を付ける
- an **attached** file 添付(てんぷ)ファイル
❷ **(be attached to ～ で) ～に愛着を持つ, ～を愛する, 慕(した)う**
- The captain **is** very [deeply] **attached to** his ship. 船長は自分の船にとても強い愛着を持っている.

attack 中 A2 /ətǽk アタク/ 動
❶ **襲撃(しゅうげき)する, 攻撃(こうげき)する; 非難する**
- **attack** a village 村を襲撃する
❷ **(仕事・問題などに)挑(いど)む, 取りかかる, アタックする**
―― 名 ❶ **襲撃, 攻撃; 非難**
❷ **(仕事・問題などへの)アタック, チャレンジ, 着手**
❸ **(病気の)発作(ほっさ), 発病**

attain /ətéin アテイン/ 動 **(努力して)成し遂(と)げる, 達成する; (年齢(ねんれい)などに)達する**

attempt A2 /ətémpt アテンプト/ 動 **試みる** (try); **(attempt to do で) ～しようとする →** 結果的に失敗する意味を含(ふく)むことが多い.
- The last question was very difficult and I didn't even **attempt** it. 最後の問題はとても難しくて私はやってみようともしなかった.
- The baby bird **attempted to** fly, but it failed. ひな鳥は飛ぼうとしたが失敗した.
―― 名 **(～しようとする)試み, 努力**
- make an **attempt** to fly 飛ぼうと試みる

attend /əténd アテンド/ 動 ❶ **出席する, (会合などに)出る, (～に)行く** (go to)
- **attend** school 学校に通う, 通学する →×attend to school としない.
- **attend** a meeting 集会[会議]に出る
❷ **(医者などが)付き添(そ)う, 看護をする**
- The doctor **attended** (on) her sick child all night. 医者が一晩中彼女の病気の子供に付き添った.
❸ **(attend to ～ で) ～の世話をする, (仕事などを)する; ～に注意を払(はら)う**
- She **attended to** her sick mother for years. 彼女は何年も病気の母親の世話をした.
- Is someone **attending to** you, Madam? = Are you being **attended to**, Madam? (店員の)誰(だれ)かがご用を伺(うかが)っていますか, 奥(おく)様.

attendance /əténdəns アテンダンス/ 名 **出席**

attendant 小 /əténdənt アテンダント/ 名 **係員; 付き添(そ)い人, お供 →flight attendant**

attention 中 A2 /əténʃən アテンション/ 名
❶ **注意(力), 注目; 世話**
- get **attention** 注目を集める, 注目される
- listen with **attention** 注意して聞く
- **Attention**, please. [May I have your **attention**, please?] 皆(みな)さまに申し上げます. → 空港・駅・デパート・レストランなどの場内アナウンスの言葉.
❷ **気をつけの姿勢**
- **Atténtíon!** 気をつけ! (号令) → この場合は後ろを強く発音する.

***pay attention* (to ～)** **(～に)注意を払(はら)う**
- All the students **paid attention to** their teacher. すべての生徒たちは先生の言うことに注意を払った.

attic /ǽtik アティク/ 名 **屋根裏部屋 →** 屋根裏がそのまま天井(てんじょう)になっている部屋. 光は屋根の小窓から取り, 子供部屋・貸間・物置きなどに使う.

attitude A2 /ǽtətju:d アティテュード/ 名 **態度, 考え方, 見方, 見解**
- an **attitude** toward [to] life 人生に対する態度[人生観]

attorney /ətə́:rni アタ～ニ/ 名 《米》**弁護士** (lawyer)

Attòrney Géneral 名 《米》**司法長官 →** 日本の法務大臣にあたる.

attract /ətrǽkt アトラクト/ 動 **引き寄せる, ひきつける, ひく**

attraction /ətrǽkʃən アトラクション/ 名 **引力; 魅力(みりょく); (人をひきつける)呼び物, アトラクション**

attractive A2 /ətrǽktiv アトラクティヴ/ 形 **人をひきつける, 魅力(みりょく)ある**

Auckland /ɔ́:klənd オークランド/ 固名 **オークランド → New Zealand (ニュージーランド)の都市.**

auction /ɔ́:kʃən オークション/ 名 **せり売り, 競売, オークション**

audience 中 A2 /ɔ́:diəns オーディエンス/ 名 《集合的に》**聴衆(ちょうしゅう), 観客; (ラジオ・テレビの)視聴(しちょう)者**
- There was a large [small] **audience** in the theater. 劇場には大勢[少数]の観客がいた.

forty-nine　49　**autumn**

→観客をひとかたまりと考えて単数扱(あつか)い.

• The **audience** was clapping its hands and shouting. 聴衆は手をたたき歓声(かんせい)を上げていた.

• The **audience** were [was] mostly foreigners. 聴衆はほとんど外国人だった. →聴衆の個々人を考えて《英》では複数扱い.《米》ではこういう場合でも単数扱い.

audio A2 /ɔ́ːdiou オーディオウ/ 形 音声の → video

audiovisual /ɔːdiouvíʒuəl オーディオウヴィジュアる/ 形 視聴覚(しちょうかく)の

audition /ɔːdíʃən オーディション/ 名 オーディション →歌手・モデル・俳優などの実技採用試験.

auditorium /ɔːdətɔ́ːriəm オーディトーリアム/ 名 (複 **auditoriums** /ɔːdətɔ́ːriəmz オーディトーリアムズ/, **auditoria** /ɔːdətɔ́ːriə オーディトーリア/) 講堂, 大ホール; (劇場などの)観客席

Aug. 略 ＝August (8月)

August 小 A1 /ɔ́ːgəst オーガスト/ 名

8月 →**Aug.** と略す. 詳(くわ)しい使い方は → June

• I was born **in August**, 2009 (読み方: two thousand nine) [in **August** of 2009]. 私は2009年8月に生まれました.

• I was born **on August** 10. 私は8月10日に生まれました.

• We went to Hokkaido last **August**. 私たちはこの8月に[去年の8月に]北海道へ行った.

語源 (August)
古代ローマ人が, 8月生まれの初代ローマ皇帝に(うてい) Augustus (アウグストゥス) を記念するために付けた名称から.

aunt 中 A1 /ǽnt アント|ɑ́ːnt アーント/ 名

(複 **aunts** /ǽnts アンツ/) おば

POINT 父または母の姉[妹], あるいはおじ (uncle) の妻.「～おばさん」のように名前の前に付けたり,「おばさん!」という呼びかけにも使う.

関連語 My **uncle** and **aunt** live in Kobe. 私のおじとおばは神戸に住んでいる.

• **Aunt** Polly is my mother's sister. ポリーおばさんは母の姉[妹]です.

• My sister had a baby yesterday, so I'm now an **aunt**. 姉が昨日赤ちゃんを産んだので, 私は今やおばさんです.

aural /ɔ́ːrəl オーラる/ (→oral (口の)と同音) 形 耳の; 聴覚(ちょうかく)の

aurora /ɔːrɔ́ːrə オーローラ/ 名 オーロラ, 極光

Aussie /ɔ́ːsi オースィ|ɔ́zi オズィ/ 名形 《話》オーストラリア人(の); オーストラリア(の)

Australia 小 /ɔːstréiljə オーストレイリャ/ 固名 オーストラリア, 豪州(ごうしゅう) →南半球にあるイギリス連邦(れんぽう)に属する国. 首都はキャンベラ (Canberra), 公用語は英語. 南半球にあるので四季が日本とは逆.

Australian /ɔːstréiljən オーストレイリャン/ 形 オーストラリアの; オーストラリア人の
—— 名 オーストラリア人

Austria /ɔ́ːstriə オーストリア/ 固名 オーストリア →ヨーロッパ中部の共和国. 首都はウィーン (Vienna), 公用語はドイツ語.

Austrian /ɔ́ːstriən オーストリアン/ 形 オーストリアの; オーストリア人の
—— 名 オーストリア人

author A2 /ɔ́ːθər オーさ/ 名 著者, 作家

authority A2 /əθɔ́ːrəti オさリティ|ɔːθɔ́rəti オーそリティ/ 名 (複 **authorities** /əθɔ́ːrətiz オさリティズ/) ❶ 権限, 権威(けんい) ❷ 権威のある人[物], 権威者, 大家; (知識などの)よりどころ ❸ (the **authorities** で) 当局(者) →事を処理する権限を持っている人[所].

auto /ɔ́ːtou オートウ/ 名 (複 **autos** /ɔ́ːtouz オートウズ/) 《米話》自動車 →automobile を短くした語.

autobiography /ɔːtəbaiágrəfi オートバイアグラふィ/ 名 (複 **autobiographies** /ɔːtəbaiágrəfiz オートバイアグラふィズ/) 自叙伝(じじょでん), 自伝

autograph /ɔ́ːtəgræf オートグラふ/ 名 (有名人の)サイン →×sign といわない. →sign
—— 動 サインする

automatic A2 /ɔːtəmǽtik オートマティク/ 形 自動(式)の

• an **automatic** door 自動ドア

automatically A2 /ɔːtəmǽtikəli オートマティカり/ 副 自動的に

automation /ɔːtəméiʃən オートメイション/ 名 自動操作, オートメーション

automobile /ɔ́ːtəmoubiːl オートモウビーる, ɔːtəmoubíːl オートモウビーる/ 名 《米》自動車 (《英》 motorcar) →一般(いっぱん)には英米ともに **car** という.

autumn 小 A1 /ɔ́ːtəm オータム/ (→n は発音しない) 名 (複 **autumns** /ɔ́ːtəmz オータムズ/)

秋 → 米国ではふつう **fall** という. 詳(くわ)しい使い方は → **spring**
- In (the) **autumn** leaves turn red and yellow. 秋には木の葉が赤や黄に色づきます.
- I went to Sendai **last autumn** and **this autumn** I will go to Kyoto. 去年の秋私は仙台へ行きました. 今年の秋は京都へ行く予定です.
- It was a lovely **autumn** evening. それはすばらしい秋の晩でした.

autumnal /ɔːtʌ́mnəl オータムナる/ 形 秋の

available /əvéiləbl アヴェイらブる/ 形 利用できる, 使える, 手に入る;(人が)手が空いている

avalanche /ǽvəlæntʃ|ǽvəlɑːnʃ アヴァらンチ|アヴァらーンシュ/ 名 雪崩(なだれ)

avatar /ǽvətɑːr アヴァタ〜/ 名 《コンピューター》アバター → 仮想現実の世界でユーザーを表す分身・アイコン.

Ave. 略 =**Ave**nue(大通り)

avenue /ǽvənjuː アヴェニュー/ 名 大通り; 並木道

参考 アメリカの大都市では道路の通じる方角で **Avenue** と **Street** を使い分けている. ニューヨークでは南北に通じる道を Avenue, 東西に走る道を Street と呼ぶ.

average A2 /ǽvəridʒ アヴェレヂ/ 名 平均
- **above** [**below**] **average** 平均以上[以下]で
- **on** (**the**) **average** 平均して
- a good batting **average** (野球選手の)好打率
- take [find, strike] the **average** (of ~) (~の)平均を出す

── 形 平均の, ふつうの
- I'm of **average** height and weight. 私は標準体型[中肉中背]です.
- He is not outstanding. He is **average**. 彼は飛び抜(ぬ)けて優秀(ゆうしゅう)というわけではない. ふつうです.

avocado /ǽvəkɑ́ːdou アヴォカードウ/ 名 (複 **avocados**, **avocadoes** /ǽvəkɑ́ːdouz アヴォカードウズ/) 《植物》アボカド(の実・木)

avoid A2 /əvɔ́id アヴォイド/ 動 避(さ)ける
- **avoid** the rush hour(s) ラッシュアワーを避ける
- **Avoid** taking sides in a lovers' quarrel. 恋人(こいびと)同士のけんかにはどちらの味方をすることも避けなさい. →× Avoid *to take* sides ~. としない.

awake A1 /əwéik アウェイク/ 動
三単現 **awakes** /əwéiks アウェイクス/
過去 **awoke** /əwóuk アウォウク/, **awaked** /əwéikt アウェイクト/
過分 **awoken** /əwóukn アウォウクン/, **awoke**, **awaked**
-ing形 **awaking** /əwéikiŋ アウェイキング/
起こす, 目を覚まさせる; 目を覚ます

── 形 目を覚まして, 眠(ねむ)らずに
反対語 Is he **asleep** or **awake**? 彼は眠っているのかそれとも起きているのか.

- He lay **awake** all (the) night. 彼は一晩中目を覚まして横になっていた.

award 中 A2 /əwɔ́ːrd アウォード/ 動 (賞などを)与(あた)える
- **award** him a prize 彼に賞を与える
- He was **awarded** the 2016 (読み方: twenty sixteen) Nobel Prize for Literature. 彼は2016年度ノーベル文学賞を授与(じゅよ)された.

── 名 賞, 賞品 (prize)
- He was given the People's Honor **Award**. 彼は国民栄誉(えいよ)賞を与えられた.

aware /əwéər アウェア/ 形 気づいて, 知って (conscious)

away 中 A1 /əwéi アウェイ/

副 ❶ 離(はな)れて
❷《遠くに離れていて》(ここに)いない, 留守で
❸《そこから離れて》別の場所へ;《遠くへ》去って
❹《脇(わき)に離れて》別の方向へ

意味 map

── 副 (比較変化なし)

❶ 離れて, 遠くに
- far **away** 遠く離れて, ずっと向こうに
- The lake is two miles **away** from here. その湖はここから2マイル離れた所にある.

fifty-one **51** **Aztec**

る.

• Stay **away** from the fire. 火から離れていなさい.

• How far **away** is your school from here? 君の学校はここからどれくらい遠く離れていますか.

• The summer vacation is only a week **away**. 夏休みまであとほんの1週間だ.

❷《遠くに離れていて》(ここに)いない, 留守で, 不在で

• My father is **away** from home today but he will be back tomorrow. 父はきょうはおりませんが, 明日は帰ってきます.

• She is **away** on vacation for a few days. 彼女は休暇(きゅうか)で2～3日留守です. →「ちょっと留守にする」は out を使って She's out for lunch. (お昼を食べにちょっと出ています)のように言う.

• How long are you going to be **away**? どれくらい留守をする[そちらに行ってらっしゃる]つもりですか.

ことわざ When the cat's **away**, the mice will play. ネコがいない時にネズミが遊ぶ. →「怖(こわ)い人のいない間に手足を伸(の)ばしてゆっくりする」の意味. 「鬼(おに)のいぬ間に洗濯(せんたく)」にあたる.

❸《そこから離れて》別の場所へ; (遠くへ)去って, 消え(去っ)て

• go **away** 去る, よそへ行く

• run **away** 走り去る, 逃(に)げる

• fly **away** 飛び去る, 飛んで行く

• blow **away** 吹(ふ)き飛ばす

• put [take] **away** 片付ける

• throw **away** 投げ捨てる

• The family went **away** for the summer. その家族は夏の間よその土地へ行った.

• The cat ran **away** from the dog. ネコはその犬から逃げた.

• The echoes died **away**. こだまは消えていった.

❹《脇に離れて》別の方向へ, 脇へ

• look **away** 目をそらす, よそ見をする

• She turned her face **away** from the sight. 彼女はその光景から顔を背(そむ)けた.

── 形 (試合が)相手チームの競技場で行われる, アウェーの 反対語 **home** (地元での)

• an **away** game アウェーの試合

right away すぐに (at once)

• He answered my question **right away**. 彼は私の質問にすぐ答えた.

会話 Come down for breakfast.—**Right away**. 降りてきて朝ご飯を食べなさい.—すぐ行くよ.

awe /ɔː オー/ 名 (偉大(いだい)なものの前で感じる)恐(おそ)れ, 畏敬(いけい)

awesome /ɔ́ːsəm オーサム/ 形 ❶《主に米》とてもよい, すごい ❷荘厳(そうごん)な; 恐(おそ)ろしいほどの →**awe**

awful A2 /ɔ́ːfəl オーふル/ 形 《話》ひどい, すごい →悪い意味でも, また単に程度が大きい意味でも言う.

• an **awful** pain ひどい痛み

• The wind is **awful**, isn't it? すごい風ですね.

awfully /ɔ́ːfəli オーふり/ 副 ひどく, すごく

awkward /ɔ́ːkwərd オークワド/ 形 無器用な, ぎこちない; 間が悪い; やっかいな; (文などが)不自然な

• an **awkward** sentence 不自然な文

awkwardly /ɔ́ːkwərdli オークワドリ/ 副 無器用に, ぎこちなく; きまり悪そうに, もじもじして

awning /ɔ́ːniŋ オーニング/ 名 (入口・窓などの)日よけ, 雨よけ

awoke /əwóuk アウォウク/ 動 **awake** の過去形

awoken /əwóukn アウォウクン/ 動 **awake** の過去分詞

ax, axe /ǽks アクス/ 名 おの, まさかり →**hatchet**

• chop down a tree with an **axe** おので木を切り倒(たお)す

axes /ǽksiːz アクスィーズ/ 名 **ax(e)**, **axis** の複数形

axis /ǽksis アクスィス/ 名 (複 **axes** /ǽksiːz アクスィーズ/) 軸(じく)

Ayers Rock /éərz ràk エアズ ラク/ 固名 エアーズ・ロック →オーストラリア北部にある露出(ろしゅつ)巨岩(きょがん)(高さ約350メートル). 今は先住民の言葉で Uluru (ウルル)と呼ぶ.

AZ 略 =Arizona

azalea /əzéiljə アゼイリャ/ 名 《植物》ツツジ

Aztec /ǽztek アズテク/ 固名 アステカ族の人; (the Aztec で)アステカ族 →15～16世紀にかけて, 現在のメキシコ中部に強大な帝国(ていこく)を築き高度の文明を持っていた. 16世紀の初めスペイン人によって滅(ほろ)ぼされた.

A
B
C
D
E
F
G
H
I
J
K
L
M
N
O
P
Q
R
S
T
U
V
W
X
Y
Z

Bb

B, b /bí: ビー/ 名 (複 **B's, b's** /bí:z ビーズ/)
❶ ビー → 英語アルファベットの2番目の文字.
❷ (**B** で)(成績の) B → A の次の評価. → **A**

baa /bá: バー/ 名 (ヤギ・羊などの)メー(という鳴き声)
── 動 メーと鳴く (bleat)

Babel /béibəl ベイベル/ 固名 バベル →「バベルの塔(とう)」(**the Tower of Babel**) の伝説で有名な古代バビロニアの都市.

Babe Ruth /béib rú:θ ベイブ ルース/ 固名
ベーブ・ルース → 米国の偉大(いだい)なホームラン打者 George Herman /ヂョーヂ ハーマン/ Ruth (1895-1948)のこと. Babe (=Baby) とは彼の顔が赤ん坊(ぼう)のようだったことからつけられた愛称(あいしょう).

baby 中 A1 /béibi ベイビ/ 名 (複 **babies** /béibiz ベイビズ/)

❶ 赤ん坊(ぼう), 赤ちゃん
・a **baby** boy [girl] 男の[女の]赤ちゃん
・my **baby** sister 私の赤ん坊の妹
・a **baby** bird ひな鳥
・She is expecting a **baby**. 彼女に赤ちゃんが産まれます[お産が近い].
・Don't be such a **baby**. そんな赤ちゃんみたいなことを言っては[しては]だめ.
・The **baby** is crying because it is sick. 病気なのでその赤ちゃんは泣いている.
POINT 性別がわからない時, あるいはそれを問題にしない時の baby の代名詞は it.

❷ (米話)君, あなた → 恋人(にいびと)・妻・夫などに対する愛情を込(こ)めた呼びかけに使う.

báby bùggy, báby càrriage 名
(米)(寝かせるタイプの)ベビーカー (((英)) pram)

babysit /béibisìt ベイビスィト/ 動 (三単現 **babysits** /béibisits ベイビスィツ/; 過去・過分 **babysat** /béibisæt ベイビサト/; ing形 **babysitting** /béibisìtiŋ ベイビスィティングァ/)
(親などから雇(やと)われて)子守(こもり)をする, ベビーシッターをする → 英米の若者にとって芝刈(しばか)りと並んで最も一般(いっぱん)的なアルバイトの1つ. babysitter という名詞から逆に作られた動詞.

babysitter /béibisitər ベイビスィタ/ 名
ベビーシッター, (親などから雇(やと)われて)子守(こもり)をする人

back 小 A1 /bǽk バク/

副 ❶ 後ろへ; 元の所に 意味map
❷ 昔に(さかのぼって), 以前に
名 ❶(ふつう the back で) 後ろ, 裏
❷ (人間・動物の)背中
形 後ろの

── 副 (→ 比較変化なし)
❶ 後ろへ, あとへ; 元の所に, 帰って, 返して
基本 go **back** 帰って行く → 動詞+back.
・come **back** 帰って来る
・get **back** 帰る; 取り返す
・look **back** 振(ふ)り向く
・give the book **back** その本を返す
・bring him **back** 彼を連れ帰る
・throw **back** 投げ返す
・write **back** to him 彼に返事を書く
・on my way **back** 私が帰る途中(とちゅう)に[で]
・Stand **back**, please! どうぞ後方へ下がってください.
・Go **back** to your seat. 君の席に戻(もど)りなさい.
・I'm **back**. (私は帰っている ⇨)ただいま.
・She is **back** in the United States. 彼女は米国に帰っている.
・I'll be right **back**. すぐに戻ります, ちょっと外します.
・He'll be **back** by five. 彼は5時までには帰るでしょう.
・Put the book **back** on the shelf. その本を棚(たな)に戻しておきなさい.
・She smiled at me and I smiled **back**. 彼女が私にほほえみかけたので私もほほえみ返した.
・She could not find her way **back**. 彼女は帰り道がわからなかった.
・The trip **back** was very comfortable. 帰りの旅はとても快適だった.

❷ 昔に(さかのぼって), 以前に

fifty-three　53　**bad**

- several years **back** 数年前に
- **back** in the 1870s 1870年代の昔に
- **back** then その頃(ころ)は

――名 (⑲ **backs** /bǽks バクス/)

❶(ふつう **the back** で) 後ろ, 後部, 裏; 《守備位置》バック

[反対語] **front** (正面), **forward** (フォワード)

- **the back** of the head 後頭部
- **the back** of a card カードの裏
- **the back** of a book 本の背
- **at the back of** a house 家の後ろ[裏]に
- **in the back of** a car 車の後部(座席)に
- Move to **the back**. 後ろへ行け.
- I know the town like **the back** of my hand. 私はその街を自分の手の甲のように知っている. →「とてもよく(すみからすみまで)知っている」の意味.

❷(人間・動物の)背中, 背 →日本語の「背中」より広く, 首の後ろから尻までを指す.

- He carries a bag on his **back**. 彼は袋(ふくろ)をしょっている.
- He lay on his **back**. 彼は仰向(あおむ)けに寝(ね)た.
- He can swim on his **back**. 彼は背泳ぎができる.
- I have a bad pain in my **back**. 私は背中[腰(こし)]がひどく痛い.
- pat him on the **back** (抱(だ)きかかえるような格好で)彼の背中をたたく →お祝い事などを言う時にするしぐさ.
- Don't speak ill of others **behind** their **backs**. (他人の後ろで ⇨)陰(かげ)で他人の悪口を言うな. →speak ill of ～ は「～の悪口を言う」.

――形 (→比較変化なし) 後ろの, 裏の

- a **back** seat 後ろの席, 後部座席
- a **back** door [garden, street] 裏口[庭, 通り]

back and forth 前後に, 行ったり来たり

back to front (シャツなどが[を])後ろ前に

- You're wearing your sweater **back to front**. 君はセーターを後ろ前に着ているよ.

――動 (三単現 **backs** /bǽks バクス/;
過去・過分 **backed** /bǽkt バクト/; -ing形
backing /bǽkiŋ バキング/)

❶ 後退させる[する], バックさせる[する]

- He **backed** the car into the garage. 彼は車をバックさせて車庫に入れた. →「～に」という特定の場所を付けないときは **back** the car **up** ともいう.

❷ 後援(こうえん)する, 支持する, バックアップする

- Everyone **backed** (up) his plan. みんな彼の計画を支持した.

backbone /bǽkboun バクボウン/ 名 ❶ 背骨 ❷ 主力, 大黒柱 ❸ 気骨, バックボーン

background A2 /bǽkgraund バクグラウンド/ 名 ❶(舞台(ぶたい)・絵などの)背景, バック ❷(事件・人などの)背景, 背後関係, 経歴

backhand /bǽkhænd バクハンド/ 名 (テニスなどの)バックハンド →ラケットを持つ手の反対側のボールを打つ時の打ち方. 手の甲 (the back of the hand) が相手側を向く.

báck nùmber 名 (雑誌の)既刊(きかん)号, バックナンバー

backpack /bǽkpæk バクパク/ 名 リュックサック

backrest /bǽkrest バクレスト/ 名 (いすなどの)背もたれ

backstop /bǽkstɑp バクスタプ/ 名 (野球などの)バックネット, ボール止めの柵(さく) →「バックネット」は和製英語.

backstroke /bǽkstrouk バクストロウク/ 名 背泳, 背泳ぎ

backup /bǽkʌp バクアプ/ 名 ❶ 支援(しえん), 応援(おうえん) ❷《コンピューター》バックアップ →コンピューター内の情報を保存用にコピーすること.

backward /bǽkwərd バクワド/ 形 後ろへの, 後ろ向きの; 尻込(しりご)みする

――副 後方へ, 後ろ向きに, 逆に

backward and forward 前後に, 行ったり来たり

backwards /bǽkwərdz バクワヅ/ 副 《主に英》=backward

backyard /bǽkjɑ́:rd バクヤード/ 名 家の後ろの空き地, 裏庭 →yard² ❶

bacon /béikən ベイコン/ 名 ベーコン

bacteria /bæktí(ə)riə バクティ(ア)リア/ 名 ⑲ 細菌(さいきん), ばい菌(きん), バクテリア

bad 中 A1 /bǽd バド/

形 ❶(質・程度が)悪い　　　　意味 map
❷(病気・事故などが)ひどい, 重い
❸ 下手な

――形
[比較級] **worse** /wá:rs ワ～ス/
[最上級] **worst** /wá:rst ワ～スト/

badge

❶《質・程度が》**悪い**, いやな, 腐(くさ)った, 有害な

基本 **bad** news 悪い知らせ, 凶報(きょうほう) → bad+名詞.

- a **bad** dream いやな夢
- **bad** marks (試験などの)悪い点

基本 The weather was **bad**. 天気は悪かった. → be動詞+bad.

- Smoking is **bad for** the health. タバコを吸うことは健康に悪い(です).
- This fish smells [tastes] **bad**. この魚は腐ったにおい[味]がする.

❷《病気・事故などが》**ひどい**, 重い, 悪い

- Bob has a **bad** cold. ボブはひどい風邪(かぜ)をひいている.
- There was a **bad** accident there yesterday. 昨日あそこでひどい事故があった.
- Is the pain very **bad**? 痛みはひどいの?

❸ **下手な** (poor) 反対語 **good** (上手な)

- a **bad** driver 下手な運転手
- I am **bad at** singing. 私は歌が下手です.

feel bad 後悔(こうかい)する, くよくよする; 気分が悪くなる

- I **feel bad about** making such a careless mistake. そんな不注意な間違(まちが)いをしてしまって残念だ.

not (so) bad それほど悪くない;《英》かなりいい, 非常にいい → イギリス人特有の控(ひか)え目な表現.

- That's **not (so) bad**. それは悪くない, なかなかいい.

That's too bad. それはお気の毒[残念]ですね, それは困りましたね

I've had a **bad** cold.—**That's too bad.**
ひどい風邪をひいてしまいました.—それはお気の毒ですね.

badge /bǽdʒ バヂ/ 名 記章, バッジ

- wear a **badge** on the breast pocket 胸のポケットにバッジをつけている

badger /bǽdʒər バヂャ/ 名《動物》アナグマ, ムジナ

badly A2 /bǽdli バドリ/ 副《比較級 **worse** /wə́ːrs ワ〜ス/; 最上級 **worst** /wə́ːrst ワ〜スト/》

❶ 悪く; 下手に

- He did **badly** in the English test. 彼は英語の試験で悪い点を取った.

❷《話》とても, 非常に, ひどく

- His leg was **badly** injured. 彼の足はひどく傷ついた.

be badly off 暮らし向きが悪い → off 副 ❻
feel badly ① 気分が悪くなる
② (feel badly about [for] ~ で) ~を残念に思う; ~を気の毒に思う

badminton 小 A2 /bǽdmintən バドミントン/ 名 バドミントン → イギリスの公爵(こうしゃく)が自分の領地 Badminton で最初の競技を行ったので, こう呼ばれるようになった.

bag 小 A1 /bǽg バグ/ 名

❶ **袋**(ふくろ), **カバン**, **バッグ**

- a paper **bag** 紙袋(ぶくろ)
- a school **bag** 学校(通学用)カバン
- a traveling **bag** 旅行カバン

plastic bag / tote bag / backpack / purse, handbag

❷ 袋1杯(ぱい)分

- a **bag** of wheat 小麦1袋

baggage /bǽgidʒ バゲヂ/ 名《主に米》手荷物類 → 旅行の時のスーツケース・トランク・カバンなどを集合的にいう. → luggage

baggage claim area 名 (空港の)手荷物受け取り所

Baghdad /bǽgdæd バグダド/bæɡdǽd バグダド/ 固名 バグダッド → イラク (Iraq) の首都.

bagpipe /bǽɡpaip バグパイプ/ 名《ふつう **the bagpipes** で》《楽器》バグパイプ → スコットランド高地地方などで使われる.

- play the **bagpipes** バグパイプを演奏する

bait /béit ベイト/ 名 (魚釣(つ)りなどの)餌(えさ)

bake 中 A2 /béik ベイク/ 動
(オーブンで)焼く; 焼ける
• **bake** bread and cookies パンとクッキーを焼く
• The cake is **baking** in the oven. ケーキがオーブンで焼けている.

baker 小 /béikər ベイカ/ 名 パン屋さん(人)
関連語「店」は **bakery**, **baker's** (**shop**).
• buy some bread at a **baker's** (**shop**) パン屋(店)でパンを買う

bakery /béikəri ベイカリ/ 名 (複 **bakeries** /béikəriz ベイカリズ/) パン屋さん(店), ベーカリー, パン製造所

balance /bǽləns バランス/ 名
❶ (体・心の)安定, 釣(つ)り合い, バランス
• **keep** [**lose**] *one's* **balance** (体の)バランスを保つ[失う] ❷ てんびん; はかり

balcony A2 /bǽlkəni バルコニ/ 名 (複 **balconies** /bǽlkəniz バルコニズ/) ❶ バルコニー
→ 2階以上の窓などの外に張り出した手すりを巡(めぐ)らした縁(えん). ❷ (劇場・映画館の)2階席

bald /bɔ́:ld ボールド/ 形 ❶ (頭の)はげた ❷ (山・木などが)はげた, 木[葉]のない → **bold** /bóuld ボウルド/ (大胆(だいたん)な)と混同しないこと.

Bali /bá:li バーリ/ 固名 バリ島 → ジャワ島の東にあるインドネシア領の島.

ball¹ 小 A1 /bɔ́:l ボール/ 名
❶ 玉, 球, ボール; 球形の物
• a tennis **ball** テニスのボール
• a **ball** of wool 毛糸の玉
• a rice **ball** おにぎり
❷ 球技, (特に)野球 (baseball)
• a **ball** game 野球(の試合), 球技
❸ (野球で, ストライクに対して)ボール
• three **balls** and two strikes 3ボール2ストライク

play ball ボール投げをする, 野球をする, 球技を始める; ボール遊びをする

ball² /bɔ́:l ボール/ 名 (正装して行う)大舞踏(ぶとう)会 → 略式のものは dance.

ballad /bǽləd バラド/ 名 ❶《音楽》バラード
→ スローでロマンチックなポピュラーソング.
❷ バラッド → 物語ふうの詩.

ballerina /bæləríːnə バレリーナ/ 名 バレリーナ, 女性バレエダンサー

ballet /bǽlei バレイ, bæléi バレイ/ 名 バレエ; バレエ団

balloon A2 /bəlúːn バルーン/ 名 ❶ 気球
❷ (ゴム)風船
• blow up a **balloon** 風船をふくらませる
❸ (漫画(まんが)の)吹き出し

ballot /bǽlət バロト/ 名 ❶ (無記名の)投票用紙
❷ 投票

ballpark /bɔ́:lpɑ:rk ボールパーク/ 名《米》野球場

ballplayer /bɔ́:lpleiər ボールプレイア/ 名《米》野球選手

ballpoint (**pen**) /bɔ́:lpoint (pén) ボールポイント (ペン)/ 名 ボールペン → ✕*ball pen* とはいわない.

balm /bá:m バーム/ 名 (保湿用の)軟膏(なんこう), バーム
• lip **balm** リップクリーム

bamboo /bæmbúː バンブー/ 名 (複 **bamboos** /bæmbúːz バンブーズ/)《植物》竹
• a **bamboo** chair 竹でできたいす
• a **bamboo** grove 竹林
• a **bamboo** shoot たけのこ → shoot =若芽.

ban /bǽn バン/ 名 (特に法律による)禁止
—— 動 三単現 **bans** /bǽnz バンズ/; 過去・過分 **banned** /bǽnd バンド/; -ing形 **banning** /bǽniŋ バニング/) 禁止する (forbid)

banana 小 A1 /bənǽnə バナナ|
bəná:nə バナーナ/ 名 バナナ(の果実); (植物としての)バナナ
• a bunch of **bananas** バナナ1房(ふさ)
• peel a **banana** バナナ(の皮)をむく

band¹ 小 /bǽnd バンド/ 名
❶ バンド, 楽団 → 管楽器・打楽器を主体にした楽団. → **orchestra**
• a brass **band** 吹奏(すいそう)楽団, ブラスバンド
• a rock [jazz] **band** ロック[ジャズ]バンド
❷ 一団, 一隊

band² A1 /bǽnd バンド/ 名
(物をくくる)ひも, 帯, 縄(なわ), たが
関連語 **belt** ((ズボンの)ベルト)
• a rubber **band** 輪ゴム

bandage /bǽndidʒ バンデヂ/ 名 包帯
—— 動 包帯をする, 包帯を巻く

bandan(n)a /bændǽnə バンダナ/ 名 バンダナ → 頭や首に巻く派手な柄(がら)のスカーフ.
• wear a **bandanna** バンダナを巻いている

B & B, b & b /bí:ənbí: ビーアンビー/ 名

bang 56 fifty-six

=bed and breakfast

bang /bǽŋ バング/ 動 ❶ (ドアなどを)バタンと
閉める; (ドアなどが)バタンと閉まる ❷ バンバン
[ドンドン]たたく; バタン[ガチャン]と～する
── 名 ドン, ドカン, バタン(という音); 強打

Bangkok /bǽŋkɑk バンカク/ 固名 バンコク
→ タイ国の首都.

Bangladesh /bæ̀ŋglədéʃ バングらデシュ/ 固名
バングラデシュ → インドの東側にある共和国. 公
用語はベンガル語.

bangle /bǽŋgəl バングる/ 名 バングル → 留め
金がなく, 金属などの固い素材でできた腕輪(うでわ).

banjo(e)s /bǽndʒou バンヂョウ/ 名 (働 **ban-
jo(e)s** /bǽndʒouz バンヂョウズ/) 《楽器》バンジ
ョー → 5 弦(げん)の楽器.

bank¹ /bǽŋk バンク/ 名
❶ 銀行
•a **bank** clerk 銀行の事務員, 行員
•a **bank** account 銀行口座
•He put all the money in the **bank**. 彼
はその金をすべて銀行に預けた.
❷ (「保管・供給する所」という意味で)～銀行
•a blood **bank** 血液銀行
── 動 銀行に預ける; 銀行と取引する

bank² /bǽŋk バンク/ 名 土手, 堤防(ていぼう); (川・
湖の)岸
•The hotel stood on the right **bank** of
the river. ホテルは川の右岸に立っていた. → 右
岸, 左岸は川下に向かっていう.

banker /bǽŋkər バンカ/ 名 銀行経営者, 銀行
家

bánk hóliday 名 《英》(土・日曜日以外の)銀
行休日, 公日

参考 イギリスでは New Year's
Day (元日), Easter Monday (復活祭の翌
日の月曜日)など年に 8 日は **bank holiday**
として銀行・会社・商店・学校が休みになる(ス
コットランドと北アイルランドでは bank
holiday の日数はもう少し多い). アメリカで
は「法定休日」を **legal holiday** という.

banking /bǽŋkiŋ バンキング/ 名 ❶ 銀行と
の取引 ❷ 銀行業

bankrupt /bǽŋkrʌpt バンクラプト/ 形 破産し
た

banner /bǽnər バナ/ 名 旗; (スローガンなど
を書いた)横断幕

bar A1 /bɑ́ːr バー/ 名
❶ 棒, 延べ棒; 棒状の物
•a **bar** graph 棒グラフ
•a **bar** of gold 金の延べ棒
•a **bar** of chocolate チョコレート 1 枚
❷ (カウンターのある)軽食堂; 酒場, **バー**

文化 (bar)
昔はカウンターが今のように広くなく, 横木
(bar) を渡(わた)しただけのもので, 馬をつないで
おくためのものであったが, やがてこの bar が
場所全体を表すようになった.

•a coffee **bar** コーヒースタンド
•a snack **bar** (酒類を出さない)軽食堂
•a sushi **bar** すし店
•at a sandwich **bar** サンドイッチ食堂で

barbecue A2 /bɑ́ːrbikjuː バーベキュー/ 名
❶ バーベキュー ❷ バーベキューパーティー

barbeque /bɑ́ːrbikjuː バーベキュー/ 名 =
barbecue

barber A2 /bɑ́ːrbər バーバ/ 名 理髪師(りはつし),
床屋(とこや)さん(人) → **hairdresser**
•I had my hair cut at the **barber's**
(shop). 私は理髪店(りはつてん)で髪(かみ)を切ってもら
った.

barbershop /bɑ́ːrbərʃɑp バーバシャプ/ 名
《米》理髪店(りはつてん) (《英》barber's (shop))

bare /béər ベア/ 形 (覆(おお)うものがなく)裸(はだか)
の, むき出しの

barefoot(ed) /béərfút ベアふト, béərfútid
ベアふテド/ 形 はだしの
── 副 はだしで

barely /béərli ベアリ/ 副 やっと, かろうじて
(just)

bargain A2 /bɑ́ːrgin バーゲン/ 名
❶ 取り引き; 契約(けいやく)
•make a **bargain** with ～ ～と取り引きする
❷ お買い得品, 特売品
•make a good [bad] **bargain** 得[損]な買い
物をする
•My new bike was a great **bargain**.
僕(ぼく)の新しい自転車は掘(ほ)り出し物だった.

bark /bɑ́ːrk バーク/ 名 (犬などの)ほえ声
•give a **bark** ほえる
── 動 (犬などが)ほえる
•The dog **barked at** the mail carrier. 犬
が郵便屋さんにほえた.
•You're **barking** up the wrong tree. 君

は間違(まちが)えて別の木の根元でほえている. →「見当違(ちがい)のことを主張している」の意味. 猟犬(りょうけん)が追い詰(つ)めた獲物(えもの)の逃(に)げ登った木を間違えて, 別の木の根元でほえたてていることから.

関連語（犬が鳴く）
bowwow (ワンワン鳴く), **growl** (怒(おこ)ってウーとうなる), **howl** (遠ぼえする), **whine** (クンクン鳴く), **woof** (脅(おど)すようにウーとうなる)

barley /bá:rli バーリ/ 图 **大麦** →食用にするほかビール・ウイスキーをつくる原料. **wheat** (小麦)はパンやケーキなどをつくる原料.

barn /bá:rn バーン/ (→**burn** /バ〜ン/ (燃やす)と発音を混同しないこと) 图 ❶(農家の)**納屋**(なや), 物置 ❷《米》家畜(かちく)**小屋**

barnyard /bá:rnjɑ:rd バーンヤード/ 图 **納屋**(なや) (barn) の前の空地(庭), 農家の庭

barometer /bərámətər バラメタ/ 图 **晴雨計, 気圧計, バロメーター**; (物事を判断する)**基準**

baron /bǽrən バロン/ 图 **男爵**(だんしゃく) →英国で最下位の世襲(せしゅう)貴族. 敬称としては外国の男爵に対して使い, イギリス人の男爵には Lord を使う.

barrel /bǽrəl バレる/ 图 ❶**たる; 1 たる分** ❷《容積の単位》**バレル** →石油 1 バレルは約160リットル.

barren /bǽrən バレン/ 形 (土地がやせて)**作物のできない, 不毛の**

barricade /bǽrəkéid バリケイド/ 图 **バリケード, 障害物**

barrier /bǽriər バリア/ 图 **柵**(さく), **障壁**(しょうへき), **障害** (obstacle)
•a **barrier**-free road (体の不自由な人にとって障害の無い)バリアフリーの道路

barrow /bǽrou バロウ/ 图 (1 輪の)**手押**(お)**し車** (wheelbarrow)

base A2 /béis ベイス/ 图
❶**土台, 基部; ふもと, 根元**
•The boys camped at the **base** of the mountain. 少年たちは山のふもとでキャンプをした.
❷**根拠**(こんきょ)**地, 基地**
•the **base** camp (登山の)前進基地, ベースキャンプ
❸(野球の)**塁**(るい), **ベース**
•play first [second] **base** 1[2]塁を守る →×play *the* first [second] base としない.

•a **base** on balls フォアボールによる出塁(しゅつるい) →「フォアボール」は和製英語.
•The **bases** are full [loaded]. 満塁(まんるい)だ.
—— 動 **基礎**(きそ)[**根拠**]**を置く**
•The story is **based on** facts. その物語は事実に基(もと)づいている.

baseball 小 A1 /béisbɔ:l ベイスボーる/ 图 ❶**野球** →ball¹, American League, National League
•play **baseball** 野球をする →×play a [the] baseball としない.
•a **baseball** game 野球の試合
•a **baseball** team 野球のチーム
•a **baseball** park 野球場
•He is a good **baseball** player. 彼は野球がうまい.
❷**野球のボール**

basement /béismənt ベイスメント/ 图 **地下室, 地階**

関連語（basement）
basement は遊び部屋・洗濯(せんたく)室・ボイラー室・物置などに利用される. エレベーターの表示の B は basement の頭文字(かしらもじ).
cellar は食べ物や燃料を貯蔵するためだけに作られた「地下室」で, basement の中に作られることもある.

bases¹ /béisiz ベイセズ/ 图 **base** の複数形
bases² /béisi:z ベイスィーズ/ 图 **basis** の複数形

basic A2 /béisik ベイスィク/ 形 **基礎**(きそ)**の, 基本の**
•**basic** human rights 基本的人権 →思想・信仰(しんこう)の自由など, 人間が生まれながらにして持っている権利.

basically A2 /béisikəli ベイスィカリ/ 副 **基本的に, 根本的に**
•I believe humans are **basically** good. 人間は基本的に善良だと私は信じている
•**Basically**, it's a good idea. 基本的にはそれはいい考えだ →文全体を修飾している.

basilisk /bǽzəlisk バザリスク/ 图 **バシリスク** →ギリシャ神話に登場する伝説上の怪獣.

basin /béisn ベイスン/ 图 ❶**洗面器, たらい; 洗面台, 流し台** ❷**洗面器[たらい]1 杯**(はい)**分** ❸**盆地**(ぼんち), **川の流域**

basis /béisis ベイスィス/ 图 (複 **bases**

basket 58

/béisi:z ベイスィーズ/) **基礎**(きそ), **根拠**(こんきょ)

basket A2 /bǽskit バスケト/ 图
❶ **かご, バスケット**
• a shopping **basket** 買い物かご
• a wastepaper **basket** 《英》紙くずかご
(《米》a wastebasket)
❷ **かご1杯**(はい)**分**
• a **basket** of apples リンゴ1かご
❸ (バスケットボールの)**1ゴール**

basketball 小 A1 /bǽskitbɔ:l
バスケトボール|bɑ́:skitbɔ:l バースケトボール/ 图
❶ **バスケットボール**
• We often **play basketball** after
school. 私たちは放課後よくバスケットボールを
する. →×play a [the] basketball としない.
❷ **バスケットボール用のボール**

bass /béis ベイス/ 图 ❶ **低音, バス** → 男声の最
低音域. ❷ **低音**[バス]**歌手** ❸《楽器》**ベース**

bat¹ 小 A1 /bǽt バト/ 图
(野球などの)**バット**, (卓球(たっきゅう)の)**ラケット**
関連語 **racket** はテニスやバドミントンのラケッ
トのようにネットが張ってあるもの.
• hit a ball with a **bat** バットでボールを打つ
at bat (野球で)**打席について**
• Our side is **at bat**. 我々のチームが打つ番だ
[攻撃(こうげき)中だ].
• Ken is up **at bat**. ケンがバッターボックス
に立っています.
── 動 (三単現 **bats** /bǽts バツ/; 過去・過分
batted /bǽtid バテド/; -ing形 **batting**
/bǽtiŋ バティング/) (バットで)**打つ**
• Jim **bats** better than me. ジムは私よりう
まく(ボールを)打つ[バッティングがうまい].
• He **batted** .345 last season. 彼は昨シー
ズンは3割4分5厘(りん)打った. →.345の読み
方: three forty-five.
• Which team **is batting** now? 今打って
いるのはどっちのチームですか.

bat² /bǽt バト/ 图 《動物》**コウモリ**

batch A2 /bǽtʃ バチ/ 图
❶《話》**1束, 1組; 1回分**
• a **batch of** bread (オーブン・かまどで)1度
に焼けるパン
❷《コンピューター》**バッチ**(処理)

bath 小 A1 /bǽθ バす|bɑ́:θ バーす/ 图
(働 **baths** /bǽðz バズ/) →複数形の場合 th

を /ð ず/ と発音することに注意.
❶ **入浴; (ふろの)湯** 関連語 「入浴する」は
bathe.
動基本 **take [have] a bath** 入浴する, 湯に入
る
• take a cold [sun] **bath** 冷水浴[日光浴]をす
る
• give a baby a **bath** 赤ん坊(ぼう)を湯に入れる
• Your **bath** is ready. おふろの用意ができま
した.
❷ **浴槽**(よくそう) (bathtub); **浴室** (bathroom);
(公衆)浴場
• a Japanese public **bath** 日本の公衆浴場

bathe /béið ベイず/ 動 ❶ **水浴びをする, 水泳を
する** (swim); (日光などを)**浴びる**
❷ **入浴する; (幼児などを)入浴させる; (手足・痛む
箇所**(かしょ)などを)**水で洗う**

bathhouse /bǽθhaus バすハウス/ 图
(働 **bathhouses** /bǽθhauziz バすハウゼズ/)
公衆浴場

bathing /béiðiŋ ベイずィング/ 图 **水浴び, 水泳**
go bathing 水浴びに行く

bathrobe /bǽθroub バすロウブ/ 图 (湯あがり
に着る)**バスローブ**

bathroom 中 A1 /bǽθru:m バすルーム|
bɑ́:θru:m バーすルーム/ 图
❶ **浴室**

文化 (bathroom)
欧米(おうべい)では2階にあることが多い. アメリカ
ではほとんどの場合洗面所とトイレを備えてい
るが, イギリスやヨーロッパでは浴室と洗面所・
トイレが別々の場合も多い.

❷《米》(家庭などで遠回しに)**トイレ, 手洗い** →
toilet, rest room
動基本 go to the **bathroom** トイレに行く
• He is in the **bathroom**. 彼はトイレに入っ
ています. →「彼はふろに入っている」は He is
taking a bath.
会話 Where is the **bathroom**?—It's up-
stairs. お手洗いはどこでしょうか.—2階にあり
ます. →初めて来た客とその家の人の会話.

bathtub /bǽθtʌb バすタブ/ 图 **湯ぶね, 浴槽**(よく
そう)

baton /bətán バタン|bǽtən バトン/ 图
❶ (バトントワリング・リレー用の)**バトン**
❷ (音楽の)**指揮棒** ❸ (警官の)**警棒**

báton twírler 图 **バトントワラー, バトンガ
ール** → **twirler**

batter /bǽtər バタ/ 名 (野球の)**打者**, バッター

battery A2 /bǽtəri バテリ/ 名 (複 **batteries** /bǽtəriz バテリズ/) ❶ **電池** → 2つ以上の **cell** (電池)を組み合わせたもの.
❷ (野球の)**バッテリー** → 投手と捕手(ほしゅ)の１組.

batting /bǽtiŋ バティング/ 名 (野球の)**バッティング**, **打撃**(だげき)

battle /bǽtl バトル/ 名 (個々の大きな)**戦闘**(せんとう), **戦い** → **war** 関連語

battlefield /bǽtlfi:ld バトルフィールド/ 名 **戦場**; **闘争**(とうそう)の場

báttle róyal 名 **バトルロイヤル** → 「総力戦, 死闘(しとう)」の意味.

bay A2 /béi ベイ/ 名 (小さい)**湾**(わん), **入り江**(え)
→ **gulf**
・Tokyo **Bay**=the **Bay** of Tokyo 東京湾

bazaar /bəzá:r バザー/ 名 **慈善市**(じぜんいち), **バザー**

BBC, B.B.C. /bí:bí:sí: ビービースィー/ 略 (**the BBC**［**B.B.C.**］で) **英国放送協会** → **the B**ritish **B**roadcasting **C**orporation. 半官半民のラジオ・テレビ放送会社で組織的には NHK に似ている.

BBC Énglish 名 = standard English (標準英語)

BBQ 略 = barbecue (バーベキュー)

B.C. /bí:sí: ビースィー/ 略 **紀元前** → **B**efore **C**hrist. 「紀元後」は **A.D.**

be 小 A1 /弱 bi ビ, 強 bí: ビー/
動 ❶ (〜で)**ある**; (〜に)**なる** 意味 map
❷ (〜に)**いる**, (〜に)**ある**
助動 ❶ (**be** *doing* で) **〜している**
❷ (**be** + 過去分詞で) **〜される**

— 動 ❶ (〜で)**ある**; (〜に)**なる**

POINT be は時・人称(にんしょう)などによって次の表のように形を変える. それらの変化形についてはそれぞれの見出し語を参照.

	人称	単数	複数
現在形	1人称	am	
	2人称	are	} are
	3人称	is	
過去形	1人称	was	
	2人称	were	} were
	3人称	was	
過去分詞		been	
-ing 形		being	

① (**不定詞 to be** で)
基本 I want to **be** a doctor. 私は医者になりたい. → 不定詞 to be 〜 (〜になること)は want (望む)の目的語.
・What do you want to **be** in the future? あなたは将来何になりたいですか.
・Her wish is to **be** a movie star. 彼女の

bathroom

①shower curtain (シャワーカーテン)　②shower (シャワー)　③mirror (鏡)
④dryer (ドライヤー)　⑤bathtub (湯ぶね)　⑥bathrobe (バスローブ)　⑦bath mat (バスマット)
⑧faucet (蛇口)　⑨sink / washbasin (洗面台)　⑩toilet (便器)　⑪towel (タオル)

beach 60 sixty

望みは映画スターになることです. ➾不定詞 to be ~ (~になること)は is の補語.

•He grew up to **be** an engineer. 彼は成長して技師になった. ➾不定詞 to be ~ は「結果」を示す用法で,「~して(その結果)~になる」.

②(助動詞＋**be**＋形容詞(句)[名詞(句)]で)

🏫基本 I will **be** fifteen years old next month. 私は来月15歳(さい)になる.

•It may **be** true. それは本当(である)かもしれない.

•He must **be** Bob's brother. あの人はボブの兄弟(である)に違(ちが)いない.

•They can't **be** happy without money. 彼らは金がなければ幸福であることができない[幸福になれない].

③《命令文で》(~で)ありなさい, (~に)なりなさい

•**Be** careful. (注意深くなりなさい ⇨)気をつけて.

•**Be** kind to others. 他人には親切にしなさい.

•**Be** a good boy. (よい子になれ ⇨)おとなしくしなさい.

•Don't **be** a bad boy. (悪い子であるな ⇨)悪いことをしてはだめですよ.

•You **be** "Romeo", Bob. And you **be** "Juliet", Mary. ボブ, あなたは「ロミオ」になりなさい[の役をやりなさい]. そしてメアリー, あなたは「ジュリエット」になりなさい[の役をやりなさい]. ➾You, you は命令する際に特に名指して注意をひくため.

❷(~に)いる, (~に)ある

•I'll **be** at your house at eight. 私は8時に君のうちに(いるだろう ⇨)行きます.

•You cannot **be** in two places at the same time. 君は2つの場所に同時にいることはできない.

•There will **be** a storm in the afternoon. 午後には嵐(あらし)になるでしょう.

•Don't touch it. Let it **be**. それに触(さわ)るな. それをあるがままにしておけ[放っておけ].

•**Be** here by six. 6時までにここにいろ[来なさい].

── 助動 ❶(**be** *doing* で) ~している ➾進行形.

•They may **be playing** in the park. 彼らは公園で遊んでいるかもしれない.

•I'll **be seeing** you. それではまた, さような

ら. ➾**be seeing** は see を強調する言い方. I'll see you. ともいう.

•Now we must **be going**. さてそろそろおいとましなければ. ➾**be going** は go を強調する言い方.

❷(**be**＋過去分詞で) ~される ➾受け身.

•That song will **be loved** by everyone. その歌はみんなに愛されるでしょう.

•Don't **be worried**. 心配するな. ➾受け身形 be worried (心配させられる)は「心配する」と訳す.

❸(**be to** *do* で) ~する[になる]ことである; ~すべきである, ~することになっている, ~できる →**am** [**are, is**] **to** *do*

beach 小 A1 /bíːtʃ ビーチ/ 名

浜(はま), 浜辺(はまべ), なぎさ

•swim at the **beach** 浜で泳ぐ

•play on [at] the **beach** 浜で遊ぶ

béach umbrèlla 名 (海岸で使う)ビーチパラソル ➾「ビーチパラソル」は和製英語.

béach vòlleyball 名 ビーチバレー; ビーチバレーのボール ➾砂浜(すなはま)で行う2対2のバレーボール(のボール).

beacon /bíːkən ビーコン/ 名 ❶(合図・標識としての)かがり火, 信号灯 ❷(濃霧(のうむ)・暴風雨の時に船・飛行機を誘導(ゆうどう)する)標識, 無線標識

bead /bíːd ビード/ 名 ビーズ, じゅず玉; (汗(あせ)などの)玉

beak /bíːk ビーク/ 名 (ワシなどの先の曲がった)くちばし →**bill**²

beaker /bíːkər ビーカ/ 名 (化学実験用の)ビーカー

beam /bíːm ビーム/ 名 (太陽・月・電灯・レーザーなどの)光線; 輝(かがや)き

bean 小 A1 /bíːn ビーン/ 名 ❶豆 ➾インゲン・ソラマメ・大豆など平たくて長めの豆.

類似語 エンドウマメのように丸い豆は **pea**.

❷(豆のような)実

•coffee **beans** コーヒー豆

beanstalk /bíːnstɔːk ビーンストーク/ 名 豆の茎(くき)[つる]

bear¹ 小 A1 /béər ベア/ 名

《動物》クマ

•a black **bear** クロクマ

•a brown **bear** ヒグマ

•a polar **bear** シロクマ, ホッキョクグマ

- a teddy **bear** テディ・ベア →見出し語
- He is like a **bear** (with a sore head) this morning. 今朝の彼は(頭痛のする)クマのようだ。→「とても機嫌(きげん)が悪い」の意味。

bear[2] A2 /béər ベア/ 動 (三単現 **bears** /béərz ベアズ/; 過去 **bore** /bɔ́ːr ボー/; 過分 **born(e)** /bɔ́ːrn ボーン/; -ing形 **bearing** /béəriŋ ベアリング/)

❶ 産む; (木が実を)結ぶ
- **bear** a child 子供を産む
- These trees **bear** fine apples. これらの木には立派なリンゴがなる。
- Our cat **bore** five kittens. うちのネコは子ネコを5匹(ひき)産んだ。
- She **has borne** three sons. 彼女は3人の男の子を産んだ。→She has had three sons. のほうがふつう。
- She **was born** in Canada. 彼女はカナダで生まれた。→be born は「生まれる」と訳す。
→**born**

POINT born とつづるのは **be born** という形の時だけで、他の場合はすべて borne が使われる。

❷ 《ふつう否定文で》耐(た)える, 我慢(がまん)する; (重さを)支える
- I cannot **bear** this toothache. 私はこの歯痛を我慢できない。
- She can't **bear** liv**ing** [**to** live] alone. 彼女はひとり暮らしに耐えられない。
- The ice is thin. It will not **bear** your weight. 氷は薄(うす)い。君の体重を支えきれないだろう。

beard /bíərd ビアド/ 名 あごひげ
関連語 **mustache** (口ひげ), **whiskers** (ほおひげ)

mustache

whiskers

beard

beast /bíːst ビースト/ 名 (大きな四つ足の)獣(けもの), けだもの →**animal**

beat 中 /bíːt ビート/ 動
三単現 **beats** /bíːts ビーツ/
過去 **beat** →原形と同じ形であることに注意。
過分 **beaten** /bíːtn ビートン/, **beat**
-ing形 **beating** /bíːtiŋ ビーティング/

❶ (連続的に)打つ, たたく; (泡(あわ)立てるために卵を)かき混ぜる
❷ (敵を)打ち破る, 負かす (defeat)
── 名 ❶ 打つこと[音]; 拍子(ひょうし)
❷ (警官・番人などの)巡回(じゅんかい)区域
── 形 《話》へとへとに疲(つか)れて (tired out)

beaten /bíːtn ビートン/ 動 **beat** の過去分詞

Beatles /bíːtlz ビートるズ/ 固名 (the Beatles で) ビートルズ→英国出身のロックバンド.

beautician /bjuːtíʃən ビューティシャン/ 名 美容師

beautiful 小 A1 /bjúːtəfəl ビューティふる/ 形 (比較級 **more beautiful**; 最上級 **most beautiful**)

❶ 美しい, きれいな 反対語 **ugly** (醜(みにく)い)
基本 a **beautiful** face [voice, picture] 美しい顔[声, 絵] →beautiful+名詞.
- Ann is a **beautiful** young lady. アンは若く美しい女性です。
基本 Mt. Fuji is very **beautiful** against the blue sky. 青い空を背景にして富士山がとてもきれいだ。→be 動詞+beautiful.
- What a **beautiful** flower! なんてきれいな花なんでしょう。
- Her dress is **more beautiful** than mine. 彼女のドレスは私のよりきれいだ。
- This is **the most beautiful** flower in the garden. これは庭で一番美しい花です。

❷ すばらしい, 見事な
- a **beautiful** dinner [friendship] すばらしい食事[友情]
- **beautiful** weather すばらしい天気
- The basketball player made a **beautiful** middle shot. そのバスケットボールの選手はすばらしいミドルシュートをした。

beautifully /bjúːtəfəli ビューティふり/ 副 美しく; 見事に

beauty 中 A2 /bjúːti ビューティ/ 名 (複 **beauties** /bjúːtiz ビューティズ/) 美, 美しさ
- the **beauty** of the evening sky 夕空の美しさ
- the **beauties** of nature 自然の(いろいろな)美しさ

béauty pàrlo(u)r 名 美容院

beauty shop

関連語 **beautician**(美容師)
béauty shòp 名 =beauty parlo(u)r
beaver /bíːvər ビーヴァ/ 名 《動物》ビーバー
→主に北米の川・湖にすむ動物. 鋭(するど)い歯でかじり取った樹木片(へん)などで水をせき止めてダムを作り, その中に巣を作る.

イメージ (beaver)
いつも忙(いそが)しく働く働き者というイメージがあり, work like a beaver (ビーバーのように働く)は「せっせと働く」の意味.

became 中 /bikéim ビケイム/ 動 become の過去形

because 中 A1 /bikɔ́ːz ビコーズ/ 接

❶ (なぜなら) (〜が)〜だから, (〜が)〜なので
基本 He is absent **because** he is ill. 彼は病気なので欠席しています. →文+because+文.

• She married him **because** she loved him. 彼女は彼と結婚(けっこん)した. (なぜなら)彼女は彼を愛していたから(です).

• **Because** I was very busy, I didn't go there. 私はとても忙(いそが)しかったのでそこへ行かなかった.

会話
Why are you so happy?—**Because** I passed the exam.
君はなぜそんなにうれしいのですか.—試験に受かったからです.

❷《否定文の後で》(〜が)〜だからといって(〜ではない)

• You should not be proud **because** you are rich. 君は金持ちだからといってうぬぼれてはいけない.

• She didn't marry Jim **because** she loved him. She married him for his money. 彼女はジムを愛するがゆえに彼と結婚したのではない. 彼女は彼の金目当てに結婚したのだ. →初めの文の didn't は marry を否定するのではなく, She married Jim because 〜 (彼女はジムを愛していたからジムと結婚した)という文全体を否定する.

❸ (**only**, **simply**, **just** などを伴(とも)って) (ただ) (〜が)〜という理由(だけ)で

• I work **only because** I like to work. 私はただ働くのが好きだから働くのです.

because of 〜 〜の理由で, 〜のために

• He was late for school **because of** a railroad accident. 電車事故のため彼は学校に遅刻(ちこく)した.

beckon /békən ベコン/ 動 手招きする

文化 (beckon)
英米人は手のひらを上にして手招きをする. 日本人のように手のひらを下に向けると「あちらへ行け」という意味のジェスチャーになるので注意.

become 中 A1 /bikʌ́m ビカム/ 動

三単現 **becomes** /bikʌ́mz ビカムズ/
過去 **became** /bikéim ビケイム/
過分 **become** →原形と同じ形であることに注意.
-ing形 **becoming** /bikʌ́miŋ ビカミング/

❶ 〜になる

POINT A が成長して・時間がたって・ある理由で B になること.

基本 **become** a cook コックになる →become+名詞.

• **become** a man [a woman] 大人になる

• Tadpoles **become** frogs. オタマジャクシはカエルになる.

基本 **become** rich 金持ちになる →become+形容詞.

• **become** angry 怒(おこ)り出す

• **become** tired 疲(つか)れる

• The days **become** shorter in winter. 冬になると日が短くなる.

• When he **becomes** a college student, he will look for a part-time job. 大学生になったら, 彼はバイトを探すでしょう.

• He **became** a doctor. 彼は医者になった.

• It **has become** much warmer. ずっと暖かくなった. →It は漠然(ばくぜん)と「気温」を表す. 現在完了(かんりょう)の文. →**have** 助動 ❶

• It **is becoming** warmer and warmer. だんだん暖かくなってきている. →現在進行形の文. →**is** 助動 ❶

❷《文》〜に似合う, 〜にふさわしい →ふつう suit を使う.

become of 〜 〜は(どう)なる (happen to 〜)

• What **became of** her? 彼女はどうなりましたか. →過去の出来事として尋(たず)ねているので過去形を用いる.

bedroom

- What **has become of** your dog? 君の犬はどうなりましたか. →現在完了の文. 現在どうなっているかを尋ねている.

becoming /bikʌ́miŋ ビカミング/ 動 **become** の -ing 形（現在分詞・動名詞）

bed 小 A1 /béd ベド/ 名 (複 **beds** /bédz ベヅ/) ❶ **ベッド**, 寝床(ねどこ), 寝台(しんだい)

基本 go to bed 寝(ね)る →bed が本来の目的（寝ること）で使われる時は ×a bed, ×the bed としない. church, school なども同様.

- **get into bed** ベッドに入る
- **get [jump] out of bed** ベッドから出る[飛び出る], 起きる[飛び起きる]
- **put** a child **to bed** 子供を寝かせる
- **make** a [*one's*, the] **bed** ベッドを整える; ふとんを敷(し)く →寝る前・起きた後にベッドの寝具(しんぐ)をきちんと整えること.
- listen to the radio **in bed** ベッドの中で[寝ながら]ラジオを聴(き)く
- She is **in bed** with a cold. 彼女は風邪(かぜ)をひいて寝ている.
- You made your **bed** and you must lie on it. あなたは自分でベッドを整えたのだから, そのベッドに寝なければならない. →「自分のした事は自分で責任をとらなければならない」の意味.
- She has been **ill in bed** for a week. 彼女は1週間病気で寝ている.
- I lay on my **bed**. 私は自分のベッドの上に横になった.
- Don't jump on the **bed**! ベッドの上で飛んだり跳(は)ねたりしてはいけません.
- The deer slept on a **bed** of leaves. シカは木の葉のねぐらで眠(ねむ)った.

❷ 苗床(なえどこ), 花壇(かだん)
- Mom planted tulips in the flower **bed**. 母は花壇にチューリップを植えた.

❸ (平らな)土台; 川床(かわどこ)
- a river **bed** 川底, 川床

béd and bréakfast 名 朝食つきの宿泊(しゅくはく) →イギリスなどで宿泊 (bed) と翌日の朝食 (breakfast) を提供する民宿. 安くて家庭的ふんい気が味わえるので外国人旅行者に人気がある. **B & B, b & b** /ビーアンビー/ と略称する.

bedmaking /bédmeikiŋ ベドメイキング/ 名 ベッドを整えること →bed ❶ の用例 (**make a bed**)

bedroom A1 /bédru:m ベドルーム/ 名 寝室(しんしつ)

文化 (bedroom)
英米では2階に寝室があることが多いから come down to breakfast は「(2階の寝室から)朝食に下りて来る」の意味. ワンルーム以上の住宅では bedroom の数で間取りを言うのがふつう. My house has three bedrooms. は「私の家は3LDKです」といった

bedroom

①dresser (鏡台) ②closet (クローゼット) ③bed (ベッド) ④bedside lamp (枕もと用ランプ)
⑤pillow (枕) ⑥sheet (シーツ) ⑦blanket (毛布) ⑧bedspread (ベッドカバー)
⑨mattress (マットレス)

bedside

感じの意味になる.

bedside /bédsaid ベドサイド/ 名 **ベッドのそば**; (病人などの)**枕(まくら)もと**

bedtime /bédtaim ベドタイム/ 名 **寝(ね)る時刻**
- It's your **bedtime**. 寝る時間ですよ.

bee A1 /bí: ビー/ 名 **ミツバチ** (honeybee)
- a worker [working] **bee** 働きバチ
- a queen **bee** 女王バチ

イメージ (bee)
ミツバチは休むことなく蜜(みつ)を集め, 巣作りに励(はげ)むことから, 勤勉・秩序(ちつじょ)といったイメージがあり, as busy as a bee (ミツバチのように忙(いそが)しい)は「とても忙しい」. work like a bee (ミツバチのように働く)は「せっせと働く」の意味.

beech /bí:tʃ ビーチ/ 名 (植物)**ブナ(の木)**

beef 小 A1 /bí:f ビーフ/ 名 **牛肉**
関連語 **chicken** (鶏肉(とりにく)), **mutton** (羊肉), **pork** (豚肉(ぶたにく))

beefeater /bí:fi:tər ビーフィータ/ 名 (英)(しばしば **Beefeater** で) ロンドン塔の守衛, (英国王の)護衛兵

beefsteak /bí:fsteik ビーフステイク/ 名 **牛肉のステーキ, ビフテキ** → 日常的には **steak** という.

beef stroganoff /bí:f stróuganɔf ビーフ ストロウガノフ/ ビーフ・ストロガノフ ロシア発祥(はっしょう)の肉料理の一種.

beehive /bí:haiv ビーハイヴ/ 名 **ミツバチの巣箱**

beekeeper /bí:ki:pər ビーキーパ/ 名 **ミツバチを飼う人, 養蜂家(ようほうか)**

been 中 A2 /弱 bin ビン, 強 bí:n ビ(ー)ン/ 動
POINT **be** (〜である, 〜にいる[ある])の過去分詞. **have** [**has**] **been** で「現在完了(かんりょう)」, **had been** で「過去完了」.

❶ (**have** [**has**] **been**+形容詞または名詞で) **今までずっと〜である**
- He **has been** sick for a week. 彼はこの1週間ずっと病気です.

Have you **been** busy this afternoon?—Yes, I **have** (**been** busy this afternoon).
きょうの午後は忙(いそが)しかったですか.—はい(, 忙しかったです).

- I **have been** an English teacher since 2004 (読み方: two thousand four). 私は2004年からずっと英語の教師をしています.
- For centuries this city **has been** the center of learning in Europe. この都市は数世紀の間ヨーロッパにおける学問の中心地であった.

❷ (**have** [**has**] **been**+場所を示す副詞(句)で) **今までずっと〜にいた**; **〜にいたことがある**; (今までに)**〜へ行ったことがある**; **〜へ行って来たところだ**
- He **has been here** all morning, but I think he is now in the library. 彼は午前中ずっとここにいましたが, 今は図書室だと思います.

会話
Where **have** you **been**?—I've **been** in the library.
君は今までずっとどこにいたのですか[どこへ行ってきたのか].—ずっと図書室にいました.
Have you ever **been** to Paris?—No, I've never **been** there.
今までにパリへ行ったことがありますか.—いいえ, そこへ[パリへ]は一度も行ったことがありません.

- I **have** never **been** in Britain. 私はイギリスにいた[住んだ]ことがありません.
- I **have been to** the post office. 私は郵便局へ行ってきたところです.

❸ (**had been** で) (その時まで)**ずっと〜であった**; (その時まで)**ずっと〜にいた, いたことがあった**; (その時までに)**〜へ行ったことがあった**; (その時)**〜へ行って来たところだった**

POINT ❶❷ が「過去のある時」を基準にした時の意味に変わると考えればよい. → **had**
- He **had been** ill (for) two days when the doctor came. (医者が来た時は彼は2日も病気だった ⇨)彼が病気になって2日して医者が来た.
- I knew the place very well, because I **had** often **been** there before. 私はその場所をよく知っていた. (なぜなら)たびたびそこに行ったことがあったから.

— 助動 ❶ (**have** [**has**] **been** *doing* で) (今まで)**〜し続けている, 〜していた** → 現在完了進行形.

- I **have been reading** this book since three o'clock. 私は3時からずっとこの本を読んでいる.
- It **has been raining** for a week. 1週間雨が降り続いています.
- What **have** you **been doing**? 君はずっと何をしていたのですか.

❷ (**have** [**has**] **been**+過去分詞で) 〜されてしまった, 〜され(続け)ている, 〜されたことがある →現在完了の受け身.
- The house **has been sold**. その家は売られてしまった.
- He **has been loved** by all. 彼はみんなにずっと愛されています.
- I **have** often **been spoken** to by foreigners on the street. 私は通りで外国人からよく話しかけられることがある.

beep /bíːp ビープ/ 名 (警笛・コンピュータの発する)ビーッ(という音)
—— 動 ビーッと鳴らす[鳴る]

beer A2 /bíər ビア/ 名 ビール
- drink **beer** ビールを飲む
- a glass [two glasses] of **beer** ビール1杯[2杯] →《話》では単に a beer, two beers のようにもいう.
- a bottle [a can] of **beer** 瓶[かん]ビール1本
- Let's have a **beer**. ビールでも飲もう.

beet /bíːt ビート/ (→beat(打つ)と同音) 名 《植物》ビート, ビーツ →アカカブに似た食用の植物で red beet ともいう.
- sugar **beet** 《植物》サトウダイコン

Beethoven /béitouvən ベイトウヴェン/ 固名 (**Ludwig van Beethoven**) ベートーベン →ドイツの作曲家 (1770–1827).

beetle /bíːtl ビートル/ 名 甲虫(こうちゅう) →コガネムシ・カナブン・カブトムシなどの総称.

before 中 A1 /bifɔ́ːr ビフォー/

前 《時間・順位》〜の前に[の]   意味map
接 (〜が〜する)前に
副 以前に

—— 前 《時間・順位》〜の前に[の], 〜より先に
反対語 **after, behind** (〜の後に)
基本 **before** six o'clock 6時前に →before+名詞.
- **before** dark 暗くなる前に, 暗くならないうちに

before 中 A1 /ビフォー/

基本の意味
位置的な「前に」が元の意味で, そこから転じた「(時間・順序的に)〜の前に」が基本の意味. before が位置関係の「前」を表すこともあるが, 人の目から見た「前」・何かの「手前」など人の視点や判断を伴う場合に限られ, それ以外の単なる位置関係には in front of を用いる.

イメージ
〜の前に

教科書によく出る 使い方・連語

前 I'll be at the station **before** six. 6時前には駅に行きます.
前 The seal finished **before** the bear. アザラシはクマより先にゴールした.

before long まもなく, やがて, 近いうちに
Mom will be back **before long**. 母はそろそろ帰ってくる.

beforehand 66 sixty-six

• **before** sunrise 日の出前に, 夜の明けないうちに

• a few days **before** Christmas クリスマスの2～3日前に

• shortly [some years] **before** the war 戦争の少し[数年]前に

• It's ten minutes **before** six. 6時10分前です.

• A new teacher stood **before** the class. 新しい先生がクラスのみんなの目の前に立った. → 建物や物などの「前に」はふつう **in front of ～** を使う.

• It happened just **before** my eyes. それは私のすぐ目の前で起こった.

• There was a long winter **before** them. (彼らの前には長い冬があった ⇨)これから長い冬が始まろうとしていた.

before long まもなく, やがて (soon)

• He will come **before long**. 彼はまもなく来るだろう.

the day before yesterday (昨日の前の日 ⇨)おととい, 一昨日

the night before last おとといの晩, 一昨夜 →last は「昨夜」(last night) の意味.

── 接 (～が～する)前に, (～が～)しないうちに 反対語 after ((～が～した)後で)

• I must go home **before** it gets dark. 暗くなる前に[暗くならないうちに]私は家に帰らなければならない. →文＋before＋文.

• Do it right now, **before** you forget. すぐそれをしなさい, 忘れないうちに.

• Bob went out **before** I knew it. (私がそれを知る前に ⇨)いつのまにかボブは外へ出て行った.

• It was a long time **before** he knew it. (彼がそれを知る前は長かった ⇨)長い間たってから彼はそれを知った.

• It was not long **before** he knew it. (彼がそれを知る前は長くなかった ⇨)まもなく彼はそれを知った.

── 副 以前に; (過去のある時より)その(～)前に 関連語 ago (今から～前に)

• the day **before** その前の日(に)

• two years **before** その2年前に →two years ago は「今から2年前に」.

• I saw that movie **before**. 私は前にその映画を見た.

beforehand /bifɔ́ːrhænd ビフォーハンド/ 副

前もって, あらかじめ

beg A2 /bég ベグ/ 動 三単現 **begs** /bégz ベグズ/; 過去・過分 **begged** /bégd ベグド/; -ing形 **begging** /bégiŋ ベギング/

❶ (しばしば **beg for ～** で) ～をめぐんでくださいと言う, ～を欲(ほ)しいという

類似語 ask よりもへりくだって頼(たの)むという感じが強い.

• The boy **begged** (his mother) **for** a new bicycle. 男の子は(母親に)新しい自転車が欲しいとねだった.

❷ (**beg** A **to** do で) (Aに)～してくれるようお願いする

• I **beg** you **to** forgive me. どうか私のことをお許しください.

I beg your pardon. (失礼をおわびする時) すみません; (聞き返す時)すみません, もう一度おっしゃってください →**pardon**

began 中 /bigǽn ビギャン/ 動 **begin** の過去形

beggar /bégər ベガ/ 名 ものごい(人)

begin 中 A1 /bigín ビギン/ 動

| 三単現 **begins** /bigínz ビギンズ/
| 過去 **began** /bigǽn ビギャン/
| 過分 **begun** /bigʌ́n ビガン/
| -ing形 **beginning** /bigíniŋ ビギニング/

始まる; 始める

反対語 end, finish (終わる, 終わらせる)

基本 **begin** at eight o'clock 8時に[から]始まる →begin＋副詞(句).

基本 **begin** the lesson 授業を始める →begin＋名詞.

基本 **begin** to cry [crying] 泣き始める → begin to do [doing].

• We'll **begin** the lesson **at** page 10. 10ページから授業を始めます. →×from page 10としない.

• **Begin** each sentence **with** a capital letter. それぞれの文を大文字で(書き)始めなさい.

• School **begins at** eight [**in** September]. 学校は8時[9月]から始まる. →×from eight [×from September] としない.

• Our club **began** five years ago. Only three people **began** this club. 私たちのクラブは5年前に始まった[発足(ほっそく)/発足(はっそく)した]. たった3人でこのクラブを始めたのだ.

- It **began** to rain [raining]. 雨が降り始めた.
- The snow **has begun** to melt. 雪が溶(と)け始めた. →現在完了(かんりょう)の文. →**have** 助動 ❶
- Well **begun**, well finished. うまく始められれば, うまく終わるだろう[初めよければすべてよし]. →If it is well begun, it will be well finished. を短くした表現. is begun (始められる), will be finished (終えられるだろう)は受け身形. →is [**be**] 助動 ❷
- She **is beginning** to play the piano. 彼女はピアノをひき始めるところだ. →現在進行形の文.
- It **is beginning** to rain. 雨がぽつぽつと降り始めた.

begin with ～ ～で始まる
to begin with まず第一に

beginner 中 A2 /bigínər ビギナ/ 名
初めてする[学ぶ]人, 初心者

beginning 中 A2 /bigíniŋ ビギニング/ 動
begin の -ing 形 (現在分詞・動名詞)
——名 初め, 始まり 反対語 end (終わり)
- at [in] the **beginning** 初めは (at first)
- at the **beginning** of June 6月の初めに
- 反対語 Good **beginnings** lead to good **endings**. よい始まりはよい終わりに至る.

from beginning to end 初めから終わりまで

begun /bigÁn ビガン/ 動 begin の過去分詞
behalf /bihǽf ビハフ/ 名 ため →次の句で使う.
on [in] behalf of ～ ～のために, ～を代表して

behave /bihéiv ビヘイヴ/ 動 振(ふ)る舞(ま)う; 行儀(ぎょうぎ)よくする
- **behave** well [badly] 行儀がよい[悪い]
- Did you **behave** today, Bob? ボブ, きょうはお行儀よくしましたか.
- He does not know how to **behave** at the table. 食卓(しょくたく)ではどんな風に振る舞うべきか[食事のマナーを]彼は知らない.

behave oneself 行儀よくする; 振る舞う
- **Behave yourself!** (子供に)お行儀よくしなさい.

behavior A2 /bihéiviər ビヘイヴィア/ 名
振(ふ)る舞(ま)い, 態度, 行儀(ぎょうぎ)
behaviour /bihéiviər ビヘイヴィア/ 名
(英)=behavior

behind 中 A1 /biháind ビハインド/ 前
❶ ～の後ろに[の], ～の陰(かげ)に[の]
反対語 in front of ～ (～の前に)
- hide **behind** the curtain カーテンの陰に隠(かく)れる
- the boy **behind** you 君の後ろの少年
- from **behind** the door ドアの後ろ[陰]から
- The moon is **behind** the clouds. 月は(雲の後ろにある ⇨)雲に隠れている.
- His eyes were smiling **behind** his glasses. 彼の目は眼鏡の後ろで[眼鏡の奥(おく)で]笑っていた.
- Don't speak ill of others **behind** their **backs**. 後ろで[陰で]他人の悪口を言うな.

❷ ～に遅(おく)れて, ～に劣(おと)って
反対語 ahead of ～ (～より進んで)
- **behind** the times 時勢に遅れて
- We are already **behind** time by five minutes. 私たちは既(すで)に5分遅れている. →by five minutes は「5分の差で」.
- The work is much **behind** schedule. 仕事は予定よりずいぶん遅れている.
- The time here is three hours **behind** New York time. 当地の時間はニューヨーク時間より3時間遅れている.
- I am far **behind** him in English. 私は英語が彼よりずいぶん遅れている.

——副 ❶ 後ろに[を], あとに[を]
反対語 ahead (前に[を])
- from **behind** 後ろから
- look **behind** 後ろを振(ふ)り返って見る
- stay **behind** あとに残る
- He has left his camera **behind**. 彼はカメラを置き忘れて行った.
- She was left **behind**. 彼女は置き去りにされた.

❷ 遅れて, 劣って
- The train is ten minutes **behind**. 列車は10分遅れている.
- I am far **behind** in English. 私は英語がずいぶん遅れている.
- Tom holds the lead, and the other runners are following close **behind**. トムがトップを走っていてほかのランナーたちがすぐその後に続いている.

Beijing /beidʒíŋ ベイヂング/ 固名 ペキン, 北京
→中華(ちゅうか)人民共和国の首都.

being A2 /bíːiŋ ビーイング/ 動 **be** の -ing 形
（現在分詞・動名詞）
- The house is **being** built. 家は(今建てられつつある ⇨)建築中です. →being は現在分詞. 受け身の進行形.
- Don't be ashamed of **being** poor. 貧乏(びんぼう)であることを恥(は)じるな. →前置詞 of＋動名詞 being (〜であること).

── 名 ❶ 存在 (existence)
- **come into being** 生まれる, 出現する
❷ 人間, 生き物 (creature)
- a human **being** 人間

belch /béltʃ べるチ/ 動 げっぷをする →人前でのげっぷは下品な行為(こうい).

── 名 げっぷ

Belfast /bélfæst べるファスト|belfɑ́ːst べるふァースト/ 固名 ベルファスト →北アイルランド (Northern Ireland) の首都.

Belgian /béldʒən べるヂャン/ 形 ベルギーの; ベルギー人の

── 名 ベルギー人

Belgium /béldʒəm べるヂャム/ 固名 ベルギー →ヨーロッパ北西部の王国. 首都はブリュッセル (Brussels). 公用語はオランダ語, フランス語, ドイツ語など.

belief /bilíːf ビリーふ/ 名 ❶ 信じること, 信念, 確信 関連語 「信じる」は **believe**.
- have **belief** in God 神を信じている
❷ (しばしば **beliefs** で) 信仰(しんこう)

believe 中 A1 /bilíːv ビリーヴ/ 動

信じる, 本当と思う; 〜だと考える, 〜と思う
関連語 「信じること」は **belief**.
- **believe** the news その報道を信じる
- **believe** him 彼の言うことを信じる →「彼を信じる」と訳さない. →**believe in** 〜
- He could not **believe** his eyes [ears]. (あまり不思議なので)彼は自分の目[耳]を信じることができなかった.
- 会話 Bill has got full marks in the math test.—I don't **believe** it! ビルが数学のテストで満点取ったぞ.—信じられない (まさか).
- She **believes** (that) her son is still alive. 彼女は息子(むすこ)がまだ生きていると信じている.
- I **believe** he is honest. ＝I **believe** him (to be) honest. 私は彼は正直だと思う.
- I [I don't] **believe** so. そうだと[そうではな

いと]思います.

ことわざ Seeing is **believing**. 見ることは信じることである. →「(人の話を何度も聞くよりも)自分の目で見れば納得(なっとく)する」の意味.「百聞は一見にしかず」にあたる.

***believe in** 〜* ① 〜がよい[正しい]ことを信じる; 〜を信頼(しんらい)する
- **believe in** oneself 自分の力を信じる
- **believe in** him 彼(の人柄(ひとがら)[力])を信頼する
- **believe in** democracy 民主制(がよいこと)を信じる
② 〜の存在を信じる, 〜を信仰(しんこう)する
- **believe in** God 神(の存在)を信じる
***believe it or not** こんなことを言っても信じてくれるかどうかわからないが(実は)
***believe me** 本当に

believer /bilíːvər ビリーヴァ/ 名 信じる人, 信者

Bell /bél べる/ 固名 (**Alexander Graham** /グレイアム/ **Bell**) グレアム・ベル →電話機を発明した米国の科学者 (1847-1922).

bell 中 A1 /bél べる/ 名

鐘(かね), 鈴(すず); ベル
- answer the **bell** (ベルの音を聞いて)玄関(げんかん)に出る
- ring a **bell** 鐘を鳴らす
- There goes the **bell**. ベルが鳴っている. →**go** ❼
- The (church) **bells** are ringing. (教会の)鐘が鳴っている.

bellboy /bélbɔi べるボイ/ 名 (米) (ホテルなどの)ボーイ →(英)では **page** という.

bellhop /bélhɑp べるハプ/ 名 (米) ＝ **bellboy**

belly A2 /béli べリ/ 名 (複 **bellies** /béliz べリズ/) (話) (胃腸を含(ふく)む部分の)腹, おなか; 胃 (stomach)
- I have a pain in my **belly**. 私はおなかが痛い.

belong 中 A2 /bilɔ́ːŋ ビろーング/ 動 (しばしば **belong to** 〜 で) 〜のものである, 〜に所属している
- This racket **belongs to** me. (＝ This racket is mine.) このラケットは私のものです.
- I **belong to** the tennis club. 私はテニス

部の部員です[に所属している].

POINT I am a member of ~ (～の一員である)のほうがふつう. ×I *am belonging* と進行形にしない.

- These books **belong** on the top shelf [in the library]. これらの本は一番上の棚[図書館]のものです.

belongings /bilɔ́ːŋiŋz ビろーンギンぐズ/ 名 複
持ち物, 身の回り品

beloved /bilʌ́vid ビらヴェド/ 形 最愛の

below A1 /bilóu ビろウ/ 前

❶ ~より下の方に, ~より下の

反対語 **above** (~より上の方に[の])

- From the airplane we saw the sea **below** us. 飛行機から私たちは下の方に海を見た.
- The sun is sinking **below** the horizon. 太陽が地平線[水平線]の下に沈もうとしている.

関連語 Bob's house is **below** Ken's house. There is a mole **under** Bob's house. ボブの家はケンの家の下の方にある. ボブの家の真下にはモグラが1匹いる.

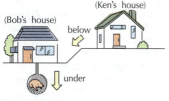

❷ ~の下流に[の] →川に造られた「ダム」とか「橋」とかを基準にして, それよりも「下に」の意味. 「川の下流に[の]」は down the river.

- a mill **below** the bridge 橋の下流の水車小屋

❸ (年齢・能力など)~より下[未満]で[の]

- 10 degrees **below** zero 零下10度
- He is (a little) **below** fifty. 彼は50(ちょっと)前です.

—— 副 下の方に[の]; 以下に[の]

反対語 **above** (上の方に[の])

- look down **below** 下の方を見下ろす
- the room **below** 階下の部屋
- from **below** 下の方から
- From the airplane we saw the sea **below**. 飛行機から下の方に海が見えた.
- See the note **below**. 下の注を見よ.

belt A2 /bélt ベるト/ 名

❶ ベルト, (ズボンの)バンド, 帯 関連語 **band**

((物をくくる)ひも)

- loosen [tighten] one's **belt** ベルトを緩める[締める]
- Fasten your seat **belts**, please. シートベルトをお締めください.

❷ ~(産出)地帯 →ある共通の特色を持った広大な地域をいう.

- the corn [wheat] **belt** トウモロコシ[小麦]産出地帯

bench 中 A2 /béntʃ ベンチ/ 名

❶ (木製・石製などの)長椅子, ベンチ → **chair** →2人以上が座れるもので, 背のあるものもないものもある.

- sit on a **bench** ベンチに座る

❷ (大工仕事などの)仕事台

bend A2 /bénd ベンド/ 動 (三単現 **bends** /béndz ベンヅ/; 過去・過分 **bent** /bént ベント/; -ing形 **bending** /béndiŋ ベンディング/)

❶ 曲げる; 曲がる

- **bend** over 前かがみに腰を曲げる
- **bend** one's arm [knee] 腕[膝]を曲げる
- **bend** it into an S shape それをS字に曲げる
- The road **bends** sharply **to** the right at this point. 道路はこの地点で右に急カーブしている.

❷ かがむ, (木などが)たわむ

- He **bent** over the girl and kissed her. 彼は少女の上に身をかがめてキスした.
- He **bent** down and picked up the ball. 彼はかがんでそのボールを拾った.
- The tree **bent** under the weight of the fruit. 木の実の重みで木がたわんでいた.

—— 名 曲げる[曲がる]こと; 曲がり; (道の)カーブ

- a sharp **bend** in the road 道の急カーブ

beneath /biníːθ ビニース/ 前 ❶ ~の下に[の]

- We passed **beneath** the cherry trees. 私たちは桜の木の下を通り過ぎた.

❷ ~より(劣)って; ~に値しないで

—— 副 《文章》下に, 下の方に

benefit /bénəfit ベネふィト/ 名 利益, もうけ, ため

—— 動 利益を与える; 利益を得る

bent /bént ベント/ 動 **bend** の過去形・過去分詞

Berlin /bəːrlín バーリン/ 固名 ベルリン →ドイツの首都.

berry /béri ベリ/ 名 (複 **berries** /bériz ベリ

ズ/) ベリー, イチゴ → イチゴ・スグリ・サクランボなどのような食用になるやわらかい小果実. → **nut**

beside A1 /bisáid ビサイド/ 前 ~のそばに, ~のそばの
- **beside** the river 川のそばに
- Sit **beside** me. 私のそばに座(すわ)りなさい.

***beside* oneself** (自分自身の外へ出て ⇒)われを忘れて, 夢中で
- He was **beside** himself with joy [grief]. 彼は喜びでわれを忘れていた[悲しみで取り乱していた].

besides A2 /bisáidz ビサイヅ/ 前 ~のほかに
- We learn French **besides** English. 私たちは英語のほかにフランス語を習う.

── 副 さらに, その上
- This dress is too small; **besides**, it's old-fashioned. このドレスは小さ過ぎる. その上, 型が古い.

best 小 A1 /bést ベスト/ 形
最もよい, 最上の, 最良の
→ **good** (よい), **well** (健康である)の最上級.
反対語 **worst** (最も悪い)
- **the best** book 最良の本
- **my best** friend 私の一番の親友 →×my the best ~, ×the my best ~ などとしない.
- This is **the best** camera **in** the store. これが店で一番いいカメラです.
- He is **the best** swimmer **of** us all. 彼は私たちみんなの中で泳ぎが一番うまい.

the best swimmer
a better swimmer
a good swimmer

- What is **the best** way to learn English? 英語を学ぶ一番よい方法は何ですか.
- 関連語 His work is **good**. 彼の作品はいい. But your work is **better**. 彼女の作品はもっといい. But your work is **best**. 彼の作品はいい. 彼女の作品はもっといい. しかし君の作品が一番いい. → best の後ろに名詞が来ない時はふつう ×the をつけない.
- I feel **best** in the morning. 私は朝のうちが一番気分がいい. → この best は well の最上級.

── 名 最上(のもの), 最善(のもの), 最優秀(ゆうしゅう)(のもの) 反対語 **worst** (最悪のもの)
- We serve only the **best** in this restaurant. 私どものレストランでは最上のものだけをお出ししております.
- The girl was dressed in her Sunday **best**. その女の子はよそ行きの服を着ていた. → Sunday best は「よそ行きの服」.

── 副 最もよく, 一番 → **well** (よく, 上手に)の最上級. 反対語 **worst** (最も悪く)

会話
Which subject do you like **best**?—I like English **best** (of all subjects).
君はどの教科が一番好きですか.—私は(全教科の中で)英語が一番好きです.

- John swims the **best** of us all. ジョンは私たちみんなの中で泳ぎが一番うまい. →《米》では the **best** のように the をつける傾向(けいこう)がある.
- I like summer the **best** of all seasons, and I like fall the second **best**. 私はすべての季節の中で夏が一番好きです. そして秋が二番目に好きです.

at* one's *best 最高の状態で
- Our roses are **at** their **best** now. うちのバラは今が最高の状態[真っ盛(さか)り]だ.

at* (*the*) *best どんなによくても, せいぜい
best of all なによりも(よいことには)
do* [*try*] *one's best 全力[ベスト]を尽(つ)くす
- I'll **do** my **best**. 私は全力をつくそう.
- I **did** my **best** for him. 私は彼のために全力を尽くした.

make the best of ~ (不利な条件の下(もと)で)~をできるだけうまく使う

best-known /best nóun ベスト ノウン/ 形
最もよく知られている, 最も有名な → **well-known** の最上級.

bestseller /bestsélər ベストセら/ 名 (本・CDなどで)非常によく売れるもの, ベストセラー → **best-seller, best seller** ともつづる.

bet /bét ベト/ 動 (三単現 **bets** /béts ベツ/; 過去・過分 **bet**, **betted** /bétid ベテド/; -ing形 **betting** /bétiŋ ベティンゲ/) 賭(か)ける

I* [*I'll*] *bet 《話》(私は賭けてもいい ⇒)きっと
you bet (君は賭けてもいい ⇒)本当に, そうだ

とも

Are you coming to her birthday party?—**You bet!**
君は彼女の誕生パーティーに来ますか.―行きますとも.

betray /bitréi ビトレイ/ [動] 裏切る

better 中 A1 /bétər ベタ/ [形]

❶(品質・技量などが)**もっとよい**, もっと上手な
→**good** (よい)の比較(ひかく)級.
[反意語] **worse** (もっと悪い)

• a **better** swimmer もっと泳ぎのうまい人
• This is **better** than that. これはそれよりもよい.
• He is much **better** than me at the high jump. 高跳(と)びでは彼は私よりずっと上だ.
• This is **better than any other** camera in the store. (=This is the best camera in the store.) これは店にあるほかのどのカメラよりもいい(店で一番いいカメラだ).
• Let's try to make our world **better**. 私たちの世界をもっとよいものにするように努めよう. →make A B (形容詞)は「AをBにする」.

❷(健康状態が)**もっとよい** →**well** (健康である)の比較級. 名詞の前にはつけない.

• feel **better** 気分がもっといい
• get **better** (気分が)もっとよくなる, (病気から)回復する; (事態が)好転する
• I feel much **better** today. きょうは(昨日より)ずっと気分がいい.
• Do you feel any **better** today? きょうはいくらか気分がよいですか.

── [副] **もっとよく, もっとうまく, もっと** → **well** (よく, うまく)の比較級.
[反意語] **worse** (もっと悪く)

• You speak English much **better** than we do [《話》than us]. 君は私たちよりもずっと上手に英語を話す.

Which do you like **better**, coffee or tea?—I like coffee **better** (than tea).
君はコーヒーと紅茶とどちらが好きですか.―私は(紅茶より)コーヒーのほうが好きだ.

→**better** than tea を more than tea とすることもある.

had better do ～したほうがよい, ～しなさいよ

⦿POINT You had [You'd] better *do* は「～しなければだめだよ」という「忠告・命令」の意味になるので, 目上の人などには使わないほうがよい. 否定は **had better not** *do* (～しないほうがよい).

• We **had better** call the doctor. 私たちは医者を呼んだほうがいい.
• I'**d** (=I had) **better** drive you home. 私は君を車でお宅まで(お送りしたほうがよい ⇨) お送りしましょう.
• You'**d better** stay at home than go out on such a day. 君はこんな日には出かけないで家にいたほうがいい.
• You **had better not** go there again. もう二度とそこへ行かないほうがいい.
• **Hadn't** we **better** go now? 私たちはもう行ったほうがよくはないですか. →had better not go のような否定形を疑問文にする時は not が better の前に出ることに注意.

The sooner, the better. 早ければ早いほどよい →**the** [副] ❶

between 中 A1 /bitwíːn ビトウィーン/ [前] ～**の間に, ～の間の, ～の間で(の)** →2つのもの[2人]の間についていう.

[関連語] **among** ((3つ以上のもの)の間に)

[基本] The train runs **between** Tokyo and Hakata. その列車は東京・博多間を走っている. →between＋名詞＋and＋名詞.
• Would you come **between** two and three (o'clock)? 2時から3時の間[2時か3時頃(ごろ)]においでくださいませんか.

[基本] Grandma is standing **between** her two grandchildren. おばあちゃんは2人の孫の間に立っている. →between＋複数名詞.
• Don't eat **between** meals. 食事の間には物を食べるな[間食をするな].
• They divided the money **between** themselves. 彼らはその金を彼らの間で[2人で]分けた.
• Buses run **between** the three cities. 3つの町の間をバスが走っている.

between 中 A1 /ビトゥィーン/

基本の意味

(2つのものの)間にある状態が基本の意味で，場所だけでなく「〜時から〜までの間」と時間についても使う．3つ以上のものの間に囲まれている場合は，between ではなく among を用いる．

イメージ
(2つのもの[2人])の間に

教科書によく出る使い方・連語

- Please have a seat **between** Ken and Suzy. 健とスージーの間におかけください．
- Yoko, come to the teachers' room **between** the second and third periods. 洋子さん，2時間目と3時間目の間に職員室に来てください．

between ourselves (私たち自身の間で⇒)内緒で，ここだけの話ですが
- Let's keep this just **between ourselves**. これは私たちだけの秘密にしておこう．

POINT 3つ以上のものでも，上の例のようにどの2つをとっても同じ関係が成り立つ時には between を使う．

between ourselves [***you and me***] 私たち[君と私]の間だけで[の]，内緒(ないしょ)で[だが]

beverage /bévəridʒ ベヴァリヂ/ 名 飲み物 ふつう水以外のものをさす．

beware /biwéər ビウェア/ 動 (**beware of** 〜 で)〜に注意する; 〜に用心する (be careful of 〜)
掲示 **Beware of** the dog! 犬にご用心．

beyond A2 /bijánd ビヤンド|bijónd ビヨンド/ 前 ❶(場所)の向こうに，の向こうの
- live **beyond** the river 川の向こうに住む
- Look at the castle **beyond** the lake. 湖の向こうの城を見てごらんなさい．
❷(時間・時期)を越(こ)えて，を過ぎて
- Don't stay up **beyond** midnight. 真夜中過ぎまで起きていてはいけない．
❸(程度が)〜をかなり越えて，〜以上に
- **beyond** (a) doubt 疑いもなく，きっと．
- **beyond** repair 修理ができないほど(壊(こわ)れて)
- **beyond** comparison 比較(ひかく)できないほど(優(すぐ)れて)
- The problem is **beyond** me. その問題は私(の理解力)をかなり越えている．

Bhutan /buːtáːn ブーターン/ 固名 ブータン → インドの北東，ヒマラヤ山脈中にある王国．首都はティンプー．

Bhutanese /buːtəníːz ブータニーズ/ 名 (複 Bhutanese) ブータン人[語] → Bhutan
── 形 ブータン(人)の; ブータン語の

biathlon /baiǽθlən バイアスロン/ 名 バイアスロン → クロスカントリースキーとライフル射撃(しゃげき)の2種競技．

Bible /báibl バイブる/ 名 (**the Bible** で)聖書

参考 キリスト教の聖典．天地創造に始まるユダヤ民族の歴史と信仰(しんこう)を扱(あつか)った旧約聖書と，イエス・キリスト (Jesus Christ) の生涯(しょうがい)とその教え，彼の弟子(でし)たちの手紙とその活動をしるした新約聖書から成る．**the Holy Bible** とも呼ばれる．

bicycle 小 A1 /báisikl バイスィクる/

自転車 →《話》では **bike** ともいう.
- go **by bicycle** 自転車で行く →×by a [*the*] bicycle としない. →**by** 前❶
- go **on a bicycle** 自転車に乗って行く
- ride a **bicycle** 自転車に乗る
- He comes to school **by** [**on a**] **bicycle**. 彼は自転車通学をしています.

関連語 **monocycle** (一輪車), **tricycle** (三輪車), **motorcycle** (オートバイ)

big 小 A1 /bíg ビグ/ 形 (比較級 **bigger** /bígər ビガ/; 最上級 **biggest** /bígist ビゲスト/)

❶ (大きさが)**大きな**, **大きい**; (程度が)**たいへんな**

POINT どっしりと大きい感じを与えるものについていい, また時には「大した, 偉い, 堂々とした」などの感情が含まれる.

関連語 **large** ((客観的に)大きい)

large / big / small / little

基本 a **big** house 大きな家 →big+名詞.
- a **big** man (太って重そうな)大男
- a **big** hole (深くて)大きな穴
- a **big** fire (盛んに燃えて火力の強い)大火
- a **big** business 大企業
- a **big** fan 大ファン

基本 The elephant is **big**. 象は大きい. → be 動詞+big.

反対語 Their house is very **big**; ours (= our house) is **small**. 彼らの家はとても大きいが私たちのは小さい.

- Canada is about 27 times **bigger** than Japan. カナダは日本の約27倍の大きさです.
- The balloon grew **bigger and bigger**. 風船はますます大きくなった. →比較級+and+比較級は「ますます~」.

関連語 A horse is a **big** animal, but a camel is **bigger** than a horse, and an elephant is **the biggest** of the three. 馬は大きな動物だ. しかしラクダは馬より大きい. そして象は3つの中で一番大きい.

❷ (年齢が)**大きい**, **年長の**
- Don't cry, Mike, you're a **big** boy now. マイク, 泣かないで, あなたはもう大きいのよ.
- I have one **big** brother and two little sisters. 僕には兄さんが1人と妹が2人いる. →big brother は主に子供が使う言い方で, ふつうは older [《英》elder] brother と言う.

❸ **偉い**; **重要な** (important) →名詞の前にだけつける.
- a **big** movie star 映画の大スター
- Today is a **big** day for our school. きょうは私たちの学校にとって大事な日です. →大きな行事のある日をいう.

Big Apple /bíg ǽpl ビグ アプる/ 固名 (**the Big Apple** で) ビッグアップル →ニューヨーク市の愛称.

Big Ben /bíg bén ビグ ベン/ 固名 ビッグベン

参考 英国国会議事堂の塔の上の大時計の鐘, またはその塔全体を指す. この鐘の製作・設置責任者であったベンジャミン・ホール卿 (Sir Benjamin Hall) が大男で, **Big Ben** (大男のベン)という愛称で呼ばれていたことから.

Big Dipper /bíg dípər ビグ ディパ/ 固名 《米》(**the** をつけて) 北斗七星

bigger /bígər ビガ/ 形 **big** の比較級
biggest /bígist ビゲスト/ 形 **big** の最上級

bike 小 A1 /báik バイク/ 名

❶《話》**自転車** (bicycle)
- go **by bike** 自転車で行く
- ride a **bike** 自転車に乗る

❷ **オートバイ** (motorcycle)

biking /báikiŋ バイキング/ 名 =cycling
bilingual /bailíŋgwəl バイリングワる/ 形 2か国語を話せる; 2か国語で書かれた
bill¹ A2 /bíl びる/ 名 ❶《米》**紙幣**
- a five-dollar **bill** 5ドル札
❷ **請求書**, **勘定書** ❸ **法案**

bill 74 seventy-four

——**動 ❶**(be billed で) 宣伝される，発表される **❷** 請求書を送る

bill² /bíl ビル/ 图 (平たい)**くちばし** →主に小鳥やアヒルなどのもの．肉食鳥の先の曲がった「くちばし」は **beak**.

billboard /bílbɔːrd ビルボード/ 图 **広告板**

billiards /bíljərdz ビリヤヅ/ 图 **玉突(つ)き，ビリヤード** →ふつう単数扱(あつか)い．

billion /bíljən ビリョン/ 图 **10億**
• ten **billion** 100億
• for **billions** of years　何十億年もの間

bin /bín ビン/ 图 《英》**ごみ入れ；貯蔵容器[場所]**
• a recycling **bin**　リサイクル用回収箱

bind /báind バインド/ 動 三単現 **binds** /báindz バインヅ/; 過去・過分 **bound** /báund バウンド/; -ing形 **binding** /báindiŋ バインディング/) **縛(しば)る，くくる**

binder /báindər バインダ/ 图 **(書類をとじ込(こ)む)バインダー；製本機[業者]；(縛(しば)る[とじる])ひも，(刈(か)り取り機についている)結束機**

bingo /bíŋgou ビンゴウ/ 图 **ビンゴ**

binoculars /binάkjulərz ビナキュラヅ/ 图 複 **双眼鏡(そうがんきょう)**

biography /baiάgrəfi バイアグラフィ/ 图 (複 **biographies** /baiάgrəfiz バイアグラフィヅ/) **伝記**

biology /baiάlədʒi バイアロヂ/ 图 **生物学**

biomimetics /baioumimétiks バイオウミメティクス/ 图 **バイオミメティクス** →自然のものをまねて開発される科学技術．

biotechnology /baiouteknάlədʒi バイオウテクナロヂ/ 图 **バイオテクノロジー，生物工学**

bird 小 A1 /báːrd バ〜ド/ 图 (複 **birds** /báːrdz バ〜ヅ/) **鳥**

◆POINT 鳥に対する一般(いっぱん)語であるが，ふつうは「小鳥」を指す．
• a little **bird**　小鳥
• a **bird** cage　鳥かご
• a baby [parent] **bird**　ひな鳥[親鳥]
• The **birds** are singing in the trees.　鳥が木立の中でさえずっている．

ことわざ The early **bird** catches the worm.　早起きの鳥は虫を捕(つか)まえる．→「早起きは三文(さんもん)の徳」にあたる．

ことわざ kill two **birds** with one stone　1つの石で2羽の鳥を殺す →「一石二鳥，一挙両得」にあたる．

ことわざ Birds of a feather flock together.　同じ羽の鳥はいっしょに集まる．→「類は友を呼ぶ」にあたる．

イメージ (bird)
「小さくてかわいい」が基本的なイメージだが，そのほかに「自由」というイメージもあって，free as a bird (鳥のように自由な)などという．また鳥は少しずつ食べるので eat like a bird (鳥のように食べる)は「ちょっぴり食べる」の意味．

bird-watching /báːrd wɑtʃiŋ バ〜ド ワチング/ 图 **(趣味(しゅみ)としての)野鳥観察**

birth A1 /báːrθ バ〜ス/ 图
❶ **誕生，出産**
• the date of one's **birth**　生年月日
• the place of one's **birth**　出生地
• Her hair has been brown **from birth**.　彼女の髪は生まれつき茶色だ．

❷ **生まれ，家柄(いえがら)**
• a person of good **birth**　家柄のよい人

by birth **生まれは；生まれながらの**
• She has blonde hair but she is Japanese **by birth**.　彼女は金髪(きんぱつ)ですが生まれは日本人です．

give birth to 〜 **〜を出産する，〜を産む**
• She **gave birth to** a baby girl yesterday.　彼女は昨日女の赤ちゃんを出産した．

birthday 小 A1 /báːrθdei バ〜スデイ/ 图 **誕生日**

• a **birthday** card [cake, party]　バースデーカード[ケーキ，パーティー]
• **on** my fifteenth **birthday**　私の15回目の誕生日に
• give a **birthday** party　誕生日パーティーを開く

ほ基本 My **birthday** is (on) May 5th.　私の誕生日は5月5日です．→on をつけるのは《英》．
• She gave me something very nice **for** my **birthday**.　彼女は私の誕生日にとてもすばらしいものをくれた．
• She gave me a watch **for** [**as**] a **birthday** present.　彼女は私に誕生日の贈(おく)り物として時計をくれた．

会話 Happy birthday (**to you**), Jane! —Thank you, Bob.　お誕生日おめでとう，ジェーン．—ありがとう，ボブ．

biscuit A1 /bískit ビスケト/ 名
ビスケット →英国では日本と同様のビスケットのこと. 米国ではやわらかい小形のパンのことで, いわゆる「ビスケット」は **cracker** または **cookie** という.
- bake **biscuits** ビスケットを焼く

英国の biscuit　　　米国の biscuit

bishop /bíʃəp ビショプ/ 名 (英国国教会の)**主教**; (カトリック教の)**司教**; (仏教の)**僧正**(そうじょう)

bison /báisn バイスン/ 名 (複 **bison**, **bisons** /báisnz バイスンズ/) （動物）**バイソン**, (北米産の)**野牛**(やぎゅう) →米国・カナダにすむウシ科の動物.

bit¹ 中 A2 /bít ビト/ 名 小片(しょうへん); 少し, 少量
- a **bit** of bread ひとかけらのパン
- Let me give you a **bit** of advice. 一言忠告させてください.

a bit (英)少し; しばらく, ちょっと
bit by bit 少しずつ, 次第(しだい)に
not a bit 少しも〜ない (not at all)

bit² /bít ビト/ 動 **bite** の過去形

bite 中 A2 /báit バイト/ 動
|三単現| **bites** /báits バイツ/
|過去| **bit** /bít ビト/
|過分| **bitten** /bítn ビトン/, **bit**
|-ing形| **biting** /báitiŋ バイティング/

❶ かむ, かじる; かみつく, 食いつく
- **bite** (into) an apple リンゴをかじる
- Don't **bite** your nails. 爪(つめ)をかむんじゃない.
- A dog **bit** her on the leg. 犬が彼女の足をかんだ.
- He **bit** off more than he could chew. 彼は自分がかむことのできる以上のものをかみ取った. →「自分の手に余る事をしようとした」の意味.
- She **was bitten** by a snake. 彼女はヘビにかまれた.

❷ (蚊(か)などが)**刺**(さ)**す**, **食う** |類似語| ハチが「刺す」は **sting**.

—— 名 ひとかじり, ひと口; (魚の)くいつき; かまれた傷あと
- have [take] a **bite** ひと口食べる
- mosquito **bites** 蚊に刺されたあと
- Can I have a **bite** of your sandwich? あなたのサンドイッチをひと口食べさせてくれる?

bitten /bítn ビトン/ 動 **bite** の過去分詞

bitter 中 /bítər ビタ/ 形
❶ 苦い |反対語| **sweet** (甘(あま)い)
- a **bitter** taste 苦い味
- This medicine is **bitter**. この薬は苦い.
❷ つらい, ひどい; 厳しい
- **bitter** experience つらい経験
- **bitter** cold 身を切るような寒さ

bitterly /bítərli ビタリ/ 副 ひどく, 激しく

bitterness /bítərnis ビタネス/ 名 苦さ; つらさ, 苦しみ

black 小 A1 /blǽk ブラク/ 形
(比較級 **blacker** /blǽkər ブラカ/; 最上級 **blackest** /blǽkist ブラケスト/)
❶ 黒い; 黒人の |関連語| **white** (白い), **dark** ((肌(はだ)や目が)黒い)

基本 a **black** cat 黒ネコ →black+名詞.
- a **black** belt 黒いベルト; (柔道(じゅうどう)・空手などの)黒帯
- a **black** and white photograph 白黒写真
- for all Americans, **black** and white 黒人であろうと白人であろうとすべてのアメリカ人にとって
- He has a **black** eye. 彼は(殴(なぐ)られて)目の周りに青あざができている. →「両方の目に青あざができている」は He has a pair of black eyes. という.「彼は黒い目をしている」は He has dark eyes.

基本 The cat is **black**. そのネコは黒い. → be 動詞+black.
- His arm was **black** and blue from hitting the edge of a table. 彼の腕(うで)はテーブルの角にぶつけて青あざになった.

blackberry

❷ (光が差さず)**真っ暗な** (very dark)
• a **black** night 闇夜(やみよ)
• In the cave it was (as) **black** as night. 洞穴(ほらあな)の中は夜のように暗かった. →it は漠然(ばくぜん)と「明暗」を表す.
❸ (コーヒーが)**ブラックの**, ミルクやクリームを入れない
• **black** coffee ブラックコーヒー
• I drink my coffee **black**. 私はコーヒーはブラックで飲みます.
── 名 (複 **blacks**) /blǽks ブラクス/)
❶ **黒, 黒色; 黒い服**
• The man was dressed in **black**. その男は黒い服を着ていた. →×in a [the] black, ×in blacks としない.
❷ **黒人** →単数形の a black は軽蔑(けいべつ)的になることもあるので a **black man [woman]**, 《米》では **African-American** が好まれる.
• About 13 percent of the population in the U.S. are **blacks**. 米国の人口の約13パーセントは黒人だ.

blackberry /blǽkberi ブラクベリ/ 名 (複 **blackberries** /blǽkberiz ブラクベリズ/) クロイチゴ →夏の初め頃(ごろ)の甘(あま)ずっぱい黒い実がなる. ジャムやゼリーにしたり, パイを作る時に使う.

blackbird /blǽkbəːrd ブラクバード/ 名 《鳥》
❶ **ブラックバード** →米国産のムクドリモドキの総称. 特に雄(おす)はくちばしまで全身が黒い.
❷ **クロウタドリ** →ヨーロッパ産でツグミの一種. 黄色いくちばし以外は全身が黒い. 庭などで美しい声で鳴き, ロビン, ナイチンゲールとともにヨーロッパの三大鳴鳥.

blackboard A2 /blǽkbɔːrd ブラクボード/ 名 黒板 →緑色のものも一般(いっぱん)的には green blackboard (緑の黒板)といわれている. 単に **board** ともいう.
• **on** the **blackboard** 黒板に
• clean off the **blackboard** (with an eraser) (黒板消しで)黒板を消す

bláck bóx 名 ❶ **ブラックボックス** →内部の複雑な仕組みを知らなくても使えるようになっている電子機器装置. ❷ (飛行機の)**フライトレコーダー**

blackout /blǽkaut ブラカウト/ 名 ❶ **失神** ❷ **停電**

blacksmith /blǽksmiθ ブラクスミす/ 名 **かじ屋さん, てい鉄工**

bláck téa 名 **紅茶**

> POINT green tea (緑茶)などと区別する必要の無い時は単に **tea** ということが多い. ×red tea とはいわない.

blade /bléid ブレイド/ 名 ❶ (刀・ナイフなどの)**刃**(は) ❷ **葉** →主に麦・稲(いね)・芝(しば)などイネ科植物の平べったく細長い葉.

blame A2 /bléim ブレイム/ 動 (事故などを)〜の**責任にする, 〜のせいだと考える;** (人を)**非難する**
• The police officer **blamed** the driver **for** the accident. = The police officer **blamed** the accident **on** the driver. 警官はその事故の責任はその運転手にあると言った.
• I don't **blame** you **for** coming late. 遅刻(ちこく)について私は君を責めない.
ことわざ A bad workman **blames** his tools. 下手な職人は自分の道具が悪いのだと言う. →「自分の失敗をほかのせいにする人」についていう.

be to blame 〜が責められるべきだ, 〜が悪い
• I **am to blame** for this accident. この事故については私が悪いのだ.
── 名 (事故などに対する)**責任, 非難**

blank A1 /blǽŋk ブランク/ 形
❶ **何も書いてない, 白紙の;** (CD などが)**空**(から)**の**
• a **blank** page 白紙のページ
• a **blank** disc 録音してない[空の]ディスク
• turn in a **blank** paper 白紙の答案を出す
❷ **うつろな**
• a **blank** look ぽかんとした顔つき
• My mind became **blank**. 私の心は空っぽ[うつろ]になってしまった.
── 名 **空白, 余白; 空所, 空欄**(くうらん)**; 書き込**(こ)**み用紙**
• fill in the **blanks** (試験問題などで)空所を埋(う)める
• Please complete the **blanks** on the form. 用紙の記入箇所を埋めてください.

blanket A2 /blǽŋkit ブランケット/ 名 **毛布**

blast /blǽst ブラスト/ 名 ❶ **突風**(とっぷう)

❷ (らっぱ・警笛などの)響(ひび)き

blaze /bléiz ブレイズ/ 图 (燃え上がる)炎(ほのお), 火炎(かえん); 燃えるような光[色]
— 動 燃え上がる; あかあかと輝(かがや)く

blazer /bléizər ブレイザ/ 图 ブレザーコート → ×blazer coat としない.

bleat /blí:t ブリート/ 動 (羊・ヤギなどが)メーと鳴く
— 图 羊・ヤギなどの鳴き声

bled /bléd ブレド/ 動 **bleed** の過去形・過去分詞

bleed /blí:d ブリード/ 動 (三単現 **bleeds** /blí:dz ブリーヅ/; 過去・過分 **bled** /bléd ブレド/; -ing形 **bleeding** /blí:diŋ ブリーディング/) 出血する, 血が出る

blend /blénd ブレンド/ 動 混ぜ合わせる; 混ざる, 混合する, (色が互(たが)いに)溶(と)け込(こ)む
— 图 混合; 混合物, ブレンド

blender /bléndər ブレンダ/ 图 (料理用の)ミキサー

bless /blés ブレス/ 動 ❶(神が)恵(めぐ)みを与(あた)える ❷神の恵みがあるように祈(いの)る, 祝福する

(God) ***bless me!*** おやおや → 驚(おどろ)き・とまどい・喜びなどを表す.

(God) ***bless you!*** (くしゃみをした人に対して)お大事に → それに対しては Thank you. と答える. → **sneeze**

Bless you!

blessing /blésiŋ ブレスィング/ 图 ❶(神から与(あた)えられる)恵(めぐ)み, 幸せ; (それを願う)祈(いの)り ❷(食前・食後の)お祈り

blew /blú: ブルー/ 動 **blow**¹ の過去形

blind /bláind ブラインド/ 形 ❶目の見えない, 盲目(もうもく)の; 盲人(もうじん)のための
• a **blind** man 目の見えない人, 視覚障害者
• the **blind**=blind people 目の見えない人たち, 視覚障害者
• a **blind** school=a school for the **blind** 盲(もう)学校
• She is **blind** in the left eye. 彼女は左目が見えない.
❷見る目がない, 盲目的な

• a **blind** faith やみくもな信仰(しんこう)[盲信(もうしん)]
• Most people are **blind to** their own faults. たいていの人は自分の欠点が見えない(わからない).
❸(部屋の壁(かべ)など)窓のない, 戸口のない; (通りなど)行き止まりの → 名詞の前にだけつける.
• a **blind** alley 行き止まりの路地, 袋小路(ふくろこうじ)
— 图 (ふつう **blinds** で)《英》日よけ, ブラインド → 《米》では (**window**) **shade** という.
• pull up [down] the **blinds** ブラインドを上げる[下ろす]

blindfold /bláin(d)fould ブライン(ド)フォウルド/ 動 ～に目隠(めかく)しをする
— 图 目隠し(の布など)

blink /blíŋk ブリンク/ 動 またたきする; (星などが)きらきら光る, 明滅(めいめつ)する

blister /blístər ブリスタ/ 图 火ぶくれ; 水ぶくれ

blizzard /blízərd ブリザド/ 图 大吹雪(ふぶき), ブリザード

block 小 A1 /blák ブラク/ 图
❶(四角い)かたまり, ブロック; 積み木, (厚い木の)台
• a **block** of ice 氷のかたまり
• Children play with **blocks**. 子供は積み木で遊ぶ.
❷《米》(都市で四方を街路に囲まれた)1区画, ブロック; (その街角から街角までの)1辺
• They live on our **block**. 彼らは私たちと同じブロックに住んでいます.
• He is a new kid on the **block**. 彼は今度このブロックに来た子です.
• The bank is three **blocks** away. 銀行は3ブロック先にあります.
• Go three **blocks** along this street and turn left. この通りを3ブロック行って左へ曲がりなさい.
— 動 ふさぐ, 妨害(ぼうがい)する
• After the storm, the road was **blocked** with fallen trees. 嵐(あらし)の後道路は倒(たお)れた木でふさがれた.

blóck lètters 图 ブロック体 → たとえば次の例のように1字1字離(はな)して活字体の大文字で

blog 78 seventy-eight

書く書き方. **block capitals** ともいう: LOVE.

blog 中 /blɔ́:g ブローグ/ 名 《コンピューター》 ブログ ➡ インターネット上にある日記形式の個人サイト. web log から.

blond /blánd ブらンド/ 形 金髪(きんぱつ)の ➡ 金髪で, 皮膚(ひふ)の色が白く, 瞳(ひとみ)の色が薄(うす)い. 性別に関係なく使えるが, ふつうは男性に使う. → **blonde**

── 名 金髪の人[男性]

blonde A2 /blánd ブらンド|blɔ́nd ブろンド/ 形 金髪(きんぱつ)の ➡ 女性に対して使う. → **blond**

── 名 金髪の女性

blood A2 /blʌ́d ブらド/ 名 ❶血, 血液

❷血統, 血縁(けつえん)

• a man of noble **blood** 高貴な家柄(いえがら)の男

blóod bànk 名 血液銀行

blóod tỳpe [gròup] 名 血液型

bloody /blʌ́di ブらディ/ 形 (比較級 **bloodier** /blʌ́diər ブらディア/; 最上級 **bloodiest** /blʌ́diist ブらディエスト/) ❶血まみれの; 血のような色の ❷血なまぐさい, 残忍(ざんにん)な

bloom A2 /blú:m ブるーム/ 名 ❶花 ➡ 特に観賞用の花. 一般(いっぱん)には **flower** という. ❷花が開いている状態[時期], 花盛(はなざか)り

• come into **bloom** (花が)咲(さ)き出す

• The roses are **in full bloom**. バラが満開だ.

── 動 花が咲く

blossom 小 /blásəm ブらサム/ 名 ❶(特に果樹の)花

• apple [cherry] **blossoms** リンゴ[サクラ]の花 ❷花が開いている状態[時期], 花盛(はなざか)り

• come into **blossom** (花が)咲(さ)き出す

• The apple trees are **in blossom**. リンゴの木は花が咲いている.

── 動 花が咲く, 開花する

blouse /bláuz ブらウズ/ 名 ブラウス

blow¹ A1 /blóu ブろウ/ 動

|三単現 **blows** /blóuz ブろウズ/|
|過去 **blew** /blú: ブるー/|
|過分 **blown** /blóun ブろウン/|
|-ing形 **blowing** /blóuiŋ ブろウインぐ/|

❶(風が)吹(ふ)く

• It [The wind] is **blowing** hard. 風が強く吹いている. ➡ It は漠然(ばくぜん)と「天候」を表す.

• There was a strong wind **blowing**. 強

い風が吹いていた. ➡blowing (吹いている～)は現在分詞で前の a strong wind を修飾(しゅうしょく)する.

• A strong wind **blew** yesterday. 昨日は強い風が吹いた.

❷(汽笛・らっぱなどを)吹く, 鳴らす; 鳴る

• **blow** a trumpet らっぱを吹き鳴らす ➡ 進軍の合図など.

• When the whistle **blows**, the race will start. 笛が鳴るとレースが始まります.

• A whistle is **blown** at the start of a game. ゲームの開始には笛が吹かれる. → **is** 助動 ❷

❸(息を)吹きかける; (鼻を)かむ

• **blow** one's nose 鼻をかむ

• He **blew** on his fingers. 彼は(暖めようと)指に息を吹きかけた.

blow away 吹き飛(と)ばす

blow down 吹き倒(たお)す, 吹き落とす

blow off 吹き飛ぶ; 吹き飛ばす

• The wind has **blown** all the leaves **off**. 風が木の葉をすっかり吹き飛ばしてしまった.

blow out ① 吹き消す, 消える

• **blow out** a candle ろうそくの火を吹き消す

② パンクさせる[する]

blow up 爆破(ばくは)する; 爆発(ばくはつ)する; (空気で)ふくらませる

• **blow up** a bridge 橋を爆破する

• **blow up** a balloon 風船をふくらませる

blow² A2 /blóu ブろウ/ 名 殴(なぐ)(られ)ること, 打つこと, 打撃(だげき)

• strike a **blow** 一撃(いちげき)を加える

• Her mother's death was a **blow to** the little girl. 母親の死は少女にとって打撃であった.

blowfish /blóufiʃ ブろウふィシュ/ 名 (複 **blowfish**) 《魚》フグ

blown /blóun ブろウン/ 動 **blow¹** の過去分詞

BLT /bí:eltí: ビーえるティー/ 略 ベーコン・レタス・トマトのサンドイッチ ➡ **b**acon, **l**ettuce and **t**omato sandwich.

blue 小 A1 /blú: ブるー/ 形 (比較級 **bluer** /blú:ər ブるーア/; 最上級 **bluest** /blú:ist ブるーエスト/)

❶青い

seventy-nine / 79 / **boat**

基本 a **blue** sky 青い空 →blue+名詞.

• **blue** eyes 青い瞳(ひとみ)

基本 The sky is **blue**. 空は青い. →be 動詞+blue.

❷ 青ざめた; 陰気(いんき)な, 憂鬱(ゆううつ)な

• look **blue** 憂鬱な顔をしている, しょげている

• feel **blue** 憂鬱な気分だ

—— 名 (複 **blues** /blúːz ブルーズ/)

❶ 青, 青色; 青い服

• dark [light] **blue** 濃(こ)い[薄(うす)い]青色

• The girl was dressed in **blue**. その少女は青い服を着ていた. →×in a [the] blue, ×in blues としない.

❷ (the blues で) 《音楽》ブルース →アメリカ南部の黒人音楽から生まれた. 複数または単数として扱(あつか)う.

> **イメージ (blue)**
> 「憂鬱な, 陰気な」という悪い意味もあるが, 色としては「天国」「永遠の生命」「真実」「誠実」「忠実」などを象徴(しょうちょう)すると考えられている.

blueberry /blúːberi ブルーベリ/ 名 (複 **blueberries** /blúːberiz ブルーベリズ/) ブルーベリー, コケモモ; ブルーベリーの実

bluebird /blúːbəːrd ブルーバード/ 名 《鳥》ブルーバード →美しい青色と鳴き声で米国の人々に最も愛されている鳥の1つ. 人家の近くの庭や果樹園に巣を作り, 害虫を食べる.

blueblack /blúːblæk ブルーブラク/ 名 形 濃(こ)いあい色の

blue-collar /blúː kálər ブルーカラ/ 形 肉体労働の, ブルーカラーの →名詞の前にだけつける. えり (collar) の青い作業服を着ているイメージから. 関連語 **white-collar** (事務仕事の)

blue whale 名 《動物》シロナガスクジラ

blunt /blʌ́nt ブラント/ 形 刃先(はさき)のとがっていない; 鈍(にぶ)い

blush /blʌ́ʃ ブラシュ/ 動 (恥(は)ずかしさ・きまり悪さで)顔を赤くする

• **blush with** [**for**] shame 恥ずかしさで顔を赤らめる

boa /bóuə ボウア/ 名 ❶ 《動物》ボア →南米に住む大きなヘビの一種. ❷ (毛皮または羽毛の)女性用えり巻き

boar /bɔ́ːr ボー/ 名 《動物》イノシシ

board 中 A1 /bɔ́ːrd ボード/

❶ 板, ～盤(ばん), ～台; 黒板 (blackboard)

• a bulletin [《英》notice] **board** 掲示(けいじ)板

• a *shogi* **board** 将棋(しょうぎ)盤

❷ (下宿などでの)食事 →「食卓(しょくたく)」の意味から.

❸ 会議, 委員会; ～局 →会議の「テーブル」の意味から.

• a **board** of education 教育委員会

on board (～) (～に)乗って →aboard

• the passengers **on board** (船・列車・飛行機などの)乗客たち

• go **on board** (a ship, a train, a plane) (船, 列車, 飛行機に)乗る

• The ship had fifty passengers **on board**. その船には50人の乗客がいた.

—— 動 (船・列車・飛行機などに)乗り込(こ)む

• He **boarded** Flight 152 (読み方: one five two). 彼は152便に乗った.

board game A2 名 ボードゲーム →チェスなど盤(ばん)を使うゲーム.

boarding /bɔ́ːrdiŋ ボーディング/ 名 (飛行機への)搭乗(とうじょう), (船への)乗船

• **boarding** time 搭乗[乗船]時刻

boarding pass /bɔ́ːrdiŋ pæs ボーディング パス/ 名 (飛行機の)搭乗(とうじょう)券

boarding school /bɔ́ːrdiŋ skùːl ボーディングスクール/ 名 全寮(りょう)制学校 →イギリスのイートン校, ラグビー校をはじめとして英米の歴史の古い私立学校は全寮制のものが多い.

boast /bóust ボウスト/ 動 (**boast about** [**of**] ～ で) ～を自慢(じまん)する, ～を鼻にかける

boat 小 A1 /bóut ボウト/ 名 (複 **boats** /bóuts ボウツ/)

❶ ボート, 小舟(こぶね) →エンジンで走るものにも, オールを使うものにもいうが, ふつう覆(おお)いの無い小型の舟(ふね)を指す.

• a fishing **boat** 漁船

• a rowing **boat** 《英》(オールでこぐ)ボート (《米》a rowboat)

• We went down the river in a small **boat**. 私たちは小舟に乗ってその川を下った.

• We crossed the river by **boat**. 私たちはその川を小舟で渡(わた)った. →×by a [the] boat としない. →by 前 ❶

• We're all in the same **boat**. 私たちはみんな同じボートに乗っている. →「同じ困難に直面している」の意味.

❷ (一般(いっぱん)に)船, 客船 (ship)

boat people

- a passenger **boat** 客船
- Here we took the **boat** for Alaska. ここで私たちはアラスカ行きの船に乗った.

bóat pèople 名 ボートピープル → 戦禍(せんか)・飢餓(きが)などを逃(のが)れてボートで安全な他国へ脱出(だっしゅつ)する難民.

bobcat /bɑ́:bkæt バブキャト/ 名《動物》ボブキャット → 北米産のヤマネコ.

bobsled /bɑ́bsled バブスれド/ 名《米》ボブスレー, 2連ぞり

bobsleigh /bɑ́bslei バブスれイ/ 名《英》= bobsled

boccia /bɑ́tʃə バチャ/ 名 ボッチャ → 投げたボールの的からの近さを競うスポーツで, パラリンピックの種目のひとつ.

body 中 A1 /bɑ́di バディ|bɔ́di ボディ/ 名
(複 **bodies** /bɑ́diz バディズ/)

❶ **体, 肉体**
- a strong and healthy **body** 強くて健康な体
- We exercise to keep our **bodies** strong and healthy. 私たちは肉体を強く健康にしておくために運動する.

❷(人体の頭・脚(あし)・腕(うで)を除いた)**胴体**(どうたい);(物の)**中心部, 本体, ボディー**
- the **body** of a car 自動車の車体
- the **body** of a letter 手紙の本文
- The boxer received a blow to the **body**. そのボクサーはボディーに一撃(いちげき)をくらった.

❸ **死体, 遺体**
- His **body** was buried at the cemetery. 彼の遺体はその墓地に埋葬(まいそう)された.

❹ **団体, 集団**
- **in a body** 一団となって

❺ **物体**
- a heavenly **body** 天体

bódy lànguage 名 ボディー・ランゲージ, **身体言語** → 音声や文字を用いないコミュニケーション手段. 身振り・表情など.

boil /bɔ́il ボイる/ 動 沸(わ)かす, 煮(に)る, ゆでる; 沸く, 煮える
- **boil** water 湯を沸かす
- **boil** an egg 卵をゆでる
- Alcohol **boils** at 78.3℃ (読み方: seventy-eight point three degrees centigrade). アルコールはセ氏78.3度で沸騰(ふっと

う)する.
- The kettle is **boiling**. やかんが沸いている.
- The potatoes are **boiling**. ジャガイモが煮えている.

boil down 煮詰(につ)める; 煮詰まる

boil over 煮こぼれる

boiled A2 /bɔ́ild ボイるド/ 形 ゆでた, 煮(に)た, 沸(わ)かした
- a **boiled** egg ゆで卵
- **boiled** water 湯

boiler /bɔ́ilər ボイら/ 名 ボイラー, かま, 湯沸(ゆわ)かし

boiling /bɔ́iliŋ ボイリング/ 形 煮(に)え立っている, 沸(わ)き立っている

bóiling pòint 名 (時に the をつけて) 沸点(ふってん) 関連語 **freezing point** (氷点)

bold /bóuld ボウるド/ 形 大胆(だいたん)な

boldly /bóuldli ボウるドり/ 副 大胆(だいたん)に

Bolivia /bəlíviə ボリヴィア/ 固名 ボリビア → 南米中央西部の共和国. 首都はラパス. 公用語はスペイン語など.

bolt /bóult ボウるト/ 名 ❶(ナット (nut) でしめる)ボルト ❷(戸・窓などの)さし錠(じょう), かんぬき

bomb 中 /bɑ́m バム/ 名 爆弾(ばくだん)
── 動 爆撃(ばくげき)する, 爆弾を投下する

bomber /bɑ́mər バマ/ 名 爆撃(ばくげき)機[手]; 爆破(ばくは)犯

bombing /bɑ́:miŋ バーミング/ 名 爆撃(ばくげき), 爆破

bond /bɑ́nd バンド/ 名 ❶(しばしば **bonds** で)結び付けるもの, きずな, 束縛(そくばく)
- the **bonds** of friendship 友情のきずな

❷ 接着剤(ざい), ボンド ❸ 契約(けいやく)(書)

bone A1 /bóun ボウン/ 名 骨
- He is **all skin and bone(s)**. 彼は骨と皮ばかりだ[がりがりにやせている].
- Soil was as dry as **bone**. 土は骨のようにからからに乾(かわ)いていた.

bonfire /bɑ́nfaiər バンふァイア/ 名 (祝祭日などにたく)**大かがり火**; (戸外の)**たき火**

bonito /bəní:tou ボニートウ/ 名 (複 **bonito**, **bonito(e)s** /bəní:touz ボニートウズ/) 《魚》カツオ

bonnet /bɑ́nit バネト/ 名 ❶ ボンネット → あごの下でひもをむすぶ女性や子供の帽子(ぼうし).
❷《英》(自動車の前部のエンジン部分を覆(おお)う)ボンネット (《米》hood)

bonobo /bənóubou ボノウボウ/ 名

eighty-one　81　bore

《(動物)》**ボノボ** →アフリカのコンゴの密林にすむ小型のチンパンジー. 顔も体も黒色.

bonus A2 /bóunəs ボウナス/ 图 (圈 **bonuses** /bóunəsiz ボウナセズ/) **ボーナス, 特別手当**
→日本の「ボーナス」は夏や冬の定期賞与(しょうよ)の意味だが, 英語の bonus は選ばれた者に対して特別に与えられる手当.

book 小 A1 /búk ブク/

图 ❶ **本**
❷ **帳簿**(ちょうぼ)
動 ❶ (座席・ホテルの部屋などを)**予約する**
❷ (帳簿に〜を)**記入する**
意味 map

——图 (圈 **books** /búks ブクス/)
❶ **本, 書物** 関連語 **magazine** (雑誌)
• read [write] a **book** 本を読む[書く]
• a school **book** 教科書 (textbook)
• a picture **book** 絵本
• a comic **book** 漫画(まんが)の本
• a **book** on animals 動物の本
• a **book** of poems 詩集
• This is an interesting **book**. これはおもしろい本です.
• There are five copies of this **book** in the library. 図書館にはこの本が5冊あります.
→「(同じ本の)1冊」は a **copy** という.
関連語 **Books** are sold at a **bookstore** by a **bookseller**. 本は書籍(しょせき)商によって書店で売られます.
❷ **帳簿**; (切手・小切手などの)**ひとつづり, 〜帳**
• keep **books** 帳簿をつける
• an address **book** 住所録
• a **book** of tickets 回数券ひとつづり
❸ (書物の中の内容的区切りとしての)**巻, 編**
• **Book** One 第1巻

——動 (三単現 **books** /búks ブクス/; 過去・過分 **booked** /búkt ブクト/; -ing形 **booking** /búkiŋ ブキング/)
❶ (座席・ホテルの部屋などを)**予約する** (reserve)
• **book** a room at a hotel ホテルの部屋を予約する
• **book** a ticket for the show そのショーの切符(きっぷ)を1枚予約する
❷ (帳簿に〜を)**記入する**

bookcase A2 /búkkeis ブクケイス/ 图 **本箱**
bookend /búkend ブクエンド/ 图 (ふつう **bookends** で)**本立て, ブックエンド**

booklet /búklit ブクレト/ 图 **小冊子, パンフレット**
bookseller /búkselər ブクセラ/ 图 **本屋さん(人), 書籍**(しょせき)**商**
bookshelf A2 /búkʃelf ブクシェるフ/ 图 (圈 **bookshelves** /búkʃelvz ブクシェるヴズ/) **本棚**(ほんだな)
bookshop A2 /búkʃɑp ブクシャプ|búkʃɔp ブクショプ/ 图 《英》**書店, 本屋さん**; 《米》**小さな本屋さん**
bookstore 小 A1 /búkstɔːr ブクストー/ 图 《米》**書店, 本屋さん** (《英》bookshop)
boom /búːm ブーム/ 图 ❶ **にわか景気**
❷ **急激な流行, ブーム**
boomerang /búːməræŋ ブーメラング/ 图 **ブーメラン** →オーストラリア先住民が狩猟(しゅりょう)に使う中央部が曲がった道具. 投げて獲物(えもの)に当たらないと, 投げた人のところへ戻(もど)るものもある.
boot /búːt ブート/ 图 (ふつう **boots** で)**ブーツ** →《米》ではふくらはぎまでの「長靴(ながぐつ)」, 《英》ではくるぶしまでの「深靴(ふかぐつ)」を意味することが多い. →**shoe**
• a pair of **boots** 長靴[深靴]1足
• pull on [off] *one's* **boots** ブーツを(引っ張るようにして)はく[脱(ぬ)ぐ]
booth /búːθ ブーす/ 图 (圈 **booths** /búːðz ブーズ/) →-ths が /-ðz/ の発音になることに注意. ❶ (市場などの)**売店, 屋台** ❷ **小さく仕切った室; 電話ボックス**; (投票場などの)**ブース**; (喫茶(きっさ)店などの)**ボックス席**
border /bɔ́ːrdər ボーダ/ 图 ❶ **縁**(ふち), **へり; 縁飾**(ふちかざ)**り** ❷ **境, 境界; 国境(地方)**
• the **border** between Mexico and the U.S. メキシコと米国との国境
——動 ❶ **〜の縁取りをする**
❷ **〜に境を接する; (border on [upon] 〜で)〜と隣接**(りんせつ)**する**
• The United States **borders** (**on**) Canada. アメリカはカナダの隣(となり)です.
borderless /bɔ́ːrdərləs ボーダれス/ 形 **境界[国境]のない**
borderline /bɔ́ːrdərlain ボーダらイン/ 图形 **境界線(上の)**
bore[1] /bɔ́ːr ボー/ 動 **退屈**(たいくつ)**させる, うんざりさせる; (be bored で)退屈する, 飽(あ)きる**
• He **bored** the listeners with his long speech. 彼は長い話で聞いている人を退屈させ

A
B
C
D
E
F
G
H
I
J
K
L
M
N
O
P
Q
R
S
T
U
V
W
X
Y
Z

bore

た.
- **I was bored** with watching TV. 私はテレビを見るのに飽きた.
── 名 退屈な人[事]

bore² /bɔ́:r ボー/ 動 (ドリルなどで, またモグラなどが)穴をあける

bore³ /bɔ́:r ボー/ 動 **bear**² の過去形

bored 中 A2 /bɔ́:rd ボード/ 形 退屈(たいくつ)した, うんざりした →**bore**¹

boring A1 /bɔ́:riŋ ボーリング/ 形 退屈な, 退屈(たいくつ)させる, おもしろくない
- **The** drama was very **boring**. そのお芝居(しばい)はとても退屈だった.

born 中 /bɔ́:rn ボーン/ 動 **bear**²(産む)の過去分詞

be born 生まれる →受け身形.
- He **was born** in Scotland in 1940 (読み方: nineteen forty). 彼は1940年にスコットランドで生まれた.
- She **was born** to a poor family. 彼女は貧しい家庭に生まれた.

── 形 生まれた; 生まれながらの
- a new-**born** baby 今度生まれた赤ん坊(ぼう)
- a **born** poet 生まれながらの詩人

borne /bɔ́:rn ボーン/ 動 **bear**² の過去分詞

Borneo /bɔ́:rniou ボーネオ/ 固名 ボルネオ →マレー諸島にある世界第3の大島.

borrow 中 A1 /bárou バロウ|bɔ́rou ボロウ/ 動 借りる 反対語 **lend**(貸す)

> 類似語 (借りる)
> **borrow** は持ち運びできる物を無料で借りる.
> **rent** は使用料を払(はら)ってある期間(家・部屋などを)借りる.
> **use** はその場で使わせてもらうために無料で借りる.

- **borrow** his pen 彼のペンを借りる
- **borrow** money **from** the bank 銀行からお金を借りる

会話 May I **borrow** this CD?—Sure, if you can return it in a day or two. このCDを借りてもいいですか.—いいとも, 1日2日のうちに返してくれればね.
- The word "canoe" **was borrowed from** the native Americans. canoe という語はアメリカ先住民からの借用語だ. →**was** 助動 ❷

borrower /bárouər バロウア/ 名 借り手 反対語 **lender**(貸し主)

---

boss A2 /bɔ́:s ボース|bɔ́s ボス/ 名 《話》(職場の)長, 上司 →社長・部長・課長・係長・親方など. 日本語の「ボス」のように悪い意味はない.

Boston /bɔ́:stən ボーストン/ 固名 ボストン → 米国最古の歴史を持つ米国北東部の都市.

botanical /bətǽnikəl ボタニカる/ 形 植物の; 植物学の

botánical gárden(s) 名 植物園

botany /bátəni バタニ/ 名 植物学

both 中 A1 /bóuθ ボウす/

> 意味 map
> 形 両方の
> 代 ❶ 両方(とも)
> ❷《否定文で》両方とも～というわけではない

── 形 (→比較変化なし)
両方の, ～両方とも
関連語 **either** (どちらかの)
基本 **both** eyes 両目 →both+数えられる名詞の複数形.
基本 **both** his sons 彼の息子(むすこ)たち2人とも →both の位置に注意: ×his both sons としない.
- **both** (the) houses 両方の家 →both の後の定冠詞(かん)the は省略することがある.
- **Both** my parents are still living. 私の両親は2人ともまだ健在です. →この文は My parents are both living. とも書き換(か)えられるが, この時の both は My parents と同格の代名詞.
- **Both** (the) brothers are musicians. その兄弟は2人とも音楽家です.
- He seized the chance with **both** hands. 彼は両手でその機会を捕(と)らえた. →「喜んで, 待ってましたとばかりに」の意味.

── 代 ❶ 両方(とも) →複数扱(あつか)い.
関連語 **either** (どちらか)
基本 **both** of the boys その少年たち2人とも →both of the+名詞の複数形.
基本 **both** of us 私たち2人とも →of を省略して×both us としない. つづく2例を参照.
- I like **both** of them [I like them **both**] very much. 私はその両方とも大好きだ. → them both の both は them と同格.
- **Both** of us [We **both**] are fine. 私たちは2人とも元気だ. →We both の both は We と同格.
- I have two dogs. **Both** are poodles. 私

は犬を2匹(ひき)飼っている.両方ともプードルだ.

会話
I have two kittens. You may have either of them. —I want **both** (of them).
うちに子ネコが2匹いるの.どっちかあなたにあげるわ.—両方欲(ほ)しいなあ.

❷《否定文で》両方とも～というわけではない
- I don't like **both** of them. 私はそれらの両方が好きなのではない. → 一部を否定する言い方.

── 副 (**both** A **and** B で) AとBの両方, AもBも両方とも

POINT A, B のところには文法的に同じ働きをする語句が来る.

関連語 **either** A **or** B (AとBのどちらか)
- **Both** his father **and** mother are dead. 彼の父も母も2人とも死んでしまった.
- My little sister can **both** read **and** write. 私のおさない妹は読むことも書くこともできる.

bother A2 /bάðər バざ|bɔ́ðə ボざ/ 動
❶ 悩(なや)ます, 困らせる, 邪魔(じゃま)をする, 迷惑(めいわく)をかける
- The students **bothered** the teacher **with** silly questions. 生徒たちはくだらない質問で先生を困らせた.

❷ 気に掛(か)ける, くよくよする
- Please don't **bother about** lunch. I'm not hungry. 昼食の心配はしないでください.おなかもすいていませんから.

❸《しばしば否定文で》わざわざ～する
- Don't **bother to** call me. わざわざ電話をかけてくださらなくてけっこうです.

── 名 悩みの種, やっかい, 面倒(めんどう)

bottle 中 A1 /bάtl バトる|bɔ́tl ボトる/ 名
瓶(びん); 1瓶の量 → ふつう口が狭(せま)く, 取っ手の無いもの. 関連語 **jar** (広口瓶)

- **a** glass [plastic] **bottle** ガラス[プラスチック]の瓶
- **a bottle** [two **bottles**] of milk 牛乳1本[2本]
- open **a bottle** of wine ワインの瓶を開ける
- drink from **a bottle** 瓶から直接飲む, ラッパ飲みする

── 動 瓶に詰(つ)める; (果物などを)瓶詰(つ)めにする

bóttle òpener 名 (瓶(びん)の)せんぬき

bottom A1 /bάtəm バトム|bɔ́təm ボトム/ 名
❶ 底, 底部
- the **bottom** of a bottle 瓶(びん)の底
- the **bottom** of the lake 湖の底
- **from the bottom of** my heart 心の底から
- go (down) to the **bottom** of the sea 海底に沈(しず)む

反対語 She fell from the **top** of the stairs to the **bottom**. 彼女は階段のてっぺんから下まで転がり落ちた.
- The strawberries at the **bottom** of the basket are crushed. かごの底のイチゴはつぶれている.

❷ 一番下の所, 下部; ふもと, 根元; 《話》お尻(しり)
- at the **bottom** of a hill [a tree] 丘(おか)のふもと[木の根元]に
- the **bottom** drawer 一番下の引き出し
- fall on one's **bottom** しりもちをつく
- Please write your name at the **bottom** of this paper. この用紙の下の方にあなたの名前を書いてください.
- If you do that again, I'll smack your **bottom**. 今度そんなことをしたらお尻をたたきますよ.

❸ (野球の回の)裏
関連語「表」は **top**.

at (**the**) **bottom** 心の底では, 本当は
- He looks rough, but he is very kind **at bottom**. 彼は乱暴そうに見えるが, 本当は非常に優(やさ)しい.

Bottoms up! (グラスの底を上げて ⇨)《話》乾杯(かんぱい) (Cheers!)

bough /báu バウ/ 名 (木の)大枝
関連語 **branch** (枝), **twig** (小枝), **trunk** (幹)

bought 中 /bɔ́ːt ボート/ (→gh は発音しない)
動 **buy** の過去形・過去分詞

bounce

84   eighty-four

bounce /báuns バウンス/ 動 (ボールなど)ははずませる; はずむ, 飛び上がる, 跳(は)ねる

bound[1] /báund バウンド/ 形 ～行きの, ～へ行くところで
• a train **bound for** Boston ボストン行きの列車

bound[2] /báund バウンド/ 名 (ふつう **bounds** で) 境界, 境界線; 限界
out of bounds 領域外で; 立入禁止区域で; 禁じられて

bound[3] /báund バウンド/ 動 ❶ (ウサギ・シカなどが)とびはねる ❷ (ボールが)跳(は)ね返る, はずむ, バウンドする
—— 名 (高く)とぶこと; はずみ, 跳ね返り, バウンド

bound[4] /báund バウンド/ 動 **bind** の過去形・過去分詞
—— 形 縛(しば)られた; (本などが)製本された

boundary /báundəri バウンダリ/ 名 (複 **boundaries** /báundəriz バウンダリズ/)
❶ 境界(線), 境
❷ (しばしば **boundaries** で) 限界, 範囲(はんい)

bouquet /bu:kéi ブーケイ/ 名 花束, ブーケ

boutique /bu:tí:k ブーティーク/ 名 ブティック
→ 流行の女性用服飾(ふくしょく)店.

bow[1] /bóu ボウ/ 名
❶ (弓矢の)弓; (バイオリンの)弓
関連語 **arrow** (矢)
❷ (リボン・ネクタイなどの)ちょう結び
❸ 虹(にじ) (rainbow)

bow[2] /báu バウ/ (→**bow**[1] との発音の違(ちが)いに注意) 動 おじぎをする; (頭を)下げる
• The students **bowed** to the teacher. 生徒たちは先生におじぎをした.
—— 名 おじぎ
• make a **bow** おじぎをする

bow[3] /báu バウ/ 名 船首, へさき →**stern**[2]

bowl[1] 中 A1 /bóul ボウル/ 名
❶ 深皿, 鉢(はち); (ご飯をよそう)茶わん, どんぶり
• a salad **bowl** サラダボール
❷ どんぶり[茶わん]1杯(はい)分
• a **bowl** of rice 茶わんに1杯のご飯, ご飯1膳
• a **bowl** of soup スープ1皿

bowl[2] /bóul ボウル/ 動 ボウリングをする

bowling /bóuliŋ ボウリング/ 名 (球技の)ボウリング

bów tíe 名 蝶(ちょう)ネクタイ

---

bowwow /bauwáu バウワウ/ 名 わんわん
犬のほえ声. →**bark**

box[1]
小 A1 /báks バクス|bóks ボクス/ 名
(複 **boxes** /báksiz バクセズ/)
❶ (ふつうふたのある)箱
• a cardboard **box** ダンボール箱
• a wooden **box** 木製の箱
• These **boxes** are made of plastic. これらの箱はプラスチック製だ.
❷ 1箱分
• a **box** of apples リンゴ1箱
• eat a whole **box** of popcorn ポップコーンを1箱全部食べる
❸ (仕切りをした)ボックス席, 特別席
• a jury **box** 陪審(ばいしん)員席
❹ (野球のバッター・キャッチャー・コーチなどの位置を示す)ボックス
• the batter's [coach's] **box** バッター[コーチズ]ボックス

box[2] /báks バクス/ 動 殴(なぐ)る; ボクシングをする

boxed /bákst バクスト/ 形 箱入りの
• a **boxed** lunch (弁当箱に入った)弁当.

boxer /báksər バクサ/ 名 ボクシングをする人, ボクサー

boxing /báksiŋ バクスィング/ 名 ボクシング

Boxing Day /báksiŋ dèi バクスィング デイ/ 名 (英) ボクシングデー → クリスマスの翌日(12月26日), 翌日が日曜日の場合は12月27日. イギリスおよびカナダのいくつかの州で公休日.

> 参考 以前はこの日(の前後)に使用人や郵便屋さんにクリスマスの贈(おく)り物を箱に入れて渡(わた)していた. この贈り物を **Christmas box** という.
> 現在では現金を渡すことが多いが, この現金も Christmas box と呼ばれている.

boy
小 A1 /bói ボイ/ 名
(複 **boys** /bóiz ボイズ/)
❶ 男の子, 少年
POINT 生まれたばかりの男の赤ん坊(ぼう)から17, 18歳(さい)ぐらいの男子までに使われる.
関連語 Taro is a **boy**. Hanako is a **girl**. 太郎は男の子です. 花子は女の子です.
• Taro is twelve years old. He is still a

boy. 太郎は12歳です. 彼はまだ少年です.

会話
Congratulations on the birth of a new baby! Is it a **boy** or a girl?—It's a **boy**!
赤ちゃんが生まれたそうでおめでとう. 男の子, それとも女の子?—男の子だよ.

- Ours is a **boys'** school. 我々の学校は男子校です.
- ことわざ **Boys** will be **boys**. 男の子はやっぱり男の子さ. →「男の子だからきかないのはしょうがない」の意味.

❷ (年齢(ねんれい)に関係なく)息子(むすこ) (son)
- He is my **boy**. 彼が私の息子です.
- She has two **boys** and one girl. 彼女には息子が2人と娘(むすめ)が1人います.

there's [that's] a good boy (男の子に対して)いい子だから
- Go to bed now—**there's a good boy**. もうおやすみなさい—いい子だから.

—— 間 うわぁ, おー →驚(おどろ)き・喜びなどの叫(さけ)び.
- Oh, **boy**! That's fine. まあ, すてき.

boycott /bɔ́ikɑt ボイカト/ 名 ボイコット, 集団排斥(はいせき), 不買同盟
—— 動 ボイコットする

boyfriend A1 /bɔ́ifrend ボイふレンド/ 名 ボーイフレンド, 彼氏, 恋人(こいびと) →「単なる男友達」という意味で使うこともあるが, ふつうは「恋人」というニュアンスが強い. →**girlfriend**

boyhood /bɔ́ihud ボイフド/ 名 少年時代

boyish /bɔ́iiʃ ボイイシュ/ 形 少年らしい

boy scout /bɔ́i skàut ボイ スカウト/ 名
❶ (the Boy Scouts で) ボーイスカウト団 →野外活動で心身をきたえ, 自然を愛し行動力を養って社会に役だつ人となることを目的とする団体. 女子のための団体は **the Girl Scouts, the Girl Guides**.
❷ ボーイスカウト →the Boy Scouts の団員. 単に **scout** ともいう.

bra A2 /brɑ́ː ブラー/ 名 ブラジャー

bracelet /bréislit ブレイスれト/ 名 腕輪(うでわ), ブレスレット

braille /bréil ブレイる/ 名 ブライユ式点字(法) →フランスの盲人(もうじん)教育家 Louis Braille (1809-1852) が考案した6点式のもの.

brain A1 /bréin ブレイン/ 名 ❶ 脳, 脳みそ
❷ (ふつう **brains** で) (優(すぐ)れた)頭脳, 知能
- Use your **brain**(s). 頭を使え.
- He's got **brains**. あいつは頭がいい.
❸ 《話》とても頭のいい人, 秀才(しゅうさい)
- She is a **brain**. 彼女は秀才だ.

brainstorm A2 /bréinstɔːrm ブレインストーム/ 名 《米話》(ふつう **a brainstorm** で)(とっさに浮かんだ)名案, ひらめき

brake A2 /bréik ブレイク/ 名 ブレーキ, 制動機
- step on the **brake** ブレーキを踏(ふ)む
- put on [apply] the **brake**(s) ブレーキをかける

bran /brǽn ブラン/ 名 (穀物の)ブラン, ふすま →穀物を粉にするときにできる皮のくず.

branch A2 /brǽntʃ ブランチ|brɑ́ːntʃ ブラーンチ/ 名 ❶ (木の)枝 →**tree** (挿(さ)し絵)
- You can see a bird on a **branch** of that tree. あの木の枝に鳥が1羽いるでしょ.
❷ 支流, 支線
- a **branch** of a river 川の支流
- a **branch** line (鉄道の)支線
❸ 支店, 支局, 支部, 出張所
- a **branch** office 支店, 支社

brand A2 /brǽnd ブランド/ 名 ❶ 商標, 銘柄(めいがら), ブランド (trademark) ❷ (家畜(かちく)に押(お)す所有者の)焼き印

brand-new /brǽnd njuː ブランド ニュー/ 形 真新しい

brandy /brǽndi ブランディ/ 名 (複 **brandies** /brǽndiz ブランディズ/) ブランデー →果実酒(特にワイン)を蒸留して造る強い酒.

Brasilia /brəzíliə ブラズィリア/ 固名 ブラジリア →ブラジル連邦(れんぽう)共和国の首都.

brass /brǽs ブラス/ 名 ❶ 真ちゅう →銅と亜鉛(あえん)の合金. ❷ 真ちゅう製品 →金管楽器・装飾(そうしょく)品・食器など.
—— 形 真ちゅう製の

bráss bánd 中 名 ブラスバンド, 吹奏(すいそう)楽団

brave

brave 小 A2 /bréiv ブレイヴ/ 形
勇敢(ゆうかん)な, 勇ましい
- a **brave** firefighter 勇敢な消防士
- He is very **brave**. 彼は実に勇敢だ.

bravely /bréivli ブレイヴリ/ 副 勇ましく, 勇敢(ゆうかん)に, おおしく

bravery /bréivəri ブレイヴァリ/ 名 勇敢(ゆうかん)さ, 勇気, おおしさ

Brazil 小 /brəzíl ブラズィる/ 固名 ブラジル→
南米東海岸の連邦(れんぽう)共和国. 首都はブラジリア (Brasilia). 公用語はポルトガル語.

Brazilian /brəzíljən ブラズィリャン/ 形 ブラジルの
—— 名 ブラジル人
- a Japanese-**Brazilian** 日系ブラジル人

bread 小 A1 /bréd ブレド/ 名

パン, 食パン 関連語 **bun** (丸パン, 菓子(かし)パン) →bread は「日々の食物」「日々の暮らし」の意味でも使われる.
- a slice [two slices] of **bread** パンひと切れ[ふた切れ]

POINT bread は1つ, 2つと数えられない名詞なので, ×a bread, ×two breads としない.
- a loaf of **bread** 食パン1個[ひと山, 1斤(きん)]

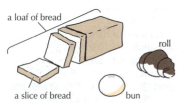

a loaf of bread / a slice of bread / bun / roll

- bake [toast] **bread** パンを焼く[トーストにする]
- 会話 What do you put on your **bread**? —(I put) Jam (on it). あなたはパンに何をつけて食べますか.—ジャムです.
- I always have **bread**, eggs, and coffee for breakfast. 私は朝食はいつもパンと卵とコーヒーです.
- earn *one's* **bread** パン代[食費]を稼(かせ)ぐ

bread and butter /brédnbʌ́tər ブレドンバタ/ 名 バターを塗(ぬ)ったパン →「日々の暮らし」の意味でも使う. この意味では単数扱(あつか)い.「パンとバター」の場合は /bréd ənd bʌ́tər ブレド アンド バタ/ と区切って発音し, 複数扱い.

breadth /brédθ ブレドす, brétθ ブレトす/ 名 (複)
breadths /brédθs ブレドすス/ 幅(はば) (width)
関連語 「幅の広い」は **broad**.
関連語 The table is six feet **in breadth** and twelve feet **in length**. そのテーブルは幅が6フィート長さが12フィートある.

break 中 A1 /bréik ブレイク/

動	❶ 壊(こわ)す, 破る	意味map
	❷ 壊れる, 破れる	
名	❶ 割れ目, 切れ目	
	❷ 休憩(きゅうけい)	

—— 動
三単現	**breaks** /bréiks ブレイクス/
過去	**broke** /bróuk ブロウク/
過分	**broken** /bróukn ブロウクン/
-ing形	**breaking** /bréikiŋ ブレイキング/

❶ 壊す, 破る, 割る, 折る

基本 **break** a glass コップを割る →break＋名詞.
- **break** a vase to pieces 花瓶(かびん)を粉々に割る
- **break** *one's* arm 腕(うで)(の骨)を折る
- He often **breaks** our windows with his ball. 彼はボールをぶつけてよくうちの窓を壊す.
- Who **broke** the cup? 誰(だれ)がその茶わん[カップ]を割ったのか.
- The cup **was broken** in two. 茶わん[カップ]は2つに割(ら)れた. →受け身の文. →**was** (助動) ❷

❷ 壊れる, 破れる, 割れる, 折れる

基本 Glass **breaks** easily. ガラスは壊れやすい. →break＋副詞(句).
- The glass **broke** into pieces when it fell to the floor. コップは床(ゆか)に落ちて粉々に割れた.
- The waves **broke** against the rocks. 波が岩に当たって砕(くだ)け散った.

❸ 中断する; (規則・記録・静けさなどを)破る; (使

を)くじく
- **break** a rule 規則を破る
- **break** a record (競技で)記録を破る
- He never **breaks** his promise. 彼は決して約束を破らない.
- Her scream **broke** the silence. 彼女の叫(さけ)び声が静けさを破った.
- She **broke** my heart when she said goodbye to me. 彼女は私にもうお別れしましょうと言って(私の心を粉々に壊した ⇨)私を悲しませた.

❹ (夜が)明ける
- The day **is breaking**. 夜が明けてくる.→現在進行形の文. 主語に注意.

❺ (お金を)崩(くず)す, 両替(りょうがえ)する
- Can you **break** a ten-dollar bill? 10ドル紙幣(しへい)を崩していただけますか.

break down 壊す; 壊れる, 故障する
- My car [His health] **broke down**. 私の車は故障した[彼は健康を害した].

break in ① 侵入(しんにゅう)する ② 口をはさむ
break into ~ ① ~に押(お)し入る
- A burglar **broke into** the house. どろぼうがその家に押し入った.

② 急に~しだす
- She **broke into** tears [laughter]. 彼女は急に泣き[笑い]だした.

break off ① ちぎれる, 折れて取れる; ちぎる ② 急にやめる
break out (戦争・火事・伝染(でんせん)病などが)発生する
- A fire **broke out** in my neighborhood last night. ゆうべうちの近所で火事があった.

break through ~ ~を破って出る[通る]
break up ① ばらばらにする[なる]; 解散する
② (学校の学期が)終わる, 休みになる
- School will soon **break up** for the summer vacation. 学校は終わってもうすぐ夏休みになる.

—— 名 (複 **breaks** /bréiks ブレイクス/)
❶ 割れ目, 切れ目
❷ 中断; 休憩, 休み時間; (短期間の)休暇(きゅうか)
- a lunch [coffee] **break** 昼休み[コーヒー休憩]
- the winter **break** 冬休み
- take a **break** ひと休みする, ひと息入れる
- We have ten-minute **breaks** between classes. 授業と授業の間に10分の休みがある.

give me a break (困らせられること・きつい冗談(じょうだん)に対して)もうそのくらいにしてよ, ちょっと待ってよ

breakfast 小 A1 /brékfəst ブレクファスト/ (→×/ブレイクファスト/ ではない) 名
(複 **breakfasts** /brékfəsts ブレクファスツ/)
朝食, 朝ご飯 →**English breakfast**
関連語 **meal** (食事), **brunch** (昼食を兼(か)ねた遅(おそ)い朝食, ブランチ), **lunch** (昼食), **supper** (夕食), **dinner** (ディナー, 夕食)
- before **breakfast** 朝食前に →×a breakfast, ×the breakfast としない.

(会話)
What did you have for **breakfast**?
—I had scrambled eggs, bacon, toast, coffee, and orange juice (for **breakfast**).
君は朝食に何を食べましたか.—(朝ご飯は)スクランブルエッグ, ベーコン, トースト, コーヒー, それにオレンジジュースをとりました.
→ごくー般(いっぱん)的なアメリカ人の朝食メニュー.

- have (a good) **breakfast** 朝食を(たっぷり)食べる

POINT **breakfast** の前後に形容詞(句)がついて, 朝食の種類などを言う時は a をつける.
- I had a **breakfast** of rice and *miso* soup. 私はご飯とみそ汁の朝食を食べた.
- **Breakfast** is ready. 朝ご飯の用意ができた.

語源 (breakfast)
break (破る) + fast (断食(だんじき)). 夜寝(ね)てから朝起きるまで何も食べていないので, まるで断食 (fast) のような状態になっているのを, 朝食をとることによって破る (break) から breakfast となった.

breakwater /bréikwɔːtər ブレイクウォータ/ 名 防波堤(てい)
breast /brést ブレスト/ 名
❶ (女性の)乳房(ちぶさ) ❷ (人・動物などの)胸, 胸部 →**chest**
bréast pòcket 名 胸のポケット
breath /bréθ ブレす/ 名 息; 呼吸
- **take [draw]** a deep **breath** 深呼吸をする
- **Hold** your **breath** a moment. ちょっと

breathe

呼吸を止めなさい.

catch** one's **breath 息をのむ, はっとする

out of breath 息切れして, 息を切らして

breathe A1 /bríːð ブリーズ/ 動
呼吸する
- **breathe** in [out] 息を吸い込(こ)む[吐(は)き出す]
- We **breathed** the fresh mountain air. 私たちは新鮮(しんせん)な山の空気を吸った.

breathtaking /bréθteikiŋ ブレθテイキンゲ/ 形
息の止まるような, 息をのむような, はらはらさせる

bred /bréd ブレド/ 動 **breed** の過去形・過去分詞

breed /bríːd ブリード/ 動 （三単現 **breeds**
/bríːdz ブリーヅ/; 過去・過分 **bred** /bréd ブレド/; -ing形 **breeding** /bríːdiŋ ブリーディンゲ/）
❶ (動物が子を)産む ❷ (家畜(かちく)を)飼育する, 飼う; (人が子供を)育てる
—— 名 (動物の)品種, 種類, 血統

breeze A2 /bríːz ブリーズ/ 名 そよ風, 微風(びふう)

bribe /bráib ブライブ/ 名 わいろ
—— 動 (人に)わいろを使う, 買収する

brick /brík ブリク/ 名形 れんが(の)

bride A2 /bráid ブライド/ 名 花嫁(はなよめ), 新婦
- the **bride** and (bride)groom 新郎(しんろう)新婦 ➡ 日本語と男女の順序が逆であることに注意.

bridegroom /bráidgruːm ブライドグルーム/ 名
花婿(はなむこ), 新郎(しんろう) ➡ 単に groom とも言う.

bridge 小 A1 /brídʒ ブリヂ/ 名

❶ 橋
- cross a wooden **bridge** 木の橋を渡(わた)る
- They built a big iron **bridge over** [**across**] the river. 彼らはその川に大きな鉄橋を架(か)けた.

❷ (トランプゲームの)ブリッジ
- play **bridge** ブリッジをする
—— 動 ❶ 〜に橋を架ける, (橋として)〜の上に架かっている
- A log **bridged** the brook. その小川には1本の丸太が架かっていた.

❷ 〜の橋わたしをする
- **bridge** the gap between (the) East and (the) West 東洋と西洋の橋わたしをする

brief /bríːf ブリーフ/ 形
❶ 短い, 短時間の; 短命な
❷ 簡潔な, 簡単な

in brief 手短に, 簡単に

—— 名 ❶ (**briefs** で) ブリーフ, パンツ ➡ 男性用だけでなく女性用にも使う.
❷ 簡潔な説明文

briefcase /bríːfkeis ブリーフケイス/ 名 書類カバン, ブリーフケース

briefly /bríːfli ブリーフり/ 副 手短に, 簡単に

bright 中 A1 /bráit ブライト/ (➡gh は発音しない) 形

❶ (光が)明るい, きらきら光る, 輝(かがや)く
- a **bright** star 明るい[輝く]星
- **bright** sunshine 明るい日光
- The moon was **bright** last night. ゆうべは月が輝いて明るかった.
- Venus is **brighter** than Mars. 金星は火星よりも明るい.
- The sun is the **brightest** star in the sky. 太陽は空で一番明るい星だ.

❷ (性格が)明るい, 快活な (cheerful)
- look on [at] the **bright** side of things 物事の明るい面を見る
- She is always **bright** and smiling. 彼女はいつも快活でにこにこしている.
- In spring everything looks **bright**. 春にはすべてのものが明るく見える.

❸ (色が)明るい, 鮮(あざ)やかな
- **bright** red 鮮やかな[目の覚めるような]赤
- The garden is **bright** with flowers. 庭は花で色鮮やかである.

❹ 利口(りこう)な, 頭のいい (clever); すばらしい
反対語 dull (頭の悪い)
- He is a **bright** boy. 彼は頭のいい少年だ.

—— 副 明るく, きらきらと (brightly) ➡ふつう shine とともに使う.
- The sun was shining **bright**. 太陽はきらきらと輝いていた.

brighten /bráitn ブライトン/ 動 明るくする, 輝(かがや)かせる; 明るくなる, 輝く

brightly /bráitli ブライトり/ 副 明るく, きらきらと

brightness /bráitnis ブライトネス/ 名 明るさ, 輝(かがや)き; 明敏(めいびん)さ

brilliant A2 /bríljənt ブリりャント/ 形
❶ 光り輝(かがや)く, 輝かしい
❷ すばらしい; とても頭のいい

brim /brím ブリム/ 名 (帽子(ぼうし)の)つば; (茶わんなどの容器の内側の)縁(ふち)

bring 中 A1 /bríŋ ブリング/ 動

三単現	**brings** /bríŋz ブリングズ/
過去・過分	**brought** /brɔ́ːt ブロート/
-ing形	**bringing** /bríŋiŋ ブリンギング/

❶ (物を)**持って来る**, (人を)**連れて来る**

基本 **bring** a lunch to school 学校に弁当を持って来る →bring A to B は「AをBに持って来る」.

基本 **bring** me a glass of water 私に水を1杯(ぱい)持って来る →bring B A は「BにAを持って来る」.

反対語 **Bring** that chair here and **take** this chair there. あの椅子(いす)をここに持って来て, この椅子をむこうに持って行きなさい.

 会話

A: Where is today's paper?
B: Here.
A: Please **bring** it to me.
A: きょうの新聞はどこ?
B: ここよ.
A: それ私に持って来てよ.
→×bring *me it* としない.

• **Bring** your sister (with you) next time. 今度は妹さんを(いっしょに)連れていらっしゃい.

• I hope it **brings** you luck. (それがあなたに幸運をもたらすことを望んでいる ⇨)うまくいくといいですね.

• He **brought** his dog to school. 彼は自分の犬を学校に連れて来た.

• This program **was brought** to you by the following sponsors. この番組は次のスポンサーの提供でお送りしました. →受け身の文. →**was** 助動 ❷

• What **has brought** you here? (何が君をここへ連れて来たのか ⇨)どうして君はここへ来たのか. →現在完了(かんりょう)の文. →**have** 助動 ❶

❷ (知らせ・ある状態・出来事などを)**もたらす**

• **bring** peace to the world 世界に平和をもたらす

• He **brought** us sad news. 彼は私たちに悲しい知らせをもたらした.

bring about **引き起こす, もたらす**

• **bring about** a change 変化をもたらす

bring back **連れて帰る; 持ち帰る, 戻**(もど)**す; 呼び戻す, 思い出させる**

• Can I borrow your camera? I'll **bring** it **back** next Monday. 君のカメラを貸してもらえますか. 来週の月曜日に持って来ますから.

• This photo **brings back** memories of my happy childhood. この写真は私の楽しかった子供時代の思い出をよみがえらせる[思い出させる].

bring in **持ち込**(こ)**む, 中に入れる**

• **Bring** him **in**. 彼を中へ連れて来なさい.

bring out **持ち出す, 連れ出す**

bring up **育てる**

• I **was brought up** in the country. 私は田舎(いなか)で育てられた[育った].

brisk /brísk ブリスク/ 形 (動作が)**活発な, 元気な**; (空気などが)**爽**(さわ)**やかな**

Britain /brítn ブリトン/ 固名

❶ **英国, イギリス** →Great Britain の略. England より公式的で正確な語. →**England**

❷ **グレートブリテン島** →イングランド・ウェールズ・スコットランドを含(ふく)むイギリスの主島.

British /brítiʃ ブリティシュ/ 形 **英国の, イギリス(人)の**

類似語 **English** は厳密には「イングランド(人)の」という意味. →**English** ❸

— 名 (the British で) **英国民**(全体), **イギリス人** →複数扱(あつか)い.

• **The British** like gardening. イギリス人は庭いじりが好きだ.

Brítish Bróadcasting Corporàtion 固名 (**the** をつけて) **英国放送協会** → **the BBC** と略す. →**BBC**

(**Brítish**) **Cómmonwealth of Nátions** 固名 (**the** をつけて) **イギリス連邦**(れんぽう), **英連邦** →イギリスとカナダ, オーストラリア, ニュージーランド, インド, マレーシア, シンガポールなどかつてイギリスの支配下にあった国々がお互(たが)いに結んでいる緩(ゆる)やかな政治的・経済的協力体制.

Brítish Énglish 名 **イギリス英語** 関連語 「アメリカ英語」は **American English**.

British Isles

アメリカ英語とイギリス英語

	アメリカ英語	イギリス英語
アパート	apartment	flat
キャンディー	candy	sweets
クッキー	cookie	biscuit
エレベーター	elevator	lift
秋	fall	autumn
1階	the first floor	the ground floor
郵便	mail	post
映画	movie	film
ズボン	pants	trousers
店	store	shop
地下鉄	subway	underground, tube
トラック	truck	lorry

Brítish Ísles 固名 (the をつけて) イギリス諸島 →Great Britain (大ブリテン島), Ireland (アイルランド), Isle of Man (マン島) とその付近の島々.

Brítish Muséum 固名 (the をつけて) 大英博物館 →ロンドンにある世界有数の国立博物館.

broad /brɔ́ːd ブロード/ 形 幅(はば)の広い, 幅が〜の 関連語 「幅」は **breadth**.
反対語 **narrow** (狭(せま)い)
関連語 The table is six feet **broad** and twelve feet **long**. そのテーブルは幅が6フィート長さが12フィートある.

in broad daylight まっ昼間に, 白昼に

broadcast /brɔ́ːdkæst ブロードキャスト/ 動 (三単現 **broadcasts** /brɔ́ːdkæsts ブロードキャスツ/; 過去・過分 **broadcast**, **broadcasted** /brɔ́ːdkæstid ブロードキャステド/; -ing形 **broadcasting** /brɔ́ːdkæstiŋ ブロードキャスティング/)
(ラジオで)放送する; (テレビで)放映する
—名 (テレビ・ラジオの)放送, 放映; 放送[放映]番組

broadcasting /brɔ́ːdkæstiŋ ブロードキャスティング/ 名 放送すること, 放送
- a **broadcasting** station 放送局

broaden /brɔ́ːdn ブロードン/ 動 広げる; 広がる

broad-minded /brɔ̀ːd máindid ブロード マインデド/ 形 心の広い, 寛大(かんだい)な

Broadway /brɔ́ːdwei ブロードウェイ/ 固名 ブロードウェー →ニューヨーク市を南北に走る大通りで劇場街として名高い.「ニューヨーク演劇界[産業]」の意味でも使われる.

broccoli /brɑ́kəli ブラコリ/ 名 《植物》ブロッコリー

brochure /brouʃúər ブロウシュア/ 名 パンフレット →**pamphlet** よりもふつうに使われる.

broil /brɔ́il ブロイる/ 動 《主に米》(肉・魚などを)直火(じかび)で焼く, あぶる; (肉・魚などが)焼ける (《英》grill)

broke /bróuk ブロウク/ 動 **break** の過去形

broken 中 A1 /bróukn ブロウクン/ 動
break の過去分詞
— 形 ❶ 破れた, 壊(こわ)れた, 割れた, 折れた, さけた; (心などが)傷ついた
- a **broken** window 壊れた窓
- a **broken** promise 破られた約束
- a **broken** heart 打ちひしがれた心, 失意
- a **broken** family [home] (両親の離婚(りこん)・子供の家出などで)崩壊(ほうかい)した家庭
- The lock is **broken**. 錠(じょう)が壊れている.
❷ 文法的におかしい
- **broken** English 文法的に正しくない英語

bronze /brɑ́nz ブランズ/ 名 青銅, ブロンズ →銅とスズの合金.
— 形 青銅製の; ブロンズ色の

brooch /bróutʃ ブロウチ/ 名 ブローチ

brook /brúk ブルク/ 名 小川

broom /brúːm ブルーム/ 名 ほうき
ことわざ A new **broom** sweeps well. 新しいほうきはよくはける. →「人が変われば改革も進む」の意味.

broomstick /brúːmstik ブルームスティク/ 名 ほうきの柄(え)

brother 小 A1 /brʌ́ðər ブラざ/ 名
(複 **brothers** /brʌ́ðərz ブラざズ/)
❶ 兄, 弟, (男の)兄弟 →**sister**
POINT 英語では特に必要がなければ, 兄・弟の区別をせず単に brother という.
- my older [《英》elder] **brother** 私の兄
- my big [little] **brother** 《話》私の兄さん[弟] →主に子供がよく使う言葉.
- my younger **brother** 私の弟
- my oldest [《英》eldest] **brother** 私の一

番上の兄
- my youngest **brother** 私の一番下の弟
- the Wright **brothers** ライト兄弟
- Bob is my **brother**. ボブは私の兄[弟]だ.

会話
How many **brothers** do you have?
—I have two **brothers**.
君は兄弟は何人ですか.—私には2人兄弟がいます[私たちは3人兄弟です].

- Jack and Ben are **brothers**. ジャックとベンは兄弟だ.
関連語 Jack and Jill are **brother** and **sister**. ジャックとジルは兄妹です.
❷ (~)兄弟 →カトリック教会の修道士(monk)に対する敬称として名前の前に付けたり,呼びかけに用いたりする.

brotherhood /bráðərhud ブラザフド/ 名
兄弟の間柄(あいだがら), 兄弟のよしみ, 兄弟愛

brother-in-law /bráðərin lɔː ブラザリン ロー/ 名 (複 **brothers-in-law** /bráðərzin lɔː ブラザズィン ロー/) 義理の兄[弟]→姉[妹]の夫など.

brought 中 /brɔːt ブロート/ (→ghは発音しない) 動 bring の過去形・過去分詞

brow /bráu ブラウ/ 名 ❶ 額 → forehead
❷ まゆ(毛) (eyebrow)

brown 小 A1 /bráun ブラウン/ 形
茶色の, とび色の, 褐色(かっしょく)の
- **brown** bread 黒パン →小麦などの全粒粉で作ったパン.
- **brown** sugar 赤砂糖
- **brown** paper (茶色の)包装紙
- **brown** eyes 茶色の目
- The color of chocolate is dark **brown**. チョコレートの色は濃(こ)い茶色だ.
—— 名 茶色, 褐色; 茶色の服

brownie /bráuni ブラウニ/ 名 (米) ブラウニー →ナッツ入りのチョコレートケーキ.

browse /bráuz ブラウズ/ 動 (本・雑誌などを)拾い読みする; (インターネットで情報を)見て回る

brunch /brántʃ ブランチ/ 名 (昼食を兼(か)ねた)遅(おそ)い朝食, ブランチ →**br**eakfast (朝食)と l**unch** (昼食)の合成語.

brush 小 A1 /bráʃ ブラシュ/ 名

❶ ブラシ, はけ; ブラシをかけること
関連語 **hairbrush** (ヘアブラシ), **toothbrush** (歯ブラシ)
- give ~ a **brush** ~にブラシをかける
❷ 絵筆, 毛筆
—— 動 ブラシをかける[で磨(みが)く]
- **brush** *one's* hair 髪(かみ)にブラシをかける
- **brush** *one's* teeth [shoes] 歯[靴(くつ)]を磨く

brush up (**on**) 磨きをかける; 改めてやり直す
- I must **brush up** (**on**) my English. 私は(忘れかけた)英語をやり直さなければならない.

Brussels /brásəlz ブラセルズ/ 固名 ブリュッセル →ベルギー(Belgium)の首都. EU(ヨーロッパ連合)の本部がある.

bubble /bábl バブル/ 名 泡(あわ), あぶく; シャボン玉 → **foam**
- The children are blowing **bubbles**. 子供たちがシャボン玉を吹(ふ)いている.
—— 動 泡立つ, (風船ガムなどが)ふくれる

búbble gùm 風船ガム, バブルガム

buck /bák バク/ 名 (シカ・カモシカ・ヤギ・ウサギなどの)雄(おす), (特に)雄のシカ 関連語 **doe** (雌(めす), 雌のシカ)

bucket A1 /bákit バケト/ 名
❶ バケツ, 手おけ
❷ バケツ[手おけ]1杯(はい)分
- a **bucket** of water バケツ1杯の水

Buckingham Palace /bákiŋəm pǽlis バキンガム パレス/ 固名 バッキンガム宮殿(きゅうでん) →ロンドンにあるイギリス王室の宮殿で, もとバッキンガム公爵(こうしゃく)の邸宅(ていたく). 毎日, 宮殿前で衛兵の交代があり, 観光の名所ともなっている.

buckle /bákl バクル/ 名 (ベルトの)バックル, しめ金
—— 動 バックルでしめる

bud /bád バド/ 名 芽, つぼみ
—— 動 (三単現 **buds** /bádz バツ/; 過去・過分 **budded** /bádid バデド/; -ing形 **budding** /bádiŋ バディング/) 芽が出る, つぼみがつく

Buddha

Buddha /búdə ブダ/ 图 ❶固名 釈迦(しゃか), 仏陀(ぶった) →仏教の開祖(紀元前5世紀頃(ごろ)).
❷仏像, 大仏
•the Great **Buddha** of Nara 奈良の大仏

Buddhism /búdizm ブディズム/ 图 仏教

Buddhist /búdist ブディスト/ 图 仏教徒
—— 形 仏教の, 仏教徒の

buddy /bʌ́di バディ/ 图 (榎 **buddies** /bʌ́diz バディズ/) ❶仲間, 相棒 ❷君, 若いの →呼びかけに用いる.

budge /bʌ́dʒ バヂ/ 動 《話》ちょっと動く[動かす]; 意見を変える[変えさせる]

budget A2 /bʌ́dʒit バヂェト/ 图 予算, 予算案
•a family **budget** 家計

Buenos Aires /bwéinəs áiriz ブウェイノス アイレズ/ 固名 ブエノスアイレス →アルゼンチン共和国 (Argentina) の首都.

buffalo /bʌ́fəlou バふァロウ/ 图 (榎 **buffalo**, **buffalo(e)s** /bʌ́fəlouz バふァロウズ/)
❶(北米の)野牛(やぎゅう) (bison)
❷(アジア産の)水牛 (water buffalo)

buffet /bəféi ブフェイ|búfei ブフェイ/ 图 カウンター式の食堂, (パーティーなどの)立食場; 立食, バイキング
•Breakfast is **buffet** style. 朝食はバイキング形式です. →この意味での「バイキング」は和製英語.

bug A2 /bʌ́g バグ/ 图 ❶(米) 虫, 昆虫(こんちゅう) (insect); 《英》ナンキン虫
❷(機械の)故障, (コンピューターソフトの)トラブル

buggy /bʌ́gi バギ/ 图 (榎 **buggies** /bʌ́giz バギズ/) ❶小型ベビーカー →baby buggy
❷(車輪の大きい砂浜用などの)小型自動車, バギー

build

小 A1 /bíld ビるド/ 動

三単現	**builds** /bíldz ビるヅ/
過去・過分	**built** /bílt ビるト/
-ing形	**building** /bíldiŋ ビるディング/

建てる, 造る →ふつう家・橋・空港など大きな建造物を造る時にいう. 関連語 比較(ひかく)的簡単で小さなものを「作る」は make.

🏠基本 **build** a house 家を建てる →build＋名詞.

✅POINT 「自分の手で建てる」ことも建築業者に注文して「建ててもらう」ことも意味する.「建ててもらう」ことを強調したい時には have a house built という.

•**build** a house **of** wood 木で[木造の]家を建てる →of は「材料」を示す前置詞.
•**build** a bridge [a dam, a ship, an airport] 橋[ダム, 船, 空港]を造る
•That architect **builds** very modern houses. あの建築家は非常にモダンな家を建てる.
•He **built** a mansion for her. ＝He **built** her a mansion. 彼は彼女のために大邸宅(ていたく)を建てた. →後ろの文は build A B で「AにBを建てててやる」.
•The birds **built** their nests among the rocks. その鳥たちは岩の間に巣を造った.
•Our house **is built of** wood. 私たちの家は木造です. →受け身の文. →**is** 助動 ❷

ことわざ Rome was not **built** in a day. (ローマは1日で建設されなかった ⇨)ローマは1日にしてならず. →「大きな事業は完成するのに長い年月の努力が必要だ」の意味.

•My big brother **is building** a doghouse. 私の兄は犬小屋を造っている. →現在進行形の文. →**is** 助動 ❶

build up (健康・知識などを)増進させる, 増す; (富・名声などを)築き上げる; (兵力を)増強する
•Reading helps you **build up** your vocabulary. 読書は語彙(ごい)増強に役だつ.

—— 图 体格, 体つき
•a man of a good **build** 体格のいい男性

builder /bíldər ビるダ/ 图 建てる人, 大工; 建築業者

building

中 A1 /bíldiŋ ビるディング/
動 build の -ing 形 (現在分詞・動名詞)

—— 图 (榎 **buildings** /bíldiŋz ビるディングズ/) 建物, ビル(ディング)

✅POINT 高さに関係なくあらゆる建築物を意味する.

•a school **building** 校舎
•There are a lot of office **buildings** around here. このへんにはオフィスビルがたくさんある.

built 中 /bílt ビるト/ 動 build の過去形・過去分詞

bulb A2 /bʌ́lb バるブ/ 图 ❶球根 ❷電球 → light bulb, electric bulb ともいう.

Bulgaria /bʌlgé(ə)riə バるゲ(ア)リア/ 固名 ブルガリア →バルカン半島東部の共和国. 首都はソフィア.

Bulgarian /bʌlgé(ə)riən バるゲ(ア)リアン/ 名
ブルガリア人[語] →**Bulgaria**
── 形 ブルガリア(人)の; ブルガリア語の

bull /búl ブる/ 名 《動物》(去勢されていない)雄
牛(おうし) 関連語 **cow** (雌牛(めうし)), **ox** (去勢された
雄牛)

bulldog /búldɔːg ブるドーグ/ 名 《動物》ブルド
ッグ

> イメージ (bulldog)
> 勇気・決断を表し, イギリス人の象徴(しょうちょう)と
> されることがある. イギリス海軍のマスコット.

bulldozer /búldouzər ブるドウザ/ 名 ブルド
ーザー

bullet /búlit ブれト/ 名 弾丸(だんがん) → もとは
ball (球)の意味から.

bulletin /búlətin ブれティン/ 名 (最新ニュース
の)短い公式発表, (テレビ・ラジオ・新聞の)ニュー
ス速報; 会報

búlletin bòard 名 ❶《米》掲示(けいじ)板, 速
報板 (《英》 notice board) ❷《コンピュータ
ー》掲示板

bullfight /búlfait ブるふァイト/ 名 闘牛(とうぎゅう)
→牛 (bull) と闘牛士 (bullfighter) との闘技(とう
ぎ).

bully /búli ブり/ 名 (複 **bullies** /búliz ブリ
ズ/) 弱い者いじめをする子, いじめっ子, がき大将
── 動 (三単現 **bullies** /búliz ブリズ/;
過去・過分 **bullied** /búlid ブリド/; -ing形
bullying /búliiŋ ブリイング/)
(弱い者を)いじめる, 脅(おど)す

bump /bámp バンプ/ 動 ぶつかる, 衝突(しょうとつ)
する; ぶづける
•**bump** one's head **against** the door 頭
をドアにぶつける

bump into ~ ~にどかんとぶつかる; ~にば
ったり会う
•His car **bumped into** a truck. 彼の車は
トラックにどかんとぶつかった.
── 名 ❶ 衝突, ぶつかること; ばたん, どすん
•with a **bump** どすんと音を立てて
❷(ぶつかってできた)こぶ, (地面などの)でこぼこ

bumper /bámpər バンパ/ 名 (自動車の)バン
パー → 衝突(しょうとつ)時のショックを軽くするもの.

bun /bán バン/ 名 《米》(ハンバーガーなどに使
われる)丸パン; 《英》(干しブドウなどの入った甘(あ
まい)丸パン, 菓子(かし)パン

bunch /bántʃ バンチ/ 名 ❶ (果物などの)房(ふ
さ); (同じものを束ねた)束 ❷《話》(人・動物など同
類の)一団, 一群れ

bundle /bándl バンドる/ 名 包み, 束
── 動 包み[束]にする, くくる

bunny /báni バニ/ 名 (複 **bunnies** /bániz
バニズ/) ウサちゃん, バニー → rabbit の小児(しょう
に)語.

bunt /bánt バント/ 動 ❶(野球で)バントする
❷(ヤギなどが頭・角で)突(つ)く
── 名 (野球の)バント

buoy /bói ボイ/ (→boy (少年)と同音) 名
❶ 浮標(ふひょう), ブイ ❷ 救命浮(うき)き袋(ぶくろ)

bur /bə́ːr バ〜/ 名 《植物の》イガ

burden /bə́ːrdn バ〜ドン/ 名 (重い)荷物 → 「(心
の)重荷, 悩(なや)みの種」の意味でも使う.

bureau /bjúːrou ビュ(ア)ロウ/ 名 (複 **bu-
reaus** /bjúː(ə)rouz ビュ(ア)ロウズ/, **bureaux**
/bjúː(ə)rouz ビュ(ア)ロウズ/) (官庁の)局, 庁; 事業
所

burger A1 /bə́ːrgər バ〜ガ/ 名
《話》ハンバーガー (hamburger)

burglar /bə́ːrglər バ〜グら/ 名 (夜間窓から忍(し
のび込(こ)む)どろぼう

burial /bériəl ベリアる/ (→u を /e エ/ と発音す
ることに注意) 名 埋葬(まいそう); 葬式(そうしき)
関連語 「埋葬する」は **bury**.

Burmese /bəːrmíːz バ〜ミーズ/ 名 形 (複
Burmese) ビルマ人(の); ビルマ語(の) →
Myanmar (ミャンマー)の旧称 Burma (ビル
マ)から.

burn 中 A2 /bə́ːrn バ〜ン/ 動

三単現	**burns** /bə́ːrnz バ〜ンズ/
過去・過分	**burned** /bə́ːrnd バ〜ンド/,
	burnt /bə́ːrnt バ〜ント/
-ing形	**burning** /bə́ːrniŋ バ〜ニング/

❶ 燃やす, 焼く, 焦(こ)がす; やけどをする; 燃える,
焼ける, 焦げる
•**burn** rubbish ごみを燃やす
•Dry wood **burns** easily. 乾(かわ)いた木はす
ぐ燃える.
•Her skin **burns** easily. 彼女の肌(はだ)は(日
に当たると)すぐ日焼けする.
•I smell something **burning**. 何かが焦げ
てるにおいがする.
•I **burned** my fingers on a hot iron. 私
は熱いアイロンで指をやけどした.
•He **burned** a hole in his coat. 彼は上着
に焼け穴をつくった.
❷ ほてる, (体が)熱くなる

burned-out 94 ninety-four

- Her cheeks **burned with** shame. 彼女のほおは恥(は)ずかしさでほてった.

be burnt to ashes 燃えて灰になる, 全焼(ぜんしょう)する

- The schoolhouse **was burnt to ashes**. 校舎は全焼した.

be burnt to death 焼け死ぬ

burn down 全焼する[させる]

burn out 燃え尽(つ)きる[尽くす], だめになる[する], 疲(つか)れ切る[切らせる]

—— 名 (ふつう熱・火による)やけど →**scald**

- He had **burns** all over. 彼は全身にやけどをした.

burned-out /bəːrndáut バ〜ンダウト/ 形
❶ 丸焼けの, 焼け野原の ❷ (人が)疲(つか)れ切った

burning /báːrniŋ バ〜ニング/ 形 燃えている; 燃えるように暑い[熱い]; (喉(のど)が)渇(かわ)いた

burnt /báːrnt バ〜ント/ 動 **burn** の過去形・過去分詞

—— 形 焼けた, 焦(こ)げた; やけどをした

ことわざ A **burnt** child dreads the fire. やけどをした子供は火を恐(おそ)れる. →「あつものに懲(こ)りてなますを吹(ふ)く」にあたる.「あつもの」は「熱いもの」の意味で「お吸い物」などを指す.

burnt-out /bəːrntáut バ〜ントアウト/ 形 = burned-out

burst /báːrst バ〜スト/ 動 (三単現 **bursts** /báːrsts バ〜ツ/; 過去・過分 **burst**; -ing形 **bursting** /báːrstiŋ バ〜スティング/) →原形・過去形・過去分詞がどれも同じ形であることに注意.
❶ 破裂(はれつ)する, 爆発(ばくはつ)する, 破る[れる]; 破裂させる ❷ (戸・花など)ぱっと開く, (つぼみが)ほころびる; 急に現れる; 突然(とつぜん)〜する →成句 ❸ (いっぱいで)はち切れる

burst into ～ 〜に飛び込(こ)む; 急に〜し出す

- **burst into** tears わっと泣き出す

burst out doing 急に〜し出す (burst into ～)

—— 名 破裂(箇所(かしょ)), 爆発; 急に起こる[現れる]こと

bury A2 /béri ベリ/ (→u を /e エ/ と発音することに注意) 動 (三単現 **buries** /bériz ベリズ/; 過去・過分 **buried** /bérid ベリド/; -ing形 **burying** /bériiŋ ベリイング/)
埋葬(まいそう)する, 葬(ほうむ)る; 埋(う)める
関連語 「埋葬」は **burial**.

- The snake **buries** its eggs in a hole. ヘビは卵を穴に埋める.

- We **buried** the pot under the tree. 私たちはそのつぼを木の下に埋めた.

- He was **buried** beside his mother. 彼は母親のかたわらに埋葬された.

bus 小 A1 /bás バス/ 名 (複 **buses** /básiz バセズ/) バス

- a school **bus** 通学バス, スクールバス
- a sightseeing **bus** 観光バス
- a **bus** stop バス停留所 →見出し語
- a **bus** station バス発着所, バスターミナル →見出し語
- a **bus** trip バス旅行
- go **by bus** バスで行く →×by a [the] bus としない. →**by** ❶
- **get on** [**off**] the **bus** バスに乗る[を降りる] →「タクシー」など小型の乗り物に「乗る[から降りる]」は get into [out of] ～.
- We go to school **by bus**. 私たちはバスで学校へ行く[バスで通学する].
- I take the **bus** to school when it rains. 雨が降る時には私は学校へバスに乗って行きます.
- I met him **on the bus** this morning. 私は今朝バスで彼に会った.
- Is this the right **bus for** Ueno? これは上野行きのバスですか.

bush A2 /búʃ ブシュ/ 名 ❶ 低木, かん木 →tree (高い木)に対して, 背が低く根元からたくさんの小枝・葉が生える植物. →**shrub** 類似語 ❷ (かん木が集まって生えている)茂(しげ)み ❸ (アフリカ・オーストラリアなどの未開の)かん木地帯

bush pilot 名 ブッシュパイロット →未開のかん木地帯を飛ぶ小型飛行機のパイロット.

busier /bíziər ビズィア/ 形 **busy** の比較(ひかく)級

busiest /bíziist ビズィエスト/ 形 **busy** の最上級

busily /bízili ビズィリ/ 副 忙(いそが)しく, せっせと

business A1 /bíznis ビズネス/ 名
❶ 仕事, 任務, 職業; 用事

- a **business** trip 出張
- His father is a carpenter, and his **business** is building houses. 彼のお父さんは大工で仕事は家を建てることです.
- What **business** is your uncle in? 君のおじさんの職業は何ですか. →意味の上でのつながりは in what business (どんな職業の中に(い

る))であるが，what は疑問詞なので what business が文頭に出る.
- What's your **business** here? (ここで君の用事は何か ⇨)何の用で来たのですか.
- **Mind your own business**. (他人のことはいいから)自分の仕事をやりなさい[余計なことは聞くな].
- **That's not [none of] your business**. (それは君の仕事ではない ⇨)大きなお世話だ.

ことわざ Everybody's **business** is nobody's **business**. みんなの仕事は誰の仕事でもない. →「共同責任は無責任になりがちだ」の意味.

❷ **事業, 商売**; (商売をする)**店, 工場, 会社**; **業務** →お金をもうけるための活動・業務のこと.
- **business** English 商業英語
- **business** hours 営業時間
- do good **business** 商売が繁盛している
- go out of **business** 営業をやめる, 廃業する, 店じまいする
- She opened a dressmaking **business** in New York. 彼女はニューヨークに洋裁店を開いた.
- Education is not a **business**. 教育は営利事業ではない.

on business 仕事で
反対語 I'm here **on business**, not **for pleasure**. 私は仕事でこちらに来ているので, 遊びに来ているのではない.

búsiness còllege 名《米》専門学校
businessman A2 /bíznismæn ビズネスマン/ 名 (複 **businessmen** /bíznismen ビズネスメン/) (男性の)**実業家** →日本語の「ビジネスマン」のように会社員一般を意味しない.

businessperson /bíznispə:rsn ビズネスパースン/ 名 (複 **businesspeople** /bíznispi:pl ビズネスピープル/) **実業家** →社長・重役・管理職など. 男性は **businessman**, 女性は **businesswoman** ともいう.

businesswoman A2 /bízniswumən ビズネスウマン/ 名 (複 **businesswomen** /bízniswimin ビズネスウィミン/) (女性の)**実業家**

bús stàtion A2 名 バスターミナル
bús stòp A2 名 バス停
bust[1] /bʌ́st バスト/ 名 ❶ **胸像** →体の上部だけの彫刻.
❷ (女性の)**胸部, 胸囲, バスト**

bust[2] /bʌ́st バスト/ 動 (三単現 **busts** /bʌ́sts バスツ/; 過去・過分 **busted** /bʌ́stid バステド/, **bust**; -ing形 **busting** /bʌ́stiŋ バスティング/)《話》❶ **壊す, 壊れる** ❷ (警察が)**逮捕する; がさ入れする**

busy 中 A1 /bízi ビズィ/ (→u を /i イ/ と発音することに注意)

形 ❶ **忙しい** 意味map
❷ (場所が人・車などで)**にぎやかな[で]**
❸《米》(電話が)**話し中で**

—— 形 (比較級 **busier** /bíziər ビズィア/; 最上級 **busiest** /bíziist ビズィエスト/)

❶ **忙しい** 反対語 **free** (暇な)
基本 a **busy** person 忙しい人 →busy＋名詞.
- a **busy** day 忙しい１日
基本 I am **busy** just now. 私は今は忙しい. →be 動詞＋busy.
- She is **busy** with her homework. 彼女は宿題で忙しい.
- They are as **busy** as bees and have no time to rest. 彼らはミツバチのように忙しくて休む暇もない.
- I'm **busy** doing my homework now. 今私は宿題で忙しい.
POINT be busy *doing* ～は「～をするのに忙しい, せっせと～をしている」.
- Today we are **busier** than usual. きょうはいつもより忙しい.
- The summer is **the busiest** season for their business. 彼らの商売にとって夏が一番忙しい季節だ.

❷ (場所が人・車などで)**にぎやかな[で]**
- a **busy** street (車の行き来や人通りの)にぎやかな通り
- The street is very **busy**. 通りはとてもにぎやかです.

❸《米》(電話が)**話し中で**(《英》engaged)

but 96 ninety-six

•The line is **busy**. お話し中です.

but 小 A1 /弱形 bət バト, 強形 bʌ́t バト/

接 ❶ しかし, だが 　　　　　　　意味map
　 ❷ (not A but B で) A でなくて B

—— 接 ❶ しかし, だが, けれども

基本 small **but** powerful engines 小さい
が強力なエンジン →語+but+語.

•She had a small **but** beautiful shop.
彼女は小さいがきれいな店を持っていた.

基本 You are young, **but** I am old. 君は
若いが, 私は年を取っている. →文+but+文. ふ
つう but の前にコンマ(,)をつける.

•I love her, **but** she doesn't love me.
私は彼女を愛しているが, 彼女は私を愛していな
い.

•The story is strange, **but** (it is) true. そ
の話は変だが本当だ.

会話 Stay home and study.—**But** you
said you would let me go! 家にいて勉強
しなさい.—でも行かせてくれるって言ったじゃな
いか!

•**Excuse me**, **but** what time is it now?
すみませんが今何時ですか. →Excuse me の後
の but はほとんど意味が無い.

•**I'm sorry**, **but** I can't help you. 申し訳
ありませんが, お手伝いできません.

❷ (not A but B で) A でなくて B

•He is **not** a police officer **but** a fire-
fighter. 彼は警官ではなくて消防士です.

•I did**n't** go, **but** stayed at home. 私は行
かないで家にいました.

—— 副 ほんの, たった, ただ (only)

•He is **but** a child. 彼はほんの子供だ.

•Life is **but** a dream. 人生は単なる夢にすぎ
ない.

—— 前 ～以外の, ～以外は, ～を除いては (ex-
cept)

•every day **but** Sunday 日曜以外は毎日

•All **but** John were there. ジョン以外の人
はみんなそこにいた.

•She lives next door **but** one [two]. 彼
女は1軒(けん)[2軒]おいて隣(となり)に住んでいる.

nothing but ～ ～以外は何も(～しない), た
だ～だけ (only); ～にすぎない

•I saw **nothing but** snow all around.
周囲には雪以外には何も見えなかった.

not only A but (also) B A だけでなく B

もまた →**only** 成句

butcher /bútʃər ブチャ/ 名 肉屋さん(の主人)

butter A1 /bʌ́tər バタ/ 名 バター

•a pound [a pack] of **butter** バター1ポン
ド[1箱] →数えられない名詞なので ×a butter,
×butters などとしない.

•spread **butter** on the bread パンにバタ
ーを塗(ぬ)る

•**Butter** is made from milk. バターは牛乳
から作られる.

—— 動 バターをつける

buttercup /bʌ́tərkʌp バタカプ/ 名 《植物》キ
ンポウゲ →春に黄色の花を咲(さ)かせるがその形が
cup に, 色が butter の色に似ているのでこの名
がある.

butterfly 小 A1 /bʌ́tərflai バタふらイ/ 名 (複)
butterflies /bʌ́tərflaiz バタふらイズ/)
《虫》チョウ

•Hundreds of **butterflies** are flying
from flower to flower. 何百というチョウが
花から花へ飛んでいる.

button A1 /bʌ́tn バトン/
名 ❶ (洋服の)ボタン

•fasten a **button** ボタンを掛(か)ける

❷ (ベルなどの)押(お)しボタン

•push a **button** ボタンを押す

—— 動 (しばしば **button up** とも) ボタンを掛
ける

buy 小 A1 /bái バイ/ 動

三単現 　**buys** /báiz バイズ/
過去・過分 **bought** /bɔ́ːt ボート/
-ing形 　**buying** /báiiŋ バイイング/

買う 反対語 **sell** (売る)

基本 **buy** a CD CD を買う →buy+名詞.

基本 **buy** her a present 彼女にプレゼントを
買ってやる →buy A B で「A に B を買ってや
る」.

基本 **buy** a present for her 彼女にプレゼン
トを買ってやる →buy B for A で「A に B を買
ってやる」.

•**buy** the book for two dollars 2ドルで
その本を買う

•We cannot **buy** health with money.
金で健康は買えない.

•How much did you **buy** that bike for?
その自転車を君はいくらで買ったの? →意味の上
でのつながりは for how much (いくらで)であ

るが how が疑問詞なので how much が文頭に出る.

●That antique shop **buys** anything. あの骨董(こっとう)店は何でも買う.

●I **bought** this book at that store. 私はこの本をあの店で買った.

●She **has bought** a beautiful coat. 彼女はすてきなコートを買った. →現在完了(かんりょう)の文. →have [助動] ❶

●The American hotel **was bought** by a Japanese company. そのアメリカのホテルはある日本の会社に買い取られた. →受け身の文. →was [助動] ❷

—— 名 (複)**buys** /báiz バイズ/
《話》**買い物**; **お買い得品** (bargain)

●This shirt was a good **buy**. I only paid $10 for it. このシャツはいい買い物だった. 10ドル払(はら)っただけだから.

buyer /báiər バイア/ 名 買う人, 仕入れ係, バイヤー [反対語] **seller** (売る人)

buzz /bʌz バズ/ 名 (ハチの)**ブンブンいう音**; (人声などの)**ざわめき, がやがや**

—— 動 (ハチなどが)**ブンブンいう**

buzzer /bʌzər バザ/ 名 **ブザー; ブザーの音**

●There's the **buzzer**. ブザーが鳴った.

by 小 A1 /bái バイ/

意味map
前 ❶ 〜(という手段・方法)によって, 〜で
❷ 〜によって, 〜による
❸ 〜の(すぐ)そばに, 〜の(すぐ)そばの
❹ 《差異》〜だけ; 《単位》〜ぎめで
❺ 《時間》〜までに(は)
❻ 〜の(基準, 単位)によって
副 そばに, そばを

—— 前 ❶ 〜(という手段・方法)**によって, 〜で** [関連語] **with** (〜(という道具)で)

[基本] **by** car 車で →by+名詞. ×by a [the] car としない.

●**by** train [subway, bicycle, bus, plane] 列車[地下鉄, 自転車, バス, 飛行機]で

●**by** letter [telephone, e-mail, telegram] 手紙[電話, Eメール, 電報]で

●leave **by** the 2:30 p.m. train 午後2時30分発の列車で出発する →この場合「午後2時30分発の」と限定されるので the がつく.

●send a message **by** fax ファックスでメッセージを送る

●travel **by** sea [land] 海上[陸上]を旅する

●What time is it **by** your watch? 君の時計で何時ですか.

●She earns her living **by** working part-time. 彼女はパートで働くことによって[働いて]生計を立てている. →前置詞 by+動名詞 work-ing (働くこと).

●I caught him **by** the arm. 私は彼の腕(うで)をつかんだ. →catch A (人) by the B (体の部分)は「AのBをつかむ」.

❷ **〜によって, 〜による** →受け身の文で行為(こうい)をする人[物]を表す.

●a book (written) **by** Soseki 漱石によって書かれた本 →この過去分詞 written (書かれた)は book を修飾(しゅうしょく)する.

●This picture was painted **by** her. この絵は彼女によって描(えが)かれた. →×by she としない.

●This play was written **by** Shake-speare. この劇はシェークスピアによって書かれた.

●The king was killed **by** his brother with poison. 王はその弟に毒殺された.

●The house was destroyed **by** fire. その家は火事で焼失(しょうしつ)した.

❸ **〜の(すぐ)そばに, 〜の(すぐ)そばの** →near よりももっと近くにあることを表す.

●**by** a road 道のそばに, 道端(みちばた)に

●sit **by** the fire 暖炉(だんろ)のそばに座(すわ)る

●sit in the chair **by** the fire 暖炉のそばの椅子(いす)に座る

●Sit close **by** me. 私のすぐそばに座りなさい.

●The hotel stands **by** the lake. そのホテルは湖のそばに立っている.

❹ 《差異》**〜だけ**; 《単位》**〜ぎめで**

●He is taller than me **by** an inch [a head]. 彼は私より1インチ[頭一つ]だけ背が高い.

●The Giants won the game **by** 10 to 1. ジャイアンツが10対1で試合に勝った.

●We are already late **by** 5 minutes. 私たちは既(すで)に5分遅(おく)れている.

●You can hire a boat **by** the hour. 君はボートを時間ぎめで[1時間いくらで]借りられます.

❺ 《時間》**〜までに(は), 〜ころには**

●**by** now 今頃(いまごろ)までには

by 小 A1 /バイ/

〜のそば

基本の意味

すぐそばの場所という基本の意味（前❸・副）から様々な意味に広がる．ある手段を「経る」ことはある場所のすぐそばを通り過ぎていくイメージに似ていることから，前❶手段・方法の意味が生じる．行為が行われる時には，行為の結果はすぐそばにいる人に引き起こされることが多いことから，前❷行為者・原因の意味が生じる．そばにあるものを基準とみなすと，前❹差異や前❻基準の意味になる．ある時点の前後のうち，「今」に近い方，つまり「今」とその時点の間の時間に何かを行うということから前❺期限の意味が生じる．

教科書によく出る**使い方**

- 前 ❶ John goes to school **by** bus. ジョンはバスで通学している．
- 前 ❷ That book was written **by** my grandfather.
  その本は私の祖父によって書かれた．
- 前 ❸ We were talking **by** the window when we heard thunder.
  雷鳴が聞こえたとき私たちは窓際で話していた．
- 前 ❹ I missed the last train **by** ten minutes. 10分遅れで終電に間に合わなかった．
- 前 ❺ Be sure to be back **by** seven. 7時までには必ず帰ってきなさい．

教科書によく出る**連語**

little by little 少しずつ，徐々に
- **Little by little**, my English skills have improved.
  私の英語力は少しずつ上達してきた．

go by （時が）過ぎ去る；（人が）通り過ぎる
- Time **goes by** so fast. 時の流れるのは何と早いことか．

- **by** this time もうこの時間までには
- **by** tomorrow 明日までには
- You must return the book **by** Friday. 君はその本を金曜までに返さねばならない.
- **By** this time tomorrow he will be in London. 明日の今頃までには彼はロンドンに(着いて)いるでしょう.
- There will probably be 10 billion people in the world **by** 2050 (読み方: twenty fifty). 2050年までには世界の人口はおそらく100億に達しているだろう.

関連語 I will be here **by** 5 o'clock, so please wait for me **till** then. 私は5時までにはここに来ますからどうかその時までお待ちください.

POINT **by** は「〜までにある動作・状態が起こる・終わる」こと. **till** は「〜までずっとある動作・状態が続く」こと.

❻ 〜(の)基準, 単位)によって, 〜に基(もと)づいて
- judge people **by** first impressions 第一印象で人を判断する

―― 副 そばに, そばを, 通り過ぎて
- near **by** すぐそばに[の]
- go **by** 行き過ぎる, 過ぎて行く
- pass [fly] **by** 通り[飛び]過ぎる
- We went into the woods near **by**. 私たちは近くの森へ入って行った.
- Ten years went **by**. 10年が過ぎ去った.

by accident 偶然(ぐうぜん)に, ふと
by all means ① もちろん, どうぞ
② 必ず, きっと →**means** 成句
by birth 生まれは; 生まれながらの →**birth** 成句
by chance 偶然に, たまたま
by day [night] 昼[夜]は, 昼[夜]に
- The sun shines **by day**, and the moon (shines) **by night**. 太陽は昼輝(かがや)き, 月は夜輝く.
by mistake 誤って, うっかり
by name 名前は →**name** 成句
by nature 生まれつき →**nature** 成句
by oneself ひとり(ぼっち)で; (人の助けを借りずに)独力で, 自分で
- He lived in the hut all **by himself**. 彼はたったひとりでその小屋に住んでいた. →**all** は「全く」という意味で, by himself を強める.
- You must clean your room **by yourselves**. 君たちは君たち自身で自分たちの部屋を掃除(そうじ)しなければいけない.

by the way ついでながら, ところで; 途中(とちゅう)で
by way of 〜 〜を通って, 〜を経由して →**way** 成句
day by day 毎日毎日
little by little 少しずつ, 徐々(じょじょ)に
one by one 1つずつ, 1人ずつ, 順々に

bye 中 A1 /bái バイ/ 間
《話》さよなら (goodbye)
Bye (for) now. 《米》じゃさよなら

bye-bye /bai bái バイ バイ/ 間 《話》さよなら (goodbye), バイバイ
bypass /báipæs バイパス/ 名 バイパス →主要道路の交通量を緩和(かんわ)するために, その道路に沿って造った別の自動車道路.

C c

C¹, c /síː スィー/ 名 (穫 **C's, c's** /síːz スィーズ/)

❶ シー → 英語アルファベットの3番目の文字.
❷ (C で) (成績の) C → A, B の次の評価.
❸ (C で) (ローマ数字の) 100
・CC ＝200

C² 略 ＝Celsius, centigrade (セ氏の)

CA 略 ＝California

cab A2 /kǽb キャブ/ 名 タクシー (taxi) → taxicab ともいう.
・Let's **take** a **cab**. タクシーに乗ろうよ.

cabbage /kǽbidʒ キャベヂ/ 名 キャベツ

cabin /kǽbin キャビン/ 名 ❶ (簡素な造りの)小屋 ❷ 船室; (飛行機の)客室, 乗務員室

cabinet /kǽbinit キャビネト/ 名 ❶ (ガラス戸入りの)飾(かざ)り棚(だな), 食器棚 ❷ (ふつう the Cabinet で) 内閣

cable /kéibl ケイブる/ 名 ❶ (鉄線をより合わせた)太綱(ふとづな), ケーブル ❷ (海底)ケーブル → 電報・電話・送電用のもの. ❸ 有線テレビ, ケーブルテレビ → **cable television** ともいう.

cáble càr 名 ケーブルカー

cacao /kəkáu カカウ/ 名 (穫 **cacaos** /kəkáuz カカウズ/) (植物) カカオ(の実[木]) → 実からはココアやチョコレートなどが作られる.

cacáo bèan 名 カカオ豆

cacti /kǽktai キャクタイ/ 名 **cactus** の複数形

cactus /kǽktəs キャクタス/ 名 (穫 **cactuses** /kǽktəsiz キャクタセズ/, **cacti** /kǽktai キャクタイ/) (植物) サボテン

Cadillac /kǽdəlæk キャディらク/ 名 《商標》キャデラック → アメリカの大型高級乗用車. この車を所有することは社会的成功者の1つのシンボルとみなされる.

Caesar /síːzər スィーザ/ 固名 (**Julius Caesar**) ユリウス・カエサル → 古代ローマの偉大(いだい)な将軍・政治家 (100-44 B.C.). ブルータスを中心とする友人たちに暗殺された.

cafe, café 中 A1 /kæféi キャフェイ/kǽfei キャフェイ/ 名 カフェ, 喫茶(きっさ)店; (大衆向けの)軽食堂

cafeteria 中 A2 /kæfətí(ə)riə キャフェティ(ア)リア/ 名 カフェテリア → セルフサービス式食堂.
・Does your school have a **cafeteria**? あなたの学校にはカフェテリアがありますか.

cage 中 /kéidʒ ケイヂ/ 名 鳥かご, (動物の)おり

Cairo /kái(ə)rou カイ(ア)ロウ/ 固名 カイロ → エジプト・アラブ共和国の首都.

cake 小 A1 /kéik ケイク/ 名

❶ ケーキ
・a Christmas **cake** クリスマスケーキ → このように1つの形を持ったものは a cake, cakes のように数えられる名詞として扱(あつか)う.
・a chocolate [fruit] **cake** チョコレート[フルーツ]ケーキ
・a lot of **cakes** たくさんのケーキ
・**a piece** [**two pieces**] **of cake** ケーキひと切れ[ふた切れ] → ナイフで切り分けたものについていう時の言い方.

a Christmas cake   a piece of cake

・Children like **cake** very much. 子供たちはケーキがとても好きだ.

POINT 食べ物としてのケーキを一般(いっぱん)的にいう時は cake という形のままで使う.

・You cannot eat your **cake** and have it. あなたはあなたのケーキを食べて, その上それを持っていることはできない. → 「両方よい思いはできない」の意味.

❷(せっけんなどの)**1個**, (平たい)**かたまり**
・a **cake** of soap せっけん1個

cal. 略 =**cal**orie, **cal**ory

calculate /kǽlkjuleit キャるキュれイト/ 動
計算する

calculation /kælkjəléiʃən キャるキュれイション/
名 計算; 予想; 見積もり
・make a **calculation** 計算する

calculator /kǽlkjuleitər キャるキュれイタ/ 名
計算器

calendar 小 A2 /kǽləndər キャれンダ/ 名
❶ カレンダー, 暦(こよみ) →**almanac**
❷ 行事予定表

calf¹ /kǽf キャふ/ 名 (複 **calves** /kǽvz キャヴズ/) 子牛; (ゾウ・クジラなど大型の哺乳(ほにゅう)動物の)子

calf² /kǽf キャふ/ 名 (複 **calves** /kǽvz キャヴズ/) ふくらはぎ

California /kæləfɔ́ːrnjə キャリふォーニャ/ 固名
カリフォルニア →米国太平洋岸の州. 日本とほぼ同じ広さがあり, 人口は全米第一. **Calif.**, **Cal.**, (郵便で) **CA** と略す.

call 小 A1 /kɔ́ːl コーる/

| 動 | ❶(大声で)呼ぶ | 意味map |
| ❷(〜を〜と)呼ぶ [言う] |
| ❸ 訪問する |
| ❹(**call up** とも)電話をかける |
| 名 | ❶ 呼ぶ声, 叫(さけ)び |
| ❷ 電話(をすること・受けること) |

── 動 (三単現 **calls** /kɔ́ːlz コーるズ/; 過去・過分
called /kɔ́ːld コーるド/; -ing形 **calling**
/kɔ́ːliŋ コーりング/)

❶(大声で)**呼ぶ**, 声を掛(か)ける; (来るように)呼ぶ
基本 **call** his name 彼の名前を呼ぶ →call
＋名詞.

・**call** a dog 犬を(来るように)呼ぶ
・**call** the roll (名簿(めいぼ)の名前を呼んで)出席をとる
・Did you **call** me? お呼びでしたか.
・**Call** a taxi **for** me. =**Call** me a taxi. 私にタクシーを呼んでくれ. →後ろの文は call *A B* で「AのためにBを呼ぶ」という意味だが, この使い方は, ほかに Call me a doctor. (医者を呼んでくれ)という表現があるくらいで, 非常に限られている. →❷
・The homeroom teacher **calls** the roll every morning. クラス担任の先生が毎朝出席をとります.
・Someone **called to** me. 誰(だれ)かが私に呼びかけた.
・I **called** and **called**, but no one answered. 私は何度も何度も呼んだが誰も答えなかった.
・Mr. Jones **called** her **in**. ジョーンズさんは彼女を呼び入れた.
・Mom **is calling** you, Ken. ケン, お母さんが呼んでるよ. →現在進行形の文. →**is** 助動 ❶

❷(〜を〜と)**呼ぶ[言う]**, 名づける
基本 **call** him Big Jim 彼をビッグ・ジムと呼ぶ →call *A B* で「AをBと呼ぶ」.
・They **call** him "the King of Pop." 彼らは彼を「キング・オブ・ポップ」(ポピュラー音楽の王様)と呼ぶ.

 会話
What do you **call** this flower in English?—We **call** it a "sunflower."
この花を英語で何と言いますか.—私たちはそれを sunflower (ヒマワリ)と言います.

・He **is called** "the King of Pop." 彼は「キング・オブ・ポップ」と呼ばれる. →受け身の文.
→**is** 助動 ❷
・We went to a place **called** Speakers' Corner. 私たちはスピーカーズコーナーと呼ばれる所へ行った. →過去分詞 called (〜と呼ばれる)は place を修飾(しゅうしょく)する.

❸ **訪問する**, 立ち寄る
・**call on** him 彼を訪問する →call on＋「人」.
・**call at** his house 彼の家に立ち寄る →call at＋「場所」.
・Please **call on** me **at** my office this af-

call box

ternoon. どうぞきょうの午後私の事務所に私を訪ねて来てください.

• This ship does not **call at** Kobe. この船は神戸には寄港しません.

❹(call up とも**) 電話をかける**

• **call** home 家に電話する →home は副詞で「家に」.

• **Call** me at my house. 私の家に電話をください.

• I'll **call** you **up** tomorrow. 明日君に電話するよ.

• Thank you for **calling**. 電話してくれてありがとう. →前置詞 for+動名詞 calling.

• Who's **calling**, please? (誰が電話をかけているのですか ⇨)どちら様ですか.

❺ 呼び集める; (呼んで)起こす

• **call** a meeting 会を招集する

• The teacher **called** her pupils **together**. 先生は生徒たちを呼び集めた.

• Please **call** me at 6 tomorrow morning. あしたの朝6時に私を起こしてください.

❻(日没(にちぼつ)・降雨などのためにゲームを途中(とちゅう)で)中止する

• The game was **called** because of rain. その試合は雨のために中止された[コールドゲーム (**called game**) になった].

call at ~ →call 動 ❸

call back ① (電話を受けたほうが後で)電話をかけ返す

• I'll **call** you **back** later on. のちほどこちらからお電話します.

② 呼び戻(もど)す

call for ~ ① 大声で~を求める; ~を必要とする

• **call for** help 大声で助けを求める

② ~を誘(さそ)い迎(むか)えに行く

• I'll **call for** you at seven. 私は7時に君を迎えに行く.

call off (予定・計画などを)取りやめる, 中止する

call on ~ →call 動 ❸

call out 大声で叫ぶ

call to ~ ~に呼びかける

call up →call 動 ❹

Please call me ~. 私を~と呼んでください →**call** 動 ❷

—— 名 (複) **calls** /kɔ́ːlz コーるズ/)

❶ 呼ぶ声, 叫び

• a **call** for help 助けを求める声

❷ 電話(をすること・受けること)

• **give** her a **call** 彼女に電話する

• **make** a phone **call to** Osaka [**to** my uncle in Osaka] 大阪に[大阪のおじに]電話をする

• Jim, you **had** a phone **call from** Mr. White. ジム, ホワイトさんから電話があったよ.

• There's a **call for** you, Jim. ジム, 君に電話だよ.

❸ (短い)訪問

• make [pay] a **call** 訪問する

• I made a **call on** him **at** his office. 私は彼を彼の事務所に訪ねて行った.

cáll bòx 名 (英) **公衆電話ボックス** (telephone booth)

caller /kɔ́ːlər コーら/ 名 来訪者; 電話をかけてきた人

calligraphy 小 /kəlígrəfi カリグラふィ/ 名
書道, 書法; 書 →ペンや筆で芸術的に文字を書くこと[技術].

• New Year's **calligraphy** (日本の)書き初(ぞ)め

calm /kɑ́ːm カーム/ 形 穏(おだ)やかな, 静かな, 落ち着いた →天候や海の状態についても人の様子や心の状態などについてもいう.

• a **calm** day [sea] 穏やかな日[海]

• Mr. Smith is always **calm**. スミスさんはいつも落ち着いている.

• Do be **calm**! まあ落ち着きなさい. →Do は意味を強める助動詞.

—— 動 (**calm down** とも) 静まる; なだめる, 落ち着かせる

• **calm** a baby 赤ん坊(ぼう)をなだめる

• The sea will soon **calm down**. 海はまもなく静まるでしょう.

calmly /kɑ́ːmli カームリ/ 副 静かに, 落ち着いて

calorie, calory /kǽləri キャろリ/ 名 (複)

チャンクでおぼえよう call

□ 犬を呼ぶ	**call** a dog
□ 彼をビルと呼ぶ	**call** him Bill
□ 彼女に電話をかける	**call** her
□ その試合は中止になった.	The game was **called**.

calories /kǽləriz キャロリズ/) カロリー →熱量の単位. 食物の栄養価の単位. **cal.** と略す.

calves /kǽvz キャヴズ/ 名 **calf¹, calf²** の複数形

Cambodia /kæmbóudiə キャンボウディア/ 固名 カンボジア →インドシナ半島にある王国. 首都はプノンペン. 公用語はカンボジア語.

Cambodian /kæmbóudiən キャンボウディアン/ 形 カンボジアの, カンボジア人の
── 名 カンボジア人; カンボジア語

Cambridge /kéimbridʒ ケインブリヂ/ 固名
❶ (英国の)ケンブリッジ →英国南東部の都市でケンブリッジ大学の所在地. そばをカム川(the River of the Cam)が流れている.
❷ (米国の)ケンブリッジ →米国マサチューセッツ州の都市でハーバード大学やマサチューセッツ工科大学などがある.

Cámbridge Univérsity 固名 ケンブリッジ大学 →英国でオックスフォード大学と並んで古い大学.

came 中 /kéim ケイム/ 動 **come** の過去形

camel 小 /kǽməl キャメる/ 名 ラクダ
• a **camel** driver ラクダ引き[の御者]

camellia /kəmíːliə カミーリア/ 名 《植物》ツバキ

camera 中 A1 /kǽmərə キャメラ/ 名
カメラ →写真を撮(と)るものだけでなく, ビデオカメラなど動画を撮るものも含(ふく)む.
• Mr. Sato took our picture **with** his **camera**. 佐藤さんは自分のカメラで私たちの写真を撮った.

cameraman /kǽmərəmæn キャメラマン/ 名 (複 **cameramen** /kǽmərəmen キャメラメン/) (主に男性の)カメラマン

cámera óperator 名 (映画・テレビなどの)カメラマン, 撮影(さつえい)技師 類似語 芸術写真などをとる「写真家」は **photographer**.

camerawoman /kǽmərəwumən キャメラウマン/ 名 (複 **camerawomen** /kǽmərəwimin キャメラウィメン/) (女性の)カメラマン

camp 小 A1 /kǽmp キャンプ/ 名
❶ (海・山の)キャンプ場, 合宿地; キャンプ
• go to a summer **camp** サマーキャンプに行く
❷ (軍隊・登山隊・遠征(えんせい)隊などの)野営地
• a base **camp** (登山隊の)前進基地, ベースキャンプ

❸ (捕虜(ほりょ)・難民などの)収容所, キャンプ

break camp (テントを畳(たた)んで)キャンプを引き払(はら)う

make camp (テントを張って)キャンプする
── 動 キャンプをする, 野営する

camp out キャンプ生活をする

go camping キャンプに行く

campaign /kæmpéin キャンペイン/ 名 (ある目的のための組織的な)運動, キャンペーン

camper /kǽmpər キャンパ/ 名 ❶ キャンプする人, キャンパー → **camp** ❷ 《米》キャンピングカー →×camping car とはいわない. → **caravan, trailer**

campfire /kǽmpfaiər キャンプふァイア/ 名 キャンプファイヤー

campground /kǽmpgraund キャンプグラウンド/ 名 《米》キャンプ場

camping A2 /kǽmpiŋ キャンピング/ 名 キャンプすること; キャンプ生活 → **camp**

campus A2 /kǽmpəs キャンパス/ 名 (大学の)構内, キャンパス →敷地(しきち)・建物などを含(ふく)めていう.
• **on campus** キャンパスで[に] →×a [the] campus としない.

can¹ 小 A1 /弱 kən カン, 強 kǽn キャン/
助動 ❶ 〜することができる　意味map
❷ (話)〜してもよい
❸ 〜でありうる
── 助動
過去 **could** /弱 kud クド, 強 kúd クド/
❶ 〜することができる →「能力」を表す.
基本 She **can** play the violin. 彼女はバイオリンを弾(ひ)くことができる. → can＋動詞の原形.
POINT She (3人称(しょう)単数)が主語でも ×She can plays 〜. としない.
• The big bear **can** reach the shelf. The baby bear **cannot** reach it. 大きなクマは棚(たな)に手が届きますが, 赤ちゃんグマは届きません. → can に not をつけるときは cannot と1語に書くほうがふつう.

 会話

Can you swim?—Yes, I **can**.
君は泳げますか.—ええ, 泳げます.

• **Can** you tell me the way to the post

can 104 one hundred and four

office? 郵便局へ行く道を教えてくれませんか.
●This **can** be done in a different way.
この事は別のやり方でも(なされることが)できる.
➡受け身の文. **➡be** [助動] ❷
●Get up as early as you **can**. できるだけ
早く起きなさい.
❷《話》〜してもよい (may) ➡「許可」を表す.
[POINT]「〜してはいけない」は cannot, または
より強い意味の must not.

━━━━━━━━━━━━━━━━━━
| 会話 |

Can I go to the movies with John?
—Yes, you **can**.
ジョンと映画へ行ってもいいですか.—ええ,
いいですよ.
Can I tell it to Tom?—No, you **can-
not** [must not].
それをトムに言ってもいいですか.—いいえ,
いけません[絶対だめ].
━━━━━━━━━━━━━━━━━━

❸ 〜でありうる, よく〜である
●Both girls and boys **can** be good
cooks. 女の子だって男の子だって(上手な料理人
になれる ⇨)上手に料理が作れる.
●The winds in March **can** be as cold
as in February. 3月の風は2月(の風)と同じ
くらい冷たいこともある.
❹《疑問文で》〜かしら, 〜だろうか ➡強い疑い
を示す.
●**Can** it be true? それは本当かしら.
❺《否定文で》〜である[する]はずがない
●It **cannot** be true. それは本当のはずがない.
➡肯定(こうてい)(本当であるに違(ちが)いない)は It
must be true.
Can I 〜? 《話》〜してもよいですか **➡can¹**
❷
Can you 〜? 《話》〜してくれない？➡友人
などにものを頼(たの)むときの言い方. **➡can¹** ❶
cannot help doing 〜しないではいられな
い **➡help** [動] 成句
cannot do [be] too どんなに〜しても
[〜であっても]〜過ぎることはない **➡too** 成句
can² [A2] /kǽn キャン/ [名]
❶《金属製の》缶(かん), 缶1杯(ぱい)分
●a milk **can** 《牛乳を運ぶ大きな》牛乳缶
●an empty **can** 空き缶
●a **can** of paint ペンキ1缶, ペンキ入りの缶
❷ 缶詰(かんづめ)

●a **can** opener 《缶詰の》缶切り
●a **can** of peaches モモの缶詰
━━ [動] 《三単現 **cans** /kǽnz キャンズ/;
過去・過分 **canned** /kǽnd キャンド/; -ing形
canning /kǽniŋ キャニング/)
缶詰にする **➡canned**
Canada [小] /kǽnədə キャナダ/ [固名]
カナダ ➡北米大陸にあるイギリス連邦(れんぽう)に属
する国. 世界で2番目に広い国土を持つ. 首都はオ
タワ (Ottawa). 公用語は英語とフランス語.
Canadian /kənéidiən カネイディアン/ [形] カナ
ダの, カナダ人の
━━ [名] カナダ人
canal /kənǽl カナる/ [名] 運河
canary /kəné(ə)ri カネ(ア)リ/ [名] 《複 canar-
ies /kəné(ə)riz カネ(ア)リズ/》《鳥》カナリア
Canberra /kǽnbərə キャンベラ/ [固名] キャン
ベラ ➡オーストラリアの首都.
cancel /kǽnsəl キャンセる/ [動] 《三単現 **can-
cels** /kǽnsəlz キャンセるズ/; 過去・過分 **can-
cel(l)ed** /kǽnsəld キャンセるド/; -ing形 **can-
cel(l)ing** /kǽnsəliŋ キャンセリング/) 取り消す,
取りやめにする, 中止する, キャンセルする
cancellation /kænsəléiʃən キャンセれイショ
ン/ [名] 取り消し, 中止, キャンセル
cancer /kǽnsər キャンサ/ [名] 《医学》がん
●treatment for **cancer** がんの治療
candid /kǽndid キャンディド/ [形] 率直(そっちょく)な
candidate /kǽndədeit キャンディデイト/ [名]
候補者, 志願者
candle /kǽndl キャンドる/ [名] ろうそく
●light [blow out] a **candle** ろうそくに火を
つける[の火を吹(ふ)き消す]
candlestick /kǽndlstik キャンドるスティク/ [名]
ろうそく立て, 燭台(しょくだい)
candy [中] [A1] /kǽndi キャンディ/ [名] 《複 **can-
dies** /kǽndiz キャンディズ/》
《米》**キャンディー**, あめ 《英》sweets) ➡あめ
玉・チョコレート・キャラメル・ヌガーなどをいう.
●a piece of **candy** キャンディー1個 ➡ふつ
う ×a candy, ×cand*ies* としない. ただし種類
をいう時は five candies (5種類のキャンディ
ー)のように複数形にする.
●Bob bought some **candy** at the **candy**
store. ボブはお菓子(かし)屋さんでキャンディーを
買った.
cándy bàr [名] 棒キャンディー
candyfloss /kǽndiflɔːs キャンディふろース/ [名]

(英)綿菓子(わたがし), 綿あめ ((米)) cotton candy)

candy striper /kǽndi stràipər キャンディストライパァ/ 名 **キャンディーストライパー** → 病院でボランティアとして働く看護助手. キャンディーの包み紙のように白とピンク(または赤など)のしま(stripe)模様の制服を着ている.

cane /kéin ケイン/ 名 ❶ ステッキ; むち ❷ (椅子(いす)などを作る)トウ; (さとうきびなどの)茎(くき)

canned /kǽnd キャンド/ 形 缶詰(かんづめ)の → **can**² 動

cannon /kǽnən キャノン/ 名 大砲(たいほう) → 昔, 城攻(せ)めなどに使った旧式のもの. 現代のものは gun.

cannonball /kǽnənbɔːl キャノンボール/ 名 砲丸(ほうがん), 弾丸(だんがん)

cannot 中 /kǽnɑt キャナト/ 助動
❶ 〜できない →**can**¹ ❶
❷ 〜してはいけない →**can**¹ ❷
❸ 〜である[する]はずがない →**can**¹ ❺

POINT can の否定形. can not と2語に書くよりもこのように1語で書くほうがふつう. 《話》では can't という短縮形を使う. →**can't**

canoe /kənúː カヌー/ 名 カヌー

can't /kǽnt キャント/ 《話》 cannot を短くした形
• I **can't** speak French. 私はフランス語は話せない.
• **Can't** you hear that strange noise? 君はあの変な音が聞こえないのかい. →×*Cannot* you hear 〜? としない.
• You can play the piano, **can't** you? あなたはピアノが弾(ひ)けますね. →〜, can't you? は「〜ですね」と念を押(お)す用法. ×〜, *cannot* you? としない.

Canterbury /kǽntərberi キャンタベリ/ 固名 **カンタベリー** → 英国南東部にある都市. そこにある壮麗(そうれい)なゴシック建築のカンタベリー大聖堂には英国国教会を管轄(かんかつ)する大主教 (archbishop) がいる.

canvas /kǽnvəs キャンヴァス/ 名 ❶ (布地の)**キャンバス, ズック** → テント・靴(くつ)などに使う厚手で丈夫な布. ❷ (油絵を描(か)く)**キャンバス, 画布**

canyon /kǽnjən キャニョン/ 名 (切り立った崖(がけ)にはさまれた)**深い谷, 峡谷(きょうこく)**

cap 小 A1 /kǽp キャプ/ 名

❶ (縁(ふち)のない)帽子(ぼうし) → 野球帽(ぼう)や水泳帽のようなもの. 縁のあるものは **hat**.
• **put on [take off] a cap** 帽子をかぶる[脱(ぬ)ぐ]

❷ (瓶(びん)の)ふた, (万年筆などの)**キャップ**
• put the **cap** on the bottle その瓶にふたをする

cap　　　　hat

capable /kéipəbl ケイパブる/ 形
❶ (**be capable of** 〜 で)〜する能力がある, 〜ができる → 「生物」でも「無生物」でも主語になることができる. →**able** ❶ ❷ 有能な

capacity /kəpǽsəti カパスィティ/ 名 (複 **capacities** /kəpǽsətiz カパスィティズ/)
❶ 容積, 収容能力 ❷ 能力, 才能

cape¹ /kéip ケイプ/ 名 岬(みさき)

cape² /kéip ケイプ/ 名 **ケープ** → 短い袖(そで)なしのマント.

Cápe of Gòod Hópe 固名 (**the** をつけて) **喜望峰(ほう)** → アフリカ南端(たん)の岬(みさき).

Cape Town /kéip tàun ケイプ タウン/ 固名 **ケープタウン** → 南アフリカ共和国 (South Africa) の立法府所在地.

capital A2 /kǽpətl キャピトる/ 名
❶ 首都
• Tokyo is **the capital** of Japan. 東京は日本の首都だ.
• What is **the capital** of Spain? スペインの首都はどこですか. → 首都名をきく時は ×*Where* is 〜? としない.
❷ 大文字 (capital letter)
• Write your name in **capitals**. 君の名前を大文字で書きなさい.
❸ 資本(金); 元金

―形 ❶大文字の ❷死刑(しけい)に値(あたい)する
• capital punishment 死刑
❸主要な; 重要な

cápital létter A2 名 大文字 関連語 small letter (小文字)

Capitol /kǽpətl キャピトる/ 名 (the Capitol で)(米国の)国会議事堂 →この国会議事堂の建っている小さな丘(おか)は米国の首都ワシントンの中心部にあって, Capitol Hill と呼ばれる.

Cápitol Híll 固名 キャピトルヒル →米国の国会議事堂所在地. hill はこのようによく地名に使われる.

capsule /kǽpsəl キャプスる|kǽpsju:l キャプスュ-る/ 名 ❶(薬の)カプセル ❷(宇宙ロケットの)カプセル →宇宙飛行士たちが乗っている所で, ロケットの本体から切り離(はな)される部分.

captain 中 A2 /kǽptin キャプテン/ 名
❶(チームの)キャプテン, 主将
• the captain of a baseball team 野球のチームのキャプテン
• Susie is captain of the volleyball team. スージーはバレーボールチームのキャプテンです.
POINT captain のように役職名を表す語が補語になる時はふつう ×a, ×the をつけない.
• They made me captain. 彼らは私をキャプテンにした.
❷船長, 艦長(かんちょう); (飛行機の)機長
❸陸軍大尉(たいい); 海軍大佐(たいさ) (ふつう艦長)

captive /kǽptiv キャプティヴ/ 形 捕(と)らわれた, 捕虜(ほりょ)の
―名 捕虜

capture /kǽptʃər キャプチャ/ 動 捕(と)らえる
―名 捕らえること, 捕獲(ほかく); 捕らえた物, 獲物(えもの)

capybara /kæpibɑ́rə カピバラ/ 名《動物》カピバラ →南アメリカ原産のネズミの仲間.

car 小 A1 /kɑ́:r カー/ 名 (複 cars /kɑ́:rz カーズ/)

❶車, 乗用車 (automobile)
• by car 車で, 自動車で →×by a [the] car としない. →by ❶
• get in [into] a car 車に乗る
• get out of a car 車から降りる
• Will you go by car or by train? 君は車で行きますか, 電車で行きますか.
• Let's go in my car. 私の車で行きましょう.
❷(1両編成の)電車 関連語 2両以上連結している「列車」は train.
❸(列車の)車両
• a dining [sleeping] car 食堂[寝台(しんだい)]車

caravan /kǽrəvæn キャラヴァン/ 名
❶キャラバン, 隊商 →ラクダに荷物を運ばせながら砂漠(さばく)を旅する商人や巡礼(じゅんれい)者の一団.
❷(サーカス団などの)ほろ馬車
❸《英》(車に引かれる)移動住宅, トレーラーハウス (《米》trailer) →簡易生活ができる設備のあるキャラバン用駐車(ちゅうしゃ)場を caravan site, caravan park という.

carbon /kɑ́:rbən カーボン/ 名 《化学》炭素 →元素記号 C.

cárbon dióxide 名 《化学》二酸化炭素

card 小 A1 /kɑ́:rd カード/ 名 (複 cards /kɑ́:rdz カーヅ/)

❶トランプの札; (cards で)トランプ遊び →英語の trump は「切り札」のこと.
• a pack of cards トランプ1組 →52枚+joker.
基本 play cards トランプをする
• shuffle [deal] the cards トランプの札を切る[配る]
• How about playing cards? トランプしない?
❷カード
• a credit card クレジットカード
• a birthday card 誕生祝いのカード
❸はがき (postcard)
• a Christmas card クリスマスカード
• a New Year's card 年賀状
• Thank you for your card. おはがきありがとうございました.

cardboard /kɑ́:rdbɔ:rd カードボード/ 名 ボール紙, 段ボール
• a cardboard box 段ボール箱

cardigan /kɑ́:rdigən カーディガン/ 名 カーディガン →前開きのセーター.

careful

107

care 中 A1 /kéər ケア/

意味 map

名 ❶ 注意
❷ 世話
❸ 心配

動 ❶《主に否定文・疑問文で》気にする; 気に掛(か)ける
❷(care for 〜 で) 〜の世話をする; 《主に疑問文・否定文で》〜が好きである
❸(care to do で)《主に疑問文・否定文で》〜したい

── **名** (複 **cares** /kéərz ケアズ/)

❶ **注意, 用心**
• Carry the box **with care**. 気をつけてその箱を運びなさい.
• **Take care not to** drop the vase. 花瓶(かびん)を落とさないよう気をつけなさい.
掲示 Glass. Handle with **care**. ガラス器具. 取り扱(あつか)い注意.

❷ **世話, 保護**
• Bob has the **care** of the birds. ボブが小鳥の世話をします.
• The children are under the **care** of their aunt. 子供たちはおばさんの世話になっている.
• The baby was left in her **care**. 赤ちゃんは彼女に任せられた.

❸ **心配, 苦労; 心配事**
ことわざ **Care** will kill a cat. 心配は(9つの命を持つといわれる)ネコをも殺す. →「心配は身の毒」にあたる.

care of 〜 (宛名(あてな)に使って)〜(様)方, 〜気付(きづけ) →c/o と略す. →c/o

Take care. 気をつけて;《米》さよなら (goodbye)

take care of 〜 〜の世話をする; 〜に気をつける
• **take** (**good**) **care of** the rabbit ウサギの世話を(しっかり)する
• **Take care of** yourself. 体に気をつけて.
• Are you (being) **taken care of**? (あなたは世話をされていますか ⇒)誰(だれ)かご対応してますか. →店員が客に言う言葉. →are 助動 ❶❷

── **動** (三単現 **cares** /kéərz ケアズ/; 過去・過分 **cared** /kéərd ケアド/; -ing形 **caring** /kéəriŋ ケアリング/)

❶《主に否定文・疑問文で》気にする, 構う; 気に掛ける, 心配する

• I don't **care about** money. 僕(ぼく)はお金なんてどうでもいい.
• I don't **care if** it rains. (もし)雨が降っても構わない[平気だ].
• I don't **care what** he says. 彼が何と言うと私は平気だ.
• Do you **care if** I go? 私が行ってもいいですか.

会話 I was dumped by my girlfriend. —**Who cares?** 僕, 恋人(こいびと)にふられちゃったよ.—そんなこと(誰が気に掛けるものか ⇒)僕の知ったことじゃないよ.

❷(care for 〜 で) 〜の世話をする;《主に疑問文・否定文で》〜が好きである, 欲(ほ)しい
• Will you **care for** my dog while I'm gone? 私の留守の間うちの犬の世話をしてくれますか.
• Do you **care for** some coffee? コーヒーを召(め)し上がりますか.
• I don't **care for** grapes. 私はブドウは好きじゃない[欲しくない].

❸(care to do で)《主に疑問文・否定文で》〜したい
• Do you **care to** see the movie? 君はその映画が見たいですか.
• I don't **care to** go there. 私はそこへ行きたくない.

career /kəríər カリア/ (→アクセントの位置に注意) **名** ❶ 経歴; 生涯(しょうがい)
• Benjamin Franklin had an interesting **career**. ベンジャミン・フランクリンは興味深い生涯を送った.

❷ **職業**
• He chose education as his **career**. 彼は教育を職業として選んだ.

❸《形容詞的に》(そのために特に教育を受けた)専門の
• a **career** diplomat [woman] 職業外交官[キャリアウーマン]

carefree /kéərfri: ケアフリー/ **形** のんきな, のんびりした

careful 中 A1 /kéərfəl ケアふる/ **形**
注意深い, 慎重(しんちょう)な 反対語 **careless** (不注意な)
• a **careful** driver 慎重に運転する人
• You should be more **careful** of [about] your health. 君は健康にもっと注意

carefully 108 one hundred and eight

すべきです.
- Be **careful** (**with** the fire). (火の取り扱いに)気をつけて[注意しなさい].
- Be **careful not to** drop the vase. ＝ Be **careful that** you don't drop the vase. 花瓶(かびん)を落とさないように気をつけなさい.

Be careful!

carefully 中 A1 /kéərfəli ケアふり/
副 注意深く, 注意して, 慎重(しんちょう)に; 念入りに
- Listen to me **carefully**. 私の言うことを注意して聞きなさい.

caregiver /kéərgivər ケアギヴァ/ 名 (子どもや病人の)世話をする人; 《米》介護者 関連語 **caretaker**(管理人)

careless /kéərlis ケアれス/ 形 不注意な, ぼんやりした, 構わない
反対語 **careful**(注意深い)
- a **careless** mistake 不注意な間違(まちがい) → 「ケアレスミス」は和製英語.
- He is **careless about** his clothes. 彼は服装を気にしない[にむとんちゃくだ].

carelessly /kéərlisli ケアれスリ/ 副 不注意に, うっかり; いい加減に

carelessness /kéərlisnis ケアれスネス/ 名 不注意, うかつ

caretaker /kéərteikər ケアテイカ/ 名 (建物などの)管理人, 守衛; 世話人 関連語 **caregiver**(世話をする人), **care worker**(《英》介護する人)

cargo /ká:rgou カーゴウ/ 名 (複 **cargo**(**e**)**s** /ká:rgouz カーゴウズ/) (船・飛行機などの)積み荷

Caribbean /kæribí:ən キャリビーアン/ 形 カリブ海の

Caribbèan (Séa) 固名 (**the** をつけて) カリブ海 → 中米と西インド諸島の間の海.

caribou /kǽribu: キャリブー/ 名 (複 **caribous** /kǽribu:z キャリブーズ/, **caribou**) (動物) カリブー → 北米産のトナカイ.

carnation /ka:rnéiʃən カーネイション/ 名 (植物) カーネーション

carnival /ká:rnəvəl カーニヴァる/ 名 謝肉祭, カーニバル → 一般(いっぱん)に「お祭り騒(さわ)ぎ. ～祭, ～大会」の意味でも使われる.

参考 カトリック教国では復活祭(→**Easter**)の前40日間はキリストの苦しみをしのび肉食を断(た)つので, その前に肉を食べたりして楽しく過ごすお祭り. 3日から1週間くらい続く.

carol /kǽrəl キャロる/ 名 喜びの歌, クリスマスの祝い歌
- a Christmas **carol** クリスマスキャロル

carp /ká:rp カープ/ 名 (複 **carp**, **carps** /ká:rps カープス/) (魚) コイ → 複数の種類をいう時は **carps** となるが, ふつうは単数も複数も同じ形.

イメージ(carp)
欧米(おうべい)人はコイについてあまりよい印象を持っていない. 大食いで漁場を荒(あ)らす貪欲(どんよく)な魚というイメージがある.

cár pàrk A2 名 《英》駐車場 → 《米》ではふつう **parking lot** という.

carpenter /ká:rpəntər カーペンタ/ 名 大工 関連語 **architect**((建物の)設計者)

carpet /ká:rpit カーペト/ 名 じゅうたん, カーペット → 床(ゆか)を広く覆(おお)うもの. 小型のものは rug.

carport /ká:rpɔ:rt カーポート/ 名 簡易車庫, カーポート

carp streamer /ká:rp strí:mər カープ ストリーマ/ 名 (日本の)こいのぼり

carriage /kǽridʒ キャリヂ/ 名 ❶ 馬車 → 自家用の4輪馬車. ❷《英》(列車の)車両 (car) ❸ (ベビーカーなどの)車

carrier /kǽriər キャリア/ 名 ❶ 運ぶ人; 運送業者 ❷ (病原菌(きん)などの)媒介(ばいかい)物, 保菌(ほきん)者

cárrier bàg 名 《英》＝ shopping bag 《米》(店で買った品物を入れてくれる袋(ふくろ))

Carroll /kǽrəl キャロる/ 固名 (**Lewis Carroll**) ルイス・キャロル → 英国の数学者で童話作家 (1832-98). *Alice's Adventures in Wonderland* (『不思議の国のアリス』)の作者.

carrot 小 A2 /kǽrət キャロト/ 名 (植物) ニンジン

carry 中 A1 /kǽri キャリ/ 動

三単現	**carries** /kをriz キャリズ/	
過去・過分	**carried** /kをrid キャリド/	
-ing形	**carrying** /kをriiŋ キャリイング/	

運ぶ, 持って行く, 伝える; 持っている, 持ち歩く

基本 carry the desk upstairs 机を2階へ運ぶ →carry＋名詞.

•This airplane can **carry** 500 passengers. この飛行機は500人の乗客を運べる.

•I'll **carry** that bag for you, Mother. お母さん, 僕(ぼく)が(あなたのために)その袋(ふくろ)を持って行きます ⇨その袋持ってあげるよ.

•In England, the police officers don't usually **carry** guns. 英国ではふつう警官はピストルを持っていない.

•The air **carries** sounds. 空気は音を運ぶ[伝える].

•The wind **carries** leaves **through** the air. (風が空中を通して木の葉を運ぶ ⇨)風に吹(ふ)かれて木の葉が飛んでいく.

•The elevator **carried** me **up** the tower. エレベーターが私を塔(とう)の上へ運んでくれた.

•I **was carried** off the field. 私は(負傷して)フィールドの外へ運び出された. →受け身の文. →**was** 助動 ❷

•She **is carrying** her baby on her back. 彼女は赤ちゃんをおんぶしている. →現在進行形の文. →**is** 助動 ❶

carry around [**about**] 持ち歩く

carry away 運び去る

carry on 続ける; 行う, 営む

•**Carry on** working [**with** your work]. 仕事を続けなさい.

•**Carry on** down this street and turn left at the next corner. この道をずっと行って次の角を左に曲がりなさい. →down this street は「この道に沿って」.

carry out 実行する, 成し遂(と)げる

cart /káːrt カート/ 图 (2輪の)荷車, 荷馬車; 手押(お)し車 →**shopping cart**

carton /káːtən カートン/ 图 (厚紙製の)容器, カートン; カートン1個分

•a milk **carton** 牛乳パック

cartoon A1 /kɑːrtúːn カートゥーン/ 图

❶ 漫画(まんが) →新聞などの風刺(ふうし)漫画・続き漫画 (comic strip) のこと.

類似語 「漫画本・雑誌」は **comic book**, 日本のものは **manga** ということも多い.

•a **cartoon** strip (数コマからなる)漫画

❷ 漫画映画

cartoonist /kɑːrtúːnist カートゥーニスト/ 图 漫画(まんが)家

carve /káːrv カーヴ/ 動 ❶ 彫(ほ)る, 刻む, 彫刻(ちょうこく)する ❷ (食卓(しょくたく)で肉を)切り分ける

case¹ 小 A1 /kéis ケイス/

图 ❶ 場合

❷ (ふつう **the case** で) 事情

❸ (捜査(そうさ)の対象としての)事件

意味 map

—— 图 (複 **cases** /kéisiz ケイセズ/)

❶ 場合, 実例, ケース

•in this **case** この場合には

•His accident was a **case** of careless driving. 彼の事故は不注意運転(の1ケース)だった.

❷ (ふつう **the case** で) 事情, 事実 (fact)

•**The case** is different [the same] in Japan. 日本では事情が違(ちが)う[事情は日本でも同じだ].

•That is not **the case**, and you know it. それは事実ではない[それは違う], 君だって知ってるくせに.

会話 He is often late for school.—The same is **the case with** his brother. 彼はよく学校に遅(おく)れて来る.—(同じ事が彼の兄[弟]についても事実だ ⇨)彼の兄[弟]もそうだ.

❸ (捜査の対象としての)事件; (治療(ちりょう)の対象としての)病気; 患者(かんじゃ)

•a murder **case** 殺人事件

•a hopeless **case** of cancer 絶望的ながん患者

in any case とにかく, いずれにしても

in case ～ もし(～が～)である場合には; (～が～)するといけないから

•**In case** you want anything, ring this bell. もし何か欲(ほ)しい場合にはこのベルを鳴らしてください.

•Take an umbrella with you **in case** it rains. 雨が降るといけないから傘(かさ)を持って行きなさい.

in case of ～ ～の場合には

•**In case of** rain, there will be no picnic. 雨の場合はピクニックはないだろう.

just in case もしものことを考えて, 念のため

•I put a sweater in the bag **just in case**. 私はもしものことを考えてセーターをカバ

ンに入れた.

case[2] 中 A1 /kéis ケイス/ 名
ケース, 箱, ~入れ; 1箱の分量
- a pencil **case** 鉛筆(えんぴつ)入れ, 筆箱
- a **case** of orange juice オレンジジュース1箱

casework /kéiswəːrk ケイスワ~ク/ 名 ケースワーク →それぞれの事情に応じて適切な援助(えんじょ)や助言を行う社会事業活動.

caseworker /kéiswəːrkər ケイスワ~カ/ 名 ケースワーカー casework に従事する人.

cash A2 /kǽʃ キャシュ/ 名 現金
- pay (in) **cash** 現金で払(はら)う →pay cash の cash は「現金で」という意味で in cash と同じ.

会話 Will you pay in **cash** or by credit card?—I'll pay in **cash**. 現金でお支払(しはら)いになりますかそれともクレジットカードになさいますか.—現金で払います.

── 動 現金に換(か)える
- **cash** a check 小切手を現金に換える

cashier /kæʃíər キャシア/ 名 (店の)レジ係 日本語の「レジ」は register を短くしたものだが, register は「金銭登録器」の意味.

cassette A2 /kəsét カセト/ 名 (フィルム・テープの)カセット

cassétte (tàpe) recòrder 名 カセットテープレコーダー

cast /kǽst キャスト/ 動 (三単現 **casts** /kǽsts キャスツ/; 過去・過分 **cast**; -ing形 **casting** /kǽstiŋ キャスティング/) →原形・過去形・過去分詞がどれも同じ形であることに注意.

❶ 投げる →次の句以外ではふつう throw を使う.
- **cast** dice さいころを投げる[振る]

ことわざ The die is **cast**. さいは投げられた. →「それは決定されたのだ(からやるしかない)」の意味.

❷ (票を)投じる
❸ ~に(劇の)役を振(ふ)り当てる, 配役する

cast aside [*off*] 脱(ぬ)ぎ捨てる

── 名 (劇の)配役, キャスト

castanet /kæstənét キャスタネト/ 名 (**castanets** で) カスタネット

castle 小 A2 /kǽsl キャスる|káːsl カースる/ (→t は発音しない) 名 城
- Edinburgh **Castle** エジンバラ城

ことわざ An Englishman's house is his **castle**. イギリス人の家は城である. →「(イギリス人は家庭の団らんやプライバシーを大事にして)他人の侵入(しんにゅう)を許さない」という意味.

casual /kǽʒuəl キャジュアる/ 形 ❶ 偶然(ぐうぜん)の, 思いがけない ❷ 思いつきの, 気まぐれな ❸ ふだん着の, カジュアルな

cat 小 A1 /kǽt キャト/ 名 ネコ
- I live with my **cat**. (私はネコと暮らしている⇨)私はネコを飼っています.

ことわざ A **cat** has nine lives. ネコは9つの命を持っている. →「ネコは執念(しゅうねん)深くなかなか死なない」の意味.

ことわざ When the **cat**'s away, the mice will play. ネコがいない時にはネズミが遊ぶ. →「鬼(おに)の いぬ 間に 洗濯(せんたく)」に あたる.

関連語 **kitten** (子ネコ), **pussy** (子ネコちゃん, にゃあにゃあ), **meow** (/ミアウ/ ニャー(と鳴く))

catalog(ue) /kǽtəlɔːɡ キャタローグ/ 名 カタログ, 目録

catch 小 A1 /kǽtʃ キャチ/

動 ❶ 捕(つか)まえる, 捕(と)る   意味map
❷ (バス・電車などに)間に合う
❸ わかる

── 動

三単現	**catches** /kǽtʃiz キャチェズ/
過去・過分	**caught** /kɔ́ːt コート/
-ing形	**catching** /kǽtʃiŋ キャチング/

❶ 捕まえる, 捕る, 捕らえる; ~に追いつく

使基本 **catch** a ball ボールを捕る →catch+名詞.

- **catch** him **by** the hand = **catch** his hand 彼の手を捕まえる →catch A (人) by the B (体の部分)は「A の B を捕まえる」.
- Cats often **catch** mice. ネコはよくネズミを捕る.
- I ran after Ken, but I couldn't **catch**

him. 私はケンを追ったが追いつけなかった.
• Gasoline **catches** fire easily. ガソリンはすぐ火がつく[引火しやすい].
• A strange sight **caught** my eye. 珍(めずら)しい光景が私の目を捕らえた[目をひいた].
• The fox **was caught in** a trap. そのキツネはわなで捕らえられた[わなに掛(か)かった]. →受け身の文. →**was** [助動] ❷
• I **was caught in** a shower. 私はにわか雨に遭(あ)った.
❷ (バス・電車などに)**間に合う**
• **catch** the last bus 最終バスに間に合う
反対語 I couldn't **catch** the 3 o'clock train. I **missed** it by just a minute. 私は3時の列車に乗り損(そこ)ねた. ほんの1分でその列車に間に合わなかった.
❸ **わかる, 聞き取る**
• I don't **catch** his meaning. 私は彼の言う意味がわからない.
• I couldn't **catch** a single word of their talk. 私は彼らの話を一言も聞き取れなかった.
❹ **ひっかかる; 引っ掛ける**
• Her skirt **caught on** a nail [**in the** door]. 彼女のスカートがくぎにひっかかった[ドアにはさまった].
catch at ～ ～をつかもうとする
ことわざ A drowning man will **catch at** a straw. 溺(おぼ)れる者はわらをもつかむ.
catch (a) cold 風邪(かぜ)**をひく**
catch one's ***breath*** →**breath** (成句)
catch hold of ～ ～を捕まえる
catch on 人気を博する; 理解する
catch sight of ～ ～を見つける
catch up (**with ～**) (～に)**追いつく**
• I'll soon **catch up with** you. すぐ君に追いつくよ.
── 名 (複) **catches** /kǽtʃiz キャチェズ/)
❶ (ボールなどを)**捕らえること, 捕球**(ほきゅう); **キャッチボール**
• **play catch** キャッチボールをして遊ぶ →
×play catch *ball* としない.
• make a good **catch** うまい捕球をする
❷ (魚の)**とれた量, 釣**(つ)**れた量**
• have a good [big] **catch of** fish 魚をたくさんとる, 大漁である
catcher /kǽtʃər キャチャ/ 名 (野球の)**キャッチャー, 捕手**(ほしゅ) →**pitcher¹**
catchy /kǽtʃi キャチ/ 形 (比較級 **catchier**

/kǽtʃiər キャチア/; 最上級 **catchiest**
/kǽtʃiist キャチェスト/) **人の心をひき寄せる,** (曲が)**覚えやすい**

caterpillar /kǽtərpilər キャタピら/ 名 (虫)**毛虫, イモムシ, 青虫** →**チョウ** (butterfly) やガ (moth) の幼虫.

cathedral /kəθíːdrəl カすィードラる/ 名 (キリスト教の)**大聖堂** →1つの地区の中心的教会堂で, ここには司教[主教] (bishop) がいる.

Catholic /kǽθəlik キャそリク/ 形 **カトリックの** 関連語 **Protestant** (プロテスタントの)
── 名 **カトリック教徒**

Cátholic Chúrch 固名 (**the** をつけて) **カトリック教会** (= the Roman Catholic Church) →**ローマ教皇** (Pope) を首長とするキリスト教の一派. イタリア・フランス・スペインなどのヨーロッパ諸国や南米の多くの国はカトリック教国である.

cat's cradle /kǽts kréidl キャツ クレイドる/ 名 **あや取り(遊び); あや取りでできた形**

catsup /kétʃəp ケチャプ/ 名 《米》=ketchup

cattle /kǽtl キャトる/ 名 **牛** →群れ全体を指し複数扱(あつか)い. ×a cattle, ×cattle*s* としない.
• raise **cattle** 牛を飼育する
• thirty head of **cattle** 牛30頭
• All the **cattle** are eating grass. 牛は皆(みな)草を食べている.
関連語 **cattle** は牛を「乳牛」あるいは「肉牛」としてみた時の総称で, **cow** (雌牛(めうし))も **bull** (雄牛(おうし))も **ox** (労働用の去勢雄牛)もこの中に含(ふく)まれる.

caught 中 /kɔ́ːt コート/ (→gh は発音しない) 動 **catch** の過去形・過去分詞

cause 中 A2 /kɔ́ːz コーズ/ 名
❶ **原因, ～のもと**
関連語 **cause and effect** 原因と結果
• His carelessness was the **cause** of the fire. 彼の不注意がその火事の原因だった.
❷ **主義, 目標;** (目標を達成するための)**運動**
• He works for the **cause** of world peace. 彼は世界平和のため努力している.
── 動 ❶ **～を引き起こす, ～の原因となる**
• The flood **caused** them a great deal of damage. 洪水(こうずい)は彼らに大損害を引き起こした.
❷ (**cause** *A* **to** *do* で) *A* **に～させる**
• A loud noise **caused** Mary **to** jump. 大きな物音がメアリーをとび上がらせた.

'cause

'cause /kɔ́:z コーズ/ 接 《話》= because (なぜなら～だから)

caution /kɔ́:ʃən コーション/ 名 用心; 警告
── 動 警告する →warn ほどは強くない.

cautious /kɔ́:ʃəs コーシャス/ 形 用心深い, 注意深い (careful)

cave /kéiv ケイヴ/ 名 洞穴(ほらあな), 洞窟(どうくつ)

caw /kɔ́: コー/ 動 (カラスが)カーカーと鳴く
── 名 カーカー(という鳴き声)

CD 中 A1 /sí:dí: スィーディー/ 名 CD →compact disc (コンパクトディスク)の略.
- listen to a new **CD** 新しい CD を聞く
- listen to music on the **CD** CD で音楽を聞く
- How many **CDs** do you have? あなたは CD を何枚持っていますか.
- A **CD** was made of his music. (1枚の CD が彼の音楽で作られた ⇨)彼の音楽が1枚の CD になった.

CD pláyer A1 名 CD プレーヤー

cease /sí:s スィース/ 動 やめる; やむ →ふつう stop を使う.

cedar /sí:dər スィーダ/ 名 《植物》ヒマラヤスギ →「スギ」という名がついているが, マツ科の針葉樹で, 高さが30～60メートルに達する高木.

ceiling /sí:liŋ スィーリング/ 名 天井(てんじょう)

celebrate 中 A1 /séləbreit セレブレイト/ 動

祝う, (祝いの式を)行う →congratulate
- **celebrate** Christmas [Independence Day] クリスマス[独立記念日]を祝う
- **celebrate** a marriage 結婚(けっこん)式を挙げる

celebration A1 /seləbréiʃən セレブレイション/ 名 祝賀, お祝い, 祝典

celebrity /səlébrəti セレブリティ/ 名 (複 **celebrities** /səlébrətiz セレブリティズ/) 有名人, セレブ

celery /séləri セラリ/ 名 《野菜》セロリ

cell /sél セル/ 名 ❶ 細胞(さいぼう) ❷ (ミツバチの巣の)穴 ❸ 電池 →cell を組み合わせたものが **battery**.

cellar /sélər セラ/ 名 (ワイン・食料・燃料貯蔵用の)地下室, 穴蔵(あなぐら) →**basement**

cello /tʃélou チェロウ/ 名 (複 **cellos** /tʃélouz チェロウズ/) 《楽器》チェロ →弦(げん)楽器の一種.

cellphone /sélfoun セるフォウン/ 名 携帯(けいたい)電話
- talk on one's **cellphone** 携帯電話で話をする

cellular /séljulər セリュら/ 形 ❶ 細胞(さいぼう)質の ❷ 携帯(けいたい)電話の

cèllular phóne 名 携帯(けいたい)電話 →**cellphone** ともいう.

Celsius /sélsiəs セるスィアス/ 形 (温度が)セ氏の, 摂氏(せっし)の →**centigrade**

cement /simént セメント/ 名 セメント

cemetery /sémətəri セメテリ/ 名 (複 **cemeteries** /sémətəriz セメテリズ/) (教会に付属していない)(共同)墓地 →**churchyard**

censor /sénsər センサ/ 名 (出版物・映画などの)検閲(けんえつ)官

cent A2 /sént セント/ 名 セント; 1 セント銅貨 →米国・カナダなどの貨幣(かへい)(＝ 1/100 ドル). 略記号は ¢. 「1 セント銅貨」は **penny** ともいう.

center 中 A2 /séntər センタ/ 名

❶ 中心, 中央
- the **center** of a circle 円の中心
- There is a very tall tower **in the center of** the city. 町の中央にとても高い塔(とう)がある.

❷ 中心地, (ある目的のための)中心施設(しせつ), ～センター
- a **center** of commerce 商業の中心地
- a shopping **center** ショッピングセンター

❸ (野球・フットボール・バスケットボールなどの)センタープレーヤー

── 動 中心に置く, 中心に集める[集まる], 集中する; (ボールを)センターに打つ[向かって蹴(け)る]

cénter fíeld 名 (野球の外野の)センター

cénter fíelder 名 (野球の外野手の)センター

cénter fórward 名 (サッカーの)センターフォワード

centigrade /séntəgreid センティグレイド/ 形 (温度が)セ氏の, 摂氏(せっし)の →℃ と略す.

chain

・10℃ (読み方: ten degrees centigrade) セ氏10度

参考 「摂氏」の「摂」はこの温度計の考案者であるスウェーデンの天文学者 A.Celsius (1701–44) の中国語表記から. 英米では日常は力氏 (Fahrenheit) も使う.

centimeter A2 /séntəmi:tər センティミータ/ 名 センチメートル →cm または cm. と略す.

centimetre /séntəmi:tər センティミータ/ 名 《英》=centimeter

central /séntrəl セントラ る/ 形 中央の, 中心の, 主な

・play a **central** role 中心的な役割を果たす
・Wheat is grown in **central** Canada. カナダ中央部では小麦が栽培(さいばい)されます.
・The office is very **central**. その事務所は市のど真ん中にある.

Céntral América 固名 中央アメリカ, 中米 →メキシコに続く北米大陸最南端(たん)の部分で, グアテマラ, エルサルバドル, パナマなどの7か国が含(ふく)まれる.

Céntral Párk 固名 セントラルパーク →ニューヨーク市のマンハッタンの中心部にある大公園.

centre /séntər センタ/ 名 動 《英》=center

century 中 A2 /séntʃəri センチュリ/ 名 (⑱ **centuries** /séntʃəriz センチュリズ/) 世紀, 100年

・the twenty-first **century** 21世紀 →21世紀は2001年1月1日から2100年12月31日まで.
・in the third **century** B.C. 紀元前3世紀に
・for over a **century** 1世紀[100年]以上の間
・many **centuries** ago 何百年も昔に

ceramic /sərǽmik セラミク/ 形 陶磁(とうじ)器の — 名 (**ceramics** で) 製陶(せいとう)術, 陶芸(とうげい) →単数扱(あつか)い.

ceramist /sérəmist セラミスト/ 名 陶芸(とうげい)家, 陶工(とうこう)

cereal A2 /síəriəl スィ(ア)リア る/ 名
❶ (ふつう **cereals** で) 穀物 →麦・トウモロコシ・米など.
❷ (朝食用の)穀物食品, シリアル →コーンフレーク, オートミールなど.

ceremony 小 /sérəmouni セレモウニ/ 名

(⑱ **ceremonies** /sérəmouniz セレモウニズ/) 式, 儀式(ぎしき)
・a graduation **ceremony** 卒業式

certain A2 /sə́:rtn サ~トン/ 形 ❶ ある~
・in a **certain** town ある町に

POINT **certain** town は, 話し手にとってどこの町であるかはわかっているが, 言う必要がない, あるいは言いたくなくてぼかして言う言い方. 話し手にとってどこの町かはっきりしない時は **some** town と言う.

・on a **certain** day in April 4月のある日に
❷ ある一定の, 決まっている
・at a **certain** place ある決まった場所で
❸ (人が)確信して, 疑わない; (物事が)確かで (sure) →名詞の前にはつけない. →**possible** 関連語

・I think I'm right, but I'm not **certain**. 私は自分が正しいと思いますが, 確信はありません.
・I'm **certain of** his success. =I'm **certain that** he will succeed. 私は彼の成功を確信する[彼は必ず成功すると思う].
・**It is certain that** the earth is round. 地球が丸いのは確かだ. →It=that 以下.
❹ (be certain to do で) 必ず~する, ~するに決まっている
・He is **certain to** come. 彼は必ず来る.

for certain 確実に, 確かに
make certain (**of ~**) (~を)確かめる

certainly 中 A2 /sə́:rtnli サ~トンリ/ 副
❶ 確かに, きっと →**perhaps** 類似語
・He'll **certainly** get well in a week or so. 彼はあと1週間くらいできっとよくなりますよ.
❷ (答えで) もちろん, いいとも, ええどうぞ
会話 May I go home?—**Certainly** [**Certainly** not]. 帰ってもよろしいですか.—ええどうぞ[もちろんだめです]. →Yes, you may. という答えは目上の人には失礼な感じになる.

certificate /sərtífəkit サティフィケト/ 名 証明書, 免許(めんきょ)状

cf. 略 ~を参照せよ →ラテン語の confer (=compare) から. /コンペア/ または /スィーエふ/ と読む.

Chad /tʃǽd チャド/ 固名 チャド →アフリカ中央の共和国. 国語はアラビア語, 公用語はフランス語. 首都はンジャメナ.

chain A2 /tʃéin チェイン/ 名 ❶ 鎖(くさり)

chain store

- a gold **chain** 金の鎖
- keep a dog **on a chain** 犬を鎖でつないでおく

❷ 連なり, 連続

- a **chain** of mountains = a mountain **chain** 連山, 山脈
- a **chain** of events 一連の事件

―― 動 鎖でつなぐ, ~に鎖を付ける

cháin stòre 名 チェーンストアー → 同じ資本により直接経営管理されている小売店.

chair 小 A1 /tʃéər チェア/ 名

(複 **chairs** /tʃéərz チェアズ/)

❶ 椅子(いす) → 1人用で背のあるもの.

類似語 背のないものは **stool**.

- sit **on** a **chair** 椅子に座(すわ)る
- sit **in** a **chair** (肘掛(ひじか)け椅子のような深い)椅子に座る

❷ =chairperson

chairman A2 /tʃéərmən チェアマン/ 名 (複 **chairmen** /tʃéərmən チェアマン/)

❶ 議長, 司会者 → 性別に関係なく使う(→ **chairperson**). 議長に呼びかける時には, 男性には **Mr. Chairman**, 女性には **Madam Chairman** という.

❷ (委員会・政党の)委員長; (会社の)会長

chairperson /tʃéərpə:rsn チェアパ〜スン/ 名 議長, 司会者 → 「議長」を表す chairman には -man (男)がついていて性差別になりうるので, 性別を限定しない -person を用いたもの.

chalk /tʃɔ́:k チョーク/ 名 チョーク

- a piece [two pieces] of **chalk** チョーク1本[2本] → ふつう ×a chalk, ×chalks としない.

challenge 中 A2 /tʃælindʒ チャレンヂ/ 動 挑戦(ちょうせん)する, ~に(試合を)申し込(こ)む

- They **challenged** us **to** a game of baseball. 彼らは私たちに野球の試合を申し込んだ.
- The mystery **challenged** our imagination. その謎(なぞ)は我々の想像力に挑戦した[我々に向かって「どうだ想像力を働かせてこの謎が解けるか」と言っているようだった].

―― 名 挑戦

challenged /tʃælindʒd チャレンヂド/ 形 (心身に)障がいのある

- physically [visually] **challenged** 身体[視覚]障がいのある

challenger /tʃælindʒər チャレンヂャ/ 名 挑戦(ちょうせん)者

chamber /tʃéimbər チェインバ/ 名 部屋 (room)

chameleon /kəmí:liən カミーリオン/ 名 《動物》カメレオン → 周囲の色に合わせ体色を変える.

chamomile /kǽməmail キャモマイル/ 名 《植物》カモミール → **camomile** ともつづる.

- **chamomile** tea カモミール茶

champ /tʃǽmp チャンプ/ 名 《話》= champion

champagne A2 /ʃæmpéin シャンペイン/ 名 シャンパン → フランスのシャンパーニュ地方産の発泡(はっぽう)性白ワイン.

champion /tʃǽmpiən チャンピオン/ 名 優勝者, 選手権保持者, チャンピオン(チーム)

championship A2 /tʃǽmpiənʃip チャンピオンシプ/ 名 選手権(大会[試合]); 優勝(者の地位)

- **win** a **championship** 選手権を獲得(かくとく)する, 優勝する

chance 中 A2 /tʃǽns チャンス/ 名

❶ 機会, チャンス

- I **had** a **chance to** talk with him. 私は彼と話をする機会があった.

❷ 見込(こ)み, (~する)望み, 可能性

- He **has** no [little] **chance of** winning the game. 彼が試合に勝つ見込みはない[ほとんどない].

❸ 偶然, 運 (luck)

- Don't leave it to **chance**. そのことを運に任せてはいけない.

by chance 偶然(ぐうぜん)に, たまたま

take a chance いちかばちか[思いきって]やってみる

- I'll **take a chance** on it. いちかばちかそれをやってみよう.

change 中 A1 /tʃéindʒ チェインヂ/

動 ❶ 変える; 変わる　　　　　意味 map
❷ 取り替(か)える; 着替(きが)える

change

❸ 乗り換(か)える
❹ 両替(りょうがえ)する
名 ❶ 変化; 変更(へんこう)
❷ つり銭

── 動 (三単現 **changes** /tʃéindʒiz チェインヂェズ/; 過去・過分 **changed** /tʃéindʒd チェインヂド/; -ing形 **changing** /tʃéindʒiŋ チェインヂング/)

❶ 変える; 変わる, 変化する

基本 **change** the shape 形を変える → change+名詞.

基本 **change** water into steam 水を蒸気に変える → change A into B は「AをBに変える」.

基本 Rain often **changes** into snow in the evening. 雨は夕方になるとよく雪に変わる. → change into ～ は「～に変わる」.

•He **changed** his mind. 彼は考えを変えた[気が変わった].

•The village **has** quite **changed**. 村はすっかり変わってしまった. → 現在完了(かんりょう)の文. → **have** 助動 ❶

•The stick **was changed** into a snake by the magician. その棒は魔術(まじゅつ)師によってヘビに変えられた. → 受け身の文. → **was** 助動 ❷

•Their lives on the island **are changing** fast. 彼らの島の生活はどんどん変わりつつある. → 現在進行形の文. → **are** 助動 ❶

•We saw the **changing** of the Guard at Buckingham Palace. 私たちはバッキンガム宮殿(きゅうでん)で衛兵の交代を見た. → changing は change の動名詞形.

❷ 取り替える; 着替える

•**change** one's clothes 服を着替える

•Will you **change** seats with me? 私と席を取り替えてくれますか.

•Jim **changed** the sweater **for** a shirt. ジムはセーターをシャツに着替えた.

•We all **changed into** our swimming things. 私たちはみんな水着に着替えた.

❸ 乗り換える

•**Change** trains at the next station. 次の駅で電車を乗り換えなさい.

•**Change to** the Chuo Line at Shinjuku Station. 新宿駅で中央線に乗り換えなさい.

•Passengers must **change** here **for** Chicago. シカゴへ行く乗客はここで乗り換えなければなりません.

❹ 両替する; 崩(くず)す

•I **changed** yen **into** dollars at the bank. 私は銀行で円をドルに両替した.

•Can you **change** this dollar bill for ten dimes (for me)? この1ドル札を10セント硬貨(こうか)10枚に崩してくれませんか.

A: Hello! Can you **change** Japanese yen into U.S. dollars?
B: Sure. What kinds of bills would you like?
A: Ten-dollar bills, please.
A: こんにちは. 日本円をアメリカドルに替えてもらえませんか.
B: はい. 何ドル札がよろしいですか.
A: 10ドル札にしてください.

── 名 (複 **changes** /tʃéindʒiz チェインヂェズ/)
❶ 変化; 変更

•make a **change** in the program プログラムを変更する

•go for a walk **for a change** 気分転換(てんかん)のために散歩に出かける

•There was a sudden **change** in the weather. 天気が急に変わった.

❷ つり銭

•**Here's** your **change**. はい, おつりです.

•You may **keep** the **change**. おつりはとっておいてください.

•Can you give me **change** for a 10,000-yen bill? 1万円札でおつりをくれますか. → ×a change, ×changes としない. 10,000 は ten thousand と読む.

❸ 小銭(こぜに) → **small change** ともいう. 札でなく, 小額の硬貨を指す. ×a change, ×changes としない.

changeable 116

changeable /tʃéindʒəbl チェインヂャブる/ 形
変わりやすい

channel /tʃǽnl チャヌる/ 名 ❶(ラジオ・テレビの)チャンネル ❷水路 ❸海峡(かいきょう) 類似語 **strait** より大きい.

chant 小 /tʃǽnt チャント/ 名 チャント, チャンツ, 聖歌 → チャンツは詩やお祈(いの)りの言葉など, リズムをつけて繰り返す言葉.

—— 動 (短い文などを)リズムをつけて繰り返す

chapa(t)ti /tʃəpáːti チャパーティ/ 名 チャパティ → インドなどで食べられる薄(うす)い丸パン.

chapel /tʃǽpəl チャペる/ 名 (教会・学校・病院に付属した)礼拝堂, チャペル; (英国国教会以外の)教会堂(church)

Chaplin /tʃǽplin チャプリン/ 固名 (**Sir Charles Spencer Chaplin**) チャップリン → イギリスの喜劇俳優・映画監督(かんとく)(1889–1977). 通称 **Charlie** /チャーリ/ **Chaplin**.

chapter A2 /tʃǽptər チャプタ/ 名 (本の)章
• the first **chapter** = **Chapter** 1 (読み方: one) 第1章

character 中 A1 /kǽriktər キャラクタ/ 名

❶(人の)性格, 人格; (物の)特性, 特色
• national **character** 国民性
• He was a man of gentle **character**. 彼は温和な人物でした.

❷(小説・劇・歴史上の)人物; 登場人物
• a great historical **character** 歴史上の偉大(いだい)な人物
• There are three **characters** in this play. この劇には登場人物が3人いる.

❸記号, 文字
• Chinese **characters** 漢字

characteristic /kæriktərístik キャラクタリスティク/ 形 特有の, 独特の
—— 名 特徴(とくちょう), 特色

charade /ʃəréid シャレイド/ 名 (**charades** で) ジェスチャーゲーム → 単数扱(あつか)い.

charge /tʃáːrdʒ チャーヂ/ 名
❶(使用)料金 類似語 **charge** は使用料・サービス料としての「料金」. **price** は品物の「値段」.
• hotel **charges** ホテル代
• The movie is free of **charge**. その映画は無料だ.
• What is the **charge for** this room? この部屋の(使用)料金はいくらですか.

❷受け持ち, 管理, 世話, 責任
• Mr. Ito is **in charge of** our class. 伊東先生は私たちのクラスを受け持っている.
• She is taking **charge of** the boy. 彼女がその子を預かっている. ❸充電(じゅうでん)

—— 動 ❶(料金・代金を)請求(せいきゅう)する
• How much do you **charge for** this room? この部屋代はいくらですか.
• He only **charged** me $10 **for** the room. 彼はその部屋の使用料として私に10ドルしか請求しなかった.

❷責める, 非難する; 告発する
• He was **charged with** carelessness. 彼は不注意を[不注意だと]責められた.

❸詰(つ)める, 満たす; 充電する

charger /tʃáːrdʒər チャ~ヂャ/ 名 (バッテリーの)充電器
• a battery **charger** 充電器

charity /tʃǽrəti チャリティ/ 名 (複 **charities** /tʃǽrətiz チャリティズ/)
❶慈善(じぜん), 施(ほどこ)し; 思いやり
• a **charity** concert チャリティーコンサート
ことわざ **Charity** begins at home. 慈善は家庭から始まる. → 「外部の人にだけ優(やさ)しくして身内の者を顧(かえり)みないようではいけない」の意味.
❷(ふつう **charities** で) 慈善事業[施設(しせつ)]

charm /tʃáːrm チャーム/ 名 ❶魅力(みりょく)
❷魔力(まりょく); まじない, お守り
—— 動 魅惑(みわく)する, うっとりさせる, 心を奪(うば)う

charming /tʃáːrmiŋ チャーミング/ 形 魅力(みりょく)的な, チャーミングな, (とても)美しい

chart A2 /tʃáːrt チャート/ 名 図, グラフ; 海図
• a pie [bar] **chart** 円[棒]グラフ → 折れ線グラフは a line graph
• a flow **chart** フローチャート
• The **chart** shows that the price increased. グラフからは価格が上がったことがわかる.

charter /tʃáːrtər チャータ/ 名 (しばしば **Charter** で) 憲章 → 組織・団体の目的などを述べた宣言(文書)
—— 動 (乗り物を)借り切る, チャーターする

chase /tʃéis チェイス/ 動 ❶追いかける
❷(**chase away** [**off**] で) 追い払(はら)う
—— 名 追跡(ついせき)

chat A2 /tʃǽt チャト/ 動 (三単現 **chats**

/tʃæts チャツ/ 過去・過分 **chatted** /tʃǽtid チャテド/, -ing形 **chatting** /tʃǽtiŋ チャティング/
❶ 雑談する, おしゃべりする
・**chat about** the weather お天気について雑談する ❷《コンピューター》(インターネットなどで)チャットする
―― 名 ❶ 雑談, おしゃべり
・**have** a **chat with ~** ~と雑談[おしゃべり]する
❷《コンピューター》チャット

chatter /tʃǽtər チャタ/ 動 (ぺちゃくちゃ)おしゃべりする

chatterbox /tʃǽtərbɑks チャタバクス/ 名 おしゃべりな子 →「がらがら音を出す赤ちゃんのおもちゃ」から.

cheap 中 A2 /tʃíːp チープ/ 形 安い; 安っぽい
・at a **cheap** store 安売りの店で
・Cabbage is **cheap** this week. 今週はキャベツが安い.
反対語 This is too **expensive** [《英》**dear**]. Show me a **cheap**er one. これは高過ぎる. もっと安いのを見せてくれ.
・Which airline is **the cheapest** in Japan? 日本ではどの航空会社が一番安いですか.
―― 副 《話》安く
・buy [sell] bananas **cheap** バナナを安く買う[売る]

cheat /tʃíːt チート/ 動 だます, ごまかす, カンニングする
・No **cheating**. カンニング禁止.
―― 名 ごまかす人; ずる

check 小 A1 /tʃék チェク/ 動

❶ (項目(こうもく)などを)照合する, 確認(かくにん)する, チェックする, 調べる; (**check off** で) 照合済みの印(✓)をつける (《英》tick off)
❷ おさえる, 食い止める
❸ (持ち物を)預ける; (荷物を)託送(たくそう)する

check in (ホテルに着いて)宿泊(しゅくはく)用紙に記入する, ホテルに入る, (旅客(りょかく)機の)搭乗(とうじょう)手続きをする

check out ① (支払(しはら)いを済ませてホテルなどを)チェックアウトする
② (~を)調べる, 検査する
③ (図書館で手続きをして本を)借り出す

check (up) on ~ ~を(ちょっと)調べる

―― 名 ❶ 照合; 照合済みの印 (✓)
❷ (手荷物の)預かり証[札]; (《米》(食堂などの)伝票, 勘定(かんじょう)書き (bill)
・Can I have my **check**? = **Check**, please. (飲食店で)お勘定してください.
❸ 《米》小切手《英》では cheque とつづる.
・pay by **check** 小切手で支払う

checklist /tʃéklist チェクリスト/ 名 一覧表, チェックリスト

checkout /tʃékaut チェカウト/ 名 ❶ チェックアウト →ホテル・スーパーなどで会計を済ませて出ること. ❷(スーパーなどの出口にある)会計場, レジ → **checkout counter** ともいう.

checkpoint /tʃékpoint チェクポイント/ 名 (道路・国境などの)検問所

checkup /tʃékʌp チェカプ/ 名 《話》(総合)健康診断(しんだん); (機械などの)点検

cheek A2 /tʃíːk チーク/ 名 ほお
・I kissed her **on** the **cheek**. 私は彼女のほおにキスした.

cheer 中 A2 /tʃíər チア/ 動 声援(せいえん)する, 喝采(かっさい)する, 元気づける[づく] →「いいぞ」「頑張(がんば)れ」と大きな声を掛(か)けてほめたり励(はげ)ましたりすること.
・We all **cheered** our team. 私たちはみんな私たちのチームを声援した.
・Please come and **cheer** for us. 応援(おうえん)しに来てください.

cheer up 元気が出る; 元気づける
・**Cheer up!** 頑張れ, 元気を出せ.

―― 名 ❶ (**cheers** で間投詞のように使って) 乾杯(かんぱい)! (Bottoms up!)
・We lifted our drinks and said "**Cheers**!" to each other. 我々はグラスを上げてお互(たが)いに「乾杯!」と言った.
❷ 喝采, 万歳(ばんざい); 声援, 激励(げきれい)
・give a **cheer** いいぞ[頑張れ]と声を掛ける
・give three **cheers for ~** ~のために万歳三唱する →発声をする人の "Hip hip!" の後にみんなが "Hurray!/フレイ/" と言い, これを3度繰(く)り返す.

cheerful 中 /tʃíərfəl チアふる/ 形 元気のいい,

cheerfully 118 one hundred and eighteen

明るい, 楽しそうな
- a **cheerful** boy 明るい少年
- May is always smiling and **cheerful**.
メイはいつもにこにこして明るい.

cheerfully /tʃíərfəli チアふり/ 副 元気よく, 楽しそうに

cheerfulness /tʃíərfəlnis チアふるネス/ 名 元気のいいこと, 陽気さ, 快活さ

cheerleader /tʃíərliːdər チアリーダ/ 名 (フットボール試合などの)応援(おうえん)指揮者, チアリーダー → cheer girls とは言わない. → **cheer**

cheerleading /tʃíərliːdiŋ チアリーディンぐ/ 名 チアリーディング競技; チアリーダーの活動

cheese 小 A1 /tʃíːz チーズ/ 名
チーズ
- a slice of cheese チーズひと切れ

POINT cheese は数えられない名詞なので, ふつう ×a cheese, ×cheeses のようにしないが, 種類の違(ちが)うチーズをいう時は five natural [imported] cheeses (5 種類のナチュラル[輸入]チーズ)のように複数形になる.

Say cheese! (写真撮影(さつえい)で)チーズと言って, さあ笑って → 「チーズ」と言うと口が笑った時の形になるから.

cheeseburger /tʃíːzbəːrgər チーズバ〜ガ/ 名 チーズバーガー

cheesecake /tʃíːzkeik チーズケイク/ 名 チーズケーキ

cheetah /tʃíːtə チータ/ 名 《動物》チータ → ヒョウに似たネコ科の動物. 陸上動物の中で最速(時速110km)の能力を持つ.

chef 中 A2 /ʃéf シェふ/ 名 《フランス語》(ホテル・レストランなどの)料理長, シェフ

chemical A2 /kémikəl ケミカる/ 形 化学の, 化学上の, 化学的な
── 名 (ふつう **chemicals** で)化学薬品

chemist /kémist ケミスト/ 名 ❶ 化学者
❷ (英)薬剤(やくざい)師, 薬屋さん (pharmacist)

chemistry /kémistri ケミストリ/ 名 化学

cheque A2 /tʃék チェク/ 名 (英)小切手 → (米)では **check** とつづる.

cherish /tʃériʃ チェリシュ/ 動 大事にする, 大事に育てる; (希望・記憶(きおく)などを)胸に抱(いだ)く

cherry 小 /tʃéri チェリ/ 名 (複 **cherries** /tʃériz チェリズ/) ❶ サクランボ
- a cherry stone サクランボの種
- I ate some **cherries**. 私は(いくつか)サクラ

ンボを食べた.
❷ サクラの木 → cherry tree ともいう.
- cherry blossoms サクラの花

chess A2 /tʃés チェス/ 名 チェス
- Let's play chess. チェスをしよう.

chest A2 /tʃést チェスト/ 名 ❶ 胸
- I have a pain in my **chest**. 胸のところが痛い.
❷ (ふた付きの)大箱
- a tool chest 道具箱
❸ 財源 (funds) → 「(お金の入っている)箱」の意味から箱の中の「お金」を指すようになった. → community chest

chestnut /tʃésnʌt チェスナト/ 名 ❶ クリの実
❷ クリの木 → chestnut tree ともいう.

chést of dráwers 名 たんす

chew /tʃúː チュー/ 動 (食べ物を)かむ

chewing gum /tʃúːiŋ gʌm チューインぐ ガム/ 名 チューインガム

Chicago /ʃikáːgou シカーゴウ/ 固名 シカゴ → イリノイ州にある米国第3の大都市. 冬の寒風が名物の1つで, the Windy City (風の町)のニックネームがある.

chick /tʃík チク/ 名 ひよこ, ひな

chicken 小 A1 /tʃíkin チキン/ 名
❶ 《鳥》ニワトリ → おんどり (rooster) にもめんどり (hen) にもいう.
- It's a **chicken** and egg problem. それはニワトリと卵の問題だ. → 「どちらが原因でどちらが結果だかわからない」の意味.
❷ 鶏肉(とりにく), チキン
- fried chicken フライドチキン
❸ 臆病(おくびょう)者 (coward)

chief /tʃíːf チーふ/ 名 (ある団体の)長, チーフ
- the **chief** of the police station 警察署長
in chief 最高位の
- the editor in chief 編集長
- the commander in chief 最高指揮官
── 形 主要な, 第一の; ～長 → 名詞の前にだけつける. → **main**
- the **chief** justice 裁判長

chiefly /tʃíːfli チーふり/ 副 主として, 主に

child 小 A1 /tʃáild チャイるド/ 名
(複 **children** /tʃíldrən チるドレン/)
❶ (大人に対して)子供

POINT 男の子にも女の子にも使い, baby と呼

れる時期を過ぎた幼児から，12〜13歳(さい)頃(ごろ)までの子供を指す．
- when I was a **child** 私が子供の頃(ころ)
- You are no longer a **child**. 君はもう子供ではない．→ no longer は「もう〜ない」．
- **Children** like sweets. 子供というのは甘(あま)い物が好きだ．

❷ (親に対して)子, 子供 → 息子(むすこ) (son), または娘(むすめ) (daughter)のこと．
- He is **an only child**. 彼は一人っ子だ．
- They have no **children**. 彼らには子供がない．

childhood A2 /tʃáildhud チャイるドフド/ 名 子供の頃(ころ), 幼年時代
- **in** my **childhood** 私の子供の頃に

childish /tʃáildiʃ チャイるディシュ/ 形 子供の, 子供らしい；子供じみた, 幼稚(ようち)な, おとなげない → childlike

childlike /tʃáildlaik チャイるドらイク/ 形 子供のような, 純真な, 無邪気(むじゃき)な
類似語 **childlike** はよい意味で, **childish** は軽蔑(けいべつ)的に使う．

children 中 /tʃíldrən チるドレン/ 名 **child** の複数形

Chíldren's Dày 名 (日本の)子供の日 → 5月5日．

children's dòctor 名 小児(しょうに)科医

Chile /tʃíli チリ/ 固名 チリ → 南米の共和国. 首都はサンティアゴ．公用語はスペイン語．

Chilean /tʃíliən チリアン/ 形 チリ(人)の
── 名 チリ人

chili A2 /tʃíli チリ/ 名 (複 **chilies** /tʃíliz チリズ/) チリ → トウガラシの一種．

chill /tʃíl ちる/ 名 冷気, 冷たさ；寒け, 底冷え
── 動 冷やす

chilly /tʃíli チリ/ 形 (比較級 **chillier** /tʃíliər チリア/; 最上級 **chilliest** /tʃíliist チリエスト/) 冷え冷えする, 寒い, 底冷えのする

chime /tʃáim チャイム/ 名
❶ (しばしば **chimes** で) (教会の塔(とう)などの)調律した一組の鐘(かね)；(その)鐘の音
❷ (時計・玄関(げんかん)の)チャイム
── 動 (鐘が)鳴る；(鐘を)鳴らす

chimney /tʃímni チムニ/ 名 煙突(えんとつ)

chímney swèep(er) 名 煙突(えんとつ)掃除(そうじ)人 → 昔イギリスでは貧しい家庭の少年たちがこの仕事に雇(やと)われた．

chimp /tʃímp チンプ/ 名 (話) = chimpanzee

chimpanzee A2 /tʃìmpænzí: チンパンズィー/ 名 (動物)チンパンジー → ape

chin A2 /tʃín チン/ 名 あご先, 下あご → jaw

China 小 /tʃáinə チャイナ/ 固名 中国 → 正式名は **the People's Republic of China** (中華(ちゅうか)人民共和国). 首都はペキン (Beijing). 公用語は中国語．

china /tʃáinə チャイナ/ 名 磁器；瀬戸物(せともの) (porcelain) → 磁器は元は中国 (China) から伝来したのでこう呼ばれる．

Chinatown /tʃáinətaun チャイナタウン/ 名 (中国国外にある)中国人町, 中華街(ちゅうかがい)

Chinese 小 /tʃàiní:z チャイニーズ/ 形 中国の, 中国人の；中国語の
- **Chinese** food 中国料理 → **Chinese** は単独ではアクセントが後ろにあるが, 名詞の前につくふつうアクセントが前に来る．
- He is **Chinese**. 彼は中国人です．
── 名 (複 **Chinese**) ❶ 中国人 ❷ 中国語

chip /tʃíp チプ/ 名 ❶ (**chips** で)(野菜などの)薄(うす)切り；《米》ポテトチップス；《英》フライドポテト 関連語 「フライドポテト」は米国では **French fries**,「ポテトチップス」は英国では (**potato**) **crisps** という．

《米》 (potato) chips　　French fries
《英》 crisps　　　　　chips

❷ (木・ガラスなどの)かけら, 切れ端(はし)；欠けたところ ❸ (コンピューターの)(マイクロ)チップ, 小型集積回路

chipmunk /tʃípmʌŋk チプマンク/ 名 (動物)シマリス → 背に縦じまがある小形のリス．

chirp A2 /tʃə́:rp チャ〜プ/ 動 (小鳥・虫が)鳴く
── 名 (小鳥・虫の)チュンチュン[チーチー]鳴く声

chocolate 小 A1 /tʃɔ́:klət チョークれト | tʃɔ́klət チョクれト/ 名
❶ チョコレート
- **a bar of chocolate** チョコレート1枚
- **a box of chocolates** チョコレート1箱
- Don't eat too much **chocolate**. チョコレートを食べ過ぎてはいけません．

choice

❷ (**hot chocolate** とも) ココア
- We had some (**hot**) **chocolate**. 私たちはココアを飲んだ.

choice A2 /tʃɔ́is チョイス/ 名 ❶ 選ぶこと, 選択(せんたく); 選ぶ自由 [関連語]「選ぶ」は **choose**.
- I can give you only one of these two boxes. Make your **choice**. 私は君にこの2つの箱のうち1つだけあげてもよい. 選びなさい.
- You made a good **choice**. 君はよい選択をした.
- Be careful in your **choice of** books. 本を選ぶ時には注意しなさい.
- You have no **choice**—you must do it. 君には選ぶ自由はない[好き嫌(きら)いなど言えない]—君はそれをしなければならないのだ.

❷ 選んだ物[人], えりぬき
- This cap is my **choice**. これが僕(ぼく)の選んだ帽子(ぼうし)だ.
- Take your **choice**. 君の好きなのを取れよ.

—— 形 特選の, えりぬきの, 最上の
- the **choicest** fruit 飛び切り上等の果物

choir /kwáiər クワイア/ 名 (教会の)聖歌隊; 聖歌隊席; (一般(いっぱん)の)合唱団

choke /tʃóuk チョウク/ 動 窒息(ちっそく)させる; 息が詰(つ)まる

choose 中 A1 /tʃúːz チューズ/ 動

三単現	**chooses** /tʃúːziz チューゼズ/
過去	**chose** /tʃóuz チョウズ/
過分	**chosen** /tʃóuzn チョウズン/
-ing形	**choosing** /tʃúːziŋ チューズィング/

❶ 選ぶ [関連語]「選択(せんたく)」は **choice**.
- We **choose** our lunch from a menu. 私たちはメニューを見て昼食を選びます.
- Let's **choose** teams. チーム分けをしよう.
- **Choose** me a good one, please. 私にいいのを選んでください.
- We **chose** Betty (as) chairperson. 私たちはベティを議長に選んだ.
- Betty **was chosen** (as) chairperson. ベティは議長に選ばれた. →**was** 助動 ❷

❷ (〜することに)**決める** (decide)
- We **chose to** go by bus. 私たちはバスで行くことに決めた.

chop /tʃáp チャプ/ 動 (三単現 **chops** /tʃáps チャプス/; 過去・過分 **chopped** /tʃápt チャプト/; -ing形 **chopping** /tʃápiŋ チャピング/)
❶ (おの・なたなどで)たたき切る ❷ (肉・野菜など を)細かく刻む, みじん切りにする

chopsticks /tʃápstiks チャプスティクス/ 名 複 箸(はし)
- **a pair of chopsticks** 箸1膳(ぜん)

chore /tʃɔ́ːr チョー/ 名 (家の内外の)小仕事; (**chores** で)(日々の)家事

chorus 小 /kɔ́ːrəs コーラス/ 名 合唱, コーラス; 合唱曲; 合唱団
- sing **in chorus** 合唱する
- read **in chorus** 声をそろえて読む

chose /tʃóuz チョウズ/ 動 **choose** の過去形

chosen /tʃóuzn チョウズン/ 動 **choose** の過去分詞

chowder /tʃáudər チャウダ/ 名 チャウダー →ハマグリ (clam) などの魚介(ぎょかい)類と野菜などを煮込(にこ)んだクリームシチュー.

Christ /kráist クライスト/ 固名 キリスト →「救世主」の意. ふつう Jesus Christ (イエス・キリスト)を指す.

Christian /krístʃən クリスチャン/ 名 キリスト教徒, クリスチャン
—— 形 キリスト教の, キリスト教徒の

Christianity /kristʃiǽnəti クリスチアニティ|kristiǽnəti クリスティアニティ/ 名 キリスト教

Chrístian náme 名 《主に英》洗礼名 →キリスト教でふつう洗礼の時に与(あた)えられる名. **first [given] name** ともいう.

Christmas 小 /krísməs クリスマス/ (→t は発音しない) 名
❶ クリスマス, キリスト降誕祭 →**Xmas** と略す. キリストの誕生を祝う日で12月25日.
- a green [white] **Christmas** 雪の降らない[積もった]クリスマス

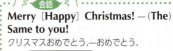

Merry [Happy] Christmas! — (**The**) **Same to you!**
クリスマスおめでとう.—おめでとう.

❷ クリスマスの季節 →12月25日を含(ふく)めて

その前後数日間.

•**at Christmas** クリスマス(の頃(ころ))に

Chrístmas càrol 名 クリスマスキャロル, クリスマスの祝い歌

Chrístmas Dày 名 クリスマスの日, キリスト降誕日 →12月25日.

Chrístmas Éve 名 クリスマスイブ →クリスマスの前夜, または前日.

Chrístmas hólidays 名 《英》クリスマス休暇(きゅうか), 冬休み

Chrístmas trèe 名 クリスマスツリー →ふつうモミの木 (fir tree) を使う.

Chrístmas vacátion 名
《米》=Christmas holidays

chuckle /tʃʌ́kl チャクる/ 動 くすくす笑う → laugh

church A1 /tʃə́ːrtʃ チャ〜チ/ 名

❶ 教会, 教会堂 →church が本来の目的(礼拝)で使われる時は ×a church, ×the church としない.

類似語 英国では英国国教会以外の宗派の教会堂は **chapel** という.

•The Browns **go to church** on Sundays. ブラウン家の人々は毎日曜日教会へ[礼拝に]行く.

•What time does **church** begin? 教会[礼拝]は何時に始まりますか.

❷ **(Church** で) 「教派」の意味で)〜教会
•the Catholic **Church** カトリック教会
•the **Church** of England 英国国教会

churchyard /tʃə́ːrtʃjɑːrd チャ〜チャード/ 名
(教会の境内(けいだい)にある)教会の墓地 →cemetery

cicada /siká:də スィカーダ/ 名 《虫》セミ →北アメリカにはたくさんの種類のセミがいるがイギリスではセミを見かけることはほとんどない.

cider /sáidər サイダ/ 名 《米》リンゴジュース; 《英》リンゴ酒 →日本でいう「サイダー」は **soda pop** という.

cigar /sigɑ́:r スィガー/ 名 葉巻き

cigaret(te) A2 /sigərét スィガレト/ 名 (紙巻き)タバコ →tobacco

Cinderella /sindərélə スィンデレら/ 固名 シンデレラ →童話の主人公の名.

cinema A1 /sínəmə スィネマ/ 名 《英》

❶ 映画館 (《米》 movie theater)

❷ (the cinema で) 《集合的に》映画 (《米》 the movies)

•go to **the cinema** 映画に行く

cinnamon /sínəmən スィナモン/ 名 (植物)シナモン, ニッケイ →熱帯地方に産する常緑高木, またその皮を加工して作る香味(こうみ)料.

circle 小 A1 /sə́ːrkl サ〜クる/ 名

❶ 円; 輪

•**draw** a **circle** 円を描(えが)く

•We danced **in** a **circle**. 私たちは輪になって踊(おど)った.

❷ 仲間, サークル

•a reading **circle** 読書会[サークル]

── 動 囲む; 回る, 旋回(せんかい)する

•**circle** the number of the right answer 正しい答えの番号を丸で囲む

•The moon **circles** the earth. 月は地球の周りを回る.

circular /sə́ːrkjulər サ〜キュら/ 形 円形の

circulation /sə:rkjəléiʃən サ〜キュれイション/ 名 ❶ 循環(じゅんかん); 血行 ❷ 伝達; 流通

circulàtion désk 名 (図書館の)貸し出しカウンター

circumstance /sə́ːrkəmstæns サ〜カムスタンス/ 名 (ふつう **circumstances** で) (周囲の)事情, 状況(じょうきょう); 経済状態, 暮らし向き

circus /sə́ːrkəs サ〜カス/ 名 ❶ サーカス; サーカス団 ❷ 《英》(放射状の道路が集まる)円形の広場 →しばしば地名に使われる.

cities /sítiz スィティズ/ 名 **city** の複数形

citizen A2 /sítəzn スィティズン/ 名

❶ 市民, (都会の)住民

•a **citizen** of New York City ニューヨーク市民

•a **citizen** of Tokyo 東京都民

❷ 国民

•an American **citizen** アメリカ国民

city 小 A1 /síti スィティ/ 名
(複 **cities** /sítiz スィティズ/)

❶ 市, 都会, 町; (the city で) 全市民 →town

•**city** life 都会生活

•New York **City** = the **City of** New York ニューヨーク市

•show him **around** the **city** 彼を連れて町を案内する

•Kobe is a sister **city to** Seattle. 神戸はシアトルの姉妹(しまい)都市です.

•The whole **city** was alarmed by the big earthquake. 全市民がその大地震(じしん)で

city hall

不安に襲(おそ)われた.

❷(**the City** で)シティー →ロンドン市 (Greater London) の中心部を占(し)める旧ロンドン市部で, 英国の金融(きんゆう)・商業の中心. 正式には **the City of London** という.

cíty háll 中 名 《米》**市役所, 市庁** (《英》 town hall)

civics /síviks スィヴィクス/ 名 《米》(教科の)**公民科** →単数扱(あつか)い.

civil /sívl スィヴる/ 形 ❶ **公民の, 市民の** ❷(軍事でない)**民間用の, 平和的な** (peaceful) ❸ **国内の**

civilian /sivíljən スィヴィリャン/ 形 一般(いっぱん)**市民の, 民間の, 文民の**; (軍事用でない)**民間用の, 平和的な** (civil)

civilization /sivəlizéiʃən スィヴィリゼイション/ 名 **文明** 類似語 civilization は主に物質的な面から, **culture** (文化)は精神的な面から見ていう.

civilized /sívəlaizd スィヴィらイズド/ 形 **文明化した, 開化した**

cívil sérvice 名 (**the** をつけて)(司法・立法・軍事を除く国家の)**行政事務**; (集合的に)**国家公務員**

Cívil Wár 固名 (アメリカの)**南北戦争** (1861–65)

claim A2 /kléim クれイム/ 動 (本当だと)**言い張る; 自分の物[権利]だと言う,** (権利として)**要求する**

POINT 日本語では「クレーム」を「苦情」の意味で使うが, その意味の英語は complaint.「クレームをつける(苦情を言う)」は make a complaint.

•Jane **claims that** she is right. ジェーンは自分が正しいと主張している.

•He **claimed to** be a Scot but had a strong Liverpool accent. 彼はスコットランド人だと主張したが言葉には強いリバプールなまりがあった.

•Volunteer workers can **claim** traveling expenses. ボランティアの人たちは旅費を請求(せいきゅう)できる.

—— 名 ❶ **要求, 主張**

•He made a **claim for** the land. その土地は自分のものだと彼は主張した.

❷ **権利, 資格**

•He has no **claim to** the land. 彼にはその土地に対する権利はない.

clam /klæm クらム/ 名 (貝)**ハマグリ**

---

clap /klæp クらプ/ 動 三単現 **claps** /klæps クらプス/; 過去・過分 **clapped** /klæpt クらプト/; -ing形 **clapping** /klæpiŋ クらピング/) (手を)**たたく, 拍手(はくしゅ)する**; (親しみを込(こ)めて)**ぽんとたたく**

•**clap** him **on** the back 彼の背中をぽんとたたく

clarify /klǽrəfai クらリふァイ/ 動 三単現 **clarifies** /klǽrəfaiz クらリふァイズ/; 過去・過分 **clarified** /klǽrəfaid クらリふァイド/; -ing形 **clarifying** /klǽrəfaiiŋ クらリふァイイング/) **明らかにする, 解明する**

clarinet /klærənét クらリネト/ 名 **クラリネット** →木管楽器.

clash /klǽʃ クらシュ/ 名 ❶(金属がぶつかり合う)**ガチャンという音** ❷(意見などの)**衝突(しょうとつ)**

—— 動 ❶ **衝突する; ガチャンとぶつかる[音を立てる]**; (日取りなどが)**かち合う** ❷(色・型などが)**調和しない**

---

class 小 A1 /klǽs クらス|klɑ́:s クらース/

名 ❶ **クラス, 学級, 組**　　　　意味map
❷ **クラスの生徒(みんな)**
❸ **授業**
❹(しばしば **classes** で)(社会の)**階級**
❺ **等級**

—— 名 (複 **classes** /klǽsiz クらセズ/)

❶ **クラス, 学級, 組**

•a **class** committee 学級委員会

•He is the tallest boy in our **class**. 彼はクラスで一番背の高い少年です.

•I am in the third year **class**. 私は3年のクラスにいます[3年生です].

•I'm in **class** 2A (読み方: /トゥーエイ/). 私は2Aのクラスです.

•There are fifteen **classes** in all in our school. 私たちの学校は全部で15学級あります.

❷ **クラスの生徒(みんな)**

•Our **class** enjoyed a picnic yesterday. 昨日私たちのクラスの生徒はピクニックを楽しんだ.

•The whole **class** laughed. クラスのみんなが笑った.

•Half the **class** are absent with colds. クラスの半数が風邪(かぜ)で休んでいます.

•Good morning, **class**. 皆(みな)さん, おはよ

う.
❸ 授業
- before **class** 始業前に
- Miss Green's music **class** グリーン先生の音楽の授業
- We **have** five **classes** on Friday. 私たちは金曜日は5時間授業です.
- How many English **classes** do you **have** (in) a week? 君たちは週に何時間英語の授業がありますか.
- They are **in class**. 彼らは授業中です.

❹ (しばしば **classes** で)(社会の)**階級**, 階層
- the working **class**(**es**) 勤労者階級
- the upper [middle, lower] **class**(**es**) 上流[中流, 下層]階級

❺ 等級, ランク, 部類
- He usually flies first **class**. 彼は飛行機に乗る時はふつうファーストクラスです.

classic A2 /klǽsik クラスィク/ 名
❶ 古典, 名作
❷ (スポーツの伝統的)**大行事**, 大試合

classical /klǽsikəl クラスィカる/ 形 (文学・芸術など)**古典主義の**; 古典的な
- **classical** music クラシック音楽

classmate 小 A1 /klǽsmeit クらスメイト|klá:smeit クらースメイト/ 名
クラスメート, 級友, 同級生

classroom 小 A1 /klǽsru:m クらスルーム|klá:sru:m クらースルーム/ 名
教室
- a music **classroom** 音楽教室
- There is no one **in** the **classroom**. 教室には誰(だれ)もいない.

clause /klɔ́:z クろーズ/ 名 《文法》節 → **phrase** (句), **sentence** (文)

> **文法 ちょっとくわしく**
> 「節」というのは文の一部を成す語の集まりで, その中に主語と述語を持っているもの.
> 次の文例の下線部:
> I know that you know it.
> 　　　　(主語)(述語)
> (私は君がそれを知っていることを知っている.)

claw /klɔ́: クろー/ 名 ❶ (獣(けもの)・ワシなどの)爪(つめ) ❷ (カニ・エビなどの)はさみ

clay /kléi クれイ/ 名 粘土(ねんど)

clean 小 A1 /klí:n クリーン/

形 ❶ きれいな, 清潔な　　意味map
❷ 見事な
動 きれいにする, 掃除(そうじ)する

—— 形 (比較級 **cleaner** /klí:nər クリーナ/; 最上級 **cleanest** /klí:nist クリーネスト/)

❶ きれいな, 清潔な 反対語 **dirty** (汚(きたな)い)

dirty　　　　　clean

基本 a **clean** towel きれいなタオル → **clean**+名詞.
- **clean** dishes きれいなお皿

基本 This towel is **clean**. このタオルはきれいだ. → **be** 動詞+**clean**.
- Cats are **clean** animals. ネコは清潔な[きれい好きな]動物だ.
- He always keeps his room **clean**. 彼はいつも部屋を清潔にしている. → **keep** A B (形容詞)は「A を B (の状態)にしておく」.
- She sweeps her room **clean** every day. 彼女は毎日自分の部屋をきれいに掃除する.

❷ 見事な, 鮮(あざ)やかな
- a **clean** hit (野球の)クリーンヒット

—— 副 (→比較変化なし) すっかり, 見事に
- The horse jumped **clean** over the hedge. 馬は見事に生け垣(がき)をとび越(こ)えた.

—— 動 (三単現 **cleans** /klí:nz クリーンズ/; 過去・過分 **cleaned** /klí:nd クリーンド/; -ing形 **cleaning** /klí:niŋ クリーニング/)
きれいにする, 掃除する
- **clean** the blackboard 黒板を拭(ふ)く
- She **cleans** her room every day. 彼女は

clean energy　124　one hundred and twenty-four

毎日自分の部屋を掃除する.
- We **cleaned** the whole house yesterday. 私たちは昨日家の大掃除をした.
- The room is **cleaned** every day. 部屋は毎日掃除される. →受け身の文. →is 助動 ❷

clean up きれいに掃除する[片付ける] → cleanup

clèan énergy 名 クリーンエネルギー →太陽光や風力など, 公害を起こしにくいエネルギーのこと.

cleaner A2 /klí:nər クリーナ/ 形 clean の比較(ひかく)級
—— 名 ❶ 洗剤(せんざい) ❷ 掃除(そうじ)人; 掃除機
❸ (the cleaners または the cleaner's で) クリーニング店

cleaning /klí:niŋ クリーニング/ 動 clean の -ing 形 (現在分詞・動名詞)
—— 名 掃除(そうじ); クリーニング
- general **cleaning** 大掃除

cleanup /klí:nʌp クリーナプ/ 名 大掃除(そうじ); (悪・犯罪などの)一掃(いっそう)

clear 中 A2 /klíər クリア/

形	❶ 澄(す)んだ; 晴れた
	❷ (音・形などが)はっきりした; (話の内容・事実などが)明らかな
動	❶ (clear up ともいう) 晴れる
	❷ 片付ける

意味 map

—— 形 (比較級 **clearer** /klíərər クリアラ/; 最上級 **clearest** /klíərist クリアレスト/)
❶ 澄んだ; 晴れた
- **clear** water 澄んだ水
- **clear** glass 透明(とうめい)なガラス
- a **clear** sky [day] 晴れた空[日]
- The sky was **clear**. 空は晴れていた.
❷ (音・形などが)はっきりした; (話の内容・事実などが)明らかな, はっきりした
- a **clear** voice はっきりした[よく通る]声
- The picture is very **clear**. その写真はとてもはっきり写っている.
- He is not **clear** on this point. この点について彼(の言う事)ははっきりしていない.
- The meaning became **clear** to me. その意味が私にははっきりしてきた.
- **It is clear that** he has done it. 彼がそれをしたことは明らかだ. →It=that 以下.
❸ (道・見晴らしなど)途中(とちゅう)に遮(さえぎ)るもののない
- a **clear** road 何も邪魔(じゃま)になるもののない

道路
- The road is **clear of** traffic. 道には人も車も通っていない.
—— 動 (三単現 **clears** /klíərz クリアズ/; 過去・過分 **cleared** /klíərd クリアド/; -ing形 **clearing** /klíəriŋ クリアリング/)
❶ (clear up ともいう) 晴れる
- It [The sky] began to **clear** (**up**). 空が晴れてきた. →It は漠然(ばくぜん)と「天候」を表す.
❷ 片付ける, 取り除く
- **clear** the table (食後に)テーブルの上を片付ける
- **clear** one's throat せき払(ばら)いをする
- **clear** the sidewalk **of** snow=**clear** the snow **from** the sidewalk 歩道から雪を取り除く →clear A of B は「AからBを取り除く」.
❸ とび越(こ)える; 触(ふ)れずに通る
- **clear** a fence 柵(さく)をとび越す
clear away (霧(きり)などが)晴れる; 片付ける
clear up 晴れ上がる; 明らかにする, 解決する

clearance /klíərəns クリアランス/ 名 掃除(そうじ); 整理

clearly A2 /klíərli クリアリ/ 副 はっきり(と); 明らかに
- Please speak more **clearly**. もっとはっきり話してください.

clergyman /klá:rdʒimən クラ〜ヂマン/ 名 (複 **clergymen** /klá:rdʒimen クラ〜ヂメン/)
(男性の)牧師 →英国では英国国教会の牧師を指すことが多い.

clergywoman /klá:rdʒiwumən クラ〜ヂウマン/ 名 (複 **clergywomen** /klá:rdʒiwimin クラ〜ヂウィメン/) (女性の)牧師

clerk A2 /klá:rk クラ〜ク/ 名
❶ 事務員
- work as an office [a bank] **clerk** 事務員[銀行員]として働く
❷ (米) 店員 →salesclerk ともいう.

clever A1 /klévər クレヴァ/ 形
❶ 利口な, 頭のいい; 抜(ぬ)け目のない
- a **clever** plan 利口な計画
- Jack is very **clever**; he always makes some good excuse. ジャックはとても利口だ. いつも何かうまい言いわけをする.
❷ 上手な, 器用な
- Watchmakers are **clever with** their hands. 時計屋は手が器用だ.

- He is **clever at** drawing cartoons. 彼は漫画(まんが)を描(か)くのがうまい.

cleverly /klévərli クれヴァリ/ 副 利口に; うまく, 抜け目なく

cleverness /klévərnis クれヴァネス/ 名
❶ 利口さ ❷ 器用さ

click A2 /klík クリク/ 名 カチッという音
── 動 ❶ カチッと音がする; カチッと鳴らす
- The door **clicked** shut. ドアがカチッと閉まった. →shut は過去分詞で, 状態を表す形容詞(閉まっている)として使われている.
❷ (コンピューターのマウスボタンを)カチッと押(お)す, クリックする

cliff /klíf クリふ/ 名 (特に海に面した)崖(がけ), 絶壁(ぜっぺき)

climate /kláimit クらイメト/ 名 ❶ 気候 [類似語]
climate はある地域特有の気象状態をいう. 一時的な気象状態, すなわち「天候」は **weather**.
- The **climate** of Japan is generally mild. 日本の気候は一般(いっぱん)に温暖です.
❷ (気候の点から見た)風土, 土地
- live in a hot **climate** 暑い(気候の)土地に住む

clímate chànge 名 気候変動
- global **climate change** 地球規模の気候変動

climax /kláimæks クらイマクス/ 名 絶頂, 最高潮, クライマックス

climb 小 A1 /kláim クらイム/ (→b は発音しない) 動

❶ 登る, (手足を使って)よじ登る; (はうようにして)~する
- **climb** Mt. Fuji 富士山に登る
- **climb** a ladder はしごを登る
- **climb** (up) a tree 木によじ登る
- **climb** down a tree 木から降りる
- **climb into** bed ベッドに潜(もぐ)り込(こ)む
- We **climbed over** the fence. 私たちは塀(へい)を乗り越(こ)えた.
- He **climbed out** through the window. 彼は窓からはい出た.

❷ 上がる, 上昇(じょうしょう)する
- The rocket **climbed** steadily. そのロケットは着実に上昇した.
- His fever began to **climb**. 彼の熱は上がり始めた.

── 名 登ること, 登り(道); 登山

climber /kláimər クらイマ/ 名 登山者 →本格的な山登りをする人を指し, 山歩きを楽しむような一般(いっぱん)の人は **mountain hiker** という.

climbing A2 /kláimiŋ クらイミング/ 名 登ること, 登山

cling /klíŋ クリング/ 動 (三単現 **clings** /klíŋz クリングズ/; 過去・過分 **clung** /kláŋ クらング/; -ing形 **clinging** /klíŋiŋ クリンギング/)
しがみつく, すがりつく; くっつく

clinic /klínik クリニク/ 名 診療(しんりょう)所 → **hospital**

clip¹ /klíp クリプ/ 動 (三単現 **clips** /klíps クリプス/; 過去・過分 **clipped** /klípt クリプト/; -ing形 **clipping** /klípiŋ クリピング/)
(羊毛・髪(かみ)・植木などを)刈(か)る, 刈り込(こ)む; 切り取る, (新聞の記事を)切り抜(ぬ)く
── 名 (新聞・雑誌などの)切り抜き; (映画などの)一場面, ビデオクリップ

clip² /klíp クリプ/ 名 クリップ, 紙ばさみ; 留め金具
── 動 (三単現 **clips** /klíps クリプス/; 過去・過分 **clipped** /klípt クリプト/; -ing形 **clipping** /klípiŋ クリピング/) クリップでとめる

clipper /klípər クリパ/ 名 ❶ (羊毛などを)刈(か)る人 ❷ (**clippers** で) はさみ

cloak /klóuk クろウク/ 名 (袖(そで)なしの)オーバーコート, マント

cloakroom /klóukru:m クろウクルーム/ 名 (ホテル・レストラン・劇場などの)携帯(けいたい)品預か り所, クローク

clock 小 A1 /klák クらク|klɔ́k クろク/ 名
時計 →置き時計・掛(か)け時計・柱時計をいう. 携帯(けいたい)用は **watch**. → **o'clock**
- an alarm **clock** 目覚まし時計
- The **clock struck** seven. 時計が7時を打った.

clock

watch

clockwise /klákwaiz クらクワイズ/ 副 形 (時計の針のように)左から右へ[の], 右回りに[の]

clone A2 /klóun クろウン/ 名 ❶ クローン →無

close

性生殖(せいしょく)で人工的に作られた個体.
❷まったく同じような人[もの]
── 動 クローンを作り出す

close¹ 中 A1 /klóuz クロウズ/

動 ❶(本・ドアなどを)閉じる, 閉める; (本・ドアなどが)閉まる　意味 map
❷(会合・店などを)終える, 閉める; (会合・店などが)終わる, 閉まる
名 終わり (end)

── 動 [三単現] **closes** /klóuziz クロウゼズ/;
[過去・過分] **closed** /klóuzd クロウズド/; [-ing形]
closing /klóuziŋ クロウズィング/

❶(本・ドアなどを)閉じる, 閉める; (本・ドアなどが)閉まる
反対語 open (開ける, 開く)

open　　close

基本 **close** a book 本を閉じる →close+名詞
• **close** a hole 穴をふさぐ
• Some flowers **close** in the evening. ある花は夕方しぼむ[夕方しぼむ花もある].
• The door **closed** quietly. ドアは静かに閉まった.
• a **closed** door 閉(と)ざされたドア, 閉まっているドア →closed は過去分詞が形容詞のように使われたもの. behind **closed** doors は(閉ざされたドアの後ろで ⇨)「部外者を入れないで, 非公開で」の意味.
• Japan **was** [Japan's doors **were**] **closed** to many European countries in those days. 当時日本[日本の門戸]は多くの西欧(せいおう)諸国に対して閉ざされていた. →受け身の文. →was 助動 ❷

❷(会合・店などを)終える, 閉める, 閉じる, (道路などを)閉鎖(へいさ)する; (会合・店などが)終わる, 閉まる
• The store **closes** at seven o'clock. その店は7時に閉まります.
• The store **is closed** for the day. 店はきょうはもう閉まった. →受け身の文. →is 助動

❷, **closed** 形

close down (店・工場などが)閉鎖する

── 名 終わり (end)
• at the **close** of the day 1日の終わりに, 日暮れに
• come to a **close** 終わる

close² 中 A1 /klóus クロウス/ (→close¹ との発音の違(ちが)いに注意) 形

❶ (とても)近い, 接近した; 親密な, 親しい
• a **close** game (競技の)接戦, クロスゲーム
• a **close** friend 親友
• My house is very **close to** the station. 私の家は駅のすぐそばにある.
• It was **close to** midnight when I left his house. 私が彼の家を出たときは真夜中に近かった.

❷ 綿密な, 注意深い
• pay **close** attention to ~ ~に綿密な注意を払(はら)う

── 副 すぐ近くに, 接近して, ぴったりと
• hold a child **close** 子供を抱(だ)き寄せる
• I sat **close to** him. 私は彼のすぐそばに座(すわ)った.
• Come **closer**. もっとそばへ来なさい.
• Christmas is **close at hand**. クリスマスは間近だ.

close by すぐそばに

closed A1 /klóuzd クロウズド/ 動 close¹ の過去形・過去分詞

── 形 閉じた; 閉鎖(へいさ)された
反対語 open (開かれた)
• a **closed** door 閉ざされたドア, しまっているドア
掲示 **Closed** today. 本日休業[閉店]. →We are closed today. の意味.
掲示 Street **closed**. 通行止め. →The street is closed. の意味.

closely /klóusli クロウスリ/ 副 ❶ぴったり, ぎっしり; 密接に
• Her dress fits **closely**. 彼女の洋服は体にぴったりだ.

❷綿密に, 注意して
• read **closely** 綿密に読む

closet /klázit クラゼト/ 名 《米》押(お)し入れ, 収納庫, 洋服だんす (《英》wardrobe)

close-up /klóusʌp クロウサプ/ (→×/klóuzʌp クロウザプ/ ではない) 名 (映画・テレビなどの)クローズアップ, 大写し

closing /klóuziŋ クロウズィング/ 動 **close¹** の -ing 形 (現在分詞・動名詞)

—— 形 終わりの, 閉会の

cloth A1 /klɔ́:θ クロ―ス|klɔ́θ クロす/ 名
(覆 **cloths** /klɔ́:θs クロ―スす/)

❶ 布, 布地, 服地

• **a piece of cloth** 1枚の布 ➡cloth は物質そのものを指しているので ×a cloth, ×cloths としない.

• three **meters of cloth** 布3メートル

❷ (布巾(ふきん)・雑巾(ぞうきん)などの)**布切れ, テーブルクロス** (tablecloth) ➡普通(ふつう)名詞として扱(あつか)うので a cloth, cloths という形も使われる.

• wipe a window with a damp **cloth** ぬれた布[ぬれ雑巾]で窓を拭(ふ)く

• She is putting the **cloth** on the table. 彼女は食卓(しょくたく)にテーブルクロスをかけている[食卓の用意をしている].

clothe /klóuð クロウず/ 動 **服を着せる** (dress); 覆(おお)う, 包む

clothes 中 A1 /klóuz クロウズ, klóuðz クロウずズ/ 名 覆

衣服, 服 ➡シャツなどについてもいう.

• **a suit of clothes** 服1着 ➡×a clothes としない.

• a man **in** dirty **clothes** 汚(きたな)い服を着た男

• **put on** [**take off**] *one's* **clothes** 服を着る[脱(ぬ)ぐ]

clothing /klóuðiŋ クロウずィング/ 名 《集合的に》衣類 ➡clothes よりも意味が広く衣料品すべてを含(ふく)む.

cloud A1 /kláud クラウド/ 名 (覆 **clouds** /kláudz クラウヅ/) ❶雲

• a white **cloud** (1片(ぺん)の)白い雲

• dark [black] **clouds** 黒雲

• There is not a **cloud** in the sky. 空には雲ひとつない.

• The top of Mt. Fuji was hidden **in cloud**. 富士山の頂は雲に隠(かく)れていた.

❷ 雲のようなもの[大群], もうもうとしたもの

• a **cloud** of birds (雲のような)鳥の大群

• a **cloud** of dust [steam] もうもうたるほこり[湯気]

—— 動 (三単現 **clouds** /kláudz クラウヅ/; 過去・過分 **clouded** /kláudid クラウデド/; -ing形 **clouding** /kláudiŋ クラウディング/)

曇(くも)る; 曇らせる

• The sky **clouded** over. 空が一面に曇った.

• Grief **clouded** his mind. 悲しみで彼の心は曇った.

cloudless /kláudlis クラウドれス/ 形 雲のない, 晴れ渡(わた)った

cloudy 小 A1 /kláudi クラウディ/ 形 (比較級 **cloudier** /kláudiər クラウディア/, **more cloudy**; 最上級 **cloudiest** /kláudiist クラウディエスト/, **most cloudy**) 曇(くも)りの, 曇った

• a **cloudy** sky 曇り空

• It is **cloudy** today. きょうは曇りです. ➡It は漠然(ばくぜん)と「天候」を表す.

• Wed., Feb. 26, **Cloudy** (日記で)2月26日, 水曜日, 曇り

clove /klóuv クロウヴ/ 名 《植物》クローブ, チョウジ ➡熱帯地方に産する常緑高木で, そのつぼみを干して香味(こうみ)料・香油(こうゆ)・薬剤(やくざい)の原料にする.

clover /klóuvər クロウヴァ/ 名 《植物》クローバー ➡家畜(かちく)の飼料として栽培(さいばい)される.

clown A2 /kláun クラウン/ 名 (サーカス・劇などの)道化(どうけ), 道化師, ピエロ

club 小 A1 /kláb クラブ/ 名
(覆 **clubs** /klábz クラブズ/)

❶ (スポーツ・社交などの)クラブ, 部

• a dance **club** ダンス部

• **club** activities クラブ活動

• **join** a club クラブに入る

• He **belongs to** [He is a **member of**] the computer **club**. 彼はコンピュータ―部に入っている.

❷ クラブ, ディスコ (night club)

❸ (武器としての)こん棒; (ゴルフ・ホッケーの)クラブ

❹ (トランプの札の)クラブ

clue A2 /klú: クる―/ 名 手がかり, 糸口

clung /kláŋ クらング/ 動 **cling** の過去形・過去分詞

cm., cm 略 ＝**centi**meter(s) (センチメートル)

CO 略 ＝Colorado

Co. 略 ＝**Co**mpany (会社, 仲間) ➡/kóu コウ/ または /kámpəni カンパニ/ と読み, 会社名に使う.

c/o 略 ～ (様) 方, ～ 気付(きづけ) ➡**care of** /kéərəv ケアロヴ/ と読み, 宛名(あてな)に使う.

coach 128 one hundred and twenty-eight

coach A1 /kóutʃ コウチ/ 图 ❶(競技の)**コーチ**; 家庭教師 ❷(鉄道の)**客車**;(英)(**長距離**(きょり))**バス** ❸4輪馬車 →**stagecoach**
—— 動 **コーチする**; ~の家庭教師をする
• Mr. White **coaches** us **in** tennis. ホワイト先生が私たちにテニスをコーチする.

coal /kóul コウル/ 图 **石炭**
• a **coal** mine 炭鉱

coast A2 /kóust コウスト/ 图 **海岸, 沿岸** → **shore**
• on the Pacific **coast** 太平洋岸に

coaster /kóustər コウスタ/ 图 《米》= roller coaster (ジェットコースター) → **roller coaster**

coat 中 A1 /kóut コウト/ 图

❶ **コート, オーバー** (overcoat)
• a fur **coat** 毛皮のコート
• **put on** a **coat** コートを着る
• **take off** a **coat** コートを脱(ぬ)ぐ
• They don't **have coats on**. 彼らはコートを身に着けて[着て]いない. → on は「身に着けて」.
❷(ペンキの)**塗**(ぬ)**り**, 層
• two **coats** of paint ペンキの2回塗り
—— 動 (表面を)**覆**(おお)**う** (cover); (ペンキなどを)**塗る**
• The furniture was **coated with** dust. 家具はほこりをかぶっていた. → was 助動 ❷

cobra /kóubrə コウブラ/ 图 《動物》**コブラ** アフリカやインドにいる毒ヘビ.

cobweb /kábweb カブウェブ/ 图 **クモの巣**

Coca-Cola /kòukə kóulə コウカ コウラ/ 《商標》**コカコーラ** → **Coke, cola** ともいう. → **cola**

cock /kák カク/ 图 ❶ **おんどり** →(米)では **rooster** ともいう. 関連語「めんどり」は **hen**, 雄 雌(おすめす)の別なく「ニワトリ」という時は **chicken**. ❷(水道の)**コック, 栓**(せん)

cock-a-doodle-doo /kákədu:dldú: カカドゥードるドゥー/ 图 (復 **cock-a-doodle-doos** /kákədu:dldú:z カカドゥードるドゥーズ/) **コケコッコー**

cockney, Cockney /kákni カクニ/ 图 ❶ **ロンドンっ子** → ロンドンなまり (→❷) で話すロンドン東部の住民をいう.
❷ **ロンドンなまり** → ロンドンの下町っ子の話す英語で, /éi エイ/ を /ái アイ/ (たとえば eight は

/áit アイト/) と発音したりする.

cockpit /kákpit カクピト/ 图 (飛行機・ヘリコプター・宇宙船などの)**操縦室, 操縦席, コックピット**

cockroach /kákroutʃ カクロウチ/ 图 《虫》**ゴキブリ**

coco /kóukou コウコウ/ 图 =coconut

cocoa /kóukou コウコウ/ 图 **ココア**

coconut /kóukənʌt コウコナト/ 图 **ココナッツ** → ココヤシの木 (**coconut tree**) の実.

cod /kád カド/ 图 (復 **cod, cods** /kádz カヅ/) 《魚》**タラ** → **codfish** ともいう.

code A1 /kóud コウド/ 图
❶ **符号**(ふごう), **信号; 暗号**
• the Morse /モース/ **code** モールス符号
❷(英)(電話の)**市外局番** →(米)では **area code** という.

codfish /kádfiʃ カドふィシュ/ 图 =cod

coed /kouéd コウエド/ 形 **男女共学の**

coeducation /kouedʒukéiʃən コウエヂュケイション/ 图 **男女共学**

coexistence /kòuigzístəns コウイグズィステンス/ 图 **共存**

coffee 小 A1 /kɔ́:fi コーふィ|kɔ́fi コふィ/ 图 **コーヒー**

• **a cup** [**two cups**] **of coffee** コーヒー1杯(はい)[2杯(はい)] → 《話》では単に a coffee, two coffees のようにも言う.
• **make coffee** コーヒーをいれる
• black **coffee** (ミルクなしの)ブラックコーヒー
• white **coffee** ミルク入りコーヒー
• Won't you **have** some **coffee**? コーヒーはいかがですか.
会話 How do you like **coffee**?—Black, please. コーヒーはどうしますか.—ブラックでお願いします.
• I'd like my **coffee** strong [weak]. コーヒーを濃(こ)く[薄(うす)く]してください.
• Three **coffees**, please. (店で)コーヒー3つください.

cóffee brèak 图 (米)**コーヒーの時間, コーヒーブレーク** → 仕事の合間の短い休憩(きゅうけい)時間.

coffeemaker /kɔ́:fimeikər コーふィメイカ/ 图 **コーヒーメーカー** → コーヒーをいれる機械.

coffeepot /kɔ́:fipɑt コーふィパト/ 图 **コーヒー沸**(わ)**かし, コーヒーポット**

cóffee shòp 名 《米》コーヒーショップ → 軽い食事なども出す.

coil /kɔ́il コイる/ 動 ぐるぐる巻く; ぐるぐる巻きつく
— 名 ぐるぐる巻いたもの; (電気部品の)コイル

coin 中 A2 /kɔ́in コイン/ 名 硬貨(こうか)
• a gold [silver] **coin** 金[銀]貨
• pay **in** [**with**] **coins** 硬貨で支払(しはら)う

Coke A1 /kóuk コウク/ 名 =Coca-Cola (コカコーラ)

cola A2 /kóulə コウら/ 名 コーラ → 黒色の炭酸飲料で, 元はコーラの木の実を主原料としていた.

cold 小 A1 /kóuld コウるド/

| 形 ❶ 寒い; 冷たい 意味 map |
| ❷ 冷淡(れいたん)な |
| 名 ❶ 寒さ |
| ❷ 風邪(かぜ) |

— 形 (比較級 **colder** /kóuldər コウるダ/; 最上級 **coldest** /kóuldist コウるデスト/)
❶ 寒い; 冷たい 反対語 **hot** (暑い, 熱い)

cold　　　hot

基本 a **cold** morning 寒い朝 → cold+名詞.
• **cold** water 冷たい水
基本 It is very **cold** this morning. 今朝はとても寒い. → be 動詞+cold. It は漠然(ばくぜん)と「気温」を表す.
• It's getting **cold**. だんだん寒くなってきた.
• If you feel **cold**, put on your sweater. 寒ければセーターを着なさい.
• Your dinner is **cold** because you are late. 君が遅(おそ)かったからご飯が冷たくなったよ.
• It is **colder** in January **than** in December. 1月は12月より寒い. → It は漠然と「気温」を表す.
• It is getting **colder** and **colder**. だんだん寒くなってきた.
POINT 比較(ひかく)級+and+比較級は「だんだん~, ますます~」.
• February is **the coldest** month of the year. 2月が一年中で最も寒い月だ.
❷ 冷淡な, 冷たい 反対語 **warm** (心のあたたかい)
• his **cold** words 彼の冷たい言葉
• He was very **cold to** me at our first meeting. 彼は初対面の時私にとても冷淡だった.

— 名 (複 **colds** /kóuldz コウるヅ/)
❶ 寒さ
反対語 the **cold** of winter and the **heat** of summer 冬の寒さと夏の暑さ
• shiver with **cold** 寒さで[寒くて]震(ふる)える
• stand in the **cold** 寒い所に立っている
• He's been left out in the **cold**. 彼は外の寒い所に取り残されている. →「仲間外れにされている」の意味.
❷ 風邪
• **have** a (bad) **cold** (ひどい)風邪をひいている
• **catch** (a) **cold** 風邪をひく
• a **cold** in the head =a head **cold** 鼻風邪
• He is in bed **with** a **cold**. 彼は風邪をひいて寝(ね)ている.

coldly /kóuldli コウるドリ/ 副 冷たく, 冷淡(れいたん)に

collaborative /kəlǽbəreitiv カらバレイティヴ/ 形 (計画・研究・作業などが)共同の, 合作の; 協力的な → かたい言い方.

collapse /kəlǽps コらプス/ 動 (三単現 **collapses** /kəlǽpsəz コらプセズ/; 過去・過分 **collapsed** /kəlǽpst コらプスト/; -ing形 **collapsing** /kəlǽpsiŋ コらプスィング/) ❶(建物などが)崩壊(ほうかい)する[させる], 崩(くず)れる[崩す]
❷(人が病気などで)倒れる, へたり込む; (健康などが)急に衰(おとろ)える
— 名 (複 **collapses** /kəlǽpsəz/) ❶ 崩壊, 倒壊(とうかい), 陥没(かんぼつ) ❷(健康・気力などの)衰え

collar /kɑ́lər カら/ 名 えり, カラー, えり元; (犬などの)首輪

collect 中 A1 /kəlékt コれクト/ 動
集める, 収集する; 集まる
類似表現 **collect** は選んで[きちんと]集めて整理する, **gather** は散らばっている物・人を一か所(かしょ)に集める.

collection

- **collect** stamps 切手を集める
- **collect** a lot of information たくさんの情報を集める
- My brother **collects** butterflies as [for] a hobby. 私の兄は趣味(しゅみ)でチョウを集めています.
- Bees are busy **collecting** honey. ミツバチが忙(いそが)しく蜜(みつ)を集めている. →be busy *doing* ～は「～するのに忙しい, せっせと～している」.

—— 形 《米》(料金が)**受け取り人払**(ばら)**いの**
- a **collect** call 受信人払いの通話, コレクトコール

—— 副 《米》(料金が)**受け取り人払いで**
- I called my parents **collect**. 私はコレクトコールで両親に電話した.

collection A1 /kəlékʃən コレクション/ 名
収集; 採集; 収集物, コレクション
- He has a large stamp **collection**. 彼は切手をたくさん集めている.

collector /kəléktər コレクタ/ 名 ❶ 収 集 家 ❷ 集金人

college 中 A1 /kálidʒ カレヂ|kɔ́lidʒ コレヂ/ 名 (複 colleges /kálidʒz カレヂズ/)

❶ 大学 →university

>POINT ふつうは学部がひとつだけの単科大学をいうが, しばしば総合大学にも使い, 区別は厳密ではない.

- a **college** student 大学生
- **go to college** 大学に通う, 大学に進む
- a junior **college** 短期大学
- a women's **college** 女子大学
- My sister studies French **at college**. 姉は大学でフランス語を勉強しています.

❷ 専門学校, 訓練校
- a nursing **college** 看護専門学校

collide /kəláid コライド/ 動 衝突(しょうとつ)**する**

collision /kəlíʒən コリジョン/ 名 衝突(しょうとつ)

colloquial /kəlóukwiəl コロウクウィアル/ 形 口語の, 話し言葉の 関連語 **literary** (文語の, 書き言葉の)

colon /kóulən コウロン/ 名 コロン(:) →説明・引用・時と分の区分などを示すのに使う.

colony /káləni カロニ/ 名 (複 **colonies** /káləniz カロニズ/) ❶ 植民地 (settlement); 移民団 ❷ 集団居住地, コロニー →同じような生活背景や同一の職業を持つ人たちが住んでいる地区.

color 小 A1 /kʌ́lər カラ/ 名 (複 colors /kʌ́lərz カラズ/)

❶ 色; 皮膚(ひふ)の色
- bright **color** 鮮(あざ)やかな色 →赤, 青, 黄色など.
- light **color** 明るい色 →パステルカラー, クリーム色など.
- What **color** is your bicycle? 君の自転車は何色ですか.
- Most photographs are printed **in color**. ほとんどの写真はカラーで印刷されている.
- the **colors** of the rainbow 虹(にじ)の7色
- people of all **colors** あらゆる肌(はだ)の色の人たち
- people of **color** 有色人種

❷ 顔色, 血色
- She has a healthy **color**. 彼女は健康な顔色をしている[血色がいい].

❸ (**colors** で) 絵の具

❹ (**colors** で) 国旗, 軍旗, 船旗

—— 動 (三単現 **colors** /kʌ́lərz カラズ/; 過去・過分 **colored** /kʌ́lərd カラド/; -ing形 **coloring** /kʌ́ləriŋ カラリング/)
～に色を塗(ぬ)る; (果実・葉などが)色づく
- **Color** this red. これを赤く塗りなさい. →color A B (形容詞)は「A を B に塗る」.

Colorado /kælərǽdou コロラドウ/ 固名
❶ コロラド →米国西部の州. **Colo.**, (郵便で) **CO** と略す. ❷ (the Colorado で) コロラド川 →コロラド州北部に源を発し, 米国西部を流れてカリフォルニア湾(わん)に注ぐ. 途中(とちゅう)のアリゾナ州にグランドキャニオン (the Grand Canyon) がある.

colored /kʌ́lərd カラド/ 形 色のついた; (複合語で)～色の; 有色人種の, 黒人の →非常に差別的な表現で今日では使われない.
- **colored** pencils 色鉛筆

colorful 小 A2 /kʌ́lərfəl カラふる/ 形 色彩(しきさい)に富んだ, カラフルな, 華(はな)やかな; 多彩(たさい)な

colour /kʌ́lər カラ/ 名 動 《英》=color

coloured /kʌ́lərd カラド/ 形 《英》=colored

colourful /kʌ́lərfəl カラふる/ 形 《英》=colorful

colt /kóult コウルト/ 名 子馬 →pony

Columbus /kəlʌ́mbəs コランバス/ 固名

(Christopher Columbus) クリストファー・コロンブス →アメリカ大陸へ航海したイタリア人 (1451? –1506).

Colúmbus Dày 图 《米》**コロンブス記念日** →10月の第2月曜日. 特にイタリア移民の多い地域で盛ん(せいだい)に行われる.

column A2 /kάləm カラム|kɔ́ləm コラム/ 图
❶ 円柱 →ギリシャ・ローマの建築物にある丸い大きな柱. ❷ (英字新聞などの)欄(らん), **コラム** →柱のように細長い形をしていることから.
• sports **columns** スポーツ欄
• This dictionary has two **columns**. この辞典は2段組みです.

coma /kóumə コウマ/ 图 昏睡(こんすい), 昏睡状態

comb A2 /kóum コウム/ 图 くし
── 動 くしですく, とかす

combat /kάmbæt カンバト/ 图 戦闘(せんとう) →武器を使って行うものについていう.

combination /kὰmbənéiʃən カンビネイション/ 图 結合, 組み合わせ

combine /kəmbάin コンバイン/ 動 結合する, いっしょにする[なる]

combustible /kəmbʌ́stəbl コンバスティブる/ 形 可燃性の
── 图 (**combustibles** で) 可燃物

come 小 A1 /kʌ́m カム/

動 ❶ 来る　　　　　　　　　意味 map
　❷ (相手[目的地]の方へ・相手の行く方へ)行く
　❸ (come+形容詞で) 〜になる

── 動
|三単現| **comes** /kʌ́mz カムズ/
|過去| **came** /kéim ケイム/
|過分| **come**
|-ing形| **coming** /kʌ́miŋ カミング/
→過去分詞が原形と同じ形であることに注意.

❶ 来る 反義語 **go** (行く)
POINT 話し手に向かって, あるいは話し手が視点を置いている場所に向かって近づくこと.
超基本 **come home** 家に帰って来る, 帰宅する →come+副詞(句). home は「家へ」という意

味だから ×come to home としない.
• **come** to school 学校に来る
• **Come** here, Ken. ケン, ここへ来なさい.
• **Come** this way, please. どうぞこちらへ.
• Please **come and** see (= **come to** see) me tomorrow. どうぞあした私に会いに来てください. →不定詞 to see は「会うために」.
• for many years **to come** 来(きた)るべき何年もの間, これから何年も
• Spring **comes** after winter. 春は冬の後に来る.
ことわざ After rain **comes** the sun. 雨の後に日の光が来る. →「悲しい事の後にはうれしい事が続く」の意味.「雨降って地固まる」に通じる. 強調のため語順を変えた倒置表現で, ふつうの語順にすれば The sun comes after rain.
• **Here comes** a bus. あっ, バスが来た.
• Whatever **comes**, I am ready for it. 何が来よう[起ころう]とも私は覚悟(かくご)ができている.
• When I called my dog, he **came** to me. 私が呼ぶと犬は私の所に来た.
• We **came** to a conclusion. 私たちはある結論に達した.
• A little girl **came running** toward us. 小さい女の子が私たちの方へ走って来た. →come doing は「〜しながら来る」.
• Spring **has come**. 春が来た[いよいよ春だ]. →現在完了(かんりょう)の文. →have 助動 ❶
• Mr. Brown **hasn't come** yet. ブラウンさんがまだ見えておりません.
• Ken **is coming** toward me. ケンは私の方に向かっている. →現在進行形の文. →is 助動 ❶
• John **is coming** here tomorrow. ジョンがあしたここへ来ます.
POINT go, come, leave (出発する), arrive (到着(とうちゃく)する)など「行く・来る」を表す動詞の現在進行形はしばしば「近い未来」を表す.
• Thank you for **coming**. おいでいただいてありがとうございます. →coming は動名詞で for の目的語.

チャンクでおぼえよう come	
□ 学校に来る	**come** to school
□ 家に帰る	**come** home
□ 今行くよ.	I'm **coming**.
□ 願いは叶(かな)うでしょう.	Your wishes will **come** true.
□ 終了する	**come** to an end

come 小 A1 /カム/

三単現 **comes** /カムズ/
過去 **came** /ケイム/
過分 **come** /カム/
-ing形 **coming** /カミング/

イメージ
中心・視点に向かって移動する

教科書によく出る意味

動 ❶ 来る
- I **came** to school early this morning. 私は今朝早く学校に来ました．

❷ (相手の方へ・相手の行く方へ)行く
- Can I **come** and visit you? あなたを訪ねて行ってもいいですか？
- Dinner is ready! – I'm **coming**, Mom.
  夕ご飯できてるよ！―今行くよ，母さん．

❸ (come+形容詞で)~になる
- Your dream will **come** true. あなたの夢はかなうでしょう．

教科書によく出る連語

come from ~　~の出身である；~に由来する
- Mr. White **comes from** Australia. ホワイト先生はオーストラリアのご出身です．
- The colors **come from** vegetables. それらの色は植物由来です．

come back　帰る，もどって来る
- The turtles will **come back** to the beach. ウミガメは海岸にもどって来るでしょう．

come up with ~　(答え・意見などを)出す，考えつく
- She **came up with** a new idea. 彼女は新しいアイデアを思いついた．

come home　家に帰る，帰宅する
- When I **came home**, our cat was sleeping. 私が帰宅したときネコは眠っていた．

❷ (相手[目的地]の方へ・相手の行く方へ)**行く**

POINT この come は話し手の視点を相手側[向こう側]に移して言う言い方.

- **I'm coming**, Mother. (呼ばれた時の返事で)今行きます,お母さん.
- I will **come** to your house tomorrow. あしたお宅に行きます.
- May I **come** with you? ごいっしょに行ってよろしいでしょうか.

❸ (**come**+形容詞で) **～になる** →**go** ❺

- **come** true 本当になる,実現する
- **come** untied ほどける
- **come** into use 使われるようになる

❹ (**come to** *do* で) **～するようになる**

- We have **come to** like him. 私たちは彼が好きになりました.
- How did you **come to** know him? どうして君は彼を知るようになったの?

❺ (**come to** ～ で) (結果が)**～になる**; (合計が)**～になる**; **～(の状態)になる**

- **come to** nothing 何にもならない
- **come to** an end 終わりになる,終わる
- **come to** oneself [*one's* senses] 正気づく

❻ 《間投詞のように使って》**さあ,まあまあ**

- **Come, come**, don't be so cross. まあまあ,そう怒(おこ)らないで.

come about **起こる**

- How did that **come about**? どうしてそんな事が起きたの?

come across ～ ① **～を横切(って来)る** ② **～にたまたま出会う,～をふと見つける**

come along **やって来る**; **(事が)進む,向上する**

- **Come along**, children! みんな,いらっしゃい.
- They are **coming along** fine. 彼らは立派にやっている.

come and go **行ったり来たりする**

come around **やって[巡(めぐ)って]来る**

- Christmas will **come around** very soon. もうすぐクリスマスがまたやって来る.

come back **帰る,戻(もど)って来る**

come by **そばを通る**; 《米話》**(人の家に)立ち寄る**

come down **降りて来る,(その場に)やって来る**; **落ちる**; **(雨などが)降る**; **(昔から)伝わる**

- **come down** to breakfast 朝食を食べに

(2階の寝室(しんしつ)から)降りて来る

come for ～ **～を取りに来る**; **～を迎(むか)えに来る**

come from ～ **～の出身である**; **～に由来する**

Where does he **come from**? —He **comes from** Aomori.
彼はどこの出身ですか.—青森の出身です.
→Where did he come from? は「彼はどこから来ましたか」の意味.

come in **入る,入って来る**

May I **come in**?—Certainly.
入ってもいいですか.—どうぞ.

- He **came in** first. 彼は(最初に入って来た⇨)1位になった[優勝した].
- When poverty **comes in** at the door, love flies out of the window. 貧乏(びんぼう)が戸口から入って来ると,愛は窓から逃(に)げていく.→「金の切れ目が縁(えん)の切れ目」にあたる.

come into ～ **～に入って来る**

come of ～ **～から生じる**; **～の生まれである**

- Nothing **comes of** nothing. 無からは何も生じない.
- He **comes of** a good family. 彼は名門の出だ.

come of age **成年に達する**

come off **取れる,外れる,抜(ぬ)ける,(ペンキなどが)はげる**

come on ① **やって来る**

- Winter is **coming on**. 冬が近づいている.

② 《命令文で》**さあ来い,さあやろう,さあさあ,早く早く,頑張(がんば)れ**

- **Come on**, everybody! さあ,みんなおいで.
- Okay. **Come on**. よし.さあやろう.

comedian

③ まさか
- Oh, **come on**! あら，まさか．

Come on in! さあお入りなさい

come out 出る，出て来る，(歯が)抜ける；(花が)咲(さ)く

come out of ～ ～から出て来る

come over (こちらへ)やって来る
- **Come over** here [to my house]. こっちへ[うちへ]いらっしゃい．

come round =come around

come to 正気づく，意識を取り戻す

come to (*do*) ～ →❹❺

come up 上がる，昇(のぼ)る，登る；やって来る

come up to ～ ～に近づく，～の所までやって来る
- An old gentleman **came up to** her. 1人の老紳士(しんし)が彼女に近づいて来た．

come upon ～ ～を突然(とつぜん)襲(おそ)う；～に偶然(ぐうぜん)出会う，～を偶然見つける

come up with ～ (答え・意見などを)出す，考えつく

How come (～)**?** 《話》(～は)なぜですか；どうして(～)ですか →**how** 成句

comedian 小 /kəmíːdiən コミーディアン/ 图
喜劇役者，コメディアン

comedy /kámədi カメディ/ 图 (履 come-dies /kámədiz カメディズ/) 喜劇 関連語 trag-edy (悲劇)

comer /kámər カマー/ 图 (ふつう複合語で)(ある場所に)やってくる[きた]人，来場者
- new-**comer** 新参(しんざん)者

comet /kámit カメト/ 图 彗星(すいせい)，ほうき星

comfort /kámfərt カンふォト/ 图 ❶ 慰(なぐさ)め；慰めになる物[人] ❷ ここちよさ，快適さ
- live **in comfort** 快適に[不自由なく]暮らす
—— 動 慰める

comfortable A2 /kámfərtəbl カンふォタブる/
形 ここちよい，楽な，快適な
- a **comfortable** room 快適な部屋
- feel **comfortable** 気持ちがよい，くつろいだ気分になる
- We are **comfortable** in our new house. 私たちは新居で快適に暮らしています．
- Please make yourself **comfortable**. どうぞお楽にしてください．→make *A B* (形容詞)は「AをBにする」．
- I'm **comfortable with** him. 私は彼といると気分がくつろぐ．

comfortably /kámfərtəbli カンふォタブリ/ 副
楽に，不自由なく；気持ちよく

comfy /kámfi カンふィ/ 形 比較級 **comfier**
/kámfiər カンふィア/； 最上級 **comfiest**
/kámfiist カンふィエスト/) 《話》心地よい (com-fortable)

comic 中 A2 /kámik カミク|kɔ́mik コミク/ 形
❶ 滑稽(こっけい)な；漫画(まんが)の
- a **comic** strip (新聞・雑誌の数コマの)漫画
- a **comic** writer ユーモア作家 → 「漫画家」は cartoonist.
❷ 喜劇の 関連語 「喜劇」は comedy.
—— 图 ❶ (**comics** で) (新聞・雑誌などの数コマの)漫画 (comic strip) →**cartoon**
❷ 喜劇俳優，コメディアン (comedian)

comical /kámikəl カミカる/ 形 滑稽(こっけい)な
(funny)

cómic bòok 图 漫画(まんが)の本[雑誌]

coming /kámiŋ カミング/ 動 **come** の -ing
形 (現在分詞・動名詞)
—— 形 来(きた)るべき，今度の
- the **coming** examination 今度の試験
—— 图 来ること，到来
- the **coming** of spring 春の到来
- **Coming**-of-Age Day 成人の日 →**come of age** (come 成句)

comma /kámə カマ/ 图 コンマ(,)

command /kəmǽnd コマンド/ 動 ❶ 命令する，指揮する ❷ (景色などを)見晴らす
—— 图 ❶ 命令，指揮 ❷ 自由に使う力

commander /kəmǽndər コマンダ/ 图 指揮者，司令官

commencement /kəménsmənt コメンスメント/ 图 ❶ 始まり，開始 ❷ 《米》卒業式 (grad-uation)

comment /káment カメント/ 图 (短い)論評，批評，意見，解説，コメント
- **make** a **comment** 意見を述べる，コメントする
- write a **comment** on ～ ～について短い論評を書く
- **No comment**. 何も言うことはない，ノーコメント．
—— 動 (**comment on ～** で) ～について論評する，批評する，解説する

commerce /káməːrs カマ〜ス/ 图 商業；貿易

commercial /kəmə́ːrʃəl コマ〜シャる/ 形 商

業(上)の; 営利的な; (ラジオ・テレビなど)民間放送
の

── 名 (ラジオ・テレビの)**コマーシャル** →**ad-
vertisement**

commit /kəmít コミト/ 動 (三単現 com-
mits /kəmíts コミツ/; 過去・過分 commit-
ted /kəmítid コミテド/; -ing形 committing
/kəmítiŋ コミティング/)
(罪・あやまちなどを)犯(おか)す

commitment A2 /kəmítmənt カミトメント/
名 ❶約束 ❷かかわり, 取り組み, 参加

committee /kəmíti コミティ/ 名 委員会;
委員たち ← 1つの団体とみる時は単数扱(あつか)い,
委員の一人一人を考える時は複数扱い.
•a **committee** meeting 委員会の会合
•He is a member of the **committee**. =
He is on the **committee**. 彼はその委員会
のメンバー[委員]です.
•The **committee** meets every Friday.
委員会は毎週金曜日に開かれる.
•All the **committee** are present today.
きょうは委員は全員出席だ.

commodity /kəmádəti コマディティ/ 名 (複
commodities /kəmádətiz/) (しばしば
commodities で)商品, 必需(ひつじゅ)品, 日用品

commodore /kámədɔːr カモドー/ 名
❶海軍准将(じゅんしょう) ← 少将と大佐(たいさ)の中間の
位で戦時中にだけ設けられる. ❷提督(ていとく) ← 特
殊(とくしゅ)な艦隊(かんたい)の指揮官につけられる称号
で, ふつう大佐が任ぜられる.

common 中 A2 /kámən カモン/ 形
❶共通の, 共有の, 共同の
•**common** interests 共通の利害
•They came from different countries,
but their **common** language was Eng-
lish. 彼らはそれぞれ違(ちが)う国の出身でしたが,
彼らの共通の言語は英語でした.
•The wish for peace is **common** to us
all. 平和への願いは私たちみんなに共通です.
❷ふつうの, よくある; ありふれた, 平凡(へいぼん)な
•the **common** people 一般(いっぱん)大衆, 庶
民(しょみん)
•a **common** mistake よくある間違(まちが)い
•This flower is very **common** in Japan.
この花は日本ではごくふつう(に見かける花)です.
•"E" is the most **common** letter in the
English language. 英語では E が一番よく使
われる文字です.

── 名 共有地, 公有地; 中央広場, 公園
in common 共通に, 共同で
•They have nothing **in common**. 彼らに
は全く共通点がない.
•This has much **in common with** that.
これはそれと共通する点が多い.

commonly /kámənli カモンリ/ 副 ふつうに,
一般(いっぱん)に

cómmon sénse 名 常識(的判断力), 良識

commonwealth /kámənwelθ カモンウェる
す/ 名 ❶(大衆の福祉(ふくし)のための)国家, 共和
国; 共同体, 連邦(れんぽう)
❷(the Commonwealth (of Nations)
で)イギリス連邦 ←the British Common-
wealth of Nations ともいう. →見出し語

communicate 中 A2 /kəmjúːnəkeit コミ
ューニケイト/ 動 意思を伝達する, 連絡(れんらく)する,
文通する; (考え・情報・熱などを)伝える
•**communicate with** one another by
telephone 電話でお互(たが)いに連絡し合う

communication 中 A2 /kəmjuːnə-
kéiʃən コミューニケイション/ 名
❶情報の伝達, 意思の疎通(そつう), 通信
•a means of **communication** コミュニケ
ーションの手段
•mass **communication** マスコミ →新聞・
放送などによる大衆への情報の伝達. →**mass
communication**
❷(しばしば **communications** で)交通機
関, 連絡(れんらく)手段, 通信手段 →電話・ラジオ・テ
レビ・道路・鉄道など. →**mass media**

communism /kámjunizm カミュニズム/ 名
共産主義

communist /kámjunist カミュニスト/ 名
共産主義者

community /kəmjúːnəti コミューニティ/ 中
名 (複 **communities** /kəmjúːnətiz コミュー
ニティズ/) ❶(地域)社会, 地元 ❷(生活)共同体 →
ある目的のためにいっしょに生活している人々.

commúnity cènter 名 公民館
commúnity chèst 名 共同募金(ぼきん) →
chest ❸

commúnity cóllege 名 《米》(市町村か
ら財政的援助(えんじょ)を受けている)短期大学 (jun-
ior college)

commute /kəmjúːt コミュート/ 動 (交通機関
を利用して)通勤する

commuter /kəmjúːtər コミュータ/ 名 (交通

compact 136 one hundred and thirty-six

機関を利用して通勤する)**通勤者**

•**commuter** train 通勤電車

•**commuter** plane (近距離)旅客(りょかく)機

compact /kəmpǽkt コンパクト/ 形 ぎっしり
詰(つ)まった; かさばらない, (車などが)小型の

compáct dísc 名 コンパクトディスク, CD

companion /kəmpǽnjən コンパニョン/ 名
仲間, 友達; 連れ, 話し相手

company 中 A2 /kʌ́mpəni カンパニ/ 名
(®** companies** /kʌ́mpəniz カンパニズ/)

❶ **会社** →Co.

•a publishing **company** 出版社

❷ 付き合い, 仲間; いっしょにいること, 同席

•have **company** 仲間[友達]ができる

•You know a man **by** his **company**. 人
はその仲間でわかる.

•Don't **keep** bad **company**. 悪い友達と付
き合うな. →×a company, ×companies と
しない.

•Bob is fun and I **enjoy** his **company**.
He is good **company**. ボブはおもしろいの
で私は彼といっしょにいるのが好きです. 彼はいい
仲間です.

ことわざ Two's **company**, three's a
crowd. 2人なら仲良し, 3人になるとただの群
れ. →「3人になると仲間割れする」の意味.

comparative A2 /kəmpǽrətiv コンパラティ
ヴ/ 形 ❶ 比較(ひかく)の; 比較的な, かなりの

❷ 《文法》比較級の

comparatively /kəmpǽrətivli コンパラティ
ヴリ/ 副 比較(ひかく)的, 割合に

compare A2 /kəmpéər コンペア/ 動

❶ 比較(ひかく)する, 比べる

•**compare** the two dictionaries 2冊の辞
書を比べる

•I **compared** my new bike **with** [**to**]
the old one. 私は新しい自転車を古いのと比べ
てみた.

❷ たとえる

•**compare** sleep **to** death 眠(ねむ)りを死にた
とえる

•Life **is** often **compared to** a voyage.
人生はよく航海にたとえられる. →受け身の文.

❸ 比べられる, かなう →ふつう否定文か疑問文で
使う.

•My painting cannot **compare with**
his. 私の絵は彼のとは比べものにならない(ほど
下手だ).

(**as**) **compared with** [**to**] ~ ~と比較す
ると

compare A **with** B A を B と比べる. →
compare ❶

comparison /kəmpǽrəsn コンパリスン/ 名

❶ 比較(ひかく); 比較できること, 類似(るいじ)点

❷ 《文法》(形容詞・副詞の)比較変化

compartment /kəmpáːrtmənt コンパートメ
ント/ 名 ❶ 仕切り, 区画; (仕切られた)棚(たな)

•a baggage **compartment** 手荷物入れ

❷ (客車の)コンパートメント →ヨーロッパでは客
車は10個ほどの個室に仕切られ, 4~6人が向かい
合って座(すわ)れる. アメリカでは洗面設備などもあ
る寝台(しんだい)車の個室を指す.

compass /kʌ́mpəs カンパス/ 名 ❶ 羅針盤(らし
んばん) ❷ (**compasses** で) コンパス

compete /kəmpíːt コンピート/ 動 競争する,
争う

•**compete** in a race 競走に出る

•**compete with** him **for** a prize 賞を得よ
うと彼と争う

competition A2 /kɑmpətíʃən カンペティショ
ン/ 名 競争; 試合, 競技会, コンペ

complain A2 /kəmpléin コンプレイン/ 動 不平
を言う, こぼす; (痛みなどを)訴(うった)える

•**complain about** the food 食べ物につい
て不平を言う

•**complain of** a headache 頭痛を訴える,
頭が痛いと言う

complaint A2 /kəmpléint コンプレイント/ 名
不平, 苦情, クレーム →claim

•make [have] a **complaint about** ~ ~
について苦情を言う, クレームをつける[苦情があ
る, 困っていることがある]

complement /kɑ́mpləmənt カンプルメント/
名 《文法》補語

> **文法　ちょっとくわしく**
>
> 「補語」というのは「欠けているところを補
> う語」という意味. たとえば is という語を
> 「~です」という意味で使う時は「~」のと
> ころにある語を補わないと文が不完全にな
> る. He is a student. (彼は生徒です)と
> いう文で, a student (生徒)という語は
> 「~です」の「~」のところを補っている
> から補語という.

complete A2 /kəmplíːt コンプリート/ 形 (全部
そろっていて)完全な; 全くの; でき上がった →

one hundred and thirty-seven　137　**concert**

perfect
- the **complete** works of Soseki　漱石全集
── 動 完成する，仕上げる，終える
- **complete** a marathon　マラソンを完走する
- This picture is not **completed** yet. この絵はまだでき上がっていない．

completely /kəmplíːtli コンプリートリ/
完全に，全く，すっかり

complex /kəmpléks コンプれクス|kɔ́mpleks コンプれクス/ 形 複雑な，込（こ）み入った；複合の
── /kámpleks カンプれクス/（→形容詞とのアクセントの位置の違（ちが）いに注意）名 ❶複合施設；コンビナート ❷《心理》コンプレックス

complicated /kámpləkeitid カンプリケイテド/ 形 複雑な，やっかいな

compliment /kámpləmənt カンプリメント/ 名 ほめ言葉，お世辞
── /kámpləment カンプリメント/ 動 お世辞を言う，ほめる

compose /kəmpóuz コンポウズ/ 動
❶（詩・文などを）作る，作曲する；（絵を）構図する
❷組み立てる，構成する

composer A2 /kəmpóuzər コンポウザ/ 名 作曲家

composition /kampəzíʃən カンポズィション/ 名 （詩・文などを）作ること，作文，作詩，作曲；構図;（文学・絵・音楽などの）作品

compost /kámpoust カンポウスト/ 名 堆肥（たいひ）

compound /kámpaund カンパウンド/ 形 合成の，複合の
── 名 ❶混合物，合成物；化合物
❷（塀（へい）で囲まれている）敷地（しきち），構内 →いくつかの建物群を含（ふく）めていう．

comprehend /kamprihénd カンプリヘンド/ 動 ❶理解する（understand）
❷包含（ほうがん）する

comprehensive /kamprihénsiv カンプリヘンスィヴ/ 形 総合的な，包括（ほうかつ）的な

compulsory /kəmpÁlsəri コンパるソリ/ 形 強制的な，義務づけられている；必修の

compute /kəmpjúːt コンピュート/ 動 計算する；コンピューターを使う

computer 小 A1 /kəmpjúːtər コンピュータ/ 名 コンピューター
- The data is kept on **computer**. そのデータはコンピューターに保存されている．

compùter prógrammer 名 コンピューター・プログラマー →コンピューターのプログラム作成を担当する技術者．

con[1] /kán カン/ 名 反対投票，反対論
反対語 pro（賛成）

con[2] /kán カン/ 動（三単現 cons /kánz カンズ/；過去・過分 conned /kánd カンド/；-ing形 conning /kániŋ カニング/）《話》だます，ぺてんにかける

conceal /kənsíːl コンスィーる/ 動 隠（かく）す（hide）

conceit /kənsíːt コンスィート/ 名 うぬぼれ

conceited /kənsíːtid コンスィーテド/ 形 うぬぼれた，思い上がった

concentrate A2 /kánsəntreit カンセントレイト/ 動 （注意・努力などを）集中する；専念する，（1点に）集中する
- **concentrate** *one's* attention **on** [**upon**] ～　～に注意を集中する
- Population tends to **concentrate** in cities. 人口は都市に集中する傾向（けいこう）がある．

concentration /kansəntréiʃən カンセントレイション/ 名 集中，専念

concern A2 /kənsáːrn コンサ～ン/ 動
❶～に関係する，関わる →**concerned**
- The problem of world peace **concerns** all of us. 世界平和の問題は私たちすべてに関係がある．
❷心配させる →**concerned**
- His poor health **concerns** his parents. 彼の病弱な体は彼の両親を心配させる．
concern one**self** *about* ～　～を心配する
concern one**self** *with* [*in*] ～　～に関係する
── 名 関係（のある事），関心（事）；心配

concerned /kənsáːrnd コンサ～ンド/ 形
❶関係している；（名詞の後につけて）関係～
❷心配している
as far as ～ *be concerned*　～に関する限りは

concert 中 A1 /kánsərt カンサト|kɔ́nsət コンサト/ 名 演奏会，音楽会，コンサート →**recital**
- a **concert** hall　演奏会場，コンサートホール
- at a **concert**　演奏会で

concise 138 one hundred and thirty-eight

• **give a concert** 演奏会を開く

concise /kənsáis コンサイス/ (→アクセントの位置に注意) 形 簡潔な

conclude /kənklú:d コンクるード/ 動
❶ (話・論説などを)締(し)めくくる, 終える; 終わる
❷ 結論する, 断定する, 決める
Concluded. (連載(れんさい)物などの)終わり, 完結
To be concluded. 次回完結 →To be continued. は「次回に続く」.

conclusion /kənklú:ʒən コンクるージョン/ 名 結論; 結末
• **in conclusion** 終わりに, 結論として
• **come to** the **conclusion that** ～ ～という結論に達する

concrete /kánkri:t カンクリート/ 形 ❶ 具体的な ❷ (建築に使う)コンクリートの
—— /kánkri:t カンクリート/ 名 コンクリート

condition 中 A2 /kəndíʃən コンディション/ 名
❶ 状態; 健康状態; (しばしば **conditions** で) (周囲の)状況(じょうきょう), 事情
• **weather conditions** 天候状態
• **living conditions** 生活状況
• I am **in** good **condition** today. 私はきょうはいい状態にある[体調がいい].
• The old house is **in** poor **condition**. その古い家はひどい状態だ[傷(いた)みがひどい].
❷ 条件
• **on** this **condition** この条件で
on condition that ～ ～するという条件で, もし～するなら (if)
• I'll go **on condition that** you'll go [you go], too. もし君も行くなら私も行く.

conditioner /kəndíʃənər コンディショナ/ 名
(髪(かみ)をシャンプーしたあとに使う)リンス →英語の rinse をこの意味で使うのは和製英語. rinse ＝すすぎ(洗い).

condominium /kandəmíniəm カンドミニアム/ 名 分譲(ぶんじょう)マンション[アパート]

condor /kándər カンダ/ 名 《鳥》コンドル →南米産大ハゲワシで, vulture の一種.

conduct /kándəkt カンダクト/ 名 行い, 振(ふ)る舞(ま)い
—— /kəndʌ́kt コンダクト/ (→名詞との発音の違(ちが)いに注意) 動 ❶ 案内する (guide), 導く; (熱・電気などを)伝導する ❷ (音楽の)指揮をする

conductor /kəndʌ́ktər コンダクタ/ 名
❶ 案内人; (電車・バスの)車掌(しゃしょう); 《米》列車

の)車掌 (《英》guard) ❷ (オーケストラ・合唱団などの)指揮者

cone /kóun コウン/ 名 円すい(形の物)

confectioner /kənfékʃənər コンフェクショナ/ 名 菓子(かし)製造業者[販売(はんばい)店主], お菓子屋さん

confectionery /kənfékʃəneri コンフェクショネリ/ 名 ❶ 菓子(かし) →集合的にケーキ・砂糖菓子類をいう. ❷ 菓子店 (candy store)

conference /kánfərəns カンファレンス/ 名 会議, 会談, 協議
• **hold** a **conference** 会議を開く, 協議する
• **at** a press **conference** 記者会見で

confess /kənfés コンフェス/ 動 白状する, (罪などを)認める, 告白する

confidence /kánfədəns カンフィデンス/ 名
❶ 信頼(しんらい), 信用 (trust)
❷ (「自分への信頼」という意味で)自信

confident A2 /kánfədənt カンフィデント/ 形 確信して, 自信のある
• be **confident of** success 成功を確信している

confine /kənfáin コンファイン/ 動 ❶ 制限する (limit) ❷ 閉じ込(こ)める, 監禁(かんきん)する

confirm /kənfə́:rm コンファ～ム/ 動 三単現 **confirms** /kənfə́:rmz コンファ～ムズ/; 過去・過分 **confirmed** /kənfə́:rmd コンファ～ムド/; -ing形 **confirming** /kənfə́:rmiŋ コンファ～ミング/） 確認する; (正しいと)認める
• I called the front desk to **confirm** my reservation. 私は予約の確認をするためフロントに電話をかけた.

confirmation /kɑ:nfərméiʃən カーンファメイション/ 名 確認

conflict /kánflikt カンフリクト/ 名 ❶ 争い, 闘争(とうそう) ❷ (意見・利害などの)衝突(しょうとつ), 対立

confuse A2 /kənfjú:z コンフューズ/ 動 ❶ 混乱させる, まごつかせる ❷ 混同する
• I **confused** your twin brother **with** you. 私は君の双子(ふたご)の兄[弟]と君を間違(まちが)えた.

confused A2 /kənfjú:zd コンフューズド/ 形 混乱した, ごちゃごちゃした; まごついた

confusing /kənfjú:ziŋ コンフューズィング/ 形 (頭などを)混乱させる, ごちゃごちゃさせる

confusion /kənfjú:ʒən コンフュージョン/ 名 混乱; 混同; まごつき

congratulate /kəngrætʃuleit コングラチュレ

イト/ [動] ～におめでとうと言う
congratulation /kəngrætʃuléiʃən コングラチュレイション/ [名] お祝い; (**congratulations** で) おめでとう(という言葉)

会話
I passed!—Congratulations!
合格したわ!—おめでとう!

- The children **gave** the teacher their **congratulations on** her birthday. 子供たちは先生に「お誕生日おめでとう」と言った.

congress /káŋgrəs カングレス/ [名] ❶(代表者)会議, 大会 ❷(**Congress** で)(米国の)議会, 国会 →上院(the Senate)と下院(the House of Representatives)から成る. →**Capitol**
[類似語] 英国の「国会」は **Parliament**, 日本の「国会」は **the Diet**.

conj. [略] =**conj**unction (接続詞)

conjunction /kəndʒʌ́ŋkʃən コンチャンクション/ [名] 《文法》接続詞 →and, or, when, if など.

connect 中 /kənékt コネクト/ [動] 結び付ける, つなぐ; つながる, (列車などが)接続[連結]している

- This road **connects with** route 16 about 300 meters from here. この道はここから300メートルぐらい先で16号線とつながっている.
- They **connected** the trailer **to** the car. 彼らはトレーラーを車に接続した.
- This computer is **connected to** a color printer. このコンピューターはカラープリンターとつながっている.

Connecticut /kənétikət コネティカト/ [固名] コネティカット →アメリカ北東部の州. **Conn.**, (郵便で) **CT** と略す.

connection /kənékʃən コネクション/ [名]
❶ 接続(すること); つながり, 関係
- His absence has no **connection with** that accident. 彼の欠席はあの事故とは何の関係もない.
❷ (商売上の)縁故(えんこ), コネ
- He has a lot of **connections in** journalism. 彼はジャーナリズム関係に多くのコネを持っている.
❸ (乗り物などの)接続, 連結(する物)
- The bus runs **in connection with** the ferry. バスはフェリーに連絡(れんらく)している.

conquer /káŋkər カンカ/ [動] 征服(せいふく)する; 克服(こくふく)する (overcome)

conqueror /káŋkərər カンカラ/ [名] 征服(せいふく)者

conquest /káŋkwest カンクウェスト/ [名] 征服(せいふく); 克服(こくふく)

conscience /kánʃəns カンシェンス/ [名] 良心, 善悪を判断する心

conscious /kánʃəs カンシャス/ [形] 気づいて[意識して]いる; 意識のある; 意識的な

consent /kənsént コンセント/ [動] 同意する, 承諾(しょうだく)する
—— [名] 同意, 承認

consequence A2 /kánsikwəns カンスィクウェンス/ [名] 結果 (result)
- **as a consequence** = **in consequence** その結果, そのために (consequently)

consequently /kánsikwəntli カンスィクウェントリ/ [副] その結果, したがって

conservative /kənsə́ːrvətiv コンサ～ヴァティヴ/ [形] 保守的な; 保守主義の
—— [名] 保守的な人, 保守主義者; (**Conservative** で)(英)保守党員

consider A2 /kənsídər コンスィダ/ [動]
❶ よく考える, 熟慮(じゅくりょ)する, 考慮(こうりょ)する (think over)
- **Consider** it before you decide. 決める前にそれをよく考えなさい.
❷ ～と思う, ～と考える (think)
- I **consider** him honest. = I **consider that** he is honest. 私は彼は正直であると思う.

considerable /kənsídərəbl コンスィダラブる/ [形] (考えてみる (consider) 価値があるほど)重要な, 無視できない; 相当な, かなりの

considerably /kənsídərəbli コンスィダラブリ/ [副] ずいぶん, かなり

considerate /kənsídərət コンスィダレト/ [形] 思いやりのある, 思慮(しりょ)深い

consideration /kənsidəréiʃən コンシダレイション/ 图 熟慮(じゅくりょ), 考慮(こうりょ); 思いやり

considering /kənsídəriŋ コンシダリンゲ/ 前 〜を考えると, 〜を考慮(こうりょ)すれば, 〜のわりには

consist A2 /kənsíst コンスィスト/ 動 (**consist of 〜** で) 〜から成る
• Japan **consists of** four main islands. 日本は4つの主な島から成っている.

constant /kánstənt カンスタント/ 形 ❶絶え間ない ❷変わらない, 一定の

constantly /kánstəntli カンスタントり/ 副 絶えず, いつも

constellation /kɑnstəléiʃən カンステれイション/ 图 星座

constitution /kɑnstətjúːʃən カンスティテューション/ 图 ❶憲法 ❷体格, 体質

Constitútion Dày 图 (日本の)憲法記念日 ➡5月3日.

construct /kənstrʌkt コンストラクト/ 動 建設する, 建造する

construction /kənstrʌkʃən コンストラクション/ 图 建設, 建造, 工事; 建物

consult /kənsʌlt コンサるト/ 動 ❶(専門家に)意見を聞く; (医者に)診察(しんさつ)してもらう ❷(辞書・参考書・地図などを)調べる

consultant /kənsʌltənt コンサるタント/ 图 (専門分野についての)助言者, コンサルタント

consume /kəns(j)úːm コンス(ュ)ーム/ 動 消費する (use up); 使い果たす, 費(つい)やす (spend)

consumer /kəns(j)úːmər コンス(ュ)ーマ/ 图 消費者

consumption /kənsʌmpʃən コンサンプション/ 图 消費; 消費高

contact 中 A2 /kántækt カンタクト/ 图 接触(せっしょく); 連絡(れんらく); 近づき, 付き合い
• **be** [**get**] **in contact with 〜** 〜と接触している[する], 〜と連絡している[する]
• **come in contact with 〜** 〜と接触[交際]する
—— 動 (人と)連絡をとる, 接触する
• Please **contact** me. 私と連絡をとってください[(いつも)消息を私に知らせるようにしてください].

cóntact lèns 图 コンタクトレンズ

contain /kəntéin コンテイン/ 動 ❶含(ふく)む, 入れている ❷(感情などを)おさえる; 制御(せいぎょ)する, 規制する (control)

container A2 /kəntéinər コンテイナ/ 图 入れ物, 容器, 箱; (貨物を輸送する)コンテナ

contemporary /kəntémpəreri コンテンポレリ/ 形 ❶(人・作品が)同時代の, その当時の ❷現代の (modern)
—— 图 (働 **contemporaries** /kəntémpəreriz コンテンポレリズ/) 同時代の人

content[1] /kántent カンテント/ 图 (ふつう **contents** で)内容, 中身; (本の)目次
• the **contents** of a bag 袋(ふくろ)の中身
• the **content** of his speech 彼のスピーチの内容 ➡このように抽象(ちゅうしょう)的な「内容」は単数形.
• a table of **contents** (本の)目次

content[2] /kəntént コンテント/ (➡content[1]との発音の違(ちが)いに注意) 形 満足して ➡名詞の前にはつけない. → **contented**
—— 图 満足

contented /kənténtid コンテンテド/ 形 満足した

contentment /kənténtmənt コンテントメント/ 图 満足(すること)

contest 小 A1 /kántest カンテスト|
kɔ́ntest コンテスト/
競技, コンテスト, コンクール, 大会
• a speech **contest** 弁論大会, スピーチコンテスト
• a chorus **contest** 合唱コンクール
• a swimming **contest** 水泳競技(大会)
• **enter** a contest 競技に参加する

context A2 /kántekst カンテクスト/ 图 (働 **contexts** /kánteksts カンテクスツ/) ❶(文章・発言の)文脈, 前後関係 ❷(事件などの)背景

in this context この文脈では; これに関連して

continent A2 /kántənənt カンティネント/ 图 ❶大陸
• There are seven **continents** on the earth. 地球上には7つの大陸がある.
❷(**the Continent** で)(英国からみた)ヨーロッパ大陸

continental /kɑntənéntl カンティネントる/ 形 ❶大陸の, 大陸的 ❷(ふつう **Continental** で)(英国からみて)ヨーロッパ風の

continéntal bréakfast 图 ヨーロッパ風朝食 ➡ロールパンにコーヒー程度の簡素なもの. → **English breakfast**

141　**convenience store**

continual /kəntínjuəl コンティニュアる/ 形
(時々間をおいて)**長く続く**, **頻繁**(ひんぱん)**な**, たびたびの →**continuous**

continually /kəntínjuəli コンティニュアり/ 副
絶えず, **頻繁**(ひんぱん)**に**, しょっちゅう

continue 中 A2 /kəntínjuː コンティニュー/ 動
続ける; **続く**
・This path **continues** for miles along the river. この小道は川に沿って何マイルも続いている.
・Tom **continued** his work. トムは仕事を続けた.
・The ship **continued to** sink slowly. 船はゆっくりと沈(しず)み続けた.
・The old lady **continued talking** for ten minutes. 老婦人は10分間にわたって話し続けた.
・"Well," he **continued**. 「さて」と彼は言葉を続けた.
・The discussion will be **continued** next week. 討論は来週続けられるだろう. → **be** 助動 ❷
To be continued. (連載(れんさい)物が)**次回に続く** →**conclude** 成句

continuous /kəntínjuəs コンティニュアス/ 形
絶え間ない, **切れ目のない** →**continual**

contrabass /kɑ́ːntrəbeis カーントラベイス/ 名
《楽器》**コントラバス** →弦(げん)楽器の一種で, 音程(おんてい)が一番低い.

contract /kəntrǽkt コントラクト/ 動 **契約**(けいやく)**する**, **請**(う)**け負う**
──/kɑ́ntrækt カントラクト/ (→動詞との発音の違(ちが)いに注意) 名 **契約**(書)

contrary /kɑ́ntreri カントレリ/ 形 **逆の**, **反対の** (opposite)
──名 **逆**, **反対**
contrary to ～ ～**に反して**
on the contrary **逆に**, **それどころか**
to the contrary **それと反対に**(の)

contrast A2 /kɑ́ntræst カントラスト/ 名
対照, **コントラスト**; (著(いちじる)しい)**違**(ちが)**い**
・the **contrast between** black and white 黒と白のコントラスト
・There is a great **contrast between** life now and life 100 years ago. 今の生活と100年前の生活では大きな違いがある.
──/kəntrǽst コントラスト/ (→名詞との発音の違いに注意) 動 **比較**(ひかく)**対照する**; **対照を成す**

・**contrast** cats **with** [**and**] dogs ネコと犬を比較対照する
・His words **contrast with** his actions. 彼の言葉と行動は対照を成す[正反対だ].

contribute /kəntríbjuːt コントリビュート/ 動
寄付する; **貢献**(こうけん)**する**

contribution /kɑntrəbjúːʃən カントリビューション/ 名 **寄付**, **寄付金**; **貢献**(こうけん)

control 中 A2 /kəntróul コントロウる/ 動
(三単現 **controls** /kəntróulz コントロウるズ/; 過去・過分 **controlled** /kəntróuld コントロウるド/; -ing形 **controlling** /kəntróuliŋ コントロウりング/) **統制する**; **制御**(せいぎょ)**する**, **コントロールする**; (感情を)**おさえる**
・**control** one's anger 怒(いか)りをおさえる
・This computer **controls** all the machines. このコンピューターがすべての機械を制御している.
・Mary **controlled** her emotions. メアリーは自分の感情をおさえた.
・Trains on the Tokaido Shinkansen **are controlled** from the office in Tokyo. 東海道新幹線の列車は東京の指令所によって制御されている.
・The government is **controlling** the price of rice. 政府が米価を統制している.
──名 **統制**; **制御**; **抑制**(よくせい); (**controls** で)**制御装置**, **操縦装置**
・traffic **control** 交通整理
・The driver **lost control of** his car, and it went into the ditch. 運転手が車を制御しきれなくなり車は溝(みぞ)にはまり込(こ)んだ.
out of control **制御できない**, **コントロール不能な**
under control **制御**[**コントロール**]**された**

contról tòwer 名 (空港の)**管制塔**(とう)

convenience 小 A2 /kənvíːnjəns コンヴィーニェンス/ 名 **便利**, **都合**; **便利な物**
・if it suits your **convenience** もし都合がよければ
・Please answer **at** your earliest **convenience**. (あなたの最も早い都合のよい時に⇨)ご都合のつき次第(しだい)ご返事ください.
・Shopping by the Internet is a great **convenience**. インターネットで買い物ができるのはとても便利だ.

convénience stòre 中 名 **コンビニ**(**エンスストア**)

convenient

convenient 中 A2 /kənvíːnjənt コンヴィーニェント/ 形 便利な, 都合のいい
反対語 **inconvenient**(不便な)
- When is a **convenient** time for you to meet? 会うのに都合のいい時間は何時ですか[会うとすると何がいいですか].
- **It is** very **convenient to** live near the station. 駅の近くに住むのはとても便利だ.
- Let's meet at the station if it is **convenient for** you. もしご都合がよければ駅で会いましょう. → 「君が都合がよい」を ×you are convenient としない.

convention /kənvénʃən コンヴェンション/ 名
❶慣例, しきたり, 慣習 ❷(政治・学術などの)大会 ❸協定, 条約

conversation A1 /kɑ̀nvərséɪʃən カンヴァセイション|kɔ̀nvəséɪʃən コンヴァセイション/ 名
会話, (人との)話, 対話, 座談
- learn English **conversation** 英会話を習う
- **have** a **conversation with** ~ ~と話をする

convey /kənvéɪ コンヴェイ/ 動 ❶(感情などを)伝える ❷運ぶ, 運搬(うんぱん)する

conveyor /kənvéɪər コンヴェイア/ 名 運搬(うんぱん)する人[物]; ベルトコンベア

convéyor bèlt 名 ベルトコンベア

convince /kənvíns コンヴィンス/ 動 納得(なっとく)させる, 確信させる

convinced /kənvínst コンヴィンスト/ 形 確信して

coo /kúː クー/ 動 (ハトが)クークーと鳴く
—— 名 (複 **coos** /kúːz クーズ/) クークー(というハトの鳴き声)

cook 小 A1 /kúk クク/

動 ❶(熱を使って)料理する　　意味map
　❷(物が)料理される
名 料理する人, コック

—— 動 (三単現 **cooks** /kúks ククス/; 過去・過分 **cooked** /kúkt ククト/; -ing形 **cooking** /kúkɪŋ クキング/)
❶(熱を使って)料理する
何基本 **cook** dinner 食事を料理する → cook + 名詞.
何基本 She **cooks** very well. 彼女はとても料理がうまい. → cook + 副詞句.
- 関連語 He **cooked** fish and I **made** [**prepared**] salad. 彼は魚を料理し, 私はサラダをつくった. → サラダなどの熱を使わない「料理」には cook は使えない.

cook　　　make

- She **cooked** me dinner. = She **cooked** dinner **for** me. 彼女は私に夕食をつくってくれた.
- There is some **cooked** meat on the table. 食卓(しょくたく)には料理された肉が置いてある. → cooked (料理された)は過去分詞が形容詞のように使われたもの.
- Mom **is cooking** in the kitchen. 母は台所で料理をしている. → 現在進行形の文. → **is** 助動 ❶

❷(物が)料理される, 煮(に)える, 焼ける
- Potatoes **cook** slowly. ジャガイモはなかなか煮えない[焼けない].

—— 名 (複 **cooks** /kúks ククス/)
料理する人, コック → 性別に関係なく使う.
- She is a very good [poor] **cook**. 彼女はとても料理が上手[下手]です.

cookbook /kúkbʊk ククブク/ 名 (米)料理の本 ((英)cookery-book)

cooker A2 /kúkər クカ/ 名 (英)料理用レンジ ((米)range, stove)

cookery /kúkəri クカリ/ 名 料理法

cookery-book /kúkəri bʊk クカリ ブク/ 名 (英)=cookbook

cookie A1 /kúki クキ/ 名 (米)クッキー ((英)biscuit)

cooking 小 A2 /kúkɪŋ クキング/ 動
cook の -ing 形 (現在分詞・動名詞)
—— 名 料理; 料理法

cóoking schòol 名 料理学校

cool 小 A1 /kúːl クール/

形 ❶涼(すず)しい　　意味map
　❷(気持ちよく)冷たい
　❸冷静な

—— 形 (比較級 **cooler** /kúːlər クーら/; 最上級

coolest /kúːlist クーれスト/
❶ 涼しい →**warm** ❶
基本 a **cool** breeze 涼しいそよ風 →cool＋名詞．
基本 It's **cool** today. きょうは涼しい．→be動詞＋cool. It は漠然(ばくぜん)と「気温」を示す．
• Let's rest in the **cool** shade of a tree. 涼しい木陰(こかげ)で休みましょう．
• It gets **cooler** toward evening. 夕方には(だんだん)涼しくなる．
• Karuizawa is **the coolest** place near Tokyo in summer. 軽井沢は東京の近くでは夏一番涼しい所です．
❷ (気持ちよく)冷たい，(ほどよく)冷めた
• a **cool** drink 冷たい飲み物
• The soup isn't **cool** enough for the baby to drink yet. スープはまだ赤ちゃんが飲めるほどに冷めてない．
❸ 冷静な，落ち着いた (calm)；冷淡(れいたん)な
• look **cool** 冷静な顔をしている
反対語 We need a **cool** head and a **warm** heart. 私たちには冷静な頭と温かい心が必要だ．
❹《話》かっこいい，すごい，最高の
• a **cool** guy かっこいい男
会話 How was the picnic? —It was **cool**! ピクニックはどうだった？ —最高!
—— 動 (三単現 **cools** /kúːlz クーるズ/；過去・過去分 **cooled** /kúːld クーるド/；-ing形 **cooling** /kúːliŋ クーりンぐ/)
冷やす，涼しくする；冷える
cooler A2 /kúːlər クーら/ 形 **cool** の比較(ひかく)級
—— 名 (食物を冷やしておくアイスボックスなどの)冷却(れいきゃく)容器，冷却装置 →部屋の「クーラー」は **air conditioner**．
co-op /kóu àp コウアプ/ 名 生活協同組合(の売店)，生協(の店)
cooperate /kouǽpəreit コウアペレイト/ 動 協力する，連携(れんけい)する
cooperation /kouὰpəréiʃən コウアペレイション/ 名 協力，連携(れんけい)
• work **in cooperation with** 〜 〜と協力して働く，〜と連携する
cop A1 /káp カプ|kɔ́p コプ/ 名 《話》おまわりさん，警官 (police officer)
copier /kápiər カピア/ 名 コピー機，複写機 (photocopier)

copper /kápər カパ/ 名 銅；銅貨
copy A1 /kápi カピ|kɔ́pi コピ/ 名
(複 **copies** /kápiz カピズ/)
❶ 写し，複写，コピー，模写，複製；まね
• a **copy** of his letter 彼の手紙の写し
• This is not the original picture, but just a **copy** of it. これは原画ではなくて，それの複製にすぎない．
• Will you **make** two **copies** of the letter? その手紙のコピーを2通とってくれますか．
❷ (同じ本・新聞などの)1冊，1部
• Please get three **copies** of today's paper. きょうの新聞を3部買ってきて．
❸ 広告文，宣伝文
• **write copy** for 〜 〜のために広告文を書く
—— 動 (三単現 **copies** /kápiz カピズ/；過去・過去分 **copied** /kápid カピド/；-ing形 **copying** /kápiiŋ カピイング/)
写す，コピーをとる，複写する，模写する；まねる
• Ken never **copies** his neighbor's answers. ケンは決して隣(となり)の(席の)人の答えを見て写したりはしない．
• She **copied** her teacher's speech. 彼女は先生の話し方をまねした．
coral /kɔ́ːrəl コーラる/ 名 サンゴ
córal rèef 名 サンゴ礁(しょう)
cord /kɔ́ːrd コード/ 名 ひも；(電気の)コード → **string** より太く **rope** より細いもの．
core /kɔ́ːr コー/ 名 ❶ (ナシ・リンゴなどの)芯(しん) ❷ (**the core** で)(物事の)核心(かくしん)
cork /kɔ́ːrk コーク/ 名 コルク；コルクの栓(せん)
corkscrew /kɔ́ːrkskruː コークスクルー/ 名 コルクの栓抜(せんぬ)き
関連語 **bottle opener** (瓶(びん)の栓抜き)

cormorant /kɔ́ːrmərənt コーマラント/ 名 (鳥)ウ
corn 小 A1 /kɔ́ːrn コーン/ 名
❶《米》トウモロコシ (《英》maize)
❷《英》穀物；小麦 (wheat)，オートムギ (oat)
→ その地域における最重要穀物をいう．したがって

Corn Belt

イングランドでは「小麦」, スコットランドなどでは「オートムギ」のこと.

Córn Bèlt 固名 (the をつけて)《米》トウモロコシ地帯 ➔ 米国五大湖の南部と西部にわたる広大な耕地.

córn dòg 名 コーンドッグ, アメリカンドッグ ➔ ソーセージに衣をつけて揚(あ)げたもの.「アメリカンドッグ」は和製英語.

corned /kɔ́ːrnd コーンド/ 形 塩づけの ➔ corn は元来「小さな堅(かた)い粒(つぶ)」のことで,「塩の粒」⇒「塩の粒をふりかけた」⇒「塩づけにした」の意味.
• **corned** beef 牛肉の塩づけ, コンビーフ

corner 小 A1 /kɔ́ːrnər コーナ/ 名

❶ かど, 曲がりかど
• a **corner** store [shop] かどの店 ➔ スーパーに対して「町の店」を指すこともある.
• **at** [**on**] **the corner of** the street 町かどに[で]
• Turn left **at** the next **corner**. 次のかどを左に曲がりなさい.

❷ すみ
• **in the corner of** the room 部屋のすみに[で]

(*just*) **around the corner** すぐそこのかどを曲がった所に[で] ➔「すぐ近くに[で]」の意味でも使う.
• Christmas is **just around the corner**. クリスマスがもうそこのかどまで[すぐそこまで]来ている.

cornfield /kɔ́ːrnfiːld コーンふィールド/ 名《米》トウモロコシ畑;《英》麦畑 ➔ corn

cornflakes /kɔ́ːrnfleiks コーンふレイクス/ 名 複 コーンフレーク

corona /kəróunə カロウナ/ 名 ❶ = coronavirus ❷ コロナ ➔ 皆既(かいき)日食のとき太陽のまわりに見える白い光.

coronavirus /kəróunəvaiərəs カロウナヴァイアラス/ 名 コロナウイルス ➔ 人や動物に肺炎などの病気を引き起こすウイルスの一種.

corporation /kɔːrpəréiʃən コーポレイション/ 名 ❶ 法人 ➔ 一個人と同じように法律により権利・義務を認められた団体・組織体.
❷《米》株式会社

correct A1 /kərékt コレクト/ 形
正しい, 正確な
• the **correct** answer 正しい答え
• Your answer is **correct**. 君の答えは正しい.
—— 動 **訂正**(ていせい)**する, 直す**
• **correct** mistakes 誤りを訂正する
• **correct** a bad habit 悪い習慣を直す

correction /kərékʃən コレクション/ 名 直すこと, 訂正(ていせい); 訂正の書き込(こ)み

corréction flùid 名 修正液

corréction pén 名 修正ペン

correctly A2 /kəréktli コレクトリ/ 副 正しく, 正確に, 間違(まちが)いなく

correspond /kɔːrəspánd コーレスパンド/ 動 ❶ 一致(いっち)する; 相当する ❷ 文通する

correspondence /kɔːrəspándəns コーレスパンデンス/ 名 ❶ 一致(いっち) ❷ 文通, 通信;《集合的に》手紙 (letters)

correspondent /kɔːrəspándənt コーレスパンデント/ 名 (新聞社などの)通信員, 特派員

corridor /kɔ́ːrədər コーリダ/ 名 (ビル・学校などの)廊下(ろうか)

corrupt /kərápt コラプト/ 形 堕落(だらく)した; 腐敗(ふはい)した; 汚(よご)れた, 汚染(おせん)した
—— 動 堕落させる, 買収する; 腐敗する

cosmos /kázməs カズモス/ 名 ❶ (the cosmos で)(秩序(ちつじょ)のある統一体として考えられた)宇宙 ➔ universe のほうがふつう.
❷《植物》コスモス

cost A2 /kɔ́ːst コースト/ 動 (三単現 **costs** /kɔ́ːsts コースツ/; 過去・過分 **cost**; -ing形 **costing** /kɔ́ːstiŋ コースティング/) ➔ 原形・過去形・過去分詞がどれも同じ形であることに注意.

❶ (金が)かかる, (いくら)する
POINT cost は受け身にしない. 物事が主語となり, 人は主語にならない.
• This dictionary **costs** 1,800 yen. この辞書は1,800円だ.
• The trip will **cost** you 10,000 (読み方: ten thousand) yen. その旅行は(君にとって)1万円かかるでしょう.
• How much does it **cost** to fly to Ha-

waii? 飛行機でハワイへ行くのに費用はどれくらいかかりますか。→it=to fly.
• This book **cost** me a thousand yen. この本は1,000円した。→現在形の文なら, This book costs ~.
❷ (時間・労力・犠牲(ぎせい)などを)**要求する**
• His success **cost** him his health. (彼の成功は彼に健康を要求した ⇨)彼は成功したがそのため健康を害した.

―― 名 **費用, 値段, 価格; 原価**
• the **cost of** living 生活費
• **at cost** 原価で
• Can you repair this table **at little cost**? このテーブルを(安い値段で ⇨)安く直すことができますか.

at any cost = *at all costs* どんな犠牲を払(はら)っても, ぜひとも
at the cost of ~ ~の費用で; ~を犠牲にして

Costa Rica /kástə ríːkə カスタ リーカ/ 固名 コスタリカ→中米の共和国. 首都はサンホセ.

costly /kɔ́ːstli コーストリ/ 形 比較級 **costlier** /kɔ́ːstliər コーストリア/, **more costly** 最上級 **costliest** /kɔ́ːstliist コーストリエスト/, **most costly**) 高価な, ぜいたくな; 大きな犠牲(ぎせい)を伴(ともな)う, 高くつく

costume /kástjuːm カスチューム/ 名 (ある時代・民族などに特有の)**服装**; (舞台(ぶたい)などの)**衣装**(いしょう), **コスチューム**
• a Halloween **costume** ハロウィーン用の衣装
• a **costume** drama [play] 時代劇

cosy /kóuzi コウズィ/ 形 = cozy

cottage /kátidʒ カテヂ/ 名 ❶ 田舎(いなか)家, 小さな農家 ❷ (米)(避暑(ひしょ)地などの)別荘(べっそう), 山荘(さんそう)

cotton 中 /kátn カトン/ 名
❶《植物》綿, 綿花, 綿の木→**cotton plant** ともいう.
• grow **cotton** 綿を栽培(さいばい)する
❷ 木綿(もめん)(糸); 脱脂綿(だっしめん)
• a **cotton** shirt 木綿のシャツ
• This is made of **cotton**. これは木綿製だ.

cótton cándy 名《米》綿菓子(わたがし), 綿あめ((英)candyfloss)

couch A1 /káutʃ カウチ/ 名 寝椅子(いす), 長椅子

cougar /kúːgər クーガ/ 名《動物》アメリカラ

イオン, ピューマ (puma) →**mountain lion** ともいう.

cough /kɔ́ːf コーフ/ 名 せき; せき払(はら)い; せきの出る病気[状態]
• She **has** a bad **cough**. 彼女はひどいせきをしている.

―― 動 せきをする; せき払いをする

could 中 A1 /弱 kəd クド, 強 kúd クド/
(→Ⅰは発音しない) 助動

❶ **~することができた** →**can**(できる)の過去形.
• No one **could** answer this question. 誰(だれ)もこの問いに答えられなかった.
• Bob ran as fast as he **could**. ボブはできるだけ速く走った.

POINT 主節の動詞 (ran=run の過去)と同じ過去の「時」を示すために can の過去である could を用いたもの. 訳す時は主節の動詞のほうだけを過去(走った)にすればよい. 次の例も同じ.

• John said (that) he **could** swim across the river. = John said, "I can swim across the river." ジョンはその川を泳いで渡(わた)れると言った.
• I wish I **could** speak English well. (今は話せないが)英語を上手に話せたらなあ. →仮定法, 現在の事実とは異なることをいう.

❷ **(Could I** *do* **~? で) ~してよろしいでしょうか** →Can I *do* ~? の丁寧(ていねい)な言い方.

Could I use your dictionary? —Yes, of course you can.
あなたの辞書を使ってよろしいでしょうか.—ええ, もちろん, どうぞお使いください.
→答えは ×you *could* としない.

❸ **(Could you** *do* **~? で) ~してくださいませんか** →Can you *do* ~? の丁寧な言い方.

Could you tell me the way to the station? —Sure. Go two blocks along this street and you'll find it on your right.
駅へ行く道を教えていただけませんか.—はい. この道を2ブロック行くと右手にあります.

couldn't /kúdnt クドント/ (→l は発音しない)
  could not を短縮した形 →**can't**

council /káunsəl カウンスィる/ 名 会議, 協議会; (地方自治体の)議会

counsellor /káunsələr カウンセら/ 名《英》=counselor

counselor /káunsələr カウンセら/ 名
  ❶ 顧問(こもん) ❷ カウンセラー →学校その他で悩(なや)み事の相談を受けて指導や助言をする人.

count¹ 中 A2 /káunt カウント/ 動
  ❶ 数える
  • **count** (**up**) **to** sixty 60まで数える
  ことわざ Don't **count** your chickens before they are hatched. かえらないうちからひよこを数えるな. →「まだ手に入らぬうちからそれを当てにして計画を立てるな」の意味.「とらぬタヌキの皮算用(かわざんよう)」にあたる.
  • Pencils **are counted** by the dozen. 鉛筆(えんぴつ)はダース(単位)で数えられる. →**are** 助動 ❷

日本の数え方　　英米の数え方

  ❷ 数に入れる; 数に入る, 重要である
  • There are thirty people in the classroom, **counting** the teacher. 教室には先生も入れて30人います.
  • Every vote **counts** in an election. 選挙では1票1票が重要である.
  count down 秒読みする, カウントダウンする →10秒, 9秒, 8秒〜と逆読みすること.
  count in 勘定(かんじょう)に入れる
  count on [**upon**] 〜 〜を当てにする, 〜を頼(たよ)りにする
  count out 数から省く, 除外する
  ―― 名 数えること, 計算; 総数

count² /káunt カウント/ 名 (英国以外の西欧(せいおう)の)伯爵(はくしゃく) 類似語 **earl**(英国の伯爵)

counter¹ /káuntər カウンタ/ 名
  ❶ (銀行・商店などの)カウンター, 売り台
  ❷ 計算する人, 計算器, カウンター

counter² /káuntər カウンタ/ 動 逆らう; 打ち返す

countless /káuntlis カウントれス/ 形 数えきれない, 無数の

countries /kántriz カントリズ/ 名 **country** の複数形

country 小 A2 /kántri カントリ/ 名
  (複 **countries** /kántriz カントリズ/)
  ❶ 国, 国土
  • a rich **country** 富める国
  • foreign **countries** 外国
  • **all over the country** 国中に[で], 全国に[で]
  • Japan is my native [home] **country**. 日本が私の母国です.
  • Gestures are different **from country to country**. 身振(みぶ)りは国によって違(ちが)う.

  類似語 〈国〉
  country, state, nation の3語はすべて「国」という意味で使われるが, **country** は「国土」, **state** は「1つの政府のもとに統一された国」, **nation** は「共通の歴史・文化・言語を共有する人々の集まりとしての国」というニュアンスを持っている.

  ❷ (**the country** で) 国民 →単数扱(あつか)い.
  • **The** whole **country** doesn't want war. 国民はみんな戦争を望んでいない.
  ❸ (**the country** で) 田舎(いなか) (countryside); (名詞の前につけて) 田舎の
  • go out into **the country** 田舎へ行く
  • live in **the country** 田舎に住んでいる
  • a **country** road 田舎道
  • **country** life 田園生活
  ❹ (地形・気候などで独自の特徴(とくちょう)を持っている)地域, 地帯 → ふつう ×a, ×the をつけない.
  • snowy **country** 雪国

cóuntry and wéstern mùsic 名 =country music

cóuntry mùsic 名《米》カントリーミュージック →米国南部の白人移民の間に伝わる伝統音楽で, **country and western** ともいう. ギター・バンジョーなどで演奏される.

countryside A2 /kántrisaid カントリサイド/ 名 田舎(いなか), 田園地方
  • live in **the countryside** 田舎で暮らす

county /káunti カウンティ/ 名 (複 **counties** /káuntiz カウンティズ/) ❶ (英国・アイルランドの)州 →日本の「県」にあたる. ❷ (米国の)郡 →こ

れが集まり state (州)になる.
còunty fáir 名 《米》カウンティーフェア
郡内で毎年秋に行われる農産物・家畜(かちく)の品評会.

couple A2 /kʌ́pl カプる/ 名
❶ (2つのものから成る)一組, 一対(いっつい); 二人組
❷ (恋人同士の)カップル; 夫婦(ふうふ)
• an old **couple** 老夫婦
• You can see many young **couples** in this park on Sundays. 日曜にはこの公園に多くの若いカップルが見られる.
a couple of ~ 2つの, 2人の; 2~3の, いくつかの (a few)
• **a couple of** boys 男の子2人
• in **a couple of** days 2~3日のうちに

coupon /kú:pɑn クーパン/ 名 クーポン券

courage /kə́:ridʒ カ~レヂ/ 名 勇気
• a woman **of courage** 勇気のある女性
 ×*a* courage, ×courage*s* としない.
• show great **courage** すばらしい勇気を示す
• I don't think he has the **courage to** tell the truth. 彼は本当のことを言う勇気がないと私は思う.

courageous /kəréidʒəs カレイヂャス/ 形
勇敢(ゆうかん)な

course 小 A1 /kɔ́:rs コース/ 名

❶ 進路, 針路, コース; 方針
• a ship's **course** 船の針路
• Rivers change their **courses** little by little. 川は少しずつ進路を変える.
• The spaceship was **on course to** the moon. その宇宙船は月へ向かっての進路上にあった[月に向かって進んでいた].
❷ 進行, 成り行き, 経過
• during the **course** of the journey 旅をしている間に[旅の途中(とちゅう)で]
• **in** (**the**) **course of time** 時がたつうちに[やがて]
❸ (学校などの)課程, 講座
• a TV **course in** English テレビ英語講座
• **take** a summer **course** 夏期講座に出る
• She finished her **courses in** high school this year. 彼女は今年高等学校の課程を終えた.
❹ (ディナーで順々に出る料理の)品, コース
• a five-**course** dinner 5品料理
• Our main **course** was steak. メインコース[主となる料理]はステーキだった.
❺ (競走・水泳・ゴルフなどの)コース

of course もちろん

• Do you want to come with us?—**Of course** I do.
君も僕(ぼく)らといっしょに行くかい？—もちろん行くよ.

• You don't know him, do you?—**Of course** not.
君は彼を知らないだろうね.—もちろん知らないよ.

• Would you mail this letter for me? —Yes, **of course**.
この手紙を出してくれませんか.—ええ, いいですとも.

court A2 /kɔ́:rt コート/ 名
❶ 法廷(ほうてい), 裁判所
• the Supreme **Court** 最高裁判所
• They **brought** the case **into court**. 彼らはその事件を法廷に持ち込(こ)んだ.
❷ 宮廷(きゅうてい) ❸ (テニス・バスケットなどの)コート ❹ 中庭

cousin 中 A1 /kʌ́zn カズン/ 名

いとこ ふつうには「またいとこ」なども cousin という. より正確には **first cousin** (いとこ), **second cousin** (またいとこ. いとこの子)などという.

cover 中 A1 /kʌ́vər カヴァ/ 動

❶ 覆(おお)う, (覆い・カバーなどを)かける, かぶせる
• **cover** a table **with** a white cloth テーブルに白布をかける
• In January thick ice **covers** the lake. 1月には厚い氷がこの湖を覆う.
• The mountain will soon **be covered**

cow 148

with snow. 山はもうすぐ雪で覆われるだろう. → **be** 助動 ❷
- His shoes **were covered with** [**in**] mud. 彼の靴(くつ)は泥(どろ)だらけだった. → **were** 助動 ❷

❷ (しばしば **cover up** で) (覆い) 隠(かく)す
- He tried to **cover** (**up**) his mistake. 彼はミスを隠そうとした.

❸ まかなう; カバーする
- **cover** the expenses 費用をまかなう
- The pitcher **covered** first base. ピッチャーが1塁(るい)をカバーした.

❹ (範囲(はんい)が)〜にわたる; (ある距離(きょり)を)行く
- His farm **covers** three square miles. 彼の農場は3平方マイルにわたっている[の広さがある].
- The camel **covered** 10 miles that day. ラクダはその日10マイル進んだ.

❺ (記者が)取材する, 報道する
- **cover** an airplane crash 航空機墜落(ついらく)事故を取材する[報道する]

―― 名 覆い, カバー, ふた; 表紙; (身を)隠す物
関連語 「本のカバー」は **jacket**.

cover
jacket

take cover (風雨などから)避難(ひなん)する
under separate cover (郵便物を)別封(べっぷう)で, 別便で

cow 小 A1 /káu カウ/ 名
雌牛(めうし), 乳牛; 牛 → ふつう子を産んだ3歳(さい)以上の雌牛をいうが, 雌雄(しゆう)の別なく「牛」全般(ぜんぱん)を指すのにも使う.
- **keep** [**have**] **cows** 牛を飼う
- She is milking a **cow**. 彼女は牛の乳しぼりをしている.

イメージ・類似語・関連語 (cow)
bull や **ox** が「力の強い, 乱暴な」というイメージがあるのに対して, **cow** には「のんびりした」のイメージがある.
関連語 **bull** (雄牛(おうし)), **ox** (去勢された雄牛で農耕・運搬(うんぱん)用), **cattle** (飼牛全体をいう言葉); **beef** (牛肉), **moo** (鳴き声)

coward /káuərd カウアド/ 名 臆病(おくびょう)者; ひきょう者

cowboy /káubɔi カウボイ/ 名 カウボーイ

cozy /kóuzi コウズィ/ 形 (比較級 **cozier** /kóuziər コウズィア/; 最上級 **coziest** /kóuziist コウズィエスト/) (部屋など暖かくて)気持ちのよい, いごこちのよい (warm and comfortable)

crab /krǽb クラブ/ 名 カニ; カニの肉

イメージ (crab)
はさみを振(ふ)りかざして横に歩き, 不平を言っているようにいつも泡(あわ)を吹(ふ)いているので「気難しいひねくれ者」の意味で使う.

crack /krǽk クラク/ 名 ❶ ひび, 割れ目
❷ パチッ, ピシッ, パーン → むち・花火・銃(じゅう)などの音.
―― 動 ❶ ひびが入る, 割れる; 割る
❷ (むちなどが)パチッ[ピシッ]と鳴る; 鳴らす

cracker /krǽkər クラカ/ 名
❶ (パーティーなどで使う)クラッカー → 円すい形の紙筒(かみづつ)の先についているひもを引くとぱーんと爆発(ばくはつ)して中からテープなどが飛び出す.
❷ クラッカー → 薄(うす)焼きのビスケットで, チーズといっしょに食べることが多い.

cradle /kréidl クレイドル/ 名 揺(ゆ)りかご → 「(文明などの)発祥(はっしょう)地」などの意味でも使われる.

craft 小 /krǽft クラフト/ 名 (複 **craft**, **crafts** /krǽfts クラフツ/)
❶ (特別な)技術, 工芸; (熟練のいる)職業
❷ 船; 飛行機 (aircraft) → **spacecraft**

craftsman /krǽftsmən クラフツマン/ 名 (複 **craftsmen** /krǽftsmən クラフツマン/)
職人, 熟練工; 工芸家, 名工 → **craftsperson**

craftsperson /krǽftspə̀ːrsn クラフツパ〜スン/ 名 職人 → 性別を限定しないように, -man (男)の代わりに -person を用いたもの.

cram /krǽm クラム/ 動 (三単現 **crams** /krǽmz クラムズ/; 過去・過分 **crammed** /krǽmd クラムド/; -ing形 **cramming** /krǽmiŋ クラミング/)
無理に詰(つ)め込(こ)む; (教科の)詰め込み勉強をする
―― 名 押(お)し合いへし合い, 混雑; 詰め込み勉強

cranberry /krǽnberi クランベリ/ 名 (複 **cranberries** /krǽnberiz クランベリズ/) 《植物》クランベリー, ツルコケモモ → 赤いすっぱい小粒(こつぶ)の実はソース (**cranberry sauce**) や

ゼリーを作るのに用いる.

crane 🀄 /kréin クレイン/ 图 ❶《鳥》ツル
❷ 起重機, クレーン

crash /krǽʃ クラシュ/ 图 ❶（堅(かた)い物の上に堅い物が落ちる時の）ガチャン[ドシン]という音
• with a **crash** ガチャンと（音を立てて）
❷ 衝突(しょうとつ); 墜落(ついらく)
• a car **crash** 車の衝突
• an airplane **crash** 飛行機の墜落(事故)
❸（コンピューターの）突然(とつぜん)の故障, クラッシュ
—— 動 ❶ ガチャンと音を立てて倒(たお)れる[崩(くず)れる], ガチャンと落ちて壊(こわ)れる
❷ 衝突する; 墜落する
• His car **crashed into** a truck. 彼の車はトラックに衝突した.
❸（コンピューターが）急に動かなくなる, クラッシュする

crater /kréitər クレイタ/ 图 噴火(ふんか)口; （爆弾(ばくだん)・隕石(いんせき)などでできた）穴, （月面の）クレーター

crawl /kró:l クロ—ル/ 動 ❶ はう; （はうように）のろのろ進む ❷ クロールで泳ぐ
—— 图 ❶ はうこと, のろのろした動き
❷（the crawl で）クロール(泳法)

crayon 🄱 /kréiən クレイオン/ 图 クレヨン

crazy 🄰 /kréizi クレイズィ/ 形 比較級 **crazier** /kréiziər クレイズィア/; 最上級 **craziest** /kréiziist クレイズィエスト/)
❶ 気の狂(くる)った, 頭の変な (mad); ばかげた
❷ 熱狂(ねっきょう)した, 夢中の
• He is **crazy about** jazz music. 彼はジャズに夢中だ.

creak /krí:k クリーク/ 動 きーきー鳴る, きしる
—— 图 きーきーいう音

cream 🄱 🄰 /krí:m クリーム/ 图

❶ クリーム ➡ 牛乳の中の黄白(こうはく)色の脂肪(しぼう)分.
• whipped **cream** ホイップ(泡立ち)クリーム
• Butter and cheese are made from **cream**. バターやチーズはクリームからつくられる.
❷ クリーム菓子(がし)
• ice **cream** アイスクリーム
❸（化粧(けしょう)用などの）クリーム
—— 形 クリーム色の

créam pùff 图 シュークリーム ➡「シューク

リーム」は和製のカタカナ語.

creamy /krí:mi クリーミ/ 形 比較級 **creamier** /krí:miər クリーミア/; 最上級 **creamiest** /krí:mist クリーミスト/) クリームのような; クリームを多く含んだ → **cream** 图

create 🀄 🄰 /kriéit クリエイト/ 動
(新しく)つくり出す, 生み出す, 創作する
• God **created** the heaven and the earth. 神は天と地を創造した.
• All men are **created** equal. すべての人は平等につくられている.
• There we can see the wonders **created** by nature. そこで私たちは自然によってつくられた不思議な物を見ることができます. ➡ created は過去分詞(つくられた〜)で前の名詞 (the wonders) を修飾(しゅうしょく)する.

creation /kriéiʃən クリエイション/ 图 創造, 創作, 創設; 創造物, 創作品

creative 🄰 /kriéitiv クリエイティヴ/ 形 創造の, 創造的な; 独創的な
• **creative** power 創造力

creativity 🄰 /kri:eitívəti クリーエイティヴィティ/ 图 創造性[力]; 独創性[力]

creator /kriéitər クリエイタ/ 图 創造者; 創作者

creature 🄰 /krí:tʃər クリーチャ/ 图
❶ 生きもの, 動物
❷（愛情・軽蔑(けいべつ)などの意を込(こ)めて）人
• a poor **creature** かわいそうな人[やつ]

credit 🄰 /krédit クレディト/ 图 ❶ 信用, 信頼(しんらい) (trust) ❷ 名声, 名誉(めいよ), （〜にとって）名誉となるもの[人]
• He is a **credit to** our school. 彼はわが校の名誉です.
❸ 信用貸し, クレジット
• buy 〜 **on credit** 〜をクレジットで買う
❹《米》(科目の)履修(りしゅう)単位

crédit càrd 🄰 图 クレジットカード
• buy a camera **by credit card** [**with a credit card**] カメラをクレジットカードで買う

creek /krí:k クリーク/ 图 ❶《米》小川 ➡ **brook** よりは大きいもの. ❷《英》入り江(え)

creep /krí:p クリープ/ 動 (三単現 **creeps** /krí:ps クリープス/; 過去・過分 **crept** /krépt クレプト/; -ing形 **creeping** /krí:piŋ クリーピング/) はう; そっと入る[出る]

crept /krépt クレプト/ 動 **creep** の過去形・過去分詞

crescent /krésnt クレスント/ 图 三日月, 新月

→「新月」はイスラム教を表す紋章(もんしょう)に使われる (→**Red Crescent**). 関連語 a **full moon** (満月), a **half moon** (半月)

crested ibis /kréstid áibis クレステド アイビス/ 形 《鳥》**トキ**←crested は「とさかのある」の意味. →**ibis**

crew /krú: クルー/ 图 (船の)**乗組員**; (列車・飛行機などの)**乗務員**; (大学などの)**ボートチーム, クルー**; (いっしょに仕事をしている)**グループ** →一人一人でなく全員のことをいう.

crib /kríb クリブ/ 图 《米》**ベビーベッド** →「ベビーベッド」は和製英語.

cricket[1] /kríkit クリケト/ 图 **コオロギ**

cricket[2] A2 /kríkit クリケト/ 图 **クリケット** ←11人ずつの2組で行う野球に似た球技. 英国の伝統ある戸外スポーツでフェアプレーの精神を代表すると考えられた.
• It's not **cricket**. それはクリケットではない. →「それはフェアではない」の意味.

cried /kráid クライド/ 動 **cry** の過去形・過去分詞

cries /kráiz クライズ/ 動 图 **cry** 動 の3人称(にんしょう)単数現在形; **cry** の複数形

crime A2 /kráim クライム/ 图 **犯罪**; **罪悪** 類似語 crime は法律上の罪で, **sin** は道徳・宗教上の罪.
• **commit** a **crime** 罪を犯(おか)す

criminal /kríminəl クリミヌ ゚ル/ 形 **犯罪の**
―― 图 **犯罪者, 犯人** →**sinner**

cripple /krípl クリプ ゚ル/ 图 **身体障がい者; 足[体]の悪い人** →差別的な表現なので使わないこと.
―― 動 **足を不自由にする; だめにする, 破損する**

crisis /kráisis クライスィス/ 图 (複 **crises** /kráisi:z クライスィーズ/) **危機**, (運命・生死の)**分かれ目** →**critical** ③

crisp A2 /krísp クリスプ/ 形
❶ (菓子(かし)・野菜など)**ぱりぱり[かりかり]する**
❷ (空気が冷たく乾燥(かんそう)して)**爽(さわ)やかな, 身を引き締(し)めるような**
―― 图 (**crisps** で)《英》**ポテトチップス** (《米》chips)

crispy /kríspi クリスピ/ 形 (比較級 **crispier** /kríspiər クリスピア/; 最上級 **crispiest** /kríspist クリスピスト/) (食べ物が)**ぱりぱりする, かりかりする**

criteria /kraitíəriə クライティアリア/ 图 **criterion** の複数形

criterion /kraitíəriən クライティアリオン/ 图

(複 **criteria** /kraitíəriə クライティアリア/, **criterions** /kraitíəriənz クライティアリオンズ/) **基準, 規範(きはん); 尺度**

critic /krítik クリティク/ 图 **批評家, 評論家**

critical /krítikəl クリティカ ゚ル/ 形 ❶ **批評の** ❷ **批判的な** ❸ **極(きわ)めて重要な, 危機の; 危篤(きとく)の** 関連語 「危機」は **crisis**.

criticism /krítəsizm クリティスィズム/ 图 ❶ **批評, 評論** ❷ **批判, 非難**

criticize A2 /krítəsaiz クリティサイズ/ 動 ❶ **批判する, 非難する** ❷ **批評する**

croak /króuk クロウク/ 動 (カエル・カラスなどがしわがれた声で)**ゲロゲロ[グァーグァー]鳴く** →**caw**
―― 图 (カエル・カラスなどの)**ゲロゲロ[グァーグァー]という鳴き声**

crocodile /krákədail クラコダイ ゚ル/ 图 《動物》**ワニ** →特にアフリカ産のもの. →**alligator**

crocus /króukəs クロウカス/ 图 《植物》**クロッカス** ←早春に咲(さ)く花.

crop /kráp クラプ/ 图 ❶ **農作物, 作物**
• this year's rice **crop** 今年の米作
• Cotton is the main **crop** in this region. 綿花はこの地域の主要作物です.
❷ (作物の)**収穫(しゅうかく), 収穫高**
• We **had** a fine [rich, good] **crop** of grapes this year. 今年はブドウの収穫がよかった.
• The apple **crop** was very **small** [**large**] this year. 今年はリンゴの収穫がとても少なかった[多かった].

croquet /kroukéi クロウケイ|króukei クロウケイ/ 图 **クロッケー** ←芝生(しばふ)の上に鉄製の小門を立ててその間を木製の球を木づちで打って通す遊戯(ゆうぎ).

cross 小 A2 /kró:s クロース|krós クロス/ 图 **十字架(か); 十字形, ×印** →イエス・キリストは人類を救うために十字架上の死を遂(と)げたと伝えられていることから, 「十字架」はしばしば「(栄光に至る前の)苦難」の意味でも使われる.
• Jesus died **on** the **Cross**. キリストは十字架の上で[にかけられて]死んだ.
ことわざ No **cross**, no **crown**. 十字架なければ冠(かんむり)なし. →「苦難を乗り越(こ)えなければ栄冠(えいかん)は得られない」という意味.
―― 動 ❶ **横切る, 横断する, 渡(わた)る**
• **cross** a street 道路を横切る
• **cross** a river 川を渡る

- How can I **cross to** that island? あの島へはどうやったら渡れますか.

❷ 交わる; 交差させる; 〜とすれ違(ちが)う
- **cross** *one's* legs 脚(あし)を組む
- The two roads **cross** each other. その2本の道路は交差している.
- Our letters **crossed** in the mail [the post]. 私たちの手紙は行き違いになった.

❸ 十字を切る; (しばしば **cross out** で)線を引いて消す
- **cross** *one*self (胸などに)十字を切る
- **cross out** wrong words 線を引いて間違(まちが)えた言葉を消す

—— 形 不機嫌(ふきげん)な, 怒(おこ)りっぽい, 意地悪な
- Don't be so **cross with** your sister. 妹にそんなに意地悪するな.

crossing /krɔ́:siŋ クロースィング/ 名 ❶ 横切ること, 横断 ❷ 交差点; 横断歩道; 踏切(ふみきり)
掲示 No **crossing**. 横断禁止.

crossroad /krɔ́:sroud クロースロウド/ 名 (**crossroads** で)交差点, 十字路 →単数扱(あつか)い.

crosswalk /krɔ́:swɔ:k クロースウォーク/ 名《米》(道路に白線で示した)横断歩道 →**zebra crossing**

crossword (puzzle) /krɔ́:swə:rd (pʌ́zl) クロースワード(パズる)/ 名 **クロスワードパズル** → 与(あた)えられた横(across)と縦(down)のヒントを手がかりにして, 四角のますの中に文字を埋(う)めていくゲーム.

crouch /kráutʃ クラウチ/ 動 うずくまる, しゃがむ

crow[1] /króu クロウ/ 名《鳥》カラス →鳴き声は caw, croak.

crow[2] /króu クロウ/ 動 (おんどりが)鳴く → **cock-a-doodle-doo**

—— 名 (おんどり (cock) の)鳴き声

crowd A2 /kráud クラウド/ 名 群衆, 人混み; 大勢, たくさん
- **in** the **crowd** 人混みの中で
- **a crowd of** people = **crowds of** people 大勢の人々
- There was a large **crowd** at the station. 駅には大勢の群衆がいた. →群衆を1つの集まりと見る場合は単数扱(あつか)い.
- **Crowds of** students were waiting. 大勢の学生が待っていた.

—— 動 群がる, 押(お)し寄せる; 詰(つ)め込(こ)む → **crowded**
- **crowd into** a bus 押し合ってバスに乗る
- People **crowded** the streets. 人々が通りに群がっていた[通りは人で混雑していた].

crowded 中 A2 /kráudid クラウデド/ 形 混んでいる
- a **crowded** bus 混んでいる[満員の]バス
- The streets were **crowded with** shoppers. 通りは買い物客で混雑していた.

crowdfunding /kráudfʌndiŋ クラウドファンディング/ 名 **クラウドファンディング** →何か企画を実現するために, インターネットなどで不特定多数の人に資金提供を募(つの)るやり方.

crown A2 /kráun クラウン/ 名 王冠(おうかん)

crude /krú:d クルード/ 形 精製していない

cruel /krú:əl クルーエる/ 形 残酷(ざんこく)な; 悲惨(ひさん)な; ひどい

cruelty /krú:əlti クルーエるティ/ 名 (複 **cruelties** /krú:əltiz クルーエるティズ/) 残酷(ざんこく)さ; 残酷な行為(こうい), 虐待(ぎゃくたい)

cruise A2 /krú:z クルーズ/ 動 (船が)巡航(じゅんこう)する, 遊覧航海をする; (タクシー・パトカーなどが)ゆっくり走る

—— 名 遊覧航海, クルーズ

crumb /krʌ́m クラム/ 名 (ふつう **crumbs** で)パンくず, (ケーキなどの)かけら

crumble /krʌ́mbl クランブる/ 動 粉々に崩(くず)れる[崩す]

crumple /krʌ́mpl クランプる/ 動 しわくちゃにする[なる]

crumpled /krʌ́mpld クランプるド/ 形 しわくちゃの

crush /krʌ́ʃ クラシュ/ 動
❶ 押(お)しつぶす; つぶれる
❷ しわくちゃにする[なる]

crust /krʌ́st クラスト/ 名
❶ パンの皮, パイの皮
❷ (物の)堅(かた)い表面; 地殻(ちかく)

crutch /krʌ́tʃ クラチ/ 名 (ふつう **crutches** で)松葉づえ

cry

cry 中 A1 /krái クライ/
- 動 ❶(しばしば **cry out** とも) 意味map
  叫ぶ
  ❷(声を上げて)泣く
- 名 叫び声

— 動 三単現 **cries** /kráiz クライズ/; 過去・過分 **cried** /kráid クライド/; -ing形 **crying** /kráiiŋ クライイング/

❶(ふつう声を上げて)泣く 類似語 **sob** (泣きじゃくる), **weep** (涙を流して泣く)
- She **cries** easily. 彼女はすぐ泣く[泣き虫だ].
- The baby **cried** all night. 赤ん坊は一晩中泣いた.

sob　　cry　　weep

❷(しばしば **cry out** とも) 叫ぶ, 大声で言う
- **cry** (**out**) with pain 痛くて大声を上げる
- The umpire **cries** "strike" or "ball." 球審(きゅうしん)が「ストライク」とか「ボール」とか叫ぶ.
- He **cried** (**out**), "Help! Help!" 「助けて! 助けて!」と彼は叫んだ.
- Someone **was crying** "Fire! Fire!" in the street. 通りで誰(だれ)かが「火事だ! 火事だ!」と叫んでいた. → 過去進行形の文. → **was** 助動 ❶

cry for ～ ～をくれと叫ぶ; ～を欲(ほ)しがって泣く
cry for joy うれし泣きする
cry out 大声で叫ぶ → ❷
cry over spilt milk こぼれたミルクを惜(お)しんで泣く[過ぎたことをくよくよする]
ことわざ It is no use **crying over spilt milk**. = There is no use **crying over spilt milk**. 済んでしまったことを嘆(なげ)いてもしかたがない. →「覆水(ふくすい)盆(ぼん)に返らず」にあたる.

— 名 複 **cries** /kráiz クライズ/) 叫び声, 泣き声; (声を上げて)泣くこと; (動物の)鳴き声
- give a **cry** of joy 喜びの叫び声を上げる

crystal /krístl クリスタる/ 名 ❶ 水晶(すいしょう); 結晶(けっしょう)(体) ❷ クリスタルガラス

CT 略 ❶《医学》コンピューター断層撮影 → computed tomography. ❷ =Connecticut

cub /káb カブ/ 名 ❶(ライオン・クマ・キツネなどの)子 ❷(**the Boy Scouts** の)年少隊員 8−11歳(さい). **cub scout** ともいう.

Cuba /kjú:bə キューバ/ 固名 キューバ → カリブ海の社会主義共和国. 首都はハバナ (Havana). 公用語はスペイン語.

cube /kjú:b キューブ/ 名 ❶ 立方体(の物) ❷(数の)3乗

cuckoo /kúku: クク-/ 名 (複 **cuckoos** /kúku:z クク-ズ/) (鳥)カッコウ → その鳴き声をまねてつくった語.

cúckoo clòck 名 カッコウ時計, はと時計

cucumber 小 /kjú:kʌmbər キューカンバ/ 名 キュウリ

cuff /káf カふ/ 名 (ワイシャツの)カフス, 袖口(そでぐち)

cúff lìnks 名 カフスボタン

cuisine /kwizí:n クウィズィーン/ 名 料理(法)

cultivate /káltəveit カるティヴェイト/ 動 (作物を育てるために土地を)耕す; (植物・野菜などを)栽培(さいばい)する

cultural /káltʃərəl カるチュラる/ 形 文化の, 文化的な; 教養の

culturally /káltʃərəli カるチュラリ/ 副 文化的に(は)

culture 小 A1 /káltʃər カるチャ/ 名
❶(ある民族・国家・集団などが時間をかけて育てた)習慣, 風習; (そこから生み出された学問・芸術などの)知的産物, 文化
類似語 **civilization** (文明)
- foreign **culture** 外国の文化
- popular **culture** 大衆文化
- traditional **culture** 伝統文化
- We should respect their **culture**. 私たちは彼らの文化を尊重すべきだ.
❷ 教養; (心・体の)修練
- a woman of **culture** 教養のある女性
❸ 培養(ばいよう); 栽培(さいばい), 養殖(ようしょく)

cultured /káltʃərd カるチャド/ 形 教養のある

Cúlture Dày 名 (日本の)文化の日 → 11月3日.

cunning /kániŋ カニング/ 形 ずるい, 悪賢(わるが)しい

── 名 ずるさ, 悪知恵(わるぢえ) → 試験で「カンニングをする」は cheat という.

cup 小 A1 /kÁp カプ/ 名 (複 cups /kÁps カプス/) ❶ 茶わん, カップ

POINT cup は熱いものを飲むためのもので, ふつう持ち手 (handle) がついている. 類似語 日本語でいう「コップ」は glass. ご飯をよそう「茶わん」は bowl.

bowl　glass　cup

• a coffee cup コーヒーカップ
• **a cup and saucer** /kÁpənsɔ́:sər カパンソーサ/ 受け皿にのせた茶わん → **and** ❶
❷ 茶わん1杯(はい), カップ1杯 (cupful)
• **a cup [two cups] of** tea お茶1杯 [2杯]

POINT tea や coffee などの液体はそのままでは1つ2つと数えられないので, ふつう容器で数をいう.

• Will you have **a cup of** coffee? コーヒーを1杯召(め)し上がりますか.
• How about **another cup of** coffee? コーヒーをもう1杯いかがですか.
❸ 優勝カップ, 賞杯(しょうはい)
• win the cup 優勝カップを獲得(かくとく)する

cupboard A2 /kÁbərd カボド/ 名 (一般(いっぱん)に)戸棚 → ふつうは食器・食品などを入れる扉(とびら)つきのものをいうが, 衣類などを入れるもの (closet) にもいう.

cupcake /kÁpkeik カプケイク/ 名 カップケーキ

Cupid /kjú:pid キューピド/ 固名 キューピッド → ローマ神話に出て来る恋愛(れんあい)の神. キューピッドの射た矢にあたると恋(こい)に悩(なや)むという.

cure /kjúər キュア/ 動 (病人・病気を)治す
• **cure** a child **of** a fever 子供の熱を下げる
── 名 治療(ちりょう)薬, 治療法

curfew /kɚ́:rfju: カ~フュー/ 名 ❶ (家庭が子供に対して決めている)帰宅時間, 門限 ❷ (戦時の戒厳令(かいげんれい)のもとでの)夜間外出禁止令

Curie /kjú(ə)ri キュ(ア)リ/ 固名 (**Marie Curie**) マリー・キュリー → ポーランド生まれのフランスの化学者・物理学者 (1867–1934). 夫である物理学者ピエール・キュリー (**Pierre Curie** (1859–1906)) とともにラジウムを発見した.

curiosity /kju(ə)riásəti キュ(ア)リアスィティ/ 名 (複 **curiosities** /kju(ə)riásətiz キュ(ア)リアスィティズ/) ❶ 好奇心(こうきしん) ❷ 珍(めずら)しい物; 骨董(こっとう)品

curious /kjú(ə)riəs キュ(ア)リアス/ 形 ❶ 好奇心(こうきしん)の強い, 知りたがる ❷ 奇妙(きみょう)な, 変わった

curl /kɚ́:rl カ~ル/ 名 巻き毛, カール
── 動 ❶ (髪(かみ)が)カールする; (髪(を)をカールさせる; (物を)くるくる巻く ❷ (しばしば **curl up** で) (くるくる)丸くなる; (煙(けむり)が)渦(うず)を巻く

currency /kɚ́:rənsi カ~レンシ/ 名 通貨, 貨幣

current /kɚ́:rənt カ~レント/ 名 (水・空気などの)流れ, 海流, 気流, 電流
── 形 現在の, 今の, 最新の → ふつう名詞の前で.

curry 小 A2 /kɚ́:ri カ~リ/ 名 (複 **curries** /kɚ́:riz カ~リズ/)
❶ カレー料理 ❷ カレー粉

cúrry and ríce 名 カレーライス

curse A2 /kɚ́:rs カ~ス/ 名 呪(のろ)い; 罵(ののし)りの言葉
── 動 呪う; 罵る

curtain /kɚ́:rtn カ~トン/ 名 カーテン; (舞台(ぶたい)の)幕
• **draw** the **curtains** カーテンを引く → 開ける場合にも閉める場合にもいう.
• The **curtain rises [falls]** at 7 p.m. 午後7時に幕が開く[下りる].

curve /kɚ́:rv カ~ヴ/ 名 ❶ 曲線; (道路の)カーブ ❷ (野球の)カーブ
── 動 曲がる, カーブする; 曲げる

cushion /kúʃən クション/ 名 クッション, 座ぶとん

custodian /kʌstóudiən カストウディアン/ 名 (公共建物の)管理人 (janitor)

custom 中 A2 /kÁstəm カストム/ 名
❶ 風習, 習慣
• an old **custom** 昔からの風習
❷ (**customs** で) 関税; (空港などの)税関
• go [get, pass] through **customs** 税関を通過する

customer 中 A2 /kÁstəmər カスタマ/ 名 (店の)お客, 顧客(こきゃく), 得意先

custom-made /kÁstəm méid カスタム メイド/ 形 注文して作らせた, カスタムメードの 反対語 **ready-made** (出来合いの)

cut 154 one hundred and fifty-four

cut 中 A1 /kʌ́t カト/ 動

三単現 **cuts** /kʌ́ts カツ/
過去・過分 **cut** →原形・過去形・過去分詞がどれも同じ形であることに注意.
-ing形 **cutting** /kʌ́tiŋ カティング/

❶ 切る, 刈(か)る; 切れる
基本 **cut** an apple in two リンゴを2つに切る →cut+名詞.
•**cut** one's nails [hair] 爪(つめ)[髪(かみ)]を切る
•**cut** the grass 草を刈る
•**cut** paper **with** scissors はさみで紙を切る
•Be careful, or you will **cut** yourself. 気をつけて, さもないと(その刃物(はもの)で)けがをするよ.
基本 This knife **cuts** well. このナイフはよく切れる. →cut+副詞(句).
•He **cut** his finger on a broken piece of glass. 彼はガラスの破片(はへん)で指を切った. →現在形の文なら He cuts ～.
•Electric power **was cut** for an hour. (電力が1時間切られた ⇨)1時間停電した. →受け身の文. →was 助動 ❷
•I **had** my hair **cut**. 私は髪を刈ってもらった. →cut は過去分詞. have A B (過去分詞)は「AをBしてもらう」.
•He **is cutting** branches off trees in the garden. 彼は庭の木の枝を切っている. →現在進行形の文. →is 助動 ❶

❷ (道を)切り開く; (穴を)あける
•**cut** a road **through** a hill 山に道路を切り開く
❸ (記事などを)短くする, カットする; (費用を)切り詰(つ)める; (値段・賃金などを)引き下げる
•He **cut** his speech because it was too long. 長過ぎたので彼は話を短くした.
❹ (無断で)欠席する, さぼる
•**cut** a class 授業をさぼる

cut across (近道をして)通り抜(ぬ)ける, 横切る
•He **cut across** the meadow to get home. 彼は家に帰るために牧場を横切った.
cut down 切り倒(たお)す; (費用・消費量などを)切り詰める
•**cut down** on sugar to lose weight 体重を減らすために糖分を控(ひか)える
cut in (列などに)割り込(こ)む; (人の話に)口をはさむ, 話を遮(さえぎ)る
cut off 切り取る; 切り離(はな)す

cut open 切り開く
cut out 切り抜く
cut up 切り刻む, 切り裂(さ)く
── 名 (複 **cuts** /kʌ́ts カツ/)
❶ 切り傷, 切り口 ❷ (肉の)切り身
❸ (テニス・卓球(たっきゅう)などでのボールの)カット
❹ 切り詰め, 引き下げ; (記事, 文章, 音楽, 動画などを)カットすること
•**make** a cut in prices 値引きする

cute 小 A1 /kjúːt キュート/ 形 かわいらしい, かわいい; 魅力(みりょく)的な; 抜(ぬ)け目のない
•Koalas are very **cute**. コアラはとてもかわいらしい.

cutlet /kʌ́tlit カトリト/ 名 (羊肉・子牛肉などの)切り身; (それを揚(あ)げた)カツレツ
cutout /kʌ́taut カタウト/ 名 (紙・木などの)切り抜き(絵)
cutter /kʌ́tər カタ/ 名 切る人; 切る道具, カッター
cutting /kʌ́tiŋ カティング/ 動 cut の -ing 形 (現在分詞・動名詞)
── 名 ❶ 切ること; 裁断 ❷ (さし木用の)切り枝 ❸ (新聞などの)切り抜き
── 形 鋭(するど)い; (風が)身を切るような
cutting board /kʌ́tiŋ bɔ́ːrd カティング ボード/ 名 まな板 (《英》chopping board)
cyber- /sáibər サイバ/ 接頭辞 「コンピューターの」,「インターネットの」という意味を表す.
•**cyber**security サイバーセキュリティ →コンピューター上, ネットワークでの防御(ぼうぎょ)
•**cyber**space サイバースペース →ネットワーク上の仮想空間
cycle /sáikl サイクる/ 名 ❶ 周期, 循環(じゅんかん); (機械の)一行程(こうてい); 一群の詩や歌曲など
•the **cycle** of the seasons 季節の循環
❷ 《主に英》 自転車 (bicycle); オートバイ (motorcycle)
── 動 ❶ 循環する ❷ 自転車[オートバイ]に乗る, 自転車で行く
•**go cycling** サイクリングに行く
cycling A2 /sáikliŋ サイクリング/ 名 サイクリング
cyclist /sáiklist サイクリスト/ 名 自転車に乗る人
cylinder /sílindər スィリンダ/ 名 円柱, 円筒(えんとう)(形の物); (エンジンの)シリンダー
cymbal /símbəl スィンバる/ 名 《楽器》 (ふつう **cymbals** で) シンバル

Dd

D, d /díː ティー/ 名 (複 **D's, d's** /díːz ティーズ/) ❶ ディー，デー →英語アルファベットの4番目の文字．❷ (D で)(成績評価の) D →5段階評価の合格最低段階．→**A, a** ❸ (D で)(ローマ数字の) 500

'd /d ド/ **had, would, should** を短くした形

dad 小 A1 /dǽd ダド/ 名 (話) パパ，お父さん
→家庭で子供が「父親」を呼ぶのに使う一番ふつうの語．家族の間では固有名詞のように使い，しばしば大文字で始めて **Dad** とする．「ママ，お母さん」は《米》mom，《英》mum．

daddy A1 /dǽdi ダディ/ 名 (複 **daddies** /dǽdiz ダディズ/) パパ，お父ちゃん (dad) →しばしば大文字で始めて **Daddy** とする．「ママ，お母ちゃん」は **mommy** 《米》，**mummy** 《英》．

daffodil /dǽfədil ダフォディル/ 名 《植物》ラッパズイセン →ウェールズの国花．→**narcissus**

dagger /dǽɡər ダガ/ 名 短剣(たんけん)

dahlia /dǽljə ダリャ|déiljə デイリャ/ 名 《植物》ダリア

daily 中 A2 /déili デイリ/ 形
毎日の; 日々の，日常の
• a **daily** newspaper 日刊新聞
• in our **daily** life 私たちの日常生活において
── 副 毎日，日々 (every day)
── 名 (複 **dailies** /déiliz デイリズ/) 日刊新聞

dairy /déəri デアリ/ 名 (複 **dairies** /déəriz デアリズ/) (バター・チーズなどの)乳製品製造所[販売(はんばい)所] →diary /dáiəri ダイアリ/ (日記)と混同しないこと．

dáiry cáttle 名 乳牛 →複数として扱(あつか)う．
dáiry fàrm 名 酪農(らくのう)場
daisy /déizi デイズィ/ 名 (複 **daisies** /déiziz デイズィズ/) 《植物》デイジー，ヒナギク

dam A2 /dǽm ダム/ 名 ダム
• build [construct] a **dam** ダムを建設する

damage /dǽmidʒ ダメヂ/ 名 損害，被害(ひがい)，傷害，ダメージ
• **cause** [do] **damage to** ~ ~に損害[被害]を与(あた)える →×a damage, ×damages としない．

• **suffer** [**receive**] **damage** 被害を受ける
── 動 損害[被害]を与える，傷つける

damp /dǽmp ダンプ/ 形 湿(しめ)った，湿気(しっけ)のある，湿っぽい
── 名 湿気

dance 小 A1 /dǽns ダンス|dáːns ダーンス/ 名 ❶ 踊(おど)り，ダンス
• a square [folk] **dance** スクエア[フォーク]ダンス
• May I **have** this **dance** (**with** you)? この曲を私と踊っていただけますか．
❷ ダンスパーティー →英語ではふつう ×dance party といわない．
• go to a **dance** ダンスパーティーへ行く
• **give** a **dance** for Jane ジェーンのためにダンスパーティーを開く
── 動 ❶ 踊る，ダンスをする
• **dance with** ~ ~とダンスをする
• **dance to** music 音楽に合わせて踊る
• **dance** a waltz ワルツを踊る
❷ 跳(は)ね回る，とび回る; (木の葉などが)舞(ま)う
• **dance for** [**with**] **joy** 喜んで小躍(おど)りする，小躍して喜ぶ

dancer 中 A2 /dǽnsər ダンサ|dáːnsə ダーンサ/ 名 ❶ 踊(おど)る人
• She is a good **dancer**. 彼女はダンスがうまい．
❷ 舞踊(ぶよう)家，ダンサー，踊り子
• a ballet **dancer** バレエダンサー

dancing 小 A1 /dǽnsiŋ ダンスィング|dáːnsiŋ ダーンスィング/ 名 舞踊(ぶよう)，舞踏(ぶとう)，ダンス

dandelion /dǽndilaiən ダンデライオン/ 名 《植物》タンポポ

Dane /déin デイン/ 名 デンマーク人 →**Danish**

danger 中 A2 /déindʒər デインヂャ/ 名
❶ 危険(な状態) 関連語 「危険な」は **dangerous**． 反対語 **safety** (安全)
掲示 **Danger!** Thin ice. 危険! 薄氷(はくひょう)．
• Test pilots **face danger** every day. テストパイロットは毎日危険に直面している．→×a

dangerous

156   one hundred and fifty-six

danger, danger*s* としない.

•There's no **danger** of a big earthquake in the near future. 近い将来大きな地震(じしん)の起こる危険はない.

❷**(a danger で)** 危険な物[事, 人物]

•Hidden rocks are **a danger** to ships. 暗礁(あんしょう)は船にとっての危険物だ.

be in danger 危険な状態にある, 危ない → **dangerous** 関連語

•The ship **was in danger** (**of** sinking). その船は沈(しず)みそうな状態だった.

be out of danger 危険を脱(だっ)している

•We will **be out of danger** soon because the rescue party is coming. 救援(きゅうえん)隊がこちらに向かっているから, 我々はもうすぐ危険を脱する.

dangerous 中 A2 /déindʒərəs ディンヂャラス/ 形 **危険を与(あた)える恐(おそ)れのある, 危険な, 危ない** 関連語「危険」は **danger**.
反対語 **safe** (安全な)

•A cobra is a **dangerous** snake. コブラは危険なヘビである.

関連語 A **dangerous** killer is after Linda; her life is **in danger**. 危険な殺し屋がリンダを狙(ねら)っている. 彼女の命が危ない.

•Playing in the street is **dangerous**. ＝It is **dangerous** to play in the street. 街路で遊ぶことは危険です. → It＝to play.

dangerously /déindʒərəsli ディンヂャラスリ/ 副 **危険なほど, 危なく**

Danish /déiniʃ ディニシュ/ 形 **デンマークの; デンマーク人[語]の** → **Dane**
—— 名 デンマーク語

dare /déər デア/ 動 ❶**(dare to** *do* **で)～する勇気がある, 思い切って～する**

•The boys did not **dare to** skate on the thin ice. 少年たちは薄(うす)い氷の上でスケートをする勇気はなかった. → The boys were afraid to skate ～. または The boys didn't have the courage to skate ～. などと言いかえられる.

❷ **できるなら～してみろという** (challenge)

•I **dare** you **to** jump from the diving board. その飛び込(こ)み台から飛び込めるかい? (やれるならやってみろよ.)

—— 助動 **《ふつう否定文・疑問文で》～する勇気がある**

•He **dare** not tell you the truth. 彼は本当

のことをあなたに言う勇気がない.

•How **dare** you say such a thing to me! 君は僕(ぼく)にどうしてそんなことが言えるのか[よくそんなことが言えるね].

Don't you dare *do* **～.** 《話》～をしてはいけないよ → 怒(おこ)って戒(いまし)める時にいう.

•**Don't you dare** do that again! そんな事を二度としちゃだめだよ.

I dare say たぶん, おそらく (perhaps)

•You are right, **I dare say**. たぶん君の言うこと[考え]が正しいだろう.

dark 中 A1 /dáːrk ダーク/

		意味 map
形	❶(光が無くて)暗い	
	❷(色が)濃(こ)い; (毛髪(もうはつ)・目・皮膚(ひふ)などが)黒(っぽ)い	
名	❶(the dark で)暗闇(くらやみ)	
	❷夕暮れ	

—— 形 **(比較級 darker** /dáːrkər ダーカ/;
最上級 **darkest** /dáːrkist ダーケスト/)

❶ **(光が無くて)暗い** 反対語 **light** (明るい)

基本 a **dark** room 暗い部屋 → dark＋名詞.

•He always looks on the **dark** side of things. 彼はいつも物事の暗い面ばかり見る.

基本 It is **dark** outside. 外は暗い. → be 動詞＋dark. It は漠然(ばくぜん)と「明暗」を表す.

•**get** [**grow**] **dark** 暗くなる

•It got **darker** and **darker**. (辺りは)だんだん暗くなった.

POINT 比較(ひかく)級＋and＋比較級は「ますます～, だんだん～」.

❷ **(色が)濃(こ)い; (毛髪・目・皮膚などが)黒(っぽ)い** 反対語 **light** (薄(うす)い), **fair** (色白の, 金髪(きんぱつ)の)

•**dark** blue 濃い青色, 暗い青色

•a **dark** suit 黒っぽい服, ダークスーツ

•**dark** hair [eyes] 黒っぽい髪(かみ)[黒い目]

•Ann's boyfriend is a tall, **dark**, and handsome man. アンのボーイフレンドは背が高くて, 色が浅黒くて, ハンサムな人よ.

—— 名 ❶ **(the dark で)暗闇**

•Cats can see well **in the dark**. ネコは暗闇でもよく目が見える.

•My little sister is afraid of **the dark**. 私の小さな妹は暗い所を怖(こわ)がる.

❷ **夕暮れ**

•**at dark** 夕暮れに → ×a [the] dark としない.

- **after dark** 日が暮れてから
- **before dark** 日が暮れる前に, 日の暮れないうちに

darken /dá:rkn ダークン/ 動 暗く[黒っぽく]する; 暗く[黒っぽく]なる

darkness /dá:rknis ダークネス/ 名 暗闇(くらやみ), 暗黒

darling /dá:rliŋ ダーリング/ 形 かわいい, すてきな; 最愛の →名詞の前にだけつける.
—— 名 最愛の人, かわいいもの, お気に入り →夫婦(ふうふ)・恋人(こいびと)などが呼びかけとして使う. → **dear**

dart /dá:rt ダート/ 名 投げ矢; (**darts** で) ダーツゲーム →単数扱(あつか)い. イギリスの家庭やパブでよく行われる.

Darwin /dá:rwin ダーウィン/ 固名 (**Charles Darwin**) チャールズ・ダーウィン →進化論を確立した英国の生物学者 (1809–1882).

dash /dǽʃ ダシュ/ 動 ❶ 突進(とっしん)する, 突(つ)っ走る (rush) ❷ 打ちつける; 打ち砕(くだ)く
—— 名 ❶ 突進 ❷ 短距離(きょり) 競走 ❸ 《記号》ダッシュ (—) →1つの文の中で, 言葉を差しはさんだり, 付け足したりする時に使う.

data /déitə デイタ/ 名 複 資料, データ →しばしば単数扱(あつか)い.
- He collected [gathered] **data** on rainfall. 彼は降雨のデータを集めた.
- The **data** in your report **is** [**are**] incorrect. あなたのレポートのデータは不正確です.

date 小 A1 /déit デイト/ 名

❶ 日付, (年)月日 →場合によって「年月日」,「月日」,「日」のいずれか.「月」だけを意味することはない.
- the wedding **date** 結婚(けっこん)式の日取り
- the **date** of his birth [death] 彼の生まれた[死んだ]年月日
- Let's fix a **date** for the next meeting. 次の会合の日を決めましょう
- 会話 What's the **date** today? [What **date** is this?]—It is May 5. (読み方: (the) fifth). きょうは何日ですか.—きょうは5月5日です. → What day (of the week) is it today? は「曜日」を尋(たず)ねる言い方. → **today** 会話

❷ デート, 会う約束
- He **has** a **date** with her on Sunday. 彼は日曜日に彼女とデートの約束がある.
- She went out **on** a **date with** her boyfriend. 彼女は恋人(こいびと)とデートに出かけた.

❸ 《米》デートの相手

out of date 時代遅(おく)れで, 旧式で → **out-of-date**

up to date 現代的に, 最新式で → **up-to-date**

—— 動 ❶ (手紙・書類などに)日付を書く
- **date** a letter 手紙に日付を書く[入れる]
- I received your letter (which was) **dated** May 5. 5月5日付のあなたのお手紙受け取りました.

❷ (〜から)始まる, (〜に)さかのぼる
- This custom **dates from** about the 15th century. この慣習は15世紀頃(ごろ)から始まったものです.
- This church **dates back to** the Roman period. この教会はローマ時代に建てられたものだ.

❸ デートする

daughter 中 A1 /dó:tər ドータ/
(→**gh** は発音しない) 名 (複 **daughters** /dó:tərz ドータズ/) 娘(むすめ)
- my oldest [《英》 eldest] **daughter** 私の長女
- my only **daughter** 私の1人娘
- This is my **daughter** Ann. これが娘のアンです.
- 関連語 Mr. Green has two **daughters** and a **son**. グリーン氏には2人の娘と1人の息子(むすこ)がいます.

David /déivid デイヴィド/ 固名 《聖書》ダビデ →紀元前1000年頃(ごろ)のイスラエルの王. ソロモン (Solomon) の父.

da Vinci /dəvíntʃi ダヴィンチ/ 固名 (**Leonardo** /ríənáːrdou/ **da Vinci**) レオナルド・ダ・ヴィンチ →ルネサンス期イタリアの画家・建築家・彫刻(ちょうこく)家・科学者 (1452–1519). 『モナ・リザ』『最後の晩餐(ばんさん)』などの傑作を残した.

dawn /dɔ́:n ドーン/ 名 夜明け →**dusk**
— 動 (夜が明けて)空が明るくなる, (夜が)明ける

day 小 A1 /déi デイ/

名 ❶日, 1日　　　　　　　　　意味map
❷昼間
❸(ある特定の)日
❹(ふつう **days** で) 時代

— 名 (複 **days** /déiz デイズ/)
❶ 日, 1日 →24時間を単位とする1日.
・a cold **day** 寒い日
・**on** a rainy **day** 雨の日に
・(on) that **day** その日に
・one spring **day** ある春の日に →×*on* one spring day としない.
・three times a **day** 1日に3回
基本 What **day** is it (today)? きょうは何曜日ですか. →「何日ですか」の意味ではないことに注意 (→**date** 会話). What **day of the week** is it (today)? ともいう.
・**What day** of the month is it (today)? きょうは何日ですか. →What is the date (today)? と同じ.
ことわざ Rome was not built **in** a **day**. ローマは1日で建設されなかった[ローマは1日にして成らず]. →「大事業を完成するには長い年月の努力が必要だ」の意味.
・for three **days** 3日間
・**On** school **days** I study and on weekends I play. 私は学校のある日は勉強し, 週末は遊ぶ.

❷ 昼間, 日中 →日の出から日没(にちぼつ)までの明るい間.

・as clear as **day** (言葉の内容など) (昼間のように)はっきりと, 明快に
反対語 He slept during **the day** and worked during **the night**. 彼は日中寝(ね)て夜働いた.
・**Day breaks**. 夜が明ける. →**dawn** 動
・When we woke, it was **day**. 私たちが目

を覚ました時には(もう)夜が明けていた.
・The **days** grow longer in spring. 春には日が長くなる.

❸ (ある特定の)日, 記念日, 祝祭日
・New Year's **Day** 元日
❹ (ふつう **days** で) 時代
・**in** early [old] **days** 昔
・**in** my junior high school **days** 私の中学時代に
・**In** our grandfather's **days** there was no computer. 私たちのおじいさんの時代にはコンピューターはなかった.

all day (long) 一日中
by day 昼間は, 昼に
day after day 毎日毎日, 来る日も来る日も
day and night 昼も夜も, 日夜
day by day 一日一日, 日ごとに
・It is getting warmer **day by day**. 日ごとに暖かくなってきています.
every day 毎日
(from) day to day 一日一日と, 日ごとに
in those days 当時は, その頃(ころ)は
one day (過去の)ある日, (未来の)いつか
one of these days 近いうちに, そのうち
some day (未来の)いつか
(the) day after tomorrow あさって, 明後日
the day before その前の日(に)
(the) day before yesterday おととい, 一昨日
the other day 先日
・I talked with him **the other day**. 私は先日彼と話しました.
these days 最近, この頃(ころ)は →×*in* these days としない.
to this day 今日(こんにち)に至るまで, 現在まで

dáy àfter tomórrow 名 (**the** をつけて) (あしたの次の日 ⇨)あさって, 明後日

dáy befòre yésterday 名 (**the** をつけて) (昨日の前の日 ⇨)おととい

daybreak /déibreik デイブレイク/ 名 夜明け (dawn)

day-care center /déi keər sèntər デイケア センタ/ 名 ❶(米)(昼間だけ預かる)保育所
❷ (英) 介護[デイケア]センター

daydream /déidri:m デイドリーム/ 名 (夢のように)楽しい空想, 白昼夢

daylight A2 /déilait デイライト/ 名

❶ 日光; 日中, 昼間
•in broad **daylight** 真っ昼間に
❷ 夜明け (dawn)
•at [before] **daylight** 夜明けに[前に]

daytime /déitaim デイタイム/ 图 日中, 昼間
反対語 He works in the **daytime** and goes to school at **night**. 彼は昼間働き夜は学校へ行く.

dazzle /dǽzl ダズる/ 動 (まぶしさで)目をくらませる; (**be dazzled** で) 目がくらむ

D.C. 略 コロンビア特別区 →the **D**istrict of **C**olumbia. →見出し語

DE 略 ＝Delaware

dead 中 A2 /déd デド/ 形
❶ 死んでいる, 死んだ
•a **dead** body 死体
•**dead** leaves [trees] 枯(か)れ葉[木]
関連語 反対語 Our cat is **dead**. It **died** last month. But our dog is still **alive**. うちのネコは死にました. 先月死んだのです. でも犬はまだ生きています.
•I found him **dead**. 見ると彼は死んでいた. →find A B (形容詞)は「AがBであることがわかる」.
•He has been **dead** for ten years. (彼は10年間死んでいる ⇨)彼が死んでから10年たつ.
❷ 死んだ(ような), 生きていない; 生命[感覚, 生気]のない
•a **dead** battery 寿命(じゅみょう)の切れた電池
•Latin is a **dead** language. ラテン語は死語である[日常は使われていない].
•My fingers are **dead** with cold. 私の指は寒さで感覚がない[かじかんでいる].
•The microphone is **dead**; your voice isn't coming through. マイクが通じていません. 君の声が入っていません.
── 图 (**the dead** で) 死者, 死んだ人々, 故人 →1 人にも 2 人以上にも使う.
── 副 死んだように; 全く
•I'm **dead** tired. 僕(ぼく)は死ぬほど[へとへとに]疲(つか)れている.

déad énd 图 (道路などで先に行けない)行き止まり; (仕事などで先の見えない)行き詰(づ)まり, 苦境

deadline /dédlain デドライン/ 图 締切(しめきり)時間[日]; 最終期限
•miss the **deadline** 締切に間に合わない.

deadlock /dédlɑk デドろク/ 图 行き詰(づ)まり

deadly /dédli デドり/ 形 (比較級 **deadlier** /dédliər デドりア/, **more deadly**; 最上級 **deadliest** /dédliist デドりエスト/, **most deadly**) 致命(ちめい)的な, 命に関わる

Dead Sea /déd si: デドスィー/ 固名 (**the Dead Sea** で) 死海 →イスラエルとヨルダンの国境にある塩水湖. 湖面は海面下約 400 メートル.

deaf /déf デふ/ 形 耳の聞こえない; 耳が遠い

deal¹ A2 /díːl ディーる/ 图 量, 分量; たくさん →次のような句に使われる.

a good [great] deal 《話》たくさん
•He reads **a good [great] deal**. 彼はたくさん本を読む[読書家だ]. →a good [great] deal は名詞句で, reads の目的語.
•The baby cried **a good [great] deal**. 赤ん坊(ぼう)はひどく泣いた. →a good [great] deal は副詞句で cried を修飾(しゅうしょく)する.

a good [great] deal of ～ 《話》たくさんの～ →of の後には数えられない名詞が来る.
•**A good [great] deal of** money was in the safe, but it's all gone. 大金が金庫に入っていたが, それが全部無くなっている.

deal² /díːl ディーる/ 動 (三単現 **deals** /díːlz ディーるズ/; 過去・過分 **dealt** /délt デるト/; -ing形 **dealing** /díːliŋ ディーりンぐ/)
❶ (**deal in ～** で) (商品)を扱(あつか)う, を売る, ～の商売をしている
❷ (**deal with ～** で) (～を)取り扱う; (問題を)論じる; (～を)取り引きする
❸ 分け(与(あた)え)る, 配る (**deal out** ともいう)
── 图 ❶ (トランプの)札を配ること[配る番]
❷ 取り引き ❸ (新しい特別な)政策

It's a deal. それで決まりだ, それで手を打とう

dealer /díːlər ディーら/ 图 ❶ 商人, (～)商, (～)業者 ❷ トランプの札を配る人, 「親」

dealt /délt デると/ 動 **deal**² の過去形・過去分詞

dear 中 A1 /díər ディア/

图 形 ❶ かわいい, 愛する～ 意味map
❷ 親愛なる ～
图 愛する者
間 おや, まあ

── 形 (比較級 **dearer** /díərər ディアラ/; 最上級 **dearest** /díərist ディアレスト/)
❶ かわいい, いとしい, 愛する～; 大切な
•my **dear** friend [mother] 私の愛する友[お母さん]

death 160 one hundred and sixty

- **dear** little birds　かわいい小鳥たち
- Her memory is always **dear to** me.　彼女の思い出は私にはいつも大切なのだ.

❷ 親愛なる ～ → 手紙の書き出しに使う.
- **Dear** Sir　拝啓(はいけい) → 事務的な手紙に使う.
- **Dear** Mr. Smith　スミス様
- My **Dear** Mary　メアリー様 → 《米》では **Dear** Mary よりも形式張った言い方.《英》ではこのほうが親しみを込(こ)めた言い方.

❸ 《主に英》高価な, 高い (expensive)
反対語 **cheap** (安い)

── 名 (複 **dears**) 愛する者, かわいい人 (darling) → 「ねー」「あなた」「ぼうや」「おまえ」などと親しい人を呼ぶ時に使う.
- "Let's go home, (my) **dear**," he said to his wife. 「さあ, うちへ帰ろうよ」と彼は妻に言った.

── 間 おや, まあ → ちょっと驚(おどろ)いたり困ったりしたときの表現.
- Oh, **dear**! My head aches.　ああ, 頭が痛い.
- **Dear** me! I've got a run in my stocking.　あら, ストッキングが伝線してるわ.

death A2 /déθ デす/ 名 死; 死亡 関連語「死ぬ」は **die**,「死んでいる」は **dead**.
- my father's **death** = **the death of** my father　私の父の死
- The train accident caused many **deaths**.　その列車事故は多数の死者を出した.

to death 死に至るまで, ～して死ぬ[殺す]; 死ぬほど
- bleed **to death**　出血多量で死ぬ
- be burnt [starved, frozen] **to death**　焼け[飢(う)えて, 凍(こご)えて]死ぬ

debate A2 /dibéit ディベイト/ 動
❶ 討論する, 討議する → 聴衆(ちょうしゅう)の前で個人, またはグループが互(たが)いに賛成・反対の立場をはっきりさせて行う. → **discuss**
- **debate** (**about**, **on**, **over**) the problem　その問題を討論する

❷ よく考える, 検討する

── 名 ディベート, 討論(会)
- have a **debate** in English　英語でディベートを行う
- hold a TV **debate on** ～　～に関してテレビ討論会を行う

debt /dét デト/ 名 借金, 負債; 借金状態

debut /déibju デイビュー/ 名 《フランス語》(俳優・音楽家などの)初舞台(ぶたい), 初出演, デビュー

Dec. 略 =**December** (12月)

decade /dékeid デケイド/ 名 10年間
- in the last **decade**　この10年のうちに
- two **decades** ago　20年前に

decay /dikéi ディケイ/ 動 腐(くさ)る (rot); 衰(おと)ろえる
── 名 腐敗(ふはい), 衰え

decayed /dikéid ディケイド/ 形 腐(くさ)った; 衰弱(すいじゃく)した

deceive /disíːv ディスィーヴ/ 動 だます

December 小 A1 /disémbər
ディセンバ/ 名 12月 → **Dec.** と略す. 詳(くわ)しい使い方は → **June**
- in **December**　12月に
- on **December** 25 (読み方: (the) twenty-fifth)　12月25日に
- early [late] in **December**　12月の初めに[終りに]
- **next** [**last**] **December**　来年[去年]の12月に → ×in next [last] December としない.

語源 (December)
ラテン語で「10番目の月」の意味. 古代ローマの暦(こよみ)では1年が10か月で, 3月から始まった.

decent /díːsnt ディースント/ 形 ❶ 見苦しくない, ちゃんとした; まあまあの ❷ 《英話》親切な (kind)

decide 中 A2 /disáid ディサイド/ 動
❶ 決心する, (心に)決める 関連語「決心」は **decision**.
- Think well before you **decide**.　決心する前によく考えなさい.
- She **decides** by herself **what to** wear to school.　彼女は何を学校に着て行くかを自分で決める.
- He **decided to** [**not to**] go to college.　彼は大学へ行く[行かない]決心をした.
- He **decided that** he would go to college.　彼は大学へ行くことに決めた.

❷ (物事を)決定する, 決める; (問題に)結論を下す, 解決する
- **decide** the date for the next meeting　次の会合の日取りを決定する
- The game was **decided** on penalties.　試合はペナルティーキックで決着がつけられた.

decide on ～ ～に[～することに]決める
- She **decided on** (buying) the red dress after all. 彼女は結局赤いドレス(を買うこと)に決めた.

decision /disíʒən ディスィジョン/ 名 決定, 結論, 決心; 決断力 関連語「決める」は **decide**.
- **make** a **decision** 決定する, 決める
- After a long discussion, we **came to [reached]** a **decision**. 長い討議ののち私たちはある結論に達した.
- He is a man of **decision**. 彼は決断力のある人だ.

deck /dék デク/ 名 ❶ 甲板(かんぱん), デッキ; (電車・バスの)床(ゆか) → 家屋・ビルなどの「床」は floor. ❷《米》デッキ → 家屋の外側に張り出すように造った高床(たかゆか)のバルコニー. ❸《米》(トランプ札の)一組(52枚+joker)

declaration /dekləréiʃən デクらレイション/ 名 宣言, 布告; 公式発表 関連語「宣言する」は **declare**.

Declarátion of Indepéndence 固名 (**the** をつけて)(米国の)独立宣言 → **independence**

declare /dikléər ディクれア/ 動 ❶ 宣言する, 公表する 関連語「宣言」は **declaration**.
❷ ～と断言する, ～ときっぱり言う
❸ (税関で課税品の)申告(しんこく)をする
会話 Do you have anything to **declare**?—No, nothing. 申告すべきもの(課税品)をお持ちですか.—いいえ, 何もないです.

decline /dikláin ディクらイン/ 動 ❶ (申し出などを丁寧(ていねい)に)断る, 辞退する 反対語 **accept** (受け入れる) ❷ 衰(おとろ)える, 低下する, 下落する
—— 名 衰え, 衰退(すいたい); 下落

decorate 中 /dékəreit デコレイト/ 動 飾(かざ)る, 装飾(そうしょく)する
関連語「飾ること」は **decoration**.
- **decorate** a Christmas tree クリスマスツリーに飾りをつける
- We **decorated** our rooms **with** flowers. 私たちは部屋を花で飾った.

decoration /dekəréiʃən デコレイション/ 名 ❶ 飾(かざ)ること, 装飾(そうしょく) 関連語「飾る」は **decorate**. ❷ (**decorations** で) 飾りつけられた物, 飾り(つけ), デコレーション

decrease 中 /dikríːs ディクリース/ 動 減る; 減らす 反対語 **increase** (増す; 増加)
—— /díːkriːs ディークリース/ (→ 動詞とのアクセントの位置の違(ちが)いに注意) 名 減少

dedicate /dédikeit デディケイト/ 動 ささげる, 献呈(けんてい)する

dedication /dedəkéiʃən デディケイション/ 名 献身(けんしん); 献呈(けんてい)

deed /díːd ディード/ 名 《文》行い, 行動

deep 中 A2 /díːp ディープ/ 形
❶ 深い 反対語 **shallow** (浅い)

- a **deep** hole 深い穴
- **deep** snow 深い雪
- a **deep** forest 深い森
- a **deep** breath [sigh] 深呼吸[深いため息]
会話 How **deep** is the snow?—It is two meters **deep**. 雪の深さはどれくらいですか.—深さは2メートルです. → **two meters** は副詞句のように **deep** を修飾(しゅうしょく)する.
- Lake Tazawa is **the deepest** lake in Japan. 田沢湖は日本で一番深い湖だ.
- The lake is **deepest** about here. 湖はこの辺りが一番深い.
POINT 1つの物の中で比較(ひかく)した場合の最上級にはふつう the をつけない.

❷ 心の底からの, 深い; 深遠な
- **deep** sorrow 深い悲しみ
- **deep** love [thanks] 深い愛[感謝]
- His thought is too **deep** for me. I can't understand it. 彼の思想は私には深過ぎて理解できない.

❸ (色が)深みのある, 濃(こ)い; (声が)太い
- **deep** blue 濃い青色, 紺碧(こんぺき)
- in a **deep** voice 太い声で

❹ (**be deep in ～** で) (物思い)にふけっている; (借金)にはまり込(こ)んでいる
- He **is deep in** thought. 彼は深く考え込んでいる.

—— 副 深く, 奥(おく)深く → **deeply**
- dig **deep** 深く掘(ほ)る
- go **deep** into the jungle ジャングルの奥深く入って行く

deep down 心の底では; (～の中に)深く

deep-fry

deep-fry /díːpfrái ディープフライ/ 動 〔三単現 **deep-fries** /díːpfráiz ディープフライズ/; 過去・過分 **deep-fried** /díːpfráid ディープフライド/; -ing形 **deep-frying** /díːpfráiiŋ ディープフライング/〕 油で揚(あ)げる

deeply A2 /díːpli ディープリ/ 副 深く, とても (very, much) →deep 副 との違(ちが)いに注意.
•Her speech moved us **deeply**. 彼女の話は私たちを深く感動させた.

deer /díər ディア/ 名 (複 **deer**)
《動物》シカ →複数形も **deer**.
•a herd of **deer** シカの群れ
•We saw many **deer** in the National Park. 私たちは国立公園で多くのシカを見た.

defeat /difíːt ディフィート/ 動 (戦い・競争などで)破る (beat), 負かす, ～に勝つ
—— 名 ❶ 負けること, 敗北 ❷ 負かすこと, 勝利

defect /díːfekt ディーふェクト/ 名 欠陥(けっかん), 欠点, 短所

defence /diféns ディふェンス/ 名 《英》= defense

defend /difénd ディふェンド/ 動 ❶ 守る, 防ぐ
反対語 The soldiers **defended** the fort from the **attacking** enemy. 兵士たちは襲(おそ)ってくる敵兵たちからとりでを守った.
❷ 弁護する

defense /diféns ディふェンス/ 名 ❶ 守ること, 防衛; (スポーツの)守備側(の選手), 守備陣(じん) 反対語 **attack, offense** (攻撃(こうげき)) ❷ 弁護

defensive /difénsiv ディふェンスィヴ/ 形 防御(ぼうぎょ)の, 防衛の; (非難などへの)自己防衛の
—— 名 防御, 防衛

define /difáin ディふァイン/ 動 定義する
関連語 「定義」は **definition**.

definite /défənət デふィニト/ 形 ❶ (物事が)はっきりした, 明確な; 一定の ❷ (人がある事柄(ことがら)に)自信のある, 確信した

definitely /défənitli デふィニトリ/ 副 ❶ はっきりと, 明確に (clearly) ❷ (答えに用いて)確かに, もちろん (certainly) → perhaps 類似語

definition /defəníʃən デふィニション/ 名 定義; (辞書の与(あた)える)語義 関連語 「定義する」は **define**.

deflation /diːfléiʃən ディーふレイション/ 名 縮むこと; 《経済》デフレ

deforest /diːfɔ́ːrist ディーふォーレスト/ 動 森林を切り払(はら)う

degree 中 A2 /digríː ディグリー/ (→アクセントの位置に注意) 名

❶ 程度
•in some **degree** ある程度, 幾分(いくぶん)
•to some [a certain] **degree** ある程度まで
•You can trust him **to** some **degree** but not wholly. 彼はある程度までは信用できるが, 全面的には信用できない.

❷ (温度・角度などの)度
•A right angle is an angle of 90 **degrees**. 直角とは90度の角度です.
•The boiling point of water is 212 **degrees** Fahrenheit [212℉] or 100 **degrees** Centigrade [100℃]. 水の沸点(ふってん)は力氏212度, あるいはセ氏100度です.

❸ 学位 → 一定の学術を修めた者に大学が与(あた)える称号.
•a bachelor's [master's, doctor's] **degree** 学士[修士, 博士]号

by degrees だんだんと, 次第(しだい)に (gradually)

Delaware /déləweər デらウェア/ 固名 デラウェア → 米国東部の州. **Del.**, (郵便で) DE と略す.

delay A2 /diléi ディれイ/ 動 遅(おく)らせる; 延ばす, 延期する (put off)
•**delay** the trip for a week 旅行を1週間延期する
•The train was **delayed** two hours by an accident. 列車は事故で2時間遅れた.
—— 名 遅れ, 遅延(ちえん)
•It's just a **delay** of one or two minutes. = It's just one or two minutes' **delay**. ほんの1～2分の遅れだ.

without delay すぐに, 早速(さっそく); ぐずぐずせずに

delegate /déligit デリゲト/ 名 (会議に出席する)代表委員

Delhi /déli デリ/ 固名 デリー → インド北部の大都市. その領内に首都 (New Delhi) を含(ふく)み, 政府直轄(ちょっかつ)首都領と呼ばれる.

delicate /délikit デリケト/ 形
❶ (物が)壊(こわ)れやすい; (体が)弱い
•a **delicate** wine glass 壊れやすいワイングラス
•He is in **delicate** health. 彼は体が弱い.
❷ 微妙(びみょう)な, 扱(あつか)いにくい, 難しい
•a **delicate** international problem 微妙な国際問題

department store 163

❸ 細やかで美しい, 精巧(せいこう)な; やわらかい
• a **delicate** work of lace 精巧なレース編み
• a baby's **delicate** skin 赤ちゃんのやわらかい肌(はだ)

delicious 小 A1 /dilíʃəs ディリシャス/ 形 おいしい
• a **delicious** meal [smell] おいしい食事[おいしそうなにおい]

delight /diláit ディライト/ 動 とても喜ばせる (please greatly); **(be delighted で)** とてもうれしい, 大喜びする
—— 名 喜び; (大きな)楽しみ

delightful /diláitfəl ディライトふる/ 形 とても楽しい, 気持ちのよい

deliver 中 /dilívər ディリヴァ/ 動
❶ 配達する; 引き渡(わた)す
• **deliver** newspapers 新聞を配達する
❷ (演説などを)する (give)
• **deliver** a speech 演説する

delivery /dilívəri ディリヴァリ/ 名 (複 **deliveries** /dilívəriz ディリヴァリズ/)
❶ 配達; 配達物[品] ❷ (演説の)仕方, 話し方

delta /déltə デるタ/ 名 (河口の)三角州, デルタ

demand /dimǽnd ディマンド/ 動 (権利・権限として)要求する
—— 名 要求; 需要(じゅよう)
関連語 **supply** and **demand** 需要と供給 → 日本語と語順が逆になる.

demo /démou デモウ/ 名 (複 **demos** /démouz デモウズ/) 《話》❶ (テープ・コンピュータ・ソフトなどの)試聴[試用]見本品 ❷ =demonstration ❷

democracy /dimǽkrəsi ディマクラスィ/ 名 (複 **democracies** /dimǽkrəsiz ディマクラスィズ/) ❶ 民主制; 民主政治 ❷ 民主制の国, 民主国家

Democrat /déməkræt デモクラト/ 名 (米国の)民主党員 → **republican** 名

democratic /deməkrǽtik デモクラティク/ 形 民主的な; 民主制の

Democrátic Párty 固名 **(the** をつけて) (米国の)民主党 →米国の2大政党の1つ. → **Republican Party**

demon /díːmən ディーモン/ 名 悪魔(あくま), 鬼

demonstrate /démənstreit デモンストレイト/ 動 ❶ (実物・実演などで)説明する; 示す ❷ デモをする, 示威(じい)運動をする

demonstration /demənstréiʃən デモンストレイション/ 名 ❶ 実物宣伝, 実演
• **give** a **demonstration** of the new machine 新しい機械の実演をする.
❷ デモ, 示威(じい)運動 →話し言葉では **demo** と短くすることがある.
• **hold** a **demonstration against** a nuclear test [**for** peace] 核(かく)実験反対の[平和運動の]デモをする

denim /dénəm デニム/ 名 ❶ デニム(の生地) ❷ **(denims** で) デニムの服, ジーンズ

Denmark /dénmɑːrk デンマーク/ 固名 デンマーク →ヨーロッパ北部にある王国. 首都はコペンハーゲン (Copenhagen). 公用語はデンマーク語 (Danish).

dense /déns デンス/ 形 茂(しげ)った (thick); 濃(こ)い; 密集した, 込(こ)んだ

dental /déntəl デンタる/ 形 歯の, 歯科の

dentist 小 A2 /déntist デンティスト/ 名 歯医者, 歯科医師
• a **dentist**'s office 歯科医院
• **go to the dentist('s)** 歯医者へ行く → dentist's は dentist's office の略.

deny /dinái ディナイ/ 動 (三単現 **denies** /dináiz ディナイズ/; 過去・過分 **denied** /dináid ディナイド/; ~ing形 **denying** /dináiiŋ ディナイイング/) 否定する, 打ち消す, ~でないと言う

depart /dipáːrt ディパート/ 動 《文》出発する (start) 関連語「出発」は **departure**.

department 小 /dipáːrtmənt ディパートメント/ 名 ❶ (官庁などの)~部(門), ~省
• the **Department** of State (米国の)国務省 →日本の「外務省」にあたる.
• the New York City Fire [Police] **Department** ニューヨーク市消防局[警察]
❷ (大学の)学部, 科
• the history **department** of the college 大学の史学科[学部]
❸ (デパートなどの)売り場 →「デパート, 百貨店」の意味ではない. → department store

depártment stòre 中 A2 名 デパート, 百貨店
• the Mitsukoshi **Department Store** 三越(みつこし)百貨店 →✕Mitsukoshi *Depart* といわない.
• I usually buy my clothes **at the department store.** 私は服はたいていそのデパートで買います.

departure
164
one hundred and sixty-four

departure /dipάːrtʃər ディパーチャ/ 图
出発 関連語「出発する」は **depart**.
反対語 **arrival** (到着(とうちゃく))

depend A2 /dipénd ディペンド/ 動
(**depend on** [**upon**] ～で)
❶ ～に頼(たよ)る, ～を当てにする, ～を信頼(しんらい)する
•You can **depend on** him for help. 君は彼の助けを当てにしていい.
•You cannot **depend upon** his words. 彼の言葉は信頼できないよ.
❷ ～による, ～次第(しだい)である
•Success **depends on** your own efforts. 成功は君自身の努力次第だ.
it (all) depends ＝ **that (all) depends**
それは時と場合による
会話 Do you always come to school by bus?—Oh, **it depends**. あなたはいつもバスで学校へ来るのですか.—いや, 時と場合によりますね.

dependable /dipéndəbl ディペンダブる/ 形
あてになる, 頼りになる
•a **dependable** person 信頼できる人
類似語 **reliable** (信頼できる)

dependent /dipéndənt ディペンデント/ 形
❶ (経済的に)～に頼(たよ)って ❷ (物事が)～次第(しだい)で

deposit /dipάzit ディパズィト/ 動 預金する, (お金を)預ける
── 图 ❶ 預金(すること・したお金) ❷ 手付金, 頭金

depress /diprés ディプレス/ 動 元気をなくさせる, 気落ちさせる; 弱める; 押(お)し下げる

depressed /diprést ディプレスト/ 形 元気をなくした, 気落ちした; 不景気の

depression /dipréʃən ディプレション/ 图
❶ 不景気, 不況(ふきょう) ❷ 憂鬱(ゆううつ), 意気消沈(しょうちん)

depth /dépθ デプす/ 图
❶ 深さ; 奥行(おくゆ)き 関連語「深い」は **deep**.
❷ (**depths** とも) 深い所, 底, 奥(おく)

derive /diráiv ディライヴ/ 動 (言葉・慣習などが)～から由来[派生]する

descend /disénd ディセンド/ 動 降りる, 下降する 反対語 **ascend** (登る)

descendant /diséndənt ディセンダント/ 图
子孫 反対語 **ancestor** (祖先)

descent /disént ディセント/ 图 降りること, 下

降 反対語 **ascent** (上昇)

describe A1 /diskráib ディスクライブ/ 動 (人・物事がどんな風かを)述べる, 描写(びょうしゃ)する, 言い表す →**description**
会話 Can you **describe** your father's appearance? —Yes, he is tall with glasses and a beard. あなたのお父さんの外見を言うことができますか[説明できますか].—はい, 背が高くて, 眼鏡をかけていて, あごひげを生やしています.

description A2 /diskrípʃən ディスクリプション/ 图 描写(びょうしゃ), 記述 →**describe**
•The teacher gave the class a good **description** of the sights of London. 先生はクラスの生徒にロンドンの名所を生き生きと語って聞かせた.

desert¹ A2 /dézərt デザト/ 图 砂漠(さばく)
•the Sahara **Desert** サハラ砂漠
── 形 砂漠の; 人の住んでいない

desert² /dizáːrt ディザ～ト/ (→**desert**¹ との発音の違(ちが)いに注意) 動 (家族・友人などを)見捨てる; 去る

deserted /dizáːrtid ディザ～テド/ 形 寂(さび)れ果てた, 人影(かげ)のない

deserve /dizáːrv ディザ～ヴ/ 動 ～に値(あたい)する, ～する値打ちがある

design 中 A1 /dizáin ディザイン/ (→g は発音しない) 图
❶ デザイン, 図案, 模様
•study **design** デザインを勉強する
•a carpet with a **design** of flowers 花模様のついたカーペット
•The new theater is very modern **in design**. その新しい劇場はデザインがすごくモダンだ.
❷ 設計, 設計図
•a **design** for a new car 新しい車の設計図
── 動 設計する; (服などを)デザインする
•Architects **design** houses. 建築家は家を設計する.

designer 小 /dizáinər ディザイナ/ 图 デザイナー, 図案家, 設計者

desirable /dizái(ə)rəbl ディザイ(ア)ラブる/ 形 望ましい, 好ましい →**desire**

desire /dizáiər ディザイア/ 图 (強い)願望, 願い, 望み(の物)
── 動 《文》(強く)望む, 欲(ほっ)する

desk

desk 小 A1 /désk デスク/ 名 (複 **desks** /désks デスクス/)

❶ (勉強・事務用の)**机** 類似語 食事や会議用のものは **table**.
- Your pen is **on** [**in**] the desk. 君のペンはその机の上[引出しの中]にあるよ.
- He is studying [working] **at** his desk. 彼は机に向かって勉強[仕事]している.

❷ (ホテル・会社などの)**受付**, フロント
- **at** the information **desk** 受付[案内所]で
- Check in **at** the desk. フロントでチェックインしてください.

desktop /désktɑp デスクタプ/ 名 卓上(たくじょう)コンピューター (desktop computer) → 据(す)え置き型で、ふつう本体, モニター, キーボードが分かれている. 関連語 一体型の携帯(けいたい)用コンピューターは **laptop**.

despair /dispéər ディスペア/ 名 絶望
- **in despair** 絶望して
—— 動 絶望する

desperate /déspərit デスパレト/ 形
❶ 死にもの狂(ぐる)いの, 必死の ❷ 望みのない, 絶望的な

desperately /déspəritli デスパレトリ/ 副
必死に(なって); やけになって; (話)ひどく

despise /dispáiz ディスパイズ/ 動 軽蔑(けいべつ)する

despite /dispáit ディスパイト/ 前 ~にもかかわらず (in spite of)

dessert 小 A2 /dizə́ːrt ディザ～ト/ 名 デザート
- We had strawberries **for dessert**. 我々はデザートにイチゴを食べた.

destination /dèstənéiʃən デスティネイション/ 名 (旅行などの)**行き先**, 目的地; (荷物などの)届け先

destiny /déstəni デスティニ/ 名 (複 **destinies** /déstəniz デスティニズ/) 運命, 宿命

destroy 中 A2 /distrɔ́i ディストロイ/ 動

破壊(はかい)する, 壊(こわ)す → **destruction**
- The workers **destroyed** the old building. 作業員たちは古いビルを取り壊した.
- Many houses were **destroyed** by the earthquake. 多くの家屋がその地震(じしん)で破壊された.

destruction /distrʌ́kʃən ディストラクション/ 名 破壊(はかい), 絶滅(ぜつめつ); 破壊された状態, 滅亡(めつぼう)

destructive /distrʌ́ktiv ディストラクティヴ/ 形 破壊(はかい)的な; 有害な (harmful)

detail A2 /díːteil ディーテイる, diːtéil ディーテイる/ 名 詳細(しょうさい), 細かい点, 細目
- He told the police all the **details** of the accident. 彼は警察にその事故の詳細をすべて話した.

in detail 詳細に, 詳(くわ)しく
- Please explain **in detail**. 詳しく説明してください

detailed /dítéild ディテイるド, díːteild ディーテイるド/ 形 くわしい, 詳細な

detection /ditékʃən ディテクション/ 名 発見, 探知

detective /ditéktiv ディテクティヴ/ 名形 探偵(たんてい)(の); 刑事(けいじ)(の)
- a **detective** story 探偵小説, 推理小説

detergent /ditə́ːrdʒənt ディタ～チェント/ 名 洗剤(せんざい)

determination /ditə̀ːrmənéiʃən ディタ～ミネイション/ 名 決心, 決意, 決断(力) → **determine**

determine /ditə́ːrmin ディタ～ミン/ 動 (文)決定する (decide); (**determine to** *do* で) ~しようと決心する

determined /ditə́ːrmind ディタ～ミンド/ 形 決心した, 断固とした

deuce /d(j)úːs デュース, ドゥース/ 名 (テニスなどの)**ジュース** → このあと2点続けて取れれば勝ち.

develop 中 A2 /divéləp ディヴェろプ/ 動
❶ 発達[発展]させる; 発達[発展]する
- The village **developed into** a large town. その村は発展して大きな町になった.
❷ (土地・資源などを)開発する
- The town is going to **develop** the land near the river. その町は川の近くの土地を開発しようとしている.
❸ (写真のフィルムを)現像する
❹ 展開する

developed A2 /divéləpt ディヴェろプト/ 形 (経済・技術などが)発達した, 発展した →developing
- a **developed** country 先進国

developing /divéləpiŋ ディヴェろピング/ 形 発展途上(とじょう)の, 開発途上の →developed
- a **developing** country 開発途上国

development /divéləpmənt ディヴェろプメント/ 名 ❶ 発達, 発展 ❷ 開発; (開発された)団地 ❸ (写真の)現像 ❹ 展開

device /diváis ディヴァイス/ 名 (考案された)道具, 装置
- a useful **device** 便利な道具.

devil /dévl デヴる/ 名 ❶ 悪魔(あくま)
ことわざ Speak [Talk] of the **devil** and he will appear. 悪魔のうわさをすれば, 悪魔が現れるものだ. →「人のうわさをしていると, その人がやって来るものだ」の意味.「うわさをすれば影(かげ)がさす」にあたる.
❷ (the Devil で) =Satan

devise /diváiz ディヴァイズ/ 動 工夫(くふう)する, 考案する

devote /divóut ディヴォウト/ 動 (身・心・努力・時間などを)ささげる

devotion /divóuʃən ディヴォウション/ 名 ❶ 熱烈(ねつれつ)な愛情 ❷ 献身(けんしん), 没頭(ぼっとう)

dew /djú: デュー/ 名 露(つゆ)

dewdrop /djú:drɑp デュードラプ/ 名 露(つゆ)の玉, 露の滴(しずく)

diagram /dáiəɡræm ダイアグラム/ 名 図解, 図表, グラフ, チャート

dial /dáiəl ダイアる/ 名 ❶ (時計・羅針盤(らしんばん)などの)文字盤(ばん) ❷ (電話・ラジオなどの)ダイヤル
— 動 (三単現 **dials** /dáiəlz ダイアるズ/; 過去・過分 **dial(l)ed** /dáiəld ダイアるド/; ing形 **dial(l)ing** /dáiəliŋ ダイアリング/) (電話・ラジオなどの)ダイヤルを回す; (番号ボタンの番号を)押(お)す

dialect /dáiəlekt ダイアれクト/ 名 方言

dialog(ue) /dáiəlɔ:g ダイアローグ/ 名 (小説・劇・映画などの中の)会話, 対話 →会話であることを示すのに日本語ではかぎかっこ (「 」)を使うが, 英語では引用符(ふ) (" ")を使う.

diameter /daiǽmətər ダイアメタ/ 名 直径
関連語 **radius** (半径)

diamond A2 /dáiəmənd ダイアモンド/ 名 ❶ ダイヤモンド ❷ ひし形; (トランプ札の)ダイヤ ❸ (the diamond で) (野球の)内野, ダイヤモンド

Diana /daiǽnə ダイアナ/ 固名 ダイアナ →ローマ神話で月と狩(か)りの女神(めがみ). ギリシャ神話のアルテミス (Artemis) にあたる.

diary A2 /dáiəri ダイアリ/ 名 (複 **diaries** /dáiəriz ダイアリズ/) ❶ 日記
- **write (in)** *one's* **diary** 日記をつける[書く]
- **keep** a **diary** (毎日)日記をつける
- **keep** a **diary** of the journey その旅の日記をつける

❷ 日記帳

dice /dáis ダイス/ 名 (複 **dice**) さいころ; さいころを使うゲーム, ダイス
POINT 元来は die² の複数形で,「2個一組のさいころ」を意味したが, 現在は, 特に《英》では,「1個のさいころ」を意味する単数名詞として使われるようになっている. その場合複数形も **dice**.

dictate /diktéit ディクテイト/ 動 (口で言って人に)書き取らせる, 口述する

dictation /diktéiʃən ディクテイション/ 名 (書き取らせるための)口述, ディクテーション

dictionary 中 A1 /díkʃəneri ディクショネリ| díkʃənəri ディクショナリ/ 名 (複 **dictionaries** /díkʃəneriz ディクショネリズ/) 辞書, 辞典 →encyclopedia
- an English-Japanese **dictionary** 英和辞典
- an electronic **dictionary** 電子辞書
- a **dictionary** of place names 地名辞典
- **use** a **dictionary** 辞書を使う
- **consult** a **dictionary** 辞書を引く
- **Look up** this word **in** the **dictionary**. この語を辞書を引いて調べなさい.

did 中 A1 /弱形 did ディド, 強形 díd ディド/ 動
do (する)の過去形 →do
- I **did** my homework this morning. 私はきょうの午前中に宿題をした.
- Our team **did** very well. 私たちのチームはとてもよくやった.

Who painted this picture?—I **did** (= painted it).
誰(だれ)がこの絵を描(か)いたのですか.—私です.

one hundred and sixty-seven　167　**difference**

— [助動] **do** の過去形

🔵POINT 助動詞 **did** は過去の疑問文や否定文をつくり, また意味を強めるのにも使う.

🟢会話 **Did you** watch the soccer game on TV yesterday?—Yes, I did. 昨日テレビでサッカーの試合を見た?—うん, 見た. ➡後ろの did は [動].

•I **did not** go to school yesterday. 私は昨日学校へ行きませんでした.

•You didn't come yesterday, **did you?** 君は昨日来なかったね. ➡~, did you? は「~ですね」と念を押(お)す用法.

🟢会話 I saw him there.—**Did** you? 私はそこで彼に会いました.—そうでしたか.

•I **did** finish my homework, but I forgot to bring it to school. 本当に宿題をしたのですが学校へ持って来るのを忘れたのです. ➡ did finish は finished を強める言い方.

didn't /dídnt ディドント/ **did not** (~しなかった)を短くした形 ➡話し言葉では did not より didn't のほうがふつう.

•I **didn't** do my homework. 私は宿題をしなかった.

•**Didn't** you say so? 君はそう言わなかったか.

🟢会話 Did you see Jack yesterday?—No, I **didn't** (see him). 君は昨日ジャックに会ったか.—いや, 会わなかった.

•You said so, **didn't you?** 君はそう言ったじゃないか. ➡~, didn't you? は「~ですね」と念を押(お)す用法. ×~, did not you? としない.

die¹ 🀄 A2 /dái ダイ/ [動]

三単現	**dies** /dáiz ダイズ/
過去・過分	**died** /dáid ダイド/
-ing形	**dying** /dáiiŋ ダイイング/

(人・動物などが)**死ぬ**; (植物が)**枯**(か)**れる**

関連語 **die** suddenly = **die** a sudden **death** 突然(とつぜん)死ぬ

•**die** at (the age of) eighty 80歳(さい)で死ぬ

•**die** young [rich, poor] 若くして[金持ちの身分で, 貧困(ひんこん)のうちに]死ぬ ➡die+形容詞.

•Old habits **die** hard. 昔からの習慣はなかなか(死なない ⇨)なおらない.

関連語 He is **dead**. He **died** ten minutes ago. 彼は死んだ. 10分前に息を引き取った.

•He is **dying**. Please come quickly. 彼は死にそうです. すぐ来てください.

be dying to do [**for ~**] 《話》死ぬほど~したい, ~したくて[~が欲(ほ)しくて]たまらない

•I **am dying to** see him. 死ぬほどあの人に会いたい.

•I'm **dying for** a drink of water. お水が欲しくてしょうがない.

die away (だんだん)**消える**; (風などが)**おさまる**

•The noise **died away**. 騒音(そうおん)が次第(しだい)に消えていった.

die of [**from**] **~** ~で死ぬ

🔵POINT 「直接的な死因」を表す場合には **of** を,「間接的な死因」を表す場合には **from** を使うとされるが, 実際には from の時にも of が使われることが多い.

•**die of** cancer [old age, hunger] がん[老齢(ろうれい), 飢(う)え]で死ぬ

•**die from** overwork [a wound] 過労[けが]がもとで死ぬ

die out 完全に消える, 死に絶える; (習慣などが)**廃**(すた)**れる**

•Many of the old Japanese traditions have **died out**. 日本の古い伝統の多くは廃れてしまった.

Never say die! もうだめだなんて言うな, 弱音を吐(は)くな

die² /dái ダイ/ [名] (愛 **dice** /dáis ダイス/) 《主に米》**さい, さいころ** ➡ふつう2個一組で使うので, 複数形 (**dice** /dáis ダイス/) で使うことが多い.

diet¹ A2 /dáiət ダイエト/ [名] ❶ 日常の食物

•a well-balanced **diet** バランスの取れた食事

❷ (病人・減量などのための)**規定食, ダイエット** ➡ふつう食べる量を減らすことをいう. やせるために運動することは diet とはいわない.

•**be** [**go**] **on** a **diet** 食事療法(りょうほう)をしている[する], 減食している[する]

diet² /dáiət ダイエト/ [名] (**the Diet** で) (日本・スイス・デンマークなどの)**議会, 国会** ➡古い英語で「会議」の意味. 米国のは **Congress**, 英国のは **Parliament**.

Díet Búilding [名] (**the** をつけて) (日本の)**国会議事堂** ➡米国のは **the Capitol**, 英国のは **the Houses of Parliament**.

differ /dífər ディファァ/ [動] **違**(ちが)**う, 異なる** (be different)

difference 🀄 A1 /dífərəns ディ

different

/ファレンス/ 名 違(ちが)い; 相違(そうい)(点), 差

- There is a big **difference in** size between them. それらの間には大きさに大きな違いがある.
- What is the **difference between** a cap and a hat? キャップとハットの違いは何ですか[どこが違うのですか].

make a difference 違いを生む, 話[事情]が違ってくる; 重要である

- It **makes a** great [some, no] **difference** to me whether you do it today or tomorrow. 君がそれをきょうするか明日するかは私にとってたいへんな違いがある[少しは違う, どっちでもいい].

different 中 A1 /dífərənt ディファレント/ 形 (比較級 more different; 最上級 most different)

違(ちが)った, 別の; いろいろな, 別々の

関連語 「違う」は **differ**, 「違い」は **difference**.

反対語 **same** (同じ)

- People have **different** faces. 人は違う顔を持っている[それぞれ顔が違う].
- The two overcoats are very [much] **different in** color. その２着のコートは色が非常に違っている.

- Gestures are **different** in **different** cultures. 異なる文化の中では身振(みぶ)りもさまざまだ.
- They came from many **different** countries. 彼らはたくさんのいろいろな国からやって来た.

be different from ～ ～とは違っている

- Your ideas are **different from** mine. 君の考えは僕(ぼく)の考えと違っている.

differently A2 /dífərəntli ディファレントリ/ 副
異なって; 違(ちが)うように; 別々に

difficult 中 A1 /dífikəlt ディフィカルト/

形 難しい, 困難な 反対語 **easy** (易(やさ)しい)

- This is a **difficult** math problem. これは難しい数学の問題だ.
- This question is too **difficult** (for me) to answer. この問題は(私には)あまりに難しくて答えられない.
- **It is difficult** for us **to master** English. 私たちが英語をマスターするのは難しい. →It = to master (マスターすること)以下. ×We are difficult to do ～ としない.

会話
How did today's tests go? —The math test was more **difficult** than the English test.
きょうの試験はどうだった?—数学の試験が英語の試験よりも難しかった.

difficulty A2 /dífikəlti ディフィカルティ/ 名 (複 **difficulties** /dífikəltiz ディフィカルティズ/)

❶ 難しさ, 困難, 苦労

- a job **of** great **difficulty** 非常に困難な仕事 →×a great difficulty, ×great difficul*ties* としない.
- The roads were crowded and I **had** a lot of **difficulty** (**in**) coming here. 道路が混んでいて私はここへ来るのにとても苦労した.

❷ (しばしば **difficulties** で) 困った状況(じょうきょう)[立場], 難局; 財政困難

- **overcome difficulties** 難局を乗り越(こ)える
- His firm is **in difficulties**. 彼の会社は財政困難に陥(おちい)っている.

with difficulty 苦労して, やっと
without (***any***) ***difficulty*** = ***with no difficulty*** 何の苦労もなく, 難なく, 楽々と

- That was a very difficult case, but Sherlock Holmes solved it **without any difficulty**. それは非常な難事件だったが, シャーロック・ホームズは難なく解決した.

dig A1 /díg ディグ/ 動

三単現	**digs** /dígz ディグズ/
過去・過分	**dug** /dág ダグ/
-ing形	**digging** /dígiŋ ディギング/

掘(ほ)る

- **dig** a deep hole 深い穴を掘る
- **dig** a well 井戸(いど)を掘る
- **dig** out mines 地雷(じらい)を掘り出す

direct

- We **dug** (**up**) clams at the seashore. 私たちは浜(はま)でハマグリを掘り出した.
- The children are **digging** a tunnel in the sand. 子供たちは砂の中にトンネルを掘っている.

digest /daidʒést ダイヂェスト, didʒést ディヂェスト/ 動 (食べ物を)消化する
── /dáidʒest ダイヂェスト/ (→動詞とのアクセントの位置の違(ちが)いに注意) 名 (重要なところだけを集めた)要約, ダイジェスト

digestion /daidʒéstʃən ダイヂェスチョン, didʒéstʃən ディヂェスチョン/ 名 消化, 消化作用; 消化力

digital /dídʒətl ディヂトる/ 形 数字で計算[表示]する; デジタル式の

dígital cámera A2 名 デジタルカメラ

dignity /dígnəti ディグニティ/ 名 (複 **dignities** /dígnətiz ディグニティズ/) 威厳(いげん), 品位

diligence /dílədʒəns ディリヂェンス/ 名 勤勉, (たゆまぬ)努力

diligent /dílədʒənt ディリヂェント/ 形 勤勉な, 熱心な

dim /dím ディム/ 形 薄(うす)暗い, かすかな, はっきり見えない

dime /dáim ダイム/ 名 (米国・カナダの)10セント硬貨(こうか)

dimly /dímli ディムリ/ 副 薄(うす)暗く, かすかに, ぼんやりと

dimple /dímpl ディンプる/ 名 えくぼ

dine /dáin ダイン/ 動 食事をする →ふつうは have [eat] dinner という.

dining /dáiniŋ ダイニング/ 名 食事(をすること)

dining car /dáiniŋ kà:r ダイニング カー/ 名 (列車の)食堂車

dining hall /dáiniŋ hò:l ダイニング ホーる/ 名 (大学などの)大食堂

dining room A1 /dáiniŋ rù:m ダイニング ルーム/ 名 (家庭・ホテルなどの)食堂, ダイニングルーム

dinner 小 A1 /dínər ディナ/ 名
(複 **dinners** /dínərz ディナズ/)
❶ (その日の主な)食事, ディナー; 夕食
POINT 1日の食事の中で一番ごちそうの出る食事で, ふつうは夕食.
- **have** [**eat**] **dinner** 食事をとる →×a [the] dinner としない.
- **cook** [**make**] **dinner** 食事を作る

- invite [ask] him **to dinner** 彼を食事に招く
- We usually **have dinner** at 7, but on Sundays we **have dinner** at noon. 私たち[うちで]はたいてい7時にディナーを食べますが, 日曜日は昼にディナーを食べます.
関連語 昼にディナーを食べた日の夕食は **supper** という.
- We were **at dinner** in the dining room when the phone rang. 電話が鳴った時私たちは食堂で食事中だった.
- What's **for dinner** tonight? 今夜の食事は何ですか.
❷ (**a dinner** で) (正式に人を招いて行う)夕食会, 晩さん会, ディナーパーティー →**dinner party** ともいう.
- give **a dinner** for him 彼のために晩さん会を開く

dinosaur A2 /dáinəsɔːr ダイノソー/ 名 恐竜(きょうりゅう)

dip /díp ディプ/ 動 (三単現 **dips** /díps ディプス/; 過去・過分 **dipped** /dípt ディプト/; -ing形 **dipping** /dípiŋ ディピング/)
(水などに)ちょっとつける; (水に)ちょっと潜(もぐ)る

diploma /diplóumə ディプろウマ/ 名 卒業証書, 修了(しゅうりょう)証書

diplomat /dípləmæt ディプろマト/ 名 外交官

diplomatic /dipləmǽtik ディプろマティク/ 形 外交(上)の, 外交官の

dipper /dípər ディパ/ 名 ひしゃく

direct A2 /dirékt ディレクト, dairékt ダイレクト/ 形 ❶まっすぐな, 直行の (straight)
- a **direct** line 直線
- take a **direct** flight to New York ニューヨークへ直行便で(まっすぐ)飛ぶ
❷ 直接的な 反対語 **indirect** (間接的な)
- **direct** election 直接選挙
❸ 率直(そっちょく)な, 遠回しでない (frank)
── 副 まっすぐに, 直行で, 直接に
- go **direct** to London ロンドンへ直行する
── 動 ❶ 指導[指揮]する, (映画などを)監督(かんとく)する, 演出する
- **direct** a play 劇を演出する
- A police officer was **directing** (the) traffic. 警官が交通整理をしていた.
❷ 道を教える (show the way)
- Please **direct** me to the post office. 郵便局へ行く道を教えてください.

direction 170 one hundred and seventy

direction A2 /dirékʃən ディレクション, dairékʃən ダイレクション/ 名 ❶ 方向, 方角
- **in** this **direction** この方向に →×to this direction としない.
- in one **direction** 1つの方向に
- in the **direction of** the station 駅の方向に
- in all **directions** = in every **direction** 四方八方に
- In which **direction** is the station? 駅はどっちの方向ですか.

❷ (**directions** で)指示, 説明(書), 使用法
- Follow the **directions** on the package. パッケージの説明書きに従ってください.

directly /diréktli ディレクトリ, dairéktli ダイレクトリ/ 副 ❶ 直接に; まっすぐに ❷ 率直(そっちょく)に

director A2 /diréktər ディレクタ, dairéktər ダイレクタ/ 名 ❶ 指揮者, (映画)監督(かんとく), (劇の)演出家 ❷ (会社の)重役, 取締(とりしまり)役; 理事

directory /diréktəri ディレクトリ, dairéktəri ダイレクトリ/ 名 (徶 **directories** /diréktəriz ディレクトリズ, dairéktəriz ダイレクトリズ/) 名簿(めいぼ)
→学生名簿, 会員名簿, 居住者名簿などで, ふつう住所付き.

dirt /dəːt ダ〜ト/ 名 ❶ 汚(よご)れ, ごみ, ちり (dust), 泥(どろ) (mud)
[関連語] Don't play in the **dirt**. You'll get your clothes **dirty**. 泥んこの中で遊んじゃだめ. 服が汚れるわよ.
❷ 土 (soil)

dirty 中 A1 /dəːrti ダ〜ティ/ 形 (比較級 **dirtier** /dəːrtiər ダ〜ティア/; 最上級 **dirtiest** /dəːrtiist ダ〜ティエスト/)
❶ 汚(きたな)い, 汚(よご)れた 反対語 **clean** (きれいな)
- a **dirty** face 汚れた顔
- a **dirty** job 汚い仕事 →「道義的に汚い仕事」の意味にもなる. → ❷
- Your pants are **dirty with** paint. 君のズボンはペンキで汚れている.
❷ (道義的に)けがらわしい, 卑劣(ひれつ)な, 汚い
- a **dirty** trick 卑劣なたくらみ, 汚い手

dis- /dis ディス/ 接頭辞 **no, not** など打ち消しの意味を表す:
- **dis**cover 発見する → **cover** (覆(おお)う)を否定するので.
- **dis**courage がっかりさせる → **courage** (勇気)を否定するので.

disability /disəbíləti ディサビリティ/ 名 (徶 **disabilities** /disəbílətiz ディサビリティズ/) 無力, できないこと; 障害
- people with **disabilities** 身体障害者
反対語 **ability** (能力, できること)

disabled /diséibld ディスエイブルド/ 形 身体に障がいのある 関連語 **deaf** (耳の聞こえない), **blind** (目の見えない), **mute** (耳が聞こえないために話すことができない)
- a **disabled** man 身体障がい者
- the **disabled** = **disabled** people 身体に障がいのある人々, 身体障がい者
- He was physically [mentally] **disabled**. 彼は身体的に[精神的に]障がいがあった.

disadvantage A2 /disædvǽntidʒ ディサドヴァンテヂ|disædvɑ́ːntidʒ ディサヴァーンテヂ/ 名 不利(なこと), 不便 → **advantage**

disagree 中 A2 /disəgríː ディサグリー/ 動 ❶ 意見が合わない, 不賛成である → **agree**
- I **disagree with** you **on** this matter. この件に関しては私は君と意見が違(ちが)う.
❷ (食物などが)体質に合わない

disagreeable /disəgríːəbl ディサグリーアブル/ 形 気に食わない, いやな, 不愉快(ゆかい)な (unpleasant) → **agreeable**

disappear 中 A2 /disəpíər ディサピア/ 動 見えなくなる, 消えうせる → **appear**
- He suddenly **disappeared**. 彼は突然(とつぜん)姿をくらました.
- Dinosaurs **disappeared** from the earth a long time ago. 恐竜(きょうりゅう)はずっと昔に地上から姿を消した.

disappoint /disəpóint ディサポイント/ 動 失望させる, がっかりさせる: (be disappointed で)失望する, がっかりする

disappointed A2 /disəpóintid ディサポインテド/ 形 がっかりした, 失望した → **disappoint**

disappointing A2 /disəpóintiŋ ディサポインティング/ 形 期待はずれの, つまらない

disappointment /disəpóintmənt ディサポイントメント/ 名 失望, 落胆(らくたん); 期待外れ

disaster 中 /dizǽstər ディザスタ/ 名 大災害, 惨事(さんじ)

disc /dísk ディスク/ 名 = disk

discard /diskɑ́ːrd ディスカード/ 動 捨てる

discipline /dísəplin ディスィプリン/ 名 ❶ 訓練, しつけ ❷ 規律 ❸ 学問分野

disclose /disklóuz ディスクろウズ/ 動 (隠(かく)れた

one hundred and seventy-one 171 dish

ているものを)明らかにする, あばく →**close**¹

disco A2 /dískou ディスコウ/ 名 (複 **discos** /dískouz ディスコウズ/) ディスコ; ディスコ音楽

discotheque /dískətek ディスコテク/ 名 《主に英》＝disco

discount /dískaunt ディスカウント/ 名 割引
- a **discount** store 割引店
- I bought a watch **at** a 15 percent **discount**. 私は時計を15パーセント引きで買った.
- The store **gave** me a **discount** of 15%. その店は15パーセント引いてくれた.

discourage /diskə́ːridʒ ディスカーレヂ/ 動
❶ 勇気をくじく, がっかりさせる; (**be discouraged** で) がっかりする
❷ (**discourage** *A* **from** *do*ing で) Aに～するのを思いとどまらせる

discover 中 A2 /diskʌ́vər ディスカヴァ/ 動 発見する, (初めて)見つける
類似語 「発明する」は **invent**.
- Madame Curie **discovered** radium. キュリー夫人はラジウムを発見した.
- The law of gravitation was **discovered** by Newton. 万有(ばんゆう)引力の法則はニュートンによって発見された. →**was** 助動 ❷
- He **discovered** that he was an adopted child. 彼は自分が養子だと初めて知った.

discoverer /diskʌ́vərər ディスカヴァラ/ 名 発見者

discovery /diskʌ́vəri ディスカヴァリ/ 名 (複 **discoveries** /diskʌ́vəriz ディスカヴァリズ/) 発見(すること); 発見した事, 発見物

discriminate /diskrímineit ディスクリミネイト/ 動 ❶ 見分ける, 区別する ❷ 分け隔(へだ)てする, 差別扱(あつか)いする

discrimination /diskrìminéiʃən ディスクリミネイション/ 名 差別, 差別待遇(たいぐう); 区別

discus /dískəs ディスカス/ 名 (競技用の)円盤(えんばん)

discuss A1 /diskʌ́s ディスカス/ 動 話し合う, ～について意見を出し合う, 討議する
関連語 「討議」は **discussion**.
類似語 (議論する)
discuss はある事柄(ことがら)についてよりよい結論を出すために互(たが)いの意見を述べ合うこと. **debate** は論理的に自分の意見を主張したり相手の意見に反論したりして, 相手を説き伏(ふ)せようとすること.
- **discuss** the problem その問題を話し合う

→✕discuss *about* ～ としない.
- I will **discuss** your poor grades with your teacher. 私はおまえの成績が悪いことを先生と話し合うつもりだ.
- They **discussed** how to select a new captain for the team. 彼らはチームの新キャプテンの選び方について討論した.

discussion 中 A2 /diskʌ́ʃən ディスカション/ 名 話し合い, 討議 関連語 「話し合う」は **discuss**.
- **have** [**hold**] a **discussion about** the problem その問題について話し合いを持つ
- There was a lot of [much] **discussion about** the new school regulations. 新しい校則について討議が重ねられた.
- The question is now **under discussion**. その問題は現在討議[審議(しんぎ)]中だ.

disease /dizíːz ディズィーズ/ 名 (長期にわたる重い)病気 → dis- (=no)+ease (楽なこと).
- a heart **disease** 心臓病

disguise /disgáiz ディスガイズ/ 名 変装, 見せかけ

disgust /disgʌ́st ディスガスト/ 動 (人を)不愉快(ゆかい)な気持ちにする, うんざりさせる; (**be disgusted** で) うんざりする, むかつく
── 名 (非常に)不愉快な気持ち, 嫌悪(けんお)

disgusting /disgʌ́stiŋ ディスガスティング/ 形 とてもいやな, いまいましい, むかむかする

dish 小 A1 /díʃ ディシュ/ 名
❶ (料理を盛って出す大きな)皿, 鉢(はち); (**the dishes** で) 食器類
- a large deep [shallow] **dish** (1枚の)大きな深皿[浅い皿]
- **wash** [**do**] **the dishes** (食事の後の)食器を洗う

類似語 (皿)
plate は **dish** から料理を取り分ける浅く平らな皿. **bowl** はサラダなどを入れる深い入れ物. **saucer** は受け皿.

dishcloth 172

❷(料理の)1皿; 料理
- •a **dish** of boiled potatoes ゆでたジャガイモ1皿
- •a meat **dish** 肉料理
- •Chinese **dishes** 中国料理
- •Pasta is my favorite **dish**. パスタは私の好きな料理です.
- •He can cook a lot of **dishes**. 彼はいろいろな料理を作ることができる.

dishcloth /díʃklɔːθ ディシュクローす/ 图 (皿を洗う時に使う)布巾(ふきん) ➡ **dish towel**

dishonest /dɪsɑ́nɪst ディスアネスト/ 形 不正直な ➡ **honest**

dísh tòwel 图 《米》(洗った皿を拭(ふ)く)布巾(ふきん) (《英》tea towel)

dishwasher /díʃwɑʃər ディシュワシャ/ 图 (自動)食器洗い機

disk /dísk ディスク/ 图 ❶レコード (record), CD (compact disc) ❷円盤(えんばん) ❸(データ記録用)ディスク
- •a hard **disk** drive ハードディスク(ドライブ)

dísk jóckey 图 ディスクジョッキー ➡ **disc jockey** ともつづり, **DJ, D.J.** と略す. ラジオの音楽番組などで曲と曲の間をおしゃべりでつなぐ人, また **club** などでかける曲を選ぶ人.

dislike A2 /dɪsláɪk ディスらイク/ 動 嫌(きら)う, いやがる ➡ dis- (=not)+like (好きである).

⏺POINT dislike は「非常に嫌う, 毛嫌(けぎら)いする」という強い意味なので, 「〜が嫌いだ」はふつう don't like という.

- •I **dislike** thunder. 私は雷(かみなり)が大嫌いだ.
- •She **dislikes** taking exercise early in the morning. 彼女は朝早く体操をするのをとてもいやがっている.

—— 图 嫌い

反対語 **likes** and **dislikes** 好き嫌い

dismiss /dɪsmís ディスミス/ 動
❶(クラスなどを)解散させる, 帰らせる
❷(人を)解雇(かいこ)する, 首にする

Disneyland /díznilænd ディズニらンド/ 固名 ディズニーランド ➡ もともとはアメリカのアニメーション映画制作者のウォルト・ディズニー (**Walt Disney**) が1955年にロサンゼルス市の近くに造った大遊園地.

displace /dɪspléɪs ディスプれイス/ 動 置き換(か)える, 取って代わる; 追い出す, 移住させる

displaced /dɪspléɪst ディスプれイスト/ 形 追放された, 難民の

display A2 /dɪspléɪ ディスプれイ/ 動 陳列(ちんれつ)する, 展示する
- •The children's drawings are **displayed** on the second floor. 子供たちの絵は2階に展示されている.

—— 图 陳列, 展示

disposal /dɪspóuzəl ディスポウザる/ 图
❶処分, 処理 ❷(台所の)ごみ処理装置

dispose /dɪspóuz ディスポウズ/ 動 (**dispose of 〜** で) 〜を処分する, 取り除く (get rid of 〜); (問題などを)整理する, 処理する

dispute /dɪspjúːt ディスピュート/ 图 言い争い, 議論

dissolve /dɪzɑ́lv ディザるヴ/ 動 (水で)溶(と)かす; (水に)溶ける ➡ **melt**

distance /dístəns ディスタンス/ 图
❶距離(きょり), (時間・人間関係の)隔(へだ)たり
- •a long [short] **distance** 長い[短い]距離
- •a long-**distance** bus 長距離バス
- •a **distance of** ten miles [ten years] 10マイル[10年]の隔たり
- •a **distance between** father and son 父と息子(むすこ)の間の隔たり
- •The **distance from** here **to** the station is about a mile. ここから駅までの距離は約1マイルです.
- •We're living within a walking **distance** of our grandparents. 私たちは祖父母の所から歩いていける距離に住んでいる.

❷遠い距離; 遠く離(はな)れた所, 遠方

関連語 「遠い」は **distant**.

- •We are some [good] **distance away from** the shore. ここから岸までは少し[かなり]距離がある.
- •The station is quite a **distance from** here. 駅はここからかなり遠い所にある. ➡ quite は「かなり」.

at a distance (やや)離れた所で
- •They look like twins **at a distance**. 少し離れて見ると彼らは双子(ふたご)みたいだ.

from a distance 遠くから
- •The tower can be seen **from a distance**. その塔(とう)は遠くからでも見える.

in the distance 遠くに, 遠くの
- •The sailors saw an island **in the distance**. 船乗りたちは遠方に島を発見した.

distant /dístənt ディスタント/ 形 (距離(きょり)・時間・関係など)遠い, (〜だけ)離(はな)れて

関連語 「距離, 遠方」は **distance**.
- a **distant** country [relative] 遠い国［親類］
- the **distant** sound of a bell 鐘(かね)のかすかな音
- The star is 100 light years **distant** from the earth. その星は地球から100光年離れている. →100 light years は副詞句として distant を修飾(しゅうしょく)する.

distil /distíl ディスティる/ 動 《英》=distill

distill /distíl ディスティる/ 動 《米》蒸留する, 蒸留して造る

distinct /distíŋkt ディスティンクト/ 形 はっきり区別できる, 別の; 明瞭(めいりょう)な

distinction /distíŋkʃən ディスティンクション/ 名 区別(すること), 違(ちが)い

distinctly /distíŋktli ディスティンクトり/ 副 はっきりと, 明確に

distinguish /distíŋgwiʃ ディスティングウィシュ/ 動 区別する, 見分ける

distress /distrés ディストレス/ 名 ❶ 苦しみ, 悲しみ; 悩(なや)み［心配・悲しみ］の種 ❷ 困っている状態, 助けのいる状態, 苦境
—— 動 悲しませる, 苦悩(くのう)させる, 困らせる

distribute /distríbju:t ディストリビュート/ 動 分配する, 配る

district /dístrikt ディストリクト/ 名 地方; 地区

Dístrict of Colúmbia 固名 (**the** をつけて) コロンビア特別区 ⇨米国の首都ワシントン市の行政名. **D.C.** と略す. Columbia は「米国」を指す詩的な呼び名. →**Washington**

disturb /distə́:rb ディスタ~ブ/ 動 ❶ (休息・睡眠(すいみん)・仕事などの)邪魔(じゃま)をする, 妨(さまた)げる
- The noise **disturbed** his sleep. 騒音(そうおん)が彼の睡眠を妨げた.
- I'm afraid I'm **disturbing** you. お邪魔じゃないでしょうか.
掲示 Do Not **Disturb**. ノックしないでください. →睡眠中など邪魔されたくない時にホテルのドアにかける札の文句.

❷ 心配させる, 不安にする
- He is **disturbed** about the exam result. 彼は試験の結果を心配している.

ditch /dítʃ ディチ/ 名 ❶ (道路脇(わき)の)排水(はいすい)用の溝(みぞ), どぶ ❷ (農業用水のための)水路

dive 中 /dáiv ダイヴ/ 動
三単現 **dives** /dáivz ダイヴズ/
過去 **dived** /dáivd ダイヴド/,
   dove /dóuv ドウヴ/
過分 **dived**
-ing形 **diving** /dáiviŋ ダイヴィング/
❶ (頭から水の中へ)飛び込む, 潜(もぐ)る
❷ (飛行機・鳥などが)急降下する
—— 名 飛び込み, 潜水(せんすい)

diver /dáivər ダイヴァ/ 名 潜水(せんすい)士, ダイバー; ダイビングの選手

diversity /dəvə́:rsəti ディヴァ~スィティ, daivə́:rsəti ダイヴァ~スィティ/ 名 (複 **diversities** /dəvə́:rsətiz ディヴァ~スィティズ/) 多様性; 相違(そうい)
- a **diversity** of opinions 多種多様な意見

divide A2 /diváid ディヴァイド/ 動
分ける, 割る; 分かれる
関連語 「分割(ぶんかつ)」は **division**; **add** (足す), **subtract** (引く), **multiply** (かける)
- **divide** 9 **by** 3 9を3で割る
- **divide** the cake **into** three pieces ケーキを3つに分ける
- He **divided** the money **among** his five sons. 彼は5人の息子(むすこ)に金を分けた.
- The Tama River **divides** Tokyo **from** Kanagawa. 多摩川は東京と神奈川の境になっている.
- Six **divided** by three is [makes] two. (3で割られた6 ⇨) 6割る3は2. →divided は過去分詞(割られた)で前の名詞 six を修飾(しゅうしょく)する. Divide six by three, and you get two./If you divide six by three, you get two. ともいえる.
- Let's **divide into** two groups. 2つのグループに分かれよう.

divine /diváin ディヴァイン/ 形 神の, 神聖な

diving /dáiviŋ ダイヴィング/ 名 飛び込み, ダイビング; 潜水(せんすい) →**skin diving**

division /divíʒən ディヴィジョン/ 名
❶ 分けること, 分割(ぶんかつ); 割り算
関連語 「分ける, 割る」は **divide**.
❷ (会社などの)部門, 部, 課

divorce 174

divorce /divɔ́ːrs ディヴォース/ 名 離婚(りこん)

—— 動 離婚する

DIY /díːaiwái ディーアイワイ/ 《英略》 = do-it-yourself

dizzy A2 /dízi ディズィ/ 形 (比較級 **dizzier**
/díziər ディズィア/; 最上級 **dizziest** /díziist ディズィエスト/) めまいがする(ような), くらくらする
• feel **dizzy** めまいがする

DJ, D.J. 略 =**d**isk **j**ockey

DNA 略 デオキシリボ核(かく)酸 →**d**eoxyribo-**n**ucleic **a**cid. 遺伝子の本体で, すべての生体細胞(さいぼう)の中に含(ふく)まれている.

do 小 A1 /弱形 du ドゥ, də ドゥ, 強形 dúː ドゥー/

動 ❶する, 行う; 行動する　　　　　意味 map
❷(前に出た動詞を繰(く)り返す代わりに使って)
助動 ❶(Do+主語+動詞(の原形)で疑問文をつくり) (〜は)〜しますか
❷(主語+**do not**+動詞(の原形)で否定文をつくり) (〜は)〜しない
❸(**Don't**+動詞(の原形)で否定の命令文をつくり) 〜するな

—— 動

三単現 **does** /dʌ́z ダズ/
過去 **did** /díd ディド/
過分 **done** /dʌ́n ダン/
-ing形 **doing** /dúːiŋ ドゥーインゲ/

❶ する, 行う; 行動する
基本 **do** one's work 仕事をする →do+名詞.
• **do** bad [foolish] things 悪い[ばかな]事をする
• **do** the shopping [the washing, the cooking] 買い物[洗濯(せんたく), 料理]をする
• **do** a math problem 数学の問題を解く
• I **do** my homework every day. 私は毎日宿題をします.
• **Do** your best. できる限りのことをやれ, ベストを尽(つ)くせ.

会話
What does your father **do**?—He's a doctor.
お父さんは何をなさっているのですか.—父は医者です.
→does は助動詞.

ことわざ When in Rome, **do** as the Romans **do**. ローマではローマ人がするようにしなさい.
→「人は住む土地の風習に従うのがよい」の意味. 「郷(ごう)に入っては郷に従え」にあたる.
• What can I **do** for you? (私はあなたのために何ができますか ⇨)ご用は何でしょうか. →店員などが客に対して使う表現.
• I have something **to do** this afternoon. 私はきょうの午後(するべき事を持っている ⇨)用事がある. →to ❾ の ②
• John always **does** the wrong thing. ジョンはいつもへまばかりする.
• I **did** my homework this morning, so I'll **do** the shopping this afternoon. 私はきょう午前中に宿題をしたので午後は買い物をします.
• I **have** already **done** my homework. 私はもう宿題を済ませた. →現在完了(かんりょう)の文. →have 助動 ❶
• My work **is done**. 私の仕事は(された ⇨)終わった. →受け身の文. →is 助動 ❷

会話
What are you **doing**?—I'm **doing** a crossword.
君は何をしているの.—クロスワードをしています.
→現在進行形の文. →am 助動 ❶

• John is **doing** very well in his new school. ジョンは新しい学校で立派にやっています.
❷ (前に出た動詞を繰(く)り返す代わりに使って)
会話 Do you love me?—Yes, I **do** (= love you). あなた私のこと愛してる?—ああ, 愛してるさ.
会話 Does he play the guitar?—Yes, he **does** (=plays the guitar). 彼はギターを弾(ひ)きますか.—はい, 弾きます.
会話 Did you go to the park last Sunday?—Yes, we **did** (= went to the park last Sunday). 君たちこの前の日曜日に公園へ行ったの?—はい, 行きました.
• He swims as well as I **do** (=swim). 彼は私(が泳ぐの)と同じくらいうまく泳ぐ.
• I know you better than you **do** (= know) yourself. 君が君自身のことを知ってい

do 小 A1 /弱形 ドゥ, 強形 ドゥー/

- 三単現 **does** /ダズ/
- 過去 **did** /ディド/
- 過分 **done** /ダン/
- -ing形 **doing** /ドゥーインぐ/

イメージ

する

教科書によく出る 意味

動 ❶ **する, 行う；〜をきれいにする**
- Have you **done** your homework? 宿題はしましたか？
- Can you **do** the dishes? お皿を洗ってくれる？

❷ (他の動詞をくり返す代わりに使う)**代動詞用法**
- He plays soccer better than I **do** (=play soccer).
  彼は私よりもサッカーがうまい．

助動 ❶ (疑問文をつくり)**〜しますか**
- **Do** you agree with her? あなたは彼女に賛成ですか？
- **Does** your father speak English? あなたのお父さんは英語を話しますか？

❷ (否定文をつくり)**〜しません**
- She **doesn't** play any sports. 彼女はスポーツをしません．
- I **didn't** know that man. 私はあの人を知りませんでした．

❸ (否定の命令文をつくり)**〜するな**
- **Don't** open your textbook. 教科書を開いてはいけません．
- **Don't** be afraid. 怖がらないで．

教科書によく出る 連語

do *one's* [**the**] **best** 全力 [ベスト] をつくす
- I'll **do my best**. 私は全力をつくします．
- We are **doing the best** (we can). 私たちはベストをつくしています．

do

176　one hundred and seventy-six

るよりも，僕(ぼく)は君を知っている．
❸ **〜をきれいにする，の手入れをする** → 次に続く語(目的語)について，いつもの世話・手入れをすること．
- **do** the dishes　（食後)皿を洗う
- **do** the room [the garden]　部屋の整頓(せいとん)[庭の手入れ]をする，部屋[庭]を掃除(そうじ)する
- **do** *one's* hair　髪(かみ)をきれいにする

❹ **(will do で)(〜で)大丈夫(だいじょうぶ)だ，間に合う**
- This jacket **will** [**won't**] **do for** skiing.　スキーにはこのジャケットでいいだろう[このジャケットではだめだろう]．

　会話

I don't have a pen. **Will** this pencil **do**?—It **will do**.
私はペンを持っていません．この鉛筆(えんぴつ)でいいですか．—それでよろしい．
→ don't (=do not) の do は助動詞．

── 助動　❶ **(Do+主語+動詞(の原形)で)疑問文をつくり)(〜は)〜しますか**
POINT Do は動詞を疑問の意味に変える働きをするだけで，それ自身に特別な意味はない．
- 基本 **Do** you love me?　君僕のこと愛してる?
- Who **does** he like best?　彼は誰(だれ)が一番好きなのですか．→×Who does he like*s* 〜? としない．
- **Did** you play tennis yesterday?　君は昨日テニスをしましたか．→×Did you play*ed* 〜? としない．

❷ **(主語+do not+動詞(の原形)で否定文をつくり)(〜は)〜しない**
- 基本 I **do** not [《話》**don't**] love her.　僕は彼女を愛していない．
- My brother **does** not [《話》**doesn't**] work on Sundays.　兄は日曜は働かない．→×does not works としない．
- I **did** not [《話》**didn't**] go to school yesterday.　私は昨日学校へ行かなかった．→×did not *went* としない．

❸ **(Don't+動詞(の原形)で否定の命令文をつくり)〜するな**
- **Don't** do that!　そんなことをするな．→後ろの do は 動 ❶．Do not do 〜 はかたい言い方．
- **Don't** be cruel to animals.　動物に残酷(ざんこく)なことをしてはいけない．

❹ **(do+動詞(の原形)で)本当に(〜する)，ぜひ(〜する)**
POINT 次に来る動詞の意味を強める．do を強く発音する．
- I **do** love you.　私は本当に君を愛しているのだ．
- I **did** see a ghost.　私は本当に幽霊(ゆうれい)を見たんです．→did see は saw を強める言い方．
- **Do** come in!　どうかお入りください．
- **Do** be quiet!　静かにしろったら!

❺ **(Oh, do+主語?で)ああ，そうですか** → 相手の話にあいづちを打つ．

　会話

I have to go to the dentist this afternoon.—**Oh, do** you?
きょう午後歯医者に行かなきゃ．—あ，そう．

❻ **(〜は〜する)ね; (〜は〜しない)ね** → 念を押(お)したり，相手の同意を求める言い方．
- You know his real name, **don't** you?　君は彼の本名を知っているね．→肯定(こうてい)文, +don't+主語?
- You don't smoke, **do** you?　あなたはタバコを吸いませんね．→否定文, +do+主語?

do away with 〜 　〜を廃止(はいし)する，（いらない物など)を片付ける

do it 　うまくやる，成功する → it は漠然(ばくぜん)と「状況(じょうきょう)・対象」を表す．
- I **did it**!　やった! → I made it! ともいう．

do with 〜 　〜を(どう)する
- What are you going to **do with** the bird?　君はその小鳥をどうするつもりだ．
- What did you **do with** the key?　鍵(かぎ)をどうした[どこへ置いた]?

do without 〜 　〜なしで済ます

チャンクでおぼえよう do	
□ 宿題をする	**do** my homework
□ 数学の問題を解く	**do** a math problem
□ 皿を洗う	**do** the dishes
□ 髪をとかす	**do** my hair

- In his business he cannot **do without** his car. 彼の仕事は車なしではできない.

***have** A **to do with** B* B と A 程度に関係がある
- I **had** nothing **to do with** the murder; I was home that night. 私はその殺人事件には何の関係もありません。その晩はうちにいました.

How are you doing? やあ, 元気かい → 親しい友人同士の挨拶(あいさつ). How are you? よりくだけた言い方.

How do you do? はじめまして → 初めて紹介(しょうかい)された人同士の挨拶の言葉.

A: May, this is Ken.
B: **How do you do**, Ken?
C: **How do you do**, May?
A: メイ, こちらがケンだよ.
B: はじめまして, ケン.
C: よろしく, メイ.

dock /dάk ダク/ 名
❶ ドック → 船の修理・建造のためにつくられた海岸や河岸の掘(ほ)り割り.
❷ (荷の揚(あ)げ降ろしをするための)**波止場**(はとば), **船着き場, 埠頭**(ふとう)
── 動 ❶ (船を)**ドックに入れる**
❷ (宇宙船が)**ドッキングする**; (宇宙船を)**ドッキングさせる**

doctor 小 A1 /dάktər ダクタ | dɔ́ktə ドクタ/ 名

❶ 医者, 医師
- a family **doctor** かかりつけの医者; 《英話》開業医
- a school **doctor** 校医
- a **doctor**'s office 医院
- see [go to, consult] a **doctor** 医者にかかる → consult a doctor は形式張った言い方.
- I have a cold. I'll go and see the **doctor** today. 私は風邪(かぜ)をひいています. きょう医者に診(み)てもらいに行きます.
- How is he, **doctor**? 彼はどんな具合ですか, 先生.

関連語 〈doctor〉
physician (内科医), **surgeon** (外科(げか)医), **eye doctor** (眼科医), **ENT** (ear, nose and throat) **doctor** (耳鼻(じび)咽喉(いんこう)科医), **dentist** (歯医者), **animal doctor**, veterinarian, vet (獣医(じゅうい)), **plastic surgeon** (整形外科医).

❷ 博士 → 名前につける時は **Dr.** あるいは **Dr** と略す.
- **Dr**. White ホワイト博士
- a **doctor**'s degree 博士号
- a **Doctor** of Medicine [Literature, Law, Philosophy] 医学[文学, 法学, 哲学(てつがく)]博士

document /dάkjumənt ダキュメント/ 名 文書, 書類, 証書; 記録

documentary /dɑkjuméntəri ダキュメンタリ/ 形 文書の, 書類(上)の, 記録の
── 名 (複 **documentaries** /dɑkjuméntəriz ダキュメンタリズ/) 記録映画 (documentary film); (ラジオ・テレビの)ドキュメンタリー番組

dodge /dάdʒ ダチ/ 動 さっと身をかわす; うまく避(さ)ける
── 名 言い逃(のが)れ, ごまかし; 身をかわすこと

dodgeball 小 /dάdʒbɔːl ダチボール/ 名 《米》(球技の)ドッジボール → **dodge ball** と2語にもつづる.

dodo /dóudou ドウドウ/ 名 (複 **dodo(e)s** /dóudouz ドウドウズ/) 《鳥》ドードー → 今は絶滅(ぜつめつ)したが, 昔インド洋の島に生息していた大きな鳥.

doe /dóu ドウ/ 名 (シカ・トナカイ・ヤギ・ウサギなどの)雌(めす); (特に)雌のシカ → **buck**

does 中 A1 /弱 dəz ダズ, 強 dʌ́z ダズ/

動 **do** (する)の3人称(しょう)単数現在形 → **do**
- Bob **does** the dishes after every meal. ボブは毎食後お皿を洗う.

── 助動 (**Does**+主語+動詞(の原形)で疑問文, 主語+**does** not+動詞(の原形)で否定文をつくる) → **do**

会話 **Does** your big brother go to college?—Yes, he **does**. あなたのお兄さんは大学生ですか.—はい, そうです.
- Sam **does** not [**doesn't**] love Susie. サムはスージーを愛していない.

doesn't /dʌ́znt ダズント/ **does** not を短くした形
- She **doesn't** like cats. 彼女はネコが好きじゃない.

会話 Does she speak French?—No, she **doesn't**. 彼女はフランス語を話しますか.—いや, 話しません.
- **Doesn't** he smoke? 彼はタバコを吸わないのですか. →×*Does not* he ~? としない.
- He goes to church, **doesn't** he? 彼は教会へ行ってますね. →~, doesn't he? は「〜ですね」と念を押(ぉ)す用法. ×~, *does not* he? としない.

dog 小 A1 /dɔ́:g ドーグ|dɔ́g ドグ/ 名
犬
- a police [sheep] **dog** 警察犬[牧羊犬]
- **Dogs** are faithful animals. 犬は忠実な動物だ.

🐕 **イメージ・関連語 (dog)**
飼い主に忠実で, man's best friend (人間の最良の友)と呼ばれる. 一方, ペットとして鎖(くさり)につながれた生活を送ることから lead a dog's life は「みじめな生活を送る」, die a dog's death は「みじめな死に方をする」の意味.

関連語 **puppy** ((1才以下の)子犬), **doggy** (ワンワン(小児(しょうに)語)) ⇨「鳴き声」については →**bark** 関連語.

doggy /dɔ́:gi ドーギ/ 名 (複 **doggies** /dɔ́:giz ドーギズ/) 《小児(しょうに)語》 ワンワン, ワンちゃん

dóggy [dóggie] bàg 名 《米》 (レストランなどで食べ残したものを入れる)持ち帰り袋(ぶくろ)
- Will you make a **doggy bag**? これを持ち帰り袋に入れてもらえますか.

🐻 参考 犬の餌(えさ)にするという口実で袋(ふくろ)に入れてもらうことから **doggy [dóggie] bag** と呼ばれる. 多くのアメリカのレストランで用意されている. 食べ残しを客が持ち帰ることは恥(は)ずかしいことではない.

doghouse /dɔ́:ghaus ドーグハウス/ 名 犬小屋 (kennel)

dogwood /dɔ́:gwud ドーグウド/ 名 《植物》 ハナミズキ, アメリカヤマボウシ → 米国の代表的な庭木の1つ. 春に花を咲かせ, 秋に紅葉して落葉する. 日本のサクラに相当する人気がある.

doing A1 /dú:iŋ ドゥーインヶ/ 動 **do** の -ing 形 (現在分詞・動名詞)
—— 名 ❶ する[した]こと

❷ (**doings** で) 行為(こうい), 行動

do-it-yourself /du: it juərsélf ドゥーイトユアセるふ/ 形 日曜大工(用)の, しろうとにもできる →《英》 では DIY と略す.

doll A1 /dál ダる|dɔ́l ドる/ 名 人形
- a "Dress-Up" **doll** 着せ替(か)え人形
- play with a **doll** 人形で遊ぶ

dollar 中 A1 /dálər ダら|dɔ́lə ドら/ 名
ドル → 米国・カナダ・オーストラリア・ニュージーランド・シンガポールなどの貨幣(かへい)単位. 記号は $ または $. 1 ドル=100 セント (cent).
- a **dollar** and a half [thirty cents] 1 ドル半[30 セント] → $1.50 [$1.30] とも書く.
- a **dollar** bill 1 ドル紙幣(しへい)
- He bought the car for ten thousand **dollars**. 彼はその車を1万ドルで買った.

米国のドル紙幣

dollhouse /dálhaus ダるハウス/ 名 (子供がお人形ごっこで使う)人形の家

dóll's hòuse 《英》 =dollhouse

dolphin 小 /dálfin ダるふィン/ 名 イルカ

dome /dóum ドウム/ 名 丸屋根, ドーム
- Atomic Bomb **Dome** 原爆(げんばく)ドーム

domestic /dəméstik ドメスティク/ 形
❶ 家庭内の, 家事の
❷ 自国の, 国内の, 国産の
❸ 飼いならされた 反対語 **wild** (野生の)

domèstic scíence 名 (教科としての)家庭科

domino /dáminou ダミノウ/ 名 (複 **domino(e)s** /dáminouz ダミノウズ/) ドミノ札; (**domino(e)s** で) ドミノゲーム

Donald Duck /dánld dák ダヌるド ダク/ 固名 ドナルドダック → ディズニーのアニメーション映画にセーラー服と水夫帽(ぼう)の格好で登場する短気なアヒル. ミッキーマウスと並ぶ人気者.

donate /dóuneit ドウネイト/ 動 寄付[寄贈(きぞう)]する; (臓器・血液などを)提供する

donation /dounéiʃən ドウネイション/ 名 寄付; 寄付金

done 中 A2 /dʌ́n ダン/ 動 **do** の過去分詞 → **do**

• I **have** already **done** my homework. 私はもう宿題を済ませた. → 現在完了(かんりょう)の文. → **have** 助動 ❶

• You've **done** it! よくやった! → **do it** (**do** 成句)

• It will **be done** within a week. それは1週間以内にできるだろう. → 受け身の文. → **be** 助動 ❷

• What's **done** cannot be **undone**. してしまった事は元には戻(もど)せない[今更(いまさら)悔(く)いてもしょうがない].

• Well **done**! よくやったぞ[でかした]!

• Don't leave things half **done**. 物事を中途(ちゅうと)はんぱにしておくな. → leave *A B* (形容詞または過去分詞)は「AをBのままにしておく」.

── 形 (食べ物が)煮(に)えた, 焼けた

• half-**done** 半煮(に)えの, 半焼けの

• over-**done** 煮え過ぎの, 焼き過ぎの

• well-**done** (ステーキなどが)よく焼けた

• This spaghetti isn't **done** yet. このスパゲッティはまだゆで方が足りない.

donkey /dɑ́ŋki ダンキ/ 名

❶ ロバ → **ass** ともいう.

❷ とんま; 石頭 →「まぬけ者」「融通(ゆうずう)のきかない人」の意味.

> **イメージ (donkey)**
> 忍耐(にんたい)強いが愚(おろ)かで頑固(がんこ)な動物だと考えられている. 長い耳が愚かさの象徴(しょうちょう)とされる. アメリカの民主党のシンボル. → **elephant**

don't /dóunt ドウント/ **do not** を短くした形

• I **don't** know him. 私は彼を知らない.

🔊会話 Do you have a piano? —No, I **don't**. 君はピアノを持ってるの.—いいえ, 持ってません.

• **Don't** you love her? 君は彼女を愛してないのか. →×*Do not* you love ~? としない.

• **Don't** be nasty to your sister. 妹に意地悪してはだめ.

• You know Mr. Green, **don't** you? 君はグリーンさんを知っていますね. →~, don't you? は「~ですね」と念を押(お)す用法. ×~, *do not* you? としない.

donut 小 /dóunʌt ドウナト/ 名 ドーナッツ → **doughnut** ともつづる.

door 小 A1 /dɔ́ːr ドー/ 名
(徶 **doors** /dɔ́ːrz ドーズ/)

❶ 戸, ドア; 扉(とびら)

• **knock on** [**at**] the **door** ドアをノックする

• **open** [**shut**] the **door** ドアをあける[閉める]

• lock the **door** ドアに鍵(かぎ)をかける

• answer the **door** (ブザーやノックにこたえて)玄関(げんかん)に出る

• the **door** to the next room 次の部屋へ通じるドア

• There is someone **at** the **door**. 誰(だれ)か玄関にお見えだ.

• I heard a knock **on** [**at**] the **door**. 私はドアをノックする音を聞いた.

• This **door** opens **into** the basement [**onto** the garden]. このドアは地下室に通じている[このドアから庭に出られる].

• Japan was asked to open the **door to** American goods. 日本は米国製品に門戸を開くことを求められた.

❷ 戸口, 出入り口 (doorway) →「~へ至る道」の意味でも使われる.

• come **in** [**through**] the **door** 戸口から入って来る

• I **showed** the rude salesperson **the door**. 私はその無礼なセールスマンに(戸口を示した ⇨)出て行けと言った.

• Please **show** Mr. Smith **to the door**. スミスさんを戸口までお送りしなさい.

• Hard work is a **door to** success. 勤勉は成功への入口である.

❸ 1軒(けん), 1戸

• They live four **doors from** us. 彼らは私たちの家から4軒目の家に住んでいる.

(*from*) *door to door* (次々と)一軒一軒

next door 隣(となり)に[の] → **next** 成句

out of doors 戸外は[で・の], 家の外で

• In summer we often eat dinner **out of doors**. 夏には私たちはしばしば戸外で[庭で]食事をします.

doorbell /dɔ́ːrbel ドーベ゙ル/ 名 玄関(げんかん)のベル, 呼び鈴(りん), 玄関のブザー

doorknob /dɔ́ːrnab ドーナブ/ 名 ドアの取っ手, 握(にぎ)り, ドアノブ

doorman /dɔ́ːrmæn ドーマン/ 名 (徶 **doormen** /dɔ́ːrmen ドーメン/) ドアマン → アパー

doormat

ト・ホテル・ナイトクラブなどで出入りする人や客の世話をする係. 性別を限定しないように doorkeeper と言いかえることがある.

doormat /dɔ́ːrmæt ドーマト/ 名 **ドアマット, 靴ぬぐい** →マットに Welcome (いらっしゃい)という文字がデザインしてあることが多いので, **welcome mat** ともいう.

doorstep /dɔ́ːrstep ドーステプ/ 名 (玄関のドアに通じる)**上がり階段**

doorway /dɔ́ːrwei ドーウェイ/ 名 **戸口, 出入り口**

dorm /dɔ́ːrm ドーム/ 名 《話》=dormitory

dormitory /dɔ́ːrmətɔːri ドーミトーリ/ /dɔ́ːmətri ドーミトリ/ 名 (複 **dormitories** /dɔ́ːrmətɔːriz ドーミトーリズ/) **寄宿舎, 寮** →話し言葉では **dorm** と省略されることが多い.

dormouse /dɔ́ːrmaus ドーマウス/ 名 (複 **dormice** /dɔ́ːrmais ドーマイス/) (動物) **ヤマネ** →リスやネズミに似た小動物の一種.

dot /dát ダト/ 名 **点, ぽつ** → i や j の点や, インターネット上のアドレス表記に用いる点. 〜.com と書いて「ドットコム」と読む.

── 動 (三単現 **dots** /dáts ダツ/; 過去・過分 **dotted** /dátid ダテド/; -ing形 **dotting** /dátiŋ ダティング/)
〜に点を打つ; 〜に点在する

double A2 /dʌ́bl ダブル/ 形
❶**2倍の; 2人用の, 2個分の**
関連語 **single** (1つの), **triple** (3倍の)
• a **double** bed ダブルベッド
• a **double** play ダブルプレー
• I am **double** your age. 私の年はあなたの2倍だ.
• My telephone number is 03-7007 (読み方: zero three seven zero zero [**double** O] seven). うちの電話番号は03-7007です. →電話番号などで数字の0が2つ続く時には double O /óu オウ/ と読むことがある.

❷**二重の; (性格など)表裏のある**
• a **double** personality 二重人格
• People stood in a **double** line to buy lottery tickets. 人々は宝くじの券を買うために2列に並んだ.

── 名 ❶**2倍; (ホテルの)2人用の部屋**
• Four is the **double** of two. 4は2の2倍である.

❷**2塁打(るいだ)** (two-base hit) 関連語 **single** (シングルヒット), **triple** (3塁打)

❸(**doubles** で) (テニスなどの)**ダブルス** →シングルスは **singles**.

── 副 **2倍に; 二重に; 2人で**
• pay **double** 倍額払(ばら)う

── 動 **2倍にする; 2倍になる**
• He **doubled** his income in a year. 彼は1年のうちに自分の収入を2倍にした.
• The number of club members **doubled** from 10 to 20. クラブの会員数は10人から20人へ2倍になった.

double-decker /dʌ́bl dékər ダブル デカ/ 名
❶**2階つきバス** →**double-decker bus** ともいう. ❷**2段重ねのサンドイッチ** →**double-decker sandwich** ともいう.

doubt A2 /dáut ダウト/ 名
疑い(の気持ち)
• There is no [little] **doubt about** his honesty. 彼の正直さには全然[ほとんど]疑いがない.
• There is no **doubt that** he is guilty. 彼が有罪であることに疑いはない.
• I have many **doubts about** the plan. 私はその計画についてはいろいろと疑問がある.

no doubt きっと, たしかに; 《話》たぶん
• **No doubt** he will come here. きっと彼はここに来る.

without (a) doubt 疑いもなく, 必ず
• **Without doubt** he will take first place. 必ず彼は優勝するでしょう.

── 動 **疑う; 〜ではないだろうと思う** (→**suspect**)
• I **doubted** my eyes. (これが本当かと)私は自分の目を疑った.
• I **doubt if** [**whether**] he will keep his word. 私は彼が約束を守るかどうか疑問に思う.
• I **doubt** (that) he will come. 彼が来ることなんかありえないと思う[きっと来ないと思う]. →非常に強い疑いの気持ちを表す.
• I don't **doubt** (that) he will keep his word. 私は彼が約束を守ることを疑わない.

doubtful /dáutfəl ダウトふる/ 形 ❶(人が)確信のない，疑って ❷(事柄(ことがら)が)疑わしい，曖昧(あいまい)な，怪しい

dough /dóu ドウ/ 名 生の練り粉，パン生地(きじ)

doughnut /dóunʌt ドウナト/ 名 =donut

dove¹ /dÁv ダヴ/ 名 (鳥)ハト

【イメージ (dove)】
旧約聖書のノアの洪水(こうずい)の話の中で，ノアが水が引いたかどうかを調べるためにハトを放ち，そのハトがオリーブの枝をくわえて帰ってきたので洪水が引いて草木が生え始めたのを知ったことから平和の象徴(しょうちょう)となった．オリーブの枝をくわえたハトの図案はこの話に由来する．

dove² /dóuv ドウヴ/ **dive** の過去形

Dover /dóuvər ドウヴァr/ 固名 ドーバー →英国南東の港市．対岸はフランスのカレー(Calais)．白い断崖(だんがい)が切り立っていることで有名．

down¹

小 A1 /dáun ダウン/

副 ❶《動きを表して》下へ[に] 意味map
副 ❷《位置を表して》下に
副 ❸《勢いが》落ちて
前 ～の下に[へ]

—— 副 (→比較変化なし)

❶《上から下への動きを表して》下へ[に]，下の方へ[に]

句基本 **go down** 下へ行く，降りる，落ちる，下がる，沈(しず)む →動詞+down.

• **jump down** from the tree 木から飛び降りる
• **sit down** 腰(こし)を下ろす，座(すわ)る

句基本 Put the box **down**. その箱を下に置きなさい． →動詞+名詞+down.

【会話】
Is this elevator going **down**? —No, it's going up.
このエレベーターは下へ行くのですか．—いいえ，上です．

• The sun **goes down** at about five o'clock in winter. 太陽は冬は5時頃(ごろ)沈む．
• He **came down** late this morning. 彼は今朝遅(おそ)く降りて来た． →come down (降りて来る)はしばしば「朝食に(2階の寝室(しんしつ)から)降りて来る」を意味する．
• **Down** came the shower. ざぁーっと夕立

down

小 A1 /ダウン/

【基本の意味】
副 ❶「(高い位置から)下へ」が基本の意味．上から下に移動した結果に注目すると 副 ❷「(位置が)下に」の意味になる．元気がない時には横になったり座り込んだりして体の高さが下がることから，副 ❸「(健康が)衰(おとろ)えて；(気持ちが)沈んで」の意味が生じる．ものがたくさんあって積み重なると高くなり，少ないと低くなることから，副 ❸「(数量などが)下がって」の意味が生じる．

イメージ　下へ

教科書によく出る使い方

副 ❶ I put my bag **down** on the floor. かばんを床に置いた．
副 ❷ My father is **down** in the basement. 父は階下の地下室にいます．
副 ❸ Oil prices went **down** last month. 先月は石油の価格が下がった．

down 182 one hundred and eighty-two

が降って来た. →主語は shower.

❷《位置を表して》**下**に, **沈んで**

• The old oak was **down** after the storm. 嵐(あらし)の後そのカシワの老木は倒(たお)れていた.

• The sun is **down**. 太陽は沈んだ.

• **Down** in the valley chapel bells are ringing. 下の方の谷間にチャペルの鐘(かね)が鳴っている. →はじめに大体の位置 (down) を示し, 次にはっきり具体的な場所 (in the valley) を述べる言い方.

❸(勢いが)**落ちて**; (健康が)**衰**(おとろ)**えて**; (数量・程度・質などが)**下がって**; (気持ちが)**沈んで**

• feel **down** 気が沈む, 落ち込む

• count **down** to 0 ゼロまで逆に数える

• Turn **down** the TV. テレビの音を小さくしなさい.

• All my family are **down** with the flu. うちの家族はみんなインフルエンザで寝込(ねこ)んでいます.

• Prices have gone **down**. 物価が下がった.

• His weight went **down** from 100 kg to 80 kg. 彼の体重は100キロから80キロに減った.

❹(順序・時代が)**下って**

• This custom has been handed **down** since the Edo period. この習慣は江戸(えど)時代から続いている. →hand down＝(次の世代へ)伝える.

❺(中心から)**離**(はな)**れて**; **田舎**(いなか)**に**; (地図の)**下へ**

• go **down** to the country 田舎へ行く

• go **down** south (地図の下の方の)南へ行く

down and out すっかり落ちぶれて →ボクシングで knock **down** されて, count **out** されることから.

down under (英国から見て「地図の下の方」であることから, かつての英国の植民地だった)**オーストラリアに[へ], ニュージーランドに[へ]**

up and down **上下に, 上がったり下がったり; 行ったり来たり, あちこちと** →中心に向かったり (up), 中心から離れたり (down) することから.

• go **up and down** in the elevator エレベーターで昇(のぼ)ったり降りたりする

• walk **up and down** in the room 部屋の中をあちこち歩き回る

── 前 **〜の下に[へ], 〜を降りて; 〜に沿って**, (道

など)**を** (along)

俗 基本 go **down** a hill 丘(おか)を下って行く → 動詞＋down＋名詞.

• run **down** the stairs 階段を駆(か)け降りる

• walk **down** the street 通りを歩いて行く

• Santa Claus comes **down** the chimney. サンタクロースは煙突(えんとつ)を降りて来る.

• Tears ran **down** her cheeks. 涙(なみだ)が彼女のほおを伝って流れた.

── 形 (→比較変化なし)

❶ **下への, 下りの** →名詞の前にだけつける. 反対語 up (上りの)

• a **down** slope 下り坂

• the **down** elevator [escalator] 下りのエレベーター[エスカレーター]

• a **down** train 下り列車[電車]

❷ **元気のない, 落ち込**(こ)**んで** →名詞の前にはつけない.

• What's the matter, Tom? You look **down**. どうかしたの, トム. 元気がないじゃないか.

down² /dáun ダウン/ 名 (水鳥の)**綿毛** →軽くて保温性に富んでいる.

• a **down** jacket ダウンジャケット

downhill /dáunhil ダウンヒル/ 形 副 **下り坂の; 坂を下って** 反対語 **uphill** (上り坂の; 坂の上へ)

Downing Street /dáuniŋ stri:t ダウニングストリート/ 固名 **ダウニング街**

> 参考 ロンドンにある官庁街. この通りの10番地にイギリス首相(しゅしょう)の官邸(かんてい)があることから, しばしば「英国政府」「英国首相」の意味でも使われる.

download A2 /dáunloud ダウンロウド/ 動 《コンピューター》(プログラム・データなどを)**ダウンロードする** →自分のコンピューターに転送・コピーすること.

── 名 **ダウンロード; ダウンロードしたファイル[プログラム]** 反対語 **upload** (アップロード)

downstairs A2 /daunstéərz ダウンステアズ/ 副 **階下に[で]; 下の部屋に[で]**

POINT 2 階建ての建物では 1 階が downstairs で, 2 階が upstairs.
3 階建て以上の建物では話し手がいる階より下が downstairs, 上が upstairs.

• go [come] **downstairs** (階段を降りて)下へ

行く[来る]

•He is reading **downstairs**. 彼は下の部屋で本を読んでいる.

── 形 下の階の →**downstair** ともいう.

•the **downstair(s)** rooms 下の階の部屋

downtown A2 /dauntáun ダウンタウン/ 名 形 商店街(の), 繁華(はんか)街(の), 町の中心地区(の)

> 参考 都市の中心部で, デパート・銀行・商店などが集まっている商業地区をいう. 海や川に面している低い土地が早くから開け商店街となり, 高い土地が後から開け住宅街となったことから. マンハッタンのように地図上の下(南)を **downtown**, 上(北)を **uptown** と呼ぶこともある. 日本のいわゆる「下町」とは違(ちが)う.

•His office is in **downtown** New York. 彼の事務所はニューヨークの中心街にある.

── 副 商店街に, 繁華街へ, 町の中心地区へ[で]

•**go downtown** (買い物・遊びに)繁華街へ行く
•at a store **downtown** 繁華街の商店で
•work **downtown** 町(の中心地区)で働く

downward /dáunwərd ダウンワド/ 副 形 下の方へ[の]

downwards /dáunwərdz ダウンワヅ/ 副 《主に英》=downward

doz. 略 =dozen(s)

doze /dóuz ドウズ/ 動 (しばしば **doze off** で)居眠(いねむ)りする

dozen /dʌ́zn ダズン/ 名 形

❶ ダース(の), 12(の) →**doz.** または **dz.** と略す.

•a **dozen** 1ダース, 1ダースにつき
•half a **dozen**=a half **dozen** 半ダース
•four **dozen** 4ダース →数量の次では単数も複数も同じ形. ×four dozen*s* としない.
•a **dozen** pencils 鉛筆(えんぴつ)1ダース
•three **dozen** pencils 3ダースの鉛筆
•Pencils are sold **by the dozen**. 鉛筆はダースで売られる.

❷ (**dozens of ～** で)数十の～, 多数の～

•I saw **dozens of** penguins in the zoo. 私は動物園でたくさんのペンギンを見た.

Dr., Dr 中 A1 /dáktər ダクタ|dɔ́ktə ドクタ/ 略 (博士号を持っている人の名の前につけて)～博士; (医者の名の前につけて)～先生 →**Doctor** の短縮形.

•**Dr**. White ホワイト博士[先生]

draft /dræft ドラフト/ 名

❶ (文・絵などの)下書き; (下書き)原稿(げんこう); 図案

❷ 隙間(すきま)風 →(英)では **draught** とつづる.

❸ (**the draft** で)《米》徴兵(ちょうへい); (野球の)ドラフト制度

drag /dræg ドラグ/ 動 (三単現 **drags** /drǽgz ドラグズ/; 過去・過分 **dragged** /drǽgd ドラグド/; -ing形 **dragging** /drǽgiŋ ドラギング/) (重いものを)引いて行く, (重そうに)引きずる

── 名 《話》退屈なこと; 退屈な人

dragon /drǽgən ドラゴン/ 名 竜(りゅう) →翼(つばさ)・爪(つめ)・大蛇(じゃ)のような尾(お)を持ち口から火を吐(は)くという伝説上の動物.

> イメージ (dragon) 東洋では神聖なものと考えられているが, 欧米(おうべい)では, 新約聖書で神の意志に背(そむ)くものとして描(えが)かれ, サタンと同類とされていることから, 悪の化身(けしん)とみなされる.

dragonfly /drǽgənflai ドラゴンふらイ/ 名 (複 **dragonflies** /drǽgənflaiz ドラゴンふらイズ/) トンボ

drain /dréin ドレイン/ 動 (溝(みぞ)・パイプを通して)～の排水(はいすい)をする, ～から水気を取る; (水が)流れ出る, はける

── 名 ❶ 排水管[路], 下水溝, どぶ ❷ (**drains** で) (建物の)下水設備

drama 小 A1 /dráːmə ドラーマ/ 名

劇, 戯曲(ぎきょく); 演劇 →**play** よりも改まった語.

dramatic /drəmǽtik ドラマティク/ 形 ❶ 劇の ❷ 劇的な, ドラマチックな

dramatist /drǽmətist ドラマティスト/ 名 劇作家

drank /drǽŋk ドランク/ 動 drink の過去形

draught /drǽft ドラふト/ 名 《主に英》=draft ❷

draw 小 A1 /drɔ́ː ドロー/

動 ❶ (線を)引く; (鉛筆(えんぴつ)・ペン・クレヨンなどで絵などを)描(か)く	意味 map
❷ 引っ張る (pull)	
❸ (人などを)引き寄せる	
❹ 近づく	

── 動

三単現 **draws** /drɔ́ːz ドローズ/
過去 **drew** /drúː ドルー/

drawer

過分 **drawn** /drɔ́:n ドローン/
-ing形 **drawing** /drɔ́:iŋ ドローイング/

❶ (線を)**引く**; (鉛筆・ペン・クレヨンなどで絵などを)**描く** 類似語 **paint** は「(絵の具で絵を)描く」.

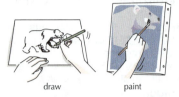

draw　　　　　　paint

基本 **draw** a line 線を引く →draw+名詞.
- **draw** a map 地図を描く
- **draw** a picture of a cat ネコの絵を描く
- He **draws** very well for a five-year-old boy. 彼は5歳の少年にしてはとても絵がうまい. →draw+副詞.
- Who **drew** this picture? この絵は誰が描いたのですか.
- This picture **was drawn** by Bob. この絵はボブによって描かれた[ボブが描いた]. →受け身の文. →**was** 助動 ❷
- The children **are drawing** the apples on the table. 子供たちはテーブルの上のリンゴを描いています. →現在進行形の文. →**are** 助動 ❶
- Bob likes **drawing** pictures. ボブは絵を描くのが好きだ. →動名詞 drawing (描くこと) は like の目的語.

❷ **引っ張る** (pull); **引き出す**[抜く]
- **draw** a bow 弓を引く
- **draw** a cork コルクの栓を抜く
- **draw** one's sword [gun] 剣[ピストル] を抜く
- **draw** money from a bank 銀行から金を引き出す
- **draw** up a chair (テーブルのそばに)椅子を引き寄せる
- **Draw** the curtains, please. 窓にカーテンを引いてください. →開ける場合にも閉める場合にもいう.

- Two horses **drew** the wagon. 2頭の馬がその荷車を引いた.
- She **drew** her child to her side. 彼女は子供をそばへ引き寄せた.

❸ (人などを)**引き寄せる**; (注意などを)**ひく**
- **draw** his attention 彼の注意をひく
- The ball game **drew** a very large crowd of people. その野球の試合は大入りの観客を集めた.
- My attention was **drawn** to her strange hat. 私の注意は彼女の奇妙な帽子にひきつけられた.

❹ **近づく**
- **draw** near 近寄る
- The boat **drew toward** us. 船が私たちの方へ近づいてきた.
- Spring is **drawing** near. 春が近づいている.

❺ (試合を)**引き分けにする**; **引き分ける**
- The game was **drawn at** 5—5 (読み方: five to five). 試合は5対5で引き分けた.
- The two teams **drew**. 両チームは試合を引き分けた.

―― 名 (複 **draws** /drɔ́:z ドローズ/)
❶ **引っ張ること**
❷ **引き分け**(試合), **ドロー**
- The game ended **in** a **draw**. その試合は引き分けに終わった.

drawer A2 /drɔ́:r ドロー/ 名 **引き出し**
- the top **drawer** 一番上の引き出し
- **a chest of drawers** たんす →chest=大箱.
- **open** [**close, shut**] a **drawer** 引き出しを開ける[閉める]

drawing A2 /drɔ́:iŋ ドローイング/ 動 **draw** の -ing 形 (現在分詞・動名詞)
―― 名 ❶ (鉛筆・ペン・クレヨンなどで描いた)**絵, 図画, 線画** →**painting**
❷ **製図, 図面**

dráwing pìn 名 《英》**画びょう** (《米》thumbtack; tack)

drawn /drɔ́:n ドローン/ 動 **draw** の過去分詞

チャンクでおぼえよう draw	
☐ 線を引く	**draw** a line
☐ 猫の絵を描く	**draw** a picture of a cat
☐ トランプを引く	**draw** a card
☐ カーテンを引く	**draw** the curtains
☐ 1対1の引き分け	a one-to-one **draw**

── 形 引き分けの

•a **drawn** game 引き分け試合, ドローゲーム

dread /dréd ドレド/ 動 恐(おそ)れる, 怖(こわ)がる

── 名 恐れ, 恐怖(きょうふ)

dreadful /drédfəl ドレドふる/ 形

❶ 恐(おそ)ろしい, 怖(こわ)い

❷ 《話》 ひどい, いやな (very bad)

dream 小 A1 /dríːm ドリーム/ 名

❶ (眠(ねむ)っている時に見る)夢

•awake from a **dream** 夢から覚める

•I **had** a **dream about** you last night. 昨日の夜君の夢を見たよ.

•I often see my dead brother **in** my **dreams**. (私は夢でよく死んだ兄を見る ⇨)死んだ兄がよく夢に出てくる.

•Sweet **dreams**, my dear. 楽しい夢を見なさいね. →「おやすみなさい」の意味でいう.

❷ (実現したいと思っている)夢, 希望, 理想

•I have a **dream**. 私には夢がある.

•I had a **dream** of being a singer, but it never came true. 私は歌手になりたいという夢を持っていましたが, それはついにかないませんでした.

── 動 (三単現 **dreams** /dríːmz ドリームズ/; 過去・過分 **dreamed** /dríːmd ドリームド/, **dreamt** /drémt ドレムト/; -ing形 **dreaming** /dríːmiŋ ドリーミング/)

夢を見る, 夢みる; 夢に見る → 眠っている時に見る場合にも, 空想する場合にも使う.

•**dream** a sweet dream 楽しい夢を見る → 単に「夢を見る」の場合は ✕dream a dream としないで have a dream とするのがふつう.

•He often **dreams**. 彼はよく夢を見る.

•I **dreamed about** my hometown. 私は故郷のことを夢に見た.

•I **dreamt** (**that**) I kept a whale in the bathroom. 私はふろ場でクジラを飼っている夢を見た.

•I must be **dreaming**. (あまり不思議で)私は夢を見ているに違(ちが)いない.

dream of ～ ～を夢みる; ～を夢として持つ; 《否定文で》～を夢にも思わない, 考えてもいない

•I **dreamed of** you last night. 私は昨夜あなたの夢を見た.

•She **dreamed of** becoming a pianist. 彼女はピアニストになることが夢だった.

•I never **dreamed of** seeing him again.

再び彼に会うとは夢にも思わなかった.

dreamcatcher /dríːmkætʃər ドリームキャチャ/ 名 **ドリームキャッチャー** → 小さな輪に馬の毛で作った網(あみ)を張ったもの. 持っているとよい夢を見るという伝説がある.

dreamer /dríːmər ドリーマ/ 名 **夢みる人; 夢想家, ロマンチスト**

dreamland /dríːmlænd ドリームらンド/ 名 **夢の国, 理想郷**

dreamt /drémt ドレムト/ 動 **dream** の過去形・過去分詞 → 《米》 では dreamed のほうがふつう.

dréam tèam [plàyer] 名 **ドリームチーム[プレーヤー]** → 夢に見たくなるような憧(あこが)れのチーム[選手].

dress 小 A1 /drés ドレス/ 名

❶ (婦人・子供の)**ワンピース** → ふつう ✕one-piece dress とはいわない.

類似語 **dress** は「(婦人・子供用の)ワンピース」, **suit** は「(上下そろいの)服」.

•wear a green **dress** グリーンのワンピースを着る

•Shall I wear a **dress** or a blouse and skirt? ワンピースを着ようかしら, それともブラウスとスカートにしようかな.

❷ 服装; 正装

•Men usually don't pay much attention to **dress**. 男性はふつう服装にあまり注意を払(はら)わない. → ✕a [the] dress, ✕dresses としない.

•He was **in** formal **dress** for the ceremony. 彼は式に出席するため正装していた.

── 動 服を着せる; 服を着る → 性別・年齢(ねんれい)に関係なく使う.

•**dress** a child 子供に服を着せる

•Please wait while I **dress**. 服を着(替(か)え)る間待ってください.

•She always **dresses** neatly. 彼女はいつもこざっぱりとした身なりをしている.

•Don't open the door; I'm **dressing**. ドアを開けないで. いま服を着ているところなの[着替え中なの].

***be dressed* (*in ～*)** (～を着せられている ⇨)(～を)着ている

•The bride **is dressed in** white. 花嫁(はなよめ)は白いドレスを着ている.

***dress* oneself** (*in ～*) (自分自身に～を着せる ⇨)(～を)着る, 身じたくをする

- She **dressed herself in** a beautiful kimono. 彼女は美しい和服を着た.
dress up 着飾(かざ)る, 正装する, ドレスアップする
dress up as ~ (子供などが)~の仮装をする, ~の格好をする
get dressed 服を着る
dresser /drésər ドレサ/ 名 ❶《米》鏡台, ドレッサー ❷《英》(台所の)食器棚(だな)
dressing /drésiŋ ドレスィング/ 名 ❶ (サラダにかける)ドレッシング ❷ (包帯などの)手当て用品
dressmaker /drésmeikər ドレスメイカ/ 名 (婦人服・子供服の)洋裁師, ドレスメーカー
　関連語 **tailor** ((紳士(しんし)服の)洋服屋さん)
dressmaking /drésmeikiŋ ドレスメイキング/ 名 洋裁
drew /drúː ドルー/ 動 **draw** の過去形
dribble /dríbl ドリブる/ 動
❶ (水が)したたる; (赤ん坊(ぼう)が)よだれを垂らす
❷ (球技で)ドリブルする
dried /dráid ドライド/ 動 **dry** の過去形・過去分詞
── 形 干した
- **dried** fish [persimmons] 干し魚[柿(がき)]
drier /dráiər ドライア/ 形 **dry** の比較(ひかく)級
── 名 =dryer (乾燥(かんそう)機)
drift /dríft ドリふト/ 動 流れる, 漂(ただよ)う; 吹(ふ)き寄せる; 押(お)し流す
── 名 漂流(ひょうりゅう)(物); (雪・枯(か)れ葉などの)吹きだまり
driftwood /dríftwùd ドリふトウド/ 名 流木
drill 中 A2 /dríl ドリる/ 名
❶ 訓練, 反復練習, ドリル
- a fire **drill** 防火訓練
- do a lot of spelling **drills** たくさんのつづり字練習をする
❷ (穴をあける)ドリル, きり
──動 ❶ 反復練習をさせる, 訓練する
- The teacher **drilled** the students **in** spelling. 先生は生徒につづりの練習をさせた.
❷ (ドリルで)(穴を)あける
- **drill** a hole ドリルで穴をあける

drink 小 A1 /dríŋk ドリンク/ 動
　三単現 **drinks** /dríŋks ドリンクス/
　過去 **drank** /dræŋk ドランク/
　過分 **drunk** /dráŋk ドランク/
　-ing形 **drinking** /dríŋkiŋ ドリンキング/

❶ (水・酒などを)飲む
　基本 **drink** water 水を飲む →drink+名詞.
- **drink** a cup of coffee コーヒーを1杯(ぱい)飲む
- **drink** cola from the bottle [with a straw] コーラを瓶(びん)から[ストローで]飲む
- I want something **to drink**. 私は飲み物が欲(ほ)しい. →不定詞 to drink (飲むための~) は something を修飾(しゅうしょく)する. →**to** ❾ の ②
- Is there anything **to drink**? 何か飲む物がありますか.
- He **drinks** too much coffee. 彼はコーヒーを飲み過ぎる.
- I **drank** a cup of hot coffee. 私は熱いコーヒーを1杯飲んだ.
- A great deal of coffee **is drunk** in this country. この国では大量のコーヒーが飲まれる. →受け身の文. →**is** [助動] ❷
- The baby **is drinking** milk now. 赤ん坊(ぼう)は今ミルクを飲んでいる. →現在進行形の文. →**is** [助動] ❶

　関連語〈飲む〉
「(スプーンで)スープを飲む」は **eat** soup,「薬を飲む」は **take** medicine.
gulp は「ごくごく飲む」, **sip** は「すする」, **swallow** は「かまずに飲み込(こ)む」.

drink　　eat　　take

❷ 酒を飲む
- He **drinks like a fish**. 魚のように酒を飲む.→「彼は大酒飲みだ」の意味.
- My father does not **drink** much. 私の父はあまりお酒を飲みません.
- There is orange juice for those who don't **drink**. お酒を飲まない人たちのためにオレンジジュースがあります.
❸ 乾杯(かんぱい)する
- Let's **drink to** your health. 君の健康を祈(いの)って乾杯しよう.
── 名 (複 **drinks** /dríŋks ドリンクス/)
❶ 飲み物; 酒

- hot [cold] **drinks** 温かい[冷たい]飲み物
- food and **drinks** 飲食物 →日本語と順序が逆なことに注意.
- soft **drinks** 清涼(せいりょう)飲料 →アルコールの入った hard **drinks** に対してアルコールの入っていない飲み物を意味するが,ふつうはコーラなどの炭酸飲料を指すことが多い.瓶のキャップを開けるとポンと音がするので **soda pop** とも呼ばれる.
- A lot of **drinks** were served at the party. いろいろな飲み物がパーティーで出された.

❷ (水・酒などの)**ひと飲み**, **1杯**
- have a **drink** of water 水を1杯飲む
- have [get] a **drink** 1杯(酒・水などを)飲む
- Let's go out for a **drink**. 1杯飲みに行きましょう.

drinking /drínkiŋ ドリンキング/ 動 **drink** の -ing 形 (現在分詞・動名詞)
── 名 飲むこと;飲酒

drínking fòuntain 名 (公園・駅・学校などに備えつけられている)**噴水**(ふんすい)式の水飲み器

drínking wàter 名 飲料水,飲み水

drip /dríp ドリプ/ 動 (三単現 **drips** /dríps ドリプス/; 過去・過分 **dripped** /drípt ドリプト/; -ing形 **dripping** /drípiŋ ドリピング/)
ぽたぽた落ちる,滴(しずく)が落ちる,したたる;(滴を)垂らす
── 名 ぽたぽた落ちること[音], したたり, 滴

drive 中 A1 /dráiv ドライヴ/
動 ❶ (車を)運転する　　　　　　　意味 map
　　❷ (人を)車に乗せて行く
　　❸ 追い立てる;(機械などを)動かす
名 ❶ ドライブ
　　❷ (車・馬車で行く)距離(きょり)

── 動
三単現	**drives** /dráivz ドライヴズ/
過去	**drove** /dróuv ドロウヴ/
過分	**driven** /drívn ドリヴン/
-ing形	**driving** /dráiviŋ ドライヴィング/

❶ (車を)**運転する**, **ドライブする** 類似語 「(オートバイなどにまたがって)運転する」は **ride**.

drive / ride

- 基本 **drive** a car 車を運転する →drive+名詞.
- 基本 **drive** slowly ゆっくり運転する →drive+副詞(句).
- **drive** through town 町を車で通り抜(ぬ)ける
- Can you **drive**? 君は車を運転できますか.
- Let's **drive to** the lake. 湖までドライブしよう.
- Shall we walk or **drive**? 歩いて行こうかそれとも車で行こうか.
- My father **drives** a very old car. 私の父はとても古い自動車に乗っている.
- He **drove** slowly up the hill. 彼は車でゆっくりと丘(おか)を登って行った.
- The car **was driven** by my uncle. 車は私のおじによって運転された. →受け身の文. → **was** 助動 ❷
- My father **has been driving** a taxi in this town for twenty years. 私の父はこの町で20年間タクシーを運転している. →現在完了(かんりょう)進行形の文. → **have** 助動 ❸ の最後の用例

❷ (人を)**車に乗せて行く**
- **drive** you home 君を車で家まで送る → home は副詞で「家へ」.
- My father **drove** me **to** school this morning. 今朝父は私を学校まで車に乗せて行って[来て]くれた.

❸ **追い立てる**, **追う**;(動力が機械などを)**動かす**
- The clouds were **driven away** by the wind. 雲は風に吹(ふ)き払(はら)われた.
- This ship is **driven** by steam. この船は蒸気で動かされている.

── 名 (複 **drives** /dráivz ドライヴズ/)
❶ (車・馬車に)**乗って行くこと**, **ドライブ**
- **go for** a **drive** ドライブに出かける
- He often takes me for a **drive**. 彼は私をよくドライブに連れて行ってくれる.
- The **drive to** the lake was very exciting. 湖までのドライブはとても楽しかった.

❷ (車・馬車で行く)**距離**
- It is a short [ten minutes'] **drive** to the park. 公園までは車ですぐ[10分]です. → It は漠然(ばくぜん)と「距離」を表す.

❸ 《英》(道路から家・ガレージまで車を乗り入れる)**私設車道**(《米》 **driveway**); (公園・森林内の)**車道**;(景色のよい所を走る)**ドライブ道路**

drive-in /dráiv in ドライヴイン/ 名 形 ドライ

driven　188　one hundred and eighty-eight

ブイン(式の) →車で乗り入れて，乗ったまま利用できる映画館など．

driven /drívn ドリヴン/ 動 **drive** の過去分詞

driver 小 A1 /dráivər ドライヴァ/ 名
(車を)**運転する人**, 運転手
- a taxi [bus] **driver** タクシー[バス]の運転手
- He is a bad [careful] **driver**. 彼は運転が下手だ[慎重(しんちょう)な運転をする].

dríver's lìcense A2 名 《米》**運転免許証**
(《英》driving licence)

drive-through /dráivθru: ドライヴ スルー/ 形
車に乗ったまま利用できる, ドライブスルーの

driveway /dráivwei ドライヴウェイ/ 名 《米》
(道路から家・ガレージまで車を乗り入れる)**私設車道** (《英》drive)

driving /dráiviŋ ドライヴィング/ 動 **drive** の
-ing 形 (現在分詞・動名詞)
—— 名 (車の)**運転**
- a **driving** school 自動車教習所

> 参考　アメリカでは日本のように教習所の中で練習するのではなく，時間を予約してオフィスに行くと先生が同乗して公園などの指定された場所で運転を指導してくれる．

dríving lìcence A2 名 《英》**運転免許証**
(《米》driver's license)

drone 中 /dróun ドロウン/ 名 **ドローン** →無線で操縦(そうじゅう)する小型の(無人)航空機．

drop 中 A1 /dráp ドラプ|dróp ドロプ/
動 (三単現 **drops** /dráps ドラプス/; 過去・過分 **dropped** /drápt ドラプト/; -ing形 **dropping** /drápiŋ ドラピング/)
❶ **落とす**; (〜が)**落ちる**
基本 **drop** a cup 茶わんを落とす →drop＋名詞．
基本 **drop** to the floor 床(ゆか)に落ちる →drop＋前置詞＋名詞.
- The temperature often **drops** below zero in winter. 冬には気温がしばしば０度以下に落ちる．
- Planes **dropped** bombs on the city. 飛行機がこの都市に爆弾(ばくだん)を落とした．
- An atomic bomb **was dropped over** Hiroshima. １発の原爆(げんばく)が広島に落とされた．→受け身の文 (→was 助動 ❷). 投下された原子爆弾は地上数百メートルの空中で爆発(ばく

はつ)するので over を使う．
- Your name was **dropped** from the list. あなたの名前はリストから外された．
- Tears were **dropping** from her eyes. 彼女の目から涙(なみだ)がこぼれ落ちていた．→過去進行形の文．→were 助動 ❶
❷ (車などから人を)**降ろす** 反対語 「乗せる」は **pick up**.
- Please **drop** me (off) at the station. 駅で私を降ろしてください．
❸ (短い便りを)**出す**
- Please **drop** me a line when you get there. あちらに着いたら手紙をください．→drop A B は「AにBを出す」.

drop by (〜) (〜に)**ちょっと立ち寄る**
- Please **drop by** (my house) whenever you come to town. この町においでの時はいつでも(私の家に)お立ち寄りください．

drop in **ちょっと立ち寄る**
- He **drops in** on me very often. 彼はしょっちゅう私の所に立ち寄る.
- Bob **dropped in** at his uncle's house. ボブはおじさんの家に立ち寄った.

drop out (**of** 〜) (〜から)**脱落**(だつらく)**する**, (〜を)**中退する** →dropout
- He **dropped out of** school in his third year. 彼は３年生の時学校を中退した．
—— 名 (複 **drops** /dráps ドラプス/)
❶ **滴**(しずく), **したたり**
- a **drop** of water 1 滴(てき)の水, 水滴(すいてき)
❷ (急激な)**落下, 下落, 低下**
- a **drop in** temperature 気温の低下
❸ **あめ玉, ドロップ**

dropout /drápaut ドラパウト/ 名 (学校の)**中途**(ちゅうと)**退学者; 落後者**

drought /dráut ドラウト/ 名 **日照り, かんばつ**

drove /dróuv ドロウヴ/ 動 **drive** の過去形

drown /dráun ドラウン/ 動
❶ **溺**(おぼ)**れる, 溺れ死ぬ, 溺死**(できし)**する**
ことわざ A **drowning** man will catch at a straw. 溺れる者はわらをもつかむ．→「人は苦しい立場に置かれるとどんなに頼(たよ)りにならないものにもすがりつこうとする」の意味．
❷ **溺れさせる, 溺れ死にさせる, 溺死させる**

drug A2 /drág ドラグ/ 名 **薬; 麻薬**(まやく) →話し言葉では「麻薬」の意味で使われることが多い．

druggist /drágist ドラギスト/ 名 《米》
❶ **薬剤**(やくざい)**師; 薬局の主人** (《英》chemist)

❷ ドラッグストアー (drugstore) の経営者

drugstore A2 /drʌ́gstɔːr ドラッグストー/ 名
《米》ドラッグストアー →薬局とスーパーマーケットを兼(か)ねたような店.

drum 小 A1 /drʌ́m ドラム/ 名
太鼓(たいこ), ドラム; (the drums で) (ジャズ・ロックバンドなどの)ドラムス
• **beat** a **drum** 太鼓をたたく
• **play** a [the] **drum** ドラムを演奏する
• play **the drums** in the band バンドでドラムスを受け持つ

drummer /drʌ́mər ドラマ/ 名 (バンドの)ドラマー; ドラムをたたく人

drunk /drʌ́ŋk ドランク/ 動 drink の過去分詞
―― 形 酒に酔(よ)った
• **drunk** driving 飲酒運転
• get **drunk** 酒に酔う
• He was **drunk** on beer. 彼はビールで酔っていた.
―― 名 酔っ払(ぱら)い

drunken /drʌ́ŋkn ドランクン/ 形 酒に酔(よ)った
→名詞の前にだけつける.

dry A1 /drái ドライ/ 形 (比較級 **drier** /dráiər ドライア/; 最上級 **driest** /dráiist ドライエスト/)
❶ 乾(かわ)いた, 乾燥(かんそう)した 反対語 **wet** (ぬれた), **damp** (湿(しめ)った)
• **dry** air 乾燥した空気
• The ground is **dry**. 地面が乾いている.
• Watch out! The paint is not **dry** yet. 気をつけて! ペンキがまだ乾いていませんよ.
❷ 雨の降らない, 日照り続きの
• **dry** weather 日照り続きの天候
反対語 the **dry** season and the **rainy** season 乾季(かんき)と雨季
❸ 無味乾燥な, おもしろくない (boring)
❹ (ワインなど)辛口(からくち)の
―― 動 (三単現 **dries** /dráiz ドライズ/; 過去・過分 **dried** /dráid ドライド/; -ing形 **drying** /dráiiŋ ドライイング/)
乾く; 乾かす; (ぬれた物を)拭(ふ)く
• **dry** a dish with a cloth 布巾(ふきん)で皿を拭く
• The washing **dries** quickly on a sunny day like this. こんな晴天の日には洗濯(せんたく)物は早く乾く.
• They **dried** themselves in the sun. 彼らはひなたで体を乾かした.

dry up すっかり乾く, 干上(ひあ)がる; すっかり乾かす, 干上がらせる

dryer /dráiər ドライア/ 名 乾燥(かんそう)機; ヘアドライヤー →**drier** ともつづる.

dub /dʌ́b ダブ/ 動 (三単現 **dubs** /dʌ́bz ダブズ/; 過去・過分 **dubbed** /dʌ́bd ダブド/; -ing形 **dubbing** /dʌ́biŋ ダビング/)
❶ (映画・テレビの会話を別の言語に)吹き替える
❷ ダビングする, 再録音[複製]する

Dubai /duːbái ドゥーバイ/ 固名 ドバイ →アラブ首長国連邦(れんぽう) (the United Arab Emirates) の首長国のひとつ. またその首都.

Dublin /dʌ́blin ダブリン/ 固名 ダブリン →アイルランド共和国の首都.

duck A2 /dʌ́k ダク/ 名 アヒル
関連語 **quack** (アヒルがガーガー鳴く)

duckling /dʌ́kliŋ ダクリング/ 名 アヒルの子

due A1 /djúː デュー/ 形
❶ (due to ～ で) ～による, ～のためで
• The accident was **due to** his carelessness. 事故は彼の不注意のせいだった.
• The game was put off **due to** (= because of) the rain. 試合は雨で延期された.
❷ 到着(とうちゃく)のはずで, 提出期限で; ～する予定で
• The train was **due** at six. 列車は6時到着のはずだった.
• The homework is **due** next Monday. 宿題の提出期限は来週の月曜日です.
• Bob is **due** to come at noon. ボブは正午に来るはずだ.
❸ 当然支払(しはら)われるべき; 正当な, 当然の
• a **due** reward 当然の報酬(ほうしゅう)
• (The payment of) This bill is **due** today. この請求(せいきゅう)書の支払いはきょうになっています.

duet /djuːét デューエト/ 名 二重唱(曲), 二重奏(曲)

dug /dʌ́g ダグ/ 動 dig の過去形・過去分詞

dugout /dʌ́gaut ダガウト/ 名 ❶ (大木の幹をくりぬいて作った)丸木舟(まるきぶね) ❷ (野球の)ダッグアウト ❸ 防空壕(ごう)

duke /djúːk デューク/ 名 公爵(こうしゃく) →英国で最高位の貴族.

dull /dʌ́l ダル/ 形 ❶ 鈍(にぶ)い, 鈍感(どんかん)な; 頭の悪い
ことわざ All work and no play makes Jack a **dull** boy. 勉強ばかりして遊ばなければジャ

ックはばかな子供になる. →「よく学びよく遊べ」にあたる. make A B は「AをBにする」.
❷ おもしろくない, 退屈(たいくつ)な; 活気のない, 不景気な (boring)

dumb /dÁm ダム/ 形 ❶《米話》まぬけの, ばかな (stupid) ❷ 口のきけない

dump /dÁmp ダンプ/ 動 ❶ どさっと落とす; (ごみなどを)捨てる ❷《話》(人を)やっかい払(ばら)いする, 捨てる
── 名 ごみ捨て場; (捨てられた)ごみの山

dumper truck /dÁmpər trÀk ダンパトラク/ 名 《英》ダンプカー (《米》dump truck)

dumpling /dÁmpliŋ ダンプリング/ 名 (スープなどに入れる)だんご; **ギョウザ** →小麦粉を練って丸めてゆでた[蒸した]もの, またその中に具を包んだもの.

dump truck /dÁmp trÀk ダンプトラク/ 名 《米》ダンプカー (《英》dumper truck) →「ダンプカー」は和製英語.

dune /djúːn デューン/ 名 砂丘(さきゅう)

dungeon /dÁndʒən ダンチョン/ 名 (大昔の城内の)地下牢(ちかろう), 土を掘(ほ)って作った牢(ろう)

dunk /dÁŋk ダンク/ 動《話》❶ (パンなどを)飲物に浸(ひた)して食べる ❷《バスケットボール》(ボールを)バスケットの真上から押(お)し込(こ)む, ダンクシュートする

dúnk shòt 名《バスケットボール》ダンクシュート

durable /djúːrəbl デューラブる/ 形 永続する, 長持ちする, 丈夫(じょうぶ)な

durian /dúəriən デュアリアン/ 名《植物》ドリアン(の実・木) →東南アジア産のキワタ科の高木.

during 中 A2 /djú(ə)riŋ デュ(ア)リング/ 前
❶ 〜じゅう(ずっと), 〜の間じゅう (throughout)
中 基本 **during** the summer その夏じゅうずっと →during+時間的要素を含(ふく)む名詞.
• **during** all that time その間じゅう
• There is no school **during** August. 8月中は授業がない.
⚠POINT この場合は during の代わりに in を使っても意味はほぼ同じだが, during のほうが in に比べて「〜の間じゅうずっと」という継続(けいぞく)の意味が強い.
• Ice covers the lake **during** (the) winter. 冬じゅうずっと氷がその湖を覆(おお)う.
❷ 〜の間(のいつか)に
• **during** my stay (= while I am [was]

during 中 A2 /デュ(ア)リング/

基本の意味
一定の期間を表して, ❶「期間中ずっと」という継続の意味と, ❷「期間中のいつかに」という時点の意味で用いられる.

イメージ

一定の期間

 教科書によく出る 使い方

❶ We're going to be away from home **during** the summer.
夏の間私たちはずっと留守にします.
❷ I will give you a call **during** the weekend. 週末の間にお電話しますよ.

staying) 私の滞在(たいざい)中に

•**during** the day [the night] 日中[夜間]に
➡**during** の代わりに **in** を使っても意味はほぼ同じ.

•I went to sleep **during** the lesson. 私は授業中に寝(ね)てしまった.

•I would like to see you **sometime during** this week. 今週のいつかあなたにお会いしたいのですが. ➡「～じゅうずっと」と区別するためにこのように **sometime during** ～とすることもある.

•**During** the ball game it started to rain. その野球の試合の間に[途中(とちゅう)で]雨が降り出した.

dusk /dʌ́sk ダスク/ 名 薄(うす)暗がり; 夕闇(ゆうやみ), 夕暮れ ➡**dawn**

dust 🄐 /dʌ́st ダスト/ 名 ごみ, ほこり

•The table is covered with **dust**. テーブルにはほこりがいっぱいたまっている. ➡×a dust, ×dusts としない.

── 動 (～の)ほこりを取る, (～に)はたきをかける

•**dust** a table テーブルのほこりを払(はら)う

dustbin /dʌ́stbin ダストビン/ 名 (英) ごみ入れ, くず物入れ ((米) garbage can) ➡台所から出る生ごみなどを入れる, ふた付きの大型のもので, 戸外に置く.

dustcart /dʌ́stkɑːrt ダストカート/ 名 (英) ごみ収集車 ((米) garbage truck) ➡(英) では dustbin lorry ともいう.

duster /dʌ́stər ダスタ/ 名 はたき; 雑巾(ぞうきん), から拭(ぶ)き用の布

dustpan /dʌ́stpæn ダストパン/ 名 ちり取り, ごみ取り

dusty /dʌ́sti ダスティ/ 形 (比較級 **dustier** /dʌ́stiər ダスティア/; 最上級 **dustiest** /dʌ́stiist ダスティエスト/) ほこりだらけの

Dutch /dʌ́tʃ ダチ/ 形 オランダの; オランダ人[語]の 関連語 the Netherlands (オランダ)

go Dutch (食事の費用を)割り勘(かん)にする ➡ふつうは split the cost [the bill] という.

参考 **Dutch** という単語の使われた表現のなかに悪い意味のものが多いのは, オラン

ダがアメリカ新大陸の領土権を巡(めぐ)ってイギリスと対立していて, アメリカに渡(わた)ったイギリス人開拓(かいたく)者がオランダに悪感情を抱(いだ)いていたから.

── 名 ❶オランダ語 ❷(the Dutch で) オランダ人(全体)

dutiful /djúːtəfəl デューティふる/ 形 義務(duty)を守る; 忠実な, 孝行な

duty /djúːti デューティ/ 名 (複 **duties** /djúːtiz デューティズ/) ❶(法律上・道義上の)義務

•do *one's* **duty** 自分の義務を果たす, 本分を尽(つ)くす

•It's our **duty** to obey the laws. 法律に従うのは我々の義務だ. ➡It=to obey (従うこと)以下.

❷(ふつう **duties** で)(なすべき)仕事, 務め

•the **duties** of a police officer 警官の仕事

❸関税

•(a) **duty** on liquors 酒類に対する関税

off duty 勤務時間外で[の], 非番で[の]

on duty 勤務中で[の]

duty-free /djuːti fríː デューティ ふリー/ 形 副 免税(めんぜい)の[で]

DVD 🄐 /díːviːdíː ディーヴィーディー/ 名 DVD ➡**digital** video [versatile] **d**isc (デジタルビデオ[万能(ばんのう)]ディスク). ➡**digital**

dwarf /dwɔ́ːrf ドウォーふ/ 名 (おとぎ話に出てくる)小人

dye /dái ダイ/ 動 (髪(かみ)・布などを)染める

── 名 染料(せんりょう)

dying /dáiiŋ ダイイング/ 動 **die** の -ing 形 (現在分詞・動名詞)

── 形 死にかかっている

•a **dying** man 死にかかっている人, 瀕死(ひんし)の男

•the **dying**=**dying** people 死にかけている人々, 瀕死の人々

dynamic /dainǽmik ダイナミク/ 形 活動的な, 精力的な, エネルギッシュな

dynamite /dáinəmait ダイナマイト/ 名 ダイナマイト

dz. 略 =dozen(s) (ダース)

E¹, e /íː イー/ 名 (複 **E's, e's** /íːz イーズ/)
イー → 英語アルファベットの5番目の文字.

E., E² 略 ＝**e**ast（東）

e- /íː イー/ 接頭辞 「電子の」「インターネットによる」という意味の語をつくる → **electronic** の頭文字(かしらもじ)から.
- **e**-mail Eメール(で送信する)
- **e**-commerce 電子商取引

each 中 A1 /íːtʃ イーチ/ 形
(→比較変化なし)

それぞれの, 各~

◎POINT あるグループの中の一つ一つを個別に指していう言葉.

基本 **each** pupil それぞれの生徒
→each＋数えられる名詞の単数形.
- **each** member of the team チームの各メンバー
- **Each** boy has his guitar. それぞれの男の子は自分のギターを持っている.
- I asked **each** boy three questions. 私はそれぞれの少年に3つずつ質問した.

── 代 **それぞれ**

基本 **Each** of the boys has his guitar. 少年たちのそれぞれは自分のギターを持っている.
→each of the＋名詞の複数形.
- I gave **each** of them [them **each**] two apples. 私は彼らそれぞれに2つずつリンゴを与(あた)えた.
→them each の each は them と同格で,「彼らに, それぞれに」.
- We **each** have [**Each** of us has] our own opinion. 私たちはそれぞれ自分の意見を持っている.
→We each の each は We と同格. We が主語なので動詞は複数形.

関連語 A mother loves **every** one of her children, but she loves **each** in a different way. 母親は子供たちはどの子も皆(みな)愛しているが, 一人一人をそれぞれの愛し方で愛している.
→ **each** は一人一人別々, **every** は別々に考え

ながら同時に全部を示す.

── 副 (→比較変化なし)

1個につき, 1人につき, それぞれ
- These books are 600 yen **each**. これらの本は1冊600円です.

each other A1 **お互(たがい)い(を, に)** (one another)
- He loves her and she loves him. They love **each other**. 彼は彼女を愛し彼女は彼を愛している. 彼らはお互いを愛している[お互いに愛し合っている].

◎POINT この each other は副詞句(お互いに)ではなく, 代名詞(お互い)で love の目的語. each other は文の主語にならない.
- Please shake hands with **each other**. どうぞお互いに握手(あくしゅ)してください.
→with (~と)を抜(ぬ)かして ×shake hands each other としない.
- They wrote poems and read **each other's** poems. 彼らは詩を書いた. そしてお互いの詩を読んだ.

each time そのたびに; 《接続詞のように使って》(**each time ~** で)(~する)たびに
- I tried three times, but **each time** I failed. 私は3回やってみたがそのたびに失敗した.
- **Each time** I tried, I failed. 私はやるたびに失敗した.

eager /íːɡər イーガ/ 形
❶ (**be eager for ~** で) **~を心から願っている, ~が欲(ほ)しくてたまらない**; (**be eager to do** で) **~したくてたまらない**
❷ **熱心な, 熱い, 真剣(しんけん)な**

eagerly /íːɡərli イーガリ/ 副 **熱心に, しきりに**

one hundred and ninety-three 193 early

eagle /íːgl イーグる/ 名 《鳥》ワシ

イメージ (eagle)
ワシは翼(つばさ)を広げて空を舞(ま)うその堂々たる姿から「鳥の王」(the king of birds) と呼ばれ,「王者の権威(けんい), 権力, 誇(ほこ)り, 高貴」などを表し, 米国の国章やヨーロッパの紋章(もんしょう)に描(えが)かれてきた.

ear[1] 小 A1 /íər イア/ 名 (複 **ears** /íərz イアズ/) ❶耳
- He said something in her **ear**. 彼は何か彼女の耳にささやいた.
- Rabbits have long **ears**. ウサギの耳は長い.

ことわざ (The) Walls have **ears**. 壁(かべ)に耳あり. →「壁の向こうに人がいて聞こえるかもしれないから注意しろ」の意味.

❷ (敏感(びんかん)に聞き分ける)耳, 音を聞き分ける能力
- She has a good [poor] **ear for** music. 彼女は音楽を聞く耳が肥えている[いない].

be all ears 《話》全身を耳にして(じっと)聞く
- Tell me, I'm **all ears**. さあ言ってよ, 全身を耳にして聞いているから.

from ear to ear (耳から耳まで ⇨) 口を横いっぱいに引いて
- He was smiling **from ear to ear**. 彼は満面にえみをたたえていた.

ear[2] /íər イア/ 名 (麦などの)穂(ほ)
earache /íəreik イアレイク/ 名 耳痛(じつう)
eardrum /íərdrʌm イアドラム/ 名 鼓膜(こまく)
earl /ə́ːrl ア〜る/ 名 (英国の)伯爵(はくしゃく) → **count**[2]
earlier /ə́ːrliər ア〜リア/ 副形 **early** の比較(ひかく)級
earliest /ə́ːrliist ア〜リエスト/ 副形 **early** の最上級
earlobe /íərloub イアろウブ/ 名 耳たぶ

early 中 A1 /ə́ːrli ア〜リ/
副 (時間的・時期的に)早く　意味map
形 (時間・時期が)早い

── 副 (比較級 **earlier** /ə́ːrliər ア〜リア/; 最上級 **earliest** /ə́ːrliist ア〜リエスト/)
(時間的・時期的に)早く, 早めに
関連語「(速度が)速く」は **fast**.
基本 get up **early** 早く起きる →動詞＋early.

- **early** in the morning 朝早く
- **early** tomorrow morning 明日の朝早く
→tomorrow morning も「明日の朝(に)」という意味の副詞句.
- **early** on Sunday 日曜日の朝早く
- **early** in the spring 春早く, 早春に

反意語 Some children come to school **early**; others come **late**. 学校に早く来る子供たちもいれば, 遅(おそ)く来るものもいる.

- **Early** to bed and **early** to rise makes a man healthy, wealthy, and wise. 早寝(ねゃ)早起きは人を健康に, 金持ちに, そして賢明(けんめい)にする.
→make A B (形容詞)は「AをBにする」. 米国の政治家ベンジャミン・フランクリンの言葉.

- I came **earlier** than Ken. 私はケンよりも早く来た.
- I went to bed a little **earlier** than usual. 私はいつもより少し早く寝(ね)た.
- She usually comes to school **earliest** of all. たいてい彼女はみんなの中で一番早く登校する.

── 形 (比較級 **earlier** /ə́ːrliər ア〜リア/; 最上級 **earliest** /ə́ːrliist ア〜リエスト/)
(時間・時期が)早い, 初期の
関連語「(速度が)速い」は **fast**.
基本 an **early** train 朝早い電車 →early＋名詞. a **fast** train は「快速電車」.

early train　　fast train

- an **early** riser 早起きの人 反意語 a **late** riser (朝寝坊(ねぼう)の人)
- an **early** bird 早起きの鳥 (→ ことわざ); 早起きの人, 早く来た人
- in the **early** morning 朝早く
- in (the) **early** spring 早春(に)
基本 You are **early**. 君は早い[早く来た]ね. →be 動詞＋early.
- The eight o'clock bus was **early** today. きょうは8時のバスが(定刻より)早かった.
ことわざ The **early** bird catches the worm. 早起きの鳥は虫を捕(と)らえる.

→「早起きすればなにかしら良いことがあるから朝寝坊はいけない」の意味.「早起きは三文(さんもん)の徳」にあたる.
- **the earliest** train 朝の一番電車

at the earliest 早くても
in early times 昔は
keep early hours 早寝早起きをする

earn A2 /ə́ːrn アーン/ 動 (働いて金を)稼(かせ)ぐ
- **earn** $10 an hour 1時間に10ドル稼ぐ
- He **earns** money (by) delivering newspapers. 彼は新聞配達をして金を稼ぐ.

earn one's ***living*** 暮らしを立てる

earnest /ə́ːrnist アーネスト/ 形 真面目な, 真剣(しんけん)な

in earnest 本気で, 真面目に[な]; 本格的に

earphone /íərfoun イアふォウン/ 名 イヤフォン

earring A2 /íəriŋ イアリング/ 名 イヤリング
- wear silver **earrings** 銀のイヤリングをしている →ふつう両耳につけるので複数形.

earth 中 A2 /ə́ːrθ アーす/
名 ❶(the earth で)地球
❷大地, 地面 (ground)
❸土 (soil)

―― 名

❶(the earth で)地球
- **The earth** is round. 地球は丸い.
POINT earth, moon (月), sun (太陽)のように1つしかない天体には the をつける.
- We live **on the earth**. 私たちは地球上に住んでいる.
- **The Earth** is closer to the Sun than Mars is. 地球は火星よりも太陽に近い. →他の天体と対比して大文字で始めることもある.

❷大地, 地面 (ground)
- fall **to** (the) **earth** 地面に落ちる

❸土 (soil)
- cover the seeds with **earth** (まいた)種に土をかぶせる →×an [the] earth, ×earths としない.

on earth (最上級の語を強めて)この世で; (疑問詞を強めて)一体全体
- He is the happiest man **on earth**. 彼は世界中で一番幸せな男だ.
- What **on earth** is this? 一体全体これは何だ.

Éarth Dày 名 地球の日 →地球の環境(かんきょう)保護についてみんなで考える日. 4月22日. 1970年米国で制定され世界的に広がった.

earthquake 中 A2 /ə́ːrθkweik アーすクウェイク/ 名 地震(じしん) →単に **quake** ともいう.
- a strong [weak] **earthquake** 強い[弱い]地震
- We had [There was] an **earthquake** last night. = An **earthquake** happened last night. ゆうべ地震があった.

Éarth Sùmmit 固名 (the をつけて)地球サミット →1992年に行われた環境(かんきょう)と開発に関する国際会議.

earthworm /ə́ːrθwəːrm アーすワーム/ 名 ミミズ

ease /íːz イーズ/ 名 ❶(心配・苦痛がなくて)楽なこと, くつろぎ, 安心 ❷(難しくなくて)楽なこと, たやすさ, 容易 反対語 **difficulty** (困難)

at ease 楽にして, くつろいで, のんびりして; 安心して

―― 動 和(やわ)らげる, 緩和(かんわ)する; 和らぐ

easel /íːzl イーズる/ 名 画架(がか), イーゼル

easier /íːziər イーズィア/ 形 **easy** の比較(ひかく)級

easiest /íːziist イーズィエスト/ 形 **easy** の最上級

easily 中 A2 /íːzəli イーズィリ/ 副 楽々, わけなく, やすやすと (with ease)
関連語 「楽な」は **easy**.
- We won the game **easily**. 私たちは(楽々とその試合に勝った ⇨)楽勝した.

east 中 A2 /íːst イースト/ 名
❶(the east で)東, 東方; 東部
反対語 **west** (西)
- **in the east of** Tokyo 東京の東部に
- The sun rises in **the east**. 太陽は東に[東から]上る.
- Nagoya is **to the east of** Kyoto. 名古屋は京都の東の方にある.
❷(the East で)東洋; (米国の)東部

―― 形 東の, 東部の; 東向きの; (風が)東からの
- an **east** wind 東風

- the **east** coast of the United States アメリカの東海岸
— 副 東へ[に], 東方へ[に]
- go **east** 東(の方)へ行く
- The village is (seven miles) **east of** the lake. 村は湖の東方(7マイル)にある.

Easter /í:stər イースタ/ 固名 復活祭, イースター →キリストの復活を記念する祭で, 3月21日(春分)以降の満月の次の日曜日(**Easter Day** または **Easter Sunday**). したがって年によって祭日が移動し, 早ければ3月下旬(げじゅん), 遅(おそ)ければ4月下旬になる.
- **Happy Easter!** イースターおめでとう.

Éaster ègg 名 イースターエッグ →復活祭のプレゼントにする色を塗(ぬ)ったゆで卵やチョコレートでつくった卵 (**chocolate Easter egg**), または中におもちゃやおかしを入れた卵に似せた物.

Éaster hólidays 名 復活祭の休暇(きゅうか), 春休み →復活祭前後1〜2週間の休み. **Easter break**, 《米》**Easter vacation** ともいう.

Easter Island /í:stər áilənd イースタ アイランド/ 固名 イースター島 →南太平洋のチリ(Chile)領の島. たくさんの石の巨人(きょじん)像があるので有名.

eastern /í:stərn イースタン/ 形
❶ 東方の, 東の, 東向きの 反対語 **western** (西方の)
- the **eastern** sky 東の空
❷ (**Eastern** で) 東洋の; (米国の) 東部の

Éastern Éurope 固名 東ヨーロッパ

Éastern Hémisphere 固名 (**the** をつけて) 東半球 反対語 **Western Hemisphere** (西半球)

Éaster vacátion 名 《米》= Easter holidays

eastward /í:stwərd イーストワド/ 副 形 東の方へ[の], 東へ向かって[向かう]

eastwards /í:stwərdz イーストワッ/ 副 《主に英》= eastward

easy 中 A1 /í:zi イーズィ/ 形 (比較級 **easier** /í:ziər イーズィア/; 最上級 **easiest** /í:ziist イーズィエスト/)
❶ 易(やさ)しい, 簡単な (simple)
基本 an **easy** test 易しいテスト →easy+名詞.
基本 The test was **easy** for me. そのテストは僕(ぼく)には易しかった. →be 動詞+easy.
- This book is **easy** to read. =**It is easy to** read this book. この本は読むのが易しい[簡単に読める]. →be easy to do は「〜するのが易しい」. It=to read (読むこと)以下. → to ❾ の ①, ④
反対語 It is **easy** for the cat to climb the tree. It's **difficult** for me. ネコが木に登るのはわけない. 僕には難しい. →「ネコが〜するのはわけない」を ×The cat is easy to 〜 としない.

- This problem is **easier** than that. この問題はそれより易しい.
- What is **the easiest** way to learn English? 英語を学ぶ一番易しい[簡単な]方法は何ですか.

❷ (心配・苦痛などがなくて) 楽な, 気楽な, のんびりした, ゆったりした
- lead [live] an **easy** life 楽な生活をする[のんびり暮らす]
- **feel easy** 気が楽になる, 安心する; (苦痛などから)楽になる (feel at ease)

— 副 (比較級 **easier** /í:ziər イーズィア/; 最上級 **easiest** /í:ziist イーズィエスト/)
《話》楽に, のんびり
ことわざ **Easy** come, **easy** go. (楽に来ると楽に去って行く ⇨) 得やすい物は失いやすい. →「悪銭(あくせん)身につかず」にあたる.

take it easy 気楽にやる, あせらずのんびりやる, リラックスする →ふつう命令文で使う.
- **Take it easy.** See you tomorrow. まあ気楽にね. またあした.

éasy chàir 图 安楽椅子(いす) →**armchair**

easygoing /íːzigóuiŋ イーズィゴウイング/ 形
あくせくしない, のんびりした

eat 小 A1 /íːt イート/ 動

三単現	**eats** /íːts イーツ/
過去	**ate** /éit エイト/
過分	**eaten** /íːtn イートン/
-ing形	**eating** /íːtiŋ イーティング/

食べる, 食事をする (have a meal)

基本 **eat** an apple リンゴを食べる →eat+
名詞.

•**eat** lunch 昼食を食べる[とる] →eat の代わ
りに have も使う.

•something to **eat** (食べるための何か ⇨)何
か食べる物, 食べ物 (some food) →不定詞 to
eat (食べるための~)は something を修飾(しゅう
しょく)する. →to ⑨ の②

•go out to **eat** 食事をしに外出する →不定詞
to eat は「食事をするために」. →to ⑨ の③

•I **eat** sandwiches **for** lunch. 私は昼食に
サンドイッチを食べる.

> 会話
> Where shall we **eat**? —Let's **eat** at
> the restaurant on the corner.
> どこで食事しようか.—角のレストランで食べ
> よう.

•We **eat** soup with a spoon. 私たちはス
プーンでスープを飲む. →**soup**

•He **eats** a lot. 彼はたくさん食べる.

関連語 We **ate** steak and **drank** wine. 私
たちはステーキを食べてワインを飲んだ.

•**Have** you **eaten** your lunch yet? もう
昼食は済みましたか. →現在完了(かんりょう)の文. →
have 助動 ❶

•Cows **are eating** grass in the mead-
ow. 牛が牧場で草を食べている. →現在進行形の
文. →**are** 助動 ❶

eat out よそで食事をする, 外食する

eat up 全部食べ(終える), たいらげる

eaten /íːtn イートン/ 動 **eat** の過去分詞

eater /íːtər イータ/ 图 食べる人

eating /íːtiŋ イーティング/ 動 **eat** の -ing 形
(現在分詞・動名詞)
—— 图 食べること, 食事

ebb /éb エブ/ 图 引き潮 反対語 **flow** (満ち潮)

—— 動 (潮が)引く

ebony /ébəni エボニ/ 图 《植物》黒檀(こくたん) →
インド・マレー地方に産する常緑高木. その黒く
堅(かた)い心材は家具などに使われる.

echo /ékou エコウ/ 图 (徸 **echoes** /ékouz
エコウズ/) こだま, 山びこ, 反響(はんきょう)
—— 動 (場所が音で)反響する, (音が)こだまする;
反響させる

eclipse /iklíps イクリプス/ 图 (太陽・月の)食 →
ある天体がほかの天体に遮(さえぎ)られて見えなくな
る現象.

ECO /ékou エコウ/ 略 環境(かんきょう)子供機構 →
Environmental Children's Organiza-
tion

eco- /íːkou イーコウ/ 接頭辞 「生態の」「環境(かん
きょう)の」という意味の語をつくる →**ecology** の
略.

eco-friendly 中 /íːkou frendli イーコウ フレン
ドリ/ 形 環境(かんきょう)に優しい →eco (=ecolo-
gy 環境)+friendly (優しい).

ecological /ekəládʒikəl エコらヂカる/ 形 生
態学の; 生態上の, 環境(かんきょう)の

ecologist /ikálədʒist イカろヂスト/ 图 ❶生態
学者 ❷環境(かんきょう)保全論者

ecology /ikálədʒi イカろヂ/ 图 ❶生態学 →
生物とその環境(かんきょう)との関係を研究する学問.
❷生態; 環境

e-commerce /íː kámərːs イー カマ~ス/ 图
電子商取引 →インターネットを使った商取引. →
e-

economic /íːkənámik イーコナミク/ 形 経済
(学)の, 経済上の →**economy** ❶

economical /íːkənámikəl イーコナミカる/ 形
経済的な, 徳用な; 無駄(むだ)遣(づか)いをしない →
economy ❷

economics 小 /íːkənámiks イーコナミクス/
图 経済学 →単数扱(あつか)い.

economist /ikánəmist イカノミスト/ 图 経済
学者

economy /ikánəmi イカノミ/ 图
(徸 **economies** /ikánəmiz イカノミズ/)
❶経済 →**economic**
❷節約; (経済的で)得なこと →**economical**

ecónomy clàss 图 (旅客(りょかく)機の)エコ
ノミークラス(で) →一番安いクラス. **tourist
class** ともいう.

ecosystem /íːkousistəm イーコウスィステム/
图 生態系

eco-tourism /í:kou túərizm イーコウ トゥアリズム/ 名 エコツーリズム →環境(かんきょう)保護志向の観光ツアー.

Eden /í:dn イードン/ 固名 エデンの園(その), 楽園 →神が Adam と Eve を造った時に住ませた楽園. **the Garden of Eden** ともいう.

edge /édʒ エヂ/ 名 ❶端(はし), 縁(ふち), へり ❷(刃物(はもの)の)刃(は)

edible /édəbl エディブる/ 形 食べられる, 食用の

Edinburgh /édnbə:rə エドンバ～ラ|édinbərə エディンバラ/ 固名 エジンバラ →スコットランドの首都.

Edison /édəsn エディスン/ 固名 (**Thomas Edison**) トマス・エジソン →米国の発明家(1847-1931). 白熱電球・蓄音機(ちくおんき)・映写機など1,000以上の発明特許を得た.

edit /édit エディト/ 動 (本・動画などを)編集する
• **edit** a video 動画を編集する

edition /idíʃən イディション/ 名 版 →印刷された本・新聞などの形・サイズ・形式など. また同一の組版で印刷された本・新聞など.

editor A2 /éditər エディタ/ 名 編集者
• the chief **editor** = the **editor** in chief 編集長

editorial /editɔ́:riəl エディトーリアる/ 名 (新聞の)社説

educate /édʒukeit エヂュケイト/ 動 (人を)教育する, (特に学校で)教える

educated /édʒukeitid エヂュケイテド/ 形 教育を受けた, 教養のある

education 小 A2 /edʒukéiʃən エヂュケイション/ 名 教育
• school **education** 学校教育
• physical **education** 体育 →略して **PE** /ピーイー/ ともいう.
• He **received** his **education** at Harvard. 彼はハーバード大学で教育を受けた.

educational A2 /edʒukéiʃənl エヂュケイショヌる/ 形 教育の; 教育的な

eel /í:l イーる/ 名 ウナギ

effect A2 /ifékt イふェクト/ 名 影響(えいきょう)(力), 効果; (影響を受けて生じた)結果
反対語 **cause** and **effect** 原因と結果
• the **effect** of advertising 広告の効果
• Storms had a bad **effect on** the crops. 嵐(あらし)は作物に悪影響を与(あた)えた.
• The sound **effects** of [in] the movie were very good. その映画の音響(おんきょう)効果はとてもよかった.

come [go] into effect (法律などが)効力を発する, 発効する, 実施(じっし)される

take effect 効果をあらわす, 効き始める

effective 中 /iféktiv イふェクティヴ/ 形 効果的 [有効]な, (法律などが)実施(じっし)されて

effectively /iféktivli イふェクティヴりィ/ 副 ❶ 有効に, 効果的に ❷ 事実上

efficient /ifíʃənt イふィシェント/ 形 (人・機械など無駄(むだ)がなく)能率的な, 効率のよい, 有能な

effort 中 A2 /éfərt エふォト/ 名 努力; 骨折り; 努力の成果
• **with** (an) **effort** 努力して, 苦労して
• **without effort** 努力しないで, 楽に

in an effort to do ～しようとして
• He worked hard **in an effort to** finish it on time. 彼は時間どおりにそれを終わらせようとして一生懸命(けんめい)頑張(がんば)った.

make an effort 努力する
• He **made a** big [great] **effort** to move the rock. 彼はその岩を動かそうと大奮闘(ふんとう)した.

egg 小 A1 /ég エグ/ 名 卵

• a boiled [soft boiled] **egg** ゆで卵[半熟卵]
• fried **eggs** 目玉焼き
• scrambled **eggs** いり卵
• lay an **egg** 卵を生む

会話 How do you like your **eggs**? —Sunny-side up, please. 卵はどのように料理しましょうか.―片面焼きの目玉焼きにしてください.

• It's dangerous to put all your **eggs** in one basket. 1つのかごに君の持っている卵を全部入れるのは危険だ. →「1つの事にすべてを賭(か)けるのは危険だ」の意味. It=to put.

参考 鳥類・爬虫類(はちゅうるい)の「卵」はすべて **egg** であるが, ふつう **egg** といえばニ

eggplant

ワトリの「卵」を指す. 卵料理は朝食につきものの. 英米人はふつう生卵は食べない.

eggplant /ǽgplænt エグプラント/ 名 ナス

eggshell /ǽgʃel エグシェる/ 名 卵の殻(から)
「薄手のもの」や「つや消しのもの」のたとえにも使われる.

Egypt 小 /íːdʒipt イーヂプト/ 固名 エジプト
アフリカ北東部の共和国. 首都はカイロ (Cairo). 公用語はアラビア語.

Egyptian /idʒípʃən イヂプシャン/ 形 エジプトの, エジプト人の
—— 名 エジプト人

eh /éi エイ/ 間 えーっ; えっ 驚(おどろ)き・疑い・聞き返しなどを表す.

Eiffel Tower /àifəl táuər アイふェる タウア/
固名 (the をつけて) エッフェル塔(とう)
1889 年にパリに建設された塔.

eight

小 A1 /éit エイト/ (→gh は発音しない) 名 (複 **eights** /éits エイツ/)

8; 8時, 8分; 8人[個]; 8歳(さい) 使い方については →three

関連語 Lesson **Eight** (= The **eighth** Lesson) 第8課

• Open your books **to** page **eight**. 教科書の8ページを開けなさい.

• School begins **at eight**. 学校は8時に始まる.

• It's **eight** minutes past **eight** now. 今8時8分過ぎです. 前の eight は形容詞.

—— 形 8の, 8人[個]の; 8歳で

• **eight** boys 8人の男の子たち

• My youngest brother is **eight** (years old). 私の一番下の弟は8歳です.

eighteen

小 A1 /eitíːn エイティーン/
(→gh は発音しない) 名 形 (複 **eighteens** /eitíːnz エイティーンズ/)

18(の); 18歳(さい)(で)

• **eighteen** girls 18人の女の子たち

• a girl of **eighteen** 18歳の女の子

• My sister May is **eighteen** (years old). 私の姉[妹]のメイは18歳だ.

eighteenth /eitíːnθ エイティーンす/ 名 形 18番目(の); (月の)18日 →18th と略す.

• the **18th** century 18世紀

• on the **18th** of May 5月18日に

---

eighth 中 /éitθ エイトす/ (→gh は発音しない)
名 形 (複 **eighths** /éitθs エイトすス/)

❶ 8番目(の); (月の)8日 →8th と略す. 使い方については →third

• on **the 8th** of June = on June **8**(**th**) 6月8日に

❷ 8分の1(の)

• one **eighth** = an **eighth** part 8分の1

• five **eighths** 8分の5

eightieth /éitiiθ エイティエす/ 名 形 80番目(の)

eighty

中 A1 /éiti エイティ/ (→gh は発音しない) 名 (複 **eighties** /éitiz エイティズ/)

❶ 80; 80歳(さい)

❷ (**eighties** で) (世紀の)80年代; (年齢(ねんれい)の)80年代 →eighty から eighty-nine まで.

• in the 1980s 1880年代に →in the eighteen eighties と読む.

• He created these masterpieces in his **eighties**. 彼は80歳代でこれらの傑作(けっさく)を生み出した.

—— 形 80の; 80歳で

• **eighty** cars 80台の車

• He is **eighty** (years old). 彼は80歳です.

Einstein /áinstain アインスタイン/ 固名 (**Albert Einstein**) アインシュタイン ドイツ生まれの米国の理論物理学者 (1879–1955).「相対性理論」を発表してニュートン以来の物理学の基礎(きそ)を変えた.

either 中 A1 /íːðər イーざ/áiðə アイざ/

形 ❶ (2つのうち)どちらか(一方)の
❷ 《否定文で》どちらの〜も〜ない

代 ❶ (2つのうち)どちらか
❷ 《否定文で》どちらも〜ない

副 《否定文で》〜もまた〜ない

接 ❶ (**either** A **or** B で) A か B かどちらか
❷ 《否定文で》どちらも〜ない

意味 map

—— 形 (→比較変化なし)

❶ (2つのうち)どちらか(一方)の, どちらの〜でも
基本 Here are two apples. You may have **either** one (= apple), but not both. ここにリンゴが2つある. 君は2つのうちどちらか1つを取っていい. でも両方はだめだよ.
either+単数形の名詞.

❷ 《否定文で》どちらの〜も〜ない

- I don't know **either** twin. 私はその双子(ふたご)のどちらも知らない. →not ~ either は両方とも否定する言い方. →**both**

── 代 ❶ (2つのうち)**どちらか**, どちらでも
- I have two kittens. You may have **either** of them. うちに子ネコが2匹(ひき)いるの. どちらか1匹(ぴき)あげてもいいわ.
- Bring me a pen or a pencil; **either** will do. ペンか鉛筆(えんぴつ)を持ってきてくれ. どっちでもいい. →will do は「大丈夫(だいじょうぶ)だ, 間に合う」.

❷ 《否定文で》**どちらも~ない** →**neither**
- I looked at two cars, but I didn't like **either** (of them). 私は2台の車を見たが(その)どちらも気に入らなかった.

── 副 (→比較変化なし)
《否定文で》**~もまた~ない** →肯定(こうてい)文では too または also を使う.

I don't like coffee. —I don't(,) **either**.
僕(ぼく)はコーヒーは嫌(きら)いだ.—私も.
→either の前にはコンマ(,)があってもなくてもよい.

── 接 (**either** A **or** B で)
❶ **A か B かどちらか**
- **Either** you are right **or** he is. = **Either** you **or** he is right. 君の言うのが正しいか彼の言うのが正しいかどちらかだ. →either+文+or+文.
- **Either** come in **or** go out. 入って来るか出て行くかどちらかにしなさい.
- He is **either** drunk **or** mad. 彼は酔(よ)っているか気が狂(くる)っているかどちらかだ. →either+形容詞+or+形容詞.

❷ 《否定文で》**どちらも~ない**
- He can't speak **either** French **or** German. 彼はフランス語もドイツ語もどちらも話せない. →両方とも否定する言い方. →**both**

elbow /élbou エるボウ/ 名 肘(ひじ)
elder /éldər エるダ/ 形 年上の
　⚫POINT old の比較(ひかく)級の1つだが, 主に兄弟・姉妹(しまい)の関係での年上を示す.「年下の」は **younger**. ただし英語ではいちいち兄・姉などとことわらず, 単に my brother [sister] ということが多い.

- my **elder** brother [sister] 私の兄[姉] →《米》ではふつう my **older** brother という.

elderly A2 /éldərli エるダリ/ 形 年配の, お年寄りの →old の丁寧(ていねい)な言い方.
- an **elderly** lady 年配の婦人
- a home for **the elderly** 老人ホーム →the elderly=people who are old.

eldest /éldist エるデスト/ 形 **一番年上の**
反対語 **youngest** (一番下の)
- my **eldest** sister 私の一番上の姉 →《米》ではふつう my **oldest** sister という.

elect /ilékt イれクト/ 動 選挙する, 選ぶ
- We **elected** her chairperson. 私たちは彼女を議長に選んだ. →役職を表す語 (chairperson) には ×a, ×the をつけない.
- He was **elected** mayor. 彼は市長に選出された.

election /ilékʃən イれクション/ 名 選挙
elective /iléktiv イれクティヴ/ 形 ❶選挙によって決められる ❷《米》(科目が)**選択(せんたく)の**
electric A2 /iléktrik イれクトリク/ 形 電気の, 電動の
- an **electric** light 電灯
- an **electric** car 電気自動車
- This car is **electric**. この自動車は電気で動く[これは電気自動車です].

electrical /iléktrikəl イれクトリカる/ 形 電気に関する, 電気を扱(あつか)う; 電気を用いる
eléctric cháir 名 (死刑(しけい)用の)電気椅子(いす)
eléctric cúrrent 名 電流
eléctric guitár 名 エレキギター
electrician /ilektríʃən イれクトリシャン/ 名 電気(修理)工
electricity 中 /ilektrísəti イれクトリスィティ/ 名 電気
- generate **electricity** 発電する
- the **electricity** supply 電気の供給

eléctric pówer 名 電力
electron /iléktrɑn イれクトラン/ 名 電子, エレクトロン
electronic /ilektrɑ́nik イれクトラニク/ 形 電子の, 電子の働きによる
electronics /ilektrɑ́niks イれクトラニクス/ 名 電子工学, エレクトロニクス →単数扱(あつか)い.
elegant /éləgənt エれガント/ 形 優雅(ゆうが)な, 上品な, エレガントな
element /éləmənt エれメント/ 名 ❶要素; (学

elementary 200 two hundred

問の)**基礎**(きそ), **基本** ❷ (化学の)**元素**

elementary 小 A1
/eləméntəri エレメンタリ/ 形
基本の, **基礎**(きそ)**的な**, 初歩の

eleméntary schòol 中 名
《米》**小学校**(《英》primary school)

elephant 小 A2 /éləfənt エレふァント/ 名
象 → 象はアメリカの共和党のシンボル. → **don-key** 関連語 **calf** (子象), **trunk** (象の鼻), **ivory** (象牙(ぞうげ)), **tusk** (牙(きば))

elevator A2 /éləveitər エレヴェイタ/ (→アクセントの位置に注意) 名 《米》**エレベーター** (《英》lift)
• **get into [out of] an elevator** エレベーターに乗る[から降りる]
• **take an elevator** to the tenth floor 10階までエレベーターで行く
• I went up to the tenth floor **by [in the] elevator**. 私はエレベーターで10階へ上がった.

eleven 小 A1 /ilévn イれヴン/ 名
(複 **elevens** /ilévnz イれヴンズ/)
❶ 11; 11時, 11歳(さい); 11人[個] → 使い方については → **three**
• **eleven** apples 11個のリンゴ
• I went to bed at **eleven** last night. 私はゆうべ11時に寝(ね)た.
❷ (サッカー・クリケット・ホッケーなど)11人のチーム, イレブン
── 形 11の; 11人の; 11歳で
• I was only **eleven** then. 私は当時ほんの11歳でした.

eleventh 中 /ilévnθ イれヴンす/ 名形 (複 **elevenths** /ilévnθs イれヴンすス/)
11番目(の); (月の)11日 → **11th** と略す. 使い方については → **third**
• **on** the **11th** of May=on May **11**(**th**) 5月11日に

elf /élf エるふ/ 名 (複 **elves** /élvz エるヴズ/) (童話などの)小妖精(ようせい) → **fairy**

eliminate /ilíməneit イリミネイト/ 動 (三単現 **eliminates** /ilíməneits イリミネイツ/; 過去・過分 **eliminated** /ilíməneitid イリミネイテド/; ing形 **eliminating** /ilíməneitiŋ イリミネイティング/) 削除する, 取り除く

Elizabeth I /ilízəbəθ ðə fá:rst イリザベすざ ふァ～スト/ 固名 **エリザベス1世** (1533–1603) → 英国女王 (在位 1558–1603). この女王の時代に英国は大発展を遂(と)げた.

Elizabeth II /ilízəbəθ ðə sékənd イリザベすざ セカンド/ 固名 **エリザベス2世** (1926–2022) → 英国の女王 (在位 1952–2022).

Ellis Island /élis áilænd エリス アイらんド/ 固名 **エリス島** → ニューヨーク湾(わん)内にある小島. かつて移民はここで米国への入国審査(しんさ)を受けた.

elm /élm エるム/ 名 《植物》**ニレ** → ケヤキやエノキに似た落葉高木.

else 中 A1 /éls エるス/ 副
ほかに, その他
◎POINT else は what, who などの疑問詞や anyone, something, nobody のように any-, some-, no- などのついた語の後について形容詞のように使う. 複数名詞とは結びつかない.
• **what else** ほかに何か
• **who else** ほかに誰(だれ)か
• **something else** 何かほかのもの
会話 Did you buy anything **else**? —I bought nothing **else**. 君はほかに何か買ったか.—いや何も買わなかった.
• This is not my book; it is someone **else**'s (book). これは私の本ではない. 誰かほかの人のだ.

or else そうしないと
• Hurry up, **or else** you'll miss the bus. 急げ, そうしないとバスに遅(おく)れるよ.

elsewhere A2 /éls(h)wear エるス(ホ)ウェア/ 副 どこかほかのところに[へ]

elves /élvz エるヴズ/ 名 elf の複数形

e-mail, email 中 A1 /í:meil イーメイる/ 名 (パソコンなどによる)**電子メール**, **Eメール** → 「(携帯(けいたい)電話による)メール. メールを送る」は text message [text-message] という.
• my **e-mail** friend 私のメール友達
• write an **e-mail** message メールを書く
• contact each other **by e-mail** 互(たが)いにEメールで連絡(れんらく)する
── 動 (パソコンで)Eメールを送る
• Would you ask her to **e-mail** me? 彼女から私にEメールをくれるように頼(たの)んでくれませんか.

embarrass /imbærəs インバラス/ 動 きまり

悪い[恥(はじ)ずかしい]思いをさせる; 当惑(とうわく)させる

embarrassed /imbǽrəst インバラスト/ 形
きまりが悪い, まごついた; 当惑(とうわく)した

embarrassing A2 /imbǽrəsiŋ インバラスィング/ 形 まごつかせるような; やっかいな

embassy /émbəsi エンバスィ/ 名 (複 **embassies** /émbəsiz エンバスィズ/) 大使館
関連語 **ambassador** (大使)

ember /émbər エンバ/ 名 (**embers** で)(まき・石炭などの)燃え残り, おき火

embrace /imbréis インブレイス/ 動 抱擁(ほうよう)する
──名 抱擁

embroidery /imbrɔ́idəri インブロイダリ/ 名
(複 **embroideries** /imbrɔ́idəriz インブロイダリズ/) ししゅう

emerald /émərəld エメラルド/ 名形 エメラルド(の); エメラルド色(の) →エメラルドは鮮(あざ)やかな緑色をした宝石.

emergency 中 A2 /imə́ːrdʒənsi イマ~ヂェンスィ/ 名 (複 **emergencies** /imə́ːrdʒənsiz イマ~ヂェンスィズ/) 非常時, 緊急(きんきゅう)事態
• **in** an **emergency** = in case of **emergency** 非常の場合には
• an **emergency** exit 非常口

emigrant /émigrənt エミグラント/ 名 (他国への)移民, 移住者 →**immigrant**

emigrate /émigreit エミグレイト/ 動 (他国へ)移住する →**immigrate**

emigration /emigréiʃən エミグレイション/ 名 (他国への)移住, 移民 →**immigration**

eminent /éminənt エミネント/ 形 名の通った, 高名な[で], 著名な

emotion /imóuʃən イモウション/ 名 (愛・憎(にく)しみ・怒(いか)りなどの強い)感情, 感動

emotional /imóuʃənəl イモウショナる/ 形
❶ (演説など)感動的な, 胸に迫(せま)る[を打つ]
❷ 感情を表に出す, 感情的な

emperor /émpərər エンペラ/ 名 皇帝(こうてい), 天皇

Émperor's Bìrthday 名 (the をつけて)(日本の)天皇誕生日 →2月23日.

emphasis /émfəsis エンふァスィス/ 名 (複 **emphases** /émfəsiːz エンふァスィーズ/) 強調, 重点

emphasize /émfəsaiz エンふァサイズ/ 動 強調する

empire /émpaiər エンパイア/ 名 帝国(ていこく); 皇帝(こうてい)(**emperor**)によって統治されている国.

Émpire Státe Bùilding 固名 (**the** をつけて)エンパイアステートビルディング →ニューヨーク市にある102階のビル. Empire State はニューヨーク州の別名.

employ /implɔ́i インプろイ/ 動 雇(やと)う

employee /implɔ́iː インプろイイー/ (→アクセントの位置に注意) 名 雇(やと)われている人, 従業員, 社員, 使用人

employer /implɔ́iər インプろイア/ 名 雇(やと)い主, 使用者 →**employee**

employment /implɔ́imənt インプろイメント/ 名 雇(やと)う[雇われる]こと, 雇用(こよう); 職

empress /émpris エンプレス/ 名 女帝(じょてい); 皇后(こうごう) 関連語 **emperor** (皇帝(こうてい))

emptiness /émptinis エンプティネス/ 名 からっぽ, 空虚(くうきょ) →**empty**

empty 中 A2 /émpti エンプティ/ 形
からの; 誰(だれ)もいない 反対語 **full** (いっぱいの)
• an **empty** box からの箱, 空き箱
• an **empty** taxi 空車のタクシー
• The bird's nest was **empty**. 鳥の巣はからっぽだった[鳥がいなかった].
• I found the refrigerator **empty**. 見ると冷蔵庫の中には何も入っていなかった. →find A B (形容詞)は「見るとAはBである」.

車の燃料計. E は empty, F は full の略.

── 名 (複 **empties** /émptiz エンプティズ/)
からの容器

── 動 (三単現 **empties** /émptiz エンプティズ/; 過去・過分 **emptied** /émptid エンプティド/; -ing形 **emptying** /émptiiŋ エンプティイング/)
からにする, (中身を)あける; からになる
反対語 **fill** (いっぱいにする)

• He picks up an ashtray and **empties** it into an wastebasket. 彼は灰皿を取り上げてその中身をくずかごにあける.
• They said, "Cheers!" and **emptied** their glasses. 彼らは「乾杯(かんぱい)!」と言って

emu 202 two hundred and two

グラスをあけた.

emu /í:mju: イーミュー/ 名 (複 **emus** /í:mju:z
イーミューズ/, **emu**)《鳥》**エミュー** → オーストラ
リア産の大型の鳥.

enable /inéibl イネイブる/ 動 **(enable** A **to**
do **で)** A が〜できるようにする

enclose /inklóuz インクろウズ/ 動 **同封**(どうふう)**す**
る

encourage 中 A2 /inká:ridʒ インカ〜レヂ|
inkáridʒ インカレヂ/ 動

勇気づける, 励(はげ)**ます, 激励**(げきれい)**する**
•**encourage** him **to** study harder もっと
勉強するように彼を励ます

encouragement /inká:ridʒmənt インカ〜
レヂメント/ 名 **勇気づけ(られ)ること, 激励**(げきれい);
元気づけるもの, 励(はげ)**み(になるもの)**

encouraging /inká:ridʒiŋ インカ〜レヂング/
形 **元気づける, 励**(はげ)**ましてくれる**
•**encouraging** news 元気の出る知らせ

encyclop(a)edia /insaikləpí:diə インサイク
ろピーディア/ 名 **百科事典**

end 中 A1 /énd エンド/

名 ❶ 端(はし)	意味 map
❷ 終わり	
❸ (最終的な)目的	
動 終わる, 終える	

── 名 (複 **ends** /éndz エンヅ/)

❶ **端**
•the **end** of a rope ロープの端
•stand at the **end** of the line 列の端に立
って並ぶ
•the **ends** of a stick 棒の両端(りょうたん)

❷ **終わり, 最後** 反対語 **beginning** (初め)
•at the **end** of this week 今週末に
•near the **end** of June 6月の末頃(ごろ)
•Don't tell me the **end** of the mystery.
そのミステリーの結末を私に教えないで.
•He signed his name at the **end** of his
letter. 彼は手紙の終わりに署名した.

❸ **(最終的な)目的**
•a means to an **end** 目的達成のための手段

be at an end **終わっている**
•My summer vacation **is at an end**. 私
の夏休みが終わりました.

bring ～ to an end **〜を終わらせる**
•They tried to **bring** the war **to an end**.
彼らは戦争を終わらせようとした.

come to an end **おしまいになる, 終わる**
•The long war **came to an end** at last.
長かった戦争もやっと終わった.

in the end **最後には, ついに**

on end **まっすぐ立てて; 立て続けに**
•The cat's fur stood **on end**. ネコの毛が
逆立った.
•It snowed for days **on end**. 雪が何日も
降り続いた.

put an end to ～ **〜を終わらせる, 〜をやめ**
る

to [till] the end **最後まで**

── 動 (三単現 **ends** /éndz エンヅ/; 過去・過分
ended /éndid エンデド/; -ing形 **ending**
/éndiŋ エンディング/)

終わる, 終える; 終わりにする
•The story **ends** happily. その物語はハッ
ピーエンドだ.

end in ～ **〜に終わる**
•**end in** failure 失敗に終わる
•The ball game **ended in** a draw. その
野球の試合は引き分けに終わった.

end up **最後は(〜で)終わる**
•The criminal **ended up** in prison. その
犯人は最後は刑務(けいむ)所行きとなった.

end with ～ **〜で終わる**
•The meeting **ended with** his speech.
会は彼のスピーチで終わった.

endanger /indéindʒər インデインチャ/ 動
危険にさらす, 危(あや)**うくする**

endangered A2 /indéindʒərd インデインチャ
ド/ 形 **危険にさらされた**

endángered ánimal 名 **絶滅**(ぜつめつ)**の危
機にひんしている動物**

endeavo(u)r /endévər エンデヴァ/ 名 **努力**
── 動 **努める, 努力する**

ending A2 /éndiŋ エンディング/ 動 **end** の
-ing 形 (現在分詞・動名詞)
── 名 (物語・映画などの)**終わり, 結末**
•a story with a happy **ending** めでたい結
末[ハッピーエンド]の物語 → ×「ハッピーエンド」
は和製英語.

endless /éndlis エンドれス/ 形 **果てしない, 無
限の; (テープなど)エンドレスの**

endurance /indjú(ə)rəns インデュ(ア)ランス/
名 **忍耐**(にんたい)**(力), 我慢**(がまん); **耐久**(たいきゅう)**力**

endure /indjúər インデュア/ 動 **耐**(た)**える, 我
慢**(がまん)**する, 辛抱**(しんぼう)**する**

enemy /énəmi エネミ/ 名 (複 **enemies** /énəmiz エネミズ/) 敵; **(the enemy** で) 敵兵(たち), 敵軍
反対語 He has many **enemies** and few **friends**. 彼の敵は多いが味方はほとんどない.

energetic A2 /ènərdʒétik エナヂェティク/ 形
精力的な, 元気な, エネルギッシュな

energy 中 /énərdʒi エナヂ/ 名 (複 **energies** /énərdʒiz エナヂズ/) 元気, (心身の)力, 精力; 活動力; エネルギー(資源)
- work **with energy** 精力的に働く
- They put all their **energies** into helping orphans. 彼らは孤児(こじ)たちの救済に全エネルギーを注ぎ込(こ)んだ.
- save **energy** エネルギーを節約する

engaged /ingéidʒd インゲイヂド/ 形
❶ 婚約(こんやく)して
❷ 忙(いそが)しい, 手が離(はな)せない; 《英》(電話などが)話し中で (《米》busy)

engagement /ingéidʒmənt インゲイヂメント/ 名 婚約(こんやく)

engágement rìng 婚約(こんやく)指輪, エンゲージリング →「エンゲージリング」は和製英語.

engine /éndʒin エンヂン/ 名
❶ エンジン, 機関
- start an **engine** エンジンをかける
❷ 機関車 (locomotive)
❸ 消防自動車 → **fire engine** ともいう.

éngine drìver 名 《英》(機関車の)機関士 (《米》engineer)

engineer A1 /èndʒiníər エンヂニア/ (→アクセントの位置に注意) 名
❶ 技師, エンジニア
- a computer **engineer** コンピューター技師
❷ 《米》(機関車の)機関士 (《英》engine driver)

engineering /èndʒiní(ə)riŋ エンヂニ(ア)リング/ 名 工学
- civil **engineering** 土木工学

England /íŋglənd イングランド/ 固名
❶ イングランド → グレートブリテン島 (Great Britain) の南部地方の名. イギリスの一地方名であって, イギリス全体を指すのではないことに注意.
❷ イギリス, 英国 → 首都はロンドン (London).

England は元来グレートブリテン島の南部地方を指す言葉だったが, この地方がイギリスの政治・経済の中心なので, この語でイギリス全体を表すようになった. しかし, スコットランド・ウェールズ・北アイルランドの人々はこの使い方を好まず, 曖昧(あいまい)でもあるので避(さ)けたほうがよい.「イギリス」の意味ではふつう **Britain** を使う.

English 小 /íŋgliʃ イングリッシュ/

名 ❶ 英語
 意味 map
❷ **(the English** で) イングランド人 (全体)
形 ❶ 英語の
❷ イングランド(人)の[で]
❸ イギリスの; イギリス人の[で]

——名 ❶ 英語
- speak **English** 英語を話す →×an English としない.
- write a letter **in English** 英語で手紙を書く
- He is a teacher of **English**. 彼は英語の先生です.

会話
What is the **English** for "Karerausu"?
—It's "curry and rice".
「カレーライス」に対する英語は何ですか.
—curry and rice です.

❷ **(the English** で) イングランド人(全体); 英国人(全体)
POINT「(1人の)イングランド人[英国人]」は an Englishman, an Englishwoman という.「英国人(全体)」を指す時は the English よりも **the British** というほうがよい. → **England**

——形 ❶ 英語の
- an **English** textbook 英語の教科書
- He is our **Énglish** tèacher. その人は私たちの英語の先生です. →Énglish téacher と発音すると「イギリス人の先生」.

❷ イングランドの; イングランド人の[で] →「イギリスの南部イングランド地方[人]の」の意味. → **England** ❶

関連語 My father is **English**, but my mother is Scottish; they are both **British**. 父はイングランド出身ですが, 母はスコットランド出身です. 2人とも英国人です.

English breakfast

❸ **イギリスの**, 英国の; **イギリス人の[で]**

参考 **English** には「イングランド人の」の意味があるので、これをイギリス人全体に使うことを、特にスコットランド人・ウェールズ人・北アイルランド人は好まない。「イギリス人の[で]」という時は **British** を使うほうがよい.

- an **English** gentleman 英国紳士(しんし)
- **English** people イギリス人たち、英国民 → **British** people を使うほうがよい.
- His mother is **English**, and his father is Japanese. 彼のお母さんはイギリス人で、父は日本人です.

Énglish bréakfast 名 **イギリス風の朝食**
→他のヨーロッパの国に比べると量が多く、紅茶[コーヒー]やトーストのほかにベーコンエッグ、ソーセージ、コーンフレーク、それにキノコやトマトのいため料理などが付く.

Énglish Chánnel 固名 **(the をつけて)**
イギリス海峡(かいきょう), 英仏海峡

Englishman /ínɡliʃmən イングリシュマン/ 名
(複 **Englishmen** /ínɡliʃmən イングリシュマン/)
❶ **イングランド人**
❷ **イギリス人(男性)**, 英国人 → **English** 名 ❷

English-speaking /ínɡliʃ spíːkiŋ イングリシュ スピーキング/ 形 **英語を話す**

Englishwoman /ínɡliʃwùmən イングリシュウーマン/ 名 (複 **Englishwomen** /ínɡliʃwìmin イングリシュウィメン/) ❶ **イングランド人女性**
❷ **イギリス人女性** → **English** 名 ❷

enjoy 小 A1 /indʒɔ́i インチョイ/ 動
(三単現 **enjoys** /indʒɔ́iz インチョイズ/;
過去・過分 **enjoyed** /indʒɔ́id インチョイド/;
-ing形 **enjoying** /indʒɔ́iiŋ インチョイイング/)
❶ **楽しむ**, (〜は)**楽しい(と思う)**, **〜するのが好きだ**

- **enjoy** a game ゲームをして遊ぶ
- **enjoy** dinner ごちそうをおいしく食べる
- He **enjoys** (playing) tennis after school. 彼は放課後テニスを楽しみます. → ×enjoys *to play* tennis としない.

Did you **enjoy** your trip? —Yes, I **enjoyed** it very much.
ご旅行は楽しかったですか.—ええ、とても楽しかったです. → it を抜(ぬ)かさないこと. enjoy には必ず目的語が必要.

- Ben **is enjoying** his stay in Japan. ベンは日本滞在(たいざい)を楽しんでいます. → 現在進行形の文. → **is** 助動 ❶

❷ **(「〜の良さを楽しむ」という意味から)(よいものに)恵(めぐ)まれている**, **(よい状態)である**

- The old lady still **enjoys** good health. その老婦人はまだ健康だ.

enjoy oneself (自分自身を楽しむ ⇒)**楽しく過ごす**, **楽しむ** (have a good time)

会話
How did you **enjoy yourself** at the party? —I **enjoyed myself** very much.
パーティーは楽しかったですか.—とても楽しかった.

enjoyable /indʒɔ́iəbl インチョイアブる/ 形 (パーティーなど物事が)**楽しい**, **愉快**(ゆかい)**な**

enjoyment /indʒɔ́imənt インチョイメント/ 名 **楽しみ**, **楽しいこと**

enlarge /inláːrdʒ インらーヂ/ 動 (写真を)**引き伸**(の)**ばす**

enlighten /inláitən インらイタン/ 動 ❶(より詳しく)**説明する**, **教える** → かたい言い方.
❷ **教え導く**, **啓発する**

enormous A2 /inɔ́ːrməs イノーマス/ 形 **巨大**(きょだい)**な** (huge), **ばくだいな**

enough 中 A2 /ináf イナふ/ (→gh は /f ふ/ と発音する) 形 (→比較変化なし)
(必要を満たすのに)十分な, **ちょうどいい数[量]の**
⚠POINT 必要を満たすのに「十分な[に]」という意味で、「たくさん(の)」という意味ではない.

基本 **enough** chairs for ten people 10人に必要なだけの椅子(いす) → すなわち10脚(きゃく)の椅子. enough+数えられる名詞の複数形.

基本 **enough** food for ten people 10人分の食べ物 → enough+数えられない名詞.

- The book costs 1,000 yen, but I have only 800 yen. I don't have **enough** money **for [to buy]** the book. その本は1,000円だが私は800円しか持っていない. 私はその本を買うだけの金を持っていない. → enough *A* to *do* は「〜するのに必要なだけの

A」.
- There is room **enough for** five of us. 我々5人分の広さがある. →There is ~. の文では名詞＋enough の順序でもよい.

🔰 Ten dollars will be **enough**. 10ドルあれば十分でしょう. →be 動詞＋enough.
- That's **enough**. それでもう十分だ[そのくらいにしておきなさい].

—— 副 (→比較変化なし)
(必要なだけ)**十分に, ちょうどよく**

🔰 This cap is big **enough** for me. この帽子(ぼうし)は私に(必要なだけ大きい ⇨)ちょうどいい大きさだ. →形容詞＋enough.
- He was kind **enough to** give me a ride in his car. 彼は私を(彼の車に乗せてくれるほど親切だった ⇨)親切にも車に乗せてくれた.

🔰 Ken didn't work hard **enough** and he failed the exam. ケンは(必要なだけ熱心に勉強しなかった ⇨)勉強が足りなかったので試験に失敗した. →副詞＋enough
- I can't thank you **enough**. (どんなにお礼を言っても十分ではない ⇨)お礼の申しようもありません.

> **文法　ちょっとくわしく**
> 〈enough の位置〉
> 形容詞として名詞を修飾(しゅうしょく)するときは「**enough＋名詞**」. ただし, There is ~. の文では「**名詞＋enough**」でもよい.
> 副詞として形容詞や副詞を修飾するときは「**形容詞＋enough**」「**副詞＋enough**」となる.

—— 代 (必要なだけ)**十分, ちょうどいい数[量]**

Won't you have some more?—I've had **enough**, thank you.
もっといかがですか.—ありがとう, 私はもう十分いただきました.

I've had enough, thank you.

- There are ten people. Count the chairs. Are there **enough**? 10人いるんだよ. 椅子を数えてごらん. 必要なだけあるかな[足りるかな].

enter 中 A2 /éntər エンタ/ 動
❶ (部屋などに)**入る** (go into)
関連語「入ること」は **entrance**.
- **enter** a room 部屋に入る →×enter *into* a room としない. →成句
- Please **enter** the house **through**[**by**] the back door. 裏口から家へ入ってください.
- "Come in," he said and I **entered**. 「お入り」と彼が言ったので私は入った.
❷ (学校などに)**入る, 入れる**; (競技などに)**参加する, 参加させる** 関連語「参加」は **entry**.
類似語 club などに「参加する」は **join**.
- **enter** (a) school 入学する
- **enter** the hospital 入院する
- **enter** a contest 競技に参加する.
- He **entered for** the marathon. 彼はそのマラソンに参加を申し込(こ)んだ[エントリーした].
❸ (帳簿(ちょうぼ)・コンピューターなどへ)**書き入れる, 記入する**
関連語「記入」は **entry**.
- Please **enter** your name in this visitors' book. この宿泊(しゅくはく)者[訪問者]名簿(めいぼ)にお名前をご記入ください.

enter into ~ **~を始める**
❓POINT この形は「会話」「議論」のような抽象(ちゅうしょう)名詞の前にしか使わない. 具体的な物・場所を示す名詞の前では単に enter だけを使う. →❶
- He **entered into** conversation with Mr. Wood. 彼はウッド氏と話を始めた.

enterprise /éntərpraiz エンタプライズ/ 名
❶ (大胆(だいたん)な)**企**(くわだ)**て, 事業; 企業**(きぎょう)
❷ **進んで新しいことに取り組む精神, 冒険**(ぼうけん)**心**

entertain /entərtéin エンタテイン/ 動 **楽しませる; (招待して)もてなす**

entertainer /entərtéinər エンタテイナ/ 名 **(プロの)芸人, エンタテイナー, タレント** →**talent** ❷

entertainment A2 /entərtéinmənt エンタテインメント/ 名 **楽しみ, 娯楽**(ごらく)**; 演芸, 余興**

enthusiasm /inθjú:ziæzm インチューズィアズム/ 名 **熱中, 熱狂**(ねっきょう)

enthusiastic /inθju:ziǽstik インチューズィアス

entire 206 two hundred and six

ティク/ 形 熱心な, 熱狂（ねっきょう）的な, 夢中になった

entire /intáiər インタイア/ 形
❶ 全体の, 全部の (whole)
❷ 全部そろっている, 完全な (complete)

entirely /intáiərli インタイアリ/ 副 全く, すっかり, 完全に (completely)

entrance 小 A2 /éntrəns エントランス/ 名
❶ 入ること, 入場; 入学
関連語「入る」は **enter**.
•an **entrance** examination 入学試験
•the **entrance** ceremony 入学式
掲示 No **entrance**. 入場[進入]禁止.
❷ 入り口 (way in) 反対語 **exit** (出口)
•at the **entrance** to [of] the zoo 動物園の入り口で

éntrance fèe 名 入会[入学]金; 入場料

entrust /intrást イントラスト/ 動 委任する, 任せる

entry /éntri エントリ/ 名 (複 **entries** /éntriz エントリズ/) ❶ 入ること; 入場; 入会; 入国
❷ (競技などへの)参加(者)
❸ (帳簿（ちょうぼ）・コンピューターなどへの)記入(事項（じこう）) →**entry word** ともいう.

envelope A2 /énvəloup エンヴェロウプ/ 名 封筒（ふうとう）
•put a stamp **on** an **envelope** 封筒に切手を貼（は）る

envious /énviəs エンヴィアス/ 形 妬（ねた）ましげな, 妬み深い

environment 中 /inváiə(ə)rənmənt インヴァイ(ア)ロンメント/ 名 環境（かんきょう） →家庭や社会の「環境」も自然の「環境」もいう.

environmental /invai(ə)rənméntl インヴァイ(ア)ロンメントる/ 形 環境（かんきょう）の

envy A2 /énvi エンヴィ/ 動 (三単現 **envies** /énviz エンヴィズ/; 過去・過分 **envied** /énvid エンヴィド/; -ing形 **envying** /énviiŋ エンヴィイング/) 羨（うらや）む, 妬（ねた）む
•I **envy** you. 私は君が羨ましい.
•He **envies** his friend's success. 彼は友達の成功を羨ましがっている. →×is envying (進行形)としない.
•He **envied** (me) my new camera. 彼は私の新しいカメラを羨ましがった.
—— 名 羨ましがられる人[もの], 羨望（せんぼう）の的

e-pal /í:pæl イーパる/ 名 メール友達

episode A2 /épisoud エピソウド/ 名 エピソード, 逸話（いつわ）, 挿話（そうわ）; (連載（れんさい）小説・連続ド

ラマなどの)1回分の話
•the second **episode** of the television series そのテレビシリーズの第2話

equal /í:kwəl イークワる/ 形
❶ 等しい; 平等の
•work for **equal** rights 平等の権利の[を獲得（かくとく）する]ために活動する
•She divided the cake into six **equal** parts. 彼女はそのケーキを6等分した.
•They are **equal** in height. 彼らは背の高さが同じです.
•One mile is **equal** to 1.6 km. (読み方: one point six kilometers) 1マイルは1.6キロメートルだ.
•All men are created **equal**. 人は皆（みな）平等につくられている.
❷ (be equal to ～ で) ～するだけの力がある, ～に耐（た）えられる; ～に匹敵（ひってき）する
•He **is** not **equal** to this work. 彼の能力ではこの仕事は無理だ.
—— 動 ～に等しい; ～に匹敵する, かなう
•Two and two **equal**(s) four. 2たす2は4に等しい[4だ] (2＋2＝4).
•Nobody **equal**(l)ed him in ability. 誰（だれ）も能力において彼にかなわなかった. →《英》では equalled とつづる.
—— 名 同等の人, 匹敵する人
•He has no **equal** in cooking. 料理で彼にかなう人はいない.

equality /ikwáləti イクワリティ/ 名 平等, 同等

equally /í:kwəli イークワリ/ 副 等しく, 平等に, 同じように

equator /ikwéitər イクウェイタ/ 名 (the equator で) 赤道

equestrian /ikwéstriən イクウェストリアン/ 形 馬術の, 乗馬(用)の
—— 名 騎手

equinox /í:kwənaks イークウィナクス/ 名 昼夜平分時（へいぶんじ） →昼と夜の長さがほぼ同じになる時. 春分と秋分がある.

equip /ikwíp イクウィプ/ 動 (三単現 **equips** /ikwíps イクウィプス/; 過去・過分 **equipped** /ikwípt イクウィプト/; -ing形 **equipping** /ikwípiŋ イクウィピング/)
備え付ける, 装備する, 支度（したく）を整える

equipment /ikwípmənt イクウィプメント/ 名
❶ (集合的に) 備品, 用品 ❷ 装備, 設備

er /ə: ア～/ 間 えー, あのー →言葉につかえた時

などにいう.

era /íərə イアラ/ |名| (歴史的・文明的区切りとしての)**時代, 年代**
- the Meiji **era** 明治時代

erase /iréis イレイス|iréiz イレイズ/ |動|
消す →ぬぐったりこすったりして文字や絵を消す, あるいは録音を消去する.
類似語 「線を引いて消す」は **cross out**.
- **erase** misspelt words つづり違(ちが)えた語を消す

eraser 小 /iréisər イレイサ|iréizə イレイザ/ |名|
❶《米》消しゴム (《英》**rubber**)
❷黒板拭(ふ)き

erect /irékt イレクト/ |形| 直立した, まっすぐな

Erie /í(ə)ri イ(ア)リ/ |固名| (**Lake Erie**) エリー湖 →北米五大湖の1つ. →**Great Lakes**

err /ə́:r ア~/ |動| 誤る, 間違(まちが)いをする (make a mistake) 関連語 「誤り」は **error**.

errand /érənd エランド/ |名| お使い; (お使いの)用事

error A2 /érər エラ/ |名|
❶誤り, 間違(まちが)い (mistake)
関連語 「誤る」は **err**.
- a spelling **error** = an **error** in [of] spelling つづりの間違い
- **make** an **error** 誤り[エラー]をする
❷(野球の)**エラー, 失策**

erupt /irʌ́pt イラプト/ |動| (火山が)爆発(ばくはつ)する, 噴火(ふんか)する

escalator A2 /éskəleitər エスカれイタ/ (→アクセントの位置に注意) |名| **エスカレーター**
- go up to the fifth floor **on** an **escalator** [**by escalator**] エスカレーターで5階に上がる
会話 Where can I find the book section? —**Take** the **escalator** to the fifth floor. 本売場はどこですか.—エスカレーターで5階へいらしてください.

escape 中 A2 /iskéip イスケイプ/ |動|
❶逃(に)げる, 脱出(だっしゅつ)する; まぬかれる
- The bird **escaped from** the cage. その鳥はかごから逃げた.
- No one can **escape** death. 誰(だれ)も死をまぬかれられない.
❷(ガスなどが)漏(も)れる; (ため息などが思わず)~から漏れて出る
- A cry **escaped** her lips. 叫(さけ)び声が(思わず)彼女の唇(くちびる)から漏れた.

—|名| ❶逃げること, 逃亡(とうぼう), 脱出(手段), 非常口
- **make** one's **escape** 逃げる
- a fire **escape** 非常階段, 避難(ひなん)ばしご
❷(ガスなどの)漏れ

Eskimo /éskimou エスキモウ/ |名| (優 **Eskimo, Eskimos** /éskimouz エスキモウズ/)
❶エスキモー人 →今は **Inuit** /ínuit イヌイト/ というほうがふつう. ❷エスキモー語

especially 中 A2 /ispéʃəli イスペシャリ/ |副|
特に
- This dictionary is made **especially** for junior high school students. この辞書は特に中学生のためにつくられている.

Esperanto /espərǽntou エスペラントウ/ |名|
エスペラント語 →ヨーロッパの諸言語をもとにした人工の国際語. Esperanto という語それ自体は「希望を持つ人」(one who hopes) の意味.

essay A2 /ései エセイ/ |名| 随筆(ずいひつ), エッセイ; 小論文, (学校での)作文, 感想文
- Write an **essay** about friendship. 友情についてエッセイ[作文]を書きなさい.

essayist /éseiist エセイイスト/ |名| 随筆(ずいひつ)家, エッセイスト

essence /ésəns エセンス/ |名| 本質, 根本

essential /isénʃəl イセンシャる/ |形| 本質的な; 欠くことができない, 絶対必要な
—|名| ❶本質的なもの; 要点
❷(ふつう **essentials** で)必要不可欠な物

establish A2 /istǽbliʃ イスタブリシュ/ |動|
❶設立する, 創立する; (法律などを)制定する
❷(名声・習慣・制度などを)確立する

establishment /istǽbliʃmənt イスタブリシュメント/ |名| 設立, 創立; 確立

estate /istéit イステイト/ |名| ❶財産
❷(田舎(いなか)にある個人の広大な)屋敷(やしき), 地所

estimate /éstimeit エスティメイト/ |動| 見積もる, (~ぐらいだと数を)推定する (guess)
—/éstəmət エスティメト/ (→動詞との発音の違(ちが)いに注意) |名| 見積もり; 評価

ET 略 ＝extraterrestrial (地球外生命体)

etc. 略 など, その他 →ラテン語 **et cetera** /エトセトラ/ の略で, 英文の中ではふつう **and so forth** [**on**] と読む.

eternal /itə́:rnl イタ~ヌる/ |形| 永遠の, 永久の

Ethiopia /i:θióupiə イーすィオウピア/ |固名|
エチオピア →アフリカ北東部の共和国. 首都はアディスアベバ. 公用語はアムハラ語, 英語.

ethnic /éθnik エすニク/ 形 民族の; (風習・衣装・食べ物などが)民族特有の

etiquette /étiket エティケト/ 名 エチケット, 作法, 礼儀(れいぎ) (manners)

EU /í:jú: イーユー/ 略 (the EU で) ヨーロッパ連合 →the European Union.

eucalyptus /ju:kəlíptəs ユーカリプタス/ 名 《植物》ユーカリ →オーストラリア原産の常緑高木. 葉は koala (コアラ)の食物.

euro A2 /júrou ユロウ/ 名 (複 **euros** /júrouz ユロウズ/) ユーロ →the EU の統一通貨単位. 記号は€.

Europe /júərəp ユ(ア)ロプ/ 固名 ヨーロッパ, 欧州(おうしゅう)

European 中 /ju:ərəpí:ən ユ(ア)ロピーアン/ 形 ヨーロッパの, ヨーロッパ人の
●**European** countries ヨーロッパ諸国
── 名 ヨーロッパ人
●I think she is **a European**, but I don't know what country she is from. 彼女はヨーロッパ人だと思うけど, どこの国の人か知りません.

Europèan Únion 固名 (**the** をつけて) ヨーロッパ連合 → **the EU** と略す. 本部はベルギーの首都ブリュッセル (Brussels).

evacuate /ivǽkjueit イヴァキュエイト/ 動 (場所から)避難(ひなん)する, 撤退(てったい)する; (人を)避難させる, 疎開(そかい)させる

evacuation /ivækjuéiʃən イヴァキュエイション/ 名 避難(ひなん), 疎開(そかい), 撤退(てったい)
●**evacuation** drill 避難訓練.

eve, Eve[1] /í:v イーヴ/ 名 (祭日・大行事などの)前夜; 前日
●on the **eve** of the election 選挙の前日[前夜]に

Eve[2] /í:v イーヴ/ 固名 《聖書》イブ, エバ →神が楽園に初めて造った女性. →**Adam, Eden**

even 小 A2 /í:vn イーヴン/ 副
❶ (even ～ で) ～でさえ, ～でも
●**even** now 今でさえ, 今でも
●**even** in March 3月になっても
●It is very easy. **Even** a child can do it. それはとても易(やさ)しい. 子供でさえそれをすることができる. →even は名詞・代名詞も修飾(しゅうしょく)する.
●I never **even** heard his name. 私は彼の名を聞いたことさえない.
❷ さらに, なお (still) →比較(ひかく)級の言葉を強める.
●This tree is tall, but that one is **even** taller. この木は高いがあの木はさらに高い.

even if ～ たとえ～でも
●**Even if** he is busy, he will come. 彼はたとえ忙(いそが)しくても来るよ.

even so たとえそうでも, それにしても

even though ～ ① ～であるのに, ～するのに →even は though の意味を強める. ② = even if ～

── 形 ❶ 平らな; むらのない; 同じ高さで
❷ 同じの, 等しい; 対等な
❸ 偶数(ぐうすう)の 反対語 odd (奇数(きすう)の)
●an **even** number 偶数

evening 中 A1 /í:vniŋ イーヴニング/
名 (複 **evenings** /í:vniŋz イーヴニングズ/)
夕方, 晩

⚠POINT 日の入り前後から寝(ね)る時間までをいい, 日本語の「夕方」よりも遅(おそ)い時間までを含(ふく)む.

関連語 **morning** (朝, 午前), **afternoon** (午後); →使い方については →**afternoon**

●this **evening** 今晩
●tomorrow [last] **evening** あしたの晩[昨日の晩]
●**in** the **evening** 晩に
●**on** Sunday **evening** 日曜の夕方に
●**on** the **evening** of July 9 (読み方: (the) ninth) 7月9日の晩に
●I've had a pleasant **evening**. 今晩はおかげで楽しい晩でした.
●One rainy **evening** he was driving a car. ある雨の夜彼は車を運転していた.

Good evening. こんばんは; さようなら

évening drèss 名 夜会服 →女性用のイブニングドレスだけでなく, 男性用タキシード, えんび服も含(ふく)む.

évening pàper 名 夕刊紙 →英米では夕刊を朝刊紙と異なる新聞社が発行していることが多

い.

évening stár 图 **(the** をつけて**)** 宵(よい)の明星(みょうじょう) →日没(にちぼつ)後西の空に見える金星 (Venus).

event 小 A1 /ivént イヴェント/ 图

❶ (重要な)出来事, 事件; 行事
- a school **event** 学校の行事
- at special **events** 特別な行事の時に
- Birth, marriage, and death are the most important **events** in our life. 誕生と結婚(けっこん)と死は我々の生涯(しょうがい)で最も重要な出来事です.

❷ (競技の)種目
- field **events** (陸上の)フィールド競技種目

eventually /ivéntʃuəli イヴェンチュアリ/ 副
最後には, 結局は; そのうちには; ついに

ever 中 A2 /évər エヴァ/

　副 ❶《疑問文・否定文で》今までに, かつて　意味map
　❷《疑問文・条件文で》(これから先)いつか

—— 副 (→比較変化なし)

❶《疑問文・否定文で》今までに, かつて
- **Have** you **ever seen** a falling star? 君は今までに(たとえ1回でも)流れ星を見たことがありますか. →現在完了(かんりょう)の文. →**have** 助動 ❷

会話
Have you **ever** been to Britain?
—Yes, I have./No, never.
君はイギリスに行ったことがありますか.—ええ, あります./いや, 一度もありません.
→×Yes, I have *ever*. とはいわない. 行ったことがある場合は once (かつて)を使って Yes, (I have) once. といってもよい.

- No one **ever** saw such a thing. 誰(だれ)一人こんなものを見たことがなかった.
- Nothing **ever** happens in this old village. この古い村では今までに何事も起こらない.

❷《疑問文・条件文で》(これから先)いつか
- Will he **ever** come back? 彼はいつかは帰って来るだろうか.
- If you are **ever** in Japan, come and see me. もし(いつか)日本へ来るようなことがあれば会いに来てください.

❸《比較(ひかく)級・最上級の言葉とともに》今までに
- No one has **ever** done it better. 誰も今までにもっとうまくそれをやった人はいない.
- This is the nicest present (that) I've **ever** had. これは私が今までにもらった最もすてきなプレゼントです.
- The temperature fell to the lowest level **ever**. 温度は今までで最低に下がった.

❹ いつまでも, ずっと
- **ever** since [after] その後ずっと
- I have known the boy **ever** since he was a baby. その少年が赤ん坊(ぼう)の頃(ころ)からずっと私は彼を知っている. →現在完了の文. → **have** 助動 ❸

❺《疑問詞に添(そ)えて意味を強めて》一体
- How **ever** did they escape? 一体どうやって彼らは逃(に)げたのだろう.

as ~ as ever いつものように~, あいかわらず~
- She is **as** beautiful **as ever**. 彼女はあいかわらず美しい.

Ever yours, = ***Yours ever,*** 《英》さようなら →「常にあなたのもの」の意味で親しい人への手紙の終わりに書き, その下に自分の名前を書く.

for ever 永久に, いつまでも →米国ではふつう **forever** と1語につづる.

~ than ever いつもより~
- He worked harder **than ever**. 彼はいつもより[いつになく]熱心に働いた.

Everest /évərist エヴェレスト/ 图名 **(Mt. Everest)** エベレスト山 →ヒマラヤ山脈にある世界の最高峰(ほう) (8,848 m).

every 小 A1 /évri エヴリ/

　形 ❶ すべての　意味map
　❷ 毎~, ~ごとに
　❸《否定文で》すべての~が~とは限らない

—— 形 (→比較変化なし)

❶ すべての, あらゆる

POINT 一つ一つを念頭に置きながらもそれらを全部ひっくるめていう時の言葉. → **each** 代 関連語

基本 **Every** pupil in the class is present. クラスのどの生徒も皆(みな)出席している. → every+数えられる名詞の単数形. ×Every pupils in the class *are* ~. としない.

everybody
210 two hundred and ten

- I know **every** word on this page. 私はこのページのすべての単語を知っている.
- **Every** pupil was asked one question. どの生徒もみんな1つずつ質問をされた.

関連語 **Every** girl has to stay in bed; **all** the girls have colds. どの女の子もみんなベッドに寝(ね)ていなければいけません. 女の子たちはみんな風邪(かぜ)をひいているのです.

❷ 毎〜, 〜ごとに

- **every** day 毎日 →everyday と1語につづると形容詞で「毎日の」.
- **every** morning [night] 毎朝[夜]
- **every** Sunday 毎日曜日, 日曜ごとに
- **every** week [year] 毎週[年]
- almost **every** day ほとんど毎日 →almost *each* day といわない.
- **every** ten days=**every** tenth day 10日ごとに →ten days を1単位と考える.
- once **every** few years 数年ごとに1度
- one in **every** ten people 10人ごとに1人, 10人に1人
- The Olympic Games are held **every** four years. オリンピックは4年ごとに開催(かいさい)される.

❸ 《否定文で》すべての〜が〜とは限らない →一部を否定する.

- **Not every** bird can sing. すべての鳥が歌えるとは限らない[歌えない鳥もいる].
- He does **not** come here **every** day. 彼は毎日ここへ来るとは限らない.

every now and then 時々 (sometimes)

every other [***second***] **〜** 1つおきの〜

- **every other** day 1日おきに

every time **〜** 《接続詞のように使って》〜するたびに

- **Every time** I went to his house, he was not at home. 彼の家へ行くたびに[いつ行っても]彼はうちにいなかった.

everybody 中 A1 /évribɑdi エヴリバディ|évribɔdi エヴリボディ/ 代

誰(だれ)でも, みんな (everyone) →単数扱(あつか)い. 意味・用法とも everyone と同じ.

- **Everybody** loves music. 誰でもみんな音楽を愛する.
- Good morning, **everybody**. おはよう, 皆(みな)さん.

ことわざ **Everybody's** business is no-

body's business. みんなの仕事は誰の仕事でもない. →「共同責任は無責任になる」の意味.

- I don't know **everybody** in this school. 私はこの学校の人をみんな知っているわけではない[この学校には私の知らない人もいる]. →一部を否定する言い方. →**every** ❸

everyday A1 /évridei エヴリデイ/ 形

毎日の, 日常の →every day のように2語に書くと副詞句で「毎日」.

- **everyday** life 日常生活
- one's **everyday** clothes ふだん着

everyone 小 A1 /évriwʌn エヴリワン/ 代 誰(だれ)でも, みんな (everybody) →単数扱(あつか)い.

POINT every を強調する時は **every one** と2語に書く.

- Hello, **everyone**. 皆(みな)さん, こんにちは.
- **Everyone** is ready. 誰もみんな用意ができている. →×Everyone *are* 〜. としない.
- I don't know **everyone** in this school. 私はこの学校の人を誰でも知っているわけではない. →一部を否定する言い方. →**every** ❸

everything 中 A1 /évriθiŋ エヴリスィング/ 代 すべての事[物], 何もかも, 万事(ばんじ) →単数扱(あつか)い.

POINT 一つ一つを念頭に置きながらもそれらを全部ひっくるめていう時の言葉.

- **Everything** is ready. 何もかも[万事]準備ができた. →×Everything *are* 〜. としない.
- Jimmy knows **everything** about cars. ジミーは車については何でも知っている.
- Thanks for **everything**. いろいろとありがとう.
- How is **everything**? 万事いかがですか.
- You cannot buy **everything** with money; money isn't **everything**. 君は金ですべての物を買えるわけではない[買えない物もある]. 金がすべてではない. →**every** ❸
- You are **everything** to me. 私には君がすべてだ.

everywhere 中 A1 /évri(h)wear エヴリ(ホ)ウェア/ 副 どこでも, どこにも, 至る所に[で・を]

- **everywhere** in the world 世界中どこでも
- I looked **everywhere** for the key, but couldn't find it **anywhere**. 私は鍵(かぎ)を見つけるためあらゆる所を探したがどこにも見つか

らなかった.
• You cannot find this **everywhere**. これはどこにでもあるようなものではない. → **every ❸**

evidence A2 /évidəns エヴィデンス/ 图 証拠(しょうこ)

evident /évidənt エヴィデント/ 形 明らかな

evil /íːvl イーヴる/ 形 ❶ 邪悪(じゃあく)な; 人に害を与(あた)える(ような) ❷ 運の悪い, 不吉(ふきつ)な
—— 图 悪, 悪い事; 害悪, 災(わざわ)い
[反対語] good and evil 善悪
• social **evils** 社会(の)悪 → 戦争・犯罪・貧困(ひんこん)など.

evolution /evəlúːʃən エヴォるーション/ 图 (生物の)進化; 発展, 発達

evolve /iválv イヴァるヴ/ 動 [三単現] **evolves** /iválvz イヴァるヴズ/; [過去・過分] **evolved** /iválvd イヴァるヴド/; [-ing形] **evolving** /iválviŋ イヴァるヴィング/)
発展する[させる]; 進化する[させる]
[関連語] evolution (進化)

ex. 略 ＝**ex**ample (例)

exact /igzǽkt イグザクト/ 形 正確な
• the **exact** time 正確な時刻
• the **exact** meaning of a word 言葉の正確な意味

exactly 中 A2 /igzǽktli イグザクトり/ 副
❶ 正確に, ちょうど (just); 全く
❷ (答えに使って)そのとおりです

exaggerate /igzǽdʒəreit イグザチャレイト/ 動 誇張(こちょう)する, おおげさに言う[考える]

exam 中 A2 /igzǽm イグザム/ 图 《話》試験 →
examination を短くした語.

examination /igzæmənéiʃən イグザミネイション/ 图 ❶ 試験, テスト
• an entrance **examination** 入学試験
• an **examination** in English 英語の試験
• **take** [《英》 sit (for)] an **examination** 試験を受ける
• **pass** [**fail**] an **examination** 試験に合格する[落ちる]
• How did you do **on** [《英》 **in**] the **examination**? テストはどうだった?
❷ 検査, 診察(しんさつ)
• a medical **examination** 診察, 健康診断(しんだん)

examine /igzǽmin イグザミン/ 動 調べる, 検査する; 診察(しんさつ)する

example 小 A1 /igzǽmpl イグザンプる|igzáːmpl イグザーンプる/ 图

❶ 例, 実例; 例題
• **give** an **example** 例を挙げる
• Do the first **example** in your workbook. 君のワークブックの最初の例題をやりなさい.
❷ 手本, 模範(もはん)
• **set** a good **example** よい手本を示す
• You should **follow** John's **example** and work harder. 君はジョンを手本にして[見習って]もっと勉強しなくてはいけない.

for example たとえば
• There are many big cities in Japan—Tokyo, Osaka, and Nagoya, **for example**. 日本には多くの大都会がある. たとえば東京や大阪や名古屋など.

excellent A1 /éksələnt エクセpresent/ 形
優(すぐ)れた, 優秀(ゆうしゅう)な, たいへんよい

except A2 /iksépt イクセプト/ 前 ～以外は(すべて), ～を除いて(みんな)
• He works every day **except** Sunday. 彼は日曜日以外は毎日働きます.
except for ～ ～(の点)を除けば, ～は別として, ～がある[いる]だけで
• They look alike **except for** the color of their hair. 髪(かみ)の毛の色を除けば彼らはよく似ている.

exception /iksépʃən イクセプション/ 图 例外

excess /iksés イクセス/ 图 (二者を比べた上での)超過(ちょうか)(量), 余分; 過度

exchange A2 /ikstʃéindʒ イクスチェインチ/ 動
交換(こうかん)する, 取り替(か)える; (挨拶(あいさつ)などを)取り交(か)わす
• **exchange** e-mail Eメールを交換する
• **exchange** stamps **with** one's pen friend ペンフレンドと切手を交換する
• The store **exchanged** the sweater **for** a larger one. お店ではそのセーターをもっと大きなセーターと取り替えてくれた.
—— 图 交換
• an **exchange** of information 情報交換
in exchange (**for ～**) (～の)代わりに

exchánge ràte 图 為替(かわせ)レート

exchánge stùdent 图 (国家間の)交換(こうかん)留学生

excite /iksáit イクサイト/ 動

興奮させる; 刺激(しげき)する, (刺激して)〜を引き起こす
- The news **excited** everybody. そのニュースはすべての人を興奮させた.

excited 中 A1 /iksáitid イクサイテド/
形 **興奮した**
- an **excited** crowd 興奮した群衆
- get [become, grow] **excited** 興奮する
- Don't be so **excited**. そう興奮するな[もっと落ち着け].

excitement /iksáitmənt イクサイトメント/ 名 興奮; 騒(さわ)ぎ; 刺激(しげき)

exciting 小 A1 /iksáitiŋ イクサイティング/ 形 興奮させる, 手に汗(あせ)を握(にぎ)らせるような; わくわくする, とてもおもしろい
- an **exciting** game (手に汗を握らせる)とてもおもしろい試合
- How **exciting**! なんておもしろいんだ; (これから見物や観戦などに出かける人に対して)それはそれはお楽しみですね.

exclaim /ikskléim イクスクれイム/ 動 (喜び・怒(いか)り・驚(おどろ)きなどの感情を込(こ)めて)叫(さけ)ぶ, (強く)言う

exclamation /ekskləméiʃən エクスクらメイション/ 名 (喜び・怒(いか)り・驚(おどろ)きなどの)叫(さけ)び(声); 感嘆(かんたん)(の言葉)

exclamátion màrk 名 《文法》感嘆符(かんたんふ)(!)

exclude /iksklú:d イクスクるード/ 動 除外する, 入れない 反対語 **include** (含(ふく)む)

excursion /ikskə́:rʒən イクスカ〜ジョン|ikskə́:rʃən イクスカ〜ション/ 名 遠足, 行楽, 遊覧; (団体の)小旅行

excuse 小 A1 /ikskjú:z イクスキューズ/
動 (三単現 **excuses** /ikskjú:ziz イクスキューゼズ/; 過去・過分 **excused** /ikskjú:zd イクスキューズド/ -ing形 **excusing** /ikskjú:ziŋ イクスキューズィング/)

❶ **許す** → あやまちなど(に対して人)を許すこと.
- She **excused** me for my behavior. = She **excused** my behavior. 彼女は私のふるまいを許してくれた.
- May never **excuses** Ben for being so rude. メイはベンがとても失礼なことを言った[した]ので, ベンを決して許さない.

❷ (人が)**弁解する**; (事情が)〜の言いわけ[理由]となる
- His pain **excuses** his short temper. (彼の痛みは彼の短気の言いわけになる ⇨)彼は体が痛いのだからかんしゃくを起こすのも無理はない.

❸ (義務などを)**免除(めんじょ)する**
- Bob was **excused from** the swimming lesson because he had a cold. ボブは風邪(かぜ)だったので水泳の練習から免除された[練習しなくていいと言われた]. →受け身の文. →**was** 助動 ❷

Excuse me. **失礼します; すみません**

> 参考 人と話している時に席を立ったり, 人の前を通ったり, 知らない人に話しかけたりする時に言う言葉. また失礼なことをして謝(あやま)る時にも使う. 英国では謝る時には Excuse me. は使わず (**I'm**) **Sorry.** と言う.

- **Excuse me**. Are you Mr. Smith? 失礼ですがスミスさんでいらっしゃいますか.

会話
Excuse me, (but) can you tell me the time, please?—Oh, sure. It's just ten by my watch.
すみませんが時間を教えていただけませんか. —いいですとも. 私の時計ではちょうど10時です.

Excuse me. I stepped on your foot. —That's all right [Never mind].
すみません. 足を踏(ふ)んでしまって. —いいえ,

いいえ.

Excuse me? 《米》(聞き返して)えっ, 何とおっしゃいました?

May [Can, Could] I be excused? ちょっと席を離(はな)れてもいいですか, ちょっと失礼させていただきます →中座(ちゅうざ)する時に使う表現.

── /ikskjúːs イクスキュース/ (→動詞との発音の違(ちが)いに注意) 名 (穆 **excuses** /ikskjúːsiz イクスキューズィズ/) 言いわけ; 口実

- He made an **excuse for** being late. 彼は遅くなった言いわけをした.

executive /iɡzékjutiv イグゼキュティヴ/ 名 管理職, 重役, 役員

exercise A1 /éksərsaiz エクササイズ/ 名
❶ 練習; 練習問題
- **exercises** for the piano ピアノの練習(曲)
- **exercises** in English composition 英作文の練習問題
- Do the **exercises** at the end of the lesson. レッスン末の練習問題をやりなさい.

❷ (体の)運動
- take [do] **exercise** 運動をする →特定の運動でなく, 一般(いっぱん)的に「運動」と言う時は ×an exercise, ×exercises としない.
- I do push-ups, sit-ups, and other **exercises** every day. 私は毎日腕(うで)立て伏(ふ)せや腹筋運動やその他の運動をする.

── 動 練習する, 運動する; (犬などを)運動させる
掲示 Do not **exercise** pets in picnic areas. ピクニック地域でのペットの運動はご遠慮(えんりょ)ください.

exhaust /iɡzɔ́ːst イグゾースト/ 動 (くたくたに)疲(つか)れさせる

── 名 排気(はいき)ガス →**exhaust gas** ともいう.

exhausted /iɡzɔ́ːstid イグゾーステド/ 形 疲れはてた, 疲れ切った 類似語 **tired** よりも度合いが強い.
- I'm really **exhausted**. 私はすごくくたびれた.

exhibit /iɡzíbit イグズィビト/ 動 陳列(ちんれつ)する, 展示する

── 名 展示; 展示物, 出品物

exhibition A2 /eksəbíʃən エクスィビション/ 名 展覧会, 展示会, 発表会

exist A2 /iɡzíst イグズィスト/ 動 存在する, ある, 生存する

- Some say ghosts **exist**. 幽霊(ゆうれい)が存在するという人もいる.
- Can we **exist** under water? 私たちは水の中で生きられるか.

existence /iɡzístəns イグズィステンス/ 名 存在, 生存

exit /éɡzit エグズィト, éksit エクスィト/ 名 出口 (way out) 反対語 **entrance** (入り口)

expand /ikspǽnd イクスパンド/ 動 広げる; 広がる, ふくらむ

expect A2 /ikspékt イクスペクト/ 動
❶ (何か・誰(だれ)かが来ると)予期する, 待つ; (よいことを)期待する
- **expect** a letter from her 彼女からの手紙を心待ちにする
- The farmers are **expecting** rain. 農場主たちは雨を待ち望んでいる. →**are** 助動 ❶
- I **expected** you yesterday. 私は昨日(来るかと思って)君を待っていた.
- I will be **expecting** you. お待ちしていますよ. →**be** 助動 ❶
- He **expects** too much from [of] me. 彼は私にあまりにも多くの事を期待し過ぎる.

❷ 予想する; ~と思う (think)
- I **expect** (**that**) she will come here tomorrow. = I **expect** her **to** come here tomorrow. 彼女は明日ここへ来ると思います. →**to** ❾ の ①
- I didn't **expect to** see him there. 私はあそこで彼に会うとは思わなかった.

expectancy /ikspéktənsi イクスペクタンスィ/ 名 (穆 **expectancies** /ikspéktənsiz イクスペクタンスィズ/) 期待; 見込み

expectation /ekspektéiʃən エクスペクテイション/ 名 期待, 予期, 見込(こ)み, 予想

expedition /ekspədíʃən エクスペディション/ 名
❶ 探検, 遠征(えんせい)
❷ 探検隊, 遠征隊

expense /ikspéns イクスペンス/ 名 費用; (**expenses** で) ~費

expensive

expensive 中 A1 /ikspénsiv イクスペンスィヴ/ 形 (値段が)高い, 高価な
反対語 **cheap**, **reasonable** (安い)
- **expensive** clothes 高価な服
- Her ring is **more expensive** than mine. 彼女の指輪は私のより高い.

experience 中 A2 /ikspí(ə)riəns イクスピ(ア)リエンス/ 名 経験, 体験
- learn **by** [**from**] **experience** 経験から学ぶ

POINT 一般(いっぱん)的に「経験」という時は ×an experience, ×experiences としない.
- He has a lot of **experience in** teaching English. 彼は英語を教えた経験がたくさんある.
- The trip was a new **experience to** Jim. その旅行はジムには初めての経験だった.
- I had many pleasant **experiences** in Ireland. 私はアイルランドでいろいろ楽しい体験をしました.
—— 動 経験する, 体験する
- I've never **experienced** such an insult. 私はあんな侮辱(ぶじょく)を体験した[味わった]ことがない. →**have** 助動 ❷

experienced /ikspí(ə)riənst イクスピ(ア)リエンスト/ 形 経験のある; 老練な, ベテランの

experiment /ikspérəmənt イクスペリメント/ 名 実験
—— /ikspérəment イクスペリメント/ 動 実験する

expert A2 /ékspə:rt エクスパート/ (→アクセントの位置に注意) 名 専門家, エキスパート; 達人
- an **expert in** chemistry 化学の専門家
- an **expert on** chess=a chess **expert** チェスの専門家
- an **expert at** skiing スキーの達人
—— 形 専門(家)の; 熟達した

explain 中 A2 /ikspléin イクスプれイン/ 動 説明する
- Please **explain** the rules of cricket **to** me. クリケットのルールを私に説明してください.
- That **explains** why he was absent yesterday. (その事がなぜ昨日彼が欠席したかを説明する ⇨)それで彼が昨日欠席した理由がわかった.
- He **explained to** us why he was absent yesterday. 彼はなぜ昨日欠席したかを私

たちに説明した. →×He explained *us* why ~. としない.

explanation A2 /eksplənéiʃən エクスプらネイション/ 名 説明

explode /iksplóud イクスプろウド/ 動 爆発(ばくはっ)する; 爆発させる

exploration /ekspləréiʃən エクスプろレイション/ 名 探検, 実地調査

explore A2 /ikspló:r イクスプろー/ 動 探検する, 実地調査する

explorer /ikspló:rər イクスプろーラ/ 名 探検家

explosion /iksplóuʒən イクスプろウジョン/ 名 爆発(ばくはつ)

expo /ékspou エクスポウ/ 名 《話》= exposition

export /ikspó:rt イクスポート/ 動 輸出する
反対語 **import** (輸入(する))
- Brazil **exports** coffee **to** many countries. ブラジルはいろいろな国へコーヒーを輸出している.
—— /ékspɔ:rt エクスポート/ (→動詞との発音の違(ちが)いに注意) 名 輸出; 輸出品

expose /ikspóuz イクスポウズ/ 動 (風雨・危険などに)さらす

exposition /ekspəzíʃən エクスポズィション/ 名 博覧会 →《話》では **expo** /エクスポウ/ と短くすることもある.

express 中 A2 /iksprés イクスプレス/ 動 表現する, 言い表す
- He couldn't **express himself** correctly in English. 彼は英語で正しく自分の考えを言い表すことができなかった.
—— 形 急行の; 速達便の →名詞の前にだけつける.
- an **express** train 急行列車[電車]
—— 名 急行列車[電車, バス]; 速達便
- He took the 8:30 a.m. **express**. 彼は午前8時30分発の急行に乗った.
by express 急行で; 速達便で

expression 中 A2 /ikspréʃən イクスプレション/ 名 ❶ 表現; 言い回し, 言葉
- The sunset was beautiful **beyond expression**. 日没(にちぼつ)は表現できないほど美しかった.
- "Shut up" is not a polite **expression**. 「黙(だま)れ」というのは丁寧(ていねい)な言い方ではない.
❷ 表情

- a sad **expression** 悲しげな表情

expressway /ikspréswei イクスプレスウェイ/ 名 《米》高速自動車道路 (freeway) (《英》motorway)

extend /iksténd イクステンド/ 動 広げる, のばす; 広がる, のびる

extension /iksténʃən イクステンション/ 名 ❶ のばすこと, 拡張, 延長 ❷ 延長部分, 建て増し ❸ (電話の)内線

extensive /iksténsiv イクステンスィヴ/ 形 広大な; 広範囲(こうはんい)にわたる; 大規模な 反対語 intensive (集中的な)

extent /ikstént イクステント/ 名 ❶ 広さ, 広がり ❷ 範囲(はんい), 程度

external /ekstə́ːrnl エクスターヌる/ 形 外部の, 外面の; 対外的な 反対語 internal (内部の)

extinct /ikstíŋkt イクスティンクト/ 形 絶滅(ぜつめつ)した, 消えた

extinction /ikstíŋkʃən イクスティンクション/ 名 絶滅(ぜつめつ), 死滅(しめつ)

extinguisher /ikstíŋgwiʃər イクスティングィシャ/ 名 消火器 → **fire extinguisher** ともいう.

extra A2 /ékstrə エクストラ/ 形 余分の; 臨時の
— 名 ❶ 余分の物; 別料金; (新聞の)号外 ❷ 臨時雇(やと)い, (映画などの)エキストラ
— 副 余分に, 追加で; 特別に

extra- /ékstrə エクストラ/ 接頭辞 「〜の外の」「〜の範囲(はんい)外の」の意味を表す:
- **extra**ordinary 異常な → **ordinary** (ふつうの)の範囲外.
- **extra**terrestrial 地球外生命体 → **ET** と略される. terrestrial は「地球の」.

extraordinary /ikstrɔ́ːrdəneri イクストローディネリ/ 形 異常な, 並外れた → extra + ordinary (ふつうの).

extraterrestrial /ekstrətəréstriəl エクストラテレストリアる/ 形 地球外の, 宇宙の
— 名 地球外生物, 宇宙人 → **ET** と略す.

extreme /ikstríːm イクストリーム/ 形 極端(きょくたん)な, 極度の; 過激な
— 名 極端

extremely A2 /ikstríːmli イクストリームり/ 副 非常に; 極端(きょくたん)に

eye 小 A1 /ái アイ/ 名 (複 **eyes** /áiz アイズ/) ❶ 目; 視力, 視線
- blue **eyes** 青い目
- dark **eyes** 黒い目 → a black eye は「(殴(なぐ)られて)青黒くあざになった目の周り」.
- Close [Shut] your **eyes**. 目を閉じなさい.
- He has very good [weak] **eyes**. 彼は視力がとてもいい[弱い].
- I am blind in the right **eye**. 私は右の目が見えない.

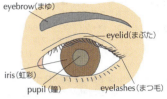

eyebrow (まゆ)
eyelid (まぶた)
iris (虹彩)
pupil (瞳)
eyelashes (まつ毛)

❷ (物を見て判断する)目, 眼力
- Where are your **eyes**? おまえの目はいったいどこについているんだ[よく見ろ].
- An artist must have an **eye** for color. 芸術家は色彩(しきさい)に対する目を持っていなければならない. → 「鑑賞(かんしょう)眼」のように抽象(ちゅうしょう)的な意味で **eye** を使う時は単数形がふつう.

❸ (形・働きが「目」に似ている)針の目, カメラの目, 台風の目 (など)

keep an eye on 〜 〜から目を離(はな)さない
- **Keep an eye on** this suitcase. このスーツケースから目を離さないでいなさい.

eyebrow /áibrau アイブラウ/ 名 まゆ, まゆ毛
raise one's **eyebrows** 目を丸くする, まゆをひそめる → 驚(おどろ)き・非難の表情.

éye còntact 名 アイコンタクト → お互(たが)いの視線を合わせること.

eyelash /áilæʃ アイらシュ/ 名 まつ毛
eyelid /áilid アイリド/ 名 まぶた
eyesight /áisait アイサイト/ 名 視力
- He has poor **eyesight**. 彼は視力が弱い.

eyewitness /áiwitnis アイウィトネス/ 名 目撃(もくげき)者, (目撃した)証人 → 単に **witness** ともいう.

F f

F¹, f /éf エフ/ 名 (複 **F's, f's** /éfs エフス/)
❶ エフ →英語アルファベットの6番目の文字.
❷ (**F** で)(成績評価の)不可 → **failure** (失敗)の頭文字(かしらもじ).

F² 略 =**F**ahrenheit (力氏の)

fable /féibl フェイブる/ 名 寓話(ぐうわ) →動物などを登場させて教訓を伝えようとする物語.

Fabre /fɑ́:br ファーブル/ 固名 (**Jean Henri** /ジャーン アーンリー/ **Fabre**) ファーブル →フランスの昆虫(こんちゅう)学者(1823–1915). 10巻の『昆虫記』を完成した.

fabric /fǽbrik ファブリク/ 名 (織ったり編んだりして作られた)布, 生地(きじ)

fabulous /fǽbjələs ファビュらス/ 形 信じられないような; すばらしい, すごい

face 小 A1 /féis フェイス/

名 ❶ 顔, 表情
❷ (裏に対して)表, 表面
動 ～に面する; (危険・困難などに)立ち向かう

意味 map

— 名 (複 **faces** /féisiz フェイセズ/)

❶ 顔, 表情
● a sad **face** 悲しそうな顔
● with a smile on one's **face** 顔にほほえみを浮(う)かべて
● lie [fall] on one's **face** うつぶせに横たわる[倒(たお)れる]
● The clown made a funny **face**. ピエロは滑稽(こっけい)な顔をした. → **make a face**
● When he saw me, he turned his **face** away. 彼は私を見ると顔を背(そむ)けた.

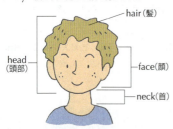

hair (髪)
head (頭部)
face (顔)
neck (首)

❷ (裏に対して)表, 表面; (建物などの)正面
● the **face** of a card トランプ札の表
● the **face** of the moon 月の表面, 月面
● the **face** of a clock 時計の文字盤(ばん)

face down [**up**] 下向きに[上向きに]
● Put your exam papers **face down**. 答案用紙を裏返しにしなさい.

face to face (**with** ～) (～と)面と向かって, 差し向かいで
● sit **face to face with** her 彼女と差し向かいで座(すわ)る

in the face of ～ ～の面前で, ～をものともせず
● He was brave **in the face of** great danger. 彼は大きな危険に対して勇敢(ゆうかん)であった[を物ともしなかった].

make a face [**faces**] (不快で, ふざけて)しかめっつらをする

— 動 (三単現 **faces** /féisiz フェイセズ/; 過去・過分 **faced** /féist フェイスト/; -ing形 **facing** /féisiŋ フェイスィング/)
～に面する; 向く; (危険・困難などに)立ち向かう, 直面する

● Picasso's figures sometimes **face** two ways. ピカソの人物像は時々2つの方向を向いている. →「向いている, 面している」という時は単に face でも are [is] facing (現在進行形)でもよい.
● Our team lost. We must **face** the fact. 私たちのチームは負けた. 私たちはその事実を直視しなければいけない.
● Our house **faces** the street. 私たちの家は通りに面している.
● 会話 How does your house **face**? —It **faces** (to the) east. お宅はどっちを向いていますか. 一東向きです.
● The two gunmen **faced** each other. 2人のガンマンは互(たが)いに向き合った.
● That country **is faced with** serious inflation. その国は深刻なインフレに直面している. →受け身の文. → **is** 助動 ❷
● Look at the map which **is facing** page

ten. 10ページの対向ページにある地図を見なさい. →which 以下は現在進行形の文 (→**is** 助動 ❶). which faces page ten としても同じ意味.

Facebook /féisbuk フェイスブク/ 名 《商標》 フェイスブック →知人同士の情報発信・交換を行えるソーシャルネットワーキングサービス.

facial /féiʃəl フェイシャる/ 形 顔の, 顔面の

facility /fəsíləti ふァスィリティ/ 名 (しばしば **facilities** で) 便宜(べんぎ), 設備, 施設(しせつ)

fact 中 A2 /fǽkt ふァクト/ 名 事実
反対語 This is a **fact**, not a **fiction**. これは事実であって作り話ではありません.
•It is a **fact** that he ran away from home. 彼が家出したのは事実だ. →It=that 以下.
•The **fact** is that he ran away from home. (事実は〜ということだ ⇨)実は彼は家出したのだ.
•I didn't know the **fact** that he ran away from home. 私は彼が家出したという事実を知らなかった. →the fact と that 以下は同格.
as a matter of fact 事実は, 実のところ, 実は (in fact)
in fact 実は, 事実上; 要するに, 実際

factor /fǽktər ふァクタ/ 名 要因, 要素

factory A1 /fǽktəri ふァクトリ/ 名 (複 **factories** /fǽktəriz ふァクトリズ/) (大きな)工場 →**work** 名 ❸
•a **factory** worker 工場労働者, 工員
•He works in [at] an automobile **factory**. 彼は自動車工場で働いている.
•There are a lot of **factories** in this area. この辺りにはたくさん工場がある.

fade /féid ふェイド/ 動 (色が)あせる; (花が)しおれる; (しばしば **fade away** で) 次第(しだい)に消えていく, 衰(おとろ)えていく
•The music **faded away**. その音楽の音は次第に消えていった.

Fahrenheit /fǽrənhait ふァレンハイト/ 形 (温度が)力氏の, 華氏(かし)の →**F** と略す.
•Today's temperature is 80°F. (読み方: eighty degrees Fahrenheit) きょうの気温は力氏80度です.

参考 「華氏」の「華」はこの温度計の考案者であるドイツの物理学者 G.D. Fahr-

enheit (1686-1736) の中国語表記から. C=5/9 (F−32). F=9/5 C+32.

fail 中 A2 /féil ふェイる/ 動 失敗する
反対語 **succeed** (成功する)
•He **fails** every time he tries. 彼はやるたびに失敗する. →every time は接続詞のような働きをして「〜するたびに」.
•She **failed** as a singer. 彼女は歌手としては失敗した.
•He **failed** (**in**) the entrance exam. 彼は入試に失敗した. →in がないほうがふつう.
•The father **failed to** persuade his daughter. 父は娘(むすめ)を説得できなかった.
never [**not**] **fail to** do (〜するのに決して失敗しない ⇨)きっと〜する
•He **never fails to** attend the meetings. 彼はその会合には必ず出席する.
•**Don't fail to** come. 必ず来なさい.
── 名 失敗 →次の句で使う.
•**without fail** 間違(まちが)いなく, 必ず

failure /féiljər ふェイリャ/ 名
❶ 失敗; 失敗した人[事] 反対語 **success** (成功した人[事])
❷ 欠乏(けつぼう), 衰(おとろ)え; 故障

faint /féint ふェイント/ 形
❶ かすかな; 薄(うす)い; 弱々しい
•a **faint** light [hope] かすかな光[望み]
•I do**n't** have the **faintest** idea (of) where she is. 私は彼女がどこにいるか(最もかすかな考えさえ持っていない ⇨)見当もつかない.
❷ 気が遠くなって
•feel **faint** くらくらする, 失神しそうになる
•He was **faint** with hunger. 彼は腹がすいてよろよろしていた.
── 動 気が遠くなる, 失神する

fair[1] A1 /féər ふェア/ 形
❶ 公正な, 公平な, 公明正大な; (スポーツで)ルールにかなった, フェアな
•**fair** play 正々堂々のプレー
•a **fair** ball フェアボール
•A teacher must be **fair** to all his students. 先生は全生徒に公平でなければならない.
❷ かなりの, 相当の
•She spends a **fair** amount of money on clothes. 彼女は洋服に相当のお金を使う.
❸ ふつうの, まあまあの
•Her English is just **fair**—not good but

fair

not bad either. 彼女の英語はまあまあだ—上手ではないが，下手でもない．
❹ 色白の，金髪(きんぱつ)の →西欧(せいおう)人種は fair と dark に大別され，fair の人は金髪色白で目が青く，dark の人は皮膚(ひふ)が浅黒く，毛髪(もうはつ)や目も黒い．
❺ (天気が)晴れた (fine)
・**fair** weather 晴天
・Mon., May 8, **Fair**. (日記で)5月8日，月曜日，晴れ．
── 副 公明正大に
・play **fair** 正々堂々とプレーする

fair[2] /féər フェア/ 名
❶ 《米》品評会 →農産物・家畜(かちく)を展示して優劣(ゆうれつ)を競(きそ)うもので，サーカスやショーも開かれ，お祭りに近い催(もよお)し．
❷ 《英》(巡回(じゅんかい)する)移動遊園地; 定期市(いち)，縁日(えんにち) →祭日などに定期的に開かれ，農産物の売買のほかに娯楽(ごらく)的な要素もある．
❸ 博覧会 (exposition), 見本市

fairly A2 /féərli フェアリ/ 副
❶ かなり，なかなか →fairly はいい意味の形容詞や副詞を修飾(しゅうしょく)する．したがって ×fairly *bad* などとはいわない．
・get **fairly** good marks in English 英語でかなりいい点を取る
・He can swim **fairly** well. 彼はけっこううまく泳げる．
❷ 公明正大に，公平に

fàir tráde 名 フェアトレード →適正な価格を支払(しはら)うことで生産者の収入を保証し，生活の向上をはかろうとする運動．

fairy A1 /féəri フェアリ/ 名 (複 **fairies** /féəriz フェアリズ/) 妖精(ようせい) →童話に出てくる水や木の精で，ふつう背中に翼(つばさ)のある美しい乙女(おとめ)の姿をしている．手に魔法(まほう)のつえ (wand) を持っていて子供の願いをかなえてくれるという．→ **elf, goblin, nymph**

fáiry tàle 名 おとぎ話，童話 →西洋の童話には fairy (妖精(ようせい)) が出てくることが多いのでこういう．

faith /féiθ フェイス/ 名 ❶ 信頼(しんらい)，信用; 信念
❷ 信仰(しんこう); 宗教 (religion)

faithful /féiθfəl フェイスふる/ 形 忠実な; 誠実な; 正確な
・You must be **faithful to** your friends. 君は友人に対して誠実でなければいけない．

faithfully /féiθfəli フェイスふり/ 副 忠実に

fake /féik ふェイク/ 名 形 にせもの(の)，模造品(の)

fall

小 A2 /fɔ́ːl ふォーる/

動	❶ 落ちる，降る; 倒(たお)れる **意味map**
	❷ (ある状態に落ちる)～になる
名	❶ 落下
	❷ (**falls** で)滝(たき)
	❸ 《米》秋 (《英》 autumn)

三単現	**falls** /fɔ́ːlz ふォーるズ/
過去	**fell** /fél ふェる/
過分	**fallen** /fɔ́ːln ふォーるン/
-ing形	**falling** /fɔ́ːliŋ ふォーりング/

❶ 落ちる，降る; 倒れる; 下がる
基本 **fall** from the roof 屋根から落ちる → fall+前置詞+名詞．
・**fall** into a hole 穴に落ちる
・**fall** to the ground 地面に落ちる[倒れる]
・**fall** off the bike バイクから落ちる
・Leaves **fall** from the branches. 木の葉が枝から落ちる．
・The temperature **falls** at night. 夜になると気温が下がる．
・He **fell** off his bicycle yesterday. 彼は昨日自転車から落ちた．
・A lot of trees **have fallen** in the storm. 嵐(あらし)で多くの木が倒れた．→現在完了(かんりょう)の文．→ **have** 助動 ❶
・Snow **is falling**. 雪が降っている．→現在進行形の文．→ **is** 助動 ❶
❷ 《ある状態に落ちる》〜になる
基本 **fall** ill 病気になる →fall+形容詞．
・**fall** asleep 眠(ねむ)り込(こ)む
・**fall** apart ばらばらになる (fall to pieces)

fall behind (〜) (〜に)遅(おく)れる

two hundred and nineteen　219　**family tree**

• Study hard, or you'll **fall behind** (the others). 一生懸命(けんめい)勉強しなさい, さもないと(ほかの人に)遅れるよ.

fall down 落ちる, 倒れる, 転ぶ

fall in love with ～ ～と恋(こい)に落ちる, ～が好きになる

• They **fell in love with** each other at first sight. 2人は一目会った時から恋に落ちた.

fall on [upon] ～ (休日などが)～にあたる

• Christmas **falls on** Sunday this year. 今年はクリスマスが日曜にあたる.

fall out (髪(かみ)の毛・歯などが)**抜(ぬ)**ける

fall over (～) (～につまずいて)転ぶ, (～の上に)倒れる

—— 名(複 **falls** /fɔ́:lz ふォーるズ/)

❶ 落下, 転ぶこと; 下落

• a **fall** from a tree 木から落ちること
• have a great **fall** 派手に落っこちる
• a heavy **fall** of snow 大量の降雪
• a **fall** in prices 物価の下落

❷(**falls** で) 滝 →固有名詞とともに使う時はしばしば単数扱(あつか)い.

• Kegon **Falls** is [are] the highest **falls** in Japan. 華厳の滝は日本最長の滝です.

❸《米》秋(《英》autumn)

• **in** (the) **fall** 秋に
• this **fall** 今年の秋(に) →×*in* this fall としない.
• Snow begins to fall here late **in fall**. ここでは秋遅(おそ)くに雪が降り始める. →前の fall は 動 ❶.
• In Australia March, April, and May are **fall** months. オーストラリアでは3月, 4月, 5月が秋の月です.

fallen /fɔ́:ln ふォーるン/ 動 **fall** の過去分詞

—— 形 落ちた, 倒(たお)れた

• **fallen** leaves 落ち葉 →**falling**

falling /fɔ́:liŋ ふォーリング/ 動 **fall** の -ing 形 (現在分詞・動名詞)

—— 形 落ちる, 降る

• **falling** leaves 舞(ま)い落ちる葉 →**fallen**

false A1 /fɔ́:ls ふォーるス/ 形
うその, にせの; 不誠実な, 不正直な

• **false** teeth 入れ歯
• a **false** friend 不誠実な[上辺だけの]友

fame /féim ふェイム/ 名 有名であること, 名声

関連語 「有名な」は **famous**.

familiar A2 /fəmíliər ふァミリア/ 形 よく知っ

ている, なじみのある; 親しい

• a **familiar** face [song] 見慣れた顔[聞き慣れた歌]
• He is **familiar with** the rules of football. 彼はフットボールのルールに詳(くわ)しい.
• Her voice is **familiar to** me. 彼女の声は私には聞き覚えがある.

families /fǽməliz ふァミリズ/ 名 **family** の複数形

family 小 A1 /fǽməli ふァミリ/ 名

(複 **families** /fǽməliz ふァミリズ/)

❶ 家族, 一家, 家族の者たち

📍POINT family を1つの集団とみなす時は単数扱(あつか)いだが, 家族の一人一人を考える時は複数扱い.

• a large **family** 大家族
• our **family** life 私たちの家庭生活
• There are five people in my **family**. = We are a **family** of five. うちは5人家族です.
• She was an old woman with no **family**. 彼女は家族(夫や子供)のいない年寄りだった.
• The Smith **family** lives next door to us. スミス家はうちの隣(となり)に住んでいる.
• There are ten **families** in this apartment building. このアパートには10家族[世帯]住んでいます.
• Our **family** are all early risers. 私のうちはみんな早起きです.

❷ (一家の)子供たち (children)

• have a **family** (結婚(けっこん)して)子供がいる
• Mr. and Mrs. White have a large **family**. ホワイト夫妻はお子さんが多い.

❸ 一族, 親戚; 家柄(いえがら)

• The whole **family** will get together for the New Year holidays. 正月休みには一族の者みんなが集まるでしょう.
• He comes from a good **family**. 彼は名門の出です.

❹ (生物の)科; (言語の)語族

• Tigers belong to the cat **family**. トラはネコ科に属している.

fámily nàme 名 名字, 姓(せい) →家の名. たとえば John Smith の Smith のほうで, あとにくるから last name ともいう. →**name**

fàmily trée 名 家系図 →樹木が枝を伸(の)ばしていくような形になるのでこう呼ぶ.

famine

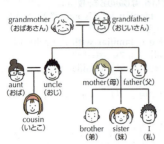

grandmother (おばあさん) / grandfather (おじいさん)
aunt (おば) / uncle (おじ) / mother (母) / father (父)
cousin (いとこ) / brother (弟) / sister (妹) / I (私)

famine /fǽmin ファミン/ 名 ききん, (食べ物の)不足; 欠乏

famous 小 A1 /féiməs フェイマス/ 形
(比較級 **more famous**; 最上級 **most famous**)(よい意味で)**有名な**
- 基本 a **famous** singer 有名な歌手 →famous＋名詞.
- 基本 The Potomac River is **famous for** its cherry blossoms. ポトマック川はサクラの花で有名です. →be 動詞＋famous.
- This town is **famous for** its temples. この町はお寺で有名だ.
- He became **famous as** an honest man. 彼は正直な男として有名になった.
- He is **more famous** than his father. 彼は父親よりも有名です.
- He is one of the **most famous** writers in Japan. 彼は日本で最も有名な作家の1人です.

fan[1] A1 /fǽn ファン/ 名
扇風(せんぷう)機; 扇(おうぎ), 扇子(せんす); うちわ
- an electric **fan** 扇風機
- a paper **fan** 扇子[うちわ]
- a kitchen **fan** (台所の)換気扇(かんきせん)

—— 動 (三単現 **fans** /fǽnz ファンズ/; 過去・過分 **fanned** /fǽnd ファンド/; -ing形 **fanning** /fǽniŋ ファニング/)
(扇などで)あおぐ; 扇動(せんどう)する

fan[2] 中 /fǽn ファン/ 名
(スポーツなどの)ファン
- a **fan** letter ファンからの手紙, ファンレター
- a **fan** club ファンクラブ, 後援(こうえん)会
- a baseball **fan** 野球のファン
- a big **fan** of the Tigers タイガースの大ファン

fancy A2 /fǽnsi ファンスィ/ 形 (比較級 **fancier** /fǽnsiər ファンスィア/; 最上級 **fanciest** /fǽnsiist ファンスィエスト/)
❶ 装飾(そうしょく)的な, (装飾的に)凝(こ)った, 派手な
- a **fancy** cake デコレーションケーキ →「デコレーションケーキ」は和製英語.
❷ 高級な (expensive)
- a **fancy** hotel 高級なホテル

—— 名 (複 **fancies** /fǽnsiz ファンスィズ/) 好み
- **have a fancy for** ～ ～が好きである
- **take a fancy to** ～ ～が好きになる

—— 動 (三単現 **fancies** /fǽnsiz ファンスィズ/; 過去・過分 **fancied** /fǽnsid ファンスィド/; -ing形 **fancying** /fǽnsiiŋ ファンスィイング/)
❶ 好む (like)
- Do you **fancy** a drink, Lisa? 何か飲む, リサ?
❷ 想像する (imagine)
- He **fancies** himself as a poet. 彼は自分を詩人だと思っている.

fang /fǽŋ ファング/ 名 (オオカミ・毒ヘビなどの)牙(きば) 類語 象・イノシシなどの口外に突(つ)き出た「牙」は tusk.

fantastic 小 A2 /fæntǽstik ファンタスティク/ 形 ❶ 空想的な, 奇妙(きみょう)な, 奇抜(きばつ)な
❷ 《話》とてもすばらしい, すてきな

fantasy /fǽntəsi ファンタスィ/ 名 (複 **fantasies** /fǽntəsiz ファンタスィズ/) 空想, 夢想; 空想の産物

far 中 A2 /fá:r ファー/

副	❶ (距離(きょり)が)遠くに 意味 map
	❷ (程度・時間が)はるかに
形	遠い

—— 副

比較級	**farther** /fá:rðər ファーざ/, **further** /fá:rðər ファ〜ざ/
最上級	**farthest** /fá:rðist ファーぜスト/, **furthest** /fá:rðist ファ〜ぜスト/

→距離に関しては farther, farthest を, 程度・時間に関しては further, furthest を使うのが原則だが, 話し言葉ではどちらの場合も further, furthest を使うことが多い.

❶ (距離が)遠くに, 遠く
- 基本 **far** away 遠く離(はな)れて, ずっと向こうに →far＋副詞.
- **far** ahead [behind] はるか前方に[後方に]
- 基本 Don't go **far**, because it will get dark soon. すぐ暗くなるから遠くへ行ってはい

けません. →動詞+far.

•Are you going to go that **far**? そんなに遠くまで行くつもりですか. →that は副詞(そんなに).

POINT far はふつう否定文・疑問文に使う. 肯定(こうてい)の平叙(へいじょ)文では **a long way** を使う.

•My house is not **far** from here. 私の家はここから遠くない.

•How **far** is it from here to the house? ここからその家まではどのくらい遠いですか. →it は漠然(ばくぜん)と「距離」を表す.

❷ (程度・時間が)**はるかに**, **ずっと**

•**far into** the night 夜遅(おそ)くまで

•Your camera is **far** better than mine. 君のカメラは私のよりずっといい.

POINT far は **much** と同じように比較(ひかく)級(better)を強めるのに使う. 原級(good)を強める時は **very**.

―― 形 (比較級) **farther** /fáːrðər ふァーざ/, **further** /fáːrðər ふァーざ/; (最上級) **farthest** /fáːrðist ふァーぜスト/, **furthest** /fáːrðist ふァーぜスト/) 遠い; 向こうの, 遠いほうの

•a **far** country 遠い国

•turn left the **far** side of a building (建物の遠いほうの側を ⇨)建物を通り過ぎてすぐ左に曲がる

as far as ～ (距離が)～と同じくらい遠く, ～まで; (範囲(はんい)が)～する限り

•I went with him **as far as** the station. 私は彼と駅までいっしょに行った.

会話 How far did we get last week? —We got **as far as** Lesson 5. 先週はどこまで進みましたか.—第5課まで進みました.

•**As far as** I know, he is not a bad boy. 私の知る限り, 彼は悪い子ではない.

•There were no trees **as far as** I could see. (私に見える限りでは ⇨)見渡(わた)す限り木は1本もなかった.

by far はるかに, 断然 →比較級や最上級を強める.

•This is **by far** the best of all. これは全部の中で断然最上です.

far and wide 広く方々を, あらゆる所を[に]

far from ～ ～どころか, まったく～でない

•He is **far from** honest. 彼は正直どころかの話ではない[うそつきだ].

so far 今までのところでは, そこまで(は)

so far as ～ =as far as ～

faraway /fáːrəwei ふァーラウェイ/ 形 遠い

fare A2 /féər ふェア/ 名 (乗り物の)料金, 運賃

•a bus [taxi] **fare** バス[タクシー]料金

Fár Éast 固名 (the をつけて)極東 →日本・朝鮮(ちょうせん)半島・中国などを指す.

farewell /feərwél ふェアウェる/ 間 ご機嫌(きげん)よう!, さようなら! →goodbye よりも改まったやや古い言い方.

―― 名 別れの挨拶(あいさつ)(の言葉) →しばしば **farewells** という形でも使われる.

―― 形 送別の

•a **farewell** party 送別会

farm A1 /fáːrm ふァーム/ 名
(複 **farms** /fáːrmz ふァームズ/)

❶ 農場; 飼育場

POINT 市場に出すために植物や動物を育てる場所.

•live [work] **on** a **farm** 農場に住む[で働く]

•**farm** products 農産物

•a chicken [sheep] **farm** 養鶏(ようけい)場[牧羊場]

•a dairy **farm** 酪農(らくのう)場

❷ (アメリカの大リーグに属している)二軍チーム, ファーム →**farm team** [**club**] ともいう. 若い選手を一人前にして大リーグに送るところ.

farmer 小 A1 /fáːrmər ふァーマ/ 名

農場主, 農場経営者; 農民 →英国ではふつう農場経営者を指し, 米国では自作農・小作農をも含(ふく)む.

fàrmers' márket 名 農作物直売市

farmhouse /fáːrmhaus ふァームハウス/ 名 農場主の住宅, 農家

farming /fáːrmiŋ ふァーミンぐ/ 名 農業, 農作業; 農場経営

farmyard /fáːrmjɑːrd ふァームヤード/ 名 農家の庭 →住宅・納屋(なや)などに囲まれた空き地. →**yard²** ❶

farther /fáːrðər ふァーざ/ 副 もっと遠くに →**far** の比較級.

•This year I can swim **farther** than last year. 今年私は去年より遠くまで泳げる.

―― 形 もっと遠い

farthest /fáːrðist ふァーぜスト/ 副 最も遠くに, 一番遠くに →**far** の最上級.

•Who can throw a ball **farthest**? 誰(だれ)がボールを一番遠くまで投げられるか.

―― 形 最も遠い, 一番遠い

fascinate /fǽsəneit ファスィネイト/ 動 魅了(みりょう)する, うっとりさせる
- He was **fascinated** by the beauty of Alaska. 彼はアラスカの(自然の)美しさに魅了された.

fascinating A2 /fǽsəneitiŋ ファスィネイティング/ 形 魅惑(みわく)的な, うっとりさせるような, とても美しい[おもしろい]

fashion A2 /fǽʃən ファション/ 名 ❶流行, はやり ❷しかた, 〜風(ふう)
- **after** [**in**] *one's* own **fashion** 自己流で
- ***come into fashion*** はやり出す
- ***go out of fashion*** 廃(すた)れる, 流行遅(おく)れになる
- ***in [out of] fashion*** はやって[廃れて]
- Miniskirts are **in** [**out of**] **fashion**. ミニスカートがはやっている[はやらなくなっている].

fashionable /fǽʃənəbl ファショナブル/ 形 流行の

fast¹

小 A1 /fǽst ファスト | fáːst ファースト/

意味map
副 ❶(速度が)**速く**
　 ❷ぐっすりと
形 **速い**; (時計が)**進んで**

── 副 (比較級 **faster** /fǽstər ファスタ/; 最上級 **fastest** /fǽstist ファステスト/)

❶ (速度が) **速く** 類似語 **early** ((時間的・時期的に)早く, 早い)
基本 run **fast** 速く走る →動詞+fast.
- walk **fast** 速く歩く
反対語 Don't speak too **fast**. Please speak **slowly** and clearly. あまり速くしゃべらないで. ゆっくりはっきり話して.
- Bill can run **faster** than I can [((話))than me]. ビルは僕(ぼく)よりも速く走れる.
- The train went **faster** and **faster**. 列車はだんだん速度を速めた. →「比較(ひかく)級+and+比較級」は「ますます〜, だんだん〜」.
- He can skate (**the**) **fastest** in our class. 彼はクラスで一番速くスケートですべれる.

❷ しっかりと; ぐっすりと
- hold **fast** しっかりつかまる
- be **fast** asleep ぐっすり眠(ねむ)っている

── 形 (比較級 **faster** /fǽstər ファスタ/; 最上級 **fastest** /fǽstist ファステスト/)
速い; (時計が)進んで
基本 a **fast** runner 走るのが速い人 →fast+名詞.
- a **fast** train 快速電車
基本 The hare is **fast**. The tortoise is slow. ウサギは速い. カメはのろい. →be 動詞+fast.

fast　slow

- My watch is a little [five minutes] **fast**. 私の時計は少し[5分]進んでいる.
- He is **the fastest** runner in our class. 彼はうちのクラスで一番速いランナーです[走るのが一番速い].

fast² /fǽst ファスト/ 名 動 断食(だんじき)(する) → 特に宗教上の慣習として行うもの.

fastball /fǽstbɔːl ファストボール/ 名 速球, 直球

fasten /fǽsn ファスン/ 動 結ぶ, 縛(しば)る, 留める, 締(し)める, 固定する
- **fasten** a shelf to the wall 壁(かべ)に棚(たな)を取り付ける
- **Fasten** your seat belts, please. 座席ベルトをお締めください.

fastener /fǽsnər ファスナ/ 名 留めるもの, 留め金; クリップ → 日本語でいう「ファスナー」以外にも, 固定用の留め具全般(ぜんぱん)を指す.

fást fóod A2 名 ファストフード →**fast-food**

fast-food /fǽst fuːd ファスト フード/ 形 ファストフード(専門)の

fasting /fǽstiŋ ファスティング/ 名 断食(だんじき) → **fast**²

fat A1 /fǽt ファト/ 形 (比較級 **fatter** /fǽtər ファタ/; 最上級 **fattest** /fǽtist ファテスト/)
まるまる太った, でぶの → しばしば軽蔑(けいべつ)的に使うので注意. 遠回しには **stout**, **overweight** という. →**lean**¹, **thin**
- a **fat** man 太った男
- a **fat** wallet (札で)ふくれた財布(さいふ)
- get [grow] **fat** まるまる太る

── 名 脂肪(しぼう); (肉の)脂身(あぶらみ)
- cooking **fat** 料理用油脂(ゆし)
関連語 200g of **lean** and 400g of **fat** 赤身200グラムと脂身400グラム

fatal /féitl ふェイトる/ 形 命に関わる，致命(ちめい)的な；取り返しのつかない，重大な

fate /féit ふェイト/ 图 運命

father 小 A1 /fáːðər ふァーざ/ 图

(複 **fathers** /fáːðərz ふァーざズ/)

❶ 父，父親

POINT 家庭内では固有名詞のように使い，a, the, my, our をつけず，しばしば大文字で書き始める．**dad, daddy** に比べて少し改まった言い方.

• my [John's] **father** 私の[ジョンの]父

• He is the **father** of six children. 彼は6人の子供の父親だ.

• Do you remember this watch, **Father**? お父さん，この時計のこと覚えてる?

❷ 創始者，生みの親，(〜の)父

• the **Father** of Medicine 医学の父 ➡ヒポクラテス(古代ギリシャの医師)のこと.

❸ (**Father** で) (特にカトリック教の)神父

• **Father** Brown ブラウン神父

❹ (**Father** で) (キリスト教で)天の父なる神

Fàther Chrístmas 图名 (英) = Santa Claus (サンタクロース)

father-in-law /fáːðərin lɔː ふァーざリン ろー/ 图 (複 **fathers-in-law** /fáːðərzin lɔː ふァーざズィン ろー/) 義理の父，義父，しゅうと

Fáther's Dày 图 父の日 ➡6月の第3日曜日.

faucet /fɔ́ːsit ふォーセト/ 图 (米) (水道などの)コック，蛇口(じゃぐち) ((英) tap)

fault A2 /fɔ́ːlt ふォーるト/ 图

❶ 欠点，短所，欠陥(けっかん)

❷ あやまち，(あやまちの)責任

• It's not my **fault** if you fail. 君が失敗しても僕(ぼく)の責任じゃない.

❸ (地殻(ちかく)の)割れ目，断層

find fault (**with 〜**) (〜について)あら探しをする，(〜に)けちをつける

• He **finds fault with** everything. 彼は何にでもけちをつける.

favor A2 /féivər ふェイヴァ/ 图

❶ 好意，親切，お願い

• do her a **favor** 彼女に親切にしてあげる

• I need a **favor**. お願いがあります.

血基本 May I ask you a **favor** [a **favor** of you]? あなたにお願いしたいことがあるのですが.

❷ 支持，賛成

in favor of 〜 〜に賛成して

• I'm **in favor of** the plan. 私はその計画に賛成だ.

反対語 Fifty votes were **in favor of** Jack and three were **against** him. 50票はジャックに賛成で，3票が反対でした.

── 動 好意を示す，賛成する；えこひいきする

favorable /féivərəbl ふェイヴァラブる/ 形 都合のよい，好意的な

favorite 小 A1 /féivərit ふェイヴァリト/

图 お気に入り，人気者

── 形 お気に入りの，大好きな ➡名詞の前にだけつける.

• my **favorite** subject [dish] 私の大好きな教科[料理]

• Who is your **favorite** ball player? あなたの好きな野球選手は誰(だれ)ですか.

favour /féivər ふェイヴァ/ 图 動 (英) =favor

favourable /féivərəbl ふェイヴァラブる/ 形 (英) =favorable

favourite /féivərit ふェイヴァリト/ 图 形 (英) =favorite

fax /fǽks ふァクス/ 图 ファックス

── 動 ファックスで送る

FBI /éfbiːái エふビーアイ/ 略 (**the FBI** で) 米国連邦(れんぽう)捜査(そうさ)局 ➡the Federal Bureau of Investigation. 司法省に属する捜査機関で，各州にまたがる犯罪やスパイなど国内治安事件を扱(あつか)う.

FC 略 サッカークラブ ➡football club.

fear A2 /fíər ふィア/ 图 恐(おそ)れ，恐怖(きょうふ)；心配

• cry from **fear** 怖(こわ)くて泣く

• He had a **fear** of high places. 彼は高い所が怖かった[高所恐怖症(きょうふしょう)だった].

• The child could not enter for fear of the dog. その子は犬が怖くて入れなかった.

── 動 恐れる；心配する，気遣(きづか)う

➡「恐れる」の意味ではふつう be afraid (of 〜, that 〜) を使う.

• Our dog **fears** cats. うちの犬はネコを怖がります.

fearful /fíərfəl ふィアふる/ 形 恐(おそ)ろしい；心配して

feast /fíːst ふィースト/ 图 ごちそう；祝宴(しゅくえん)

feat /fíːt ふィート/ 图 偉大(いだい)な[目覚ましい]行

い, 偉業(いぎょう); 妙技(みょうぎ), 離(はな)れ技(わざ)
feather A2 /féðər ふェざ/ 图 (1枚の)羽
ことわざ Birds of a **feather** flock together. 一つ羽[同じ羽]の鳥はいっしょに集まる. →「似た者同士はいっしょに集まる」の意味.「類は友を呼ぶ」にあたる.
ことわざ Fine **feathers** make fine birds. 立派な羽は立派な鳥を作る. →「服装だけでもちゃんとしていればどんな人でもよく見える」の意味.

feather　　　　wing

feature A2 /fíːtʃər ふィーチャ/ 图
❶ 顔のつくりの1つとしての目, 鼻, 口, あごなど; (**features** で) 目鼻だち, 顔だち
❷ 特徴(とくちょう), 特色
❸ (新聞・雑誌などの)特集[特別]記事; (ラジオ・テレビ・ショーなどの)呼び物; (映画館のプログラムのうちで中心となる)長編映画
• A **feature** of the circus is the tightrope act. そのサーカスの呼び物は綱渡(つなわた)りです.

Feb. 略 =**Feb**ruary (2月)

February 小 A1 /fébjueri ふェブュエリ, fébrueri ふェブルエリ/ fébruari ふェブルアリ/ 图
2月 →**Feb.** と略す. 詳(くわ)しい使い方は → **June**
• **in February** 2月に
• **on February** 11 (読み方: (the) eleventh) 2月11日に
• I went to Sapporo last **February**. 私はこの前の2月札幌へ行った.

語源 (February)
ラテン語で「清めの月」の意味. 昔この月には「清めの祭り」が行われた.

fed /féd ふェド/ 動 **feed** の過去形・過去分詞
federal /fédərəl ふェデラる/ 形 連邦(れんぽう)の; (**Federal** で) 米国政府の
fee A2 /fíː ふィー/ 图
❶ (弁護士・医者などの)報酬(ほうしゅう), 謝礼(金)
❷ 料金, 入場料; (しばしば **fees** で) 授業料
feeble /fíːbl ふィーブる/ 形 弱い, かよわい

(very weak)

feed 中 A1 /fíːd ふィード/ 動
三単現　**feeds** /fíːdz ふィーヅ/
過去・過分　**fed** /féd ふェド/
-ing形　**feeding** /fíːdiŋ ふィーディング/

❶ 餌(えさ)をやる, 食物を与(あた)える; 養う; 餌を食う, 草を食う
• **feed** a baby 赤ちゃんにお乳[食べ物]をやる
• She **feeds** the birds from her hand. 彼女は小鳥たちに手渡(わた)しで餌をやる.
• We **feed** our cat on canned food. = We **feed** canned food to our cat. うちではネコに缶詰(かんづめ)の餌を与えています.
• I **fed** carrots to the rabbits. 私はウサギにニンジンをやった.
• These dogs are **fed** twice a day. ここの犬には1日2回エサを与えている.
• **Feeding** the goldfish is my job. 金魚に餌をやるのは私の仕事です. → Feeding (餌をやること)は動名詞で文の主語.

❷ (機械にデータ・信号などを)送り込(こ)む
• **feed** the data into a computer コンピューターにそのデータを入れる

be fed up 《話》うんざりする, あきあきする
• I **am fed up** with his jokes. 私は彼の冗談(じょうだん)にはうんざりだ.

***feed on* [*upon*] ～** ～を食う, ～を食って生きる

── 图 (家畜(かちく)に与える)餌, 飼料

feedback /fíːdbæk ふィードバック/ 图 (情報・サービスなどに対する受け手の)反応, 意見; フィードバック
• get positive [negative] **feedback** from the readers 読者からの好意的[否定的]な反応を得る

feel 中 A1 /fíːl ふィーる/ 動
三単現　**feels** /fíːlz ふィーるズ/
過去・過分　**felt** /félt ふェるト/
-ing形　**feeling** /fíːliŋ ふィーりング/

❶ (体・心に)感じる; (触(さわ)ると)～の感じがする, 気分が～である
基本 **feel** (a) pain 痛みを感じる, 痛い → feel+名詞.
• **feel** the warmth of the sun 太陽の暖かさを感じる
• **feel** the house shake 家が揺(ゆ)れるのを感じる → feel A do は「Aが～するのを感じる」.

fence

- I **feel** (that) he loves me. なんだか彼私のことを愛しているような気がするわ．
- 基本 **feel** cold 寒く感じる，寒い →feel＋形容詞．
- **feel** happy うれしい(と感じる)，幸せだ
- **feel** sorry かわいそうな気がする，残念に思う，すまなく思う
- **feel** sad 悲しくなる
- **feel** down 気持ちが沈む，落ち込む
- **feel** bad 気まずい思いをする
- **feel** proud 誇らしく思う
- **feel** sleepy 眠くなる
- Don't **feel** alone. (ひとりぼっちだと思って)寂しがらないで．
- I did not **feel** well yesterday. 私は昨日気分が悪かった．

How do you **feel** today?—I **feel** better today.
きょうは気分はどうですか．—きょうは(昨日より)気分がいいです．

- Velvet **feels** smooth. ビロードは(手触り)がすべすべしている．
- He **felt** the need of a common language. 彼は共通語の必要を感じた．
- My head **felt** clear. 私の頭はさえていた．
- How are you **feeling** today? きょうは気分はどうですか．→How do you feel? よりも feel の意味を強調する形の現在進行形．

❷ 触る，触れる，触ってみる；手で探る
- **feel** his pulse 彼の脈に触れる[脈をみる]
- Mother **feels** the baby's bottle and checks if the milk is warm. 母は哺乳瓶に触ってミルクが温かいかどうか確かめます．

feel for ～ ① ～を手探りで捜す
- He **was feeling** in the bag **for** the key. 彼は手探りでかばんの中のカギを捜していた．

② ～に同情する
- I **felt for** her. 私は彼女に同情した．

feel like ～ ① 手触りが～のようである
- It **feels like** silk. それは手触りが絹のようだ．

② ～したい気がする；～しそうである
- I don't **feel like** (taking) a walk. 私は散歩をする気にならない．
- It **feels like** snow today. きょうはどうやら雪になりそうだ．→It は漠然と「天候」を表す．

feel one's way 手探りで進む
- In the dark I **felt my way** to the kitchen. 暗闇の中を私は手探りで台所まで行った．

feeler /fíːlər フィーら/ 图 (ふつう **feelers** で)
(動物の)触角，触毛

feeling 中 A1 /fíːliŋ フィーりング/ 動
feel の -ing 形 (現在分詞・動名詞)
— 图 ❶ 感覚，感じ
- I have a **feeling** that something good is going to happen. 何かいい事が起こりそうな気がする．

❷ (しばしば **feelings** で) 感情；気持ち；思いやり

❸ 感想，意見

feet 中 /fíːt フィート/ 图 foot の複数形
fell 中 /fél ふェる/ 動 fall の過去形
fellow /félou ふェろウ/ 图 《話》やつ，男 →下の例のように前に形容詞がつくのがふつう．
- a good **fellow** いいやつ
- Poor **fellow**! かわいそうなやつ!
— 形 仲間の，同僚の
- a **fellow** traveler 旅の道連れ

fellowship /félouʃip ふェろウシプ/ 图 連帯意識，友情，付き合い

felt¹ 中 /félt ふェるト/ 動 feel の過去形・過去分詞

felt² /félt ふェるト/ 图 形 フェルト(製の)

felt-tip(ped) /félt típ(t) ふェるト ティプ(ト)/ 形 先端がフェルト製の

female A2 /fíːmeil ふィーメイる/ 图 形 女(の)，女性(の)；雌(の) 反対語 male (男性(の))
- a **female** cat 雌ネコ

fence A2 /féns ふェンス/ 图
囲い，柵，塀

チャンクでおぼえよう feel	
□ 痛みを感じる	**feel** a pain
□ 幸せを感じる	**feel** happy
□ 赤ちゃんの手に触れる	**feel** the baby's hand
□ シルクのような手触りだ	**feel** like silk

- a wire **fence** 針金のフェンス
- a pasture **fence** 牧場の囲い
- put up a board **fence** 板塀(いたべい)を作る
—— 動 柵[塀]で囲む

fencing /fénsiŋ フェンスィング/ 名 フェンシング, 剣術(けんじゅつ)

fern /fə́ːrn ファ〜ン/ 名 《植物》シダ

ferret /férət フェレト/ 名 《動物》フェレット → イタチの一種. 以前はネズミ・ウサギを狩り出すのに使われた.

Ferris wheel /féris (h)wìːl フェリス(ホ)ウィ〜る/ 名 (遊園地などの回転式の)観覧車 → Ferris はこれを作った米国人技師の名.

ferry /féri フェリ/ (複 **ferries** /fériz フェリズ/) ❶フェリーボート →**ferryboat** ともいう.
❷渡(わた)し場, 渡船場(とせんば)

ferryboat /féribòut フェリボウト/ 名 渡(わた)し船, 連絡(れんらく)船, フェリーボート →単に **ferry** ともいう.

fertile /fə́ːrtl ファ〜トる|fə́ːtail ファ〜タイる/ 形 土地が肥えた, 肥沃(ひよく)な

fertilizer /fə́ːrtəlàizər ファ〜ティらイザ/ 名 肥料

festival 小 A1
/féstəvəl フェスティヴァる/ 名 お祭り, 祭日; 〜祭, 祭典
- a music **festival** 音楽祭
- a school **festival** 学園祭, 文化祭

fetch /fétʃ フェチ/ 動 取って来る, 連れて来る (go and bring back)

fever 中 A1 /fíːvər フィ〜ヴァ/ 名
❶熱; 熱病
- have a **fever** 熱がある
❷興奮, 熱狂(ねっきょう)

few 中 A2 /fjúː フュー/ 形 代 (比較級 **fewer** /fjúːər フューア/; 最上級 **fewest** /fjúːist フューエスト/)

❶(**a few** (〜) で) 2〜3(の〜), 少数(の〜) → 次に名詞を伴(ともな)えば形容詞, 単独なら代名詞.
基本 There are a **few** books on the shelf. 棚(たな)の上に2〜3冊の本がある. →a few+数えられる名詞の複数形.
- **a few** days ago [later] 2〜3日前[後]
- for **a few** days 2〜3日の間
- in **a few** minutes 2〜3分で
- say **a few** words ちょっとしゃべる, ひと言しゃべる
- There are **a few** stars in the sky. 空に星が少しある.

会話 What is a dragon like?—Well, it's difficult to answer in **a few** words. 竜(りゅう)はどんなものですか.—そうねえ, ひと口で言うのは難しいなあ.

❷(a をつけないで) 2〜3(の〜しかない), 少数(の〜しかない)

基本 There are **few** books on the shelf. 棚(たな)の上には2〜3冊の本しかない. →few+数えられる名詞の複数形.

POINT **a few** は「少しはある」と「ある」に重点をおき, a が付かない **few** は「少ししかない」と「ない」に重きを置く.

類似表現 **few** は数(数えられるもの)に使い, 量(数えられないもの)には **little** を使う.

- these **few** days ここ数日 →these (これら)などがついていれば a がなくても「少数の」の意味.
- a man of **few** words 口数の少ない男, 無口な男
- There are (very) **few** stars in the sky. 空に星がほとんどない. →few はしばしば **very few** という形で使う.
- I made **fewer** mistakes than Jim. 私はジムより間違(まちが)いが少なかった.

not a few =quite a few

only a few 〜 (=(very) few) ほんのわずか[少数]の〜(しか〜ない) →only がつくと否定的な意味になる. →**only a little** (〜) (**little** 成句)
- **Only a few** could answer the question. ほんの数人しかその質問に答えられなかった.

quite a few かなりたくさん(の)
- **Quite a few** people are against the plan. かなり多くの人たちがその計画に反対だ.

fiber /fáibər ファイバ/ 名 繊維(せんい); (布の)生地(きじ)

fibre /fáibər ファイバ/ 名 《英》=fiber

fickle /fíkl フィクる/ 形 (人・天候などが)気まぐれな, 移り気な, 変わりやすい

fiction A2 /fíkʃən フィクション/ 名
❶ 小説, 創作
❷ 作り話, うそ →**fact**

fiddle /fídl フィドゥる/ 名 《楽器》バイオリン (violin)

fiddler /fídlər フィドゥら/ 名 バイオリン弾(ひ)き

field 小 A1 /fíːld フィールド/ 名

❶ 畑, 田; 牧草地
• a rice **field** たんぼ
• an oil **field** 油田
• A lot of people are working in the **fields**. たくさんの人たちが畑で働いている.
POINT 「畑」はふつうあぜ道や石垣(いしがき)などで仕切られているのでいくつもの畑を念頭に置いていう時は複数形を使う.
• There are beautiful green **fields** of rice before us. 私たちの前には青々と美しい水田が広がっている.

❷ 野原
• They walked through forests and **fields**. 彼らは森や野原を歩いた.

❸ 競技場, ～場; (陸上競技場で走路 (track) の内側の) フィールド
• a baseball [playing] **field** 野球[運動]場

❹ (研究・活動などの) 分野
• a new **field** of science 科学の新分野

field dày 名 《米》(学校の) 運動会の日; 《英》 sports day); 屋外活動(日), 遠足(日)

fielder /fíːldər フィールダ/ 名 (野球・クリケットなどの) 野手 → 主に外野手を指す.

field trìp 名 遠足, 校外社会見学

fierce /fíərs フィアス/ 形 激しい, 猛烈(もうれつ)な; どう猛(もう)な

fifteen 小 A1 /fiftíːn ふィふティーン/ 名

(複 **fifteens** /fiftíːnz ふィふティーンズ/)
❶ 15; 15歳(さい)
❷ 15人[個]一組のもの, ラグビーチーム
—— 形 15の; 15人[個]の; 15歳で
• **fifteen** students 15人の学生
• It's **fifteen** minutes past ten. 10時15分過ぎだ. → It は漠然(ばくぜん)と「時間」を表す.
• I will be **fifteen** next week. 来週私は15歳になる.

fifteenth /fiftíːnθ ふィふティーンす/ 名形 15番目(の); (月の) 15日 → **15th** と略す.
• on the 15th of May = on May 15 5月15日に

fifth 中 /fífθ ふィふす/ 名形 (複 **fifths** /fífθs ふィふすす/)
❶ 5番目(の); (月の) 5日 → **5th** と略す. 使い方については → **third**
• on the **fifth** of May = on May 5 5月5日に
• The office is on the **fifth** floor of the building. 事務所はそのビルの5階〔《英》6階〕にある.

❷ 5分の1(の)
• one **fifth** = a **fifth** part 5分の1
• two **fifths** 5分の2

Fífth Ávenue 固名 五番街 → ニューヨーク市のにぎやかな大通りで, エンパイアステートビル, マディソン広場, 美術館などがある.

fiftieth /fíftiiθ ふィふティエす/ 名形 50番目(の)

fifty 小 A1 /fífti ふィふティ/ 名

(複 **fifties** /fíftiz ふィふティズ/)
❶ 50; 50歳(さい)
• He is a little under **fifty**. 彼は50歳の少し下です[50少し前です].
❷ (**fifties** で) (年齢(ねんれい)の) 50代; (世紀の) 50年代 → **fifty** から **fifty-nine** まで.
—— 形 50の; 50歳で
• **fifty** cars 50台の車
• He is **fifty** (years old). 彼は50歳です.

fig /fíg ふィグ/ 名 《植物》イチジクの実; イチジクの木 → **fig tree** ともいう.

fight 中 A1 /fáit ふァイト/ (→**gh** は発音しない) 動

三単現	**fights** /fáits ふァイツ/
過去・過分	**fought** /fóːt ふォート/
-ing形	**fighting** /fáitiŋ ふァイティング/

戦う; 殴(なぐ)り合いをする, 格闘(かくとう)する, (殴り合いの) けんかをする

類似語 **quarrel** (口げんかする)

fight

quarrel

• **fight** back 反撃(はんげき)する, 抵抗(ていこう)する

fighter 228 two hundred and twenty-eight

・**fight** (**against** [**with**]) the enemy 敵と戦う

・**fight** a battle 戦い[戦争]をする, 戦う

・**fight for** peace 平和のために戦う

・Britain **fought** with France **against** Germany. 英国はフランスと同盟してドイツと戦った.

―― 名 ❶ **戦闘**(せんとう); **格闘**, (殴り合いの)**けんか**

・have a fist **fight** with ～ ～と殴り合いのけんかをする →fist は「げんこつ」.

・win [lose] a **fight** 戦いに勝つ[負ける]

❷ **闘志**(とうし), **ファイト**

fighter A2 /fáitər ファイタ/ 名

❶ **戦う人, 戦士, 闘士**(とうし)

❷ **ボクサー**

❸ **戦闘**(せんとう)**機**

fighting /fáitiŋ ファイティング/ 名 **戦い, 戦闘**(せんとう); **格闘**(かくとう); **けんか**

fighting spírit 名 **闘志**(とうし), **ファイト**

figure 中 A2 /fígjər ふィギャ|fígə ふィガ/ 名

❶ **姿, 形**; (絵・彫刻(ちょうこく)に表された)**像, 肖像**(しょうぞう)

・She has a good **figure**. 彼女はスタイルがいい.

❷ **人物** →いい意味で社会的に目立っている人について使う.

・Mr. Bond is a well-known **figure** in our town. ボンド氏は私たちの町ではよく知られた人物[名士]です.

❸ **数字, 数**; (**figures** で) **計算, 算数**

・the **figure** 8 数字の8, 8の字

・a six-**figure** telephone number 6桁(けた)の電話番号

・be good at **figures** 計算が得意である

❹ **図形, 模様**

・See **Fig.** 2 図2を見よ. →**Fig.** は figure の省略形.

―― 動 《米話》**～だと思う** (think)

・I **figured** that he would arrive before noon. 彼は正午前に到着(とうちゃく)すると思いました.

figure out (計算して(答えなど)を)**出す**; (よく考えて)**解決する**

fígure skàter 名 **フィギュアスケート選手**

fígure skàting 名 **フィギュアスケート →** 元は氷上にいろいろな模様 (figure) を描(えが)きながら滑(すべ)たことからこう呼(よ)んだ.

file¹ A1 /fáil ふァイる/ 名

❶ **ファイル, 書類整理用具 →整理箱・ケース・とじ込(こ)み帳など.**

❷ **整理された書類[情報], とじ込み, ファイル**

❸ 《コンピューター》**ファイル**

on file **ファイルに整理されて**

―― 動 **ファイルする, とじ込みで整理する**; **提出する**

file² /fáil ふァイる/ 名 **やすり**

file³ /fáil ふァイる/ 名 **縦列**

Filipino /filipí:nou ふィりピーノウ/ 名 (複 **Filipinos** /filipí:nouz ふィりピーノウズ/)

❶ **フィリピン人 →Philippines**

❷ **フィリピノ語 →**フィリピンの土着言語タガログ語 (Tagalog) を標準化したもので, フィリピン共和国の公用語の1つ.

―― 形 **フィリピンの; フィリピン人の**

fill 中 A1 /fíl ふィる/ 動 **満たす, いっぱいにする**; **満ちる, いっぱいになる**

・**fill** a glass **with** water コップを水で満たす

・The glass **is filled with** water. コップは水で満たされている. →**is** [助動] ❷

・My heart was **filled with** joy. 私の心は喜びにあふれた.

・The bath **filled** slowly. 浴槽(よくそう)はだんだんいっぱいになった.

・The room **filled with** fresh air. 部屋いっぱいに新鮮(しんせん)な空気が入ってきた.

fill in (空所などを)**埋**(う)**める**; (用紙に)**書き込**(こ)**む**

・**Fill in** the blanks with suitable words. 適切な言葉で空所を埋めよ.

fill out (用紙などに)**書き込む**

fill up **いっぱいに満たす[満ちる]**

filling station /fíliŋ stèiʃən ふィりング ステイシ ョン/ 名 《米》**ガソリンスタンド** (gas station) (《英》petrol station)

film A2 /fílm ふィるム/ 名

❶ **映画** (motion picture)

・a **film** star 映画スター

❷ (プラスチックなどの)**薄い膜**, (写真などの)**フィルム**

・a roll of **film** 1本のフィルム, フィルム1本

filter /fíltər ふィるタ/ 名 **ろ過器**; (カメラの)**フィルター**

―― 動 **ろ過する**

fin /fín ふィン/ 名 (魚の)**ひれ**

final 中 A2 /fáinl ふァイヌる/ 形 **最後の** (last); **最終的な, 決定的な**

・the **final** contest 決勝(戦)

— 名 ❶(ときに finals で) 決勝試合, 決勝戦
❷ 期末試験; 《英》卒業試験
finale /fináːli ふィナリ, fináːli ふィナーリ/ 名
《音楽》終楽章, 終曲, フィナーレ;《演劇》最後の幕, 大詰め
finalist /fáinəlist ふァイナリスト/ 名 決勝戦出場者
finally 中 A2 /fáinəli ふァイナリ/ 副
最後に, ついに (in the end)
・**Finally** her dream has come true. ついに彼女の夢はかなった.
finance /fáinæns ふァイナンス, finǽns ふィナンス/ 名 ❶ 財政; 金融(きんゆう)
❷ (**finances** で) 資金; 財政状態
financial /finǽnʃəl ふィナンシャる, fainǽnʃəl ふァイナンシャる/ 形 財政上の, 金銭上の

find 小 A1 /fáind ふァインド/

| 動 ❶ 見つける　　　　　　　　　　意味 map
|　 ❷ 〜とわかる; 〜であることがわかる

—— 動
三単現 **finds** /fáindz ふァインヅ/
過去・過分 **found** /fáund ふァウンド/
-ing形 **finding** /fáindiŋ ふァインディング/

❶ 見つける, 見いだす
基本 **find** a key 鍵(かぎ)を見つける →find＋名詞.
・**find** a dime on the floor 床(ゆか)の上に10セントが落ちているのを見つける
・He **finds** a part-time job every summer. 毎年夏に彼はアルバイトを見つける.
・He **found** me a good seat. ＝ He **found** a good seat for me. 彼は私によい座席を見つけてくれた. →前の文は find A B で「AにBを見つけてやる」.
・Gold **was found** in California in 1848. 1848年にカリフォルニアで金が発見された. →受け身の文. →**was** 助動 ❷
❷ (〜してみて)〜とわかる; (**find that 〜** で) 〜であることがわかる
基本 **find** the book interesting その本を(読んでみて)おもしろいとわかる
POINT find *A B* (形容詞)で「AがBであるとわかる」. find an interesting book は「おもしろい本を見つける」.
・I **found** him asleep [dead]. (見ると)彼が

find 小 A1 /ふァインド/

三単現 **finds** /ふァインヅ/　　　　過去・過分 **found** /ふァウンド/
-ing形 **finding** /ふァインディング/

 教科書によく出る **意味**

動 ❶ 見つける
　 I **found** a good recipe on the Internet. ネットでいいレシピを見つけた.

❷ (〜してみて)〜とわかる
　 He **found** that she was crying. 彼は彼女が泣いているとわかった.
　 You'll **find** the book interesting.
　 (読んでみれば) その本がおもしろいとわかるよ.

教科書によく出る **連語**

find out 見つけ出す, 知る, わかる
　 Let's **find out** more information. もっと多くの情報を見つけ出そう.

finder

眠(ねむ)って[死んで]いるのがわかった[彼は眠って[死んで]いた].
- He was **found** dead. 彼は死んでい(るのが発見され)た.
- I **found** him honest [friendly]. (どうかと思ったら)彼は正直[好意的]だった.
- I **found** it difficult [easy] to climb the tree. その木に登ることは[困難[簡単]だとわかった⇨]困難[簡単]だった. →it=不定詞 to climb (登ること)以下. →**to ❾** の①
- If you talk to him, you'll **find that** he is a good man. 彼と話してみれば, 彼がいい人だということがわかるでしょう.

find* one*self (気がつくと)〜にいる[〜になっている, 〜である]
- I **found myself** in a strange room. (気がつくと)私は見たこともない部屋にいた.
- I awoke one morning and **found myself** famous. ある朝目覚めると私は有名になっていた.

find out 見つけ[さがし]出す, 見破る, わかる

finder /fáindər ファインダ/ 名
❶ 発見者
❷ (カメラの)ファインダー

fine¹ 小 A1 /fáin ファイン/

形 ❶ すばらしい　　意味map
　　❷ (天気が)晴れの
　　❸ 元気な[で], 健康な[で]
副　うまく

── 形 (比較級 **finer** /fáinər ファイナ/; 最上級 **finest** /fáinist ファイネスト/)

❶ **すばらしい**, すてきな, 立派な, よい
基本 a **fine** picture すばらしい絵 →fine+名詞.
- a **fine** play ファインプレー, 妙技
- a **fine** new dress 新しいすてきな服
- a **fine** musician すばらしい音楽家

Will that be too early?—No, that'll be **fine**.
それでは早過ぎますか.—いや, それでけっこう. →be 動詞+fine.

How about a cup of tea?—**Fine**!
お茶を1杯(ぱい)いかがですか.—いいですね!

❷ (天気が)**晴れの**, 晴れて
- a **fine** day 晴れた日
- It was **fine** yesterday. 昨日はよい天気でした. →It は漠然(ばくぜん)と「天候」を表す.

❸ **元気な[で], 健康な[で]** (well) →この意味では名詞の前にはつけない.
- You're looking **fine**. 元気そうですね.

How are you?—I'm **fine**, thank you.
いかがですか.—ありがとう, 元気です.

How are you ?　I'm fine, thank you.

❹ **細かい, 細い, 鋭(するど)い; 繊細(せんさい)な**
- **fine** rain [snow] 霧雨(きりさめ)[粉雪]
- a **fine** ear for music 音楽に対する鋭い耳
- The baby has very **fine** hair. この赤ちゃんはとても細い髪(かみ)の毛をしている.

── 副 (比較級 **finer** /fáinər ファイナ/; 最上級 **finest** /fáinist ファイネスト/)
《話》**うまく, 立派に, 元気に; 細かく**

fine² /fáin ファイン/ 名 **罰金**(ばっきん)
── 動 **罰金を科する**

fíne árt 名 (絵画・彫刻(ちょうこく)・建築などの)**美術, 美術[芸術]作品; (the fine arts で)**(美術に音楽・文学なども含(ふく)めて)**芸術; (教科の)美術**

finger 中 /fíŋgər フィンガ/ 名
手の指 →ふつうは親指 (thumb) 以外をいう.
関連語 **toe** (足の指)
- the index **finger** 人差し指 →the first finger, the forefinger ともいう.
- the middle [ring, little] **finger** 中[薬, 小]指
- count on *one's* **fingers** 指で数える

チャンクでおぼえよう find	
□ 鍵(かぎ)を見つける	**find** a key
□ その本が面白いとわかる	**find** the book interesting
□ 何が起きたのかわかる	**find** out what happened

fingernail /fíŋgərneil ふィンガネイる/ 名 指の爪(つめ)

fingerprint /fíŋgərprint ふィンガプリント/ 名 指紋(しもん)

finish 中 A1 /fíniʃ ふィニッシュ/ 動 (三単現) **finishes** /fíniʃiz ふィニッシェズ/ 過去・過分 **finished** /fíniʃt ふィニッシュト/ -ing形 **finishing** /fíniʃiŋ ふィニッシング/)

終わらせる, 終える; 終わる, 済む; ゴールインする

基本 finish one's breakfast 朝食を終える →finish+名詞.

•**finish** one's school 学校を終える[卒業する]

•Can you **finish** in time? 期限までに終えることができますか.

•He usually **finishes** his homework before supper. 彼はたいてい夕食前に宿題を終わらせる.

•The movie **finished** at 9:30. 映画は9時半に終わった.

•She **finished** first in the race. 彼女はそのレースで1位でゴールインした. →「ゴールイン」は和製英語.

•He **finished** writing a letter. 彼は手紙を書き終わった.

POINT 動名詞 writing (書くこと)は finished の目的語.「〜をし終わる」を ×finish to do としない.

•I've (=I have) just **finished** dinner. 私はちょうど食事を終えたところです. →現在完了(かんりょう)の文. →have [助動] ❶

•**Have** you already **finished** your homework? 君はもう宿題はしてしまったの? →現在完了の文.

•Please wait until this song **is finished**. この歌が終えられる[終わる]まで待ってください. →受け身の文. →is [助動] ❷

•I'm **finished**. 私はもうおしまいだ. →この finished は過去分詞が形容詞(終わりになった, 力尽(つ)きた)として使われたもの.

—— 名 (複) **finishes** /fíniʃiz ふィニッシェズ/)

❶ 終了(しゅうりょう), 最後

❷ 決勝線, ゴール →finish line ともいう.

❸ (表面の)仕上げ, 磨(みが)き

Finland /fínlənd ふィンらンド/ 固名 フィンランド →北欧(ほくおう)の共和国. 首都はヘルシンキ. 公用

語はフィンランド語・スウェーデン語.

Finn /fín ふィン/ 名 フィンランド人

Finnish /fíniʃ ふィニッシュ/ 形 フィンランドの; フィンランド人[語]の

—— 名 フィンランド語

fir /fə́:r ふァ〜/ 名 《植物》モミの木 →クリスマスツリーとして使われる.

fire 小 A1 /fáiər ふァイア/ 名 (複) **fires** /fáiərz ふァイアズ/)

❶ 火 →この意味では ×a fire, ×fires などとしない.

•catch [take] **fire** 火がつく

•set **fire** to 〜 〜に火をつける[放火する]

ことわざ No smoke [There is no smoke] without **fire**. 火のない所に煙(けむり)は立たない. →「うわさが立つにはそれなりの事実があるはずだ」の意味.

❷ (暖炉(だんろ)・料理の)火, たき火 →普通(ふつう)名詞として扱(あつか)うので a fire, fires などの形をとる.「暖炉や料理用の火」の時は **the fire** という.

類似語 マッチ・ライター・タバコの「火」は **light**.

•make [build] a **fire** たき火をする, 火をおこす

•light a **fire** 火をつける

•sit by **the fire** 暖炉の火のそばに[炉端(ろばた)に]座(すわ)る

•Put a pan on **the fire**. 鍋(なべ)を火にかけなさい.

❸ 火事

•A big **fire** broke out in my neighborhood last winter. 去年の冬うちの近所で大火事が起きた.

•"**Fire!**" he cried. 「火事だ!」と彼は叫(さけ)んだ.

on fire 燃えて, 火事で

•The tall building is **on fire**. 高い建物が燃えている.

—— 動 ❶ 発射する, 発砲(はっぽう)する

•**fire** off 発射する; (質問・非難などを)浴びせる.

•**fire** a gun 拳銃(けんじゅう)を発射する

•**fire** at 〜 〜に向かって発砲する

❷ 火をつける; 火がつく; (陶器(とうき)などを)焼く

❸ (話) 解雇(かいこ)する, 首にする (dismiss)

fíre alàrm 名 火災報知機; 火災警報

fireboat /fáiərbout ふァイアボウト/ 名 《米》消防艇(てい)

firecracker /fáiərkrækər ふァイアクラカ/ 名

かんしゃく玉
fíre drìll 图 防火訓練
fíre èngine 图 消防自動車
fíre escàpe 图 非常階段, 避難(ひなん)ばしご
fíre extìnguisher 图 消火器
firefighter /fáiərfaitər ふァイアふァイタ/ 图 消防士 → **fire fighter** と2語にもつづる.
firefly /fáiərflai ふァイアふらイ/ 图 (飯 **fireflies** /fáiərflaiz ふァイアふらイズ/) 《虫》ホタル
firehouse /fáiərhaus ふァイアハウス/ 图 《米》消防署 (fire station)
fíre hỳdrant 图 消火栓(せん) →単に **hydrant** とも.
fireman /fáiərmən ふァイアマン/ 图 (飯 **firemen** /fáiərmən ふァイアマン/) (特に男性の)消防士 → **firefighter**
fireplace /fáiərpleis ふァイアプれイス/ 图 暖炉(だんろ) →部屋の壁(かべ)の中に設けた炉(ろ)で, 冬は家庭生活の中心となる.
fireproof /fáiərpru:f ふァイアプルーふ/ 形 耐火(たいか)性の, 防火の → **-proof**
fireside /fáiərsaid ふァイアサイド/ 图 炉端(ろばた)
fíre stàtion 图 消防署
firewood /fáiərwud ふァイアウド/ 图 薪(たきぎ), まき
- gather [chop] **firewood** まきを集める[割る] →×a firewood, ×firewoods としない.

firework 小 /fáiərwə:rk ふァイアワ〜ク/ 图 (しばしば **fireworks** で) 花火
- do **fireworks** 花火をする[して遊ぶ]
- **fireworks** maker 花火師; 花火製造者
- **fireworks** artist 花火師 →花火を作るだけでなく, デザインやショーのプログラムなどを含(ふく)めて演出する仕事を意識した言い方.

firm¹ /fə́:rm ふァ〜ム/ 图 会社, 商店 →内容や規模の大小に関係なく2人以上で経営されるもの.
firm² /fə́:rm ふァ〜ム/ 形 堅(かた)い; しっかりした; 断固とした
firmly /fə́:rmli ふァ〜ムり/ 副 堅(かた)く, しっかりと; 断固として

first 小 A1 /fə́:rst ふァ〜スト/ 形 (→比較変化なし)
第一の, 一番目の, 最初の 反対語 **last** (最後の)
使基本 the **first** week 第一週 → the first+名詞.
- the **first** train 一番電車[列車], 始発
- my **first** love 私の初恋(はつこい)(の人)
- the **first** day of the month 月の最初の日, ついたち
- the **first** snow of the season 初雪
- win **first** prize 1等賞をとる

first　　last

- the **first** five pages of the book その本の初めの5ページ
- the **first** guest to arrive 最初にやって来たお客 →不定詞 to arrive (到着(とうちゃく)した〜)は guest を修飾(しゅうしょく)する.

POINT first, second, last のように順番を表す語に不定詞が続く時は, その不定詞を「〜した」と過去のように訳すとよい.

- I'm in the **first** year of junior high school. 私は中学校の1年です.
- This is my **first** visit to Paris. (これはパリへの私の最初の訪問です ⇨)私がパリへ来たのはこれが初めてです.

── 副 (→比較変化なし)
第一に, まず, 最初に, 初めて
- Will you speak **first**? 君が最初に話してくれますか.
- May finished the test **first**, and I finished second. メイが最初にテストを終え, 私が次に終えた.
- I **first** met her in Paris ten years ago. 私は10年前にパリで初めて彼女に会った.

── 图 (飯 **firsts** /fə́:rsts ふァ〜スツ/)
第一; 最初の人[物]; (月の)ついたち →日の場合は **1st** と略す.
- on the **1st** of April=on April 1 (読み方: (the) first) 4月1日に
- Elizabeth the **First**=Elizabeth I エリザベス1世
- He was the **first** to come here. 彼はここへ来た最初の人だった[彼が最初にここへ来た]. →不定詞 to come (来る〜) は the first を修飾する. → **first** 形 POINT

at first 最初は, 初めのうちは
- **At first** he wasn't friendly to me. 最初は彼は私に友好的でなかった.

first of all 何よりもまず，まず第一に
for the first time 初めて
from the first 最初から
in the first place まず第一に
the first time 最初(は); (the first time 〜で)(接続詞のように使って)最初に〜した時は
- Is this **the first time** (that) you have been here? あなたがここに来たのはこれが初めてですか．
- **The first time** I met you, you were only ten. 私が君に最初に会った時，君はまだ10歳(さい)だった．

fírst áid 名 応急手当，応急処置
first-aid /fə́ːrst eid ファ〜スト エイド/ 形 救急の，応急の
- a **first-aid** kit 救急箱

first-class /fə́ːrst klǽs ファ〜スト クラス/ 形 第一級の，一流の; (乗り物の等級が)ファーストクラスの
— 副 ファーストクラスで

fírst fínger 名 (the をつけて)人差し指 (forefinger)

fírst flóor 名 (the をつけて)《米》1階; 《英》2階 → **floor**

fírst lády 名 (ふつう the First Lady で)《米国》大統領[州知事]夫人

firstly /fə́ːrstli ファ〜ストリ/ 副 まず，第一に →firstly …, secondly …, thirdly …, のように列挙(れっきょ)する．

fírst náme A2 名 (姓名(せいめい)の)名，ファーストネーム →given [Christian] name ともいう．親しい間では first name を呼び捨てにする．姓(せい)(家の名)は last name. → **name**
- Please call me by **first name**. (他人行儀(ぎょうぎ)でなく)私をファーストネームで呼んでください．

fish 小 A1 /fíʃ フィシュ/ 名 (複 **fish**, **fishes** /fíʃiz フィシェズ/)
❶ 魚
POINT 単数も複数も同じ形．ただし，異なった種類の魚をいう時の複数形は **fishes** /fíʃiz フィシェズ/ とすることがある．
- a fish 1匹(ぴき)の魚
- ten fish 10匹の魚
- catch a lot of fish たくさん魚をとる

❷ 魚肉 →×a fish, ×fishes としない．
- I like meat, but I don't like **fish**. 私は肉は好きだが，魚(肉)は嫌(きら)いです．

イメージ (fish)
日常生活では「生ぐささ」や「どんよりした目」を連想させることが多い．釣り人の話にはほら話が多いことから fish story (魚の話)というと「ほら話」という意味になる．水中で口をぱくぱくさせいつも水を飲んでいるように見えることから drink like a fish (魚のように酒を飲む)は「大酒を飲む」の意味．

— 動 魚をとる，釣りをする，釣る → **fishing**
- **fish** in the river for salmon 川でサケの漁をする

go fishing 魚釣りに行く
- I went **fishing** in the river yesterday. 私は昨日川へ魚釣りに行った． →「川へ」を ×to the river としない．

físh and chíps 名 フィッシュアンドチップス →タラなど白身の魚のフライにフライドポテト (chips) を添(そ)えた，英国で最も大衆的な食べ物．

fishbowl /fíʃboul フィシュボウル/ 名 金魚鉢(ばち)
físh dèaler 名 《米》魚屋さん(人) (《英》 fishmonger)
fisher /fíʃər フィシャ/ 名 漁師
fisherman A2 /fíʃərmən フィシャマン/ 名 (複 **fishermen** /fíʃərmən フィシャマン/) 漁師，釣(つ)り人

fishing 小 A1 /fíʃiŋ フィシング/ 名
魚釣(つ)り; 漁業 →レクリエーション・スポーツとしてのものにも職業としてのものにもいう．

— 形 釣りの; 漁業の
- a **fishing** boat [village] 漁船[漁村]

fishmonger 234 two hundred and thirty-four

• a **fishing** line [rod] 釣り糸[ざお]

fishmonger /fíʃmʌŋɡər ふィシュマンガ/ 名
《英》魚屋さん(人)(《米》fish dealer)

físh store 名 《米》鮮魚店(《英》fishmonger's)

fist /físt ふィスト/ 名 げんこつ, 拳(こぶし)

fit¹ [A2] /fít ふィト/ 形 (比較級 **fitter** /fítər ふィタ/; 最上級 **fittest** /fítist ふィテスト/)

❶ 適した, 適当な
• She is not **fit for** this job. 彼女はこの仕事には向いていない.
• This water is not **fit to** drink. この水は飲むのに適していない.

❷ 健康な, 丈夫(じょうぶ)な → 名詞の前にはつけない.
• I jog every morning to keep (myself) **fit**. 私は健康を保つために毎朝ジョギングする.

── 動 (三単現 **fits** /fíts ふィツ/; 過去・過分 **fitted** /fítid ふィテド/, **fit**; -ing形 **fitting** /fítiŋ ふィティング/)

合う, 適する; (〜に)合わせる; 取り付ける, はめる
• The suit **fits** (you) very well. そのスーツは(あなたに)とてもよく合う.
• Those shoes are too small. They don't **fit** me. あの靴(くつ)は小さ過ぎて私には合わない.
• Mom **fitted** the dress on me. 母はそのドレスを私に合わせてみた.

── 名 (衣服などの)合い具合, フィット

fit² /fít ふィト/ 名 (病気・感情の)発作(ほっさ), ひきつけ

fítting ròom 名 試着室

five 小 [A1] /fáiv ふァイヴ/ 名 (複 **fives** /fáivz ふァイヴズ/)

5; 5時; 5分; 5人[個]; 5歳(さい) → 使い方については → **three**

関連語 Lesson **Five** (= The **Fifth** Lesson) 第5課
• It is **five** minutes past **five**. 5時5分過ぎです. → It は漠然(ばくぜん)と「時間」を表す.

── 形 5の; 5人[個]の; 5歳で
• **five** apples 5つのリンゴ
• He is only **five** (years old). 彼はまだ5歳です.

fix [A2] /fíks ふィクス/ 動 ❶ 固定する, 取り付ける; (目・心などを)じっと注ぐ
• **fix** a mirror to the wall 壁(かべ)に鏡を取り付ける
• She **fixed** her eyes on the screen. 彼女

はスクリーンをじっと見つめた.

❷ 定める, 決める
• **fix** a day for the party パーティーの日を決める

❸ 直す, 修理する (repair) → **mend**
• **fix** a radio ラジオを修理する

❹《米》調理する, 作る

fixed /fíkst ふィクスト/ 形 固定した; 据(す)え付けられた; 定められた; 揺(ゆ)るがない

FL 略 =Florida

flag [A1] /flǽɡ ふらグ/ 名 旗
• the national **flag** 国旗

flake /fléik ふれイク/ 名 薄(うす)いかけら, 薄片(はくへん); (ひらひら舞(ま)い落ちる雪の)ひとひら

flame /fléim ふれイム/ 名 炎(ほのお), 火炎(かえん)
• a candle **flame** ろうそくの炎
• The building was **in flames**. そのビルは炎に包まれていた.

flamenco /fləménkou ふらメンコウ/ 名 (複 **flamencos** /fləménkouz ふらメンコウズ/)
フラメンコ → スペイン南部の伝統的な踊り[曲]

flamingo /fləmíŋgou ふらミンゴウ/ 名 (複 **flamingo(e)s** /fləmíŋgouz ふらミンゴウズ/) フラミンゴ, ベニヅル

flap /flǽp ふらプ/ 名 ❶ 軽く打つこと[音]
❷《垂れ下がって動く部分》(ポケットの)たれぶた, (封筒(ふうとう)の)折り返しぶた

── 動 (三単現 **flaps** /flǽps ふらプス/; 過去・過分 **flapped** /flǽpt ふらプト/; -ing形 **flapping** /flǽpiŋ ふらピング/) ぱたぱた動かす; ぱたぱた動く, (鳥が)羽ばたきする

flash /flǽʃ ふらシュ/ 動 ❶ ぱっと光る, ひらめく; ひらめかせる, ぱっと照らす
• The lightning **flashed** across the sky. 稲妻(いなずま)がぱっと空にひらめいた.
• The ship **flashed** its signal lights. 船は光の信号を発した.

❷ (さっと)通り過ぎる
• A sports car **flashed** by. スポーツカーがそばをさっと走り過ぎた.

── 名 ❶ (ぱっと発する)光, きらめき; ひらめき; 瞬間
• a **flash** of lightning 電光, 稲光(いなびかり)
• **in a flash** 一瞬(いっしゅん)のうちに, たちまち
❷ (撮影(さつえい)用の)フラッシュ (flashlight)

flashlight /flǽʃlait ふらシュらイト/ 名 ❶《米》懐中(かいちゅう)電灯 (《英》torch) ❷ (写真撮影(さつえい)用)フラッシュ

flask /flǽsk ふらスク/ 名 ❶(実験用)フラスコ
❷(水筒(すいとう)などの)瓶(びん)

flat¹ /flǽt ふらト/ 形 (比較級 **flatter** /flǽtər ふらタ/; 最上級 **flattest** /flǽtist ふらテスト/)
❶平たい
❷平板で単調な, 味のない; 味もそっけもない
❸空気の抜(ぬ)けた, 平べったくなった
── 副 (→比較変化なし)
❶そっけなく, きっぱりと; はっきり
❷ちょうど, きっかり
── 名 《音楽》フラット, 変音記号(♭)→ **sharp** 名

flat out ①全速力で, 一生懸命(けんめい)に
②(言葉を)はっきりと, きっぱり

flat² A1 /flǽt ふらト/ 名 《英》(マンション, アパートの)部屋, フラット(《米》apartment) →マンションのワンフロアのうち1世帯が使う部分.
•a block of **flats** マンション1棟(とう)(《米》apartment building)

flavor /fléivər ふれイヴァ/ 名 味, 風味
── 動 味をつける, 風味を添(そ)える

flavour /fléivər ふれイヴァ/ 名 動 《英》= flavor

flavo(u)ring /fléivəriŋ ふれイヴァリング/ 名 調味料; 味付け, 風味

flaw /flɔ́ː ふろー/ 名 ❶(宝石・陶磁器(とうじき)などの)傷, ひび(crack) ❷欠点, 弱点, 欠陥(けっかん)

flea A2 /flíː ふりー/ 名 《虫》ノミ

fléa màrket 名 (古物や不用品を売る)ノミの市, フリーマーケット →free market は「自由市場(しじょう)」.

fled /fléd ふれド/ 動 **flee** の過去形・過去分詞

flee /flíː ふりー/ 動 (三単現 **flees** /flíːz ふりーズ/; 過去・過分 **fled** /fléd ふれド/; -ing形 **fleeing** /flíːiŋ ふりーイング/)
逃(に)げる(run away (from))

fleece /flíːs ふりース/ 名 羊の毛皮 →**wool**

fleet /flíːt ふりート/ 名 艦隊(かんたい); (同一行動をとる)車[飛行船・船舶(せんぱく)など]の一隊

flesh /fléʃ ふれシュ/ 名
❶(動物・果実などの)肉
類似語 **meat** (食用の動物の肉)
❷(the flesh で)(精神・魂(たましい)などに対して)肉体(body)

flew /flúː ふるー/ 動 **fly**¹ の過去形

flexible /fléksəbl ふれクスィブる/ 形 よく曲がる, しなやかな, 柔軟(じゅうなん)な; 融通(ゆうずう)のきく

flier /fláiər ふらイア/ 名 ❶旅客機の利用者, 飛行

士, パイロット ❷(広告の)ちらし

flies /fláiz ふらイズ/ 動 名 **fly**¹ 動 の3人称(しょう)単数現在形; **fly**¹, **fly**² 名 の複数形

flight 小 A2 /fláit ふらイト/ (→gh は発音しない)
名 ❶飛ぶこと, 飛行; 飛行機の旅, 飛行便
•Have a nice **flight**. すてきな空の旅を.
•John took **Flight** 102 **to** Paris. ジョンは102便の飛行機でパリへ行った. →102 の読み方: one o /オウ/ two.
❷(階と階をつなぐひと続きの)階段
•a **flight** of stairs (ひと続きの)階段
•a landing between the **flights** of stairs 階段と階段の間の踊(おど)り場

flíght attèndant 名 (旅客(りょかく)機の)客室乗務員 →今は stewardess, steward よりも好まれる言い方.

flíght tìme 名 飛行時間

fling /flíŋ ふりング/ 動 (三単現 **flings** /flíŋz ふりングズ/; 過去・過分 **flung** /flʌ́ŋ ふらング/; -ing形 **flinging** /flíŋiŋ ふりンギング/)
投げつける, 放り出す

flip /flíp ふりプ/ 動 (三単現 **flips** /flíps ふりプス/; 過去・過分 **flipped** /flípt ふりプト/; -ing形 **flipping** /flípiŋ ふりピング/) (指先などで)はじく, はじき上げる[落とす]; ぽんとほうる
•**flip** a coin (あることを決めるために)コインをはじき上げる

flíp bòok 名 パラパラマンガ →この辞典の右上・左上のシロクマをよく見ると…

flipper /flípər ふりパ/ 名 (クジラ・アザラシなどの)水かき, (ダイバーが足に付ける)フィン, 足ひれ

float A2 /flóut ふろウト/ 動 浮(う)く, (浮いて)流れる; 浮かべる
•**float** on water 水に浮く
•**float** down a river 川を流れ下る
•**float** a toy boat in the water おもちゃの舟(ふね)を水に浮かべる
── 名 ❶(祭り・パレードなどの)山車(だし)
❷《米》(アイスを浮かべた飲み物の)フロート
❸浮かぶもの; (釣(つ)りの)浮き; 浮き袋, 救命具; いかだ

flock /flák ふらク/ 名 (羊・ヤギ・鳥・人などの)群れ
── 動 群がる
ことわざ Birds of a feather **flock** together. 同じ羽の鳥はいっしょに集まる. →「同じ傾向(けいこう)を持った者同士は自然にいっしょになる」の意味.「類は友を呼ぶ」にあたる.

flood

関連語（群れ）
- **crowd**（密集した人の集まり）
- **herd**（牛などのように大きな家畜(かちく)の群れ）
- **pack**（猟犬(りょうけん)・オオカミなどの群れ）
- **swarm**（ミツバチ・虫などの群れ）
- **school**（魚の群れ）

flood A2 /flʌ́d ふらド/ 名 大水, 洪水(こうずい)
── 動（川などが）氾濫(はんらん)する;（川の氾濫・大雨などが）～を水浸(びた)しにする; 水浸しになる
- The river **flooded** the village. 川が(氾濫して)村を水浸しにした.
- The basement **flooded**. 地下室が水浸しになった.

floor 中 A1 /flɔ́ːr ふろー/ 名

❶（家屋・ビルなどの）床(ゆか) → 船・電車・バスなどの「床」は deck.
- the kitchen **floor** 台所の床

❷（1階・2階の）階 →「～階建ての家」などの「階」のように高さをいう時は story を使う. → story²
- This elevator stops at every **floor**. このエレベーターは各階に止まる.
- How many **floors** does the building have? そのビルは何階ありますか.

POINT アメリカでは地面と同じ高さの階を the first floor というが, イギリスなどヨーロッパの国では the ground floor はいわば「0階」として数に入れず, 日本でいう2階が the first floor となる.

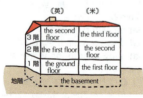

floppy disk /flɑ́pi dísk ふらピ ディスク/ 名 フロッピーディスク → コンピューターのデータ記録用磁気円盤(えんばん). 単に **floppy**（複 **floppies** /flɑ́piz ふらピズ/）ともいう.

Florida /flɔ́ːrədə ふろーリダ/ 固名 フロリダ → 米国東海岸南端(たん)の州. 避寒(ひかん)地として有名. **Fla.**,（郵便で）**FL** と略す.

florist 小 /flɔ́ːrist ふろーリスト/ 名 花屋さん(人)
- at a **florist**'s (shop) 生花店で

flour A2 /fláuər ふらウア/ (→flower (花)と同音) 名 小麦粉
- Bread is made from **flour**. パンは小麦粉で作る.

flow /flóu ふろウ/ 動 ❶ 流れる;（川が）注ぐ
- **flow** in 流れ込(こ)む, 殺到(さっとう)する
- **flow** away [out] 流れ去る[出る]
- **flow** through the town （川が）町の中を流れる
- This river **flows** into the Sea of Japan. この川は日本海に注ぐ.
- Tears were **flowing** down her cheeks. 涙(なみだ)が彼女のほおをつたわって流れていた.

❷（潮が）上がる, 満ちる 反対語 **ebb**（潮が）引く）
── 名 ❶ 流れ ❷（the flow で）上げ潮 反対語 **the ebb**（引き潮）

flów chàrt 名 フローチャート → 作業の流れを矢印で示して図式化したもの.

flower 小 A1 /fláuər ふらウア/ 名

（複 **flowers** /fláuərz ふらウアズ/）
花, 草花

POINT ふつう「草花」, 特に観賞用の「花」をいう.

類似語 **blossom**（(果樹の)花）
- a beautiful **flower** 美しい花
- What a beautiful **flower** (this is)! (これは)なんて美しい花でしょう.
- pick [arrange] **flowers** 花を摘(つ)む[生ける]
- We planted tulips, pansies, and other **flowers**. 私たちはチューリップやパンジーやそのほかの花を植えました.

── 動 花が咲(さ)く, 開花する

flówer arràngement 名 生け花, 華道(かどう)

flówer bèd 名 花壇(かだん) → flowerbed と1語にもつづる.

flówer gàrden 名 花園(はなぞの), 花畑

flówer gìrl 名 ❶《米》フラワーガール → 結婚(けっこん)式で, 花を持ったり花びらをまいたりして花嫁(はなよめ)に付き添(そ)う少女.
❷《英》花売り娘(むすめ)

flowering /fláuəriŋ ふらウアリング/ 形 花の咲いている; 花の咲く
- **flowering** tea 花茶 → 花の香りをつけた中国茶.

flowerpot /fláuərpɑt ふらウアパト/ 名 植木鉢(ばち)

flówer shòp 名 花屋さん(店)

flown /flóun ふ口ウン/ 動 **fly¹** の過去分詞

flu /flúː ふるー/ 名 **インフルエンザ** →**influen-za** の略.

fluent /flúːənt ふるーエント/ 形 (言葉が)**流れるような, 流ちょうな**

fluently /flúːəntli ふるーエントり/ 副 **流ちょうに, すらすらと**

fluff /flʌ́f ふらふ/ 名 **綿毛, 綿ぼこり; うぶ毛**

fluffy /flʌ́fi ふらふィ/ 形 (比較級 **fluffier** /flʌ́fiər ふらふィア/, 最上級 **fluffiest** /flʌ́fiist ふらふィエスト/) ふわふわした; 綿毛の

fluid /flúːid ふるーイド/ 名 **流体** →「液体」(liquid) または「気体」(gas) をいう. →**solid** 名
―― 形 流動する, 流動性の

flung /flʌ́ŋ ふらンヶ/ 動 **fling** の過去形・過去分詞

flunk /flʌ́ŋk ふらンク/ 動 《米話》落第点を取る; 落第点をつける

flush /flʌ́ʃ ふらシュ/ 動
❶ (恥(は)ずかしさ・怒(いか)りなどで)顔が赤くなる, ほてる; ～の顔を赤くさせる, ほてらせる
❷ (水が)どっと流れる; (トイレ・下水溝(こう)などを)水で洗い流す
―― 名 ❶ 顔が赤くなること, 紅潮
❷ (水の)ほとばしり

flúsh tòilet 名 水洗トイレ

flute 中 /flúːt ふるート/ 名 **フルート, 横笛**
• play (on) the **flute** フルートを吹(ふ)く
• a **flute** player フルート奏者

fly¹
小 A1 /flái ふらイ/ 動
三単現 **flies** /fláiz ふらイズ/
過去 **flew** /flúː ふるー/
過分 **flown** /flóun ふ口ウン/
-ing形 **flying** /fláiiŋ ふらイインヶ/
❶ 飛ぶ; (飛行機で)行く[旅行する]
高基本 **fly** high 高く飛ぶ →**fly**+副詞.
• **fly** away 飛び去る
• **fly** south 南へ飛んで行く →**south** は副詞で「南へ」.
• **fly** from New York to Paris ニューヨークからパリへ飛ぶ[飛行機で行く]
• Butterflies **fly** among flowers. チョウは花の間を飛び回る.
• He **flies** to New York once a year. 彼は年に1度ニューヨークへ(飛行機で)行く.
• The spaceship **flew** on around the moon. 宇宙船は月の周りを飛び続けた. →**fly** on=飛び続ける.
• The swallows **have flown** away. ツバメは飛んで行ってしまった. →現在完了(かんりょう)の文. →**have** 助動 ❶
• Birds **are flying**. 鳥が飛んでいる. →現在進行形の文. →**are** 助動 ❶
❷ (旗などが)空中にひるがえる, なびく
• The flag is **flying** in the breeze. 旗がそよ風にひるがえっている.
❸ 急に～になる, 飛ぶように行く; (時間などが)飛ぶように過ぎる
• **fly** into a rage 急に怒(おこ)り出す
• The door **flew** open and Bob rushed into the room. ドアがぱっと開いてボブが部屋に飛び込(こ)んできた. →**open** は形容詞.
• Time **flies**. 時間が飛ぶように過ぎて行く.
❹ 飛ばす; (飛行機を)操縦する
• **fly** a kite たこをあげる
―― 名 (複 **flies** /fláiz ふらイズ/)
❶ (ズボンの)ボタン[ジッパー]隠(かく)し
❷ (野球の)フライ

fly² /flái ふらイ/ 名 (複 **flies** /fláiz ふらイズ/)
❶ 《虫》ハエ ❷ (魚釣(つ)り用の)毛ばり

flyer /fláiər ふらイア/ 名 =**flier**

flying /fláiiŋ ふらイインヶ/ 動 **fly¹** の -ing 形 (現在分詞・動名詞)
―― 名 飛ぶこと, 飛行
―― 形 飛ぶ, 飛んでいる
• a **flying** bird 飛んでいる鳥, 飛ぶ鳥
• a **flying** doctor 飛行機で往診(おうしん)する医師. →他の交通手段が少ない地域で働く.

flýing fish 名 《魚》トビウオ

flýing sáucer 名 空飛ぶ円盤(えんばん)

foam /fóum ふォウム/ 名 《集合的に》あぶく, 泡(あわ) →**bubble** (1つの泡)の集まったもの.

focus 中 A1 /fóukəs ふォウカス/ 名
(複 **focuses** /fóukəsiz ふォウカセズ/, **foci** /fóusai ふォウサイ/)
(レンズの)焦点(しょうてん), ピント; (興味・注意などの)中心
• The picture is **in [out of] focus**. この写真はピントが合っている[合っていない].
―― 動 焦点を合わせる; (注意を)集中する
• **focus** one's camera [attention] **on** ～ ～にカメラの焦点を合わせる[注意を集中する]

fog A2 /fág ふァグ/ 名 霧(きり), 濃霧(のうむ)
類似語 **mist** (もや)よりも濃(こ)い.

foggy 238 two hundred and thirty-eight

•(a) thick **fog** 濃霧

foggy A1 /fági ふァギ/ 形 (比較級 **foggier**
/fágiər ふァギァ/; 最上級 **foggiest** /fágiist ふ
ァギエスト/) 霧(きり)の濃(こ)い, 霧のたち込(こ)めた

foil /fɔ́il ふォイる/ 名 (包装用・料理用の)(アルミ)
ホイル; (金属の)箔(はく) (薄(うす)いかけら)

fold 中 /fóuld ふォウるド/ 動
❶ 折り畳(たた)む, 折り重ねる; 折り曲げる
反対語 **unfold** (広げる)
•**fold** a letter in half 手紙を2つに折る
•**fold** (up) an umbrella 傘(かさ)を畳む
•**fold** a paper plane 紙飛行機を作る
❷ (腕(うで)などを)組む
•**fold** *one's* arms 腕を組む
•with *one's* arms **folded** 腕組(うでぐ)みして
→**folded** は過去分詞. 腕が組まれている状態で
⇨腕組みして.
── 名 折り目, ひだ

folder A2 /fóuldər ふォウるダ/ 名
❶ フォルダー, 紙ばさみ
❷《コンピューター》フォルダー →ファイルをま
とめて入れておく場所.

folding /fóuldiŋ ふォウるディング/ 形 折り畳(たた)
み式の

folk /fóuk ふォウク/ 名
❶ (しばしば **folks** で) 一般(いっぱん)の人々, 世間
の人たち →今はふつう **people** という.
❷ (**folks** で)《話》家族(の人々) (family); 両親

fólk cùlture 名 民俗(みんぞく)文化

fólk dànce 名 民俗(みんぞく)舞踊(ぶよう), フォーク
ダンス

fólk mùsic 名 民俗(みんぞく)[郷土]音楽

fólk sòng 名 民謡(みんよう), フォークソング

fólk tàle 名 民話 →folktale と1語にもつづ
る.

follow 中 A2 /fálou ふァろウ|fɔ́lou ふォろウ/
動 ❶ (〜の)あとについて行く[来 意味 map
る]
❷ (道を)たどる, 行く
❸ (〜に)従う
❹ (人の話などに)ついていく, 理解する
── 動 (三単現 **follows** /fálouz ふァろウズ/;
過去・過分 **followed** /fáloud ふァろウド/;
-ing形 **following** /fálouiŋ ふァろウインぐ/)
❶ (〜の)あとについて行く[来る], 〜に続く
関連語 Will you please **lead**? We'll **fol-
low** you. 先頭に立ってくれませんか. 私たちは
あなたについて行きます.

•We arrived at an inn and I **followed**
him in. 私たちはある宿屋に到着(とうちゃく)した.
そして私は彼に続いて中に入った.
•Dinner **was followed** by dancing. (食
事はダンスによって続かれた ⇨食事の後にダンス
があった. →**was** 助動 ❷
•Someone **is following** him at a dis-
tance. 誰(だれ)かが少し離(はな)れて彼をつけている.
→**is** 助動 ❶
❷ (道を)たどる, 行く
•**follow** a path 小道をたどる
•If you **follow** this street, you'll see the
post office on this side. この通りを行くと
こちら側に郵便局があります.
❸ (〜に)従う, 〜のとおりにする
•**follow** her advice 彼女の忠告に従う
•**follow** his example 彼の例に従う, 彼のす
るとおりにする
❹ (人の話などに)ついていく, 理解する, わかる
(understand)
•Can you **follow** me? 私の言うことがわか
りますか.
•I'm sorry I cannot **follow** you. すみま
せんがおっしゃることがわかりません.
❺ (it follows that 〜 で) (当然の結果として)
〜になる
•If you don't study, **it follows that**
you'll fail the test. もし君が勉強しなければ,
当然試験で落第点を取ることになる.

as follows 次のとおり
•Their names are **as follows**: Sam
Brown, Charlie Smith, ... 彼らの名前は次
のとおりです―サム・ブラウン, チャーリー・スミ
ス, ….

follower /fálouər ふァろウア/ 名
❶ 従う者; 弟子(でし), 部下, 手下; 信奉(しんぽう)者
❷ (SNS などでの)フォロワー

following A1 /fálouiŋ ふァろウインぐ|fɔ́louiŋ
ふォろウインぐ/ 動 **follow** の -ing 形 (現在分詞・
動名詞)
── 形 次の
•the **following** questions 次の質問
•on the **following** day＝on the day **fol-
lowing** その翌日に
── 名 (ふつう **the following** で) 次のもの
(事)
•**The following** are my favorite TV
programs. 次にあげるのが私の好きなテレビ番

組だ.

fond /fánd ふァンド/ 形
❶ (**be fond of** ～ で) ～を好む, ～が大好きである →**like** よりも意味が強い.
• I'm **fond** of music. (= I like music very much.) 私は音楽が大好きだ.
• He **is fond of** drawing pictures. 彼は絵を描(か)くのが大好きだ. →前置詞 of＋動名詞 drawing (描くこと).
• You **are** too **fond of** sweet things. 君は甘(あま)い物が好き過ぎる.
❷ 愛情の深い; 愛情過多の, **甘い** →名詞の前にだけつける.
• a **fond** mother 子供に甘い母親
• I have **fond** memories of last summer in Hokkaido. 私には北海道での去年の夏の甘い思い出がある.

food 小 A1 /fúːd ふード/ 名 (複 foods /fúːdz ふーヅ/)

食物, 食料; (「飲み物」(drink) に対して)**食べ物**
⏺POINT ふつう飲み物 (drink) を除く食物一般(いっぱん)を指す言葉.
• some **food** いくらかの食べ物 →×a food, ×foods などとしない. →**food** 最後の用例
• **food** and drink 食べ物と飲み物, 飲食物
• **food**, clothing and shelter 衣食住 →日本語の場合と順序が違(ちが)う.
• There is no **food** in the house. 家の中には食べ物が無い.
• Do you like Chinese **food**? 君は中国料理は好きですか.
• Beef stew is one of my favorite **foods**. ビーフシチューは私の好きな食べ物の1つだ. →種類を念頭に置いていう時は, 普通(ふつう)名詞として扱(あつか)うので複数形.

fóod mìle 名 **フードマイル** →食物を産地から消費者に届けるまでの距離・エネルギー.

fool A2 /fúːl ふール/ 名 **ばか者, 愚(おろ)か者**
• Don't be a **fool**. (ばか者になるな ⇨)ばかなまねはよせ, ばかなことを言うな.

make a fool of ～ ～をばかにする; ～をだます
make a fool of oneself ばかなまねをする, 笑い者になる

── 動 ❶ ばかにする; だます (deceive)
❷ 冗談(じょうだん)を言う, ふざける
fool around [about] ① ぶらぶら[のらく

ら]する ② おどける, ふざける
fool around with ～ ～をいじくり回す

foolish /fúːliʃ ふーリッシュ/ 形 ばかな, ばかばかしい
• Don't be **foolish**. ばかなことをするな[言うな].

foot 中 /fút ふト/ 名 (複 **feet** /fíːt ふィート/)
❶ **足** →foot は足首から下の部分をいう. 関連語 **leg** (足首からももの付け根まで), **toe** (足の指)
• He has big **feet**. 彼は大きな足をしている.
• Apes can walk on their **feet**. 類人猿(るいじんえん)は (2本の)足で歩くことができる.
❷ **フィート** →男性の平均的な足 (foot) の大きさをもとにして決めた長さの単位. 1 foot＝12 inches (＝30.48cm). 単数も複数も **ft.** と略す.
❸ **足もと**; (山の)**ふもと**; **下の方**
• the **foot** of a bed [a ladder] ベッド[はしご]の裾(すそ)
• the **foot** of a page ページ下の(空白)部分
• at the **foot** of the mountain 山のふもとに
• We sat down at his **feet**. 私たちは彼の足もとに座(すわ)った.

on foot 徒歩で[の], 歩いて
• go **on foot** 歩いて行く
• The cars sometimes move more slowly than people **on foot**. 自動車は歩行者よりものろのろ走ることがある.

to one's feet (座って[寝(ね)て]いる状態から)立つ状態に →jump, rise, start などとともに使われる.
• He jumped **to his feet**. 彼はぴょんと立ち上がった.

football 中 A1 /fútbɔːl ふトボーる/ 名

❶ **フットボール**
⏺POINT football といえばアメリカではふつう **American football** を指し, イギリスでは **association football** (＝**soccer**) を指す.
• play **football** フットボールをする →×play a [the] football としない.
❷ **フットボール用のボール**

footlights /fútlaits ふトらイツ/ 名 (複) (舞台(ぶたい)照明用の)**脚光**(きゃっこう), **フットライト**

footprint /fútprint ふトプリント/ 名 **足跡**(あしあと)
関連語 **fingerprint** (指紋(しもん))

footstep /fútstep ふトステプ/ 名 **足音**; **足取り**;

for

足跡(あしあと)

for 小 A1 /fɚ ふォ/

[前] ❶《利益・対象》〜のために 意味map
[の];《視点・関連》〜にとって
❷《目的》〜を得るために, 〜のために
❸《目的地》〜に向かって
❹《交換(こうかん)》〜と引き換(か)えに, 〜に対して(の);《代金》〜で; 〜の代わりに
❺〜として
❻《期間・距離(きょり)》〜の間
❼《原因・理由》〜のために
❽〜に賛成して

[接]《文》(というのは)〜だから

── [前] ❶《利益・対象》〜のために[の];《視点・関連》〜にとって, に対して

基本 fight **for** one's team チームのために戦う ➜動詞+for+名詞.
- jog **for** one's health 健康のためにジョギングする

基本 books **for** children 子供のための本 ➜名詞+for+名詞.
- a school **for** the blind 盲(もう)学校
- He bought a necklace **for** his wife. 彼は妻(のため)にネックレスを買った.
- This is a present **for** you. これはあなたへのプレゼントです.
- What are your plans **for** the summer vacation? 夏休みに(対して)はどんなプランを立てていますか.
- This is too difficult **for** me. これは私には難し過ぎる.
- That's all **for** today. きょうはここまで.
- Thank you **for** your letter. お手紙どうもありがとう.

A: Two hamburgers, please.
B: **For** here or to go?
A: **For** here.
A: ハンバーガー2つください.
B: ここで召(め)し上がりますか, お持ち帰りですか.
A: ここで食べます.

❷《目的》〜を得るために, 〜を(求めて), 〜のために
- go **for** a walk 散歩(をするため)に行く
- fight **for** freedom 自由のために戦う
- cry **for** help 助けを求めて叫(さけ)ぶ
- look **for** a key 鍵(かぎ)を(求めて)さがす
- wait **for** her 彼女を待つ

What do they keep bees **for**?—They keep them **for** honey.
何のために[なぜ]彼らはミツバチを飼うの?—彼らは蜂蜜(はちみつ)を取るためにそれらを飼います. ➜意味のつながりの上では for what (何のために)であるが, what は疑問詞なので文頭に出る.
We are going downtown this afternoon.—What **for**?
私たちはきょうの午後町へ行くの.—何のために[なぜ]?

❸《目的地》〜に向かって, 〜へ行くため(の);(手紙・電話などが)〜宛(あて)の
- a train **for** Osaka 大阪行きの列車
- When are you leaving **for** Boston? 君はいつボストンへたちますか.
- Here is a letter **for** you. ここに君宛の手紙があります[ほら手紙が来てるよ].
- It's **for** you, Mom. (電話を取り次いで)お母さん, 電話ですよ.

❹《交換》〜と引き換えに, 〜に対して(の);《代金》〜で; 〜の代わりに
- pay 1,000 yen **for** the book=buy the book **for** 1,000 yen (その本に(対して))1,000円払(はら)う ⇨その本を1,000円で買う
- an eye **for** an eye and a tooth **for** a tooth 目には目を歯には歯を ➜「やられたとおりの仕返し」の意味.『聖書』の中の言葉.
- use a box **for** a table 箱をテーブルの代わりに使う
- I wrote a letter **for** him. 私は彼に代わって手紙を書いてやった. ➜write a letter **to** him は「彼に手紙を書く」.
- I'll give you this bat **for** your ball. 君のボールをくれたらこのバットをやるよ.
- What is the Chinese word **for** 'library'? library にあたる中国語は何ですか.

❺〜として; 〜としては, 〜のかわりに
- We ate sandwiches **for** lunch. 私たちは昼食にサンドイッチを食べた.
- This is good **for** the price. これは値段の

for 小 A1 /fɔː/

行動・意識が向かう先

基本の意味

意識や行動が「向かって行く先」という基本の意味から様々な意味に広がる．空間的に向かって行く場所であれば 前 ❸目的地の意味になる．行動の目的は目的地のイメージでとらえられることから，前 ❶利益・前 ❷目的の意味になる．ある目的のために行動する期間や移動する距離に注目すると 前 ❻期間・距離の意味になる．目的のものを得るのに必要な対価に注目すると 前 ❹交換・代金の意味になり，特に同等性に注目すると 前 ❺「～として」の意味になる．行為やできごとの結果ではなく原因に意識を向けると 前 ❼・接 の原因・理由の意味になる．

教科書によく出る 使い方

- 前 ❶ This is a dictionary **for** school children. これは生徒向けの辞書です．
- 前 ❷ Let's go out **for** a walk. 散歩(をし)に出かけよう．
- 前 ❸ I took the bus **for** the airport. 私は空港行きのバスに乗った．
- 前 ❹ Maki bought the hat **for** 2,000 yen. 真紀はその帽子を2千円で買った．
- 前 ❻ We walked **for** half an hour to the station. 私たちは駅まで30分歩いた．
- 前 ❼ Okinawa is famous **for** its beautiful beaches. 沖縄は美しいビーチで有名だ．

教科書によく出る 連語

look for ～ ～をさがす
 I'm **looking for** something for my mother.
 (店で店員に)母へ贈る物をさがしているんです．

for now しばらくの間，今のところ
 Goodbye **for now**. ではまた，さようなら．

forbade 242 two hundred and forty-two

わりによい.
● He is very tall **for** his age. 彼は年のわりにたいへん背が高い.
❻《期間・距離》〜の間
● **for** a week 1週間の間
● **for** a long time 長い間
● I waited for her (**for**) six hours. 私は彼女を6時間待った. →最初の for は ❷.「期間・距離」を表す for はしばしば省略される.
● I walked (**for**) three miles. 私は3マイル歩いた.
❼《原因・理由》〜のために, 〜の理由で
● **for** this reason この理由のために
● dance **for** joy うれしくて小躍(こおど)りする
● She covered her face **for** shame. 彼女は恥(は)ずかしくて顔を覆(おお)った.
● You can't see the forest **for** the tree. あなたは個々の木のために森が見えない. →「細部にこだわって全体が見えていない」の意味.
❽ 〜に賛成して, 〜に味方して
反対語 Some people are **for** the war, but many are **against** it. その戦争に賛成している人もいるが多くの人は反対している.
● Which team are you **for**? 君どっちのチームを応援(おうえん)してるの.
→意味のつながりの上では for which team (どっちのチームに味方して)であるが, which は疑問詞なので文頭に出る.
● I voted **for** Ken in the class election. 私はクラスの選挙でケンに投票した.
── 接 《文》(というのは)〜だから →because
● A fish cannot fly, **for** it has no wings. 魚は飛べない. (なぜなら)翼(つばさ)が無いから. → for it has 〜 を文頭に出してはいけない.
for all 〜 〜にもかかわらず
● **for all** that それにもかかわらず
● **For all** his riches, he is not happy. あんなにお金がありながら彼は幸せでない.
for ever 永久に, いつまでも →forever と1語にもつづる.
for example たとえば →example 成句
for my part 私としては
for now しばらくの間, 今のところ
● Bye for **now**. じゃあまたね[さようなら].
for oneself 独力で, ひとりで; 自分のために
for the first time 初めて
for A to do Aが〜することは[するために・す

るための] →Aが to do の意味上の主語.
● Greek is too difficult **for** us **to** learn. ギリシャ語は私たちが学ぶには難し過ぎる.
● It is difficult **for** a Japanese **to** master Greek. 日本人がギリシャ語をマスターするのは難しい. →to ❾ の ①
● This is not a book **for** children **to** read. これは子供の読むような本ではない. →to ❾ の ②

forbad(e) /fərbǽd フォバド/ 動 **forbid** の過去形

forbid A2 /fərbíd フォビド/ 動 (三単現 for-bids /fərbídz フォビヅ/; 過去 forbad(e) /fərbǽd フォバド/, forbidden /fərbídn フォビドン/, forbid; -ing形 forbidding /fərbídiŋ フォビディング/) 禁じる, 許さない
● **forbid** the use of this medicine この薬の使用を禁止する

force A2 /fɔ́:rs フォース/ 名
❶ 力; 腕力(わんりょく), 暴力
● the **force** of the wind 風の力
● by **force** 力ずくで, 暴力で
❷《武力を持った》組織, 軍隊(など)
● the air [police] **force** 空軍[警察隊]
── 動 強制する, 無理に〜させる[する]
● **force** him **to** agree (= make him agree) 彼に無理やり同意させる
● He was **forced to** agree. 彼は無理やり同意させられた[同意せざるをえなかった]. →was 助動 ❷
● I **forced** my way through the crowd. 私は人ごみを強引(ごういん)に通り抜(ぬ)けた.

forced /fɔ́:rst フォースト/ 形 ❶ 緊急(きんきゅう)の
● a **forced** landing 不時着, 緊急着陸
❷ 強制的な ❸ 強(し)いて作った, こじつけた

Ford /fɔ́:rd フォード/ 固名 (**Henry Ford**) フォード →アメリカの自動車技師(1863-1947). 流れ作業などの大量生産方式で安い大衆車を提供し, 広い土地で交通手段に困っていたアメリカ人の生活を一変させた.

forecast /fɔ́:rkæst フォーキャスト/ 動 (三単現 forecasts /fɔ́:rkæsts フォーキャスツ/; 過去・過分 forecast, forecasted /fɔ́:rkæstid フォーキャステド/; -ing形 forecast-ing /fɔ́:rkæstiŋ フォーキャスティング/)
(天気などを)予報する, 予測する
● **forecast** the weather 天気予報をする
── 名 予報, 予測

- the weather **forecast** 天気予報

forecaster /fɔ́ːrkæstər フォーキャスタ/ 名
気象予報士

forefinger /fɔ́ːrfiŋɡər フォーフィンガ/ 名
人差し指 (index finger)

forehead /fɔ́ːrhed フォーヘド/ 名 額, おでこ
→ しばしば /fɔ́ːrid フォーレド/ とも発音する.

foreign 中 A1 /fɔ́ːrin フォーリン|fɔ́rin フォリン/ (→gは発音しない) 形
外国の
- a **foreign** country 外国
- a **foreign** language 外国語

foreigner A1 /fɔ́ːrinər フォーリナ|fɔ́rinə フォリナ/ 名 外国人

forename /fɔ́ːrneim フォーネイム/ 名 (姓(せい)に対して)名前 (first name)

foresight /fɔ́ːrsait フォーサイト/ 名 将来のことを見通す目, 先見の明

forest 中 A2 /fɔ́ːrist フォーレスト|fɔ́rist フォレスト/ 名 森林, 山林
- a thick **forest** 深い森林
- a **forest** fire 山火事

類似語(森)
forest は wood よりも大きな地域を占(し)め, 人の住んでいる所から離(はな)れていて, 野生動物などがいる森. **wood** は forest よりも小さく, 人がその中を通ったり, 薪(たきぎ)を集めに入ったりするような森.

forever 中 A2 /fərévər フォレヴァ/ 副
永久に, 永遠に; いつも → **for ever** と2語にもつづる.

forgave /fərɡéiv フォゲイヴ/ 動 **forgive** の過去形

forge /fɔ́ːrdʒ フォーヂ/ 動 偽造(ぎぞう)する

forget 中 A1 /fərɡét フォゲト/ 動
三単現 **forgets** /fərɡéts フォゲツ/
過去 **forgot** /fərɡát フォガト/
過分 **forgotten** /fərɡátn フォガトン/, **forgot**
-ing形 **forgetting** /fərɡétiŋ フォゲティング/

❶ 忘れる, 思い出せない

基本 **forget** one's promise 約束を忘れる
→ forget+名詞.

- I know him by sight, but I **forget** his name. 彼の顔は知っているんだけれども, 名前は忘れてしまった. → 「今思い出せない」の意味の「忘れた」は英語では現在形の forget を使うことが多い.

会話
What's his name?—I **forget**.
彼の名前は何というの.—忘れちゃった.

- I **forget** where I put my camera. 私はカメラをどこに置いたか思い出せない.
- Don't **forget** to mail the letter. (=Remember to mail the letter.) 手紙を出すことを忘れるな. → to mail (手紙を出すこと)は forget の目的語. → **to** ❾ の①
- I'll never **forget** hearing his song. (=I'll remember hearing ~.) 彼の歌を聞いたことを私は決して忘れないでしょう.

POINT **forget to** *do* は「(これから)~するのを忘れる」. **forget** *doing* は「(過去に)~したことを忘れる」. ふつう疑問文・否定文で使う.

- Bob often **forgets** to do his homework. ボブは宿題をするのをよく忘れる.
- I **forgot** that it's your birthday today. きょうが君の誕生日なのを忘れてた.
- I've **forgotten** his name. 私は彼の名前を忘れてしまった. → 現在完了(かんりょう)の文 (→ **have** 助動 ❶). forget (現在形)は have forgotten と同じ意味にも使うので, I forget his name. といっても同じ.
- **Are**n't you **forgetting** something? Today is my birthday. あなた何か忘れていない? きょうは私の誕生日よ. → 最初の文は現在進行形の文 (→ **are** 助動 ❶). forget は「状態」を表す動詞だから, このように一時的状況(じょうきょう)を強調する時, または習慣的な動作を表す時以外は進行形にしない.

❷ 置き忘れる, 持って来るのを忘れる

- I **forget** my camera. 私はカメラを忘れて来た. → at home (家に)などの場所を示す語句が続くと, forget を使わずに leave を使って I left my camera at home. とする.

関連語 I **left** my umbrella in the taxi. —Oh! You always **forget** something. タクシーに傘(かさ)を忘れてきちゃったよ.—おやおや, 君はしょっちゅう忘れ物をしてるね.

forgetful /fərɡétfəl フォゲトフル/ 形 忘れっぽい, 忘れやすい; なおざりにする

forgetting /fərɡétiŋ フォゲティング/ 動 **forget** の -ing 形 (現在分詞・動名詞)

forgive

forgive /fərgív フォギヴ/ **動** (**三単現** **forgives** /fərgívz フォギヴズ/; **過去** **forgave** /fərgéiv フォゲイヴ/; **過分** **forgiven** /fərgívn フォギヴン/; **-ing形** **forgiving** /fərgíviŋ フォギヴィング/)

(心から)**許す**, 勘弁(かんべん)**してやる**

- **forgive** him [his mistake] 彼[彼のミス]を許す
- **Forgive** and forget. 許して忘れてしまえ[過去の事はさらりと水に流してしまえ].
- The teacher didn't **forgive** me **for** cutting his class. 先生は私が授業をさぼったのを許してくれなかった.

forgiven /fərgívn フォギヴン/ **動** **forgive** の過去分詞

forgot 中 /fərgát フォガト/ **動** **forget** の過去形

forgotten /fərgátn フォガトン/ **動** **forget** の過去分詞

fork A2 /fɔ́ːrk フォーク/ **名**

❶ (食用の)**フォーク**

- eat with (a) knife and **fork** ナイフとフォークで食べる

❷ (農具の)**フォーク**, くまで

❸ (川・道路などの)**分岐(点), 二股**(ふたまた)**に分かれる所; 二股に分かれているもの**

- a **fork** in the road 道が分かれている所

── **動** (川・道路などが)**二股に分かれる, 分岐**(ぶんき)**する**

- Here the road **forks**. ここで道が分かれる.

form A1 /fɔ́ːrm フォーム/ **名**

❶ **形, 格好, 姿**

- The cloud has the **form** of an elephant. あの雲は象の形をしている.

❷ **形式, 型**

- There are different **forms** of music. いろいろな形式の音楽がある.

❸ (形式の整った書き込(こ)み)**用紙**

- an application **form** 申込(もうしこみ)用紙
- an entry **form** for Australia オーストラリアへの入国手続き用紙
- Please fill in [out] this **form**. この用紙に記入してください.

❹ (英) (中等学校の)**学年** ((米) grade)

── **動** **形造る, 作り上げる; 形ができる, 現れる**

- **form** a cup out of clay 粘土(ねんど)で茶わんを作る
- **form** a habit 習慣を身に着ける

- Ice **forms** on the lake in winter. 冬になると湖に氷が張る.

formal /fɔ́ːrməl フォーマる/ **形** **形式的な, 堅**(かた)**苦しい; 儀礼**(ぎれい)**的な; 正式の** **反対語** **informal** (形式張らない, 非公式の)

format /fɔ́ːrmæt フォーマト/ **名**

❶ (本などの)**体裁**(ていさい), **判型**

❷ 《コンピューター》**フォーマット, 書式** ➡ コンピューターに打ち込まれるデータの配列形式.

── **動** (**三単現** **formats** /fɔ́ːrmæts フォーマツ/; **過去・過分** **formatted** /fɔ́ːrmætəd フォーマテド/; **-ing形** **formatting** /fɔ́ːrmætiŋ フォーマティング/) ❶ 《コンピューター》**フォーマット化する; (記録メディアを)初期化する** ❷ (本などの)**体裁を整える**

former /fɔ́ːrmər フォーマ/ **形** **以前の, 前の** ➡ 名詞の前にだけつける.

- in **former** days 昔は
- the **former** principal of our school 私たちの学校の前の校長

── **名** (the former で) (the latter (後者)に対して)**前者**

- Lilies and violets are both pretty flowers, but I like the latter better than **the former**. ユリとスミレはともにきれいな花だ. しかし私は前者(ユリ)より後者(スミレ)のほうが好きだ.

formula /fɔ́ːrmjulə フォーミュら/ **名**

❶ **化学式; (数学の)公式; (薬などの)調合法**

❷ **慣習的やり方; 決まり文句**

fort /fɔ́ːrt フォート/ **名** **とりで, 要塞**(ようさい)

forth /fɔ́ːrθ フォーす/ **副** **前へ; 外へ**

and so forth **など, その他** →etc.

back and forth **前後に, 行ったり来たり**

fortieth /fɔ́ːrtiiθ フォーティエす/ **名形** **40番目(の)** →40th と略す.

fortunate /fɔ́ːrtʃənit フォーチュネト/ **形** **運のよい, 幸運な**

fortunately A2 /fɔ́ːrtʃənitli フォーチュネトり/ **副** **運よく, 幸運にも**

fortune A2 /fɔ́ːrtʃən フォーチュン/ **名**

❶ **運命, 運, 運勢; 幸運**

- good **fortune**
- by good [bad] **fortune** 幸運[不運]にも
- Can you tell my **fortune**? あなたは私の運勢を占(うらな)うことができますか.
- a **fortune** cookie (中華(ちゅうか)料理店などで出される)おみくじ入りクッキー ➡ 中に占いの書か

れた紙が入っている.

❷ 富, 財産
- make a **fortune** 財産を作る

forty 小 A1 /fɔ́ːrti ふォーティ/ 名 (複 for-ties /fɔ́ːrtiz ふォーティズ/)

❶ 40; 40人[個]; 40歳(さい) → つづり字に注意: ×fourty としないこと.

❷ (forties で) (年齢(ねんれい) の) 40代; (世紀の) 40年代 → forty から forty-nine まで.

―― 形 40の; 40人[個]の; 40歳で
- **forty** books 40冊の本
- He is not **forty** yet. 彼はまだ40にはなりません.

forward /fɔ́ːrwərd ふォーワド/ 副
前へ, 前方へ
- go [step] **forward** 前進する[一歩前へ出る]
- 反対語 swing **forward** and **backward** 前後に揺(ゆ)れる
- We are moving the plan **forward**. 私たちはその計画を進めております.

look forward to ~ 中 A2 首を長くして~を待つ → **look** 動 成句
―― 形 前部の, 前方(へ)の
―― 名 (球技の)フォワード

forwards /fɔ́ːrwərdz ふォーワツ/ 副 (主に英) =forward

fossil /fásl ふァスる/ 名 化石

fóssil fúel 名 (石炭・石油などの)化石燃料

foster /fɔ́ːstər ふォースタ/ 動 (実子以外を)育てる; 伸(の)ばす, 育む
―― 形 育ての

fought /fɔ́ːt ふォート/ 動 **fight** の過去形・過去分詞

foul /fául ふァウる/ 形 ❶ 不潔な, 不快な, 汚(きたな)い; (天気が)悪い → **fair**¹ ❺

❷ (競技で)反則の; (野球で)ファウルの
―― 名 (競技の)反則; (野球の)ファウル (foul ball)

fóul pláy 名 反則プレー; 卑劣(ひれつ)[不正]な行為(こうい)

found¹ 中 /fáund ふァウンド/ 動 **find** の過去形・過去分詞

found² /fáund ふァウンド/ 動 設立する

foundation /faundéiʃən ふァウンデイション/ 名
❶ 土台, 基礎(きそ); 根拠(こんきょ) ❷ 創立, 設立

Fóundation Dày 名 創立記念日 → Founder's Day

founder /fáundər ふァウンダ/ 名 設立者, 創立者

Fóunder's Dày 名 創立記念日 → 創立者をたたえることを主眼とした場合の表現. → **Foundation Day**

founding father /fáundiŋ fáːðər ふァウンディング ふァーぜ/ 名 ❶ 創始者, 創設者

❷ (the Founding Fathers (of America) で) (アメリカ)建国の父

fountain /fáuntin ふァウンテン/ 名 泉, 噴水(ふんすい)

fóuntain pèn 名 万年筆

four 小 A1 /fɔ́ːr ふォー/ 名 (複 fours /fɔ́ːrz ふォーズ/)

4; 4歳(さい); 4時; 4人[個] → 使い方については → **three**

関連語 Lesson **Four** (= The **Fourth** Lesson) 第4課
- It is just **four**. ちょうど4時です. → It は漠然(ばくぜん)と「時間」を表す.

on all fours 四つんばいになって
―― 形 4の; 4人[個]の; 4歳で
- **four** pencils 4本の鉛筆(えんぴつ)
- He is just **four**. 彼はちょうど4歳だ.

fourteen 小 A1 /fɔːrtíːn ふォーティーン/ 名 (複 fourteens /fɔːrtíːnz ふォーティーンズ/) 14; 14歳(さい); 14人[個]

関連語 Lesson **Fourteen** (= The **Fourteenth** Lesson) 第14課
―― 形 14の; 14歳で
- **fourteen** girls 14人の少女
- I will be **fourteen** next Wednesday. 今度の水曜日で私は14歳になります.

fourteenth /fɔːrtíːnθ ふォーティーンす/ 名 形 14番目(の); (月の)14日 → 14th と略す.
- on the **14th** of May = on May **14** 5月14日に

fourth 中 /fɔ́ːrθ ふォーす/ 名 形 (複 fourths /fɔ́ːrθs ふォーすス/)

❶ 4番目(の); (月の)4日 → 4th と略す. 使い方については → **third**
- on the **4th** of June = on June **4** 6月4日に

❷ 4分の1(の) → **quarter**
- one **fourth** = a **fourth** part 4分の1
- three **fourths** 4分の3

Fourth of July　246　two hundred and forty-six

Fóurth of Julỳ 名 (**the** をつけて) 7月4日 → 米国の独立記念日 (Independence Day).

fowl /fául ふァウる/ 名 (七面鳥・アヒルなど食用になる大形の)鳥; (特に)ニワトリ

fox 小 /fáks ふァクス|fɔ́ks ふォクス/ 名 《動物》 キツネ

イメージ (fox)

人家に近づき, ニワトリなどをえじきにするので「ずる賢(がしこ)い」というイメージが強い. 『イソップ物語』の中でもいつも悪者として登場する. He is a smart fox. (利口なキツネだ) は「彼はなかなかずる賢い[抜(ぬ)け目がない]」の意味.

Fr. 略 ＝**Fr**iday (金曜日)

fraction /frǽkʃən ふラクション/ 名 ❶ 断片(だんぺん), 小片(しょうへん), わずか ❷ 分数

fragment /frǽgmənt ふラグメント/ 名 破片(はへん), 断片(だんぺん), かけら

fragrant /fréigrənt ふレイグラント/ 形 香(かお)りのよい, かんばしい

frail /fréil ふレイる/ 形 もろい; はかない

frame A2 /fréim ふレイム/ 名 (建築などの)骨組み; 体格; 額縁(がくぶち); (窓などの)枠(わく)
- the **frame** of a house　家の骨組み
- a picture **frame**　額縁
- glasses with metal **frames**　メタルフレームの眼鏡

—— 動 枠をつける
- **frame** a picture　絵[写真]を額に入れる
- **frame** the photograph with flowers　その写真の周りを花で飾(かざ)る

framework /fréimwə:rk ふレイムワ〜ク/ 名 ❶ 骨組み ❷ 構造, 組織

franc /frǽŋk ふランク/ 名 フラン → フランスの旧貨幣(かへい)単位, またその貨幣. 2002 年以降は EU の共通通貨(ユーロ (euro)) を使用.

France 小 /frǽns ふランス/ 固名 フランス → 西ヨーロッパの共和国. 首都はパリ (Paris). → **French**

frank A2 /frǽŋk ふランク/ 形 率直(そっちょく)な, 隠(かく)し立てのない
- Please give me your **frank** opinion. どうか君の率直な意見を聞かせてください.
- He is **frank with** his teacher. 彼は先生には隠し立てをしない.

to be frank with you 率直に言えば

frankfurter /frǽŋkfərtər ふランクふァタ/ 名 フランクフルトソーセージ

Franklin /frǽŋklin ふランクリン/ 固名 (**Benjamin Franklin**) ベンジャミン・フランクリン → 米国の政治家 (1706–1790). アメリカ独立運動に尽(つ)くし, また避雷針(ひらいしん)を発明した.

frankly /frǽŋkli ふランクリ/ 副 素直(すなお)に, 率直(そっちょく)に

frankly speaking 率直に言えば

freckle /frékl ふレクる/ 名 (**freckles** で)(顔にできる)そばかす

free 中 A1 /frí: ふリー/

意味 map
- 形 ❶ 自由な
- ❷ 暇(ひま)な
- ❸ 無料の
- 動 ❹ 解放する

—— 形 (比較級 **freer** /frí:ər ふリーア/; 最上級 **freest** /frí:ist ふリーエスト/)

❶ 自由な

POINT 制約するものがない状態をいう.

基本 a **free** country　自由な国, 独立国 → free＋名詞.
- a **free** market　自由市場(しじょう)

基本 You are **free** to go or stay. 君は行こうととどまろうと自由だ. → be 動詞＋free. be free to *do* は「〜するのが自由だ, 自由に〜してよい」. → **to** ❾ の ④

❷ 暇な, 手が空いている
- I am **free** this afternoon. 私はきょうの午後は暇だ.
- What do you do in your **free** time? 暇な[手が空いた]時は何をしているのですか.

❸ 無料の
- a **free** ticket　無料切符(きっぷ)
- **for free**　無料で
- Come to the show. It's **free**. ショーにおいでよ. ただだよ.

掲示 Admission **free**. 入場無料.

feel free to *do*　自由に〜してもよいと思う → ふつう命令形で使う.
- Please **feel free to** ask me any questions. どんな質問でも自由にしてください.

free from [**of**] 〜　〜がない, 〜をまぬかれて[た]
- **free from** fear　不安がない
- air **free of** dust　ほこりのない空気
- I'm now quite **free from** pain. 私はもう全く痛みがなくなりました.

get free of 〜　〜から自由になる, 〜を逃(のが)

247 two hundred and forty-seven · **fresh**

れる; 〜を離(はな)れる

set ～ free **〜を自由にする, 〜を解放する**
- **set** a bird **free** 小鳥を自由にして[放して]やる
- The prisoner was **set free**. 囚人(しゅうじん)は釈放(しゃくほう)された[自由の身になった].

—— 動 三単現 **frees** /fríːz ふリーズ/; 過去・過分 **freed** /fríːd ふリード/; -ing形 **freeing** /fríːɪŋ ふリーイング/) 解放する, 自由にする

-free 接尾辞 名詞の後につけて,「〜のない」という意味の語をつくる:
- duty-**free** 免税(めんぜい)の
- barrier-**free** 障害物のない, バリアフリーの
- a nuclear weapon-**free** world 核(かく)兵器のない世界

freedom 中 A2 /fríːdəm ふリーダム/ 名
自由 →**liberty** 類似語
- **freedom** of speech 言論の自由

Fréedom Tráil 固名 (**the** をつけて) フリーダムトレイル →米国 Boston の中心街から北へ約2.4キロメートルにわたってのびる「歴史の道」で, 道に赤い線の目印があり, 途中(とちゅう)アメリカ独立戦争にちなむ名所旧跡(きゅうせき)がある.

freely /fríːli ふリーリ/ 副 ❶自由に ❷おしげなく

freestyle /fríːstail ふリースタイる/ 名 (水泳の)自由型; (レスリング・スキーの)フリースタイル; (音楽)(ラップの)フリースタイル(即興(そっきょう))
—— 形 自由型の, フリースタイルの

freeway /fríːwei ふリーウェイ/ 名 (無料の)高速道路 (expressway)

freeze A2 /fríːz ふリーズ/ 動 三単現 **freezes** /fríːziz ふリーゼズ/; 過去 **froze** /fróuz ふロウズ/; 過分 **frozen** /fróuzn ふロウズン/; -ing形 **freezing** /fríːzɪŋ ふリーズィング/)
❶凍(こお)る, 氷が張る; 凍(こご)える; 凍らせる
関連語 **freeze** fish in a **freezer** 冷凍(れいとう)庫で魚を冷凍する
- Water **freezes** at 0℃ (読み方: zero degrees centigrade). 水は氏0度で凍る.
- I'm **freezing**. (私は凍えつつある ⇨)とても寒くて凍えそうだ.
- The lake **froze** during the night. 湖は夜の間に氷が張った.
- The lake **is frozen** over. 湖は一面に凍っている. →受け身形 (凍らされている)であるが「凍っている」と訳す.
- The climber was **frozen** to death. その

登山者は凍死(とうし)した.
❷ (恐怖(きょうふ)などで)こわばる, 動かなくなる; こわばらせる, 動けなくする
- **Freeze!** 動くな.

freezer /fríːzər ふリーザ/ 名 冷凍(れいとう)庫, フリーザー →**food freezer** ともいう.

freezing point /fríːziŋ pɔ̀int ふリーズィング ポイント/ 名 氷点 関連語 **boiling point** (沸点(ふってん)), **melting point** (融点(ゆうてん))

freight /fréit ふレイト/ 名 貨物; 貨物輸送; 貨物運送料

French 小 /frént∫ ふレンチ/ 形
❶ フランスの ❷ フランス人の; フランス語の
- She is **French**. 彼女はフランス人です.
—— 名 ❶ フランス語
❷ (the French で) フランス国民(全体)

Frénch fríes 名 《米》フレンチフライ, フライドポテト (《英》chips)

Frénch hórn 名 フレンチホルン →金管楽器の一種.

Frenchman /frént∫mən ふレンチマン/ 名 (複 **Frenchmen** /frént∫mən ふレンチマン/) (男性の)フランス人

Frénch Revolútion 固名 (**the** をつけて) フランス革命 →1789年に王政を倒(たお)した大革命.

Frenchwoman /frént∫wumən ふレンチウマン/ 名 (複 **Frenchwomen** /frént∫wimin ふレンチウィメン/) (女性の)フランス人

frequent /fríːkwənt ふリークウェント/ 形 たびたびの, よく起こる, 頻繁(ひんぱん)な

frequently /fríːkwəntli ふリークウェントリ/ 副 たびたび, しばしば, 頻繁(ひんぱん)に

fresh 小 A2 /fré∫ ふレシュ/ 形
❶ 新しい, 新鮮(しんせん)な, 爽(さわ)やかな
- **fresh** air 新鮮な[爽やかな] 空気
- **fresh** leaves 若葉
- feel **fresh** 爽やかに感じる[で気持ちがよい]
- The grass was **fresh** with dew. 草は露(つゆ)を帯びて生き生きとしていた.
❷ 生みたての, できたての; 加工してない
- a **fresh** egg 生みたての卵
- **fresh** cream 生クリーム
- These rolls are **fresh** from the oven. これらのロールパンは(オーブンから出たばかり ⇨)焼きたてです.
掲示 **Fresh** paint. 《英》ペンキ塗(ぬ)り立て (《米》Wet paint).

freshly 248 two hundred and forty-eight

❸ 塩気のない, 塩分のない →肉などが新鮮で塩づけにされていないことから.
- **fresh** water 真水, 淡水(たんすい)

freshly /fréʃli ㋐レシュリ/ 副 新しく; 新鮮(しんせん)に, 爽(さわ)やかに

freshman /fréʃmən ㋐レシュマン/ 名 (複 **freshmen** /fréʃmən ㋐レシュマン/) 《米》(大学・高校の)**1年生** →性別に関係なく使う. first-year student ともいう. → **senior** 名 ❷

Freud /frɔ́id ㋐ロイド/ 固名 (**Sigmund** /スイグマンド/ **Freud**) フロイト →オーストリアの医学者(1856–1939). 精神分析(ぶんせき)学の基礎(きそ)をつくった.

Fri. 略 = **Friday** (金曜日)

friction /fríkʃən ㋐リクション/ 名 摩擦(まさつ)

Friday 小 A1 /fráidei ㋐ライデイ/ 名
(複 **Fridays** /fráideiz ㋐ライデイズ/)
金曜日 →週の第6日. 詳(くわ)しい使い方は → **Tuesday**
- on **Friday** 金曜日に
- on **Friday** morning 金曜日の朝に
- **next** [**last**] **Friday** この次の[この前の]金曜日(に) →× on next [last] Friday としない.
- on **Fridays** 毎週金曜日に[金曜日にはよく] → 「〜曜日にはいつも[よく]」という意味の時には複数形にする.

語源 (Friday)
北欧(ほくおう)神話の大神オーディンの妻 Frigg (フリッグ) にちなむ.

fridge A2 /frídʒ ㋐リヂ/ 名 冷蔵庫 → refrigerator を短くした語.

fried A2 /fráid ㋐ライド/ 形 油でいためた; 油で揚(あ)げた, 揚げものの → **fry**
- **fried** eggs 目玉焼き
- **fried** chicken チキンのから揚げ, フライドチキン
- **fried** rice チャーハン

friend 小 A1 /frénd ㋐レンド/ (→ ie を /e エ/ と発音することに注意) 名
(複 **friends** /fréndz ㋐レンヅ/)
❶ 友人, 友達
- my **friend** 私の友人
- a **friend** of mine 私の友人(の1人)

POINT 最初の例は「特定の友人」を指す時の言い方. 2番目の例はただ「自分の友人の中の1人の友人」という時の言い方.

- a **friend** of Mr. Wood's ウッド氏の友人
- Ken is a **friend** of mine. ケンは私の友人です.
- My **friend** Ken called yesterday. 私の友人のケンが昨日訪ねて[電話をして]来た.
- He met an old **friend** on the bus. 彼はバスで昔の友人に出会った.
- I have a lot of **friends** at school. 私は学校にたくさん友人がいる.

❷ 味方, 同情者
反対語 They are not our **enemies** but our **friends**. 彼らは私たちの敵ではなく味方だ. → not A but B は「A でなくて B」.

be friends (**with 〜**) (〜と)友達である
- I am **friends** with Ken. 私はケンと友達です.
- Let's **be friends**. 友達になろう.

make [**become**] **friends** (**with 〜**) (〜と)仲良しになる
- You'll **make friends with** people from many countries. あなたはいろいろな国から来た人たちと仲良くなるだろう.

friendly 小 /fréndli ㋐レンドリ/ 形 (比較級 **friendlier** /fréndliər ㋐レンドリア/; 最上級 **friendliest** /fréndliist ㋐レンドリエスト/)
友好的な, 好意的な, 親切な, 人なつっこい
- a **friendly** nation 友好国
- She is **friendly to** [**toward**] everybody. 彼女はすべての人に親切です.
- Our dog is **friendly with** everyone. うちの犬はどんな人にもなつきます.

friendship 中 A2 /fréndʃip ㋐レンドシプ/ 名
友情, 友愛; 親しい交わり, 親交
- a close **friendship** ごく親しい友情

fright /fráit ㋐ライト/ 名 突然(とつぜん)の驚(おどろ)き, 恐怖(きょうふ)

frighten A2 /fráitn ㋐ライトン/ 動 ひどくびっくりさせる, 怖(こわ)がらせる, おびえさせる
- **frighten** birds away 小鳥たちをびっくりさせて飛び去らせる
- Our baby **was** very **frightened** by the thunder. うちの赤ちゃんは雷(かみなり)にとてもおびえた. → was frightened は受け身(おびえさせられた)だが「おびえた」と訳す.

frightening A2 /fráitəniŋ ㋐ライタニング/ 形 (出来事・経験などが)恐ろしい, ぞっとさせる
- It was a most **frightening** experience for me. それは私にとって一番恐ろしい体験だっ

た.

frigid /frídʒid フリヂド/ 形 **非常に寒い, 極寒(ごっかん)の**

Frisbee /frízbi: フリズビー/ 名 《商標》**フリスビー** → プラスチック製の円盤(えんばん)で, これを空中に投げ合って遊ぶ.

frog 小 A1 /frág フラグ/ 名
《動物》**カエル**
- **Frogs** are croaking. カエルが鳴いている.
- I've caught a cold and have a **frog** in my throat. 私は風邪(かぜ)をひいて喉(のど)にカエルがいる. →「喉ががらがらだ」の意味.

関連語 **tadpole** (オタマジャクシ), **tree frog** (アマガエル), **toad** (ヒキガエル)

from 小 A1 /弱形 frəm フロム, 強形 frám フラム|fróm フロム/

前	❶《場所》~から(の)	意味map
	❷《時間》~から(の)	
	❸《原料・材料》~から, ~で	
	❹《原因・理由》~から, ~のために	
	❺《分離(ぶんり)》~から(取り去る, 守る, 解放する)	
	❻《区別》~から(区別して), ~と	

── 前 ❶《場所》**~から(の); ~から離(はな)れて; ~出身の, ~産の**
- I am [I'm] **from** Australia. 私はオーストラリア出身です.
- 基本 **start from Narita** 成田から出発する → 動詞+from+名詞.
- come **from** India **to** Japan インドから日本に来る
- 基本 **a letter from her** 彼女からの手紙 → 名詞+from+(代)名詞. ×from she としない.
- take an express **from** Nagoya Station 名古屋駅から急行に乗る
- I got [received] a letter **from** her. 私は彼女から手紙をもらった.
- Who was the letter **from**? その手紙は誰(だれ)から来たのですか.
→ 意味のつながりの上では from who (誰から)であるが, who は疑問詞なので文頭に出る.
- Ken is absent **from** school today. ケンはきょう(学校から離れて不在だ ⇨)学校をお休みです.

Where are you **from**? ─I am **from** Yamagata.
君は(どこからですか ⇨)ご出身はどこですか. ─私は山形出身です. → 意味のつながりの上では from where (どこから)であるが, where は疑問詞なので文頭に出る.

❷《時間》**~から(の)**
- work **from** morning **to** [**until, till**] night 朝から晩まで働く
- go to school **from** Monday **to** [《米》**through**] Friday 月曜から金曜まで学校に行く
- I've been waiting here **from** ten o'clock. 私はここで10時からずっと待っているのです.
- **From** that day (on) they lived happily. その日から彼らは幸福に暮らしました.

❸《原料・材料》**~から, ~で**
- make wine **from** grapes ブドウからワインを造る
- Wine is made **from** grapes. ワインはブドウから造られる.
- We made hats **from** newspapers. 私たちは新聞紙で帽子(ぼうし)をつくった.

❹《原因・理由》**~から, ~のために**
- She trembled **from** fear. 彼女は恐怖(きょうふ)から[のために]震(ふる)えた.
- His father died **from** overwork. 彼のお父さんは過労から[過労で]亡(な)くなった. → **die of** [**from**] ~ (**die**¹ 成句)
- He is suffering **from** a cold. 彼は風邪(かぜ)のために苦しんでいる[風邪をひいている].
- I am tired **from** a long walk. 私は長く歩いて疲(つか)れている.

❺《分離》**~から(取り去る, 守る, 解放する)**
- Two **from** six is [**leaves**] four. 6から2を引くと4です[残る].
- He saved the child **from** the fire. 彼はその子供を火事から救った.
- I'm free **from** pain now. 私はもう痛みから解放されました[痛みはなくなりました].
- Vitamin A keeps us **from** catching colds. ビタミンAは私たちを風邪ひきから守ってくれる[ビタミンAをとっていれば風邪をひかない].

❻《区別》**~から(区別して), ~と**
- Anyone can tell lions **from** tigers. 誰だって(ライオンをトラから区別して言える ⇨)ライオンとトラの違(ちが)いはわかる.

from 小 A1 /弱形 ふロム, 強形 ふラム | ふロム/

イメージ
〜から

基本の意味

出発点を表す基本の意味から様々な意味に広がる.空間的な移動の場合には ❶「(空間的に)〜から」の意味になり,時間の推移の場合には ❷「(時間的に)〜から」の意味になり,場所・状態から離れることに注目すると ❺ 分離の意味になる.原料を変化の出発点とみなすと ❸ 原料・材料の意味になり,原因を動作やできごとの出発点とみなすと ❹ 原因・理由の意味になる. ❶ 場所と ❷ 時間の意味では到着点を表す to といっしょに用いられることも多い.

教科書によく出る **使い方**

❶ The fastest Shinkansen travels **from** Tokyo to Osaka in two and a half hours. 最速の新幹線は東京から大阪まで 2 時間半で行く.
❷ He works **from** nine to five. 彼は 9 時から 5 時まで働く.
❸ This plate is made **from** recycled paper. このお皿は再生紙でできている.
❹ I suffer **from** pollen allergies every spring. 毎年春になると花粉症で苦しむ.
❺ The English Channel separates Great Britain **from** the rest of Europe.
イギリス海峡によってグレートブリテン島はヨーロッパの他の部分から隔てられている.

教科書によく出る **連語**

come from 〜　〜の出身である；〜に由来する
　The word "ski" **comes from** Norwegian.
　　ski という単語はノルウェー語に由来します.

from now on　今後は,これからは

- His opinion is quite different **from** mine. 彼の意見は私の意見と全く違う．

***from** A **to** A* AからAへ(次々と); Aごとに
- **from** door **to** door (家から家へ) 1軒(けん)1軒
- be different **from** country **to** country (国ごとに違う ⇨ 国によって違う)

***from** A **to** B* AからBまで，AからBへ
- **from** head **to** foot 頭から足まで
→ AとBが対(つい)になっている場合や，A=Bの場合は冠詞(かんし)(a, the)が省略される．
- travel America **from** coast **to** coast アメリカを(沿岸から沿岸まで ⇨ 横断旅行する)

***from** A **to** B **to** C (**to** ～)* AからBやC(や～)に至るまで
- **from** food **to** clothes **to** furniture 食料から衣類や家具に至るまで

front 中 A1 /fránt ᵈラント/ 名

❶ 前面，前部
- **the front** of a house 家の正面
- The pilot sits in [at] **the front** of an airplane. 操縦士は飛行機の前部に座(すわ)る． → イディオム **in front of** と混同しないこと．

❷ (戦場・気象の)前線
- the cold **front** 寒冷前線

── 形 前の，前方の，正面の
- the **front** door (家の)表ドア，正面玄関(げんかん)
- the **front** yard (家の)前庭
- the **front** seat 前の座席
- the **front** desk 《米》(ホテルなどの)フロント，受付 (《英》reception (desk))
- the **front** page 新聞の第1面

in front 前に，前の
- sit **in front** 前の席に座る
- the man **in front** 前にいる男

***in front of* ～** ～の前に，～の前の
類似語 道路や川などをはさんで「前に」「向かいに」は **opposite**．
反対語 **at the back of ～** (～の後ろに)

- a bus stop **in front of** the bank 銀行の前のバス停
- A car stopped **in front of** the hotel. 1台の車がそのホテルの前で止まった．

frontier /frʌntíər ᵈランティア/ 名 ❶ 国境，国境地方 ❷ 《米》辺境，フロンティア → アメリカ西部への開拓(かいたく)時代の開拓地と未開拓(みかいたく)地の境界地方．

frost /frɔ́:st ᵈフロースト/ 名 霜(しも)

frosty /frɔ́:sti ᵈフロースティ/ 形 (比較級 **frostier** /frɔ́:stiər ᵈフロースティア/; 最上級 **frostiest** /frɔ́:stiist ᵈフロースティエスト/) 霜(しも)の降りる，凍(こお)りつくような

frown /fráun ᵈフラウン/ 動 顔をしかめる，眉(まゆ)をひそめる

── 名 しかめっつら

froze /fróuz ᵈフロウズ/ 動 **freeze** の過去形

frozen /fróuzn ᵈフロウズン/ 動 **freeze** の過去分詞

── 形 凍(こお)った，氷の張った
- a **frozen** lake 氷の張った湖
- **frozen** food [fish] 冷凍(れいとう)食品[魚]

fruit 小 A1 /frú:t ᵈフルート/ (→ ui を /u:/ ウー/ と発音することに注意) 名
(複 **fruits** /frú:ts ᵈフルーツ/)

❶ 果物，果実(かじつ); (木の)実
- **fruit** juice フルーツジュース，果汁(かじゅう)
- a **fruit** store 果物店
- a **fruit** tree 果樹
- **Fruit** is good for the health. 果物は健康にいい． → 一般(いっぱん)的に「果物」という時は ×a fruit, ×fruits としないが，次の例のように特定の果物や種類の違(ちが)う果物をいう時は数えられる名詞として扱(あつか)うこともある．
- Is tomato a **fruit** or a vegetable? トマトは果物ですか野菜ですか．
- I went to the supermarket and bought several different **fruits**. 私はスーパーへ行って何種類かの果物を買った．
POINT 複数形は特に各種の果物をいう時にだけ使う．

❷ 成果，結果
- This success is the **fruit** of his hard work. この成功は彼の努力の成果である．

fruitcake /frú:tkeik ᵈフルートケイク/ 名 フルーツケーキ → ドライフルーツやクルミなどの木の実を入れて作ったケーキ．

frustrate /frʌstreit ふラストレイト/ 動 欲求不満にさせる, いらいらさせる, 失望させる

frustrated /frʌstreitid ふラストレイテド/ 形 不満のたまった, いらいらした, 失望した

frustrating /frʌstreitiŋ ふラストレイティング/ 形 いらいらさせるような, 失望させるような

frustration /frʌstréiʃən ふラストレイション/ 名 欲求不満; 挫折(ざせつ), 失敗

fry 小 A2 /frái ふライ/ 動 (三単現 **fries** /fráiz ふライズ/; 過去・過分 **fried** /fráid ふライド/; -ing形 **frying** /fráiiŋ ふラインング/)
(フライパンで) いためる, 焼く; 油で揚(あ)げる, フライにする →「油で揚げる」はふつう **deep-fry** という。 → **fried** (見出し語)
•Mary **fries** bacon and eggs for her breakfast. メアリーは朝食にベーコンエッグを焼く.

—— 名 (複 **fries** /fráiz ふライズ/) 揚げ物, フライ

frying pan /fráiiŋ pæn ふラインング パン/ 名 フライパン →単に **pan** ともいう.

ft., ft 略 =foot または feet

fuel /fjúːəl ふューエる/ 名 燃料
—— 動 燃料を供給[補給]する

fúel cèll 名 燃料電池 →水素と酸素の化学反応によって電流を起こす電池.

fulfil(l) /fulfíl ふるふィる/ 動 (約束・望みなどを)果たす, 遂(と)げる →-ed, -ing をつける時は **fulfilled, fulfilling**

fulfil(l)ment /fulfílmənt ふるふィるメント/ 名 (約束・望みなどの)実現, 実行

full 中 A1 /fúl ふる/ 形
❶ 満ちた, いっぱいの 関連語 「満たす, 満ちる」は **fill**.
•eyes **full** of tears 涙(なみだ)でいっぱいの目
•The theater was **full**. 劇場は満員だった.
反対語 This box is **empty**. That box is **full** of toys. この箱はからっぽだ. あの箱はおもちゃでいっぱいだ.
•Don't speak with your mouth **full**. 口に物をいっぱい入れてしゃべるな. →with A B (形容詞)は「A を B の状態にして」.
会話 How about another bowl of soup?—No, thank you. I'm **full**. もうひと皿スープをいかがですか.—もうけっこうです. おなかがいっぱいです.
❷ 十分な, 完全な, 最大限の
•**full** marks 満点

•a **full** week まる1週間
•a **full** moon 満月
•one's **full** name 氏名, フルネーム
•(at) **full** speed 全速力で

—— 名 十分; 絶頂

in full (省略しないで)全部
•Write your name **in full**. あなたの名前を省略しないで書いてください.

to the full 十分に, 完全に
•We enjoyed fishing **to the full**. 私たちは釣(つ)りを心ゆくまで楽しんだ.

full stop /fúl stáp ふる スタプ/ 名 《主に英》終止符(ふ), ピリオド (《主に米》period)

fully A2 /fúli ふり/ 副 十分に

fun 小 A1 /fán ふァン/ 名
おもしろい事[人]; 楽しさ, 愉快(ゆかい)さ, 楽しい思い
✓POINT 「おもしろさ」そのものに重点があるので, 日本語では「おもしろい事, おもしろい人」と訳す場合でも数えられない名詞として扱(あつか)う. ×a fun, ×the fun, ×funs などとしない.
•have **fun** 楽しむ
•Is it **fun**? それはおもしろいですか.
•Camping is a lot of **fun**. キャンプはとても愉快だ.
•It's great **fun** to play baseball. 野球をするのはとてもおもしろい. →It=不定詞 to play 以下.
•Let's have **fun** with music and games. 音楽やゲームで楽しく遊ぼうよ.
•He is full of **fun**. 彼は愉快なやつだ. →is full of ～ は「～でいっぱいである」.

for [in] fun おもしろ半分に, 冗談(じょうだん)に; 楽しみのために

make fun of ～ ～をからかう, ～を冷やかす

function A2 /fáŋkʃən ふァンクション/ 名 機能, 働き; 役目
—— 動 機能する, 働く

functional /fáŋkʃənəl ふァンクショナる/ 形
❶ 機能的な, 実用的な ❷ (数学)関数の

fund /fánd ふァンド/ 名 (しばしば **funds** で) 資金, 基金

fundamental /fʌndəméntl ふァンダメントる/ 形 根本的な, 重要な

fund-raising /fánd reiziŋ ふァンド レイズィング/ 名 資金集め, 募金(ぼきん)

funeral /fjúːnərəl ふューネラる/ 名 形 葬式(そうし)

き)(の)

fúneral hòme [pàrlor] 名 葬儀(そうぎ)場

funny 小 A1 /fʌ́ni ふァニ/ 形
(比較級 **funnier** /fʌ́niər ふァニア/; 最上級
funniest /fʌ́niist ふァニエスト/)
❶ 滑稽(こっけい)な, おかしい →「笑い」を引き起こ
すものをいう.
• a **funny** story 滑稽な話
• That clown is very **funny**. あのピエロは
とても笑わせる.
• Don't be **funny**. 笑わせるなよ.
❷ 妙(みょう)な, 変な (strange)
• You look very **funny** in that coat. その
上着を着ると君はとても変に見える.
• It's **funny** that May didn't come. メイ
が来なかったのは変だ. →It=that 以下.

fur /fə́ːr ふァ~/ 名 毛皮

furious /fjúə(ə)riəs ふュア(ア)リアス/ 形 猛烈(もうれつ)
な; すごく怒(おこ)った[て] (very angry)

furnace /fə́ːrnis ふァ~ネス/ 名 炉(ろ), かまど;
溶鉱炉(ようこうろ); (地下室にある暖房(だんぼう)用)ボイラ
ー

furnish /fə́ːrniʃ ふァ~ニシュ/ 動 (家・部屋に)家
具を備え付ける →**furnished**

furnished /fə́ːrniʃt ふァ~ニシュト/ 形 家具を備
え付けた, 家具付きの →「家具付き」とは「食器
棚(だな)・テーブル・椅子(いす)・冷蔵庫・ガスオーブン・
ベッド・電気器具など」が付いていること(ラジオ・
テレビは含(ふく)まない).

furniture A2 /fə́ːrnitʃər ふァ~ニチャ/ 名 家具,
(事務室などの)室内備品
• a piece of **furniture** 家具1点 →×a fur-
niture としない.
• We don't have much **furniture**. うちに
は家具があまりない. →×many furnitures と
しない.

⚫POINT 机・椅子(いす)・ソファー・たんす・テーブル・
食器棚(だな)・ロッカー・本箱・ベッドなどを総称す

| る言葉で, 単数扱(あつか)い.

furry /fə́ːri ふァーリ/ 形 (比較級 **furrier**
/fə́ːriər ファーリア/; 最上級 **furriest** /fə́ːriist
ファーリエスト/) 柔らかい毛の

further A2 /fə́ːrðər ふァ~ざ/ 副 形 (far の比
較級) (程度が)それ以上に[の]; (距離(きょり)が)もっ
と遠くに[遠い]
• make a **further** effort さらに努力する
• walk **further** さらに遠くまで歩いて行く
• Please call 123-456-7890 for **further**
information. それ以上の情報は[詳細(しょうさい)に
ついては]123-456-7890 へお電話ください.

furthest /fə́ːrðist ふァ~ゼスト/ 副 形 (far の
最上級) (程度が)一番(の); (距離(きょり)が)最も遠く
に[遠い], 一番遠くに[遠い]

fury /fjúə(ə)ri ふュ(ア)リ/ 名 (複 **furies**
/fjúə(ə)riz ふュ(ア)リズ/) 激しい怒(いか)り, 激怒(げきど);
猛威(もうい)

fuse /fjúːz ふューズ/ 名 (電気の)ヒューズ; (火薬
の)導火線

fuss /fʌ́s ふァス/ 名 (余計な)大騒(さわ)ぎ

futon /fúːtɑːn ふ~ターン/ 名 (日本の)布団(ふとん)

future 小 A1 /fjúːtʃər ふューチャ/ 名
未来, 将来
関連語 **past** (過去(の)), **present** (現在(の))
• in (the) **future** 今後, これから先, 将来は
• think of the **future** 将来のことを考える
• I'll be more careful in **future**. これから
はもっと注意するようにいたします.
• She has a great **future** as a pianist. 彼
女はピアニストとして大きな未来を持っている[成
功の可能性がある].
• What are your plans for the **future**?
君の将来の計画は何ですか.
—— 形 (→比較変化なし)
未来の, 将来の →名詞の前にだけつける.
• the **future** generation 未来の世代

G g

G, g[1] /dʒíː チー/ 名 (複 **G's**, **g's** /dʒíːz チーズ/) ❶ ジー → 英語アルファベットの7番目の文字. ❷(**G** で)《米》(映画の)**一般向き** → general の略.

g., g[2] 略 = gram(s),《英》gramme(s) (グラム)

GA 略 = Georgia

gadget /gædʒit ギャチェト/ 名 (家庭で使う小さな)**器具, 装置**

gain /géin ゲイン/ 動
❶ **得る, 獲得する** (get); **〜に達する**
❷ **もうける; 利益を得る, 得する**
❸ (重さ・速度などが)**増す, 増える**
❹ (時計が)**進む**

反対語 This clock is old but never **gains** or **loses**. この時計は古いが, 絶対に進んだり遅れたりしない.

—— 名 ❶ **増加, 増進**
❷ (しばしば **gains** で)**もうけ高, 利益**
ことわざ No **gains** without pains. 労なくして益えきなし.

gala /géilə ゲイら/gá:lə ガーら/ 名 ❶ (有名人などを招いての)**華やかな行事** ❷ **スポーツ大会**

galaxy /gæləksi ギャらクスィ/ 名 (複 **galaxies** /gæləksiz ギャらクスィズ/) (**the galaxy**, **the Galaxy** で) **銀河, 天の川** (the Milky Way)

gale /géil ゲイる/ 名 **大風, 強風**

Galileo /gæliliːou ギャリリーオウ/ 固名 (**Galileo Galilei** /ギャリれイ/) **ガリレオ** → イタリアの物理・天文学者 (1564–1642). コペルニクスの地動説が正しいことを証明した.

gallery A2 /gæləri ギャらリ/ 名 (複 **galleries** /gæləriz ギャらリズ/)
❶ **画廊, 美術館, ギャラリー** →《米》では「美術館」はふつう **museum** という.
• an art [a picture] **gallery** 画廊 → gallery だけでも「画廊」という意味だが, より明確にするためにこのようにいうことが多い.
• the National **Gallery** (ロンドンの)国立美術館
❷ (劇場の最上階にある最低料金の)**天井さ**

じき; (会議場の)**傍聴席**
❸ **天井さじきの人々; 傍聴席の人々;** (ゴルフ・テニスなどの試合の)**見物人, ギャラリー** →1人の人ではなく, 複数の人を指すのでふつうは複数扱い.

gallon /gælən ギャろン/ 名 **ガロン** → 液体の容積の単位. 米国では3.785リットル. 英国・カナダ・オーストラリアなどでは4.546リットル.

gallop /gæləp ギャろプ/ 名 **ギャロップ** → 馬など四つ足の動物の最も速い走り方.
—— 動 **ギャロップで走る; ギャロップで走らせる**

gamble /gæmbl ギャンブる/ 動 **賭け事をする;** (〜にお金などを)**賭ける**
—— 名 **賭け事, ばくち**

gambler /gæmblər ギャンブらァ/ 名 **賭け事師, ばくち打ち; 賭け事の好きな人**

game 小 A1 /géim ゲイム/ 名 (複 **games** /géimz ゲイムズ/)

❶ (一定のルールを持った)**ゲーム, 遊び**
POINT 比較的ルールの少ない「遊び」から, 複雑なルールの「スポーツ競技」までをいう.
• a card **game** カードゲーム
• a video **game** ビデオゲーム
• a **game** show (テレビの)賞金クイズ番組
• **play** a **game** ゲームをする
• **win** [**lose**] a **game** ゲームに勝つ[負ける]
• All children like to **play games**. 子供たちはみんなゲームをするのが好きだ.

❷ **試合, 競技;** (**games** で)**競技大会**
• play a basketball **game** バスケットボールの試合をする
• We'll play [have] a **game** of baseball with Bob's team. 私たちはボブのチームと野球をする.
• **Game**, set and match. 試合終了[ゲームセット].
• The Tokyo Olympic **Games** were held in 2021. オリンピックの東京大会は2021年に開かれた.

類似語 (試合)
《米》では baseball, football, basketball

two hundred and fifty-five　255　**gasp**

などと -ball のつくスポーツの試合に **game** を使い, golf, tennis, boxing, cricket などには **match** を使うが, 《英》ではどちらにも **match** を使うことが多い.

❸ (猟(りょう)・釣(つ)りの)**獲物**(えもの) ➜猟・釣りで捕(つか)まえる野獣(やじゅう)・野鳥・魚の総称. game には昔「楽しみ・娯楽(ごらく)」という意味があり, 中世では貴族の最高の娯楽が狩猟(しゅりょう)だったことから.

• Lions and elephants are big **game**. ライオンやゾウは大猟獣(りょうじゅう)だ. ➜×a big game, ×big game*s* としない.

Gandhi /ɡɑ́:ndi ガーンディ, ɡǽndi ギャンディ/ 固名 (通称 **Mahatma** /マハートマ/ **Gandhi**) ガンジー ➜インドの政治家 (1869–1948). 英国に対して非暴力による不服従運動を展開し独立運動を指導, "Mahatma" (偉大(いだい)な魂(たましい))と呼ばれた.

gang /ɡǽŋ ギャング/ 名
❶ 《話》(いつもいっしょに行動する)(遊び)**仲間**
• Charlie Brown and his **gang** チャーリー・ブラウンと彼の仲間たち
❷ (いっしょに仕事する労働者などの)**群れ, 一団**
❸ (悪党の)**一味, ギャング団** ➜「1 人のギャング」は **gangster**.

Ganges /ɡǽndʒi:z ギャンチーズ/ 固名 (the Ganges で) ガンジス川 ➜インド北部の大河で, ヒンズー教徒にとって聖なる川.

gangster /ɡǽŋstər ギャングスタ/ 名 (gang の 1 人である)**悪漢, ギャング**

gap /ɡǽp ギャプ/ 名
❶ **破れ目, 隙間**(すきま); (会話の)**途切**(とぎ)**れ**
❷ (考えなどの)**相違**(そうい)**, ずれ, ギャップ**

garage A2 /ɡərɑ́:ʒ ガラージュ|ɡǽrɑ:ʒ ギャラージュ/ 名 ❶ (自動車の)**車庫, ガレージ**
❷ **自動車修理工場** ➜ふつうガソリンスタンドも兼業(けんぎょう)する.

garáge sàle 名 《米》ガレージセール

> 参考　不要になった中古品を自宅のガレージに並べて安い値段で売ること. ガレージだけでなく庭や地下室を利用することもあり, その場合にはそれぞれ **yard sale, basement sale** と呼ばれることもある.

garbage 小 A1 /ɡɑ́:rbidʒ ガーベヂ/ 名 《主に米》(台所の)**生ごみ** (《英》rubbish)
• **collect** [**throw away**] **garbage** ごみを収集する[捨てる] ➜×a garbage, ×garbage*s* と

しない.

gárbage càn 名 《米》(台所の)**ごみ入れ** (《英》dustbin)

gárbage trùck 名 《米》**ごみ収集車** (《英》dustcart)

garden 中 A1 /ɡɑ́:rdn ガードン/ 名
(複 **gardens** /ɡɑ́:rdnz ガードンズ/)
❶ **庭, 庭園** ➜《米》では特に木や花の植えられた立派な庭以外はふつう **yard** という.
• They live in a house with a large **garden**. 彼らは大きな庭のある家に住んでいる.
❷ (花・野菜・菜草などの)**畑**; **野菜園**; **花園**(はなその)
• a vegetable **garden** 野菜畑[園]
• a kitchen **garden** 家庭菜園
• **plant** a rose **garden** in the yard 庭にバラ園を作る
❸ (しばしば **gardens** で) **公園, 遊園地**

gardener /ɡɑ́:rdnər ガードナ/ 名 ❶ **植木屋さん, 庭師** ❷ (趣味(しゅみ)で)**園芸をする人**

gardening /ɡɑ́:rdniŋ ガードニング/ 名 **園芸(をすること), 庭仕事**

gárden pàrty 名 **園遊会; ガーデンパーティー** ➜庭園で催(もよお)される(ふつう公式の)大パーティー.

gargle /ɡɑ́:rɡl ガーグる/ 動 **うがいをする**

garlic A2 /ɡɑ́:rlik ガーリク/ 名 **ニンニク**

gas A2 /ɡǽs ギャス/ 名
❶ **気体, ガス**
• natural **gas** 天然ガス ➜×a gas, ×gas*es* としない.
• Oxygen is a **gas**. 酸素は気体である. ➜気体の種類をいう時は数えられる名詞として扱(あつか)う. [関連語] **solid** (固体), **liquid** (液体)
❷ (燃料用の)**ガス**; **ガスの火**
• **turn on** [**off**] **the gas** ガスをつける[消す]
• put a kettle on the **gas** やかんをガスの火にかける
• Do you cook by **gas** or electricity? あなたはガスで料理するのですか, それとも電気を使いますか.
❸ 《米話》**ガソリン** (gasoline)
• run out of **gas** ガソリンが切れる

gasolene, gasoline /ɡǽsəli:n ギャソリーン/ 名 《米》**ガソリン** (《英》petrol) ➜話し言葉では **gas** という.

gasp /ɡǽsp ギャスプ/ 動 ❶ (息が苦しくて)**はあはあいう, あえぐ; あえぎながら言う** ❷ (驚(おどろ)

いて)はっと息をのむ, 息を止める

gás stàtion 名 《米話》ガソリンスタンド (《英》 petrol station) →《米》では **filling station** ともいう.

gás stòve 名 (料理用)ガスレンジ →《米》 gas range. 《英》 gas cooker ともいう.

gate 中 A2 /géit ゲイト/ 名
❶ 門; 門の扉(とびら) →1つの門でも両開きで扉が2枚あれば **gates** ということが多い.
・go through the **gate** 門をくぐる, 門を通り抜(ぬ)ける
・He entered through [by] the **gate**. 彼は門から入った.
・Bob waited for me at the school **gate**. ボブは校門の所で私を待っていた.
❷ 出入り口; (空港の)搭乗(とうじょう)口, ゲート
・a boarding **gate** 搭乗口
・The passengers from Flight No. 123 (読み方: number one two three) will soon be coming out of **Gate** 2. 123便の乗客はまもなく2番ゲートから出て来ます.

gateway /géitwei ゲイトウェイ/ 名 (門のある)出入り口 →「~に至る道」という意味でも使われる.

gather 中 A2 /ɡæðər ギャざ/ 動
❶ 集める; 摘(つ)み取る, 採集する (collect); 集まる
・The bird **gathers** twigs for its nest. その鳥は小枝を集めて巣を作る.
ことわざ A rolling stone **gathers** no moss. 転がる石はこけがつかない. →《英》では「たびたび職を変える人は成功しない」の意味だが, 《米》では「いつも動き回っている人は新鮮(しんせん)でいられる」の意味で使われることが多い.
・I **gathered** more information about it. 私はそれについてより多くの情報を集めた.
・The crops have been **gathered**. 作物は(もう)取り入れられた. →been 助動 ❷
・Many people **gathered** around him. 多くの人々が彼の周りに集まった.
❷ (力・速力などを)次第(しだい)に増す
・The roller coaster **gathered** speed. ジェットコースターは次第に速力を増した.

gathering /ɡæðəriŋ ギャざリング/ 名 集まり, 集会, 会合

類似語 (集まり)
gathering は3人以上の非公式で, 主として社交的な集まり. **meeting** は公式・非公式・規模

に関係なく「会合」を意味する最も一般(いっぱん)的な語.

Gaudi /ɡaudí ガウディー/ 固名 (**Antoni** /アントニ/ **Gaudi**) ガウディ →スペインの建築家 (1852–1926). サグラダ・ファミリア(聖家族教会)などが代表作.

gave 中 /géiv ゲイヴ/ 動 give の過去形

gay /géi ゲイ/ 形 ❶ 《話》同性愛の, 同性愛者の, ゲイの ❷ 陽気な; 派手な

gaze /géiz ゲイズ/ 動 (じっと)見つめる
―― 名 見つめること, 凝視(ぎょうし)

GDP 略 国内総生産 ←**g**ross **d**omestic **p**roduct.

gear /gíər ギア/ 名 ❶ 歯車, ギヤ; (歯車をかみ合わせた)伝動装置 ❷ (集合的に)用具一式, 装具

gee /dʒí: ヂー/ 間 わー, すごーい →驚(おどろ)き・感心などを表す.

geese /gí:s ギース/ 名 goose の複数形

gem /dʒém ヂェム/ 名 宝石, 宝玉

gender A2 /dʒéndər ヂェンダ/ 名
❶ 性, 性別, 男女の差異 →特に社会的役割の違いに重点がある. →**sex**
・**gender** equality ジェンダーの平等
❷ 《文法》性 →文法上の性. 言語によっては名詞や代名詞に男性・中性・女性の区別がある.

general /dʒénərəl ヂェネラる/ 形
❶ 一般(いっぱん)の, 全般(ぜんぱん)の, 全体の, 全体に共通する
・a **general** election 総選挙
・a **general** plan 全体計画
反対語 This is not a **special** rule for the boy students only. This rule is **general**. これは男子生徒だけに対する特別な規則ではない. この規則は全体にあてはまるものだ.
❷ だいたいの, 概略(がいりゃく)の
・a **general** idea だいたいの考え, 概念
・I have a **general** idea of her background. 私は彼女の経歴についてだいたいのことを知っている.
―― 名 (全軍を統括(とうかつ)する)陸軍大将; 将軍
・**General** MacArthur マッカーサー将軍

in general 一般に; 一般の
・people **in general** 一般の人々

generally /dʒénərəli ヂェネラリ/ 副 ふつう, たいてい; 一般(いっぱん)に, 広く; 概(がい)して

generally speaking 一般的に言えば, 概して

géneral mánager 名 総支配人

géneral stóre 名 雑貨屋
generation A2 /dʒenəréiʃən チェネレイション/ 名 ❶ 世代 →人間では約30年.
- for many **generations** 何代も何代もの間
- from **generation** to **generation** 何代も何代も, 代々

❷ (家系の中の)**一世代**(の人々)
- a second-**generation** Japanese-American 日系アメリカ人2世
- Three **generations** live in this house—Grandma, my parents and we children. この家には祖母, 両親それに私たち子供の3世代が住んでいる.

❸ 《集合的に》**同時代[同世代]の人々** →単数扱(あつか)い.
- the present [young] **generation** 現代[若い世代]の人々
- the rising **generation** 青年層

generous /dʒénərəs チェネラス/ 形 ❶ 心の広い, 寛大(かんだい)な; 物惜(お)しみしない, 気前のよい
❷ (ふつうよりも)**大きな, 豊富な, たっぷりの**

genius /dʒí:niəs チーニアス/ 名
❶ 天分, 天才, 素質
❷ 天分のある人, 天才 (person of genius)

genre /ʒá:nrə ジャーンル/ 名 種類, 類型, ジャンル

gentle A2 /dʒéntl チェントル/ 形
❶ (人について)穏(おだ)やかな, おとなしい, 優(やさ)しい
- a **gentle** heart 優しい心
- a **gentle** manner 上品な態度
- Please be **gentle** with the doll; it breaks easily. その人形はそっと取り扱(あつか)ってください. すぐ壊(こわ)れますから.
- He was always **gentle** to the sick and the poor. 彼は常に病人と貧しい人々に優しかった.

❷ (風・音・勾配(こうばい)などが)穏やかな, 静かな
- a **gentle** breeze そよ風
- a **gentle** slope なだらかな傾斜(けいしゃ)
- I heard a **gentle** knock on the door. ドアをそっとたたく音が聞こえた.

gentleman /dʒéntlmən チェントルマン/ 名
(複 **gentlemen** /dʒéntlmən チェントルマン/)
❶ **男の人** →man よりも丁寧(ていねい)な言い方.
- There's a **gentleman** at the door to see you. 男のかたがあなたに会うために玄関(げんかん)にお見えです.

- **gentlemen**'s shoes 紳士靴(しんしぐつ)
❷ (態度・身だしなみの)**立派な男性, 紳士**(しんし)
- He is a real **gentleman**. あの人は本当の紳士だ.
❸ **(Gentlemen** で)《英》男子用 →公衆トイレのドアの表示. →**Gents**

Gentlemen! (男性だけの聴衆(ちょうしゅう)に呼びかけて)皆(みな)さん, 諸君

Ladies and Gentlemen! (男女の聴衆に呼びかけて)皆さん

gentlemen /dʒéntlmən チェントルマン/ 名
gentleman の複数形

gently /dʒéntli チェントリ/ 副 穏(おだ)やかに, 優(やさ)しく, 静かに, そっと; 緩(ゆる)やかに

Gents /dʒénts チェンツ/
《英話》 (しばしば the **Gents** で) (ホテル・ビルなどの)男性用トイレ (《米》 men's room) →単数扱(あつかい).

genuine /dʒénjuin チェニュイン/ 形 本物の, つくり物でない

geographer /dʒiá:grəfər チアーグラふァ/ 名 地理学者

geography /dʒiágrəfi チアグラふィ/ 名 地理, 地理学

geometry /dʒi:ámətri チーアメトリ/ 名 幾何(きか)学

Georgia /dʒɔ́:rdʒə チョーチャ/ 固名
❶ (州の)ジョージア →米国南東部の州. **Ga.**, (郵便で) **GA** と略す.
❷ (国の)ジョージア →東ヨーロッパと西アジアの境に位置する共和国(旧称グルジア). 首都はトビリシ (Tbilisi). 公用語はグルジア語.

ger /géər ゲア/ 名 ゲル →モンゴル人の天幕住居.

germ /dʒə́:rm チャ〜ム/ 名 細菌(さいきん)

German /dʒə́:rmən チャ〜マン/ 形
ドイツの; ドイツ語の; ドイツ人の
関連語 「ドイツ」 は **Germany**.
- a **German** car ドイツ製の自動車
- Is she **German** or Dutch? 彼女はドイツ人ですか, オランダ人ですか?

── 名 ❶ ドイツ語
❷ ドイツ人 →複数形は **Germans**.
- the **Germans** ドイツ人(全体)

Germany 小 /dʒə́:rməni チャ〜マニ/ 固名

gerund

ドイツ →ヨーロッパ中部の共和国. 第2次世界大戦後長い間 **East Germany** (東ドイツ) と **West Germany** (西ドイツ) とに分割されていたが, 1990年に再統一された. 首都はベルリン (Berlin).

gerund /dʒérənd チェランド/ 名 《文法》動名詞
→ -ing

gesture /dʒéstʃər チェスチャ/ 名
身振り, 手振り, しぐさ, ジェスチャー
- **make** an angry **gesture** 怒ったしぐさをする
- speak **with** big **gestures** おおげさな身振りを交えて話す
- speak **by gesture** 身振りで話す

―― 動 (〜に〜するよう)身振りで示す[話す]
- The police officer **gestured** the driver to stop. その警官はドライバーに身振りで止まるように指示した.

get 小 A1 /gét ゲト/

動 ❶ 手に入れる, 得る　　　　　意味 map
❷ 買う, 〜に〜を買ってやる
❸ (物を)持ってくる, (人を)連れて来る
❹《話》理解する
❺ (〜に)着く, 達する
❻ (〜に)なる
❼ 〜を〜にする
❽ (get to do で)〜するようになる
❾ (get A to do で) A に〜させる
❿ (get A +過去分詞で) A を〜させる

―― 動

三単現 **gets** /géts ゲツ/
過去 **got** /gát ガト/
過分 **got**, 《米》**gotten** /gátn ガトン/
-ing形 **getting** /gétiŋ ゲティング/

❶ 手に入れる, 得る, 受け取る; もらう

基本 **get** a letter 手紙を受け取る → get+名詞.
- **get** a prize 賞をもらう
- **get** a job 就職する
- Did you **get** my e-mail? 私のEメールは届きましたか.
- The movie star **gets** a lot of fan letters every month. その映画俳優は毎月たくさんのファンレターをもらう.
- I **got** a call from Jane last night. 私は昨夜ジェーンから電話をもらった.
- The pianist **has gotten** many prizes. そのピアニストはこれまでに多くの賞をもらっている. →現在完了(かんりょう)の文. → **have** 助動 ❷
- Bill **has been getting** good grades in school. ビルは学校でいい成績を取っている. →現在完了進行形の文. → **been** 助動 ❶

❷ 買う, 〜に〜を買ってやる (buy)

基本 **get** him a new bicycle = **get** a new bicycle for him 彼に新しい自転車を買ってやる → get A B (名詞)で「A に B を買ってやる」.

Where did you **get** it?―At a bookstore.
それどこで買ったの?―本屋さんでだよ.

❸ (物を)持ってくる, (人を)連れて来る
- Will you **get** me my hat? = Will you **get** my hat for me? 私の帽子を取って来てくれませんか.
- I'm hurt! **Get** the doctor! けがをした. 医者を呼んでくれ.

❹《話》理解する, 聞き取る
- She didn't **get** my jokes. 彼女は私の冗談がわからなかった.
- I'm sorry, but I didn't **get** what you said. すみませんがおっしゃったことが聞き取れませんでした. → **what** は関係代名詞(〜する[した]こと).
- Oh, I **get** it. = Oh, I've **got** it. = Oh, I **got** it. ああ, わかった.

❺ (〜に)着く, 達する

基本 **get** to London ロンドンに着く → get to+名詞.

基本 **get** home 家に着く → get+場所を示す副詞.
- **get** there at six 6時にそこに着く
- How can I **get to** your house? (どのようにして君の家に到着できるのか ⇨)お宅への行き方を教えてください.

❻ (〜に)なる

基本 **get** well (病気が)よくなる → get+形容詞.

基本 **get** hurt けがをする → get+過去分詞. この場合の過去分詞は「〜された[て]」という意味の形容詞に近い.
- **get** dark 暗くなる
- **get** old 年を取る

get /ゲト/

三単現 gets /ゲツ/
過去 got /ガト/
過分 got, 《米》gotten /ガトン/
-ing形 getting /ゲティング/

イメージ: 手に入れて変化する

教科書によく出る意味

動 ❶ 手に入れる
　I **got** a lot of information on the Internet.
　インターネットで多くの情報を手に入れた.

❺ (場所に)着く
　She usually **gets** home around seven. 彼女はたいてい7時頃に家に着く.

❻ (〜の状態に)なる
　He often **gets** angry. 彼はよく怒る.

教科書によく出る連語

get to 〜　〜に着く
　What time will we **get to** the station? 私たちは何時に駅に着きますか？

get up　起きる
　I **got up** at six this morning. 私は今朝6時に起きた.

get off　(乗り物などから)降りる
　Let's **get off** at Shinjuku. 新宿で降りましょう.

get on　(乗り物などに)乗る
　They **got on** a boat. 彼らはボートに乗った.

get well　(病気が)よくなる
　Please **get well** soon. 早くよくなってください.

get 260 two hundred and sixty

- **get** angry 腹を立てる, 怒(おこ)る
- **get** tired 疲(つか)れる; 飽(あ)きる
- **get** lost 道に迷う
- It's **getting** dark. だんだん暗くなってきた. → 現在進行形の文 (→**is** [助動] ❶). It は漠然(ばくぜん)と「明暗」を表す.
- Don't **get** so excited. そう興奮するな.
- I **got** caught in the rain yesterday. 私は昨日雨に降られた. →caught /コート/ は catch (捕(つか)まえる)の過去分詞.
- **Get** dressed quickly. 急いで服を着なさい.

❼ ～を～にする

[他][基本] **get** supper ready 夕食の準備をする →get A B (形容詞)は「A を B (の状態)にする」.
- Don't **get** your clothes dirty. 服を汚(よご)してはいけませんよ.
- His funny story **got** them laughing. 彼の滑稽(こっけい)な話が彼らを笑わせた.

❽ (get to do で) ～するようになる

[他][基本] **get** to know her 彼女を知るようになる
- They soon **got** to be friends. 彼らはすぐに仲良くなった.
- Soon you will **get** to like your new school. 君はすぐにこんどの学校が好きになるだろう.

❾ (get A to do で) (努力・説得などにより)A に～させる, A に～してもらう →「～させる」と訳すか「～してもらう」と訳すかは文の前後関係から判断する.

[他][基本] **get** him to come 彼に来てもらう[彼を来させる]
- I can't **get** this old radio **to** work. この古いラジオを鳴らすことができない.

文法　ちょっとくわしく

get は他の「～させる」という意味の動詞 (使役(しえき)動詞) (make, have, let) と違(ちが)って, 目的語の後に **to** のつく不定詞がくることに注意:
「私は彼を君といっしょに行かせよう.」
I'll **get** him **to** go with you.
I'll **make** him go with you.
I'll **have** him go with you.
I'll **let** him go with you.

---

❿ (get A+過去分詞で) A を～させる, A を～してもらう, A を～される →「～させる」と訳すか

「～してもらう」または「～される」と訳すかは文の前後関係から判断する.

[他][基本] **get** a letter mailed 手紙を出してもらう[出させる] →get の代わりに have を使うこともできる. get は have より口語的.
- I **got** my picture **taken**. 私は写真を撮(と)ってもらった[撮られた].
- I **got** my eyes **tested**. 私は目を検査してもらった.

get across ① 横切る, (向こうへ)渡(わた)る
- **get across** (a river) by boat ボートで(川を)渡る

② (話などが)通じる, 理解される
- The message will **get across** (to the audience). メッセージは(聞いている人たちに)通じるでしょう.

get along (人と)(仲良く)やっていく; (仕事などが)進む, はかどる
- She isn't **getting along** very well **with** her neighbors. 彼女は近所の人たちとあまりうまくいっていない.
- How are you **getting along with** your homework? 宿題の進み具合はどうですか.

get away 去る, 逃(に)げる, 逃(のが)れる

get back (**from ～**) (～から)戻(もど)って来る; 取り返す; 《米》電話をかけ返す
- She **got back from** school. 彼女は学校から戻って来た.
- We'll **get back** to you. こちらからお電話をおかけします.

get down (高い所から)降りる; 降ろす

get down to ～ ～に取りかかる[取り組む]
- Let's **get down to** work. さあ仕事に取りかかろう. →work は名詞.

get going 出かける, 出発する; 始める

get in 入る, (乗用車など小型の車に)乗り込(こ)む (→**get on**); 取り[刈(か)り]入れる

get into ～ ～(の中)に入る; (乗用車など小型の車)に乗り込む →**get on**
- **get into** bed ベッドに入る
- **get into** a taxi タクシーに乗り込む
- **get into** trouble 面倒(めんどう)なことになる

get off ① (電車・バス・馬などから)降りる
- **get off** the bus [the plane, the horse, the bicycle] バス[飛行機, 馬, 自転車]から降りる →**get out of ～**
- I'm **getting off** at the next station. 私は次の駅で降ります.

② (身に着けているものを)**脱**ぐ, **とる**
• **get** one's **shoes off** 靴(くつ)を脱ぐ

get on ① (電車・バス・自転車・馬などに)**乗る**
• **get on** a horse [a bus] 馬[バス]に乗る →
get into ～

② **暮らす**; **やっていく** (get along)
• How are you **getting on**? いかがお過ごしですか.

③ **身に着ける**, **着る**, **履**(は)**く**
• **get** one's **shoes on** 靴を履く

get out 出る, 立ち去る; 取り出す
• **get** a thorn **out** とげを抜(ぬ)く
• **Get out**! 出て行け.
• The teacher told the class to **get out** their textbooks. 先生はクラスの生徒に教科書を出しなさいと言った.

get out of ～ ～から出る, (乗用車など小型の車)から降りる →**get off**
• **get out of** bed ベッドから出る, 起きる
• **get out of** the taxi タクシーから降りる
• **Get out of** here! ここから出てうせろ!
• How could you **get out of** the difficulty? どうやって君はその困難から抜け出せたのですか.

get over 乗り越(こ)える; (困難などに)打ち勝つ; (病気などから)治る
• He soon **got over** his fear [cold]. すぐ彼は怖(こわ)くなくなった[風邪(かぜ)が治った].

get through 通り抜ける, 通過する; し終わる
• **get through** the woods 森を通り抜ける
• **get through** the exam 試験にパスする
• **get through** the work その仕事を終える

get together 集める; 集まる
• **get** all the students **together** 全生徒を集める
• Let's **get together** on Sunday. 日曜日に集まろうよ.

get up (ベッドから)起き上がる, 起きる; 立ち上がる
• **get up** at six 6時に起きる
• Everyone **got up** from his chair. みんな

椅子(いす)から立ち上がった.

have got 《話》= have (持っている) →
have 成句

have got to do 《話》= have to do (～しなければならない) →**have** 成句

getting /géting ゲティング/ 動 **get** の -ing 形
(現在分詞・動名詞)

Gettysburg /gétizbɔːrg ゲティズバーグ/ 固名
ゲティスバーグ → 米国ペンシルバニア州南部の都市で南北戦争の古戦場.

Géttysburg Addréss 固名 ゲティスバーグの演説

> [参考] 米国第16代大統領リンカンがゲティスバーグの戦いで戦死した兵士を埋葬(まいそう)する共同墓地の建設に際して行った演説. その中の "government of the people, by the people, for the people" (人民の, 人民による, 人民のための政治)という言葉は民主制の本質を表現したものとして有名.

geyser /gáizər ガイザ/ 名 ❶ 間欠(かんけつ)泉 ❷ (英) 給湯器

Ghana /gáːnə ガーナ/ 固名 ガーナ → アフリカ西部の共和国. 首都はアクラ.

ghost A1 /góust ゴウスト/ 名 幽霊(ゆうれい)
• see a **ghost** 幽霊を見る
• He was as pale as a **ghost**. 彼は幽霊のように青ざめていた.

ghóst stòry 名 怪談(かいだん)

ghóst tòwn 名 ゴーストタウン → 昔は栄えていたが今は住む人もない町.

giant /dʒáiənt チャイアント/ 名
❶ (神話・童話などに出てくる)巨人(きょじん); 大男
❷ 大物, 偉人(いじん); 巨大(きょだい)なもの
• China is now an economic **giant**. 中国は今や経済大国である.
── 形 巨大な

gíant pánda 名 《動物》ジャイアントパンダ

gift 中 A1 /gíft ギフト/ 名
❶ 贈(おく)り物 → present より改まった言葉.

チャンクでおぼえよう get	
□ メールを受け取る	**get** an e-mail
□ 彼にノートを買う	**get** him a notebook
□ わかりました.	I **got** it.
□ 疲れる	**get** tired
□ バスに乗る	**get** on a bus
□ 6時に起きる	**get** up at six

gifted

- a birthday **gift** 誕生日の贈り物
- Would you wrap it as a **gift**? それを贈り物用に包装してくださいませんか.

❷ (神からさずかった) **才能**

- He has a **gift for** painting. 彼には絵の才能がある.

gifted /gíftid ギフテド/ 形 (生まれつき)**才能のある**

gíft shòp 名 みやげ物店; ギフトショップ

gíft-wràp 動 プレゼント用に包装する

- Please **gift-wrap** it. プレゼント用に包んでください.

gigantic /dʒaigǽntik チャイギャンティク/ 形 巨大(きょだい)な, 途方(とほう)もなく大きい

giggle /gígl ギグる/ 動 くすくす笑う
── 名 くすくす笑い

gill /gíl ギる/ 名 (ふつう **gills** で)(魚の)**えら**

ginger /dʒíndʒər チンヂャ/ 名 ショウガ

gínger ále 名 ジンジャーエール

gingerbread /dʒíndʒərbred チンヂャブレド/ 名 ショウガ入りクッキー[ケーキ]

→ ショウガ, 小麦粉, 糖みつ, バターなどで作るクッキー[ケーキ].

ginkgo, gingko /gíŋkou ギンコウ/ 名 (複 **ginkgoes, gingkoes** /gíŋkouz ギンコウズ/)
《植物》**イチョウの木** → 日本語の「銀杏」から.

Gipsy /dʒípsi チプスィ/ 名 =Gypsy

giraffe 小 /dʒərǽf ヂラふ/ 名 《動物》**キリン**

girl 小 A1 /gə́:rl ガ〜る/ 名

(複 **girls** /gə́:rlz ガ〜るズ/)

❶ 女の子, 少女; (若い)女性

POINT 女の赤ちゃんから, 17, 18歳(さい)ぐらいの若い女性まで幅(はば)広く使う.

関連語 Is your baby a **girl** or a **boy**? 赤ちゃんは女の子, 男の子?

- a **girls'** high school 女子高校
- There are more boys than **girls** in our class. うちのクラスは女子よりも男子のほうが多い.

❷ 娘(むすめ) (daughter)

- She has two boys and one **girl**. 彼女には息子(むすこ)が2人と娘が1人います.
- How old are your **girls**? お嬢(じょう)さんたちはおいくつですか.

girlfriend A1 /gə́:rlfrend ガ〜るふレンド/ 名 **ガールフレンド, 彼女, 恋人**(こいびと)

Girl Guides /gə́:rl gáidz ガ〜る ガイヅ/ 《英》(**the** をつけて) **ガールガイド団** (《米》the Girl Scouts)

girlhood /gə́:rlhud ガ〜るフド/ 名 **少女時代**

Girl Scouts /gə́:rl skáuts ガ〜る スカウツ/ 《米》(**the** をつけて) **ガールスカウト** (《英》the Girl Guides)

give 小 A1 /gív ギヴ/

動 ❶ 与(あた)える, あげる; 渡(わた)す　意味map
❷ (会などを)開く
❸ (ある動作を)する; (声を)発する

── 動

三単現	**gives** /gívz ギヴズ/
過去	**gave** /géiv ゲイヴ/
過分	**given** /gívn ギヴン/
-ing形	**giving** /gíviŋ ギヴィンヶ/

❶ 与える, あげる, くれる; 渡す

基本 **give** her a flower 彼女に花を与える[あげる]

基本 **give** a flower to her 彼女に花を与える[あげる]

> 文法　ちょっとくわしく
> **give** は2つの目的語をとることができる:
> **give** A (人) B (物) (A に B を与える)
> 言う必要がない時は A を省略して, **give** B とすることもあるが, B を省略して
> ×**give** A とすることはない.
> A と B の位置を逆にする時は
> **give** B **to** A とする.
> to を省略して **give** B A とすると「B に A を与える」という意味になってしまうので注意.

- **give** her advice 彼女に忠告を与える
- **give** it to him それを彼にやる →×**give** *him it* としない.
- Cows **give** us milk. 雌牛(めうし)は私たちに牛乳を与えてくれる.
- **Give** me your hand and I'll pull you up. 手をこっちに出してくれ, 引っ張り上げてや

るよ.
- The man did not **give** his name. その男は自分の名前を言わなかった. ➔文字や言葉などで「名前を明かさなかった」の意味. say his name は「名前を口に出して言う」.
- **Give** me two tickets for the concert. コンサートの切符(きっぷ)を2枚ください.
- **Give** me your frank opinion. 私に君の率直(そっちょく)な意見を聞かせてください.
- Rock music **gives** me pleasure, but it **gives** my mother a headache. ロック音楽は僕(ぼく)に楽しみを与えるが, 母親には頭痛を与える.
- The sun **gives** (us) light and heat. 太陽は(私たちに)光と熱を与えてくれる.
- The boy **gave** his parents a lot of trouble. 少年は両親にとても面倒(めんどう)をかけた.
- He **has given** all his books to the school library. 彼は自分の本を全部学校図書館へ与えた[寄付した]. ➔現在完了(かんりょう)の文. ➔ **have** 助動 ❶
- This watch **was given** (to) me by my uncle. この時計は私のおじによって私に与えられた.

⚠POINT 上の例は My uncle gave me this watch. (私のおじが私にこの時計をくれた)の文の this watch を主語にした受け身の文 (➔ **was** 助動 ❷). 次の例は me を主語にした受け身の文.

- I **was given** this watch by my uncle. 私はおじからこの時計をもらった.
- The baby **has been giving** his mother a lot of trouble. その赤ん坊(ぼう)は母親をてこずらせている. ➔現在完了進行形の文. ➔ **been** 助動 ❶
- The cow stopped **giving** milk. その牛は乳が出なくなった. ➔ giving (与えること)は動名詞で stopped の目的語.

❷ (会などを)**開く**, 催(もよお)す; (大勢の前で)**演ずる**, 行う
- **give** a party [a concert] パーティー[コンサート]を開く
- The teacher was **giving** a lesson in math. 先生は数学の授業をしていた. ➔過去進行形の文. ➔ **was** 助動 ❶

❸ (ある動作を)**する**; (声を)**発する**
- **give** a push ひと押(お)しする

give 小 A1 /ギヴ/

三単現 **gives** /ギヴズ/   過去 **gave** /ゲイヴ/
過分 **given** /ギヴン/   -ing形 **giving** /ギヴィング/

  教科書によく出る **意味**

動 ❶ あげる, あたえる；くれる
　I'll **give** her some flowers. 彼女に花をあげよう.

❷ (会などを)開く
　I want to **give** a party. 私はパーティーを開きたい.

  教科書によく出る **連語**

give up やめる；あきらめる
　Never **give up**. 決してあきらめるな.
　My father **gave up** smoking. 父はタバコをやめた.

• **give** a sigh [a cry] ため息をつく[叫(さけ)ぶ]
• **give** him a kick 彼を蹴(け)る →×give *a kick to him* としない.
give and take 公平なやりとり, 譲(ゆず)り合い
give away (ただで)あげてしまう, 譲る
• He **gave away** all the money [**gave** all the money **away**]. 彼はそのお金を全部やってしまった.
give back 返す, 戻(もど)す
• **Give** the book **back to** me. =**Give** me **back** the book. その本を私に返せ.
give in (書類などを)提出する; 負ける, 降参する
• **Give in** your papers when you leave the room. 教室を出る時に答案を提出しなさい.
• He finally **gave in** to my opinion. 彼はついに私の意見に従った.
give off (におい・熱などを)発散する, 放つ
give out 分配する; 発表する; (音などを)出す
• The teacher **gave out** the tests to her students. 先生がテストの問題用紙を生徒に配った.
• He **gave out** a cry. 彼は叫び声を上げた.
give up やめる; 諦(あきら)める; 捨てる
• **give up** smoking タバコを吸うことをやめる →×give up *to smoke* としない.
• We finally **gave** him **up for** lost. 我々はついに彼を死んだものと諦めた.
give up on ～ ～に見切りをつける
• **give up on** life 人生に見切りをつける
give way (to ～) (～に)道を譲る; 崩(くず)れる, 壊(こわ)れる, 切れる; 負ける
• The ice **gave way** and I fell into the water. 氷が割れて私は水に落ちた.
• Coal **gave way to** oil. 石炭が石油に(道を譲った ⇨)取って代わられた.

given A2 /gívn ギヴン/ 動 **give** の過去分詞
given name /gívn néim ギヴン ネイム/ 名 (姓(せい)に対して生まれた子に与(あた)えられる)名, 洗礼名 (Christian name) → (米) ではふつう **first name** という. →**name**
giving /gíviŋ ギヴィング/ 動 **give** の -ing 形 (現在分詞・動名詞)
glacier /gléiʃər グレイシャ|glǽsjə グラスィア/ 名

氷河

glad 中 A1 /glǽd グラド/ 形 (比較級)
gladder /glǽdər グラダ/; 最上級 **gladdest** /glǽdist グラデスト/)
(人が) うれしい, 喜んで →名詞の前にはつけない.
基本 I am **glad** about the result. 私はその結果をうれしく思う. →be 動詞+glad+前置詞+名詞.
• They were very **glad at** the news. 彼らはその知らせを聞いてとても喜んだ.
• My father was **glad of** my success. 父は私の成功を喜んだ.
基本 I am **glad** to see [meet] you. 私は君に会えてうれしい. →be 動詞+glad to *do* 初対面の挨拶(あいさつ)の時 How do you do? の後に続けて言う. I am を略して, **Glad to see [meet] you.** と言うこともある.

Glad to meet you.

• I'll be **glad to** help you. (君を助けられれば私はうれしいでしょう ⇨)喜んでお手伝いいたします.

会話
Would you like to come to our party?—I'd be **glad to**.
私たちのパーティーにいらっしゃいませんか. ―喜んで. →glad to の後に come が省略されている.

• I am **glad (that)** you have come. 君が来てうれしい(よく来てくれた).
gladness /glǽdnəs グラドネス/ 名 喜び, うれしさ 反対語 **sadness** (悲しみ)
glance /glǽns グランス/ 動 ちらっと(一目)見る
―― 名 ちらっと見ること, 一見

チャンクでおぼえよう give	
□ 彼に花をあげる	**give** him a flower
□ 彼女にプレゼントをあげる	**give** a present to her
□ コンサートを開催(かいさい)する	**give** a concert
□ タバコをやめる	**give up** smoking

at a glance 一目で, 一見して
Glasgow /glǽsgou グラスゴウ/ 固名 グラスゴー → スコットランドの大都市.

glass 中 A1 /glǽs グラス|glá:s グラース/ 名
(複 **glasses** /glǽsiz グラセズ/)

❶ ガラス

POINT 物質としてのガラスそのものを指す場合と,「コップ」「眼鏡」などのようにガラスでできているものを指す場合がある. →❷, ❹

- a **glass** window [box] ガラス窓[の箱]
- **Glass** is easily broken. ガラスは壊(こわ)れやすい. →×*A glass*, ×*Glasses* としない.

❷ (ガラスの)コップ, グラス

類似語 (コップ)
ガラス製のコップは **glass** で, 陶器(とうき)製・金属製・紙製のコップは **cup**. 冷たい飲み物は **glass** で, 温かい飲み物は **cup** で飲む.

- A **glass** fell off the table and broke into pieces. コップがテーブルから落ちて粉々に割れた.
- I bought three **glasses**. 私はコップを3つ買った.

❸ コップ1杯(はい)分
- a **glass** of water コップ1杯の水
- drink two **glasses** of milk 牛乳をコップ2杯飲む

❹ (**glasses** で) 眼鏡
- **a pair of glasses** 眼鏡1つ
- He **wears glasses**. 彼は眼鏡をかけている.

glee /glí: グリー/ 名
❶ (あふれるような)喜び, 歓喜(かんき)
❷ グリー合唱曲 → 男声三部または四部の合唱曲.

glide /gláid グライド/ 動 滑(すべ)る, 滑るように走る[飛ぶ]

glider /gláidər グライダ/ 名 グライダー → エンジンがなく滑空(かっくう)して飛ぶ飛行機.

glimpse /glímps グリンプス/ 名 ちらりと見る[見える]こと, 一目

glitter /glítər グリタ/ 動 きらきら光る[輝(かがや)く]

ことわざ All that **glitters** is not gold. きらきら光る物が皆(みな)金とは限らない. →「表面はとてもよさそうに見えても中身はだめなものもある」の意味. that は関係代名詞.

── 名 輝き, きらめき

global /glóubəl グロウバル/ 形 地球の; 地球規模の, 世界規模の
- on a **global** scale 世界規模で[の]

glòbal cítizen 名 地球市民

globally /glóubəli グロウバリ/ 副 世界的に, 地球規模で

global warming /glòubəl wɔ́:rmiŋ グロウバル ウォーミング/ 名 地球温暖化

globe A2 /glóub グロウブ/ 名
❶ 球, 球体; 地球儀(ぎ) → **glove** /glʌ́v グラヴ/ (手袋(ぶくろ), グローブ)と混同しないこと.
❷ (**the globe** で) 地球 (the earth)

gloomy /glú:mi グルーミ/ 形 (比較級 **gloomier** /glú:miər グルーミア/; 最上級 **gloomiest** /glú:miist グルーミエスト/)
❶ かなり暗い
❷ 陰気(いんき)な; 憂鬱(ゆううつ)な; (前途(ぜんと)など)暗い

glorious /glɔ́:riəs グローリアス/ 形 輝(かがや)かしい; 壮麗(そうれい)な

glory /glɔ́:ri グローリ/ 名 (複 **glories** /glɔ́:riz グローリズ/) ❶ 栄光, 栄誉(えいよ), 名誉(めいよ) (fame)
❷ 栄華(えいが), 全盛(ぜんせい); 壮麗(そうれい)さ

glove 小 A2 /glʌ́v グラヴ/ (→ 発音は g + love /lʌ́v ラヴ/ と覚えておけばよい) 名
❶ 手袋(ぶくろ) → 5本の指に分かれているもの.
関連語 親指だけ分かれているものは **mitten**.

gloves　　　mittens

- **a pair of gloves** 手袋1組
- **put on** [**take off**] *one's* **gloves** 手袋をはめる[外す]
- We **wear gloves** when we ski. スキーをする時は手袋をする.
- The dress fits you like a **glove**. そのドレスは(手にはめた)手袋のように(ぴったり)あなた

glow 266

に合う.
❷(野球の)グローブ, (ボクシングの)グラブ
関連語 **mitt** (野球のミット)
• a baseball [boxing] **glove** 野球のグローブ[ボクシングのグラブ]

glow /glóu グロウ/ 動
❶(炎(ほのお)を出さないで)あかあかと燃える; (灯火・ホタルなどが)光る →**flame**
❷(ほお・体が)ほてる; (顔などが)輝(かがや)く
―― 名 ❶真っ赤な光, (燃えるような)輝き
❷(身体の)ほてり

glue /glú: グルー/ 名 動 接着剤(ざい)(でつける), のり(でつける)

gm., gm 略 = gram(s), 《英》 gramme(s) (グラム)

G.M.T., GMT 略 グリニッジ標準時 → Greenwich Mean Time.

GNI 略 国民総所得 →Gross National Income.

gnu /nú: ヌー/ 名 《動物》 ヌー →アフリカ大陸にすむレイヨウ (antelope) の一種.

go 小 A1 /góu ゴウ/

動 ❶行く   意味 map
❷(go *doing* で)~しに行く
❸過ぎ去る; 消える
❹(go+副詞で)(物事が)なっていく
❺(go+形容詞で)~になる
❻いつも~である
❼(機械などが)動く; (鐘(かね)・銃声(じゅうせい)などが)鳴る
❽(be going to *do* で)~しようとしている; ~するつもりである

―― 動
三単現 **goes** /góuz ゴウズ/
過去 **went** /wént ウェント/
過分 **gone** /gó:n ゴーン/
-ing形 **going** /góuiŋ ゴウイング/

❶行く
POINT 話し手, あるいは話し手が視点を置いている場所から遠ざかること.
反対語 **come** (来る)
基本 **go** to London ロンドンへ行く →go to+名詞.
基本 **go** home 家に行く[うちへ帰る] →go+副詞. home は副詞だから ×go *to* home としない.
• **go** to school [church] 学校[教会]へ行く

• **go** from Tokyo to Osaka 東京から大阪へ行く
• **go by** train [**on foot**] 電車で[歩いて]行く
• **go** to bed 寝(ね)る →**bed**
• come and **go** 行ったり来たりする, 現れては消え去る
• Let's **go**. さあ行こう.
• Please **go and** see if there are any letters. 手紙が来てるかどうか見に行ってください.
→go and *do* は「~しに行く」. 《話》では go to *do* よりもふつう. go and *do* の and を省いて go *do* ともいう.
• Where did you **go** last Sunday? 先週の日曜日君はどこへ行きましたか.
• This bus **goes** to Nikko. このバスは日光へ行く.
• This book **goes** on the top shelf. この本は一番上の棚(たな)に(行く ⇨)置くのだ.
• The first prize **goes** to John Smith. 1 等賞はジョン・スミスに(行く ⇨)与(あた)えられる.
• Bob **went** there yesterday. ボブは昨日そこに行った.
• They **went** running to meet their father. 彼らは父親を迎(むか)えに走って行った. →go running は「走って行く」.
• He **has gone** to London. 彼はロンドンへ行ってしまった(のでここにいない).
POINT 上の例は現在完了(かんりょう)の文(→**gone** ❶). have been to ~ は「~へ行ったことがある」. 《米》では have been to ~ の意味で have gone to ~ を使うことがある.
• He **has gone** home. 彼はもう家に帰ってしまった.
• Now I must **be going**. もう私は帰らなければなりません. →must be going は進行形(→**be** 助動 ❶). 帰る際の決まり文句.

 会話
Where **are** you **going**, Mary? ―To the department store.
どこへ行くの, メアリー. ―デパートまで. →質問文は現在進行形. →**are** 助動 ❶

❷(go *doing* で) ~しに行く
• **go fishing** 魚釣(つ)りに行く
• **go swimming** in the pool プールへ泳ぎに行く →×go swimming *to* the pool としない.

go 小 A1 /ゴウ/

三単現 **goes** /ゴウズ/
過去 **went** /ウェント/
過分 **gone** /ゴーン/
-ing形 **going** /ゴウインぐ/

イメージ
中心・視点のあるところから
離れて移動する

教科書によく出る**意味**

[動] ❶ 行く
- He **went** to Hiroshima by bus. 彼は広島にバスで行った.

❷ (**go** *do*ing で)〜しに行く
- Let's **go camping**. キャンプをしに行きましょう.

❸ (**be going to** *do* で)〜するつもりである
- What **are** you **going to** do this summer? この夏は何か予定はありますか？

教科書によく出る**連語**

go down 降りる, 下がる；(道など)に沿って[を通って]行く
- **Go down** this street and turn right. この通りを行って右に曲がってください.

go through 〜 〜を通り抜ける；〜を経験する
- This expressway **goes through** six prefectures.
  この高速道路は6つの県を通過する.
- We all **go through** hard times in our lives.
  生きていれば誰しもつらい時を経験する.

go to bed 寝る
- What time did you **go to bed** last night? 昨晩は何時に寝ましたか？

go home 家に帰る
- I want to **go home** right now. 私は今すぐ家に帰りたい.

go 268 two hundred and sixty-eight

POINT この形は楽しみ・気晴らしのためにどこかに出かけて行って何かをする時に使う。「教えに行く」,「仕事をしに行く」などの場合は go to *do* や go and *do* という.

❸ **過ぎ去る**; **消える**; **死ぬ** (die)
• Winter has **gone**, and spring has come. 冬が過ぎ春が来た.
• Time **goes** quickly when you're busy. 忙(いそが)しい時は時間が速く過ぎて行く.
• Your pain will soon **go**. 君の痛みはすぐ消えていく[なくなる]だろう.

❹ **(go**＋副詞で**)** (物事が)**なっていく**; (文句・話など)**～となっている**
• **go** well [wrong] うまくいく[いかない]
• **go** well with ～ ～とうまくいく，～と調和する，～に似合う →**go with ～**
• Everything **went** badly for them. 彼らには何もかもうまくいかなかった.
• How did the game **go**? ゲームはどうなりましたか.
• The story **goes** like this. その物語は次のような話です.

❺ **(go**＋形容詞で**)** ～**になる**
• **go** mad 気が狂(くる)う; 怒(いか)り狂う
POINT このように go はふつう悪い状態になることを示す。→❸
• **go** blind 目が見えなくなる
• **go** bad (食べ物が)腐(くさ)る
• **go** red with anger 怒(おこ)って赤くなる

❻ **いつも～である**; ～**で通る**
• **go** barefoot [in rags] いつもはだしでいる[ぼろを着ている]
• She **goes** by the name of Jackie. 彼女はジャッキーという名で通っている.

❼ (物事が)**進行する**, (機械などが)**動く**; (鐘・銃声などが)**鳴る**
• School **goes** from 8:30 a.m. until 2:30 p.m. 学校[授業]は午前8時30分から午後2時30分までです.
• The car **goes** by [on] electricity. その車は電気で動く.
• There **goes** the bell. ベルが鳴っている. → The bell is ringing. よりふつうの言い方.

❽ **(be going to** *do* で**)** ～**しようとしている**; ～**するつもりである** →be going to は近い未来や意志を表す.
• I **am going** (**to** go) to the park. 私は公園に行くところです.

• It **is going to** rain. 雨が降りそうだ. →It は漠然(ばくぜん)と「天候」を表す.

会話
How long **are** you **going to** stay here?—I **am going to** stay here for a week.
君はいつまでここに滞在(たいざい)するつもりですか.—1週間ここに滞在するつもりです.

go against ～ ～に逆らう, ～に反する; ～に不利になる
• It **goes against** the rule. それは規則に反する.

go ahead 進める, 続ける; 《命令文で》お先にどうぞ; さあおやりなさい; どうぞお話しください, それで?

go along 進んで行く; (うまく)やっていく
• **Go along** the street to a drugstore, and turn right at the corner. この通りを薬局まで進んで行って, そこの角を右に曲がりなさい.

go a long way 長持ちする; とても役に立つ

go along with ～ ① ～といっしょに行く ② ～と協力する; ～に賛成する
• I can't **go along with** you [your plan]. 私は君[君の案]に賛成できない.

go around (～) ① (～の周りを)回る; あちこち歩き回る ② 全員に行き渡(わた)る
• There are not enough cookies to **go around**. 全員に行き渡るだけのクッキーが無い. →enough *A* to *do* は「～するのに必要なだけのA」.

go away 行ってしまう; (旅行などで)家をあける; 逃(に)げる

go back 戻(もど)る, 帰る; (～に)さかのぼる
• **Go back** to your seat. 席に戻りなさい.

go by (時が)過ぎ去る; (人が)通り過ぎる

go down
① **降りる**, 沈(しず)**む**; 静まる
• The sun was **going down** behind the mountain. 太陽は山のかなたに沈むところだった.
• The wind has **gone down** a little. 風が少しおさまった.
② (道を)**行く**
• **Go down** this street and turn right at

the first corner. この道を行って最初の角を右に曲がりなさい.

go for ～ ①(散歩など)に出かける；～を取りに行く，～を呼びに行く
- **go for** a walk in the park 公園を散歩に行く
- **go for** a drive ドライブに出かける
- I'll **go for** ice cream. 私がアイスクリームを買いに行こう.
- Shall I **go for** a doctor? 医者を呼びに行こうか.

②～を選ぶ，～に決める

go for it 《話》全力を尽くす；《命令文で》頑張(がんば)れ

go off 立ち去る，逃げる；(銃(じゅう)などが)発射する

go on ①(旅行など)へ出かける；先へ進む；続ける，続く；(時が)たつ
- **go on** a trip 旅行に出かける
- **go on** to college 大学に進む[進学する]
- **go on** working 働き続ける
- The party **went on** until midnight. パーティーは深夜まで続いた.
- Please **go on** with the story. どうぞお話を続けてください.

②起こる
- What's **going on** here? (ここで何が起こりつつあるか ⇨)いったいどうしたんだ.

go out ①出て行く，外出する
- **go out** for a walk 散歩に出かける

②消える
- The light **went out**. 明かりが消えた.

go out of ～ ～から(外へ)出る

go over ①越(こ)える，渡る，(向こうへ)行く
②よく調べる；復習する，繰(く)り返す
- Let's **go over** this lesson again. この課をもう一度復習しよう.

go round (～) =go around (～)

go through ～ ～を通り抜(ぬ)ける；～を経験する，～をよく調べる，～をやり終える

go up 上がる，登る
- He **went up** to his room. 彼は(2階の)自分の部屋に上がっていった.
- Prices are **going up**. 物価が上がっている.

go up to ～ ～のところまで行く，～に近寄る →up to ～=～まで.

go with ～ ～といっしょに行く；～と調和する
- That hat doesn't **go** well **with** your coat. その帽子(ぼうし)は君のコートと合わない.

go without ～ ～なしで済ます →do without (without 成句)

to go 《話》(ハンバーガー店などで)持ち帰り用の →take out (take 成句)
- Two sandwiches **to go**, please. サンドイッチ2つを持ち帰りでお願いします.

【会話】
For here or **to go**?—To go.
ここで召(め)し上がりますか，お持ち帰りですか.—持ち帰ります.

── 名 (穆 **goes** /góuz ゴウズ/)
《話》試み (attempt)
- have a go (at ～) (～を)試みる，やってみる

goal 小 A1 /góul ゴウる/ 名
❶ (競走の)ゴール，決勝点
- reach [enter] the **goal** first 1着でゴールインする →「ゴールイン」は和製英語.

❷ 目標，目的；目的地
- Her **goal** in life is to be a lawyer. 彼女の人生の目標は弁護士になることです.

❸ (サッカーなどの)ゴール；(ゴールに入れて得た)得点
- get [score] a **goal** ゴールを決める，得点する
- get [score] the winning **goal** 決勝ゴールを決める
- The ball missed the **goal**. ボールはゴールを外れた.

goalball /góulbɔːl ゴウるボーる/ 名
ゴールボール →目隠(めかく)しをしたプレーヤーが鈴(すず)の入ったボールを転がしてゴールに入れたり守ったりする球技. 目の不自由な人々のスポーツとして始められた.

チャンクでおぼえよう go	
□ ロンドンに行く	**go** to London
□ 電車で行く	**go** by train
□ 家に帰る	**go** home
□ 魚釣りをしに行く	**go** fishing
□ 旅行に行く	**go** on a trip

goalkeeper /góulkiːpər ゴウるキーパァ/ 名
(サッカーなどの)ゴールキーパー

goat /góut ゴウト/ 名 《動物》ヤギ

> **イメージ (goat)**
> 羊 (sheep) が「善良」という良いイメージがあるのに対して、ヤギは頑固(がんこ)・好色などの悪いイメージを持っている.
>
> 関連語 **kid** (= young goat (子ヤギ)); **bleat** (メーと鳴く), **baa** (メーメー)

gobble /gábl ガブる/ 名 (七面鳥の立てる)ごろごろという声

goblin /gáblin ガブリン/ 名 (童話などに出てくるいたずら者の)小鬼(おに)

god /gád ガド/ 名
❶ (**God** で) (一神教(特にキリスト教)の)神 → **lord** ❸
• pray to **God** 神に祈(いの)る
• believe **in God** 神(の存在)を信じる
❷ (多神教の)神

関連語 「女神(めがみ)」は **goddess**.

ギリシャ・ローマ神話の主な神々

	ギリシャ神話	ローマ神話
天の神	Zeus (ゼウス)	Jupiter (ジュピター)
音楽・詩の神	Apollo (アポロ)	Apollo (アポロ)
愛の神	Eros (エロス)	Cupid (キューピッド)
戦争の神	Ares (アレス)	Mars (マルス)
海の神	Poseidon (ポセイドン)	Neptune (ネプチューン)
冥府(めいふ)の神	Hades (ハデス)	Pluto (プルートー)
商業の神	Hermes (ヘルメス)	Mercury (マーキュリー)

God knows 神さまだけがご存知だ →「人間には誰(だれ)にもわからない」の意味.
• **God knows** why he did not come. 彼がなぜ来なかったのか誰にもわからない.
God bless you! →**bless**
Good God! = ***Oh (my) God!*** (思いがけないことが起きた時などに)なんてことだ

goddess /gádis ガデス/ 名 女神(めがみ)

ギリシャ・ローマ神話の主な女神たち

	ギリシャ神話	ローマ神話
結婚・女性の女神	Hera (ヘラ)	Juno (ジュノー)
愛・美の女神	Aphrodite (アフロディテ)	Venus (ビーナス)
月・狩猟の女神	Artemis (アルテミス)	Diana (ダイアナ)

godfather /gádfɑːðər ガドふァーざ/ 名 (男の)名付け親, 教父(きょうふ) →キリスト教で幼児などの洗礼に立ち会い, その保証者となる男性のこと. 女性は godmother. →**godmother**

godmother /gádmʌðər ガドマざ/ 名 (女の)名付け親, 教母(きょうぼ) →説明は →**godfather**

goes /góuz ゴウズ/ 動名 **go** 動 の3人称(しょう)単数現在形; **go** 名 の複数形

gold 中 A1 /góuld ゴウるド/ 名 金, 黄金(こがね)
• pure **gold** 純金
• a pot of **gold** 金の入っているつぼ →「金のつぼ」は a gold pot.
—— 形 金の, 金製の
• a **gold** coin [medal] 金貨[金メダル]

golden A2 /góuldən ゴウるドン/ 形
❶ 金色の; 金の
• **golden** hair 金色の髪(かみ), 金髪(きんぱつ)
• The leaves are **golden**. 木の葉は金色に輝(かがや)いている.

ことわざ Speech is silver, silence is **golden**. 雄弁(ゆうべん)は銀, 沈黙(ちんもく)は金. →「巧(たく)みな弁舌(べんぜつ)も価値はあるが, 沈黙しているほうがもっと価値がある時がある」の意味.

❷ 貴重な, すばらしい
• **golden** memories of high school ハイスクールのとても楽しい思い出
• the **golden** age of Greek civilization ギリシャ文明の黄金時代

Gólden Gàte Brídge 固名 (**the** をつけて)金門橋

→サンフランシスコ湾(わん)の入口 (**the Golden Gate**) にかけた大つり橋.

gólden rúle 图 (**the** をつけて) 黄金律 →「人からしてほしいと望むことを人にもせよ」という聖書の教えをいう.

goldfish /góuldfiʃ ゴウルドフィシュ/ 图 **金魚** → 単数形・複数形については →**fish**

góldfish scòoping 图 **金魚すくい**

góld rùsh 图 **ゴールドラッシュ** →発見された金鉱地に向かって人々が殺到(さっとう)すること. 米国では1849年に California 州で有名な gold rush が起こった.

golf A2 /gálf ガるふ|gɔ́lf ゴるふ/ 图 **ゴルフ**
• play **golf** ゴルフをする

gólf clùb 图 (ボールを打つ道具の)**ゴルフクラブ**; (愛好者団体の)**ゴルフクラブ**

gólf còurse [lìnks] 图 **ゴルフ場**

golfer /gálfər ガるふァ/ 图 **ゴルフをする人, ゴルファー**

gondola /gándələ ガンドら/ 图
❶ **ゴンドラ** →ベネチア (Venice) の水路に特有の平底の遊覧ボート.
❷ (気球などの)**つりかご**; (ロープウェーの)**ゴンドラ**

gone /gɔ́ːn ゴーン/ 動 **go** の過去分詞
❶ (**have** [**has**] **gone** で) 《完了(かんりょう)・結果を表して》(〜へ)**行ってしまった**(のでここにはいない); 《経験を表して》《米》(〜へ)**行ったことがある** (have been to) →**have** 助動 ❶❷
• He **has gone** to America. 彼はアメリカへ行ってしまった.
• I **have gone** to the post office. 私は郵便局に行っています. →書き置きなどの言葉.
• I **have gone** to Kyoto twice by Shinkansen and once by car. 私は京都へ新幹線で2度, 車で1度行ったことがある.
❷ (**be gone** で) **行ってしまった, 去った, なくなった**

POINT gone は「状態」を示す形容詞のようになっている. be gone は受け身形ではない.
• Winter **is gone**. ＝Winter has gone. 冬は去った.
• The guests **are** all **gone**. 客はみんな帰ってしまった.
• Our food **is** almost **gone**. 私たちの食糧(しょくりょう)はほぼなくなった.

gonna /gánə ガナ/ 《米話》 ＝ going to (→**go** 動 ❽)

---

good 小 A1 /gúd グド/

形	❶ よい	意味 map
	❷ おいしい	
	❸ 適している	
	❹ 親切な (kind)	
	❺ 上手な	
	❻ 楽しい	
	❼ 十分な	
名	❶ 善; 利益	
	❷ よさ	

— 形

比較級 **better** /bétər ベタ/
最上級 **best** /bést ベスト/

❶ **よい**

基本 a **good** book よい本 →good＋名詞.
• **good** news よい知らせ, 吉報(きっぽう)
• (That's a) **Good** idea. それはいい考えだ.
• We are **good** friends. 私たちは仲良し[親友]だ.
• Every boy has something **good** in him. どの少年にも何かよい所がある. →good は something を修飾(しゅうしょく)する. →**something** 代

基本 This book is very **good**. この本はとてもよい[ためになる]. →be 動詞＋good.
• Smoking is not **good for** your health. 喫煙(きつえん)は健康によくない.
• Be a **good** boy while I'm gone. 私が留守の間いい子にしていなさい.

関連語 Your idea is **good** but Bob's idea is **better**, and John's is the **best**. 君のアイデアはいいがボブのアイデアはもっといい, そしてジョンのは一番いい.

❷ **おいしい, (味の)いい**
• **good** sandwiches おいしいサンドイッチ
• taste **good** 味がよい, おいしい
• This meat is not [no] **good**. この肉はおいしくない.

反意語 It looks **good** but tastes **bad**. それは見たところおいしそうだが味はよくない.

❸ **適している; 有効な**
• This book is not **good for** children to read. この本は子供が読むのにふさわしくない. →to read は不定詞で good を修飾する (→**to** ❾ の ④).
• Is this water **good** to drink? この水は飲むのに適していますか[飲めますか].

goodby

- This ticket is **good** for one year. このチケットは1年間有効です.

❹ 親切な (kind), 優(やさ)しい
- Be **good to** your little sisters. 妹たちには優しくしなさい.
- It's very **good of** you **to** help me. = You are very **good to** help me. 私を助けてくださるとはどうもご親切に.

❺ 上手な, うまい 反対語 **poor** (下手な)
- a **good** swimmer 水泳のうまい人
- a **good** doctor 腕(うで)のいい医者, いい医者
- He is a **good** driver. 彼は運転がうまい.
- He is **good at** (playing) tennis. 彼はテニスが上手だ.

❻ 楽しい, 愉快(ゆかい)な, おもしろい
- I had a **good** time at the picnic. (ピクニックで楽しい時間を過ごした ⇨)ピクニックはとても楽しかった.
- Have a **good** time. 楽しく過ごしてらっしゃい[行ってらっしゃい].
- His teammates didn't feel **good**. 彼のチームメートたちは不愉快だった.

❼ 十分な, 相当な, かなりな
- a **good** night's rest 十分な一晩の休息
- a **good** half hour たっぷり半時間
- a **good many** books たくさんの本
- a **good deal** (**of** money) たくさん(の金)
- at a **good** speed かなりの速力で

as good as ～ ～も同然で, ほとんど～
- The man was shot and he is **as good as** dead. 男は銃(じゅう)で撃(う)たれて死んだも同然だ[死にかけている].
- The job is **as good as** done. その仕事は終わったも同然だ[ほとんど終わった].

Good afternoon. A1 こんにちは
Good evening. こんばんは
Good for ～! よくやったぞ, ～!
- You got 100 on the test? **Good for you!** テストで100点取ったって? よくやったぞ, 君!

Good God! →**God** 成句
Good luck! ご成功を! →**luck**
Good morning. A1 おはよう
Good night. A1 おやすみなさい

―― 名 ❶ 善; 利益, ため
反対語 **good** and **evil** 善悪
- **do good** 善を行う
- for the public **good** 公共の利益のために

- for your **good** 君のために
- This medicine will **do** you **good**. この薬は君に効くだろう.
- That kind of training will **do** you no **good**. そんなトレーニングをしても何の役にもたたない.
- **It is no good talking** to him. 彼に話しても無駄(むだ)だ. →It＝動名詞 talking (話すこと)以下.

❷ よさ, 長所, とりえ
- There is some **good** in everybody. 誰(だれ)にも何かしらいい所[とりえ]がある.

for good 永久に (for ever)
- He left Paris **for good**. 彼はパリを永久に去った(もう二度と帰って来ない).

goodby, good-by /gudbái グドバイ/ 間 名 さようなら (今日では goodbye がふつう)

goodbye, good-bye 小 /gudbái グドバイ/ 間 さようなら
→《話》では **bye**, **so long** などともいう.
- **Goodbye**. Take care. さようなら, 気をつけて.

―― 名 (複 **goodbyes** /gudbáiz グドバイズ/) 別れの挨拶(あいさつ), さようなら
- say **goodbye** 別れを告げる, さようならを言う
- I must say **goodbye** now. もう失礼しなければならない.
- We said our **goodbyes** at the station. 私たちは駅で別れの挨拶を交(か)わした.

Góod Fríday 名 聖金曜日 →復活祭の前の金曜日で, 十字架にかけられたキリストの受難を記念する祭日.

good-looking A2 /gud lúkiŋ グド ルキング/ 形 顔立ちのいい, 美人の, ハンサムな
- a **good-looking** boy [girl] ハンサムな少年[美人の少女]
- He is very **good-looking**. 彼はとてもハンサムだ.

good-natured /gud néitʃərd グド ネイチャド/

ド/ 形 人のよい, 気立てのよい, 親切な (kind)

goodness /gúdnis グッドネス/ 名 よさ, 美点; 親切 (kindness) →God (神)という言葉の代わりにも使う. →成句

for goodness' sake お願いだから, 頼(たの)むから →怒(いか)り, いらいら, 驚(おどろ)きなどを表して, 命令文や疑問文を強める. 失礼に聞こえることもあるので注意.

Goodness!＝*My goodness!* おやまあ!

goods 中 /gúdz グッヅ/ 名 複
《集合的に》商品, 製品; 《英》貨物 (freight)
- canned **goods** 缶詰(かんづめ)類
- woolen **goods** 羊毛製品, 毛織物類
- a **goods** train 《英》貨物列車 →**freight**
- They put all their **goods** into a truck and left the house. 彼らは家財道具を全部トラックに載(の)せて家を後にした.

goodwill /gudwíl グドウィる/ 名 好意, 親切心; 友好, 親善

goose /gúːs グース/ 名 (複 **geese** /gíːs ギース/) (鳥) ガチョウ, ガチョウの雌(めす)

gorgeous /gɔ́ːrdʒəs ゴーヂャス/ 形 豪華(ごうか)な, 見事な, すばらしい

gorilla 小 /gərílə ゴリら/ 名 (動物) ゴリラ

gosh /gáʃ ガシュ/ 間 《話》ああ, ええっ, おや, まあ →驚(おどろ)いた時などに使う語.

gospel /gáspəl ガスペる/ 名 ❶福音(ふくいん) →キリストの教え. ❷ (**Gospel** で) 福音書 →キリストの生涯(しょうがい)と教えを記した書で「マタイ」,「マルコ」,「ルカ」,「ヨハネ」の四書がある.

góspel sòng 名 ゴスペルソング →アメリカの黒人たちによって歌われ始めた独特な歌詞とリズムを持つ伝道用の聖歌.

gossip /gásip ガスィプ/ 名 うわさ話, ゴシップ, 世間話
── 動 (他人の)うわさ話をする

got 中 /gát ガト|gɔ́t ゴト/ 動 **get** の過去形・過去分詞

Gothic /gáθik ガスィク/ 形 ゴシック式の →12～16世紀の寺院建築に使われた様式.

ゴシック様式の Westminster Abbey

gotta /gátə ガタ/ 《米話》＝have [has] got to *do* (～しなければならない) →**have** 成句

gotten /gátn ガトン/ 動 **get** の過去分詞

govern /gʌ́vərn ガヴァン/ 動 (国・人民を)治める, 統治する (rule)

government 中 A2 /gʌ́vərnmənt ガヴァンメント/ 名
❶ (しばしば **Government** で) 政府; 内閣
- the Japanese **Government** 日本政府
- a **government** worker 公務員
❷ 政治, 政体
- **government** of the people, by the people, for the people 人民の, 人民による, 人民のための政治 →×*a* [*the*] government としない. →**Gettysburg Address**
- Democracy is one form of **government**. 民主制は1つの政治形態だ.

governmental /gʌ̀vərnméntl ガヴァンメントる/ 形 政府の; 政治の; 国営の

governor /gʌ́vərnər ガヴァナ/ 名 (州)知事; 長官; (植民地の)総督(そうとく)

gown /gáun ガウン/ 名 ガウン →女性がパーティーなどに着たり, 裁判官・神父などが羽織る.

gr. 略 ＝gram(s), 《英》gramme(s) (グラム)

grab /grǽb グラブ/ 動 (三単現 **grabs** /grǽbz グラブズ/; 過去・過分 **grabbed** /grǽbd グラブド/; -ing形 **grabbing** /grǽbiŋ グラビング/) ひっつかむ, ひったくる

grace A2 /gréis グレイス/ 名
❶ 優美, 上品さ, 気品
- dance **with grace** 優雅(ゆうが)に踊(おど)る
❷ 神の恵(めぐ)み, 恩寵(おんちょう); (食前・食後の)祈(いの)り
- **say grace** 食事の祈りをする

参考
欧米(おうべい)では日本語の「いただきます」「ごちそうさま」に相当する表現はないが, 家庭によっては食前・食後にお祈りをする. お祈りの言葉を言うのは父親であることもあるし, 家族が交代で言うこともある.

graceful /gréisfəl グレイスふる/ 形 優美な, 上品な, しとやかな

grade 中 A1 /gréid グレイド/ 名
❶ 等級; 階級; 程度
- the best **grade** of meat 最高級の肉
❷ 《米》学年 →小・中・高等学校の学年. ふつう

grader 274 two hundred and seventy-four

6−3−3制か8−4制で12 grades を通して数える. →**form** ❹

🔊会話 What **grade** are you **in**?—I am **in** the eighth **grade**. あなたは何年生ですか.—私は8学年にいる[中学2年です].

❸ (成績の)**評定**; 《米》**点数** →「評定」はふつう A, B, C, D, F の5段階. A, B, C, D が合格で, F が不合格 (failure). P (合格—pass) と F の2段階評価も増えてきている.

•**get** a good **grade in** English 英語でよい点を取る

•My **grade on** [**for**] my English composition was A. 英語の作文の点数は A だった.

—— 動 《米》**点数をつける, 採点する** (《英》mark)

grader /gréidər グレイダ/ 名 《米》(小学校からハイスクールまでの)~**年生**

gráde schòol 名 《米》**小学校** (elementary school) →6年制または8年制.

gradual /grǽdʒuəl グラヂュアる/ 形 **徐々**(じょじょ)**の; 緩**(ゆる)**やかな**

gradually A2 /grǽdʒuəli グラヂュアリ/ 副 **だんだんと, 徐々**(じょじょ)**に, 次第**(しだい)**に**

graduate A2 /grǽdʒueit グラヂュエイト/ 動 **卒業する** →英国では大学だけに使い, 米国では大学以外の学校の場合にもいう.

•**graduate from** college [high school] 大学[高校]を卒業する

•He **graduated from** Yale. 彼はエール大学卒だ.

—— /grǽdʒuit グラヂュエト/ 名

❶ **卒業生, オービー** →「卒業生」を指すのに OB という英語は使わない.

•a college [high school] **graduate** 大学[高校]卒業生 →《英》では大学の卒業生のみ.

❷ 《米》**大学院生** →**graduate student** ともいう.

gráduate schòol 名 **大学院**

graduation 小 /grædʒuéiʃən グラヂュエイション/ 名 **卒業; 卒業式** →《英》では大学だけに使い, 《米》では大学以外の学校にもいう.

類似語 「卒業式」は **graduation ceremony** ともいい, 《米》では **commencement** ともいう.

graffiti /grəfíːti グラふィーティー/ 名 (壁(かべ)などへの)**落書き** →もとは複数形だが現在では単数としても複数としても扱(あつか)われる.

grain /gréin グレイン/ 名

❶ 《米》《集合的に》**穀物** →**corn** ❷

❷ (穀物・砂などの)**粒**(つぶ)

gram A2 /grǽm グラム/ 名 **グラム** →**g., g, gm., gm** と略す.

grammar A1 /grǽmər グラマ/ 名 文法

•English **grammar** 英文法

grámmar schòol 名 《英》**グラマースクール** →大学進学のための5年制公立中学校. 昔はラテン語・ギリシャ語を主に教えていたのでこう呼ばれた.

gramme /grǽm グラム/ 名 《英》=gram

grand /grǽnd グランド/ 形 ❶ **雄大**(ゆうだい)**な, 壮大**(そうだい)**な; 立派な, 堂々とした** ❷ (位など)**最高の, 大きな**

Grand Canyon /grǽnd kǽnjən グランド キャニオン/ 固名 (**the** をつけて) **グランドキャニオン** →米国アリゾナ州北部にあるコロラド川の大峡谷(きょうこく).

grandchild A2 /grǽn(d)tʃaild グラン(ド)チャイるド/ 名 (腹 **grandchildren** /grǽn(d)tʃildrən グラン(ド)チるドレン/) **孫**

granddad A2 /grǽndæd グランダド/ 名 《話》**おじいちゃん** (grandpa)

granddaughter A2 /grǽndɔːtər グランドータ/ 名 **孫娘**(まごむすめ)

grandfather 小 A1
/grǽn(d)faːðər グラン(ド)ふァーざ/ 名
祖父, おじいさん

grándfather('s) clóck 名 (ふつう床(ゆか)に置く)**大型の置き時計** →振(ふ)り子式で背が高く箱型.

grandma 小 A1 /grǽnmaː グランマー/ (→d は発音しない) 名 《話》**おばあちゃん**

grandmother 小 A1
/grǽn(d)mʌðər グラン(ド)マざ/ 名
祖母, おばあさん

grandpa 小 A1 /grǽnpaː グランパー/ (→d は発音しない) 名 《話》**おじいちゃん**

grandparent 小 A1 /grǽn(d)pe(ə)rənt グラン(ド)ペ(ア)レント/ 名 **祖父, 祖母**

gránd piáno 名 **グランドピアノ** →upright piano

grandson A2 /grǽn(d)sʌn グラン(ド)サン/ 名 **孫息子**(むすこ)

granny A2 /grǽni グラニ/ 名 (腹 **grannies** /grǽniz グラニズ/) 《話》**おばあちゃん** (grand-

grant /grǽnt グラント/ 動 認める

take ～ for granted ～を当然のことと思う; (慣れっこになって人・物など)を軽視する, ～をぞんざいに扱(あつか)う

grape 小 A1 /gréip グレイプ/ 名 ブドウ

•**a bunch of grapes** 1房(ふさ)のブドウ

•"These **grapes** are sour," said the fox. 「これらのブドウはすっぱい」とキツネが言った.
→**sour grapes**

関連語 grape(vine)(ブドウの木), vineyard(ブドウ畑), wine (ぶどう酒)

grapefruit /gréipfru:t グレイプふルート/ 名 グレープフルーツ →果実がブドウのように房(ふさ)状になることから.

grapevine /gréipvain グレイプヴァイン/ 名 ブドウの木[つる] →単に vine ともいう.

graph /grǽf グラふ/ 名 グラフ, 図表

•a line [bar, circle] **graph** 折れ線[棒, 円]グラフ

•**graph** paper 方眼紙

•draw [make] a **graph** of the temperature in August 8月の気温をグラフに描(か)く

graphic /grǽfik グラふィク/ 形 図表で表した

graphics /grǽfiks グラふィクス/ 名

❶ グラフィックス →コンピューターによる作画, 画像処理. この意味では単数扱(あつか)い.

❷ (コンピューターで描(えが)かれる)画像, 絵; (雑誌などの)図版 →この意味では複数扱い.

grasp /grǽsp グラスプ/ 動 ❶ (手・腕(うで)・歯・爪(つめ)などで)しっかりつかむ; つかもうとする

❷ (意味などを)理解する, 把握(はあく)する

── 名 ❶ つかむこと ❷ 理解, 理解力

grass A1 /grǽs グラス/grɑ́:s グラース/ 名

❶ (野原・牧場・芝生(しばふ)などに生えている)草, 牧草, 芝草(しばくさ)

•Cows and sheep eat **grass**. 牛や羊は牧草を食べる. →×a grass, ×grasses としない.

❷ 草地, 芝生, 牧草地

掲示 Keep off the **grass**. 芝生に入るな.

grasshopper /grǽshapər グラスハパ/ 《虫》キリギリス; バッタ

grassland /grǽslænd グラスランド/ 名 牧草地; (しばしば **grasslands** で)草原(地帯)

gráss-roots /grǽs rú:ts グラス ルーツ/ 形 民衆の, 草の根の

grassy /grǽsi グラスィ/ 形 草の生えた

grate /gréit グレイト/ 名 (下水口などの)格子(こう

し)のついたふた; 格子窓; (暖炉(だんろ)などの)火格子(ひごうし) →火格子は, その上にまきや石炭を載(の)せて燃やすもの.

grateful A2 /gréitfəl グレイトふる/ 形 感謝する, ありがたく思う (thankful)

•I am **grateful** (**to** you) **for** your kindness. 私はご親切に感謝しております.

grave¹ /gréiv グレイヴ/ 名 墓; 墓穴 関連語 tomb (墓石); cemetery, graveyard (墓地)

grave² /gréiv グレイヴ/ 形 ❶ 厳粛(げんしゅく)な, 厳(おごそ)かな, 真面目な ❷ 重大な (important)

gravel /grǽvəl グラヴェる/ 名 砂利(じゃり)

graveyard /gréivja:rd グレイヴヤード/ 名 墓地 (cemetery)

gravitation /grævitéiʃən グラヴィテイション/ 名 引力

gravity /grǽvəti グラヴィティ/ 名 ❶ 重力; 引力 ❷ 重大さ; 真剣(しんけん)さ

gravy /gréivi グレイヴィ/ 名 肉汁(にくじゅう), グレービー →肉に火を通した時に出る汁(しる). 味やとろみをつけて料理にかける.

gray A1 /gréi グレイ/ 形 (比較級 **grayer** /gréiər グレイア/; 最上級 **grayest** /gréiist グレイエスト/)

❶ 灰色の, ねずみ色の, グレーの

•**gray** eyes 灰色の目

•His necktie was dark **gray**. 彼のネクタイは濃(こ)い灰色だった.

❷ (空模様など)どんよりした, 陰気(いんき)な

❸ (髪(かみ)が)しらがまじりの, 白髪(はくはつ)の

── 名 灰色, ねずみ色; グレーの服

•She was dressed in **gray**. 彼女はグレーの服を着ていた. →×a [the] gray としない.

great 小 A1 /gréit グレイト/

形 ❶ 偉大(いだい)な, 重要な

❷ (びっくりするほど)大きい; (程度が)非常な

❸ 《話》すてきな

意味 map

── 形 (比較級 **greater** /gréitər グレイタ/; 最上級 **greatest** /gréitist グレイテスト/)

❶ 偉大な, 極(きわ)めて優(すぐ)れた; 重要な →ふつう名詞の前にだけつける.

基本 a **great** man 偉人(いじん), 大人物 → great+名詞.

•a **great** scientist 偉大な科学者

•a **great** invention 偉大な発明, 大発明

•Einstein is one of **the greatest** scien-

Great Bear 276

tists of the 20th century. アインシュタインは20世紀最大の科学者の1人です.

❷ (びっくりするほど)**大きい**; (程度が)**非常な, 大の**〜
- a **great** house 大邸宅(ていたく)
- **great** joy [sorrow] 大きな喜び[悲しみ]
- a **great** success 大成功
- a **great** reader 大の読書家
- a **great many** books とても多くの本
- a **great deal of** money たくさんのお金
- a **great number of** books 大量の本
- He is a **great** fan of the Giants. 彼は巨人(きょじん)軍の大ファンだ.

❸《話》**すてきな, すばらしい**
- have a **great** time すてきな時を過ごす
- taste **great** すばらしい味がする, とてもおいしい
- feel **great** 気分爽快(そうかい)である
- It's [It has] been **great**. (すばらしい時を過ごしました ⇨)今まで楽しかった. → くだけた別れの挨拶(あいさつ).

Daddy will take us to the zoo tomorrow.—That's **great**!
お父さんがあした私たちを動物園に連れて行ってくれるよ.—わあ, いいな.

That's great!

Daddy will take us to the zoo tomorrow.

How are you this morning? —Just **great**.
今朝はいかがですか.—上々です.

❹ (〜(固有名詞) **the Great** で)〜**大王,** 〜**大帝**(たいてい)
- Alexander **the Great** アレキサンダー大王
── 名 (複 **greats** /gréits グレイツ/)
重要な[有名な]人物, 巨人

Great Bear /gréit béər グレイト ベア/ 固名
(**the** をつけて)《星座》**おおぐま座** → こぐま座は **the Little Bear**.

Great Britain /grèit brítn グレイト ブリトン/ 固名 **大ブリテン島**

参考 England, Scotland, Wales を含(ふく)む英国の主島. 昔, 対岸にあるフランス北部の Brittany /ブリタニ/ 地方が Little Britain (小ブリテン)と呼ばれていたのに対して, このように名づけられた. → **United Kingdom**

great-grandparent /gréit græn(d)peə(ə)rənt グレイト グラン(ド)ペ(ア)レント/ 名 **ひいおじいさん, 曽祖父**(そうそふ) (great-grandfather); **ひいおばあさん, 曽祖母**(そうそぼ) (great-grandmother)
関連語 Every person has two **parents**, four **grandparents** and eight **great-grandparents**. 誰(だれ)でも2人の親と4人の祖父母と8人の曽祖父母(そうそふぼ)がいる.

Great Lakes 固名 (**the** をつけて)(米国の)**五大湖** → カナダと米国の国境にある Superior, Michigan, Huron, Erie, Ontario の五湖.

greatly A2 /gréitli グレイトリ/ 副 **大いに, 非常に**

greatness /gréitnis グレイトネス/ 名 ❶ **偉大**(いだい)**さ; 重要さ** ❷ **大きいこと, 巨大**(きょだい)**さ**

Great Plains 固名 (**the** をつけて)**大平原** → アメリカのロッキー山脈の東, ミシシッピ川に至る広大な草原.

Great Wall (of China) 固名 (**the** をつけて)**万里**(ばんり)**の長城**

Greece /gríːs グリース/ 固名 **ギリシャ** → バルカン半島の南部の共和国. 首都はアテネ (Athens). 公用語はギリシャ語 (Greek).

greed /gríːd グリード/ 名 **貪欲**(どんよく)**, 欲張り**

greedy A2 /gríːdi グリーディ/ 形
(比較級 **greedier** /gríːdiər グリーディア/; 最上級 **greediest** /gríːdiist グリーディエスト/)
(お金・名誉(めいよ)などに対して)**貪欲**(どんよく)**な, 食いしんぼうな, がつがつした**
- He is **greedy** for fame [success]. 彼は名声[成功]に貪欲だ.

Greek /gríːk グリーク/ 形 **ギリシャの, ギリシャ人の, ギリシャ語の**
── 名 ❶ **ギリシャ語** ❷ **ギリシャ人**

green 小 A1 /gríːn グリーン/ 形
(比較級 **greener** /gríːnər グリーナ/; 最上級

greenest /gríːnist グリーネスト/)

❶ 緑の; 青々とした

[比][基本] **green fields** 緑の野原 ➡green＋名詞.

• **green** tea 緑茶

• a **green** roof 緑色の屋根; (木や草花を植えて)緑化した屋上

• (a) **green** pepper ピーマン

[比][基本] **His car is green**. 彼の車は緑色です. ➡be 動詞＋green.

• Go! The traffic light is **green**. 進め! 交通信号が青だ. ➡実際には緑色なのに日本語ではしばしば「青」という表現を用いる. ➡❷

• The grass is **greener** on the other side of the fence. フェンスの反対側の芝生(しばふ)は(自分の庭の芝生より)青く見える. ➡「他人の物はよく見えるものだ」の意味.

❷ (果物が)まだ青い; 青野菜の; (人が)未熟な

• Those tomatoes are not good to eat. They are still **green**. それらのトマトは食べるのに適していない. まだ青い. ➡to eat は不定詞で good を修飾(しゅうしょく)する (➡**to** ❾ の④).

❸ 環境(かんきょう)に関する, 環境保護の

• **green** issues 環境問題

• **green** activities 環境保護活動

— 名 (複 **greens** /gríːnz グリーンズ/)

❶ 緑, 緑色; 緑色の服

• She was (dressed) in **green**. 彼女は緑色の服を着ていた. ➡✕a [the] green としない.

❷ 芝生; 草地; (ゴルフの)グリーン

❸ (greens で) (葉の青い)野菜, 青物

❹ (the Greens で) 環境保護団体

greenery /gríːnəri グリーナリ/ 名 《集合的に》青葉

Gréenery Dày 名 《日本の》みどりの日 ➡5月4日.

greengrocer /gríːngrousər グリーングロウサ/ 名 《主に英》八百屋さん, 青果商

greenhouse /gríːnhaus グリーンハウス/ 名 温室

gréenhouse effèct 名 (the をつけて) 温室効果 ➡大気中に放出された二酸化炭素などの気体が, 地球の放射する熱エネルギーを吸収して温室のように地球を暖めること.

gréenhouse gàs 名 温室効果ガス ➡温室効果 (➡**greenhouse effect**) の原因となる二酸化炭素など.

gréen péa 名 グリンピース, 青エンドウ

grèen sálad 名 (レタスなどの)青野菜サラダ

Greenwich /grínidʒ グリニヂ/ 固名 グリニッジ ➡ロンドンの自治区. そこを通る子午線が経度0度.

Gréenwich (Méan) Tìme 名 グリニッジ標準時 ➡太陽がグリニッジ子午線を通る時を正午とする世界的標準時. **G.M.T., GMT** と略す.

Greenwich Village /grénitʃ vílidʒ グレニヂ ヴィれヂ/ (➡ロンドンの Greenwich /grínidʒ グリニヂ/ との発音の違(ちが)いに注意) 固名 グリニッチ・ビレッジ ➡ニューヨークのマンハッタンにある一画で, かつて若い芸術家たちが住んでいた.

greet A1 /gríːt グリート/ 動 挨拶(あいさつ)する; (挨拶・握手(あくしゅ)・笑顔(えがお)などで)迎(むか)える

• **greet** him **with** a smile にこにこして彼に挨拶する

• **greet** him at the gate 門のところで彼を迎える

• I was **greeted with** cheers. 私は声援で迎えられた.

greeting /gríːtiŋ グリーティング/ 名

❶ 挨拶(あいさつ)

• "Good morning," she said and I returned her **greeting**. 「おはよう」と彼女が言ったので僕(ぼく)も「おはよう」と挨拶を返した.

❷ (greetings で) 挨拶の言葉, お祝い状

• Christmas [New Year's] **greetings** クリスマス[新年]の挨拶

gréeting càrd 名 (誕生日・クリスマス・記念日などに送る)挨拶(あいさつ)状, グリーティングカード

grew 中 /grúː グルー/ 動 **grow** の過去形

grey /gréi グレイ/ 形 《英》＝gray

greyhound /gréihaund グレイハウンド/ 名 グレーハウンド ➡猟犬(りょうけん)の一種.

grief /gríːf グリーふ/ 名 (深い)悲しみ, 悲嘆(ひたん)

grieve /gríːv グリーヴ/ 動 (深く)悲しむ; (人を)悲しませる

grill 小 /gríl グリる/ 名 ❶ 焼き網(あみ)

❷ 焼き肉; 焼き肉食堂, グリル

— 動 (肉などを)あぶる, 直火(じかび)で焼く

Grimm /grím グリム/ 固名 (**Jakob** /ヤーコブ/ **Grimm**) グリム ➡ドイツの言語学者 (1785–1863). 弟と『グリム童話集』を書いた.

grin /grín グリン/ 動 (三単現 **grins** /grínz グリンズ/; 過去・過分 **grinned** /grind グリンド/; -ing形 **grinning** /gríniŋ グリニング/)

(歯を見せて)にこっと笑う (give a big smile)

grind 278

→**laugh** 類似語

―― 名 にこっと笑うこと (big smile)

grind /gráind グラインド/ 動 (三単現 **grinds**
/gráindz グラインヅ/; 過去・過分 **ground**
/gráund グラウンド/; -ing形 **grinding** /gráin-
diŋ グラインディング/) ❶(粉に)ひく, すりつぶす
❷研(と)ぐ, 磨(みが)く; (歯を)きしらせる

grip /gríp グリプ/ 動 (三単現 **grips** /gríps グリ
プス/; 過去・過分 **gripped** /grípt グリプト/;
-ing形 **gripping** /grípiŋ グリピング/)
ぎゅっと握(にぎ)る, しっかりつかむ

―― 名 ❶つかむこと; 握る力
❷柄(え), 取っ手, グリップ

grizzly /grízli グリズリ/ 名 (複 **grizzlies**
/grízliz グリズリズ/) 《動物》ハイイログマ, グリズ
リー 北米に住む巨大で凶暴(きょうぼう)なクマの一
種. grizzly bear ともいう.

groan /gróun グロウン/ 動 うなる, うめく
―― 名 うなり声, うめき声

grocer /gróusər グロウサ/ 名 食料雑貨商

grocery /gróusəri グロウサリ/ 名
(複 **groceries** /gróusəriz グロウサリズ/)
❶食料品店, 食料雑貨店 →**grocery store** と
もいう. 今はスーパーマーケットやコンビニエンス
ストア以外の個人営業の店を指す.
❷(**groceries** で)食料品, 食料雑貨類

groove /grú:v グルーヴ/ 名 ❶《音楽》グループ
→リズムから生まれる高揚(こうよう)感. ❷(敷居・タ
イヤ・レコードなどの)溝; わだち ❸決まりきった
やり方; (行動・考え方の)慣習, 慣例

grope /gróup グロウプ/ 動 手探(てさぐ)りする

gross /gróus グロウス/ 名 総体, 全体
―― 形 総体の, 総計の

ground¹ 中 A1 /gráund グラウンド/

名 (複 **grounds** /gráundz グラウンヅ/)

❶(ふつう **the ground** で)地面, 地上, 土地
• dig a hole in **the ground** 地面に穴を掘(ほ)
る
• Snow covered **the ground**. 雪が地面を
覆(おお)った.
• An apple fell to **the ground**. リンゴが地
面に落ちた.
• I saw my shadow on **the ground**. 私は
地面に自分の影(かげ)が映ってるのを見た.

❷運動場, グランド, 〜場
• a baseball [picnic] **ground** 野球場[ピク
ニック場] →このように使用目的を表す語といっし

ょに使われる.

❸(**grounds** で)(家・建物の周りの)大きな庭;
広い敷地(しきち), 構内
• the school **grounds** 校庭, 学校構内

❹(しばしば **grounds** で)根拠(こんきょ), 理由
• I have good **grounds for** believing it.
私にはそれを信じる十分な根拠がある.
• He quit the baseball club **on the
ground(s) of** poor health. 彼は健康がすぐ
れないという理由で[口実で]野球部をやめた.

ground² /gráund グラウンド/ 動 **grind** の過去
形・過去分詞

gróund báll 名 ＝grounder

grounder /gráundər グラウンダ/ 名 (野球など
の)ゴロ (ground ball)

gróund flóor 名 (**the** をつけて)《英》1階
(《米》the first floor) →**floor**

groundhog /gráundhɔ:g グラウンドホーグ/ 名
《動物》ウッドチャック (woodchuck) →米国
北東部やカナダにいるリス科の動物. 冬眠(とうみん)の
地中から出て, 春の到来(とうらい)を知らせると信じら
れていた.

groundwater /gráundwɔ:tər グラウンドウォー
タ/ 名 地下水

gróund zéro 名 爆心(ばくしん)地, ゼロ地点 →
「爆撃(ばくげき)地点」「核(かく)爆発(ばくはつ)直下地点」を
いう.

group 中 A1 /grú:p グループ/ 名

(人・動植物・物などの)集団, グループ, 群れ
• a **group** of girls 少女たちのグループ
• Make a **group** of four. 4人のグループを
つくりなさい.
• A **group** of people were waiting for a
bus. 一群の人々がバスを待っていた.
• Wheat and oats belong to the grain
group. 小麦とオートムギは穀物のグループに属
する.

in a group グループになって, ひとかたまりに
なって

in groups いくつかのグループになって, 三々
五々

―― 動 ❶集まる; 集める ❷グループに分ける
• The coach **grouped** the players ac-
cording to skill. コーチは選手をうまさでグル
ープ分けした.

grove /gróuv グロウヴ/ 名 林, 木立, (神社など
の)森 →「手袋(ふくろ), (野球の)グローブ」は glove

/グろウヴ/. 類似語 **grove** より大きな「森」は **wood**, さらに大きな「森, 森林」は **forest**.

grow 小 A1 /gróu グロウ/

動 ❶ 成長する
❷ 栽培(さいばい)する
❸ ～になる

意味map

――動

三単現	**grows** /gróuz グロウズ/
過去	**grew** /grú: グルー/
過分	**grown** /gróun グロウン/
-ing形	**growing** /gróuiŋ グロウイング/

❶ 成長する, 伸(の)びる; 増加する; (植物が)育つ, 生えている 関連語 「成長」は **growth**.

基本 **Plants grow from seeds**. 植物は種から成長する. →grow+副詞(句).

• The world population will **grow** quickly in the future. 将来世界の人口は急速に増加するだろう.

• Cotton **grows** in hot countries. 綿は暑い国で育つ.

• He **grew** into a fine young man. 彼は立派な青年に成長した.

• My hair **has grown**. 私は髪(かみ)が伸びた. →現在完了(かんりょう)の文. →**have** 助動 ❶

• The tourist industry **is growing** fast. 観光産業は急速に発展している. →現在進行形の文. →**is** 助動 ❶

• There are bamboo shoots **growing** in the garden. 庭に(生えているたけのこがある⇨)たけのこが生えてきた. →現在分詞 growing (生えている)～は bamboo shoots を修飾(しゅうしょく)する.

❷ 栽培する; 伸ばす

基本 **grow rice** お米を栽培する →grow+名詞.

• **grow** potatoes ジャガイモを栽培する
• **grow** a beard ひげを生やす
• They **grow** cotton in Texas. テキサスでは綿を栽培している.

• Cotton **is** not **grown** in Japan. 綿は日本では栽培されない. →受け身. →**is** 助動 ❷

❸ ～になる (become)

基本 **grow dark** 暗くなる →grow+形容詞.

• **grow** old 年を取る
• **grow** long 長くなる
• The eastern sky **grew** brighter. 東の空が(だんだん)明るくなってきた. →brighter は bright (明るい)の比較(ひかく)級.

• The players **grew** tired at the end of the game. 選手たちは試合の終わりには疲(つか)れてきた.

grow out of ～ 成長して～しなくなる; 成長して(衣服などが)着られなくなる

• The baby will soon **grow out of** sucking her thumb. 赤ちゃんはもうすぐ親指をしゃぶらなくなりますよ.

• She has **grown out of** all her dresses. 彼女は大きくなって服がみんな着られなくなった.

grow up 成長する, 大人になる

• I want to be a skier when I **grow up**. 大人になったらスキーヤーになりたい.

• Don't be a baby. **Grow up**! 赤ちゃんみたいなことを言っていちゃだめ. おにいちゃん[おねえちゃん]になりなさい.

• She **grew up** to be a beautiful woman. 彼女は成長して美しい女性になった. →to be は結果を表す不定詞. →**to** ❾ の ③

growing /gróuiŋ グロウイング/ 動 **grow** の -ing 形 (現在分詞・動名詞)

growl /grául グラウる/ 動 (動物が怒(おこ)って)ウーとうなる
―― 名 うなり声

grown /gróun グロウン/ 動 **grow** の過去分詞
―― 形 成長した, 大人の

grown-up /gróunʌp グロウナプ/ 形 大人になった, 成長した
―― 名 大人, 成人 (adult)

growth /gróuθ グロウす/ 名
❶ 成長, 発育 関連語 「成長する」は **grow**.
❷ 発展; 増加, 伸(の)び
• the **growth** of [in] population 人口増加

grumble /grʌ́mbl グランブる/ 動 ぶつぶつ言う, 不平を言う (complain)

grumpy /grʌ́mpi グランピ/ 形 《話》気難しい, 不機嫌(ふきげん)な

grunt /grʌ́nt グラント/ 動 (ブタが)ブーブーいう; (人が)ぶつぶつ言う

── 名 ブーブー[ぶつぶつ]いう声
GU 略 =Guam
Guam /gwá:m グワーム/ 固名 グアム島 →太平洋マリアナ諸島の中で最大の島. 米国の自治領. **GU** と略す.
guarantee /gærəntí: ギャランティー/ 名 (製品などに対する)保証, 保証書
── 動 保証する
guard A2 /gá:rd ガード/ 名
❶ 見張り, 警戒(けいかい); 警備員, 守衛, 護衛(隊)
- a security **guard** (ビルなどの)警備員, 保安要員, ガードマン ←「ガードマン」は和製英語.
- the United States Coast **Guards** 米国沿岸警備隊
- the Changing of the **Guard** 衛兵交代 →英国バッキンガム宮殿(きゅうでん)およびホワイトホールの王立近衛兵(このえへい)騎兵(きへい)団本部前で毎日行われる. ロンドンの名物の1つ.
❷ (英) (列車の)車掌(しゃしょう) ((米) conductor)
❸ (バスケットボールの)ガード; (ボクシング・フェンシングの)防御(ぼうぎょ)(の構え), ガード
keep guard 見張りをする, 警戒をする
off guard 油断して
on guard 用心して
── 動 守る, 用心する
- **guard** oneself 身を守る, 用心する
- **guard against** fires 火の用心をする
guerrilla /gərílə ゲリラ/ 名 ゲリラ兵 →正規の軍隊組織に入っていない奇襲(きしゅう)戦隊員.

guess 小 A1 /gés ゲス/ 動
❶ 言い当てる, 推測する
- **guess** a riddle 謎(なぞ)の答えを言い当てる
- **guess** right [wrong] 推測が当たる[外れる]
- **Guess what** I have in my hand. 私が手に何を持っているか当ててごらん.
- **Guess what!** ねえ, なんだと思う? →びっくりするような話を切り出す時に言う.
❷ (米話) (〜と)思う (think)
- I **guess** you are right. =You are right, I **guess**. 君が正しいと思う. →(英話)では I suppose を使う.
- 会話 Is he at home now?—I **guess** so [I **guess** not]. 彼は今家にいますか.—いると[いないと]思います. →I guess not. =I guess he is not at home now.
── 名 推測, 推量, 当てずっぽう
- a lucky **guess** まぐれ当たり

- **by** [**at a**] **guess** 当てずっぽうで
- **make** [**take**, **have**] a **guess** 推測する, 当てる
- Your **guess** was right. 君の推測は当たっていた.
- My **guess** is that she won't come. 私の推測では彼女は来ないでしょう.
- **Guess** how old I am. You have three **guesses**. 私の年齢(ねんれい)を当てて. 3回で.

guest 中 A1 /gést ゲスト/ 名
❶ (招かれた)客
関連語 **caller** (来訪者), **customer** (店のお客)
- We have three **guests** this evening. 今晩はお客が3人ある.

guest　customer

❷ (ホテルの)泊(と)まり客; 下宿人; (テレビ番組などの)ゲスト
Be my guest. 《話》どうぞご遠慮(えんりょ)なく
会話 May I borrow your car? —**Be my guest.** あなたの車をお借りしてもいいですか.—ええ, どうぞご遠慮なく.
gúest wòrker 名 外国人労働者
guidance /gáidəns ガイダンス/ 名 案内; 指導
guide 中 /gáid ガイド/ 動
❶ (人などを)案内する, 導く
- **guide** the campers **through** the woods 林を通ってキャンパーたちを案内する
- The lighthouse **guided** the ship safely **to** the harbor. 灯台はその船を安全に港へと導いた.
- The blind man was **guided** by a dog. その目の見えない男性は犬に導かれていた. → **was** 助動 ❷
❷ (人を)指導する
- Our teacher **guides** us **in** our work. 先生は私たちの勉強を指導してくれます.
── 名 ❶ 案内人, ガイド; 指導者
- a tour **guide** (現地の)観光ガイド ←団体旅行のガイドは **a tour conductor**.
❷ 旅行[観光]案内書 (guidebook); (一般(いっぱん)に)案内書, 手引き

two hundred and eighty-one 281 **Gypsy**

- a **guide to** gardening 園芸の手引き

guidebook A2 /gáidbuk ガイドブク/ 名 旅行〔観光〕案内書, ガイドブック

gúide dòg 名 盲導(もうどう)犬

guideline /gáidlain ガイドライン/ 名 **(guidelines で)** 指針, ガイドライン

guilt /gílt ギルト/ 名 罪, 有罪

guilty /gílti ギルティ/ 形 **比較級 guiltier** /gíltiər ギルティア/; **最上級 guiltiest** /gíltiist ギルティエスト/) ❶ 有罪の, 罪を犯(おか)した ❷ 罪の意識のある, やましい

guitar 小 A1 /gitáːr ギター/ 名
ギター

- play the **guitar** ギターを弾(ひ)く →×a guitar としない.
- He played folk songs **on** his **guitar**. 彼は自分のギターでフォークソングを弾いた.
- an electric **guitar** エレキギター

関連語 アンプを用いないギターは **an acoustic** /əkústik アクスティク/ **guitar** という. acoustic は「聴覚の, 音響の」の意味.

guitarist /gitáːrist ギターリスト/ 名 **ギター奏者**

gulf /gálf ガルフ/ 名 湾(わん) →**bay** より大きく, 陸地に深く食い込(こ)んでいるもの.

Gúlf Strèam 固名 **(the をつけて)** メキシコ湾流(わんりゅう)

gull /gál ガル/ 名 《鳥》カモメ →**sea gull** ともいう.

Gulliver /gálivər ガリヴァ/ 固名 **ガリバー** → 英国の風刺(ふうし)作家スウィフトの *Gulliver's Travels*『ガリバー旅行記』の主人公.

gulp /gálp ガルプ/ 動 (飲み物を)急いでがつがつ〔ごくごく〕飲み込(こ)む

── 名 急いでがつがつ〔ごくごく〕飲み込むこと

gum¹ /gám ガム/ 名 ❶ ゴム(樹脂(じゅし)); ゴムのり ❷ チューインガム (chewing gum)

gum² /gám ガム/ 名 **(ふつう gums で)** 歯茎(はぐき)

gun A2 /gán ガン/ 名
❶ 銃(じゅう), ライフル (rifle); 大砲(たいほう)
- **fire a gun** 発砲(はっぽう)する
- a machine **gun** 機関銃, マシンガン
❷ ピストル, 拳銃(けんじゅう) →**handgun** ともいう.
- The police carry **guns** here. ここでは警官はピストルを携帯(けいたい)している.

gunman /gánmən ガンマン/ 名 **(複 gun-**

men /gánmən ガンマン/) ❶ ピストルを持った悪者, 殺し屋 ❷ 拳銃(けんじゅう)の使い手, ガンマン

gunpowder /gánpaudər ガンパウダ/ 名 火薬

gush /gáʃ ガシュ/ 動 どっと流れ出る, ほとばしり出る

── 名 ほとばしり, 噴出(ふんしゅつ)

gust /gást ガスト/ 名 突風(とっぷう)

gutter /gátər ガタ/ 名 ❶ (軒(のき)の)とい ❷ (歩道と車道の境の)溝(みぞ); (ボウリングの)ガター

guy A1 /gái ガイ/ 名 《話》
❶ やつ, 男 (fellow)
- a nice **guy** いいやつ, ナイスガイ
❷ **(guys で)** (呼びかけに用いて)みんな!, あなたがた! →女性に対しても使う.

Guy Fawkes Day /gái fɔ́ːks dèi ガイ フォークス テイ/ 名 《英》ガイ・フォークス祭

参考 1605年, 国王暗殺を狙(ねら)った英国国会議事堂爆破(ばくは)計画が発覚し, 犯人の1人の Guy Fawkes が捕(と)らえられたことを記念する日 (11月5日). ガイ・フォークスという奇怪(きかい)な人形をつくり, たき火にくべて花火を打ち上げたりする.

gym 小 /dʒím ヂム/ 名 《話》
❶ 体育館, ジム →gymnasium を短くしたもの.
- play basketball in the **gym** 体育館でバスケットボールをする
❷ (体育館での)体操; (教科の)体育 →gymnastics を短くしたもの.
- a **gym** class 体育の授業

gymnasium /dʒimnéiziəm ヂムネイズィアム/ 名 ＝gym ❶

gymnast /dʒímnæst ヂムナスト/ 名 体操〔体育〕教師; 体操専門家; 体操選手

gymnastic /dʒimnǽstik ヂムナスティク/ 形 体操の, 体育の

gymnastics /dʒimnǽstiks ヂムナスティクス/ 名 複 (体育館での)体操; (教科の)体育 →「教科」の意味では単数扱(あつか)い. →gym ❷
- rhythmic **gymnastics** 新体操

gým shòes 名 運動靴(ぐつ), スニーカー

Gypsy /dʒípsi ヂプスィ/ 名 **(複 Gypsies** /dʒípsiz ヂプスィズ/) ロマ, ジプシー →**Romany**

H h

H, h /éitʃ エイチ/ 名 (複 **H's, h's** /éitʃiz エイチ
ェズ/) ❶エイチ, エッチ →英語アルファベットの
8番目の文字. ❷(H で) 水素 →**hydrogen**
の元素記号.

ha /háː ハー/ 間 はあ!, やあ!, まあ!, ほう!, ヘー!
→喜び・驚(おどろ)き・疑い・笑い声などを表す. 笑い声
の場合はふつう **ha-ha** と書く.

habit A1 /hǽbit ハビト/ 名 (個人の)習慣, 癖(く
せ); (生物の)習性
• **form** a **habit** of 〜 〜の習慣を身に着ける
• **fall** [**get**] **into** a bad **habit** 悪い癖がつく
• **break** a bad **habit** 悪い癖を直す
• He **has a habit** [He is **in the habit**] of
biting his fingernails. 彼には爪(つめ)をかむ癖が
ある.

habitat /hǽbətæt ハビタト/ 名 生息地; 自生地

had A1

/弱形 həd ハド, 強形 hǽd ハド/ 動
have の過去形・過去分詞
—— 助動 (**had+過去分詞**で) →過去完了(かんりょ
う). I had, you had, he had などは話し言葉
ではしばしば **I'd, you'd, he'd** と略す. →
have 助動
❶(その時までに)もう〜してしまっていた →「そ
の時までに動作が完了したこと・その結果としての
状態」を表す.
• When I got home, everybody **had** al-
ready gone to bed. 私が帰宅した時にはみん
なもう寝(ね)てしまっていた.
❷(その時までに)〜したことがあった →「経験」
を表す.
• I recognized him because I **had** met
him before. 私は彼が誰(だれ)だかわかった. とい
うのは以前彼に会ったことがあったから.
❸(その時まで)ずっと〜していた →「状態の継
続(けいぞく)」を表す.
• I **had** lived in Kyoto for ten years be-
fore I came here. 私はこちらへ来る前は10
年間京都に住んでいました.

had better *do* 〜したほうがよい; 〜しなさ
いよ →**better** 成句

had to *do* 〜しなければならなかった →had

to は /hǽtə ハトゥ/ と発音する. →**have to**
do (**have** 成句)

hadn't /hǽdnt ハドント/ **had not** を短くした
形

hah /háː ハー/ 間 =ha

ha-ha /hɑː háː ハー ハー/ 間 あはは, うへへ
→笑い声. →**ha**

hail /héil ヘイル/ 名 あられ, ひょう
—— 動 (it が主語で)あられ[ひょう]が降る
• It is **hailing**. あられが降っている. →It は漠
然(ばくぜん)と「天候」を表す.

hair 中 A1 /héər ヘア/ 名

(複 **hairs** /héərz ヘアズ/)
(人の)髪(かみ)の毛; (人・動物の)体毛, 毛
⊘POINT 人・動物の体に生える「毛」をいうが, ふつ
うは人間の「髪の毛」を指す.
• grow *one's* **hair** long 髪の毛を長く伸(の)ば
す
• He has gray **hair**. 彼は白髪(はくはつ)だ.
• I had my **hair** cut. 私は髪を切ってもらっ
た. →have *A B* (過去分詞)は「AをBしてもら
う」.
⊘POINT 集合的に髪の毛全体を指している場合
×hairs としない. →以下の2例
• He has gray **hairs**. 彼はしらがが混じりだ. →
1本1本の毛を念頭に置いていう時にだけ複数形
が使われる.
• There are cat's **hairs** on your sleeve.
袖(そで)にネコの毛がついているよ.

hairbrush /héərbrʌʃ ヘアブラシ/ 名 頭髪(とう
はつ)用ブラシ, ヘアブラシ

haircut A1 /héərkʌt ヘアカト/ 名 散髪(さんぱつ);
髪(かみ)の刈(か)り方, ヘアスタイル
• have a **haircut** 散髪してもらう
• You need a **haircut**. 君は散髪をしたほうが
いい.
• He gave me a **haircut**. 彼は私を散髪して
くれた.

hairdo /héərduː ヘアドゥー/ 名 (複 **hairdos**
/héərduːz ヘアドゥーズ/) 《話》(女性の)髪型(かみがた),
ヘアスタイル

hairdresser /héərdresər ヘアドレサ/ 名 美容師 → **barber**

Haiti /héiti ヘイティ/ 固名 ハイチ → カリブ海にある共和国. 首都はポルトープランス.

halal, hallal /həláːl ハらーる/ 形 （食品が）ハラルの → イスラムのおきてに従って処理されていること.
- a **halal** food restaurant ハラル食品を提供する食堂

half 中 A1 /hǽf ハぁf, háːf ハーf/ (→l は発音しない) 名 (複 **halves** /hǽvz ハぁヴz/)

半分, 2分の1; (時刻の)半, 30分; (スポーツの)前[後]半

- a year and a **half** 1年半
- **half** of us 我々の半分[半数]
- 基本 **half** (of) the students 生徒たちの半数

> 文法 ちょっとくわしく
> **half of** の次に名詞が続く時は **of** はしばしば省略される. こういう時の half は形容詞に近い. **half of us** のように of の次に代名詞が続く時は of は省略できない (×half us としない).

- **half** a cup カップに2分の1
- the smaller **half** of the pie パイの小さなほうの半分
- **half** an hour (a half hour はまれ) 半時間, 30分
- It is **half** past three. 3時30分過ぎだ[3時半だ]. → It は漠然(ばくぜん)と「時間」を表す. ×a half としない.
- the first [second] **half** (サッカーなどの)前[後]半
- **Half** (of) the apple was bad. そのリンゴの半分は腐(くさ)っていた.

POINT「half of+名詞」が主語の時は動詞はその「名詞」に合わせて使う. → 次例

- **Half** (of) the apples were bad. それらのリンゴの半分は腐っていた.
- Please divide the cake into **halves** [in **half**]. ケーキを半分に分けてください.

ことわざ Two **halves** make a whole. 半分が2つで1つになる. → 「1人では不完全だが2人で力を合わせればきちんとできる」の意味.

by halves 中途(ちゅうと)はんぱに, いい加減に

── 形 (→比較変化なし) 半分の
- a **half** moon [circle] 半月[半円]
- a **half** hour (=half an hour) 半時間, 30分

── 副 (→比較変化なし) 半分だけ, なかば
- The cup is **half** full of water. カップには水が半分入っている.
- The work is only **half** done. 仕事は(半分だけなされている ⇒)半分しかできていない.
- Mars is about **half** as large as the earth. 火星は(地球と同じ大きさのほぼ半分だ ⇒)地球のほぼ半分の大きさだ.

hálf time 名 （サッカー・バスケットボールなどの）ハーフタイム → 前半と後半の間の中休み.

halfway /hǽfwéi ハぁfウェイ/ 副 中途(ちゅうと)まで, 中途で[に]

── 形 中途の, 途中(とちゅう)の, 中間の

hall 中 A1 /hɔ́ːl ホーる/ 名

❶ 会館, ホール
- a city [town] **hall** 市役所; (その中の)市民ホール
- a public **hall** 公会堂
- a concert **hall** 演奏会場, コンサートホール
- a dining **hall** (大学などの)食堂ホール

❷ 玄関(げんかん)（ホール）→ 表の door を開けた所のスペースで, ここから家やビルの各部屋に通じる. **hallway** ともいう.

hallal /həláːl ハらーる/ 形 =halal

halleluiah /hæ̀ləlúːjə ハれるーヤ/ 間 ハレルヤ → ヘブライ語で「神をたたえよ」の意味.

hallo /həlóu ハろウ/ 間 名 《英》=hello

Halloween /hæ̀louíːn ハろウイーン/ 名 ハロウィーン → 万聖節(ばんせいせつ) (All Saints' Day) の前夜, つまり10月31日の夜.

> 参考 ハロウィーンには子供はカボチャちょうちん (jack-o'-lantern) を作って遊んだり, 悪魔(あくま)や動物などの仮面 (**Halloween mask**) で変装して近所の家々を訪ね "**Trick or treat.**" (いたずらしようか, それともいいものくれるか) と言ってお菓子(かし)をもらったりする. 最近は10代の若者から

大人までがパーティーを楽しむお祭りになっている. →**All Saints' Day**

hallway /hɔ́ːlwei ホールウェイ/ 名 =hall ❷
halves /hǽvz ハヴズ/ (→l は発音しない) 名
half の複数形
ham A2 /hǽm ハム/ 名 ❶ ハム
- a slice of **ham** ハムひと切れ
- **ham** and eggs ハムエッグ

❷《話》アマチュア無線家, ハム
❸《話》演技のおおげさな俳優, 大根役者

hamburger 小 A1 /hǽmbəːrgər ハンバ〜ガ/ 名 ❶ **ハンバーガー** →《話》では単に **burger** ともいう.
❷ ハンバーグステーキ, ハンバーグ →19世紀にドイツの Hamburg (ハンブルク) からアメリカへ移民した人々が伝えたのでこの名がついた.

Hamelin /hǽməlin ハメリン/ 固名 ハーメルン →ドイツのウェーゼル川に臨(のぞ)む小都市.「ハーメルンの笛吹(ふ)き男」の伝説で有名. →**Pied Piper**

Hamlet /hǽmlət ハムれト/ 固名 ハムレット →シェークスピア (Shakespeare) の書いた有名な悲劇. またその主人公の名.

hammer /hǽmər ハマ/ 名 金づち, ハンマー
── 動 ハンマーで打つ; ハンマーで, あるいはハンマーでたたくように) とんとんたたく
- **hammer** nails into a board 板にハンマーでくぎを打ち込(こ)む

hámmer thròw 名 **(the** をつけて)《競技》ハンマー投げ

hamster /hǽmstər ハムスタ/ 名《動物》ハムスター

hand 小 A1 /hǽnd ハンド/

名 ❶ 手	意味 map
❷ (時計の) 針	
❸ 手助け	
動 手渡(わた)す	

── 名 (複 **hands** /hǽndz ハンヅ/)
❶ 手 →手首から先の部分. →**arm**
- the key in my **hand** 私の手の中にある鍵(かぎ)
- with his **hands** in his pockets (彼の)両手をポケットに入れて
- Please raise your **hand** if you know the answer. 答えがわかったら手を上げてください.
- You hold a knife in your right **hand** and a fork in your left **hand**. 右手にナイフ, 左手にフォークを持ちます.

掲示 **Hands off!** 手を触(ふ)れるな.

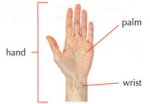

palm
hand
wrist

❷ (時計の) 針
- the hour [minute] **hand** 時針 [分針]

❸ 手助け
- **give** [**lend**] them **a hand** 彼らに手を貸す [彼らを手伝う]
- **Give** me **a hand with** this heavy box. この重い箱を運ぶのにちょっと手を貸してくれ.

❹ (人・通りなどの)〜側, 〜手
- If you turn left at the corner, you'll see a tall building **on** the right **hand** of the street. 角を左に曲がると, 通りの右手に高いビルが見えます.
- **At** my left **hand** stood two men. 私の左側には2人の男が立っていた. →two men が主語.

❺ (ひとしきりの) 拍手(はくしゅ)
- Give her a big **hand**. 彼女に絶大な拍手をどうぞ. →ふつう hand の前に big, good などの形容詞がつく.

at first hand 直接に, じかに
by hand (機械でなく)手で
hand in hand 手をつないで
- They were walking **hand in hand**. 彼らは手をつないで歩いていた.

join hands (***with*** ~) (〜と)手と手を取り合う, 手をつなぐ
(***near***) ***at hand*** 手近に, 手の届く所に
- Christmas was **near at hand**. クリスマスが手の届く所まで来ていた.

on hand 手元に, 持ち合わせて
on (***the***) ***one hand*** ~, ***on the other*** (***hand***) ~ 一方では〜, また一方では〜
- **On the one hand** I have a lot of homework to do, but **on the other** (**hand**) I want to go to the movies. 一方ではやらなければならない宿題がいっぱいあるの

shake hands (with ～)（～と)握手(あくしゅ)する
- I **shook hands with** him. 私は彼と握手した.

――動（三単現) **hands** /hǽndz ハンヅ/; (過去・過分) **handed** /hǽndid ハンディド/; (-ing形) **handing** /hǽndiŋ ハンディング/）
手渡す, 渡す; 手を貸す
- **Hand** this letter to him, please. = **Hand** him this letter, please. この手紙を彼に渡してくれ. →あとの文は hand A B で「AにBを手渡す」．
- Every morning his secretary **hands** him the schedule for the day. 毎朝秘書がその日のスケジュールを彼に手渡す.
- She **handed** it back to him. 彼女はそれを彼に手渡して返した.

hand down (次の世代に)伝える
hand in 差し出す; 提出する
- **hand in** a paper レポートを提出する
hand out (～を)配る →handout
hand over 手渡す

handbag A2 /hǽndbæg ハンドバグ/ 名 ハンドバッグ →(米)ではしばしば **purse** を使う.

handball /hǽndbɔːl ハンドボール/
❶ ハンドボール →① ゴム製の小球を手で壁(かべ)に投げつけて返る球を相手に取らせる米国の競技. ② ボールを手でパスしながらゴールに入れる屋内スポーツ. ❷ ハンドボール用のボール

handbook /hǽndbuk ハンドブク/ 名 入門書, 案内書, ハンドブック

handful /hǽndful ハンドふる/ 名 片手に1杯(ぱい)分, ひとつかみ, 一握(にぎ)り

handgun /hǽndgʌn ハンドガン/ 名 拳銃(けんじゅう), ピストル (pistol)

handicap /hǽndikæp ハンディキャプ/ 名
❶ ハンディキャップ →競技・競走などで参加者の力が対等になるように強い者につける不利な条件, また弱い者に与(あた)える有利な条件.
❷ (一般(いっぱん)に)不利な条件, ハンデ

handicapped A2 /hǽndikæpt ハンディキャプト/ 形 ハンディキャップをつけられている, 心身に障がいのある →現在は **disabled** や **challenged** のほうが適切.
- physically **handicapped** children 身体障がい児
- a **handicapped-accessible** bus 障がい者用バス →accessible は「近づける(乗れる)」.
- give assistance to the **handicapped** (= **handicapped** people) 障がい者に援助(えんじょ)を与(あた)える

handicraft /hǽndikræft ハンディクラふト/ 名 手芸; 手芸品

handkerchief /hǽŋkərtʃif ハンカチふ/ (→ chief の部分が ×/チーふ/ でなく, /チふ/ であることに注意) 名 (複 **handkerchiefs** /hǽŋkərtʃifs ハンカチふス/) ハンカチ

handle A2 /hǽndl ハンドる/ 名 柄(え), 取っ手; (コーヒーカップなどの)持ち手 →フライパン・スプーン・ほうき・バケツ・スーツケース・カップなどの手でつかむ部分.
類似語 自転車の「ハンドル」は **handlebars**, 自動車の「ハンドル」は (**steering**) **wheel**.

steering wheel / handle / handlebars

――動 (手で)扱(あつか)う, 取り扱う

handlebar /hǽndlbɑːr ハンドルバー/ 名 (ふつう handlebars で)(自転車などの)ハンドル

handmade /hǽndméid ハンドメイド/ 形 手作りの →「家具」などについていう. 「食べ物」については homemade という.

handout /hǽndaut ハンダウト/ 名 配布印刷物, ビラ; (教室などで配る)プリント →**hand out** (**hand** 成句)

hánd pùppet 名 指人形

handrail /hǽndreil ハンドレイる/ 名 手すり, 欄干(らんかん)

handsaw /hǽndsɔː ハンドソー/ 名 のこぎり →片手で使い, 日本のものと違(ちが)って押(お)して切る.

handshake /hǽndʃeik ハンドシェイク/ 名 握手(あくしゅ)

handsome A1 /hǽnsəm ハンサム/ 形
❶ (ふつう男性について)顔立ちのいい, ハンサムな
- a **handsome** boy ハンサムな少年
❷ (金額などが)思っていたよりはるかに多い, かなりの
- a **handsome** tip 気前のいいチップ

handstand 286 two hundred and eighty-six

handstand /hǽndstænd ハンドスタンド/ 图
逆立ち

handwriting /hǽndraitiŋ ハンドライティング/
图 筆跡(ひっせき); 手書き, 手で書くこと

handy /hǽndi ハンディ/ 形 (比較級 **handier**
/hǽndiər ハンディア/; 最上級 **handiest**
/hǽndiist ハンディエスト/)
❶ 手近で, すぐに使える; 手頃(てごろ)な, 便利な
❷ 手先が器用で, 上手で

come in handy 《話》役に立つ (be use-
ful)

hang 中 /hǽŋ ハング/ 動
三単現 **hangs** /hǽŋz ハングズ/
過去·過分 **hung** /hʌ́ŋ ハング/,
hanged /hǽŋd ハングド/
-ing形 **hanging** /hǽŋiŋ ハンギング/
❶ かける, つるす; かかっている, つるしてある
• **hang** curtains **at** the window = **hang**
the window **with** curtains 窓にカーテンを
かける
• The swing **hangs from** a tree. ぶらんこ
が木からぶらさがっている.
• The picture is **hanging** on the wall. そ
の絵は壁(かべ)に掛(か)かっている. →**is** (助動) ❶
• He **hung** his coat **on** the hanger. 彼は
ハンガーに上着をかけた.
• The room **was hung with** beautiful
pictures. その部屋には美しい絵が何枚か掛けて
あった. →**was** (助動) ❷
❷ 絞首刑(こうしゅけい)**にする** →この意味での過去形·
過去分詞は **hanged**.
• He **was hanged** for murder. 彼は殺人罪
で絞首刑にされた. →**was** (助動) ❷

hang around [**about**] 《話》(1 箇所(かしょ)
に何もしないで)**ぶらぶらしている**; (ある場所を)**ぶ
らつく**

hang on ❶ **しがみつく, しっかり捕(つか)まえ
る; 頑張(がんば)る**
• **Hang on to** this rope. このロープにしっか
りつかまれ.
❷ 電話を切らずに待つ
• **Hang on**, please. (電話を)切らずにそのま
まお待ちください.

hang up ❶ **かける, つるす** ❷ 電話を切る

hanger /hǽŋər ハンガ/ 图 ハンガー, 洋服かけ

háng glìder 图 ハンググライダー →三角形
の翼(つばさ)の下につかまって滑空(かっくう)するスポー
ツ.

Hangul /hǽŋgul ハングる/ 图 =Hankul
Hankul /hǽŋkul ハンクる/ 图 ハングル, 朝鮮(ち
ょうせん)文字

happen 中 A1 /hǽpn ハプン/ 動
❶ 起こる, 生じる
• Accidents often **happen** here. ここでは
よく事故が起こる.
• What **happened** (to her)? (彼女に)何が起
こったんだ[(彼女は)どうしたんだ].
• Has anything **happened**? 何か起こったの
ですか. →**have** (助動) ❶
❷ (**happen to** do で) 偶然(ぐうぜん)**～する, たま
たま～する**
• I **happened to** meet him. 私は偶然彼に
会った.
• My parents **happened to** be away. 私
の両親はたまたま留守だった.

It (**so**) **happens that ～.** 偶然～である
→ It は漠然(ばくぜん)と「状況(じょうきょう)」を表す.
• **It** (**so**) **happened that** my parents
were away. 私の両親はたまたま留守だった.

happening /hǽpniŋ ハプニング/ 图 (ふつう
happenings で)(思いがけない)事件, 出来事

happier /hǽpiər ハピア/ 形 **happy** の比較(ひ
かく)級

happiest /hǽpiist ハピエスト/ 形 **happy** の
最上級

happily A2 /hǽpili ハピリ/ 副
❶ 幸福に, 楽しく, 愉快(ゆかい)に
• They lived **happily** together. 彼らはいっ
しょに幸福に暮らした.
❷ 《文を修飾(しゅうしょくして)》幸いにも
• **Happily** he did not die. 幸いにも彼は死
ななかった. →文を修飾する場合はこのように文頭
に置くのがふつう. He did not die happily.
とすると happily は die だけを修飾して「幸せ
な死に方はしなかった」の意味になる.

happiness A2 /hǽpinəs ハピネス/ 图 幸福
• in **happiness** 幸福に

happy 小 A1 /hǽpi ハピ/ 形
(比較級 **happier** /hǽpiər ハピア/; 最上級
happiest /hǽpiist ハピエスト/)
幸せな, うれしい, 楽しい
基本 a **happy** couple 幸せな夫婦(ふうふ) →
happy+名詞.
• a **happy** home 幸福な家庭

- a **happy** ending (物語など)めでたしめでたしの結末, ハッピーエンド
- (A) **Happy** New Year! 新年おめでとう. → これに対しては同じように "(A) Happy New Year!" というか, "(The) Same to you." という.《話》では A をつけない.
- **Happy** birthday, Ellen. エレン, お誕生日おめでとう.
- **Happy** Holidays! 楽しい休日を(お過ごしください). →キリスト教以外のいろいろな宗教を信じる人々のいる公(おおやけ)の場で Merry Christmas! の代わりに用いることもある.
- 基本 They are very **happy**. 彼らはとても幸せです. →be 動詞+happy.
- My mother was **happy with** that present. 母はそのプレゼントを喜んだ.
- He looked **happy**. 彼はうれしそうな顔をしていた. →look A (形容詞)は「Aのように見える」.
- What are you so **happy about**? 君は何がそんなにうれしいんだ. →意味のつながりの上では happy about what (何についてうれしい)だが, what は疑問詞なので文頭に出る.
- I am **happy** to meet you. 私は君に会えてうれしい. →初対面のあいさつ.
- I'll be **happy** to come. (私は行くとうれしいだろう ⇒)私は喜んで伺(うかが)います. **→to** ❾ の ④
- I am really **happy** that you could come. あなたが来られて私は本当にうれしい. **→that** 接 ❷
- She is **happier** than she was. 彼女は以前(幸せであった)よりも今のほうが幸せです.
- I am **the happiest** man in the world. 私は世界で最も幸せな男です.

harbor /hɑ́ːrbər ハーバ/ 名 港 **→port**
harbour /hɑ́ːrbər ハーバ/ 名 《英》=harbor

hard 小 A1 /hɑ́ːrd ハード/

形	❶ 堅(かた)い	意味 map
	❷ 難しい	
	❸ 激しい, 厳しい	
	❹ 一生懸命(けんめい)な	
副	❶ 一生懸命に, 熱心に	
	❷ 激しく	

— 形 (比較級 **harder** /hɑ́ːrdər ハーダ/;
最上級 **hardest** /hɑ́ːrdist ハーデスト/)

❶ 堅い

- 基本 the **hard** ground 堅い地面 →hard+名詞.
- 基本 The ground is **hard**. 地面は堅い. →be 動詞+hard.
- It is as **hard** as rock. それは石のように堅い.
- 反対語 My chair is **hard**. Yours is **soft**. 私の椅子(いす)は堅い. 君の(椅子)はやわらかい.

hard　　　soft

- Iron is **harder than** gold. 鉄は金よりも堅い.
- Diamond is **the hardest** of all gems. ダイヤモンドはすべての宝石の中で一番堅い.

❷ 難しい, 困難な **→difficult**

hard　　　easy

- a **hard** problem 難しい問題
- a **hard** job 骨の折れる仕事
- My grandmother is **hard of** hearing. うちの祖母は耳が遠い.
- That question is **hard to** answer. その質問は答えるのが難しい. →不定詞 to answer は hard を修飾(しゅうしょく)する. **→to** ❾ の ④
- It is **hard to** ride a bike up the hill. 自転車に乗ってあの丘(おか)を登るのは難しい. →It=to ride 以下.

❸ 激しい, 厳しい, つらい; 強烈(きょうれつ)な

- a **hard** winter 厳しい冬
- **hard** rock ハードロック
- have a **hard** time つらい目に遭(あ)う, 苦労する
- He is **hard on** his children. 彼は子供に厳しい.

❹ 一生懸命な, よく働く, よく勉強する

- a **hard** worker 勉強家, 努力家, 働き者

harden

288

two hundred and eighty-eight

—**副** （比較級 **harder** /háːrdər ハーダ/; 最上級 **hardest** /háːrdist ハーデスト/）

❶ 一生懸命に, 熱心に
- work **hard** 一生懸命働く[勉強する]
- think **hard** 一生懸命考える
- He studied **hard** for the test. 彼はテストのために一生懸命勉強した.

❷ 激しく, 強く, ひどく
- It is raining very **hard**. 非常に激しく雨が降っている.

❸ 堅く, こちこちに

harden /háːrdn ハードン/ **動** 堅(かた)くする; 堅くなる

hardly A2 /háːrdli ハードリ/ **副** ほとんど～ない
- I could **hardly** sleep last night. 私は昨晩ほとんど眠(ねむ)れなかった.
- She has eaten **hardly** anything from morning. 彼女は朝からほとんど何も食べていない.

hardness /háːrdnəs ハードネス/ **名**
❶ 堅いこと; 固さ, 硬度(こうど)
❷ 困難さ

hardship /háːrdʃip ハードシプ/ **名** 苦難, 生活苦, 苦しみ

hardware /háːrdweər ハードウェア/ **名**
❶ ハードウェア → コンピューターの機械部分. → software
❷ 金物(かなもの)類

hardworking /háːrdwəːrkiŋ ハードワーキング/ **形** 勤勉な, 熱心に勉強する, よく働く
- He is a **hardworking** student. 彼は勤勉な学生です.

hare /héər ヘア/ **名** 《動物》野ウサギ →**rabbit** (アナウサギ)よりも大きく, 耳や足も長い.

harm A2 /háːrm ハーム/ **名**
❶ 害, 損害
- do **harm** to the crops 作物に害を与(あた)える
- The dog will do you no **harm**. その犬は君に何の害も与えないでしょう.
- There is no **harm** in doing so. そうしても少しも悪いことはない.
❷ 悪意, 悪気
- I'm sorry I frightened you; I meant no **harm**. 驚(おどろ)かせてすみませんでした. 悪気はなかったのです.

—**動** 害する, 傷つける

harmful A2 /háːrmfəl ハームふる/ **形** 有害な

- Tobacco is **harmful to** the health. タバコは健康に有害です.

harmless /háːrmləs ハームれス/ **形** 無害な

harmonica /haːrmánikə ハーマニカ/ 《楽器》ハーモニカ

harmony A2 /háːrməni ハーモニ/ **名** （複 **harmonies** /háːrməniz ハーモニズ/）
❶ 調和
- In Kyoto things old and modern are in **harmony** with each other. 京都では古いものと新しいものが互(たが)いに調和している.
❷ 《音楽》和音, ハーモニー

harness /háːrnis ハーネス/ **名**
❶ (馬を馬車などにつなぐ)引き具(一式); (犬をつなぐ)首輪[胴輪(どうわ)], ハーネス
❷ (登山用・パラシュートなどの)安全ベルト

harp /háːrp ハープ/ **名** 《楽器》たて琴(こと), ハープ

harpist /háːrpist ハーピスト/ **名** ハープ奏者

Hárry Pótter **名** ハリー・ポッター → イギリスの作家ローリングによる小説の主人公で, 魔法使いの少年.

harsh /háːrʃ ハーシュ/ **形**
❶ 厳しい (severe)
❷ 耳[目]ざわりな
❸ 手触(てざわ)りの粗(あら)い, ざらざらの

Harvard University /háːrvərd juːnəvəːrsəti ハーヴァド ユーニヴァースィティ/ **固名** ハーバード大学 → 米国で最古の大学 (1636年創立).

harvest A2 /háːrvist ハーヴェスト/ **名**
❶ 収穫(しゅうかく), 刈(か)り入れ; 収穫期; 取り入れ時
- at **harvest** time 取り入れ時に
❷ 収穫物, 収穫高
- We had a good **harvest** of rice this year. 今年は米が豊作だった.

—**動** (作物を)刈り入れる, 収穫する

hàrvest móon **名** (秋分前後の)中秋(ちゅうしゅう)の満[名]月

has 中 A1 /弱形 həz ハズ, 強形 hǽz ハズ/ **動** **have** (する)の3人称(しょう)単数現在形 →**have**

—**助動** (**has**＋過去分詞で) ～してしまった; ～したことがある; ずっと～している → 現在完了(かんりょう). →**have** **助動**

hasn't /hǽznt ハズント/ 《話》**has not** を短くした形

会話 Has she come home yet? —No, she **hasn't** (come home yet). 彼女はもう

帰宅しましたか.―いいえ, まだです[まだ帰っていません]. →現在完了(かんりょう)の文.

haste /héist ヘイスト/ 名 急ぎ, 慌(あわ)てること
→hurry よりも改まった語.
ことわざ Make **haste** slowly. ゆっくり急げ. →「急がば回れ」にあたる.
ことわざ More **haste**, less speed. 急げばよけい遅(おく)れる. →「急がば回れ」にあたる.

in haste 急いで (in a hurry)

hastily /héistili ヘイスティリ/ 副 急いで, 慌(あわ)てて

hasty /héisti ヘイスティ/ 形 (比較級 **hastier** /héistiər ヘイスティア/; 最上級 **hastiest** /héistiist ヘイスティエスト/)
❶ 急ぎの, 慌(あわ)ただしい
❷ 早まった, 軽率(けいそつ)な

hat 小 A1 /hǽt ハト/ 名

(縁(ふち)のある)帽子(ぼうし) →cap
• wear a **hat** 帽子をかぶっている
• put on [take off] a **hat** 帽子をかぶる[脱(ぬ)ぐ]

hatch[1] /hǽtʃ ハチ/ 名
❶ ハッチ, (飛行機などの)出入り口, (船の甲板(かんぱん)の)昇降(しょうこう)口
❷ (台所と食堂の間の壁(かべ)をあけて作った)料理の受け渡(わた)し口

hatch[2] /hǽtʃ ハチ/ 動 (卵からひなを)かえす; (卵からひなが)かえる
ことわざ Don't count your chickens before they are **hatched**. かえらぬうちにひよこを数えるな. →「まだ手に入らないうちからそれを当てにするな」の意味. 「取らぬタヌキの皮算用(かわざんよう)」にあたる.

hatchet /hǽtʃit ハチェト/ 名 手おの, 小型のおの, まさかり (small ax) →北米先住民が戦いに用いた.

hate A2 /héit ヘイト/ 動 憎(にく)む; ひどく嫌(きら)う
• I **hate** crowded trains. 満員電車は本当にいやだ.
―― 名 憎しみ

hatred /héitrid ヘイトレド/ 名 憎(にく)しみ
類似語 hate よりも改まった語.

hát tríck 名 ハットトリック →サッカーなどで, 1人の選手が1試合に3得点すること. また, クリケットで1人の投手 (bowler /ボウら/) が続けて3打者をアウトにすること.

語源 (hat trick)
昔, そのような **bowler** (投手)に賞として **bowler hat** (山高帽子(ぼうし))が贈(おく)られたことから.

haunt /hɔ́ːnt ホーント/ 動
❶ (人・場所へ)よく行く
❷ (幽霊(ゆうれい)などが〜に)出る; (いやな考えなどが人に)つきまとう

haunted /hɔ́ːntid ホーンテド/ 形 幽霊(ゆうれい)の出る
• a **haunted** house お化け屋敷(やしき)

Havana /həvǽnə ハヴァナ/ 固名 ハバナ →キューバ共和国の首都.

have 小 A1 /弱形 həv ハヴ, 強形 hǽv ハヴ/

動 ❶ 持っている 意味 map
❷ (経験として)持つ; 食べる, 飲む; (病気に)かかる
助動 ❶ (今までに)もう〜してしまった
❷ (今までに)〜したことがある
❸ (今まで)ずっと〜している, 〜である

―― 動
三単現 **has** /hǽz ハズ/
過去・過分 **had** /hǽd ハド/
-ing形 **having** /hǽviŋ ハヴィング/

❶ 持っている, 所有している, 〜がある
基本 I **have** a book in my hand. 私は手に1冊の本を持っている. →have+名詞.
POINT 「持っている」の意味では進行形 (be having) にしない. →❷の最後の用例
• I **have** two brothers. 私には兄弟が2人いる[私は3人兄弟です].

会話
How many brothers does he **have**? ―He **has** two brothers.
彼は何人の兄弟がいますか.―2人の兄弟がいます.
Does your father **have** a car?―Yes, he does. / No, he doesn't (**have** a car).
あなたのお父さんは車をお持ちですか.―はい, 持っています./いいえ, 持っていません.

• You **have** a good memory. 君は記憶(きおく)力がいい.
• Do you **have** a car? 車はお持ちですか.

have 小 A1 /弱形 ハヴ, 強形 ハヴ/

三単現 **has** /ハズ/ 過去・過分 **had** /ハド/
-ing形 **having** /ハヴィング/

イメージ

自分のところに
持っている(状態)

教科書によく出る 意味

[動] ❶ 持っている, 〜がある
- I **have** two sisters. 私には姉[妹]が2人いる.
- Our school **has** a large gym. うちの学校には大きな体育館がある.
- In Japan, we **have** four seasons in a year.
  日本には(一年の間に)四季があります.

❶ 飼っている
- Do you **have** a pet? ペットは飼っていますか？

❷ (経験として)持つ
- **Have** a nice vacation. よい休暇をお過ごしください.
- She **had** a very hard time. 彼女はとてもつらい思いをした.

❷ 食べる, 飲む
- What did you **have** for breakfast? 朝食は何を食べましたか？
- I'd like to **have** a cup of tea. お茶を一杯いただきたいです.

❷ (病気に)かかっている
- I **had** a bad cold then. その時私はひどい風邪をひいていた.

[助動] **❶ もう〜した**
- I **have** already done my homework. 私はもう宿題をやってしまった.
- **Have** you finished lunch yet? もうランチは終わった？
- He **hasn't** read the letter yet. 彼はまだその手紙を読んでいない.

❷ 〜したことがある
- I **have** climbed Mt. Fuji twice. 富士山には2回登ったことがあります.
- **Have** you ever been to Hokkaido? 北海道に行ったことはありますか？
- She **has** never visited Kyoto. 彼女は京都を訪れたことがない.

❸ ずっと〜である
- I **have** been busy since last week. 私は先週からずっと忙しい.
- **Has** he been sick for a long time? 彼は長い間ずっと病気ですか？
- I **haven't** seen her for a long time. 彼女には長いこと会っていない.

教科書によく出る 連語

have to 〜   〜しなければならない
- We **have to** leave now. 私たちはそろそろ出発しなければならない.
- He **had to** run. 彼は走らなければならなかった.

don't have to 〜   〜する必要はない
- You **don't have to** wash the dishes. 皿洗いをする必要はないですよ.

have (a lot of) fun   (大いに)楽しむ
- Please **have fun**. お楽しみください.

have a good [great] time   楽しい時間を過ごす
- Did you **have a good time** at the party? パーティーは楽しかった？

have a nice 〜   よい〜を (お過ごしください)
- **Have a nice** day [weekend]! よい一日[週末]をお過ごしください.

have

- Do you **have** any money with you? 君はお金を持ち合わせていますか。→with you は「君といっしょに, 身に着けて」.
- I don't **have** any money with me. 私はお金を1銭も持ち合わせていません.
- Do you **have** Bob's telephone number? ボブの電話番号を知ってる?
- I **have** a dog and two cats. 私は犬を1匹と猫を2匹飼っている.
- She **has** blue eyes. 彼女は目が青い.
- This dictionary **has** a red cover. この辞書の表紙は赤い.
- He **had** a camera, but I didn't have one. 彼はカメラを持っていたが私は持っていなかった. →one=a camera.

Did you **have** your camera at that time?—Yes, I did. I **had** my camera then.
君はその時自分のカメラを持っていた?—ええ, 持っていました. その時私は自分のカメラを持っていました.

- He **has had** a lot of experience in teaching English. 彼は英語を教えた経験がたくさんある. →現在完了(かんりょう)の文. had は過去分詞. →**have** 助動 ❷
- Happiness lies in **having** many good friends. 幸せはたくさんのよい友達を持っていることにある. →前置詞 in+動名詞 having (持つこと).

❷ (経験として)**持つ**, **～する**; **食べる, 飲む**; (病気に)**かかる**

⦿POINT 次にくる目的語によって日本語の訳語を適当に変える.

- **have** a good time 楽しい時間を過ごす
- **have** breakfast 朝食を食べる
- **have** a bad cold ひどい風邪(かぜ)をひいている
- **have** a bath [a walk] おふろに入る[散歩する]
- **have** a talk with him 彼と話す
- We **have** no school on Sundays. 日曜日には学校がありません.
- How many classes do you **have** on Friday?—We **have** five classes. 金曜日には授業が何時間ありますか.—5時間です.

- We **had** a pleasant evening. 私たちには楽しい晩でした.
- We **had** a rain shower this afternoon. きょうの午後にわか雨が降った.
- We **had** a swim in the river. 私たちは川でひと泳ぎした.

Won't you **have** some more fruit?—No, thank you. I've **had** enough.
もう少しフルーツを召(め)し上がりませんか.—いいえ, けっこうです. もう十分いただきました.
→I've (=I have) had enough. は現在完了の文(→**have** 助動 ❶). have は助動詞で had が本動詞(の過去分詞).

- We **are** just **having** dinner. 私たちはちょうど夕食を食べているところです. →現在進行形の文. →**are** 助動 ❶

❸ (**have** A do で) A に～させる, A に～してもらう

- She **has** her mother cut her hair. 彼女は母親に髪(かみ)の毛を切ってもらう.→「彼女のほうから母親にお願いして」という感じ. →❹ の用例
- I should like to **have** you come to the party. 君にパーティーに来てほしい.

❹ (**have** A+過去分詞で) A を～させる, A を～してもらう, A を～される

- She **has** her hair cut by her mother. 彼女は母親に髪の毛を切ってもらう.→「母親のほうから切ってあげると言って」という感じ. →❸ の用例
- I want to **have** this watch repaired by Friday. 金曜日までにこの時計を直してもらいたい.
- I **had** my watch stolen. 私は時計を盗(ぬす)まれた.

❺ (人を)**もてなす**, (食事などに)**招待する**

- **have** him **over to** dinner 彼を食事に招待する

── 助動 (**have** [**has**]+過去分詞で) →現在完了. have [has] been については →**been**.

❶ (今までに)もう～してしまった, もう～した

⦿POINT 「動作が完了したこと・その結果としての今の状態」を表す. この意味では **already** (既(すで)に), **yet** (《否定文で》まだ, 《疑問文で》もう),

just (ちょうど)などの副詞が使われることが多い.

- I **have** already done my homework. 私はもう宿題をやってしまった.
- He **has** not finished his work yet. 彼はまだ仕事を終えていない.
- The bus **has** just left. バスはちょうど出てしまったところだ.
- Spring **has** come. 春が来た[もう春だ].
- I'**ve** had my supper. 私はもう夕食を食べてしまった.
- I **have** been to the station. 私は駅へ行ってきたところだ.

❷(今までに)〜したことがある

◎POINT「現在までの経験」を表す.この意味では **once** (一度, かつて), **ever** (今までに), **never** (まだ一度も〜ない), **before** (以前に)などの副詞がつきもの.

- I **have** seen a panda once. 私はパンダを一度見たことがある.
- **Have** you ever seen him before? 君は以前彼に会ったことがありますか.

Have you ever been to Paris? —No, I have never been there.
君はパリに行ったことがありますか.—いいえ,一度も行ったことがありません.

- This is the nicest present (that) I'**ve** ever had. これは私が(かつて)もらった最もすてきなプレゼントです.→関係代名詞 that 以下は present を修飾(しゅうしょく)する. that は目的格だから省略してもよい.
- He **has** never had an accident since he began driving. 運転を始めて以来彼は一度も事故を起こしたことがない.

❸(今まで)ずっと〜している, 〜である

◎POINT「現在まで状態・動作が継続(けいぞく)していること」を表す.この意味では **for 〜** (〜の間), **since 〜** (〜以来)のような副詞句や副詞節を伴うのがふつう.

- I **have** lived here for ten years. 私はここに10年間住んでいる.
- Bob **has** been sick since last Sunday. ボブは先週の日曜日から病気だ.
- 会話 Where **have** you been? —I'**ve** been in the library. 今までずっとどこにいた

のですか.—図書室にいました.→I've been to the library. は「図書室に行ってきたところだ」.
- It **has** been raining for three days [since I came here]. 3日間[私がここに来てからずっと]雨が降り続いている.→現在完了進行形の文で「動作の継続」を表す.

do not [don't] have to *do* 〜しなくてよい, 〜する必要はない (need not *do*) →「〜してはいけない」は must not *do*.

- The rod **doesn't have to** be very long. 釣(つ)りざおはそう長くなくてもよい.
- 会話 Do I **have** to go?—No, you **don't (have to)**. 私は行かなければならないか.—いや, 行く必要はない.→×No, you *don't have*. としない.

have got =have (持っている)
- I'**ve got** a book in my hand. 私は手に本を持っている.
- 会話 **Have** you **got** a pen? —No, I haven't. 君, 今ペン持ってる?—いや, ない.

have got to *do* =have to *do*
- I'**ve got to** go at once. 私は今すぐ行かなければならない.

have 〜 on 身に着けている
- She **has** her glasses **on**. 彼女は眼鏡をかけている.

have only [only have] to *do* ただ〜しさえすればよい
- You **have only to** push the button. ただそのボタンを押(お)しさえすればよい.

have to *do* A1 〜しなければならない (must *do*)

◎POINT have to は /hǽftə ハフトゥ/, **has to** は /hǽstə ハストゥ/, **had to** は /hǽtə ハトゥ/ と発音する.→**must** ❶

- I **have** [He **has**] **to** go out. 私[彼]は外出しなければならない.
- You will **have to** do it over again. 君はそれをやり直さなければならないでしょう.

◎POINT will, may などの助動詞の次に must を使って ×will must do it とはいわない.

文法 ちょっとくわしく
I'll give you all the money I have to help you. この英文の中には have to *do* の形があるように見えるが, そうではない. 全体の意味は「私はあなたを助けるために私の持っているお金を全部あなたにあげよう」, つまり

haven't

all the money I have は「私の持っているすべてのお金」, to help you は「あなたを助けるために」で, それぞれ別の意味のかたまり. だから have to help を1つの意味のかたまりのように× /ハフタへるブ/ と続けて読んではいけない.

・I **had to** start early. 私は早く出発しなければならなかった.

Do I **have to** practice every day? ―Yes, you do.
私は毎日練習しなければなりませんか.―はい, そうです.
→ Yes, you have to. あるいは Yes, you have to practice. と答えてもよい.
× Yes, *you have*. としない.

have A **to do with** B B と A 程度に関係がある → **do** 成句

haven't /hǽvnt ハヴント/ 《話》 **have not** を短くした形

会話 Have you been to New York? ―No, I **haven't** (been to New York). 君はニューヨークに行ったことがありますか.―いいえ, (私は行ったことが)ありません.

having /hǽviŋ ハヴィング/ 動 **have** の -ing 形 (現在分詞・動名詞)

Hawaii 中 /həwáːii ハワイー/ 固名
❶ ハワイ → 8つの大きな島などからなる米国の州. 州都はホノルル (Honolulu). **Hi.**, (郵便で) **HI** と略す.
❷ ハワイ島 → ハワイ諸島中最大の島.

Hawaiian /həwáiən ハワイアン/ 形 ハワイの, ハワイ人の, ハワイ語の
―名 ❶ ハワイ人
❷ ハワイ語

hawk /hɔ́ːk ホーク/ 名 《鳥》タカ
イメージ (hawk)
遠くからでも獲物(えもの)を見つける鋭(するど)い目を持っているので have eyes like a hawk (タカのような目を持っている)という表現がある. またタカには「好戦的」というイメージがあるので国際問題などについて強硬(きょうこう)な意見を持っている人のことを **hawkish** (/ホーキシュ/ タカ派的)という. → **dove**¹

hawthorn /hɔ́ːθɔːrn ホーソーン/ 名 《植物》 サンザシ → 英国の田園に多い低木.

hay /héi ヘイ/ 名 干し草
ことわざ Make **hay** while the sun shines. 日の照るうちに干し草を作れ. → 「機会を逃(のが)すな」の意味. × *a* hay, × hays としない.

háy fèver 名 花粉症(しょう)

hazard /hǽzərd ハザド/ 名 危険; 危険を引き起こす要因

haze /héiz ヘイズ/ 名 かすみ, もや → **mist**

hazel /héizl ヘイズる/ 名
❶ 《植物》ハシバミ; ハシバミの実 → カバノキ科の低木. 丸い薄(うす)茶色の実は食用. **hazelnut** /ヘイズるナト/ ともいう.

❷ ハシバミ色, 薄茶色

hazy /héizi ヘイズィ/ 形 (比較級 **hazier** /héiziər ヘイズィア/; 最上級 **haziest** /héiziist ヘイズィエスト/) もやのかかった

H-bomb /éit∫ bɑm エイチ バム/ 名 水素爆弾(ばくだん) (hydrogen bomb) → **A-bomb**

he 小 A1 /hi: ヒー/ 代 (複 **they** /ðei ぜイ/)
彼は, 彼が

POINT 自分 (I) と自分が話をしている相手 (you) 以外のひとりの男性を指す言葉.

関連語 **his** (彼の, 彼のもの), **him** (彼を[に]), **they** (彼らは[が])

チャンクでおぼえよう have	
□ 本を手に持っている	**have** a book in the hand
□ 車を所有している	**have** a car
□ 青い目をしている	**have** blue eyes
□ 兄弟が2人いる	**have** two brothers
□ 楽しい時間を過ごす	**have** a good time
□ 朝食を食べる	**have** breakfast

he の変化

	単　数　形	複　数　形
主　　　格	he (彼は[が])	they (彼らは[が])
所　有　格	his (彼の)	their (彼らの)
目　的　格	him (彼を[に])	them (彼らを[に])
所有代名詞	his (彼のもの)	theirs (彼らのもの)

• This is Sam. **He** is a singer. こちらがサムです. 彼[サム]は歌手です.

• My father has a friend in New York. **He** is a famous painter. 父はニューヨークに友人がおります. その人は有名な画家です.

✅POINT 「彼は[が]」と訳語を与(あた)えておくが, 実際に英文を訳す時はできるだけ「彼」という言葉を使わず,「その人は」「その少年は」「先生は」「ボブは」のように he が指している人物をもう一度はっきりと言うようにしたほうがよい.

head 小 A1 /héd ヘド/ 名

(複 **heads** /hédz ヘッ/)

❶ 頭, 首, 顔

• hit him on the **head** 彼の頭を打つ → hit A (人) on the B (部分)は「AのBを打つ」.

• stand on one's **head** (頭もつけて逆立ちをする ⇨ 三点倒立をする → **handstand**

• He had a black cap on his **head**. 彼は(頭に)黒い帽子(ぼうし)をかぶっていた.

• He is taller than me by a **head**. 彼は私より首から上だけ背が高い[私は彼の肩(かた)までしかない]. → by は「〜だけ」.

• Don't put your **head** out of the window. 窓から顔を出しちゃだめよ. → こういう場合の「顔」を ×face としないこと.

❷ 頭脳, 知力 (brains), (そういう意味で)頭

• Use your **head**. 頭を使いなさい.

• She has a good [bad] **head**. 彼女は頭がいい[悪い].

ことわざ Two **heads** are better than one. 2つの頭脳は1つの頭脳に勝(まさ)る. → 「三人寄れば文殊(もんじゅ)の知恵(ちえ)」にあたる.

❸ 《形・位置が「頭」に似たもの》頭(かしら), 長; 最上部, 首位, トップ; (名詞の前につけて) 首位の, 先頭の

• the **head** of a nail くぎの頭

• the **head** of the page このページの一番上

• the **head** of a parade パレードの先頭

• the **head** of the table テーブルの上座

• the **head** of a school 校長

• the **head** of the police 警察署長

• Bob is **at the head of** the class. ボブはクラスのトップにいる[クラスで成績がトップだ].

• the **head** cook 料理[コック]長, シェフ (chef)

• the **head** office 本店, 本社

• the **head** teacher 《英》校長 → 単に the **head** ともいう.

❹ (家畜(かちく)・人数を数える時の)〜頭, 頭数

• forty **head** of cattle 牛40頭 → ×forty heads としない.

❺ (しばしば **heads** で) (硬貨(こうか)の)表 → 人物の頭像のある側.

反対語 Let's play **heads** or **tails**. コインの表か裏かをやろうよ. → コインを指ではじき上げ, 落ちた時に表が出るか裏が出るかを当てて勝負・順番などを決める. → **toss** 動 ❷

from head to foot [*toe*] 頭のてっぺんから爪先(つまさき)まで

head over heels 真っ逆さまに, もんどりうって

keep one's *head* 自制心を保つ, 落ち着いている

lose one's *head* 自制心を失う, 慌(あわ)てる

── 動 ❶ 〜の先頭に立つ, 〜を率いる

• Taro's name **headed** the list. 太郎の名前が表の一番上にあった[席次が一番だった].

❷ (機首などを)向ける; (〜の方向に)向かう

• It's getting late. Let's **head for** home. 遅(おそ)くなった. 家に帰ろうよ.

❸ (サッカーでボールを)頭で打つ, ヘディングする

関連語 「ヘディング」は **header** /ヘダ/.

headache 中 A1 /hédeik ヘデイク/ 名 頭痛

• I have a bad **headache**. 私はひどい頭痛がする.

headlight /hédlait ヘドらイト/ 名 (自動車などの)前灯, ヘッドライト

headline /hédlain ヘドライン/ 名 (新聞・雑誌などの)見出し

headlong /hédlɔːŋ ヘドローング/ 副
❶ 真っ逆さまに

❷向こう見ずに; 性急に

headmaster /hédmæstər ヘドマスタ/ 图 (英国で小・中学校の, 米で男子校の)**校長** → **principal**

headphone A2 /hédfoun ヘドフォウン/ 图 (**headphones** で) ヘッドフォン
- put on [wear] a pair of **headphones** ヘッドフォンをつける[つけている]

headquarters /hédkwɔːrtərz ヘドクウォータズ/ 图 (軍隊・警察などの)**本部, 司令部**; (会社の)**本社** ← 単数としても複数としても扱われる.

heal /híːl ヒール/ 動 (傷・悩みなどを)**治す, 癒やす; 治る**
- The cut on my finger **healed** in two days. 私の指の切り傷は2日で治った.

health 中 A1 /hélθ ヘるす/ 图

健康, 健康状態
- be in good **health** 健康である
- be in poor [ill] **health** 体の具合が悪い
- Swimming is good for the **health**. 水泳は健康によい.

ことわざ **Health** is better than wealth. 健康は富に勝る.

héalth càre 图 医療(いりょう)

healthy 中 A1 /hélθi ヘるすィ/ 形

(比較級 **healthier** /hélθiər ヘるすィア/; 最上級 **healthiest** /hélθiist ヘるすィエスト/)

健康(そう)な; 健康によい
- He looks very **healthy**. 彼はとても健康そうに見える.

heap /híːp ヒープ/ 動 **積む, 積み重ねる**
── 图 (物を積み上げた)**山**

hear 中 A1 /híər ヒア/ 動

三単現	**hears** /híərz ヒアズ/
過去・過分	**heard** /hə́ːrd ハ〜ド/
-ing形	**hearing** /híəriŋ ヒアリング/

聞こえる, 聞く

POINT hear は「聞こえる」という状態を表す語なので, ふつう進行形 (be hearing) にしない.

使基本 **hear** the sound その音を聞く, その音が聞こえる → hear+名詞.

使基本 I can't **hear** well. 私はよく聞こえない[耳が悪い]. → hear+副詞.

- A dog **hears** well. (= A dog has a good ear.) 犬は耳がいい.

関連語 We **listened** but could **hear** nothing. 私たちは耳を澄ましましたが何も聞こえなかった.

- I can't **hear** you. あなたの言うことが聞こえません[もっと大きな声で言ってください].
- Can you **hear** me? (私の言っていることが)聞こえていますか.
- Everyone **heard** that strange sound. みんなその奇妙な音を聞いた.
- Through the wall I **heard** the music he was listening to in the next room. 隣の部屋で彼の聞いている音楽が壁越しに聞こえてきた. → the music he was listening to は「彼が聞いていた音楽」.

hear　　　　　listen

- I've **heard** that story before. その話は前に聞いたことがある. →現在完了の文. → **have** [助動] ❷
- I **heard** a bird singing. 私は小鳥が歌っているのを聞いた. → hear A doing は「Aが〜しているのを聞く[が聞こえる]」.
- I **heard** the car start. 車の発車するのが聞こえた. → hear A do は「Aが〜するのを聞く[〜するのが聞こえる]」.
- Have you ever **heard** him sing? 彼が歌うのを聞いたことがありますか.
- I **heard** my name called. 私は自分の名前が呼ばれるのを聞いた. → hear A B (過去分詞) は「Aが〜されるのを聞く」.

hear about 〜 (よく)〜のことを聞いている
- I've often **heard about** you from Ken. あなたのことはケンからよく聞いています.

hear from 〜 〜から便りがある → 近況などを伝える手紙や電話やEメールなどをもらうこと.
- Do you often **hear from** him? 彼からよく便りがありますか.
- I hope to **hear** more **from** you. 君からもっとたくさん便りをもらいたい.

hear of 〜 〜のこと[うわさ]を聞く, 〜の存在することを知る

- We have **heard** nothing **of** him lately. 私たちはこの頃(ごろ)全く彼のうわさを聞かない.

会話 Do you know Humpty Dumpty? —No, I've never **heard of** him. ハンプティ・ダンプティをご存じですか.—いいえ, そんな人のことは聞いたことがありません.

I hear ~. ～といううわさです, ～とのことです

- **I hear** (that) he is sick. ＝He is sick, **I hear**. 彼は病気だそうです.

heard 中 /həːrd ハ〜ド/ 動 hear の過去形・過去分詞

hearing /híəriŋ ヒアリング/ 動 hear の -ing 形 (現在分詞・動名詞)

―― 名 ❶ 聞くこと; 聴力(ちょうりょく)

- a **hearing** test 聴力検査 →「リスニングテスト」(聞き取り試験)はふつう listening comprehension test という (comprehension ＝理解).
- **hearing** problem 聴覚(ちょうかく)障がい
- lose *one's* **hearing** 耳が聞こえなくなる
- the sense of **hearing** 聴覚
  ❷ 聞こえる範囲(はんい)
- within [out of] **hearing** 聞こえる[聞こえない]所で[に]

héaring àid 名 補聴器(ほちょうき)

héaring dòg 名 聴導(ちょうどう)犬 →耳の不自由な人の助けをする犬.

Hearn /həːrn ハ〜ン/ 固名 (**Lafcadio** /ラふ゠ャディオウ/ **Hearn**) ラフカディオ・ハーン →ギリシャ系英国人で, 日本に帰化して「小泉八雲(やくも)」と名乗った作家 (1850-1904). 『怪談(かいだん)』などの著作によって日本を西洋に紹介(しょうかい)した.

heart 小 A1 /háːrt ハート/ 名
(覆 **hearts** /háːrts ハーツ/)
❶ 心臓; 胸
- a **heart** attack 心臓発作(ほっさ)
- **heart** failure 心不全, 心臓まひ
- My **heart** is beating very fast. 私の心臓はとても速く鼓動(こどう)している.
- His father is a **heart** specialist. 彼の父は心臓の専門医だ.
  ❷ 心; 愛情 →mind
- with all my **heart** 心から, 喜んで
- He has a warm [kind] **heart**. 彼はあたたかい[親切な]心の持ち主だ.
- You have no **heart**. 君には思いやりが全く

ない.
❸ 勇気, 気力
- take **heart** 勇気を出す, 気を取り直す
- lose **heart** がっかりする
  ❹ 中心, 真ん中 (center)
- in the **heart** of the city 都市の真ん中に
- the **heart** of the question 問題の核心(かくしん)
  ❺ (トランプの)ハートの札
- the queen of **hearts** ハートのクイーン札

at heart 心底は, 腹の中は, 実際は
- He is not a bad man **at heart**. 彼は実際は悪い人ではない.

by heart 暗記して
- learn a poem **by heart** 詩を暗記する

with all one's ***heart*** 心を込(こ)めて, 心から

heartbeat /háːrtbiːt ハートビート/ 名 心臓の鼓動(こどう)

-hearted /háːrtid ハーテド/ 《他の語と結びついて》～の心を持った

hearth /háːrθ ハース/ 名 ❶ 炉(ろ)の床(ゆか) →炉の中の火をたく床, またその前の石やれんがを敷(し)いた所. ❷ (一家だんらんのシンボルとしての)炉端(ろばた), 家庭

heartily /háːrtili ハーティリ/ 副 ❶ 心から
❷ 心ゆくまで, とことん

heartwarming /háːrtwɔːrmiŋ ハートウォーミング/ 形 心温まる, ほのぼのとした →人についていう時は使わない. →**warm-hearted**

hearty /háːrti ハーティ/ 形 (比較級 **heartier** /háːrtiər ハーティア/; 最上級 **heartiest** /háːrtiist ハーティエスト/) ❶ 心からの, 温かい →名詞の前にだけつける. ❷ (食べ物が)たっぷりの →名詞の前にだけつける.

heat 中 A2 /híːt ヒート/ 名
❶ 熱
- the **heat** of the sun 太陽の熱
  ❷ 暑さ
- during the summer **heat** 夏の暑さの間
  ―― 動 熱する, 暖める; 熱くなる, 暖まる
- **heat** the room 部屋を暖める

heater /híːtər ヒータ/ 名 暖房(だんぼう)装置, ヒーター, ストーブ →**stove** ❶
- an oil **heater** 石油ストーブ

heath /hiːθ ヒース/ 名 ヒース (heather) の茂(しげ)った荒野(こうや)

heather /héðər ヘざ/ 名 《植物》ヒース →荒野(こうや)の植物でつり鐘(がね)形の小さい花をつける.

heating

heating A2 /hí:tiŋ ヒーティング/ 名 暖房(だんぼう); 暖房装置

héat ìsland 名 ヒートアイランド → 自動車の排気(はいき)ガスやエアコンの放出熱で周辺地帯よりも高熱になっている都市部.

heaven /hévn ヘヴン/ 名
❶ (ふつう **the heavens** で) 天, 空 (sky)
• Stars are shining in **the heavens**. 星が空に輝(かがや)いている.
❷ 天国, 極楽(ごくらく) 関連語 **hell** (地獄(じごく))
• go to **heaven** 昇天(しょうてん)する, 他界する
❸ (**Heaven** で) 神 (God)
ことわざ **Heaven** helps those who help themselves. 天[神]は自ら助くる者を助く. → those who ~ は「~する人々」.「自分で努力する人をこそ神は助けてくれる」の意味.

Good Heavens! えー, おや; とんでもない → 驚(おどろ)き・反対の感情を表す.

heavenly /hévnli ヘヴンリ/ 形
❶ 天国の; 天国のような, こうごうしい
❷ 天の, 空の ❸ (話) すばらしい (splendid)

heavily A2 /hévili ヘヴィリ/ 副 激しく, ひどく
• rain **heavily** 雨がひどく降る

heavy 中 A1 /hévi ヘヴィ/ 形
(比較級 **heavier** /héviər ヘヴィア/; 最上級 **heaviest** /héviist ヘヴィエスト/)

❶ 重い; 重苦しい → 「上からのしかかる重さが大きい」こと.
• a **heavy** suitcase 重いスーツケース
反対語 Your bag is **heavy**, but mine is **light**. 君のバッグは重いが僕(ぼく)のは軽い.

heavy

light

• The apple trees were **heavy with** fruit. リンゴの木は(果実で重かった ⇨)枝もたわわに実がなっていた.
• **heavy** responsibility 重い責任
• His heart was **heavy**. 彼の心は重かった[憂鬱(ゆううつ)であった].

❷ (分量の)多い, (程度の)激しい, 非常な
• **heavy** taxes 重い税金, 重税
• **heavy** snow [rain] 大雪[大雨]
• Traffic is **heavy** on that road. その道路は交通が激しい.

❸ (食べ物が)消化しにくい, もたれる

Hebrew /hí:bru: ヒーブルー/ 形 ヘブライ人[語]の → 「ヘブライ人」は古代のイスラエル人.「ヘブライ語」は現在のイスラエル共和国の公用語.『旧約聖書』は古代ヘブライ語で書かれた.
—— 名 ❶ ヘブライ人[語] ❷ (近代の)ユダヤ人 → ふつう **Jew** という. →**Jew**

hectare /héktɛər ヘクテア | héktɑ: ヘクター/ 名 ヘクタール → 面積の単位. 100 アール (1万平方メートル). hecto=100.

he'd /hi:d ヒード/ **he would**, **he had** を短くした形

hedge /hédʒ ヘヂ/ 名 生け垣(がき), 垣根

hedgehog /hédʒhɔ:g ヘヂホーグ/ 名 (動物) ハリネズミ

heed /hí:d ヒード/ 動 (忠告・警告などに)耳を傾(かたむ)ける, 注意を向ける

heel /hí:l ヒール/ 名 (足・靴(くつ)の)かかと
at [**on**] A's **heels** A のすぐあとについて

height /háit ハイト/ 名
❶ 高さ; 身長
• Tokyo Tower is 333 (読み方: three hundred thirty-three) meters **in height**. 東京タワーは高さ333メートルです.
❷ 最高時, 絶頂, 真っ最中(さいちゅう)
❸ (しばしば **heights** で) 高い所, 高地, 丘(おか)

heir /éər エア/ 名 相続人, 後継(こうけい)者

held 中 /héld ヘるド/ 動 **hold** の過去形・過去分詞

helicopter /héləkɑptər ヘリカプタ/ 名 ヘリコプター

heliport /héləpɔ:rt ヘリポート/ 名 ヘリコプター発着場, ヘリポート

hell /hél ヘる/ 名 ❶ 地獄(じごく) 関連語 **heaven** (天国) ❷ この世の地獄, 生き地獄
—— 間 ちくしょう; 一体全体 → 怒(いか)り・いらだち・強意を表す用法. →**on earth** (**earth** 成句)

he'll /hi:l ヒール/ **he will** を短くした形

hello 小 A1 /helóu ヘロウ/ 間

❶ **やあ, こんにちは**; (呼びかけて)**おーい** ➔ いろいろな場合に使う簡単な挨拶(あいさつ).

•"**Hello**, Bill!" said Roy with a big smile. 「やあ, ビル」とロイはにこにこして言った.

❷ (電話で)**もしもし**

•**Hello**, this is Bill White (speaking). もしもし, こちらはビル・ホワイトです.

── 名 (複 **hellos** /helóuz ヘロウズ/)
(「やあ」「こんにちは」などの)**挨拶**

•Say **hello** to Helen. ヘレンによろしく言ってください.

helmet /hélmit ヘるメト/ 名 ❶ (消防士・スポーツ選手などのかぶる)**ヘルメット** ❷ (兵士などの)**かぶと, ヘルメット**

help 小 A1 /hélp ヘるプ/ 動 (三単現 **helps** /hélps ヘるプス/; 過去・過分 **helped** /hélpt ヘるプト/; -ing形 **helping** /hélpiŋ ヘるピング/)

❶ **手伝う, 助ける**

基本 I **help** my father. 私は父を手伝います. ➔ help+(人を表す)名詞.

•**help** him up 彼を助け起こす

•**Help** (me)! 助けてくれ.

•We should **help** one another. 私たちはお互(たが)いに助け合わなければいけない.

基本 I **help** my father with the farming. 私は父の農作業を手伝う. ➔ help A with B は「AのBを手伝う」.

•My father often **helps** me **with** my homework. 父はよく私の宿題を助けてくれる.

基本 We **help** him (to) do it. 私たちは彼がそれをするのを手伝う. ➔ help A (to) do は「Aが〜するのを手伝う」.《米》ではふつう to をつけない.

•Please **help** me (to) clean the room. 部屋を掃除(そうじ)するのを手伝ってください.

•A boy kindly **helped** me (get) off the bus. 1人の少年が親切にも私がバスを降りるのに手を貸してくれた.

•I **was helped** a lot by your advice. 私はあなたの忠告で大いに助けられた. ➔ 受け身の文. ➔ **was** 助動 ❷

•She **is** now **helping** her mother in the kitchen. 彼女は今, 台所でお母さんの手伝いをしています. ➔ 現在進行形の文. ➔ **is** 助動 ❶

❷ (食べ物などを)**配る, 取ってやる, よそう**

•She **helped** me to some potatoes. 彼女は私にジャガイモをよそってくれた.

❸ (**can help** で)**避(さ)けられる, 抑(おさ)える**

•if you **can help** it もしそれを避けることができるなら[できることなら, なるべく]

•I **can't help** it. 私はそれを避けることができない[それはしかたがない].

•It **can't be helped**. それは避けられない[しかたがない].

❹ (薬が病気を)**治す**

•This medicine will **help** (your cold). この薬を飲めば(風邪(かぜ)が)よくなりますよ.

cannot help *doing* **〜しないではいられない** (➔ ❸)

•I **could not help laughing**. 私は笑わないではいられなかった.

help *oneself* (***to*** **〜**) (**〜を**)**自分で取って食べる[飲む]**

•**Help yourself**, please. どうぞご自由におあがりください.

•**Help yourself to** the cakes, please. どうぞご自由にお菓子(かし)をお取りください.

May [***Can***] ***I help you?*** **何を差し上げましょうか, 何のご用でしょうか, 何かお困りですか** ➔ 店員や役所の窓口の人が客に, あるいは通行人が道に迷っているような人に対していう.

── 名 (複 **helps** /hélps ヘるプス/)
❶ **手伝い, 助け, 援助(えんじょ)**

•cry for **help** 助けを叫(さけ)び求める

helper — 300 — three hundred

- I need your **help**. 私は君の助力が必要だ.
- I need some **help with** my work. 私の仕事には手助けが必要だ.
- I read that English story **with the help of** the dictionary. 私は辞書の助けを借りてその英語の物語を読んだ.
- She was **of** great **help** to her mother. 彼女はとてもお母さんの助けになった. →of help=helpful (助けになる).

❷ 助けてくれる人[物], お手伝い

- He [This dictionary] is a great **help** to me. 彼[この辞書]は私にはたいへんな助けだ.
- That's a big **help**. とても助かります.

helper /hélpər ヘ**る**パ/ 图 手伝ってくれる人, 手伝い, 助手

helpful 中 A2 /hélpfəl ヘ**る**プふる/ 形
役に立つ, 助けになる (useful, of help)

- **helpful** comments 役に立つコメント
- The information is **helpful** to students. その情報は生徒たちの役に立つ

helping /hélpiŋ ヘ**る**ピング/ 動 help の -ing 形 (現在分詞・動名詞)

—— 图 ひと盛り分[1皿分]の食物

- a large **helping** of rice ごはん大盛り1杯

—— 形 救いの, 助けの

- He lent me a **helping** hand. 彼は私に助けの手を貸してくれた[私を助けてくれた].

helpless /hélplis ヘ**る**プれス/ 形
❶ 無力な, 自分の力ではどうすることもできない
❷ 頼(たよ)る者のいない

Helsinki /helsíŋki ヘ**る**スィンキ, hélsiŋki ヘ**る**スィンキ/ 固名 ヘルシンキ →フィンランドの首都.

hemisphere /héməsfiər ヘミスふィア/ 图
(地球の)半球 →hemi- (=half)+sphere (=球体).

hen /hén ヘン/ 图 めんどり

- a **hen** and her chicks めんどりとそのひなたち

関連語 **cock**, 《米》**rooster** (おんどり)

her 小 A1 /(弱) hər ハ, (強) hə́ːr ハ~/ 代

❶ 彼女の →she の所有格. →**she**
関連語 **their** (彼女たちの)

命基本 **her** house 彼女の家 →her+名詞.

- **her** brother(s) 彼女の兄弟(たち)
- that hat of **her** father's 彼女の父のその帽子(ぼうし)
- She is studying in **her** room. 彼女は自分の部屋で勉強をしています.

❓POINT her が主語と同じ人を指している時は「自分の」と訳すと意味がはっきりする.

- Miss Brown teaches us music and we really like **her** class. ブラウン先生が私たちに音楽を教えてくれます, そして私たちは先生の授業がとても好きです. →her の訳し方に注意.

❷ 彼女を, 彼女に; 彼女 →she の目的格.
関連語 **them** (彼女たちを[に])

命基本 I love **her**. 私は彼女を愛している. →動詞+her (目的語).

- I didn't understand **her**. 私は彼女の言うことがわからなかった. →この her は「彼女を」でなく「彼女の言うことを」.

命基本 I gave **her** the watch. =I gave the watch to **her**. 私は彼女にその時計をあげた. →前の文の her は動詞 (gave) の間接目的語. 後の文の her は前置詞 (to) の目的語.

- I'll go with **her**. 私は彼女といっしょに行きます.
- I saw **her** smile. 私は彼女が笑うのを見た. →see A do は「Aが～するのを見る」.

herald /hérəld ヘ**ら**るド/ 图 前触(まえぶ)れ, 先駆者(せんくしゃ)

—— 動 前触れをする; 布告する

herb /há:rb ハ~ブ/ 图 薬草; (料理の香味(こうみ)料に用いる)香草(こうそう)

Hercules /há:rkjuli:z ハ~キュリーズ/ 固名
ヘラクレス →ギリシャ神話の中の大力無双(むそう)の英雄(えいゆう)で, 神々の王ゼウスの子. 12の難題を与(あた)えられ, それらを成し遂(と)げた.

herd /há:rd ハ~ド/ 图 (牛・馬などの)群れ →**flock** 関連語

here 小 A1 /híər ヒア/ 副 (→比較変化なし)

❶ ここに, ここで, ここへ

命基本 **live** here ここに住んでいる →動詞+

チャンクでおぼえよう help

□ 彼女を助ける	**help** her
□ 彼の宿題を手伝う	**help** him with his homework
□ 彼女が部屋を掃除(そうじ)するのを手伝う	**help** her (to) clean the room
□ 思わず笑ってしまう	cannot **help** laughing

here.
- come **here** ここへ来る
- this man **here** ここにいるこの男
- **here** in Tokyo ここ東京では, この東京に

関連語 I looked for the key **here, there** and **everywhere**. 私はその鍵(かぎ)をここも, あそこも, あらゆるところを捜(さが)した[ほうぼう捜した].

会話 Where's your book?—It's **here**. 君の本はどこにありますか.—ここにあります.
- Winter is over and spring is **here**. 冬が去って春が(ここにある⇒)来た.
- They'll be **here** about noon. 彼らはお昼頃(ひるごろ)ここへ来るでしょう.

会話 Kawamura?—**Here!** (出席をとる時)河村君?—はい.
- Look **here!** (こっちを見よ⇒)おい, いいかい. → 相手の注意を促(うなが)す時の言い方.

基本 **Here** is a book. ここに１冊の本がある.

POINT Here is [are]＋名詞. be 動詞の後ろに主語が来ることに注意.
- **Here** are some famous pictures. ここに何枚かの有名な絵があります[次に何枚か有名な絵を見せます].

❷《間投詞のように使って》さあ, そら, ほら; さあどうぞ
- **Here** we go! さあ, 行くぞ.
- **Here** you go. さあ, どうぞ. →成句
- **Here** we are (in London). さあ, (ロンドンへ)着きましたよ.
- **Here** he comes! ほら彼が来るよ.
- **Here** comes the bus! さあ, バスが来た.

POINT 主語が代名詞(we, you, he など)でなく, 名詞(上の例文では the bus)の時は, 動詞が主語の前に出る.
- **Here's** your change. はい, おつりです.

POINT Here's ~. は物を渡(わた)す時の言い方で, その場合 ×Here is ~. としない.

― 名 ここ
- from **here** ここから
- Is there a post office near **here**? この辺に郵便局はありますか.

For **here** or to go?—For **here**.
(ここのためのものですか⇒)ここで召(め)し上がりますか, お持ち帰りになりますか.—ここ

で食べます. → ファストフード店などでの店員と客の会話.

here and there あちらこちらに, ここかしこに
- There were some flowers **here and there** in the garden. 庭のあちこちに花が咲(さ)いていた.

***Here is* [*are*] ~.** ここに~があります → **here** 副 ❶

Here it is. はい, どうぞ → 人に物を渡す時などの言葉. 次も同じ.

Here you are. ＝***Here you go.*** (人に物を渡す時)はい, どうぞ

Please show me your new camera.
—All right. **Here you are.**
君の新しいカメラを見せてください.—いいですよ, はい, どうぞ.

here's /híərz ヒアズ/ **here is** を短くした形
- **Here's** something for you. ここにあなたにあげるものがある[これをあげます].
- **Here's** your key. はい, あなたの鍵(かぎ)です. → **here** ❷ (最後の用例)

heritage /héritidʒ ヘリテヂ/ 名 (祖先から伝わる精神的・文化的)**遺産**
- the World **Heritage** Sites 世界遺産

Hermes /hə́ːrmiːz ハ~ミーズ/ 固名 **ヘルメス**
→ ギリシャ神話で商業・交通などの神. ローマ神話の Mercury (マーキュリー, メルクリウス)にあ

hero

たる.

hero 小 A2 /híːrou ヒーロウ|híərou ヒアロウ/ 名
(複 **heroes** /híːrouz ヒーロウズ/)
❶ 英雄(えいゆう), ヒーロー
❷ (小説・劇などで男性の)主人公

heroic /hiróuik ヒロウイク/ 形 英雄(えいゆう)的な

heroine /hérouin ヘロウイン/ 名
❶ (小説・劇などの)女主人公, ヒロイン
❷ 女性の英雄(えいゆう), 女傑(じょけつ)

herring /hériŋ ヘリング/ 名 《魚》ニシン

hers 中 A1 /həːrz ハ〜ズ/ 代

彼女のもの →**she** 関連語 **theirs** (彼女たちのもの)

⚠POINT 彼女の所有物について, 1つのものにも2つ以上のものにもいう.

基本 a friend of **hers** 彼女の友人(の1人)
基本 This racket is **hers**. (= This is her racket.) このラケットは彼女の(もの)です.
・My racket is old; **hers** (=her racket) is new. 私のラケットは古いが彼女の(ラケット)は新しい.
・His answers are wrong and **hers** (=her answers) **are** right. 彼の答えは間違(まちが)いで, 彼女の(答え)は正しい.
・I like that ribbon of **hers**. 私は彼女のあのリボンが好きだ.

herself 中 A2 /həːrsélf ハ〜セるふ/ 代
(複 **themselves** /ðəmsélvz ぜムセるヴズ/)
❶ 彼女自身を[に]; 自分 関連語 **themselves** (彼女たち自身を[に, で]) →**oneself**
・She hid **herself**. 彼女は(彼女自身を隠(かく)した ⇨)身を隠した[隠れた].
・She hurt **herself**. 彼女は(自分自身を傷つけた ⇨)けがをした.
・She said to **herself**, "I'll go, too." 「私も行こう」と彼女は自分(の心)に言いかけた.
❷《主語の意味を強めて》彼女自身で, 自分で
・She **herself** said so. = She said so **herself**. 彼女は自分でそう言った. →**herself** を文末に置くほうが口語的.
・She did it **herself**. 彼女は自分でそれをした.
❸《話》いつもの彼女, 本来の彼女
・She is not **herself** today. きょうはいつもの彼女じゃない[彼女はどこか変だ].

by herself ひとり(ぼっち)で; 独力で
for herself 独力で, ひとりで; 自分のために

・My grandma lives alone, shops and cooks **for herself**. うちのおばあちゃんは一人で暮らしていて, 買い物も料理も自分でする.

he's /hiːz ヒーズ/ **he is**, **he has** を短縮した形
・**He's** (=He is) my uncle. 彼は私のおじです.
・**He's** (=He has) done it. 彼はそれをしてしまった. →現在完了(かんりょう)の文.

hesitate /hézəteit ヘズィテイト/ 動 ためらう, ちゅうちょする

hesitation /hezətéiʃən ヘズィテイション/ 名 ためらい, ちゅうちょ

hey 中 A2 /héi ヘイ/ 間 やあ!, おい! →呼びかけ・喜び・驚(おどろ)きなどを表す.

HI 略 =Hawaii

hi 小 A1 /hái ハイ/ 間

《話》やあ, こんにちは →hello よりもくだけた言い方.
・**Hi**, Bob. Where are you going? やあ, ボブ. どこへ行くの.
・Say **hi** to your brother Tom. 君の兄弟のトムによろしく.

hiccup /híkəp ヒカプ/ 名 しゃっくり
── 動 しゃっくりをする

hid /híd ヒド/ 動 **hide** の過去形・過去分詞

hidden /hídn ヒドン/ 動 **hide** の過去分詞
── 形 隠(かく)された, 秘密の

hide 中 A1 /háid ハイド/ 動

| 三単現 **hides** /háidz ハイヅ/
| 過去 **hid** /híd ヒド/
| 過分 **hidden** /hídn ヒドン/, **hid**
| -ing形 **hiding** /háidiŋ ハイディング/

隠(かく)れる; 隠す
・**hide** the candy under the table キャンディーをテーブルの下に隠す
・I'll **hide**, and you find me. 僕(ぼく)が隠れるから君は僕を見つけるんだよ.
・I have nothing to **hide** from you. 私は

君に何も隠すこと[秘密]がない. →不定詞 to
hide (隠すべき~)は nothing を修飾(しゅうしょく)する (→to ❾ の ②).
- The clouds **hid** the sun. 雲が太陽を隠した.
- **I have hidden** the fact even **from** my parents. 私は両親にさえその事を隠してきた. →**have** [助動] ❸
- Where **is** it **hidden**? それはどこに隠されているのか. →**is** [助動] ❷

hide oneself 身を隠す, 隠れる
- She **hid herself** behind the curtain. 彼女はカーテンの陰(かげ)に隠れた.
- Someone **is hiding** behind the tree. 誰(だれ)かがあの木の後ろに隠れている. →**is** [助動] ❶

hide-and-seek /haidənsí:k ハイダンスィーク/ [名] かくれんぼ

híding plàce [名] 隠(かく)れ[隠し]場所

high 小 A1 /hái ハイ/ (→gh は発音しない) [形] (比較級 **higher** /háiər ハイア/; 最上級 **highest** /háiist ハイエスト/)

❶ (高さが)**高い**, 高さが~で 反対語 **low** (低い)
関連語「(木や建物などが)高い」は **tall**.
[基本] a **high** mountain 高い山 →high+名詞
[基本] That mountain is **high**. その山は高い. →be 動詞+high.
- How **high** is the mountain? その山はどれくらい高いですか.
- The mountain is about 6,000 (読み方: six thousand) meters **high**. その山は約6,000メートルの高さです. →about 6,000 meters は high を修飾(しゅうしょく)する副詞句.
- Mt. Fuji is **higher** than any other mountain in Japan. 富士山は日本における他のどの山よりも高い[日本で一番高い].
- Mt. Fuji is **the highest** mountain in Japan. 富士山は日本で一番高い山だ.

10 feet high / 2 meters tall

❷ (値段・程度・地位などが) 高い
- **high** prices 高い物価
- a **high** fever 高熱
- at a **high** speed 高速で, すごいスピードで
- a **high** government official 政府高官
- He is in **high** spirits. 彼は上機嫌(きげん)だ.
- She has a **high** opinion of your work. 彼女はあなたの作品を高く評価している.

―― [副] (比較級 **higher** /háiər ハイア/; 最上級 **highest** /háiist ハイエスト/)
高く 反対語 **low** (低く)
類似語 **high** は具体的なものの位置についていう. 「高く評価する」のような「高く」は **highly**.
- jump **high** 高くとぶ
- The bird flew **high** up into the air. その鳥は空中高く舞(ま)い上がった.
- The bird flew up **higher** and **higher**. その鳥はますます高く舞い上がった. →「比較(ひかく)級+and+比較級」は「ますます~, だんだん~」.
- He can jump (**the**) **highest of** us all. 彼は私たちみんなの中で一番高くとべる.

―― [名] (® **highs** /háiz ハイズ/)
最高, 最高値, 最高気温

hígh jùmp [名] (**the** をつけて)(競技)(走り)高とび

highland /háilənd ハイランド/ [名]
❶ (しばしば **highlands** とも) 高地, 高原
❷ (**the Highlands** で) (スコットランド北西部の)高原地方

highlight /háilait ハイライト/ [名] 呼び物, 見所, ハイライト; 明るい部分

highlighter /háilaitər ハイライタ/ [名] 蛍光(けいこう)ペン, マーカー

highly /háili ハイリ/ [副] 大いに, 非常に; 高く評価して →**high** [副]

high-rise /hái raiz ハイ ライズ/ [形] (建物が)高層の

high school 中 A2 /hái skù:l ハイ スクール/ [名] 《米》ハイスクール

参考 小学校と大学の中間の学校で, **junior high school** (7, 8, 9学年)と **senior high school** (10, 11, 12学年)に分かれる. 前者は日本の中学校にあたり後者は高等学校にあたるが, 単に **high school** といえばふつう **senior high school** を指す.

highway

- go to **high school** ハイスクールに通う
- a **high school** student ハイスクールの学生

highway A2 /háiwei ハイウェイ/ 图 **幹線道路，主要道路** → 日本の「国道・県道」にあたる．「高速道路」は《米》expressway，《英》motorway．

hijack /háidʒæk ハイヂャク/ 動 ❶(輸送中の品物を)襲(おそ)って盗(ぬす)む，強奪(ごうだつ)する ❷(飛行機・バスなどを)乗っ取る，ハイジャックする

hijacker /háidʒækər ハイヂャカ/ 图 乗っ取り犯人，ハイジャッカー

hike A2 /háik ハイク/ 图
ハイキング (hiking)
- go on a **hike** (to the lake) (湖へ)ハイキングに行く

—— 動 ハイキングをする，ハイキングに行く
- go **hiking** ハイキングに行く

hiker /háikər ハイカ/ 图 ハイキングする人，ハイカー

hiking 中 A2 /háikiŋ ハイキング/ 图 ハイキング

hill A1 /híl ヒる/ 图 (複 **hills** /hílz ヒるズ/)
❶ 丘(おか)，小山，山
- go for a walk in the **hills** 丘の散策に出かける
❷ 坂道
- go up a **hill** 坂を登る

hillside /hílsaid ヒるサイド/ 图 丘(おか)の斜面(しゃめん)[中腹]

hilltop /híltɑp ヒるタプ/ 图 丘(おか)の頂上，山の上

him A1 /him ヒム/ 代

彼を，彼に；彼 → he の目的格．→ **he**
関連語 **them** (彼らを[に])
基本 Mr. Smith lives near my house. I know **him**. スミスさんはうちの近所に住んでいます．私は彼を[スミスさんを]知っています． → 動詞＋him (目的語)．
- I didn't understand **him**. 私は彼の言うことがわからなかった． → この him は「彼を」ではなく「彼の言うことを」の意味．
基本 I gave **him** the watch. ＝ I gave the watch to **him**. 私は彼にその時計をあげた． → 前の文の him は動詞 (gave) の間接目的語．後の文の him は前置詞 (to) の目的語．
- I'll go with **him**. 私は彼といっしょに行きます． → him は前置詞 (with) の目的語．
- I saw **him** standing there. 私は彼がそこ

に立っているのを見た． → see A doing は「Aが〜しているのを見る」．

Himalaya /himəléiə ヒマれイア/ 固名 (**the Himalayas** または **the Himalaya Mountains** で) ヒマラヤ山脈

himself 中 A2 /himsélf ヒムセるフ/ 代
(複 **themselves** /ðəmsélvz ゼムセるヴズ/)
❶ 彼自身を[に]；自分 関連語 **themselves** (彼ら自身を[に，で]) → **oneself**
- He hid **himself**. 彼は(彼自身を隠(かく)した⇒)身を隠した[隠れた]．
- He hurt **himself**. 彼は(自分自身を傷つけた⇒)けがをした．
- He said to **himself**, "I'll do it." 「私はそれをしよう」と彼は自分の(心に)言いきかせた．
❷ 《主語の意味を強めて》彼自身で，自分で
- He **himself** said so. ＝ He said so **himself**. 彼自身がそう言った． → himself を文末に置くほうが口語的．
- He did it **himself**. 彼は自分でそれをした．
❸ 《話》いつもの彼，本来の彼
- He is not **himself** today. きょうはいつもの彼じゃない[彼はどこか変だ]．

by himself ひとり(ぼっち)で；独力で
for himself 独力で，ひとりで；自分のために

Hindi /híndi: ヒンディー/ 图 ヒンディー語 → インド北部地方の言語で，インド共和国の公用語．

Hindu /híndu: ヒンドゥー/ 图 ヒンドゥー教徒 → ヒンドゥー教 (**Hinduism** /híndu:izm ヒンドゥーイズム/) はインドの民族宗教．

hint 小 /hínt ヒント/ 图 暗示，ヒント
—— 動 遠回しに言う，それとなく言う，ほのめかす

hip /híp ヒプ/ 图 腰(こし)，ヒップ → 体の左右に出っ張った腰骨(こしぼね)の辺り．「お尻(しり)」ではない．

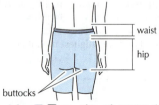

híp hòp A2 图 ヒップホップ → 音楽やダンスの一種．

hippo /hípou ヒポウ/ 图 (複 **hippos** /hípouz ヒポウズ/) 《話》＝hippopotamus (カバ)

hippopotamus /hipəpɑ́təməs ヒポパタマス/

名 《動物》カバ

hire /háiər ハイア/ 動 (短期間)雇(やと)う; (料金を払(はら)って)借りる →**employ, rent**

⭕POINT 「貸し切りタクシー」を「ハイヤー」というのは和製英語. 英語では **limousine** という.

his 小 A1 /hiz ヒズ/ 代

❶ 彼の →he の所有格. →**he**

関連語 **their** (彼らの)

基本 **his** glove 彼のグローブ →his+名詞.

• **his** sister(s) 彼の姉妹(しまい)(たち)

• that hat of **his** father's 彼の父のその帽子(ぼうし)

• Tom took me to the lake in **his** car. トムは自分の車で私を湖へ連れていってくれた.

⭕POINT his が主語と同じ人を指している時は「自分の」と訳すと意味がはっきりする.

• Mr. Ogawa is our English teacher. We like **his** class very much. 小川先生は私たちの英語の先生です. 私たちは先生の授業が大好きです. →his の訳し方に注意.

❷ /híz ヒズ/ 彼のもの

関連語 **theirs** (彼らのもの)

⭕POINT 彼の所有物について1つのものにも2つ以上のものにもいう.

基本 a friend of **his** 彼の友人(の1人)

基本 This racket is **his**. (= This is his racket.) このラケットは彼の(もの)です.

• My racket is old; **his** (= his racket) is new. 私のラケットは古いが彼の(ラケット)は新しい.

• Her hands are clean, but **his** (= his hands) **are** dirty. 彼女の手はきれいだが彼のは汚(よご)れている.

• I like that bicycle of **his**. 私は彼のあの自転車が好きだ.

• Ken has a very good camera. I want one like **his**. ケンはとてもいいカメラを持っている. 僕(ぼく)もケンのようなカメラが欲(ほ)しい. →one=a camera.

Hispanic /hispǽnik ヒスパニク/ 名 ヒスパニック →主に中南米 (Latin America) からアメリカに移住した人々で, スペイン語を母語とする.

hiss /hís ヒス/ 動 しゅーと音を発する; 「しーっ」といって~を制止する[やじる]

historian /histɔ́:riən ヒストーリアン/ 名 歴史家

historic /histɔ́:rik ヒストーリク/ 形 歴史上有名な, 歴史的な →ふつう名詞の前につける.

historical /histɔ́:rikəl ヒストーリカル/ 形 歴史の, 歴史上の, 歴史に関する →ふつう名詞の前につける.

historically /histɔ́:rikəli ヒストーリカリ/ 副 歴史的に; 歴史的に見ると

history 中 A1 /hístəri ヒストリ/ 名

(複 **histories** /hístəriz ヒストリズ/)

❶ 歴史, (歴)史学; 歴史書

• European **history** ヨーロッパ史, 西洋史

• This is a place (which is) famous in **history**. ここは歴史上有名な所です.

ことわざ **History** repeats itself. 歴史は繰(く)り返す. →「歴史上の出来事は同じような経過をたどって何回も繰り返されるものだ」の意味.

❷ (個人の)経歴, (物の)由来

hit 中 A2 /hít ヒト/ 動

三単現 **hits** /híts ヒツ/
過去・過分 **hit**
-ing形 **hitting** /hítiŋ ヒティング/
→原形・過去形・過去分詞がどれも同じ形であることに注意.

❶ 打つ, たたく, 当たる, ぶつかる

• **hit** a ball ボールを打つ

• **hit** a home run ホームランを打つ

• **hit** him on the head [in the face] 彼の頭[顔]を殴(なぐ)る →hit A (人) on [in] the B (体の部分)は「AのBを打つ」.

• The ship **hit** a rock and went down. 船は岩にぶつかって沈(しず)んだ. →現在形なら hits.

• I **hit** my head on the door. 私はドアに頭をぶつけた.

• A ball **hit** him on the head. ボールが彼の頭に当たった.

• His car **was hit** from behind. 彼の車は追突(ついとつ)された. →受け身の文. →**was** 助動 ❷

❷ (天災・不幸などが)襲(おそ)う, 打撃(だげき)を与(あた)える

• If such a big typhoon **hits** our town, what will you do? そんな大きな台風が私たちの町を襲ったらどうしますか.

• He was hard **hit** by the failure. 彼はその失敗によってひどい打撃を受けた.

hit on [*upon*] ~ ~を思いつく

• At last he **hit on** a good idea. ついに彼はうまい考えを思いついた.

hitchhike

—— **名 ❶ 当たること, 命中; (野球で)ヒット**
❷ (劇・小説・歌などの)大当たり, ヒット; ヒット曲
• make a big **hit** 大当たりする
• have **hit after hit** 次々とヒットを生み出す

hitchhike /hítʃhaik ヒチハイク/ **動 ヒッチハイ
クする** ➡ 通り掛(か)かる自動車に次々と無料で乗せ
てもらいながら旅行すること. 道路の端(はし)に立っ
て親指を立てて合図する. 犯罪の危険があるので禁
止している州が多い.

hitchhiker /hítʃhaikər ヒチハイカ/ **名 ヒッチ
ハイクする人**

Hitler /hítlər ヒトら/ **固名 (Adolf** /ア−ド−るふ/
Hitler) ヒトラー ➡ ドイツの独裁者 (1889–
1945). 隣国(りんごく)ポーランドに侵攻(しんこう)して第
2次世界大戦を引き起こし, 多数のユダヤ人を虐
殺(ぎゃくさつ)した.

hitter /hítər ヒタ/ **名 打つ人; 打者**

HIV **略 ヒト免疫(めんえき)不全(ふぜん)ウイルス** ➡ エイ
ズ (AIDS) の原因となるウイルス.

hive /háiv ハイヴ/ **名 ＝beehive (ミツバチの
巣箱)**

hmm /hmm フンン/ **間 うむ** ➡ ためらい・不賛成
などを表す発声.

ho /hóu ホウ/ **間 ほー!, おーい!** ➡ 喜び・驚
(おどろ)き・嘲(あざけ)りなどを表す叫(さけ)び声, あるいは注意
をひくためのかけ声.

hobby 中 A1 /hábi ハビ|hɔ́bi ホビ/ 名

(複 hobbies /hábiz ハビズ/)

趣味(しゅみ), 道楽 ➡ 専門的な知識や経験を必要とす
るもの. 映画[音楽]鑑賞(かんしょう)や読書などは入らな
い.

—— 会話 ——
What are your **hobbies**? —Taking
pictures is my only **hobby**. [My
hobbies are taking pictures and
building model boats.]
あなたの趣味は何ですか.—写真を撮(と)るのが
私のただ1つの趣味です. [私の趣味は写真と
船のプラモデルづくりです.]

➡ 趣味を聞く時は複数形 (hobbies) を使う
のがふつう.

hockey A2 /háki ハキ|hɔ́ki ホキ/ 名
ホッケー ➡ 室内の氷上で行うアイスホッケー
(**ice hockey**—1チーム6人)と, 芝生(しばふ)で行
うフィールドホッケー (**field hockey**—1チー

ム11人)とがある. カナダ・アメリカで hockey
といえばアイスホッケーのこと.

hoe /hóu ホウ/ 名 **くわ** ➡ 草をかき取ったり, 土
の表面をほぐしたりするのに使う.

hog /hɔ́:g ホ−グ/ 名 **《米》＝pig (ブタ)** ➡ 特に
食肉用に育てたもの.

hold 中 A1 /hóuld ホウるド/

| 動 ❶ (手などでしっかり)持つ, | 意味 map |
| 握(にぎ)る | |

❷ 保つ, 支える
❸ (天気などが)続く
❹ (人を集めて会などを)開く, 催(もよお)す
❺ 入れる

—— 動 ——
三単現	**holds** /hóuldz ホウるヅ/
過去・過分	**held** /héld へるド/
-ing形	**holding** /hóuldiŋ ホウるディング/

**❶ (手などでしっかり)持つ, 握る, 抱(だ)く; 押さえ
る; 所有する**
• **hold** her hand 彼女の手を握る
• **hold** a rope in *one's* hand 手にロープを
握る
• She **holds** a driving license. 彼女は運転
免許(めんきょ)証を所有している. ➡ 「手に持っている」
は She is **holding** ～. という.
• He **held** his baby in his arms. 彼は赤ん
坊(ぼう)をしっかり抱いた.
• Dad was **holding** his coffee cup in his
hand. 父は手にコーヒーカップを持っていた. →
was 助動 ❶

❷ 保つ, 支える; 押さえて(～の状態に)保つ
• **hold** *one's* breath 息を殺す
• **Hold** that pose while I take your pic-
ture. 君の写真を撮(と)る間そのポーズのままでい
てくれ.
• The shelf won't **hold** the weight of
those dictionaries. この棚(たな)はそれらの辞
書の重みを支えられないだろう.
• Please **hold** this door open. この戸を押
さえてあけておいてください. ➡ open は形容詞
で「開いて」. hold A B (形容詞)は「AをBの(の
状態)に保つ」.
• Maeda **held** the Giants scoreless over
eight innings. 前田投手はジャイアンツを8回
まで0点に押さえた.

❸ (天気などが)続く; ～のままでいる
• I hope this fine weather will **hold**

(for) two days more. このいい天気があと2日続いてくれればいいのだが.
- **Hold** still. じっとしていなさい.

❹ (人を集めて会などを)**開く**, **催す**, **行う**
- **hold** a party パーティーを開く
- The football game will be **held** next week. フットボールの試合は来週行われるでしょう. → **be** [助動] ❷

❺ **入れる**, **収容する**
- This elevator **holds** 20 people. このエレベーターは20人乗りです.
- This bottle won't **hold** a liter. この瓶(びん)には1リットルは入らないだろう.

hold back 押しとどめる, (行動を)尻込(しりご)みする, 差し控(ひか)える, 隠(かく)しておく
hold down 下げておく; 押さえつける
hold on ① つかまる
- **hold on** to a strap つり皮につかまる
② 続ける;《命令文で》待て
- **Hold on**, please. (電話で)切らないでそのままお待ちください.

Hold on, please.

hold out ① 持ちこたえる, もつ
② (手などを)差し出す
hold to ~ ～につかまっている, ～から離(はな)れない
hold up ① (持ち)上げる; 止める, 遅(おく)らせる
② (ピストルなどを突(つ)きつけて)**強奪**(ごうだつ)**する**
── [名] (嶺 **holds** /hóuldz ホウるヅ/)
つかむこと, 握ること
- Someone **took** [**caught**] **hold of** my arm. 誰(だれ)かが私の腕(うで)をつかんだ.
on hold 延期されて;(電話を)保留にして
- put a decision **on hold** 決定を延期する

holder /hóuldər ホウるダ/ [名]
❶ 所有者, 持ち主, (～を)持っている人
- a record **holder** (競技の)記録保持者
❷ (物を入れる[支える])物, ～入れ

hole 中 A1 /hóul ホウる/ [名]
穴

- a **hole** in a sock 靴下(くつした)の穴
- dig a **hole** 穴を掘(ほ)る

holiday 中 A1 /hάlədei ハリデイ | hɔ́lədei ホリデイ/ [名]
(復 **holidays** /hάlədeiz ハリデイヅ/)
❶ (国などによって決められた1日だけの)**祝日**, **休日**
- a public **holiday** (国民の)祝日, 公休日
- a bank **holiday** 《英》銀行休日, 公休日. → **bank holiday**
- On **holidays** we sometimes go to the movies. 休日には私たちは時々映画に行く.
❷ (時に **holidays** で)《主に英》(学校の, あるいは個人でとる)**休暇**(きゅうか), 休み (《米》vacation)
- have [take] a week's **holiday** in summer 夏に1週間の休暇をとる

Have a good **holiday**!—Thanks. (休暇で出かける人に)楽しい休暇を!—ありがとう.

- My brother is home from college for the spring **holidays**. 兄は春休みで大学から家に帰って来ています.
on holiday 《主に英》休暇で, 休暇をとって (《米》on vacation)
- I'll be **on holiday** next week. 来週は休みます.

語源 (holiday)
holy (神聖な)+day (日), すなわちもとはキリスト教の重要な出来事や聖人を記念するための日であった.

Holland /hάlənd ハランド/ [固名] オランダ →
ヨーロッパ北西部の王国. 正式には **the Netherlands** という. 首都はアムステルダム (Amsterdam). → **Netherlands, Dutch**

Hollander /hάləndər ハランダ/ [名] オランダ人 → **Dutch**

hollow /hάlou ハろウ/ [形] (中が)からっぽの, 空洞(くうどう)の; へこんだ, くぼんだ
── [名] くぼみ, へこんだ所; 穴

holly /hάli ハリ/ [名]
(復 **hollies** /hάliz ハリヅ/)
《植物》セイヨウヒイラギ → 冬, 花のないころ実が真っ赤に熟しクリスマスの飾(かざ)りに使う.

Hollywood

Hollywood /háliwud ハリウド/ 固名 ハリウッド →米国カリフォルニア州ロサンゼルスの一地区で映画製作の中心地.

holy /hóuli ホウリ/ 形 (比較級 **holier** /hóuliər/; 最上級 **holiest** /hóuliist ホウリイスト/) ❶ 神聖な, 聖なる
❷ 清らかな, 信仰(しんこう)の厚い

Hóly Bíble 固名 (**the** をつけて) 聖書 →キリスト教の教典. 単に **the Bible** ともいう. → **Bible**

home 小 A1 /hóum ホウム/

名	❶ 家庭, うち
	❷ 故郷
形	❶ 家庭の
	❷ 国内の
副	家へ, うちへ

意味map

—— 名 (複 **homes** /hóumz ホウムズ/)

❶ 家庭, うち; 《米》家
類似語 **house** は家の建物を指すが, **home** は家庭生活の場としての意味をふくむ.

- a letter from **home** うちからの手紙
- There is no place like **home**. わが家のような(楽しい)所はない.

関連語 My **home** is that **house** up the road. 私のうちはこの道を行ったあの家です.

- They are used in most **homes**. それらはたいていの家庭で使われている.
- The forest was the **home** to many birds. その森はたくさんの鳥たち(にとって)のすみかだった.

❷ 故郷, ふるさと; 本国
- leave Boston for **home** 本国に向けてボストンをたつ
- Rugby School is known as the **home** of Rugby football. (イギリスの)ラグビー校はラグビーのふるさと[発祥(はっしょう)地]として知られている.

❸ (子供・老人・病人などの)収容施設(しせつ), ホーム
- a **home** for the elderly 老人ホーム
- put him in a **home** 彼を施設に入れる

❹ (野球の)本塁(ほんるい) (= **home plate**)

at home 家に, 在宅して; くつろいで, 気楽で
- stay **at home** 家にいる
- He was **at home**. 彼は家にいました.
- feel **at home** (家にいる時のように)くつろいだ気持ちになる
- Make yourself **at home**. どうぞ楽にしてください. → **make A B** (形容詞(句))は「AをB(の状態)にする」.

—— 形 (→比較変化なし)

❶ 家庭の; 故郷の
- **home** life 家庭生活
- my **home** town 私の故郷の町

❷ 国内の; 国産の
- **home** news 国内ニュース
- **home** products 国産品

❸ (試合が)地元での, ホームでの 反対語 **away** (アウェーの)

—— 副 (→比較変化なし)

家へ, うちへ; 故郷へ, 本国へ; うちへ戻(もど)って
- go **home** うち[故郷・本国]へ帰って行く ×go *to* home としない.
- come **home** うち[故郷・本国]に帰ってくる
- get **home** うちに着く, 帰宅する
- walk **home** 歩いて家に帰る
- hurry **home** うちへ急ぐ
- write **home** うち[ふるさと]へ手紙を書く
- take a bus **home** バスに乗って帰る
- I stayed [was] **home** all yesterday. 私は昨日は一日中家にいました.

会話
Hello, darling. I'm **home**! —Hello, John.
おーい, ただいま!—お帰りなさい, ジョン.

- My father is not **home** yet. 父はまだ帰宅しておりません.
- We're **home** at last! とうとううちへ着きましたよ.
- Why are you back **home** so early? どうしてこんなに早く家に帰って来たの.
- **On his [the] way home** he met Bob. 彼は家に帰る途中(とちゅう)ボブに会った.
- **Welcome home!** (旅行などから帰った人を迎(むか)えて「うちへ歓迎(かんげい)します」⇨)お帰りなさい!

hóme báse 名 =home plate

homecoming /hóumkʌmiŋ ホウムカミング/ 名 ❶ 帰省, 帰郷
❷《米》(大学・高校卒業生の)**ホームカミング** ➡毎年秋のフットボールシーズン中のある週末に, 卒業生たちが母校に帰ってフットボール観戦を楽しんだり, ダンスパーティーを開いたりして過ごす同窓会.

hóme económics 名 (教科の)**家庭科** ➡ 単数扱(あつか)い.

homegrown /houmgróun ホウムグロウン/ 形 自分の家で育てた, 自家栽培(さいばい)の; 国産の

homeland /hóumlænd ホウムランド/ 名 祖国

homeless /hóumlis ホウムれス/ 形 住む家のない, ホームレスの
•the **homeless** = **homeless people** ホームレスの人たち

homemade /houmméid ホウムメイド/ 形 自分のうちで作った, 自家製の ➡「食べ物」についていう.「家具」などについては handmade という.

homemaking /hóummeikiŋ ホウムメイキング/ 名 (教科の)**家庭科** (home economics) → **home** 形 ❶

homepage, home page /hóumpeidʒ ホウムペイヂ/ 名《コンピューター》**ホームページ** ➡インターネットで公開される会社や個人の情報ページ. ふつうは情報を載(の)せているトップページを指す. 情報欄(らん)そのものは web page, web pages という.

hóme pláte 名《野球》**ホームプレート, 本塁**(ほんるい), **ホームベース**

Homer /hóumər ホウマ/ 固名 **ホメロス** ➡紀元前8世紀頃(ごろ)のギリシャの大詩人.

homer /hóumər ホウマ/ 名《野球》**ホームラン, 本塁打**(ほんるいだ) (home run)

homeroom /hóumru:m ホウムルーム/ 名《米》(各クラスの)**本教室, ホームルーム; ホームルームの生徒たち**

hóme rún 名《野球》**ホームラン, 本塁打**(ほんるいだ) (homer)

homesick /hóumsik ホウムスィク/ 形 うちを恋(こい)しがる, 故郷を慕(した)う, ホームシックの
•get [feel] **homesick** ホームシックにかかる
•I was very **homesick** during my stay in London. 私はロンドンにいる間, ひどいホームシックにかかっていた.

homestay /hóumstei ホウムステイ/ 名 **ホーム**

ステイ ➡留学生が家庭的雰囲気(ふんいき)の中で勉強するために現地の一般(いっぱん)家庭に滞在(たいざい)すること.
•I'll be **on** a **homestay** in Boston next year. 私は来年ボストンでホームステイする予定です.

hometown 中 A1 /houmtáun ホウムタウン/ 名 **ふるさと, 故郷;** (現在住んでいる)**町, 市**

homework 小 A1

/hóumwə:rk ホウムワ〜ク/ 名 (学校の)**宿題;** (うちでする)**予習, 復習**
•do *one's* **homework** in English 英語の宿題をする
•have a lot of **homework** to do やらなければならない宿題がたくさんある ➡×a homework, ×homework*s* としない. to do (やらなければならない)は前の名詞 (homework) を修飾(しゅうしょく)する (→ **to** ❾ の ②).

honest /ánist アネスト/ (➡h は発音しない) 形 **正直な, 誠実な**
•an **honest** boy 正直な少年
•an **honest** opinion 率直(そっちょく)な意見
•He is very **honest**. 彼はとても正直です.
•He was **honest about** it **with** me. 彼はそのことを正直に私に話した.
to be honest (*with you*) 正直に言うと

honestly /ánistli アネストリ/ 副 **正直に;**《文を修飾(しゅうしょく)して》**正直に言えば, 正直なところ**

honesty /ánisti アネスティ/ 名 (徴 **honesties** /ánistiz アネスティズ/) **正直**(であること), **誠実さ**
ことわざ **Honesty** is the best policy. 正直は最上の策である.

honey A2 /háni ハニ/ 名 ❶ 蜂蜜(はちみつ)
❷ **ハニー, ねえ** ➡恋人(こいびと)・夫婦(ふうふ)の間で呼びかけに使う.

honeybee /hánibi: ハニビー/ 名《虫》**ミツバチ**

honeycomb /hánikoum ハニコウム/ 名 **ミツバチの巣** → **cell**

honeymoon /hánimu:n ハニムーン/ 名 **新婚**(しんこん)**旅行, ハネムーン**

Hong Kong /hàŋ kán ハンヶ カンヶ/ 固名 **ホンコン, 香港** ➡中国南東部の島で, かつての英国植民地.

Honolulu

Honolulu /hɑnəlúːluː ハノるるー/ 固名
ホノルル ＊米国ハワイ州の州都．

honor A2 /ánər アナ|ɔ́nə オナ/ 名
❶ 真実・正直を尊ぶこと，信義
・a man of **honor** 信義を重んじる男
❷ 名誉(めいよ)，光栄
・He is an **honor** to our school. 彼は私たちの学校の名誉[誉(ほま)れ]です．
❸ 尊敬，敬意
・People **paid** [**did**] **honor to** the hero. 人々はその英雄(えいゆう)に敬意を表した．
❹ **(honors** で) (学校の)優等
・graduate with **honors** 優等で卒業する
in honor of ～ ～に敬意を表して，～のために
・A party was given **in honor of** Mr. Brown. ブラウン氏のためにパーティーが開かれた．
— 動 尊敬する (respect), 敬意を表する

honorable /ɑ́nərəbl アナラブる/ 形 名誉(めいよ)ある，尊敬すべき，立派な

honour /ɑ́nər アナ/ 名 動 《英》=honor

honourable /ɑ́nərəbl アナラブる/ 形 《英》=honorable

hood /húd フド/ 名 ❶(コートなどに付ける)フード ❷《米》(車の)ボンネット (《英》bonnet) → エンジン部分のカバー．

hoof /húːf フーふ/ 名 (複 **hoofs** /húːfs フーふス/, **hooves** /húːvz フーヴズ/) (馬・牛などの)ひづめ

hook /húk フク/ 名 (物をつり下げる)かぎ; 釣(つ)り針; (服を留める)ホック
— 動 かぎで引っ掛(か)ける, (釣り針で魚を)釣る; (服の)ホックをかける
hook up つなぐ, 接続する (connect)

hòok-and-lóop fástener 名 面ファスナー, 《商標》マジックテープ → Velcro

hoop /húːp フープ/ 名 (輪回し遊びなどの)輪; (たるなどの)たが

hooray /huréi フレイ/ 間 =hurrah

hoot /húːt フート/ 動 (フクロウが)鳴く
— 名 フクロウの鳴き声

hop /hɑ́p ハプ/ 動 (三単現 **hops** /hɑ́ps ハプス/; 過去・過分 **hopped** /hɑ́pt ハプト/; -ing形 **hopping** /hɑ́piŋ ハピング/)
❶ (人が片足で)ぴょんととぶ; とび越(こ)える, (乗り物に)飛び乗る
❷ (小鳥・動物が)ぴょんぴょん跳(は)ねる
— 名 ぴょんととぶこと, 跳躍(ちょうやく)

hope 小 A1 /hóup ホウプ/ 動 (三単現 **hopes** /hóups ホウプス/; 過去・過分 **hoped** /hóupt ホウプト/; -ing形 **hoping** /hóupiŋ ホウピング/)

希望する, 望む

基本 I **hope** to see you soon again. またじきお会いすることを望みます. → hope+不定詞 (to *do*). 不定詞 to see は hope の目的語. → to ❾ の ①

基本 I **hope** (that) you will succeed. 私は君が成功することを望む. → hope+(that) 文.
・I **hope** it will be fine tomorrow. あしたがお天気だといいと思います.
・He **hopes** his son will become a doctor. 彼は自分の息子(むすこ)が医者になることを望んでいる.

会話
Will he succeed? —I **hope** so. (=I **hope** he will succeed.)
彼はうまくいくでしょうか．—いくといいですね．
Will he fail? —I **hope** not. (=I **hope** he will not fail.)
彼は失敗するでしょうか．—そんなことはないでしょう．

基本 I **hope** for your quick recovery. 一日も早いご回復を祈(いの)ります. → hope for+名詞.
・We **hope** for some help from you. 我々は君からの援助(えんじょ)を希望します.
・She **hoped** she would study abroad some day. 彼女はいつか留学したいと望んでいた.
・We **are hoping** that you will come to our party. あなたが私たちのパーティーに来てくださることを私たちは望んでおります. → hope の意味を強める形の現在進行形の文. → are 助動 ❶

— 名 (複 **hopes** /hóups ホウプス/)
❶ 希望, 望み
・**lose** [**give up**] **hope** 失望[絶望]する
・There is little **hope** of his success. 彼の成功の見込(こ)みはほとんどない.
❷ 希望を与(あた)えるもの, ホープ; 頼(たの)みの綱(つな)
・He is the **hope** of the family. 彼は一家

のホープです.
- You are my last **hope**. 君が僕(ぼく)の最後の頼みの綱だ.

in the hope of ~ [that ~] ~することを望んで, 期待して

hopeful /hóupfəl ホウプふる/ 形 希望に満ちた; 有望な; (天気などが)よくなりそうな

hopefully /hóupfəli ホウプふり/ 副
❶ 希望に満ちて, そう願いながら
❷ 望むらくは, うまくいけば

hopeless /hóuplis ホウプれス/ 形 望みのない, 見込(に)みのない, どうにもしようのない

hoping /hóupiŋ ホウピング/ 動 **hope** の -ing 形 (現在分詞・動名詞)

hóp, stèp and júmp 名 (**the** をつけて) (陸上競技の)三段跳(と)び (triple jump)

horizon /həráizn ホライズン/ 名 地平線; 水平線
- below [above] the **horizon** 地平線[水平線]の下に[上に]
- over the **horizon** 地平線[水平線]のかなたに

horizontal /hò:rəzántl ホーリザンタる | hòrəzóntl ホリゾンタる/ (×/ホライズンタる/ ではない) 形 水平な 反対語 **vertical** (垂直な)

horn /hó:rn ホーン/ 名 ❶ (牛・羊などの)角 類似語 「(枝のようになった)シカの角」は **antler**.
❷ 角笛 → 昔, 牛や羊などの角で作ったらっぱで, 狩(か)りの時などに使った.
❸ (楽器)ホルン ❹ 警笛, クラクション

horrible /hó:rəbl ホーリブる/ 形 ❶ 恐(おそ)ろしい ❷ (話)とても不愉快(ゆかい)な, 実にひどい

horror A2 /hó:rər ホーラ | hórə ホラ/ 名 恐怖(きょうふ); 恐怖を感じさせるもの
- a **horror** movie [film] ホラー映画

horse 小 A1 /hó:rs ホース/ 名
《動物》馬
- ride a **horse** 馬に乗る

イメージ (horse)
力が強く, 大食であるところから次のような表現が生まれた: (as) strong as a horse (馬のように強い), work like a horse (馬のように(一生懸命(けんめい))働く), eat like a horse (馬みたいに(たくさん)食べる).

horseback /hó:rsbæk ホースバク/ 名 馬の背
── 副 馬に(乗って), 馬で

hórseback rìding 名 《米》乗馬 (《英》 horse-riding)

hórse ràce [ràcing] 名 競馬 →**race**[1]

horse-riding /hó:rs raidiŋ ホース ライディング/ 名 《英》乗馬 (《米》 horseback riding)

horseshoe /hó:rsʃu: ホースシュー/ 名 てい鉄 → 馬のひづめを守るために打ち付ける金属のこと. 魔よけや幸運の印とされ, 玄関や壁(かべ)などにかけることがある.

hose /hóuz ホウズ/ (×/ホウス/ ではない) 名
❶ (消防・水まきなどに使う)ホース
❷ 《集合的に》(長)靴下(くつした) (stockings)
── 動 ホースで水をかける

hospitable /háspitəbl ハスピタブる/ 形 もてなしのよい, 親切な

hospital 小 A1 /háspitl ハスピトる | hóspitl ホスピトる/ 名

病院 関連語 **doctor's office** (医院), **clinic** (診療(しんりょう)所)

- go to the **hospital** 病院に行く; 入院する → 「入院する」の時は 《英》 ではふつう go to hospital.
- enter (the) **hospital** 入院する → 《英》 ではふつう ×*the* をつけない.
- leave (the) **hospital** 退院する
- She is working at a **hospital**. 彼女は病院で働いている.
- He is now **in** (the) **hospital**. 彼は今入院している.
- I went to the **hospital** to see him. 私は彼を見舞(みま)いに病院へ行った. → 治療(ちりょう)のためでなく病院に行く時は the が必要.

hospitality /hàspətæləti ハスピタリティ/ 名 親切なもてなし; 歓待(かんたい) 関連語 **hospitable** (もてなしのよい)

host[1] 中 A2 /hóust ホウスト/ 名 (客をもてなす)主人(役); (会などの)主催者 →**hostess**
── 動 (会などを)主催する

host[2] /hóust ホウスト/ 名 群れ, 大勢; 軍勢

hostage /hástidʒ ハステヂ/ 名 人質(ひとじち)(状態)

hostel /hástl ハストる/ 名 (非営利的な)宿泊(しゅくはく)所, ユースホステル (youth hostel)

hostess /hóustis ホウステス/ 名 ❶ (客をもてなす)女主人役 ❷ スチュワーデス (stewardess) → 女性の **flight attendant** の古い呼び方.

hóst fàmily 名 ホストファミリー → ホームステイ (homestay) を引き受けてくれる家族. その家の主人と女主人はそれぞれ **host father**, **host mother** という.

hostile /hástl ハストる|hóstail ホスタイる/ 形 敵意のある 反対語 **friendly** (友好的な)

hot 小 A1 /hát ハト|hót ホト/

形 ❶ 熱い; 暑い 意味map
❷ 激しい
❸ (味がぴりぴり)辛(から)い

── 形 (比較級 **hotter** /hátər ハタ/; 最上級 **hottest** /hátist ハテスト/)

❶ 熱い; 暑い 反対語 **cold** (寒い)
基本 a **hot** bath 熱いふろ → hot+名詞.
• **hot** water 湯, 熱湯
• **hot** weather 暑い天気
基本 The bath is **hot**. ふろは熱い. → be 動詞+hot.
• Today is very **hot**. ＝It is very **hot** today. きょうはとても暑い. → It は漠然(ばくぜん)と「気温」を表す.
• I am **hot** after running for an hour. 私は1時間走ったので体が熱い.
ことわざ Strike while the iron is **hot**. 鉄は熱いうちに打て. →「何事をするにも時機を失してはいけない」の意味.
• The water in this kettle is **hotter** than that in the thermos. このやかんの湯のほうがポットの湯よりも熱い.
• August is **the hottest** month of the year in Japan. 日本では8月が1年で最も暑い月です.

❷ 激しい, 熱烈(ねつれつ)な; 怒(おこ)った (angry), 短気な
• a **hot** argument 激しい議論
• He has a very **hot** temper. 彼はとても短気だ[すぐかっとなる].
• He was **hot** with anger. 彼はかんかんに怒った.

❸ (味がぴりぴり)辛い, (刺激(しげき)の)強烈(きょうれつ)な 類似語 「塩辛い」は **salty**.
• This curry is too **hot** for me. このカレーは私には辛すぎる.

❹ ほやほやの, 最新の
• **hot** news 最新のニュース, ホットニュース

hot cake /hát kèik ハト ケイク/ 名 ホットケーキ → **pancake** ともいう.
sell [*go*] *like hot cakes* 《話》ホットケーキみたいな売れ行きだ →「じゃんじゃん売れる, 引っ張りだこである」の意味.

hót dòg 名 ホットドッグ

hotel 中 A1 /houtél ホウテる/ (→ アクセントの位置に注意) 名 ホテル, 旅館
• stay at a **hotel** ホテルに泊(と)まる

hothouse /háthaus ハトハウス/ 名 温室 (greenhouse)

hot line /hát làin ハト らイン/ 名 ホットライン → 非常連絡(れんらく)用の直通電話. 特に2か国政府首脳間の直通回線.

hót spring 中中 温泉

hotter /hátər ハタ/ 形 **hot** の比較(ひかく)級

hottest /hátist ハテスト/ 形 **hot** の最上級

hound /háund ハウンド/ 名 猟犬(りょうけん)

hour 中 A1 /áuər アウア/ (→h は発音しない) 名 (複 **hours** /áuərz アウアズ/)

❶ 1時間, 60分 (sixty minutes) → (単数) **hr**, (複数) **hrs** と略す.
関連語 **minute** (分), **second** (秒)
• in an **hour** 1時間で, 1時間もすれば
• by the **hour** 1時間いくらで, 時間ぎめで
• an **hour's** work 1時間の仕事
• half an **hour** ＝a half **hour** 半時間, 30分
• an **hour** and a half 1時間半
• for six **hours** 6時間
• for **hours** 何時間も

three hundred and thirteen　313　**how**

❷ 時刻 (time); (何かをするための)時間

• at an early **hour** 早い時刻に

• at this late **hour** こんな遅(おそ)い時刻に

• Business **hours** are from 9 to 5. 営業時間は9時から5時までです.

keep early [late] hours 早寝(はやね)早起きをする[朝寝(あさね)夜ふかしをする]

keep regular hours (決められた時間に従って)規則正しく生活する

on the hour (1時, 2時といった)正時に

• A bus for Boston leaves every hour **on the hour**. ボストン行きのバスは1時間おきに正時に出発します.

hóur hànd 名 (時計の)**時針, 短針** 関連語
minute hand (分針), **second hand** (秒針)

house 小 A1 /háus ハウス/ 名

(複 **houses** /háuziz ハウゼズ/) →×/ハウセズ/ と発音しないこと.

❶ (建物としての)**家, 住宅** →home

POINT ふつう一家族によって住まわれる一戸建ての家屋.

関連語 **cabin, hut** (小屋), **lodge** (山荘(さんそう))

• a large **house** 大きな家

• a wooden **house** 木造の家

• Do you live in a **house** or a flat? 君は一戸建ての家に住んでいますか, それともアパートに住んでいますか.

• Most Japanese **houses** were built of wood. 日本の家はたいてい木で造られていた.

❷ (いろいろな目的に使われる)**建物, 小屋**

• The town has a new movie **house**. 町に新しい映画館ができた.

keep house 家事をする

play house ままごと遊びをする

household /háushould ハウスホウるド/ 名
家中の者, 一家 →家族や使用人も含(ふく)めた全部をいう.

―― 形 一家の, 家の, 家庭用の

househusband /háushʌzbənd ハウスハズバンド/ 名 (専業)主夫

housekeeper /háuskiːpər ハウスキーパ/ 名
家政婦[夫], 家事代行(をするひと)

housekeeping /háuskiːpiŋ ハウスキーピング/ 名 =housework

Hóuse of Represéntatives 名
(**the** をつけて) (米国の)**下院**; (日本の)**衆議院** →congress

Hóuses of Párliament 名 (**the** をつけて) (英国の)**国会議事堂**

housewarming /háuswɔːrmiŋ ハウスウォーミング/ 名 **新築披露(ひろう)[新居移転]パーティー** → **housewarming party** ともいう.

housewife /háuswaif ハウスワイふ/ 名 (複 **housewives** /háuswaivz ハウスワイヴズ/) (専業)**主婦**

housework /háuswəːrk ハウスワ〜ク/ 名
家事 →掃除(そうじ)•洗濯(せんたく)•料理など.

housing /háuziŋ ハウズィング/ 名 **住宅の供給**; 《集合的に)**住宅**

Houston /hjúːstən ヒューストン/ 固名 **ヒューストン** →米国テキサス州南東部の都市. NASA (米国航空宇宙局)の所在地.

hovercraft /hʌ́vərkræft ハヴァクラふト/ 名
ホバークラフト →高圧の空気を水面や地面に吹(ふ)きつけてその力で機体をわずかに浮(う)き上がらせて走行する乗り物の商標名.

how 小 A1 /háu ハウ/

副 **❶** 《程度》どれくらい　意味map
❷ 《方法・手段》どうやって
❸ 《健康・天候・状態など》どんな具合で
❹ 《人の感じ》どんな風に
❺ 《感嘆(かんたん)文で》なんと

―― 副 **❶** 《程度を尋(たず)ねて》**どれくらい**

基本 **How old is he?** (﹀) 彼は何歳(さい)ですか.

POINT He is *how old*. (彼は「何歳」です)が疑問文になって ⇨**Is he** *how old*? さらに how old が文頭に出て ⇨**How old is he?** となる.

• **How** tall is he? 彼の背はどのくらいですか.

• **How** long are the classes? 授業はどのくらいの長さですか.

• **How** far is it from here to the lake? ここから湖まではどのくらい遠いですか. →it は漠然(ばくぜん)と「距離(きょり)」を表す.

基本 **How many books do you have?** (﹀) 君は本を何冊持っていますか.

POINT You have *how many books*. (君は「何冊の本」を持っている)が疑問文になって ⇨ **Do you have** *how many books*? さらに how many books が文頭に出て ⇨ **How many books do you have?** となる.

• **How** much money do you want? 君は

how

どのくらいお金がいるのですか.
- **How** often have you been here? 君はここへ何回来たことがありますか. →現在完了(かんりょう)の文. →been [助動] ❷
- I don't know **how** old he is. 彼が何歳だか私は知らない.

[?POINT] 疑問文 (How old is he?) が文の一部に繰(く)り込(こ)まれると「主語＋動詞」(he is) の順になることに注意.

- You never know **how** much I love you. 僕(ぼく)がどんなに君を愛しているか君はわからない.

❷《方法・手段を尋ねて》**どうやって，どんな方法で，どんな風に** →how to *do*

 会話

How do you go to school?—I go by bus. 君はどうやって学校へ行きますか.—私はバスで行きます.

- **How** did you escape? 君はどのようにして脱出(だっしゅつ)したのか. →次例との語順の違(ちが)いに注意.
- I want to know **how** you escaped. 私は君がどうやって脱出したのか知りたい.
- **How** do you say "jisho" in English? 「辞書」は英語でどう言うのですか.
- This is **how** she did it. 彼女はこんな風にやった. →how はここでは関係副詞.

❸《健康・天候・状態など》**どんな具合で，いかがで**

 会話

A: **How** are you?
B: Fine, thank you. And (**how** are) you?
A: Very well, thank you.
A: ご機嫌(きげん)いかがですか.
B: ありがとう，元気です. あなたはいかが.
A: とても元気です.

- **How's** (=**How** is) everything? (すべての事はいかがですか →)調子はどう?

[会話] **How's** Bob?—He's happy. ボブはどんな様子ですか.—うれしそうです.

- **How's** the weather in New York now? (= What's the weather like in New York now?) 今のニューヨークのお天気はいかがですか.

❹《人の感じを尋ねて》**どんな風に**

- **How** do you like Japan? (日本をどんな風に好きですか ⇨)日本はいかがですか.
- **How** do you feel about it? それについてどんな風に感じますか.

❺《感嘆文で》**なんと，どんなに～** →what [形] ❷

[基本] **How** beautiful the sky is! 空はなんて美しいのでしょう. →この形はおおげさに聞こえるからあまり使わないほうがよい. ふつうは The sky is very beautiful. という.

> **文法 ちょっとくわしく**
>
> The sky is beautiful. (空は美しい)の文の beautiful を強めるために how (very より強い)をつけて ⇨The sky is *how beautiful*. さらに how beautiful を文頭に出して ⇨**How beautiful the sky is!** となる.
> 疑問文ではないから ×How beautiful *is the sky!* としない.

- **How** fast he runs! (= He runs very fast.) 彼はなんて速く走るのだろう.
- **How** big (it is)! (それは)なんて大きいんだろう.
- **How** kind **of** you! なんてご親切なんでしょう[本当にありがとう].
- **How** I wish to see you! 私はあなたに会うことをどんなに望むことか[ああ，あなたに会いたい].

How about ～? **～はどうですか，～についてどう思いますか** →誘(さそ)ったり，意見を求めたりする時に使う.

- **How about** you? あなたはどうですか.
- **How about** playing tennis? テニスをしませんか. →前置詞 about＋動名詞 playing (すること).
- **How about** next Saturday afternoon? 今度の土曜日の午後はいかがですか.

How are you? **= How are you do-**

ing? こんにちは →知っている人に会った時の挨拶(あいさつ). →❸

How come (〜)? 《話》(〜は)なぜですか; どうして(〜)ですか
- You are wearing your best clothes today. **How come?** 君はきょうはおめかししていますね. どうしてですか.
- **How come** you are late? (= Why are you late?) なぜ君は遅(おく)れたの?

How do you do? はじめまして, こんにちは →初対面の人に対して言う挨拶の言葉. 言われたほうも同じ言葉を返す. →**do** 成句

How do [would] you like 〜?
① 〜はどのように調理[処理]するのがいいですか
- **How do you like** your eggs? 卵はどのように調理しましょうか.
② 〜はいかがですか, 〜をどう思いますか →**how** ❹

How much is [are] 〜? 〜はいくらですか
- **How much is** this cap? この帽子(ぼうし)はいくらですか.

how to do どのように〜したらよいか, 〜する方法
- **how to** swim どのように泳いだらよいか[泳ぎ方]
- I don't know **how to** cheer her up. 私は彼女をどう慰(なぐさ)めてよいかわからない.

however 中 A2 /hauévər ハウエヴァ/ 副
❶ しかしながら, だが →接続詞的な働きがあるので「接続(副)詞」とする分類もある.
類似語 **but** よりも形式張った語. **but** は文頭に置くが **however** は文中・文頭・文末のいずれでもよい.
- This, **however**, is not his fault. しかしこれは彼のあやまちではない.
- They say he is honest. **However**, I do not believe him. 人は彼が正直だと言う. しかし私は彼の言うことを信じない.
❷ たとえどんなに〜でも
- **However** hard you (may) try, you cannot catch me. たとえどんなにやってみても君は私を捕(つか)まえることはできない.

参考
-ever がつく語は, -ever の最初の e にアクセントがある: whoéver, whatéver, whenéver, foréver.

howl /hául ハウル/ 動 (犬・オオカミが)声を長く引いてほえる, 遠ぼえする; うなる, うめく
—— 名 長く引いてほえる声, 遠ぼえ; うめき声

how's /háuz ハウズ/ **how is** を短くした形

hr(s) 略 =hour(s) (時間)

Hudson /hʌ́dsn ハドスン/ 固名 **(the Hudson で)** ハドソン川 →大西洋に注ぐ米国の川. ニューヨーク市はその河口にある.

hug A2 /hʌ́g ハグ/ 動 (三単現 **hugs** /hʌ́gz ハグズ/; 過去・過分 **hugged** /hʌ́gd ハグド/; -ing形 **hugging** /hʌ́giŋ ハギング/) (愛情を込(こ)めて)抱(だ)き締(し)める
—— 名 抱き締めること, 抱擁(ほうよう)
- **give** her **a hug** 彼女を抱き締める

huge 中 /hjú:dʒ ヒューヂ/ 形 巨大(きょだい)な, ばく大な (very large)
- a **huge** sum of money ばく大な金額
- His house is **huge**. 彼の家は巨大だ.

huh 中 /hʌ́ ハ/ 間
❶ (聞き返したり同意を求めて)え?; 〜でしょ
❷ (驚(おどろ)き・軽蔑(けいべつ)を表して)えっ, ふーん

hula /hú:lə フーら/ 名 フラダンス →ハワイの民族的な舞踊(ぶよう)や歌唱.

hullo /hʌlóu ハろウ/ 間名 (英) **hullos** /hʌlóuz ハろウズ/) =hello (やあ, もしもし)

hum /hʌ́m ハム/ 動 (三単現 **hums** /hʌ́mz ハムズ/; 過去・過分 **hummed** /hʌ́md ハムド/; -ing形 **humming** /hʌ́miŋ ハミング/) (ハチなどが)ぶんぶんいう; ハミングで歌う
—— 名 ぶんぶんいう音

human 中 A2 /hjú:mən ヒューマン/ 形
❶ 人間の
- the **human** race 人類
- **human** nature 人間性
❷ 人間的な, 人間らしい
- a **human** weakness 人間的な弱さ, 人間によくある弱点
—— 名 人間 (human being)

húman béing 名 人, 人間 →単に **human** ともいう.

humanism /hjú:mənizm ヒューマニズム/ 名 人間中心主義, 人本主義 →神や自然でなく人間そのものを中心に置く考え方・行動様式.

humanity /hju:mǽnəti ヒューマニティ/ 名 (複 **humanities** /hju:mǽnətiz ヒューマニティズ/)
❶ 人類 (mankind)
❷ 人間性; 人道, 博愛, 思いやり

humankind /hjú:mənkáind ヒューマンカイン

human rights

ド/ 名 人類

hùman ríghts 名 人権 →複数扱(あつか)い。人間にとって当然与(あた)えられていると考えられている権利.

humble /hʌ́mbl ハンブる/ 形
❶ 謙遜(けんそん)な, へりくだった, 謙虚(けんきょ)な
❷ みすぼらしい, 粗末(そまつ)な; (身分など)低い

humid /hjúːmid ヒューミド/ 形 (大気が)湿気(しっけ)の多い, じめじめした →**damp**
- It's **humid** today. きょうは湿度(しつど)が高い.
→ It は漠然(ばくぜん)と大気の「湿度」を指す.

humidity /hjuːmídəti ヒューミディティ/ 名 湿気(しっけ), 湿度(しつど)

hummingbird /hʌ́miŋbəːrd ハミングバード/ 名 《鳥》ハチドリ →鳥の中で一番小さい. 細長いくちばしで花の蜜(みつ)を吸い, 飛ぶと羽がぶーんと鳴る.

humor /hjúːmər ヒューマ/ 名
❶ ユーモア, おかしさ, 滑稽(こっけい)
[関連語] **Wit** causes sudden laughter, but **humor** produces a smile. 機知は爆笑(ばくしょう)を引き起こすが, ユーモアはほほえみを引き出す.
❷ 気分, 機嫌(きげん); 気質

humorous /hjúːmərəs ヒューマラス/ 形 ユーモラスな, おかしい, 滑稽(こっけい)な

humour /hjúːmər ヒューマ/ 名 《英》= humor

hump /hʌ́mp ハンプ/ 名 (ラクダなどの背の)こぶ

Humpty Dumpty /hʌ́mpti dʌ́mpti ハンプティ ダンプティ/ 固名 ハンプティ・ダンプティ

参考 英国に古くから伝わる童謡(どうよう)『マザーグース』などに出て来る卵の形をした人物で, 塀(へい)から落ちて粉々になり起き上がれなかった. 「ずんぐりむっくりの人」のたとえに使われる.

hundred 小 A2 /hʌ́ndrəd ハンドレド/ (複 **hundreds** /hʌ́ndrədz ハンドレヅ/) 100

- a **hundred** = one **hundred** 100
- two **hundred** 200

POINT ×two **hundreds** としない. **hundreds** とするのは hundreds of ~ などだけ.

- two **hundred** (and) thirty-one 231 → 《米》ではふつう百の位の次に and を入れない.
- a **hundred** thousand (1,000×100で) 10万
- two or three **hundred** 200~300

— 形 100の
- for a **hundred** years 100年間
- three **hundred** boys 300人の少年

hundreds of ~ 何百という~
- for **hundreds of** years 数百年もの間, 何世紀もの間 (for centuries)
- **hundreds of** thousands of locusts 何十万というイナゴ

hundredth /hʌ́ndrədθ ハンドレドす/ 名 形
❶ 100番目(の) ❷ 100分の1(の)

hung /hʌ́ŋ ハング/ 動 **hang** ❶ の過去形・過去分詞

Hungarian /hʌŋgéəriən ハンゲアリアン/ 形 ハンガリーの; ハンガリー人[語]の
— 名 ハンガリー人[語]

Hungary /hʌ́ŋgəri ハンガリ/ 固名 ハンガリー →ヨーロッパ中部の共和国. 首都はブダペスト (Budapest).

hunger /hʌ́ŋgər ハンガ/ 名 飢(う)え, 空腹
- die of **hunger** 餓死(がし)する

hungrily /hʌ́ŋgrili ハングリリ/ 副 おなかをすかせて; ひもじそうに, がつがつと →hungry+-ly.

hungry 小 A1 /hʌ́ŋgri ハングリ/ 形
(比較級) **hungrier** /hʌ́ŋgriər ハングリア/;
(最上級) **hungriest** /hʌ́ŋgriist ハングリエスト/
❶ 空腹の, 飢(う)えた; 空腹そうな; (仕事などが)お

なかをすかせる

関連語 hunger (空腹), **starve** (飢える)

・be **hungry** おなかがすいている

・feel **hungry** おなかがすく

関連語 I was very **hungry** and **thirsty** after a long walk. 私は長いこと歩いてとてもおなかがすいて喉(のど)が渇(かわ)いた.

・Farming is **hungry** work. 農作業は腹の減る仕事[重労働]だ.

❷ **(be hungry for ～ で) ～に飢えている**

・The orphans **were hungry for** love. みなし子たちは愛に飢えていた.

go hungry 飢える, おなかをすかしている

・Mother said to her child, "Either eat this or **go hungry.**" 母親は子供に「これを食べなさい, いやならおなかをすかしていなさい」と言った.

hunt 中 /hÁnt ハント/ 動

❶ 狩(か)る, 狩りをする

・**hunt** foxes [deer] キツネ[シカ]狩りをする

・go **hunting** 狩りに出かける

❷ 捜(さが)す, 探し求める

・**hunt** for a job 仕事を探す

—名 ❶ 狩り

・a fox **hunt** キツネ狩り

・go on a **hunt** 狩りに行く

❷ 捜すこと, 捜索(そうさく)

・the **hunt** for the missing child 行方(ゆくえ)不明の子供の捜索

hunter A2 /hÁntər ハンタ/ 名 猟師(りょうし), 狩猟(しゅりょう)家

hunting /hÁntiŋ ハンティング/ 名 狩(か)り, 狩猟(しゅりょう); 探求

・a **hunting** dog 猟犬(りょうけん) (hound)

・job **hunting** 職探し

hurdle /hÁːrdl ハ〜ドゥル/ 名 (競技用の)ハードル; **(hurdles** で) =hurdle race → 「(乗り越(こ)えなければならない)困難」の意味でも使われる.

húrdle ràce 名 ハードル競走, 障害物競走

hurl /hÁːrl ハ〜ル/ 動 強く投げつける

Huron /hjú(ə)rən ヒュ(ア)ロン/ 固名 **(Lake Huron** で) ヒューロン湖 →北米五大湖の1つ. **→Great Lakes**

hurrah /hurÁː フラー/ 間 万歳(ばんざい)!, フレー!

hurray /huréi フレイ/ 間 =hurrah

hurricane /hÁːrəkein ハ〜リケイン|hÁrikæn ハリケン/ 名 ハリケーン →メキシコ湾(わん)などで発生し, 米国諸州を襲(おそ)う大旋風(せんぷう).

類似語 フィリピン周辺の太平洋上に発生し, 中国沿岸・日本を襲うものは **typhoon** と呼ばれる.

hurried /hÁːrid ハ〜リド/ 形 大急ぎの, 慌(あわ)てた, 慌ただしい **→hurry**

hurriedly /hÁːridli ハ〜リドリ/ 副 大急ぎで, 慌(あわ)てて, 慌ただしく

hurry 中 A1 /hÁːri ハ〜リ|hÁri ハリ/ 動

(三単現 hurries /hÁːriz ハ〜リズ/; **過去・過分 hurried** /hÁːrid ハ〜リド/; **-ing形 hurrying** /hÁːriiŋ ハ〜リイング/)

❶ 急ぐ, 急いで行く

・**hurry** home 急いでうちへ帰る →home は「家へ」という意味の副詞.

・**hurry** back 急いで帰る

・**hurry** into [out of] the house 急いでうちへ入る[うちから出る]

・He always **hurries** home when school is over. 学校が終わると彼はいつも急いでうちへ帰る.

・He **hurried** to the station. 彼は駅へ急いだ.

❷ 急がせる, せかす; 急いで行かせる[送る]

・**hurry** the work 仕事を急がせる

・He is eating, so don't **hurry** him. 彼は食事中だからせかしてはいけない.

・The injured man was **hurried** to the hospital. そのけが人はすぐ病院に運ばれた. **→ was 助動 ❷**

hurry along 急いで行く

hurry up 急ぐ; 急がせる

・**Hurry up** or you'll be late for school. 急ぎなさい, そうしないと学校に遅(おく)れるよ. →「命令文＋or」の or は「そうしないと」と訳す.

—名 急ぐこと, 急ぎ

・There is no (need for) **hurry**. 急ぐことはない.

in a hurry 急いで, 慌(あわ)てて; あせって

・He left **in a** great **hurry**. 彼はとても急いで[あたふたと]立ち去った.

・The children were **in a hurry** to go outside and play. 子供たちは早く外へ遊びに行こうと急いでいた.

hurt 中 A1 /hÁːrt ハ〜ト/ (→/əːr ア〜/ は口をあまり開けずに発音する. 口を大きく開けて発音する heart /hÁːrt ハート/ (心)と混同しないこと) 動

三単現	**hurts** /hÁːrts ハ〜ツ/
過去・過分	**hurt** →原形と同じ形であることに

husband

注意.

-ing形 **hurting** /hə́ːrtiŋ ハ～ティング/
(肉体・感情などを)**傷つける**, 痛くする, 害する; (傷などが)**痛む**

- My knees **hurt**. 私の膝(ひざ)は痛む[私は膝が痛い].
- These new shoes **hurt** (my feet). この新しい靴(くつ)は(足が)痛い.
- Sticks and stones may break my bones, but words can never **hurt** me. 棒や石なら骨が折れるかもしれないけど, 言葉でけがをすることはないよ[悪口なんていくら言われたって平気さ].
- His heart **hurts** when he thinks of his sick old mother. 年老いた病気の母のことを思うと彼の心は痛む.
- He fell and **hurt** his ankle. 彼は転んで足首を痛めた. →この hurt は過去形. 現在形なら hurts.
- When I was little, I often **hurt** myself. 小さいころ私はよく(自分自身を傷つけた ⇨)けがをした.
- I am afraid I **have hurt** her feelings. 私は彼女の感情を害したようだ. →この hurt は過去分詞. have hurt は現在完了(かんりょう)形. → **have** 助動 ❶
- Aren't you **hurt**? おけがはないですか.

POINT この hurt は過去分詞で, 文字どおりには「けががされていないか」だが, こういう場合の hurt は「けがをしている」という意味の形容詞に近い. 次の例も同じ.

- He got **hurt** in jumping down. 飛び降りた時に彼はけがをした.

――名 けが; 傷; (精神的)苦痛

husband A1 /hʌ́zbənd ハズバンド/ 名 **夫**
- **husband** and wife 夫婦(ふうふ) →対句(ついく)で使われる時は ×a, ×the をつけない.

hush /hʌ́ʃ ハシュ/ 動 黙(だま)らせる, 静かにさせる; 黙る, 静かにする

――名 静けさ, 静粛(せいしゅく)

husk /hʌ́sk ハスク/ 名 (穀類などのかさかさしている)外皮, 殻(から); 《米》トウモロコシの皮

――動 ～の殻を取る[むく]

husky /hʌ́ski ハスキ/ 形 (比較級 **huskier** /hʌ́skiər ハスキア/; 最上級 **huskiest** /hʌ́skiist ハスキエスト/) (声が)かれた, ハスキーな → husk+-y.

hut /hʌ́t ハト/ 名 (粗末(そまつ)な)小屋, ほったて小屋

hyacinth /háiəsinθ ハイアスィンす/ 名 ヒヤシンス →春に咲(さ)くユリ科の花.

Hyde Park /háid pɑ́ːrk ハイド パーク/ 固名 ハイドパーク →ロンドン市内の広大な公園. ロンドンでは単に the Park ともいう. →**Speakers' Corner**

hydrant /háidrənt ハイドラント/ 名 消火栓(せん) →**fire hydrant** ともいう.

hydrogen /háidrədʒən ハイドロチェン/ 名 《化学》水素 →元素記号 H.

hyena /haiíːnə ハイーナ/ 名 《動物》ハイエナ

hymn /hím ヒム/ 名 (キリスト教の教会で使う)賛美歌

hyper- /háipər ハイパ/ 接頭辞 「超越した」, 「過度の」, 「リンクのある」という意味の語をつくる.

- **hyper**inflation 異常に高いインフレ
- **hyper**link ハイパーリンク →ウェブページにある他のウェブページなどへ簡単に移るための設定がしてある文字列.
- **hyper**text ハイパーテキスト →ウェブページなどに使う, ハイパーリンクを埋(う)め込んである文書.
- **hyper**ventilation 《医学》過呼吸

hyphen /háifən ハイふェン/ 名 ハイフン, 「-」符号(ふごう) →2語を結び付けて1語にする時や, 1つの語を2行にまたがって書く時などに使う.

I¹, i /ái アイ/ 名 (複 **I's, i's** /áiz アイズ/)
❶ アイ → 英語アルファベットの9番目の文字.
❷ (ローマ数字の)1
- **II, ii** =2
- **VI, vi** (V+Iで) =6
- **IX, ix** (X-Iで) =9

I² 小 A1 /ái アイ/ 代 (複 **we** /wi ウィ/)
私は, 私が

POINT 話し手が自分のことを指す言葉. 性別・年齢(ねんれい)に関係なく, 英語ではすべて I.

関連語 **my** (私の), **me** (私を[に]), **mine** (私のもの)

I の変化

	単 数 形	複 数 形
主　　格	**I** (私は[が])	we (私たちは[が])
所 有 格	**my** (私の)	our (私たちの)
目 的 格	**me** (私を[に])	us (私たちに[に])
所有代名詞	**mine** (私のもの)	ours (私たちのもの)

会話基本 **I** am Japanese. 私は日本人です. → I は文の主語.

How are you, Ken? —**I'm** (= **I am**) fine, thank you.
元気かい, ケン.—(私は)元気です, ありがとうございます.

- **I** love you. 私はあなたを愛しています.

関連語 **You** and **I** are friends. 君と僕(ぼく)は友達だ.

POINT I は文中のどこにあっても常に大文字. ふつう ×*I and you* とせず, ほかの人を指す名詞・代名詞と並べる時は I は最後に来る.

関連語 **My** purse was stolen and **I** have no money with **me**. 私は財布(さいふ)を盗(ぬす)まれてお金の持ち合わせがありません.

IA 略 =Iowa
ibis /áibis アイビス/ 名 《鳥》トキ

ice 小 A1 /áis アイス/ 名
❶ 氷
- The lake is covered with **ice**. 湖は氷で覆(おお)われている. → ×*an* ice, ×ice*s* としない.
- She put some **ice** in her drink. 彼女は飲み物に氷を入れた. → ×some ice*s* としない.
- I slipped on the **ice**. 私は氷の上で滑(すべ)った. → 張っている氷はふつう the をつける.
❷ アイス → 《英》では **ice cream** のこと. 《米》ではシャーベットのように果汁(かじゅう)などを凍(こお)らせたもの.

break the ice 堅(かた)苦しい雰囲気(ふんいき)を和(やわ)らげる
- His joke **broke the ice**. 彼の冗談(じょうだん)が(張り詰めた)雰囲気を和らげた.

—— 動 凍らせる; 氷で冷やす; 凍る (freeze) → **iced**

iceberg /áisbə:rg アイスバーグ/ 名 氷山
icebox /áisbɑks アイスバクス/ 名 (氷を使う)冷蔵庫; (電気)冷蔵庫 (refrigerator)

íce crèam 中 A1 名
アイスクリーム

iced /áist アイスト/ 形 氷で冷やした
- **iced** coffee [tea] アイスコーヒー[ティー] → ×*ice* coffee [tea] とはいわない.

íce hòckey 小 名 アイスホッケー → **hockey**

Iceland /áislənd アイスランド/ 固名 アイスランド → 北極圏(けん)に接する世界最北の共和国. 首都はレイキャビク (Reykjavik).

ice lolly /áis lɑ̀li アイス らり/ 名 《英》アイスキャンディー (《米》Popsicle) → **lollipop**

ice-skate /áis skeit アイス スケイト/ 動 アイススケートをする

íce skàtes 名 アイススケート靴(ぐつ)

ice-skating /áis skeitiŋ アイス スケイティング/

icicle /áisikl アイスィクる/ 名 つらら

icy /áisi アイスィ/ 形 （比較級 **icier** /áisiər アイスィア/; 最上級 **iciest** /áisiist アイスィエスト/）（→ ice+-y）
❶ 氷の、氷の張った
❷ 身を切るように寒い

ID[1] A2 /áidí: アイディー/ 略 ❶ (**ID card** とも) 身分証明書 →identity [identification] card. ❷（インターネット (Internet) の）個人識別番号

ID[2] 略 =Idaho

I'd /áid アイド/ **I would**, **I should**, **I had** を短くした形
• **I'd** (=I would [should]) like to see it. それを見たいものです.
• **I'd** (=I had) better drive you home. 私は君を車でお宅まで(お送り)したほうがよい ⇨ お送りしましょう.

Idaho /áidəhou アイダホウ/ 固名 **アイダホ** → 米国北西部のロッキー山脈にかかる州. **Ida.**, **Id.**, （郵便で）**ID** などと略す.

idea 小 A1 /aidí:ə アイディーア|aidíə アイディア/ 名 （複 **ideas** /aidí:əz アイディーアズ/）
❶ （ふとした）思いつき、考え、アイデア
• hit upon a good [bright] **idea** すばらしい考えを思いつく
• I have an **idea**. 私に(いい)考えがある.
• That's a good **idea**. それはいい考え[アイデア]だ.
❷ 見当、想像 → 疑問文・否定文で使うことが多い.
• Do you have any **idea** what it is about? それが何についてのことだかわかりますか.
• I have no **idea** who did this. 誰がこんなことをしたか私はさっぱりわからない.

Will he come to the party?—I've no **idea**.
彼はパーティーに来るかしら.—さあ、わかりません.

❸ （はっきりした）思想、考え
• Eastern [Western] **ideas** 東洋[西洋]思想
• This is my **idea** of education. これが私の教育についての考え[私の教育観]です.

ideal A1 /aidí:əl アイディーアる/ 形
理想的な、申し分ない
—— 名 理想；理想の人[物]

identification /aidèntəfikéiʃən アイデンティふィケイション/ 名 ❶ ～が誰(だれ)[何、どれ]であるかを確認(かくにん)すること、(身元)確認
❷ 身元を証明するもの、身分証明書 (**identification card** ともいう) →**ID**[1]

identify /aidéntəfai アイデンティふァイ/ 動 （三単現 **identifies** /aidéntəfaiz アイデンティふァイズ/; 過去・過分 **identified** /aidéntəfaid アイデンティふァイド/; ing形 **identifying** /aidéntəfaiiŋ アイデンティふァイインぐ/）
見分ける、(～が誰)[何、どれ]であるかを)確認(かくにん)する

identify *oneself* 身元を明らかにする、(～と)名乗る

identify with ～ ～と同じだと感じる、～に共感する

identity /aidéntəti アイデンティティ/ 名 （複 **identities** /aidéntətiz アイデンティティズ/）
❶ ～が誰(だれ)[何、誰の物]であるかということ、(人の)正体、身元
❷ 自分が何者であるかということ(の確認(かくにん))、自分の主体性、本当の自分

idéntity càrd 名 身分証明書 →**ID** (**card**), **identification card** ともいう.

idiom /ídiəm イディオム/ 名 熟語、成句、イディオム → たとえば at once (直ちに)のようにその個々の単語の意味を単に組み合わせたのとは別の意味を持つ句.

idle /áidl アイドる/ 形
❶ 仕事をしていない、暇(ひま)な
❷ 怠(なま)け者の (lazy)
❸ 何にもならない、無駄(むだ)な

idleness /áidlnis アイドるネス/ 名 何もせずにいること、怠(なま)けること、怠惰(たいだ)

idol /áidl アイドる/ 名 偶像(ぐうぞう)；アイドル

if 中 A1 /íf イふ/

image

[接] ❶ もし(〜する)ならば　意味map
❷ たとえ〜でも
❸ 〜かどうか

―― [接] ❶ もし(〜する)ならば

[基本] **If** you are busy, I will come again. お忙(いそが)しければまた来ます. ➡If＋文, ＋文.

●**If** it rains tomorrow, I'll stay home. もしあした雨が降れば, 私は家にいます.

[POINT] 未来のことを仮定する時でも現在形を使い, ×If it *will rain* tomorrow としない.

[基本] I will help you **if** you are busy. 君が忙しいなら私は手伝います. ➡文＋if＋文.

●**If** I had a bike, I would go cycling. もし私が自転車を持っていたら, サイクリングに行くのに. ➡仮定法の文.

❷ たとえ〜でも ➡**even if** ともいう.

●I don't care (even) **if** he is fat. 彼が太っていても私は気にしない.

●Even **if** I say so, he will not believe it. たとえ私がそう言っても彼はそれを信じないだろう. ➡文頭ではふつう even は省略しない.

❸ 〜かどうか

●Do you know **if** he will come? 彼が来るかどうか君は知っていますか.

●I will ask him **if** he can come. 彼が来られるかどうか聞いてみよう.

as if まるで〜かのように ➡**as** 成句

even if 〜 たとえ〜でも ➡❷の意味の強意形.

if any もしあるなら ➡**any** 成句

if anything どちらかと言えば

if not もしそうでなかったら; 〜でないとしても

●Are you free today? **If not**, I will call on you tomorrow. きょうはお暇(ひま)ですか. お暇でなければ明日参ります. ➡If not＝If you are **not** free today.

if possible もしできれば ➡**possible** 成句

if you like もしあなたがよければ

if you please よろしければ; どうぞ

ignition /igníʃən イグニション/ [名] 点火, 発火

ignore /ignɔ́ːr イグノー/ [動] (わざと)知らないふりをする, 見て見ぬふりをする, 無視する

iguana /igwáːnə イグワーナ/ [名] 《動物》イグアナ

IL [略] ＝Illinois

ill [A2] /íl イる/ [形] (比較級 **worse** /wə́ːrs ワ〜ス/; 最上級 **worst** /wə́ːrst ワ〜スト/)

❶ 病気で, 気分が悪くて ➡この意味では名詞の前

にはつけない. ➡❷

●Bob is **ill**. ボブは病気だ. ➡《米》ではふつう Bob is **sick**. という.

●He feels **ill**. 彼は気分が悪い.

●He looks **ill**. 彼は顔色が悪い[病気じゃないか].

[反対語] Are you **ill**, too?—No, I'm **well**. 君も具合が悪いのですか.—いいえ, 私は元気です.

●He became [got] **ill** from eating too much. 彼は食べ過ぎで具合が悪くなった.

❷ 悪い (bad); 不吉(ふきつ)な ➡名詞の前にだけつける.

●**ill** will [luck] 悪意[不運]

―― [副] (比較級 **worse** /wə́ːrs ワ〜ス/; 最上級 **worst** /wə́ːrst ワ〜スト/) 悪く

●Science must not be **ill** used. 科学は悪用されてはならない.

●Don't **speak ill of** others behind their backs. いないところで他人の悪口を言うな[陰口(かげぐち)をきくな].

I'll /áil アイる/ **I will, I shall** を短くした形

●**I'll** come again tomorrow. 私はあしたまた来ます.

illegal [A2] /ilíːgəl イリーガる/ [形] **違法**(いほう)**の**, 不法の, 法律[規則]違反の ➡**legal**

Illinois /ilənɔ́i イリノイ, ilənɔ́iz イリノイズ/ [固名] イリノイ ➡米国中部の州. **Ill.**, (郵便で) **IL** と略す.

illiteracy /ilítərəsi イリテラスィ/ [名] 読み書きができないこと, 文盲(もんもう); 無学, 無教養

illiterate /ilítərət イリテレト/ [形] 読み書きができない, 文盲(もんもう)の; 無学な, 無教養な

illness /ílnis イるネス/ [名] 病気

illuminate /ilúːməneit イるーミネイト/ [動]
❶ 照明をつける, 明るくする (light up)
❷ 明らかにする, 解明する

illumination /iluːmənéiʃən イるーミネイション/ [名] 照明; (**illuminations** で) (建物などの)イルミネーション

illustrate /íləstreit イらストレイト/ [動] ❶ (実例・図などで)説明する ❷ (本などに)絵や図を入れる

illustration /iləstréiʃən イらストレイション/ [名] ❶ 挿(さ)し絵, イラスト, 図解 ❷ (実例・図などによる)説明

illustrator /íləstreitər イらストレイタ/ [名] イラストレーター, 挿(さ)し絵画家

I'm [小] /áim アイム/ **I am** を短くした形

image [A2] /ímidʒ イメヂ/ (➡×/イメーヂ/ ではな

imaginary

い) 名 ❶像

• an **image** of Buddha 仏の像

❷ 心に浮(う)かぶ像, イメージ

• I still have a clear **image** of her. 私には今でも彼女の姿がはっきりと思い出せる.

imaginary /imǽdʒəneri イマヂネリ/ 形 想像上の, 想像による

imagination A2 /imædʒənéiʃən イマヂネイション/ 名 想像; 想像力

imagine 中 A1 /imǽdʒin イマヂン/ 動
❶ 想像する, 心に思い描(えが)く

• Try to **imagine** life on the moon. 月世界での生活を想像してごらんなさい.

❷ ～と考える, ～と思う (think)

• I **imagine** he will come. 私は彼が来るような気がします.

imitate /íməteit イミテイト/ 動 ❶ まねる, 見習う ❷ ～に似せて作る, 模造する

imitation /imətéiʃən イミテイション/ 名 まね, 模倣(もほう); 模造(品)
—— 形 模造の, 人造の

immediate /imíːdiit イミーディエト/ 形 すぐの, 即刻(そっこく)の

immediately /imíːdiitli イミーディエトリ/ 副 すぐに, 直ちに (at once)

immense /iméns イメンス/ 形 広大な, 巨大(きょだい)な, ばく大な

immigrant /íməgrənt イミグラント/ 名 (他国から来た)移住者, 移民 →emigrant

immigrate /íməgreit イミグレイト/ 動 (他国から)移住して来る →emigrate

immigration /iməgréiʃən イミグレイション/ 名 (他国からの)移住, 移民; 入国管理(事務所) → emigration

immortal /imɔ́ːrtl イモートゥる/ 形 不死の, 不滅(ふめつ)の

impact A2 /ímpækt インパクト/ 名 衝撃(しょうげき); 影響(えいきょう), 効果

impairment /impéərmənt インペアメント/ 名 損(そこ)なう[損なわれる]こと, 損傷

impala /impάːlə インパーら/ 名 《動物》インパラ →アフリカ産の中型のウシ科の動物.

impatient A2 /impéiʃənt インペイシェント/ 形
❶ 我慢(がまん)のできない, せっかちな; いらいらして →patient

• grow **impatient** いらいらしてくる

• Don't be so **impatient** at [with] him. He's doing his best. 彼にそういらいらするな. 彼は精いっぱいやっているんだ.

• I was **impatient** for him to arrive. 私はじりじりしながら彼の到着(とうちゃく)を待った.

❷ (be impatient to do で) とても～したがる

• He was **impatient** to see her. 彼は彼女に会いたくてたまらなかった.

imperial /impí(ə)riəl インピ(ア)リアる/ 形 帝国(ていこく)の; 皇帝(こうてい)の

impolite /impəláit インポらイト/ 形 無作法な, 失礼な →polite

import /impɔ́ːrt インポート/ 動 輸入する

• **import** coffee **from** Brazil ブラジルからコーヒーを輸入する

反対語 Our country **imports** oil and ex**ports** products made from oil. わが国は石油を輸入し, 石油製品を輸出する.

—— /ímpɔːrt インポート/ (→動詞とのアクセントの位置の違(ちが)いに注意) 名 輸入; 輸入品

importance 中 A2 /impɔ́ːrtəns インポータンス/ 名 重要性, 重大さ, 大切さ

• the **importance** of good health 健康の重要さ, 健康が大切なこと

• a matter **of importance** (= an important matter) 重大な事

• It is **of** little [no] **importance**. それはあまり[全く]重要でない.

important 中 A1 /impɔ́ːrtənt インポータント/ 形 (比較級 more important; 最上級 most important)

❶ 重要な, 重大な; 大切な

使い方 基本 an **important** letter 重要な手紙 → important+名詞.

使い方 基本 Health is very **important** to our happiness. 健康は私たちの幸福にとってたいへん重要です. →be 動詞+important.

• It is very **important** to be punctual [**that** we should be punctual]. 時間を守るということはとても大切なことだ. →It=不定詞 to be [that] 以下.

• Health is **more important** than wealth. 健康は富よりも重要だ.

• Health is one of **the most important** things in our life. 健康は私たちの生活の中で最も重要なものの1つだ.

❷ 偉(えら)い, 有力な; 偉そうな

• an **important** person 偉い人, 有力者

importantly 🅐2 /impɔ́ːrtəntli インポータントリ/ 副 《ふつう **more** [**most**] **importantly** で, 文全体を修飾(しゅうしょく)して》**さらに**[**最も**]**重要なことには**

impossible 🅐2 /impásəbl インパスィブる/ 形 **不可能な; ありえない** 反対語 **possible** (可能な)
• an **impossible** task 実行不可能な仕事
• **It is impossible for** her **to** do this work in a day or two. 彼女がこの仕事を1日か2日ですることは不可能である. ➡It=不定詞 to do (すること)以下. 「彼女が～することは不可能だ」を ✕*She is* impossible to do ～ としない.

impress 🅐2 /imprés インプレス/ 動
❶ **感動させる, 感銘(かんめい)を与(あた)える**
• This book did not **impress** me at all. この本は私に全然感銘を与えなかった.
• I was deeply **impressed by** [**with**] his words. 私は彼の言葉に深く感動した. ➡受け身 形(感動させられた)であるが「感動した」と訳す.
❷ **印象を与える, 印象づける**
• He **impressed** me **as** frank [a frank person]. 彼は率直(そっちょく)(な人)だという印象を私に与えた.

impression /impréʃən インプレション/ 名
❶ **印象**
• my first **impressions** of London ロンドンに対する私の第一印象
• make a good [poor] **impression** (on ～) (～に)よい[よくない]印象を与(あた)える
❷ **感銘(かんめい), 感動**
• This book made a deep **impression** on me. この本は私に深い感銘を与えた.

impressive /imprésiv インプレスィヴ/ 形 **印象的な, 感銘(かんめい)を与(あた)える**

imprint /imprínt インプリント/ 動 (印などを)**押(お)す; (心などに)刻み込(こ)む, 刻印する**

imprinting /impríntiŋ インプリンティング/ 名 《生物・心理》**刷り込(こ)み, 刻印づけ** ➡生後まもなくの鳥類や哺乳(ほにゅう)類に起こる学習現象で, この時期に見た動く物や, 聞いた鳴き声などを母親のものとして生涯(しょうがい)記憶(きおく)に残すこと.

improbable /imprábəbl インプラバブる/ 形 **起こりそうもない; 本当らしくない**

improve 中 🅐2 /imprúːv インプルーヴ/ 動 **よりよくする, 改良する, 改善する; よくなる, 進歩する**
• **improve** one's life [health] 生活を改善する[健康を増進する]
• His health is **improving**. 彼の健康はよくなってきています.

improvement /imprúːvmənt インプルーヴメント/ 名 **改善(点), 改良; 進歩, 上達**

impulse /ímpʌls インパるス/ 名 (心の)**衝動(しょうどう)**

IN 略 =Indiana

in 小 🅐1 /in イン/
前 ❶ 《場所》～(の中)に, ～(の中)で[の]; 《乗り物》～に乗って, ～で　意味map
❷ 《方向》～(のほう)に
❸ 《時間》～に
❹ 《時の経過》～のうちに, ～で
❺ 《状態・方法》～で; 《材料》～で(作った); 《服装》～を着て
❻ 《範囲(はんい)・観点》～の点で(は), ～について(の)
副 ❶ 中に
❷ 到着(とうちゃく)して

── 前 ❶ 《場所》～(の中)に, ～(の中)で[の]; 《乗り物》～に乗って, ～で
句基本 a lion **in** the cage おりの中のライオン ➡名詞+in+名詞.
句基本 play **in** the house 家の中で遊ぶ ➡動詞+in+名詞.
• live **in** Kyoto [Japan] 京都[日本]に住む
• go out **in** the rain 雨の中を出て行く
会話 What do you have **in** your hand? —I have a pen **in** my hand. 君は手に何を持っているの.—私は手にペンを持っている.
• I read the news **in** the newspaper yesterday. 私は昨日新聞でそのニュースを読んだ.
• They talk to each other in English **in** and out of their classes. 彼らは授業でも授業以外でも互(たが)いに英語で話す. ➡in English の in については ➡❺
• What club are you **in** at school? 君は学校で何クラブに入っているの. ➡意味のつながりの上では in what club であるが, what は疑問詞なので what club は文頭に出る.
❷ 《方向》～(のほう)に
• go **in** that direction そっちの方向へ行く ➡✕*to* that direction としない.
• The sun rises **in** the east. 太陽は東に[東から]昇(のぼ)る. ➡✕*from* the east としない.

in
小 A1 /イン/

イメージ
〜の中で

基本の意味

「(境界のある空間)の中で」が基本の意味(前❶・副❶). 何かの中にいる[ある]という意味から, 「〜の中に」向かって行く移動の意味(前❶・副❶)が生じ, 移動の方向に注目すると 前❷「〜のほうに」の意味になる. 時間の流れの中のある範囲に注目すると 前❸「(年・月・季節など)に」の意味になり, ある時点からの一定の時間幅に注目すると 前❹「〜のうちに」の意味になる. 前❺状態・方法・材料や 前❻範囲などの意味は「抽象的な範囲の中で」という限定を表す.

教科書によく出る 使い方

- 前 ❶ There are five students **in** the classroom. 教室には生徒が5人いる.
- 前 ❷ Kyoto is **in** the east of Osaka. 京都は大阪の東にある.
- 前 ❸ I was born **in** 2007. 私は2007年に生まれた.
- 前 ❹ I'll finish my paper **in** a few days. あと数日でレポートを仕上げます.
- 前 ❺ Please write your name **in** katakana. お名前をカタカナで書いてください.
- 前 ❻ My sister is taking a course **in** French history.
  姉はフランス史の授業をとっている.

教科書によく出る 連語

come in 入る, 入って来る
- May I **come in**? 入ってもいいですか.

take part in 〜 〜に参加する, 〜に加わる
- I'd like to **take part in** the volunteer activity.
  私はそのボランティア活動に参加したい.

●**In** what direction did they go? どっちの方向へ彼らは行きましたか.

❸《時間》 **～に**

●**in** 2026 (読み方: twenty twenty-six, two thousand (and) twenty-six) 2026年に

●**in** April 4月に

●**in** summer 夏に

関連語 **at** three **on** the third of March **in** 2026 2026年3月3日の3時に

POINT 「時刻」の前には **at**, 「日」の前には **on** を使う.

●**in** the morning 朝(に), 午前中に

●**in** my younger days 私の若いころに → days＝時代.

❹《時の経過》 **～のうちに, ～で**

●**in** a week 1週間たてば, 1週間で

●**in** a few days 2～3日のうちに

●**in** a short time しばらくすれば

❺《状態・方法》 **～で, ～になって**;《材料》 **～で(作った)**;《服装》 **～を着て**

●**in** good health 健康で

●**in** surprise びっくりして

●dance **in** a circle 輪になって踊(おど)る

●**in** this way この方法で, こういう風に

●speak **in** English 英語で話す

●talk **in** a loud voice 大声でしゃべる

●a statue **in** bronze 青銅の像, 銅像

●a man **in** black 黒い服の男

●The roses are **in** full bloom now. バラは今満開です.

●This book is written **in** easy English. この本は易(やさ)しい英語で書かれている.

●You look great **in** that sweater. そのセーターを着るとすてきに見えるわ.

●What language was the letter written **in**? その手紙は何語で書かれていたのですか. → 意味のつながりの上では in what language (何語で)であるが, what は疑問詞なので文頭に出る.

ことわざ A friend **in** need is a friend indeed. 困っている時の[時に助けてくれる]友人が本当の友人.

❻《範囲・観点》 **～において**

●**in** one way ある点で

●**in** my opinion 私の意見では

●succeed **in** an examination 試験に合格する

●an examination **in** English 英語の試験

●He is blind **in** one eye. 彼は片方の目が見えない.

●It is ten feet **in** length [depth, height, width]. それは長さ[深さ, 高さ, 幅(はば)]が10フィートです.

●The flowers are all different **in** color. それらの花は皆(みな)色が違(ちが)います.

—— /ín イン/ 副

❶ 中に, 中へ, 内に[へ]

●jump **in** 飛び込(こ)む

●run **in** 駆(か)け込む

●Come **in**. お入りなさい.

●Is Bob **in**? ボブはうちにいますか.

●Let me **in**. (私を中に)入れてください.

反対語 Bob goes **in**, and Ann comes **out**. ボブは中に入り, アンが中から出てくる.

❷ 到着して, 来て

●By then all the reports from them were **in**. その時までには彼らからの報告がすべて届いていた.

in. 略 ＝**in**ch(es) (インチ)

Inca /íŋkə インカ/ 名 インカ人; **(the Incas** で) インカ民族 → 12世紀頃(ごろ)から南米ペルーを中心に広大な帝国(ていこく)を築いた. 16世紀にスペイン人の侵略(しんりゃく)によって滅(ほろ)ぼされた.

inch A2 /íntʃ インチ/ 名 インチ → 長さの単位. 1 inch＝$\frac{1}{12}$ foot (＝2.54 cm). **in.** と略す.

●She could not move an **inch**. 彼女は1インチも[一歩も]動けなかった.

●I am five feet ten **inches** (tall). 私は5フィート10インチの高さです[身長5フィート10インチです].

every inch どこからどこまで, すっかり

inch by inch ＝**by inches** 1インチ1インチと, 少しずつ, 次第(しだい)に (slowly, gradually)

incident /ínsidənt インスィデント/ 名 出来事 (event, happening)

incline /inkláin インクライン/ 動 傾(かたむ)く; (心などを)傾ける, (頭・体などを)曲げる

include 中 A2 /inklúːd インクルード/ 動 含(ふく)む, 入れる

反対語 **exclude** (除外する)

●The price does not **include** shipping (costs). 価格は送料を含んでいません.

●Is my name **included in** the list? 名簿(めいぼ)には私の名前が含まれていますか.

including

including /inklú:diŋ インクるーディンぐ/ 前
～を含(ふく)めて
- There were thirty people on the bus, **including** the guide. バスにはガイドも含めて30人乗っていた.

income /ínkʌm インカム/ 名 定収入, 所得

incomplete /inkəmplí:t インコンプリート/ 形 不完全な, 未完成の　反対語 **complete** (完全な)

inconvenience /inkənví:njəns インコンヴィーニェンス/ 名 不便; 迷惑(めいわく); 面倒(めんどう)な事　反対語 **convenience** (便利)

inconvenient /inkənví:njənt インコンヴィーニェント/ 形 不便な, 都合の悪い, 面倒(めんどう)な　反対語 **convenient** (便利な)

incorrect /inkərékt インコレクト/ 形 正しくない, 間違(まち)っている　反対語 **correct** (正しい)

increase 中 A2 /inkrí:s インクリース/ 動 増やす; 増える, 増加する　反対語 **decrease** (減る; 減少)
- **increase in** number 数が増す
- **increase** speed スピードを増す[上げる]
- This city is **increasing in** population. この町は人口が増加している.
—— /ínkri:s インクリース/ (→動詞とのアクセントの位置の違(ちが)いに注意) 名 増加
- an **increase in** population 人口の増加
- The population of this city is **on the increase** (＝is increasing). この町の人口は増加の傾向(けいこう)にある.

increasingly /inkrí:siŋli インクリースィンぐり/ 副 ますます (more and more)

incredible /inkrédəbl インクレディブる/ 形
❶ 信じられない(ほどの), 途方(とほう)もない (unbelievable)
❷《話》とてもすばらしい (wonderful)

incredibly /inkrédəbli インクレディブり/ 副 非常に; 信じられないほど

indeed A2 /indí:d インディード/ 副 実に, 全く, 本当に, 実際
- He is **indeed** a clever boy. 彼は実に利口な少年です.
- It's very cold **indeed**. ひどく寒いね.
- Thank you very much **indeed**. 本当にありがとうございます.
会話 How lovely the baby is!—Yes, **indeed**. 赤ちゃんは何てかわいいでしょう.—ええ, 本当に.
ことわざ A friend in need is a friend in-

deed. 困っている時の[時に助けてくれる]友人が本当の友人.

～ indeed, but … ＝Indeed ～, but … 確かに～ではあるが…　相手の言うことを一応認めた上で, 別の視点から自分の意見を加える時に使う.
- He is young **indeed** [**Indeed** he is young], **but** he is reliable. 確かに彼は年は若いが信頼(しんらい)はできる.

independence A2 /indipéndəns インディペンデンス/ 名 独立
- **win** [**gain**] **independence** from ～ ～から独立を勝ち取る

Indepéndence Dày 名 (米国の)独立記念日　米国で7月4日の独立宣言発布を記念する日. **the Fourth** (**of July**) ともいう.

independent /indipéndənt インディペンデント/ 形 独立した, 自主的な; 無党派の

independently /indipéndəntli インディペンデントり/ 副 独立して; 他と無関係に, 自由に

index /índeks インデクス/ 名 索引(さくいん), インデックス

índex fínger 名 人差し指 (forefinger)

India 小 /índiə インディア/ 固名 **インド**　南アジアにあるイギリス連邦(れんぽう)に属する共和国. 首都はニューデリー (New Delhi). 700以上の方言があるが, 公用語としてはヒンディー語などが使われ, 日常では英語も広く使われている.

Indian /índiən インディアン/ 形
❶ インドの; インド人の
❷ 北米先住民の, (アメリカ)インディアンの
—— 名 ❶ インド人
❷ 北米先住民, (アメリカ)インディアン (American Indian) 　今は Native American という言い方が好まれる.

Indiana /indiænə インディアナ/ 固名 **インディアナ**　アメリカ中部の小さな州. **Ind.**, (郵便で) **IN** と略す.

Indianapolis /indiənæpəlis インディアナポリス/ 固名 **インディアナポリス**　米国インディアナ州の州都. →**Indiana**

Índian Ócean 固名 (**the** をつけて) **インド洋**

Índian súmmer 名 **インディアンサマー**　アメリカ北部・カナダで, 晩秋から初冬にかけて起こる, 穏(おだ)やかで暖かい日. 風もなく空気がかすむ日々が1週間以上も続く.

indicate A2 /índəkeit インディケイト/ 動 指し

示す, 表す

indication /ìndəkéiʃən インディケイション/ 名
指示, 印

indifference /indífərəns インディふァレンス/
名 無関心, 冷淡(れいたん)さ

indifferent /indífərənt インディふァレント/ 形
無関心な, 冷淡(れいたん)な

indigo /índigou インディゴウ/ 名 藍(あい), 藍色

indirect /ìndirékt インディレクト, indairékt イン
ダイレクト/ 形 直接的でない, 間接的な; (道が)遠回
りの 反対語 **direct** (直接的な)

individual /ìndivídʒuəl インディヴィデュアる/ 形
→名詞の前にだけつける. ❶ 個々の, それぞれの
❷ 個人(用)の, 個人的な
── 名 個人

Indonesia /ìndəní:ʒə インドニージャ/ 固名
インドネシア →アジア南東部の共和国. 首都はジ
ャカルタ (Jakarta). 公用語はインドネシア語.

Indonesian /ìndəní:ʒən インドニージャン/ 形
インドネシアの; インドネシア人[語]の
── 名 インドネシア人[語]

indoor A2 /índɔːr インドー/ 形 家の中の, 屋内
の 反対語 **outdoor** (屋外の)
• **indoor** games 屋内競技
• an **indoor** swimming pool 屋内プール

indoors /índɔːrz インドーズ/ 副 家の中に, 屋内
で 反対語 **outdoors** (屋外で)
• stay [keep] **indoors** 家の中にとどまる

industrial /indÁstriəl インダストリアる/ 形 産業
の, 工業の →**industry** ❶
• an **industrial** country 工業国
• **industrial** waste 産業廃棄(はいき)物

indùstrial árts 名 (教科の)技術科 →単数
扱(あつか)い.

**indùstrial árts and hóme eco-
nómics** 名 (教科の)技術・家庭 →**technol-
ogy and home economics**

Indústrial Revolútion 名 (the をつけ
て)産業革命 →18世紀末から19世紀初頭にか
けて, 英国を中心に起こった産業・社会の大変革.

industrious /indÁstriəs インダストリアス/ 形
勤勉な, よく働く →**industry** ❷

industry /índəstri インダストリ/ 名
(複 **industries** /índəstriz インダストリズ/)
❶ 産業, 工業, 〜業 →**industrial**
• the automobile **industry** 自動車産業
❷ 勤勉, よく働く[勉強する]こと →**industri-
ous**

inexpensive A2 /ìnikspénsiv イネクスペンスィ
ヴ/ 形 費用のかからない, 安い 反対語 **expen-
sive** (高価な)

infancy /ínfənsi インふァンスィ/ 名 幼年時代;
(物事の発展などの)初期

infant /ínfənt インふァント/ 名 幼児

infect /infékt インふェクト/ 動 (病気を)感染(かんせ
ん)させる; (病原(びょうげん)などで)汚染(おせん)する

infection /infékʃən インふェクション/ 名
❶ (病気への)感染(かんせん) ❷ 感染症, 伝染病
• novel coronavirus **infection** 新型コロナ
ウイルス感染症 →正式な病名は **COVID-19**
/kóuvid naintí:n コウヴィド ナインティーン/.

inferior /infí(ə)riər インふィ(ア)リア/ 形 劣(おと)つ
た, 質の悪い 反対語 **superior** (上等の)

infield /ínfiːld インふィーるド/ 名 (野球の)内野
(diamond)

infielder /ínfiːldər インふィーるダ/ 名 (野球の)
内野手 →**fielder**

infinite /ínfənit インふィニト/ 形 無限の

infinitive /infínətiv インふィニティヴ/ 名 《文法》
不定詞 →**to** ❾

inflation /infléiʃən インふれイション/ 名 ふくら
むこと; 《経済》インフレーション

influence A2 /ínfluəns インふるエンス/ 名
❶ 影響(えいきょう), 効果; 影響力
• the **influence** of the moon **on** the
tides 潮の流れに対する月の影響
• The teacher **had** a great **influence on**
his students. その先生は生徒たちに大きな影響
力を持っていた.
❷ 影響力のある人[物], 有力者
── 動 影響する, 左右する, 動かす
• The moon **influences** the tides. 月は潮
の干満を左右する.

influential /ìnfluénʃəl インふるーエンシャる/ 形
影響(えいきょう)力のある, 有力な

influenza /ìnfluénzə インふるエンザ/ 名 流行性
感冒(かんぼう), 流感, インフルエンザ →話し言葉では
flu という.

inform /infɔ́ːrm インふォーム/ 動 〜に知らせる,
〜に通知する →**tell** より改まった語.

informal /infɔ́ːrməl インふォーマる/ 形
❶ 略式の, 非公式の 反対語 **formal** (正式の)
❷ 形式張らない, 気楽な

information 中 A1
/ìnfərméiʃən インふォメイション/ 名

information desk

❶ 情報, (断片(だんぺん)的な)**知識**
- a piece [a bit] of **information** 1つの情報 →×*an* information, ×*informations* としない.
- An encyclopedia gives a lot of **information about** many things. 百科事典は多くの事柄(ことがら)に関するたくさんの知識を提供してくれる. →×*many* informations としない.

❷ (デパート・駅・電話局などの)**案内(係)**
- dial **Information** 番号案内係をダイヤルで呼び出す

informátion dèsk 名 案内所, 受付

informátion technòlogy 名 情報工学, 情報技術 → **IT** と略す.

-ing /-iŋ -イング/ 接尾辞 (→動詞の後につける)
❶ 《現在分詞をつくって》**~している** → 進行形をつくったり, 名詞を修飾する.
❷ 《動名詞をつくって》**~すること**
- See**ing** is believ**ing**. 見ることは信じることである(見れば信じるようになる).
→ Seeing は文の主語, believing は is の補語で, ともに名詞として働いている.

⊘POINT 動名詞の -ing は動詞に着せる「名詞」という上着だと考えればよい. つまり中身(意味)は動詞で外見(働き)は名詞.

ingredient 中 /ingrí:diənt イングリーディエント/ 名 成分, 原料, 材料

inhabitant /inhǽbitənt インハビタント/ 名
❶ 住んでいる人, 住民
❷ (ある地域に)生息している動物

inherit /inhérit インヘリト/ 動 相続する, ~のあとを継(つ)ぐ; (性質などを)受け継ぐ

inheritance /inhéritəns インヘリタンス/ 名 相続財産, 遺産

initial /iníʃəl イニシャル/ 形 最初の (first)
── 名 **(initials** で)(姓名(せいめい)などの)頭文字, イニシャル

injection /indʒékʃən インヂェクション/ 名 注射

injure 中 A2 /índʒər インヂャ/ 動 (肉体・感情などを)傷つける, 害する, けがをさせる (hurt)
- **injure** his pride 彼のプライドを傷つける
- His left leg was badly **injured**. (彼の左足はひどく傷つけられた ⇨)彼は左足にひどいけがをした.

injured /índʒərd インヂャド/ 形 けがをした, 負傷した

injury /índʒəri インヂャリ/ 名 (複 **injuries** /índʒəriz インヂャリズ/) **❶** (事故などによる)けが,

負傷 類似語 刃物(はもの)や弾丸(だんがん)などによる「けが」は **wound**. **❷** (感情などを)傷つけること, 侮辱(ぶじょく)

injustice /indʒʌ́stis インヂャスティス/ 名 不公平さ, 不当(な扱(あつか)い) → **justice**

ink 小 /íŋk インク/ 名 **インク**
- stain the paper with **ink** 用紙をインクで汚(よご)す →×*an* ink, ×*inks* としない.
- Write **in** blue or black **ink**. 青または黒のインクで書きなさい.

inkstone /íŋkstoun インクストウン/ 名 (墨(すみ)をする)硯(すずり)

inland /ínlənd インランド/ 形 海から遠い, 内陸[奥地(おくち)]の → 名詞の前にだけつける.
── 副 奥地に(向かって)

inn /ín イン/ 名 宿屋, (田舎(いなか)の小さな)ホテル
→ 現代では居酒屋 (pub) の名前(たとえば The Riverside Inn など)にも使われる.

inner A2 /ínər イナ/ 形 内部の, 内側の, 奥(おく)の; 心の(奥の) 反対語 **outer** (外部の)

inning /íniŋ イニング/ 名 **❶** (野球の)回, イニング **❷** **(innings** で)(クリケットで個人またはチームの)打ち番

innkeeper /ínki:pər インキーパ/ 名 宿屋の主人

innocence /ínəsəns イノセンス/ 名 **❶** 無邪気(むじゃき)さ, あどけなさ, 純真 **❷** 潔白, 無罪

innocent /ínəsənt イノセント/ 形 **❶** 無邪気(むじゃき)な, あどけない, 純真な **❷** 罪のない, 無罪の
反対語 He is **guilty**, but his brother is **innocent of** the crime. 彼は有罪だが彼の兄[弟]はその犯罪について無罪だ.

innovative /ínəveitiv イノヴェイティヴ/ 形 革新的な, 斬新(ざんしん)な

input /ínput インプト/ 名 **インプット** → コンピューターに入力されるデータ.
反対語 **output** (アウトプット)
── 動 (三単現 **inputs** /ínputs インプツ/; 過去・過分 **input**, **inputted** /ínputid インプテド/; -ing形 **inputting** /ínputiŋ インプティング/) (コンピューターに)**インプット[入力]する**

inquire /inkwáiər インクワイア/ 動 尋(たず)ねる; 問い合わせる → **ask** より改まった語.
inquire after ~ ~の健康[が無事に暮らしているかどうか]を尋ねる
inquire into ~ ~を調査する

inquiry /inkwái(ə)ri インクワイ(ア)リ/ 名 (複 **inquiries** /inkwái(ə)riz インクワイ(ア)リズ/)

問い合わせ, 質問

insect A2 /ínsekt インセクト/ 名 昆虫(こんちゅう), 虫
- **Insects** have six legs, but spiders have eight legs. 昆虫は足が6本だが, クモには8本ある.

inside 中 A1 /insáid インサイド/ 名
内側, 内部 反対語 **outside** (外側(の, に))
- the **inside** of a car 車の内部

inside out 裏返しに
- He had his socks on **inside out**. 彼は靴下(くつした)を裏返しに履(は)いていた. →have ~ on は「身に着けている, はいている」.

—— 形 内側の, 内部の; 屋内の
- an **inside** pocket of my jacket 私の上着の内ポケット

—— 副 内側に, 内部へ[を]; 屋内で
- go [come] **inside** 中に入って行く[来る]
- play **inside** 家の中で遊ぶ
- There's nothing **inside**. 中には何もない.
- Let's look **inside**. 内部をのぞいてみよう.

inside of ~ 《話》~以内に; ~の中に
- **inside of** a week 1週間以内に

—— 前 ~の内側に, ~の内部に
- **inside** the house 家の中に

insight /ínsait インサイト/ 名 (事の真相などを見抜(ぬ)く)眼識, 洞察(どうさつ)力

insist /insíst インスィスト/ 動 言い張る, 主張する; 強く要求する
- He **insists that** he will go there alone. = He **insists on** [**upon**] going there alone. 彼はそこへひとりで行くと言い張る.
- I **insisted that** he (should) come with us. 彼が私たちといっしょに来ることを私は強く要求した. →《米》では should なしで使う. その場合でも動詞は原型のまま.
- You must come with us! I **insist**! 君も私たちといっしょにいらっしゃいよ, ぜひとも!

inspect /inspékt インスペクト/ 動 検査する, 点検する; 視察する

inspection /inspékʃən インスペクション/ 名 検査, 点検; 視察

inspector /inspéktər インスペクタ/ 名
❶ 検査する人, 検査官, 監督(かんとく)官
❷ 《米》警視, 《英》警部

inspiration A2 /inspəréiʃən インスピレイション/ 名 ❶ 霊感(れいかん), インスピレーション, ひらめき

❷ インスピレーションを与(あた)えてくれる人[物]

inspire /inspáiər インスパイア/ 動
❶ 感動[感激]させる, (~するように)励(はげ)ます
❷ 霊感(れいかん)[インスピレーション]を与(あた)える

install /instó:l インストール/ 動 (設備などを)取り付ける; (コンピューターにソフトウェアを)インストールする

instance /ínstəns インスタンス/ 名 事例, 実例, 例; 場合, ケース (case)

for instance たとえば (for example)

instant A2 /ínstənt インスタント/ 形 すぐの, 早速(さっそく)の; (食品など)即席(そくせき)の →名詞の前にだけつける.
- **instant** death 即死(そくし)
- **instant** coffee インスタントコーヒー

—— 名 瞬間(しゅんかん)
- **for an instant** ちょっとの間, 一瞬(いっしゅん)の間
- **in an instant** 直ちに, たちまち
- **this instant** 今すぐに, 今この場で

instantly /ínstəntli インスタントリ/ 副 直ちに, すぐに (at once)

instead 中 A2 /instéd インステド/ 副
❶ (その)代わりに
- If your father cannot go, you may go **instead**. もしお父さんが行けなければ君が代わりに行ってもよい.

❷ (**instead of ~** で) ~の代わりに, ~ではなく, ~はせずに
- You can use a pencil **instead of** a pen. ペンでなく鉛筆(えんぴつ)で書いてもよい.
- I usually listen to the radio, **instead of** watching television. 私はふつうテレビを見ないでラジオを聞きます. →前置詞 of+動名詞 watching (見ること).

instinct /ínstiŋkt インスティンクト/ 名 本能; 天性

instinctive /instíŋktiv インスティンクティヴ/ 形 本能的な, 直感的な

institute /ínstətju:t インスティテュート/ 名 (専門科目を教えたり研究したりする)学校, 研究所, 協会; (理科系の)大学

institution /instətjú:ʃən インスティテューション/ 名 (学校・病院などの)公共社会施設(しせつ)

instruct /instrákt インストラクト/ 動 ❶ 教える (teach) ❷ (人に)指図する, ~しろと言う

instruction /instrákʃən インストラクション/ 名 ❶ 教える[られる]こと, 教育, 授業 ❷ (in-

instructive 330 three hundred and thirty

structions で）命令, 指図; （機械などの）**使用法**
［説明書］

instructive /instráktiv インストラクティヴ/ 形
ためになる, 有益な, 教育的な

instructor /instrÁktər インストラクタ/ 名
❶ 教師, 先生; 教官, 指導員
❷ 《米》（大学の）講師

instrument 中 A2 /ínstrumənt インストルメン
ト/ 名 ❶ （精密な）器具, 道具, 器械
❷ 楽器 **musical instrument** ともいう.

insult /insΛlt インサルト/ 動 侮辱(ぶじょく)する
―― /ínsΛlt インサルト/ （→動詞とのアクセントの位
置の違(ちが)いに注意）名 侮辱

insulting /insΛltiŋ インサるティング/ 形 侮辱(ぶじ
ょく)的な, 無礼な

insurance /inʃú(ə)rəns インシュ(ア)ランス/ 名
保険; 保険金

insure /inʃúər インシュア/ 動 ～に保険をかける

integrate /íntəgreit インテグレイト/ 動 （個々
を）1つに統合する, 総合する

intellect /íntəlekt インテれクト/ 名 理解力, 知
力, 優(すぐ)れた知性

intellectual /intəléktʃuəl インテれクチュアる/
形 知的な, 知性的な, 理知的な
―― 名 知識人, インテリ

intelligence A2 /intélədʒəns インテリチェンス/
名 ❶ 知性, 知能, 頭の良さ, 理解力
• an **intelligence** test 知能テスト
❷ （秘密）情報; 諜報(ちょうほう)機関

intelligent A2 /intélədʒənt インテリチェント/
形 知能の高い, 利口な, 頭がよい

intend /inténd インテンド/ 動 ～するつもりであ
る; 意図する

intense /inténs インテンス/ 形 激しい, 厳しい,
強烈(きょうれつ)な; 熱烈(ねつれつ)な
• **intense** pain 激しい痛み
• **intense** cold 厳しい寒さ
• The cold was **intense**. 寒さは厳しかった.

intensely /inténsli インテンスリ/ 副 強烈(きょう
れつ)に, 激しく; 熱心に

intensive /inténsiv インテンスィヴ/ 形 集中的
な, 強度の 反対語 **extensive** （広範囲(こうはんい)に
わたる）

intention /inténʃən インテンション/ 名 意志,
意図, つもり, 目的

interact /intərækt インタラクト/ 動
❶ 相互(そうご)に作用する, 影響(えいきょう)し合う
❷ ふれ合う, 心を通わせる

interactive /intəræktiv インタラクティヴ/ 形
相互(そうご)に作用し合う; コンピューターと使用者
が互(たが)いに情報交換(こうかん)できる, 双方向(そうほうこ
う)の

interchange /íntərtʃeindʒ インターチェインヂ/
名 インターチェンジ →高速道路の立体式交差点.

interdependent /intərdipéndənt インタデ
ィペンデント/ 形 相互(そうご)に依存(いぞん)し合った

interest A2 /íntərist インタレスト/ （→アクセン
トの位置に注意）名
❶ 興味, 関心, 関心事; （興味を起こさせる）おもし
ろさ
• **with** great **interest** 非常に興味を持って
• **take** (**an**) **interest in** ～ ～に興味を持つ
• I **have** no **interest in** politics. 私は政治
には何の興味も持っていない.
• Baseball is his chief **interest**. 野球が彼
の一番の関心事です.
❷ （**interests** で）利益, 利害（関係）
• the **interests** of humankind 人類の利益
❸ 利子, 利息
―― 動 （人の）興味をかきたてる, （人に）興味を起こ
させる, 興味[関心]を持たせる →**interested**
• His story **interested** her. 彼の話は彼女の
興味をかきたてた.
• She was **interested** by his story. 彼女は
彼の話に興味をかきたてられた.

interested 中 A1 /íntəristid イ
ンタレステド/ （→アクセントの位置に注意）形
❶ （be **interested in** ～ で）～に興味を持っ
ている, ～に関心を持っている; ～に参加する[～を
買う]気にさせられている
• He **is** (very) **interested in** Japanese
history. 彼は日本の歴史に(たいへん)興味があ
る.
• **Are** you **interested in** the book? 君は
その本がおもしろいですか.
• I **am interested in** study**ing** foreign
languages. 私は外国語の勉強に興味がある[勉
強をしたいと思っている]. →前置詞 in＋動名詞
studying (勉強すること).
• I'm more **interested in** literature than
in mathematics. 私は数学よりも文学に興味が
ある.
• He **became** more and more **interest-
ed in** garden**ing**. 彼は園芸にだんだん興味を
持つようになった.

three hundred and thirty-one　331　intervention

- I'm most **interested in** Japanese literature. 私は日本文学に最も興味がある.

❷ 興味を持った, 関心のある

- an **interested** audience 興味を持って聞いている聴衆(ちょうしゅう)

interesting 小 A1 /íntəristiŋ インタレスティング/ 形 (比較級 more interesting; 最上級 most interesting)

おもしろい, 興味深い

✔POINT あるものが人の興味を呼び起こす内容を持っていることをいう.

類似語 **amusing** (おもしろくて笑いを誘(さそ)う), **funny** (滑稽(こっけい)で笑いを誘う)

基本 an **interesting** book おもしろい本 →interesting+名詞.

- an **interesting** idea おもしろい考
- an **interesting** person おもしろい[興味をひく]人

基本 This book is very **interesting**. この本はとてもおもしろい. →be 動詞+interesting.

- That movie was very **interesting** to me. あの映画は私にはとてもおもしろかった.
- Radio is **interesting**, but television is more **interesting**. ラジオはおもしろい, しかしテレビはもっとおもしろい.
- This is the most **interesting** book (that) I have ever read. これは私が今まで読んだうちで一番おもしろい本だ.

interesting　　　amusing
　　　funny

interestingly /íntəristiŋli インタレスティングリ/ 副 おもしろく; 興味深いことに

interfere /ìntərfíər インタふィア/ 動
❶ 邪魔(じゃま)をする, 邪魔になる
❷ 干渉(かんしょう)する, 口出しする

interior /intí(ə)riər インティ(ア)リア/ 形
❶ 内部の, 内側の, 室内の
❷ 海から遠い, 奥地(おくち)の
—— 名 ❶ 内部, 内側; 室内 ❷ 内地, 奥地

interjection /ìntərdʒékʃən インタチェクション/

名 《文法》 間投詞 →ah, oh, alas など.

internal /intə́:rnl インタ〜ヌる/ 形 内の, 内部の
反対語 **external** (外部の)

international 中 A2 /ìntərnǽʃənəl インタナショヌる/ 形 国際的な, 万国(ばんこく)共通の; 国家間の

- an **international** airport 国際空港
- an **international** call 国際電話
- **international** cooperation 国際協力
- an **international** language 国際語 →多くの国の人々がそれを使って共通に理解し合える1つの言語.
- the **International** Date Line 国際日付変更(へんこう)線

internátional schòol 名 インターナショナルスクール →いろいろな国からの生徒を受け入れて教育する学校. ふつうすべての授業を英語で行う.

Internet, internet 中 A1 /íntərnet インタネト/ 名

(ふつう the Internet で) インターネット →国際的コンピューターネットワーク.

- on the **Internet** インターネットに, インターネット上で
- They are on the **Internet** together. 彼らはいっしょにインターネットを使っている.

interpret /intə́:rprit インタ〜プレト/ (→アクセントの位置に注意) 動 ❶ 通訳する
❷ (〜の意味を)解釈(かいしゃく)する, 説明する

interpreter /intə́:rpritər インタ〜プレタ/ 名
❶ 通訳者 ❷ 解釈(かいしゃく)する人, 説明する人

interrupt /ìntərʌ́pt インタラプト/ 動
❶ (人の話・仕事などを)邪魔(じゃま)する, 妨害(ぼうがい)する; (〜に)口をはさむ ❷ (仕事などを)中断する

interruption /ìntərʌ́pʃən インタラプション/ 名
❶ 邪魔(じゃま)(するもの), 妨害(ぼうがい)(すること)
❷ 中断(状態)

interschool /ìntərskú:l インタスクーる/ 形 学校間の, 対校の

intersection /ìntərsékʃən インタセクション/ 名 交差点, 交わる点, 交点

interval /íntərvəl インタヴァる/ (→アクセントの位置に注意) 名 (時間的・空間的)間隔(かんかく), 合間; (2物間の)空間

at intervals 時々 (now and then); ところどころに (here and there)

intervention /ìntərvénʃən インタヴェンション/ 名 間に入る[入られる]こと, 介在(かいざい); 介入(かいにゅう), 干渉(かんしょう)

interview

interview 中 A1 /íntərvjuː インタヴュー/ 名 インタビュー, 会見, 面接
- have an **interview** with ～ ～と面接[会談, 会見]する
— 動 インタビューをする, 面接をする
- I was **interviewed** for a job yesterday. 私は昨日就職のための面接を受けた.

interviewer 中 A1 /íntərvjuːər インタヴューア/ 名 面接する人, インタビュアー; 訪問記者

intimate /íntəmit インティメト/ 形 ❶ 親しい, 親密な, 仲の良い ❷ (知識などが)詳(くわ)しい, 深い

into

into 中 A1 /íntu イントゥ/ 前
❶《内部への動き》〜の中へ →in
中 基本 He came **into** the room. 彼は部屋に入って来た. →into+名詞.
- jump **into** the water 水の中へ飛び込(こ)む
- 反対語 The cat goes **into** the box and the rat comes **out** of it. ネコが箱に入るとネズミはその箱から飛び出る.
❷《変化》(〜の状態)に
- cut an apple **into** four (parts) リンゴを4つに切る
- The rain changed **into** snow. 雨は雪になった.
- The vase broke **into** pieces. 花瓶(かびん)は割れて粉々になった.
- Heat turns [changes] water **into** steam. 熱は水を蒸気に変える.
- Grapes are made **into** wine. ブドウは加工されてワインになる.
- Put these sentences **into** Japanese. これらの文を日本語にせよ[和訳せよ].

be [*get*] *into* ～《話》〜に夢中である[夢中になる]
- I'm really **into** surfing. 私はサーフィンに夢中です.

intonation /ìntənéiʃən イントネイション/ 名 (声の)抑揚(よくよう), 音調, イントネーション

introduce

introduce 中 A1 /ìntrədjúːs イントロデュース/ 動 (三単現 **introduces** /ìntrədjúːsiz イントロデューセズ/; 過去・過分 **introduced** /ìntrədjúːst イントロデュースト/; -ing形 **introducing** /ìntrədjúːsiŋ イントロデュースィング/)

into 中 A1 /イントゥ/

基本の意味

「〜の中で」を表す in と「〜へ」を表す to が合わさり, 境界のある空間の中に向かっていくことが基本の意味(❶). 比ゆ的に, ある状態に向かって変化することも表す(❷).

イメージ

〜の中へ

 教科書によく出る **使い方**

❶ The boy jumped **into** the pool. その少年がプールに飛び込んだ.
❷ This machine turns sea water **into** pure water. この機械は海水を真水に変えてくれます.

invite

❶ 紹介(しょうかい)する, 引き合わせる
基本 **introduce** him 彼を紹介する →introduce+(代)名詞.
基本 **introduce** him to her 彼を彼女に紹介する →introduce A to B は「AをBに紹介する」.
・May I **introduce** myself? (私は自分自身を紹介してもいいですか ⇨)自己紹介をさせていただきます.
・Miss Smith, **may I introduce** my friend Sam Brown? スミスさん, 私の友人のサム・ブラウンをご紹介したいのですが[こちらが友人のサム・ブラウンです].
・This book **introduces** you **to** Islam. (この本は君をイスラムに引き合わせる ⇨)この本は君にイスラムがどんなものか教えてくれる.
・He **introduced** me **to** tennis. (彼は私をテニスに紹介した ⇨)彼は私にテニスの手ほどきをしてくれた.
・He **is introducing** the guests **to** each other. 彼はお客たちを互(たが)いに引き合わせている. →現在進行形の文. →**is** [助動] ❶
❷ 初めて伝える, 導入する
・Coffee was **introduced into** Japan in the 18th century. コーヒーは18世紀に日本に入ってきた. →受け身. →**was** [助動] ❷

introduction /ìntrədʌ́kʃən イントロダクション/ [名] ❶ 紹介(しょうかい)(すること・されること); 導入 ❷ (本・論文などの)序文, 前置き; 入門書

Inuit /ínuit イヌイト/ [名] ❶ イヌイット人 →北米大陸の最北端(たん)に住む種族の人. かつては **Eskimo** と呼ばれていた. →**Eskimo**
❷ イヌイット語
── [形] イヌイットの; イヌイット語の

invade [A2] /invéid インヴェイド/ [動] 侵略(しんりゃく)する, 侵入(しんにゅう)する

invasion /invéiʒən インヴェイジョン/ [名] 侵略(しんりゃく)(すること・されること), 侵入(しんにゅう); 侵害(しんがい)

invent 中 [A2] /invént インヴェント/ [動] 発明する, 考え出す 関連語「発見する」は **discover**.
・**invent** a new machine 新しい機械を発明する
・Who **invented** the telephone? 誰(だれ)が電話を発明したのですか.
・The telephone **was invented** by Alexander Graham Bell. 電話はアレクサンダー・グラハム・ベルによって発明されました. →**was** [助動] ❷

invention [A2] /invénʃən インヴェンション/ [名] 発明; 発明品 関連語「発見」は **discovery**.
・the **invention** of television テレビの発明
ことわざ Necessity is the mother of **invention**. 必要は発明の母である. →「発明は必要から生まれる」の意味.

inventor /invéntər インヴェンタ/ [名] 発明者

invest /invést インヴェスト/ [動] (お金・時間などを)つぎ込(こ)む, 投資する

investigate /invéstəgeit インヴェスティゲイト/ [動] (徹底(てってい)的に)調べる, 調査する

investigation /investəgéiʃən インヴェスティゲイション/ [名] (徹底(てってい)的な)調査, 取り調べ

invisible /invízəbl インヴィズィブる/ [形] 目に見えない 反対語 **visible** (目に見える)

invitation /ìnvətéiʃən インヴィテイション/ [名] 招待; 招待状 関連語「招待する」は **invite**.
・Thank you very much for your kind **invitation**. ご親切なご招待[お招きくださいまして]どうもありがとうございます.
・I've received an **invitation to** the wedding. 結婚(けっこん)式への招待状をいただきました.

invitátion càrd [名] 招待状

invite 中 [A2] /inváit インヴァイト/ [動] (三単現 **invites** /inváits インヴァイツ/; 過去・過分 **invited** /inváitid インヴァイテド/; -ing形 **inviting** /inváitiŋ インヴァイティング/)
❶ 招待する, 招く
関連語「招待」は **invitation**.
基本 **invite** a friend to dinner 友人を食事に招待する →invite A to B は「AをBに招待する」.
・She always **invites** me **to** dinner on her birthday. 彼女は誕生日にはいつも私を食事に招待してくれる.
・They **invited** me **to** the party. 彼らは私をパーティーに招待してくれた.
・I **was invited to** a party at Jim's (home). 私はジムのうちのパーティーに招かれた. →受け身の文. →**was** [助動] ❷
・He is one of the **invited** guests. 彼も招待客の1人です. →invited (招待された～)は過去分詞が形容詞的に使われたもの.
・Thank you very much for **inviting** me. ご招待いただき本当にありがとうございま

involve 334 three hundred and thirty-four

す. →前置詞 for＋動名詞 inviting (招待すること).

❷ 誘(さそ)う，(丁寧(ていねい)に人に)頼(たの)む；(危険などを)招く

• We **invited** her **to** join our club. 私たちは彼女に私たちのクラブに入るように誘った.

• Driving (when you are) drunk [Drunk driving] is **inviting** disaster. 酔(よ)っている時車を運転することは惨事(さんじ)を招くことになる. → inviting (招くこと)は動名詞.

involve /inválv インヴァルヴ/ 動 ❶ (陰謀(いんぼう)・不幸などに)(人を)巻き込(こ)む，関わらせる

❷ 含(ふく)む (include)；(必然的に)伴(ともな)う

inward /ínwərd インワド/ 形 内部の，内側(へ)の 反対語 **outward** (外側の，外側へ)

—— 副 内側へ，内部へ

inwards /ínwərdz インワツ/ 副 《主に英》＝ inward

Iowa /áiəwə アイオワ/ 固名 アイオワ →米国中部の州. Ia., (郵便で) IA と略す.

Iran /iráen イラン/ 固名 イラン →西アジアの共和国. 首都はテヘラン (Teheran). 公用語はペルシャ語.

Iraq /irá:k イラーク/ 固名 イラク →西アジアの共和国. 首都はバグダッド (Baghdad). 公用語はアラビア語.

Iraqi /irá:ki イラーキ/ 形 イラクの；イラク人[語]の →**Iraq**

—— 名 イラク人

Ireland /áiərlənd アイアランド/ 固名

❶ アイルランド島 →Great Britain 西方の島で，北部は英国の一部，南部は「アイルランド共和国」. the Emerald Isle /アイる/ (エメラルド島)の別名がある.

❷ アイルランド共和国 →正式名 the Republic of Ireland. アイルランド島の約6分の5を占(し)める共和国(島の北部約6分の1は英国に属する「北アイルランド」). 首都はダブリン (Dublin). 公用語は英語とアイルランド語.

iris /áiəris アイ(ア)リス/ 名 ❶ (植物) アイリス →アヤメの類の植物. ❷ (眼球の)虹彩(こうさい) →目に入る光の量を調節する.

Irish /ái(ə)riʃ アイ(ア)リシュ/ 形 アイルランドの；アイルランド人[語]の

—— 名 ❶ アイルランド語 ❷ (the Irish で) アイルランド人(全体)

Irishman /ái(ə)riʃmən アイ(ア)リシュマン/ 名 (複 **Irishmen** /ái(ə)riʃmən アイ(ア)リシュマン/)

アイルランド人 →ふつう男性を指す.

Irishwoman /ái(ə)riʃwumən アイ(ア)リシュウマン/ 名 (複 **Irishwomen** /ái(ə)riʃwimin アイ(ア)リシュウィメン/) (女性の)アイルランド人

iron /áiərn アイアン/ 名 ❶ 鉄

• Steel is made from **iron**. はがねは鉄から造られる. →×an iron, ×irons としない.

ことわざ Strike while the **iron** is hot. 鉄は熱いうちに打て. →「何事をするにも時機を失ってはいけない」の意味.

❷ アイロン，こて

—— 形 鉄の(ような)，鉄製の

• an **iron** gate 鉄の扉(とびら)

• an **iron** will 鉄のように堅(かた)い意志

—— 動 アイロンをかける →一般(いっぱん)的には **press** という.

• **iron** a shirt シャツにアイロンをかける

irony /ái(ə)rəni アイ(ア)ロニ/ 名 (複 **ironies** /ái(ə)rəniz アイ(ア)ロニズ/) 皮肉

irregular /irégjulər イレギュら/ 形 不規則な，でこぼこの 反対語 **regular** (規則的な)

irreplaceable /iripléisəbl イリプれイサブる/ 形 取り替えられない；かけがえのない

irrigation /irigéiʃən イリゲイション/ 名 ❶ (土地の)かんがい ❷ (傷口などの)洗浄(せんじょう)

irritate /írəteit イリテイト/ 動 いらいらさせる，怒(おこ)らせる (make ~ angry)；ひりひりさせる

is 小 A1 /弱 iz イズ, 強 iz イズ/

動	❶ ~である
	❷ (~に)いる，ある
助動	❶ (is *doing* で) ~している；~しようとしている
	❷ (is＋過去分詞で) ~される

意味map

—— 動

過去	**was** /弱 wəz ワズ, 強 wáz ワズ/
過分	**been** /弱 bin ビン, 強 bí:n ビ(ー)ン/
-ing形	**being** /bí:iŋ ビーインヶ/

❶ ~である →is は主語が3人称(しょう)単数の時の be の現在形.

中 基本 This **is** my sister. Her name **is** Mary. She **is** ten. これが私の妹です. 妹の名前はメアリーです. メアリーは10歳(さい)です. →3人称単数の(代)名詞＋is＋名詞[形容詞].

• Today **is** Sunday. きょうは日曜です.

• The sky **is** blue. 空は青い(です).

• When he **is** sick, he will see a doctor. 彼は病気になったら医者に行くでしょう. →

When he is sick は未来のことを言っているが, このような副詞節では現在形を使う. ×When he *will be* sick としない.

基本 **Is** that your bicycle? あれは君の自転車ですか. →Is＋3人称単数の(代)名詞＋名詞[形容詞]?. That is your bicycle. (あれは君の自転車です)の疑問文.

基本 This **is** not my bicycle. これは私の自転車ではない. →3人称単数の(代)名詞＋is not＋名詞[形容詞]. This is my bicycle. (これは私の自転車です)の否定文. is not は話し言葉ではしばしば **isn't** と縮められる.

会話 What's (＝What is) this? Is it a rope?—No! It **isn't** a rope. It's a snake! これは何だ. ロープかな.—違(ちが)う! ロープじゃない. それはヘビだよ!

- It's (＝It is) a lovely day, **isn't** it? いいお天気ですね. →It は漠然(ばくぜん)と「天候」を表す. isn't it? は「ね」と念を押(お)す言い方. この場合 ×*is not* it? としない.

❷ (〜に)**いる, ある** →**there** ❷

基本 He **is** in his room. 彼は自分の部屋にいる. →3人称単数の(代)名詞＋is＋場所を示す副詞(句).

- The cat **is** on the roof. そのネコは屋根の上にいる.
- The bag **is** under the table. そのかばんはテーブルの下にあります.

Is your father at home?—No, he **is** not (at home). He's (＝He **is**) at his office.
お父さんはご在宅ですか.—いいえ, (うちに)いません. 父は会社にいます.

- 会話 Tom Hanks **is** in town.—Oh, **is** he? トム・ハンクスが町に来てるよ.—へえ, そうなんだ. →あいづちを打つ用法.

—— 助動 ❶ (**is** *doing* で) **〜している**;《近い未来》**〜しようとしている** →現在進行形.

会話 What **is** Bob do**ing**?—He is writ**ing** a letter. ボブは何をしていますか.—(彼は)手紙を書いています.

- Mary **is** leav**ing** Japan next week. メアリーは来週日本をたちます. →go (行く), come (来る), leave (出発する), arrive (着く)など「行く・来る」の意味を表す動詞の現在進行形はしばし

ば「近い未来」を表す.
❷ (**is**＋過去分詞で) **〜される**

文法 ちょっとくわしく
Ken **loves** Mary. (ケンはメアリーを愛している)のように, 主語(＝ケン)がある働きかけをする(＝愛する)時の動詞の形を**能動態**(のうどうたい)という (「能動」とは「働きかける」の意味).
これに対して, Mary **is loved** by Ken. (メアリーはケンに愛されている)のように, 主語が他の人の働きかけを受ける(＝愛される)時の動詞の形を**受動態**(じゅどうたい)または**受け身**という.

- He **is** loved by everybody. 彼はみんなに愛されている.
- Wine **is** made from grapes. ワインはブドウから造られる.

❸ (**is to** *do* で) **〜する[になる]ことである; 〜すべきである, 〜することになっている**

- My wish **is to** be an actress. 私の望みは女優になることです.
- He **is to** arrive tomorrow. 彼は明日着くことになっている.

Islam /islάːm イスラーム, ízlɑːm イズラーム/ 名
❶ **イスラム(教)** →回教などとも呼ばれる. キリスト教, 仏教と並ぶ世界最大の宗教の1つ. →**Muhammad**
❷《集合的に》**イスラム教徒**

Islamic /islǽmik イスラミク, izlǽmik イズラミク/ 形 **イスラム(教)の**

island 小 A1 /áilənd アイランド/ (→s は発音しない) 名 島

- a desert **island** 無人島
- an **island** country 島国

isle /áil アイる/ 名 島 (island)
- the British **Isles** イギリス諸島 →このようにふつう固有名詞に使う.

isn't /íznt イズント/《話》**is not** を短くした形
会話 **Isn't** she a student here?—No, she **isn't**. 彼女はここの生徒ではありませんか.—いいえ, 違(ちが)います.

- This is your book, **isn't** it? これは君の本だね. →isn't it? は「ね」と念を押(お)す言い方. この場合は ×*is not* it? としない.

isolate /áisəleit アイソれイト/ 動 **離**(はな)**す, 孤立**(こりつ)**させる**

Israel

Israel /ízriəl イズリエる/ízreiəl イズレイる/ 固名
イスラエル共和国 → 地中海東海岸沿いの国. 首都はエルサレム (Jerusalem). 公用語はヘブライ語とアラビア語. →**Palestine**

Israeli /izréili イズレイリ/ 形 **イスラエルの**; イスラエル人の
── 名 イスラエル人

issue 中 A2 /íʃuː イシュー/ 動 (出版物・切手などを)**発行する**; (命令などを)**出す, 発表する**
── 名 ❶ **発行**; (発行された)**号, 版**
• the May **issue** of the magazine その雑誌の5月号
❷ **問題(点), 争点, 論点**

Istanbul /istænbúːl イスタンブーる/ 固名 **イスタンブール** → アジアとヨーロッパの接点ボスポラス海峡(かいきょう)をまたぐトルコ最大の都市. もとはコンスタンティノープル, さらにその前はビザンティウムと呼ばれた.

isthmus /ísməs イスマス/ 名 **地峡**(ちきょう)

IT /àití アイティー/ 略 **情報工学, 情報技術** → information technology.

it 小 A1 /it イト/ 代 (複 **they** /ðei ぜイ/ (主格), **them** /ðəm ぜム/ (目的格))
❶ **それは, それが** → 3人称(しょう)単数の主格.
関連語 **its** (それの), **they** (それらは[が])

itの変化

	単数形	複数形
主格	**it** (それは[が])	they (それらは[が])
所有格	**its** (その)	their (それらの)
目的格	**it** (それを[に])	them (それらを[に])
所有代名詞	―	theirs (それらのもの)

中基本 I have a bicycle. **It** (= The bicycle) is a new bicycle. 私は自転車を持っています. それは新しい自転車です. → It は文の主語.

会話 What is that? Is **it** (=that) a rope? ─No, **it** isn't. **It**'s (=**It** is) a snake. あれは何ですか. (それは)ロープですか. ─いいえ, 違(ちが)います. ヘビです.

POINT it は非常に軽い言葉で, 何を指しているかが明らかな時は日本語に訳さないほうがよい.

It's a snake.

• Who is **it**?─**It**'s me. 誰(だれ)ですか. ─私です.
POINT 「人間」であっても, それが誰であるかわからない時は it を使う.

❷ **それを, それに, それ** → 3人称単数の目的格.
中基本 I have a bicycle. I like **it** (=the bicycle) very much. 私は自転車を持っています. 私はそれがとても気に入っています.
• I opened the box and found a pretty doll in **it** (=the box). 箱を開けたらその中にかわいい人形が入っていた[入っていることに気づいた].

So this is Nara. **It**'s more peaceful than Kyoto, isn't **it**?─Yes. I love **it** here.
じゃ, ここが奈良ですね. 奈良のほうが京都よりのんびりしていますね. ─ええ, 私はここが大好きです.
→ here は it (=Nara) を補足する形で添(そ)えられたもの.

❸ 《漠然(ばくぜん)と「**天候・気温**」「**時間**」「**距離**(きょり)」などを表して》→日本語には訳さない.
• **It** is very cold today. きょうはひどく寒い.
→ It は漠然と「気温」を表す.
• **It** rained very hard. ひどく雨が降った. →
It は漠然と「天候」を表す.

What time is **it** now?─**It** is just five o'clock.
今何時?─ちょうど5時です.
→ it, It は漠然と「時間」を表す.
How far is **it** from here to the sea? ─**It** is about ten miles.
ここから海までどのくらい(遠い)ですか. ─約10マイルです.

three hundred and thirty-seven　337　**ivy**

➡ it, It は漠然と「距離」を表す.

❹ (あとに来る **to** *do*, *do***ing**, または **that ～**
を受けて)

💡**POINT** この it は形式的な主語(最初の３例)また
は目的語(最後の例)で, 本当の主語や目的語はあ
とに続く to *do*, *do***ing**, that ～ など.

•**It** is good to get up early in the morn-
ing. 朝早く起きることはよい. ➡It=不定詞 to
get up (起きること)以下.

•**It** was nice of her to take care of my
baby. 彼女は親切にも私の赤ちゃんの面倒をみ
てくれた. ➡前の her は不定詞 to take care
(面倒をみること)の意味上の主語 (=彼女が面倒を
みる). 「彼女は親切にも～した」を ×*She was
nice* to take care ～ としない.

•**It** is important that we study science.
私たちが理科を勉強することは重要です. ➡It=
that 以下.

•I think **it** easy for you to solve this
problem. 君がこの問題を解くのは簡単だと思
うよ. ➡it=to solve 以下.

—— 图 (鬼(おに)ごっこなどの)**おに**

•Let's play hide-and-seek. I'll be "**it**."
かくれんぼをしよう. 私が「おに」になるよ.

Italian /itǽljən イタリャン/ 图 **イタリアの; イ
タリア人の, イタリア語の**

—— 图 ❶ **イタリア語** ❷ **イタリア人**

Italy 小 /ítəli イタリ/ 图 ➡アクセントの位置に注
意) 固名 **イタリア** ➡地中海に面したヨーロッパ
南部の共和国. 首都はローマ (Rome). 公用語は
イタリア語.

itch /ítʃ イチ/ 图 **かゆみ**

—— 動 **かゆい**

itchy /ítʃi イチ/ 形 (比較級 **itchier** /ítʃiər イ
チア/; 最上級 **itchiest** /ítʃiist イチエスト/)
かゆい, むずむずする ➡itch+-y.

•I feel **itchy** all over. 私は体じゅうがかゆ
い.

item 🅰🅰 /áitəm アイテム/ 图

❶ **項目(こうもく), 品目** ❷ (新聞の中の１つの)**記事**

it'll /itl イトる/ **it will** を短くした形

•**It'll** be very cold tomorrow. 明日はとて
も寒いでしょう. ➡It は漠然(ばくぜん)と「気温」を表

す.

its 小 🅰🅰 /its イツ/ 代

その, それの ➡it の所有格. ➡it

関連語 **their** (それらの)

•This is my dog. **Its** (=My dog's) name
is Kuro. これは私の犬です. その名前はクロで
す.

•The bird is in **its** nest. 鳥は自分の巣の中
にいる.

•The river overflowed **its** banks. 川があ
ふれてその両岸の堤(つつみ)を越(こ)えた.

it's /its イツ/ **it is**, **it has** を短くした形

•**It's** (=It is) mine. それは私のです.

•**It's** (=It has) **been done** already. それ
はもうなされた[できた]. ➡現在完了(かんりょう)の受
け身の文.

itself 🅰🄰 /itsélf イトセるふ/ 代 (徼 **them-
selves** /ðəmsélvz ゼムセるヴズ/)

❶ **それ自身を[に], それ自身**

関連語 **themselves** (それら自身を[に, で]) ➡
oneself

•The baby hurt **itself**. その赤ん坊(ぼう)は(そ
れ自身を傷つけた ⇨)けがをした.

❷ (直前の語を強めて)**それ自身**

•The story **itself** is not so interesting.
話そのものは大しておもしろくない.

by itself **それだけ別に離(はな)れて, それだけで;
ひとりでに**

•The house stands **by itself**. その家は一
軒(けん)だけぽつんと建っています.

•The door locks **by itself**. そのドアはひと
りでに鍵(かぎ)がかかります[オートロックです].

in itself **本来; それだけで**

of itself **ひとりでに, 自然に** ➡by itself のほ
うがふつう.

I've /áiv アイヴ/ **I have** を短くした形

•**I've** done it. 私はそれをしました. ➡現在完
了(かんりょう)の文.

ivory /áivəri アイヴォリ/ 图 (徼 **ivories**
/áivəriz アイヴォリズ/) **象牙(ぞうげ); 象牙色**

—— 形 **象牙の(ような); 象牙色の**

ivy /áivi アイヴィ/ 图 (徼 **ivies** /áiviz アイヴィズ/)
(植物) **ツタ**

J j

J, j /dʒéi チェイ/ 名 (複 **J's, j's** /dʒéiz チェイズ/) ジェイ → 英語アルファベットの10番目の文字.

jack /dʒǽk チャク/ 名 ❶ ジャッキ → 家屋の一部や自動車などを持ち上げる手動の万力. ❷ (トランプの)ジャック ❸ (**jacks** で) ジャックストーンズ → お手玉に似た女の子の遊び.

jacket 中 A1 /dʒǽkit チャケト/ 名
❶ ジャケット, ジャンパー; (腰(こし)までの)上着 → 長い上着は **coat**.
❷ (本・レコードの)カバー, ジャケット → 英語の **cover** は本そのものの「表紙」, **jacket** はその上にかぶせるもの.

jacket

jack-in-the-box /dʒǽkinðəbɑks チャキンザバクス/ 名 びっくり箱

jack-o'-lantern /dʒǽkəlæntərn チャコランタン/ 名 カボチャちょうちん → カボチャの中をくり抜(ぬ)いて目・鼻・口の穴をあけ, 中にろうそくをともした滑稽(こっけい)なちょうちん. 米国でハロウィーンに子供が作って遊ぶ. → **Halloween**

jaguar /dʒǽgwɑːr チャグワー/ 名 (動物)ジャガー, アメリカヒョウ

jail /dʒéil チェイる/ 名 刑務(けいむ)所, 留置場

Jakarta /dʒəkɑ́ːrtə チャカータ/ 固名 ジャカルタ → インドネシア共和国の首都.

jam¹ 小 A2 /dʒǽm チャム/ 名 ジャム
• strawberry **jam** イチゴジャム

jam² /dʒǽm チャム/ 動 (三単現 **jams** /dʒǽmz チャムズ/; 過去・過分 **jammed** /dʒǽmd チャムド/; -ing形 **jamming** /dʒǽmiŋ チャミンヶ/)

❶ (狭(せま)い所に)押(お)し込む, 突(つ)っ込む; いっぱいにする; 押し寄せる
• **jam** books **into** a bag かばんに本をぎゅうぎゅう詰(つ)め込む
• **jam** the stadium (人々が)スタジアムを埋(う)める

❷ (機械などが詰まって)動かなくなる; 動かなくする
• Every time I use this printer, it **jams** (up). 私がこのプリンターを使うたびに, 毎回紙詰まりで動かなくなる.

── 名 詰まって動かない状態, 渋滞(じゅうたい)
• My car was caught in a traffic **jam**. 私の車は交通渋滞に巻き込まれてしまった.

Jan. 略 =**January** (1月)

janitor /dʒǽnitər チャニタ/ 名 (ビル・学校などの)管理人 (**custodian**) → 建物の見回り・保全・掃除(そうじ)などをする.

January 小 A1 /dʒǽnjueri チャニュエリ|dʒǽnjuəri チャニュアリ/ 名

1月 → **Jan.** と略す. 詳(くわ)しい使い方は → **June**
• in **January** 1月に
• on **January** 15 (読み方: (the) fifteenth) 1月15日に

> 語源 (January)
> ラテン語で「ヤヌス (Janus) の月」の意味. ヤヌスはローマ神話に登場する「門の守護神」で前と後ろに顔を持っている.

Japan 小 /dʒəpǽn チャパン/ 固名
日本

POINT 中国語読みの Jih (日) -pun (本)から. 小文字で **japan** は「漆(うるし), 漆器(しっき)」の意味.
• **Japan's** reputation 日本の評判 → Japan's (日本の)は Japan を擬人化(ぎじんか)していう時の言い方.
• **Japan**-U.S. trade 日米貿易

Japán Cúrrent 固名 (**the** をつけて) 日本海流, 黒潮

three hundred and thirty-nine　339　**jeweller**

Japanese 小 /dʒæpəníːz チャパニーズ/ 形 日本の; 日本人の, 日本語の

- I'm **Japanese**. 私は日本人です. →「日本人」という名詞形を使って I'm a Japanese. というよりもふつうの言い方.
- They are **Japanese** tourists. 彼らは日本人観光客です.

—— 名 (複) **Japanese**)

❶ 日本語; (教科の) 国語
- a **Japanese**-English dictionary 和英辞典
- Tom speaks **Japanese** very well. トムは日本語をとても上手に話す.
- **Japanese** is my favorite subject. 国語は私の大好きな教科です.

❷ 日本人 →複数も **Japanese**.
- a **Japanese** 1人の日本人
- two **Japanese** 2人の日本人
- the **Japanese** 日本人(全体)

Japanese-American /dʒæpəníːz ə-mérikən チャパニーズ アメリカン/ 形 日米間の (Japan-U.S.)

—— 名 日系アメリカ人

jar /dʒɑ́ːr チャー/ 名 (食物を入れる広口の)つぼ, かめ, 瓶(びん) 類似語 液体を入れる細長い口の「瓶」は **bottle**.

jasmine /dʒǽzmin チャズミン/ 名 (植物)ジャスミン, ソケイ

Java /dʒɑ́ːvə チャーヴァ/ 固名 ジャワ →インドネシア共和国の主島. この島に首都ジャカルタ (Jakarta) がある.

jaw /dʒɔ́ː チョー/ 名 あご 関連語 chin (あご先)

jazz /dʒǽz チャズ/ 名 (音楽)ジャズ

jealous /dʒéləs チェラス/ (→ea というつづり字はしばしば /e エ/ と発音する) 形 妬(ねた)んだ; 嫉妬(しっと)深い

jealousy /dʒéləsi チェラスィ/ 名 妬(ねた)み; 嫉妬(しっと)

jeans A1 /dʒíːnz チーンズ/ 名 (複)

❶ ジーンズ(のズボン), ジーパン
- a pair of **jeans** ジーンズ1本
❷ (jean で) デニム生地, ジーンズ →ジーパンなどに使われる丈夫な木綿(もめん)生地(きじ). この意味では単数扱(あつか)い.

jelly A2 /dʒéli チェリ/ 名 (複) **jellies** /dʒéliz チェリズ/) 寒天, ゼリー; ゼリー菓子(がし)

jellyfish /dʒélifiʃ チェリふィシュ/ 名 クラゲ →複数形については →**fish**

Jenner /dʒénər チェナ/ 固名 (**Edward Jenner**) エドワード・ジェンナー →英国の医師 (1749–1823). 種痘(しゅとう)法を発明して天然痘(とう)の予防に成功した.

jerk /dʒɔ́ːrk チャーク/ 動 急に動かす[引っ張る]; ぐいと動く, がたごと動く

—— 名 急に動かす[引っ張る・動く]こと

jerky /dʒɔ́ːrki チャーキ/ 名 (米)ジャーキー →牛などの肉を乾燥させたもの.

jersey /dʒɔ́ːrzi チャーズィ/ 名 (運動選手・船員などが着る)セーター, ジャージー

Jerusalem /dʒərúːsələm チェルーサれム/ 固名 エルサレム →ユダヤ教徒, キリスト教徒, イスラム教徒などの聖地. イスラエル共和国の首都.

Jesus /dʒíːzəs チーザス/ 固名 イエス, イエズス →プロテスタントでは「イエス」, カトリックでは「イエズス」という. キリスト教の開祖. Christ (救世主)をつけて **Jesus Christ** (イエス・キリスト)とも呼ばれる.

Jésus Chríst 固名 イエス・キリスト

> 参考 キリスト教の開祖. 西暦(せいれき)紀元はイエスの誕生を基点としている (→**B.C.**). ユダヤの国(現在のイスラエル共和国)に生まれ, 30歳(さい)頃(ごろ)から神の国の教えを述べ始め, 3年後に十字架(か)にかかって死に, 3日目によみがえったと伝えられている.

jet 小 A1 /dʒét チェト/ 名

❶ (ガス・液体などの)噴射(ふんしゃ)
❷ ジェット機 →**jet plane** ともいう.
- a private **jet** 自家用ジェット機

jét làg 名 時差ぼけ

Jew /dʒúː チュー/ 名 ユダヤ人, ユダヤ教徒

> 参考 紀元前10世紀頃(ごろ)イスラエルが南北に分裂(ぶんれつ)した時の南の王国がユダ国で, その国の人を「ユダヤ人」と呼んだのが始まり. 古くからヨーロッパ各地で迫害(はくがい)を受け, 金貸しなど限られた仕事しか許されなかったが, そのせいで **Jew** という言葉には「強欲(ごうよく)な人, けちんぼう」という差別的なイメージがつくことになった.

jewel /dʒúːəl チューэる/ 名 宝石

jeweler /dʒúːələr チューエら/ 名 宝石商, 貴金属商

jeweller /dʒúːələr チューエら/ 名 (英) =

jewellery 340 three hundred and forty

jeweler

jewellery /dʒúːəlri チューエるリ/ 名 《英》＝
jewelry

jewelry A1 /dʒúːəlri チューエるリ/ 名
《集合的に》宝石類, 貴金属の装身具
関連語 個々の「宝石」は a jewel, a gem.

Jewish /dʒúːiʃ チューイシュ/ 形 ユダヤ人(Jew)
の, ユダヤ教の

jigsaw /dʒíɡsɔː ヂグソー/ 名 ジグソーパズル
→ jigsaw puzzle ともいう.

jingle 小 /dʒíŋɡl ヂングる/ 動 (鈴(すず)・コインな
どが)チリンチリンと鳴る
•**Jingle**, bells. 鈴よ, 鳴れ.
―― 名 チリンチリンと鳴る音

Joan of Arc /dʒóun əv áːrk ヂョウン オヴ アー
ク/ 固名 ジャンヌ・ダルク → フランスの農夫の
娘(むすめ) (1412-31)で, 百年戦争の時陣頭(じんとう)
に立ってイギリス軍を破り, 国難を救ったが, 後に
捕(と)らえられて火あぶりの刑に処せられた.

job 小 A1 /dʒáb ヂャブ|dʒɔ́b ヂョブ/ 名

❶ 職, 勤め口, 仕事
•**get** a **job** 職を得る, 就職する
•**lose** a **job** 職を失う, 失業する
•He is **out of a job** and goes out to
look for one (＝a job) every day. 彼は失
業中で, 毎日仕事を探しに出かける.

❷ (なすべき)務め, 作業, 仕事
•Uncle Sam's job is painting signs and
he always does a good **job**. サムおじさん
の仕事は看板を描(か)くことで, いつも上手にやりま
す. → 最初の job は ❶ の意味.
•(You did a) Good **job**! (いい仕事をした
⇨)よくやった[でかした].

jockey /dʒáki ヂャキ/ 名 (競馬の)騎手(きしゅ)

jog /dʒáɡ ヂャグ/ 動 (三単現 **jogs** /dʒáɡz ヂャ
グズ/; 過去・過分 **jogged** /dʒáɡd ヂャグド/;
-ing形 **jogging** /dʒáɡiŋ ヂャギング/)
ゆっくり走る, ジョギングする
•He is **jogging** around the park. 彼は公
園の周りをジョギングしている.

John Bull /dʒán búl ヂャン
ブる/ 固名 ジョン・ブル → 英国
人または英国民の愛称. → **Un-
cle Sam**

join 小 A1

/dʒɔ́in ヂョイン/ 動

❶ 参加する, (仲間に)入る, 〜といっしょになる
•**join** a party パーティーに参加する
•We are going on a picnic tomorrow.
Won't you **join** us? 私たちはあしたピクニッ
クに行きます. 君も(私たちといっしょに)参加しま
せんか.
•John **joined** our tennis club. ジョンは私
たちのテニス部に入った.
•Girl students are **joining** the judo
club. 女子生徒たちが柔道(じゅうどう)部に入りだし
ている.

❷ つなぐ, 〜と結合する, 〜と合わせる; つながる
•**Join** this **to** [**on**] that. これをそれにつなぎ
なさい.
•We are **joined in** firm friendship. 我々
は堅(かた)い友情でつながれている. → **are** 助動
❷
•We all **joined** hands in a circle. 私たち
はみんな丸くなって手をつないだ.
•The two roads **join** here. その2本の道路
はここでつながる.

join in 仲間に加わる, 参加する

joint /dʒɔ́int ヂョイント/ 名
❶ つぎ目
❷ (体の)関節
―― 形 共同の; 共有の

joke A2 /dʒóuk ヂョウク/ 名 冗談(じょうだん), しゃ
れ
•tell [make] a **joke** 冗談を言う
•as a **joke** 冗談(のつもり)で
•It's no **joke**. それは冗談事ではない.

play a joke on 〜 〜をからかう
―― 動 冗談を言う

joker /dʒóukər ヂョウカ/ 名
❶ (トランプの)ジョーカー
❷ 冗談(じょうだん)を言う人

jolly /dʒáli ヂャリ/ 形 (比較級 **jollier** /dʒáliər
ヂャリア/; 最上級 **jolliest** /dʒáliist ヂャリエスト/)
楽しい, 愉快(ゆかい)な, すてきな

journal /dʒə́ːrnl ヂャ〜ヌる/ 名 ❶ 新聞; 雑誌
❷ 日記, 日誌

journalism /dʒə́ːrnəlizm ヂャ〜ナリズム/ 名
ジャーナリズム → 新聞・雑誌・テレビ・ラジオなど
の報道業.

journalist /dʒə́ːrnəlist ヂャ〜ナリスト/ 名 新聞
[雑誌・報道]記者, ジャーナリスト

journey A2 /dʒə́ːrni ヂャ〜ニ/ 名 旅行 →
travel 類似語

three hundred and forty-one　341　**jump**

- go on a **journey** 旅行に行く
- set out on [start on] a **journey** 旅行に出発する
- They are now on a car **journey** from Paris to Rome. 彼らは今パリからローマへ車で旅行中です.
- He is going to **make a journey** to Africa. 彼はアフリカへ旅行するつもりです.

joy 中 A2 /dʒɔ́i チョイ/ 名 喜び, うれしさ; 喜びを与(あた)えるもの, 喜びの種

- We were filled with **joy** when we heard the news. その知らせを聞いた時, 私たちは喜びに満たされた.
- His visit was a **joy** to us. 彼の訪問は私たちにとってうれしい事でした.

for [*with*] *joy* うれしさのあまり, うれしくて
- jump **for joy** うれしくて小躍(こおど)りする

to A's joy （Aが)喜んだことには, （Aが)うれしいことには
- **To** my great **joy**, he succeeded at last. （私が)とてもうれしいことに, ついに彼は成功した.

joyful /dʒɔ́ifəl チョイふる/ 形 うれしい, 喜ばしい, 楽しい →**happy** よりも少し改まった語.

Jr., jr. 略 = junior (息子(むすこ)のほうの) 関連語 **Sr(.), sr(.)** (父親のほうの)

judge A1 /dʒʌ́dʒ チャヂ/ 名
❶ 裁判官, 判事
❷ (競技会などの)審判(しんぱん)員, 審査(しんさ)員 → **referee, umpire**
❸ (物の)よしあしのわかる人
- My aunt is a good **judge** of wine. おばはワインのよしあしがよくわかる人です.

— 動 ❶ (〜の)裁判をする, 判決を下す
❷ (競技会などで)(〜の)審判を務める, 審査する
❸ (物のよしあしを)判断する
- You can't **judge** a person from his or her appearance. 人をその外見で判断することはできない.
- We must not be **judged** by the color of our skin. 私たちは皮膚(ひふ)の色で[人種によって]判断されてはならない.

judging from [*by*] 〜 〜から判断すると

judgement /dʒʌ́dʒmənt チャヂメント/ 名 (英) =judgment

judgment /dʒʌ́dʒmənt チャヂメント/ 名
❶ 裁判; 判決 ❷ 判断(力), 分別

judo 小 /dʒúːdou ジュードウ/ 名 柔道(じゅうどう) → 日本語から.

jug /dʒʌ́g チャグ/ 名 ❶ (米) (細口・取っ手付きの)つぼ, かめ, 瓶(びん) ❷ (英) (広口・取っ手付きの)水差し (pitcher), ジョッキ

juggle /dʒʌ́gl チャグる/ 動 ❶ (2個以上のボール・ナイフなどで)ジャグリングをする
❷ (複数の仕事・活動などを)てぎわよくこなす, 両立させる

juggler /dʒʌ́glər チャグら/ 名 曲芸師

juice 小 A1 /dʒúːs ジュース/ 名

(肉・果物などの)汁(しる), 果汁, 液, ジュース → 薄(う)めないままのものをいう. 日本では「炭酸飲料」のことも一般(いっぱん)に「ジュース」といっているが, 英語では **soda** あるいは **soda pop** という.
- fruit **juice** 果汁(かじゅう), フルーツジュース
- He had a glass of tomato **juice**. 彼はトマトジュースを1杯(ばい)飲んだ.

juicy /dʒúːsi チュースィ/ 形 （比較級 **juicier** /dʒúːsiər チュースィア/; 最上級 **juiciest** /dʒúːsiist チュースィエスト/) 水分[汁(しる)]の多い → juice+-y.

Jul. 略 =July (7月)

July 小 A1 /dʒulái チュらイ/ 名

7月 → **Jul.** と略す. 詳(くわ)しい使い方は → **June**
- in July 7月に
- on July 7 (読み方: (the) seventh) 7月7日に

語源 (July)
古代ローマ人が, 7月生まれの英雄(えいゆう) Julius Caesar (ユリウス・カエサル) を記念するために付けた名称から.

jumbo /dʒʌ́mbou チャンボウ/ 名 (複 **jumbos** /dʒʌ́mbouz チャンボウズ/) ❶ とてつもなく大きい人[動物]; (特に)象の愛称(あいしょう) ❷ ジャンボジェット機 (jumbo jet)
— 形 巨大(きょだい)な, ジャンボ〜 → 名詞の前にだけつける.

jump 小 A1 /dʒʌ́mp チャンプ/ 動

とぶ, とび越(こ)える, 跳(は)ねる
- **jump** about とび回る, 跳ね回る
- **jump** over the fence 塀(へい)をとび越える
- **jump** up [down] とび上がる[降りる]
- **jump** in 飛び込(こ)む
- **jump** into the water 水の中へ飛び込む
- **jump** at 〜 〜に飛びかかる, 〜に飛びつく
- **jump** to conclusions 一足とびに結論を出

jumper 342 three hundred and forty-two

す, 早合点する
- **jump** (across) a puddle 水たまりをとび越える
- He **jumped** six feet in the high jump. 彼は高とびで6フィートとんだ.
- The skydivers are now **jumping** from the airplane one after another. スカイダイバーたちは今次々と飛行機から飛び下りている. →**are** 助動 ❶

jump the queue (列をとび越す ⇨)列の前に割り込む

jump (the) rope 縄跳(なわと)びをする

jump to one's *feet* ぴょんと立ち上がる

──名 跳躍(ちょうやく), ジャンプ
- The horse **made** a fine **jump** over the fence. その馬は見事に塀を越えた.

jumper /dʒʌ́mpər チャンパ/ 名
❶ とぶ人, 跳躍(ちょうやく)の選手
❷ 作業服, ジャンパー
❸ (米) ジャンパースカート ((英) pinafore); (英) (頭からかぶって着る)セーター

júmp(ing) ròpe 名 縄跳(なわと)び; 縄跳びの縄

Jun. 略 =**June** (6月)

junction /dʒʌ́ŋkʃən チャンクション/ 名 連結点, 接続点; 接続駅, (道路の)接続地点

June 小 A1 /dʒúːn チューン/ 名

6月 →**Jun.** と略す.
- **in June** 6月に(は) →月の名前はいつも大文字で始める. ×*a* [*the*] June としない.
- **early** [**late**] **in June** 6月上旬(じょうじゅん)[下旬(げじゅん)]に(は)
- **every** [**next**] **June** 毎年[来年の]6月に(は) →×*in* every ~, ×*in* next ~ としない.
- **last June** 《6月より前に言えば》去年の6月に(は) (in June last year); 《6月より後に言えば》今年の6月に(は)
- **on June** 3 6月3日に →June 3 は 《米》では June (the) third, 《英》では June the third, the third of June と読む.
- **We are in June**. (私たちは6月にいる ⇨) 今は6月です.
- Today is **June** 3. = **It's June** 3 today. きょうは6月3日です. →It は漠然(ばくぜん)と「時」を表す.
- My birthday is **in June** [**on**] **June** 3]. 私の誕生日は6月[6月3日]です. →on をつけ

るのは 《英》.
- It happened **on June** 3, 1990. それは1990年6月3日に起こった.

語源 (June)
ローマ神話の結婚(けっこん)の女神(めがみ)ジュノー(Juno)にちなむ. この月に結婚する花嫁(はなよめ)はジュノーの祝福を受けて最も幸福になるといわれ, **June bride** (6月の花嫁)と呼ばれる.

jungle /dʒʌ́ŋgl チャングル/ 名 (ふつう **the jungle** で)(熱帯地方の)密林, ジャングル

junior 小 A2 /dʒúːniər チューニア/ 形
❶ 年下の, 後輩(こうはい)の; 下位の, 下級の
- He is ten years **junior to** me. 彼は私より10歳(さい)年下だ. →ten years は junior を修飾(しゅうしょく)する.
❷ (同名の父親に対して)息子(むすこ)のほうの, 2世の →**Jr.** または **jr.** と略す. →**senior**
- John Brown, **Junior** 息子のほうのジョン・ブラウン, ジョン・ブラウン2世 →同名の父親は John Brown, **Senior** という.

──名 ❶ 年少者; 後輩
- He is ten years my **junior**. 彼は私より10歳年下だ.
❷ (米) ジュニア →高校・大学で最上級生 (senior) の1年下の生徒[学生].

júnior cóllege 名 (米) 短期大学

júnior hígh schòol 中 名
(米) 中学校 →単に **junior high** ともいう. → high school

junk A2 /dʒʌ́ŋk チャンク/ 名 (話) がらくた, くだらない物

júnk fòod 名 ジャンクフード →ポップコーン, ポテトチップスなどのスナック類.

júnk màil 名 ジャンクメール →すぐくずかご行きになるダイレクトメールなど.

Juno /dʒúːnou チューノウ/ 固名 ジュノー →ローマ神話で神々の王 Jupiter の妻. →**June**

Jupiter /dʒúːpətər チュービタ/ 固名
❶ ジュピター →ローマ神話で神々の王. ギリシャ神話の Zeus (ゼウス)にあたる. ❷ (天文) 木星

juror /dʒúː(ə)rər チュ(ア)ラ/ 名 陪審(ばいしん)員 → jury

jury /dʒúː(ə)ri チュ(ア)リ/ 名 (複 **juries** /dʒúː(ə)riz チュ(ア)リズ/) 陪審(ばいしん)団員 →ふつう一般(いっぱん)市民12人の陪審員 (jurors) から成り, 被告(ひこく)が有罪か無罪か (guilty or not guilty) を評決し, 裁判長に伝える. 代名詞は it で受ける.

just /dʒʌst チャスト/ 副
(比較級 **more just**; 最上級 **most just**)
❶ **ちょうど, ちょうど今(〜したばかり); やっと**
- **just** now ちょうど今, たった今しがた
- **just** then ちょうどその時
- **just** like you ちょうど君たちのように
- It's **just** ten o'clock. 10時になったばかりです. ➔「ちょうど10時です」の意味では **exactly** を使うほうがよい.
- The party is **just** beginning. パーティーはちょうど始まるところです.
- He arrived **just now**. = He **just** arrived. 彼はつい今しがた着きました.
- The train **has just left**. 列車はちょうど今出てしまった. ➔現在完了(かんりょう)の文 (➔**have** 助動 ❶). 現在完了の文では ×*just now* としない.
- I **just** caught the bus. 私はやっとバスに間に合った.
- The shoes fit **just** right. その靴(くつ)はちょうどぴったりのサイズです.
- The phone rang **just** as I was going to bed. 私がちょうど寝(ね)ようとしている時に電話が鳴った.

❷ **ほんの, ちょっと, ただ(の), 単なる; ただ〜だけ; ほんの(少しで), わずかに**
- **just** a little ほんのちょっと
- **Just** a minute [second]. ちょっと待って.
- **Just** come here and look at this! ちょっとここへ来てこれをごらんなさい.
- It's **just** a shower. ほんのにわか雨だ.
- I **just** missed the bus. 私はほんの少しのところでバスに乗り遅(おく)れた.

 会話

Can I help you?—(I'm) **Just** looking, thank you.
(店で)何かお探しですか.—いや, ちょっと見ているだけです.

Can I help you? / Just looking, thank you.

❸ **《強調的に》本当に, 全く**
- He looks **just** fine. 彼は全く元気そうに見える.
- This information is **just** for Bob. この情報は特にボブに聞かせたい.

just about 〜 だいたい〜, ほとんど〜 (almost) ➔just は about の意味を強めているだけ.

―― 形 (比較級 **more just**; 最上級 **most just**) **正しい, 公平な; 正当な**
- **just** anger もっともな怒(いか)り
- I don't think his claim is **just**. 彼の要求は正当でないと思う.

justice /dʒʌstis チャスティス/ 名
❶ **正義, 正しさ, 公平**
- treat him **with justice** 彼を公平に扱(あつか)う

❷ **裁判**
- a court of **justice** 裁判所

❸ **裁判官, 判事** (judge)
- the chief **justice** 裁判長

do A ***justice*** = ***do justice to*** A Aに対して正当な扱いをする, Aを正当に評価する

justify /dʒʌstəfai チャスティふァイ/ 動
(三単現 **justifies** /dʒʌstəfaiz チャスティふァイズ/; 過去・過分 **justified** /dʒʌstəfaid チャスティふァイド/; -ing形 **justifying** /dʒʌstəfaiiŋ チャスティふァイインぐ/)

〜**の正しいことを示す; 正当化する**

K k 𝒦 k

K, k /kéi ケイ/ 名 (複 **K's, k's** /kéiz ケイズ/) ケー → 英語アルファベットの11番目の文字.

kabaddi /kəbádi カバディ/ 名 **カバディー** インド起源のチームスポーツ.

kaleidoscope /kəláidəskoup カライドスコウプ/ 名 **万華鏡**(まんげきょう)

Kamchatka /kæmtʃǽtkə キャムチャトカ/ 固名 **カムチャツカ(半島)**

kangaroo 小 /kæŋgərúː キャンガルー/ 名 《動物》**カンガルー**

Kansas /kǽnzəs キャンザス/ 固名 **カンザス** → 米国の中央に位置する州. **Kans., Kan.,** (郵便で) **KS** と略す.

karaoke /kɑːrióuki カーリオウキ/ 名 **カラオケ** (の機械); カラオケで歌うこと →日本語から.

Katmandu /kɑːtmɑːndúː カートマーンドゥー/ 固名 **カトマンズ** →ネパール(Nepal)の首都.

kayak /káiæk カイアク/ 名 **カヤック** →元はイヌイット(Inuit)などが使う小舟(こぶね).

類似語 (canoe, kayak)
kayak は座席以外の甲板(かんぱん)が閉じたものが多く, 水かきが両端(りょうはし)についたパドルで漕(こ)ぐ. **canoe** はふつう甲板が覆(おお)われておらず, 水かきが片方だけのパドルで漕ぐ.

kayak　　　　　canoe

keen /kíːn キーン/ 形 ❶**鋭**(するど)**い, 鋭敏**(えいびん)**な** ❷**熱心な** (eager); **(be keen to** *do* **で) 熱心に〜したがる**

keep 中 A1 /kíːp キープ/

動 ❶ 保存する, 保つ　意味 map
❷ 飼う, 養う; (店などを)経営する
❸ (規則などを)守る; (日記を)つける
❹ 〜を〜させておく
❺ (ずっと)〜している

— 動
三単現　**keeps** /kíːps キープス/
過去・過分　**kept** /képt ケプト/
-ing形　**keeping** /kíːpiŋ キーピング/

❶ **保存する, 保つ**
基本 **keep old letters** 古い手紙をとっておく →keep+名詞.
• **Keep** the change. おつりは(いらないから)取っておいてください.
• I don't need that book. You may **keep** it. 私はその本が必要でない. 君はそれを(返さずに)持っていい[君にあげる].
• How long can I **keep** this book? この本はいつまで借りられますか.
• Do you **keep** candles in your store? お宅の店にはろうそくが置いてありますか[売っていますか].
• I won't **keep** you any longer. 私は君をもうこれ以上お引き止めしません.
• This watch **keeps** (good) time. この時計は正確な時間を保つ[狂(くる)わない].
• That tape **is kept** in the red box. そのテープは赤い箱に保管されています. →受け身の文. →**is** 助動
• Come on, Ken! What's (= What is) **keeping** you? 早く来いよ, ケン. (何が君を引き止めているんだ ⇨)何をぐずぐずしてるんだ. →強調の現在進行形. →**is** 助動 ❶

POINT **keep** そのものに継続(けいぞく)の意味がある

keep

ので, 意味を強調する時以外はふつう進行形(be keeping)にしない.
- It's no use **keeping** such old magazines. そんな古雑誌をとっておいても何にもならない. →It =keeping 以下.

❷ 飼う, 養う; (店などを)経営する
- **keep** rabbits ウサギを飼う
- They **keep** animals on the farm. 彼らは農場に動物を飼っている.
- She once **kept** a little toy store in the village. 彼女はかつて村で小さなおもちゃ屋さんをやっていた.

❸ (規則・約束などを)守る; (祭日を)祝う; (日記を)つける
- **keep** the rules 規則を守る
- **keep** goal (サッカーなどで)ゴールを守る, ゴールキーパーを務める
- **keep** a diary (毎日)日記をつける
- He always **keeps** his promises. 彼はいつも約束を守る.
- Can you **keep** a secret? 君は秘密を守ることができるか.

❹ ～を～させておく, ～を～にいさせる
基本 **keep** him awake 彼の目を覚まさせておく →keep A B (形容詞・現在分詞)は「AをBにさせておく」.
- **keep** a dog quiet 犬を静かにさせておく
- **keep** him waiting 彼を待たせておく
- **keep** the windows open [closed] 窓を開けて[閉めて]おく →open は形容詞.
- The noise **kept** me awake all night. (騒音(そうおん)が私を一晩中目を覚まさせておいた ⇨)騒音で私は一晩中眠(ねむ)れなかった.
- I **was kept** awake all night by the noise. その騒音で私は一晩中(目を覚まされていた ⇨)眠れなかった. →受け身の文.
- Rain **kept** us indoors. (雨が私たちをずっと家の中にいさせた ⇨)雨だったので私たちはずっと家の中にいた.

 会話
I'm sorry I've **kept** you waiting so long.—No, not at all.
君をこんなに長く待たせておいてすみません. —どういたしまして.
→I've kept は現在完了(かんりょう)の形. →**have** [助動] ❸

❺ (ずっと)～している, ～にいる; (食べ物が)もつ
基本 **keep** awake 目を覚ましている →keep+形容詞[現在分詞].
- **keep** quiet 静かにしている
- **keep** indoors じっと家の中にいる →indoors は副詞(家の中に).
- **keep** in good condition ずっとよい(健康)状態でいる
- The baby **kept** crying all night. 赤ん坊(ぼう)は夜通し泣き続けた.
- It **kept** raining for a week. 1週間雨が降り続いた. →It は「天候」を表す.
- Will this fish **keep** till tomorrow? この魚は明日までもつでしょうか.

keep at ～ ～を辛抱(しんぼう)強く[諦(あきら)めないで]続ける

keep ～ away ～を寄せつけない, 近づけない
ことわざ An apple a day **keeps** the doctor **away**. 1日に1個のリンゴは医者を寄せつけない. →「1日にリンゴを1個食べていれば健康で医者にかかることはない」の意味.

keep away from ～ ～から離(はな)れている, ～に近づかない, ～に触(ふ)れない
- The doctor told me to **keep away from** all sweets. 医者は私に甘(あま)い物をいっさい近づけない[食べない]ようにと言った.

keep back 押(お)さえる, 隠(かく)す; 後ろにいさせる; 後ろに引っ込(こ)んでいる

keep from ～ ～に近寄らない, ～しないようにする
- I went under a tree to **keep from** getting wet. ぬれないように私は木の下に入った. →to keep は不定詞. → **to** ❾ の③

keep A from B AをBから守る[隠す]; AにBをさせない
- Vitamin A **keeps** us **from** colds. ビタミンAは私たちを風邪(かぜ)から守ってくれる.
- I **keep** nothing (back) **from** you. 私はあなたには何も隠していません.
- We wear raincoats to **keep** our clothes **from** getting wet. 服をぬらさないように私たちはレインコートを着る.

keep in 外に出さない; 閉じ込める; (学校で)居残らせる; 閉じこもる

keep off ～ ～に近づかない, ～を近づけない
掲示 **Keep off** the grass! 芝生(しばふ)に入ってはいけません.
掲示 **Keep** your hands **off**! 手を触れない

keeper

でください.

keep on 着たままでいる
- **keep on** *one's* overcoat コートを着たままでいる

keep (on) doing (ある動作を)〜し続ける; (同じ動作を)繰(く)り返す →**keep** ❺
- It **kept (on) raining** for three days. 3日も雨が降り続いた. → It は「天候」を表す.
- You **keep (on) making** the same mistake. 君は同じミスを繰り返している.

keep out 閉め出す; 外にいる
- Glass **keeps out** the cold wind. ガラス(窓)は寒い風を(閉め出す⇒)防ぐ.

掲示 **Keep out!** 立ち入り禁止.

keep A out of B AをBから閉め出しておく, AをBの中へ入れない

keep to 〜 〜から離れない; 〜を守る
掲示 **Keep to** the left. 左側を通ってください[左側通行].

keep 〜 to oneself 〜を自分だけのもの[秘密]にしておく

keep together (物を)くっつけておく, (人を)団結させる; くっつく, 団結する

keep up 支える, 維持(いじ)する, 続ける; 続く
- **Keep up** the good work! (そのよい作業を続けよ⇒)その調子で頑張(がんば)れ!

keep up with 〜 (遅(おく)れないで)〜について行く

keeper 小 /kíːpər キーパ/ 名 番人; 世話する人; 持ち主
- a lighthouse **keeper** 灯台管理人
- a lion **keeper** ライオンの飼育係

Keller /kélər ケら/ 固名 (**Helen Keller**) ヘレン・ケラー → 米国の女性著述家・社会福祉(ふくし)活動家 (1880–1968). 目が見えず, 耳が聞こえず, 言葉が話せないという三重苦を克服(こくふく)して, 人々に勇気と希望を与えた.

Kennedy /kénədi ケネディ/ 固名 (**John F. Kennedy**) ジョン F. ケネディ → 米国の政治家 (1917–63). 米国第35代大統領. 1963年任期中に暗殺された.

kennel /kénl ケヌる/ 名 犬小屋 (doghouse)

Kentucky /kəntʌ́ki ケンタキ/ 固名 ケンタッキー → 米国では, ほぼこの州から南が南部と呼ばれる. **Ken.**, **Ky.**, (郵便で) **KY** と略す.

Kenya 小 /kénjə ケニャ/ 固名 ケニヤ → アフリカ東部の共和国. 首都はナイロビ (Nairobi). 公用語はスワヒリ語と英語.

Kenyan /kénjən ケニャン/ 名 ケニヤ人
—— 形 ケニヤの; ケニヤ人の

kept 中 /képt ケプト/ 動 **keep** の過去形・過去分詞

ketchup /kétʃəp ケチャプ/ 名 ケチャップ → 《米》では **catsup** ともつづる.

kettle /kétl ケトる/ 名 やかん

key 中 A1 /kíː キー/ 名
❶ 鍵(かぎ) → 「(問題を解く・目的を達成する)方法」の意味でも使う.

関連語 turn a **key** in the **lock** 錠(じょう)に鍵を差して回す, 鍵をかける[開ける]

- She had no **key** to the door. 彼女はドアの鍵を持っていなかった.
- the **key** to a riddle なぞなぞを解く鍵
- the **key** to success 成功への鍵

❷ (ピアノ・コンピューターなどの)鍵(けん), キー
—— 形 基本的な, 重要な

keyboard /kíːbɔːrd キーボード/ 名
❶ (ピアノの)鍵盤(けんばん); (コンピューターなどの)キーボード
❷ 鍵盤楽器, キーボード

kéy cháin 名 キーホルダー → **key ring** (鍵(かぎ)を通しておく輪)を束ねたもの. 「キーホルダー」は和製英語.

keyhole /kíːhoul キーホウる/ 名 (ドアの)鍵(かぎ)穴

kg., kg 略 =**ki**logram(s) (キログラム)

kick A1 /kík キク/ 動
(ボール・人などを)蹴(け)る
- **kick** a ball ボールを蹴る
- **kick** off (フットボールなどで)キックオフする →**kickoff**
- He **kicked** the ball into the goal. 彼はゴールにボールを蹴り込(こ)んだ.
—— 名 ❶ 蹴ること, 蹴り, キック
- a good **kick** うまい[強い]キック
- **give** [**receive**] a **kick** 蹴る[蹴られる]
❷ 《話》=**fun** (楽しみ)
- for **kicks** 楽しみのために, 遊びで
- **get a kick out of** swimming in the river 川で泳いで楽しむ[遊ぶ]

kickoff /kíkɔːf キクオーふ/ 名 (フットボールなどの試合開始の)キックオフ

three hundred and forty-seven 347 **kind**

kid 中 A1 /kíd キド/ 名
❶《話》子供 (child)
❷ 子ヤギ (young goat); 子ヤギの皮
── 動 (三単現 **kids** /kídz キヅ/; 過去・過分 **kidded** /kídid キデド/; -ing形 **kidding** /kídiŋ キディング/)
《話》冗談(じょうだん)を言う, からかう
- No **kidding**! 冗談はよせよ[まさか].
- You are [must be] **kidding**. 冗談でしょう[まさか].
- (I'm) Just **kidding**. 冗談ですよ.

kiddie /kídi キディ/ 名《話》=kid ❷

kidnap /kídnæp キドナプ/ 動 (三単現 **kidnaps** /kídnæps キドナプス/; 過去・過分 **kidnap(p)ed** /kídnæpt キドナプト/; -ing形 **kidnap(p)ing** /kídnæpiŋ キドナピング/)
(身代金(みのしろきん)目当てに人を)誘拐(ゆうかい)する
── 名 誘拐

kidney /kídni キドニ/ 名 腎臓(じんぞう)

Kilimanjaro /kìləməndʒáːrou キリマンチャーロウ/ 固名 キリマンジャロ → タンザニア北東部にあるアフリカの最高峰(ほう).

kill 中 A1 /kíl キル/ 動
❶ 殺す, 枯(か)らす; (希望などを)打ち砕(くだ)く
類似語 **murder** (人を不法に)殺す.
- **kill** a rat ネズミを殺す
- **kill** oneself (自分自身を殺す ⇨)自殺する
ことわざ **kill** two birds with one stone 1個の石で2羽の鳥を殺す[一石二鳥] →「1つの事をして2つの利益[効果]を得る」の意味.
- The sudden frost **killed** the crops. 突然(とつぜん)の霜(しも)で作物が枯れた.
- He **was killed** in an accident. 彼は事故で死んだ. → 受け身の文 (→**was** 動 ❷).

POINT 「殺された」であるが「死んだ」と訳す. 事故・戦争などで「死ぬ」時はふつう **be killed** の形を使う. 老衰(ろうすい)・病気で「死ぬ」は **die**.

- No animals **kill** for the sake of **killing**. 殺すためにだけ殺す動物はいない. → for the sake of ~ は「~のために」
- Nuclear tests **kill** our hope for peace. 核(かく)実験は平和への希望を打ち砕く.

❷《話》ひどい痛みを与(あた)える →「体の部分」が主語になる.
- My leg is **killing** me. 脚(あし)がひどく痛む.

❸ (時間を)つぶす
- We **killed** an hour at a coffee shop. 私たちは喫茶(きっさ)店で1時間つぶした.

killer A2 /kílər キラ/ 名 殺す人[物], 殺人鬼(き), 殺し屋

kilo A2 /kíːlou キーロウ/ 名 (複 **kilos** /kíːlouz キーロウズ/) ❶ キロメートル (kilometer, kilometre) ❷ キログラム (kilogram(me))

kilogram 中 A2 /kíləgræm キログラム/ 名 キログラム (=1,000g) → **kg.**, **kg** と略す.

kilogramme /kíləgræm キログラム/《英》=kilogram

kilometer 中 A2 /kilámətər キラメタ/ 名 キロメートル (=1,000m) → **km.**, **km** と略す.

kilometre /kilámətər キラメタ/ 名《英》=kilometer

kilt /kílt キルト/ 名 キルト → スコットランド高地地方の男性が着る縦ひだの短いスカート.

kind¹ 中 A1 /káind カインド/ 名
種類
- a **kind** of fish 魚の一種; 魚のようなもの → ×a kind of *a* fish としない.
- a new **kind** of rose バラの新種
- a certain **kind** of plant ある種の植物
- another **kind** of paper 別の種類の紙
- this **kind** of bird この種の鳥
- these **kinds** of birds = birds of these **kinds** これら数種類の鳥
- many **kinds** of dogs いろいろな種類の犬
- all **kinds** of roses あらゆる種類のバラ
- What **kind** of flower do you like? 君はどういう種類の花が好きですか.

kind of 《話》少し, やや (a little)

kind² 小 A2 /káind カインド/ 形 (比較級 **kinder** /káindər カインダ/; 最上級 **kindest** /káindist カインデスト/)
親切な, 優(やさ)しい
POINT 人についても行為(こうい)についてもいう.
基本 **a kind girl** 親切な少女 → kind+名詞.
- a **kind** act 親切な行い
基本 **She is kind**. 彼女は親切です. → be 動詞+kind.
- He was very **kind** to me. 彼は私にとても親切にしてくれた.
- Be **kind** to animals. 動物に優しくしなさい.

kindergarten 348 three hundred and forty-eight

基本 **It is** [**That's**] (**very**) **kind of you** (to do so). ((そうしてくださるとは)あなたは(とても)親切です ⇨) ご親切にどうもありがとう. →to do so は「そうするとは」. →**to ⑨** の④
- **How kind of** you! まあなんとご親切に.
- He was **kind** enough to help me. 彼は(手伝ってくれるほど親切だった ⇨)親切にも私を手伝ってくれた. →**to ⑨** の④

kindergarten /kíndərgɑːrtn キンダガートン/ 名 幼稚(ようち)園 →ドイツ語で Kinder (=children)+Garten (=garden).

kindhearted /kaindháːrtid カインドハーテド/ 形 親切な, 心の優(やさ)しい, 思いやりのある

kindly A2 /káindli カインドリ/ 副 (比較級 **more kindly**; 最上級 **most kindly**) 親切に, 優(やさ)しく; 《文を修飾(しゅうしょく)して》親切にも, どうぞ (please)
- She teaches us very **kindly**. 彼女は私たちにとても親切に教えてくれる.
- She **kindly** bought this for me. 彼女は親切にも私にこれを買ってくれた.
- Will you **kindly** close the door? どうぞドアを閉めてくださいませんか.

— 形 (比較級 **kindlier** /káindliər カインドリア/; 最上級 **kindliest** /káindliist カインドリエスト/) (心の)優しい, 親切な →ふつう名詞の前にだけつける.
- a **kindly** act 親切な行い

kindness 中 /káindnis カインドネス/ 名 親切, 優(やさ)しさ; 親切な行為(こうい)

King /kíŋ キング/ 固名 (**Martin Luther King, Jr.**) マーティン・ルーサー・キング・ジュニア

参考 米国の牧師で黒人の公民権運動の指導者 (1929–68). 人種差別の撤廃(てっぱい)に大きな指導力を発揮したが暗殺された. キング牧師の功績を記念して1月の第3月曜日は「国民の祝日」に指定された (1985年制定).

king 小 A1 /kíŋ キング/ 名
❶ (しばしば **King** で) 王, 国王 →「(ある分野での)最高位者」の意味でも使う.
関連語 **queen** (女王), **prince** (王子), **princess** (王女)
- the **King** of Denmark デンマーク国王
- **King** Henry IV (読み方: the fourth) ヘン

リー4世
- the home run **king** ホームラン王
- the **king** of birds [the forest] 鳥の王 (= eagle (ワシ)) [森の王 (=oak (オーク))]
❷ (トランプの)キング

kingdom A2 /kíŋdəm キングダム/ 名 ❶ 王国 ❷ 領域; ～界

kingfisher /kíŋfiʃər キングふィシャ/ 名 《鳥》カワセミ

King Lear /kìŋ líər キング リア/ 固名 リア王 →シェークスピア (Shakespeare) の書いた有名な悲劇. またその主人公の名.

kiosk /kíːɑsk キーアスク/ 名 キオスク

kiss A1 /kís キス/ 名 キス, 口づけ
- **give** her a **kiss** (**on the cheek**) 彼女の(ほお)にキスする

— 動 キスする, 口づけする
- **kiss** her **on the** cheek 彼女のほおにキスする
- The lovers **kissed**. 恋人(こいびと)たちはキスをした.
- The girl **kissed** her mother **goodbye**. その女の子は母親にお別れのキスをした.

kit A2 /kít キト/ 名 (ある目的に使う一式の)用具, 用品
- carry one's tennis **kit** in a bag テニス用具を全部バッグに入れて持って行く

kitchen 中 A1 /kítʃin キチン/ 名
(複 **kitchens** /kítʃinz キチンズ/)
台所, 調理場
- a **kitchen** knife 包丁
- a **kitchen** table キッチンテーブル
- have breakfast in the **kitchen** キッチンで朝食を食べる

kítchen gárden 名 (家庭で食べるものを栽培(さいばい)する)家庭菜園

kite A1 /káit カイト/ 名
❶ (あげる)たこ
- fly a **kite** たこをあげる
❷ 《鳥》トビ

kite-flying /káit flaiiŋ カイト ふらイイング/ 名 たこあげ

kitten /kítn キトン/ 名 子ネコ

kitty /kíti キティ/ 名 (複 **kitties** /kítiz キティズ/) 子ネコ (kitten) →しばしば子供が子ネコを呼ぶ時などに使う.

kiwi /kíːwiː キーウィー/ 名

knob

❶ (鳥)**キウイ** →ニュージーランドだけにいる鳥.翼(つばさ)がなくて飛べない.

❷ (果物の)**キウイ** (=**kiwi fruit**)

km., km 略 =**kilometer(s)** (キロメートル)

knack /nǽk ナク/ (→kn- で始まる語は k を発音しない) 名 (〜をする)こつ, 要領, (〜の)才能

knapsack /nǽpsæk ナプサク/ (→kn- で始まる語は k を発音しない) 名 リュックサック

knee A1 /níː ニー/ (→kn- で始まる語は k を発音しない) 名 膝(ひざ)

• **fall [go down] on** *one's* **knees** ひざまずく

• **on** *one's* **hands and knees** (両手両膝をついて ⇨)四つんばいになって

kneel /níːl ニール/ (→kn- で始まる語は k を発音しない) 動 (三単現 **kneels** /níːlz ニールズ/; 過去・過分 **knelt** /nélt ネルト/, **kneeled** /níːld ニールド/; ing形 **kneeling** /níːliŋ ニーリング/) 膝(ひざ)をつく

knelt /nélt ネルト/ (→kn- で始まる語は k を発音しない) 動 **kneel** の過去形・過去分詞

knew 中 /njúː ニュー/ (→kn- で始まる語は k を発音しない) 動 **know** の過去形

knife 中 A1 /náif ナイフ/ (→kn- で始まる語は k を発音しない) 名 (複 **knives** /náivz ナイヴズ/) **ナイフ**, 小刀, 包丁; (食事用)**ナイフ**

• eat with (a) **knife** and fork ナイフとフォークで食べる

knight /náit ナイト/ (→kn- で始まる語は k を発音しない) 名

❶ (中世の)騎士(きし)

❷ 《英》**ナイト**爵(しゃく) →国家への功労者に与(あた)えられる一代限りの位. → **sir** ❷

knit /nít ニト/ (→kn- で始まる語は k を発音しない) 動 (三単現 **knits** /níts ニツ/; 過去・過分 **knit**, **knitted** /nítid ニテド/; ing形 **knitting** /nítiŋ ニティング/)

編む; 編み物をする

• My mother **knitted** me a sweater [a sweater for me]. 母が私にセーターを編んでくれた.

knitting /nítiŋ ニティング/ (→kn- で始まる語は k を発音しない) 名 編み物

knives /náivz ナイヴズ/ (→kn- で始まる語は k を発音しない) 名 **knife** の複数形

knob /náb ナブ/ (→kn- で始まる語は k を発音しない) 名 ❶ (ドア・引き出しなどの)**丸い取っ手** → **doorknob**

①stove / cooker (こんろ)　②oven (オーブン)　③sink (流し)　④dishwasher (食器洗い機)
⑤cupboard (食器棚)　⑥microwave (oven) (電子レンジ)　⑦rice cooker (炊飯器)
⑧refrigerator (冷蔵庫)

❷ (ラジオ・テレビなどの)つまみ
❸ (木などの)こぶ

knock A2 /nák ナク/ (→kn- で始まる語は k を発音しない) 图
ドアをたたく音, ノック
- give a **knock** on ～ ～をたたく[打つ]
── 動 たたく, ノックする; ぶつかる; 打つ; ぶつける
- **knock on** [**at**] **the** **head** ドアをたたく[ノックする]
- **knock** him **on the** head 彼の頭をぶん殴(なぐ)る

knock down 打ち倒(たお)す; (家屋などを)取り壊(こわ)す, 解体する

knock off たたき[払(はら)い]落とす; 《話》(作業などを)やめる

knock A ***off*** B BからAをたたき[払い]落とす
- He **knocked** the snow **off** his coat. 彼はコートから雪を払い落とした.

knock out たたき出す; (ボクシング・野球で)ノックアウトする; 参らせる →KO

knock over ぶつかってひっくり返す; たたいて倒す

knocker /nákər ナカ/ (→kn- で始まる語は k を発音しない) 图 ノッカー →ドアに取り付けた金具で,来訪者が鳴らす.

knockout /nákaut ナカウト/ (→kn- で始まる語は k を発音しない) 图 《ボクシング・野球》ノックアウトする[される]こと →KO

knot /nát ナト/ (→kn- で始まる語は k を発音しない) 图 ❶ (糸・ひもなどの)結び目; (木などの)こぶ, 節 ❷ ノット →速さの単位で時速1海里.
── 動 (三単現 **knots** /náts ナツ/; 過去・過分 **knotted** /nátid ナテド/; -ing形 **knotting** /nátiŋ ナティング/) (ひもなどを)結ぶ

know 小 A1 /nóu ノウ/ (→kn- で始まる語は k を発音しない) 動

三単現 **knows** /nóuz ノウズ/
過去 **knew** /njúː ニュー/
過分 **known** /nóun ノウン/
-ing形 **knowing** /nóuiŋ ノウイング/

知っている; 知る, ～とわかる

know 小 A1 /ノウ/

三単現 **knows** /ノウズ/　　　過去 **knew** /ニュー/
過分 **known** /ノウン/　　　-ing形 **knowing** /ノウイング/

教科書によく出る**意味**

動 知っている, わかる
- Do you **know** any French words? 何かフランス語の単語を知っていますか？

(人と)知り合いである
- How long have you **known** her? 彼女とはどれくらい前から知り合いですか？

教科書によく出る**連語**

you know ～ね；えーと；あなたも知っているように
- **You know**, he's a little shy. 彼はちょっと恥ずかしがりなんですよね.
- She loves soccer, **you know**. 彼女はご存じのとおりサッカーが大好きです.

基本 I know him very well. 私は彼をとてもよく知っている。→know+(代)名詞．

POINT know は「知っている」という状態を表す語なのでふつう進行形 (be knowing) にしない．

•I **know** him by name. (会ったことはないが)彼の名前だけは知っている．

基本 I know about him. 私は彼について知っている．→know+前置詞+(代)名詞．

•I **know of** Mr. Green, but I have never met him. グリーン氏のことは聞いて知ってはいますが会ったことはありません．→know of ～ は「うわさなどで知っている」．

He is ill in bed.—Yes, I **know**.
彼は病気で寝(ね)ています．—はい，知っています[ええ，そうですってね]．

Will you join the party? —I don't **know**.
あなたはパーティーに参加しますか．—まだわかりません．
→「私は知らない」と訳さないこと．

•There are many things I don't **know**. 私の知らないことがたくさんある．→I don't know は many things を説明している．

•I **know** (**that**) **he is honest.** 私は彼が正直なのを知っている．→know+文．

会話 Who is he?—I'm sorry, but I don't **know** (who he is). 彼は誰(だれ)ですか．—あいにくですが(彼が誰だか)知りません．

POINT Who is he? は文の一部に入れられると who he is の語順になる．

•I **know** him to be honest. 私は彼が正直なのを知っている．→上の know+文の例文と意味は同じだがややかたい言い方．

•He was surprised to **know** the fact. 彼はその事実を知って驚(おどろ)いた．→to know (知って)は「理由」を示す不定詞．

•I don't **know** what to do. 私は何をしたらよいかわからない．→**to** ❾ の ⑤

•Mary **knows** how to make an apple pie. メアリーはアップルパイの作り方を知っています[アップルパイを作れます]．

•I **knew** from TV that a big earthquake hit your town. 大地震(じしん)があなたの町を襲(おそ)ったとテレビで知りました．

•I **have known** him for a long time. 私は長い間[ずっと前から]彼とは知り合いです．→現在完了(かんりょう)の文．→**have** 助動 ❸

•His name **is known to** everyone. 彼の名前はみんなに知られている．→×by everyone としない．受け身の文．→**is** 助動 ❷

•**Knowing** your own faults is very important. 自分の欠点を知ることはとても大事なことだ．→Knowing (知ること)は動名詞．

as far as I know 私の知っている限りでは
as you know 君も知っているように，ご存じのように

become known 知られるようになる，知られてくる

•He **became known** as a writer. 彼は作家として知られてきた．

know better (***than to*** *do*) (～するより)もっと思慮(しりょ)分別がある，(～するほど)ばかではない

•You should **know better** at your age. 君の年ならもっと分別があるべきだ．

•He said he didn't cheat, but I **know better** (**than to** believe him). インチキはしていませんと彼は言ったが私は(それを信じるほど)ばかじゃない．

you know
①(念を押(お)して)～ね，～ですよね →表現を和(やわ)らげたり軽く相手に念を押す用法．

•**You know**, I can't go today. 私はきょうは行けないんですよね．

②(言葉を探して)えーと，あのー

•I was, **you know**, kind of embarrassed. あのー，ちょっと，きまり悪くて．

③あなたも知っているように

•I like music very much, **you know**. (知っての通り)私はとても音楽が好きでねえ．

know-how /nóu hau ノウ ハウ/ (→kn- で始まる語は k を発音しない) 名 《話》 実際的知識，

チャンクでおぼえよう know	
□ 彼をよく知っている	**know** him very well
□ パイの作り方を知っている	**know** how to make a pie
□ 何をするべきか知っている	**know** what to do
□ わたしの知る限り	as far as I **know**

専門技能, ノウハウ

knowledge A2 /nálidʒ ナれヂ/ (→kn- で始まる語は k を発音しない) 名 知ること, 知っていること, 知識; 学問
- We gain a lot of **knowledge** by travel. 私たちは旅によって多くの知識を得る. →×many knowledges としない.

known 中 /nóun ノウン/ (→kn- で始まる語は k を発音しない) 動 **know** の過去分詞
—— 形 みんなに知られている, 周知の
- a **known** fact 誰(だれ)もが知っている事実
- one of the best **known** novelists in Japan 日本で最も著名な小説家のひとり

KO /kèióu ケイオウ/ 名 (複 **KO's** /kèióuz ケイオウズ/) 《ボクシング・野球》ノックアウトする[される]こと →**k**nockout の略から.
—— 動 (三単現 **KO's** /kèióuz ケイオウズ/; 過去・過分 **KO'd** /kèióud ケイオウド/; -ing形 **KO'ing** /kèióuiŋ ケイオウイング/)
ノックアウトする

koala 小 /kouá:lə コウアーら/ 名 《動物》コアラ

Koran /kəræn コラン/ 固名 (**the Koran** で) コーラン →イスラム (Islam) の聖典.

Korea 小 /kərí:ə コリーア/ 固名
韓国(かんこく), 朝鮮(ちょうせん) →南の「大韓民国」(韓国. 首都ソウル (Seoul)) と北の「朝鮮民主主義人民共和国」(北朝鮮. 首都ピョンヤン (Pyongyang)) に分かれている.

Korean /kərí:ən コリーアン/ 形 韓国(かんこく)[朝鮮(ちょうせん)]の; 韓国[朝鮮]人の, 韓国[朝鮮]語の
—— 名 ❶ 韓国[朝鮮]語 ❷ 韓国[朝鮮]人
- the **Koreans** 韓国[朝鮮]人(全体)

krona /króunə クロウナ/ 名 クローナ →スウェーデン・アイスランドの通貨単位.

KS 略 =Kansas

Kuwait /kuwéit クウェイト/ 固名 クウェート →ペルシャ湾岸の首長国. またその首都. 公用語はアラビア語.

KY 略 =Kentucky

L l

L, l[1] /él エる/ 名 (複 **L's, l's** /élz エるズ/)
❶ エル → 英語アルファベットの12番目の文字.
❷ **(L で)**(ローマ数字の)50
- **LX** (L+Xで) =60
- **XL** (L−Xで) =40

L, l[2] 略 =**l**iter(s)(リットル)

£ =pound(s)(ポンド) → 英国の貨幣(かへい)単位. 数字の前につける. → **pound**[1] ❷

LA 略 =Louisiana

L.A. 略 =Los Angeles

lab /lǽb らブ/ 略 =**lab**oratory(実験室, 実習室, 演習室)
- a language **lab** LL 教室, 語学演習室

label /léibl れイブる/ 名 レッテル, ラベル; 荷札
—— 動 (三単現 **labels** /léiblz れイブるズ/; 過去・過分 **label(l)ed** /léibld れイブるド/; -ing形 **label(l)ing** /léibliŋ れイブリンぐ/)
札[レッテル]をはる, ラベルを付ける

labor A2 /léibər れイバ/ 名 ❶ 労働, 労力, 苦労; (つらい)仕事 ❷ 《集合的に》 労働者
—— 動 労働する, 骨を折る, 努力する

laboratory /lǽbrətɔːri らブラトーリ/ləbɔ́rətəri らボラトリ/ 名 (複 **laboratories** /lǽbrətɔːriz らブラトーリズ/) 実験室; 実習室, 演習室 → **lab** と略す.

Lábor Dày 名 《米》 労働祝日《祭》→ 労働者をたたえる法定休日で9月の第1月曜日. ヨーロッパ諸国の May Day にあたる.

laborer /léibərər れイバラ/ 名 労働者

Lábor Thànksgiving Dày (日本の)勤労感謝の日 → 11月23日.

lábor únion 名 《米》 労働組合 (《英》trade union) → 単に union ともいう.

labour /léibər れイバ/ 名 動 《英》=labor

labourer /léibərər れイバラ/ 名 《英》=laborer

lace /léis れイス/ 名 ❶ レース(編み) ❷ (靴(くつ)などの)ひも → **shoelace**

lack A2 /lǽk らク/ 名 欠乏(けつぼう), 不足
- I gave up the plan **for lack of** time and money. 時間とお金が不足しているので私はその計画を諦(あきら)めた.

—— 動 ❶ 欠く, 〜がない → **lacking**
- He **lacks** experience. 彼は経験を欠く[経験が浅い].
❷ **(lack for 〜 で)** 〜がなくて困る
- His family **lacks for** nothing. 彼の家族には何の不自由もない.

lacking /lǽkiŋ らキンぐ/ 形 欠けて, 不足して

lacrosse /ləkrɔ́ːs らクロース/ 名 ラクロス → 2チーム対抗(たいこう)で, 先端(せんたん)にネットのついたスティックを用い, 相手のゴールにボールを入れる球技.

lad /lǽd らド/ 名 若者, 少年 → **lass**

ladder /lǽdər らダ/ 名 ❶ はしご ❷ 《英》(靴下(くつした)の)伝線 (《米》run)

ládies' (ròom) 名 **(the** をつけて**)** (ホテルなどの)女性用トイレ

ladle /léidl れイドる/ 名 (水などをすくう)おたま, ひしゃく

lady 中 A1 /léidi れイディ/ 名
(複 **ladies** /léidiz れイディズ/)

❶ 女性, ご婦人 → **woman** に対する丁寧(ていねい)な言い方.
- an old **lady** 老婦人, おばあさん
- "There is a **lady** at the door," said Mark to his mother.「玄関(げんかん)に女のかたがお見えです」とマークは母親に言った.
- "**Ladies** first," said John with a smile.「女のかたからどうぞお先に」とジョンはほほえみながら言った.

❷ (洗練された)淑女(しゅくじょ), レディー; (身分の高い)貴婦人
- Lucy acted like a perfect **lady** at the party. ルーシーはパーティーの席で申し分のな

ladybird 354 three hundred and fifty-four

いレディーぶりを見せた.

❸《英》**(Lady ～ で) ～夫人** →貴族の夫人に対する敬称.

•**Lady** Macbeth　マクベス夫人

Ladies and Gentlemen! (会場の)**皆(みな)さん** →多様な性のあり方に配慮(はいりょ)して, 最近は Everyone!（皆さん）や All passengers!（乗客の皆さん）など性別に関係ない呼びかけを使うのがふつう.

ladybird /léidibəːrd れイディバ〜ド/ 名 《英》= ladybug

ladybug /léidibʌg れイディバグ/ 名 《米》テントウムシ

lag /lǽg らグ/ 動 (三単現 **lags** /lǽgz らグズ/; 過去・過分 **lagged** /lǽgd らグド/; -ing形 **lagging** /lǽgiŋ らギング/)
のろのろする, ぐずぐずする
── 名 遅(おく)れ; (時間的)ずれ

laid /léid れイド/ 動 **lay**¹ の過去形・過去分詞

lain /léin れイン/ 動 **lie**² の過去分詞

lake 小 A2 /léik れイク/ 名 (複 **lakes** /léiks れイクス/) **湖, 湖水**

•a large **lake**　大きな湖

•**Lake** Biwa=the **Lake** of Biwa　琵琶湖

•have lunch at the **lake**　湖(の岸辺)で昼食をとる

Láke Dìstrict [**Còuntry**] 固名 **(the をつけて)** (英国の)**湖水地方** →イングランド北西部の山岳(さんがく)地帯で, 美しい湖が多い. この一帯は国立公園.

lamb /lǽm らム/ 名 ❶**子羊** ❷**子羊の肉** → **mutton**

lame /léim れイム/ 形 (主に動物について)**足の不自由な, 足が不自由で**

lamp A2 /lǽmp らンプ/ 名 **ランプ; 明かり**

lampshade /lǽmpʃeid らンプシェイド/ 名 ランプ[電灯]のかさ

land 中 A2 /lǽnd らンド/ 名
❶(海に対して)**陸地**
関連語 After weeks at **sea**, the voyagers saw **land**. 海上での数週間ののちに航海者たちは陸地を見た. →×a land, ×lands などとしない.
❷(畑・敷地(しきち)としての)**土地**
•good **land** for crops　作物に適した土地
❸**国, 国土** (country)
•my native **land**　私の母国
by land 陸上を, 陸路を 関連語 **by sea** (海路

を), **by air** (空路を)

•travel **by land**　陸路を旅する

── 動 **上陸する; 入港する; 着陸する; 着く**

•**land at** an airport　空港に着陸する

•**land at** Kobe　神戸に入港する

•The American astronauts succeeded in **landing on** the moon. 米国の宇宙飛行士たちが月に着陸することに成功した.

landfill /lǽndfil らンドふぃる/ 名 (ごみの)**埋(う)め立て(地)**

landing /lǽndiŋ らンディング/ 名 ❶**着陸, 上陸** ❷(階段の)**おどり場** →階段と階段の中間または頂上の足場.

lánding càrd 名 **入国カード, 入国証明書**

landlady /lǽndleidi らンドれイディ/ 名 (複 **landladies** /lǽndleidiz らンドれイディズ/) (アパートなどの)**女性家主**; (下宿・旅館の)**女主人** →**landlord** の女性.

landlord /lǽndlɔːrd らンドろード/ 名 (アパートなどの)**家主; 地主**; (下宿・旅館の)**主人** → **landlady**

landmark /lǽndmɑːrk らンドマーク/ 名 ❶(航海者・旅行者などの)**道しるべ, 目印, ランドマーク** ❷**画期的な事件; 歴史的建造物**

landmine /lǽndmain らンドマイン/ 名 **地雷(じらい)** →単に **mine** ともいう.

landowner /lǽndounər らンドオウナ/ 名 **土地所有者, 地主**

landscape A2 /lǽndskeip らンドスケイプ/ 名 (一目で見渡(わた)せる)**風景, 景色; 風景画**

•a **landscape** painter　風景画家

landslide /lǽndslaid らンドスらイド/ 名 **地滑(すべ)り, 山崩(くず)れ**

lane A2 /léin れイン/ 名 ❶**小道, 細道; 路地** ❷(道路上に白線で区切った)**車線**; (船・水泳・陸上競技などの)**コース**; (ボウリングの)**レーン**

language 中 A1 /lǽŋgwidʒ らングウェヂ/ 名 (複 **languages** /lǽŋgwidʒiz らングウェヂズ/)

❶(一般(いっぱん)的に)**言語, 言葉**

•the origins of **language**　言葉の起源

•spoken [written] **language**　話し[書き]言葉

•body **language**　ボディー・ランゲージ → **body**

❷(ある国・民族の)**言葉, 国語**

•the English **language**　英語 →単に Eng-

lish (英語)というよりも改まった言い方.
- a foreign **language** 外国語
- an official **language** 公用語
- my native **language** 私の母語 → **tongue** ❷
- English can be called an international **language**. 英語は国際語とも呼べる.
- English is spoken as a first [second] **language** in that country. その国では英語が第1[2]言語として話されている.
- He is very good at **languages**. 彼は語学が得意だ.

❸ 言葉遣(づか)い, 用語
- use strong **language** 過激な言葉遣いをする[を使う]

lánguage àrt 名 (**language arts** で) 言語技術 → 教科のひとつ. 日本の国語にあたる.

lánguage làboratory 名 語学演習室, LL(エルエル)教室 → **language lab** ともいう.

lantern /lǽntərn ランタン/ 名 手提(さ)げランプ; カンテラ; ちょうちん
- a paper [Chinese, Japanese] **lantern** 紙製[中国, 日本]のちょうちん
- a stone **lantern** 石灯籠(いしどうろう)

Laos /láus ラウス/ 固名 ラオス → 東南アジアの共和国. ラオス語(公用語)のほかフランス語も使用. 首都はビエンチャン.

lap¹ /lǽp ラプ/ 名 膝(ひざ)(の上) → 座(すわ)った時の腰(こし)から両膝までの両ももの上の部分.
- She was holding her baby **on** her **lap**. 彼女は膝の上に赤ちゃんを載(の)せていた. → 1人の人の「膝」は×laps としない.

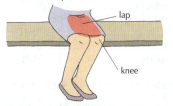

lap² /lǽp ラプ/ 動 (三単現 **laps** /lǽps ラプス/; 過去・過分 **lapped** /lǽpt ラプト/; -ing形 **lapping** /lǽpiŋ ラピング/)
(犬・ネコが水などを)ぴちゃぴちゃなめる[飲む]

lap³ /lǽp ラプ/ 名 (競技トラックの)1周, (競泳プールの)1往復

laptop /lǽptɑp ラプタプ/ 名 (膝(ひざ)の上に載(の)せて使える)携帯(けいたい)用コンピューター → **lap-**top computer ともいう. → **desktop**

large 中 A1 /láːrdʒ ラーヂ/ 形
(比較級 **larger** /láːrdʒər ラーヂャ/; 最上級 **largest** /láːrdʒist ラーヂェスト/)

(広くて)**大きい**

POINT 客観的に見て, 広さや数量が大きいこと. → **big**

large   small

基本 a **large** house 大きな家 → large+名詞.
- a **large** family 大家族
- the **large** size Lサイズ, L判
- a **large** audience 大観衆, 大勢の観客
- a **large** sum of money 多額の金, 大金

基本 His house is **large**, but mine is small. 彼の家は大きいが, 僕(ぼく)の家は小さい. → be 動詞+large.
- The sun is **larger** than the moon. 太陽は月よりも大きい.
- Tokyo is **the largest** city in Japan. (= Tokyo is larger than any other city in Japan.) 東京は日本で一番大きい都市です.
- Tokyo is **the largest** of all the cities in Japan. 東京は日本のすべての都市のうちで最大です.

— 名 (**at large** で) 自由で; 捕(つか)まらないで
- The robber is still **at large**. 強盗(ごうとう)はまだ捕まっていない.

largely /láːrdʒli ラーヂリ/ 副 大いに, 大部分, 主として

large-scale /láːrdʒ skeil ラーヂ スケイる/ 形
❶ 広い範囲(はんい)の, 大規模な ❷ (地図が)大縮尺の

lark /láːrk ラーク/ 名 《鳥》ヒバリ → ふつうは **skylark** と同じ意味で使われる.

イメージ (**lark**)
空に舞(ま)い上がりながらさえずる陽気な春の鳥.「自由・快活」などのイメージがあり, happy as a lark (ヒバリのように楽しい)は「とても楽しい」の意味. また夜明けとともに鳴き始めるの

で, rise [get up] with the lark (ヒバリといっしょに起きる)は「早起きする」の意味.

larva /láːrvə ラーヴァ/ 名 (複 **larvae** /láːrviː ラーヴィー/) (昆虫の)幼虫

laser /léizər レイザ/ 名 レーザー光線; レーザー光線発生装置 →医療・通信などに利用される.

lass /lǽs ラス/ 名 少女, 小娘 →**lad**

last¹
小 A2 /lǽst ラスト|láːst ラースト/

形 ❶最後の
❷(時間的に)この前の
名 最後
副 最後に

意味map

—— 形 ❶ **最後の** 反対語 **first** (最初の)

基本 the **last** bus 最終バス →the last+名詞.

• the **last** Thursday in November 11月の最後の木曜日 →**Thanksgiving Day**
• the **last** five pages of the book その本の最後の5ページ
• His **last** hope was lost. 彼の最後の望みは失われた.

基本 He was **last** in the race. 彼は競走でビリだった. →be 動詞+last.

❷(時間的に)**この前の**; 最近の →名詞の前にだけつける.

基本 **last** week 先週 →last+週・月・年・曜日・季節などを表す名詞.

• **last** month 先月
• **last** night [year] 昨夜[昨年]
• **last** Monday この前の月曜日(に) →「この前の月曜日に」を ×on last Monday としない. **the** last Monday は「(ある月の)最後の月曜日」.
• on Monday **last** 《主に英》この前の月曜日に
• on Monday **last** week 先週の月曜日に
• **last** summer [August] 去年の夏[8月]; この夏[8月] →年が明けた時点で言えば「去年の

〜」、その年の秋や冬に言えば「この〜」.
• for the **last** six years 最近の[この]6年間

❸ 最もありそうにない

• He is the **last** person to do it. 彼はそんな事を最もしそうにない人だ[彼に限ってそんな事をするはずがない].

—— 名 最後, 最後の人[物], 終わり; この前

• the day before **last** (この前の前の日 ⇨)一昨日, おととい
• the night before **last** おとといの夜
• the week [the month, the year] before **last** 先々週[先々月, おととし]

反対語 Jack was the **first** and Ken was the **last**. ジャックが1着でケンがビリだった.
• He was the **last** to come here. 彼がここへ来た最後の人だった[彼が一番あとにここへ来た]. →**to ❾** の②

—— 副 最後に, 一番あとに; この前

• I arrived **last**. 私は最後に着いた.
• When did you see him **last**? あなたが最後に[最近]彼に会ったのはいつですか.
• It is three years since I saw you **last**. この前お会いしてから3年になります.

at last 最後には, ついに 反対語 **at first** (初めのうちは)
• **At last** the war ended. やっと戦争が終わった.

for the last time これを最後として, (これで)最後に 反対語 **for the first time** (初めて)

one last time 最後にもう一度

to the last 最後まで

last² /lǽst ラスト|láːst ラースト/ 動 続く; 持ちこたえる, もつ

• **last** long 長く続く, 長もちする
• I hope this fine weather **lasts** for a week. この好天が1週間も続けばよいが.

lasting /lǽstiŋ ラスティング/ 形 長く続く, 永久の

lastly /lǽstli ラストリ/ 副 最後に →事柄を列挙していく時に使う.

lást nàme A1 名 =family name (姓)

lat. 略 =**lat**itude (緯度)

late
小 A1 /léit レイト/

形 ❶(時間・時期が)遅い; (時間に)遅れた
❷(近頃)なくなった, 故〜
副 (時間・時期が)遅く, 遅れて; 遅くまで

意味map

—形 (比較級 **later** /léitər レイタ/, **latter** /lætər ラタ/; 最上級 **latest** /léitist レイテスト/, **last** /lést ラスト/)

❶ (時間・時期が)遅い; (時間に)遅れた
関連語「(速度が)遅い」は **slow**.
反対語 **early** (早い)

基本 a **late** breakfast 遅い朝食 →late＋名詞.
・a **late** riser [comer] 朝寝坊の人[遅れて来た人]
・in the **late** afternoon 午後遅く
・at this **late** hour こんな遅い時間に
・基本 She is often **late** (for school). 彼女はよく(学校に)遅刻する. →be 動詞＋late.
・Don't be **late**. 遅れてはいけません.
・I'm sorry I'm **late**. 遅れてすみません.
・I was five minutes **late** for school this morning. 私は今朝学校に 5 分遅刻した.
・It was very **late** when we left his home. 私たちが彼の家を出た時は(時刻が)とても遅かった. →It は漠然と「時間」を表す.
ことわざ It is never too **late** to learn. 学ぶのに決して遅過ぎることはない. →It=to learn (学ぶこと).「六十の手習い」にあたる.

❷ (近頃)なくなった, 故〜; 最近の, この前の
・the **late** Dr. Sato 故佐藤博士
・the **late** news 最近のニュース

—副 (比較級 **later** /léitər レイタ/; 最上級 **last** /lést ラスト/)
(時間・時期が)遅く, 遅れて; 遅くまで
反対語 **early** (早く)
・**late** at night 夜遅く, 夜遅くまで
・**late** in the afternoon 午後遅く
・get up **late** (朝)遅く起きる
・sit up **late** (at night) 夜遅くまで起きている, 夜ふかしをする
・Spring comes **late** in this part of the country. この地方では春の来るのが遅い.

・Mr. Jones came (ten minutes) **late**. ジョーンズ氏は(10分)遅れて来た.
ことわざ Better **late** than never. しないより遅くてもするほうがいい.

—名 (次のイディオムで使われる)
of late 近頃 (lately, recently)
till [until] late 遅くまで →単に **late**(副詞)だけでもこの意味になる.

lately /léitli レイトリ/ 副 近頃(ちかごろ), 最近
・Have you seen Paul **lately**? 最近ポールに会いましたか.

later
小 A1 /léitər レイタ/ 形
(時間・時期が)もっと遅(おそ)い, もっと近頃(ちかごろ)の, その後の →**late** の比較(ひかく)級.
・**later** news その後のニュース

—副 ❶ あとで, のちほど; 〜後に
・a little **later** その少しあとで, その後少したって
・three weeks **later** それから 3 週間後に
・Fine, cloudy **later**. 《日記》晴れ, のち曇(くも)り.
・I will come again **later** in the afternoon. またのちほど午後にまいります. →**late** in the afternoon なら「午後遅く」.
・**Later**, the girl became a great scientist. 後年その少女は偉大(いだい)な科学者になった.

I'll see you **later**.—OK, sure.
じゃ, またあとで.-うん, じゃまた.
→ふつうは近いうちにまた会う予定のある時の別れの挨拶(あいさつ). I'll (=I will)を省略して **See you later.** ともいう.

❷ もっと遅く
・get up **later** than usual いつもより遅く起きる

later on のちに, あとで

sooner or later 遅かれ早かれ, いつかは

latest A2 /léitist レイテスト/ 形 (時間・時期が)最も遅(おそ)い; 最新の →**late** の最上級.
- the **latest** news 最新のニュース
- his **latest** work 彼の最新の作品

at (the) latest 遅くとも

Latin /lǽtin ラティン/ 名 ❶ ラテン語 →古代ローマの言語. ❷ ラテンアメリカ人; ラテン系の人 →ラテン系の言語(イタリア語・フランス語・スペイン語・ポルトガル語など)を話す人.

── 形 ラテン語の; ラテン系の

Latin America /lǽtin əmérikə ラティン アメリカ/ 固名 ラテンアメリカ, 中南米 →ラテン系の言語(スペイン語・ポルトガル語)を国語とする国々. →**Hispanic**

Latino /lætí:nou ラティーノウ/ 名 (複 **Latinos** /lætí:nouz ラティーノウズ/) ラテンアメリカ系米国人 →**Latin America**

── 形 ラテンアメリカ系米国人の

latitude /lǽtətju:d ラティテュード/ 名 緯度(いど) →**lat.** と略す. 関連語 **longitude** (経度)

latter A2 /lǽtər ラタ/ 形 (「前半の」に対して)後半の; あとのほうの →名詞の前にだけつける.
- the **latter** half of the year その年の後半 →「前半」は the **first** half of the year.

── 名 (the latter で) (「前者」に対して)後者
反意語 Spring and fall are pleasant seasons, but I like the **latter** better than the **former**. 春も秋も快適な季節ですが, 私は前者(春)より後者(秋)のほうが好きです.

laugh 中 A1 /lǽf ラふ|lá:f ラーふ/ (→gh は /f ふ/ と発音する) 動
(声を出して)笑う 類似語 **smile** (ほほえむ), **giggle** (くすくす笑う), **grin** (にこっと笑う)

smile / laugh / giggle / grin

- **laugh** loudly 大声で笑う
- I **laughed** all through the funny movie. 私はそのおかしな映画の間じゅう笑いどおしだった.
- "Oh, I'm mistaken," he said **laugh**-ing. 「おっと, 私の間違(まちが)いだ」と彼は笑いながら言った.

ことわざ He who **laughs** last **laughs** longest. 最後まで笑わない者が一番長く笑う. →「早まって喜ぶな」の意味.

laugh at ~ ~を見て[聞いて]笑う; ~を嘲(あざけ)り笑う
- We all **laughed at** his joke. 私たちはみんな彼のジョークを聞いて笑った.
- They **laughed at** him. 彼らは彼を嘲い笑った.
- He was **laughed at** by his friends. 彼は友人たちに笑われた. →**was** 助動 ❷

── 名 笑い; 笑い声
- a good **laugh** 大笑い

laughter /lǽftər ラふタ/ 名 笑い; 笑い声
- burst into **laughter** どっと笑う

launch /lɔ́:ntʃ ローンチ/ 動
❶ (新造船を)初めて水上に浮(う)かべる, 進水させる; (ロケットを)打ち上げる
❷ (事業などを)おこす, 立ち上げる; (新製品を)市場(しじょう)に出す

── 名 (新造船の)進水, (ロケット・宇宙船などの)発射; (新製品の)発売

laundry /lɔ́:ndri ローンドリ/ 名 (複 **laundries** /lɔ́:ndriz ローンドリズ/)
❶ クリーニング店, 洗濯(せんたく)室
❷ (the laundry で) (集合的に) 洗濯物

laurel /lɔ́:rəl ローレル/ 名 (植物) ゲッケイジュ →南ヨーロッパ産の常緑低木で葉に香(かお)りがある. 古代ギリシャでは戦争の勇士や競技の優勝者などにこの枝で作った冠(かんむり)(月桂冠(げっけいかん))を与(あた)えた.

lava /lá:və ラーヴァ/ 名 溶岩(ようがん)

lavatory /lǽvətɔ:ri ラヴァトーリ/ 名 (複 **lavatories** /lǽvətɔ:riz ラヴァトーリズ/) 洗面所, お手洗い, トイレ (toilet)

lavender /lǽvəndər ラヴェンダ/ 名
❶ (植物) ラベンダー →香りのよいシソ科の植物.
❷ ラベンダー[薄紫]色

law 中 A2 /lɔ́ː ろー/ 名

❶ 法律; 法学
• under [according to] the **law** 法律の下で[法律によれば]

❷ 法則; 規則

láw còurt 名 法廷(ほうてい)

lawful /lɔ́ːfəl ろーふる/ 形 法律にかなった, 合法的な

lawn /lɔ́ːn ろーン/ 名 芝地(しばち), 芝生

láwn mòwer 名 芝刈(しばか)り機

láw schòol 名 法科大学院, ロースクール

lawyer A2 /lɔ́ːjər ろーヤ/ 名 弁護士, 法律家
• consult a **lawyer** 弁護士に相談する

lay¹ /léi れイ/ 動 (三単現 **lays** /léiz れイズ/; 過去・過分 **laid** /léid れイド/; -ing形 **laying** /léiiŋ れイインブ/)

❶ 置く, 横たえる

⊘POINT lie²(横たわる)の過去形 lay と間違(まちが)えないこと.

• **lay** a book on the desk 机の上に本を置く
• **lay** bricks れんがを積む
• He **laid** his hand on my shoulder. 彼は私の肩(かた)に手を置いた.
• He **laid** himself on the bed. 彼はベッドに身を横たえた.

❷ (じゅうたんなどを)敷(し)く, 並べる; (食卓(しょくたく)などを)用意する

• **lay** a carpet on the floor 床(ゆか)の上にじゅうたんを敷く
• He is now **laying** the table. 彼は今食卓の用意をしている. → フォーク・ナイフ・お皿などをテーブルに並べること. →is 助動 ❶

❸ (卵を)産む

• **lay** an egg 卵を産む
• Every day the hen **laid** an egg. そのめんどりは毎日卵を産んだ.

lay aside 脇(わき)へ置く; 捨てる; たくわえる

lay down 下に置く; (武器などを)捨てる

lay off (一時的に)解雇(かいこ)する, 休職させる

lay out (品物を)広げる, 並べる; (都市・庭園などを)設計する; (雑誌などのページの)割り付けをする

lay up たくわえる; (病気が人を)寝(ね)かせておく
• I was **laid up** with a cold. 私は風邪(かぜ)で寝ていました. →was 助動 ❷

lay² /léi れイ/ 動 **lie²** の過去形

layer /léiər れイア/ 名 ❶ 層, (ペンキなどの)ひと塗(ぬ)り ❷ 置く人; 卵を産むニワトリ

---

layoff /léiɔːf れイオーふ/ 名 (一時的)解雇(かいこ), 休職

layout /léiaut れイアウト/ 名 (都市・庭園などの)設計; (雑誌などのページの)割り付け

laziness A2 /léizinəs れイズィネス/ 名 怠(なま)け者であること, 怠情(たいだ), 無精(ぶしょう)

lazy A1 /léizi れイズィ/ 形 (比較級 **lazier** /léiziər れイズィア/; 最上級 **laziest** /léiziist れイズィエスト/) 怠(なま)け者の, 怠情(たいだ)な, 無精(ぶしょう)な
• a **lazy** fellow 怠け者
• His father got angry with him because he was so **lazy**. 彼の父は彼がとても怠け者なので彼をしかった.

lb., lb 略 =pound(s)(ポンド) → 重量の単位. 数字の後につけて使う. →pound¹ ❶

lead¹ 中 A2 /líːd リード/ 動

三単現	**leads** /líːdz リーヅ/
過去・過分	**led** /léd れド/
-ing形	**leading** /líːdiŋ リーディンブ/

❶ (先に立って人などを)案内する, 導く

• **lead** him **to** his seat 彼を彼の座席へ案内する
• **lead** an old man by the hand 老人の手をとって案内する
• This road will **lead** you **to** the ferry. (この道があなたを船着場へ導く ⇒)この道を行けば船着場へ出ます.
• The leader **leads** us **through** the wood. リーダーが私たちの先頭に立って森の中を導いてくれる.
関連語 The guide **led**, and we **followed**. ガイドが先に立って案内し, 我々はその後からついて行った.
• Bob is the captain of our team and he is **leading** it very well. ボブは僕(ぼく)たちのチームのキャプテンでチームをよく引っ張っている. →is 助動 ❶

❷ 先頭に立つ, リードする; 指揮をとる

• **lead** in the parade パレードの先頭に立つ
• **lead** an orchestra オーケストラを指揮する
• **lead** a discussion 討論で主導的役割を果たす
• He **leads** his class in English. 彼は英語でクラスのトップに立っている.
• The flag carriers **led** the parade. 旗手たちがパレードの先頭に立った.
• The Giants were **leading** at the top of the seventh inning. 7回の表まではジャイア

ンツがリードしていた.
❸ (道などが～に)**通じる**
- This road **leads to** the station. この道は駅へ通じる[この道を行くと駅へ出る].
- Hard work **leads to** success. 努力は成功へ通じる[努力すれば成功する].

ことわざ All roads **lead** to Rome. すべての道はローマに通ず. → 「方法はいろいろあるが, どの方法によってもその目的を達することができる」の意味.

❹ (lead A to do で) Aを～する気にさせる
- This **led** him **to** believe so. (これが彼にそう信じさせた⇨)このために彼はそう信じた.

❺ (生活を)**送る**
- **lead** a busy life 忙(いそが)しい生活を送る

―― 名 ❶ 先頭; リード
- **take the lead** in the race 競走で先頭に立つ

❷ 手本, 模範(もはん); 指示
- follow his **lead** 彼の指示[手本]に従う

❸ (英)(犬などにつける)リード, 引き綱(つな)(leash)

lead² /léd レド/ (→**lead**¹ との発音の違(ちが)いに注意) 名 鉛(なまり); 鉛筆(えんぴつ)の芯(しん)

leader 中 A1 /líːdər リーダ/ 名 指導者, リーダー; 指揮者

leadership /líːdərʃip リーダシプ/ 名 指導者の地位; 指導; 指導力, リーダーシップ

leading /líːdiŋ リーディング/ 形 先頭に立つ; 一流の; 主な, 主要な

leaf 中 A1 /líːf リーフ/ 名 (複 **leaves** /líːvz リーヴズ/) ❶ (木・草の)葉
- dead [fallen] **leaves** 枯(か)れ葉[落ち葉]

❷ (本の紙)1枚 ⇒表と裏で2ページ分.

leaflet /líːflət リーフレト/ 名 ❶ 小さい葉, 小さな若葉 ❷ (広告の)ちらし, ビラ; 小冊子(しょうし)

league /líːg リーグ/ 名 同盟, 連盟; (野球などの)競技連盟

leaguer /líːgər リーガ/ 名 連盟の加入者[団体, 国家]; (野球)連盟の選手

leak /líːk リーク/ 名 (水・ガス・空気・秘密などの)漏(も)れ; 漏れる穴
―― 動 漏れる; 漏らす

lean¹ /líːn リーン/ 形 やせた

反対語 He is tall and **lean**, and his wife is small and **fat**. 彼は背が高くてやせており, 彼の妻は小さくて太っている.

―― 名 (脂肪(しぼう)のない)赤身 関連語「脂身(あぶらみ)」は fat.

lean² /líːn リーン/ 動 傾(かたむ)く, もたれる, よりかかる; 傾ける, もたせかける

leaning /líːniŋ リーニング/ 形 傾(かたむ)いている

Léaning Tówer of Písa 固名 (the をつけて) **ピサの斜塔**(しゃとう) →イタリア中部の都市ピサにある有名な鐘楼(しょうろう)(1372年完成).

leap /líːp リープ/ 動 (三単現 **leaps** /líːps リープス/; 過去・過分 **leaped** /líːpt リープト/, **leapt** /lépt レプト, líːpt リープト/; -ing形 **leaping** /líːpiŋ リーピング/)

とぶ, 跳(は)ねる ⇒話し言葉ではふつう **jump** を使う.

ことわざ Look before you **leap**. とぶ前に見よ[よく見てからとべ]. →「物事はよく考えてから行え」の意味. 「転ばぬ先のつえ」にあたる.

―― 名 とぶこと, ひととび

leapfrog /líːpfrɔɡ リープフラグ/ 名 馬とび

leapt /lépt レプト, líːpt リープト/ 動 **leap** の過去形・過去分詞

leap year /líːp jìər リープ イア/ 名 うるう年

learn 小 A1 /lə́ːrn ラ～ン/ 動
三単現 **learns** /lə́ːrnz ラ～ンズ/
過去・過分 **learned** /lə́ːrnd ラ～ンド/, **learnt** /lə́ːrnt ラ～ント/
-ing形 **learning** /lə́ːrniŋ ラ～ニング/

❶ **学ぶ**, 習う; **覚える**

中 基本 **learn** English 英語を学ぶ →learn+名詞.
- **learn** ten words a day 1日に10単語覚える
- **learn how to** swim どういう風に泳ぐか[泳ぎ方]を習う →how to do は「～する方法」. → **to** ❾ の ❺

類似語(学ぶ)
learn は勉強したり教わったりして「知識を身につける, 覚える」こと. **study** はある知識を得るために「勉強する, 研究する」こと.

three hundred and sixty-one　361　leave

- He **learns** very slowly. 彼は覚えるのがとても遅(おそ)い.

関連語 He **studies** many hours every day, but he doesn't **learn** anything. 彼は毎日何時間も勉強するが, 何も覚えない.

- I **learned** a lot from you. 私はあなたからたくさんのことを学びました.
- I've already **learned** how the country was born. 私はその国がどのようにして生まれたかを既(すで)に学んだ. →現在完了(かんりょう)の文. → **have** [助動] ❶
- English grammar **is** not **learned** easily. (英文法はたやすく学ばれない ⇨英文法を学ぶのは簡単ではない. →受け身の文. → **is** [助動] ❷
- We **are learning** English at school. 私たちは学校で英語を学んでいる. →現在進行形の文. → **are** [助動] ❶
- The best way **of learning** (= The best way **to learn**) a foreign language is to live in the country where it is spoken. 外国語を学ぶ一番よい方法はそれが話されている国に住むことだ. →前置詞 of+動名詞 learning (学ぶこと). 不定詞 to learn (学ぶための〜) は way を修飾(しゅうしょく)する (→ **to** ❾ の ②).

❷ **(learn to** do で) 〜するようになる, 〜できるようになる

[中] 基本 **learn** to swim 泳げるようになる
- **learn** to communicate in English 英語で意思を通じ合えるようになる
- You'll **learn** to ski in a week or so if you practice every day. 毎日練習すれば1週間かそこらでスキーができるようになるでしょう.

❸ **知る**, 聞く
- **learn from** experience 経験から知る
- **learn of** the accident from the radio newscast ラジオのニュース放送でその事故のことを知る
- I **learnt** from his letter that he was in New York. 私は彼の手紙で彼がニューヨークにいることを知った.

learn 〜 by heart 〜を暗記する

learned /lɔ́ːrnid ら〜ネド/ (→発音に注意. learn の過去形・過去分詞 learned は /ら〜ンド/)
[形] 学識のある, 博学な
- a **learned** person 学識のある人, 学者

learner [A2] /lɔ́ːrnər ら〜ナ/ [名] 学ぶ人, 学習者;

初心者

learning /lɔ́ːrniŋ ら〜ニング/ [動] **learn** の -ing 形 (現在分詞・動名詞)
—— [名] 学問
- His father is a man of great **learning**. 彼の父はたいへんな学者だ.

learnt /lɔ́ːrnt ら〜ント/ [動] **learn** の過去形・過去分詞

leash /líːʃ リーシュ/ [名] (犬などにつける)リード, 引き綱(づな)

least [A2] /líːst リースト/ [形] (量・程度が)一番少ない, 最少の →**little** の最上級.
- Who did **the least** work? (誰(だれ)が最少の仕事をしたか ⇨一番仕事をしなかったのは誰だ.
- There isn't **the least** wind today. きょうはほんの少しの風もない.

—— [代] 一番少ないもの, 最少

関連語 I had very **little** money, but John had **less** and Bob had the **least**. 僕(ぼく)はほとんどお金を持っていなかったが, ジョンは僕より少ししか持っておらず, ボブにいたっては一番少ししか持っていなかった.

反対語 He did **least** of the work and got **most** of the money. 彼は一番少ししか仕事をしないで一番たくさんお金をもらった.

at least 少なくとも **反対語** at most (多くとも)
- You must sleep **at least** eight hours. 少なくとも8時間は眠(ねむ)らなければいけない.

not in the least 少しも〜ない
- I am **not in the least** tired. 私は少しも疲(つか)れていない.

—— [副] 最も少なく, 一番〜でない
- I like mathematics **least**. (数学を最も少なく好む ⇨私は数学が一番嫌(きら)いだ.
- It is the **least** important thing. それは一番重要でない事だ.

ことわざ **Least** said, soonest mended. 口数が少なければ, (間違(まちが)えても)すぐ言い直せる. →「口は災(わざわ)いの元」にあたる.

leather [A2] /léðər れざ/ [名][形] 革(かわ)(製の)

leave [小] [A1] /líːv リーヴ/
[動] ❶ 去る　　　　　意味 map
❷ (仕事・学校などを)やめる (quit)
❸ 残す, 置いて行く; 置き忘れる
❹ 任せる
❺ 〜を〜のままにしておく

leaves

― 動

三単現	**leaves** /líːvz リーヴズ/
過去・過分	**left** /léft レフト/
-ing形	**leaving** /líːvɪŋ リーヴィング/

❶ 去る, たつ

基本 **leave** Japan 日本を去る →leave＋名詞.

基本 **leave for** New York ニューヨークへ(向かって)たつ →leave for＋名詞.

• **leave** Japan **for** New York ニューヨークへ向かって日本を去る[日本をたってニューヨークへ向かう]

• **leave** (home) **for** school （家を出て）学校へ向かう

• The train **leaves** in five minutes. 電車はあと5分で発車します.

• They **left** Japan **from** Narita yesterday. 彼らは昨日成田から日本をたちました. →「左」の意味の left¹ と混同しないこと.

• We **are leaving for** Paris tomorrow. 私たちはあしたパリに向けてたちます. →「近い未来」を表す現在進行形の文. →**are** 助動 ❶

❷ (仕事・学校などを)**やめる** (quit) →**graduate** (卒業する)

• She'll **leave** the softball team. 彼女はソフトボール部をやめるでしょう.

• After **leaving** college he worked in his father's office. 彼は大学をやめて父の事務所で働いた. →前置詞 after＋動名詞 leaving (やめること).

❸ 残す, 置いて行く; 置き忘れる

関連語 I **forgot** my dictionary; I **left** it in my room. 辞書を持って来るのを忘れた. 自分の部屋に置いて来てしまった.

• Three from ten **leaves** seven. 10から3を引くと7が残る.

• He **left** a letter for Mother. 彼は母に置き手紙をして行った.

• Mozart **left** us a lot of beautiful music. モーツァルトは私たちに美しい音楽をたくさん残してくれた. →leave A B は「A に B を残す」.

• Sam **left** his money **behind** when he went shopping. サムは買い物に出かける時お金を置いていってしまった.

• I **have left** my umbrella (**behind**) on the train. 私は傘(かさ)を電車に置き忘れて来た. →現在完了(かんりょう)の文. →**have** 助動 ❶

• There is no wine **left** in the bottle. 瓶(びん)の中にワインは全然残っていない. →過去分詞 left (残された)は wine を修飾(しゅうしょく)する.

❹ 任せる; 預ける

• She **left** her baby **with** [**to**] her mother and went to the movies. 彼女は赤ちゃんを母親に預けて[任せっぱなしにして]映画に行った.

• I **left** the cooking **to** my brothers. 料理は兄たちに任せました.

❺ ～を～のままにしておく

基本 **leave** the window open 窓を開けっぱなしにしておく →open は「開いている」という意味の形容詞. leave A B (形容詞・現在分詞)は「A を B にしておく」.

• **leave** the kettle boiling やかんを沸(わ)かしっぱなしにする

• Please **leave** me **alone**. 私をひとりにしておいて[私を放っておいて]ください.

―― 名 (優 **leaves** /líːvz リーヴズ/)
(許可された)**休暇**(きゅうか) (holiday)

• go home **on leave** 休暇をもらい帰省する

leaves /líːvz リーヴズ/ 名 leaf, leave 名 の複数形 →leave 動 (去る)の3人称(しょう)単数現在形

チャンクでおぼえよう leave	
□ 日本を離れる	**leave** Japan
□ 5分以内に出発する	**leave** in five minutes
□ ソフトボールチームをやめる	**leave** the softball team
□ 彼女に手紙を残す	**leave** a letter for her
□ 窓を開けておく	**leave** the window open

と混同しないこと.

lecture /léktʃər レクチャ/ 名 ❶ 講義, 講演 ❷ (子供などへの)お説教, 小言
── 動 ❶ 講義[講演]をする ❷ (子供などに)お説教する, 小言を言う (scold)

lecturer /léktʃərər レクチャラ/ 名 講演者; (大学などの)講師

led /léd レド/ 動 **lead**¹ の過去形・過去分詞

leek /líːk リーク/ 名 《植物》リーキ, ニラネギ → タマネギの一種で, 茎(くき)の太い長ネギのような形をしている.

left¹ 小 A1 /léft レフト/ 形 (→比較変化なし)
左の, 左側の

基本 the **left** hand 左手, 左側 → left＋名詞. このように名詞の前にだけつける.

• the **left** bank （下流に向かって）左岸

反対語 In Japan traffic keeps to the **left**, not the **right**, side of the road. 日本では車は右側通行でなく, 左側通行です. → the left, the right はそれぞれ side of the road につながる.

── 副 (→比較変化なし) 左へ, 左の方に

基本 turn **left** 左に曲がる, 左折する → 動詞＋left.

── 名 (複 **lefts** /léfts レフツ/)
左, 左側

• to the **left** 左の方へ
• on [at] the **left** 左方に, 左側に
• sit on [at] his **left** 彼の左側に座(すわ)る
• In Britain people drive **on the left**. 英国では車は左側を走ります[左側通行です].
• Forks are placed on [at] the **left** of the plate. フォークは皿の左側に置かれる.

掲示 Keep to the **left**. 左側通行. → Keep left. ともいうが, ただしこの時の left は副詞.

left² 中 /léft レフト/ 動 **leave** の過去形・過去分詞

left-handed /léft hǽndid レフト ハンデド/ 形 左きき(用)の, 左手でする; 左回りの

反対語 Are you **right-handed** or **left-handed**? 君は右ききですか, 左ききですか.

leftover /léftouvər レフトウヴァ/ 名 (**leftovers** で) (特に食事の)残り物, 食べ残し
── 形 食べ残しの

leg 小 A1 /lég レグ/ 名

❶ (人・動物などの)脚(あし), すね → leg は, ももの付け根から下全部あるいは足首までを指す. → **foot**

• I was hurt **in** my left **leg**. 私は左脚をけがした.
• He sat down in the chair and crossed his **legs**. 彼は椅子(いす)に腰(こし)を下ろして脚を組んだ.

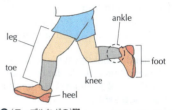

❷ (テーブルなどの)脚

legacy /légəsi レガスィ/ 名 (複 **legacies** /légəsiz レガスィズ/) 遺産; 受け継(つ)いだもの

legal /líːgəl リーガル/ 形 法律上の; 法律にかなった, 合法の 反対語 **illegal** (違法(いほう)の)

legend /lédʒənd レヂェンド/ 名 伝説, 言い伝え

lei /léi レイ/ 名 レイ → ハワイの人が歓迎(かんげい)の意味を込(こ)めて観光客の首にかける花輪.

leisure A2 /líːʒər リージャ|léʒə レジャ/ 名 暇(ひま), 余暇(よか), レジャー

• lead a life of **leisure** 余暇のある生活を送る[自由に使える時間がある忙しすぎない暮らしをする] →×a leisure, ×leisures としない.
• I want some **leisure** for reading [to read]. 私は少し読書の暇が欲(ほ)しい.

at** one's **leisure 暇な時に, 都合のよい時に

lemon 小 A2 /lémən レモン/ 名
❶ レモン(の木)

lemonade 364

・a slice of **lemon** レモンひと切れ
❷ レモン汁(じる), レモンジュース
・a glass of **lemon** レモンジュース1杯(はい)
❸ レモン色

イメージ (lemon)
その味が「すっぱい (sour)」ことから英米では好ましくないイメージのほうが強く,「不良品」「だめな人」などを指すのに使う.

lemonade A2 /leməneid レモネイド/ 名 レモネード → レモンジュースに砂糖・シロップなどを加えた飲み物.

lend A2 /lénd レンド/ 動

三単現	**lends** /léndz レンヅ/
過去・過分	**lent** /lént レント/
-ing形	**lending** /léndiŋ レンディング/

貸す → ふつう「本, お金」などのように持ち運びできるものを貸すこと. 類似語 **let**, **rent** ((家などを)貸す)

基本 **lend** a book 本を貸す → lend+名詞.
基本 **lend** him a book = **lend** a book to him 彼に本を貸す → lend A B = lend B to A は「AにBを貸す」.

・Please **lend** me this book for a few days. この本を2, 3日私に貸してください.
・Can you **lend** me a hand with the cooking? 料理を手伝ってくれませんか.
反対語 He never **lends** his books, but often **borrows** books from his friends. 彼は決して自分の本は貸さないが, 友達からはしばしば本を借りる.
・The library **lends out** four books at a time. その図書館は1回に4冊貸し出す.

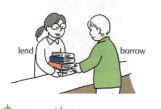
lend borrow

会話
Who **lent** you this camera? —Jack **lent** it to me.
誰(だれ)が君にこのカメラを貸してくれたの.— ジャックがそれを私に貸してくれました.

・I **have lent** him 1,000 yen, but he'll give it back next week. 私は彼に1,000円貸してある. でも来週返してくれるでしょう. → have lent は現在完了(かんりょう)形. → **have** 助動 ❶

lender /léndər レンダ/ 名 貸す人, 貸し主
反対語 **borrower** (借り手)

length /léŋθ レングす/ 名
❶ (物の)長さ; 縦
関連語 It is 20 meters **in width** and 30 meters **in length**. それは幅(はば)[横]20メートル, 長さ[縦]30メートルです.
❷ (時間の)長さ, 期間

lengthen /léŋθən レングすン/ 動 長くする, 伸(の)ばす; 長くなる, 伸びる

lens /lénz レンズ/ 名 レンズ

lent /lént レント/ 動 lend の過去形・過去分詞

Leonardo da Vinci → da Vinci

leopard /lépərd レパド/ 名
《動物》ヒョウ → **panther** /パンサ/ ともいうが, panther はふつうクロヒョウ (**black leopard**) を指す.
ことわざ A **leopard** can't change its spots. ヒョウはその斑点(はんてん)を変えることができない. →「持って生まれた性格は直らないものだ」の意味.

less 中 A2 /lés レス/ 形
(量・程度が)もっと少ない → **little** の比較(ひかく)級.
・Five is **less** than eight. 5は8より少ない.
・**Less** noise, please! どうかもう少し静かにしてください.
反対語 You should eat **less** meat and **more** vegetables. (君はもっと少ない肉ともっと多くの野菜を食べるべきだ⇨)君は肉をもう少し減らして野菜をもっと食べなさい.

—— 代 もっと少ないもの
・I finished the work in **less** than an hour. 私はその仕事を1時間足らずで終えた.
・John paid 500 dollars for a used computer, but I bought a new one for **less**. ジョンは中古のコンピューターに500ドル払(はら)ったが, 僕(ぼく)はもっと安い値段で新品を買った.

—— 副 もっと少なく
反対語 Watch TV **less** and sleep **more**. (もっと少なくテレビを見て, もっと多く眠(ねむ)れ⇨)テレビを見るのを控(ひか)えて, もっと睡眠(すいみん)をとりなさい.
・You must be **less** impatient. 君はもうしせかせかするのをやめなければいけない.

three hundred and sixty-five 365 **let**

•I became **less and less** worried about it. その事について私はだんだん心配しなくなった. →less and less ～ ＝だんだん少なく～.

more or less 多かれ少なかれ, いくらか

much [still] less ましてや～でない → **much [still] more** (**more** 成句)

•He cannot read English, **much less** German. 彼は英語が読めない, ましてやドイツ語はなおさら読めない.

no less than ～ (それほどとは思わないだろうが実は)～ほども; ～も同然

•He is **no less than** a genius. 彼は天才も同然だ[まさに天才だ].

-less 接尾辞「～のない」の意味を表す:

•care**less** 不注意な

•rest**less** 不安な

lessen /lésn れスン/ 動 少なくする, 減らす; 少なくなる, 減る

lesson 小 A1 /lésn れスン/ 名

❶ (学校の)授業, 勉強; 稽古(けいこ), レッスン

•an English **lesson** 英語の授業

•a piano [dancing] **lesson** ピアノ[ダンス]のレッスン

•Our first **lesson** today is English. 私たちのきょうの最初の授業は英語です.

•We have four **lessons** in the morning. 私たちは午前中に４時間授業がある.

•I take [have] piano **lessons** from Miss Mori every week. 私は毎週森先生にピアノのレッスンを受けています.

•She **gives** them **lessons in** flower arrangement every Sunday. 彼女は毎週日曜日彼らに生け花を教えています.

❷ (教科書の)～課

•**Lesson** 5 (読み方: five) 第５課

•Our English book is divided into 10 **lessons**. 私たちの英語の教科書は10の課に分けられている.

❸ (ある事柄(ことがら)・体験などを通して学ぶ)教訓

•learn a good **lesson** よい教訓を学ぶ[得る]

•draw a **lesson** from the disaster その災害から１つの教訓を引き出す[学び取る]

let 小 A1 /lét れト/ 動

三単現	**lets** /léts れッ/
過去・過分	**let**
-ing形	**letting** /létiŋ れティング/

→原形・過去形・過去分詞がどれも同じ形である

ことに注意.

❶ (**let** *A do* で) (したいように) **A を～させる**

✅POINT 相手がしたいと望んでいることをさせること.

句 基本 **let** him go (行きたければ)彼を行かせる →let＋(代)名詞＋原形不定詞.

•**let** a bird fly away 鳥を放してやる

•**Let** me help you with your work. お仕事を手伝わせてください.

•Don't **let** the fire go out. 火を消えさせるな.

•Dad didn't **let** me go to the movies. 父は私を映画に行かせてくれなかった.

•He **lets** nobody see it. 彼は誰(だれ)にもそれを見せない.

•He **let** nobody see it. 彼はそれを誰にも見せなかった. →現在形なら **lets**.

•I'm not **letting** you (go) out of this room until you tell me the truth. 本当のことを言うまではこの部屋から出さないぞ. →意味を強めるための現在進行形の文で, I will not let you ～. とほとんど同じ意味.

❷ (お金を取ってある期間家・部屋などを)使わせる, 貸す (rent) →**lend**

•**let** a house 家を貸す

•To Let (主に英)(広告で)貸家[貸間, 空室など]あり. →**for rent** (**rent** 成句)

let alone ～ ～は言うまでもなく, ～はもちろん →**alone** 成句

let ～ alone ～を(構わないで)放っておく (leave alone) →**alone** 成句

let ～ be ～をそのままにしておく, ～を放っておく

•**Let** it [him] **be**. それはそのままに[彼をそっと]しておきなさい.

let down 下げる, 降ろす; 見捨てる, 失望させる

let fall [drop] (うっかり)落とす; (うっかり秘密などを)漏(も)らす

let go (of ～) (～を)放す, 釈放(しゃくほう)する

let in 入れる

•Please **let** me **in**. 中に入れてください.

Let me see. えーと, そうですね →間をとるために言うつなぎの言葉.

会話 How much was it? —**Let me see**. Four hundred fifty yen. それはいくらでしたか. —えーと, 450円でした.

let off (銃(じゅう)などを)発射する, (花火などを)打

let's

ち上げる; 放出する; (仕事・罰(ばつ)などから人を)解放してやる

let out (外に)出す
- **Let** the cat **out**. ネコを外に出してやりなさい.

let's do ～しましょう, ～しようじゃないか →
let's は let us を短くした形.

[会話] **Let's** help him.—All right. 彼を助けてやろうよ.—よしきた.

[会話] **Let's** not go there again. = Don't **let's** go there again.—No, **let's** not. 二度とそこへ行くのはよそう.—うん, よそう.

会話
Let's play baseball, shall we?—Yes, **let's**.
野球をしようか.—うん, そうしよう.
→ ～, shall we? は「～しませんか」と相手の同意を求める言い方.

Let's see. ① えーと, そうですね (=Let me see.) → Let us see. を短くした形. 会話中に少し考える時など, 間をとるために言うつなぎの言葉.

[会話] When do you feel happy?—**Let's see**. That's a good question. どんな時に幸せを感じる?—そうだなあ. いい質問だね.

② 見てみましょう

[会話] Where is the station on this map?—**Let's see**. It's here. 駅はこの地図ではどこですか.—見てみましょう. ここです.

let's 中 /léts レッ/ **let us** を短くした形 → **let's do** (**let** 成句)

letter

小 A1 /létər レタ/

[名] ❶ 文字　　　　　意味 map
❷ (ふつう封筒(ふうとう)に入った)手紙

—— [名] (複 **letters** /létərz レタズ/)

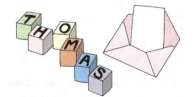

❶ 文字
- T is the first **letter** of the name "Thomas." Tは「トマス」という名の最初の文字です.
- There are twenty-six **letters** in the English alphabet. 英語のアルファベットには26文字ある.

❷ (ふつう封筒に入った)手紙
- a fan **letter** ファンレター
- a **letter** of thanks お礼の手紙, 礼状
- get a **letter** from him 彼から手紙をもらう
- write a **letter** to him 彼に手紙を書く
- [関連語] Send me a **letter** or a **card** from Paris, please. パリから手紙かはがきをください.
- What did the **letter** say? 手紙には何と書いてありましたか.

letterbox /létərbɑks レタバクス/ [名] 《英》郵便受け; 郵便ポスト → **mailbox**

lettuce 小 /létəs レタス/ [名] レタス, サラダ菜

leukaemia /lu:kí:miə ルーキーミア/ [名] 《英》 =leukemia

leukemia /lu:kí:miə ルーキーミア/ [名] 《医学》白血病 → 血液中の白血球にできるがん.

level A2 /lévl レヴる/ [名] ❶ 水平(面); 水位, 高さ
- The flood rose to a **level** of 50 feet. 洪水(こうずい)は50フィートの水位に上った.

❷ (能力・文化・地位などの)水準, レベル

—— [形] ❶ 平らな, 水平な ❷ (～と)同じ高さの, 同程度の

—— [動] ([三単現] **levels** /lévlz レヴるズ/; [過去・過分] **level(l)ed** /lévld レヴるド/; [-ing形] **level(l)ing** /lévliŋ レヴリング/)

平らにする, ならす

lever /lévər レヴァ, lí:və リーヴァ/ [名] てこ, レバー

liable /láiəbl らイアブる/ [形] (**be liable to** *do* で) ～しやすい, ～しがちである → 主に好ましくない事に使う.

liar /láiər らイア/ [名] うそつき → 相手に向かって "You're a liar!" と言うのはたいへんな侮辱(ぶじょく)になる.

liberal /líbərəl リベラる/ [形] ❶ 寛大(かんだい)な, (偏見(へんけん)などに)捕(と)らわれない; 自由(主義)の
❷ 気前のよい (generous); 豊富な

—— [名] 自由主義者

liberty A2 /líbərti リバティ/ [名] (複 **liberties** /líbərtiz リバティズ/) 自由

類似語 (自由)
liberty と **freedom** はほとんど同じ意味

あるが，liberty が「解放された自由」の意味を含(ふく)んでいるのに対して，freedom は「全く抑圧(よくあつ)のない状態」をいう．

Líberty Bèll 固名 (**the** をつけて) 自由の鐘(かね) →1776年，アメリカの独立が宣言された時に鳴らしたという鐘で，フィラデルフィアの独立記念堂にある．

Libra /líːbrə リーブラ/ 固名 《星座》てんびん座

librarian /laibré(ə)riən らイブレ(ア)リアン/ 名 図書館員，図書係，司書

libraries /láibreriz らイブラリズ/ 名 **library** の複数形

library 小 A1 /láibreri らイブラリ/ 名
(複 **libraries** /láibreriz らイブラリズ/)

❶ **図書館，図書室；**(個人の)**書庫，書斎**(しょさい)
• the school **library** 学校の図書室[図書館]
• the public **library** 公共図書館 →一般(いっぱん)の人が自由に利用できる図書館．
• go to the **library** 図書館に行く →school などとは違(ちが)って ×go to library としない．
• This is not my book. It's a **library** book. これは私の本ではありません．図書館の本です．
• He is in his **library**. 彼は書斎にいます．

❷ **蔵書，**(レコード・CD・フィルム・資料などの)**コレクション，ライブラリー**
• a music **library** 音楽ライブラリー
• He has a good **library** of old books. 彼は古書をたくさん持っている．

licence /láisəns らイセンス/ 名 《英》 = license

license A2 /láisəns らイセンス/ 名 ❸ 《米》**免許**(めんきょ)，**認可**(にんか)；**免許証，免許状**
• a driver's **license** (自動車の)運転免許証 →《英》ではふつう **a driving licence** という．

lícense plàte 名 (自動車の)**ナンバープレート** (《英》number plate)

lick /lík リク/ 動 (舌で)**なめる**
── 名 **なめること，ひとなめ**

lid /líd リド/ 名 ❶ **ふた**
❷ **まぶた** (eyelid)

lie[1] /lái らイ/ 動 (三単現 **lies** /láiz らイズ/; 過去・過分 **lied** /láid らイド/; -ing形 **lying** /láiiŋ らイインぐ/)
うそを言う →liar
• Don't **lie** to me. 私にうそを言うなよ．
• He never tells the truth; he **lies** about everything. 彼は決して本当のことを言わない．彼は何についてもうそをつく．
• She **lied** about her age. 彼女は自分の年についてうそをついた．
• You're **lying**! 君はうそをついている．
── 名 **うそ**
• **tell** a **lie** うそを言う
• It is not good to **tell lies**. うそを言うことはよくない．→It=to tell (言うこと)以下．

lie[2] A2 /lái らイ/ 動
三単現 **lies** /láiz らイズ/
過去 **lay** /léi れイ/
過分 **lain** /léin れイン/
-ing形 **lying** /láiiŋ らイインぐ/

❶ (人・動物が)**横たわる，横になる，寝**(ね)**る，寝ている**
• **lie** in bed ベッドで寝ている
• **lie** on the grass 草原に横になる
• **lie** on one's back 仰向(あおむ)けに寝る
• He **lies** on the bed and watches TV. 彼はベッドに横になってテレビを見る．
ことわざ Let sleeping dogs **lie**. 眠(ねむ)っている犬はそのままにしておけ →「そっとしておけば，災(わざわ)いを受けることもない」の意味．「触(さわ)らぬ神にたたりなし」にあたる．
• She was very weak and always **lay** in bed. 彼女はとても体が弱くていつも床(とこ)についていた．
POINT 過去形の lay を，「置く，横たえる」の意味の lay (現在形)と混同しないこと．
• I must get up─I **have lain** in bed for a long time. 起きなきゃ─長いこと寝たから．→have 助動 ❸
• The dog **was lying** in front of the fire. 犬は暖炉(だんろ)の前に横になっていた．→was 助動 ❶
• I found him **lying** on the sofa. 私は彼がソファーに横になっているのを発見した[見ると彼はソファーに横になっていた]．→find A B (形容詞・現在分詞)は「AがB(している)とわかる」．

life

同じ語形に注意！

	過去形	過去分詞	現在分詞
lie（うそをつく）	lied	lied	**lying**
lie（横たわる）	**lay**	lain	**lying**
lay（置く）	laid	laid	laying

❷（人・動物が）横になって（〜の状態で）いる[している]
- **lie** awake 横になって目を覚ましている → lie+形容詞[現在分詞].
- **lie** sleeping （横になって）眠っている
- We **lay** watching television. 私たちは寝転（ねころ）んでテレビを見ていた.

❸（物・場所が〜に）横たわる, ある
- Snow **lay** thick on the ground. 雪は地面に深く積もっていた.

❹（麦芽（ばくが）などが）寝かされている →発酵（はっこう）させるために暖かい所に置いておかれること.

lie down 横になる
- **lie down** on a bed ベッドに横になる
- He **lay down** to sleep. 彼は眠ろうとして横になった.

life 小 A1 /láif らイふ/

名 ❶ 生命; 活気
❷ 一生; 人生
❸ 生活
❹《集合的に》生き物

意味map

── 名 （複 **lives** /láivz らイヴズ/）

POINT 複数形の lives を, live (生きる, 住む)の3人称（しょう）単数現在形 (lives /リヴズ/) と混同しないこと.

❶ 生命, 命; 活気, 生気

反対語 a matter of **life** and [or] **death** 生死に関わる問題, 死活問題
- He **saved** her **life**. 彼は彼女の命を救った.
- If you are careless, you will **lose** your **life**. 不注意だと君は命を失うだろう.
- The **life** of a people is in its language. 民族の生命はその言語の中にある[言語は民族にとって生命に等しい].
- The town was full of **life**. その町は活気に満ちていた. → be full of 〜 は「〜でいっぱいである」.
- ことわざ A cat has nine **lives**. ネコは9つの命を持っている. → cat
- Ten **lives** were lost in the accident. その事故で10人の命が失われた.

❷ 一生, 生涯（しょうがい）, 寿命（じゅみょう）; 人生
- **through life** 生涯を通じて
- success in **life** 人生における成功, 出世
- the **life** of a battery 電池の寿命
- It was the happiest day of my **life**. それは私の生涯で最も幸福な日であった.
- My grandfather lived in this house **all his life**. 祖父は生涯[生まれてからずっと]この家で暮らしました.

❸ 生活, 暮らし
- town [country] **life** 都会[田舎（いなか）]の生活
- school **life** 学校生活
- **in** our daily **life** 私たちの日常生活において
- 関連語 On this island he **lived** a very happy **life**. この島で彼はとても幸福な生活を送った.

❹《集合的に》生き物, 生物
- animal [plant] **life** 動物[植物] → ×a life, ×lives としない.
- marine **life** 海の生き物たち
- There is little **life** in the Arctic. 北極地方には生物はほとんどいない.

❺ 伝記
- I am reading a **life** of Abraham Lincoln. 私はエイブラハム・リンカンの伝記を読んでいます.

bring 〜 to life 〜を生き返らせる; 〜を活気づける, 〜をおもしろくする

come to life 意識を回復する; 活気づく, おもしろくなる

for life 生きている間ずっと, 生涯

lifeboat /láifbout らイふボウト/ 名 救命艇（てい）; (船に備え付けてある)避難（ひなん）ボート

life jàcket 名 救命胴衣（どうい）

life-size(d) /láif saiz(d) らイふ サイズ(ド)/ 形 実物大の, 等身大の

lifestyle A2 /láifstail らイふスタイル/ 名 生活様式, 生き方

lifetime /láiftaim らイふタイム/ 名 (人の)一生, 生涯（しょうがい）; (物の)寿命（じゅみょう）

lift /líft リふト/ 動

❶ 持ち上げる, 上げる
- **lift** (**up**) a heavy box 重い箱を持ち上げる
- **lift** a box **down** from the shelf （高い

棚(たな)から)箱を持ち上げて降ろす
- She **lifted** her eyes **from** the book. 彼女は本から目を上げた.

❷ (雲・霧(きり)などが)**上がる, 晴れる**
- The fog **lifted**, and we could see the mountain. 霧が晴れたのでその山が見えた.

— 名 ❶《英》車などに乗せてやる[もらう]こと (ride)
- Can I **give** you a **lift** to the station? 駅まで乗せて行ってあげましょうか.

❷《英》**エレベーター**(《米》elevator); (スキー場などの)**リフト**

lifting /líftiŋ リフティング/ 名 **持ち上げること**; (サッカーボールなどの)**リフティング**

light¹ 小 A1 /láit ライト/ (→gh は発音しない)

名	❶ 光
	❷ 明かり
動	(ランプなどに)明かりをつける
形	❶ 明るい
	❷ (色が)薄(うす)い

意味map

— 名 (複 **lights** /láits ライツ/)

❶ **光, 明るさ**

関連語 The sun gives us **light** and **heat**. 太陽は私たちに光と熱を与(あた)える. →×a light, ×lights としない.

- Reading **in** poor **light** is bad for the eyes. 乏(とぼ)しい光の中で[薄暗い所で]本を読むのは目に悪い.
- Helen Keller gave **light** to all hearts. ヘレン・ケラーはすべての人の心に光を与えた.

❷ **明かり, 電灯, 信号灯**; (タバコの)**火**
- **turn on** [**off**] **the light** 電灯をつける[消す]
- a traffic **light** 交通信号(機)
- Please **give** me a **light**. (タバコの)火を貸してください.

❸ (物を見る)**観点, 視点, 立場**
- look at the problem **in** a different **light** 違(ちが)った視点からその問題を見る

bring ~ to light (隠(かく)れていたものを)**明るみに出す, 暴露(ばくろ)する**
- **bring** new facts **to light** 新事実を公表する

come to light (隠れていたものが)**明るみに出る, 暴露される**
- Several new facts **came to light**. いくつかの新事実が明るみに出た.

— 動

三単現	**lights** /láits ライツ/
過去・過分	**lighted** /láitid ライテド/, **lit** /lít リト/
-ing形	**lighting** /láitiŋ ライティング/

(ランプなどに)**明かりをつける, 火をつける, ともす**; (部屋などを)**明るくする, 照らす**
- **light** the lamp ランプに明かりをつける[ともす]
- She **lights** the gas and puts a pot of soup on the cooker. 彼女はガスに火をつけてレンジの上にスープ鍋(なべ)を載(の)せる.
- a **lighted** candle 火のともされたろうそく →lighted は過去分詞で形容詞のように使われたもの.
- A smile **lit** [**lighted**] her face. (ほほえみが彼女の顔を明るくした ⇨)ほほえみで彼女の顔が明るく輝(かがや)いた.
- A full moon **was lighting** the garden. 満月が庭を照らしていた. →過去進行形の文. → **was** 助動 ❶

light up (ぱっと)**明るくなる, 輝く**; **明るくする, 照らす**; **火をつける**
- The children's faces **lit up** when they saw the presents. そのプレゼントを見た時子供たちの顔が輝いた.

— 形 (比較級 **lighter** /láitər ライタ/; 最上級 **lightest** /láitist ライテスト/)

❶ **明るい**

恒 基本 a **light** room 明るい部屋 →light+名詞.

恒 基本 It is still **light** outside. 外はまだ明るい. →be 動詞+light. It は漠然(ばくぜん)と「明暗」を表す. この形ではふつう「部屋, 家」などは主語にしない.

反対語 On winter mornings it is still **dark** even at seven, but it gets **light** about five in summer. 冬の朝は7時でもまだ暗いが, 夏は5時頃(ごろ)には明るくなる.

light   dark

- Gradually it became **lighter**. だんだん明るくなってきた.

❷ (色が)薄い

反対語 **dark** (濃い)

- **light** blue 薄い青色
- Her hair was **light** brown, almost golden. 彼女の髪(かみ)は薄茶色で, ほとんど金色に近かった.

light² A1 /láit ライト/ (→gh は発音しない) 形
軽い, (量が)少ない, (程度が)軽い

- a **light** meal 軽い食事
- a **light** rain [wind] 小雨[そよ風]
- **light** work 軽作業
- a **light** sleeper 眠(ねむ)りの浅い人

反対語 This suitcase is **light**, and that one is **heavy**. このスーツケースは軽いがそっちのは重い.

反対語 The traffic is **light** early in the morning, but **heavy** in the evening. 早朝は道路がすいているが夕方は混みます.

- He always travels **light**. 彼はいつも軽装で旅行する.

ことわざ Many hands make **light** work. (たくさんの人手は軽い仕事をつくる ⇨)手が多ければ仕事は楽だ.

- Please make my work **lighter**. どうか私の仕事をもっと軽くしてください. →make A B (形容詞)は「AをBにする」.
- Aluminum is one of **the lightest** metals. アルミニウムは最も軽い金属の１つです.

make light of ～ ～を軽く考える, ～を軽視する

- He **made light of** his father's warning. 彼は父の警告を深くこころにとめなかった.

líght bùlb 名 電球 →**bulb**

lighten¹ /láitn ライトン/ 動 明るくする, 照らす; 明るくなる, さっと光る →**light**¹

lighten² /láitn ライトン/ 動 軽くする; 軽くなる, 楽になる →**light**²

lighter /láitər ライタ/ 名 (タバコなどに火をつける)ライター →**light**¹ 動

lighthouse /láithaus ライトハウス/ 名 灯台

lightly /láitli ライトリ/ 副 (→**light**²)

❶ 軽く, 軽快に

❷ 軽々しく, 軽率(けいそつ)に

lightning /láitniŋ ライトニング/ 名 稲妻(いなずま), 電光

関連語 **Lightning** is usually followed by **thunder**. (稲妻はふつう雷鳴によって続かれる ⇨)ふつう稲妻の後に雷(かみなり)が鳴る.

líghtning ròd 名 避雷針(ひらいしん) →「怒(いか)り・暴動などを誘発(ゆうはつ)するもの」の意味でも使う.

light-year /láit jiər ライト イア/ 名 光年→光が１年間に空間を通過する距離(きょり)(約９兆５,０００億キロ). 地球からの天体の距離を示すのに用いる.

 like¹ 小 A1 /láik ライク/ 動 (三単現 **likes** /láiks ライクス/; 過去・過分 **liked** /láikt ライクト/; -ing形 **liking** /láikiŋ ライキング/)

❶ ～を好む, ～が好きである; ～したい →**like** は状態を示す動詞なのでふつう進行形 (be liking) にしない.

基本 I **like** ice cream. 私はアイスクリームが好きだ. →like+名詞.

会話
Do you **like** jazz music?—Yes, I do. I **like** it very much.
あなたはジャズ音楽が好きですか.—はい好きです. 私はジャズが大好きです.

Which do you **like** better, coffee or tea?—I **like** tea better (than coffee).
君はコーヒーと紅茶ではどちらが好きですか.—私は(コーヒーよりも)紅茶のほうが好きです.

What subject do you **like** best?—I **like** math best (of all subjects).
あなたはどの教科が一番好きですか.—(すべての教科の中で)数学が一番好きです.

- How do you **like** this color? (この色をどのようにあなたは好みますか ⇨)この色はどうですか.
- How did you **like** New York? ニューヨークはいかがでしたか.

基本 I **like** to swim. 私は泳ぐことが好きだ. →like+to 不定詞. →**to** ❾ の①

- I **like** to travel alone. 私はひとりで旅をするのが好きだ.

基本 He **likes** going to the movies. 彼は映画を見に行くのが好きです. →like+動名詞.

- Bob ate some *sashimi*, and he **liked** it. ボブは刺身(さしみ)を食べてみてそれが気に入った.

❷ **(like A to do で) Aに〜してほしい**
- I **like** you **to** be tall and strong. 私は君に大きく丈夫(じょうぶ)になってほしい.
- I don't **like** you **to** go there. 私は君にそこへ行ってほしくない.

as you like あなたが好むように, 好きなように
- Do **as you like**. 君の好きなようにしなさい.

How do you like 〜? 〜(食材などを)はどう調理しますか, 〜(髪型などを)はどうしますか; 〜をどう思いますか, 気に入っていますか.
- **How do you like** your steak? ステーキの焼き加減はどうしますか.

if you like もしあなたが好むなら, もしよければ
would [should] like 〜 〜が欲(ほ)しいのですが →単に like というよりも丁寧(ていねい)な言い方. I would [should] like 〜 は話し言葉ではしばしば **I'd like** 〜 と略す.
- **I'd like** a cup of tea. 私はお茶を1杯(ぱい)いただきたいのですが.

would [should] like to do 〜したいと思う →I would [should] like to do は話し言葉ではふつう **I'd like to** do と略す.
- **I'd like to** go with you, but I can't. ごいっしょしたいのですが, できません.
- I **wouldn't like to** go alone. 私はひとりで行きたくないのですが.

Would you like 〜? あなたは〜が欲しいですか, 〜はいかがですか →Would you like 〜? は, 相手の気持ちを聞いたり, 物を勧(すす)めたりする時の丁寧な言い方. Do you like 〜? は単に相手の好き嫌(きら)いを聞く.

Would you like a hot drink? —Thank you [Yes, please].
あたたかい飲み物はいかがですか.—いただきます.
→「いいえ, 結構です」は **No, thank you.**

Would you like to do? 〜することをお好みですか, 〜したいですか
- **Would you like to** see the sights of the city? 市内見物をなさいますか.

like² 小 A1 /láik ライク/ 前

❶ **〜のように, 〜のような; 〜に似ている, 〜に似た**
基本 cry **like** a baby 赤ん坊(ぼう)みたいに泣く →like+名詞.
- He plays tennis **like** a professional. 彼はプロ選手みたいにテニスをする.
- He is **more like** his mother than his father. 彼は父親よりも母親似だ.
- There is no place **like** home. 我(わ)が家のような(よい)所はどこにもない.

What is it **like**?—It's something **like** a fish.
それはどのようなものですか.—ちょっと魚のようなものです.
→意味のつながりの上では like what (どのような)であるが, what は疑問詞なので文頭に出る.

会話 What was the weather **like** in Paris?—Beautiful! パリのお天気はどんなでしたか.—とてもすばらしかった!

会話 What will the weather be **like** tomorrow?—It'll be fine, I hope. あしたのお天気はどうだろう.—晴れだと思いますがね.
- You shouldn't talk **like that** to your teacher. 先生に向かってそんな口のきき方をしてはいけません.
- I've never seen a pearl **like this**. 私はこんな真珠(しんじゅ)を見たことがありません.

❷ **〜にふさわしい, 〜らしい**
- It's just **like** Dave to be late. He is not punctual. 遅刻(ちこく)するなんていかにもデイブらしい. 彼は時間にルーズだから.
- It's not **like** him to make a mistake like that. そんな間違(まちが)いをするなんて彼らしくない.

feel like 〜 〜のように感じる →feel 成句
Like what? たとえばどんな?
look like 〜 〜のように見える →look 成句

チャンクでおぼえよう like	
□ アイスクリームが好きだ	**like** ice cream
□ 泳ぐのが好きだ	**like** to swim
□ 映画を観に行くのが好きだ	**like** going to the movies
□ 部屋を替えてもらいたいんです.	I'd **like** to change the room.

-like 372 three hundred and seventy-two

── 形 (比較級 **more like**; 最上級 **most like**) 似ている, 同じような

ことわざ **Like** father, **like** son. 似た父親に似た息子(むすこ). →「この親にしてこの子あり」にあたる.

• They are **as like as two peas**. (1つのさやの中の)2つのエンドウのようだ →「彼らはそっくりな顔をしている」の意味で使う.

── 接 《話》〜のように, 〜と同様に

• I don't speak Japanese **like** you do. 私はあなたのようには日本語を話さない.

-like /láik ライク/ 接尾辞 「〜のような」という意味の語をつくる.

• child**like** 子供のような
• human-**like** 人間のような

likely A2 /láikli ライクリ/ 形 (比較級 **more likely**; 最上級 **most likely**)

❶ (**be likely to** do または **It is likely that** 〜で) 〜しそうだ, (〜ということは)ありそうだ

• It **is likely to** rain. 雨が降りそうだ. → It は漠然(ばくぜん)と「天候」を表す.

• We **are** not **likely to** win. = **It is** not **likely that** we will win. 私たちは勝ちそうもない. → It=that 以下.

• She **is likelier** [**more likely**] **to** agree with us than he is. 彼よりも彼女のほうが私たちに賛成しそうだ.

• It's **the likeliest** [**the most likely**] place for him to go to. そこは彼が最も行きそうな所だ.

❷ ありそうな, 起こりそうな; もっともらしい

• a **likely** result 起こりそうな結果
• a **likely** story いかにももっともらしい(が疑わしい)話, 眉唾(まゆつば)物
• Rain showers are **likely** this afternoon. きょうの午後は夕立がありそうだ.

── 副 (比較級 **more likely**; 最上級 **most likely**) おそらく, たぶん (probably) → **perhaps** 類似語

• She will very **likely** be home tomorrow. たぶん彼女はあした家にいるだろう.

likeness /láiknis ライクネス/ 名 似ていること, 類似(るいじ)(点)

lilac /láilək ライラク/ 名 《植物》ライラック → 春先から夏にかけて多数のフジ色または白色の香(かお)りの高い小花をつける. フランス語風に「リラ」ともいう.

── 形 ライラック色の, フジ色の

lily A1 /líli リリ/ 名 (複 **lilies** /líliz リリズ/) 《植物》ユリ; ユリの花

イメージ (lily)
ユリといえば「白」というイメージがあって, white as a lily (ユリのように白い)は決まり文句.
またその色や姿から「清純」の象徴(しょうちょう)とされ, 復活祭 (Easter) にはつきもの.

líly of the válley 名 《植物》スズラン → 直訳すれば「谷間のユリ」. 複数形は **lilies** of the valley.

Lima /líːmə リーマ/ 固名 リマ → ペルー (Peru) の首都.

limb /lím リム/ 名 (人間・動物の)腕(うで) (arm), 足 (leg), (鳥 の)翼(つばさ) (wing); (木 の)大枝 (bough)

limit /límit リミト/ 名

❶ 限度, 限界
❷ (**limits** で) 境界, (限られた)範囲(はんい), 区域
掲示 Off **limits**. 立入禁止区域.

── 動 制限する, 限定する

limited /límitid リミテド/ 形

❶ 限られた, 有限の; (会社が)有限責任の → **Ltd.**
• **limited** edition 限定版
• within the **limited** time 限られた時間内で
❷ 《米》(列車・バスなどが)急行の → 停車駅が限られているという意味.
• a **limited** bus [express] 急行バス[特急電車]

limousine /líməziːn リムズィーン/ 名 リムジン → 運転手つきの大型高級車.

limp /límp リンプ/ 動 (けがのために)足をひきずって歩く

── 名 足をひきずって歩くこと

Lincoln /líŋkən リンカン/ 固名 (**Abraham Lincoln**) エイブラハム・リンカン

参考 米国の第16代大統領 (1809–1865). 南北戦争を終結させ, 奴隷(どれい)解放を行った. 南北戦争中のゲティスバーグで行った「人民の, 人民による, 人民のための政治」(government of the people, by the people, for the people) という演説は有名. ワシントンで観劇中に暗殺された.

Líncoln Memórial 固名 (the をつけて) リンカン記念堂 → リンカンをしのぶワシントン D.C. の国定記念建築物.

Lindbergh /lín(d)bə:rg リン(ド)バ〜グ/ 固名
(**Charles Lindbergh**) リンドバーグ →米国の飛行家 (1902-74). 1927年, ニューヨーク・パリ間の大西洋横断単独無着陸飛行に初めて成功した.

line¹ 中 A1 /láin ライン/

意味 map

名 ❶ 線
❷ (文字の)行
❸ 《米》(人・車・家並みなどの)列
❹ ひも; 釣(つ)り糸
❺ 線路

── 名 ❶ 線, 筋; (顔などの)しわ
- a straight **line** 直線
- a curved **line** 曲線
- draw a **line** from *A* to *B* AからBへ線を引く
- draw a picture in bold **lines** 太い線で絵を描(か)く
- an old man with many **lines** on his face 顔にたくさんのしわのあるおじいさん

❷ (文字の)行; (短い)手紙, 一筆; (劇などの)せりふ
- the first **line** of a poem 詩の最初の行
- the third **line** from the top [the bottom] 上[下]から3行目
- begin at [with] page ten, **line** one 10ページの1行目から始める
- write **on** every other **line** 1行おきに書く
- **read between the lines** (行間を読む ⇨) 言外の意味を読み取る
- learn [speak] *one's* **lines** せりふを覚える[言う]
- **Drop** me a **line** from New York. ニューヨークからちょっと手紙をください.

❸ 《米》(人・車・家並みなどの)列, 行列 (《英》queue)
- a long **line** of cars 自動車の長い列
- a **line** of fine houses すてきな家並み
- stand [walk] **in a line** 1列に並ぶ[1列になって歩く]

❹ ひも, 綱(つな); 釣り糸; 電話回線
- a telephone **line** 電話線
- a fishing **line** 釣り糸
- a clothes **line** 物干しロープ
- hang washing on a **line** 洗濯(せんたく)物をひもにかける
- I called Bob on the phone, but his **line** was busy. 私はボブに電話をかけたが話し中だった.
- **Hold the line**, please. (電話で)切らずにお待ちください.

❺ 線路; 路線, 航(空)路; (鉄道・船・航空)会社
- the Japan Air **Lines** 日本航空
- take the Chuo **Line** 中央線に乗る

── 動 ❶ 線を引く; (顔に)しわを寄せる
- a face **lined** with age 年を取ってしわの寄った顔

❷ ～に並ぶ
- Elms **line** the streets. ニレの木が通りに並んでいる.

line up 整列させる; 結集させる; 整列する
- **line up** the books on the shelf 本を棚(たな)に並べる
- **line up** according to height 背の順に並ぶ

line² /láin ライン/ 動 ～に裏地を付ける, 裏打ちする, (箱などの内側に)張る → **lining**

linear /líniər リニア/ 形 (直)線の[的な]; 長さの; リニアの
- a **linear** motor リニアモーター.

linen /línin リネン/ 名 リネン; 《集合的に》(家庭の)リネン製品 →シーツ・テーブルクロス・シャツなど.

liner /láinər ライナ/ 名 ❶ (大型)定期船; 定期旅客(りょかく)機 ❷ 《野球》ライナー → **line drive** (ラインドライブ)ともいう.

linger /língər リンガ/ 動 ぐずぐずする, なかなか立ち去らない, ぶらぶらする; 長引く

lining /láiniŋ ライニング/ 名 (洋服・箱などの)裏(地), 裏張り
ことわざ Every cloud has a silver **lining**. どの雲にも銀色の裏地が付いている. →下から見ればまっ黒な雲もその裏は太陽の光を受けて銀色に輝(かがや)いているように, 「災(わざわ)いの裏には幸いがあるものだ」の意味.

link /líŋk リンク/ 名 ❶ 結び付ける人[物], きずな; つながり, 結び付き ❷ (鎖(くさり)の)輪

links 374 three hundred and seventy-four

関連語 A **chain** is only as strong as its weakest **link**. 鎖はその最も弱い輪と同じだけの強さしかない(どれか1つの輪が壊(こわ)れたら鎖はおしまいだ).

❸《コンピューター》リンク

—— 動 つなぐ, 結び付ける; つながる, 結び付く

links /líŋks リンクス/ 图 (徴 **links**) (特に海岸近くの)**ゴルフ場 ➡**単数としても複数としても扱(あつか)われる. **golf links** ともいう.

lion 小 A1 /láiən ラィオン/ 图
《動物》(雄(おす)の)ライオン, シシ ➡特に雌(めす)のライオンを指す時は **lioness** という. 子は **cub**.
➡**cub**

イメージ (lion)
ライオンは king of beasts (百獣(ひゃくじゅう)の王)といわれ「権威(けんい)」と「勇気」の象徴(しょうちょう). 英国王室の紋章(もんしょう)にはライオンと一角獣(いっかくじゅう)が描(えが)かれている.

lip A2 /líp リプ/ 图 唇(くちびる); 唇の周辺
• the upper **lip** 上唇, 鼻の下
• the lower **lip** 下唇
• He kissed her **on the lips**. 彼は彼女の唇にキスした.

liquid /líkwid リクウィド/ 图形 液体(の)
関連語 **gas** (気体), **solid** (固体), **fluid** (流体)

liquor /líkər リカ/ 图 酒, アルコール飲料, (特にウイスキー・ブランデーなどの)蒸留酒

list 中 A1 /líst リスト/ 图
リスト, (一覧)表, 名簿(めいぼ)
• a price [word] **list** 価格表[単語リスト]
• Did you put bread **on** the shopping **list**? 買い物のリストにパンを入れた?
• Please **make** a **list of** things I have to buy. 買うべき物のリストを作ってください.

—— 動 表にする; (名簿などに)記入する
• His name [He] is not **listed** in the telephone book. 電話帳には彼の名前は載(の)っていない.

listen 小 A1 /lísn リスン/ (➡t は発音しない) 動 (三単現 **listens** /lísnz リスンズ/; 過去・過分 **listened** /lísnd リスンド/; -ing形 **listening** /lísniŋ リスニング/)
(じっと)聞く, 耳を傾(かたむ)ける
高 基本 **listen** to music 音楽に耳を傾ける ➡ listen to+名詞.
• **listen to** the radio (じっと)ラジオを聞く

• Now **listen to** me. さあ, 私の言うことをよく聞きなさい[さあ, いいですか].
• If you **listen**, you'll **hear** the cuckoo. 耳を澄(す)ませばカッコウ(の鳴き声)が聞こえるでしょう. 類似語 **hear** は「自然に聞こえてくる, 耳に入る」.
• He never **listens to** my advice. 彼は私の忠告に決して耳を貸さない.
• We **listened**, but heard nothing. 私たちは耳を澄ましたが何も聞こえなかった.
• We **listened** to her play**ing** the piano. 私たちは彼女がピアノを弾(ひ)いているのを聞いた. ➡listen to A doing は「Aが〜しているのを聞く」.
• He **is listening to** the news on the radio. 彼はラジオでニュースを聞いている. ➡現在進行形の文. ➡**is** 助動 ❶

listen for 〜 〜を聞こうと耳を澄ます, 〜が聞こえるかと注意する
• Will you **listen for** the telephone while I'm in the yard? 私が庭にいる間, 電話に注意していてくれますか.

listen in (**on 〜**) (〜を)こっそり聞く, 盗聴(とうちょう)する

listen in to 〜=listen to 〜 〜をじっと聞く

listener /lísnər リスナ/ 图 じっと聞く人, 聞き手; (ラジオの)リスナー
関連語 He is a good **talker** and also a good **listener**. 彼は話し上手でもあるし聞き上手でもある.

lit /lít リト/ 動 **light**¹ の過去形・過去分詞

liter A2 /lí:tər リータ/ 图 リットル ➡**L** と略す.

literacy /lítərəsi リテラスィ/ 图 読み書きの能力; 教養[教育]があること

literal /lítərəl リテラる/ 形 ❶ 文字の ❷ 文字通りの, ありのままの

literally /lítərəli リテラリ/ 副 文字通り(に); 全く, まるで

literary /lítərəri リテラリ/ 形
❶ 文学の, 文学的な
❷ 文語の, 書き言葉の
関連語「口語の, 話し言葉の」は **colloquial**.

literate /lítərət リテレト/ 形 読み書きができる; 教養[教育]がある

literature /lítərətʃər リテラチャ/ 图 文学

Lithuania /liθ(j)uéiniə リす(ュ)エイニア/ 固名
リトアニア ➡バルト海沿岸の共和国. 首都はビリ

ニュス (Vilnius).
litre /líːtər リータ/ 名 《英》=liter
litter /lítər リタ/ 名 (散らかした)**ごみくず**
掲示 No **Litter**. ごみを捨てないでください.
―― 動 (ごみで場所を)**散らかす**
掲示 No **littering**. ごみを捨てないでください.
litter bin /lítər bìn リタ ビン/ 名 《英》(公園などにある大きな)**くず入れ**

little 小 A1 /lítl リトる/

形 ❶ 小さい	意味 map
❷ (a little で) 少しの	
❸ (a をつけないで) ほとんど〜ない	
副 ❶ (a little で) 少し(は〜する)	
❷ (a をつけないで) ほとんど〜ない	

―― 形

比較級 **less** /lés れス/, **lesser** /lésər れサ/
最上級 **least** /líːst リースト/

❶ **小さい; 年少の, 幼い**

類似語 〈小さい〉
little は「小さい」という意味の中に「かわいらしい」とか「ちっぽけな」といった感情を含(ふく)んでいるが, **small** にはそういう感情はなく, 客観的に見て大きさが「小さい」ことを表す.

中基本 a **little** kitten 小ネコ →little+名詞.
• the **little** finger (手の)小指
• a **little** girl (幼い)少女
• my **little** sister [brother] 私の妹[弟] →年を取った妹[弟]に対しては使わない.
• a pretty **little** baby かわいい赤ちゃん →「かわいい」という意味の pretty は little とは結びつくが small とは結びつかない. pretty small は「かなり小さな」の意味.
• **little** things 小さい[ささいな]事
• Big oaks grow from **little** acorns. 大きなカシの木も小さなドングリから育つ.
中基本 Our dog is very **little**. うちの犬はとても小さい. →be 動詞+little.
• She was very pretty when she was lit-

tle. 彼女は小さいころとてもかわいかった.
❷ **(a little で) 少しの**
中基本 (a) **little** milk 少しのミルク →little+数えられない名詞.
• There is **a little** milk in the glass. コップにはミルクが少しある.
• I have **a little** money. 私は(ほんの)少しお金を持っている.
• I speak **a little** English. (=I speak English a little.) 私は少し英語がしゃべれる. →( )内の little は副詞.
❸ **(a をつけないで) ほとんど〜ない, 少ししかない**
• There is **little** milk in the glass. コップにはほとんどミルクがない.
POINT a little は「少しはある」と「ある」に重きを置き, a がなければ「少ししかない」と「ない」に重きを置く.
類似語 **little** は数でなく量(数えられないもの)に使い, 数(数えられるもの)には **few** を使う.

• I have (very) **little** money. 私はほとんどお金を持っていない. →little に a がつかない時は very little という形で使うことが多い.
ことわざ **Little** money, few friends. 金がないと友達も少ない.
• I know **little** French and **less** German. 私はフランス語をほとんど知らないし, ドイツ語はもっと知らない.

―― 副 (比較級 **less** /lés れス/; 最上級 **least** /líːst リースト/)

❶ **(a little で) 少し(は〜する)**
• I know him **a little**. 私は彼を少し知っています.
• I slept **a little** last night. 私は昨夜は少し眠(ねむ)りました.
• He speaks English **a little**. 彼は少し英語がしゃべれます.
• Please speak **a little** more slowly. どうぞもう少しゆっくり話してください.
• He talks **a little** too much. 彼は少々しゃ

Little Bear

べり過ぎる.

Would you like some more coffee?
—Just **a little**, please.
もっとコーヒーを召(め)し上がりますか.—ほんの少しだけいただきます.

❷ (a をつけないで) ほとんど~ない → a little と little との違(ちが)いは 形 の場合と同じ.
- I know him **little**. 私は彼をほとんど知りません.
- I slept (very) **little** last night. 私は昨夜はほとんど眠りませんでした.

—— 代 少し → a little と little との違いは 形 副 の場合と同じ.
- Have **a little** of this cake. このケーキを少し召し上がってください.
- I did **little** to help him. 私は彼を助けるための事をほとんど何もしなかった.

a little bit ほんの少し, ちょっぴり
little by little 少しずつ, 徐々(じょじょ)に
make [think] little of ~ ~を軽く考える, ~を大したことと思わない
not a little (~) 少なからず[少なからぬ~], 大いに[多くの~]
- He was **not a little** angry. 彼はだいぶ怒(おこ)っていた.
- He spent **not a little** money on books. 彼は本にだいぶお金を使った.
only a little (~) ほんのわずか(の~)(しか~ない) → only がつくと否定的な意味になる. → **only a few ~** (**few** 成句)
- He is very sick and can eat **only a little** food. 彼はとても具合が悪くてほんのわずかな食べ物しか食べられない.

Líttle Béar 固名 (**the** をつけて)《星座》こぐま座 → おおぐま座は **the Great Bear**.

Líttle Dípper /lítl dípər リトる ディパ/ 固名 (**the** をつけて)《米》小北斗(しょうほくと) → こぐま座の七つ星.

live¹ 小 A1 /lív リヴ/

動 ❶ 住む, 住んでいる　　意味map
　　❷ 暮らす
　　❸ 生きる, 生きている

—— 動 (三単現) **lives** /lívz リヴズ/; 過去・過分
lived /lívd リヴド/; -ing形 **living** /lívin リヴィング/)

❶ 住む, 住んでいる

基本 **live** in town 都会に住む → live in + 名詞.
- **live** in the country [the suburbs] 田舎(いなか)[郊外(こうがい)]に住む
- I **live** in an apartment. 私はアパートに住んでいます. → ふつうは進行形 (×*am living*) にしない. → **living** (現在分詞)の用例
- They have no house to **live** in. 彼らは住む家がない. → 意味のつながりの上では live in no house. → **to** ❾ の ②

Where do you **live**?—I **live** in Tokyo.
君はどこに住んでいますか.—私は東京に住んでいます.

- My uncle **lives** on a farm. 私のおじは農場に住んでいます.

POINT 3人称(しょう)単数現在形の lives を, life /らイふ/ (生命)の複数形 **lives** /らイヴズ/ と混同しないこと.

- This is the house in which he **lived**. これが彼の住んでいた家です. → **which** 代 ❸
- We **have lived** here for ten years. 私たちはここに10年間住んでいます. → 現在完了(かんりょう)の文. → **have** 助動 ❸
- Sam **is living** with his uncle now. サムは今おじさんの所に住んでいる[同居している].

POINT 上の例は現在進行形の文 (→ **is** 助動 ❶). 「一時的に住んでいる」こと, または住んでいる事実を強調する時に使う.

- Many people **living** in the desert moved from one place to another. 砂漠(さばく)に住んでいる多くの人たちは次々と場所を移動した. → 現在分詞 living (住んでいる~)は people を修飾(しゅうしょく)する.

❷ 暮らす, 生活する; (~の生活を)送る
- **live** a happy life=**live** happily 幸せに暮らす
- He likes **living** alone. 彼はひとり暮らしが好きだ. → living は動名詞(暮らすこと).

ことわざ **Live** and let **live**. 自分は自分の生活をし, 人には人の生活をさせておけ. → 「お互(たがい)に干渉(かんしょう)せずに暮らせ」の意味.

❸ 生きる, 生きている

lobster 377

- **live** long 長く生きる, 長生きする
- as long as I **live** 私が生きている間(は).
- We **live** in the twenty-first century. 我々は21世紀に生きている.
- My grandfather **lived to** be ninety (years old). 私の祖父は90歳(さい)になるまで生きた[90歳まで長生きした]. → 不定詞 to be は(生きた結果)「〜になる」ことを示す. → **to** ❾の③
- Once upon a time there **lived** an old man and his old wife. 昔々ある所におじいさんとおばあさんがいました. → there lived 〜は there were 〜 (〜がいた)の変形.

live on 生き続ける[続けている]

- She still **lives on** in my memory. 彼女は私の思い出の中に今も生き続けている.

live on 〜 〜を食べて生きる, 〜で暮らす

- Cows **live on** grass. 牛は草を食べて生きている.
- She **lives on** a small pension. 彼女はわずかな年金で暮らしている.

live up to 〜 〜の期待にそう[応える]

- The baseball player **lived up to** the manager's hopes. その野球選手は監督(かんとく)の期待に応えた.

live² /láiv ライヴ/ (→ live¹ との発音の違(ちが)いに注意) 形
❶ **生きている; (火などが)燃えている, 電流の流れている** → 名詞の前にだけつける. → **alive**
❷ (ラジオ・テレビ番組が録音・録画でなく)**生放送の, ライブの**

livelihood /láivlihud ライヴリフド/ 名 **暮らし(の道), 生計(費)**

lively A2 /láivli ライヴリ/ 形 [比較級] **livelier** /láivliər ライヴリア/; [最上級] **liveliest** /láivliist ライヴリエスト/) **活発な, 元気な, にぎやかな, 軽快な**

liver /lívər リヴァ/ 名 **肝臓(かんぞう)**

Liverpool /lívərpu:l リヴァプーる/ 固名 **リバプール** → 英国北西部の海港都市.

lives¹ 中 /lívz リヴズ/ 動 **live¹** の3人称(しょう)単数現在形

lives² 中 /láivz ライヴズ/ 名 **life** の複数形

living 中 A1 /líviŋ リヴィング/ 動 **live¹** の-ing形 (現在分詞・動名詞)
── 形 **生きている, 現存の; 生活の** → **alive**
- all **living** things すべての生き物
- **living** artists 現存の芸術家たち

[反対語] English is a **living** language, but Latin is a **dead** one (=language). 英語は生きている[現在生活用語として使われている]言語であるが, ラテン語は死んだ[現在は生活用語として使われていない]言語である.
- My grandmother is still **living**, but grandfather is dead. 私の祖母はまだおりますが祖父は死にました.

── 名 **生計, 暮らし(の道); 生活**
- **earn** [**get, make**] a **living** 生計を得る, 暮らしを立てる
- the cost of **living** 生活費
- sing **for a living** 歌を歌って生計を立てる
- In different countries there are different ways of **living**. 違(ちが)った国には違った暮らし方がある.

living ròom A1 名 居間 → ふだん家族の者がいっしょにいる部屋. またふつうの家ではここが客間としても使われる.《英》では **sitting room** ともいう.

Livingstone /líviŋstən リヴィンゲストン/ 固名 (**David Livingstone**) **リビングストン** → 英国の宣教師・医師・探検家 (1813–73).

lizard /lízərd リザド/ 名 《動物》**トカゲ**

load A2 /lóud ろウド/ 名 **積み荷, 荷**
- a heavy [light] **load** 重い[軽い]荷
- a **load of** hay 干し草の荷
── 動 (荷を)**積む, (荷を船や・車などに)積む**
- **load** cotton **into** a ship = **load** a ship **with** cotton 船に綿を積みこむ

loaded /lóudid ろウデド/ 形 **荷を積んだ; 弾(たま)を込(こ)めた; (乗り物などが)満員の**

loaf /lóuf ろウふ/ 名 (複 **loaves** /lóuvz ろウヴズ/) (四角・丸・細長などいろいろな形に焼いた)**パンのかたまり**

loan /lóun ろウン/ 名 ❶ **貸すこと, 借りること** ❷ **貸付金, 借金**
── 動 **貸す (lend)**

loanword /lóunwə:rd ろウンワ〜ド/ 名 **借用語, 外来語** → 外国語から借りて既(すで)に国語化した言葉. 英語では pizza (ピザ<イタリア語), menu (メニュー<フランス語)など.

loaves /lóuvz ろウヴズ/ 名 **loaf** の複数形

lobby /lábi ろビ/ 名 (複 **lobbies** /lábiz ろビズ/) **ロビー** → ホテル・劇場・議院などの玄関(げんかん)ホール, 廊下(ろうか), 控(ひか)え室.

lobster /lábstər ろブスタ/ 名 《動物》**ロブスター, オマールエビ** → はさみのある大きなエビ.

local

378

three hundred and seventy-eight

類似語 **shrimp** (小エビ), **prawn** (クルマエビ)

local 中 A2 /lóukəl ロウカォ/ 形
地域の, その地方(特有)の →ふつう名詞の前だけ
につける.
- **local** people その土地の[地元の]人たち
- **local** news その土地のニュース
- a **local** newspaper (全国紙に対して)地方新
聞
- I go to town for clothes but I buy
food in **local** shops. 服を買う時は町へ出ま
すが食料品は地元の店で買います.
―― 名 ❶ (外来者から見た) 土地の人
❷ (米) 各駅停車の電車[バス]

locally /lóukəli ロウカリ/ 副 ❶ 特定の場所[地
方]で, 局地的に ❷ 近所で

locate /lóukeit ロウケイト|loukéit ロウケイト/ 動
❶ ～の場所を突(つ)き止める; ～の位置を見つけ出
す
- The taxi driver **located** the address
easily. タクシーの運転手はその住所をすぐ突き
止めた.
❷ (店・事務所などをある場所に)置く; (be lo-
cated in ～ で)～に位置する, ～にある
- His office **is located in** the center of
the town. 彼の事務所は町の中央にある.

location /loukéiʃən ロウケイション/ 名
❶ (定められた)位置, 場所
❷ (映画の)野外撮影(さつえい)(地), ロケーション

loch /lák ラク/ 名 《スコットランド語》=lake
(湖)

Lòch Néss 固名 ネス湖 →スコットランド
北部の湖で怪獣(かいじゅう)がすんでいるという伝説が
ある.

lock A2 /lák ラク|lɔ́k ラク/ 名 ❶ 錠(じょう), 錠前
関連語 The **lock** is very stiff―I can't turn
the **key**. この錠はすごく堅(かた)くて鍵(かぎ)が回せ
ない.
❷ (運河の)水門
―― 動 ❶ ～に鍵をかける; 鍵がかかる
- We **lock** our doors at night. 私たちは夜
にはドアに鍵をかけます.
- The door **locks** automatically. そのドア
は自動的に鍵がかかる.
- The room was **locked**. 部屋には鍵がかか
っていた.
❷ (鍵をかけて)閉じこめる, しまい込(こ)む; (鍵を
かけて)締(し)め出す
- **lock** (up) jewels in the safe 宝石を金庫

にしまっておく
- **lock** one's child outside the house for
discipline しつけのために子供を家の外へ締め
出す
- The ship was **locked** in ice. 船は氷に閉
じこめられてしまった.

locker /lákər ラカ/ 名 ロッカー

locomotive /loukəmóutiv ロウコモウティヴ/
名 機関車

locust /lóukəst ロウカスト/ 名 ❶ (虫) イナゴ,
バッタ ❷ (虫) (米) セミ ❸ (植物) ニセアカシ
ア, ハリエンジュ →locust tree ともいう. 香(か
おり)のよい房状(ふさじょう)の白い花をつける.

lodge /ládʒ ラヂ/ 名 山の家, 山荘(さんそう), 海の
家, ロッジ
―― 動 泊(と)まる; 下宿する; 泊める

lodging /ládʒiŋ ラヂング/ 名 ❶ 泊(と)まる所,
宿 ❷ (英) (lodgings で) 下宿, 貸間

log /lɔ́ːg ろーグ/ 名 丸太

logic /ládʒik ラヂク/ 名 ❶ 論理学 ❷ 論理, 理
屈(りくつ)

logical A2 /ládʒikəl ラヂカォ|lɔ́dʒikəl ラヂカォ/
形 ❶ 論理的な, もっともな, 当然の ❷ 論理学
の

logo /lóugou ロウゴウ/ 名 (複 **logos** /lóu-
gouz ロウゴウズ/) ロゴ, シンボルマーク →商標・
社名などを表す. **logotype** ともいう.

lollipop, lollypop /lálipɑp ラリパプ/ 名
棒つきキャンディー, ロリポップ, ペロペロキャン
ディー; (英) 棒つきアイスキャンディー

London 小 /lʌ́ndən ランドン/ 固名 ロンドン

> 参考 イギリスの首都. テムズ河畔(かはん)
> にある大都市で, 行政上は「大ロンドン」
> (**Greater London**) と呼ばれる. 大ロンド
> ンは「シティー」(the City) と呼ばれる旧ロ
> ンドン市と32の自治区から成っている. シテ
> ィーはわずか1平方マイルの広さだが独自の
> 市長を置いていて行政的に特別区扱(あつか)い.
> またここにはイングランド銀行をはじめ世界
> 各国の銀行が集まっており, 金融(きんゆう)・商業
> が盛(さか)ん.

Londoner /lʌ́ndənər ランドナ/ 名 ロンドン
生まれの人, ロンドン市民, ロンドンっ子 →
cockney

Lóndon Èye 固名 ロンドンアイ →Big
Ben の対岸のテムズ川沿いにある大観覧車.

loneliness /lóunlinis ロウンリネス/ 名 寂(さび)しさ, 孤独(こどく)

lonely 中 A1 /lóunli ロウンリ/ 形
(比較級 **lonelier** /lóunliər ロウンリア/; 最上級 **loneliest** /lóunliist ロウンリエスト/)
❶ 孤独(こどく)な, ひとりぼっちの; 寂(さび)しい, 心細い
関連語 I don't feel **lonely** when I'm **alone**. 私はひとりの時でも寂しくない.
❷ 人の少ない, ぽつんと離(はな)れた, 寂しい
- a **lonely** island 離れ小島

long¹ 小 A1 /lɔ́ːŋ ローング|lɔ́ŋ ロング/ 形
(比較級 **longer** /lɔ́ːŋgər ローンガ/; 最上級 **longest** /lɔ́ːŋgist ローンゲスト/) (→比較級・最上級は /g グ/ の音が入るので注意)
(時間・距離が)長い; ～の長さがある
(ん基本) a **long** tunnel 長いトンネル →long+名詞.
- **long** hair [legs] 長い髪(かみ)[足]
- the **long** jump (走り)幅(はば)とび
- a **long** vacation 長い休暇(きゅうか)
- (for) a **long** time 長い間
(ん基本) This tunnel is very **long**. このトンネルはとても長い. →be 動詞+long.
反対語 The days are **long** in summer, but are **short** in winter. 夏は日が長いが冬は短い.
- My house is a **long** way **from** here. 私の家はここから遠い. →**far** 副 ❶ ◎POINT
- Take a bus—it's a **long** way **to** town. バスに乗りなさい—町までは遠いですよ. →it は漠然(ばくぜん)と「距離」を表す.

How **long** is the river?—It is a hundred miles **long**.
その川はどのくらい長いですか—その川は長さ100マイルです.

→a hundred miles (100マイル)は long を修飾(しゅうしょく)する副詞句.

- I waited for two **long** hours. (2時間もの長い時間 ⇨)なんと私は延々2時間も待った.
- I won't be **long**. 私は長くはかからない(すぐ帰って来る).
- It's been **long since** I saw you (last). (私が君に最後に会ってからずいぶんたつ ⇨)久しぶりですね. →It は漠然と「時間」を表す.
- **It was a long time before** he came. (彼が来る前が長かった ⇨)彼はなかなか来なかった.
- **It was not long before** he came. (彼が来る前は長くなかった ⇨)まもなく彼は来た.
- This rope is **longer** than that (one). このロープのほうがそれより長い.
- The days are getting **longer** and **longer**. 日がだんだん長くなっている.
◎POINT 比較(ひかく)級+and+比較級は「だんだん～, ますます～」.
- The Nile is **the longest** river in the world. ナイルは世界最長の川である.

── 副 (比較級 **longer** /lɔ́ːŋgər ローンガ/; 最上級 **longest** /lɔ́ːŋgist ローンゲスト/)
(時間が)長く, 長い間 (for a long time)
◎POINT 形容詞(「長い」の意味)では時間についても距離(きょり)についてもいうが, 副詞(「長く」の意味)では時間についてだけいう.
- stay **long** 長く滞在(たいざい)する[とどまる]
- live **long** 長く生きる, 長生きする
- **long** ago (今から)ずっと以前に
- **long, long** ago 昔々
- **long** before I was born 私が生まれるずっと前に
- **long** after (this) (この)ずっとあとに
- How **long** will you stay here? どのくらい長く[いつまで]ここに滞在しますか.
- Wait a little **longer**, please. もう少しお待ちください.
- He can stay under water (**the**) **longest** of us all. 彼は私たちのうちで一番長く水に潜(もぐ)っていられる.

all ～ long ～中(じゅう)
- **all** day [night] **long** 一日[一晩]中

as long as ～ ～と同じほど長い[長く]; ～する限り, ～の間 →**so long as ～**
- **as long as** I live 私が生きている限り

long 380

before long まもなく, やがて, 近いうちに
for long 長い間, 長らく
- I won't be away **for long**. 長く留守にするつもりはありません.

Long time no see. 久しぶりですね →中国語の好久不見(ハオジュウ ブージェン)に英語を当てはめて作ったピジン英語(→**pidgin English**). 好久 =long time, 不見 =no see.

not ～ any longer もう(これ以上)～ない → **no longer** (**no** 成句)
- I cannot dance **any longer**. 私はもうこれ以上踊(おど)れない.

So long! 《話》さようなら

so long as ～ ～する限り, ～さえすれば → as long as ～ とほとんど同じ意味に使われる.
- You may eat anything, **so long as** you don't eat too much. 食べ過ぎなければ何を食べてもよい.

take long 手間どる, 長くかかる
- It won't **take long**. 長くはかからないでしょう. → It は漠然と「時間」を表す.

long² /lɔ́ːŋ ろーング/ [動] 心から望む
long. [略] =**long**itude (経度)
longing /lɔ́ːŋiŋ ろーンギング/ [名] 憧(あこが)れ, (～したいという強い)願い
longitude /lɑ́ndʒətjuːd らンチチュード/ [名] 経度 → **long.** と略す. 関連語 **latitude** (緯度(いど))
lóng júmp [名] (**the** をつけて)(走り)幅(はば)とび

look 小 A1 /lúk るク/ [動] [三単現 **looks** /lúks るクス/; 過去・過分 **looked** /lúkt るクト/; -ing形 **looking** /lúkiŋ るキング/)

❶ (注意してよく)見る

[基本] **look** at the blackboard 黒板を見る → look at+名詞.
- **look** (up) at the ceiling 天井(てんじょう)を見(上げ)る
- **look** (down) at the floor 床(ゆか)を見下ろす[見下ろす]
- **look to** the right 右の方を見る
- **look** back 振(ふ)り返る
- **look** around 見回す
- **look** in at the window 窓から中をのぞく
- **look** out (of) the window 窓の外を見る
- The hotel **looks** toward the lake. そのホテルは(湖の方を見ている⇨)湖に面している.
- **Look** both ways before you cross the street. 通りを横断する前に左右をよくみなさい. → both ways は「両方の側を」の意味の副詞句.
- **Look**! The sun is rising. ほら, 太陽が昇(のぼ)って来る. →この Look は間投詞のように使って相手の注意を促(うなが)す. → **Look here!**

関連語 I **looked** outside and **saw** Ann with her dog. 私が外を見たら, アンと彼女の犬が見えた.

類似語(見る)

look は注意してよく見ること. **see** は見ようという気持ちがなくても目に入ること. **watch** は look よりも長い間, 動くものや変化するものを目で追うこと, あるいは用心して見張ること.

会話
What are you **looking** at? — (I'm **looking** at) that picture on the wall.
君は何を見ているの.—壁(かべ)のあの絵(を見ているんだ).
→現在進行形の文 (→**are** [助動] ❶). 質問文は, 意味のつながりの上では looking at what (何を見ている)であるが, what は疑問詞なので文頭に出る.

Are you being served?—No, thank you. I'm just **looking**.
(店員が)ご用を承(うけたまわ)っておりますでしょうか.—いいえ, いいんです. 見ているだけですから.

- He stood **looking** out (of) the window. 彼は窓の外を見ながら立っていた. → looking は現在分詞で「見ながら」.
- He ran and ran without **looking** back. 彼は振り返らずに走りに走った. →前置詞 without+動名詞 looking (見ること).

❷ (外見が)～に見える, ～の顔[様子]をしている

[基本] **look** happy 幸せそうに[うれしそうに]見える → look+形容詞.
- **look** real 実物[本物]のように見える
- **look** pale 青い顔をしている, 顔色が悪い
- **look** tired [surprised, worried] 疲(つか)れた[びっくりした, 心配そうな]顔をしている
- She **looks** young for her age [for sixty]. 彼女は年のわりには[60にしては]若く見える.
- They **look** just the same. それらは全く同じに見える.

look 小 A1 /るク/

三単現 **looks** /るクス/
過去・過分 **looked** /るクト/
-ing形 **looking** /るキング/

イメージ: 視線・注意を向けて見る

教科書によく出る 意味

動 ❶ (注意してよく)**見る**
   Look at the blackboard. 黒板を見なさい.

❶ (間投詞のように使って)**ほら，見て**
   Look! That's Mt. Fuji, isn't it? ほら，あれが富士山ですよね？

❷ (外見が)**〜に見える**
   You **look** happy. What's up? うれしそうだね，何かあったの？

教科書によく出る 連語

look for 〜 〜を探す
What are you **looking for**? 何を探しているんですか？

look forward to (〜ing) 〜（すること）を楽しみに待つ
I'm **looking forward to seeing** you again.
再会することを楽しみに待っています.

look like 〜 〜のように見える
Her house **looks like** a castle. 彼女の家はお城のように見える.

look up 上を見る，(辞書などで)調べる
I'll **look** it **up** in my dictionary. 辞書でそれを調べてみます.

look after 〜 〜の世話をする
I have to **look after** my little brother. 私は弟の世話をしなければならない.

look 382

•The hat **looks** really good on you. その帽子(ぼうし)はあなたに本当によく似合う.

look after ～ ～の世話をする
•Who **looks after** the rabbits? ウサギの世話は誰(だれ)がするのですか.

look as if ～ まるで～のように見える
•It **looks as if** it's going to rain. まるで雨でも降り出しそうだ. →It, it はともに漠然(ばくぜん)と「天候」を表す.

look away from ～ ～から目をそらす

look down on ～ ～を見下す, ～を軽蔑(けいべつ)する

look for ～ ～をさがす; ～を期待する
•**look for** a job 職をさがす
•I **looked** everywhere **for** the key. 私はあちこちその鍵(かぎ)をさがした.
•What are you **looking for**? 君は何をさがしているのですか.

look forward to ～ 中 A2 首を長くして～を待つ, ～を期待する
•I am **looking forward to** seeing you. お会いするのを楽しみに待っています.
> POINT 前置詞 to＋動名詞 seeing (会うこと). ×look forward to see としない.

Look here! さあいいかい, ほら, あのね →相手の注意をひいたり, 自分が言おうとすることを強調したり, 相手に抗議(こうぎ)したりする時の表現. 単に **Look!** ともいう.

look in 中をのぞく; ちょっと立ち寄る
•I'll **look in** (on you) when I'm in town tomorrow. あした町へ出た時(お宅に)ちょっと寄ります.

look a person in the face [in the eye] (人の)顔をまともに見る

look into ～ ～の中を見る; ～を(よく)調べる

look like ～ ～のように見える, ～に似ている; ～しそうである
•He **looks** just **like** his father. 彼は父親にそっくりだ.
•What does it **look like**? それはどんなものですか.

•It **looks like** rain. 雨になりそうだ.

look on 傍観(ぼうかん)する
•He only **looked on** and did nothing. 彼はただ見ているだけで何もしなかった.

look on [upon] ～ ～に面する
•My house **looks on** (to) the street. 私の家は通りに面しています.

look on [upon] A as B AをBとみなす
•We **look on** her **as** the leader. 私たちは彼女をリーダーと思っている.

look out 外を見る; 気をつける
•**Look out!** A car is coming. 気をつけて! 車が来るよ.
•**Look out** for the wet paint. 塗(ぬ)りたてのペンキに気をつけなさい.

look over ～ ～越(こ)しに見る; ～を点検する, ～に目を通す
•Will you please **look over** my composition? 私の作文に目を通してみてくださいませんか.

look up ① 上を見る; (状況(じょうきょう)などが)上向きになる, よくなる
② (辞書などで)調べる; (住所を調べて)訪問する
•**look up** the word in a dictionary 辞書でその単語を引く
•**Look** me **up** when you come this way. こちらへおいでの時はお訪ねください.

look up on ～ ～を見上げる
•**look up on** the sky 空を見上げる

look up to ～ ～を仰(あお)ぎ見る, ～を尊敬する
—— 名 (複 **looks** /lúks ルクス/)

❶ 見ること, 一目, 一見
•My baby's sick. Will you **have [take] a look at** him, doctor? 子供が病気なんです. 先生, ちょっと診(み)ていただけませんか.
•He **took a** quick **look at** the magazine. 彼はその雑誌にさっと目を通した.

❷ 目つき, 顔つき, 様子
•a **look** of surprise 驚(おどろ)いた顔つき[様子]

チャンクでおぼえよう look	
□ 黒板を見る	**look** at the blackboard
□ 辺りを見まわす	**look** around
□ 幸せそうに見える	**look** happy
□ うさぎの世話をする	**look** after the rabbits
□ 鍵(かぎ)を探す	**look** for the key
□ 気をつけて!	**Look** out!
□ 単語を辞書で引く	**look** up the word in a dictionary

- judging from the **look** of the sky 空模様からすると

❸ (**looks** で) 容貌(ようぼう), 美貌(びぼう); 外観
- She has both talent and (good) **looks**.
彼女は才能と美貌の両方を持っている[才色兼備(さいしょくけんび)です].

lookout /lúkaut ルカウト/ 名 見張り, 警戒(けいかい)

loom /lú:m ルーム/ 名 (織物を織る)機(はた), 織機(しょっき)

loop /lú:p ループ/ 名 (ひも・線などで作った)輪

loose A2 /lú:s ルース/ (→×/ルーズ/ ではない) 形
❶ 緩(ゆる)い; 縛(しば)ってない
- a **loose** knot 緩い結び目
- a **loose** coat だぶだぶの上着
- a **loose** tooth (抜(ぬ)けかけて)ぐらぐらの歯
- **loose** hair 束ねていない髪(かみ), 後(おく)れ毛
- My tooth is **loose**. 歯がぐらぐらしている.
- Don't leave the dog **loose**. 犬を放しておくな.

❷ だらしのない, ルーズな →名詞の前にだけつける.
- lead a **loose** life だらしのない生活をする

loose-leaf /lù:s lí:f ルース リーフ/ 形 (ノートが)ルーズリーフ式の

loosen /lú:sn ルースン/ 動 緩(ゆる)める; 緩む

loquat /lóukwɑ:t ロウクワート/ 名 《植物》ビワ(の実)

lord /lɔ́:rd ロード/ 名
❶ 君主; 領主
❷ 《英》貴族; (**Lord** で貴族の尊称として) 卿(きょう), 閣下; (the **Lords** で) 英国の上院議員
❸ (the [our] **Lord** で) 主(しゅ)・神 (God) またはキリスト (Christ) のこと.

lorry /lɔ́ri ロリ/ 名 (複 **lorries** /lɔ́riz ロリズ/)《英》トラック (《米》truck)

Los Angeles /lɔ:s ǽndʒələs ロース アンヂェレス/lɑs ǽndʒəli:z ロス アンヂェリーズ/ 固名 ロサンゼルス →米国カリフォルニア州にある全米第2の大都市. 市内に映画製作で有名なハリウッド (Hollywood) がある. L.A. と略す.

lose 中 A2 /lú:z ルーズ/

| 動 | ❶ (物・命などを)**失う** | 意味 map |
| | ❷ (道に)**迷う**; (勝負に)**負ける** | |

—動

三単現	**loses** /lú:ziz ルーゼズ/
過去・過分	**lost** /lɔ́:st ロースト/
-ing形	**losing** /lú:ziŋ ルーズィング/

❶ (物・命などを) 失う, なくす
基本 **lose** the key 鍵(かぎ)を無くす →lose+名詞.
- **lose** one's life 命を失う(死ぬ)
- **lose** one's eyesight 視力を失う
- **lose** weight 体重が減る
- **lose** one's head 自制心を失う, 慌(あわ)てる, かっとなる.
- **lose** heart 元気をなくす, がっかりする
- He **loses** his temper easily. 彼はすぐかっとなる.
- He never **lost** hope. 彼は決して希望を失わなかった.
- She **lost** her only son in a traffic accident. 彼女は一人息子(むすこ)を交通事故で亡(な)くした.
関連語 I can't **find** my key—I think I **lost** it on the bus. 鍵が見つからない—バスの中でなくしたみたいだ.
- I **have lost** my watch. 私は時計をなくしてしまった. →現在完了(かんりょう)の文. →**have** 助動 ❶
- Many lives **were lost** in the accident. 多くの人命がその事故で失われた. →受け身の文. →**were** 助動 ❷

❷ (道などを)**見失う**, (道に)**迷う**
- We **lost** our way in the wood. 私たちは森の中で道に迷った.

❸ (勝負に)**負ける**
- **lose** a game 試合に負ける

会話

Did you win? —No, we **lost**! We **lost** the game [**lost** to the Tokyo Kickers] 5—0 (読み方: five (to) zero). 勝ったかい.—いや, 負けちゃった. 5対0で試合に[東京キッカーズに]負けたよ.

loser 384 three hundred and eighty-four

❹ 損する, 無駄(むだ)にする
• **lose** hours in waiting 待って何時間も無駄にする
• There is no time to **lose**. 失うべき時間がない[ぐずぐずしていられない] →不定詞 to lose (失う〜)は time を修飾(しゅうしょく)する. →**to** ❾ の②
❺ (時計が)遅(おく)れる; 見[聞き]落とす
 反対語 Does your watch **gain** or **lose**? 君の時計は進みますか, 遅れますか.
• My watch **loses** a few seconds a day. 私の時計は1日に数秒遅れる.

lose sight of 〜 〜が見えなくなる, 〜を見失う

loser /lúːzər ルーザ/ 名 損をする[した]人; 敗者, 失敗者

loss /lɔːs ロース/ 名 失うこと, 損失, 損害, 敗北
• the **loss** of a child 子供を失うこと
• His death was a great **loss to** our team. 彼の死はわがチームにとって大損失であった.

at a loss 途方(とほう)に暮れて, 困って
• I am **at a loss** (as to) what to do. どうしてよいか私は途方に暮れている.
• We were **at a loss** for an answer. 私たちは答えに困った.

lost 中 A2 /lɔːst ロースト|lɔst ロスト/ 動 lose の過去形・過去分詞
— 形 ❶ 道に迷った; なくなった
• the **lost** watch なくした時計
• a **lost** child 迷子
• I got **lost** on the way to his home. 私は彼の家へ行く途中(とちゅう)で道に迷った. →**get** ❻
• The ship was **lost** at sea. その船は海上で行方(ゆくえ)不明になった[遭難(そうなん)した].
❷ 負けた

lóst-and-fóund òffice 名 《米》遺失物取扱所 (《英》lost-property office)

lot¹ 小 A1 /lɑt ラト|lɔt ロト/ 名
❶ (a lot of 〜 または lots of 〜 で)《話》たくさんの〜
• **a lot of** people たくさんの人々
• **a lot of** snow [work] たくさんの雪[仕事]
• He knows **a lot of** English songs. 彼はたくさんの英語の歌を知っています. →「たくさんの数の」の時は否定文・疑問文では a lot of, lots

of の代わりに **many** を使う.
• She ate **lots of** candy and got sick. 彼女はキャンディーをたくさん食べて具合が悪くなった. →「たくさんの量の」の時は否定文・疑問文では a lot of, lots of の代わりに **much** を使う.
• We have **a lot of** rain in June. 6月には雨が多い.
• It was **lots of** fun. それはとてもおもしろかった.
❷ 《話》(a lot で) たくさん; とても →名詞ではあるが副詞の意味でも使う.
• There's **a lot** to see in Kyoto. 京都には見るものがたくさんある. →**to** ❾ の②
• Thanks **a lot**. (= Thank you very much). どうもありがとう.
• It rains **a lot** in spring. 春にはたくさん雨が降る.
• You'll get there **a lot** faster if you go by subway. 地下鉄で行けばずっと速くそこに着けます.
❸ (商品などの)ひと山
• ten dollars a **lot** ひと山10ドル →a lot は「ひと山につき」. →**a** ❸

lot² /lɑt ラト|lɔt ロト/ 名
❶ くじ(引き); 運(命)
• draw **lots** くじを引く
• He was chosen by **lot**. くじで彼が選ばれた.
❷ (1区画の)地面, 土地
• a parking **lot** 駐車(ちゅうしゃ)区域
• an empty **lot** 空き地

lottery /lɑ́təri ラタリ/ 名 (複 **lotteries** /lɑ́təriz ラタリズ/) 宝くじ, 福引き

lotus /lóutəs ロウタス/ 名 《植物》ハス

loud 中 /láud ラウド/ 形
(声・音が)大きい; そうぞうしい
• in a **loud** voice 大きな声で
• I can't hear you—the music is too **loud**. あなたのおっしゃることが聞こえません. —音楽の音が大き過ぎるものですから.
— 副 大声で
• laugh **loud** 大声で笑う
• Could you speak a little **louder**? もう少し大きな声で話していただけませんか.

loudly A2 /láudli ラウドリ/ 副 声高に, そうぞうしく

loudspeaker /laudspíːkər ラウドスピーカ/ 名

拡声器, (ラウド)スピーカー → 単に **speaker** ともいう.

Louisiana /luːiziǽnə ルーイズィアナ/ 固名 ルイジアナ → メキシコ湾(わん)に臨(のぞ)む米国南部の州. **La.**, (郵便で) **LA** と略す.

lounge /láundʒ ラウンヂ/ 名 ❶ (ホテル・劇場・船などの)休憩(きゅうけい)室, 娯楽(ごらく)社交室
❷《英》居間 (sitting room)

Louvre /lúːvr ルーヴル/ 固名 (the Louvre で) ルーブル美術館 → パリにある有名な美術館, もとは王宮.

love 小 A1 /lʌ́v ラヴ/ 動 (三単現 **loves** /lʌ́vz ラヴズ/; 過去・過分 **loved** /lʌ́vd ラヴド/; -ing形 **loving** /lʌ́viŋ ラヴィング/)

❶ 愛する, 恋(こい)している

基本 I **love** you. 私はあなたを愛している. → love+名詞. 「愛している」をふつうは ×I am loving you. と進行形にしない.

• Jack **loves** Susie and they are going to get married. ジャックはスージーを愛していて2人は結婚(けっこん)する予定です.

• Andersen **loved** his hometown. アンデルセンは自分の生まれた町を愛した.

• Mary **is** deeply **loved** by her parents. メアリーは両親にとても愛されている. → 受け身の文. → **is** 助動 ❷

• **Loving** each other is forgiving each other. 互(たが)いに愛し合うということは互いに許し合うことである. → Loving は動名詞(愛すること)で文の主語.

❷ 〜が大好きである

• **love** music 音楽がとても好きだ

• **love** play**ing** [**to play**] the guitar ギターを弾(ひ)くのが大好きだ → love+動名詞(playing), love+不定詞 (to play). → **to** ❾ の①

• She **loves** vanilla ice cream. 彼女はバニラアイスクリームが大好きです.

I would [*should*] *love* [《話》*I'd love*] *to do.* 〜したい → 女性が多く使う言い方. 男性は love の代わりに like を使うことが多い.

• **I'd love to** go to Kyoto. 私は京都に行ってみたいわ.

How about going to an open-air concert next Sunday?—Wonderful! **I'd love to**. こんどの日曜日野外コンサートに行きませんか.—すてき! ぜひ行きたいわ.

—— 名 (複 **loves** /lʌ́vz ラヴズ/)

❶ 愛, 愛情; 恋愛(れんあい)

• a mother's **love for** her children 子供に対する母の愛, 母が子供を愛すること

• the **love of** Romeo and Juliet ロミオとジュリエットの恋

• my first **love** 私の初恋

• He **is in love with** Jane. 彼はジェーンに恋している.

• He **fell in love with** Susan. 彼はスーザンに恋をした.

❷ (〜を)愛すること[気持ち], 愛好

• a **love of** [**for**] money 金銭欲

• She has a great **love of** [**for**] music. 彼女は音楽が大好きです.

❸ 愛する者 (darling), (男性から見た女性の)恋人 → 「女性からみた男性の恋人」は **lover**.

• Come here, my **love**. ねえ, ここへおいでよ. → 恋人・夫婦(ふうふ)間や親が子供に向かっての呼びかけ.

❹《テニス》0, 零点(れいてん)

• The score is now 40-**love**. 得点は今40対0だ.

Give [*Send*] *my love to* 〜. 〜によろしくお伝えください

• Please **give my love to** your family. ご家族の皆(みな)さまによろしくお伝えください.

Love [*All my love, Lots of love*], 〜. 〜より → 近親者・女性同士の間で使われる手紙の結び.

• **Love**, Mary Brown. メアリー・ブラウンより

With (*my*) *love.* さようなら → 親しい人に送る手紙の結びの言葉.

lovely A1 /lʌ́vli ラヴリ/ 形 (比較級 **lovelier** /lʌ́vliər ラヴリアァ/; 最上級 **loveliest** /lʌ́vliist ラヴリエスト/) ❶ 愛らしい, 美しい

• a **lovely** flower garden 美しい花園(はなぞの)

• She looks **lovely** in that dress. その服を着ると彼女はかわいらしく見える.

❷《話》すばらしい; とても楽しい[愉快(ゆかい)な]

• have a **lovely** time とても楽しい時を過ごす

• What a **lovely** morning! なんてすばらし

lover A2 /lʌ́vər ラヴァ/ 名
❶ (〜を)愛する人, 愛好者[家]
・a lover of music=a music lover 音楽愛好者
❷ (女性から見た男性の)恋人; (lovers で)恋人同士
・Romeo was Juliet's lover. ロミオはジュリエットの恋人であった.

loving /lʌ́viŋ ラヴィング/ 動 love の -ing 形(現在分詞・動名詞)
── 形 (人を)愛している; 愛情深い
・Your loving son, Bob. あなたを愛する息子ボブより. →手紙の結びの句.

low 中 A2 /lóu ロウ/ 形 低い 反対語 high (高い)

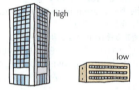
high / low

・at a low price [speed] 低価格[低スピード]で
・Speak in a low voice in the library. 図書館の中では小声で話しなさい.
・This chair is too low for the table. この椅子はテーブルに対して低過ぎる.
・The temperature will be low tomorrow. 明日は気温が低いでしょう.
・The moon is low in the sky. 月が空に低くかかっている.
・He had the lowest batting average on the team. 彼はチームで打率が一番低かった.
── 副 低く 反対語 high (高く)
・Speak low. 小声で話しなさい.
・An airplane flies low as it comes near the airport. 飛行機は空港の近くに来ると低く飛ぶ.

lower /lóuər ロウア/ 動 低くする, 降ろす, 下げる; 低くなる, 降りる, 下がる
── 形 もっと低い; 下のほうの →low の比較級.

Lówer Hóuse 名 (the をつけて) (二院制議会の)下院 →日本の衆議院 (the House of Representatives /ざ ハウス オヴ レプリゼンタティヴズ/)もこう呼ばれることがある. 関連語 **the Upper House** (上院)

loyal /lɔ́iəl ロイアる/ 形 忠誠な; 誠実な, 忠実な (faithful)

loyalty /lɔ́iəlti ロイアるティ/ 名 (複 loyalties /lɔ́iəltiz ロイアるティズ/) 忠誠; 誠実, 忠実

Ltd. 略 =limited ((会社が)有限責任の) →社名の後につける. 「有限会社」とは有限責任のある社員だけで組織されている会社で, 多くは中小企業(きぎょう).

luck 小 A1 /lʌ́k らク/ 名

運, 幸運
・good [bad, ill] luck 幸運[不運]
・by (good) luck 運よく, 幸運にも
・You are in [out of] luck. 君は運がよい[ついていない].
・Good luck (to you)! ご機嫌(きげん)よう; 頑張(がんば)れよ; 幸運を祈(いの)る. →別れ・乾杯(かんぱい)などの挨拶(あいさつ).

Good luck!

・Good luck with your exams today. きょうの君の試験がうまくいきますように.
・Bad [Hard, Tough] luck! ついてなくて残念でしたね.
・Best of luck (to you). あなたがうまく行きますように; あなたの幸運を祈ります.

luckily A2 /lʌ́kili らキリ/ 副 運よく, 幸運にも

lucky 小 A1 /lʌ́ki らキ/ 形
(比較級 **luckier** /lʌ́kiər らキア/; 最上級 **luckiest** /lʌ́kiist らキエスト/)

運のよい, 幸運な; 幸運をもたらす
・a lucky break 成功のきっかけ
・a lucky number 幸運をもたらす[縁起のいい]数字
・Lucky you. あなたは運がいい[君はついてるよ].
・How lucky I am! 私はなんて運がいいんだろう.

luggage /lʌ́gidʒ らゲヂ/ 名 《主に英》手荷物

lyric

→旅行の時のカバン・トランク・スーツケースなどを集合的にいう. →**baggage**

lull /lʌ́l らる/ 動 (赤ん坊(ぼう)などを)**あやす, なだめる, 寝(ね)かしつける**

―― 名 (嵐(あらし)・騒音(そうおん)・活動などの)**一時的な休止, 一時的な静けさ**; (病気・苦痛などの)**小康(しょうこう)状態**

lullaby /lʌ́ləbai ららバイ/ 名 (複 **lullabies** /lʌ́ləbaiz ららバイズ/) **子守(こもり)歌**

lumber /lʌ́mbər らンバ/ 名 《米》**材木, 木材**
→**timber**

lump /lʌ́mp らンプ/ 名 ❶ **かたまり**; **角砂糖**
❷ **こぶ, 腫(は)れ物**

lunar /lúːnər るーナ/ 形 **月の**
関連語 **solar** (太陽の)

lunch 小 A1 /lʌ́ntʃ らンチ/ 名
(複 **lunches** /lʌ́ntʃiz らンチェズ/)
昼食; (お昼の)**弁当**
• have [eat] **lunch** 昼食を食べる →×*a* [*the*] lunch としない.
• **lunch** hour 昼食時間, 昼休み
• a **lunch** box 弁当箱 →**lunchbox**
• school **lunch** 学校給食
• Let's have **lunch**. 昼食を食べましょう.
• They are at **lunch** now. 彼らは今昼の食事中です.
• He is out for **lunch**. 彼は昼食のために外出しています.

• Do you take your **lunch** with you? 君は弁当を持って行きますか.
• What will you have for **lunch** today? きょうはお昼に何を食べますか.

lunchbox /lʌ́ntʃbɑks らンチバクス/ 名 **弁当箱**
→ **lunch box** と2語にもつづる. ふつう金属あるいはプラスチック製で持ち手がついているものをいう.

luncheon /lʌ́ntʃən らンチョン/ 名 **昼食** (lunch); (特に客を招待する正式の)**昼食会**

lunchtime A2 /lʌ́ntʃtaim らンチタイム/ 名 **昼食時間, 昼休み** (lunch hour)

lung /lʌ́ŋ らング/ 名 **肺** →肺は左右にあるからふつう複数形 **lungs** /lʌ́ŋz らンズ/ で使う.

luster /lʌ́stər らスタ/ 名 **光沢(こうたく), つや**

lustre /lʌ́stər らスタ/ 名 《英》=luster

Luther /lúːθər るーさ/ 固名 (**Martin Luther**) **マルティン・ルター** →ドイツの宗教改革者 (1483–1546). キリスト教プロテスタントの創始者.

luxury /lʌ́kʃəri らクシャリ/ 名 (複 **luxuries** /lʌ́kʃəriz らクシャリズ/) ❶ **ぜいたく** ❷ **ぜいたく品**

lying¹ /láiiŋ らイイング/ 動 **lie**¹ (うそをつく)の-ing 形 (現在分詞・動名詞)

lying² /láiiŋ らイイング/ 動 **lie**² (横たわる)の-ing 形 (現在分詞・動名詞)

lyric A2 /lírik リリク/ 名 ❶ (ふつう **lyrics** で) (歌の)**歌詞** ❷ **叙情詩**

M m

M, m¹ /ém エム/ 名 (複 **M's, m's** /émz エムズ/) ❶ エム →英語アルファベットの13番目の文字.
❷ (**M** で)(ローマ数字の) 1000

m., m² 略 ❶ =meter(s) (メートル)
❷ =mile(s) (マイル) ❸ =minute(s) (分)

'm A1 略 《話》 **am** 私は生徒です.
• I'm a student. 私は生徒です.

MA 略 =Massachusetts

ma /mά: マー/ 名 《小児(しょうに)語》お母ちゃん, ママ

ma'am /m(ǽ)m マム, m(ǽ)m マム/ 名 《米話》奥(おく)さま, お嬢(じょう)さま, 先生 →madam の略. 女性に対する丁寧(ていねい)な呼びかけで, たとえば店員が女性客に, 生徒が女の先生に, 使用人が女主人に対して使う. 男性には **sir**.

macaroni /mækəróuni マカロウニ/ 名 マカロニ

Macbeth /məkbéθ マクベす/ 固名 マクベス →シェークスピア (Shakespeare) の書いた四大悲劇の1つ. またその主人公の名.

machine A1 /məʃíːn マシーン/ 名 **機械**
• a sewing **machine** ミシン
• a washing **machine** 洗濯(せんたく)機

machíne gùn 名 機関銃(じゅう)

machinery /məʃíːnəri マシーナリ/ 名 《集合的に》機械類 (machines)

mackerel /mǽkərəl マカれる/ 名 (複 **mackerel, mackerels** /mǽkərəlz マカれるズ/) 《魚》サバ

mad A2 /mǽd マド/ 形
❶ 《話》怒(いか)り狂って, 腹を立てて (very angry) →名詞の前にはつけない.
• She is **mad**. 彼女は怒っている.
• What are you so **mad about**? あなた何をそんなに怒(おこ)っているの. →意味のつながりの上では about what (何について)であるが, what は疑問詞なので文頭に出る.
• He went **mad at** me **for** calling him "a liar." 僕(ぼく)に「うそつき」と言われてあいつはすごく頭にきた. →go mad は「気が狂う, 怒り狂う.」→**go** ❺

❷ 気の狂(くる)った, 狂気(きょうき)の (crazy)
• You are **mad** to go out in the snow without a coat. この雪の中をコートも着ないで出て行くなんて, 君はどうかしている.
❸ 《話》熱狂(ねっきょう)して, 夢中になって (crazy) →名詞の前にはつけない.
• He is **mad about** (play**ing**) tennis. 彼はテニスに夢中になって[はまって]いる.

like mad 《話》(狂ったように ⇒)**猛烈(もうれつ)に**, 猛スピードで

Madagascar /mædəgǽskər マダギャスカ/ 固名 マダガスカル →アフリカ南東岸にある島国 (共和国). 公用語はマダガスカル語, フランス語, 英語. 首都はアンタナナリボ.

madam /mǽdəm マダム/ 名 奥(おく)さま, お嬢(じょう)さま →(特に面識のない)女性に対する丁寧(ていねい)な呼びかけの言葉で, 店員が女性客に対して使うことが多い. 男性には **sir**.

madame /mǽdəm マダム/ 名 《フランス語》奥(おく)さま, 夫人 →英語の Mrs. にあたる.

made 中 /méid メイド/ 動 **make** の過去形・過去分詞
— 形 (**~-made** で) ~で作られた
• a Swiss-**made** watch スイス製の時計

madness /mǽdnis マドネス/ 名 狂気(きょうき); 熱狂(ねっきょう)

Madrid /mədríd マドリド/ 固名 マドリッド →スペイン (Spain) の首都.

magazine 中 A1 /mǽgəzíːn マガズィーン/ (→アクセントの位置に注意) 名 雑誌
• a weekly [monthly] **magazine** 週[月]刊誌

Magellan /mədʒélən マヂェらン/ 固名 (**Ferdinand** /fə́ːrdinænd ふァーディナンド/ **Magellan**) マゼラン, (ポルトガル名)**マガリャンイス** →ポルトガルの航海者 (1480?–1521). 初めて世界一周航海を成し遂(と)げ, マゼラン海峡(かいきょう)・フィリピン諸島に到達. the Pacific Ocean (太平洋)は彼の命名による.

magic A2 /mǽdʒik マヂク/ 名 魔術(まじゅつ), 魔

法(ほう); 奇術(きじゅつ), 手品

•use **magic** 魔法[手品]を使う →×a magic, ×magics としない.

── 形 ❶ 魔術の; 奇術の →名詞の前にだけつける.

•a **magic** carpet 魔法のじゅうたん
❷《話》心をわくわくさせる, すばらしい

magical /mǽdʒikəl マヂカる/ 形 魔法(まほう)の(ような), 不思議な

magician /mədʒíʃən マヂシャン/ 名
❶ 魔法(まほう)使い ❷ 奇術(きじゅつ)師, 手品師

màgic tríck 名 手品, 奇術 →単に **magic** や **trick** ともいう.

magnet /mǽgnit マグネト/ 名 磁石

magnetic /mægnétik マグネティク/ 形 磁石の; 磁気を帯びた

magnificent /mægnífəsnt マグニふィスント/ 形 (建物・景色などが)壮大(そうだい)な, 豪壮(ごうそう)な, 雄大(ゆうだい)な;《話》すばらしい

magnify /mǽgnəfai マグニふァイ/ 動 (三単現 **magnifies** /mǽgnəfaiz マグニふァイズ/; 過去・過分 **magnified** /mǽgnəfaid マグニふァイド/; -ing形 **magnifying** /mǽgnəfaiiŋ マグニふァインング/)

(レンズなどで)拡大する; 誇張(こちょう)する

magnifying glass /mǽgnəfaiiŋ glæs マグニふァインング グらス/ 名 虫眼鏡, 拡大鏡, ルーペ

maid /méid メイド/ 名 お手伝い, メイド

maiden /méidn メイドン/ 形 →名詞の前にだけつける. ❶ 未婚(みこん)の, 処女の ❷ 初めての → **virgin**

mail 中 A1 /méil メイる/ 名

《主に米》郵便; 郵便物(全体)(《英》post) →手紙・はがき・小包などを総称している.

•direct **mail** ダイレクトメール
•receive [get, have] a lot of **mail** たくさんの手紙を受け取る →×mails としない.
•Is there any **mail** for me this morning? 今朝は私に何か郵便が来ていませんか.

関連語 Are there any **letters** for me in today's **mail**? きょうの郵便物の中に私宛(あて)の手紙がありませんか.

by mail 《米》郵便で (《英》by post)

── 動 (郵便物を)出す, 郵送する (《英》post)
•**mail** a letter [a package] **to** Ben ベンに手紙[小包]を出す
•Please **mail** this letter for me at once.

この手紙をすぐ出してください.

mailbox /méilbɑks メイるバクス/ 名
❶《米》郵便ポスト (《英》postbox, letter-box) ❷《米》郵便受け (《英》post, letter-box)

máil càrrier 名 郵便集配人

mailman /méilmæn メイるマン/ 名 (優 **mailmen** /méilmen メイるメン/)《米》郵便集配人 (《英》postman) →性差別を避(さ)けて **mail carrier** ともいう.

máil òrder 名 通信販売(はんばい)

main 中 /méin メイン/ 形 主な, 主要な →名詞の前にだけつける.

•the **main** street 大通り
•a **main** event メインイベント, 主要試合

── 名 (ふつう **mains** で)(水道・ガスの)本管

Maine /méin メイン/ 固名 メイン →大西洋に面し, カナダと国境を接する米国北東端(たん)の州. **Me.**, (郵便で) **ME** と略す.

mainland /méinlænd メインらンド/ 名 (付近の島・半島から区別した)本土

mainly A2 /méinli メインリ/ 副 主に

maintain /meintéin メインテイン/ 動
❶ 持続する, 維持(いじ)する
•**maintain** world peace 世界平和を維持する
❷ (車・道路・家などに手を入れて)よい状態にしておく, 保全する; (家族などを)養う
•He **maintains** his car well. 彼は自分の車をよく整備している.
❸ 主張する

maintenance /méintənəns メインテナンス/ 名 保つ[維持(いじ)する]こと; 保全

maize /méiz メイズ/ 名 《英》トウモロコシ (《米》corn) → **corn**

majestic /mədʒéstik マヂェスティク/ 形 威厳(いげん)のある, 堂々とした, 雄大(ゆうだい)な

majesty /mǽdʒəsti マヂェスティ/ 名 (優 **majesties** /mǽdʒəstiz マヂェスティズ/)
❶ 威厳(いげん), 堂々とした姿, 雄大(ゆうだい)さ
❷ (**Majesty** で) 陛下 →元首に対する敬称.

major A2 /méidʒər メイチャ/ 形
❶ (他と比べて)大きな, (より)重要な, 一流の
•a **major** poet 一流詩人
•a **major** part of ～ ～の大半[大部分]
❷ (音楽) 長調の → **minor** 形 ❷

── 名 ❶《米》(大学の)専攻(せんこう)(科目); 専攻生
•History is my **major**. 私の専攻は歴史です.

majority 390 three hundred and ninety

❷《音楽》長調，長音階 →**minor** 名❷

❸ 陸軍少佐(しょうさ)；《米》空軍少佐

—— 動 《米》(**major in ~** で)(大学で)~を専攻する

majority /mədʒɔ́ːrəti マヂョーリティ/ 名 (褒)
majorities /mədʒɔ́ːrətiz マヂョーリティズ/)

過半数，大多数，大部分 反対語 **minority** (少数)

májor léague 名 メジャーリーグ，大リーグ
→米国プロ野球連盟の **American League**，あるいは **National League** を指す．大リーグ全体は the Major Leagues．→**leaguer**

májor léaguer 名 メジャーリーグの選手，大リーガー

make 小 A1 /méik メイク/

動 ❶ 作る
❷ (必然的に)~になる
❸ ~を~にする
❹ (主語の意思で)~に~させる

意味 map

—— 動

三単現	**makes** /méiks メイクス/
過去・過分	**made** /méid メイド/
-ing形	**making** /méikiŋ メイキンぐ/

❶ 作る，こしらえる →目的語によって訳語を適当に変えること．

基本 **make** a box 箱を作る →make+名詞．

•**make** a dress 洋服を作る

•**make** a plan 計画を立てる

•My mother **makes** good jam. 私の母はおいしいジャムを作る．

•The birds **made** their nest in the tree. 鳥たちは木に巣を造った．

基本 Mother **made** me a fine dress. = Mother **made** a fine dress for me. 母は私にすてきなドレスを作ってくれた．→make A B =make B for A は「AのためにBを作る」．

•I **have** never **made** a dress myself. 私は自分で洋服を作ったことがありません．→現在完了(かんりょう)の文．→**have** 助動 ❷

•This camera **was made** in Germany. このカメラはドイツで作られた．→受け身の文．→**was** 助動 ❷

•The wine **made** here is very famous. ここで造られた[当地産の]ワインはとても有名です．→made は過去分詞(造られた)で wine を修飾(しゅうしょく)する．

会話 Who's **making** all that noise? —Bob is. He **is making** a doghouse. あ

のそうぞうしい音は誰(だれ)が立てているの?—ボブです．彼は犬小屋を作っています．→現在進行形の文．→**is** 助動 ❶

❷ (必然的に)~になる，~を構成する

•Two and two **make(s)** four. 2と2で4になる[2+2=4]．

•Books will **make** a nice present. 本はすてきな贈(おく)り物になるでしょう．

❸ ~を~にする

基本 **make** him happy 彼を幸福にする →make A B (形容詞)は「AをBにする」．

•What **made** her angry like that? (何が彼女をそんなに怒(おこ)らせたのか ⇨)なぜ彼女はそんなに怒ったのか．→like that は「そのように」．

基本 **make** him king 彼を王様にする →make A B (名詞)は「AをBにする」．B が役職名だと ×a や ×the がつかないことが多い．

•We **made** Bob captain of the team. 私たちはボブをチームのキャプテンにした．

•He **was made** captain of the team. 彼はチームのキャプテンにされた．→受け身．

基本 **make** it known それを知られるようにする，それを知らせる →make A B (過去分詞)は「A が B されるようにする」．

•I can **make** myself understood in English. (私は英語で自分の言うことを理解されるようにすることができる ⇨)私は英語で自分の言うことを伝えることができる．

❹ (主語の意思で)~に~させる

基本 **make** him go 彼を行かせる →make A+動詞の原形．×make him to go としない．let him go は「(彼の望みどおりに)彼を行かせる」の意味．

•I don't like milk, but Mother **made** me drink it. 僕(ぼく)は牛乳が好きじゃないのに母は僕にそれを飲ませた．

•I **was made to drink** milk. 僕は牛乳を飲まされた．→受け身の文．

POINT 受け身形では to drink のように to がつくことに注意．

•What **makes** you cry like that? (何が君をそんなに泣かせるのか ⇨)なぜ君はそんなに泣くのか．

❺ 作り出す，生み出す →次に来る名詞(目的語)によって訳語を変えること．

•**make** a fire 火をたく

•**make** money お金をもうける

•**make** a sound 音を立てる

make 小 A1 /メイク/

三単現 **makes** /メイクス/
過去・過分 **made** /メイド/
-ing形 **making** /メイキング/

イメージ
手を加えて作り出す

教科書によく出る意味

動 ❶ 作る
- Do you know how to **make** sushi? すしのつくり方を知っていますか？

❸ (人・物)を〜にする
- This song always **makes** me happy.
  この歌を聞くと私はいつも幸せな気持ちになる.

❺ 作り出す
- Don't be afraid of **making** mistakes. 間違えることをおそれるな.

❼ 〜する
- She **made** a wonderful speech. 彼女はすばらしいスピーチをした.

教科書によく出る連語

make A (**out**) **of** B　BでAを作る(材料をあらわす)
- Japanese houses are **made of** wood. 日本式の家は木でできている.

make A **from** B　BからAを作る(原料をあらわす)
- Tofu is **made from** soybeans. とうふは大豆から作られる.

make A **into** B　Aを(加工して)Bにする, AでBを作る
- Soybeans are **made into** tofu. 大豆は加工されてとうふになる.

make up *one's* **mind** (**to** 〜)　〜(する)決心をする
- I **made up my mind to** study abroad. 私は海外留学する決心をした.

maker 392 three hundred and ninety-two

- **make** friends 友達になる. →**friend** 成句
- **make** good grades よい成績を取る
- ❻《使えるような状態に》**整える, 用意する**
- **make** a meal 食事を作る
- **make** tea [coffee] お茶[コーヒー]をいれる
- ❼《動作を表す名詞を目的語として》**～する**
- **make** a visit [a trip] 訪問[旅行]する
- **make** a mistake 誤りをする
- **make** a speech 演説をする
- **make** a guess 推測する, 当てる

make for ～ ～の方へ進む; ～の役に立つ

make A from B BからAを作る →ふつう材料 B が変化してもとの原料がすぐわからない場合. →**make A** (**out**) **of B**

- **make** butter **from** milk 牛乳でバターを作る
- Butter **is made from** milk. バターは牛乳で作られる. →受け身の文.

make A into B Aを(加工して)Bにする, AでBを作る

- We **make** wood **into** paper. 私たちは木を紙にする[木材で紙を作る].
- Wood **is made into** paper. 木材は紙に加工される. →受け身の文.

make it うまくいく, 成功する

- I **made it**! やった!

make out ①《書類などを》作成する ② 理解する, ～がわかる

- I can't **make** him **out**. 私には彼(の言うこと)がわからない.
- Look! You can just **make out** the castle through the mist. 見てごらん. 霧(きり)の中にかすかにその城が見えるでしょう.

make A (**out**) **of B** BでAを作る →材料が変化せず, 見た目にもとの材料がすぐわかる場合. →**make A from B**

- We **make** a desk **of** wood. 私たちは木で机を作る.
- A desk **is made of** wood. 机は木で作られる. →受け身の文.
- She **made** a crane **out of** paper. 彼女は

紙でツルを作った[折った].

make over 作り直す

make up ① 作り上げる

- **make up** a story 話をでっち上げる
- A watch **is made up** of a lot of parts. 時計はたくさんの部品からできている. →受け身の文.
- ② 化粧(けしょう)する, メーク(アップ)をする
- ③ 埋(う)め合わせをする; 仲直りする

make up for ～ (不足など)を埋め合わせる

- **make up for** lost time 失った時間を取り戻(もど)す

—— 图 (⑧ **makes** /méiks メイクス/) 型; ～製

- a car of Japanese **make** = a Japanese **make of** car 日本製の車

🔲会話 What **make of** car is that? —I'm not sure, but I think it's a Japanese **make**. あの車はどこ製ですか.—よくわかりませんが日本製だと思います.

maker A2 /méikər メイカ/ 图 製作者; 製造会社 (manufacturer)

makeup A2 /méikʌp メイカプ/ 图 ❶ 組立て, 構造; 性質 ❷ (俳優の)メーキャップ, 化粧(けしょう)

Malawi /məláːwi マラーウィ/ 固名 マラウイ →アフリカ南東部の国. 首都はリロングウェ.

Malay /məléi マレイ/ 固名 ❶ (マレー諸島に住む)マレー人 ❷ マレー語

—— 形 マレーの; マレー人[語]の

Malaysia /məléiʒə マレイジャ/ 固名

❶ マレーシア →東南アジアの立憲君主国. マレー半島南部とボルネオ島北部から成る. 首都はクアラルンプール (Kuala Lumpur). 公用語・国語はマレー語. ❷ マレー諸島

Malaysian /məléiʒən マレイジャン/ 形 マレーシア(人)の, マレー諸島の

—— 图 マレーシア人, マレー諸島の住民

Maldives /mɔ́ːldivz モールディーヴズ/ 固名 モルディブ →インド洋上, インドの南西方向にある約2,000の島々からなる共和国. 首都はマレ.

male A2 /méil メイル/ 图 形 男性の, 雄(おす)(の) 反対語 **female** (女性の, 雌(めす)の)

チャンクでおぼえよう make	
□ 友達をつくる	**make** friends
□ 間違える	**make** a mistake
□ 彼女にドレスを作る	**make** her a dress
□ 彼を幸せにする	**make** him happy
□ 彼を行かせる	**make** him go
□ 牛乳からできている	be **made** from milk

Mali /máːli マーリ/ 固名 マリ ➜アフリカ北西部の共和国. フランス語(公用語)のほかバンバラ語などを使用. 首都はバマコ.

mall A2 /mɔːl モール/ 名 (屋内または屋外につくられた)商店街 ➜**shopping mall** ともいう.

malt /mɔːlt モールト/ 名
❶ 麦芽(ばくが), 麦もやし ➜大麦を水に浸(ひた)し発芽させたもので, ビールやウイスキーなどをつくるのに用いる.
❷ 麦芽酒 ➜ビール, ウイスキーなど.

mama /máːmə マーマ|məmáː ママー/ 名 《小児(しょうに)語》ママ, お母ちゃん ➜**papa**

mamma /máːmə マーマ|məmáː ママー/ 名 =mama

mammal /mǽməl ママる/ 名 哺乳(ほにゅう)動物

mammoth /mǽməθ マモす/ 名 マンモス
—— 形 巨大(きょだい)な

mammy /mǽmi マミ/ 名 (複 **mammies** /mǽmiz マミズ/) =ma(m)ma

man 小 A1 /mǽn マン/ 名
(複 **men** /mén メン/)
❶ (大人の)男性, 男の人, 男; 大人(の男性)
• a tall **man** 背の高い男
• a young [an old] **man** 若い[年老いた]男性, 若者[老人]
• When you are a **man** like Daddy, what do you want to be, Bob? ボブ, お父さんみたいに大人になったら何になりたい?
関連語 Are **men** stronger than **women**? 男性は女性より強いだろうか.
❷ (神・獣(けもの)に対して)人間, 人類 ➜単数形で使い, ×the, ×a をつけない.
• the history of **man** 人間の歴史
❸ (個々の一般(いっぱん)の)人, 人間 (person) ➜性別に関係なく使う. この意味では people (人々) を使うほうがよい.
• Any **man** can do it. どんな人にもそれはできる.
• All **men** are created equal. すべての人は平等に造られている. ➜受け身の文.
❹ (男性の)部下, 家来; 兵士, 労働者

manage A2 /mǽnidʒ マネヂ/ 動
❶ (事業・店などを)経営する; (団体などを)管理監督(かんとく)する; (人・動物を)操(あやつ)る, うまくあしらう
• **manage** a hotel ホテルを経営する
• **manage** a football team フットボールチームの監督をする
❷ どうにかやっていく; (**manage to** *do* で)(やっかいなことを)何とかうまく〜する
• **manage to** be in time 何とか時間に間に合う

management /mǽnidʒmənt マネヂメント/ 名 経営; 取り扱(あつか)い(方)

manager A2 /mǽnidʒər マネヂャ/ 名 (〜を)管理する人; (会社の)経営者, (ホテルなどの)支配人, (野球などの)監督(かんとく)
• a store **manager** 店長

mandolin /mǽndəlin マンドリン/ 名 《楽器》マンドリン ➜セルロイド製の爪(つめ)ではじいて演奏する弦(げん)楽器.

mane /méin メイン/ 名 (馬・ライオンなどの)たてがみ

manga 小 /máːŋɡə マンガ/ 名 漫画(まんが), コミック ➜日本語からの外来語として定着している. 類似語 英米などのものは **cartoon**, **comics** ということが多い.

manger /méindʒər メインヂャ/ 名 飼い葉おけ
a dog in the manger 飼い葉おけの中の犬 ➜犬が自分が飼い葉を食えないので牛にも食わせまいとして, 飼い葉おけの中で頑張(がんば)ったというイソップ物語から出た言葉. 「ひねくれた意地悪者」の意味で使われる.

mango /mǽŋɡou マンゴウ/ 名 (複 **mango(e)s** /mǽŋɡouz マンゴウズ/) マンゴー ➜その木または実.

mangrove /mǽŋɡrouv マングロウヴ/ 名 《植物》マングローブ ➜熱帯・亜熱帯(あねったい)地方の大河河口付近や海岸の浅瀬(あさせ)に生える常緑樹またはその森林.

Manhattan /mænhǽtən マンハタン/ 固名 マンハッタン島 ➜米国ハドソン河口にある島でニューヨーク市5区の1つ. ニューヨーク市で最もにぎわっている地区. ➜**New York City**

manhole /mǽnhoul マンホウる/ 名 (下水道などの)マンホール

manhood /mǽnhud マンフド/ 名

mania

❶ 大人の男であること，成年
❷ 男らしさ；勇気 (courage)

mania /méiniə メイニア/ 名 （趣味などへの）熱狂；〜熱

Manila /mənílə マニら/ 固名 マニラ →フィリピンの首都．ルソン島にある．

mankind /mænkáind マンカインド/ 名 人類 →今はふつう humankind, humanity などを使う．

manly /mǽnli マンリ/ 形 (比較級 **manlier** /mǽnliər マンリア/; 最上級 **manliest** /mǽnliist マンリエスト/) 男らしい，勇ましい

manner A2 /mǽnər マナ/ 名
❶ やり方，ふう (way)；態度，動作，物ごし
・speak **in** a strange **manner** 変な風に話す，変なしゃべり方をする
・I don't like his **manner** of speaking. 私は彼の物の言い方が嫌いだ．
❷ (**manners** で)（個人の）**作法**，**行儀**，エチケット；（集団の）**風習**
・table **manners** 食事の作法，テーブルマナー
・He has good [no] **manners**. 彼は礼儀をわきまえている[いない]．
・It's bad **manners** to blow on your soup. スープを吹いて冷ますのは無作法だ．

mansion /mǽnʃən マンション/ 名
❶ （部屋が数十もあるような）大邸宅 →日本でいう「賃貸マンション」は《米》 **apartment**, 《英》 **flat** という．

apartment, flat　　　　mansion

❷ 《英》(〜 **Mansions** でアパート名の後につけて)〜マンション

manta /mǽntə マンタ/ 名 (魚) マンタ，オニイトマキエイ →エイ類の中で最も大きく幅7メートルにも及ぶ．**manta ray** ともいう．

mantelpiece /mǽntlpi:s マントるピース/ 名
❶ 炉棚；暖炉上部の棚．上に時計・花瓶・トロフィーなどを飾る．
❷ 暖炉の前飾り →クリスマスイブには子供たちが靴下をぶら下げたりする．

manual /mǽnjuəl マニュアる/ 形 手の，手でする，手動(式)の
—— 名 手引き，入門書，案内書

manufacture /mænjufǽktʃər マニュふァクチャ/ 名 （機械による大規模な）製造；製品
—— 動 （大工場などで）製造する

manufacturer /mænjufǽktʃərər マニュふァクチャラ/ 名 （大規模な）製造業者，メーカー

many 小 A1 /méni メニ/ 形

比較級 **more** /mɔ́:r モー/
最上級 **most** /móust モウスト/

多数の，多くの，たくさんの

類似語 数えられないものの量が「たくさんの」は **much**.

基本 **many** books たくさんの本 → many+数えられる名詞の複数形．
・**many** people 大勢の人々
・**many** times 何度も
・**many** years ago 何年も前に，昔
・He has **many, many** sheep. 彼はとてもたくさんの羊を飼っている．
関連語 There are **many** glasses, but not **much** wine. グラスはたくさんあるけどワインはあまりない．

・Are there **many** bookstores in your town? あなたの町にはたくさんの書店がありますか．

文法 ちょっとくわしく
特に話し言葉では **many** はふつう疑問文・否定文で使われる．肯定文で使うと形式張った感じになるので，many の代わりに **a lot of**, **lots of**, **plenty of**, **a great many** などを使うことが多い．

・Not **many** people went to the game because it was raining. 雨が降っていたのであまりたくさんの人はその試合に行かなかった．
・He doesn't have **many** books. 彼は本をたくさんは持っていない．
・She has as **many** books as I have [《話》

as me]. 彼女は私と同じ数の本を持っている. →
as ～ as A は「A と同じくらい～」.
- He has three times as **many** books as I have [《話》as me]. (彼は私と同じ数の本の3倍持っている ⇨)彼は私の3倍の(数の)本を持っている.
- Ann has **more** apples than Bob. アンはボブよりたくさんのリンゴを持っている.
- Ken has **the most** apples of all. ケンはみんなの中で一番多くのリンゴを持っている.

―― 代 多数, 多く, たくさん(の人[もの])
- **many of** them 彼らの(うちの)多くの者; たくさんの彼ら → この場合の of は同格を示す. → **of** 前 ❻
- **Many of** the apples are bad. それらのリンゴの多くが腐(くさ)っている.

> 文法 ちょっとくわしく
> **many of** の次には限定された複数名詞が続く. 従って the, these, my などがつく.
> ○ many of **the** apples
> × many of *apples*
> 人称(にんしょう)代名詞 (us, you, them) はそれ自体が限定された人[物]を示しているからそのままでよい.
> ○ many of **them** [**us, you**]

- There are not **many** who know the fact. その事実を知っている人は多くない.

a good [*great*] *many* (～) かなり[とても]たくさん(の～) →×*very many* ～ とはあまりいわない.

- **A great many** (of the) cattle in the village died because of the flood. その洪水(こうずい)で村のかなり多くの牛が死んだ.

how many (～) どれほど多く(の～), いくつ(の～)
- **How many** comic books do you have? 君は漫画(まんが)本を何冊持っていますか.

Maori /máuri マウリ/ 名 (複 **Maoris** /máuriz マウリズ/) ❶ マオリ人 → ニュージーランドの先住民. ❷ マオリ語

map 小 A1 /mǽp マプ/ 名
(1枚の) 地図
類似語 多くの地図を集めた「地図帳」は **atlas**.
- a **map** of Japan 日本地図
- a road **map** 道路地図
- a weather **map** (=a weather chart) 天気図
- **draw** a map 地図を描(えが)く
- The road is not **on** the map. その道路は地図に出ていない.

maple /méipl メイプる/ 名《植物》カエデ, モミジ → カエデの葉 (**maple leaf**) はカナダの象徴(しょうちょう)で国旗に採用されている. メープルシロップ (**maple syrup**) はカエデの一種からとれるシロップ.

Mar. 略 =**Mar**ch (3月)
Marathi /mərɑ́:ti マラーティ/ 名 マラーティー語
marathon 小 /mǽrəθən マラソン/ 名 マラソン競走 → 42.195km を走る.
marble /mɑ́:rbl マーブる/ 名 ❶ 大理石 ❷ マーブル玉; (**marbles** で)マーブル遊び → ビー玉のような球とそれを使った遊び.

March 小 A1 /mɑ́:rtʃ マーチ/ 名
3月 → **Mar.** と略す. 詳(くわ)しい使い方は → **June**
- **in March** 3月に[は]
- **on March** 3 (読み方: (the) third) 3月3日に
- next **March** この3月[来年の3月](に)

> 語源 (March)
> ローマ神話の戦(いくさ)の神「Mars (マルス) の月」から.

march /mɑ́:rtʃ マーチ/ 名 ❶ 行進, 行軍 ❷ 行進曲, マーチ
―― 動 行進する; 行進させる, 追い立てる
Marco Polo /mɑ́:rkou póulou マーコウ ポウろウ/ 固名 マルコ・ポーロ → イタリアの旅行家 (1254-1324). 『東方見聞録』を通じてアジアをヨーロッパに紹介(しょうかい)した.
mare /méər メア/ 名 雌(めす)馬; 雌ロバ
margarine /mɑ́:rdʒərin マーチャリン | mɑ:dʒərí:n マーチャリーン/ 名 マーガリン → 植物性油を原料としてバター風につくった食品.

margin /mɑ́:rdʒin マーヂン/ 名
❶ 縁(ふち), へり
❷ (本などの)欄外(らんがい), 余白
❸ (時間などの)余裕(よゆう); (売買で得る)利益金, 利ざや

marine /mərí:n マリーン/ 形 ❶ 海の
❷ 船舶(せんぱく)の; 海運の
── 名 海兵隊員

Maríne Dày 名 (日本の)海の日 →7月の第3月曜日.

mariner /mǽrinər マリナ/ 名 水夫 (sailor)

marionette /mæriənét マリオネト/ 名 操(あやつ)り人形, マリオネット →**puppet**

mark A2 /mɑ́:rk マーク/ 名
❶ 印; 跡(あと); 符号(ふごう), 記号, マーク
• put a **mark** on ～ ～に印をつける
• as a **mark** of friendship 友情の印に
• a question **mark** 疑問符(ふ)(?)
• **Make** a **mark** next to the names of those present. 出席者の名前の横に印をつけてください. →those present =出席している人々.
• On your **mark**(**s**), get set, go! 位置について, 用意, どん! →《英》では "Ready, steady, go!" ともいう.

On your mark, set, go!

❷ 目印, 目標, 的
• **hit** the **mark** 的に当てる; 目標を達成する
❸ (テスト・成績評価の)点数 →単数も複数もしばしば同じ意味で使う.
• high [low] **marks** = a high [low] **mark** 高い[低い]点数 →mark(s) の前にはふつう数字はつかない. たとえば「90点」は ×90 mark(s) といわないで 90 points あるいは 90% /パセント/ という.
• full **marks** 《英》満点
• get good **marks** [a good **mark**] in an exam テストでいい点を取る
会話 What **mark** did you get for your essay?—I got an A [90%]. 作文は何点だった?—Aだった[90点だった].

── 動 ❶ ～に印をつける
• **Mark** your bags **with** your initials. かばんに自分の名前の頭文字(かしらもじ)を書いておきなさい.
• The leopard is **marked with** spots. ヒョウには斑点(はんてん)がついている. →**is** 助動 ❷
❷ 示す, 表す; 特色づける, 記念する
• This line **marks** your height. (この線は君の身長を示す⇨)この線のところが君の背の高さだ.
❸ 点数をつける, 採点する
• The teacher is **marking** our papers. 先生は私たちの答案の採点をしている. →**is** 助動 ❶

marker /mɑ́:rkər マーカ/ 名 印をつける人[もの]; 目印; マーカー(ペン)

market 中 A2 /mɑ́:rkit マーケト/ 名
❶ 市(いち); 市場(いちば), マーケット →**fair**²
• go to (the) **market** 市場へ行く
• **Markets** are held every Friday. 毎週金曜日に市が立つ.
❷ 市場(しじょう), 販路(はんろ), 需要(じゅよう)
• put a new product **on** the **market** 新製品を市場に出す
• China is a good **market for** Japanese cars. 中国は日本車にとってよい市場です.

Mark Twain /mɑ́:rk twéin マーク トウェイン/ 固名 マーク・トウェイン →米国の小説家 (1835-1910). 本名 Samuel Clemens. 『トム・ソーヤーの冒険(ぼうけん)』『ハックルベリー・フィンの冒険』などで有名.

marmalade /mɑ́:rməleid マーマれイド/ 名 マーマレード →オレンジなどで作ったジャム.

marriage /mǽridʒ マリヂ/ 名 ❶ 結婚(けっこん); 結婚生活 関連語 「結婚させる[する]」は **marry**.
❷ 結婚式 (wedding)

married A2 /mǽrid マリド/ 形 結婚(けっこん)した →**marry**
• **married** life 結婚生活
• a **married** couple 夫婦(ふうふ)

marry 中 A2 /mǽri マリ/ 動 (三単現 **marries** /mǽriz マリズ/; 過去・過分 **married** /mǽrid マリド/; -ing形 **marrying** /mǽriiŋ マリイング/)
❶ ～と結婚(けっこん)する; 結婚する (get married) 関連語 「結婚」は **marriage**.
• Jean will **marry** John in June. ジーンは6月にジョンと結婚します.

・They say Mary **marries** for money. メアリーは金目当てに結婚するといううわさだ.
・My aunt **married** late in life. 私のおばは遅(おそ)く結婚した[晩婚(ばんこん)だ].

関連語《結婚》
bride (新婦), **bridegroom** (新郎(しんろう)), **honeymoon** (新婚旅行), **wedding reception** (結婚披露宴(ひろうえん)), **divorce** (離婚(りこん))

❷ (牧師が結婚式を行って, または親が子を)結婚させる
・He **married** his only daughter **to** a jockey. 彼は一人娘(むすめ)を騎手(きしゅ)に嫁(とつ)がせた.

be married 結婚する, 結婚している
・She **was married to** a doctor, but is now divorced. 彼女は医者と結婚していたが, 今は離婚(りこん)している.
・**Is** she **married** or single? 彼女は結婚しているのですか, それとも独身ですか.

get married 結婚する
・John and Jean **got married** last month. ジョンとジーンは先月結婚した.
・He **got married to** his old friend. 彼は古くからの友人と結婚した.

Mars /máːrz マーズ/ 固名 ❶ マルス ━ローマ神話で戦(いくさ)の神. →**March** ❷《天文》火星

marsh /máːrʃ マーシュ/ 名 湿地(しっち), 沼地(ぬまち)

marshmallow /máːʃmælou マーシュマロウ/ 名 マシュマロ →丸くふわふわした菓子(かし).

martial arts /máːrʃəl áːrts マーシャる アーツ/ 名 (柔道(じゅうどう)・空手などの)武術, 格闘技 →東洋発祥(はっしょう)のものをいう.

Martin Luther King, Jr. /máːtn lúːθər kíŋ dʒúːniər マートン るーさ キング チューニア/ =**King**

marvellous /máːrvələs マーヴェらス/ 形 《英》=marvelous

marvelous A2 /máːrvələs マーヴェらス/ 形 驚(おどろ)くべき, 不思議な;《話》すばらしい

Mary /méəri メ(ア)リ/ 固名 (**Saint Mary** とも) 聖母マリア (the Virgin Mary) →キリスト (Christ) の母.

Maryland /mérələnd メリらンド/ 固名 メリーランド →アメリカ東部の州. **Md.**, (郵便で) **MD** と略す.

mascot /mǽskət マスコット/ 名 お守り, マスコット, 幸運を呼ぶ物[人・動物]

mash /mǽʃ マシュ/ 動 (イモなどを)すりつぶす
・**mashed** potatoes つぶしたジャガイモ, マッシュポテト

mask /mǽsk マスク/ 名 仮面, お面, マスク; 覆面(ふくめん)
・**put on [wear] a Halloween mask** ハロウィーンのお面をかぶる[かぶっている] →**Halloween**
・a catcher's **mask** (野球の)キャッチャーマスク

mason /méisn メイスン/ 名 石工, れんが職人
Mass, mass[1] /mǽs マス/ 名 ミサ; ミサ曲 →カトリック教会の聖さん式. その時歌われる賛美歌.

mass[2] /mǽs マス/ 名
❶ (一定の形を持っていない)かたまり
❷ 多数, 多量;《形容詞的に》多数の, 多量の

Massachusetts /mǽsətʃúːsits マサチューセッツ/ 固名 マサチューセッツ →米国北東部大西洋岸の州. 州都ボストンには多くの史跡(せき)とハーバード大学などの有名大学がある. **Mass.**, (郵便で) **MA** と略す.

máss communicátion 名 大衆伝達 →新聞・テレビ・ラジオ・雑誌・映画などにより大勢の人たちに情報を伝達すること. 日本語の「マスコミ」は大衆伝達の手段である mass media の意味.

máss média 名 (**the** をつけて) マスメディア, マスコミ →新聞・テレビ・ラジオ・雑誌・映画など大衆伝達の手段, 媒体(ばいたい).

máss prodúction 名 大量生産, マスプロ
mast /mǽst マスト/ 名 マスト, 帆柱(ほばしら)
master /mǽstər マスタ/ 名
❶ (〜を支配する)主人, 長; (動物の)飼い主
❷ (〜の)名人, 達人, 大家, 巨匠(きょしょう)
❸ 《英》(小・中学校の男性の)先生 (schoolmaster) →**headmaster**
━ 動 (学問・技術などを完全に)修得する, マスターする; 征服(せいふく)する, おさえる
・**master** a foreign language 外国語をマス

ターする

masterpiece /mǽstərpiːs マスタピース/ 名
傑作(けっさく), 名作

mat /mǽt マト/ 名 敷(し)き物, マット; ドアマット(doormat), バスマット(bath mat); (体操用の)マット
- a table **mat** テーブルマット ➔ 上にお皿やナイフ・フォークなどを置く.
- Wipe your shoes on the **mat**. マットで靴(くつ)をふきなさい.

match¹ 中 A1 /mǽtʃ マチ/ 名

❶ 試合 (game)
- a tennis **match** テニス試合
- a football **match** (英)サッカーの試合 ➔ (米)では a soccer game という. →**game**
- **have** a **match with** 〜 〜と試合をする

❷ 競争相手, 好敵手
- He is more than a **match** for me. (彼は私にはいい相手以上だ ⇨)私は彼にはかなわない.
- Jack is a good swimmer, but he is no **match** for Bob. ジャックは水泳が上手だが, ボブにはかなわない.

❸ 似合いのもの[人]
- John and Jean are a perfect **match**. ジョンとジーンは似合いのカップルだ.

── 動 ❶ 調和する, 似合う, マッチする
- Her blouse does not **match** her skirt. 彼女のブラウスはスカートと合っていない.

❷ 対等である, 匹敵(ひってき)する
- No one can **match** him in chess. チェスで彼にかなう者はいない.

match² /mǽtʃ マチ/ 名 マッチ (1本)
- light [strike] a **match** マッチをする, マッチをつける

matchbox /mǽtʃbɑks マチバクス/ 名 マッチ箱

mate /méit メイト/ 名 仲間, 友達 →**classmate, schoolmate**

material 中 A2 /mətí(ə)riəl マティ(ア)リアル/ 名

❶ 材料, 原料
- building **materials** 建築材料

❷ (服などの)生地(きじ)
- a dress made of fine **material** 立派な生地で作った服 ➔ ×a material, ×materials としない.

❸ 資料

- collect (the) **material for** a novel 小説を書くための資料を集める ➔ ×a material, ×materials としない.

❹ (**materials** で) 〜用具
- writing **materials** 筆記用具

── 形 物質の, 物質的な
- **material** civilization 物質文明

math 小 A1 /mǽθ マす/ 名

《米話》数学 ➔ **math**ematics を短くした形. 《英話》では **maths**.

mathematician /mæθəmətíʃən マせマティシャン/ 名 数学者

mathematics /mæθəmǽtiks マせマティクス/ 名 数学 ➔ ふつう単数扱(あつか)い.

maths A1 /mǽθs マすス/ 名 《英話》=math

matter 中 A1 /mǽtər マタ/ 名

❶ 物質, 物体
- solid [liquid] **matter** 固[液]体 ➔ ×a matter, ×matters としない.
- printed **matter** 印刷物

❷ (漠然(ばくぜん)と)事, 事柄(ことがら), 問題; (**matters** で)事情, 事態
- a personal **matter** 個人的な事[私事]
- make **matters** worse 事態をより悪くする
- I know nothing about the **matter**. その件については私は何も知らない.
- This is no laughing **matter**. これは冗談(じょうだん)事ではない.

❸ (**the matter** で) 困った事; 故障, 具合の悪い所 ➔ 意味と働きはほぼ形容詞の wrong (具合の悪い)に近い.

🔤基本 **What's the matter (with** you)? (君は)どうかしたのか.

What's the matter ?

- Is (there) anything **the matter with** him? 彼はどうかしたのか.
- Something [Nothing] is **the matter with** the motor. モーターにどこか故障がある[どこも悪い所はない].

(*as a*) *matter of fact* 実際は, 実を言うと
- **As a matter of fact**, I do know her. 実は私は彼女を(知らないどころか)知っています. → do は know を強める助動詞.

no matter what [*who, how, when, where, which*] 〜 たとえ何[誰, どう, いつ, どこ, どれ]でも
- **No matter what** you do, do it well. たとえ何をするにしても, 立派にやりなさい.

――動 《主に否定文・疑問文で》**重要である**, 大いに関係がある
- It doesn't **matter** if it rains. 雨が降っても構わない →It は漠然と「状況」を, it は「天候」を表す.
- What does it **matter**? それが何の関係があるのか[何でもないではないか].
- Just paint it. The color does not **matter**. それにちょっとペンキを塗ってくれ. 色は何でもいいから.

mattress /mǽtris マトレス/ 名 (ベッドの)マットレス; 敷きぶとん

mature /mətʃúər マチュア/ 形 熟した, 成熟した; (人間が)円熟した
――動 熟させる; 完成する, 成熟する

maximum /mǽksəməm マクスィマム/ 名 最高点, 最大限, 極限
反対語 **minimum** (最小量)
――形 最高の, 最大の, 極限の

May 小 A1 /méi メイ/ 名
5月 →詳しい使い方は →**June**
- **in May** 5月に
- **on May** 5 (読み方: (the) fifth) 5月5日に
- They moved to Osaka last **May**. 彼らはこの5月[去年の5月]大阪へ引っ越した.

語源 (May)
ローマ神話の豊穣の女神マイア(Maia)に由来するといわれる.

may 小 A1 /弱 mei メイ, 強 méi メイ/
助動 ❶〜してもよい　意味 map
❷〜かもしれない
――助動
過去 **might** /弱 mait マイト, 強 máit マイト/

❶〜してもよい →話し言葉では can のほうが好まれる. →**can**[1] ❷

基本 You **may** go. 君は行ってもよい. → may+動詞の原形.

会話
May I come in? —Sure. / No, I'm busy now.
入ってもいいですか.―どうぞ./いや, 私は今手が離せませんので.
→Yes, you may./No, you may not. はふつう目下の者に対して言い, 一般には威張った感じになるので, 上記のような表現, あるいは Yes, do./Come on in./I'm sorry, you can't. などを使う. また特に強く禁止する時は No, you mustn't (=must not). という.

- You **may** watch television after dinner. 君は夕食後にテレビを見てもよい.
- **May** I ask your name? お名前を伺ってもよろしいですか.

基本 **May** I help you? (あなたをお助けしていいですか ⇨) (店員が客に)何を差し上げましょうか; (役所などで係が)どんなご用ですか.

❷〜かもしれない, たぶん〜だろう →この意味での may は疑問文には使わない. 疑問文では can, be likely to などを使う.
- He **may** come. 彼は来るかもしれない.
- He **may** not come. 彼は来ないかもしれない. →not は may でなく come のほうを否定する.
- He **may** be a doctor. 彼は医者かもしれない.
- It **may** rain in the afternoon. 午後には雨が降るかもしれない.

❸ (後ろに **but** を伴って) 〜かもしれないが; (**whatever**, **however** などとともに使って) たとえ〜であっても →「譲歩」を示す.
- He **may** be honest, **but** he is not hardworking. 彼は正直かもしれないが勤勉ではない.
- **However** hard you (**may**) work, you cannot finish it in a day or two. 君がどんなに一生懸命働いても, それを1日や2日では仕上げられない.

❹ (**May** 〜! で) 《文》 願わくは〜ならんことを
- **May** God bless you! 願わくは神が君(たち)を祝福したまわんことを.
- **May** the Force be with you! (フォース

maybe 400 four hundred

が␣あなたとともにありますように ⇨) フォースとともにあれ. →映画『スター・ウォーズ』シリーズの有名なせりふ.

if I may ask (もし私がお尋(たず)ねしてよいならば ⇨)もし差し支(つか)えなければ, 失礼ですが
・How much did it cost **if I may ask**? 失礼ですが, それはいくらしましたか.

may [***might***] ***as well*** *do* (***as*** *do*) (〜するくらいなら)〜するほうがいいだろう
・I'm tired. I **may as well** go to bed. 疲(つか)れたので, 私は寝(ね)るほうがいいだろう[寝るとでもするか].

may well *do* 〜するのももっともだ
・You **may well** say so. 君がそう言うのももっともだ.

(so) that *A* ***may*** *do* Aが〜するように, Aが〜できるように →話し言葉では may の代わりに will, can が使われる.
・I work hard (**so**) **that** I **may** pass the examination. 私は試験に受かるように一生懸命勉強します.

maybe 小 A1 /méibi: メイビー/ 副
たぶん (perhaps) → **perhaps** 類似語
・**Maybe** I'll go to France next year. 私はたぶん来年フランスに行くだろう.
・会話 Will he come to the party? —**Maybe**. 彼はパーティーに来るでしょうか.—たぶんね.

May Dày 名 ❶ 五月祭

> 参考 昔英国では 5 月 1 日に村の広場に, 先端(せんたん)からいくつもの細長い布のテープを垂らした柱 (**maypole**) を建て, 村人はそのテープの端(はし)を持って柱の周りを踊(おど)ったり, 五月女王 (**May queen**) を選んだりして楽しんだ. 今は主に子供の遊びとして行われる.

❷ メーデー →5 月 1 日に労働者の団結を示すため行われる集会. → **Labor Day**

mayflower /méiflauər メイふらウア/ 名
❶ 5 月に咲(さ)く花 →米国ではふつうイワナシ, アネモネのこと. 英国ではサンザシ (hawthorn) を指す.

❷ (**the Mayflower** で) メイフラワー号 → 1620 年に英国から 102 人の清教徒たちを米国に運んだ船. → **Puritan, Pilgrim Fathers**

mayonnaise /meiənéiz メヨネイズ/ 名
マヨネーズ →×*a* をつけず, 複数形にしない.

mayor /méiər メイア|méə メア/ 名 市長; 町長; 村長

Maypole, maypole /méipoul メイポウる/ 名 メイポール → **May Day** (五月祭)で, 広場に建てる柱. 柱の先端(せんたん)からいくつもの細長い布のテープが垂れていて, 人々はそれを持って柱の周りを踊(おど)る.

maze /méiz メイズ/ 名 迷路(めいろ); 混乱

McKinley /məkínli マキンリ/ 固名 (**Mount** [**Mt.**] **McKinley** で) マッキンリー山 →アラスカ中央部にある山で, 北米大陸で一番高い (約 6,200 m).

MD 略 =Maryland
ME 略 =Maine

me 小 A1 /mi: ミー/ 代
私を[に]; 私 →I の目的格. → **I**[2]
関連語 **us** (私たちを[に])
基本 Help **me**. (私を)助けてくれ. →動詞+me.
基本 Look at **me**. 私を見なさい. →動詞+前置詞+me.
・I love her and she loves **me**. 私は彼女を愛しているし, 彼女も私を愛している.
・He gave **me** this book [this book to **me**]. 彼は私にこの本をくれた.
・Give it to **me**. 僕(ぼく)にそれをください. → ×Give *me it*. とはいわない.
・Can you hear **me**? あなたは私[私の言うこと]が聞こえますか.

POINT me を「私の言うこと」と訳すこともあるから注意.
・He is taller than **me**. 彼は私より背が高い. → **than** ❶

会話
Who is it?—It's **me**.
誰(だれ)ですか.—私です.

→この me の代わりに I を使うのは文語的で形式張った言い方.
I'm sleepy.—**Me** too.
僕は眠(ねむ)い.—私も.

meadow /médou メドウ/ 名 牧草地, 草地; 牧場

meal 中 A1 /mí:l ミーる/ 名
食事 →**breakfast** 関連語
- a light **meal** 軽い食事
- a big **meal** たくさんのごちそう
- **fix** [**prepare**] a **meal** 食事の準備をする
- **have** [**eat**, **take**] a **meal** 食事をする
- at **meals** 食事の時に
- eat between **meals** 間食をする

mean¹ 中 A1 /mí:n ミーン/ 動

三単現	**means** /mí:nz ミーンズ/
過去・過分	**meant** /mént メント/
-ing形	**meaning** /mí:niŋ ミーニング/

❶ 意味する, ~の意味である

POINT mean は動作ではなく「意味する」という状態を表す語なので, ふつう進行形 (be meaning) にはしない.
-ing 形 (現在分詞・動名詞) と同じ形で「意味」という名詞 (→**meaning**) になるから注意.

基本 I **mean** Mr. Sato. 私は佐藤先生(を意味する ⇨)のことを言っているのです. →mean＋名詞.

- I don't **mean** you. 私は君のことを言っているのではない.
- 会話 Which dictionary do you **mean**? —I **mean** that dictionary with the white cover. どの辞書のことを言っているのですか.—あの白い表紙の辞書のことです.

会話
What does "hana" **mean**? —It **means** "flower" or "nose".
「ハナ」というのはどういう意味ですか.—それは flower (花) あるいは nose (鼻) の意味です.

基本 **mean** A by B (BによってAを意味する ⇨) BはAの意味です.
- What do you **mean** by that? それはどういう意味ですか.
- By him I **mean** our teacher. 「彼」というのは我々の先生のことです.

基本 A red light **means** (that) you have to stop. 赤信号は止まらなければならないことを意味する. →mean＋(that) 文.
- His silence **meant** he didn't agree to the plan. 彼の沈黙(ちんもく)は彼がその案に賛成でないことを意味した.
- What **is meant** by this word? この言葉はどういう意味ですか. →受け身の文. →**is** 助動 ❷

❷ 意図する; 本気で言う; (**mean to** do で) ~するつもりである
- I **meant** no harm. 私は悪気はなかったのです.
- I **mean** what I say. ＝I say what I **mean**. ＝I **mean** it. (私は私の言うことを本気で言う ⇨) 冗談(じょうだん)でなく本気で言っているのです. →what は関係代名詞で「~するもの[事]」.
- He **meant** to go, but he changed his mind. 彼は行くつもりだったが気が変わった.

I mean いやその, つまり →言葉を強めたり, 補ったりするために挿入(そうにゅう)する.

mean² A2 /mí:n ミーン/ 形 ひきょうな, 意地の悪い; けちな, いやしい
- Don't be so **mean**! そんな意地悪[いじめ]はやめろ!
- The boy was **mean** to his little sister. その男の子は妹に意地悪だった.
- Don't be **mean** with the tip. チップをけちるな.

mean³ /mí:n ミーン/ 形 中間の; 平均の
── 名 中間, 中庸(ちゅうよう); (数学の)平均(値) → means (方法)と混同しないこと.

meaning 中 A2 /mí:niŋ ミーニング/ 動
mean¹ の -ing 形 (現在分詞・動名詞)
── 名 意味
- What is the **meaning** of this word? (＝What does this word mean?) この語の意味は何ですか[この語は何という意味か].

meaningful /mí:niŋfəl ミーニングふる/ 形

意味のある; 意味深長な; 有意義な
• a **meaningful** discussion 有意義な議論

means /mí:nz ミーンズ/ 名 (**複 means**)
❶ 方法, 手段

⚡POINT この意味では単数としても複数としても扱(あつか)われる. mean (意味する)の3人称(しょう)単数現在形と混同しないこと.

❷ 資力, 財産, 富 (wealth) → この意味では複数扱い.

by all means ①(返事に使って)**もちろん, どうぞどうぞ**
🗨会話 Can I borrow your dictionary? —Yes, yes, **by all means**. 辞書をお借りしてもよいですか.—ええ, どうぞどうぞ.
② 必ず, きっと (without fail)

by means of ～ ～によって, ～で
by no means 決して～ない

meant 中 /mént メント/ 動 **mean¹** の過去形・過去分詞

meantime /mí:ntaim ミーンタイム/ 名 その間(の時間), 合い間

meanwhile /mí:n(h)wail ミーン(ホ)ワイる/ 副 その間に, そうするうちに (in the meantime)

measles /mí:zlz ミーズるズ/ 名 《医学》はしか → ふつう単数扱い.

measure /méʒər メジャ/ 名
❶ 寸法, 大きさ, 量 → 長さ・面積・体積・重さに使う.
❷ 計量器具 → ものさし・はかり・計量カップなど.
❸ (ふつう **measures** で) 対策, 手段, 処置
—— 動 (長さ・量などを)測る; 寸法[大きさ]が～ある

measurement /méʒərmənt メジャメント/ 名 ❶ (長さ・量などの)測定 ❷ (ふつう **measurements** で) 寸法, 大きさ, 量

meat 小 A1 /mí:t ミート/ 名

食用肉; (動物・果物などの)肉 → ふつう fish (魚肉), poultry (とり肉)を含(ふく)まない.
• some **meat** いくらかの肉 →×meats としない.
• a lot [a piece] of **meat** たくさん[ひと切れ]の肉 → 「ひと切れの肉」を ×a meat としない.
• coconut **meat** ココヤシの実の果肉
関連語 **beef** (牛肉), **pork** (豚肉), **mutton** (羊の肉), **lamb** (子羊の肉)

meatball /mí:tbɔ:l ミートボーる/ 名 (ひき肉を丸めた)肉団子, ミートボール

meatloaf /mí:tlouf ミートろウふ/ 名 (**複 meatloaves** /mí:tlouvz ミートろウヴズ/) ミートローフ → **meat loaf** と2語にもつづる.

Mecca /méka メカ/ 名 固名 **メッカ** → サウジアラビアの都市でムハンマド (Muhammad) の生誕地. イスラム教の大本山があって巡礼(じゅんれい)者が訪れる. (**mecca** で) 「多くの人の訪れる所」, 「憧(あこが)れの土地」の意味でも使う.

mechanic /mikǽnik メキャニク/ 名 機械工, 機械修理工

mechanical /mikǽnikəl メキャニカる/ 形 機械の, 機械で動く; 機械的な

mechànical péncil 名 《米》シャープペンシル (《英》propelling pencil) → 「シャープペンシル」は和製英語.

mechanism /mékənizm メカニズム/ 名 機械装置; 構造, 仕組み, メカニズム

medal A2 /médl メドる/ 名 **メダル, 記章, 勲章**(くんしょう)
• get [win] a gold **medal** 金メダルを獲得(かくとく)する

medalist /médəlist メダリスト/ 名 メダルを獲得した人, メダリスト
• a gold **medalist** ゴールドメダリスト

meddle /médl メドる/ 動
❶ (ふつう **meddle with ～** で) ～をいじる
❷ (**meddle in ～** で) ～におせっかいをする, 干渉(かんしょう)する

media /mí:diə ミーディア/ 名 **medium** の複数形

medical 中 A2 /médikəl メディカる/ 形 医学の, 医療(いりょう)の, 医薬の
• a **medical** school 医科大学; 医学部
• a **medical** checkup 健康診断(しんだん)
• **medical** care 医療

medicine 中 A1 /médəsn メディスン/ 名

❶ 薬, 医薬 → 内科で用いる「内服薬」をいう. → **pill**
• take **medicine** 薬を飲む
• Sleep is the best **medicine for** a cold. 睡眠(すいみん)は何よりの風邪(かぜ)薬だ.
❷ 医学
• study **medicine** 医学を勉強する

Mediterranean /meditəréiniən メディテレイニアン/ 形 地中海の

— 固名 (**the Mediterranean** で) = the Mediterranean Sea

Méditerranean Séa 固名 (**the** をつけて) 地中海 →アクセントの位置に注意. →**Chinese** 形

medium /míːdiəm ミーディアム/ 名
(複 **mediums** /míːdiəmz ミーディアムズ/, **media** /míːdiə ミーディア/)

❶ 媒体(ばいたい), 媒介(ばいかい)(物); 手段, 方法 (means)

・Air is a **medium** for sound. 空気は音の媒体である(音を伝える).

❷ (**the media** で) マスメディア, マスコミ媒体 →ラジオ・テレビ・新聞など.

・Radio, television and newspapers are **the** (mass) **media**. ラジオ, テレビ, 新聞はマスコミ媒体[マスメディア]である.

— 形 中ぐらいの, 並みの, ふつうの

・a **medium**-sized shirt Mサイズのシャツ →英語では ×**M-sized** としない.

会話 How would you like your steak?
—**Medium**, please. ステーキはどのように焼きましょうか.—ミディアム[中くらいの焼き加減]でお願いします.

medley /médli メドリ/ 名 寄せ集め;《音楽》混成曲, メドレー

meek /míːk ミーク/ 形 おとなしい, 柔和(にゅうわ)な

meet 小 A1 /míːt ミート/ 動

三単現	**meets** /míːts ミーツ/
過去・過分	**met** /mét メト/
-ing形	**meeting** /míːtiŋ ミーティング/

❶ 会う, 出会う; (人と)知り合う; 会合する, 集まる

基本 **meet her** 彼女に会う →meet＋名詞.

・I am glad [happy] to **meet** you. =(It's) Nice to **meet** you. 私はあなたにお会いしてうれしい. →初対面の挨拶(あいさつ). 不定詞 to meet は「会えて」(→**to** ❾ の ④).

・Let's **meet** at the station at 3 o'clock. 駅で3時に会いましょう.

・The two rivers **meet** here. その2つの川はここで出合う[合流する].

・The committee **meets** every week after school. 委員会は毎週放課後会合する[開かれる].

・I **met** him at the station yesterday. 私は昨日駅で彼に会った.

・Our eyes **met**. 私たち2人の目が合った.

関連語 I **have** often **seen** her at parties but I **haven't met** her yet. 私はパーティーで彼女をよく見かけるが, まだ知り合ってはいない. →現在完了の文. →**have** 助動 ❷

・I'm **meeting** him tonight. 私は彼に今晩会う予定です. →「近い未来」を表す現在進行形の文. →**am** 助動 ❶

❷ 出迎(でむか)える 反対語 **see off** (見送る)

・I am going to **meet** Mr. Green at the airport. 私は空港でグリーン氏を出迎えるつもりです. →be going to *do* は「～するつもりである」.

・We **were met** by Mr. Smith at the airport. 私たちは空港でスミス氏の出迎えを受けた. →受け身の文. →**were** 助動 ❷

❸ (要求・希望などに)応じる, 応える, 満たす

・I'm sorry we cannot **meet** your demands. 残念ながら私たちはあなたの要求に応えることができません.

***meet with** ~ (困難など)に出会う, に出くわす;《米》(約束して人)と会う*

***Nice to meet you.** あなたにお会いできてうれしいです; はじめまして →初対面の挨拶. →meet 動 ❶*

— 名 (複 **meets** /míːts ミーツ/) (競技などの)大会

・an athletic **meet** 運動会, 競技会

meeting A1 /míːtiŋ ミーティング/ 名 meet の -ing 形 (現在分詞・動名詞)

— 名 集まり, 集会, 会

・**hold** [**have**] a **meeting** 会を開く
・a farewell **meeting** 送別会

melancholy /méləŋkɑli メランカリ/ 名 憂鬱(ゆううつ)(症(しょう)), ふさぎ込(こ)み

— 形 憂鬱な, 陰気(いんき)な, (物)悲しい

Melbourne /mélbərn メルバン/ 固名 メルボルン →オーストラリア南東部の港市.

melody /mélədi メロディ/ 名 (複 **melodies** /mélədiz メロディズ/)《音楽》旋律(せんりつ), メロディー; 美しい調べ

melon 小 A2 /mélən メロン/ 名《果物》メロン

melt /mélt メルト/ 動 溶(と)ける, (心が)和(やわ)らぐ; 溶かす, (心を)和らげる

・**melt** away 溶けてなくなる, 消え去る
・The candy **melted** in my mouth. キャンディーは私の口の中で溶けた.

member 404 four hundred and four

- Her tears **melted** my anger. 彼女の涙が私の怒りを和らげた.
- The snow is **melting**. 雪が溶け始めた.
- America was once called a **melting pot** of peoples and cultures. アメリカはかつて人種と文化のるつぼと呼ばれた.

参考 アメリカはかつて, いろいろな国からの移民が(持ち込(こ)む文化が)互(たが)いに溶け合って1つの社会をつくり出していたので「人種(と文化)のるつぼ」と呼ばれたが, 近年は移民がそれぞれ独自の文化を保ちながら1つの社会をつくるようになったので「かき混ぜられたサラダ(**tossed salad**)社会」とか「モザイク(**mosaic**)社会」とかいわれるようになった.

member 小 A2 /mémbər メンバ/ 名
(団体・クラブなどの)**一員, 会員, メンバー**
- a **member** of a family = a family member 家族の1人
- the **member** nations of the United Nations 国連加盟国
- a **Member** of Parliament (英国の)国会議員

membership /mémbərʃip メンバシプ/ 名
❶ グループのメンバーであること; 会員資格
❷ (集合的に) 全会員(数)

memo /mémou メモウ/ 名 (複 **memos** /mémouz メモウズ/) (話) メモ

mémo pàd 名 (はぎ取り式の)メモ用紙

memorial /mimɔ́ːriəl メモーリアる/ 名
記念碑(ひ), 記念堂; 記念日, 記念式典
—— 形 記念の

Memórial Dày 名 《米》戦没者追悼(ついとう)記念日 → 多くの州で5月の最後の月曜日. この日は法定休日で, 南北戦争(Civil War)以来の戦死者を追悼する行事が行われる.

memorize /méməraiz メモライズ/ 動 記憶(きおく)する, 暗記する (learn by heart)

memory 小 A1 /méməri メモリ/ 名
(複 **memories** /méməriz メモリズ/)
❶ 記憶(きおく), 記憶力; 思い出
- have a good [poor, bad] **memory** 記憶力がいい[悪い]
- tell a story **from memory** 記憶を頼(たよ)りにいきさつを話す

- happy **memories** of *one's* childhood 子供の頃(ころ)の楽しい思い出(の数々)
- He has a good **memory for** telephone numbers. 彼は電話番号をよく覚えている.
❷ (コンピューターの)メモリー, 記憶装置

in memory of ~ ~の記念に, ~をしのんで
- We planted a tree **in memory of** our dead friend. 私たちは亡(な)き友をしのんで木を植えた.

men 中 /mén メン/ 名 **man** の複数形

mend /ménd メンド/ 動 (簡単な物を)**直す, 修繕(しゅうぜん)する** (fix); (行いなどを)**改める** → **repair**
- **mend** a broken chair 壊(こわ)れた椅子(いす)を修繕する
ことわざ It is never too late to **mend**. 改めるのに遅(おそ)すぎることはない.
- I had my watch **mended**. 私は時計を直してもらった. → have A+過去分詞は「Aを~してもらう」.

mén's ròom 名 《米》(ホテル・ビルなどの)男性用トイレ (《英語》Gents)

mental /méntl メントる/ 形 → 名詞の前にだけつける. ❶ 精神の, 心の; 知能の ❷ 精神病の

mention A2 /ménʃən メンション/ 動 ~のことを言う, ~のことをちょっと話に出す, (名前などを)挙げる, 列挙する
- Don't **mention** it to anyone else. ほかの人にはそれを言わないでくれ.
- She **mentioned** the accident, but she didn't go into detail. 彼女は事故のことに触(ふ)れたが, 詳(くわ)しくは話さなかった.
- His name was **mentioned** in the article. 彼の名前が記事の中に出ていた.

Don't mention it. どういたしまして; そんなことは(気にしなくても)いいですよ → You are welcome. That's OK. Not at all. などもいう.

menu 小 A2 /ménju: メニュー/ 名
メニュー, 献立(こんだて)表; (メニューにある)料理
- order lunch **from** the **menu** メニューから[を見て]昼食を注文する
- What's **on** the **menu** today? きょうのメニューは何ですか.

meow /miáu ミアウ/ 名 ニャー → ネコの鳴き声. **miaow** ともつづる. → **bowwow**
—— 動 (ネコが)ニャーと鳴く

merchant /mə́ːrtʃənt マ~チャント/ 名 商人,

four hundred and five　405　**Mexico**

商店主 → 《英》ではふつう貿易商, 卸(おろし)商を意味する.

• *The* **Merchant** *of Venice* 『ベニスの商人』 → シェークスピア作の喜劇.

• a **merchant** ship 商船

Mercury /mə́:rkjuri マ〜キュリ/ 固名
❶ メルクリウス, マーキュリー → ローマ神話で商業・交通などの神. ギリシャ神話の Hermes (ヘルメス)にあたる. ❷ 《天文》水星

mercury /mə́:rkjuri マ〜キュリ/ 名 水銀

mercy /mə́:rsi マ〜スィ/ 名 (複 **mercies** /mə́:rsiz マ〜スィズ/) 情け, 慈悲(じひ), 寛大(かんだい)さ; ありがたいこと, 幸い

at the mercy of ～ ～のなすがままになって

mércy kìlling 名 安楽死

mere /míər ミア/ 形 単なる, 全くの, ただの → 名詞の前にだけつける.

merely /míərli ミアリ/ 副 ただ単に (only)

merit /mérit メリト/ 名 優(すぐ)れた点, 真価; 長所 類似語 「利点」という意味での「メリット」はふつう **advantage**.
── 動 値(あたい)する, 受ける価値がある

mermaid /mə́:rmeid マ〜メイド/ 名 (女性の)人魚 → 童話に出てくる腰(こし)から下は魚の形をした美女. 美貌(びぼう)と美しい歌声で人間の男を引き寄せ, 水中に連れ去るといわれる.

merrily /mérili メリリ/ 副 楽しく, 愉快(ゆかい)に

merry A1 /méri メリ/ 形 (比較級 **merrier** /mériər メリア/; 最上級 **merriest** /mériist メリエスト/) 楽しい, 愉快(ゆかい)な, 陽気な

• a **merry** song 陽気な歌

会話 I wish you a **merry** Christmas! = **Merry** Christmas!—(The) Same to you! クリスマスおめでとう.—おめでとう. → **Happy Holidays!** (**happy** 用例)

make merry 陽気に遊ぶ, (食べたり飲んだりして)浮(う)かれ騒(さわ)ぐ

merry-go-round /méri gou ràund メリゴウ ラウンド/ 名 回転木馬, メリーゴーラウンド

mess /més メス/ 名 取り散らかった状態, 混乱(状態)

• be **in** a **mess** 散らかっている, 混乱している

message 中 A1 /mésidʒ メセヂ/ 名 (他人に)伝えたいこと, メッセージ; 伝言

• There's a **message** for you from your office. 会社からメッセージが届いていますよ.

• I left a **message** on his answering machine. 私は彼の留守電にメッセージを入れておいた.

• The movie's **message** was that crime doesn't pay. その映画の言わんとするところは犯罪は割に合わないということだった.

• May I leave a **message**? 伝言をお願いできますか.

• My mother is not at home. May I take a **message**? [Do you have a **message** for her?] 母は留守です. ご伝言があればお聞きしておきましょうか[母に何かご伝言でもございますか].

messenger /mésəndʒər メセンヂャ/ 名 使者; 使い走り(人)

messy /mési メスィ/ 形 (比較級 **messier** /mésiər メスィア/; 最上級 **messiest** /mésiist メスィエスト/) 取り散らかした; だらしのない → mess+-y.

met 中 /mét メト/ 動 **meet** の過去形・過去分詞

metal A2 /métl メトる/ 名 金属

metalwork /métlwə:rk メタるワ〜ク/ 名 金属加工; 金属加工品

meteor /mí:tiər ミ〜ティア/ 名 流星

meteorite /mí:tiərait ミ〜ティアライト/ 名 隕石(いんせき)

meter 中 A2 /mí:tər ミ〜タ/ 名
❶ (ガス・電気・タクシーなどの)メーター, 計量器
❷ メートル → メートル法の長さの単位. **m.**, **m** と略す.

method A2 /méθəd メそド/ 名 (体系的・科学的)方法, 方式; (考え・行動などの)筋道

• a new **method** of teaching English 新しい英語教育法

metre /mí:tər ミ〜タ/ 名 《英》=meter ❷

metropolis /mətrápəlis メトラポリス/ 名 (一国・一地方の)中心都市, 大都市; 首都 (capital)

metropolitan /metrəpálitən メトロパリタン/ 形 首都の, 大都会の

mew /mjú: ミュー/ 名 動 =meow

Mexican /méksikən メクスィカン/ 形 メキシコの, メキシコ人の
── 名 メキシコ人

Mexico 小 /méksikou メクスィコウ/ 固名 メキシコ → 正式名 The United Mexican States (メキシコ合衆国). 北アメリカ南端の国. 首都はメキシコシティー (**Mexico City**). 公用

MI 406 four hundred and six

語はスペイン語.

MI 略 =Michigan

Miami /maiǽmi マイあ́ミ/ 固名 **マイアミ** →米国フロリダ州南端に近い保養地. 大西洋に臨(のぞ)む美しい **Miami Beach** をかかえ, 年間を通じて多くの観光客でにぎわう.

miaow /miáu ミアウ/ 名動 =meow

mice /máis マイス/ 名 **mouse** (ハツカネズミ)の複数形

ことわざ When the cat is away, the **mice** will play. ネコがいないとネズミが遊ぶ. ⇒「鬼(おに)のいぬ間に洗濯(せんたく)」.

Michelangelo /maikǝlǽndʒilou マイケらンチェろウ/ 固名 **ミケランジェロ** →イタリアの画家・彫刻家・建築家(1475–1564).『ダビデ像』『最後の審判(しんぱん)』などが代表作.

Michigan /míʃigǝn ミシガン/ 固名
❶ **ミシガン** →五大湖のうちの4つの湖に接している米国中西部の州. **Mich.**, (郵便で) **MI** と略す.
❷ (**Lake Michigan** で) **ミシガン湖** →北米五大湖の1つ. →**Great Lakes**

Mickey Mouse 固名 **ミッキーマウス** →ディズニーのキャラクター. →**Donald Duck**

microphone /máikrǝfoun マイクロふォウン/ 名 **マイクロフォン**, **マイク** →話し言葉では **mike** ともいう.

microscope /máikrǝskoup マイクロスコウプ/ 名 **顕微鏡**(けんびきょう)

microwave /máikrouweiv マイクロウェイヴ/ 名 ❶ **極超**(ごくちょう)**短波**, **マイクロ波**
❷ =microwave oven

microwave óven 名 **電子レンジ** →英語でいうレンジ (range) は火口がオーブンの上についた料理用器具のこと.

mid- /míd ミド/ 接頭辞 「中央」「中頃(ごろ)」「半ば」などの意味を表す:
•**mid-**19th century 19世紀半ば
•**mid-**thirties 30代半ば

midday A2 /míddei ミドデイ/ 名 **正午** (noon), **真昼**
•at **midday** 正午に

middle 中 A1 /mídl ミドる/ 形
真ん中の, **中間の**
•the **middle** finger 中指
—— 名 **真ん中**, **中間**
•in the **middle of** the room 部屋の真ん中

に
•in the **middle of** the night 真夜中に (at midnight)
•**In the middle of** the song her voice turned into a whisper. 歌っている最中(さいちゅう)に彼女の声はかすれ声に変わった.
•He parts his hair in the **middle**. 彼は髪の毛を真ん中から分けている.

middle-aged /mídl éidʒd ミドる エイヂド/ 形 **中年の**, **初老の** →40歳(さい)から60歳ぐらいまで.

Míddle Áges 固名 (**the** をつけて) **中世** →西洋史で5世紀から15世紀までの約1,000年間.

middle cláss(es) 名 (**the** をつけて) **中産階級**, **中流階級**

Míddle Éast 固名 (**the** をつけて) **中東** →一般的にはエジプトからイランまでの地域を指すが, 東はインド, 西はリビアまでを含(ふく)めることもある.

míddle fínger 名 **中指**

míddle náme 名 **ミドルネーム**

参考 たとえば John Fitzgerald Kennedy で, Fitzgerald が **middle name**. John は **given name** あるいは **first name**, Kennedy は **family name** あるいは **last name** という. middle name はふつう頭文字だけで示し, John F. Kennedy と書く.

míddle schòol 名 **ミドルスクール** →小学校とハイスクールの中間の学校. 英米で年齢の区切りが異なる.

Míddle Wést 固名 (**the** をつけて) =the Midwest →**Midwest**

midnight A2 /mídnait ミドナイト/ 名 **真夜中**
•at **midnight** 真夜中に (in the middle of the night)

midterm /mídtǝ:rm ミドタ～ム/ 名形 (学期などの)**中間(の)**

midway /mídwei ミドウェイ/ 形副 **中途**(ちゅうと)**の[に]**, **中程**(なかほど)**の[に]**

Midwest /mídwest ミドウェスト/ 固名 (**the Midwest** で) **米国の中西部** →米国中央北部の大平原地方.

might[1] 中 A2 /弱形 mait マイト, 強形 máit マイト/ (→gh は発音しない) 助動
❶ **～かもしれない** →「可能性」を表す.

- You **might** know the answer. あなたは答えを知っているかもしれませんよ.
- He **might** come later, but I don't think he will. 彼はもしかするとあとで来るかもしれないが、でも僕(ぼく)は来ないと思うよ. → may come よりも可能性が薄(うす)い.

❷ **may** (〜してもよい, 〜かもしれない)の過去形
- My father said that I **might** use his camera. 父は私が父のカメラを使ってもよいと言いました.

> **文法 ちょっとくわしく**
> 上の例文は, 直接話法 My father said, "You may use my camera." (父は「私のカメラを使っていいよ」と言った) の間接話法. 主節の動詞 (said) が過去だから, **may** もそれに合わせて **might** になる. might は「〜してよかった」と過去に訳さないで, may と同じように訳すこと. →**could, would**

might as well *do* (***as do***) (〜するくらいなら〜したほうがいいだろう)
- You **might as well** try to stop a moving car **as** try to stop him. 彼を止めようとするくらいなら走っている車を止めるほうがましだ[彼を止めるなんて無理だ].

might[2] /máit マイト/ 名 力, 能力

mighty /máiti マイティ/ 形 (比較級) **mightier** /máitiər マイティア/; (最上級) **mightiest** /máitiist マイティエスト/) 力強い, 強大な; 巨大(きょだい)な →might[2]+-y.

ことわざ The pen is **mightier** than the sword. ペンは剣(けん)よりも強い. →「文の力は武力に勝(まさ)る」の意味.

migrate /máigreit マイグレイト/ 動 移住する; (鳥・魚が季節的に)移動する, 回遊する

mike /máik マイク/ 名 (話) マイク(ロフォン) (microphone)

mild /máild マイルド/ 形 温和な, 温暖な, 穏(おだ)やかな, 厳しくない; (味が)まろやかな

mile /máil マイル/ 名 マイル (=約1.6キロメートル)
- It's about a **mile** to the school. 学校まで約1マイルある. →It は漠然(ばくぜん)と「距離(きょり)」を表す.
- It's a three-**mile** walk from here. ここからだと歩いて3マイルだ. →a は walk にかかる.
- **for miles** 何マイルも
- The car was traveling at 60 **miles** per hour. その車は時速60マイルで走っていた.
- There are **miles** and **miles** of cornfields. 何マイルも何マイルもトウモロコシ畑が続いている.

military A2 /mílətəri ミリテリ/ 形 軍隊の, 軍人の, 陸軍の

milk 小 A1 /mílk ミルク/ 名
乳; 牛乳, ミルク; (ココヤシなどの実の中の)乳状の液

> **POINT** 人間や哺乳(ほにゅう)動物の乳, 特に「牛乳」を指す. また植物の実の「乳状液」についてもいう.

- mother's **milk** 母乳
- drink **milk** 牛乳を飲む →×ふつう a milk, ×milks としない.
- **a glass of milk** コップ1杯の牛乳
- tea with **milk** ミルクティー

—— 動 (牛などの)乳をしぼる
- **milk** a cow 牛の乳をしぼる

mílk jùg 名 ミルク差し →紅茶道具 (tea set) の1つ.

mílk shàke 名 ミルクセーキ[シェイク] →ミルクとアイスクリームやフルーツなどを泡(あわ)立つほどかき混ぜた飲み物. 単に shake ともいう.

milky /mílki ミルキ/ 形 (比較級) **milkier** /mílkiər ミルキア/; (最上級) **milkiest** /mílkiist ミルキエスト/) 牛乳のような, 乳白色の →milk+-y.

Mílky Wáy 固名 (**the** をつけて) 天の川, 銀河(系) (the galaxy)

mill /míl ミル/ 名 ❶ 製粉所; (製紙・紡績(ぼうせき))工場, 水車小屋 ❷ 製粉機, ひき割り器

miller /mílər ミラ/ 名 (特に水車・風車を使って粉をひく)粉屋さん, 製粉業者

milli- /míli ミリ/ 「〜の1000分の1」という意味の合成語をつくる:
- **milli**gram $1/1000$ グラム
- **milli**meter $1/1000$ メートル

million

million 中 A2 /míljən ミリョン/ 名 形
100万(の)
- three **million** people 300万の人々
- The population of our country is about 130 **million** (読み方: one hundred (and) thirty million). わが国の人口は約1億3千万だ.

POINT **million** は名詞でも形容詞でも数詞とともに使われる時は ×million*s* としない. millions とするのは millions of ~ の場合だけ. →**hundred, thousand**

millions of ~ 何百万という~; ものすごくたくさんの~
- **millions of** years ago 何百万年も前に

millionaire /miljənéər ミリョネア/ 名 百万長者, 大富豪(ふごう)

mimic /mímik ミミク/ 動 (三単現 **mimics** /mímiks ミミクス/; 過去・過分 **mimicked** /mímikt ミミクト/; -ing形 **mimicking** /mímikiŋ ミミキング/) まねをする

mince /míns ミンス/ 動 細かく刻む
— 名 《英》細かく刻んだ肉, ひき肉 →日本語の「メンチ」「ミンチ」は mince からきているが, 発音は ×/ミンチ/ ではないので注意.

mincemeat /mínsmi:t ミンスミート/ 名 ミンスミート →ドライフルーツ, ナッツなどを細かく刻み, 砂糖やスパイス, ブランデーを加えて熟成させたもの. かつては牛のひき肉などを入れた.

mind 中 A1 /máind マインド/

名	❶ 心, 精神	意味 map
	❷ 考え, 意向, 意見	
動	❶ 《疑問文や否定文で》気にする	
	❷ ~に気をつける	

— 名 (複 **minds** /máindz マインヅ/)

❶ 心, 精神; 理性

関連語 **mind** and **body** 精神と肉体, 心身
- A good idea came into his **mind**. いい考えが彼の心に入って来た[浮(う)かんだ].

会話
Ken, can I ask you about something?—Sure. What's on your **mind**? ケン, ちょっと聞きたいことがあるんだけど. —いいとも. (何が君の心の上にあるのか ⇨) 何のことだい.

関連語 He has a cool **mind** and a warm **heart**. 彼は冷静な頭脳と温かい心の持ち主だ.
→ **mind** は理性に, **heart** は感情・情緒(じょうちょ)に重点がある.

ことわざ A sound **mind** in a sound body. 健全な精神は健全な身体に(宿ることが理想である).
- She **lost** her **mind**. 彼女は理性[正気]を失った.

❷ 考え, 意向, 意見; (~したい)気持ち
- I can read her **mind**. 私には彼女の考えが読める[わかる].
- He was going to buy a computer, but **changed** his **mind**. 彼はコンピュータを買おうとしていたが, 気が変わった.

ことわざ So many men, so many **minds**. ある数の人がいると, それだけの数の心がある. →「十人十色(といろ)」にあたる. so many ~ は「それだけの数の~」.

keep ~ in mind ~を覚えておく
- We are not millionaires. You must **keep** that **in mind**. 私たちは大金持ちじゃないのよ. そのことを忘れてはだめよ.

make up one's mind 決心する
- He made up his **mind** to do it [not to do it]. 彼はそれをしよう[するのをよそう]と決心した.

— 動 (三単現 **minds** /máindz マインヅ/; 過去・過分 **minded** /máindid マインデド/; -ing形 **minding** /máindiŋ マインディング/)

❶ 《疑問文や否定文で》気にする, いやがる
- I don't **mind** hard work, but I do **mind** low pay. 私は仕事がつらいのは構わないが安い給料はいやだ. → do mind の do は「強調」を表す助動詞. このような対比の場合は肯定(こうてい)文でも使う.
- **Never mind** (**about that**). (その事は)心配するな.

POINT「心配するな, 気にするな」という意味の「ドンマイ」は和製英語で, Don't mind. にはそのような意味はない.

- I'll wait here **if you don't mind**. 君が構わなければ私はここで待ちます.

Do you **mind** if I turn on the radio? (= Do you **mind** my turning on the radio?) —No, I don't **mind** at all. [Not at all.]

ラジオをつけてもいいですか.—ええ、どうぞ.
→× *Don't* you mind ~? とし ない. ラジオをつけてほしくない時には、**Yes, I do mind.** でもよいが，非常に断定的に響(ひび)くので，遠回しに **I'd rather you don't.** ということが多い.

Would you **mind** opening the window?—Certainly not.
(窓を開けることを君はいやがりますか ⇨)窓を開けてくださいませんか.—(もちろんいやではありません ⇨)はい，わかりました.
→ Would you ~? は Do you ~? よりも丁寧(ていねい)な表現. 動名詞 opening (開けること)は mind の目的語. 窓を開けたくない時には、**I'd rather not (open it).** が丁寧な返事.

Would you mind opening the window? — Certainly not.

❷ ~に気をつける; ~の言うことをよく聞く; ~の世話をする → 「気をつける」の意味はふつう命令文で使う.
•**Mind** the step. 段差に[があるから]気をつけなさい.
•**Mind** your head when you go through that low doorway. あの低い戸口を通る時は頭に気をつけて.
•**Mind** your own business. (自分自身の仕事に気をつけろ ⇨)人の事に口を出すな，大きなお世話だ.
•I **mind** my little sister at home while Mother is away. 母が留守の間，私は家で妹を世話する.

mine¹ 中 A1 /máin マイン/ 代

❶ **私のもの** → **I²**
POINT 自分の所有物について1つのものにも2つ以上のものにもいう.
関連語 **ours** (私たちのもの)
基本 That is your umbrella, and this is **mine** (=my umbrella). あれが君の傘(かさ)で，これは僕(ぼく)のだ.

•Your eyes are brown; **mine** (= my eyes) are blue. 君の目は茶色で，僕のはブルーだ.

❷ (**~ of mine** で) **私の~**
•He is a friend **of mine**. 彼は私の友人(の1人)だ.
•You can use this camera **of mine**. 僕のこのカメラを使っていいよ.

mine² /máin マイン/ 名 ❶ 鉱山; 鉱坑(こうこう)
❷ 地雷(じらい) (landmine); 機雷(きらい)
—— 動 採掘(さいくつ)する; 地雷を埋める

miner /máinər マイナ/ 名 坑夫(こうふ), 炭坑(たんこう)労働者

mineral /mínərəl ミネラる/ 名 鉱物
—— 形 鉱物の, 鉱物性の

míneral wàter A2 ミネラルウォーター, 鉱泉水 → 鉱物塩を含(ふく)んだ水.

mini /míni ミニ/ 名 《話》 ❶ 小型のもの ❷ ミニスカート → **miniskirt** ともいう.

miniature /míni(ə)tʃər ミニ(ア)チャ/ 名 ミニチュア, 小模型
—— 形 ごく小型の, 小規模の

minimum /mínəməm ミニマム/ 名 最小量, 最小額, 最小限 反対語 **maximum** (最大限)
—— 形 最小の, 最低の

mining /máiniŋ マイニング/ 名 採鉱, 採掘(さいくつ); 鉱業

miniskirt /míniskə:rt ミニスカ〜ト/ 名 ミニスカート

minister /mínistər ミニスタ/ 名
❶ (英国・日本などの)**大臣** → **secretary** ❷
•the Prime **Minister** 総理大臣, 首相(しゅしょう)
•the Foreign **Minister** 外務大臣
❷ **公使** → 国の代表として外国に派遣(はけん)される外交官で階級は大使 (ambassador) の次.
❸ (英国国教会以外の新教の)**牧師**

ministry /mínistri ミニストリ/ 名 (複 **ministries** /mínistriz ミニストリズ/)
❶ 大臣・牧師の職 ❷ (英国・日本などの)**~省** → 米国の department にあたる.

Minnesota /minisóutə ミネソウタ/ 固名
ミネソタ → カナダに接する米国中西部の州. **Minn.**, (郵便で) **MN** と略す.

minor /máinər マイナ/ 形
❶ 小さなほうの, さほど重要でない, 二流の
❷ 《音楽》短調の → **major** 形 ❷
—— 名 ❶ 未成年者
❷ 《音楽》短調, 短音階 → **major** 名 ❷

minority /mainɔ́ːrəti マイノーリティ/ 名 (複 **minorities** /mainɔ́ːrətiz マイノーリティズ/)
少数, 少数派 反対語 **majority** (大多数)

mínor léague 名 マイナーリーグ, 小リーグ → 大リーグ (→ **major league**) の下位の米国プロ野球連盟.

mint /mínt ミント/ 名 《植物》ミント, ハッカ → シソ科の植物で, メントールの原料.

minus /máinəs マイナス/ 前 ～を引いた
反対語 **plus** (～を加えた)
• Ten **minus** six is four. (6を引いた10 ⇨) 10引く6は4 (10−6=4).
— 形 マイナスの, 負の; 不十分な
• get a C **minus** [C⁻] in history 歴史でCマイナス[Cの下]を取る
• The temperature was **minus** 30℃ at night. 気温は夜になるとセ氏マイナス30度になった. → 30℃の読み方: thirty degrees centigrade [Celsius].
— 名 負号; 負数; 不利, マイナス

minute 中 A1 /mínit ミニト/ 名
(複 **minutes** /mínits ミニツ/)
❶ (時間の)分
基本 **ten minutes to [before] ten** 10時10分前
• **ten minutes past [after] ten** 10時10分過ぎ
• in ten **minutes** 10分で
• in **minutes** 2～3分して[のうちに]
• Sixty **minutes** make an hour. 60分で1時間になる.
❷ (**a minute** で) ちょっとの間
• **in a minute** すぐ, 直ちに (very soon)
• (for) **a minute** ちょっとの間
• Just [Wait] **a minute**. ちょっと待ってて.

Just a minute!

• Do you have **a minute**? ちょっとお時間ありますか.

mínute hànd 名 (時計の)分針, 長針
関連語 **second hand** (秒針), **hour hand** (時針)

miracle /mírəkl ミラクる/ 名 奇跡(きせき); 奇跡的な事, 驚異(きょうい)

miraculously /mərǽkjələsli ミラキュらスリ/ 副 奇跡(きせき)的に(も)

mirror 中 A2 /mírər ミラ/ 名
鏡; (車などの)ミラー
• look in [into] a **mirror** 鏡をのぞき込(こ)む
• She looked at herself in the **mirror**. 彼女は鏡で自分の姿を見た.

mis- /mís ミス/ 接頭辞 「誤り」「非」「不」などの意味を表し, ふつう動詞や名詞に付ける:
• **mis**spell つづりを間違(まちが)える
• **mis**fortune 不運

mischief /místʃif ミスチふ/ (発音 ×/ミスチーふ/ ではない) 名 いたずら, 悪さ

mischievous /místʃivəs ミスチヴァス/ 形 いたずらな, いたずら好きの, わんぱくな

miser /máizər マイザ/ 名 けち(んぼう), 守銭奴(しゅせんど)

miserable /mízərəbl ミゼラブる/ 形 みじめな, 不幸な, 哀(あわ)れな, 悲惨(ひさん)な; ひどい

misfortune /misfɔ́ːrtʃən ミスふォーチュン/ 名 不運, 災難 関連語 「不運な」は **unfortunate**.
反対語 One man's **misfortune** is often another man's **fortune**. ある人の不幸はしばしば別の人の幸運になる.

misprint /mísprint ミスプリント/ 名 印刷ミス, 誤植, ミスプリント

Miss A1 /mís ミス/ 名
❶ ～さん; ～先生 →未婚(みこん)の女性への敬称.
• **Miss** (Mary) Smith (メアリー)スミスさん → 未婚女性の名字または名前＋名字の前につける. 名前だけにはつけないので ×*Miss Mary* としない.
関連語 When **Miss** Green got married, she became **Mrs.** White. ミス・グリーンは結婚(けっこん)してミセス・ホワイトになった.
POINT 未婚既婚(きこん)を区別しない **Ms.** /ミズ/ あるいは **Ms** も多く使われる.
• Good morning, **Miss** Brown! ブラウン先生, おはようございます. →未婚の女性の先生に対して. ×*Teacher* Brown とはいわない.
❷ (**Miss**＋地名などで) ミス～ →ミスコンテストなどの優勝者の称号.
• **Miss** Japan ミス日本

miss 中 A1 /mís ミス/ 動

❶ **〜がいなくてさびしく思う**, **〜をなつかしく[恋しく]思う**; **〜がないのに気づく**
- I **miss** you (very much). あなたがいなくて私は(とても)寂しい.
- She **missed** her purse when she got on the bus. 彼女はバスに乗った時財布の無いことに気がついた.
- You never **miss** the water till the well goes dry. 井戸の水がかれるまでは水のありがたさがわからない. →「人のありがたさはその人がいなくなって初めてわかる」の意味.
- 会話 When did you **miss** the key? —I didn't **miss** it until I got home. 鍵が無いのにいつ気がついたの?—一家に着くまで気がつかなかった.

❷ **打ち損(そこ)なう**, **乗り損なう**, **取り[聞き]損なう**, **見逃(のが)す**
- **miss** a train 電車に乗り遅れる
- **miss** a ball ボールを打ち[取り]損なう
- **miss** the deadline 締切に間に合わない
- The restaurant has a big sign on the roof; you can't **miss** it. そのレストランは屋上に大きな看板があるので,絶対に見過ごしませんよ.
- I **missed** (seeing) the movie. 私はその映画を見逃した. →動名詞 seeing (見ること)は missed の目的語.
- I **missed** the chance to go there. 私はそこへ行くチャンスを逃した. →不定詞 to go (行く〜)は chance を修飾する. →**to** ❾ の ②
- He **missed** class yesterday. 彼は昨日授業に出てこなかった[欠席した].
- You're still **missing** the point of my argument. 君はまだ僕の主張の要点がわかっていない. → miss の意味を強める現在進行形の文. →**are** [助動] ❶

missile /mísəl ミスィる|mísail ミサイる/ [名] ミサイル, 誘導弾

missing A2 /mísiŋ ミスィンぐ/ [形] 見当たらない, 行方(ゆくえ)不明の, 欠けている
- a **missing** boat 行方不明のボート
- Mary is still **missing**. メアリーはいまだに行方不明です.

mission 中 /míʃən ミション/ [名]
❶ (外交)**使節団**; (宗教)**伝道団**, **伝道**
- a **mission** school ミッションスクール →キリスト教伝道団が設立母体になっている学校.
❷ (派遣された人の特別)**任務**; **天職**
- the US space **mission** 米国の宇宙飛行任務

missionary /míʃəneri ミショネリ/ [形] (主に外国での)**伝道(者)の**, **布教の**
—— [名] (複 **missionaries** /míʃəneriz ミショネリズ/) (海外派遣の)**宣教師**

Mississippi /misəsípi ミスィスィピ/ [固名]
❶ **(the Mississippi で) ミシシッピ川** →米国の中央部を南流してメキシコ湾に注ぐ米国第一の大河.
❷ **ミシシッピ** →米国南部の州. 西側をミシシッピ川が流れる. **Miss.**, (郵便で) **MS** と略す.

Missouri /mizú(ə)ri ミズ(ア)リ/ [固名]
❶ **(the Missouri で) ミズーリ川** →米国北西部のモンタナ州から南東に流れてミシシッピ川に合流する米国第二の大河.
❷ **ミズーリ** →米国中西部の州. ミズーリ川が州を横断している. **Mo.**, (郵便で) **MO** と略す.

mist /míst ミスト/ [名] 霧(きり), もや, かすみ → **fog**

mistake 中 A2 /mistéik ミステイク/ [動] (三単現 **mistakes** /mistéiks ミステイクス/; 過去 **mistook** /mistúk ミストゥク/; 過分 **mistaken** /mistéikn ミステイクン/; -ing形 **mistaking** /mistéikiŋ ミステイキンぐ/)
思い違(ちが)いをする, **誤解する**
- **mistake** the address 住所を間違える
- **mistake** him **for** his brother 彼を彼の兄[弟]と間違える
- I **mistook** this stick **for** a snake. 私はこの棒をヘビと間違えた.
- Ann **was mistaken for** her sister. アンは姉[妹]と間違えられた. →**was** [助動] ❷
—— [名] 誤り, 間違い, 誤解
- **make** a **mistake** 間違いをする, 間違う
- a **mistake in** judgment 判断の誤り
- There's no **mistake** about it. それについては間違いがない[全く確かなことだ].
- I **made** several **mistakes in** my Eng-

mistaken 412 four hundred and twelve

lish composition. 私は英作文でいくつかの間違いをした.

by mistake 間違って, うっかり

mistaken /mistéikn ミステイクン/ 動 **mistake** の過去分詞

―― 形 間違(まちが)った, 思い違(ちが)いをした

mistletoe /mísltou ミスるトウ/ 名 《植物》ヤドリギ →小枝をクリスマスの飾(かざ)りに使う.

mistook /mistúk ミストゥク/ 動 **mistake** の過去形

misty /místi ミスティ/ 形 霧(きり)の立ち込(こ)めた, 霧深い →mist+-y.

misunderstand /misʌndərstǽnd ミスアンダスタンド/ 動 (三単現 **misunderstands** /misʌndərstǽndz ミスアンダスタンヅ/; 過去・過分 **misunderstood** /misʌndərstúd ミスアンダストゥド/; -ing形 **misunderstanding** /misʌndərstǽndiŋ ミスアンダスタンディング/) 誤解する

misunderstanding /misʌndərstǽndiŋ ミスアンダスタンディング/ 名 誤解

misunderstood /misʌndərstúd ミスアンダストゥド/ 動 **misunderstand** の過去形・過去分詞

mitt /mít ミト/ 名 ❶(野球の)ミット ❷(親指だけ分かれた耐熱(たいねつ)用)手袋

mitten /mítn ミトン/ 名 (防寒用の親指だけ分かれた)手袋, ミトン →**glove**

mix A2 /míks ミクス/ 動

❶ 混合する, 混ぜる; 混ざる

•Don't **mix** work **and** [**with**] play. 仕事と遊びをごっちゃにするな.

•Oil and water will not **mix**. = Oil won't **mix with** water. 油と水は混ざらない.

❷(複数の人と)交わる, 付き合う

•He doesn't **mix** well. 彼は付き合いがうまくない.

•Do the boys **mix** well **with** the girls in your class? あなたのクラスでは男子と女子がうまく打ち解け合っていますか.

mix up よく混ぜる, ごっちゃにする

mixed /míkst ミクスト/ 形 混ざった; 《英》男女共学の(co-ed)

mixture /míkstʃər ミクスチャ/ 名 混合; 混合物

mm(m) /əm アム, m: ンー/ 間 うーん →感心・同意, あるいは曖昧(あいまい)な返事・ちゅうちょなどを表す.

MN 略 =Minnesota

MO 略 =Missouri

moan /móun モウン/ 名 うめき声, うなり声

―― 動 うめく, うなる

mob /máb マブ/ 名 (暴徒的)群衆

mobile A1 /móubəl モウびる|móubail モウバイる/ 形 動かすことができる, よく動く

―― 名 《英》=mobile phone

móbile hóme 名 《米》移動住宅 →一戸建て住宅の下に車輪がついていて, そのまま設置場所まで車で引いていく.

mòbile phóne A1 名 《英》携帯電話(《米》cellphone); スマートフォン

mock /mák マク/ 動 嘲(あざけ)り笑う, からかう

―― 形 模擬(もぎ)の →名詞の前にだけつける.

mode /móud モウド/ 名 方式, やり方; 流行(型), モード

model 中 A2 /mádl マドる/ 名

❶ 模型; (車などの)型

•This car is the latest **model**. この車は最新型です.

❷ 手本, 模範

•Gandhi was the **model** of a leader. ガンジーは指導者の手本であった.

❸(画・写真・ファッションなどの)モデル

•a fashion **model** ファッションモデル

―― 形 模型の; 模範の →名詞の前にだけつける.

•a **model** plane 模型飛行機

•a **model** answer 模範解答

moderate /mádərit マデレト/ 形 適度の, 穏(おだ)やかな, ほどほどの; 中くらいの

moderator /mádəreitər マダレイタ/ 名 調停者; (討論会などの)司会者, 議長

modern 中 A2 /mádərn マダン/ 形 現代の, 近代の; 現代風の, モダンな

•**modern** science 現代の科学

•**modern** times 現代

関連語 Do you like **modern** or **classical** music? あなたは現代音楽が好きですか, クラシック音楽が好きですか.

•This office building is very **modern**. このオフィスビルはとてもモダンです.

modest /mádist マデスト/ 形 謙虚(けんきょ)な, 控(ひか)えめな, 地味な; しとやかな

modesty /mádisti マデスティ/ 名 謙遜(けんそん), 遠慮(えんりょ), 内気; しとやかさ, 慎(つつし)み

mogul /móugəl モウガる/ 名 ❶ モーグル →スキーのフリースタイル競技の一種. ❷ 雪のこぶ

four hundred and thirteen　413　**monitor**

Mohammed /mouhǽmid モウハメド/ 固名
=Muhammad

moist /mɔ́ist モイスト/ 形 湿(しめ)った; 涙に潤(うる)んだ

moisture /mɔ́istʃər モイスチャ/ 名 湿気(しっけ), 水分

mold /móuld モウるド/ 名 《米》かび

moldy /móuldi モウるディ/ 形 比較級 moldi-er /móuldiər モウるディア/; 最上級 moldiest /móuldiist モウるディエスト/) 《米》かびた, かび臭(くさ)い →mold+-y.

mole[1] /móul モウる/ 名 《動物》モグラ

mole[2] /móul モウる/ 名 ほくろ, あざ

mom 小 A1 /mám マム/ 名

《米 話》ママ, お母さん (mamma) (《英 話》mum)→母親に呼びかける時に使う. 子供だけでなく, 大人も使うことがある. しばしば大文字で始めて **Mom** と書く.

moment 中 A1 /móumənt モウメント/ 名 ❶ ちょっとの時間, 瞬間(しゅんかん)

• **for a moment** ちょっとの間
• **in a moment** 直ちに, すぐに
• Wait **a moment**. ＝Just **a moment**. ちょっと待ってください.
• He was here **a moment** ago. ちょっと前まで彼はここにいました.
❷ (ある決まった)時
• this **moment** 今すぐ
• **at the moment** 今, 今は (now)
• **for the moment** 今のところは
• Please wait a moment. He's busy at **the moment**. ちょっと待ってください. 彼は今手が離せません.

at any moment いつなん時, いつ, 今にも
• War may occur **at any moment**. 戦争がいつ起こるかもしれない.

every moment 刻々と, 今か今かと, 絶え間なく

the moment ～ 《接続詞的に使って》(～する)瞬間, (～する)とすぐ (as soon as ～)
• **The moment** he saw me, he went out. 彼は私を見るとすぐ出て行った.

mommy A1 /mámi マミ/ 名 (複 mom-mies /mámiz マミズ/) 《米小児(しょうに)語》ママ, お母ちゃん (《英》mummy) →mom

Mon. 略 ＝Monday (月曜日)

Mona Lisa /móunə líːzə モウナ リーザ/ 固名 **(the Mona Lisa** で) モナリザ →レオナルド・ダ・ヴィンチ (Leonardo da Vinci) の描(えが)いた婦人の肖像(しょうぞう)画で謎(なぞ)めいた微笑(びしょう)をたたえている.

monarch /mánərk マナク/ 名 君主 →king, queen, emperor など.

monarchy /mánərki マナキ/ 名 (複 mon-archies /mánərkiz マナキズ/) 君主国 → monarch を国家元首とする国. →republic

Monday 小 A1 /mándei マンデイ/ 名 (複 Mondays /mándeiz マンデイズ/)

月曜日 →週の第2日. 詳(くわ)しい使い方は → Tuesday

• **on Monday** 月曜日に
• **on Monday** morning 月曜日の朝に
• **last [next] Monday** この前の[次の]月曜日(に) →×on last [next] Monday としない.
• Today is **Monday**. きょうは月曜日です.
• on **Mondays** 毎週月曜日に[月曜日にはよく]

語源 (Monday)
「月の日 (moon day)」の意味.

money 中 A1 /máni マニ/ 名

お金, 金銭; 財産

POINT 硬貨(こうか)や紙幣(しへい)を含(ふく)めた金銭一般に対する言い方.

関連語 **coin** (硬貨), **bill** (《米》紙幣), **note** (《英》紙幣)

• a lot of [much] **money** たくさんのお金 → ×ふつう money**s** としない.
• paper **money** 紙幣, 札(さつ)
• She gave me some **money**. 彼女は私に(いくらか)お金をくれた.
• We can't buy happiness with **money**. 幸福はお金では買えない.

ことわざ Time is **money**. 時は金なり. →「時間はお金と同じように大事なものだから無駄(むだ)に使ってはいけない」の意味.

make money お金を稼(かせ)ぐ[もうける]

Mongolia /maŋgóuliə マンゴウリア/ 固名 モンゴル →中国の北方に位置する国. 首都はウランバートル. 公用語はモンゴル語.

Mongolian /maŋgóuliən マンゴウリアン/ 名 形 モンゴル人(の); モンゴル語(の); モンゴルの

monitor /mánətər マニタ/ 名 ❶忠告者; 監

視(かん)者; (学校の)**クラス委員**
❷ (ラジオ・テレビなどの)**モニター** → 放送状態をチェックする係, また装置・放送内容について意見を言う視聴者. 依頼(いらい)されて商品についての意見を報告する人は **test user**, **tester** という.
❸《コンピューター》モニター(装置)
——《動》監視(かんし)する

monk /mʌ́ŋk マンク/ 《名》(カトリック教会の)修道士, (仏教の)僧 → **brother** ❷

monkey 小 A1 /mʌ́ŋki マンキ/ 《名》
《動物》**サル** →尾(お)のある種類をいう.
類似語 尾のない種類のサルは **ape**.

monkey

ape

monocycle /mɑ́nəsaikl マノサイクる/ 《名》
一輪車

monorail /mɑ́nəreil マノレイる/ 《名》モノレール

monotonous /mənɑ́tənəs モナトナス/ 《形》
単調な; 退屈(たいくつ)な

monster /mɑ́nstər マンスタ/ 《名》化け物, 怪物(かいぶつ), (想像上の)怪獣(かいじゅう)

Montana /mɑntǽnə マンタナ/ 《固名》モンタナ → アメリカ北西部の州. **Mont.**, (郵便で)**MT** と略す.

Mont Blanc /mɔ̀ːn blɑ́ːn モーン ブらーン/ 《固名》モンブラン → フランス・イタリア国境にあるアルプス山脈最高峰(ほう) (4,807m). フランス語で Mont =山, Blanc =白い.

month 小 A1 /mʌ́nθ マンす/ 《名》
(複 **months** /mʌ́nθs マンすス/)
(暦(こよみ)の)**月**; **ひと月**(間)
• **this month** 今月(に) →×*in* this month としない.
• **next month** 来月(に)
• **the next month** その次の月(に), その翌月(に)
• **last month** 先月(に)
• **the month before last** (先月の前の月 ⇨) 先々月(に)
• **the month after next** (来月のあとの月 ⇨) 再来月(に)
• every **month** 毎月
• at the beginning [the end] of this **month** 今月の初め[終わり]に
• a six-**month**-old baby 生後6か月の赤ちゃん
• What day of the **month** is it today? きょうは何日ですか. → it は漠然(ばくぜん)と「時」を表す. ふつうは What date is this? あるいは What's the date today? という.
• In which **month** is your birthday? あなたのお誕生日は何月ですか.
• many **months** ago 何か月も前に
• some **months** later 数か月後に
• He stayed with us (for) two **months**. 彼はうちに2か月滞在(たいざい)しました.
• The baby is eighteen **months** old. 赤ちゃんは生後1年半です. →2年未満の場合はふつうこのように月数で言い, ×*one and a half years* などとしない.

a month ago today 先月のきょう
a month from today 来月のきょう
this day month = ***today month*** 《英》先月[来月]のきょうに

monthly /mʌ́nθli マンすり/ 《形》月々の, 毎月の
——《副》月々, 毎月, 月1回
——《名》(複 **monthlies** /mʌ́nθliz マンすりズ/) 月刊誌 関連語 **daily** (毎日(の)), **weekly** (毎週(の)); 週刊誌

Montreal /mʌntriɔ́ːl マントリオーる/ 《固名》モントリオール → カナダ東部の大都市. 英語よりもフランス語が多く使われている.

Montserrat /mɑːntsərǽt マーントサラト/ 《固名》モントセラト島 → 西インド諸島の中のリーワード諸島の1つ(英国領).

monument /mɑ́njumənt マニュメント/ 《名》記念碑(ひ), 記念像[館], 記念物

moo /múː ムー/ 《動》(牛が)モーと鳴く
——《名》(複 **moos** /múːz ムーズ/) モー → 牛の鳴き声.

mood A2 /múːd ムード/ 《名》気分, 機嫌(きげん)
• He is **in** a bad [good] **mood**. 彼は機嫌が悪い[良い].
• I'm **in no mood** to dance [for joking]. 私はダンスをする[冗談(じょうだん)を言う]気分じゃない.

moon 小 A1 /múːn ムーン/ 《名》
(複 **moons** /múːnz ムーンズ/)

❶ (天体の)月 →暦(こよみ)の「月」は **month** /マンす/.
- the sun and the **moon** 太陽と月
- a full [half, new] **moon** 満月[半月, 新月]

POINT **moon** は単独で使う時は the moon とするが, full, half, new などがつくと, 月が満ち欠けする姿を指すことになるので **a** をつける.

- There was no **moon** [a **moon**] last night. 昨夜は月が出ていなかった[出ていた].

a full moon

a half moon

a new moon
a crescent

❷ (惑星(わくせい)の)衛星 (satellite); 人工衛星 → **artificial satellite** ともいう.

イメージ (moon)
月の表面の模様を, 日本では古くから「ウサギが餅(もち)をついている」と言うが, 英米では「人の顔(あるいは姿)」, また「薪(たきぎ)を集めて, 熊手(くまで)に寄りかかっている人(と犬)」に見立てる. 昔, 月は魔力(まりょく)を持っていると信じられていたので moonstruck (/ムーンストラク/ 気の触(ふ)れた), moony (/ムーニ/ ぼんやりした)などの言葉が生まれた.

mooncake /mú:nkeik ムーンケイク/ 名 月餅(げっぺい) →中国のお菓子.

moonlight /mú:nlait ムーンライト/ 名 月光, 月の明かり

mop /máp マプ/ 名 (床(ゆか)を拭(ふ)く)モップ

moral /mɔ́:rəl モーラる/ 形 道徳の; 道徳的な, 正しい
— 名 ❶(寓話(ぐうわ) (fable) などの)教訓, 寓意(ぐうい) ❷(**morals** で)道徳, モラル

móral educátion 小 名 道徳教育, (教科の)道徳

more 小 A1 /mɔ́:r モー/

形 もっと多くの	意味 map
副 ❶ もっと多く	
❷《形容詞・副詞の前について比較(ひかく)級をつくり》もっと~	
代 もっと多くの物・人・事・量	

— 形 **もっと多くの** →**many** (多数の), **much** (多量の)の比較級.

基本 **more friends** もっと多くの友達 → more+数えられる名詞の複数.
- **more** books もっと多くの本
- ten **more** books もう[さらに]10冊の本 → 数+more ~. ×more ten ~ としない.
- many **more** books さらにたくさんの本
- **more than** ten boys 10人以上の少年 厳密には11人以上. →**more than** ~
- I want one **more** ticket. 私はもう1枚チケットがほしい.
- There are a few **more** tickets. あと2~3枚チケットが残っている.
- Ten is (two) **more** than eight. 10は8より(2)多い.
- You have **more** friends than I have [《話》than me]. 君は私よりも多くの友人を持っている.

基本 **more water** もっとたくさんの水 → more+数えられない名詞.
- **more** money もっと多くのお金
- some **more** butter [money] もう少し多くのバター[お金] → 量+more ~. ×more some ~ としない.
- Bob did **more** work than John. ボブはジョンよりもったくさん仕事をした.
- This flower needs a little **more** water. この花はもう少し水(をやること)が必要だ.
- Would you like to have some **more** tea? お茶をもう少し召(め)し上がりますか.

— 副 ❶ **もっと多く** →**much** (大いに)の比較級.

基本 **You must sleep more**. 君はもっと眠らなければいけない. →動詞+more.
- I love you **more** than anyone else. 私はほかの誰(だれ)よりも君を愛している.

❷《形容詞・副詞の前について比較級をつくり》もっと~

基本 **more beautiful** もっと美しい → more+形容詞.

基本 **more slowly** もっとゆっくり →more+副詞.
- You must be **more** careful. 君はもっと注意深くなければいけない.
- Sue is **more** beautiful than her sister. スーは彼女の姉[妹]よりも美しい.
- Please speak **more** slowly. もっとゆっくり話してください.

— 代 **もっと多くの物[人・事・量]**

moreover 416 four hundred and sixteen

•Tell me **more** (about yourself). (君のことについて)もっと私に話してください.

•Mary ate her cake, but she wanted **more**. メアリーは自分のケーキを食べたのにもっと欲(ほ)しがった.

反対語 You must eat **more** and drink **less**. あなたはもっとたくさん食べてお酒を飲むのをもっと減らさなければならない.

•We bought **more** than we needed. 私たちは必要以上の物を買った.

•Give me a little **more** of that cake, please. そのケーキをもう少しください.

all the more それだけますます, なお一層

more and more (〜) ますます(多くの〜)

•**More and more** people came to live in the suburbs of the city. ますます多くの人々が市の郊外(こうがい)に住むようになった.

•The lessons are becoming **more and more** difficult. 授業はますます難しくなってきた.

more or less 多少, いくらか; だいたい

more than 〜 〜より多い, 〜以上の[で]; 十二分に →than の次には名詞・形容詞・副詞・動詞などが続く.

•There were **more than** 100 people. 100人を超(こ)える人々がいた.

•It's **more than** important. それはこの上なく重要だ.

•You're **more than** welcome! (Thank you. に対して)こちらこそ. →You're welcome. (どういたしまして)を強調する言い方.

•The cost **more than** doubled. 経費は2倍以上になった.

much [**still**] **more** まして〜はなおさらのことだ

•You have a right to your property, **much more** to your life. 君には財産に対する権利がある, まして生命に対する権利はなおさらのことだ.

not 〜 any more = **no more** もう〜ない

•I **don't** want **any more**. = I want **no more**. 私はもう(これ以上)ほしくない.

•**No more**, thank you. (食べ物などを勧(すす)められて)もうたくさんいただきました.

no more than 〜 たった〜, ほんの〜 (only); ただ〜にすぎない →no は more を否定する.

•I have **no more than** a dollar. 私はたっ

た1ドルしか持っていない.

not more than 〜 〜より多くはない, 多くて〜 (at most) →not は動詞を否定する.

•There were **not more than** twenty people at the party. そのパーティーに出席した人は(20人以上はいなかった ⇨)せいぜい20人だった.

once more もう一度

•Please sing the song **once more**. もう一度その歌を歌ってください.

the more A, **the more** B A すればするほどますます B →the 副 ❶

moreover /mɔːróuvər モーロウヴァ/ 副 その上に, さらに

morning

小 A1 /mɔ́ːrniŋ モーニング/

名 (複 **mornings** /mɔ́ːrniŋz モーニングズ/)

朝; 午前

→日の出から正午頃(ころ)までの時間帯を指す (→day). 使い方については →afternoon

例 基本 **in the morning** 朝(に), 午前中(に)

•early in the **morning** = in the early **morning** 朝早く

例 基本 **this morning** けさ →×in this morning としない.

•tomorrow **morning** あすの朝, 明朝

•one (winter) **morning** ある(冬の)朝に

•all (the) **morning** 午前中ずっと →the をつけないほうがふつう.

•**from morning till** night 朝から晩まで

例 基本 **on Sunday morning** 日曜日の朝に →特定の日の「朝に」の前置詞は on.

•on a cold **morning** 寒い朝に

•on fall **mornings** 秋の朝に(はよく)

•on Christmas Eve **morning** = on the **morning** of Christmas Eve クリスマスイブ(12月24日)の朝に

関連語 During the summer vacation I study in the **morning** and go out in the **afternoon**. 夏休み中私は午前中に勉強して午後から外出します.

Good morning. A1 おはよう

mórning glòry 名 《植物》アサガオ

mórning stár 名 (the をつけて) 明けの明星(みょうじょう) →日の出前に東の空に見える金星 (Venus).

Morocco /mərákou モラコウ/ 固名 モロッコ →アフリカ北西部の君主国. 公用語はアラビア

語. 首都はラバト.

mortar /mɔ́ːrtər モータ/ 名 モルタル, しっくい

—— 動 モルタルで接合する

mosaic /mouzéiik モウゼイイク/ 名 形 モザイク(の) → タイルなどの小片を組み合わせて作った模様や絵画.

Moscow /máskou マスコウ/ 固名 モスクワ → ロシア連邦(れんぽう)の首都.

Moses /móuziz モウゼズ/ 固名 モーセ → 紀元前13世紀頃(ごろ)のユダヤ民族の指導者. 奴隷(どれい)になっていたユダヤ人を率いてエジプトを脱出した.

Moslem /mázləm マズれム/ 名 形 ＝ Muslim

mosque A2 /másk マスク/ 名 モスク → イスラム教の礼拝所. → **Islam**

mosquito /məskíːtou モスキートウ/ 名 (複 **mosquito(e)s** /məskíːtouz モスキートウズ/) 《虫》蚊(か)

moss /mɔ́ːs モース/ 名 《植物》コケ

most 中 A1 /móust モウスト/

形 ❶(the most 〜 で)最も多くの ❷(×the をつけないで)大部分の, たいていの
副 ❶《形容詞・副詞の前について最上級をつくり》最も, 一番 ❷(しばしば the most で)最も多く
代 ❶(the most で)最も多くの数[量], 最大限 ❷(×the をつけないで)大部分, たいてい

意味map

—— 形 ❶(the most 〜 で)最も多くの → **many** (多数の), **much** (多量の)の最上級.

🔊基本 **the most stamps** 最も多くの切手 → the most＋名詞.

• He has the **most** books in our class. 私たちのクラスで彼が一番多く本を持っている.

✅POINT このように, 最上級の表現のあとには原則として「〜(の中)で」という範囲を限定する言葉が続く. ×*He has the most books.* だけでは不完全.

• He has the **most** money **of** the three brothers. 3人の兄弟のうちで彼が一番たくさんお金を持っている.

❷(×the をつけないで)大部分の, たいていの

🔊基本 **most girls** たいていの女の子 → most＋数えられる名詞の複数.

🔊基本 **most wealth** 大部分の富 → most＋数えられない名詞.

• in **most** cases たいてい(の場合)

• **Most** children like ice cream, but a few don't. たいていの子供はアイスクリームが好きだが, きらいな子供も少しはいる.

—— 副 ❶《形容詞・副詞の前について最上級をつくり》最も, 一番 → 形容詞の前では **the most** 〜, 副詞の前では **most** 〜.

🔊基本 **the most beautiful girl** 最も美しい少女 → the most＋形容詞＋名詞.

• Susie is **the most** beautiful **of** the three sisters. スージーが3姉妹(しまい)のうちでは一番美しい.

🔊基本 **She sang most beautifully of all**. 彼女はみんなのうちで最も見事に歌った. → most＋副詞.

❷(しばしば **the most** で)最も多く, 一番 → most は much (大いに)の最上級.

• I love you (**the**) **most** in this world. 私はこの世で君を一番愛している.

反対語 He worked (the) **most** and yet was paid (the) **least**. 彼は一番多く働いたのにもらったお金は一番少なかった. → least は little (少し)の最上級.

❸(**a most** で)とても, 非常に (very)

• **a most** kind girl とても親切な少女 → ふつうは a very kind girl という. the kindest girl は「一番親切な少女」.

—— 代 ❶(**the most** で)最も多くの数[量], 最大限

関連語 John has **a lot of** comic books, but Bob has **more** and Alan has **the most**. ジョンは漫画の本をたくさん持っているけどボブのほうがもっと持っている, そしてアランが一番たくさん持っている.

• This is the **most** I can do. これが私ができる最大限です[精一杯(せいいっぱい)でこれだけです]. → I can do は the most を修飾(しゅうしょく)する.

❷(×the をつけないで)大部分, たいてい

• We went there by bus, but **most** came by train. 私たちはそこへバスで行ったが, 大部分の人は電車で来た.

• Spanish is spoken in **most of the** countries in South America. スペイン語は南米の国々の大部分で話されている.

mostly 418 four hundred and eighteen

• **Most of them** are imported goods. それらのほとんどは輸入品です.

• We spent **most of our** money. 私たちは自分たちのお金をほとんど使ってしまった.

文法 ちょっとくわしく

most of の次には限定された名詞が続く. 従ってその名詞の前には the, these, my などがつく. 人称(にんしょう)代名詞 (it, us, you, them など)はそれ自体が限定された人[物]を示しているからそのままでよい.

○ most of **the** children
× most of *children*
○ most of **our** money
× most of *money*

---

at (the) most 多くとも, せいぜい

for the most part 大部分は, たいてい (mostly)

make the most of ~ ~を最大限に利用する

most of all 中でも一番, とりわけ

mostly A2 /móustli モウストり/ 副 たいてい, 大部分は

motel /moutél モウテる/ 名 モーテル → 自動車道路沿いにあるドライバーのための簡易宿泊(しゅくはく)所. **mot**or と h**otel** の混成語.

moth /mɔ́:θ モーす/ 名 《虫》ガ(蛾); (衣類を食う)イガ

mother 小 A1 /mʌ́ðər マざ/ 名

(複 **mothers** /mʌ́ðərz マざズ/)

❶ **母** 関連語「父」は **father**.

✓POINT 家庭内では固有名詞のように使い, 冠詞(かんし)をつけず, 書く時は大文字で始める. 「何かを生み出す源」の意味でも使われる. 年齢(ねんれい)の低い子供は mom, mommy ということが多い. **→mom**

• my [Jack's] **mother** 私の[ジャックの]母

• **Mother** is not at home. 母は留守です.

• Oh, **Mother**, please. Let me go to the party. ねえ, お母さん, お願い. パーティーに行かせて.

• She is the **mother** of five children. 彼女は5人の子供の母親だ.

• Mrs. Smith will become a **mother** next month. スミスさんの奥(おく)さんは来月母親になるでしょう[お子さんがお生まれになるでしょう].

ことわざ Necessity is the **mother** of invention. 必要は発明の母.

• a **mother** bird 母鳥

• **Mother** Earth 母なる大地

❷ **(Mother で)** マザー → 母と仰(あお)がれるような女性, また女子修道院長に対する敬称・呼びかけに用いる.

• **Mother** Teresa マザーテレサ

móther còuntry 名 母国, 故国

Mother Goose /mʌ́ðər gú:s マざ グース/ 固名 グースおばあさん → 英国に古くから伝わるわらべ歌を集めた童謡(どうよう)集『マザーグース』(*Mother Goose's Tales*) の作者とされる架空(かくう)のおばあさん.

mother-in-law /mʌ́ðərin lɔ: マざリン ろー/ 名 (複 **mothers-in-law** /mʌ́ðərzin lɔ: マざズィン ろー/) 義理の母, しゅうとめ

Mother's Day /mʌ́ðərz dèi マざズ デイ/ 名 母の日 →5月の第2日曜日.

móther tóngue 名 母語, 母国語

motif /moutí:f モウティーふ/ 名 (複 **motifs** /moutí:fs モウティーふス/) モチーフ →文学作品や芸術作品を支配する思想. 音楽の曲の中に繰(く)り返し現れる主要な旋律(せんりつ).

motion /móuʃən モウション/ 名 運動, 動き, 動作

—— 動 ~に身ぶりで合図する

mótion pícture 名 《米》映画 (movie)

motive /móutiv モウティヴ/ 名 動機

motor /móutər モウタ/ 名 発動機, モーター, エンジン (engine)

motorbike /móutərbaik モウタバイク/ 名
❶ 《米》モーターバイク → 軽量のオートバイ. また小型エンジン付き自転車.
❷ 《英》オートバイ (motorcycle)

motorboat /móutərbout モウタボウト/ 名 モーターボート

motorcycle /móutərsaikl モウタサイクる/ 名 オートバイ, バイク

• **ride (on) a motorcycle** バイクに乗る

mótor hòme [《英》 càravan] 名 キャンピングカー →《米》では camper, trailer, 《英》では単に caravan ともいう.

motorist /móutərist モウタリスト/ 名 自動車[バイク]運転者

motorway A2 /móutərwei モウタウェイ/ 名 《英》高速自動車道路 (《米》expressway)

motto /mátou マトウ/ 名 (複 **motto(e)s**

/mátouz マトウズ/) 標語, モットー
mould /móuld モウるド/ 名 《英》=mold
mouldy /móuldi モウるディ/ 形
《英》=moldy
mound /máund マウンド/ 名
❶ (墓・遺跡(いせき)などで土・石などを盛り上げた)塚(つか), 小丘(しょうきゅう); (物を積み上げた)山
❷ (野球場で, 土が少し高く盛られているピッチャーの)マウンド
mount /máunt マウント/ 名 山 →ふつう **Mt.**, **Mt** と略して山名に使う.
• **Mount** Fuji=**Mt.** Fuji 富士山
── 動 ～に登る; (馬などに)乗る

mountain 小 A1 /máuntin マウンテン/ 名 (複 **mountains** /máuntinz マウンテンズ/)

❶ 山 類似語 「丘, 小山」は **hill**.
• the top of a **mountain** 山の頂上
• **climb** a **mountain** 山に登る
• Mt. Fuji is the highest **mountain** in Japan. 富士山は日本で一番高い山だ. →山名の前につける時はふつう **Mt.**, **Mt** と略す.
• **a chain of mountains** 連山, 山脈
• live in the **mountains** 山に住んでいる →一般的に「山岳(さんがく)地帯」という意味での「山」は, このように **the mountains** という.
• He likes to go to the **mountains**. 彼は山へ行くことが好きです.
❷ (the ～ Mountains で) ～山脈
• **the** Rocky **Mountains** ロッキー山脈
móuntain clímbing 名 登山
mountaineering /mauntiníəriŋ マウンテニアリング/ 名 登山
móuntain líon 名 《動物》アメリカライオン →クーガー (cougar), ピューマ (puma) とも呼ばれる.
mountainous /máuntənəs マウンテナス/ 形 山地の, 山の多い
mountainside /máuntinsaid マウンテンサイド/ 名 山腹
mourn /mó:rn モーン/ 動 (人の死を)悲しむ, 嘆(なげ)く; 追悼(ついとう)する, 悼(いた)む
mournful /mó:rnfəl モーンふる/ 形 悲しい; 哀(あわ)れを誘う

mouse 小 A1 /máus マウス/ 名

❶ (複 **mice** /máis マイス/) 《動物》 ハツカネズミ →mice

参考 **mouse** は西洋でふつうのネズミで, 人家にすむイエネズミ (**house mouse**) や野原にいるノネズミ (**field mouse**) などの種類がある. ペットにしたり動物実験用にも使われる. 日本の家に出てくるネズミ (**rat**) よりも小さい.

• The **mouse** squeaked and ran away when it saw the cat. ネズミはネコを見るとチューチュー鳴いて逃(に)げた.

イメージ (mouse)
mouse はチーズが大好物で「かわいらしいおく病者」の感じを持たれているが, **rat** のように「悪者」のイメージはない.

❷ (複 **mice**, **mouses** /máuziz マウズィズ/) 《コンピューター》 マウス
moustache /mʌ́stæʃ マスタシュ/ 名 《英》 = mustache (口ひげ)
mouth 小 A1 /máuθ マウす/ 名
(複 **mouths** /máuðz マウずず/) →複数形になると th の音が /ð ず/ に変わることに注意.
❶ (人間・動物の)口

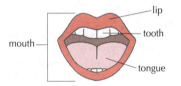

• **open** *one's* **mouth** 口をあける
• He has a pipe in his **mouth**. 彼はパイプをくわえている.
• Don't speak with your **mouth** full. 口にものをほおばったまましゃべってはいけない. → with A full は「Aをいっぱいにして」.
• **Shut** your **mouth**. (口を閉じろ ⇨)黙(だま)れ.
• She was surprised and put her hand over her **mouth**. 彼女は驚(おどろ)いて手を口に当てた.
→驚きを表すしぐさ.
❷ (ほら穴などの)出入り口; 河口; (びんの)口; 口状のもの
• the **mouth** of a cave ほら穴の口
• the **mouth** of the Thames テムズ河口
by word of mouth 口頭で, 口伝えで

move

move 中 A1 /múːv ムーヴ/ 動

❶ **動く, 移動する, 引っ越(こ)す; 動かす**

• **move about** 動き回る

• **move along [on]** 進んで行く, 進ませる

• **move away** 離れる, 去って行く

• **move in [out]** 引っ越して来る[行く], 入って来る[出て行く]

• **move in [into]** a new house 新しい家へ移る[引っ越す]

• Let's **move to** another seat. I can't see the screen. ほかの席へ移ろうよ. (映画の)スクリーンが見えないもの.

• The earth **moves around** the sun. 地球は太陽の周りを動いている.

• His family **moved from** Seattle **to** Boston last month. 彼の家族は先月シアトルからボストンへ引っ越した.

• Who has **moved** my book? I left it on the table. 誰(だれ)が僕(ぼく)の本を動かしたの. テーブルの上に置いて行ったのに. →最初の文は現在完了形. →**have** 助動 ❶

• There is no wind. Not a leaf is **moving**. まったく風がない. 1枚の木の葉も動いていない. →**is** 助動 ❶

❷ **心を動かす, 感動させる**

• The movie **moved** us deeply. その映画は私たちを深く感動させた.

• We were deeply **moved** by his speech. 私たちは彼の演説に深く感動させられた[感動した]. →**were** 助動 ❷

move over (席・列などを)詰(つ)める

―― 名 **動き, 移動**; (チェス・将棋(しょうぎ)などの駒(こ)ま)の)**動かし方, 動かす番**

• make a **move** 動く, 行動を起こす, 引っ越す

• a good [the first] **move** よい手[先手]

• It's your **move**. (チェス・将棋などで)君の番だ. →「今度は君が行動を起こす[返答する]番だ」の意味にも使う.

Get a move on! 《話》急げ, 早くしろ

movement 中 /múːvmənt ムーヴメント/ 名

❶ **動くこと, 動き, 動作**

• with a quick **movement** すばやい動きで

❷ (社会的・宗教的)**運動**

• a civil rights **movement** (人種・性別などによる差別撤廃(てっぱい)を求める)公民権運動

mover /múːvər ムーヴァ/ 名 《米》**引っ越(こ)し会社[業者]**

---

movie 小 A1 /múːvi ムーヴィ/ 名

《米》**映画** (film)

• a horror [SF] **movie** ホラー [SF] 映画

• a **movie** star [fan] 映画スター[ファン]

• a **movie** director [studio] 映画監督(かんとく)[撮影(さつえい)所]

• see a **movie** about a war in space 宇宙戦争の映画を見る

• I like to see **movies** on TV. 私はテレビで映画を見るのが好きだ.

• go to the **movies** 映画を見に行く

POINT the movies は「(集合的に)映画(の上映)」, the movie は「その映画」.

móvie hòuse [thèater] 名 《米》**映画館**

moving /múːviŋ ムーヴィング/ 動 **move** の -ing 形 (現在分詞・動名詞)

―― 形 ❶ **動いている, 動く** ❷ **人の心を動かす, 人を感動させる**

mow /móu モウ/ 動 (三単現 **mows** /móuz/; 過去 **mowed** /móud モウド/; 過分 **mowed, mown** /móun モウン/; -ing形 **mowing** /móuiŋ モウイング/) **刈(か)り取る, 草を刈る**

mower /móuər モウア/ 名 **草を刈(か)る人; 芝刈(しばか)り機** (lawn mower)

mown /móun モウン/ 動 **mow** の過去分詞

Mozart /móutsɑːrt モウツァート/ 固名 (**Wolfgang A. Mozart**) **モーツァルト** →オーストリアの作曲家 (1756–1791).

Mr., Mr 中 A1 /místər ミスタ/ 略

❶ **～氏, ～さん, ～様, ～先生** →(成人した)男性への敬称. mister (＝master). 《英》ではピリオドをつけないことが多い.

• **Mr.** (James) Bond (ジェームズ)ボンド氏 →男性の名字, または名前＋名字の前につける. ×*Mr. James* と名前だけにはつけない.

• Good morning, **Mr.** Bond. ボンドさん[先生], おはようございます. →呼びかけの時は名字だけをいう.

• **Mr.** Smith teaches us English. スミス先生が私たちに英語を教えてくれる. →×*Teacher* Smith とはいわない.

• I have a question, **Mr.** President. 大統領閣下, おたずねしたいことがあるのですが. →このように官職名につけて呼びかけに使う. →**chairman**

❷ **(Mr.** ＋地名・職業名などで) **ミスター～** →コンテストの優勝者・その職業などを代表する優(すぐ)れた男性などの称号.

•**Mr.** Universe [Baseball, Giants] ミスターユニバース[ベースボール, ジャイアンツ]

***Mr. and Mrs. ～** ～夫妻*

•**Mr. and Mrs.** Jones will come here today. ジョーンズご夫妻はきょうここへお見えになります.

Mrs., Mrs A1 /mísiz ミセズ/ 略
～夫人, ～さん; ～先生 →結婚(けっこん)している女性への敬称. mistress (主婦)の省略形.《英》ではピリオドをつけないことが多い.

•**Mrs.** Smith スミス夫人, スミス氏の奥(おく)さん

•**Mrs.** Michelle Smith ミシェル・スミスさん →ふつうは (女性自身の名前＋)名字の前につける. ×*Mrs. Michelle* とはいわない.

•**Mrs.** Donald Smith ドナルド・スミス夫人 →公式の場または夫との関連でその妻をいう時は, このように夫の名前＋名字の前につける.

•**Mrs.** Sato is our music teacher. 佐藤先生が私たちの音楽の先生です. →×*Teacher* Sato とはいわない.

関連語 When **Miss** Green got married, she became **Mrs.** White. ミス・グリーンは結婚してミセス・ホワイトになった. →未婚(みこん)既婚(きこん)を区別しない **Ms.** (**Ms**) も多く使われる.

MS 略 =Mississippi

Ms., Ms 中 A2 /míz ミズ/ 略
～さん, ～先生 →(成人)女性への敬称. 女性だけ Miss, Mrs. で未婚(みこん)・既婚(きこん)の区別をするのは不当だとする考えから生まれた語.《英》ではピリオドをつけないことが多い.

•**Ms.** (Ann) Smith (アン・)スミスさん

MT 略 =Montana

Mt., Mt 小 /máunt マウント/ 略 = mount (山) →山の名前の前につける.

much 小 A1 /mátʃ マチ/

		意味map
形	多量の, たくさんの	
副	❶たいへん, 大いに, とても	
	❷《比較(ひかく)級・最上級を強めて》ずっと	
代	多量, たくさん	

―― 形
| 比較級 **more** /mɔ́ːr モー/ |
| 最上級 **most** /móust モウスト/ |

多量の, たくさんの, 多くの

関連語 **many** (多数の)

他 基本 **much** money たくさんのお金 → much＋数えられない名詞.

•**much** time たくさんの時間

•**much** snow たくさんの雪

•**much** water 多量の水

> **文法　ちょっとくわしく**
> 特に話し言葉では **much** はふつう疑問文や否定文で使われる. 肯定(こうてい)文で使われると形式張った感じになるので, **as**, **how**, **so**, **too** とともに使われるほかは, 代わりに **a lot of**, **lots of**, **a good deal of**, **plenty of** などを使うことが多い.

•We don't have **much** snow here in winter. ここでは冬にあまり雪が降らない.

•The noise is too **much**. 騒音(そうおん)がひどすぎる.

•That's too **much** for me. それは私には多すぎる[荷が重すぎる, 手に負えない].

•Ann ate **more** ice cream **than** Bob. アンはボブよりたくさんのアイスクリームを食べた.

•Ken ate **the most** ice cream of all. ケンはみんなの中で一番たくさんのアイスクリームを食べた.

―― 副 (比較級 **more** /mɔ́ːr モー/; 最上級 **most** /móust モウスト/)

❶ **たいへん, 大いに, とても**

他 基本 **I** like his pictures very **much**. 私は彼の絵が大好きです. →動詞の意味を強める時は very much を使うことが多い.

•Thank you very **much**. たいへんありがとうございます.

•I don't like him very **much**. He talks too **much**. 私は彼があまり好きじゃない. 彼はしゃべりすぎる.

•The shoes are **much** too big for me. その靴(くつ)は私にはとても大きすぎる. →much は too big を修飾(しゅうしょく)する.

❷《比較級・最上級を強めて》**ずっと, はるかに** →最上級を強めるにはふつう by far を使う.

•**much** more ずっとたくさん(のこと) →成句

•You can sing **much** better than I can [《話》 than me]. 君は私よりもずっと歌がじょうずだ.

•Your school is **much** larger than ours. 君たちの学校は私たちの(学校)よりずっと大きい. →ours=our school.

— 代 多量, たくさん, 多く 関連語 **many** (多数)

- **much** of the money そのお金の多く
- I haven't seen **much** of him lately. 私は最近あまり彼に会わない. →現在完了の文. → **have** 助動 ❷
- Don't eat too **much** of the cake. ケーキを食べすぎちゃだめよ.
- **Much** of the country is desert. その国の大部分が砂漠(さばく)だ.
- I don't eat **much** for breakfast. 私は朝食はたくさん食べません.
- I don't know **much** (about him). 私は(彼については)あまり知りません.

> 文法 ちょっとくわしく
> **much of** の次には限定された名詞が続く. 従ってその名詞の前には the, my などがつく. 人称(にんしょう)代名詞 (it, him など) はそれ自体が限定された人[物]を示しているからそのままでよい.
> ○ much of **the** money
> × much of *money*

***as much as** A* Aと同じだけ
- You can play **as much as** you like. 君は好きなだけ遊んでもよい.

***as much** B **as** A* Aと同じだけのB
- He drinks **as much** coffee **as** tea. 彼はコーヒーもお茶も同じくらい飲む.
- You have twice **as much** money **as** I have [《話》**as** me]. (君は私が持っているのと同じだけのお金の2倍 ⇨) 君は私の2倍のお金を持っている.

how much (~) どれほどたくさん(の~); いくら
- **How much** (money) do you need? 君はどれだけ(のお金が)必要なのですか.

 会話

A: **How much** is this?
B: Ninety-five dollars.
A: Too expensive! Could you make it a little cheaper?
B: No.
A: これはいくらですか.
B: 95ドルです.
A: 高すぎるなあ. もう少しまけてくれませんか.

B: だめです.

How much is this?

***make much of** ~* ~を重んじる, 大事にする; (子供など)をちやほやする
- That school **makes much of** tradition. あの学校は伝統を重んじる.

***much less** まして~でない → **less** 成句
***much more** ① ずっとたくさん(のこと)
② まして~はなおさらのことである → **more** 成句

***So much for** ~* ~はこれでおしまい
- **So much for** the history of Japan. We will now talk about its economy. 日本の歴史のことはこれくらいにして, 今度は日本の経済について話しましょう.

***think much of** ~* ~を高く評価する, ~を重んじる →否定文で使うことが多い.
- Father didn't **think much of** Paul's plan. 父はポールの計画をあまりいいとは思わなかった.

mud /mʌ́d マド/ 名 泥(どろ)
muddy /mʌ́di マディ/ 形 (比較級 **muddier** /mʌ́diər マディア/; 最上級 **muddiest** /mʌ́diist マディエスト/) 泥(どろ)だらけの; 泥でぬかる, (泥で)濁(にご)った
muffin /mʌ́fin マフィン/ 名 マフィン →柔(やわ)らかい菓子(かし)パン.《米》ではカップ型のもの, 《英》では平たい丸型のもの.

《米》 《英》

muffler /mʌ́flər マふら/ 名 マフラー →《米》(自動車やバイクの)消音装置.
mug A2 /mʌ́g マグ/ 名 マグ, マグカップ →陶製(とうせい)または金属製の, 取っ手の付いた円筒(えんと

four hundred and twenty-three　423　**Muslim**

ぅ形カップ.

Muhammad /muhǽməd ムハマド/ 固名
ムハンマド, マホメット →アラビアのメッカ (Mecca) に生まれたイスラム教の開祖 (570? – 632).

mulberry /mʌ́lbəri マるベリ/ 名 (榎 **mul-berries** /mʌ́lbəriz マるベリズ/) 〖植物〗 クワ; クワの実

mule /mjúːl ミューる/ 名 〖動物〗 ラバ →雄(おす) ロバと雌(めす)馬との雑種.

イメージ (mule)
体は頑丈(がんじょう)で知能も高いが, 性質は強情(ごうじょう). as stubborn as a mule (ラバのように強情な)は「ものすごく強情な」の意味.

multi- /mʌ́lti マるティ/ 「多くの」という意味の合成語をつくる:
- **multi**cultural 多文化の
- **multi**national 多国籍の

multilingual /mʌ̀ltilíŋɡwəl マるティりンぐワる/ 形 数か国語を話せる; 多言語の

multiply /mʌ́ltəplai マるティプらイ/ 動 (三単現 **multiplies** /mʌ́ltəplaiz マるティプらイズ/; 過去・過分 **multiplied** /mʌ́ltəplaid マるティプらイド/; -ing形 **multiplying** /mʌ́ltəplaiiŋ マるティプらイイング/)
掛(か)け算をする, 掛ける; 増やす, 増える

multipurpose /mʌ̀ltəpə́ːrpəs マるティパ～パス/ 形 (道具などが)多目的の, 多用途の

mum A1 /mʌ́m マム/ 名 《英話》ママ, お母さん (《米》mom)

Mumbai /mʌmbái マンバイ/ 固名 ムンバイ →インド西部の都市. 旧称ボンベイ.

mummy[1] /mʌ́mi マミ/ 名 (榎 **mummies** /mʌ́miz マミズ/) 《英小児(しょうに)語》ママ, お母ちゃん (《米》mommy)

mummy[2] /mʌ́mi マミ/ 名 (榎 **mummies** /mʌ́miz マミズ/) ミイラ

murder A2 /mə́ːrdər マ～ダ/ 動 (人を不法に)殺す
── 名 殺人, 人殺し; 殺人事件
- **commit murder** 殺人を犯(おか)す

murderer /mə́ːrdərər マ～ダラ/ 名 殺人者, 人殺し

murmur /mə́ːrmər マ～マ/ 動 ささやく, 小声で言う
── 名 ささやき, (人声の)ざわめき, つぶやき声

muscle /mʌ́sl マスる/ 名 筋肉

Muse /mjúːz ミューズ/ 固名 ミューズ →ギリシ

ャ神話で文芸・音楽の女神(めがみ)(全部で9人).

museum 小 A2 /mjuːzíːəm ミューズィーアム| mjuːzíəm ミューズィアム/ 名
博物館, 美術館 →ギリシャ語で「Muse の館」の意味.
- a science **museum** 科学博物館
- an art **museum** 美術館

mush /mʌ́ʃ マシュ/ 名 《米》やわらかくどろどろしたもの

mushroom 小 A2 /mʌ́ʃruːm マシュルーム/ 名 キノコ →toadstool

music 小 A1 /mjúːzik ミューズィク/ 名

❶ 音楽
- play [perform] **music** (音楽を)演奏する →×ふつう a music, musics としない.
- a piece of **music** (音楽の)1曲
- classical [popular, rock] **music** クラシック[ポピュラー, ロック]音楽
- listen to **music** 音楽を聴(き)く
- a **music** teacher 音楽の先生
- a **music** room 音楽室

❷ 楽譜(がくふ)
- a sheet of **music** 1枚の楽譜
- read **music** 楽譜を読む
- play without **music** 楽譜を見ないで演奏する

語源 (music)
ギリシャ語で「ミューズの神々 (→**Muse**) の技術」の意味から.

musical 中 A2 /mjúːzikəl ミューズィカる/ 形
音楽の, 音楽的な; 音楽好きな; 音楽の才能がある
- a **musical** instrument 楽器
- My family are not **musical** at all. うちの家族はみんな音楽の才能が全くない.
── 名 ミュージカル →歌・音楽・踊(おど)りを中心に構成した演劇・映画.

músical bòx 名 《英》=music box
músical cháirs 名 椅子(いす)取りゲーム →単数扱(あつか)い.

músic bòx 名 《米》オルゴール (《英》music box)

musician 小 A1 /mjuːzíʃən ミューズィシャン/ 名 音楽家, ミュージシャン

músic stànd 名 楽譜(がくふ)台, 譜面(ふめん)台
Muslim /múzlim ムズりム/ 名形 イスラム教徒, ムスリム; ムスリムの →Islam

must

must 中 A1 /弱形 məs(t) マスト, 強形 mʌ́st マスト/

[助動] ❶ ～しなければならない 意味map
❷ ～に違いない
❸ (must not *do* で) ～してはならない

―― [助動] ❶《必要・義務・命令を表して》～しなければならない

POINT must には過去形・未来形がないので，過去のことには **had to** *do*（～しなければならなかった），また未来のことには **will have to** *do*（～しなければならないでしょう）を使う． → **have to** *do* (**have** 成句)

基本 **We must work.** 私たちは働かなければならない． → must＋動詞の原形. must は非常に強い響(ひび)きの語で，場合によっては相手に失礼になることもあるので，会話では must *do* の代わりにしばしば have to *do* を使う．

・**It is very late; I must go now.** とても遅(おそ)くなった．私はもう行かなければならない．→ It は漠然(ばくぜん)と「時」を表す．進行形で I **must be going** now. ともいう．

・**We must eat to live.** 私たちは生きるためには食べなければならない．

・**You must come to my house.** ぜひ私の家に来てください．

 会話

Must I come tomorrow?—Yes, you must. / No, you don't have [need] to.
私はあした来なければなりませんか．―ええ，来なければなりません．/いいえ，その必要はありません．

→ you must not. は「来てはいけない」の意味になるから注意（→❸）．

Oh, **must** you go?—Yes, I'm sorry I **must**.
おや，（どうしても）行かなければならないのですか．―ええ，すみませんがそうなのです．

❷《断定的推量を表して》～に違いない

・**The story must be true.** その話は本当に違いない．→「本当のはずがない」は cannot be true.

・**I must be dreaming.** 僕(ぼく)は夢をみているに違いない．

・**You must be tired after such a long trip.** こんな長い旅行のあとだから君は疲(つか)れているに違いない［きっとお疲れでしょう］．

❸ (must not *do* で)《強い禁止を表して》～してはならない → must not はしばしば略して **mustn't** /マスント/ という．

・**You mustn't park your car here.** ここに車を止めてはいけません．

 会話

May I practice the sax here?— No, you **mustn't**.
ここでサックスの練習をしてもいいですか．―いいえ，いけません．

―― 名 (a must で) 絶対に必要なもの，ぜひ見る［聞く］べきもの

・**When you climb Mt. Fuji, a sweater is a must even in August.** 富士山に登るなら，8月でもセーターは絶対必要だ．

mustache /mʌ́stæʃ マスタシュ/ 名《米》(時に **mustaches** で) 口ひげ; (ネコなどの)ひげ → 《英》では moustache とつづる． → **beard**

mustard /mʌ́stərd マスタド/ 名 マスタード，辛子(からし)

mustn't /mʌ́snt マスント/ (→ t は発音しない) must not を短くした形

mutter /mʌ́tər マタ/ 動 (不平などを)ぶつぶつ言う，つぶやく

mutton /mʌ́tn マトン/ 名 羊肉，マトン 関連語
sheep (羊), **lamb** (子羊の肉)

mutual /mjúːtʃuəl ミューチュアる/ 形 ❶ 相互(そうご)の，互(たが)いの ❷ 共同の，共通の

MVP /émviːpíː エムヴィービー/ 略 最優秀(ゆうしゅう)選手 → **M**ost **V**aluable **P**layer.

my

my 小 A1 /mai マイ/ 代

❶ 私の → **I** の所有格． → **I**²
関連語 **our** (私たちの)

基本 **my pen** 私の(所有している)ペン → my＋名詞．

・**my book** 私の持っている本; 私の書いた本 →「所有」のほか，「著者(私が書いた)」も表す．

・**my brother(s)** 私の兄弟(たち)

・**that hat of my father's** 私の父のその帽子(ぼうし) → **mine**¹ ❷

・**I touched it with my hand.** 私はそれに自分の手で触(さわ)ってみた． → I (私は)が主語の時

は my を「自分の」と訳したほうがよい.

❷《間投詞として使い》あら!, おや!

•Oh, **my**! あらあら!

•**My**, what a big house! あら, なんて大きなおうち!

Myanmar /mjánmər ミャンマ/ 固名 ミャンマー → 東南アジアの国(旧称ビルマ). 首都はネーピードー (Nay Pyi Taw). 商業の中心地は旧首都ヤンゴン. 公用語はビルマ語 (Burmese).

myself 中 A2 /maisélf マイセるふ/ 代
(覆 **ourselves** /auərsélvz アウアセるヴズ/)

❶ 私自身を[に]; 私, 自分 関連語 **ourselves** (私たち自身を[に], 私たち, 自分たち) → **oneself**

•There are three people in my family—Father, Mother, and **myself**. 私の家族は3人です—父, 母, そして私です.

•I hurt **myself**. (自分自身を傷つけた ⇨)私はけがをした.

•I couldn't stop **myself**. (自分を止めることができなかった ⇨)私はどうしても我慢(がまん)できなかった.

•I said to **myself**, "I'll do it." 「それをしよう」と私は自分(の心)に言いきかせた.

❷《主語の意味を強めて》私自身で, 自分で

•I **myself** said so. =I said so **myself**. 私自身がそう言ったのだ. → myself を文末に置くほうが口語的.

❸《話》いつもの私, 本来の私

•I was not **myself** yesterday. 昨日はいつもの僕(ぼく)じゃなかった[どこか変だった].

by myself ひとり(ぼっち)で; 独力で

•I live **by myself**. 私はひとりで暮らしている.

•I can't do it **by myself**. 私は自分だけの力ではそれをすることができない.

for myself 独力で, ひとりで; 自分のために

mysterious A2 /mistí(ə)riəs ミスティ(ア)リアス/ 形 神秘的な, 不可思議な, わけのわからない

mystery A2 /místəri ミステリ/ 名
(覆 **mysteries** /místəriz ミステリズ/)

❶ 神秘, 不思議(な事), 謎(なぞ)

•solve a **mystery** 謎を解く

❷ 推理小説, ミステリー

myth /míθ ミす/ 名 神話 → 「(一般に言われてはいるが)根拠(こんきょ)の無い話[事柄(ことがら)], 作り話[事], デマ」などの意味でも使われる.

N n *N n*

N¹, n /én エン/ 图 (趨 **N's, n's** /énz エンズ/)
エヌ → 英語アルファベットの14番目の文字.

N., N² 略 =**n**orth (北)

n. 略 =**n**oun (名詞)

'n, 'n' /ən アン/ 接 《話》=and
• rock**'n'**roll ロックンロール

nail /néil ネイル/ 图
❶ くぎ
• **drive** a **nail into** the board 板にくぎを打ち込(こ)む
• He really hit the **nail** on the head when he said ~. 彼は~と言ったが, それはまさにくぎの頭を打った. →「まさに的を射た表現だ」の意味.
❷ (手足の)爪(つめ) **→fingernail, claw**
• cut *one's* **nails** 爪を切る
— 動 **くぎ付けにする, くぎを打つ**
• **nail** a sign **on** [**to**] the door 看板をドアにくぎで打ち付ける

nail down くぎ付けにする; (人を約束などに) 縛(しば)りつける: (取り決め・事実などを)確定する

Nairobi /nairóubi ナイロウビ/ 固名 ナイロビ
→ ケニヤの首都.

naked /néikid ネイキド/ (→×/ネイクト/ ではない) 形 裸(はだか)の, むき出しの

name 小 A1 /néim ネイム/ 图
(趨 **names** /néimz ネイムズ/)

名前, 名
• His **name** is George Lucas. 彼の名前はジョージ・ルーカスです.

> 🐻参考 George Lucas の George は生まれた時与(あた)えられた名で **given name**, または洗礼の時につけられた名の意味で **Christian name** という. Lucas は一家の名で **family name** (家族名, 姓(せい)). 米国では George の部分を **first name**, Lucas の部分を **last name** ともいう.
> 以前は日本人の名前もこれに合わせて Hayao Miyazaki のように名・姓の順で言うことが多かったが, 最近は日本語での順番を変え

ずに Miyazaki Hayao と言うことも多い.
→middle name

• Hi! What's your **name**? やあ! 君なんていう名前? → ぶっきらぼうな聞き方.
• May I have [ask] your **name**? お名前を伺(うかが)ってもよいですか(失礼ですがお名前をお聞かせください).
• What **name**, please? (電話・受付などで)お名前は?
• Blackie is my dog's **name**. ブラッキーというのが僕(ぼく)の犬の名前です.
• Do you know the **name** of this flower? この花の名前を知っていますか.
• We call each other by our first **names**. 私たちは互(たが)いにファーストネームで呼び合う. **→first name**

by name 名前で, 名前は
• I know him **by name**. (会ったことはありませんが)その人の名前は知っています.

call ~ names (「ばか・うそつき」などと言って)~の悪口を言う
• You can **call** me **names**, but I won't change my mind. 君がなんと悪口を言おうと僕は考えを変えないよ.

make a name for *oneself* (努力して)有名になる

— 動 (三単現 **names** /néimz ネイムズ; 過去・過分 **named** /néimd ネイムド/; -ing形 **naming** /néimiŋ ネイミング/)
❶ (~を…と)名づける: ~に名前をつける
🏠基本 **name** the baby Linda 赤ん坊(ぼう)をリンダと名づける. →name *A B* は「AをBと名づける」.
• He always **names** his dogs **after** [**for**] famous actors. 彼はいつも有名な俳優にちなんで[の名をもらって]自分の犬たちの名前をつける.
• a king **named** Solomon ソロモンという名の王 →named は過去分詞(~と名づけられた)で a king を修飾(しゅうしょく)する.
• They **named** the baby Thomas. 彼らは

その赤ん坊にトーマスという名前をつけた.
- He **was named** Thomas after [for] his uncle. 彼はおじの名をもらってトーマスと名づけられた. →受け身. →**was** 助動 ❷
- **Naming** a baby is very difficult. 赤ん坊の名前をつけるのはとても難しい. →Naming (名前をつけること)は動名詞で文の主語.

❷ 名前を挙げる, 名前を言う
- Can you **name** the colors of the rainbow? 君は虹(にじ)の色(の名前)を言えますか.

❸ 任命する, 指名する, 指定する
- They **named** him chairman of the committee. 彼らは彼を委員会の議長に指名した. →name A B (役職名)は「AをBに指名する」. Bの前には×a, ×the をつけない.

nameless /néimlis ネイムレス/ 形 名前の無い, 名を明かさない; 無名の; 言いようのない

namely /néimli ネイムリ/ 副 すなわち

nameplate /néimpleit ネイムプレイト/ 名 表札, 名札

nan /ná:n ナーン/ 名 ナン →インド・中近東などで料理に添(そ)えるパンの一種.

nap 中 /nǽp ナプ/ 名 うたた寝(ね), 昼寝(ひるね)
- **take** [**have**] a **nap** in the afternoon 昼寝をする
—— 動 (三単現 **naps** /nǽps ナプス/; 過去・過分 **napped** /nǽpt ナプト/; -ing形 **napping** /nǽpiŋ ナピング/) うたた寝する, 昼寝する

napkin A2 /nǽpkin ナプキン/ 名 ナプキン

nápkin rìng 名 ナプキンリング →ナプキンを巻いてはさんでおく輪.

Naples /néiplz ネイプるズ/ 固名 ナポリ →イタリア南部の港市. 美しい景色で有名.
ことわざ See **Naples** and die. ナポリを見てから死ね. →「生きているうちにぜひ一度見ておけ」という, 景色の美しい場所に対するほめ言葉.「日光を見ないうちは結構と言うな」にあたる.

Napoleon /nəpóuliən ナポウれオン/ 固名 (**Napoleon Bonaparte** /bóunəpàrt ボウナパート/) ナポレオン →フランスの英雄(えいゆう)(1769-1821). フランス革命後皇帝(こうていに)になったが, のちセントヘレナ島に流されてそこで死んだ.

Narcissus /nɑ:rsísəs ナースィサス/ 固名 ナルキッソス →ギリシャ神話で, 水に映った自分の美しい姿に恋(こい)するあまり水に落ちて死にスイセンの花になったといわれる美少年. →**narcissus**

narcissus /nɑ:rsísəs ナースィサス/ 名 《植物》

スイセン →各種のスイセンの総称.

narration /næréiʃən ナレイション/ 名
❶ 物語ること, 述べること; (映画・劇などの)語り, ナレーション ❷ 物語 (story) ❸ 《文法》 話法
→**tell**

narrative /nǽrətiv ナラティヴ/ 名 物語, 話
—— 形 物語(風)の, 話の

narrator /nǽreitər ナレイタ|næréitə ナレイタ/ 名 物語る人, 語り手, ナレーター

narrow /nǽrou ナロウ/ 形 (幅(はば)が)狭(せま)い
→部屋の広さなどが「狭い」というときは **small** を使う.
- a **narrow** street 狭い道路
- a **narrow** mind 狭い心
反対語 This river is **narrow** here but is very **wide** [**broad**] near its mouth. この川はこの辺りでは狭いが河口付近では広い.

NASA /nǽsə ナサ/ 略 米国航空宇宙局 →**National Aeronautics and Space Administration**

nasty /nǽsti ナスティ/ 形 (比較級 **nastier** /nǽstiər ナスティア/; 最上級 **nastiest** /nǽstiist ナスティエスト/) いやな, むかむかするような, 汚(きたな)い; 意地の悪い, ひどい

nation A2 /néiʃən ネイション/ 名 国民; 国家 →**country** 類似語
- the Japanese **nation** 日本国民
- the African **nations** アフリカ諸国

national 中 A2 /nǽʃənl ナショヌる/ 形 国民の; 国家の; 国立の; 全国的な
- a **national** hero 国民的英雄(えいゆう)
- a **national** park 国立公園
- a **national** holiday 国民の祝日
- the **national** diet 国会
- the **national** flag [**anthem**] 国旗[国歌]
- the **national** flower 国花 →日本はサクラ, 英国はバラ. 米国は国花を決めていないがそれぞれの州が州の花を持っている: ニューヨーク州「バラ」, フロリダ州「オレンジ」, カリフォルニア州「ポピー」など.

National Foundation Day 428 four hundred and twenty-eight

• Sumo is our **national** sport. 相撲(すもう)は わが国の国技です.

Nátional Fòundation Dày 名 (日本の)建国記念の日 → 2月11日.

nationality A1 /næʃənǽləti ナショナリティ/ 名 (複 **nationalities** /næʃənǽlətiz ナショナリティズ/) 国籍(こくせき)

会話 What **nationality** are you? = What is your **nationality**?—I'm Italian. あなたはどこの国籍ですか[あなたのお国はどこですか].—イタリアです.

Nátional Léague 固名 (**the** をつけて) ナショナルリーグ → アメリカのプロ野球連盟で大リーグの1つ. → **American League**

Nátional Trúst 固名 (**the** をつけて) ナショナルトラスト → 自然環境(かんきょう)や史跡(しせき)を保護する目的で1895年イギリスに設立された民間団体. 主に寄付によって運営されている.

native 中 A2 /néitiv ネイティヴ/ 形

❶ 故郷の, 生まれた

• my **native** country [land] 私の生まれた国, 故国

• French is her **native** language. フランス語が彼女の母語です.

❷ (そこに)生まれ育った, 土着の

• a **Native** American アメリカ先住民, (アメリカ)インディアン → an American Indian というよりも好まれる言い方.

• a **native** speaker of English 英語を母語としている人

• Kangaroos are **native to** Australia. カンガルーはオーストラリア原産だ.

❸ 生まれながらの, 生まれつきの

• **native** talent 生まれつきの才能

—— 名 その土地のもの, 〜生まれの人; 本国人, 先住民

• a **native** of California (= a native Californian) カリフォルニア生まれの人

• He speaks English like a **native**. 彼はネイティヴのように英語を話す.

NATO /néitou ネイトウ/ 略 ナトー, 北大西洋条約機構 → the North Atlantic Treaty Organization.

natural 中 A2 /nǽtʃərəl ナチュラる/ 形

❶ 天然の, 自然の 関連語 「自然」は **nature**.

• **natural** food 自然食

• **natural** gas 天然ガス

• **natural** resources 天然資源

• **natural** science 自然科学

• A river is a **natural** waterway, but a canal is not. 川は自然の水路だが, 運河はそうではない.

❷ 生まれながらの, 生まれつきの

• her **natural** charm 彼女に生まれつき備わっている魅力(みりょく)

• Her hair has **natural** curls. 彼女の髪(かみ)は生まれつきカールしている.

❸ 当然の, 自然の; 気取らない

• **It is natural for** parents **to** love their children. 親が子を愛するのは当然だ.

naturally /nǽtʃərəli ナチュラリ/ 副 ❶ 生まれつき ❷ 自然に, ふつうに ❸ 当然, もちろん (of course)

nature 小 A2 /néitʃər ネイチャ/ 名

❶ 自然, 自然界 関連語 「自然の」は **natural**.

• the forces of **nature** 自然の力 → 風雨・日光・地震(じしん)など. ×a nature, ×natures などとしない.

• the beauties of **nature** 自然の美

• a **nature** park 自然公園

• He saw signs of new life everywhere in **nature**. (春になって)彼は自然の至るところに新しい生命の気配を見た.

❷ 天性, 性質, 特徴(とくちょう)

• human **nature** 人間の本性, 人間性, 人情

• a girl with a good **nature** 気立てのよい少女

• Mary has a happy **nature**. メアリーは陽気な性質だ.

by nature 生まれつき

• He is a hard worker **by nature**. 彼は生まれつき勤勉だ.

naughty /nɔ́ːti ノーティ/ 形 いたずらな, わんぱくな; 行儀(ぎょうぎ)の悪い

naval /néivl ネイヴる/ 形 海軍の

navel /néivl ネイヴる/ 名 へそ

navigation /nævəgéiʃən ナヴィゲイション/ 名 航海(術); 航空(術)

navigator /nǽvəgeitər ナヴィゲイタ/ 名 航海者; 航海長; 航空士

navy /néivi ネイヴィ/ 名 (複 **navies** /néiviz ネイヴィズ/) 海軍 関連語 **army** (陸軍), **air force** (空軍)

Nazi /náːtsi ナーツィ/ 名 ❶ (かつてのドイツの) ナチ党員 ❷ (the Nazis で) ナチ党 → ヒトラ

―(→**Hitler**)の指導した党.

NBA 略 全米バスケットボール協会 →National Basketball Association.

NE 略 =Nebraska

near 小 A1 /níər ニア/

形 《距離(きょり)・時間・関係が》近い 意味map
副 近くに
前 ～の近くに, ～の近くの

―― 形 (比較級 **nearer** /níərər ニアラァ/; 最上級 **nearest** /níərist ニアレスト/)

《距離・時間・関係が》近い 反対語 **far**(遠い)

near　　　　　　　　far

基本 a **near** relative 近い親戚(しんせき) → near+名詞.

• in the **near** future 近い将来に, 近いうちに

基本 Spring is **near**. 春は近い. →be 動詞+near.

• The bus stop is quite **near**, so let's walk. バス停はすぐ近くだから, 歩こう.

• The bus stop is **nearer** than the railroad station. バス停のほうが駅よりも近い.

• the **nearest** post office 一番近い[最寄(もよ)りの]郵便局

―― 副 (比較級 **nearer** /níərər ニアラァ/; 最上級 **nearest** /níərist ニアレスト/) 近くに

基本 come **near** 近くに来る, 近寄る →動詞+near.

• go **near** 近くに行く, 近寄る

• My aunt lives quite **near**. 私のおばはすぐ近くに住んでいます.

• Spring is drawing [getting] **near**. 春が近づいてきた.

• Come **nearer** to the fire. もっと火の近くに寄りなさい.

―― 前 ～の近くに, ～の近くの →前置詞ではあるが形容詞や副詞と同様に **nearer, nearest** と比較変化する.

• live **near** the river 川の近くに住む

• a house **near** the river 川の近くの家

• Our school is **near** the park. 私たちの学校は公園の近くにあります.

• There is a park **near** our school. 私たちの学校の近くに公園があります.

• I went **nearer** (**to**) the fire to warm myself. 私は暖まろうと, もっと火に近づいた. →不定詞 to warm は「暖めるために」(→**to** ❾ の ③). 比較級, 最上級の場合はあとに to をつける(つまり 副 として使う)ことが多い.

• Who lives **nearest** (**to**) the school? 学校の一番近くに住んでいるのは誰(だれ)ですか.

near at hand 手近に, 間近に

• Christmas is **near at hand**. クリスマスはもうすぐです.

near by 近くに[の] →**nearby**

• There was no house **near by**. 近くには家は1軒(けん)もなかった.

nearby 中 /níərbái ニアバイ/ 形 近くの
―― 副 近くに →**near by** (**near** 成句)

nearly A2 /níərli ニアリ/ 副

❶ ほとんど, ほぼ →ある数・量・状態などに極(きわ)めて近く, その少し手前であることを表す.

• **nearly** ten dollars (10ドルには満たないが)ほぼ10ドル

• **nearly** every day ほとんど毎日

• He is **nearly** sixty. 彼はもうじき60歳(さい)です. →about sixty は「60歳前後」.

❷ もう少しで, 危(あや)うく

• I **nearly** forgot your birthday. 私はもう少しで君の誕生日を忘れるところだった.

neat /níːt ニート/ 形 きちんとした, きれいな; 《米話》すばらしい, かっこいい

neatly /níːtli ニートリ/ 副 きちんと, きれいに

Nebraska /nəbrǽskə ネブラスカ/ 固名 ネブラスカ →米国中部の州. **Neb(r).**, (郵便で) **NE** と略す.

necessarily /nèsəsérəli ネセセリリ|nésisəril ネセサリリ/ 副 ❶ 必ず, 必然的に, どうしても
❷ (**not necessarily** で) 必ずしも～でない

necessary 中 A2 /nésəseri ネセセリ|nésəsəri ネセサリ/

必要な, (物・事・人が)なくてはならない

• Food is **necessary for** life. 食物は生きるために必要である.

• **It is necessary for** you **to** work harder. 君はもっと一生懸命(けんめい)に働くことが必要だ. →It =不定詞 to work (働くこと)以下 (→**to** ❾ の ①).「君は～が必要だ」を ×*You are*

necessity

necessary to work harder. としない.
- **It is necessary that** you work harder. (意味は上の例と同じ) → It=that 以下.

if necessary もし必要であれば
- I will come again, **if necessary**. もし必要なら私はまた参ります.

necessity /nisésəti ネセスィティ/ 名
(複 **necessities** /nisésətiz ネセスィティズ/)
❶ 必要, 必要性

ことわざ **Necessity** is the mother of invention. 必要は発明の母である. →「発明は必要の中から生まれるものだ」の意味.

❷《絶対に》**必要な物[事], 生活必需**(ひつじゅ)**品**

neck 小 A1 /nék ネク/ 名
❶ 首 →日本語の「窓から首を出す」,「首を回す」の「首」は英語では head.
- a thick **neck** 太い首
- the **neck** of a bottle [a guitar] 瓶(びん)の首 [ギターのネック]
- The giraffe has a long **neck**. キリンは首が長い.
- She wears a string of pearls around her **neck**. 彼女は真珠(しんじゅ)のネックレスをしている.
- I have a stiff **neck**. (こわばった首を持っている ⇨)私は肩(かた)が凝(こ)って首が回らない.

❷ （衣服の）えり, ネック
- a V-**neck** sweater Vネックのセーター

necklace /nékləs ネクれス/ 名 **首飾**(かざ)**り, ネックレス**
- wear a **necklace** ネックレスをしている

necktie /néktai ネクタイ/ 名 **ネクタイ** (tie)

nectar /néktər ネクタ/ 名
❶ おいしい飲み物; 果汁
❷ （花の）**蜜**(みつ)

need 小 A1 /ní:d ニード/

動 (三単現 **needs** /ní:dz ニーヅ/; 過去・過分 **needed** /ní:did ニーデド/; -ing形 **needing** /ní:diŋ ニーディング/)

❶ **～が必要である, ～を必要とする**

(他)基本 **need** money お金が必要である, お金がいる → need+名詞.
- I **need** your love very much. 僕(ぼく)には君の愛がとても必要なんだ.
- This flower **needs** water. この花には水が必要です.
- We badly **needed** his help. 私たちは彼

の助けがどうしても必要だった.

会話
Do you **need** any help? —No. I don't **need** any, thank you. あなたは助けがいりますか.—いや, (せっかくですが)必要ありません.

❷ （**need to** *do* で）**～する必要がある**; （**need** *doing* で）**～される必要がある**
- You **need to** be more careful. 君はもっと注意深くある必要がある[注意深くなければならない]. →**to** ❾ の ❶
- The house **needs painting**. この家はペンキを塗(ぬ)られる[塗る]必要がある. → painting は paint の動名詞(ペンキを塗ること).

—— 助動 《疑問文・否定文で》**～する必要がある**

会話 **Need** I go now? —No, you **needn't**./Yes, you must. 私は今行く必要がありますか.—いや, 行かなくていい./ええ, 行かなければなりません.

POINT 形式張った感じの言い方.《話》ではふつう Do I need to go now? —No, you don't need to. のように, need を本動詞として使う.

- He **need** not hurry like that. 彼はそのように急ぐ必要はない[急がなくてもよい]. → need は 助動 だから ×He needs not ～ としない.

—— 名 (複 **needs** /ní:dz ニーヅ/)
❶ **必要, 必要性**
- in case [time] of **need** 必要な時には
- There is a **need** for a new hospital in this town. この町には新しい病院が必要だ.
- You have **need** of a long rest. 君は長期の休養が必要だ.
- There is no **need** for him **to** go now. 彼が今行く必要はない. →**to** ❾ の ❷

❷ （ふつう **needs** で）**必要な物**
- In the jungle our first **needs** were food and water. ジャングルの中で私たちがまず必要とした物は食べ物と水だった.

in need 必要で, 困って

ことわざ A friend **in need** is a friend indeed. 困っている時の友[困っている時に助けてくれる友]が真の友.

in need of ～ **～が必要で**
- He is **in need of** a friend. 彼には友達が必要だ.

needle /níːdl ニードル/ 名 針 →縫(ぬ)い針・編み針・注射針・磁石の針・松の葉など

- a **needle** and thread 針と糸, 糸のついた針

needless /níːdlis ニードレス/ 形 **不必要な**

needless to say 言うまでもなく, もちろん

needn't /níːdnt ニードント/ **need not** を短くした形 →need 助動

needy /níːdi ニーディ/ 形 (比較級 **needier** /níːdiər ニーディア/; 最上級 **neediest** /níːdiist ニーディエスト/) **貧しい** (=poor)

- the **needy**＝**needy** people 貧しい人たち

negative A2 /négətiv ネガティヴ/ 形
❶ **否定の; 反対の** 反意語 **positive** (肯定(こうてい)の)

- a **negative** sentence 《文法》否定文
- Don't look at things in a **negative** way. 物事を否定的に見てはいけない.

❷ **消極的な**

── 名 ❶ **否定(の言葉), 反対**

- She replied in the **negative**. 彼女の答えはノーであった.

❷ 《写真》ネガ, 陰画(いんが)

neglect /niglékt ニグれクト/ 動 **怠(おこた)る,** (忘れて)~しない; **放っておく, 粗末(そまつ)にする**

negotiate /nigóuʃieit ニゴウシエイト/ 動 **交渉(こうしょう)する, 協議する**

negotiation /nigouʃiéiʃən ニゴウシエイシャン/ 名 **交渉(こうしょう), 協議**

negotiator /nigóuʃieitər ニゴウシエイタ/ 名 **交渉(こうしょう)者, 協議者**

Negro, negro /níːgrou ニーグロウ/ 名 (複 **Negroes, negroes** /níːgrouz ニーグロウズ/) **黒人** →軽蔑(けいべつ)的な響(ひび)きがあるので, 黒人種 (the Negro race) を指す場合以外はふつう black, African-American などという.

neigh /néi ネイ/ 動 (馬が)**いななく**

── 名 (馬の)**いななき**

neighbor 中 A1 /néibər ネイバ/
(→gh は発音しない) 名
近所の人, 隣(となり)の人; 隣の国

- Mr. Smith is our **neighbor**. スミスさんはうちの近所の方です.
- We are next-door **neighbors**. 私たちは隣同士です.
- The teacher said to Bob, "Stop talking to your **neighbor**." 先生はボブに「隣の(席の)人と話すのをやめなさい」と言った.

- Spain is one of France's **neighbors**. スペインはフランスの隣国(りんごく)の1つです.

neighborhood /néibərhud ネイバフド/ 名 **近所, 付近; 近所の人々**

- **in** my **neighborhood** うちの近所に[で]
- **in the neighborhood of** London ロンドンの近郊(きんこう)に[で]
- All the **neighborhood** was nice to the new family. 近所の人々はみんな新しい一家に親切だった. →neighborhood (近所の人々)は単数扱(あつか)い.

neighboring /néibəriŋ ネイバリング/ 形 **隣(となり)の, 近くの** →名詞の前にだけつける.

neighbour /néibər ネイバ/ 名 《英》＝neighbor

neighbourhood /néibərhud ネイバフド/ 名 《英》＝neighborhood

neighbouring /néibəriŋ ネイバリング/ 形 《英》＝neighboring

neither /níːðər ニーざ|náiðə ナイざ/ 形 代 (2つのうちの)**どちら(の~)も~ない** →次に名詞を伴(ともな)えば形容詞, 単独なら代名詞.

- **Neither** book is interesting. どちらの本もおもしろくない. →Neither は形容詞.
- **Neither** of the books is interesting. その本のどちらもおもしろくない. →Neither は代名詞. 動詞は単数形が原則.

> **文法 ちょっとくわしく**
> **neither** の次には限定された複数名詞が続く. 従ってその名詞の前には the, these, my などがつく.
> ○ neither of **the** books
> × neither of *books*
> 人称(にんしょう)代名詞 (us, you, them) はそれ自体が限定された人[物]を示しているからそのままでよい.

- **Neither** of us attended the meeting. 私たちのどちらもその会に出席しなかった.
- I like **neither** picture.＝I like **neither** of the pictures. 私はどちらの絵も好きでない. →話し言葉では I don't like either picture. という.

── 副 《打ち消しの文に続いて》~**も~ない**

POINT neither は常に文や節の先頭に置かれ助動詞や be 動詞が主語の前に来る.

- If you won't go, **neither** will I. 君が行かないなら私も行かない.

Nepal

432

four hundred and thirty-two

[会話] I'm not hungry.—**Neither** am I. 私はおなかがすいていない。—私も。「私はおなかがすいている。—私も」は I'm hungry.—So am I.

[会話] I don't like winter.—**Neither** do I [Me, **neither**]. 私は冬が好きではない。—私も。➡**Me, neither.** はくだけた言い方.

neither *A* nor *B* AでもなくBでもない ➡
AとBは対等なもの（名詞と名詞, 形容詞と形容詞, 動詞と動詞など）が来る.

• I speak **neither** French **nor** Spanish. 私はフランス語もスペイン語も話しません.

• He is **neither** rich **nor** smart. 彼は金持ちでもないし利口でもない.

• I **neither** smoke **nor** drink. 私はタバコも酒もやりません.

• **Neither** you **nor** she is wrong. ＝**Neither** you are wrong **nor** is she. 君も彼女も間違(まちが)ってはいない.

> **[POINT]** Neither ～ が主語になる時は動詞が nor の後の語の人称・数に一致(いっち)するのが原則だが, 話し言葉では Neither you nor she are ～ のように複数として扱(あつか)うこともある.

Nepal /nəpɔ́ːl ネポール/ [固名] **ネパール** ➡ヒマラヤ山脈の中にある王国. 首都はカトマンズ.

nephew /néfju: ネフュー|névju: ネヴュー/ [名] おい **[関連語] niece** (めい)

Neptune /néptju:n ネプテューン/ [固名]
❶ **ネプチューン** ➡ローマ神話で海の神. ギリシャ神話のポセイドンにあたる. ❷《天文》**海王星**

nerve /nə́:rv ナ〜ヴ/ [名] ❶**神経** ❷**勇気, 度胸**
get on *A*'s **nerves** Aの神経にさわる, Aをいらいらさせる
have the nerve to *do* ～する勇気がある; あつかましくも～する

nervous [中] [A2] /nə́:rvəs ナ〜ヴァス/ [形]
❶ **緊張**(きんちょう)**して, どきどきして; びくびくして; 神経質な, 憶病**(おくびょう)**な**
• get **nervous** (試験・舞台(ぶたい)などで)あがる
• I was a little **nervous**. 私は少し気が落ち着かなかった.
• I'm **nervous** about the test. 私はテストのことでどきどきしている.
❷ **神経の**
• a **nervous** breakdown 神経衰弱(すいじゃく)

Ness /nés ネス/ [固名] →**Loch Ness**

Nessie /nési ネスィ/ [固名] **ネッシー** ➡ネス湖

(Loch Ness) にすんでいるといわれる怪獣(かいじゅう).

nest /nést ネスト/ [名] （鳥・虫・カメ・ヘビ・リスなどの)**巣**
• a robin's **nest** コマドリの巣
• build [make] a **nest** 巣を造る

net [小] [A2] /nét ネト/ [名]
❶ **網**(あみ)**, ネット**
• a fishing **net** 魚網(ぎょもう)
• a tennis **net** テニスのネット
❷ (**the Net**, **the net** で) **インターネット**
• on the **Net** (＝on the Internet) インターネットで

netball /nétbɔ:l ネトボール/ [名] **ネットボール** ➡
1チーム7人のバスケットボールに似た競技.

Netherlands /néðərləndz ネざランヅ/ [固名]
(**the Netherlands** で) **ネーデルラント** ➡オランダ (Holland) の正式名称. 首都はアムステルダム (Amsterdam). 公用語はオランダ語.

network /nétwə:rk ネトワ〜ク/ [名] **ネットワーク, 網の目のような組織**
• a **network** of underground railroads 地下鉄網(もう)
• a radio **network** ラジオ放送網
• The program was broadcast by a **network** of two hundred stations. その番組は200局ネットで放映された.

neutral /njú:trəl ニュートラる/ [形] **中立の; 曖昧**(あいまい)**な**

Nevada /nəvǽdə ネヴァダ/ [固名] **ネバダ** ➡米国西部の州. ギャンブル施設(しせつ)で有名な観光地ラスベガスはこの州最大の都市. **Nev.**, (郵便で) **NV** と略す.

---

never [小] [A1] /névər ネヴァ/ [副]
(➡比較変化なし)

決して～ない, まだ一度も～ない

> **[POINT]** not (～ない)+ever (今までに, いつまでも) の意味で, 「強い打ち消し」を表す.

[基本] I am **never** late for school. 私は決して学校に遅刻(ちこく)しません. ➡be 動詞+never.

[基本] He **never** tells lies. 彼は決してうそを言わない. ➡never+一般(いっぱん)動詞.

• He **never** forgot her kindness. 彼は決して彼女の親切を忘れなかった.

• Yes, it is possible—you can **never** say **never**. 確かにそれはありえないことではない.

絶対にないなんて絶対に言えませんから.
- **Never** mind. 心配するな[構うことはない].

Have you ever been to Paris?—No, (I) **never** (have).
あなたはパリへ行ったことがありますか.—いいえ, 一度も.
➔助動詞 (have) で終わる時は never はその前に置く.

new 小 A1 /njú: ニュー/
形 (比較級 **newer** /njú:ər ニューア/; 最上級 **newest** /njú:ist ニューエスト/)
❶ **新しい** ➔「時間的に新しい」場合にも「質的に新しい」場合にもいう.
基本 a **new** dictionary 新しい[新刊の, 新品の]辞書 ➔new＋名詞.
- the **new** year 新しい年
- our **new** teacher 私たちの新しい[新任の]先生
- **new** potatoes 今年とれたばかりのジャガイモ, 新ジャガ
- a **new** type of computer 新型のコンピューター

反対語 Both **old** and **new** members will elect the **new** club president. 新旧部員がいっしょに新部長を選びます.
基本 This dress is **new**. この服は新品です. ➔be 動詞＋new.
関連語 Is your car **new** or **secondhand**? 君の車は新車ですか, 中古車ですか.
- the **newest** fashion 最新のファッション

❷ (物事が)**目新しい, 見慣れない, 初めてで**
- Everything was **new to** him. 彼にとってはすべてのものが目新しかった[珍しかった].

Hi, John. What's **new**? —Nothing particular. How about you?
やあ, ジョン. 何か変わった事でもあるかい.—いや別に. 君のほうは.

❸ (人が新しく来たばかりで)**慣れていない, 初めてで**
- I'm **new** here. 私はここは初めてです.
- I'm **new to** [**at**] this job. 私はこの仕事は新しく始めたばかりだ(からまだ慣れていない).

newcomer /njú:kʌmər ニューカマ/ 名 新しく来た人[物・動物], 来たばかりの人, 新入生[社員]
New Delhi /njù: déli ニュー デリ/ 固名 ニューデリー ➔インド共和国の首都. ➔**Delhi**
New England /njù: íŋglənd ニュー イングランド/ 固名 **ニューイングランド** ➔米国北東部. メイン, ニューハンプシャー, バーモント, マサチューセッツ, ロードアイランド, コネティカットの6州. 17世紀初頭以来英国人を中心にヨーロッパ人がこの地域に移住し, アメリカ合衆国の母体となった.
New Guinea /njù: gíni ニュー ギニ/ 固名 **ニューギニア** ➔オーストラリアの北方にある島. ➔**Papua New Guinea**
New Hampshire /njù: hǽmpʃər ニューハンプシャ/ 固名 **ニューハンプシャー** ➔米国北東部の州. **N.H.**, (郵便で) **NH** と略す.
New Jersey /njù: dʒə́:rzi ニュー チャ~ズィ/ 固名 **ニュージャージー** ➔米国東部大西洋岸の州. ニューヨーク市に隣接(りんせつ)する米国有数の工業州. **N.J.**, (郵便で) **NJ** と略す.
newly /njú:li ニューリ/ 副 新しく; 最近; 新たに
New Mexico /njù: méksikou ニュー メクスィコウ/ 固名 **ニューメキシコ** ➔米国西部の州. 1848年メキシコ領から米国領になったのでこの名がある. **N.Mex.**, **N.M.**, (郵便で) **NM** と略す.
New Orleans /njù: ɔ́:rliənz ニュー オーリアンズ/ 固名 **ニューオーリンズ** ➔米国ルイジアナ州の都市. ミシシッピ川の河口にありフランス植民地時代の面影(おもかげ)が残る.

news 中 A1 /njú:z ニューズ/ (➔× /ニュース/ ではない) 名
(新聞・雑誌・放送の)**報道, ニュース**; (個人的な)**ニュース, 便り** ➔「初めて聞く情報」の意味.
- world **news** 海外ニュース
- sports **news** スポーツニュース
- a piece [an item] of **news** 1つのニュース ➔×a news, ×news*es* などとしない.
- the latest **news** about the murder その殺人事件についての最新の報道[ニュース]
- good **news** よい知らせ, 吉報(きっぽう)
- bad **news** 悪い知らせ, 凶報(きょうほう)
- listen to the **news** on the radio ラジオでニュースを聞く
- read the **news** in the newspaper 新聞

でニュースを読む

• Good evening. Here is the Seven O'clock **News**. こんばんは. 7時のニュースをお伝えします.

• Her marriage was **news to** me. 彼女の結婚(けっこん)は私には初耳だった.

ことわざ No **news** is good news. 便りの無いのはよい便り. →「何か悪い事があれば知らせがあるはず. 知らせの無いのは無事な証拠(しょうこ)」の意味. news は単数扱(あつか)い.

néws àgency 名 通信社

newsboy /njúːzbɔi ニューズボイ/ 名 新聞の売り子, 新聞販売(はんばい)[配達]の少年

newscast /njúːzkæst ニューズキャスト/ 名 《米》(ラジオ・テレビの)ニュース放送, ニュース番組

newscaster /njúːzkæstər ニューズキャスタ/ 名 (ラジオ・テレビの)ニュース解説者, ニュースを読み上げる人 →ニュース番組の総合司会者は **anchorperson**, または単に **anchor** という.

néws cònference 名 記者会見

newspaper 小 A1 /njúːzpei-pər ニューズペイパ|njúːspeipə ニューズペイパ/ 名

新聞; 新聞紙 →しばしば **paper** ともいう.

• a daily **newspaper** 日刊新聞

• a morning **newspaper** 朝刊新聞 →朝刊専門紙のこと.

• a local **newspaper** (全国紙に対して)地方新聞

• a school **newspaper** 学校新聞

• an English-language **newspaper** 英字新聞

• a **newspaper** office [company] 新聞社

• Today's **newspaper** says that there was a big earthquake in Turkey. きょうの新聞によればトルコで大地震(じしん)があったそうだ.

• I read it in today's **newspaper**. 私はそれをきょうの新聞で読んだ.

• I bought two **newspapers** at the newsstand. 私はその新聞売店で新聞を2紙(2種類)買った. →「同じ新聞を2部」は two copies of the newspaper という.

newsstand /njúːzstænd ニューズスタンド/ 名 (道路脇(わき)・駅構内などの)新聞(雑誌)売店 →**ki-osk** ともいう.

newt /njúːt ニュート/ 名 《動物》イモリ

Newton /njúːtn ニュートン/ 固名 (**Isaac** /アイザク/ **Newton**) ニュートン →英国の物理学者(1642-1727). 万有(ばんゆう)引力の法則や光学・数学上の発見をした.

Néw Wórld 固名 (the をつけて) 新世界 →16世紀にヨーロッパ人が新しく到達(とうたつ)したアメリカ大陸のこと. ヨーロッパ(, アジア, アフリカ)が旧世界 (**the Old World**).

Néw Yéar 名 新年(元日を含(ふく)めた数日間); 元日 (New Year's Day)

会話 I wish you a happy **New Year**! = Happy **New Year**!—(The) Same to you. 新年おめでとう.—おめでとう.

参考 英米では日本のように元日 (New Year's Day) を大々的に祝う風習はなく, 顔を合わせた時上のような挨拶(あいさつ)を交(か)わす程度. 元日は休みだが2日から学校も会社も平常に戻(もど)る.

Néw Yèar's 名 《米・カナダ》 = New Year's Day

Néw Yèar's Dáy 名 元日

Néw Yèar's Éve 名 大みそか →12月31日(の夜).

New York 中 /njùː jɔ́ːrk ニュー ヨーク/ 固名

❶ ニューヨーク市 → New York City

❷ ニューヨーク州 →米国東海岸の州. 州都はオルバニー (Albany). the Empire State (帝国(ていこく)州)という愛称(あいしょう)がある. **N.Y.**, (郵便で) **NY** と略す.

New York City /njúː jɔ̀ːrk síti ニュー ヨーク スィティ/ 固名 ニューヨーク市 →New York 州にある米国最大の都市. 商業・金融(きんゆう)などの世界的中心地. マンハッタンなど5区から成る. 愛称(あいしょう)は the Big Apple. **N.Y.C.** または **NYC** と略す.

New Yorker /njùː jɔ́ːrkər ニュー ヨーカ/ 名 ニューヨーク市[州]民

New Zealand 小 /njùː zíːlənd ニュー ズィーランド/ 固名 ニュージーランド →南半球にあるイギリス連邦(れんぽう)に属する国. 首都はウェリントン (Wellington). 公用語は英語. **NZ** と略す.

next 小 A2 /nékst ネクスト/ 形

(→比較変化なし)

次の, 今度の; 隣(となり)の

基本 the **next** bus 次のバス, 今度のバス

the next+名詞.
- the **next** stop 次の停車駅
- the **next** room 隣の部屋
- **next** week [month, year] 来週[月, 年](に) →×*in* next week などとしない.
- the **next** week [month, year] その次の週[月, 年](に)
- **next** Friday 次の[今度の]金曜日(に) →×*on* next Friday としない.
- on Friday **next** 《主に英》次の[今度の]金曜日に
- on Friday **next** week 来週の金曜日に
- the week after **next** (次の週の後の週⇨)さ来週(に)
- We stayed there for three days and left the **next** week. 私たちはそこに3日いて, その次の週にたった.
- What is the **next** best way? 次に一番良い方法[次善の策]は何ですか.
- Who's (=Who is) **next**? 次は誰(だれ)?
- **Next**, please! 次の方どうぞ. →Next の次に名詞が省略された形.

── 副 (→比較変化なし) 次に, 今度

基本 start **next** 次に出発する →動詞+next.
- I like John best and Paul **next**. 私はジョンが一番好きでポールがその次だ.
- **Next** they visited Rome. 次に彼らはローマを訪ねた.
- When I see him **next**, I'll tell him so. 今度彼に会ったらそう言いましょう.

next door (***to*** ~) (~の)隣に[の] →**next-door**
- He lives **next door** to us. 彼は私たちの隣に住んでいる.

next to ~ A2 ~の隣に[の], ~の次に
- Bob sits **next to** me in class. 授業の時ボブは私の隣に座(すわ)ります.
- **Next to** NYC, LA is the largest city in the US. ロサンゼルスはニューヨーク市に次いで米国で最大の都市である.

(***the***) ***next time*** この次, 今度;《接続詞のように使って》今度(~)する時
- Let's discuss this question **next time**. この問題は今度[この次]に話し合いましょう.
- **Next time** I go there, I'll take you with me. 今度そこへ行く時には君を連れて行こう.

next-door /nékst dɔːr ネクスト ドー/ 形 隣(とな

り)の家の →**next door** (**next** 成句)

NGO 略 非政府組織 →**n**on-**g**overnmental **o**rganization.

NH 略 =New Hampshire

Niagara /naiǽgərə ナイアガラ/ 固名
❶ (**the** をつけて) ナイアガラ川 →米国とカナダの国境の一部を成す. ほぼ中間に「ナイアガラの滝(たき)」がある.
❷ =Niagara Falls

Niágara Fálls 固名 (**the** をつけて) ナイアガラの滝(たき) →カナダ側に落ちるカナダ滝 (the Canadian Falls, the Horseshoe Falls とも) と米国側に落ちるアメリカ滝 (the American Falls) とに分かれている.

nibble /níbl ニブる/ 動 かじる

nice 小 A1 /náis ナイス/ 形
(比較級 **nicer** /náisər ナイサ/; 最上級 **nicest** /náisist ナイセスト/)
すてきな, すばらしい, よい; 親切な, 優(やさ)しい

POINT 自分がよいと感じたものについて幅(はば)広く使う.

基本 a **nice** dress すてきなドレス →nice+名詞.
- a **nice** house すてきな家
- a **nice** day すてきな(天気の)日
- a **nice** dinner すてきな(おいしい)ごちそう
- a **nice** time すてきな(楽しい)時間
- say **nice** things as a greeting 挨拶(あいさつ)代わりにほめ言葉を言う (「すてきなネックレスね」など)

基本 She was very **nice** to me. 彼女は私にとても親切でした. →be 動詞+nice.
- Is your fish **nice**, Joe? ジョー, 魚はおいしい?
- **It's** very **nice of** you **to** say so. そう言っていただいてうれしいわ.

→ It is *A* (=nice, kind, good, *etc*.) of *B* (人) to *do* は「~するとは B は A である」. → **to** ❾ の ④

nice-looking

会話

Have a **nice** day [weekend]!—You too!
よい1日[週末]を!—君もね!

(It's) **Nice** to meet you.—**Nice** to meet you, too.
あなたにお会いできてうれしい.—こちらこそ.
→初対面の挨拶. 別れる時は (It's been) **Nice** talking to you. (お話できてうれしかったです)と言う.

- Please be **nicer to** your friends. お友達にはもっとよく(親切に)しなさい.
- This is the **nicest** present I've ever had. これは私が今までにもらったうちで一番すばらしいプレゼントです.

nice and A (Aは形容詞)《話》とても(気持ちよく) A →Aを強める言い方. nice and は縮めて /ナイスン/ と発音する.

- It's **nice and** warm [cool] today. きょうはとても暖かい[涼(すず)しい].

Nice to meet you. あなたにお会いできてうれしいです; はじめまして →初対面の挨拶. → **nice** 会話

nice-looking /nais lúkiŋ ナイス るキング/ 形 顔立ちのよい, きれいな

nicely /náisli ナイスリ/ 副 すてきに, 気持ちよく, きれいに, うまく

nickel /níkl ニクる/ 名 ❶ ニッケル, 白銅 ❷《米国・カナダで》5セント白銅貨 (five-cent coin)

nickname /níkneim ニクネイム/ 名 あだ名; 愛称(あいしょう)
—— 動 ～にあだ名をつける

niece /níːs ニース/ 名 めい 関連語 **nephew** (おい)

Nigeria /naidʒíəriə ナイヂアリア/ 固名 ナイジェリア →アフリカ中西部にある共和国. 首都はアブジャ. 公用語は英語.

night

night 小 A1 /náit ナイト/ (→ghは発音しない) 名 (複 **nights** /náits ナイツ/)
夜, 晩, 夕方 (evening), 夜中 → **evening**

基本 **at night** 夜に
- at ten o'clock **at night** 夜の10時に
- He came late **at night**. 彼は夜遅(おそ)くやって来た.
- go to a dance **on** Saturday **night** 土曜の夜(には)ダンスパーティーに行く →「特定の夜に」という時は前置詞は on.
- She will arrive **on the night of** May 5 (読み方: (the) fifth). 彼女は5月5日の夜に到着(とうちゃく)します.

基本 **in the night** 夜中に
- **during the night** 夜の間(ずっと)
- dance **all night** (**long**) 一晩中踊(おど)る, 夜通し踊る

基本 **last night** 昨夜, ゆうべ. →「昨夜～した」という時は ×on last night などと前置詞をつける必要はない. 関連語「今夜」は **tonight** または **this evening** (×this night としない).

- the **night before last** (ゆうべの前の晩 ⇒) おとといの晩(に)
- one [tomorrow, every] **night** ある[あしたの, 毎]晩
- a **night** game (野球の)ナイトゲーム, ナイター →「ナイター」は和製英語.
- a **night** train 夜行列車
- He stayed two **nights** with us. 彼はうちに2晩泊(と)まっていった.
- You look tired. You need a good **night**'s sleep. 君は疲(つか)れているようだ. 一晩ぐっすり眠(ねむ)る必要がある.

by night 夜には, 夜に[の] →ふつう by day (昼には)と対(つい)で使われる.

- The bat sleeps **by day** and flies **by night**. コウモリは昼間は眠って夜に飛ぶ.
- Tokyo **by day** is very different from Tokyo **by night**. 昼間の東京は夜の東京とはずいぶん違(ちが)います.

Good night. A1 おやすみなさい →「こんばんは」は Good evening.

night after night 毎夜毎夜, 夜な夜な
night and day=day and night 昼夜, 日夜(絶えず)

nightdress /náitdres ナイトドレス/ 名《主に英》=nightgown

nightgown /náitgaun ナイトガウン/ 图 〈女性・女の子用〉寝巻(ねま)き →**pajama**

nightie /náiti ナイティ/ 图 《話》= nightgown

Nightingale /náitiŋgeil ナイティンゲイる/ 固名 (**Florence Nightingale**) フローレンス・ナイチンゲール →イタリアのフィレンツェ生まれの英国人看護師(1820–1910). クリミア戦争に従軍し傷病兵の看護に尽(つ)くした.

nightingale /náitiŋgeil ナイティンゲイる/ 图 《鳥》**ナイチンゲール** →ツグミ科の鳴鳥で, 春アフリカからヨーロッパに渡(わた)って来て美しい声で鳴く.

nightmare /náitmeər ナイトメア/ 图 (うなされるような)**不吉**(ふきつ)**な夢; 悪夢** →「悪夢のような経験」の意味でも使う.

níght schòol 图 **夜間学校, 夜間部** →夜の定時制高校・大学の2部・夜の専門学校など.

Nile /náil ナイる/ 固名 (**the Nile** で) **ナイル川** →ビクトリア湖からアフリカの東部を北流する世界第一の長流 (約6,700 km).

nine 小 A1 /náin ナイン/ 图
(複 **nines** /náinz ナインズ/)
❶ **9, 9時, 9分; 9歳**(さい); **9人[個], 9ドル[ポンドなど]** →使い方については →**three**
関連語 Lesson **Nine** (=The **Ninth** Lesson) 第9課
・a girl of **nine** 9歳の少女
・I go to bed at **nine**. 私は9時に寝(ね)ます.
❷ (野球の)**チーム, ナイン** →単数扱(あつか)い.
―― 形 **9の, 9人[個]の; 9歳で**
・There are **nine** players on a baseball team. 野球のチームには9人の選手がいる.
・My sister is **nine** (years old). 私の妹は9歳です.

nineteen 小 A1 /naintí:n ナインティーン/ 图 (複 **nineteens** /naintí:nz ナインティーンズ/) **19, 19分; 19歳**(さい); **19人[個], 19ドル**

[ポンドなど]
関連語 Lesson **Nineteen** (= The **Nineteenth** Lesson) 第19課
・a boy of **nineteen** 19歳の少年
・at four **nineteen** 4時19分(過ぎ)に
―― 形 **19の; 19人[個]の; 19歳で**
・**nineteen** balls 19個のボール
・She is **nineteen** (years old). 彼女は19歳だ.

nineteenth /naintí:nθ ナインティーンす/ 图 形 **19番目(の); (月の)19日** →**19th** と略す.
・on the **19th** of September = on September **19** (読み方: (the) nineteenth) 9月19日に

ninetieth /náintiiθ ナインティエす/ 图 形 **90番目(の)** →**90th** と略す.
・Tomorrow is my grandfather's **ninetieth** birthday. 明日はおじいちゃんの90回目の誕生日です.

ninety 小 A1 /náinti ナインティ/ 图
(複 **nineties** /náintiz ナインティズ/)
❶ **90; 90歳**(さい); **90人[個], 90ドル[ポンドなど]**
❷ (**nineties** で) (年齢(ねんれい)の)**90代;** (世紀の)**90年代** →ninetyからninety-nineまで.
・The old man is probably in his **nineties**. そのおじいさんはたぶん90代だろう.
・My uncle went to France in the nineteen-**nineties**. 僕(ぼく)のおじさんは1990年代にフランスに渡(わた)った.
―― 形 **90の, 90人[個]の; 90歳で**
・**ninety** days 90日
・He is **ninety** (years old). 彼は90歳だ.

ninth 中 /náinθ ナインす/ 图 形
(複 **ninths** /náinθs ナインすス/)
❶ **9番目(の); (月の)9日** →つづり字に注意. ×*nineth* としないこと. **9th** と略す. 使い方については →**third**
・the bottom of the **ninth** inning (野球の)9回の裏
・on the **9th** of February = on February **9** (読み方: (the) ninth) 2月9日に
❷ **9分の1(の)**
・one **ninth** = a **ninth** part 9分の1
・two **ninths** 9分の2

nitrogen /náitrədʒən ナイトロチェン/ 图 《化学》**窒素**(ちっそ) →気体元素の1つ. 記号 N.

NJ 略 = New Jersey

NM

NM 略 =New Mexico

no 小 A1 /nóu ノウ/

副 ❶ いいえ　　　　　　　　意味 map
❷《比較(ひかく)級の前に使って》少しも~ない

形 無の, 1つも~ない

── 副 ❶ **いいえ**, いや

POINT 英語では問いがどうであっても,「そうでない」という否定の返答には **no**,「そうだ」という肯定(こうてい)の返答には **yes** を使う. 日本語の「はい」「いいえ」の使い方と逆になる場合があるから注意(下の会話欄(らん)の第2例参照). → **yes**

基本 Is this a pen?—**No**, it isn't. これはペンですか.─いいえ, 違(ちが)います.

Do you like this?—**No**, I don't.
これは好きですか.─いや, 嫌(きら)いです.
Don't you like this?— **No**, I don't./Yes, I do.
これは好きじゃないですか.─はい, 好きじゃありません./いいえ, 好きです.
Will you have another cup of tea?
—**No**, thank you.
もう1杯(はい)お茶はいかがですか.─いや, (せっかくですが)けっこうです.

❷《比較級の前に使って》少しも~ない

• Nancy was sick yesterday. She is **no** better today. ナンシーは昨日病気でした. 彼女はきょうも少しもよくなっていない.

• It is **no** bigger than my little finger. それは(私の小指より少しも大きくない ⇨)ほんの小指ぐらいしかない.

❸《強い驚(おどろ)きや信じられない気持ちを表して》まさか, うそだろう?

会話 He was going to kill me.—Oh, **no**! I don't believe it. 彼は私を殺そうとしたのだ.─まさか! そんなこと信じないよ.

── 形 (→比較変化なし)

無の, ゼロの, 1つも~ない, 何も~ない

POINT **no** は名詞を否定するので文字どおりには「無い~」であるが, 日本語では「~がない, ~しない」のように動詞を否定して訳したほうがよい.

基本 **no** wind 無風 →no+数えられない名詞.

基本 **no** hobbies 無趣味(しゅみ) →no+数えられる名詞(単数形・複数形).

• **no** use [interest, title] 無益[無関心, 無題] →「no+名詞」の場合は名詞の前に ×*a*, ×*the*, ×*my*, ×*your*, ×*this*, ×*that* などをつけない.

• **No** more Hiroshimas. ノーモアヒロシマ, 広島の悲劇をもう二度と繰(く)り返すな.

掲示 **No** smoking. 禁煙(きんえん).

• There was **no** wind. 無風だった[風が無かった]. →no=not any なので There was not any wind. ということもできる.

• I have **no** father. 私には父がいない. →「父」のようにたとえあるとしても1人[1つ]しかない物の時は no+単数名詞.

• Trees have **no** leaves in winter. 木は冬には葉が無い. →「葉」のように2つ以上あるかもしれない物の時は no+複数名詞.

• She has **no** sister(s). 彼女は姉妹(しまい)が無い. →「姉妹」のように単数・複数いずれも考えられる時はどちらでもよいが一般(いっぱん)的には複数形が多く使われる.

• I have **no** money with me. (=I don't have any money with me.) 私はお金を持ち合わせていない.

• **No** friend(s) came to see him. 友達は誰(だれ)も彼を訪ねて来なかった.

POINT この場合のように「No+名詞」が主語の時は any ~ not を使って ×*Any* friends *didn't* come ~ とすることはできない.

• **No** other lake in Japan is so large as Lake Biwa. 日本の(他の)どの湖も琵琶湖ほど大きくない.

• There was **no** picture [There were **no** pictures] in the room. 部屋には絵が(掛(か)って)なかった. →There was not a picture ~. とすると「絵が1枚もなかった」と意味が強くなる.

• **No** two fingerprints are just the same. どの2つの指紋(しもん)も全く同じものはない.

• **No** one helped me. 誰も私を助けてくれなかった. →**no one**

• He is **no** fool. 彼は決してばかではない(どころか利口だ). →He is not a fool. (彼はばかではない)より意味が強い.

── 名 (複 **no(e)s** /nóuz ノウズ/)

ノーという返事, 拒否(きょひ), 否定

• She can never say **no**. 彼女はどうしても

ノーと言えない.
in no time すぐ, あっという間に
no less than ~ ～ほども →**less** 成句
no longer=***not ~ any longer*** もう(これ以上)～ない
- You are **no longer** a baby. 君はもう赤ん坊(ぼう)ではない.

no more もう～ない →**more** 成句
no more than ~ たった～, ほんの～; ただ～にすぎない →**more** 成句
There is no do*ing.*** ～することはできない[不可能だ]
- **There is no denying** the fact. その事実を否定するわけにはいかない.

No. 略 =number (～番, 第～号, ～番地)
- **No. 1** (読み方: number one) 第1番, 第1号, 1番地

Noah /nóuə ノウア/ 固名 《聖書》ノア

> 参考　大昔, 世にはびこった悪人を滅(ほろ)ぼすために神が大雨を降らせて大洪水(こうずい)を起こした時, ノアは神の命令に従ってあらかじめ巨大(きょだい)な箱舟(はこぶね) (**Noah's ark**)) を造り, 彼の一族とすべての動物を雌雄(しゆう)1組ずつそれに乗せて難を逃(のが)れたという.

Nobel /noubél ノウベる/ 固名 (**Alfred B. Nobel**) ノーベル →ダイナマイトを発明したスウェーデンの化学者 (1833-96).

Nòbel príze 固名 ノーベル賞 →ノーベルの遺言(ゆいごん)で世界の学芸・平和に貢献(こうけん)した人に対して毎年与(あた)えられる. 物理学・化学・医学または生理学・経済学・文学・平和の6部門がある.
- **Nobel** Peace **Prize** ノーベル平和賞
- the 2016 **Nobel prize** for Literature 2016年度ノーベル文学賞

noble /nóubl ノウブる/ 形
❶ 上品な, 気高い, 立派な
- a **noble** act 立派な行為(こうい)

❷ 貴族の, 高貴な
— 名 (ふつう **nobles** で) 貴族

nobody 中 A2 /nóubadi ノウバディ|nóubɔdi ノウボディ/ 代
誰(だれ)も～ない (no one) →単数扱(あつか)い.
- **Nobody** knows it. 誰もそれを知らない.
- **Nobody** was late today. きょうは誰も遅刻(こく)しなかった.

関連語 Did **anyone** fail the examination? — No, **nobody** did. **Everybody** passed. 誰か試験に落ちたか.—いや, 誰も落ちなかった. みんな受かった.
- There was **nobody** there. 誰もそこにいなかった.
- I know **nobody** in your class. (= I don't know anybody in your class.) 私は君のクラスの人は誰も知らない.
— 名 (複 **nobodies** /nóubadiz ノウバディズ/) 取るに足りない人, 無名の人

nod /nád ナド/ 動 (三単現 **nods** /nádz ナヅ/; 過去・過分 **nodded** /nádid ナデド/; -ing形 **nodding** /nádiŋ ナディング/)
うなずく, 会釈(えしゃく)する; (居眠(いねむ)りで)こっくりする

関連語 If you understand me, **nod**; if you don't, **shake** your head. 私の言うことがわかったら, うなずきなさい. わからなかったら, 頭を横に振(ふ)りなさい.
→nod は頭を上下に振る動作で「賛成・同意」などを表し, shake one's head は頭を左右に振る動作で「不賛成・不同意」などを表す.

nod　　shake one's head

- He **nodded** to me with a smile. 彼はにっこり笑って私に会釈した.
- He was **nodding** over his book. 彼は(本の上に ⇨)本を読みながらこっくりこっくりしていた.

nod off (座(すわ)ったままでつい)眠(ねむ)り込(こ)む
— 名 うなずき, 会釈; 居眠り
- with a **nod** うなずいて

no-flý zòne 名 飛行禁止空域
noise A1 /nóiz ノイズ/ 名
物音, 騒(さわ)がしい音, 騒音(そうおん) →ふつう不快な音についていうが, 時に sound (音)に近い意味でも使われる.
- a loud [small] **noise** 大きな[小さな]騒音
- **make** a **noise** 騒がしい音を立てる
- street **noises** 街路の騒音

noisily

440

four hundred and forty

- What's that **noise**? あの物音は何ですか.
- Planes make a lot of **noise**. 飛行機はものすごい音を立てる.

noisily /nɔ́izili ノイズィリ/ 副 騒(さわ)がしく, そうぞうしく, うるさく →**noisy**

noisy A2 /nɔ́izi ノイズィ/ 形 (比較級 **noisier** /nɔ́iziər ノイズィア/; 最上級 **noisiest** /nɔ́iziist ノイズィエスト/) 騒(さわ)がしい, そうぞうしい, うるさい →noise+-y. 反対語 **quiet** (静かな)

- **noisy** children 騒いでいる子供たち
- What a **noisy** class you are! 君たちはなんてそうぞうしいクラスだ.
- Don't be so **noisy**. そんなに騒ぐな.
- The street is very **noisy** with traffic. 交通のために通りは非常にそうぞうしい.

non- /nɑ:n ナーン/ 接頭辞 「無」「不」「非」など打ち消しの意味を表す:

- a **non**-governmental organization 非政府組織, NGO
- **non**-native 母語(話者)ではない

none /nʌ́n ナン/ (→×/ノン/ ではない) 代 誰(だれ)も～ない; どれも～ない, 少しも～ない →ふつう複数扱(あつか)い.「量」をいう時は単数扱い.

- I know **none** of them. 私は彼らの誰も知らない.
- **None** of them know me. 彼らの誰も私を知らない.
- **None** of the stolen money has been found yet. 盗(ぬす)まれた金はまだ1銭も見つけられていない. →**been** 助動 ❷
- That's **none** of your business. (それは君の仕事じゃない ⇨)大きなお世話だ.

> **文法 ちょっとくわしく**
> **none of** の次には限定された名詞が続く. 従ってその名詞の前には the, my, your などがつく.
> ○ none of **the** stolen money
> × none of *stolen money*
> 人称(にんしょう)代名詞 (us, them など)はそれ自体が限定された人[物]を示しているからそのままでよい.

- I was looking for Russian teachers, but there were **none**. 私はロシア語の先生を探していたが, 誰もいなかった[見つからなかった]. →話し言葉では there was nobody [no one] という.
- I've eaten all the cake and there is

none left. 私はそのケーキを全部食べてしまって少しも残っていない. →left は leave (残す)の過去分詞(文字どおりには「残されている物は何もない」).

nonfiction /nɑnfíkʃən ナンフィクション/ 名 ノンフィクション →小説・詩などの創作 (fiction) に対して, 伝記・歴史書などをいう.

nonsense /nɑ́nsens ナンセンス/ 名 ばかげたこと, ナンセンス; 意味をなさないこと

nonstop /nɑnstɑ́p ナンスタプ/ 形 副 途中(とちゅう)で止まらない[止まらないで]

non(-)violence /nɑ:nváiələns ナーンヴァイオレンス/ 名 非暴力, 非暴力主義

non(-)violent /nɑ:nváiələnt ナーンヴァイオレント/ 形 非暴力の

noodle 小 /núːdl ヌードる/ 名 麺(めん)類, ヌードル

- chicken **noodle** soup 麺入りチキンスープ
- Chinese **noodles** 中華(ちゅうか)そば, ラーメン

noon 中 A2 /núːn ヌーン/ 名 正午, 昼の12時

- **at noon** 正午に
- at twelve o'clock **noon** 昼の12時に
- around **noon** 昼の12時頃(ごろ)
- during the **noon** recess 昼休みの間に
- It's **noon**. Let's eat lunch. お昼だ. 昼食にしよう. →It は漠然(ばくぜん)と「時間」を表す.

nó òne A2 代 誰(だれ)も～ない

- **No one** brought their umbrella. 誰も傘を持って来なかった.

nor /nɔ́:r ノー/ 接 また～ない

> **文法 ちょっとくわしく**
> ふつう **neither** A **nor** B の形で, または **not**, **no**, **never** の後に使われる. なお nor 以下ではふつう助動詞や be 動詞が主語の前に来る. →**neither**

- I'm not hungry, **nor** am I thirsty. 私は空腹でもなく喉(のど)も渇(かわ)いていない.
- He was not in the classroom, **nor** (was he) in the library. 彼は教室にもいなかったし, また図書室にも(いなかった).
- He has no father **nor** mother. 彼には父も母もいない.
- I have no car, **nor** do I want one. 私は車を持っていないし, 欲(ほ)しくもない.
- 会話 I can't swim.—**Nor** can I. 私は泳げません.—私も泳げません.

neither A **nor** B AでもなくBでもない →

neither 成句

normal A2 /nɔ́ːrməl ノーマる/ 形 ふつうの; 標準の; (健康・精神が)正常な

north 中 A2 /nɔ́ːrθ ノーす/ 名
❶ (**the north** で) 北, 北方; 北部(地方)
• in **the north** of Tokyo 東京の北部に
• to **the north** of Tokyo 東京の北の方に
• Norway is in **the north** of Europe. ノルウェーはヨーロッパの北部にある.
• Iceland is to **the north** of Britain. アイスランドは英国の北方にある.
• Cold winds blow from **the north**. 冷たい風が北から吹(ふ)く.
❷ (**the North** で) (アメリカの)北部(諸州), (イギリスの)北部地方
• **The North** fought the South in the Civil War. (米国の)南北戦争で北部は南部と戦った.
―― 形 北の, 北部の; 北向きの; (風が)北からの
• a **north** wind 北風
―― 副 北へ[に], 北方へ[に] →「北」は地図で上の方に (up) あるのでしばしば **up north** とも用いる.
• go (up) **north** 北(の方)へ行く
• Birds fly **north** in the spring. 春になると鳥たちは北へ飛んで行く.
• The lake is (ten miles) **north of** the town. その湖は町の北方 (10マイルの所)にある.

North América 固名 北アメリカ, 北米

North Carolina /nɔ̀ːrθ kǽrəláinə ノーすキャロらイナ/ 固名 ノースカロライナ →アメリカ南東部の州. **N.C.**, (郵便で) **NC** と略す.

northeast /nɔ̀ːrθíːst ノーすイースト/ 名 (**the northeast** で) 北東, 北東部(地方) →**north**
―― 形 北東(へ)の; 北東向きの; (風が)北東からの
―― 副 北東へ[に]; 北東から

northeastern /nɔ̀ːrθíːstərn ノーすイースタン/ 形 北東の, 東北地方の; 北東からの

northern 中 /nɔ́ːrðərn ノーざン/ 形 北の, 北方の, 北部の; (風が)北からの

Nórthern Hémisphere 固名 (**the** をつけて) 北半球
[反対語] **Southern Hemisphere** (南半球)

Nórthern Íreland 固名 北アイルランド →Ireland の北部地方で英本国の一部. →**United Kingdom, Ireland** ❷

nòrthern líghts 名 オーロラ →複数扱(あつ

Nòrth Koréa 固名 北朝鮮(ちょうせん) →正式名は朝鮮民主主義人民共和国. →**Korea**

North Macedonia /nɔːrθ mæsədóuniə ノーす マセドウニア/ 固名 北マケドニア →バルカン半島中南部にある共和国(旧称マケドニア). 首都はスコピエ.

Nórth Pacífic 固名 (**the** をつけて) 北太平洋

Nórth Póle /nɔ́ːrθ póul ノーす ポウる/ 固名 (**the** をつけて) 北極

Nórth Séa 固名 (**the** をつけて) 北海 →イギリスとスカンジナビア半島の間の海.

Nórth Stár 固名 (**the** をつけて) 北極星 (polestar)

northward /nɔ́ːrθwərd ノーすワド/ 形 北方(へ)の, 北へ向いた
―― 副 北方へ[に]

northwards /nɔ́ːrθwərdz ノーすワツ/ 副 《主に英》=northward

northwest /nɔ̀ːrθwést ノーすウェスト/ 名 (**the northwest** で) 北西; 北西部(地方) →**north**
―― 形 北西(へ)の; 北西向きの; (風が)北西からの
―― 副 北西へ[に]; 北西から

northwestern /nɔ̀ːrθwéstərn ノーすウェスタン/ 形 北西の, 北西地方の; 北西からの

Norway /nɔ́ːrwei ノーウェイ/ 固名 ノルウェー →スカンジナビア半島にある立憲王国. 首都はオスロ (Oslo). 公用語はノルウェー語 (Norwegian).

Norwegian /nɔːrwíːdʒən ノーウィーヂャン/ 形 ノルウェーの; ノルウェー人の; ノルウェー語の
―― 名 ノルウェー人; ノルウェー語

nose 小 A1 /nóuz ノウズ/ 名 (複 **noses** /nóuziz ノウゼズ/)
❶ 鼻 →「嗅覚(きゅうかく)」の意味でも使う.
• a large [small] **nose** 大きな[小さな]鼻
• a long **nose** 長い[高い]鼻 →基本的には鼻の高さより長さについての表現で, 英語では「高い[低い]鼻」に相当するぴったりした表現が無い. ×a *high* nose とはいわない.
• a short **nose** 短い[低い]鼻 →英語では ×a *low* nose とはいわない.
• pick *one's* **nose** 鼻をほじる
• We breathe and smell **through** our **nose**. 私たちは鼻で息をし, においを嗅(か)ぐ.
• Blow your **nose**; it is running. 鼻をかみ

not

なさい。はなが垂れているよ。

• All dogs have good **noses**, but the **noses** of hunting dogs are best. 犬はすべて鼻がきくが, 猟犬(りょうけん)の鼻が一番優秀(ゆうしゅう)だ.

❷《位置・形が鼻に似たもの》**機首, 船首**(など)

• the **nose** of a plane 機首

not 小 A1 /nάt ナト|nɔ́t ノト/ 副

(→比較変化なし)

(〜で)ない, (〜し)ない

① 動詞を打ち消す場合

基本 Are you Chinese?—No, I'm **not** Chinese. I'm Japanese. 君は中国人?—いいえ, 僕(ぼく)は中国人じゃありません. 日本人です.
→be 動詞＋not.

• My bicycle is **not** [**isn't**] new. 私の自転車は新しくない.

基本 My mother can cook very well, but my father can**not** [ca**n't**] cook. 母はとても上手に料理をすることができるが, 父は料理ができません. →助動詞＋not＋動詞. can not はふつう cannot と1語に, あるいは短縮して can't とする.

• You must **not** [**mustn't**] say such a thing. そんなことを言ってはいけません.

• I do **not** [**don't**] think so. 私はそうは思いません.

• **Don't** go there. そこへは行くな.

• **Don't** be late. 遅(おく)れるな.

POINT 否定の命令文では be 動詞の場合も Don't を使う.

• They did **not** [**didn't**] do their homework. 彼らは宿題をしなかった.

会話 Aren't you happy?—No, I'm **not**. あなたは幸せではないのですか.—ええ, 幸せじゃありません. →話し言葉では否定の疑問文の場合は aren't, can't, won't など短くした形が文の最初にくる. Are you not happy? は形式張った感じになる.

② 名詞・形容詞・副詞・不定詞などを打ち消す場合
→打ち消す語(句)のすぐ前に置かれる.

• **Not** many people know this. これを知っている人は多くない.

• I said fourteen, **not** forty. 私は14と言ったので40と言ったのではない.

• He came **not** on Monday but on Tuesday. 彼は月曜日にではなく火曜日に来まし

た. →**not** A but B (**but** 接 ❷)

• Be careful **not** to be late for school. 学校に遅れないように気をつけなさい.

③ 省略文の中で打ち消す場合

• Come tonight if you can. If **not**, come tomorrow. できたら今夜いらっしゃい. だめならあしたいらっしゃい. →If not =If you cannot come tonight.

I don't want to go.—Why **not**?
私は行きたくありません.—なぜなの.
→Why not? = Why don't you want to go?
You didn't go there, did you?—Of course **not**.
君はそこへ行かなかったんでしょ.—もちろんさ.
→Of course not. = Of course I didn't.

not a ～ ～は1つ[1人]もない

• There is **not a** cloud in the sky. 空には1片(ぺん)の雲もない. →There are no clouds in the sky. よりも強い言い方.

not ～ any more もう～ない →**more** 成句

• We can**not** stand it **any more**. もうこれ以上耐(た)えられない.

Not at all. 《英》(答えに用いて)**どういたしまして**(《米》You are welcome.) →**all** 成句

not ～ at all 少しも～ない →**all** 成句

not A ***but*** B AではなくてB →**but** 接 ❷

not only A ***but*** (***also***) B AだけでなくBもまた →**only** 成句

note A1 /nóut ノウト/ 名

❶ **メモ; 短い手紙**

• **make** [**take**] **a note of ～** ～をメモする

• **make** [**take**] **notes of ～** (授業などの)ノートをとる, ～のメモをとる

• make a speech without **notes** メモなしで演説する

• Please make a **note** of my new address. 私の新しい住所をメモしておいてください.

• Will you take **notes** during class for me? 授業中ノートをとってもらえませんか.

• I wrote a **note** to thank her for her

help. 私は彼女にお手伝いのお礼の手紙を書いた.
❷ 注, 注釈(ちゅうしゃく)
・Read the **note** at the bottom of this page. このページの下の注を読みなさい.
❸ 注意, 注目
・**take note of ~** ~に注意する, ~を注意して聞く[見る] →×a note, ×notes としない. take a note [notes] of と混同しないこと.
❹ 《英》**紙幣**(しへい), **札**(さつ) (《米》bill)
・a five-pound **note** 5ポンド紙幣
❺ (音楽の)**音符**; (楽器の)音, 音色
── 動
❶ (**note down** とも) **書きつける, メモする**
・He **noted down** her telephone number in his address book. 彼は彼女の電話番号を住所録に書き込(こ)んだ.
❷ 注意する, 気をつける

notebook 小 A1 /nóutbuk ノウトブク/ 名 (複 **notebooks** /nóutbuks ノウトブクス/) ❶ **ノート, 手帳, メモ帳**

POINT 英語では notebook を note と短くしない.

・a loose-leaf **notebook** ルーズリーフ式のノート
・He copies every word on the blackboard in his **notebook**. 彼は黒板の単語を全部ノートに書き写す.

note　　　　　notebook

❷ ノートパソコン →持ち運べる小型パソコン.

noted /nóutid ノウテド/ 形 **有名な, 名高い** (famous)

nothing 中 A1 /nʌ́θiŋ ナすィング/ 代

何も~ない

・I saw no one and heard **nothing**. 私は誰(だれ)も見なかったし, 何の物音も聞こえなかった.
・He said **nothing** about the accident. その事故について彼は何も言わなかった.
・There was **nothing** in the box; it was empty. その箱の中には何もなかった. それは空っぽだった.
・There's **nothing** new in the paper. 新聞には何も新しいことは出ていない. → nothing を修飾(しゅうしょく)する形容詞はあとにつく.
・I have **nothing to** eat. 私には食べるものが何もない. →不定詞 to eat (食べるための~)は nothing を修飾する. → **to** ❾ の ②
・**Nothing** is harder than diamond. ダイヤモンドより硬(かた)いものはない.

関連語 I really saw **something** in that bush. —I didn't see **anything**. **Nothing** is (in) there. 本当にあの茂(しげ)みの中に何か見えたのよ. —僕(ぼく)には何も見えなかったな. あそこには何もいないよ.

have nothing to do with ~ **~と何も関係が無い**

・I **have nothing to do with** the matter. 私はその件とは何の関わりもない.

nothing but ~ **~以外には何も~ない, ただ~ばかり** (only) → **but** 成句

nothing much **特に大事でもないこと[物]**

Are you doing anything right now? —**Nothing much.** Just studying math. 今何かしてる?—別に大したことじゃないよ. ちょっと数学の勉強をしているんだ.

── 名 **無, ゼロ; 取るに足りない物[人]**

・The score was two to **nothing**. スコアは2対0だった.

ことわざ Something is better than **nothing**. 何かあることは何もないよりましだ.
・He fixed my watch for **nothing**. 彼は私の時計をただで直してくれた.

会話
Thanks a lot.—It was **nothing**.
どうもありがとう.—(それは取るに足りない事だった ➪)いや別に.

notice 中 A2 /nóutis ノウティス/ 名 ❶ 注意, 注目

・**take notice** (**of ~**) (~を)気にとめる, (~に)注意する. →ふつう否定文で使う.
・They took no [little] **notice** of the event. 彼らはその出来事を全く[ほとんど]気にとめなかった.

❷ 通知, 警告; 掲示(けいじ)

・**put up** a **notice** on a bulletin [《英》no-

noticeable 444 four hundred and forty-four

tice] board 掲示板に掲示を出す
- There is a **notice that** there will be no school tomorrow. 明日は学校が休みという掲示が出ている.

without notice 通告なしで; 無断で
- The teacher gave the test **without notice**. 先生は予告しないでいきなりテストをした.

—— **動** 気がつく, 見つける, わかる
- She passed me in the street and didn't **notice** me. 彼女は道で私とすれ違(ちが)ったけど私に気がつかなかった.
- I **noticed** that there was a leak in the gas pipe. 私はガス管に漏(も)れがあることに気づいた.
- I passed my station without **noticing** it. 私は気づかずに[うっかりして]駅を乗り過ごした. →前置詞 without+動名詞 (noticing).

noticeable /nóutisəbl ノウティサブる/ **形** 目立つ; 注目に値(あたい)する

noun A2 /náun ナウン/ **名** 《文法》名詞 →人・動物・物・事などの名を表す語.

nourish /nə́:riʃ ナ〜リシュ/ **動** 栄養を与(あた)える, 養う

Nov. **略** =November (11月)

novel¹ 中 A2 /nával ナヴる/ **名** (長編)小説

novel² /nával ナヴる/ **形** 目新しい, 斬新(ざんしん)な

novelist /návəlist ナヴェリスト/ **名** 小説家

November 小 A1 /nouvém-bər ノウヴェンバ/ **名**

11月 →Nov. と略す. 詳(くわ)しい使い方は → **June**
- **in November** 11月に
- **on November** 3 (読み方: (the) third) 11月3日に
- **last** [**next**] **November** 去年[来年]の11月(に)

┌─────────────────────┐
│ 語源 (November)   │
└─────────────────────┘
ラテン語で「9番目の月」の意味. 古代ローマの暦(こよみ)では1年が10か月で, 3月から始まった.

now 小 A1 /náu ナウ/ **副**
(→比較変化なし)

❶《ふつう, 文の途中(とちゅう)・終わりで》今, 今は, 現在は
- It is snowing **now**. 今雪が降っている. →It は漠然(ばくぜん)と「天候」を表す. 現在進行形の文.

→**is** **助動** ❶
- What time is it **now**? 今何時ですか. →it は漠然と「時」を表す.

反対語 He **once** lived in Osaka; he **now** lives in Tokyo. 彼は前は大阪に住んでいたが, 今は東京に住んでいる.
- He arrived just **now**. (= He has just arrived.) 彼はたった今着いたばかりです.

POINT just **now** は過去形の文に使い, 現在完了(かんりょう)形の文では使わない.

❷ 今度は; もう, 今すぐ (at once)
- What will you do **now**? 今度は君は何をしますか.
- Don't wait; do it **now**. 待っていないでそれを今すぐやりなさい.

❸《物語の中で過去の動詞とともに使って》その時, 今や
- The ship was **now** slowly sinking. 船は今やゆっくりと沈(しず)んでいった. →過去進行形の文.

❹《文頭で》さあ, はい, ところで →注意を促(うなが)したり, 話題を変える時に使う.
- **Now** listen to me. さあよくお聞き[はい, いいですか].
- **Now** now, baby, don't cry. ほらほら坊(ぼう)や, 泣かないで.

—— **接** (**now that** (〜) とも)(今や)もう(〜)だから, (〜)であるからには, (〜)してみると
- **Now** (**that**) you are eighteen, you can get a driver's license. 君はもう18歳(さい)だから車の免許(めんきょ)が取れます.

—— **名** 今, 現在
- **by now** 今までに, 今頃(いまごろ)はもう
- **in a week from now** 今から1週間で
- **Now** is the best time for picking apples. 今がリンゴをとるには一番よい時期です.

for now しばらくの間, 今のところ
- Goodbye **for now**. ではまた, さようなら.

from now on 今後は, これからは
- **From now on**, we'll just be friends. これからは私たちはただのお友達よ.

now and again =now and then

now and then 時々 →sometimes よりも少ない感じ.

now for 〜 さあ次は〜, はい次は〜 →新しい話題に移る時に言う.
- So much for the first question. **Now for** the second. 第1問はこれくらいにして,

はい次は第2問.

right now すぐに, 直ちに; ちょうど今, ただ今

nowadays A2 /náuədeiz ナウアデイズ/ 副
近頃(ちかごろ)は, 今日(こんにち)では

nowhere /nóu(h)wear ノウ(ホ)ウェア/ 副 どこにも～ない, どこへも～ない

関連語 I looked for the key **everywhere** but could find it **nowhere** (= couldn't find it **anywhere**). あらゆる所を探したけど鍵(かぎ)はどこにもなかった.
── 名 どこにもない場所

nozzle /názl ナズる/ 名 ノズル

NPO 略 非営利組織 →**n**on(-)**p**rofit **o**rganization.

nuclear /njú:kliər ニュークリア/ 形 核(かく)の; 原子核の
●**nuclear** energy 核エネルギー, 原子力
●**nuclear** waste 核廃棄(はいき)物
●a **nuclear** test 核実験
●a **nuclear** power plant 原子力発電所
●a **nuclear** family 核家族 →夫婦(ふうふ)とその子供(たち)だけの家族.

nuisance /njú:sns ニュースンス/ 名 迷惑(めいわく)な物[事・人]

numb /nám ナム/ 形 (寒さ・怖(こわ)さ・悲しさなどで)感覚を失った, まひした, しびれた

number 小 A1 /nám̩bər ナンバ/ 名

❶ 数
●an even [odd] **number** 偶(ぐう)[奇(き)]数
●Four is my lucky **number**. 4は私のラッキーナンバーです.
●The **number** of boys in our class is twenty. 私たちのクラスの男子生徒の数は20人です.
●Cars are increasing **in number** in our neighborhood. うちの近所では車の数が増えてきました.
●5, 7, and 0 are **numbers**. 5, 7, 0は数です.

❷ 番号, ～番, ～号 →「第～番」「第～号」という時にはふつう **No.** と略す. →**No.**
●a house **number** 住居番号
●a telephone **number** 電話番号
●the May **number** [((米)) issue] of the school paper 学校新聞の5月号
●a back **number** 旧刊号, バックナンバー

●The British Prime Minister lives at **No.** 10 Downing Street. 英国の首相(しゅしょう)はダウニング街10番地に住んでいる.
●His apartment **number** is 301. 彼のアパートの部屋番号は301です. →301は three O /ou オウ/ one と読む.
●What **number** are you calling? I'm afraid you have the wrong **number**. (電話で)何番におかけですか. 番号をお間違(まちが)えじゃありませんか.

a number of ～ いくつかの～ (some); (かなり)多くの～ (many)

POINT some から many まで意味の幅(はば)が広いので, はっきり「少数」「多数」をいうためには a の次に **small**, **large** または **great** などをつける.

●**a number of** times 何度も, しばしば
●**A number of** books are missing from this shelf. この棚(たな)から何冊かの本が無くなっている.
●He keeps **a** (large) **number of** bees. 彼は(とても)多くのミツバチを飼っている.

(***great, large***) ***numbers of ～*** 多数の～
●**Great numbers of** people marched in the parade. 多数の人々が行列をつくって行進した.

in (***great, large***) ***numbers*** 多数で, たくさん
●Tourists visit the shrine **in great numbers**. その神社には観光客が大勢やって来る.

── 動 ❶ ～に番号を付ける
●The seats in the public hall are **numbered**. 公会堂の座席には番号が付けられている. →受け身の文. →**are** 助動 ❷
❷ 数える; (数が)～に達する
●The crowd **numbered** over 1,000. 群衆は1,000人を越(こ)えた.

nùmber óne 名 トップ, 第1位, 重要なもの
númber plàte 名 ((英))(自動車の)ナンバープレート(((米)) license plate)
numeral /njú:mərəl ニューメラる/ 名 数字
numerous /njú:mərəs ニューメラス/ 形 多数の, たくさんの
nun /nán ナン/ 名 修道女, シスター (sister) → **monk**

nurse 小 A1 /nə́:rs ナ～ス/ 名

❶ 看護師, 看護人

nursery

446   four hundred and forty-six

- a school **nurse** 保健の先生, 養護教諭(きょうゆ)
- the **nurse**'s office （学校などの）保健室

❷ 保育士, 保母, うば

—— 動 ❶ （病人を）看護する

❷ （赤ちゃんに）乳を与(あた)える

nursery 🀄 /nə́ːrsri ナ〜スリ/ 名

（複 **nurseries** /nə́ːrsriz ナ〜スリズ/）

❶ 託児(たくじ)所, 保育園; 子供部屋

❷ 苗木(なえぎ)畑

núrsery rhỳme 名 （昔から伝わる）童謡(どうよ
う), 子守(こもり)歌 ➡『マザーグース』はイギリス古来
の童謡を集成したもの. ➡ **Mother Goose**

núrsery schòol 名 保育園

nursing /nə́ːrsiŋ ナ〜スィング/ 名 看護, 介護(かい
ご); 育児

núrsing hòme 名 （私立の）老人ホーム;
《英》（小規模の）病院, 産院

nut /nʌ́t ナト/ 名

❶ 木の実 ➡ クリ (chestnut)・クルミ (walnut)
のような堅(かた)いからをかぶった実. ➡ **berry**

- crack a **nut** 木の実を割る

- go and collect **nuts** 木の実拾いに行く

❷ （ボルトを締(し)め付ける）ナット ➡ **bolt** ❶

nutrient /n(j)úːtriənt ヌートリエント, ニュートリエン
ト/ 名 栄養物

nutrition /n(j)uːtríʃən ヌートリション, ニュートリ
ション/ 名

❶ （栄養の）摂取(せっしゅ)

❷ 栄養物; 食物

nutritionist /n(j)uːtríʃənist ヌートリシャニスト,
ニュートリシャニスト/ 名 栄養士

nutritious /n(j)uːtríʃəs ヌートリシャス, ニュートリシ
ャス/ 形 栄養分の多い, 栄養のある

NV 略 ＝Nevada

NY 略 ＝New York

N.Y.C., NYC 略 ＝New York City

nylon /náilɑn ナイラン/ 名 ナイロン; **(nylons**
で**)** ナイロンの靴下(くつした)

nymph /nímf ニンフ/ 名 《神話》ニンフ ➡ 山・
川・森・泉などに住むとされる美少女の妖精(ようせい).

NZ 略 ＝New Zealand

O o

O¹, o /óu オウ/ 名 (復 **O's, o's** /óuz オウズ/)
❶ オー → 英語アルファベットの15番目の文字.
❷ (数字を読み上げて)ゼロ (zero)

O² /óu オウ/ 間 おお!, おや!, ええ; ねえ → 驚(おど)ろ)き・苦痛・願望・喜びなどの感情を表したり, 人名の前につけて呼びかけに使う. → **oh**

oak A2 /óuk オウク/ 名 オーク; オーク材 → カシ・カシワ・ナラ類の樹木の総称. acorn /エイコーン/ と呼ばれる実をつける. 英国産のオークは50メートルにもなり, 「森の王」(the king of the forest) と呼ばれる.

oar /ɔ́ːr オー/ 名 かい, オール → **paddle**

oasis /ouéisis オウエイスィス/ 名 (復 **oases** /ouéisiːz オウエイスィーズ/) オアシス → 砂漠(さばく)の中で水があり草木の茂(しげ)っている所. 「憩(いこ)いの場・時」の意味でも使う.

oat /óut オウト/ 名 (ふつう **oats** で) オートムギ, カラスムギ → **oatmeal**

oath /óuθ オウス/ 名 誓(ちか)い, 宣誓(せんせい)

oatmeal /óutmiːl オウトミール/ 名 オートミール → オート (oat) の粒(つぶ)を粗(あら)くひいたもので, 煮(に)てかゆにし, 砂糖・牛乳を入れて朝食に食べる. → **porridge**

Obama /oubáːmə オウバーマ/ 固名 (**Barack H. Obama**) バラク・オバマ → 米国の政治家. 米国第44代大統領. 米国初のアフリカ系大統領.

obedience /əbíːdiəns オビーディエンス/ 名 服従; 従順 関連語 「従う」は obey.

obedient /əbíːdiənt オビーディエント/ 形 従順な, 素直(すなお)な

obey /əbéi オベイ/ 動 (命令・法律などに)従う; (人の)言うことをきく 関連語 「服従, 従順」は obedience.
• You must **obey** the rules of the game. 君たちはゲームのルールに従わなければならない.
• A good dog always **obeys** (his master). よい犬はいつも(主人の)命令をきく.

object /ɑ́bdʒikt アブチェクト/ 名
❶ 物, 物体
• I saw a strange **object** in the sky. 空に奇妙(きみょう)な物体が見えた.
❷ 目的; 目当て, 対象

• He has no **object** in life. 彼は人生に目的を持っていない.
❸ 《文法》目的語
• the direct [indirect] **object** 直接[間接]目的語

文法 ちょっとくわしく

I buy **him** a present.
(私は彼にプレゼントを買う)
ここで動詞 buy は him と a present の2つの目的語をとっている. **him** (彼に)を間接目的語といい, **a present** (プレゼントを)を直接目的語という.
この文は I buy **a present** for him. ともいえるが, この場合, a present は buy の目的語, him は前置詞 for の目的語.

── /əbdʒékt オブチェクト/ (→ 名詞とのアクセントの位置の違(ちが)いに注意) 動 反対する, いやがる

objection /əbdʒékʃən オブチェクション/ 名 反対

objective /əbdʒéktiv オブチェクティヴ/ 形
❶ 客観的な ❷ 《文法》目的格の
── 名 目的, 目標

oblong /ɑ́blɔːŋ アブローング/ 名 形 長方形(の)

oboe /óubou オウボウ/ 名 《楽器》オーボエ → 高音の木管楽器.

observation /ɑbzərvéiʃən アブザヴェイション/ 名 観察(力); 観測; 監視(かんし)

observe /əbzə́ːrv オブザ〜ヴ/ 動 ❶観察する; 気づく ❷(法律・慣習などを)守る, 従う; (祭り・祝日などを)祝う

observer /əbzə́ːrvər オブザ〜ヴァ/ 名
❶ 観察者 ❷ (会議の)オブザーバー → 発言権などを持たして, 会議を傍聴(ぼうちょう)する人.

obstacle /ɑ́bstəkl アブスタクる/ 名 邪魔(じゃま)物, 障害(物)

óbstacle ràce 名 障害物競走

obstruct /əbstrʌ́kt オブストラクト/ 動 ふさぐ, 妨(さまた)げる

obstruction /əbstrʌ́kʃən オブストラクション/ 名 妨害(ぼうがい); 妨害物

obtain

obtain /əbtéin オブテイン/ 動 得る (get); (目的を)達する

obvious /ábviəs アブヴィアス/ 形 明らかな, 明白な (plain)

obviously /ábviəsli アブヴィアスリ/ 副 明らかに

occasion /əkéiʒən オケイジョン/ 名
❶ (何か事柄(ことがら)が行われる)折, 場合, 機会
❷ (特別な)出来事, 行事

occasional /əkéiʒənl オケイジョヌル/ 形 時々の, たまの

occasionally /əkéiʒənəli オケイジョナリ/ 副 時々 (sometimes)

occupation A2 /àkjupéiʃən アキュペイション/ 名 ❶ 職業; する事, 携(たず)わる事
❷ 占領(せんりょう); (家などに)住むこと

occupy /ákjupai アキュパイ/ 動 三単現 **occupies** /ákjupaiz アキュパイズ/; 過去・過分 **occupied** /ákjupaid アキュパイド/; -ing形 **occupying** /ákjupaiiŋ アキュパイイング/)
(時・場所・心を)占(し)める; (家などに)住む; (軍隊が)占領(せんりょう)する

会話
Is this seat **occupied**? —No, it's vacant.
この席はふさがっていますか. —いいえ, 空いています.

Is this seat occupied? / No, it's vacant.

occur /əkə́:r オカー/ (←アクセントの位置に注意) 動 三単現 **occurs** /əkə́:rz オカーズ/; 過去・過分 **occurred** /əkə́:rd オカード/; -ing形 **occurring** /əkə́:riŋ オカーリング/)
❶ (事件などが)起こる
❷ 胸に浮(う)かぶ, 思いつく

ocean /óuʃən オウシャン/ 名 大洋, 大海
• the Pacific **Ocean** 太平洋
• the Atlantic **Ocean** 大西洋
• an **ocean** liner 大洋航路客船

o'clock A1 /əklák オクロク|əklɔ́k オクロク/ 副 ～時 ←of the clock (時計で)を短くした形.

会話 What time is it now? —It's five (**o'clock**). 今何時ですか. —5時です.

POINT 「～時」という時にだけ使い, 「～時～分」には使わない. 話し言葉ではしばしば o'clock を省略する.

• It is six **o'clock** in the evening. 午後6時です.

POINT o'clock は1から12の数字について使うので, ×It is eighteen o'clock としない.

• The train will arrive at five **o'clock**. 列車は5時に到着(とうちゃく)します.
• I usually watch the nine **o'clock** news. 私はたいてい9時のニュースを見る.

Oct. 略 = October (10月)

October

October 小 A1 /ɑ(:)któubər ア(-)クトウバ|ɔktóubə オクトウバ/ 名 10月 ←Oct. と略す. 詳(くわ)しい使い方は → **June**
• in **October** 10月に
• last [next] **October** 去年[来年]の10月(に)
• on **October** 10 (読み方: (the) tenth) 10月10日に

語源 (October)
ラテン語で「8番目の月」の意味. 古代ローマの暦(こよみ)では1年が10か月で, 3月から始まった.

octopus 小 /áktəpəs アクトパス|ɔ́ktəpəs オクトパス/ 名 《動物》タコ

イメージ (octopus)
イギリス人はほとんど食用としないが, アメリカには地中海沿岸からの移民や東洋の人々も多いので特に西海岸では食用として売られている. 語源はギリシャ語で octo-(8)+-pus (足).

odd /ád アド/ 形 ❶ 変な, 奇妙(きみょう)な
❷ 奇数(きすう)の 反対語 **even** (偶数(ぐうすう)の)
❸ (一対(いっつい)・1組の)片方しかない

odor /óudər オウダ/ 名 におい ←「いやなにおい」を意味することが多い.

odour /óudər オウダ/ 名 《英》=odor

of 小 A1 /əv オヴ/
前 ❶ 《所有・所属》～の   意味map
❷ 《部分》～の(中の)
❸ 《意味上の主語》～の
❹ 《意味上の目的語》～の

❺《中身・原料・材料》〜の (入った); 〜で (できている), 〜(製)の
❻《同格関係》〜という
❼《特徴(とくちょう)》〜の(ある)
❽〜のことを

🔵POINT *A* of *B* が日本語では「*B* の *A*」となって, *A* と *B* のいろいろな関係(所有・部分・材料など)を表す.

── 前 ❶《所有・所属を示して》〜の

基本 the name **of** the town その町の名前
→名詞＋of＋名詞.

• the leg **of** the table テーブルの脚(あし)

文法 ちょっとくわしく

A of *B* の *B* が「物」の場合には *B*'s *A* とならない. したがって ×*the table's leg* としない. 人・動物の時は Ken's leg (ケンの脚), the dog's leg (その犬の脚)といえる.

• the son **of** my friend (= my friend's son) 私の友人の息子(むすこ)
• a friend **of** mine 私の友達の1人 →私のある友達
• that camera **of** yours 君のそのカメラ
• (the) artist **of** the year 年間最優秀アーティスト
• The cover **of** the book is red. その本の表紙は赤です.
• She is a member **of** the tennis club. 彼女はテニス部の一員[テニス部員]です.

❷《部分を示して》〜の(中の)
• one **of** the boys その少年たちの(中の)1人
• some **of** us 私たちの(中の)何人か
• at this time **of** year 毎年この時期に
• He is one **of** my best friends. 彼は私の親友の1人だ.
• **Of** all the Beatles' songs I like *Yesterday* best. ビートルズのすべての歌の中で私は「イエスタデイ」が一番好きです.

❸《意味上の主語を示して》〜の →*A* of *B* の形で, *B* が *A* の意味上の主語.
• the love **of** a mother for her children 母が子に注ぐ愛, 子に対する母の愛
• the plays **of** Shakespeare シェークスピアが書いた戯曲(ぎきょく), シェークスピアの劇

❹《意味上の目的語を示して》〜の →*A* of *B* の形で, *B* が *A* の意味上の目的語.
• love **of** nature 自然を愛すること

# of 小 A1 /オヴ/

基本の意味

「全体の中の一部分」が基本の意味で, A of B で「AがBの一部である」ことを表し, そこから広がって様々な関係性を表す. ❶所有・所属の意味では「B(サッカーチーム)のA(メンバー)」, ❷部分の意味では「B(まるごとのケーキ)のA(1切れ)」, ❺中身の意味では「B(お茶)のA(1杯分)」, ❼特徴の意味では「B(アイディア)をもつA(女性)」となる. 「一部」の意味が薄(うす)れたさまざまな関係性も表す.

イメージ　〜の（一部分）

🜲 教科書によく出る **使い方**

❶ Tom is a member **of** the football team. トムはそのサッカーチームに入っています.
❷ Can I have a piece **of** cake? ケーキを1切れいただいてもいいですか？
❺ I had a cup **of** tea at a break. 休憩時間にお茶を1杯飲んだ.
❼ Saki is a woman **of** ideas. 佐紀はアイディアにあふれる女性だ.

off 450 four hundred and fifty

- a teacher **of** English 英語の先生
- the invention **of** computers コンピューターの発明

❺《中身・原料・材料を示して》〜の(入った); 〜で(できている), 〜製の
- a pot **of** gold 金の入ったつぼ ➡ a gold pot は「金製のつぼ」.
- a bottle **of** milk 牛乳(の)1瓶(びん)
- two spoonfuls **of** sugar スプーン2杯(はい)の砂糖
- a family **of** five 5人(の)家族
- Our house is made **of** wood. 私たちの家は木造だ.

❻《同格関係を示して》〜という ➡ A **of** B の形で,「B という A」「B の A」.
- the city **of** London (ロンドンという市 ⇨)ロンドン市
- the story **of** Cinderella 『シンデレラ』のお話
- There were six **of** us in the classroom. 教室には(我々である6人⇨)我々6人がいました.

❼《特徴を示して》〜の(ある) ➡ A **of** B の形で,「B のある A」「B の A」.
- a woman **of** ability [courage] 才能[勇気]のある女性
- a look **of** pity 哀(あわ)れみの(こもった)目つき
- a girl **of** ten (years) 10歳(さい)の少女

❽ 〜のことを, 〜について(の) (about)
- I always think **of** you. 私はいつもあなたのことを考える.
- We spoke **of** you last night. 私たちは昨夜あなたのことを話していたのよ.

❾ **(It is** A **of** B **to** do 〜 で) 〜するとは B は A である ➡ A には kind, good, foolish など人の性質を表す形容詞が入る. 不定詞 to do は「〜するとは」. ➡ **to** ❾④
- **It's** very kind **of** you (**to** help me). (私を助けてくれて)あなたって親切な方ね[(お助けくださって)ご親切どうもありがとう].
- **It was** good **of** you **to** remember my birthday. 私の誕生日を覚えていてくれてどうもありがとう.

❿《分離(ぶんり)・起源・原因を示して》〜から
- Canada is north **of** the United States. カナダはアメリカ合衆国の北にある. ➡ north は副詞で「北に」.
- He is **of** royal blood. 彼は王室の血統だ.

- My grandfather died **of** cancer. 祖父はがんで死にました. ➡ die of 〈die¹ 成句〉
of course もちろん ➡ **course** 成句

off 中 A1 /ɔːf オーふ|ɔf オふ/

副 ❶(場所を)離(はな)れて, 取り去って; 取って　　意味 map
❷(距離(きょり)・時間が)離れて
❸(電気・水道・テレビなどが)切れて, 止まって
前 〜から離れて
形 ❶離れた
❷休みの, 非番の

―― 副《比較変化なし》

❶(場所を)離れて, 去って; (物を)離して, 取り去って
商基本 go **off** 去って行く, 出発する ➡ 動詞＋off.
- run **off** 走り去る, 逃(に)げ去る
- get **off** (バスなどから)降りる　反対語「乗る」は get **on**.
- fall **off** (離れて)落ちる
- take **off** (飛行機が)離陸(りりく)する
商基本 take **off** a hat ＝ take a hat **off** 帽子(ぼうし)を脱(ぬ)ぐ ➡ take off A ＝ take A off.
- Take **off** that wet shirt. そのぬれたシャツを脱ぎなさい.
掲示 Hands **off**! 手を触(ふ)れないでください.
- The lid was **off**. ふたがとれていた.

❷(距離・時間が)離れて, 向こうに, 先に
- a mile **off** 1マイル先に
- a long way **off** 遠く離れて
- Christmas is a week **off**. クリスマスまであと1週間だ.

❸(電気・水道・テレビなどが)切れて, 止まって
- turn **off** the light [the radio] (スイッチをひねって)明かり[ラジオ]を消す
- switch **off** the TV [the computer] テレビ[コンピューター]のスイッチを切る
- The car engine is **off**. 車のエンジンは切ってある.
反対語 Was the light **on** or **off**? 明かりはついていたかそれとも消えていたか.
- The party is **off** because of the rain. 雨でパーティーは中止です. ➡ because of 〜「〜のために, 〜のせいで」.

❹(定価を)割り引いて
- at 5% **off** 5パーセント引きで

offense

- You can get it (at) 10 percent **off** for cash. それは現金なら1割引きで買える.

❺ (休暇または病気で)休んで
- take a day **off** 1日休む
- We get ten days **off** at Christmas. 私たちはクリスマスの時期に10日休む.

❻ (**well, badly** などとともに)(暮らしが)〜で
- be **well** [**badly**] **off** 暮らしが楽である[苦しい]

―― 前 〜から離れて, 〜から
- get **off** a bus バスから降りる
- fall **off** a bed ベッドから落ちる
- The wind is blowing leaves **off** the tree. 風が木から葉を吹き落としている.
- A button is **off** your coat. 君のコートのボタンが1つとれていますよ.
- He took the picture **off** the wall. 彼はその絵を壁から外した.
- Clean the mud **off** your shoes. 靴の泥を落としてきれいにしなさい.
- My house is a little way **off** the street. 私の家は通りから少し離れたところにある[通りを少し入ったところにある].
- The ship was sailing **off** Scotland. その船はスコットランド沖を航海していた.
- 掲示 Keep **off** the grass. 芝生に入ってはいけません.

―― 形 (→比較変化なし)
❶ 離れた, 向こうの →名詞の前にだけつける.
- on the **off** side of the river 川の向こう側に

❷ 休みの, 非番の →名詞の前にだけつける.
- on my next **off** day 私の次の休みの日に

❸ 季節外れの →名詞の前にだけつける.
- an **off** season シーズンオフ

❹ 《英》(飲食物が)新鮮でない
- I don't feel good. I think I ate something that was **off**. (おなかの)具合が変だ. 何か古くなった物でも食べたのだと思う.

off and on＝**on and off** やめたり始めたり, ついたり消えたり, 不規則に, 時々
- It rained **off and on**. 雨は降ったりやんだりした. →It は漠然と「天候」を表す.

off duty 非番で[の] →**duty**

offence /əféns オフェンス/ 名 《英》=offense
offend /əfénd オフェンド/ 動 感情を害する, 怒らせる
offense /əféns オフェンス/ 名

off
中 A1 /オーふ｜オふ/

基本の意味

もとの場所から離れていく動きが基本の意味で(副❶・前), 離れていった結果に注目すると離れた場所にある[いる]という状態の意味になり(副❶・前), ある場所・時点から「(一定の距離・時間が)離れて」という意味にもなる(副❷). 線が「つながっていない」イメージから, 副❸「(電気などが)切れて, 止まって」の意味が生じる. 他の意味も何かから比ゆ的に離れ(てい)ることを表し, 元の価格から離れていれば副❹「割り引いて」, 仕事や活動状態から離れていれば副❺「休んで」の意味になる.

離れて

教科書によく出る 使い方

- 副 ❶ We're going to get **off** at the next station. 次の駅で降りますよ.
- 副 ❷ My house is about 500 meters **off**. 我が家は500メートルくらい先にあります.
- 副 ❸ Could you turn **off** the radio? ラジオを消してもらえませんか.
- 前 　He got **off** the bus at the station. 彼は駅でバスを降りた.

offer 452 four hundred and fifty-two

❶ 犯罪, 違反(いはん) ❷ 気にさわる事[物], 失礼
❸ 攻撃(こうげき) (attack), 攻撃側 反対語 de-fense (防衛, 守備側)

offer 中 A2 /ɔ́:fər オーふァ/ 動
提供する, 差し出す, 勧(すす)める; 提案する; 〜しようと申し出る
・**offer** a plan ある計画を出す
・**offer** to help 手伝いましょうと申し出る
・I **offered** her my seat. ＝I **offered** my seat to her. 私は彼女に私の席を勧めた. →offer A (人) B (物)で「AにBを勧める」.
関連語 He **offered** her a job, but she re-fused it. 彼は彼女に職を提供したが彼女はそれを断った.
── 名 申し出, 提案
・He accepted [refused] my **offer to** help him. お手伝いいたしましょうという私の申し出を彼は受け入れた[拒否(きょひ)した].

office 小 A1 /ɔ́:fis オーふィス|ɔ́fis オふィス/
名 ❶ 事務所, 事務室; 会社, 職場; 《米》診療(しんりょう)所
・an **office** worker (事務職の)会社員 →性別に関係なく使う.
・the main [head] **office** of a company 本社, 本店
・a lawyer's **office** 弁護士事務所
・a ticket **office** 切符(きっぷ)[入場券]売り場
・a school **office** 学校の事務室
・the principal's **office** 校長室
・a doctor's **office** 診療所
・My father works in an **office**. 私の父は会社に勤めています.
❷ 役所, 〜局, 〜省
・a post **office** 郵便局
・the Foreign **Office** (英国の)外務省

officer 小 A1 /ɔ́:fisər オーふィサ|ɔ́fisə オふィサ/
名 ❶ 将校, 士官; 高級船員
❷ 警察官 (police officer)
❸ 公務員, 役人 →特に部署の責任者.

official 中 A2 /əfíʃəl オふィシャる/ 形 公(おおやけ)の; 公式の; 公用の, 仕事上の
・**official** duties 公務
・This information is **official**. この情報は公式のものです.
── 名 公務員, 役人; 職員

offícial lánguage 名 公用語 →公(おおやけ)の場で使用することが正式に認められている言語. 特に国際組織や多言語国家で定められる.

officially /əfíʃəli オふィシャリィ/ 副 公式に, 正式に

often 中 A1 /ɔ́:fn オーふン|ɔ́fn オふン/
(→t を発音して /ɔ́:ftn オーふトン/ ともいう) 副
(比較級 **more often**; 最上級 **most often**)
しばしば, たびたび 関連語 **sometimes** (時々) よりも多く, **usually** (たいてい) よりも少ない頻度(ひんど).
[基本] She was **often** late. 彼女はよく遅(おく)れた. →be 動詞＋often.
[基本] I **often** go there. 私はしばしばそこへ行きます. →often＋一般(いっぱん)動詞.
・He writes to me very **often**. 彼はしょっちゅう私に手紙をくれる. →特に often の意味を強調する時はこのように文末(あるいは文頭)に置くことがある.

How **often** do you go to the mov-ies?—Not **often**, perhaps once ev-ery three months.
映画にはよく行きますか.—よく言うほどは行きません. 3か月に1回ぐらいかな.

・Practice as **often** as possible. できる限り何度も練習しなさい. →as A (副詞) as pos-sible は「できるだけA」.
・He comes **more often** than before. 彼は以前よりよく来ます.
・Forest fires break out **most often** in the summer. 山火事は夏に一番多く起こる.

OH 略 ＝Ohio

oh 小 /óu オウ/ 間 おお!, まあ!, おや!, あら!; えーと →喜び・怒(いか)り・驚(おどろ)きなどの感情を表す, あるいは返事の前に間を置く時に使う.
・**Oh**! How beautiful! まあ, なんてきれいなんでしょう!
・**Oh**, no. いいえ[まさか, ああどうしよう]. →強い否定や困惑(こんわく)などを表す.
会話 Is he busy now?—**Oh**, no. He is watching television. 彼は今忙(いそが)しい?—いいえ, テレビを見ています.
会話 When will you meet him?—**Oh**, I haven't decided yet. いつ彼と会うの?—えーと, まだ決めてないんだ.

Ohio /ouháiou オウハイオウ/ 固名 ❶ オハイオ

four hundred and fifty-three 453 old

→米国北東部の州. **O.**, (郵便で) **OH** と略す.
❷**(the Ohio で)** オハイオ川 →オハイオ州の南境を西に流れてミシシッピ川に合流する. この川の南側がいわゆる「南部」.

OHP 略 オーバーヘッドプロジェクター → **o**verhead **p**rojector. →見出し語

oil A2 /ɔ́il オイる/ 名
❶ 油; 石油 →種類をいう時以外は ×*an* oil, ×oils としない.
- salad **oil** サラダ油
- put **oil** in the pan フライパンに油を入れる
❷ **(ふつう oils で)** 油絵の具, 油絵
- paint in **oils** 油絵を描(か)く

——動 油を塗(ぬ)る, 油をさす
- **oil** the wheels 車輪に油をさす

óil field 名 油田
óil pàinting 名 油絵

oily /ɔ́ili オイり/ 形 (比較級 **oilier** /ɔ́iliər オイりア/; 最上級 **oiliest** /ɔ́iliist オイりエスト/) 油の, 油のような; 油だらけの, 油で汚れた

oink /ɔ́iŋk オインク/ 名 ブーブー →ブタの鳴き声.
——動 (ブタが)ブーブー鳴く

OK¹, O.K. 小 A1 /oukéi オウケイ/
形 副 間 《話》よろしい (all right), 問題ない, オーケーだ; さて
- Everything is **OK**. 万事(ばんじ)オーケーだ.
会話 I'm sorry I'm so late.—**That's OK.** I was late too. こんなに遅(おく)れてしまってすみません.—いいんですよ. 私も遅れて来たんです.
会話 Is seven o'clock **OK**?—Yes, that's fine. 7時でよろしいですか.—ええ, 大丈夫(だいじょうぶ)です.

会話
Will you come with me?—**OK**, I will.
君もいっしょに来るかい.—いいよ, 行くよ.

——名 承認(しょうにん), オーケー
- Get your dad's **OK** before you go camping. キャンプに行く前にお父さんのオーケーを取りなさい.
——動 (三単現 **OK's** /oukéiz オウケイズ/; 過去・過分 **OK'd** /oukéid オウケイド/; -ing形 **OK'ing** /oukéiiŋ オウケイイング/)
オーケーする, 承認する

OK² 略 =Oklahoma
okay A1 /oukéi オウケイ/ 形 副 間 名 動 =OK¹
Oklahoma /òukləhóumə オウクらホウマ/ 固名 オクラホマ →米国南中部の州. **Okla.**, (郵便で) **OK** と略す.

old 小 A1 /óuld オウるド/
形 ❶ 年取った　　　　　　　　　意味 map
　❷ (年齢(ねんれい)が)〜歳(さい)で
　❸ 古い
——形
比較級 **older** /óuldər オウるダ/, **elder** /éldər エるダ/
最上級 **oldest** /óuldist オウるデスト/, **eldest** /éldist エるデスト/

❶ 年取った, 年老いた
⑩基本 an **old** man 老人, お年寄り, おじいさん →old+名詞.
- the **old**=**old** people 老人[お年寄り]たち
反対語 The **young** must be kind to the **old**. 若い人はお年寄りに親切でなければいけない.
⑩基本 He is **old**. 彼は年を取っている. →be動詞+old.
- **grow** [**get**] **old** 年を取る
- He looks **old** for his age. 彼は年のわりにふけて見える.

old　　　young

❷ (年齢が)〜歳で, 〜月で; (物ができてから)〜年[月]で, (時間が)たっている
- a ten-year-**old** boy = a boy ten years **old** 10歳の少年
- a baby six months **old** 生後6か月の赤ん坊(ぼう)
会話 How **old** are you?—I'm fourteen years **old**. 君いくつ? —私は14歳です. →fourteen years は副詞句で old を修飾(しゅうしょく)している.
会話 How **old** is this building? —It's nearly a hundred years **old**. この建物は建

old-fashioned

って何年ですか.—約100年です.
- my **older** brother 私の兄 →《英》では my elder brother という. →**elder**
- You'll understand when you are **older**. 君も年を取ればわかるだろう.

会話 How much [How many years] **older** is he **than** his wife?—He is **ten years older**. 彼は奥(おく)さんよりいくつ年上ですか.—10歳年上です.

- my **oldest** brother 私の一番上の兄 →《英》では my eldest brother という. →**eldest**
- Mr. Young is **the oldest** of the three. ヤング氏が3人のうちで一番年長です.

❸ 古い, 昔の; 昔からの
- an **old** building 古い建物
- the good **old** days 古きよき時代

反語 My shoes are getting **old**; I must buy some **new** ones. 私の靴(くつ)は古くなってきた. 新しいのを買わなければならない.

- an **old** friend 古い[昔からの]友達 →「年取った友人」という意味にならないことに注意.
- an **old** joke 言い古された冗談(じょうだん)
- You can find **old** Tokyo in Asakusa. 浅草であなたは古い東京を見つけることができる[浅草には昔の東京が残っている].
- Hello, **old** boy! やあ君! →年輩(ねんぱい)の男性同士の親しみを込(こ)めた呼びかけ.

old-fashioned /ould fǽʃənd オウルド ファションド/ 形 古風な, 時代遅(おく)れの

Óld Wórld 固名 (**the** をつけて) 旧世界 →ヨーロッパ(, アジア, アフリカ)のことで, アメリカ大陸を「新世界」と呼ぶのに対する呼び方. → **New World**

olive /άliv アリヴ/ 名 《植物》オリーブの実; オリーブの木; オリーブ色, 濃(こ)い黄緑色

イメージ (olive)
箱舟(はこぶね)(→**Noah**)から放ったハトがオリーブの枝をくわえて戻(もど)ってきたのでノアは洪水(こうずい)が引いたことを知ったという旧約聖書の物語から「平和と和解」の象徴(しょうちょう)とされ, 国連旗のデザインにも使われている.

ólive òil A2 名 オリーブ油

Olympia /əlímpiə オリンピア/ 固名 オリンピア →ギリシャ西部にある平原. ここに祭った神々の王ゼウスの4年ごとの大祭に行われた競技会が近代オリンピックへとつながった.

Olympiad /əlímpiæd オリンピアド/ 名 オリンピック大会 →かたい言い方.

Olympic 小 A2 /əlímpik オリンピク/ 形 オリンピックの, オリンピック競技の
- an **Olympic** medalist オリンピックのメダリスト

Olỳmpic Gámes 固名 (**the** をつけて) 国際オリンピック競技会

Olympics A1 /əlímpiks オリンピクス/ 固名 (**the Olympics** で) 国際オリンピック競技会 (the Olympic Games) →単数としても複数としても扱(あつか)われる.

Olympus /əlímpəs オリンパス/ 固名 オリンポス山 →ギリシャ北部の山で, その山頂には神々が住んでいたと伝えられた.

omelet, omelette 小 A2 /άmlit アムレト, ɔ́mlit オムレト/ 名 オムレツ

omit /əmít オミト/ 動 (三単現 **omits** /əmíts オミツ/; 過去・過分 **omitted** /əmítid オミテド/; -ing形 **omitting** /əmítiŋ オミティング/)
省略する; 抜(ぬ)かす

on 小 A1 /an アン|ɔn オン/

意味map
前 ❶ ～の上に, ～の上の
❷ ～(日)に
❸ ～に(接して・面して), ～の(側)に
❹ ～と同時に, ～するとすぐ
❺ 《道具・機械など》～で; (テレビ番組など)で, ～に出演して
❻ ～について(の)
副 ❶ 身に着けて
❷ 《継続(けいぞく)・進行》どんどん続けて
❸ (電気・水道・テレビなどが)ついて, 出て; (電話などが)通じて; (映画などが)上演中で

— 前 ❶ ～の上に, ～の上の

基本 **on** the desk 机の上に[の] →on+名詞.
基本 sit **on** the floor 床(ゆか)の上に座(すわ)る →動詞+on+(代)名詞.
- get **on** a horse [a bus] 馬[バス]に乗る
- Your book is **on** the desk. 君の本は机の

上にある.

- The exercise is **on** page 10. その練習問題は10ページにある.

🔵基本 a book **on** the desk　机の上の本 ➡名詞＋on＋(代)名詞.

- a carpet **on** the floor　床の(上に敷(し)いた)じゅうたん

- swans **on** the pond　池に浮(う)かぶ白鳥

- a fly **on** the ceiling　天井(てんじょう)の[に止まっている]ハエ

- a ring **on** her finger　彼女の指につけられた指輪

- There is a picture **on** the wall.　壁(かべ)に絵が掛(か)かっている.

- He cut his foot **on** a piece of glass. (ガラスの破片(はへん)の上で ⇨)ガラスの破片を踏(ふ)んで彼は足を切った. ➡cut は過去形.

- That dress looks very nice **on** you. そのドレスはあなたにとてもよく似合う.

- King Kong is **on** the top of the Empire State Building. Helicopters are flying **over** him. There is a moon high **above** the helicopters. キングコングがエンパイア・ステート・ビルのてっぺんにいる. ヘリコプターがその上でとどまっている. その上空には月がかかっている.

類似語 (上に)

on は「物の表面に接触(せっしょく)している」こと. **over** は「接触してまたは離(はな)れて(真)上を覆(おお)っている」こと. **above** は「離れて物の上の方にある」ことを表す.

❷ 〜(日)に

🔵関連語「〜月に」は **in**,「〜時に」は **at**.

- **on** Sunday　日曜日に

- **on** Christmas Day　クリスマスの日に

- **on** my birthday　私の誕生日に

- **on** a stormy night　ある嵐(あらし)の夜に

- **on** May 10 ＝**on** the 10th of May　5月10日に

🔵POINT「5月に」は in May というが, 前に「日」がつくと, ✕on the 10th *in* May といわない.

- **on** the morning of last Monday　先週の月曜日の朝に ➡単に「朝に」は in the morning.

- The party is **on** March 24. パーティーは3月24日です.

❸ 〜に(接して・面して), 〜(の側)に

- a castle **on** the lake　湖のほとり[湖畔(こはん)]の城

- the boy **on** my left　私の左側の少年

- Please sit **on** my right. 私の右に座ってください.

- London is **on** the Thames. ロンドンはテムズ河畔(かはん)にある.

❹ 〜と同時に, 〜するとすぐ

- **on** arrival　到着(とうちゃく)するとすぐ

- I will pay you the money **on** my return. 帰ったらすぐ君にお金を払(はら)います.

- **On** arriving at the town, I called my mother. その町に着くとすぐ私は母に電話した. ➡on＋動名詞 (arriving (到着すること)).

❺ 《道具・機械など》〜で; (テレビ番組など)で, 〜に出演して

- talk **on** the telephone　電話で話す

- hear the news **on** the radio　ラジオでニュースを聞く

- watch a game **on** television　テレビで試合をみる

- make a dress **on** a sewing machine　ミシンで服を縫(ぬ)う

- do research **on** the Internet　インターネットで調べる

- She'll be **on** that TV show next week. 彼女は来週そのテレビショーに出演するでしょう.

❻ 〜について(の), 〜に関する

- a book **on** Japanese history　日本史の本

- speak **on** French movies　フランス映画について話す

- We did not agree **on** some points. いくつかの点について私たちは意見が分かれた.

❼ 《用事・目的》〜で, 〜(のため)に; 〜(の途中(とちゅう))で

- go **on** a trip [picnic]　旅行[ピクニック]に行く

- go to Osaka **on** business　仕事[用事]で大阪へ行く

- **on** my way home [to school]　帰る[学校へ行く]途中で

- We went to Austria **on** a concert tour. 私たちはコンサートツアーでオーストリアへ行った.

❽ 〜(の状態)で; 〜に属して, 〜の一員で

- a house **on** fire　燃えている家

- The new CD will be **on** sale from next Friday. 来週の金曜日から新しい CD が

on 小 A1 /アン|オン/

イメージ: 接して

基本の意味

離れずに接している状態が基本の意味(前❶).あるものが別のものに接している場合,机「の上に」ある本のように,安定しやすい「上」の位置であることが多いが,(普通はより大きく安定したものに)接していれば,位置が「上」でなくても on が用いられる.副❶「身に着けて」の意味も身体と接している状態を表す.完全に接していなくても,接するような近さを表す 前❸「~に面して,~の側に」の意味で用いられる.できごとがある特定の日に行われる場合は,時間上の比ゆ的な接触とみなされ,前❷「~(日)に」の意味になる.できごとが時間的に接している,つまり連続している場合には,前❹「~と同時に,~するとすぐに」・副❷継続・進行の意味になる.行為は道具・手段に支えられているというイメージから,前❺「(通信手段など)で」の意味が生じる.話題から離れないというイメージから,前❻「~について」の意味が生じる.目的・状態から離れないというイメージから,前❼用事・目的の意味が生じる.線が「つながっている」イメージから,副❸「(電気などが)ついて」の意味が生じる.

教科書によく出る使い方

前 ❶ Please put your bag **on** the table. かばんはテーブルの上に置いてください.

前 ❷ I was born **on** July 11th. 私は7月11日に生まれた.

前 ❸ Go straight, and the convenience store will be **on** your right.
まっすぐ進むとコンビニは右手にありますよ.

前 ❹ **On** arriving at the hotel, I called her.
ホテルに着いてすぐに私は彼女に電話をした.

前 ❺ I ordered a book **on** the Internet last night.
昨晩,私はインターネットで本を注文した.

前 ❻ Keiko read a book **on** environmental problems.
圭子は環境問題に関する本を読んだ

前 ❼ We visited Hiroshima **on** our school trip.
私たちは修学旅行で広島を訪問した.

副 ❶ It's cold outside. Put your coat **on**. 外は寒いよ.上着を着なさい.

副 ❷ They kept **on** studying for the exam all night. 彼らは一晩中試験勉強をした.

副 ❸ Could you turn **on** the light? 明かりをつけてもらえませんか.

four hundred and fifty-seven　457　once

発売になる.
- When will you be **on** vacation? あなたはいつから休暇(きゅうか)ですか.
- He is **on** the basketball team. 彼はバスケットボールチームに属している.

❾《基礎(きそ)・支え》〜で, 〜に基(もと)づいて
- act **on** his advice 彼の忠告に従って行動する
- stand **on** *one's* hands (手で立つ ⇨)逆立ちする
- He lives **on** a pension. 彼は年金で暮らしている.

❿《話》《勘定(かんじょう)など》〜の負担で, 〜持ちで
- It's **on** me. それは私のおごりだ.

── 副 （→比較変化なし）

❶ 身に着けて, かぶって, はいて
- put 〜 **on**=put **on** 〜 〜を着る[かぶる, はく]
- have 〜 **on**=have **on** 〜 〜を着て[身に着けて, かぶって, はいて]いる
- with 〜 **on** 〜を身に着けて[かぶって, はいて]
- a man with a big hat **on** 大きな帽子(ぼうし)をかぶった男
- He had no coat [shoes] **on**. 彼はコートを着て[靴(くつ)をはいて]いなかった.
- I told her to put her hat **on** [put **on** her hat], and she put it **on**. 私は彼女に帽子をかぶるように言うと彼女はそれをかぶった. → 目的語が代名詞（it）の場合には ×put *on it* としない.

❷《継続・進行》どんどん続けて, 先へ, ずっと
- walk **on** どんどん歩いて行く, 歩き続ける
- live **on** 生き続ける
- go **on** working どんどん働き続ける
- from now **on** 今後ずっと
- later **on** あとで, のちに
- We worked **on** till late at night. 私たちは夜遅(おそ)くまで働き続けた.

❸（電気・水道・テレビなどが）ついて, 出て; (電話などが) 通じて; (映画などが) 上演中で, 上映中で
- The toaster is **on**. トースターにスイッチが入っている.
- 反対語 Is the heating **on** or **off**? 暖房(だんぼう)はついていますかそれとも消えていますか.
- Keep the light **on**. 明かりをつけておけ.
- What films are **on** now? 今どんな映画が上映されていますか.

and so on (〜)など →**and** 成句

off and on=***on and off*** → **off** 成句
on and on どんどん, 休みなく続けて

once 中 A1 /wáns ワンス/
副 ❶ 1度　　　　　　　　　　意味map
　 ❷ かつて, いつか

── 副 ❶ 1度, 1回
- only **once** ただ1度だけ
- 関連語 **once** or twice 1〜2度, たまに →「3度」以上は times /タイムズ/ を使って, three times, four times 〜 という.
- **once** a day [a week] 日[週]に1度 →a day [a week] は「1日[1週]につき」.
- more than **once** 1度ならず, たびたび
- **once** more=**once** again もう1度
- 会話 How often have you been there?―I've been there **once**. 君は何度そこへ行ったことがありますか.―私はそこへ1度行ったことがある. →現在完了(かんりょう)の文. →**have** 助動 ❷

❷ かつて, 昔, いつか
- 基本 Parents were **once** children. お父さんもお母さんもかつては子供だった. →be 動詞(または助動詞)+once.
- 基本 I **once** saw a white crow. 私はかつて白いカラスを見たことがある. →once+一般(いっぱん)動詞.

 会話
Have you ever been to London?―Yes, I have **once** been there. 君はロンドンへ行ったことがありますか.―ええ, 私は昔そこへ行ったことがあります.
→現在完了の文. once は肯定(こうてい)の平叙(へいじょ)文で使い, 疑問文・否定文・条件文では **ever** を使う.

── 接 一度(〜)したら, いったん(〜)したからには
- **Once** you learn the rules, the game is easy. 一度ルールを覚えてしまえばそのゲームは簡単です.

all at once 突然(とつぜん) (suddenly)
at once 直ちに, すぐ; 一度に
- Come **at once**. すぐに来なさい.

(just) for once 今度だけ(は)
- Please take my advice, **just for once**. (まあそう言わずに)今度だけは私の忠告に従ってごらんなさい.

one

once in a while 時々, たまに (now and then)

once upon a time 昔々
- **Once upon a time** there lived an old man and his wife. 昔々おじいさんとおばあさんが住んでいました.

one 小 A1 /wán ワン/

意味 map

名 1, 1つ, 1人; 1時, 1歳(さい)
形 ❶ 1つの, 1人の; 1歳で
　❷ ある～
代 ❶ (同じ種類のもののうちの)1つ; (～の)もの
　❷ (一般(いっぱん)に)人(は誰(だれ)も)

── 名 (複 **ones** /wánz ワンズ/)

1, 1つ, 1人; 1時, 1歳 → 使い方については → **three**

関連 Lesson **One** (= The **First** Lesson) 第1課
- Book **One** 第1巻
- a hundred and **one** 101
- It's **one** minute to **one**. 1時1分前です. → It は漠然(ばくぜん)と「時」を表す.
- **One** of my friends went to China. 私の友達の1人が中国へ行った.
- Tokyo is **one** of the largest cities in the world. 東京は世界最大の都市の1つだ.

── 形 (→ 比較変化なし)

❶ **1つの, 1個の, 1人の; 1歳で**
基本 **one** apple 1個のリンゴ, リンゴ1個 → one + 名詞の単数形. an apple よりはっきりと「1個」を強調する.
- **one** o'clock 1時
- **one** hundred 100
- **one** or two books 1～2冊の本
- **One** man can do this work in one day. この仕事は1人の人が1日でできる.

❷ **ある～**
- **one** day (過去の)ある日; (未来の)いつの日か (some day)
- **one** morning [night] ある朝[夜] →×**in** one morning [night] などとしない.
- **one** spring day ある春の日に
- **one** Robert Brown (あるロバート・ブラウン ⇨ロバート・ブラウンという名の人

── 代 (複 **ones** /wánz ワンズ/)

❶ (同じ種類のもののうちの)1つ; (～の)もの
POINT 前に出た普通(ふつう)名詞の代わりに使う. 複数形 ones は前に必ず the, 形容詞などがつき, 単独で ones を使うことはない.

会話 Do you have a camera? —No, I don't, but my brother has **one** (= **a** camera). He will lend **it** (=**the** camera) to you. 君はカメラを持っている?—いや持っていないけど兄が(1つ)持っている. 彼はそれ[そのカメラ]を君に貸してくれるだろう.

> **文法　ちょっとくわしく**
> **one** は前に出た名詞そのものでなく, それと同種類のものを指す. **it** は前に出た名詞そのものを指す.

会話 Will you bring me that dictionary?—This **one** (=dictionary)? その辞書を私に持ってきてくれますか.—これですか.

会話 Look! Bob and Ben are playing tennis.—Which **one** is Bob? ほら! ボブとベンがテニスをしている.—どっちがボブ?

- I don't like this tie. Please show me **a** better **one** (=tie). このネクタイは気に入りません. もっといいのを見せてください. →形容詞 + one の時は a, an, the などがつく.

- These hats are nice, but I like the **ones** on the shelf better. これらの帽子(ぼうし)もいいけど, 私は棚(たな)の上にあるもののほうが好きだ.

- I like these old shoes better than the new **ones** (=shoes). 私はこの古い靴(くつ)のほうがその新しいのよりも好きだ.

- Parent birds carry food to their young **ones**. 親鳥たちがひな鳥に食べ物を運んで来る.

❷ (一般に)人(は誰も); 私たち → one は形式張った言い方で, ふつうは we, you, people などを使う (この意味で ×*ones* という複数形はない).

- **One** should do **one**'s [his] best. 人はベストを尽(つ)くすべきである.
- No **one** helped me. 誰も私を助けてくれなかった.

>
> **one** は辞書の中でいろいろな人称(にんしょう)代名詞の代表として使われる. たとえば **make up** *one's* **mind** の *one's* は実際には主語が I ならば I make up *my* mind ～, 主語が he ならば He makes up *his* mind ～ などとなることを示す.

one after another 次々に，次から次へと
one after the other （2つのものが）交互（こうご）に，次々に →**other** 成句

one another お互（たが）い
- The lovers looked at **one another**. 恋人（こいびと）たちはお互いを見つめ合った．
- At Christmas we give presents to **one another**. クリスマスには私たちはお互いにプレゼントを贈（おく）り合う．

one by one 一つ一つ，一人一人
one of these days 近いうちに，そのうちいつか
one ～ the other ～ （2つのうち）1つは～もう1つは～，（2人のうち）1人は～もう1人は～
- We have two dogs; **one** is white, and **the other** (is) black. うちには犬が2匹（ひき）いて，1匹は白でもう1匹は黒です．

A is **one thing**, *B (is)* **another**. （A はある1つの事，そして B はまた別の事 ⇨）A と B は別だ
- To know is **one thing**, to teach **another**. 知っているということと教えるということは別だ．

one-on-one /wʌn ɑn wʌn ワナン ワン/ 形 副 《米》一対一の[で]

one's /wʌnz ワンズ/
❶ その人の，自分の →**one** 代 ❷ の所有格．
❷ **one is** を短くした形

oneself /wʌnsélf ワンセるふ/ 代
❶ 自分自身を[に]，自分 →「一般（いっぱん）の人」を意味する one が主語の時に使う．

oneself の変化

	単 数 形	複 数 形
1人称	myself	ourselves
2人称	yourself	yourselves
3人称	himself herself itself	themselves

🐻参考 **oneself** は辞書の中で myself, themselves などの代表として使われる．たとえば **amuse** *oneself* の *oneself* は主語が I ならば I amuse *myself*., 主語が

they ならば They amuse *themselves*. などとなる．

❷ （主語の意味を強めて）自分（自身）で
by **oneself** ひとりぼっちで，ひとりで →**by** 成句
for **oneself** 自分だけの力で，独力で; 自分のために →**for** 成句

one-time /wʌn taim ワン タイム/ 形 ❶ 一回限りの ❷ かつての，以前の

one-to-one /wʌn tə wʌn ワン トゥ ワン/ 形 一対一の (one-on-one)

one-way /wʌn wéi ワン ウェイ/ 形 一方通行の，一方向の

onion 小 A2 /ʌ́njən アニョン/ 名 タマネギ

online 中 A2 /ɑnláin アンライン/ 形 副 コンピューターネットワークにつながっている，オンラインの[で]，ネット（上）の[で] →**on-line** とも書く．
- go **online** オンライン化される
- shop **online** インターネットで買い物をする

only 中 A1 /óunli オウンリ/ 形 (→比較変化なし) ただ1つの，ただ1人の

🏠基本 an **only** child 一人っ子 →an [the, my] only＋名詞．
- Mary is the **only** girl in her family. メアリーは彼女の家でただ1人の女の子です．
- He is my **only** son. 彼は私のひとり息子（むすこ）です．
- Her splendid hair is her **only** treasure. 見事な髪（かみ）が彼女のただ1つの宝だ．

―― 副 (→比較変化なし)
たった，ほんの，つい; ただ～だけ
- **only** yesterday つい昨日 →ふつう修飾（しゅうしょく）する語(句)の直前(時に直後)に置く．
- for **only** a few days ほんの2〜3日間
- **only** a little ほんの少しだけ
- I have **only** 100 yen. 私はたった100円しか持っていない．→only を含（ふく）む文章はこのように「〜しか〜ない」と否定に訳すとよい場合が多い．
- There was **only** one boy in the classroom. 教室にはたった1人の男の子しかいなかった．
掲示 For members **only**. 会員専用．
- At that time I was **only** a child. 当時私はほんの子供だった．→an only child は「一

Ontario

人っ子」. →形

- **Only** I touched it. 私だけがそれに触(さわ)った. →Only は I を修飾.
- I **only** touched it. 私はそれに触っただけだ. →only は touched を修飾.
- I touched that **only**. 私はそれにだけ触った. →only は that を修飾.

POINT 以上の3つの文で only の位置とその修飾している語に注意.

- I don't want to buy anything; I'm **only** (=just) looking. 買うつもりはありません. ただ見ているだけです.
- I can **only** say that I'm very sorry. 誠(まこと)に申し訳ないとしか言いようがございません.
- Tomorrow we'll have lessons **only** in the morning. あしたは午前中しか授業がありません.

—— 接 ただ, だけど (but)

- I want to get it, **only** I have no money. それを買いたいのですが, ただお金が無いのです.

have only to *do* ただ〜しさえすればよい

- You **have only to** do your best. 君はただベストを尽(つ)くしさえすればよい.

not only *A* ***but*** (***also***) *B* A だけでなく B もまた →B を強調する言い方.

- He is **not only** a doctor **but also** a musician. 彼はただ医者であるだけでなくまた音楽家でもある.
- Bob **not only** wrote the script, **but** (**also**) directed the movie. ボブは脚本を書いたのみならず, その映画を監督した.

Ontario /ɑntéə(ə)riou アンテ(ア)リオウ/ 固名
(**Lake Ontario** で) オンタリオ湖 →北米五大湖の1つ. →**Great Lakes**

onto 中 /ɑ́ntə アントゥ/ 前 〜の上に[へ]

onward /ɑ́nwərd アンワド/ 副 前方へ, 前へ

onwards /ɑ́nwərdz アンワツ/ 副 《主に英》= onward

oops /úːps ウープス/ 間 おっと →ちょっとしたミスや言い間違(まちが)いをした時, あるいはよろけたりした時に発する.

open 小 A1 /óupn オウプン/

動	❶ あく, 開く; 始まる	意味 map
	❷ あける, 開く; 始める	
形	あいている, 開いた	

—— 動 (三単現 **opens** /óupnz オウプンズ/;

過去・過分 **opened** /óupnd オウプンド/; -ing形 **opening** /óupniŋ オウプニング/)

❶ あく, 開く; 始まる

基本 All the stores **open** at ten. すべての店は10時に開く. →open+副詞(句).

When does the bank **open**? —At nine.
銀行は何時に開きますか.—9時です. →形
会話 の例文

- These doors **open** outward. これらのドアは外側に開く.

反対語 The store **opens** at nine and **closes** at five. 店は9時に開き5時に閉まる.

- The window **opened** and a beautiful lady looked out at me. 窓が開いて美しい女性が私を見た.
- The tulips **are opening** in the sun. チューリップが日の光を受けて花を開いてきた. →現在進行形の文. →**are** 助動 ❶

❷ あける, 開く; 始める

基本 **open** a box 箱を開ける →open+(代)名詞.

- **open** a door [a window] 戸[窓]を開ける
- **open** a can [a present, an envelope] 缶詰(かんづめ)[プレゼント, 封筒(ふうとう)]を開ける
- **open** a new store 新しい[新しく]店を開く
- **open** *one's* eyes [heart] 目[心]を開く
- **Open** your books to [at] page 10. 本の10ページを開けなさい.
- He **opened** the map on the table. 彼はテーブルの上に地図を広げた.
- He **opened** his arms and welcomed us. 彼は両手を広げて我々を歓迎(かんげい)した.
- He **opened** his speech **with** a joke. 彼は1つの冗談(じょうだん)からスピーチを始めた.

open up あける; 開く, (心の中を)打ち明ける

—— 形 (比較級 **opener** /óupnər オウプナ/, **more open**; 最上級 **openest** /óupnist オウプネスト/, **most open**)

あいている, 開いた; 覆(おお)う[囲う]物のない, 広々とした; 開放された; (スポーツ競技で)敵側にマークされていない, フリーで

基本 an **open** door 開いている戸 →open+名詞.

- the **open** sea [air] 広々とした大海[野外]

- an **open** race 自由参加の競走
- She is a warm, **open**, friendly person. 彼女は心の温かい, 隠し立てのない, 親切な人だ.

🔰基本 The window is **open**. 窓は開いている. →be 動詞+open.

- The box was **open** and empty. 箱は開いていて中はからだった.
- The library is not **open** today. 図書館はきょうは開いていない.
- This swimming pool is **open** to the public. このプールは一般に開放されている.
- There's a chance! Number 10 is **open**! Pass him the ball! チャンスだ! 10番がフリーだぞ! 彼にボールをパスしろ!

When is the bank **open**? —From nine to three.
銀行は何時から何時まで開いていますか. —9時から3時までです.

- Leave the door **open**. ドアを開けっぱなしにしておきなさい. →leave A B (形容詞)は「AをB(の状態)にしておく」.
- In summer I sleep with the windows **open**. 夏には私は窓を開けて眠る. →with A open は「Aを開けたままで」.

òpen áir 名 戸外, 野外

open-air /oupnéər オウプネア/ 形 戸外の, 野外の (outdoor)

ópen dày 名 《英》=open house ❷

opener /óupnər オウプナ/ 名 あける道具[人]

òpen hóuse 名 ❶(個人の家の)招待会 →客は好きな時に来て好きな時に帰ってよい. 家の各室が開放され, 飲食も自由.

❷《米》(学校などの)自由参観日

opening /óupniŋ オウプニング/ 動 **open** の -ing 形 (現在分詞・動名詞)
— 形 開始の, 開会の, 最初の
- an **opening** address 開会の言葉
- an **opening** ceremony 開会式
- an **opening** sale 開店セール
— 名 ❶ 開くこと; 開始, 初め(の部分)
- at the **opening** of the story その物語の初めの部分で

❷ 開いた所; 空き地, 穴, 隙間, 空き

- an **opening** in the fence [the clouds] 塀の隙間[雲の切れ目]

openly /óupnli オウプンリ/ 副 隠さずに, 公然と

opera A1 /ápərə アペラ|ɔ́pərə オペラ/ 名 オペラ, 歌劇

ópera glàsses 名 オペラグラス →観劇用の小型双眼鏡. 複数扱い.

ópera hòuse 名 オペラ劇場, 歌劇場

operate A2 /ápəreit アペレイト|ɔ́pəreit オペレイト/ 動

❶ (機械など)動かす; 動く
- **operate** an elevator エレベーターを動かす[運転する]
- Can you **operate** a computer? あなたはコンピューターが使えますか.

❷ 手術を行う
- The surgeon will **operate** on his leg tomorrow. 外科医が明日彼の足の手術を行うでしょう.

operation /àpəréiʃən アペレイション/ 名
❶ 手術
❷ 働き, 活動; 作戦; 効力
❸ (機械の)運転, 操作

operator /ápəreitər アペレイタ/ 名 (機械を)操作する人; 電話交換手

opinion 中 A2 /əpínjən オピニョン/ 名 意見, 考え; 評価, 判断
- in my **opinion** 私の意見では
- give *one's* **opinion** 自分の意見を述べる
- ask his **opinion** 彼の意見を求める
- public **opinion** 世論
- have a high [good] **opinion** of ~ ~を高く評価する, ~をよいと思う
- have a low [bad] **opinion** of ~ ~を低く評価する, ~をだめだと思う
- Are you of the same **opinion**? あなたも同じ意見ですか.

会話 What's your **opinion** of that movie? —I have a high **opinion** of it. あの映画をどう思いますか. —すばらしいと思います.

opponent /əpóunənt オポウネント/ 名 (勝負・コンテスト・議論などの)相手, 敵; (法案などに)反対する人

opportunity A2 /àpərtjúːnəti アポテューニティ/ 名 (複 **opportunities** /àpərtjúːnətiz アポテューニティズ/) 機会, 好機 (good chance)
- I had the **opportunity** of going [to go]

oppose

to Rome last year. 去年私はローマへ行く機会があった.

oppose A2 /əpóuz オポウズ/ 動
❶ 反対する, 反抗する; 対立させる
❷ (be opposed to ～ で) ～に反対である
・I **am opposed to** his plan. 私は彼のプランに反対です.

opposite A2 /ɑ́pəzit アポズィト|ɔ́pəzit オポズィト/ 形 向こう側の, 反対(側)の; 全く違う, 正反対の
・the **opposite** side 反対側, 向こう側
・the **opposite** sex 異性
・in the **opposite** direction 反対の方向に
反対語 Bob and I gave **opposite** answers to the **same** question. ボブと私は同じ質問に対して正反対の答えを述べた.
・Their opinions are **opposite** to ours. 彼らの意見は私たちの意見と正反対だ.

── 前 〜の向こう側に(の), 〜に向かい合って
・a building **opposite** the bank 銀行の向かい側の建物
・The candy store is **opposite** the school. お菓子屋さんは学校の向かいにある.
・In New Zealand the seasons are **opposite** those in Japan. ニュージーランドでは季節は日本(の季節)と逆です. →those＝the seasons.
・They sat **opposite** each other. 彼らは互いに向かい合って座った.

── 名 正反対の物[人]; 反対語
・Love is **the opposite** of hate. 愛は憎しみの反対語だ.

opposition /ɑ̀pəzíʃən アポズィション/ 名
❶ 反対, 抵抗; 反対側(の人たち)
❷ (しばしば the Opposition で) 野党

optimistic /ɑ̀ptəmístik アプティミスティク/ 形
楽天的な, 楽観的な, のんきな
反対語 **pessimistic** (悲観的な)

option /ɑ́pʃən アプション/ 名 選択の自由; 自由に選べるもの, オプション

optional /ɑ́pʃənəl アプショナル/ 形 選択可能な, 自由に選べる, オプションの
・an **optional** subject 選択科目
反対語 **compulsory** (義務の)

opus /óupəs オウパス/ 名 (複 **opera** /óupərə オウプラ, ɑ́pərə アパラ/, **opuses** /óupəsiz オウパセズ/) (しばしば **Opus** で) (音楽) 作品 →特に出版順番号付きの作品. **Op., op.** と略す.

OR 略 ＝Oregon

or 小 A1 /弱 ər ア オ, 強 ɔ́:r オー/
接 ❶ または, あるいは　意味map
❷ (命令文などの後で) さもないと
❸ すなわち

── 接 ❶ または, あるいは, それとも ⇒or は語と語, 句と句, 節と節のように対等なものを結ぶ.
基本 English **or** French 英語またはフランス語 →語+or+語.
・yes **or** no イエスかノーか
・a day **or** two 1日か2日, 一両日
・Are you American **or** Canadian? あなたはアメリカ人ですかカナダ人ですか.
・He cannot read **or** write. 彼は読むことも書くこともできない.
・You **or** he has to go. 君かそれとも彼が行かなくてはいけない. →A or B が主語の時は動詞は B に合わせる.
基本 She is in the kitchen **or** in the yard. 彼女は台所か庭にいる. →句+or+句.
・You can go out **or** stay at home. 君は外に出てもよいし家にいてもよい.
基本 He'll come to you **or** he'll call you. 彼は君のところに来るか君に電話するだろう. →節+or+節.
・I don't care if it rains **or** not. 雨が降ろうと降るまいと私は構わない.
会話 Is the baby a boy **or** a girl?―It's a boy. 赤ちゃんは男の子ですか女の子ですか.―男の子です. →「A か B か」の選択疑問文に対しては Yes, No で答えないこと.

Which do you like better, jeans **or** skirt?―I like jeans (better).
どちらがお好きですか, ジーンズそれともスカート?―ジーンズのほうが好きです.

会話 Who is the tallest, John, Paul **or** George?―Paul is. 誰が一番背が高いですか, ジョンですか, ポールですか, それともジョージですか.―ポールです. →3つ以上のものをつなぐ時は〜, John or Paul or George? のようにもいう.

参考 **A or B** (A か B か) のように or はふつう別種のものをつなぐ接続詞だが, 時に

は **A or A** という表現もある.「AかそれともAか」とは相手に「A」という答えしか期待しない言い方で,「絶対にAだろう?」という意味:
Would you like Coca-Cola or Coca-Cola? (コカコーラでいいね?)

❷《命令文などの後で》さもないと →**or else** とも使う. →**and** ❹
•Hurry, **or** you'll be late for school. 急ぎなさい, さもないと学校に遅(おく)れますよ.
❸ すなわち, **言葉を換(か)えて言えば** →ふつう or の前にコンマ (,) をつける.
•The distance is 20 miles, **or** 32 kilometers. その距離(きょり)は20マイル, すなわち32キロです.

either A or B AかBかどちらか →**either** 接

~ or so ~かそこいら, ~くらい
•in a week **or so** 1週間かそこいら[1週間ぐらい]で

oral /ɔ́:rəl オーラる/ (→aural (耳の)と同音) 形 **口頭の, 口述の; 口先の**
関連語 After the **written** examination, we took the **oral** (exam). 筆記試験が終わってから私たちは口述試験を受けた.

orange 小 A1 /ɔ́:rindʒ オーレンヂ | ɔ́rindʒ オレンヂ/ (→アクセントの位置に注意)
名 形 オレンジ(の); **オレンジ色(の)** →日本のミカンは orange によく似ているが, 別種のタンジールミカン (tangerine) の一種.
•**orange** juice オレンジジュース →炭酸のない果汁(かじゅう)100パーセントのもの.
•I had an **orange** for dessert. 私はデザートにオレンジを食べた.
•Our school color is **orange**. 私たちのスクールカラーはオレンジ色だ.

orangutan(g) /ɔ:rǽŋutæn オーランウータン/ 名《動物》**オランウータン** →**ape**

orbit /ɔ́:rbit オービト/ 名 (天体の)**軌道**(きどう)

orca /ɔ́:rkə オーカ/ 名《動物》**シャチ** →クジラ (whale) などを群れで襲(おそ)って食べるので **killer whale** ともいわれる.

orchard /ɔ́:rtʃərd オーチャド/ 名 **果樹園**

orchestra /ɔ́:rkistrə オーケストラ/ 名 **オーケストラ, 管弦(かんげん)楽団**
•a symphony **orchestra** 交響(こうきょう)楽団

orchid /ɔ́:rkid オーキド/ 名《植物》**ラン, 洋ラン**

order 中 A1 /ɔ́:rdər オーダ/ 名
❶ 命令; **注文**
•give [obey] **orders** 命令を出す[守る]
•place [put in] an **order** for a computer コンピューターを注文する
•take [have] an **order** 注文を受ける
•May I have your **order**, please? (レストランで係が)ご注文を伺(うかが)います.
❷ 順序
•our team's batting **order** わがチームの打順
•in alphabetical **order** アルファベット順に
•in **order** of age 年齢(ねんれい)の順に
❸ **秩序**(ちつじょ), **整頓**(せいとん)
•law and **order** 法と秩序
•keep **order** 秩序を維持(いじ)する

in order **きちんと整頓されて**; (機械・健康などが)**調子よく; 順序正しく**
•put a room **in order** 部屋を整頓する
•The room was **in** good **order**. 部屋はきちんときれいになっていた.

in order to do ~するために, ~しようと (so as to *do*)
•We moved nearer **in order to** hear better. 私たちはもっとよく聞こえるようにもっと近くに移動した.
•I have to leave now **in order not to** miss the last bus. 最終バスに乗り遅(おく)れないようにもう失礼しなければなりません. →不定詞 (to miss) を否定する時は not をその直前に置く.

out of order **順序がでたらめで, 乱れて**; (機械・健康などが)**調子が悪く, 故障して**
•This telephone is **out of order**. この電話機は故障している.

── 動 **命じる, 言いつける; 注文する**
•**order** from a catalog カタログを見て注文する
•We **ordered** a special cake **from** the baker's. 我々はパン屋さんに特別のケーキを注文した. →「A を B に注文する」を ×order A *to* B としない.
•I was **ordered** to stay in bed by the doctor. 私は医者から寝(ね)ているように言われた. →**was** 助動 ❷

ordinary /ɔ́:rdəneri オーディネリ/ 形 **ふつうの,**

A B C D E F G H I J K L M N O P Q R S T U V W X Y Z

ore 464 four hundred and sixty-four

通常の; 平凡(へいぼん)な, 並みの
• lead an **ordinary** life 平凡な生活を送る

ore /ɔ́ːr オー/ 名 鉱石, 原鉱

Oregon /ɔ́ːrigən オーレゴン/ 固名 オレゴン →
米国の太平洋岸北部の州. **Oreg., Ore.,** (郵便
で) **OR** と略す.

organ /ɔ́ːrgən オーガン/ 名
❶(楽器)オルガン, (特に)パイプオルガン (pipe
organ) ❷(体の)器官

organic /ɔːrgǽnik オーガニク/ 形 有機農法の,
有機肥料を用いた

organist /ɔ́ːrgənist オーガニスト/ 名 (パイプ)オ
ルガン奏者

organization /ɔːrgənizéiʃən オーガニゼイショ
ン/ 名 組織, 団体, 機関; 組織化

organize A2 /ɔ́ːrgənaiz オーガナイズ/ 動 組織
する, 作り上げる; 計画して準備する
• We **organized** a music club. 私たちは
音楽クラブを作った.
• Mary **organized** the party. メアリーがパー
ティーの手配をした.

organized A2 /ɔ́ːrgənaizd オーガナイズド/ 形
組織化された; よくまとまった

organizer /ɔ́ːrgənaizər オーガナイザ/ 名 (催(もよお)
し物などの)企画(きかく)者

Orient /ɔ́ːriənt オーリエント/ 名 (the Orient
で) 東洋 (the East)

Oriental /ɔːriéntl オーリエントル/ 形 東洋の
(Eastern); (美術品などが)東洋風の

orienteering /ɔːriəntí(ə)riŋ オーリエンティ(ア)
リング/ 名 オリエンテーリング →地図と磁石で指
定地点を見つけながらできるだけ早い時間でコー
スを回る徒歩競技.

origin /ɔ́ːrədʒin オーリヂン/ 名
❶起源, 起こり
• the **origin** of civilization 文明の起源
• the **origin** of this word この語の起源[語
源]
• The Italian language has its **origin** in
Latin. イタリア語はラテン語にその起源を持っ
ている[イタリア語の祖先はラテン語だ].
❷血筋
• He is of Chinese **origin**. 彼は中国系です.

original 中 A2 /ərídʒənl オリヂヌる/ 形
❶最初の, もとの
• the **original** picture （複製に対し)原画
• The **original** Americans were Native
Americans. 最初のアメリカ人はアメリカ先住

民であった.
❷独創的な (creative), 独自の; 斬新(ざんしん)な
• **original** ideas 斬新な考え
—— 名 原物, 原文, 原画, 最初のもの, オリジナル
• read a French novel **in** the **original** フ
ランスの小説を原書で(フランス語で)読む
反対語 This is the **original** and those are
copies. これはオリジナルで, あれらは複製で
す.

originality /ərìdʒənǽləti オリヂナリティ/ 名
独創性, 独創力; 新鮮(しんせん)味

originally 中 /ərídʒənəli オリヂナリ/ 副
❶もとは, 元来; 生まれは ❷独創的に

Orion /əráiən オライオン/ 固名 ❶オリオン →
ギリシャ神話で狩猟(しゅりょう)の巧(たく)みな巨人(きょじ
ん). ❷(星座)オリオン座

ornament /ɔ́ːrnəmənt オーナメント/ 名 飾(かざ)
り, 装飾(そうしょく); 装飾品

orphan A2 /ɔ́ːrfən オーふァン/ 名 孤児(こじ), み
なし子 →両親(まれに片親)と死別した子供.

Oslo /ázlou アズろウ/ 固名 オスロ → ノルウェ
ーの首都.

ostrich /ástritʃ アストリチ/ 名 (鳥)ダチョウ

Othello /əθélou オせろウ/ 固名 オセロ → シェ
ークスピア作の四大悲劇の1つ. またその主人公.

other 小 A1 /ʌ́ðər アざ/

| 形 ❶ほかの |
| 意味map |
| ❷(the other 〜 で) (2つの中の)も |
| う一方の〜; (3つ以上の中の)残りの〜 |
| 代 ❶ほかのもの, ほかの人 |
| ❷(the other で) (2つの中で)もう一 |
| 方; (the others で) (3つ以上の中で) |
| 残りのもの(全部) |

—— 形 (→比較変化なし)
❶ ほかの, 他の, 別の → 名詞の前にだけつける.
使基本 **other** people ほかの人たち → other
＋名詞.
• in **other** words ほかの言葉では, 言い換(か)え
ると
POINT「other＋単数名詞」の時はふつうその前
に **some, any, no** などがつく. an がついた
形は **another** と1語になる.
• I have no **other** coat. 私はほかのコートを
持っていません.
関連語 **Some** people like tea, **other** peo-
ple like coffee. ある人たちは紅茶が好きで,

ほかの人たちはコーヒーが好きです[紅茶の好きな人もいれば，コーヒーの好きな人もいます]. →
some と **other** が対応して使われている時は，[ ]内の訳のように「～もいれば～もいる」のように訳すとよい.

関連語 **Some** boys like baseball, **other** boys like soccer and **other** boys like tennis. 野球の好きな少年もいればサッカーの好きな少年もいればテニスの好きな少年もいる.

•I have no **other** friend [no friend **other**] **than** you. 私には君のほかに友人はいない.

•He is taller than any **other** boy in his class. 彼は彼のクラスの他のどの少年よりも背が高い[クラスで一番背が高い].

❷ **(the other ～ で)** (2つの中の)**もう一方の～**; (3つ以上の中の)**残りの～** →another

•**the other** side of a coin コインのもう一方の側[裏側]

•**the other** end (ひもなどの)もう一方の端(はし)[反対側]

•I don't want this one. I want **the other** one. 私はこっちは欲(ほ)しくない. もう1つのほうが欲しい.

•Show me **the other** hand. もう一方の手をお見せなさい.

•He lives on **the other** side of the street. 彼は通りの向こう側に住んでいる.

•Susie is here, but **the other** girls are out in the yard. スージーはここにいますがほかの女の子たちは(みんな)庭にいます. →the other＋複数名詞は「残り全部の人[物]」.

—— 代 ❶ ほかのもの, ほかの人

•Paul and three **others** ポールと他の3人

•Be kind to **others**. 人には親切にしなさい.

•I want this ball and no **other**. 私はこのボールが欲しいのでほかのは欲しくない.

関連語 **Some** flowers are red, **others** are yellow, and **others** are white. いくつかの花は赤で, ほかのは黄色で, またほかのは白い[赤い花もあるし黄色い花もあるし白い花もある(それ以外の色のものもある)]. →❷ 最後の用例

•I don't like this pen. Please show me some **others**. このペンは気に入りません. ほかのをいくつか見せてください.

•I don't like these apples. Aren't there any **others**? これらのリンゴは好きじゃない. ほかのはありませんか.

❷ **(the other で)** (2つの中で)**もう一方**; **(the**

others で) (3つ以上の中で)**残りのもの**(全部)

•I have two brothers. One lives in Tokyo and **the other** (lives) in Kobe. 私には2人の兄弟がいる. 1人は東京に住み, もう1人は神戸に住んでいる. →one ～ the other ～ (**one** 成句)

関連語 **One** was an Italian, **another** was a German, and **the others** were Japanese. 1人はイタリア人でもう1人はドイツ人でその他は(すべて)日本人だった.

関連語 **Some** flowers are red and **the others** are white. いくつかの花は赤で残りは(すべて)白だ.

among others 他にもいろいろあるが特に

each other A1 お互(たが)い(を, に) →each 成句

every other ～ 1つおきの～

•**every other** day 1日おきに

•Write on **every other** line. 1行おきに書きなさい.

one after the other (2つのものが)**交互**(こうご)**に, 次々に**

•He lifted **one** foot **after the other**. 彼は足を交互に上げた.

on the other hand 他方では, これに反して

some ～ or other 何か～, 誰(だれ)か～, いつか～ →ある人・物・事柄(ことがら)などをぼかしていう時に使う.

•**some** day **or other** いつの日か, いつか

•worry about **something or other** 何やかやと心配する

the other day 先日 →day 成句

the other way around 逆に[で], 反対に[で]

•It's **the other way around** in our country. 我々の国ではそれは逆です.

otherwise /ʌ́ðərwaiz アザワイズ/ 副

❶ 違(ちが)った風に, 他の方法で

❷ その他の点では, それ以外では

❸ もしそうでなければ

Ottawa /átəwə アタワ/ 固名 オタワ →カナダの首都.

otter /átər アタ/ 名 《動物》カワウソ; カワウソの毛皮

ouch /áutʃ アウチ/ 間 あ, 痛い!, あっちっち! → 突然(とつぜん)の痛みなどに対して思わず発する叫(さけ)び.

ought

ought /ɔ́ːt オート/ 助動 **(ought to** do で)
～すべきである, ～するのが当然である; ～するは
ずである

ounce /áuns アウンス/ 名 オンス ← 重さの単
位. 1 オンス ＝ ¹/₁₆ ポンド＝28.35g. **oz.** また
は **oz** と略す. 卵 M サイズ 1 個の重さが約 2 オン
ス.

our 小 A1 /áuər アウア/ (→hour (1 時間)と
同音) 代 私たちの, 我々の →we の所有格. →
we 関連語 **my** (私の)

基本 **our** class 私たちのクラス →our＋名詞.
• **our** school 私たちの学校
• **our** teacher(s) 私たちの先生(たち)
• that hat of **our** father's 私たちのお父さん
のその帽子(ぼうし)
関連語 They go **their** way and we go **our**
way. 彼らは彼らの道を行き, 我々は我々の道を
行く.
• We looked up these words in **our**
dictionaries. 私たちはこれらの単語を私たちの
[自分たちの]辞書で調べた. →主語が We の時は
our を「自分たちの」と訳すとよい.

ours 中 A1 /áuərz アウアズ/ 代
❶ 私たちのもの. →we
関連語 **mine** (私のもの)
POINT 自分たちの所有物について 1 つのものにも
2 つ以上のものにもいう.
基本 Your team is strong, but **ours** (＝
our team) is weak. あなたたちのチームは強
いが私たちのチームは弱い. →ours が単数の名詞
を表している場合は単数として扱(あつか)う.
• That secret is **ours**. その秘密は私たちの(も
の)です[これは私たちだけの秘密にしておこう].
基本 Your bags are light, but **ours** (＝
our bags) are heavy. 君たちのかばんは軽い
けど僕(ぼく)たちのは重い. →ours が複数の名詞
を表している時は複数として扱う.
❷ 《～ of ours で》私たちの～
• a friend of **ours** 私たちの友人(の 1 人)

ourselves A2 /auərsélvz アウアセるヴズ/ 代
❶ 私たち自身を[に]; 私たち, 自分たち →my-
self の複数形. 詳(くわ)しい使い方は →myself
• We should take care of **ourselves**. 私
たちは自分自身のことは自分で気をつけるべきで
す.
❷ 《主語の意味を強めて》私たち自身で, 自分で

• We don't need help; we can do it
ourselves. 私たちは助けはいりません. 自分た
ちでそれができます.
❸ いつもの私たち, 本来の私たち

between ourselves (私たち自身の間で
⇨)内緒(ないしょ)で, ここだけの話ですが (between
you and me)
• This is strictly **between ourselves**. こ
れは絶対に内緒の話だよ.
by ourselves 私たちだけで, 私たちの力で
• We did that **by ourselves**. 私たちは自分
たちだけでそれをやった.
for ourselves 私たちのために; 私たちだけで
• We did it **for ourselves** and no one
else. 私たちはそれを自分たちのためにしたので
あってほかの人のためではない.

out 小 A1 /áut アウト/
副 ❶ 外へ
❷ 外で, 外に; (外へ)出て
❸ 大声で, はっきりと
❹ 消えて
❺ 最後まで

意味 map

—— 副 (→比較変化なし)
❶ 外へ, 外を
基本 go out (外へ)出て行く →動詞＋out.
• get out 外へ出る, 出る
• look out 外を見る
• The sun came **out** after the rain. 雨が
やんだ後で太陽が出てきた.
• He took me **out** into the garden. 彼は
私を庭に連れ出した. →まず out (外へ)とだいた
いの場所を示し, 次に into the garden (庭へ)
と具体的な場所を示す言い方.
反対語 The sheriff came **in** after the tall
gunman went **out**. 長身のガンマンが出て行
った後に保安官が入って来た.
• My father **has gone out** for a walk. 父
は散歩に出かけた[出かけて家にいない]. →現在完
了(かんりょう)の文. →have 助動 ❶
❷ 外で, 外に; (外へ)出て, (現れ)出て
• eat [dine] **out** (レストランなどで)外食する
• She is **out** shopping. 彼女は買い物に出て
います.
• My father is **out** in the garden. 父は庭
に(出て)いる.
• It's cooler **out** there. あそこの外のほうが
涼(すず)しい. →It は漠然(ばくぜん)と「気温」を表す.

- "The book is **out**," the librarian said. 「その本は借り出されています」と図書館の人は言った.
- The stars are **out**. 星が出ている.
- The blossoms will be **out** soon. じき花が咲(さ)くでしょう.

❸ 大声で, はっきりと
- She called **out** for help. 彼女は大声で助けを求めた.

❹ 消えて, なくなって; (野球で)アウトで
- go **out** 消える, なくなる, 廃(すた)れる
- die **out** 死滅(しめつ)する, 廃れる
- blow a candle **out** ろうそくを吹(ふ)き消す
- Time ran **out**. 時間がなくなった[時間切れだ].
- The fire is **out**. 火は消えている.
- The batter is **out**. バッターはアウトだ.

❺ 最後まで, すっかり, 徹底(てってい)的に
- Hear me **out**. 私の言うことを終わりまで聞いてください.
- I am tired **out**. 私はへとへとに疲(つか)れ切っている.

—— 前 《米話》~から外へ[に], ~から外を
out of の of が落ちた形.

- look **out** the window 窓から外を見る
—— 名 (複 **outs** /áuts アウツ/)《野球》アウト
out of ~ A2 ① (~の内)から外へ[に], ~から外を; ~を外れて
- go **out of** the room 部屋から出て行く
- get **out of** a car 車から出る, 車を降りる
[類似語]「(バスや電車など大きな乗り物)から降りる」は **get off**.
- look **out of** the window 窓から外を見る
- Get **out of** my way. そこをどけ.
- An Englishman without a garden is like a fish **out of** water. 庭のないイギリス人は水から出た魚のようだ.「本来の力を奪(うば)われてしまってどうしてよいかわからなくなる」の意味. 日本語表現の「陸(おか)に上がった河童(かっぱ)」にあたる.

② ~を切らして, ~がなくなって
- Many people are now **out of** work. 今多くの人が職を失っている.
- We're **out of** coffee. 私たちは今コーヒーを切らしている.

③ ~のうちから[で]
- nine people **out of** ten 10人のうち9人(まで)

out 小 A1 /アウト/

基本の意味

「(境界のある空間の)外へ」が基本の意味(❶). 外に出て行った結果に注目すると❷「外で」の意味になる. 隠れず外に出ているイメージから, ❸「はっきりと」の意味が生じる. 外に出て行って元の場所から見えなくなるイメージから, ❹「消えて」の意味が生じる. 行為を終えてその範囲の外に出るというイメージから, ❺「最後まで」の意味が生じる. ❶「外へ」の意味の場合に「~から」は of で表し, out of としていっしょに用いられることも多い.

教科書によく出る 使い方

副 ❶ Toshihiko went **out** of the classroom. 俊彦は教室から出て行った.
❷ How about eating **out** tonight? 今晩は外食ではどうかしら?
❹ Hurry! Time is running **out**! 急いで!もう時間がなくなってきているからね.
❺ She carried **out** her promise. 彼女は約束を実行した.

outage

・He was chosen **out of** a hundred. 彼は100人のうちから選ばれた.

④《動機・原因など》**〜から**

・**out of** kindness [curiosity] 親切[好奇心(こうきしん)]から

・He did that **out of** love for her. 彼は彼女への愛情からそれをしたのだ.

⑤《材料》**〜から, 〜で**

・This table is made **out of** an old box. このテーブルは古い箱で作られている.

out of doors 戸外で(は) →**door** 成句
out of order 調子が乱れて →**order** 成句

outage /áutidʒ アウティヂ/ 图 ❶(電力・水道などの)**供給停止(時間), 停電(時間)** ❷(貯蔵中に生じた商品の)**目減り**

outdoor /áutdɔːr アウトドー/ 形 **屋外の, 野外の** 反対語 **indoor**(屋内の)

outdoors /autdɔ́ːrz アウトドーズ/ 副 **家の外で[に], 屋外で[に]** 反対語 **indoors**(屋内で)

outer /áutər アウタ/ 形 **外側の, 外部の** →名詞の前にだけつける. 「内部の」は **inner**.

outfield /áutfiːld アウトフィールド/ 图 (野球・クリケットの)**外野**

outfielder /áutfiːldər アウトフィールダ/ 图 (野球・クリケットの)**外野手**

outfit /áutfit アウトフィト/ 图 (ある目的のための)**服装(ひとそろい); 装備一式, 道具(一式)**

outgoing /autgóuiŋ アウトゴウイング/ 形
❶ (性格が)**社交的な, (人付き合いに)積極的な**
❷ **出て行く; 引退する** →名詞の前にだけつける.

outing /áutiŋ アウティング/ 图 (ちょっとした)**遠足, 外出, 遠出**

outlet /áutlət アウトレト/ 图 ❶《米》(電気の)**差し込み, コンセント** (socket)

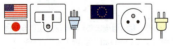

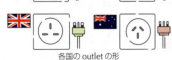

各国の outlet の形

❷ **直販(ちょくはん)店, 店**
❸ **出口; (感情などの)はけ口**

outline /áutlain アウトライン/ 图 **輪郭(りんかく), 略図; 概要(がいよう), あらすじ, アウトライン**

outlook /áutluk アウトルク/ 图 ❶ **眺(なが)め, 展望** (view) ❷ **前途(ぜんと), 見通し**

out-of-date /áutəv déit アウトヴ デイト/ 形 **時代遅(おく)れの, 旧式の** →**up-to-date**

output /áutput アウトプト/ 图 ❶ **生産; 生産高** ❷(機械の)**出力; (コンピューターの)アウトプット** →コンピューターから取り出されたデータ. 反対語 **input** (インプット)

―― 動 (三単現 **outputs** /áutputs アウトプツ/; 過去・過分 **outputted** /áutputid アウトプテド/, **output**; -ing形 **outputting** /áutputiŋ アウトプティング/) (コンピューターが)**出力する**

outside 小 A1 /autsáid アウトサイド/

图 **外側, 外部; 表面, 外観, 見かけ**

・paint the **outside** of a house 家の外壁(がいへき)にペンキを塗(ぬ)る

反対語 The **outside** of an orange is bitter, but the **inside** is sweet. オレンジの外側(皮)は苦いが, 内側(中身)は甘(あま)い.

―― 形 **外部の, 外側の, 外の**

・At last Japan opened its doors to the **outside** world. ついに日本は外部の世界にその門戸を開いた.

―― 副 **外に, 外で, 外側は**

・A taxi is waiting **outside**. タクシーが外で待っています.

反対語 It is cold **outside**, but warm **inside**. 外は寒いが家の中は暖かい. → It は漠然(ばくぜん)と「気温」を表す.

―― 前 **〜の外側に[の], 〜の外で**

・**outside** the house 家の外に[で]
・**outside** London ロンドンの郊外(こうがい)に[で]

outskirts /áutskəːrts アウトスカーツ/ 图《複》(町などの)**外れ, 郊外(こうがい)**

outstanding /autstǽndiŋ アウトスタンディング/ 形 **目だつ, 飛び抜(ぬ)けて優(すぐ)れた; 有名な**

outward /áutwərd アウトワド/ 形 **外側の, 外面の; 外面的な; 外へ(向かって)の**

―― 副 **外へ, 外(側)へ(向かって)**

反対語 Do your doors open **inward** or **outward**? お宅の戸は内側に開きますか外側に開きますか.

outwards /áutwərdz アウトワツ/ 副《主に英》=outward

oval /óuvl オウヴル/ 图形 **卵形(の), 楕円(だえん)形(の)**

oven A2 /ávn アヴン/ (→× /オーヴン/ ではない) 图 **オーブン**

•bake cakes in the **oven** オーブンでケーキを焼く

over 小 A1 /óuvər オウヴァ/

　意味 map

前 ❶(覆(おお)うように)～の上に，～の上を
❷～を越(こ)えて
❸～以上で[の] (more than)
❹《時間や距離(きょり)が》～にわたって，～の間
❺～の一面に，～中(じゅう)を
副 ❶(覆うように)頭上に
❷(越えて)向こうへ
❸一面に
❹終わって

―― **前** ❶(覆うように)～の上に，～の上を，～の上の

覆基本 **over our heads** 私たちの頭の上に[を] →over+名詞.

覆基本 **a bridge over the river** 川に架(か)かった橋 →名詞+over+名詞.

覆基本 **lean over the desk** 机の上にのしかかる →動詞+over+名詞.

反対語 The sky is **over** our heads and the ground is **under** our feet. 大空は我々の頭上に，そして大地は我々の足の下にある.

•She put a blanket **over** the sleeping baby. 彼女は眠(ねむ)っている赤ん坊(ぼう)に毛布をかけた.

•She wore a sweater **over** the blouse. 彼女はブラウスの上にセーターを着ていた.

•The atomic bomb was dropped **over** Nagasaki. その原子爆弾(ばくだん)は長崎に落とされた. →受け身の文 (→**was** [助動] ❷). 飛行機から落とされた原子爆弾は地上数百メートルの空中で爆発(ばくはつ)するので over Nagasaki という.

❷～を越えて，(越えて)向こう側に[の]

•jump **over** a puddle 水たまりを飛び越える

•fly **over** the sea 海の上を飛んで行く

•His voice was heard **over** the noise. 彼の声がその騒音(そうおん)を上回って[通して]聞こえてきた. →受け身の文.

❸～以上で[の] (more than)

反対語 **under** (～以下で[の])

•**over** a hundred people 100人以上の人々 →厳密に言えば日本語の「100以上」は

100を含(ふく)むが，英語の over は more than (～より多い)であるから100を含まない.

•people (who are) **over** eighty 80歳(さい)以上の人々

❹《時間や距離が》～にわたって，～の間

•**over** the centuries 数世紀にわたって

•**over** the weekend 週末の間は[に]

•**over** several miles 数マイルにわたって

❺～の一面に，～中を →しばしば強めて **all over** ～ とする.

•**all over** the world 世界中に[で] →副 ❸

•travel (**all**) **over** Europe ヨーロッパ中を旅行する

•The stars are shining **all over** the sky. 星が空一面に輝(かがや)いている.

❻～について，～に関して

•talk **over** the matter その事について話し合う

•Two dogs were fighting **over** a bone. 2匹(ひき)の犬が1本の骨を取り合ってけんかしていた.

❼～しながら

•Let's talk **over** a cup of coffee. コーヒーでも飲みながら話そう.

❽《電話・ラジオなど》で，～を通じて

•hear the news **over** the radio ラジオでニュースを聞く

―― **副** (→比較変化なし)

❶(覆うように)頭上に

•hang **over** たれかかる，かぶさる

❷(越えて)向こうへ，渡(わた)って →「ある距離を越えてはるばる，わざわざ」といった感じを出すために添(そ)える. →**over here** [**there**]

•come **over** やって来る

•walk **over** to ～ ～の方へ歩いて行く

•**over** in France あちらフランスで

•Go **over** to the store for me. その店まで行って来てくれ.

•He ran **over** to Bob's house. 彼はボブの家まで(ひとっ走り)走って行った.

•The soup boiled **over**. スープが煮(に)立ってこぼれた.

❸一面に，すっかり →しばしば強めて **all over** とする.

•**all** the world **over** (= **all over** the world) 世界中に[で]

•The pond was frozen **over**. 池が一面に凍(こお)っていた.

over 小 A1 /オウヴァ/

〜の上を越えて

基本の意味

何かの上を越えて反対側に行く弓なりの動きが基本の意味（前❷・副❷）．その動きの途中にある「上」という位置に注目すると，前❶・副❶の（覆うような）（真）上の位置の意味になる．比ゆ的に数量が一定の値を「超え（てい）る」ことも表す（前❸）．移動していった結果に注目すると，前❷・副❷「（〜の）向こう側に」・副❹「終わって」の意味が生じる．越えて行くような動きによって覆われた場所のイメージから，前❺・副❸の一面の意味と，時間軸や線状の動きの中での一定の範囲を表す前❹時間・距離の意味が生じる．

教科書によく出る **使い方**

- 前 ❶ There is a rainbow **over** the mountains. 山の上に虹がかかっている．
- 前 ❷ He jumped **over** the fence. 彼は柵を飛び越えた．
- 前 ❸ **Over** a thousand people came to the concert.
  そのコンサートには千人を超える人が集まった．
- 前 ❹ It has been raining **over** the last five days. この5日間雨が続いている．
- 前 ❺ Ken travelled all **over** Europe. 健はヨーロッパじゅうを旅した．
- 副 ❷ Come **over** here, Sam. サム，こっちにおいでよ．
- 副 ❹ The party was **over** when he arrived.
  彼が到着した時にはパーティーは終わっていた．

教科書によく出る **連語**

get over 〜　〜を乗り越える
 I still can't **get over** the fact that I lost the final.
私はまだ決勝戦で負けたという事実を乗り越える（受け入れて立ち直る）ことができない．

over there　向こうに

- She was wet **all over**. 彼女は全身ずぶぬれだった.

❹ 終わって, 済んで, 去って; (無線などで)(終わりました)どうぞ

- Winter is **over** and it is spring now. 冬が過ぎて今は春だ. ➡「冬が過ぎた[終わった]」は現在の状態をいっているので ✕Winter *was* over. としない. it は漠然(ばくぜん)と「時」を表す.

- School is **over** at three. 学校[授業]は3時に終わります.

- Hello, Bob. Where is your boat? **Over**. もしもし, ボブ. 君のボートの現在地はどこ? どうぞ.

❺ ひっくり返って; 逆さまに

- turn **over** ひっくり返す, ひっくり返る
- turn a glass **over** コップを伏(ふ)せる
- Turn **over** the page. ページをめくりなさい.

❻ 繰(く)り返して; もう一度

- **over** again 再び, もう一度
- **over** and **over** (again) 繰り返し繰り返し
- read **over** 繰り返して読む, 読み返す
- Think it **over** before you decide. 決定する前にそれをもう一度考えなさい.

ask [*invite*] 〜 *over* 〜を(食事などに)誘(さそ)う[招く]

- She **asked** us **over** for dinner. 彼女は私たちを食事に誘ってくれた.

over here こちらに, こちらへ, こちらでは

- Large-size shirts are **over here**. (店で)Lサイズのシャツはこちらにあります.

over there 向こうに, あそこに, 向こうでは; 向こうの, あそこの

- Let's have lunch under that big tree **over there**. あそこのあの大きな木の下で弁当を食べよう.

over- /óuvər オウヴァ/ |接頭辞| 「上の, 上に」「過度に」「向こうへ」「ひっくり返して」などの意味を表す:

- **over**coat コート
- **over**work 働き過ぎる

overall /óuvərɔːl オウヴァローる/ |名|

❶ (**overalls** で) オーバーオール ➡ 《米》では「(胸当てのついた長い)作業ズボン」, 《英》では「(上着とズボンがつながっている)作業着」.

❷ 《英》(女性が着る)上っ張り, 仕事着

overcame /ouvərkéim オウヴァケイム/ |動| **overcome** の過去形

overcoat /óuvərkout オウヴァコウト/ |名| コート, 外とう

overcome /ouvərkám オウヴァカム/ |動| (三単現 **overcomes** /ouvərkámz オウヴァカムズ/; 過去 **overcame** /ouvərkéim オウヴァケイム/; 過分 **overcome**; -ing形 **overcoming** /ouvərkámiŋ オウヴァカミング/) ➡ 原形と過去分詞が同じ形であることに注意.

打ち勝つ, 征服(せいふく)する, 克服(こくふく)する; 圧倒(あっとう)する

- **overcome** the enemy 敵を負かす
- He was **overcome** with grief. 彼は悲しみに(圧倒された ⇨)打ちひしがれた.

overflow /ouvərflóu オウヴァふろウ/ |動| あふれる, 氾濫(はんらん)する

overhead /ouvərhéd オウヴァヘド/ |副| 頭上に, 真上に; 空高く

── /óuvərhed オウヴァヘド/ |形| 頭上の, 頭上を通る

òverhead projéctor |名| オーバーヘッドプロジェクター ➡ シート上の文字や図をスクリーンに投影(とうえい)する機器. OHP と略す.

overhear /ouvərhíər オウヴァヒア/ |動| (三単現 **overhears** /ouvərhíərz オウヴァヒアズ/; 過去・過分 **overheard** /ouvərhə́ːrd オウヴァハ〜ド/; -ing形 **overhearing** /ouvərhíəriŋ オウヴァヒアリング/) (ふと)漏(も)れ聞く, ふと耳にする

overlook /ouvərlúk オウヴァるク/ |動|
❶ (人・建物・場所などが)見下ろす, (下に)見渡(わた)す ❷ 見落とす; 見逃(のが)す, 大目に見る

overnight /óuvərnáit オウヴァナイト/ |副| 一晩(中), 夜通し; 前の晩に

── |形| 一晩(中)の, 1泊(ぱく)の

overseas 中 A2 /ouvərsíːz オウヴァスィーズ/ |形| 海外の, 海外向けの; 海外からの

- an **overseas** country (海を隔(へだ)てた)外国
- **overseas** students 海外からの[海外にいる]学生
- **overseas** volunteers from Japan 日本から海外へのボランティア
- the Japan **Overseas** Cooperation Volunteers 日本青年海外協力隊

── |副| 海外へ, 外国に

- live [travel] **overseas** 海外に住む[を旅行する]

oversleep /ouvərslíːp オウヴァスリープ/ |動| (三単現 **oversleeps** /ouvərslíːps オウヴァスリープス/; 過去・過分 **overslept** /ouvərslépt オ

overtake 472 four hundred and seventy-two

ウヴァスれ_{ンプ}/; ‑ing形 **oversleeping**
/òuvərslíːpiŋ オウヴァスリーピング/)
寝(ね)過(す)ごす, 寝坊(ねぼう)する

overtake /òuvərtéik オウヴァテイク/ 動
(三単現 **overtakes** /òuvərtéiks オウヴァテイク
ス/; 過去 **overtook** /òuvərtúk オウヴァトゥク/;
過分 **overtaken** /òuvərtéikn オウヴァテイク
ン/; ‑ing形 **overtaking** /òuvərtéikiŋ オウヴ
ァテイキング/) 追いつく; 追い越(こ)す

overtime /óuvərtaim オウヴァタイム/ 名
❶ 時間外勤務, 残業; 残業手当
❷ 《米》(試合の)延長時間
── 副 時間外に
•work **overtime** 時間外労働[残業]をする
── 形 時間外の

overweight A2 /òuvərwéit オウヴァウェイト/
形 太り過ぎの (too fat)
•I'm a little **overweight**. 私は少し太り過ぎ
だ.

overwork /óuvərwəːrk オウヴァワ～ク/ 名
働き過ぎ, オーバーワーク
── /òuvərwə́ːrk オウヴァワ～ク/ (→名詞とのアク
セントの位置の違(ちが)いに注意) 動
働き過ぎる (work too much); 働かせ過ぎる,
酷使(こくし)する

owe /óu オウ/ 動 ❶ 借金がある, 借りている
❷ (〜を〜に)負う, 〜のおかげである

owing /óuiŋ オウインヶ/ 形 (owing to 〜 で)
〜のために, 〜が原因で (because of)

owl /ául アウる/ 名 《鳥》フクロウ; ミミズク →
フクロウ科の鳥の総称.「ミミズク」は **horned
owl** ともいう (horned /ホーンド/ 角のある).

イメージ (owl)
目つきがいかにも賢(かしこ)そうに見えるところか
ら昔ギリシャでは知恵(ちえ)の女神(めがみ)アテナの使
いと考えられ, アテナの肩(かた)にとまっている姿
で描(えが)かれる. look as wise as an owl
((中身は別として一見)フクロウのように賢そう
に見える)の表現がある.

own 中 A1 /óun オウン/ 形
(所有を強調して)自分自身の, 自分の; 特有の, 独
特の
•Jim's **own** bicycle ジム自身の自転車
•his **own** store 彼自身の(所有している)店
•Kate has her **own** room. ケイトは自分自
身の部屋を持っている.

•I saw it with my **own** eyes. 私はそれを
自分自身の目で[この目で]見た.
•They are my **own** age. 彼らは私と同じ年
です.
•He cooks his **own** meal. 彼は自分自身の
[自分で]食事を作る.

⚑POINT own はこのように「ほかの人の力を借り
ないで」の意味で使うので,「自分で」と訳した
ほうがよいことがある.

── 名 自分自身のもの, 自分のもの →mine (私
のもの), his (彼のもの), hers (彼女のもの)など
で言い換(か)えることができる.
•This dictionary is yours; my **own** (=
mine) is over there. この辞書は君のです.
僕(ぼく)のはあちらにあります.
•He wanted to have a house of his
own. 彼は自分の家を持ちたいと望んだ.

on one's **own** 一人で
── 動 所有する, (財産として)持っている
•My uncle **owns** a big farm. 私のおじは
大きな農場を持っている.
•Who **owns** that house? あの家の持ち主は
誰(だれ)ですか.

owner A1 /óunər オウナ/ 名 所有者, 持ち主

ox /áks アクス/ 名 (複 **oxen** /áksn アクスン/)
(去勢した雄(おす)の)牛 →運搬(うんぱん)・農耕に使う.
類似語 「牛一般(いっぱん)」には **cattle** (畜牛(ちくぎゅ
う)), **cow** (乳をとるために飼う雌牛(めうし))などを使
う. →bull

oxcart /ákskaːrt アクスカート/ 名 牛車

oxen /áksn アクスン/ 名 ox の複数形

Oxford /áksfərd アクスふォド/ 固名
❶ オックスフォード →英国中南部にある都市で,
オックスフォード大学の所在地.
❷ =Oxford University

Óxford Univérsity 固名 オックスフォー
ド大学 →ケンブリッジ大学とともに英国で最も古
い大学.

oxygen /áksidʒən アクスィチェン/ 名 《化学》酸
素

oyster /óistər オイスタ/ 名 《貝》カキ

oz., oz 略 =ounce(s) (オンス)

ozone /óuzoun オウゾウン/ 名 《化学》オゾン
→殺菌(さっきん)・消毒・漂白(ひょうはく)などに利用される.
•the **ozone** layer オゾン層 →オゾン濃度(のう
ど)の高い大気の層. 太陽からの紫(し)外線を吸収す
る.

P, p[1] /píː ピー/ 名 (複 **P's, p's** /píːz ピーズ/)
❶ ピー →英語アルファベットの16番目の文字.
❷ (**P** で) 《掲示(けいじ)》駐車(ちゅうしゃ)場 →**park**ing の略.

p[2] 略 =**penny** (ペニー), **pence** (ペンス)

p., p[3] 小 /péidʒ ペイヂ/ 略 (複 **pp.**, **pp** /péidʒiz ペイヂェズ/) =**page** (ページ)
• **p**.12 (読み方: page twelve) 12ページ →×*12p*. としない.
• **pp**.7, 10 (読み方: pages seven and ten) 7ページと10ページ
• **pp**.10-20 (読み方: from page ten to twenty) 10ページから20ページまで

PA 略 =**Pennsylvania**

pa /páː パー/ 名 《話》パパ, お父さん →**papa** を縮めた言い方.

pace /péis ペイス/ 名 ❶ 一歩(の幅(はば))
❷ (歩く・走る・進歩の)速度, 歩調, ペース
keep pace with ~ ~と歩調をそろえる, ~に遅(おく)れずについて行く
── 動 (行ったり来たりして)歩き回る

Pacific A2 /pəsífik パスィフィク/ 形 太平洋の
• the **Pacific** coast 太平洋沿岸

Pacífic (**Ócean**) 固名 太平洋
関連語「大西洋」は the Atlantic (Ocean).

pack 中 A2 /pǽk パク/ 名
❶ (背負ったり, かついだり, 馬などに積んだりして運ぶひとまとめの)包み, 荷物
❷ (トランプの)ひとそろい, ひと組; (タバコ・ガムなど同種のものの)ひと箱, ひと包み
• a **pack** of cards トランプひと組 →a deck of cards ともいう.
• a **pack** of gum 《米》ガムひとパック →《英》では a packet of gum という.
❸ (悪人・オオカミなどの)群れ; たくさん
• a **pack** of wolves オオカミの群れ
── 動 詰(つ)める, 詰め込(こ)む, 荷造りする
• **pack** clothes **into** a bag カバンに衣類を詰める
• **pack** a trunk (**with** clothes) トランクに(衣類を)詰める
• Have you **packed**? We're leaving. (バッグに)詰め終わった? 出かけるよ.
• We **were packed** like sardines in the rush-hour train. 私たちはラッシュアワーの電車にイワシみたいに詰め込まれた[すし詰(づ)めにされた]. →受け身の文. →**were** 助動 ❷

package /pǽkidʒ パケヂ/ 名
❶ (郵送用の)包み, 小包
• a postal **package** 郵便小包
• Please mail these **packages** of books. これらの本の小包を郵送してください.
❷ 《米》(商品包装用の)箱, ケース, パッケージ →《英》ではふつう packet という.
• a **package** of cookies クッキーひと箱

páckage tòur 名 パック旅行 →乗り物・宿・食事などひとまとめにセットして旅行業者が売り出す旅行.

packaging /pǽkidʒiŋ パキヂング/ 名
❶ (商品の)容器, 梱包(こんぽう)材料, 包装紙
❷ 包装, 荷造り

packet /pǽkit パケト/ 名 小さい包み, 束; (小さな)紙箱, 紙封筒(ふうとう)

pad /pǽd パド/ 名 ❶ (器物を傷(いた)めないように間にはさんだり, 下に敷(し)く)クッション, 当て物
❷ スタンプ台 ❸ (はぎ取り式)画用紙帳, 便せん, メモ帳(など) →**writing pad, pad of drawing paper** などともいう.

paddle /pǽdl パドル/ 名 (カヌーの)かい
── 動 ❶ (カヌーなどを)かいでこぐ ❷ 《英》(水の中を)ぼちゃぼちゃ歩く, 水遊びをする

paddy /pǽdi パディ/ 名 (複 **paddies** /pǽdiz パディズ/) 水田, 稲田(いなだ) →**rice paddy** あるいは **paddy field** ともいう.

page[1] A1 /péidʒ ペイヂ/ 名
❶ ページ →page は **p**. あるいは **p** と, pages (複数形)は **pp**. あるいは **pp** と略す.
• **page** three (=**p**. 3) 3ページ
• the third **page** from the last 最後から3ページ目
• Open your books **to** [《英》**at**] **page** 10. 本の10ページを開けなさい.
• Let's begin **at page** 15, line 10. 15ページの10行目から始めましょう.

page 474 four hundred and seventy-four

• The picture is **on page** 10. その絵は10ページにある.

• This book has only eighty **pages**. この本は80ページしかない.

❷ (新聞の)**面**; (雑誌などの)**欄**(らん)

• the front **page** of a newspaper 新聞の第1面

• the sports **pages** of a magazine 雑誌のスポーツ欄

page² /péidʒ ペイヂ/ 名 《英》(ホテルなどの)**ボーイ** 《米》**bellboy**)

—— 動 (放送などを使って人を)**呼び出す**

pageant /pǽdʒənt パヂェント/ 名 (史実・伝説を題材とした)**野外劇, 見せ物, ショー**

pagoda /pəɡóudə パゴウダ/ 名 **塔**(とう) ➡主に中国・インドなどの寺院の塔, また日本の五重塔(ごじゅうのとう)など.

paid /péid ペイド/ 動 **pay** の過去形・過去分詞

—— 形 **給料の支払われる, 有給の**

• a **paid** holiday [vacation] 有給休暇

pail /péil ペイる/ 名 ❶ バケツ (**bucket**), 手おけ ❷ バケツ[手おけ]1杯(はい)分

pain /péin ペイン/ 名 ❶ 痛み, 苦痛; 心痛

• feel **pain** 痛みを感じる ➡ 漠然(ばくぜん)と「痛み」を意味する時には ×*a* pain, ×pain*s* としない.

• cry **with pain** 痛くて泣く

• The dog is **in** great **pain**. その犬はとても痛がっている.

• have a bad **pain in** the back 背中がひどく痛い

❷ (**pains** で) **苦心, 骨折り**

• **take pains** 苦心する, 骨を折る

• I **took** great **pains** in building the doghouse. 犬小屋を作るのに私はとても骨を折った. ➡ ×*many* pains としない.

painful /péinfəl ペインふる/ 形 **痛い, 苦しい, つらい**

paint 中 A1 /péint ペイント/ 名

❶ **絵の具**

• oil [water] **paints** 油[水彩(すいさい)]絵の具

❷ **ペンキ**

• a can of red **paint** 赤ペンキ1缶(かん)

• There's **paint** on your face. 顔にペンキがついています.

掲示 **Wet paint!** ペンキ塗(ぬ)り立て. ➡《英》では Fresh paint! ともいう.

—— 動 ❶ (絵の具で絵を)**描**(か)**く, いろどる** → **draw** 動 ❶

• **paint** a picture 絵を描く

• **paint** flowers in oils [watercolors] 油絵の具[水彩絵の具]で花の絵を描く

• He **paints** very well. 彼はとても絵がうまい.

• The setting sun **painted** the clouds. 夕日が雲を染めた.

• I have **painted** flowers in oils for about ten years. 私は10年くらい油絵の具で花を描いています. → **have** 助動 ❸

❷ **ペンキを塗る**; **ペンキで(~を~に)塗る**

• **paint** the fence 塀(へい)にペンキを塗る

• **paint** the fence white 塀をペンキで白く塗る → paint *A B* (色を示す形容詞)は「AをペンキでBに塗る」.

• It is **painted** red and white. それは赤と白のペンキで塗られている. → **is** 助動 ❷

paintbox /péintbɑks ペイントバクス/ 名 **絵の具箱**

paintbrush /péintbrʌʃ ペイントブラシュ/ 名 ❶ **絵筆** ❷ **ペンキ用はけ**

painter A2 /péintər ペインタ/ 名 ❶ **絵を描**(か)**く人, 画家** ❷ **ペンキ屋**

painting A1 /péintiŋ ペインティンぐ/ 名 (絵の具で)**絵を描**(か)**くこと**; (絵の具で描いた)**絵, 油絵, 水彩**(すいさい)**画** → **drawing** 名

• an oil **painting** by Picasso ピカソによる油絵

• He went to Paris to study **painting**. 彼はパリへ絵の勉強に行きました.

pair A1 /péər ペア/ 名

❶ **1対**(つい)**, 1組**

• a **pair** of shoes 靴(くつ)1足

• a **pair** of glasses 眼鏡1個

• a **pair** of scissors はさみ1丁

• a **pair** of white gloves 白い手袋(ぶくろ)1組

• a **pair** of socks ソックス1足

• a new **pair** of trousers 新しいズボン1着

• three **pairs** of stockings ストッキング3足

• How many **pairs** of shoes do you have? 君は靴を何足持っていますか.

• This **pair** of scissors isn't sharp. このはさみはよく切れない. → a pair of の後に来る名詞が「物」の場合にはこのように単数として扱(あつ)かう. pair を使わないで my scissors とした場

合には My scissors are not sharp. のように複数として扱う.
- These two socks aren't [don't make] a **pair**. この2つのソックスはそろいではない.

❷ (夫婦(ふうふ)・恋人(こいびと)・ダンサーなどの)**カップル, ペア**
- Now make **pairs**. さあペアになって.
- They are a happy **pair**. 彼らは幸せなカップルだ.

in pairs 2人[2つ]ずつ組になって

pajama /pədʒáːmə パヂャーマ/ 名 (**pajamas**で)《米》**パジャマ**(上下1組)→《英》では pyjama とつづる.

Pakistan /pǽkistæn パキスタン|pɑːkistáːn パーキスターン/ 固名 **パキスタン**→インドの西隣(となり)にある共和国. 首都はイスラマバード (Islamabad). 公用語は英語, 国語はウルドゥー語.

Pakistani /pækistǽni パキスタニ/ 形 **パキスタン(人)の**
—— 名 (複 **Pakistani**, **Pakistanies** /pækistǽniz パキスタニズ/) **パキスタン人**

pal A2 /pǽl パル/ 名 《話》(親しい)**友達**→ふつう男性同士で使う.
- a pen **pal** (文通する)ペンフレンド, ペンパル (pen friend)

palace A1 /pǽlis パれス/ 名
❶ **宮殿**(きゅうでん)
- the Imperial **Palace** 皇居
- Buckingham **Palace** バッキンガム宮殿
❷ **豪華**(ごうか)**な建物, 大邸宅**(ていたく)

pale /péil ペイる/ 形
❶ (顔色が)**青白い, 顔色が悪い**
- a **pale** face 青白い顔
- look **pale** 青ざめた顔をしている
❷ (色・光などが)**薄**(うす)**い**
- a **pale** blue dress 淡(あわ)いブルーの洋服

Palestine /pǽləstain パれスタイン/ 固名 **パレスチナ**

 参考 地中海東沿岸地方. 昔ここにユダヤ人の国家(首都はエルサレム)があり, キリストがこの国のベツレヘム (Bethlehem) に生まれて, この地で生涯(しょうがい)を送ったので, ユダヤ教・キリスト教・イスラム教の聖地とされる. 1948年, ユダヤ人国家「イスラエル共和国」がこの地に建設されたことにより, アラブ人との間に争いが起こった.

palette /pǽlit パれト/ 名 (絵を描(か)く時の)**パレット**

palm¹ /páːm パーム/ 名 **手のひら**→「手の甲(こう)」は the **back** (of a hand).
- read *one's* **palm** 〜の手相を見る
- put *one's* **palm** to *one's* cheek 手のひらをほおに当てる→驚(おどろ)いた時のしぐさ.
- He put out his hand with his **palm** up. 彼は手のひらを上にして手を差し出した.

palm² /páːm パーム/ 名 《植物》**ヤシ, シュロ**→ **palm tree** ともいう.

pamphlet /pǽmflit パンふれト/ 名 **パンフレット, 小冊子**→紙1枚のものは **leaflet** /líːflət リーふれト/. ふつうは **brochure** という.

Pan /pǽn パン/ 固名 **牧神, パン**→ギリシャ神話で, 下半身はヤギ, 頭に角のある森林・牧羊の神. 岩陰(かげ)に隠(かく)れて旅人を驚(おどろ)かしたという. **panic** (突然(とつぜん)の恐怖(きょうふ)感)は Pan が語源.

pan A2 /pǽn パン/ 名 ❶ **平鍋**(なべ)
- a milk **pan** ミルクパン→牛乳などを温める小さな鍋.
❷ =frying pan (フライパン)

Panama /pǽnəmɑː パナマー/ 固名 **パナマ** →中央アメリカの共和国. 首都はパナマシティー (Panama City). 公用語はスペイン語.

Pánama Canál 固名 (**the** をつけて) **パナマ運河** →パナマ地峡(ちきょう)を通って大西洋と太平洋を結ぶ.

pancake 中 /pǽnkeik パンケイク/ 名 **パンケーキ, ホットケーキ** (hot cake)

panda 小 /pǽndə パンダ/ 名 《動物》**パンダ**
- a giant [lesser] **panda** ジャイアント[レッサー]パンダ

pane /péin ペイン/ 名 (1枚の)**窓ガラス**

panel /pǽnl パヌる/ 名 ❶ **羽目板, パネル**
❷ (討論会・コンテストなどの)**討論者団, 審査**(しんさ)**員団,** (クイズ番組の)**解答者団,** (専門)**委員会**
- John and Emily are **on** the **panel** in this discussion. ジョンとエミリーはこの公開

panel discussion 476 four hundred and seventy-six

討論会の参加メンバーです.

pánel discùssion 名 パネルディスカッション →予定された問題について数人の討論者 (panelists)が聴衆(ちょうしゅう)の前で行う討論会.

panel(l)ist /pǽnəlist パネリスト/ 名 パネリスト →panel discussion の討論者.

panic A2 /pǽnik パニク/ 名 突然の恐怖(きょうふ)感, パニック, 動揺(どうよう), 大混乱; 経済恐慌(きょうこう) →Pan

•The passengers on the sinking ship were in a **panic**. 沈没(ちんぼつ)寸前の船の乗客はパニックに陥(おちい)っていた.

panorama /pæ̀nərǽmə パノラマ/ 名 パノラマ; 広々と見渡せる光景, 全景

pansy /pǽnzi パンズィ/ 名 (復 **pansies** /pǽnziz パンズィズ/) 《植物》三色スミレ, パンジー →ふつうの「スミレ」は **violet**.

panther /pǽnθər パンサ/ 名 《動物》ヒョウ; 《米》ピューマ, クーガー →leopard

panties /pǽntiz パンティズ/ 名 復 (女性・子供用の)パンティー

pantomime /pǽntəmaim パントマイム/ 名 ❶ 無言劇, パントマイム; (無言の)身振(みぶ)り手振り ❷《英》おとぎ芝居(しばい) →クリスマスの時期に上演されるシンデレラやピーター・パンなどの児童劇. 歌・踊(おど)り・せりふがある.

pants 小 A1 /pǽnts パンツ/ 名 復 ❶《米話》(衣服の)パンツ, ズボン, スラックス (trousers)

•a pair of **pants** ズボン1着

•These **pants** are too tight for me. このパンツは私にはきつ過ぎる.

❷《英》(下着の)パンツ (underpants); (女性・子供用の)パンティー (panties)

panty hose /pǽnti hòuz パンティ ホウズ/ 名 《米》パンティーストッキング (《英》tights) → **pantyhose** と1語につづることもある.

papa /pɑ́:pə パーパ|pəpɑ́: パパー/ 名 パパ, お父さん

papaya /pəpɑ́:jə パパーヤ|pəpɑ́iə パパイア/ 名 《植物》パパイヤ →熱帯地方で広く栽培(さいばい)される木, またその果実.

paper 小 A1 /péipər ペイパ/

名 ❶ 紙
❷ 新聞 (newspaper)
❸ (papers で) 書類
❹ 答案(用紙)

意味 map

❺ レポート
形 紙で作った, 紙製の

—— 名 (復 **papers** /péipərz ペイパズ/)

❶ 紙

•a piece of **paper** (形・大きさに関係なく)紙切れ1枚 →「紙」という物質を指すので, ✕a paper, ✕papers としない.

•a sheet of **paper** (一定の形をした)1枚の紙

•two sheets of **paper** 紙2枚

•wrapping **paper** 包み紙

•This bag is made of **paper**. この袋(ふくろ)は紙でできている.

❷ 新聞 (newspaper)

•today's **paper** きょうの新聞

•an evening **paper** 夕刊新聞 →edition

•All the **papers** report the same news. すべての新聞が同じニュースを報道している.

❸ (papers で) 書類

❹ 答案(用紙), 試験問題(用紙)

❺ レポート, 論文

—— 形 紙の, 紙で作った, 紙製の

•a **paper** cup [bag] 紙コップ[袋]

•a **paper** crane 折り鶴(づる)

paperback /péipərbæk ペイパバク/ 名 ペーパーバック →紙表紙の値段の安い本. 日本の文庫本・新書判の本に相当する.

páper móney 名 紙幣(しへい)

Papua New Guinea /pǽpjuə nju: gíni パピュア ニュー ギニ/ 固名 パプアニューギニア →オーストラリアの北方にあるニューギニア島の東部を占(し)める国(日本の約1.2倍). 首都はポートモレスビー.

parachute /pǽrəʃu:t パラシュート/ 名 パラシュート, 落下傘(らっかさん)

parade 中 /pəréid パレイド/ 名 行列, 行進, パレード
—— 動 行進する, パレードする

paradise /pǽrədais パラダイス/ 名 (ふつう **Paradise** で) 天国 (heaven); エデンの園(その) (the Garden of Eden) →Eden →「天国のような所, 楽園」の意味でも使う.

paragraph A1 /pǽrəgræf パラグラふ| pǽrəgrɑ:f パラグラーふ/ 名 (文章の)段落, パラグラフ →ひとまとまりの内容を表す文の集まり. 段落が変わる時には行を改め, ふつう最初の語を少し引っ込(こ)める.

parallel /pǽrəlel パられる/ 形 (線が)平行の; 並行(へいこう)の

― 名 平行線

Paralỳmpic Gámes 固名 (the をつけて) パラリンピック → **Paralympics**

Paralympics /pærəlímpiks パラリンピクス/ 固名 (the Paralympics で) パラリンピック → 障がい者の国際スポーツ大会.

paralyze /pǽrəlaiz パラライズ/ 動 (人の体(の一部)を)まひさせる

parasol /pǽrəsɔːl パラソーる/ 名 パラソル, 日傘(ひがさ)「ビーチパラソル」は和製英語で, それに当たるものは英語では **beach umbrella**, または **sunshade** という.
類似語 umbrella (雨傘(あまがさ))

parcel /páːrsl パースる/ 名 包み, 小包, 小荷物

pardon 中 A1 /páːrdn パードン/ 名

許し
• beg [ask for] pardon 許しを願う
I beg your pardon. ①(最後を上げて発音して)すみませんがもう一度言ってください → **Beg your pardon?**, **Pardon me?**, **Pardon?** ともいう.

❷POINT《米》**Excuse me?**,《英》**Sorry?** よりも改まった表現. **Once more.** (もう一度)は命令調なので, 相手の言ったことを聞き返す時は使わない. **What?** (え?)はくだけた表現で, 親しい友人の間で使う表現.

②(最後を下げて発音して)ごめんなさい, 失礼しました → **Pardon me.** ともいう.

❷POINT 偶然(ぐうぜん)体が相手に触(ふ)れてしまったり, 相手に失礼になるようなことをした時に使う. **I'm sorry.** よりも改まった表現.

③(最後を下げて発音して)失礼ですが~

❷POINT 知らない人に話しかけたり, 相手の言ったことに反対する時に使う. **Excuse me, but ~.** よりも改まった表現.

• **I beg your pardon**, but could I look at your newspaper? (長旅の列車の中などで隣(となり)の人に)すみません, ちょっと新聞を見せていただけますか.

― 動 許す (forgive)
• He asked for the King's pardon, and the King **pardoned** him. 彼は王の許しをこうた. そして王は彼を許した.

pare /péər ペア/ 動 ❶(ナイフで果物の皮などを)むく, はぐ → **peel** ❷(爪(つめ)などを)切(りそろえ)る

parent 中 A1 /péərənt ペアレント/ 名

親 → 父 (father) または母 (mother).
• my **parent** 私の親(父または母)
• my **parents** 私の両親

Párent-Téacher Associàtion 名 父母と教師の会 → **PTA** と略す.

Párent-Téacher Organizàtion 名《特に米》= Parent-Teacher Association → **PTO** と略す.

parfait /pɑːrféi パーフェイ/ 名 パフェ → フランス語から.

Paris /pǽris パリス/ 固名 パリ → フランスの首都でセーヌ河畔(かはん)にある.

park 小 A1 /páːrk パーク/ 名

(覆 **parks** /páːrks パークス/)

❶ 公園, 遊園地; 球技場
• an amusement **park** 遊園地
• a national **park** 国立公園
• take a walk in the **park** 公園を散歩する
• Hibiya **Park** 日比谷公園 → 公園名にはふつう ×the をつけない.
• Central **Park** (ニューヨークの)セントラルパーク
• a ball **park** 《米》野球場 → **ballpark** と1語にもつづる.

❷ 駐車(ちゅうしゃ)場
• a car **park** 《英》駐車場 (《米》 a parking lot)
• a trailer **park** 《米》トレーラー置き場 (《英》 a caravan park) → 森林公園などにあるトレーラーハウス用駐車場.

― 動 (三単現 **parks** /páːrks パークス/; 過去・過分 **parked** /páːrkt パークト/; -ing形 **parking** /páːrkiŋ パーキング/)
駐車する
• Can I **park** my car here? 私は車をここに駐車してもよいですか.
• He **parked** at the back of the bank. 彼は銀行の裏に駐車した.

parking

parking /páːrkiŋ パーキング/ 動 **park** の -ing形 (現在分詞・動名詞)

―― 名 ❶ 駐車(ちゅうしゃ)

掲示 No **parking**. 駐車禁止.

•look for a **parking** space 駐車場を探す

❷ 駐車場 → P と略す.

párking lòt 名 《米》駐車場 → 《英》ではふつう **car park** という.

parliament /páːrləmənt パーらメント/ 名 (しばしば **Parliament** で) (英国・カナダ・南アフリカ・オーストラリアなどの) 国会, 議会

類似語 日本の「国会」は **the Diet**, 米国の「議会」は **Congress**.

parlor /páːrlər パーら/ 名 (客間風に作った)店

parlour /páːrlər パーら/ 名 《英》=parlor

parody /pǽrədi パラディ/ 名 (複 **parodies** /pǽrədiz パラディズ/) パロディー; へたなまねごと

―― 動 (三単現 **parodies** /pǽrədiz パラディズ/; 過去・過分 **parodied** /pǽrədid パラディド/; -ing形 **parodying** /pǽrədiiŋ パラディイング/) もじる, パロディー化する; へたにまねる

parrot /pǽrət パロト/ 名 《鳥》オウム

parsley /páːrsli パースリ/ 名 パセリ

part 小 A2 /páːrt パート/ 名

❶ 部分

•**Part** One 第1部

•the last **part** of the movie その映画の最後の部分

•a third **part** of the land その土地の3分の1 → third は「3分の1」の意味.

•cut an apple into four **parts** リンゴを4つに切る [4等分する]

関連語 A **part** is smaller than the **whole**. 部分は全体より小さい.

❷ ((a) part of ~ で) ~の一部(分) → a がつかないことが多い.

•We arrived late and missed **part** of the movie. 私たちは遅(おそ)く着いたので映画の一部を見損(そこ)なった.

•We went together **part** of the way. 私たちは(道の)途中(とちゅう)までいっしょに行った.

•We treat our dog as **part** of our family. 私たちは飼い犬を家族の一員として扱(あつか)う.

❸ (機械の)部品

•the **parts** of a television テレビの部品

❹ (しばしば **parts** で) 地方, 地域

•that **part** of the town その町のその部分[その辺]

•What **part** of England are you from? イングランドのどちらの出身ですか.

•Bananas don't grow in these **parts**. バナナはこの地方では育たない.

❺ (劇などの)役(割); 役目, 本分, 義務

•play the **part** of Hamlet ハムレットの役を演じる

•the piano [soprano] **part** (曲の中の)ピアノ[ソプラノ]パート

•Now let's change **parts**. さあ, 役割を交換(こうかん)しよう.

•You do your **part** and I'll do the rest. 君は君の分をやってくれ, 僕(ぼく)が残りをやるから.

•He played an important **part** in bringing the war to an end. 彼は戦争を終結させるのに重要な役割をはたした.

for the most part 大部分は, たいていは

in part 一部分は, ある程度

take part in ~ ~に参加する, ~に加わる (participate in)

•I **took part in** the game. 私はそのゲームに加わった.

―― 動 分かれる, 別れる, 離(はな)れる; 分ける

•They **parted** at the station. 彼らは駅で別れた.

•He **parted** his hair in the middle. 彼は髪(かみ)を真ん中で分けていた.

ことわざ A fool and his money are soon **parted**. ばかとお金はすぐ別れる.

part from ~ (人)と別れる

•I **parted from** him at the gate. 私は門のところで彼と別れた.

part with ~ (物)を手放す

•**part with** the old house 古い家を手放す

partial /páːrʃəl パーシャる/ 形 ❶ (全部でなく)一部の, 部分的な ❷ 不公平な, えこひいきする ❸ ~が大好きで

participant /paːrtísəpənt パーティスィパント/ 名 (競技などへの)参加者, 出場者

participate /paːrtísəpeit パーティスィペイト/ 動 (**participate in ~** で) ~に参加する, ~に加わる (take part in ~)

•Students are expected to **participate in** club activities. 生徒は部活動に参加することが求められています.

participation /paːrtisəpéiʃən パーティスィペイション/ 名 参加

particular /pərtíkjulər パティキュラ/ 形

❶ 特別の
- for a **particular** reason 特別な理由で
- I have nothing **particular** to say. 私は特に言うことはありません。→something, anything, nothing などを修飾(しゅうしょく)する形容詞はその後ろにつく。

❷ ～に特有の, ～だけが持つ, それぞれの
- Each city has its own **particular** problem. 各都市にはそれぞれ特有の問題がある.

❸ (好みが)やかましい, 気難しい
- He is **particular** about his food. 彼は食べ物の好みがやかましい.

in particular 特に
- I like this song **in particular**. 私は特にこの歌が好きだ.

particularly /pərtíkjulərli パティキュラリ/ 副
特に, とりわけ →ふつう修飾(しゅうしょく)する語の前に置かれる.

partly A2 /pá:rtli パートリ/ 副 一部分, ある程度
- It will be **partly** cloudy tomorrow. 明日は所により曇(くも)りでしょう.

partner A1 /pá:rtnər パートナ/ 名
(何かをいっしょにする)仲間, 相手, 相棒, 組む人, パートナー; (事業の)共同経営者
- a tennis [dancing] **partner** テニス[ダンス]のパートナー
- She wants to be **partners with** Jane in the next match. 彼女は次の試合でジェーンと組みたがっている.

pártner dòg 名 介助(かいじょ)犬 →車椅子(いす)で生活する人をいろいろと助けるように訓練されている犬.

part-time /pá:rt taim パートタイム/ 形
❶ (全日でなく)ある時間だけ出る, 非常勤の, アルバイトの →「アルバイト」はドイツ語 Arbeit (労働, 仕事)から. ❷ (学校が)定時制の
── 副 パートタイムで

part-timer /pá:rt taimər パートタイマ/ 名
非常勤の人, パートの人, アルバイトの人

party 小 A1 /pá:rti パーティ/ 名
(複 **parties** /pá:rtiz パーティズ/)

❶ パーティー, (社交の)会
- a birthday **party** 誕生パーティー
- **have** [**give**] **a party** パーティーを開く
- **attend a party** パーティーに出席する
- We had a farewell **party for** Jane. 私たちはジェーンのために送別会を開いた.

❷ (事をいっしょにする)人々, 一行, 隊
- a **party** of school children 小学生の一行
- a rescue **party** 救助隊

❸ 党, 政党
- a political **party** 政党
- The Republican **Party** and the Democratic **Party** are the biggest **parties** in the United States. 共和党と民主党はアメリカの二大政党です.

pass 中 A2 /pǽs パス|pá:s パース/

意味map

動 ❶ 通り過ぎる, 通る
❷ (時などが)過ぎ去る; (時を)過ごす
❸ (試験などに)通る, 合格[パス]する
❹ 渡(わた)す

── 動 (三単現 **passes** /pǽsiz パセズ/; 過去・過分 **passed** /pǽst パスト/; -ing形 **passing** /pǽsiŋ パスィング/)

❶ 通り過ぎる, 通る
- **pass** the post office 郵便局を通り過ぎる[の前を通る]
- **pass** a gate 門の前を通り過ぎる
- **pass through** a tunnel トンネルを通り抜(ぬ)ける
- Please let me **pass**. ちょっと(私を)通してください.
- John **passed** Bob just before the finish line. ジョンはゴールの直前でボブを追い越(こ)した.

❷ (時などが)過ぎ去る, たつ; (時を)過ごす
- An hour **passed**. 1時間がたった.
- Many years **have passed** since my mother died. 母が死んでから多くの年月がたった. →**have** 助動 ❶
- We are going to **pass** this winter in Hawaii. 私たちはこの冬をハワイで過ごす予定

passage

です.

❸ (試験などに)**通る, 合格[パス]する**; (議案などを[が])**通す, 通る, 可決する**
- **pass** the test テストに合格する
- The bill **passed** (the Diet). 法案が(国会を)通った.

❹ **渡す, 回す; 渡る**
- **pass** a ball to ~ (球技で)ボールを~にパスする
- **pass** him the note 彼にそのメモを渡す → pass A B は「AにBを渡す」.
- He quickly **passed** the ball to the forward. 彼はボールをフォワードにすばやくパスした.

Pass (me) the soy sauce, please. —OK.
すみませんがおしょうゆを取ってください.—いいですよ.
→食事中に人の前に手を伸(の)ばすのは失礼になるのでこう言う.

- The father's money will **pass** to his son. 父親の金は彼の息子(むすこ)に渡るだろう.

pass around [《英》***round***] (人々の間を)順に回す

pass away (人が)死ぬ →die よりも間接的な表現.

pass by そばを通り過ぎる, そばを素通(すどお)りする; (時が)経過する
- I was just **passing by** and I saw your motorcycle. 通り掛(が)かったら君のバイクがあったものだから(ちょっと立ち寄ってみた).

pass by ~ ~のそばを通り過ぎる[素通りする]
- She **passed by** me, but didn't say hello. 彼女は(私の)そばを通り過ぎたが, 挨拶(あいさつ)をしなかった[声も掛けなかった].

pass for ~ (実際にはそうではないが)~として通用する

pass A on [***on A***] (***to B***) A を (B へ)回す, 伝える; うつす

pass out (~) ①(~を)配布する ②《話》気を失う, 意識が無くなる

—— 名 (複) **passes** /pǽsiz パセズ/
❶ 通行許可証; 定期券; (無料)入場券
- a bus **pass** バスの定期券
❷ 山道, 山あいの細い道
❸ (球技・トランプの)**パス**

passage A2 /pǽsidʒ パセヂ/ 名
❶ **通り過ぎること; 通行**
❷ **通路, 廊下(ろうか)**
❸ (文章などの)**一節**

passenger 中 A2 /pǽsəndʒər パセンヂャ/ 名
(列車・船・バス・飛行機などの)**乗客, 旅客(りょかく)**
- a **passenger** boat [plane] 客船[旅客機]
- There were only four **passengers** on the bus. バスには4人の乗客しかいなかった.

passer-by /pǽsər bái パサ バイ/ 名 (複 **passers-by** /pǽsərz bái パサズ バイ/) →複数の s の位置に注意.
(ある現場・地点を)**通り掛**(が)**かる人, (そこの)通行人**
→pedestrian

passing /pǽsiŋ パスィング/ 名 ❶(時の)**経過**
❷ (遠回しに)(人の)**死** (death)
—— 形 **通り過ぎて行く, 過ぎ去る**

passion /pǽʃən パション/ 名 ❶(愛・憎(にく)しみなどの)**強く激しい感情, 激情, 情熱**
- speak with **passion** 情熱を込(こ)めて語る
❷ **熱中(しているもの)**
- have a **passion** for tennis テニスが大好きである

passive /pǽsiv パスィヴ/ 形 ❶ **消極的な; 自分から進んでしようとしない, 逆らわない**
❷ 《文法》**受動態の, 受け身の** 反対語 **active** (能動態の)

passport /pǽspɔːrt パスポート/ 名 **パスポート, 旅券**
- I have to get a **passport** in a month. 1か月でパスポートを取得しなければならない.

password /pǽswəːrd パスワ~ド/ 名 **パスワード, 合い言葉**

past 中 A1 /pǽst パスト | páːst パースト/ 形

❶ **過ぎ去った, 過去の**
- No one knows about his **past** life. 彼の過去の生活[前歴]について誰(だれ)も知らない.
- The danger is **past**. 危険は去った.
❷ **過ぎたばかりの, ここ~, この(前の)**
- for the **past** month この1か月の間
- He has been sick for the **past** two weeks. 彼はこの2週間病気です[でした].

—— 名 ❶(ふつう **the past** で) **過去, 昔の事** 関連語 **present** (現在), **future** (未来)
- **in the past** 過去において, 昔(の)
- He never says anything about his

past. 彼は自分の過去[前歴]については何も言わない.

反対語 Grandpa lives in **the past**; I live in **the future**. おじいちゃんは過去の中に生きているが僕(ぼく)は未来の中に生きている[おじいちゃんは思い出の中に生きているが僕は未来を夢みて生きている].

❷(the past で)《文法》過去形, 過去時制

—— 副 過ぎて
• walk **past** 歩いて通り過ぎる
• go [run] **past** 通り[走り]過ぎる

—— 前 ～を過ぎて; ～の前[そば]を通り過ぎて
• five minutes **past** ten 10時5分過ぎ
• walk **past** the restaurant レストランの前を歩いて通り過ぎる
• an old woman **past** eighty 80歳(さい)を越(こ)した老婦人
• He is **past** forty. 彼は40歳を過ぎている.
• The patient is **past** hope of recovery. その患者(かんじゃ)は回復の見込(こ)みがない.

pasta A2 /pá:stə パースタ/ 名 **パスタ** → マカロニ・スパゲッティなどの総称. またそれを作る練り粉.

paste /péist ペイスト/ 名 ❶(でんぷんを煮(に)て作った)のり ❷練り粉 → 小麦粉にバターを混ぜたもので, 菓子(かし)を作るのに使う. ❸(魚・肉・果実・野菜などをすりつぶして練った)ペースト

—— 動 のりで付ける

pastime /pæstaim パスタイム/ 名 気晴らし, 娯楽(ごらく), 楽しみ, 趣味(しゅみ)(hobby)

pastry /péistri ペイストリ/ 名 (複 **pastries** /péistriz ペイストリズ/) ❶練り粉菓子(がし) → paste (練り粉)で作った菓子(かし)(pie (パイ)など). ショートケーキ風の菓子は **cake** という. ❷(パイの中身をくるむ)皮

pasture /pæstʃər パスチャ/ 名 牧草地; 牧場

pat /pét パト/ 動 (三単現 **pats** /péts パツ/; 過去・過分 **patted** /pétid パテド/; -ing形 **patting** /pétiŋ パティング/)(愛情・祝福などの意味を込(こ)めて)軽くたたく

—— 名 軽くたたくこと[音]

patch /pétʃ パチ/ 名 ❶(服などに当てる)継(つ)ぎ当て; (傷口に張る)ばんそうこう, 眼帯 ❷斑点(はんてん); (あまり大きくない)地面, 畑

—— 動 継ぎを当てる

patent /pétənt パテント|péitənt ペイテント/ 名 特許, パテント; 特許品

path A2 /pæθ パス|pá:θ パース/ 名 (複 **paths** /pæðz パズ/) → 発音に注意.
❶(野・森の中の自然にできた)小道; (庭・公園の)歩道, 通路
• a **path through** the woods 森を抜(ぬ)ける小道
❷進路, 通り道
• the **path** of the typhoon 台風の進路[通り道]

pathway /pæθwei パスウェイ/ 名 道, 小道; (成功などへの)道

patience /péiʃəns ペイシェンス/ 名 忍耐(にんたい), 忍耐力, 我慢(がまん)(強さ)

patient A2 /péiʃənt ペイシェント/ 形 忍耐(にんたい)強い, 我慢(がまん)強い
• He is **patient with** others. 彼は他人に対して我慢強い.

—— 名 患者(かんじゃ), 病人

patiently /péiʃəntli ペイシェントリ/ 副 忍耐(にんたい)強く, 気長に, じっと我慢(がまん)して

patrol /pətróul パトゥロウる/ 名
❶(軍人・警官の)巡回(じゅんかい), パトロール
❷パトロール隊, 偵察(ていさつ)隊

—— 動 (三単現 **patrols** /pətróulz パトゥロウるズ/; 過去・過分 **patrolled** /pətróuld パトゥロウるド/; -ing形 **patrolling** /pətróuliŋ パトゥロウリング/) 巡回する, パトロールする

patter /pétər パタ/ 動 (雨などが)パタパタと軽い音を立てる

pattern /pétərn パタン/ 名 ❶型; (服の)型紙 ❷模様, 柄(がら), デザイン

pause /pɔ:z ポーズ/ 名 小休止, 中断, 中休み, 途切(とぎ)れ; 区切り

—— 動 ちょっと休む, 休止する, 立ちどまる

pave /péiv ペイヴ/ 動 (道を)舗装(ほそう)する

pavement /péivmənt ペイヴメント/ 名
❶(床(ゆか)・道路などの)舗装(ほそう); 舗装道路
❷《英》(道路脇(わき)の)歩道(《米》sidewalk)

paw /pɔ́: ポー/ 名 (犬・ネコ・クマなどのかぎづめを持った)足 類似語 **foot** (人間の足), **hoof** ((馬・牛などの)ひづめ)

pay 中 A1 /péi ペイ/ 動

三単現	**pays** /péiz ペイズ/
過去・過分	**paid** /péid ペイド/
-ing形	**paying** /péiiŋ ペイイング/

❶支払(しはら)う, 払う
• **pay for** the book その本の代金を支払う
• **pay ten dollars for** the book その本に

payday 482 four hundred and eighty-two

10ドル払う

- **pay** a bill 勘定(かんじょう)を払う
- **pay** in cash [by check] 現金で[小切手で]払う
- How much did you **pay for** it? 君はそれにいくら払ったの[それはいくらでした]?
- I **paid** him five dollars for washing the car. 車を洗ってくれたので彼に5ドル払った. → pay *A B* (お金)は「AにBを払う」.

❷ (敬意・注意を)払う; (訪問を)する

- **pay** attention to what the teacher is saying 先生の言っていることに注意を払う
- **pay** him a visit 彼を訪問する

❸ (仕事などが)やりがいがある, 割に合う, もうかる

- The job didn't **pay** (me). その仕事はもうからなかった.

pay back (借金などを)返す

- I'll **pay back** your $10 tomorrow. 君に借りている10ドルはあした返します.

pay off (努力などが)実を結ぶ, よい結果につながる, 報われる

- Our hard work **paid off**. 私たちの重労働が報われた.

── 名 給料, 報酬(ほうしゅう)

- high [low] **pay** 高い[安い]賃金
- He gets his **pay** every Friday. 彼は毎週金曜に賃金を受け取る.
- Her child's happiness is a mother's **pay**. 子供の幸せが母親の報酬である.

payday /péidei ペイデイ/ 名 給料日, 支払(しはら)い日

payment /péimənt ペイメント/ 名 支払(しはら)い(額), 払(はら)い込(こ)み; 報酬(ほうしゅう)

páy phòne 名 公衆電話 (public phone)

páy tòilet 名 有料トイレ

PC 略 =**p**ersonal **c**omputer (パソコン)

P.E., PE 小 略 (教科の)体育 → physical education.

pea A2 /píː ピー/ 名 エンドウ(豆)

peace 中 A1 /píːs ピース/ 名

❶ 平和

- work **for** world **peace** 世界の平和のために働く
- have **peace** with ~ ~と仲良くする
- sign a **peace** treaty 平和条約に調印する
- **Peace** Memorial Park 平和記念公園

❷ 平穏(へいおん), 平静さ

- **peace** and quiet 平穏無事
- **peace** of mind 心の平静さ, 落ち着き

at peace 平和に, 仲良くして → 次例

in peace 平和のうちに, 安心して, 安らかに

- The two countries were **at peace** with one another, and the people lived **in peace**. その2つの国はお互(たが)いに仲良くして国民は平和(のうち)に暮らしていた.

make peace with ~ ~と仲直りする, ~と和解する

peaceful 中 A2 /píːsfəl ピースふる/ 形 平和(的)な, おとなしい, 穏(おだ)やかな

peacefully /píːsfəli ピースふり/ 副 平和に, 穏(おだ)やかに, 静かに

peach 小 /píːtʃ ピーチ/ 名

❶ 《果物》モモ; モモの木

❷ モモ色 → オレンジがかったピンク.

peacock /píːkɑk ピーカク/ 名 《鳥》クジャク(の雄(おす)) 関連語 「雌(めす)」は **peahen** /píːhen ピーヘン/.

peak /píːk ピーク/ 名 峰(みね), 山頂, 頂上; 頂点, ピーク

peanut /píːnʌt ピーナト/ 名 落花生, ピーナッツ

pear A2 /péər ペア/ 名 《果物》洋ナシ, 洋ナシの木

pearl /pə́ːrl パ~る/ 名 真珠(しんじゅ)

- a **pearl** necklace 真珠のネックレス
- **pearl** white パールホワイト → 真珠のように光沢(こうたく)のある白色.

peasant /pézənt ペザント/ 名 小作人

pebble /pébl ペブる/ 名 (水に洗われて丸くすべすべになった)小石

peck /pék ペク/ 動 (くちばしで)つつく, ついばむ; つついて(穴を)あける

── 名 つつくこと, ついばむこと

peculiar /pikjúːliər ペキューリア/ 形

❶ 一風変わった, 異様な, 妙(みょう)な, 変な → 特に不快感を与(あた)えるものについていう.

❷ 特有の, 固有の, ~だけにある

pedal /pédl ペドる/ 名 (ピアノ・自転車などの)ペダル

peddler /pédlər ペドら/ 名 行商人

pedestrian /pidéstriən ペデストリアン/ 名 歩行者, 通行人

掲示 **Pedestrians** only. 歩行者専用.

── 形 歩行(者のため)の, 徒歩の

peel /píːl ピーる/ 名 (果物などの)**皮**

—— 動 (指またはナイフなどで)〜の皮をむく; 皮がむける, はげ落ちる →**pare**

peep[1] /píːp ピープ/ 動 **のぞく**

—— 名 のぞき見, ちらっと見(え)ること

peep[2] /píːp ピープ/ 動 (ひな鳥などが)**ピーピー鳴く**

—— 名 (ひな鳥などの)鳴き声, ピーピー, チッチツ

peg /pég ペグ/ 名 ❶木くぎ, かけくぎ ❷(テントの綱(つな)などを留める)**くい, くさび, 栓**(せん)

pelican /pélikən ペリカン/ 名 《鳥》**ペリカン**

pen[1] 小 A1 /pén ペン/ 名 (複 **pens** /pénz ペンズ/) **ペン**

> ⊘POINT ペン軸(じく)にペン先を付けたものや万年筆・ボールペンなど.

- a ballpoint **pen** ボールペン
- a fountain **pen** 万年筆
- a felt-tip **pen** フェルトペン, マジックペン
- with **pen** and ink ペンとインクで, ペンで
- Fill in [out] this form with a **pen**. この用紙にペンで書き込(こ)んでください.

pen[2] /pén ペン/ 名 ❶(家畜(かちく)を入れる)**囲い** ❷(赤ん坊(ぼう)を入れる)**ベビーサークル** →**play-pen** ともいう.

penalty /pénəlti ペなるティ/ 名 (複 **penalties** /pénəltiz ペなるティズ/) ❶罰(ばつ); 罰金(ばっきん) ❷(競技で反則に対する)罰, ペナルティー; (サッカーなどで)ペナルティーキック →**penalty kick** ともいう.

pence A2 /péns ペンス/ 名 **penny** の複数形

pencil 小 A1 /pénsl ペンスる/ 名 (複 **pencils** /pénslz ペンスるズ/) 鉛筆(えんぴつ)

- write in [with a] **pencil** 鉛筆で書く
- a colored [red] **pencil** 色[赤]鉛筆

> 🐻参考 B (=**b**lack) は鉛筆の「軟度(なんど)」を示し, H (=**h**ard) は「硬度(こうど)」を示す.

péncil càse [bòx] 名 鉛筆(えんぴつ)**入れ, 筆箱**

> 関連語 There are a **pen**, a few **pencils** and an **eraser** in my **pencil case**. 私の鉛筆入れにはペンが1本と数本の鉛筆と消しゴムが入っている.

pendant /péndənt ペンダント/ 名 **ペンダント**

pendulum /péndʒuləm ペンヂュらム/ 名 (時計などの)**振**(ふ)**り子**

pén frìend 名 《英》=pen pal

penguin 小 /péŋgwin ペングウィン/ 名 《鳥》**ペンギン**

peninsula /pənínsələ ペニンスら|pənínsjulə ペニンスゅら/ 名 **半島**

penmanship /pénmənʃip ペンマンシプ/ 名 **ペン習字; 筆跡**(ひっせき)

pén nàme 名 **ペンネーム, 筆名**

pennant /pénənt ペナント/ 名 ❶(軍艦(ぐんかん)の信号用などの)(細長の)**三角旗** ❷(スポーツの)**優勝旗, ペナント**

Pennsylvania /pensilvéinjə ペンスィるヴェイニャ/ 固名 **ペンシルベニア** → 米国北東部の州. 1776年の米国独立宣言はこの州の南東部にあるフィラデルフィアで発せられた. **Pa., Penn.,** (郵便で) **PA** と略す.

penny /péni ペニ/ 名 ❶《英》**ペニー**; ペニー銅貨 → 英国で1ポンドの $1/100$ の貨幣(かへい)価値, またその価値の銅貨. **p** と略す.

> ⊘POINT 複数形は,「価値」をいう時は **pence** /péns ペンス/, ペニー貨いくつと「貨幣の枚数」をいう時には **pennies** /péniz ペニズ/.

❷《米》1セント銅貨 (cent)

pén pàl 名 《米》(特に外国の)**文通友達, ペンパル** (《英》pen friend)

pension /pénʃən ペンション/ 名 **年金**

- live **on** a **pension** 年金で暮らす

pentathlon /pentǽθlən ペンタすろン/ 名 **5種競技**

- modern **pentathlon** 近代5種(競技) → 1日でフェンシング・馬術・水泳・レーザーラン(射撃(しゃげき)とランニング)の5種目を行う競技.

people 小 A1 /píːpl ピープる/ 名 (複 **peoples** /píːplz ピープるズ/)

❶**人々; 世間(の人々)**

- five **people** 5人の人 → people はそのままの形で複数として扱(あつか)う. ×five peoples としない.
- a lot of **people** たくさんの人(々)
- those [these] **people** あの[この]人たち
- the village **people** 村の人々
- the **people** in New York ニューヨークの人々
- The **people** there were very kind to me. そこの人々は私にとても親切でした.

pep 484 four hundred and eighty-four

•**People** say (that) it is true. それは本当だと世間(の人たち)は言っている[それは本当だといううわさです].

❷(復 **peoples**) 国民, 人民; 民族

•the English **people** 英国民

•government of the **people**, by the **people**, for the **people** 人民の, 人民による, 人民のための政治 ➚リンカン大統領のゲティスバーグでの演説の一節.

•the **peoples** of Asia アジアの諸国民

•The life of a **people** is in its language. 民族の生命はその言語の中にある.

pep /pép ペプ/ 名 《話》元気, 気力

pepper 小 A2 /pépər ペパ/ 名 コショウ

•put **pepper** and salt on the meat 肉にコショウと塩をかける ➚×a pepper, ×peppers としない.

peppermint /pépərmint ペパミント/ 名 《植物》ペパーミント, ハッカ

per /pəːr パ～/ 前 (1つの〜)に対して, 〜につき →a ❸

perceive /pərsíːv パスィーヴ/ 動 気づく, わかる

percent 中 /pərsént パセント/ 名

パーセント, 100分の〜 ➚per cent と2語にもつづる. %という符号(ふごう)で表すことがある.

•I got 90% in math. 私は数学で90点取った. ➚100点満点のテストの点数を英語ではしばしばパーセントで言う.

•Ten **percent** of two hundred is twenty. 200の10パーセントは20だ. ➚percent of の次の名詞が複数形なら複数に, 単数形なら単数扱(あつか)い.

•Sixty **percent** of the students in our school are girls. うちの学校の生徒の60パーセントは女子です.

percentage /pərséntidʒ パセンテヂ/ 名 百分率, パーセンテージ; 割合

percussion /pərkʌ́ʃən パカション/ 名 (the **percussion** で)(管弦(かんげん)楽団の)打楽器部

perfect 中 A2 /pə́ːrfikt パ～フェクト/ 形

完全な, 申し分ない; 全くの

•a **perfect** crime 完全犯罪

•That's **perfect**. (返答に用いて)それで言うことなし.

•His batting form is **perfect**. 彼の打撃(だげき)フォームは完璧(かんぺき)だ.

•He is a **perfect** stranger to me. 彼は私の全く知らない人です.

perfection /pərfékʃən パフェクション/ 名 申し分のないこと, 完璧(かんぺき)

perfectly A2 /pə́ːrfiktli パ～フェクトリ/ 副 完全に, 申し分なく, 全く

perform 中 A2 /pərfɔ́ːrm パフォーム/ 動

❶行う, (義務などを)果たす, やり遂(と)げる

•**perform** one's duties 義務を果たす

❷演じる, 演奏する; (動物が芸を)する

•**perform** a play 劇を上演する

•She **performed** beautifully **on** the piano. 彼女はすばらしいピアノ演奏をした.

•This dog can **perform** many tricks. この犬はたくさんの芸ができる.

performance 中 A2 /pərfɔ́ːrməns パフォーマンス/ 名

❶上演, 演奏, 演技; 芸当; パフォーマンス

•a musical **performance** 音楽の演奏

•The orchestra gave a wonderful **performance**. オーケストラはすばらしい演奏をした.

❷(〜を)行うこと; 遂行(すいこう)

performer 中 /pərfɔ́ːrmər パフォーマ/ 名 演技[演奏]者, 上演者; 実行者

performing art /pərfɔ́ːrmiŋ áːrt パフォーミングアート/ 名 (the **performing arts** で)舞台(ぶたい)芸術 →演劇, ダンスなど.

perfume A2 /pə́ːrfjuːm パ～フューム/ 名

❶よいにおい, 芳香(ほうこう)

❷香水(こうすい), 香料(こうりょう)

•wear **perfume** 香水をつけている

perhaps A2 /pərhǽps パハプス/ 副

たぶん; もしかすると

•**Perhaps** I will come—but **perhaps** I won't. 来るかもしれないし, 来ないかもしれない.

類似語 (確率)

次の順番で確率が高くなっていく:
possibly (ひょっとしたら) < **perhaps**, **maybe** (たぶん) < **probably** (おそらく) < **certainly** (きっと) < **definitely** (間違(まちが)いなく).

period 中 A1 /pí(ə)riəd ピ(ア)リオド/ 名

❶期間, 時期; 時代

•for a short **period** 短い間, ちょっとの間

•the Edo **Period** 江戸(えど)時代

❷(授業の)時間, 時限

•the second **period** in the morning 午

four hundred and eighty-five　485　**personal pronoun**

前の第2時限

❸ 《主に米》 ピリオド, 終止符(ふ) (《主に英》 full stop)

perish /périʃ ペリシュ/ 動　死ぬ, 滅(ほろ)びる, 腐(くさ)る

permanent /pə́ːrmənənt パ〜マネント/ 形　永久の, 永続的な

permission A2 /pərmíʃən パミション/ 名　許し, 許可 関連語 「許す」は permit.
• **give permission** 許可を与(あた)える, 許す ➡
×*a* permission, ×permission*s* としない.
• **get permission** 許可をもらう
• **ask (for) permission** 許可を求める
• **with [without] permission** 許可を得て[許可なく, 無断で]

permit /pərmít パミト/ 動　三単現 **permits** /pərmíts パミツ/; 過去・過分 **permitted** /pərmítid パミテド/; -ing形 **permitting** /pərmítiŋ パミティング/)
許す, 許可する 関連語 「許可」は **permission**.

Perry /péri ペリ/ 固名 (**Matthew Calbraith** /マシュー キャルブレイθ/ **Perry**) ペリー ➡ 1853年(嘉永6年)浦賀(うらが)に来航して日本に開国を求めた米国の海軍提督(ていとく) (1794-1858).

persecute /pə́ːrsikjuːt パ〜スィキュート/ 動　迫害(はくがい)する, 虐待(ぎゃくたい)する

Persia /pə́ːrʒə パ〜ジャ|pə́ːʃə パ〜シャ/ 固名　ペルシャ→現在のイラン (Iran). 1935年国名をペルシャからイランに変更(へんこう)した.

Persian /pə́ːrʒən パ〜ジャン|pə́ːʃən パ〜シャン/ 形　ペルシャの; ペルシャ人の, ペルシャ語の
── 名　❶ ペルシャ人　❷ ペルシャ語

Pérsian Gúlf 固名 (**the** をつけて) ペルシャ湾(わん)

persimmon /pəːrsímən パ〜スィモン/ 名　《果物》カキ

person 中 A1 /pə́ːrsn パ〜スン/ 名

❶ 人 ➡年齢(ねんれい)・性別に関係なく使う.
• She is a nice **person**. 彼女はいい人だ.
• He is a very important **person**. 彼はとても重要な人物だ.
• The air crash killed 60 **persons**. 飛行機の墜落(ついらく)で60人の死者が出た. ➡person の複数形は persons または people. 前者は堅(かた)い文章に適し, 後者は話し言葉で好まれる.
❷ 《文法》人称(にんしょう)

文法　ちょっとくわしく

the first person 1人称(しょう)
⇨話をする人が自分を指す言葉: I, we
the second person 2人称
⇨話の相手を指す言葉: you
the third person 3人称
⇨話をする人とその相手以外の人や物を指す言葉: he, she, it, Tom, desk など(以上3人称単数), they, brothers, desks など(3人称複数)
「3人称単数現在形」(ときに短く「三単現(さんたんげん)」)というのは「文章の主語が3人称単数の時の動詞の現在形」という意味で, 動詞の語尾(ごび)に s または es がつく.

---

in person 自ら, 自身で
• He came **in person**. 彼は自らやって来た.

personal A1 /pə́ːrsənl パ〜ソ又る/ 形
❶ 個人的な, 一身上の, 自分だけの
• one's **personal** history 履歴(りれき)
• for **personal** reasons 個人的な理由で
• This is my **personal** opinion. これは私の個人的な意見です.
• Can I ask you a **personal** question? プライベートな[立ち入った]質問をしてもよろしいでしょうか.
❷ 《米》(手紙が)親展の (《英》private) ➡他人に開封(かいふう)されたくない手紙の封筒(ふうとう)に上書きする.
❸ 《文法》人称(にんしょう)の

pérsonal compúter 名　パーソナル・コンピューター, パソコン ➡PC と略される.

personality A2 /pəːrsənǽləti パ〜ソナリティ/ 名 (複 **personalities** /pəːrsənǽlətiz パ〜ソナリティズ/)
❶ 個性, 性格; (人から好かれる)人柄(ひとがら)
• Her **personality**, not her beauty, made her popular. 彼女は美貌(びぼう)ではなくてその人柄のために人気があった.
❷ すばらしい才能を持った人; (ある分野での)有名人
• a famous TV **personality** 有名なテレビタレント

personally /pə́ːrsənəli パ〜ソナリ/ 副
❶ (他人は知らないが)私は, 個人的には
❷ 自ら, 直接に (in person)

pérsonal prónoun 名 《文法》人称(にんしょう)代名詞 ➡I (私は), his (彼の), them (彼らを)

perspective

など.

perspective /pərspéktiv パスペクティヴ/ 名
❶ 観点
❷ 遠近法, 透視(とうし)画法

perspiration /pə:rspəréiʃən パ～スピレイション/ 名 発汗(はっかん), 発汗作用; 汗 →sweat より上品な語.
• Genius is one per cent inspiration, ninety-nine per cent **perspiration**. 天才は1パーセントのひらめきと99パーセントの汗からなるものだ →発明王エジソンのことば.

persuade /pərswéid パスウェイド/ 動 (人を)納得(なっとく)させる, (～するように人を)説得する, (誘(さそ)って人に)～させる

Peru 小 /pərú: ペルー/ 固名 ペルー →南米北西部の共和国. 首都はリマ (Lima). 公用語はスペイン語.

pessimistic /pesəmístik ペスィミスティク/ 形 悲観的な, 厭世(えんせい)的な 反対語 optimistic (楽観的な)

pet 小 A1 /pét ペト/ 名

ペット; お気に入り
• Betty has a canary **as** [**for**] a **pet**. ベティーはカナリヤをペットとして飼っている.
── 形 大好きな, かわいがっている, お気に入りの
• a **pet** dog 愛犬

petal /pétl ペトる/ 名 花弁, 花びら

Peter Pan /pí:tər pǽn ピータ パン/ 固名 ピーター・パン →英国の作家 J. M. バリーの児童劇『ピーター・パン』の主人公.

Peter Rabbit /pí:tər rǽbit ピータ ラビト/ 固名 ピーター・ラビット →英国の作家 B. ポターの童話に登場するウサギ.

petition /pətíʃən ペティション/ 名 請願(せいがん), 嘆願(たんがん); 請願書

pét náme 名 愛称(あいしょう) →本名とは別に人や動物や乗り物などにつける名前. Robert に対する Bob などのように本名に対応する名前はふつう **nickname** という.

petrol A2 /pétrəl ペトろる/ 名 《英》ガソリン (《米》gasoline)

petroleum /pitróuliəm ペトロウれアム/ 名 石油

pétrol stàtion A2 名 《英》(自動車の)給油所, ガソリンスタンド (《米》filling [gas] station)

---

pharmacist /fá:rməsist ふァーマスィスト/ 名 薬剤(やくざい)師 (《英》chemist)

pharmacy /fá:rməsi ふァーマスィ/ 名 (複 **pharmacies** /fá:rməsiz ふァーマスィズ/) 薬局 →chemist ❷

pheasant /fézənt ふェザント/ 名 《鳥》キジ

phenomenon /finámənən ふィナメノン/ 名 (複 **phenomena** /finámənə ふィナメナ/, **phenomenons** /finámənənz ふィナメノンズ/) 現象

phew /fjú: ふュー/ 間 ふーっ →疲(つか)れ・暑さ・安心などで思わず出す音.

Philadelphia /filədélfiə ふィらデるふィア/ 固名 フィラデルフィア →米国ペンシルベニア州にある大都市. →Pennsylvania

Philippine /filipi:n ふィリピーン/ 形 フィリピンの; フィリピン人の 関連語「フィリピン人」は **Filipino**.

Philippines /filipi:nz ふィリピーンズ/ 固名 ❶ (the Philippines で) フィリピン共和国 →首都はマニラ (Manila). フィリピノ語・英語(以上公用語)のほかスペイン語も使われている. 単数扱(あつか)い. ❷ フィリピン群島 (the Philippine Islands) →複数扱い.

philosopher /filásəfər ふィらソふァ/ 名 哲学(てつがく)者

philosophy /filásəfi ふィらソふィ/ 名 (複 **philosophies** /filásəfiz ふィらソふィズ/) ❶ 哲学(てつがく) ❷ 人生観, 人生哲学; 原理

Phnom Penh /nám pén ナン ペン/ 固名 プノンペン →カンボジアの首都. →Cambodia

phoenix /fí:niks ふィーニクス/ 名 不死鳥, フェニックス →アラビアの砂漠(さばく)で500年ごとに自ら炎(ほのお)の中で身を焼き, その灰の中から再び生まれ変わると言い伝えられた霊鳥(れいちょう).

phone 中 A1 /fóun ふォウン/ (→ph は /f ふ/ と発音する) 名

《話》電話; 電話機, (特に)受話器 (receiver) →telephone の略.
• a **phone** call 電話をかける[られる]こと →単に a **call** ともいう.
• talk **on** [**over**] the **phone** = talk **by** **phone** 電話で話す →×by a phone としない.
• **make** a **phone** call to her 彼女に電話をかける

- **give** him a **phone** call 彼に電話をかける
- **get** [**have**] a **phone** call from him 彼から電話をもらう
- **hang up** (the **phone**) 電話を切る
- a **phone** book [number] 電話帳[番号]
- a **phone** booth 《米》公衆電話ボックス (《英》call box, phonebox)
- The **phone** is ringing. Please **answer** it. 電話が鳴っているわ。出てくださいな。

What's your **phone** number? [May I have your **phone** number?]—My **phone** number is 305-2213 (読み方: three, O /óυ/, five, two, two, one, three または three, O /óυ/, five, double two, one, three).
君の電話番号は何番ですか[あなたの電話番号を教えていただけませんか].—私の電話番号は 305-2213 です.
Can I use your **phone**?—Sure.
電話をお借りできますか.—もちろん.
→×borrow your phone としない.

on the phone 電話で; 電話口に(出て)
- Don't make a noise—Mother's **on the phone**. うるさくしないで、お母さんが電話中よ.
- He is **on the** other **phone**. Will you hold on a moment? 彼はほかの電話に出てます. 少しお待ちくださいますか.
- You are wanted **on the phone**. (君に)電話ですよ.

—— 動 (〜に)電話をかける; 電話で言う[伝える]
→改まった言い方で、ふつうは《米》**call** (**up**), 《英》**ring** (**up**) などを使う.
- **phone** home 家に電話する →home は副詞で「家に[へ]」.
- I will **phone** you tomorrow. 明日あなたにお電話をいたします.
- Can I **phone** New York from here? こちらからニューヨークへ電話をかけられますか.

phonebox /fóunbɑks ふォウンバクス/ 名 《英》公衆電話ボックス (call box) (《米》phone booth)

photo 小 A1 /fóutou ふォウトウ/ (→ph は /f ふ/ と発音する) 名 (複 **photos** /fóutouz ふォウトウズ/)

(話) 写真 →photograph の略.
- a **photo** studio (撮影(さつえい)をする)写真スタジオ

photocopier /fóutəkɑpiər ふォウトカピア/ 名 コピー機 →単に copier ともいう.

photograph A2 /fóutəɡræf ふォウトグラふ|fóutəɡrɑːf ふォウトグラーふ/ 名 写真 (photo, picture)
- your **photograph** あなたの持っている写真; あなたの写っている写真
- a **photograph of** my family 私の家族の写真
- **take** a **photograph** of a friend 友達の写真を撮(と)る
- I **had** [**got**] my **photograph taken** in front of Horyuji Temple. 私は法隆寺の前で写真を撮ってもらった. →have [get] A+過去分詞は「Aを〜してもらう」.

—— 動 写真を撮る
- **photograph** wild animals 野生動物の写真を撮る

photographer 中 A2 /fətɑ́ɡrəfər ふォタグラふァ|fətɔ́ɡrəfə ふォトグラふァ/ (→アクセントの位置に注意) 名
写真家, カメラマン; 写真を撮(と)る人
- work as a **photographer** 写真家として働く

photography A2 /fətɑ́ɡrəfi ふォタグラふィ|fətɔ́ɡrəfi ふォトグラふィ/ 名 写真撮影(さつえい)(術)
- a **photography** shop (現像などをする)写真屋さん
- My only hobby is **photography**. 私のただ1つの趣味(しゅみ)は写真です.

phrase /fréiz ふレイズ/ 名 《文法》句 →主語と述語の関係を含(ふく)まないが、あるまとまった意味を持つもの. in the hand (手の中に), all day (一日中)など.

physical A2 /fízikəl ふィズィカる/ 形
❶ 身体の, 肉体の
- **physical** exercise 体操, 運動
- a **physical** checkup 健康診断(しんだん)
❷ 物質(界)の, 自然(界)の; 物理(学)の
- **physical** science 自然科学, 物理学

physical education 名 体育 →**P.E.** または **PE** と略す.

physically A2 /fízikəli ふィズィカリ/ 副 肉体的に, 身体的に
- **physically** challenged 身体障がいのある

physician 488 four hundred and eighty-eight

physician /fizíʃən フィズィシャン/ 名
医者 (doctor); (特に)**内科医**
[関連語] **surgeon** (外科(げか)医)

physicist /fízəsist フィズィスィスト/ 名 **物理学者**

physics /fíziks フィズィクス/ 名 **物理学** → 単数扱(あつか)い.

pianist 中 /piǽnist ピアニスト/ 名 **ピアノ演奏者, ピアニスト; ピアノを弾(ひ)く人**

piano 小 A1 /piǽnou ピアノウ/ (→アクセントの位置に注意) 名
(複 **pianos** /piǽnouz ピアノウズ/)
《楽器》 ピアノ
• play the **piano** ピアノを弾(ひ)く
• play a tune **on** the **piano** ピアノで曲を演奏する[弾く]
• accompany her **on** the **piano** ピアノで彼女の歌の伴奏(ばんそう)をする

Picasso /piká:sou ピカーソウ/ 固名 (**Pablo** /パーブロウ/ **Picasso**) ピカソ → スペインの画家・彫刻(ちょうこく)家 (1881–1973). 近代絵画の巨匠(きょしょう).

Piccadilly /pikədíli ピカディリ/ 固名 ピカデリー → ロンドンの大通りで商店やクラブなどがある.

Píccadilly Círcus 固名 ピカデリーサーカス → ピカデリー街東端(たん)の広場で, ここから大通りが放射状にのびている. Piccadilly のアクセントの位置に注意.

piccolo /píkəlou ピコロウ/ 名 (複 **piccolos** /píkəlouz ピコロウズ/) 《楽器》 **ピッコロ** → 小型のフルートでふつうのフルートより高音.

pick¹ 中 A1 /pík ピク/ 動
❶ (花・果実などを)**摘(つ)む, もぐ**
• **pick** flowers 花を摘む
• **pick** apples リンゴをもぐ
❷ (いくつかの中から)**選ぶ** (choose, select)
• She **picked** a red one from the blouses on the shelf. 彼女は棚(たな)のブラウスの中から赤いのを選んだ.
❸ つつく, ついて(穴を)あける; (歯・鼻などを)ほじる
• Don't **pick your nose**. 鼻をほじってはいけません.
❹ 抜(ぬ)き取る; 〜の中身をすって取る
• **pick** his pocket 彼のポケットの中身をする

• She **picked** a card from the deck. 彼女はひと組のトランプから1枚抜き取った.

pick at つつく, いじくる

pick on 〜 〜を選ぶ; 《話》〜につらく当たる, 〜をいじめる

pick out えり抜く, 選び出す

pick up ① 拾い上げる; (車などに人を)乗せる; (人を)車で迎(むか)えに行く
• **pick up** litter at the beach 海岸でごみを拾う
• I'll **pick** you **up** at nine o'clock. 私は9時に君を車で迎えに行きます.
② (言語などを)自然に覚える
• He **picked up** English while he was staying in London. 彼はロンドンに滞在(たいざい)している間に英語を覚えた.
—— 名 選択(権); えり抜(ぬ)き

pick² /pík ピク/ 名 (ギターなどの)**ピック; 先のとがった道具**
• a *shamisen* pick 三味線(しゃみせん)のばち

picker /píkər ピカ/ 名 (穀物などを)**拾い集める人[機械]**

pickle /píkl ピクる/ 名 (ふつう **pickles** で) (野菜, 特にきゅうりの)酢(す)づけ, ピクルス

pickled /píkld ピクるド/ 形 酢(す)づけにした, 塩づけにした

pickpocket /píkpakit ピクパケト/ 名 すり

pickup /píkʌp ピカプ/ 名
❶ (人・荷物を)車に乗せること
❷ 小型トラック → **pickup truck** ともいう.

picnic 中 A1 /píknik ピクニク/ 名
ピクニック → 持参したお弁当を野外で楽しく食べること. またそのお弁当.
• go on a **picnic** on the beach 浜辺(はまべ)へピクニックに行く
• a **picnic** lunch ピクニックのお弁当
• the **picnic** area ピクニック用の場所
• We often had **picnics** in the park. 私たちはしばしば公園でピクニックをした.
—— 動

三単現	**picnics** /píkniks ピクニクス/
過去・過分	**picnicked** /píknikt ピクニクト/
-ing形	**picnicking** /píknikiŋ ピクニキング/

→ 過去形・過去分詞・現在分詞はつづり字に **k** が入ることに注意.
ピクニックに行く

pictogram /píktəgræm ピクトグラム/ 名 絵文

字, ピクトグラム →**pictograph** ともいう.

picture 小 A1 /píktʃər ピクチャ/ 名
(複 **pictures** /píktʃərz ピクチャズ/)
❶ 絵, 絵画
POINT 油絵・水彩(すいさい)画・線画の別なく使い, 手描(が)きのものも印刷されたものもいう.
- a **picture** by Picasso ピカソの(描(か)いた)絵
- paint a **picture** in oils 油絵を描く
- draw a **picture** of a castle with colored pencils 色鉛筆(えんぴつ)で城の絵を描く

❷ 写真 (photograph)
- take a **picture** of her 彼女の写真を撮(と)る
- Dad took some **pictures** of us. 父は私たちの写真を数枚とった.
- I had [got] my **picture** taken. 私は私の写真を撮ってもらった. →**have** [get] *A*+過去分詞は「Aを〜してもらう」.

❸ 映画 (motion picture); (**the pictures** で) (英) 映画, 映画館 (cinema)
- go to **the pictures** 映画を見に行く

❹ (テレビ・映画・鏡の)映像, 画面; (心の)イメージ
- The **picture on** this TV set isn't clear. このテレビの映像はぼやけている.

❺ (絵を見るような生き生きした)描写(びょうしゃ), 記述
- The book **gives** a clear **picture of** life in Peru. この本にはペルーの生活がよくわかるように書いてある.

—— 動 (三単現 **pictures** /píktʃərz ピクチャズ/; 過去・過分 **pictured** /píktʃərd ピクチャド/; -ing形 **picturing** /píktʃəriŋ ピクチャリング/)
❶ (絵・写真が[で])表す, 描(えが)く; (生き生きと)描写する ❷ 想像する

pícture bòok 名 絵本
pícture càrd 名 ❶ (トランプの)絵札
❷ 絵はがき
pícture gàllery 名 絵画陳列(ちんれつ)室, 美術館, 画廊(がろう)
pícture póstcard 名 絵はがき (picture card)
pidgin /pídʒin ピチン/ 名 ピジン語 ▶言葉の違(ちが)う国同士の人が仕事の取引をするために生まれた混成語. pidgin は **business** が変化したものと考えられる.
pìdgin Énglish 名 ピジン英語 →世界各地の海港などで用いられる通商英語で, その土地の言葉と英語が混ざり合ったもの.

pie 小 /pái パイ/ 名
パイ ▶肉・野菜・果物をパイ皮 (**pie crust**) で包んでオーブンで焼いたもの.
- a piece of **pie** パイ1切れ
- bake a pumpkin **pie** カボチャパイを焼く
- an apple **pie** アップルパイ →**apple**

piece 中 A1 /píːs ピース/ 名
❶ **(a piece of 〜 で)** 1つの〜, 1かけらの〜
- a **piece of** paper (形・大きさに関係なく)1枚の紙切れ →a piece of はそのままでは数えられない物を1つ2つと数えるために使う.
- a **piece of** chalk チョーク1本
- two **pieces of** chalk チョーク2本
- a **piece of** bread パン1かけら[1切れ, 1枚]
- a **piece of** meat 肉1切れ
- a large **piece of** meat 大きな肉切れ1つ
- a **piece of** land 1区画の土地
- a **piece of** furniture 1つの家具, 家具1点
- a **piece of** baggage 手荷物1個
- a useful **piece of** advice 役立つ忠告1つ
- a **piece of** news 1つのニュース

❷ 断片(だんぺん), 破片(はへん) →成句
- She cut the pie in [into] six **pieces**. 彼女はパイを6つに切った.
- There were **pieces** of a broken plate all over the floor. 床(ゆか)一面に割れた皿の破片が散らばっていた.

❸ (詩・音楽・絵画などの)作品, 曲, 1点
- a **piece** of poetry 1編の詩
- a beautiful **piece** of music 美しい1曲の音楽

❹ (セットになっているものの)1つ
- This set of china has sixty **pieces**. この瀬戸物(せともの)セットには60点入っている.

to pieces ばらばらに, 粉みじんに
- break a cup **to** [into] small **pieces** 茶わんを粉々に割る

Pied Piper 490 four hundred and ninety

•The watchmaker took the watch **to pieces**. 時計屋さんはその時計を分解した.

Pied Piper /páid páipər パイド パイパ/ 固名
まだら服を着た笛吹(ふ)き男 →pied は「まだら服を着た」の意味.

参考 ドイツのハーメルンの町のネズミを笛でおびき出して退治したが約束の報酬(ほうしゅう)がもらえなかったことに腹を立て, 町じゅうの子供を笛で誘(さそ)い出して山の中に隠(かく)してしまったという.

pierce /píərs ピアス/ 動 突(つ)き刺(さ)す, 貫(つらぬ)く

pig 小 A1 /píg ピグ/ 名
ブタ, 子ブタ →《米》では成長した「食用のブタ」を意味する **hog** に対して「子ブタ」を意味することが多い. 関連語 **pork** (豚肉(ぶたにく))
•a roast **pig** ブタの丸焼き
•a herd of **pigs** ブタの一群

pigeon /pídʒən ピヂョン/ 名 《鳥》ハト →**dove** よりも大型で, 市街地にすむ.

piggy /pígi ピギ/ 名 《複》**piggies** /pígiz ピギズ/) 《小児(しょうに)語》子ブタ

piggyback /pígibæk ピギバク/ 副 背負って, 肩車(かたぐるま)をして

píggy bànk 名 (子ブタ形の)貯金箱 →今は子ブタの形でなくてもいう.

pigtail /pígteil ピグテイル/ 名 (編んで垂らした)おさげ髪(がみ)

pilaf(f) /pilá:f ピらーふ/ 名 ピラフ →刻んだ肉や野菜を加えた洋風たき込(こ)みご飯.

pile A2 /páil パイる/ 名 (積み重ねた)山
•a **pile** of books [schoolwork] 本[宿題]の山
•a big **pile** of letters 山のような手紙, たくさんの手紙
—— 動 (しばしば **pile up** で)山のように積む, 積み重ねる; 積み重なる, たまる
•**pile** (up) the dishes in the sink お皿を流しに積み重ねる
•Letters **piled up** on his desk. 手紙が彼の机の上に山のように積み重なっていた.

pilgrim A2 /pílgrim ピるグリム/ 名 巡礼(じゅんれい)者

Pílgrim Fáthers 固名 (the をつけて)ピルグリム・ファーザーズ →1620年信教の自由を求めてメイフラワー号で英国から米国に渡(わた)った

102名の清教徒の植民団. プリマス植民地を開いた.

pill A2 /píl ピる/ 名 丸薬
関連語 **powder** (粉薬), **tablet** (錠剤(じょうざい)), **medicine** ((内服)薬)

pillar /pílər ピら/ 名 柱

pillow /pílou ピろウ/ 名 枕(まくら)

pilot 小 A2 /páilət パイろト/ 名
❶(飛行機の)操縦士, パイロット
❷水先案内人 →船の入港・出港の時に安全な水路を案内する人.

pimple /pímpl ピンプる/ 名 にきび, 吹(ふ)き出物

pin /pín ピン/ 名 ❶ピン, 留め針
•a safety [tie] **pin** 安全[ネクタイ]ピン
•a drawing **pin** 《英》画びょう (《米》thumbtack)
❷(ピンで留める)ブローチ, バッジ; (ボウリングの)ピン
•Nancy is wearing a pretty **pin**. ナンシーはきれいなブローチをしている.
—— 動 (三単現 **pins** /pínz ピンズ/; 過去・過分 **pinned** /pínd ピンド/; -ing形 **pinning** /píniŋ ピニング/)
ピン [《英》びょう]で留める

pinafore /pínəfɔːr ピナふォー/ 名 《英》
❶ エプロン (apron)
❷ ジャンパースカート (《米》jumper)

pincers /pínsərz ピンサズ/ 名 《複》
❶ ペンチ, やっとこ, くぎ抜(ぬ)き; 毛抜き
❷(カニ・エビなどの)はさみ

pinch /píntʃ ピンチ/ 動 ❶つねる, はさむ
•**pinch** a finger **in** the door ドアに指をはさむ
❷(靴(くつ)・帽子(ぼうし)などが)締(し)め付ける, きつくて痛い
•These shoes are new and **pinch** my feet. この靴は新しいので足が痛い.
—— 名 ❶つねる[はさむ]こと
•give a **pinch** つねる
❷ひとつまみ
•a **pinch** of salt ひとつまみの塩
❸危機, 急場, ピンチ
•Call me when you are in [《英》at] a **pinch**. 困った時は私に電話してください.

pínch hítter 名 《野球》ピンチヒッター, 代打

pine /páin パイン/ 名 《植物》マツ; マツの木
pine tree ともいう.

pineapple /páinæpl パイナプる/ 名
《果物》パイナップル

ping-pong /píŋpɑŋ ピンパンぐ/ 名 ピンポン
→もとはピンポンボール製造会社の商標名. ふつう **table tennis** (卓球(たっきゅう))という.

pink 小 A1 /píŋk ピンク/ 形
ピンクの, もも色の
—— 名 ピンク色, もも色

pinky /píŋki ピンキ/ 名 (複 **pinkies** /píŋkiz ピンキズ/) 《話》小指

pioneer /paiəníər パイオニア/ 名 開拓(かいたく)者, 草分け; 先駆(せんく)者

pipe /páip パイプ/ 名 ❶管, パイプ
❷(刻みタバコ用)パイプ; (タバコ)一服
❸(フルート・クラリネットなどの)管楽器; (リコーダーに似た小さな)笛

pipeline /páiplain パイプらイン/ 名 (石油・水・ガスなどを運ぶ)パイプライン

pípe òrgan 名 《楽器》パイプオルガン → **organ**

piper /páipər パイパ/ 名 笛吹き; (特に)スコットランドのバグパイプ奏者

pirate /pái(ə)rit パイ(ア)レト/ 名 海賊(かいぞく)(船)

pistol /pístl ピストる/ 名 ピストル, 拳銃(けんじゅう)
→**handgun** ともいう.

pit /pít ピト/ 名
❶(地面に掘(ほ)った, または自然の)穴; 炭坑(たんこう) (coal mine), 落とし穴 (pitfall)
❷(脇(わき)の下など身体の)くぼんだ所, くぼみ

pitch /pítʃ ピチ/ 名 ❶(音の高低の)調子
❷(船・飛行機の)縦揺(ゆ)れ
関連語 「横揺れ」は **roll**.
❸投げること, 投球
❹《英》(サッカー・クリケットなどの)競技場
—— 動 ❶(テントを)張る ❷(ボールを)投げる
❸(船が)縦揺れする
関連語 「横揺れする」は **roll**.

pitcher[1] /pítʃər ピチャ/ 名 (野球の)投手, ピッチャー

pitcher[2] /pítʃər ピチャ/ 名 (取っ手と広いつぎ口のある)水差し (jug)

pitfall /pítfɔːl ピトふォーる/ 名 落とし穴

pitiful /pítifəl ピティふる/ 形 哀(あわ)れむべき, 哀れを誘う 関連語 **pity** (哀れみ)

pitter-patter /pítərpætər ピタパタ/ 名 副 パラパラ(と), パタパタ(と), ドキドキ(と) →雨音, 子供の足音, 心臓の音など.

pity A2 /píti ピティ/ 名 (複 **pities** /pítiz ピティズ/) ❶哀(あわ)れみ, 同情心
•**feel pity for ~** ~に同情する, ~を気の毒に思う →×a pity としない.
•have [take] **pity** on ~ ~に同情する
❷(a pity で) 残念なこと, 気の毒
•**It's a pity that** you cannot come. 君が来られないのは残念だ. →It=that 以下.
•**What a pity!** なんと残念[気の毒]なことだ.

pizza 小 A1 /píːtsə ピーツァ/ 名
ピザ, ピッツァ
•a **pizza** parlor ピザ店
•bake a **pizza** ピザを焼く

pl. 略 =**pl**ural (複数形)

placard /plǽkɑːrd プらカード/ 名 張り紙, ポスター, ビラ →日本語の「プラカード」はデモなどに持ち歩くものを指すが, 英語の placard は標語などを書いたポスターのことでデモなどで持ち歩くことも, 単にどこかに張るだけのこともある.

place 小 A1 /pléis プれイス/ 名
❶場所, 所
•a **place** name=the name of a **place** 地名
•There is no **place** like home. わが家のような(楽しい)所はない.
•The **place** I want to visit is New York. There are a lot of **places** to see in it. 私の行ってみたい所はニューヨークです. そこにはたくさんの見物する所がある. →不定詞 to see (見るための~)は a lot of places (たくさんの場所)にかかる. →**to** ❾ の②
•This is the **place** where the treasure is buried. ここが宝物が埋(う)められている場所です. →where は関係副詞(~するところの(場所)).
❷(座)席, (決まった)位置
•You may go back to your **place**. 君は君の席に戻(もど)ってもよい.
•The children sat **in** their **places** at (the) table. 子供たちはテーブルの自分の席に座(すわ)った.
•I **lost** my **place** in the book when I dropped it. 私はその本を落としてどこまで読んでいたのかわからなくなった.
❸住む所, 家
•Come round to my **place** this evening. 今晩私の家へいらっしゃい.

plain 492 four hundred and ninety-two

❹ 勤め口; 地位; 立場
• get a **place** in a post office 郵便局に職を得る
• Mr. Smith will teach you in my **place** tomorrow. あしたはスミス先生が私の代わりに君たちを教えます.
• Who will take his **place** while he is away? 彼の留守の間誰(だれ)が彼の代わりをするのでしょうか.
❺ 順位, (競走の)〜番
• in the first **place** まず第一に
• take [win, get] first **place** in the contest コンテストで1位を取る →×*the* first place としない.

from place to place あちらこちらへ
take place 行われる, (事が)起こる, 生じる
• A parade will **take place** here tomorrow afternoon. 明日の午後ここでパレードが行われる.
── 動 (正しい位置に)置く, 並べる, 据(す)える
• **Place** the napkin beside the plate. 皿の横にナプキンを置きなさい.

plain /pléin プれイン/ 形 ❶ 明白な (clear), はっきりした; わかりやすい, 易(やさ)しい (easy)
❷ 飾(かざ)り(気)のない, 質素な, 地味な; あっさりした
── 名 平原, 平野; (**plains** で) 大草原

plainly /pléinli プれインり/ 副 ❶ はっきりと, 率直(そっちょく)に; 明らかに ❷ 質素に, 地味に

plan 中 A1 /plæn プらン/ 名
❶ 計画, 案, プラン, 考え, 予定
• a city **plan** 都市計画
• a master **plan** 基本計画
• make a **plan** for a party パーティーのプランを立てる
• Do you have any **plans** for the evening? 今晩は何か予定がありますか.
❷ 設計(図), 図面
• a **plan** for life 人生の設計
• a floor **plan** (建物の)平面図
• **draw** (up) a **plan** for a new house 新しい家の設計図を描(か)く
── 動 (三単現 **plans** /plænz プらンズ/; 過去・過分 **planned** /plænd プらンド/; -ing形 **planning** /plæniŋ プらニング/)
❶ 計画する; 〜するつもりである
• **plan** a party パーティーを計画する

• **plan** to go abroad 外国へ行くことを計画する
• We **planned** a picnic but couldn't go because it rained. 私たちはピクニックを計画したが雨で行けなかった.
• He is **planning** to visit Italy next year. 彼は来年イタリアを訪問するつもりだ.
❷ 設計する, 設計図を作る
• **plan** a building ビルを設計する

plane¹ A1 /pléin プれイン/ 名
(複 **planes** /pléinz プれインズ/)
飛行機 (airplane)
✓POINT airplane (《英》aeroplane) を短くした言葉.
• a passenger **plane** 旅客(りょかく)機
• a jet **plane** ジェット機
• a model **plane** 模型飛行機
• go **by plane** 飛行機で行く →×by *a* plane, ×by *the* plane としない. → **by** ❶
• **take** a **plane** to 〜 〜まで飛行機に乗る[乗って行く]
• **board** a **plane** at Narita 成田で飛行機に乗る
• There were a lot of passengers **on** the **plane**. その飛行機にはたくさんの乗客がいた.

plane² /pléin プれイン/ 名 面; (水)平面; 程度, 水準
── 形 平らな; 平面の

plane³ /pléin プれイン/ 名 かんな →西洋かんなは手前へ引かないで前方へ押(お)して使う.
── 動 かんなをかける

planet 中 A2 /plænit プらネット/ 名 惑星(わくせい), 遊星 →地球のように, 太陽の周囲を回転している星. 関連語 **star** (恒星(こうせい)), **satellite** (衛星)

┌─ 関連語 (太陽系の惑星) ─────┐
Mercury (水星), **Venus** (金星), **Earth** (地球), **Mars** (火星), **Jupiter** (木星), **Saturn** (土星), **Uranus** (天王星), **Neptune** (海王星)

planetarium /plænité(ə)riəm プらネテ(ア)リアム/ 名 プラネタリウム →ドームの内側に映写機で星座などを本物のように映し, その運行を見せる所.

plank /plæŋk プらンク/ 名 厚板 →**board** よりも厚いもの.

plankton /plæŋktən プらンクトン/ 名 《集合的に》プランクトン, 浮遊(ふゆう)生物 →水中や水面な

どに生息する無数の小さな生き物で, 魚などにとっての重要な食物となる.

planner /plǽnər プラナ/ 名 **計画を立てる人, 立案者, 企画者**

plant 中 A2 /plǽnt プラント|plάːnt プラーント/
名 ❶ **植物, 草木**
- a tropical **plant** 熱帯植物
- a water **plant** 水生植物
- a pot **plant** 鉢(はち)植え, 盆栽(ぼんさい)

❷ **工場, 工場施設**(しせつ) → 動詞の意味「植える」から「機械を備え付ける ⇨ 備え付けられている所 ⇨ 工場」となった.
- a steel [power] **plant** 製鋼所[発電所]

— 動 **植える, 植え付けをする**; (種を)**まく**
- **plant** roses バラを植える
- **plant** a field 畑に植え付けをする
- **plant** seeds 種をまく
- He **planted** roses **in** his garden. = He **planted** his garden **with** roses. 彼は庭にバラを植えた.
- The idea was firmly **planted** in his mind. その考えはしっかりと彼の心の中に植え付けられた.

plantation /plæntéiʃən プランテイション/ 名 **大農場, 大農園, プランテーション** → ふつうある1種類の作物を栽培(さいばい)する.

plaster /plǽstər プラスタ/ 名 ❶ **しっくい**
❷ **こう薬, ばんそうこう**

plastic 中 A2 /plǽstik プラスティク/ 形 **プラスチック(製)の, ビニール(製)の**; **形が自由に変わる** → 英語では **vinyl** (ビニール)は専門用語なので, 日常的には **plastic** を使うことが多い.
- a **plastic** bag ビニール袋(ぶくろ)
- a **plastic** raincoat [greenhouse] ビニール製のレインコート[ビニールハウス]
- a **plastic** bottle ペットボトル → PET bottle ともいうが plastic bottle のほうがふつう.
- make a **plastic** model プラスチックの模型[プラモデル]を組み立てる

— 名 ❶ **プラスチック**; **ビニール**
❷ (plastics で) **プラスチック製品, ビニール製品**

plate 中 A2 /pléit プレイト/ 名
❶ (浅くて丸い)**皿, 取り皿**; **1 皿分の料理** → 料理の盛られている皿 (**dish**) から各自が料理を取り分けて食べるための皿.
- a soup [dessert] **plate** スープ[デザート]皿
- He ate a big **plate** of vegetables. 彼は大皿1杯(はい)の野菜を食べた.

❷ (金属・ガラス製などの)**板**
- a door [name] **plate** 表札
- a license [《英》number] **plate** (自動車の)ナンバープレート → 単に **plate** ともいう.

❸ (野球の)**プレート**; (the plate で) **本塁**(ほんるい)
- the pitcher's **plate** 投手板
- He was out **at the** (home) **plate**. 彼はホームベースでアウトになった.

platform /plǽtfɔːrm プラトフォーム/ 名 (駅の) **プラットホーム**
- We waited **on** the **platform** for the train to arrive. 私たちはホームで列車の到着(とうちゃく)を待った.
- The train for Kyoto will leave from **Platform** 3. 京都行きの列車は3番ホームから出ます.

Plato /pléitou プレイトウ/ 固名 **プラトン** → ギリシャの哲学(てつがく)者 (427? -347? B.C.). ソクラテス (Socrates) の弟子(でし)で, アリストテレス (Aristotle) の師.

platypus /plǽtipəs プラティパス/ 名 《動物》 **カモノハシ** → オーストラリア原産の原始的な哺乳(ほにゅう)動物. 卵を産むことで知られる.

play 小 A1 /pléi プレイ/

動	❶ (子供が)**遊ぶ** 意味map
	❷ (スポーツ・ゲームなどを)**する**
	❸ (音楽・楽器を)**演奏する, 弾**(ひ)**く**
	❹ (劇を)**演じる**
名	❶ **遊び**
	❷ (ゲームなどの)**やり方, プレー**
	❸ **劇**

— 動 (三単現 **plays** /pléiz プレイズ/; 過去・過分 **played** /pléid プレイド/; -ing形 **playing** /pléiiŋ プレイイング/)

play

494 four hundred and ninety-four

❶ (子供が) **遊ぶ**

🟥基本 **play** in the park 公園で遊ぶ →play
＋場所を示す副詞(句).

• He always **plays** outside on fine days.
彼は晴れた日にはいつも外で遊ぶ.

• We **played** all day in the garage. 私た
ちは一日中ガレージで遊んだ.

• The children **are playing** in the gar-
den. 子供たちは庭で遊んでいます. →現在進行
形の文. →**are** (助動) ❶

❷ (スポーツ・ゲームなどを) **する, ～ごっこをす
る;** (～の)**試合をする; 試合に出る;** (相手チームと)
試合をする, (～と)**対戦する**

🟥基本 **play** baseball 野球をする →play＋名
詞. スポーツで play の目的語となるのは主にボー
ルを使うもの. ×play a [the] baseball とし
ない.

• **play** catch キャッチボールをする

• **play** sports 《英》スポーツをする (《米》take
part in sports)

• **play** a good [poor] game いい[まずい]試
合をする

• **play** cards トランプをする

• **play** go 碁(ご)を打つ

• **play** a video game テレビゲームをする

• **play** tag [hide-and-seek] 鬼(おに)ごっこ[か
くれんぼ]をする

• **play** house [cowboy(s)] ままごと[カウボ
ーイごっこ]をする

• **play** first base 1塁(るい)手をやる →×*the*
first base としない.

• **play** for ～ ～の一員としてプレーする

• **play** against ～ ～と対戦する

• I'm not going to **play** in the game to-
day. 私はきょうの試合には出ない.

• In basketball Japan **plays against**
Germany today. バスケットボールで日本(チ
ーム)はきょうドイツと対戦する.

• Japan **played** China to decide third
place in the World Cup. 日本は中国とワー
ルドカップの3位決定戦を行った. →不定詞 to

decide は「～を決めるために」. →**to** ❾ の③

❸ (音楽・楽器を) **演奏する, 弾く, 吹**(ふ)**く;** (DVD・
CD などを)**かける**

• **play** the piano ピアノを弾く →「楽器」の前
にはふつう the をつける.

• **play** a tune **on the** flute フルートで1曲
吹く

• **play** mp3 (files) mp3 を再生する

• A guitarist was **playing** on the street.
ギタリストが通りで演奏していた.

• Who is the girl **playing the** guitar? ギ
ターを弾いているあの少女は誰(だれ)ですか. →現在
分詞 playing (弾いている～)は girl を修飾(しゅう
しょく)する.

❹ (劇を) **演**(えん)**じる,** (役を)**務める; 上演[上映]される**

• **play** *Hamlet*『ハムレット』を上演する

• **play** (the part of) Hamlet ハムレットの役
を演じる

• Reading **plays** an important role in
children's mental development. 読書は
子供の知的発達に重要な役目を果たす.

• *Robin Hood* is now **playing** at that
theater.『ロビン・フッド』はあの劇場で上映中
です.

play at ～ ～(ごっこ)をして遊ぶ; ～を遊び半分
にする →❷

• **play at** (being) cowboys カウボーイごっ
こをする

play ball ボール遊びをする; 《米》野球をする;
(球技の)試合を始める

• The umpire called, "**Play ball.**" アンパ
イアは「プレーボール」を宣言した.

play with ～ ～と遊ぶ; ～で遊ぶ; ～をもてあ
そぶ

• **play with** toys おもちゃで遊ぶ

• **play with** a friend 友達と遊ぶ

• He had no friends to **play with**. 彼には
いっしょに遊ぶ友達がなかった. →不定詞 to
play with (いっしょに遊ぶ～)は friends を修
飾する (→**to** ❾ の②). 意味のつながりの上では
play with friends だから with を省略しない

チャンクでおぼえよう play	
□ 公園で遊ぶ	**play** in the park
□ 野球をする	**play** baseball
□ テレビゲームをする	**play** a video game
□ ピアノを弾く	**play** the piano
□ CD をかける	**play** a CD
□ ハムレットを演じる	**play** Hamlet

こと.

── 名 (複 **plays** /pléiz プれイズ/)

❶ **遊び, 遊戯**(ゆうぎ)

・children **at play** 遊んでいる子供たち →×*a* play, ×pla**y**s としない.

ことわざ All work and no **play** makes Jack a dull boy. 勉強ばかりして遊ばないとジャックはつまらない少年になる. → make *A B* は「A を B にする」.「よく学びよく遊べ」の意味.

❷ (ゲームなどの)**やり方, プレー; 番**
・fair [team] **play** フェア[チーム]プレー
・He made a lot of fine **plays** in the game. 彼はその試合で多くのファインプレーをした.

❸ **劇, 芝居**(しばい), **ドラマ; 脚本**(きゃくほん)

player 小 A1 /pléiər プれイア/ 名

❶ **(運動)選手**
・a baseball **player** 野球選手
・a good tennis **player** テニスのうまい人

❷ **演奏者, プレーヤー; 俳優**
・That guitar **player** is very good. あのギターを弾(ひ)いている人はとてもうまい.

❸ (CD・レコードなどの)**プレーヤー** → **CD player, record player** ともいう.
・put a CD in [a record on] a **player** CD[レコード]をプレーヤーにかける
・listen to music on a CD **player** CD プレーヤーで音楽を聞く

playful A2 /pléifəl プれイふる/ 形 **ふざけたがる, じゃれる; 冗談**(じょうだん)**の**
・a **playful** little puppy じゃれるのが好きな小犬
・Kittens are **playful**. 子ネコはじゃれるのが好きだ.

playground 小 A2 /pléigraund プれイグラウンド/ 名 (学校の)**運動場;** (公園などの)**遊び場**
・We play soccer **on** the school **playground** on Sundays. 私たちは日曜日には学校の運動場でサッカーをする.

playhouse /pléihaus プれイハウス/ 名 (子供が中で遊ぶ)**おもちゃの家; 人形の家** (dollhouse)

playlist /pléilist プれイリスト/ 名 (ラジオ番組や音楽ストリーミングなどの)**オンエア[選曲]リスト**

playmate /pléimeit プれイメイト/ 名 **遊び友達**

playoff /pléiɔːf プれイオーふ/ 名 (引き分け・同点の時などの)**決勝試合**

playpen /pléipen プれイペン/ 名 **ベビーサーク**

ル → 単に **pen** ともいう.

playtime /pléitaim プれイタイム/ 名 **遊び時間, 休み時間**

plaza /pláːzə プらーザ/ 名 (都市の)**広場**

pleasant A2 /pléznt プれズント/ 形 **気持ちのよい, 楽しい, 愉快**(ゆかい)**な; 感じのよい**
・a **pleasant** season 気持ちのよい季節
・a **pleasant** walk 楽しい散歩
・have a **pleasant** time 楽しい時を過ごす
・She is a **pleasant** person; **it is** very **pleasant for** me **to** be with her. 彼女は感じのいい人で私は彼女といっしょにいるととても楽しい.

POINT 上の例では it=不定詞 to be 以下 (→ **to** ❾ の ①). pleasant は「人に喜びを与(あた)える, 人を楽しくさせる」という意味だから,「私は~すると楽しい」を ×*I am pleasant* to *do* としない.

・It was a **pleasant** surprise to see him again. 彼に再び会うことは楽しい驚(おどろ)きだった[びっくりしたけれど楽しかった].
・She is **the most pleasant** [**the pleasantest**] person in our class. 彼女は私たちのクラスで一番感じのいい人だ.

pleasantly /plézntli プれズントり/ 副 **気持ちよく, 楽しく, 愉快**(ゆかい)**に; あいそよく**

please 小 A1 /plíːz プリーズ/ 間

どうぞ, すみませんが → 副 とする分類もある.

POINT 人に何かを勧(すす)めたり, 頼(たの)んだりする時に使う.

Shall I open the windows? —Yes, **please**.
窓を開けましょうか.—はい, お願いいたします.

・Two coffees, **please**. コーヒー 2 つください. → 句だけの時は最後に置く.

Two coffees, please.

pleased

基本 Please come in. = Come in, **please**. (どうぞ)お入りください. →命令文では文の最初に置いても最後に置いてもよい. 最後に置く時はふつう please の前にコンマ (,) をつける.

- Will [Would] you **please** come in? どうぞお入りくださいませんか. →疑問文では主語の次か文の最後に置く.

- **Please** don't speak so fast. そんなに速くしゃべらないでください.

── **動** (三単現 **pleases** /plí:ziz プリーゼズ/; 過去・過分 **pleased** /plí:zd プリーズド/; -ing形 **pleasing** /plí:ziŋ プリーズィング/)

❶ (人を)喜ばせる, (人を)満足させる, ～の気に入る

- I hope this present will **please** you. この贈(おく)り物が(あなたを喜ばせることを望みます⇨)お気に召せば幸いです.

❷ (自分が)気に入る, したいと思う

- You may do as you **please**. 君は好きなようにしてよい.

if you please よろしければ, どうぞ

pleased A2 /plí:zd プリーズド/ **形**

❶ 満足した, 喜んだ, 気に入って

- with a **pleased** look うれしそうな顔つきで
- He looks **pleased**. 彼は満足そうな顔をしている.
- He was very **pleased with** the gift. 彼はその贈(おく)り物が非常に気に入った.
- We are all **pleased at** his success. 私たちはみんな彼の成功を喜んでいる.

❷ (be pleased to *do* で) ～してうれしい, 喜んで～する

- (I am) **Pleased to** meet you. あなたにお会いできてうれしいわ. →不定詞 to meet は「会えて」. 初対面の挨拶(あいさつ)で, How do you do? の代わりに使われることもあるし, How do you do? に続けて使われることもある. (I'm) **Glad to meet you.** や (It's) **Nice to meet you.** よりもやや改まった表現.

- I'll **be pleased to** come. 喜んで参ります.

pleasing A2 /plí:ziŋ プリーズィング/ **形** 心地[感じ]のよい; 楽しい

pleasure 中 A1 /pléʒər プれジャ/

名 楽しみ, 喜び, 愉快(ゆかい), 快楽

会話 Thank you for helping me. —It was a **pleasure**. 手伝っていただいてありがとうございました. —どういたしまして. →「そのよう

にできて私は喜んでいます」の意味. 単に **My pleasure.** ともいう.

- It is a great **pleasure** to hear from you. お便りをいただくことは非常な楽しみです. →It=不定詞 to 以下.

for pleasure 楽しみに, 遊びで

(**It's**) **My pleasure.** どういたしまして, こちらこそ →感謝の言葉に対するていねいな返答. → **pleasure** 最初の会話用例

with pleasure 喜んで, 愉快に

会話 Will you help me? —Yes, **with pleasure**. 手伝ってくださいませんか.—はい喜んで.

pléasure bòat 名 遊覧船, レジャー用の船

plentiful /pléntifəl プれンティふる/ **形** たくさんの, 豊富な, 有り余る

plenty A2 /plénti プれンティ/ **名** たくさん, (有り余るほど)十分

関連語 Do you have **enough** sugar? —Yes, we have **plenty**. 砂糖は十分ありますか.—ええ, たっぷりあります.

plenty of ～ たくさんの～ →数えられるものにも, 数えられないものにも使う.

- **plenty of** books たくさんの本
- **plenty of** food 十分な食物
- There are **plenty of** apples on the tree. 木にはリンゴがたくさんなっている. →ふつうは肯定(こうてい)文だけに使い, 否定文では many, much, 疑問文では enough を使う. あとに続く名詞が単数なら動詞も単数形, 複数なら動詞も複数形.
- There is **plenty of** time before the train arrives. 列車が到着(とうちゃく)するまで時間は十分ある.

pliers /pláiərz プらイアズ/ **名 複** ペンチ, やっとこ

plop /pláp プらプ/ **名** ポチャン(という音) →小さな物体が水しぶきを立てずに水に落ちる時の短い音.

plot /plát プらト/ **名** ❶ 陰謀(いんぼう), たくらみ ❷ (小説・脚本(きゃくほん)などの)筋, プロット

── **動** (三単現 **plots** /pláts プらツ/; 過去・過分 **plotted** /plátid プらテド/; -ing形 **plotting** /plátiŋ プらティング/) (悪事を)たくらむ

plough /pláu プらウ/ **名 動** (英)=plow

plow /pláu プらウ/ **名** すき, プラウ →馬・牛やトラクターに引かせて田畑を耕す.

── **動** ❶ (土を)すく, 耕す ❷ かき分けて進む

ploy /plɔ́i プロイ/ 图 《話》(巧妙(こうみょう)な)手だ
て, 駆(か)け引き, 策略(さくりゃく)

pluck /plʌ́k プラク/ 動 (鳥などの)毛をむしる;
(花・果物などを)摘(つ)む, もぐ; (雑草などを)引き
抜(ぬ)く; 引っ張る

plug /plʌ́g プラグ/ 图 ❶ (穴をふさぐ)栓(せん)
❷ (電気の)プラグ, 差し込(こ)み
—— 動 (三単現 **plugs** /plʌ́gz プラグズ/;
過去・過分 **plugged** /plʌ́gd プラグド/; -ing形
plugging /plʌ́giŋ プラギング/)
栓をする; (穴を)ふさぐ
plug in (〜) (〜の)プラグをコンセントに差し込
む

plum /plʌ́m プラム/ 图
❶ 西洋スモモ, プラム → 生で食べるほかゼリー,
ジャム, あるいは砂糖づけにしたり, 乾燥(かんそう)さ
せて干しスモモ (prune) にしたりする.
❷ (菓子(かし)に入れる)干しブドウ

plump /plʌ́mp プランプ/ 形
❶ (子供などが健康そうに)まるまる太った
❷ でっぷりした → fat の遠回しな言い方.

plunge /plʌ́ndʒ プランヂ/ 動 突(つ)っ込(こ)む; (頭
から)飛び込む
—— 图 飛び込むこと, 突進(とっしん)
take the plunge 思い切って[失敗を覚悟(かく
ご)で]やってみようと思う

plural A2 /plú(ə)rəl プる(ア)ラる/ 图 形 《文法》
複数(の), 複数形(の) → pl. と略す.「単数(の)」は
singular.

plus A2 /plʌ́s プラス/ 前 〜を加えた
反対語 **minus** (〜を引いた)
• One **plus** ten is eleven. (10を加えた1
⇨)1足す10は11である (1+10=11).
—— 形 プラスの, 正[陽]の; (同じ評価の中で)上位
の
• a **plus** sign プラス記号, 正符号(ふごう) → 単に
plus ともいう.
• get an A **plus** [A+] in history 歴史で A
プラス[A の上]を取る
—— 图 プラス記号, 正符号 (plus sign)

Pluto /plú:tou プるートウ/ 固名 ❶ プルートー
→ ローマ神話で死者の国[冥府(めいふ)]の王.
❷ 《天文》冥王星(めいおうせい) → 国際天文学連合の定
めた惑星(わくせい)の新定義に合わないとして2006
年8月, 太陽系の惑星から外された.

p.m., P.M. 中 A1 /pí:ém ピーエ
ム/ 略 午後 → ラテン語 post meridiem (=

afternoon) から. → **a.m., A.M.** (午前)
• 3:30 **p.m.** (読み方: three thirty p.m.) 午
後3時30分 → 必ず数字の後に使い, 単独では使
わない.
• the 5:15 **p.m.** train 午後5時15分発の列
車

pneumonia /njuːmóunjə ニューモウニャ/ 图
《医学》肺炎(はいえん)

P.O., PO 略 郵便局 → **post office**.

poach /póutʃ ポウチ/ 動 (割った卵(など)を)熱
湯で軽くゆでる
• a **poached** egg ポーチドエッグ, 落とし卵

poacher /póutʃər ポウチャ/ 图 密猟(みつりょう)
[密漁(みつりょう)]者

P.O.B., P.O. Box 略 郵便私書箱 → **post-
office box**. それぞれピリオドなしで **POB,
PO Box** とも書く.

pocket 中 A1 /pákit パケト|pɔ́kit ポケ
ト/ 图 (洋服・カバンなどの)ポケット
• Don't **put** your hands **in** your **pock-
ets**. 両手をポケットに入れるな.
• He **took** a coin **out of** his **pocket**. 彼
はポケットから硬貨(こうか)を取り出した.
—— 形 (ポケットに入るほど)小型の
• a **pocket** dictionary 小型辞書
• a **pocket** notebook 《英》手帳

pocketbook /pákitbuk パケトブク/ 图
❶ 《米》小型本, 文庫本
❷ 《米》(女性用の小型の)ハンドバッグ (hand-
bag); 札(さつ)入れ (wallet)
❸ 手帳 (《英》pocket notebook)

pócket mòney 图 ❶ 小遣(こづか)い銭
❷ 《英》(子供の毎週の)お小遣い (《米》weekly
allowance)

pod /pád パド/ 图 (エンドウなどの)さや

Poe /póu ポウ/ 固名 (**Edgar Allan Poe**) エ
ドガー・アラン・ポー → 米国の詩人・短編小説家
(1809–49).

poem A1 /póuim ポウエム/ 图 (1編の)詩 →
poetry

poet /póuit ポウエト/ 图 詩人, 歌人

poetic /pouétik ポウエティク/ 形 詩の, 詩人の;
詩的な

poetry /póuitri ポウエトリ/ 图 《集合的に》詩
(poems) 関連語 **poem** ((1編の)詩), **prose**
(散文)

Pòets' Córner 固名 ポエッツコーナー →

point

Westminster Abbey

point 中 A1 /pɔ́int ポイント/

名 ❶ (とがった物の)先, 先端(せんたん)　意味 map

❷ (小さな)点

❸ (競技・成績の)点数

❹ 特徴(とくちょう)

❺ (the point で) 要点

動 指し示す

—— 名 (複 points /pɔ́ints ポインツ/)

❶ (とがった物の)先, 先端
- the **point** of a needle　針の先
- I like a pencil **with a sharp point**. 私は芯(しん)のとがった鉛筆(えんぴつ)が好きだ.

❷ (小さな)点; (小数)点; (場所・時間・目盛りなどの)1点 →dot
- three **point** six　3.6
- the starting **point**　出発点
- the boiling [freezing] **point**　沸点(ふってん)[氷点]
- We are now **at** this **point** on the map. 私たちはいま地図上のこの地点にいる.

❸ (競技・成績の)点数, 得点
- **get** a **point**　1点を取る
- I got 90 **points** in math. 私は数学で90点を取った.

❹ 特徴, 特質, (いい・悪い)点
- a strong [good] **point**　いい点, 長所
- a weak **point**　弱点, ウィークポイント
- Honesty is one of her good **points**. 正直が彼女の長所の1つだ.

❺ (the point で) 要点; 狙(ねら)ったポイント; 論点
- get to **the point**　要点[肝心(かんじん)な事]を話す
- His speech was brief and **to the point**. 彼の話は簡潔で要領を得ていた.
- I see your **point**. あなたの言わんとすることはわかります.
- Did you **get the point of** my speech? 君は私のスピーチの論点[要点]がわかりましたか.
- **What's the point of** doing it? そんなことをして何になるんだ.

point of view　観点, 考え方, 意見
- **from** this **point of view**　この観点から見ると

—— 動 (三単現 **points** /pɔ́ints ポインツ/; 過去・過分 **pointed** /pɔ́intid ポインテド/;

-ing形 **pointing** /pɔ́intiŋ ポインティング/)

指し示す, 指差す; 向ける
- He **pointed at** [**to**] the door and shouted, "Get out!" 彼は戸口を指差して「出て行け!」と叫(さけ)んだ.
- The police officer **pointed** his gun **at** the robber. 警官は強盗(ごうとう)に拳銃(けんじゅう)を向けた.

point out　指摘(してき)する
- **Point out** the errors in the following sentences. 次の文中の誤りを指摘せよ.

pointed /pɔ́intid ポインテド/ 形 (先の)とがった; 鋭(するど)い

pointy /pɔ́inti ポインティ/ 形 《話》先のとがった, 先細りの

poison /pɔ́izn ポイズン/ 名 毒薬, 毒
- **poison** gas　毒ガス
- take **poison**　毒を飲む

—— 動 ❶ 毒を入れる, 毒殺する

❷ (人の心などを)毒する, だめにする; (大気・水質などを)汚染(おせん)する

poisoned /pɔ́iznd ポイズンド/ 形 毒の入った

poisoning /pɔ́izniŋ ポイズニング/ 名 中毒

poisonous /pɔ́iznəs ポイズナス/ 形 有毒な, 有害な

poke /pɔ́uk ポウク/ 動 突(つ)く, つつく, 突き出す, 突っ込(こ)む

—— 名 突くこと

poker[1] /pɔ́ukər ポウカ/ 名 (暖炉(だんろ)などの)火かき棒

poker[2] /pɔ́ukər ポウカ/ 名 (トランプの)ポーカー

póker fàce 名 ポーカーフェイス → ポーカーをする時は自分の持ち札のよしあしを相手にわからせないために感情を顔に出さないことから「無表情な顔」の意味.

Poland /pɔ́ulənd ポウランド/ 固名 ポーランド → 中部ヨーロッパの共和国. 首都はワルシャワ (Warsaw). 公用語はポーランド語.

polar /pɔ́ulər ポウラ/ 形 (南・北)極の, 極地の

pólar bèar 名 《動物》ホッキョクグマ, シロクマ

Pole /pɔ́ul ポウる/ 名 ポーランド人

pole[1] /pɔ́ul ポウる/ 名 棒, さお, 柱
- a flag [fishing] **pole**　旗[釣(つ)り]ざお
- a tent **pole**　テントの柱
- a utility **pole**　電柱 → 電話線や電力線など, さまざまな線が架(か)けられているもの.

pole² /póul ポウる/ 名 極; 電極

póle jùmp 名 (the をつけて) 棒高跳(と)び

polestar /póulstɑːr ポウるスター/ 名 (the polestar で) 北極星

póle vàult (the をつけて) 棒高跳(と)び

police 小 A2 /pəlíːs ポリース/ 名
(the police で) 警察; 《集合的に》警官たち (police officers)
• five police 5人の警官 →×polices としない.
• Call the police! 警察を呼べ[に電話しろ].
• The police are looking for the mysterious woman. 警察はその謎(なぞ)の女を探している.
• He has a long police record. 彼には前科がたくさんある.

políce bòx 名 交番

políce càr 名 パトロールカー (patrol car)

policeman A2 /pəlíːsmən ポリースマン/ 名 (複 policemen /pəlíːsmən ポリースマン/) (男性の)警官 →police officer

políce òfficer 中 A2 名 (1人の)警官, 巡査(じゅんさ) →性別に関係なく使えるので, policeman や policewoman の代わりに使うことが多い.

políce stàtion 中 A2 名 警察署

policewoman A2 /pəlíːswumən ポリースウマン/ 名 (複 policewomen /pəlíːswimin ポリースウィメン/) (女性の)警官 →police officer

policy /pɑ́ləsi パリスィ/ 名 (複 policies /pɑ́ləsiz パリスィズ/) ❶ 政策, 方針
❷ やり方, 手段
ことわざ Honesty is the best policy. 正直は最上の策である.

polio /póuliou ポウリオウ/ 名 《医学》小児(しょうに)まひ, ポリオ

Polish /póuliʃ ポウリシュ/ 形 ポーランドの; ポーランド人の; ポーランド語の →Poland
—— 名 ポーランド語[人]

polish /pɑ́liʃ パリシュ/ 動 磨(みが)く; 磨きをかける, 洗練する, 手を入れる
polish up 磨き上げる, 仕上げる
—— 名 ❶ つや出し, 磨き粉 ❷ つや, 光沢(こうたく)

polite A2 /pəláit ポらイト/ 形 丁寧(ていねい)な, 礼儀(れいぎ)正しい, 礼儀をわきまえている →友達同士のようにざっくばらんではないこと.
• a polite answer 丁寧な返事
• She is polite to everybody. 彼女は誰(だれ)に対しても礼儀正しい.

politely /pəláitli ポらイトり/ 副 丁寧(ていねい)に, 礼儀(れいぎ)正しく

political A2 /pəlítikəl ポリティカる/ 形 政治(上)の, 政治に関する
• a political party 政党

politician /pɑ̀lətíʃən パリティシャン/ 名
❶ 政治家
❷《米》(党・自分の利益を第一に考える)政治屋 → statesman

politics /pɑ́lətiks パリティクス/ 名
❶ 政治; 政治学 →単数扱(あつか)い.
• study politics 政治学を勉強する
❷ 政治的意見, 政見

poll /póul ポウる/ 名 ❶ 世論調査 →opinion poll ともいう. ❷ (the polls で) 投票場

pollen /pɑ́lən パれン/ 名 花粉
関連語「花粉症(しょう)」は hay fever という.

pollute A2 /pəlúːt ポるート/ 動 汚(よご)す, 汚染(おせん)する

pollution A1 /pəlúːʃən ポるーション/ 名 汚染(おせん)
• air [water] pollution 大気[水質]汚染
• environmental pollution 環境(かんきょう)汚染

polo /póulou ポウろウ/ 名 ポロ →馬に乗ったプレーヤーが4人一組になり, 柄(え)の長いハンマーで球を打って相手のゴールに入れるスポーツ.

pomegranate /pɑ́mgrænət パムグラネト/ 名 《植物》ザクロ(の木)

poncho /pɑ́ntʃou パンチョウ/ 名 ポンチョ →布の真ん中の穴から頭を出して着る南米のマント.

pond 中 /pɑ́nd パンド/ 名 池

pony /póuni ポウニ/ 名 (複 ponies /póuniz ポウニズ/) 小馬, ポニー →高さ1.4メートルほどの小さい種類の馬. 「馬の子, 子馬」(colt) ではない.

ponytail /póuniteil ポウニテイる/ 名 ポニーテール →後ろで束ねて下げた髪(かみ).

poodle /púːdl プードる/ 名 プードル →イヌの

pool 小 A1 /pú:l プール/ 名

❶ 水たまり; (自然にできた)小さな池
- There were **pools** of water all over the road after the rain. 雨のあと道路のあちこちに水たまりができていた.

❷ (水泳の)プール → 前後関係からプールであることがわかっている場合以外は **swimming pool** というほうがふつう.

poor 中 A1 /púər プア/

形 ❶ 貧乏(びんぼう)な 意味 map
❷ かわいそうな, 気の毒な
❸ 下手な

―― 形 (比較級 **poorer** /púərər プアラ/; 最上級 **poorest** /púərist プアレスト/)

❶ 貧乏な, 貧しい
関連語 「貧乏」は **poverty**.
幽基本 a **poor** man (1人の)貧乏な男 → poor +(人を表す)名詞.
幽基本 He is **poor**. 彼は貧乏だ. → be 動詞+ poor.
- **poor** people 貧しい人々
反対語 Robin Hood stole money from the **rich** and gave it to the **poor**. ロビン・フッドは金持ちからお金を奪(うば)って貧しい人々に与(あた)えた. → the poor=poor people.
- You shouldn't complain; there are **poorer** people than you. 不平を言ってはいけません. あなたより貧しい人たちがいるのですから.
- The rich man was born in **the poorest** family in this neighborhood. その金持ちはこの辺りで一番貧乏な家に生まれた.

❷ かわいそうな, 気の毒な
- **Poor** Jane! She lost her memory. かわいそうなジェーン. 彼女は記憶(きおく)を失ってしまった.
- The **poor** little boy began to cry. かわいそうにその少年は泣き出した.
POINT この意味では名詞の前にだけつける.「かわいそうに」,「気の毒に」と副詞的に訳したほうが自然な日本語になる場合が多い.

❸ 下手な → 標準以下であることを示す.
- a **poor** tennis player テニスの下手な人 → 強い響(ひび)きの語なので,「上手ではない」(**not good**)と遠回しに表現することが多い.
- a **poor** speaker 話下手な人

- a **poor** joke 下手な冗談(じょうだん)
- He painted his house, but he did a very **poor** job. 彼は家にペンキを塗(ぬ)ったが, (とても下手な仕事をした ⇨)ひどい出来映(ばえ)えだった.
- She is **poor** at ball games. 彼女は球技が下手だ.

❹ 貧弱(ひんじゃく)な, 粗末(そまつ)な; 乏(とぼ)しい; 劣(おと)った, できのよくない
- **poor** grades 悪い成績
- **poor** soil やせた土地
- **poor** health すぐれない健康, 不健康, 病弱
- a **poor** crop of potatoes ジャガイモの不作
- Our country is **poor** in natural resources. わが国は天然資源に乏しい.

poorly /púərli プアリ/ 副 ❶ 貧しく, みすぼらしく ❷ 下手に, まずく, 不十分に

pop¹ /páp パプ/ 動 (三単現 **pops** /páps パプス/; 過去・過分 **popped** /pápt パプト/; -ing形 **popping** /pápiŋ パピング/)
ポンと鳴る, パチンとはじける; ポンと鳴らす, パチンとはじけさせる
―― 名 ❶ ポンと鳴る音
❷ (ソーダ水・シャンパンなど)発泡(はっぽう)炭酸飲料 → 瓶(びん)を開けるとポンと音がするから.

pop² 中 A1 /páp パプ|pɔ́p ポプ/ 形
ポピュラー音楽の; 大衆向けの, ポピュラーな → popular を短くした形.
- **pop** music ポップミュージック
- **pop** culture 大衆文化
- a **pop** singer [song] 流行歌手[流行歌]
―― 名 《話》ポピュラー音楽

popcorn 小 /pápkɔːrn パプコーン/ 名 ポップコーン
- eat **popcorn** during a movie 映画を見ながらポップコーンを食べる →×a popcorn, ×popcorns としない.

pope /póup ポウプ/ 名 (ふつう **Pope** で)ローマ教皇, ローマ法王 → ローマカトリック教会の最高位の聖職者.

Popeye /pápai パパイ/ 固名 ポパイ → 米国の漫画(まんが)の主人公. けんかっ早いが, おせっかいやきでお人好しの船乗り. オリーブ・オイル (Olive Oyl) が恋人(こいびと). ホウレンソウを食べると怪力(かいりき)が出る.

poplar /páplər パプラ/ 名 《植物》ポプラの木

Portugal

poppy /pápi パピ/ 名 (複 **poppies** /pápiz パピズ/)《植物》ケシ

Popsicle /pápsikl パプスィクる/ 名《米商標》アイスキャンディー(《英》ice lolly)

popular 小 A2 /pápjulər パピュら|pápjulə ポピュら/ 形 (比較級 **more popular**; 最上級 **most popular**)

❶ 人気のある, 評判のよい; 流行の

基本 a **popular** singer 人気のある歌手 → popular+名詞.

基本 Mr. Sato is very **popular** with [among] the students. 佐藤先生は生徒の間でとても人気がある. → be 動詞+popular.

・Jack is much **more popular** with girls than John. ジャックはジョンよりずっと女の子に人気がある.

・He is probably **the most popular** rock singer in the U.S. 彼はおそらくアメリカで一番人気のあるロック歌手だろう.

❷ 大衆的な; 一般(いっぱん)民衆の → pop²

・a **popular** novel 大衆小説
・**popular** culture 大衆文化, ポップカルチャー
・**popular** music ポピュラー音楽
・It is a **popular** belief that the fox is a sly animal. キツネはずる賢(がしこ)い動物だと一般に信じられている.

popularity /pɑpjulǽrəti パピュらリティ/ 名 (複 **popularities** /pɑpjulǽrətiz パピュらリティズ/) 人気, 人望; 流行

population 中 A2 /pɑpjuléiʃən パピュれイション/ 名 ❶ 人口

・a large **population** 多くの人口 → population は「数」ではなくひとかたまりの「量」としてみるので×*many* [*a lot of*] population などとしない.

・What is the **population** of this city? この市の人口はどのくらいですか. →×*How many* is the population ~? としない.

・The **population** of Japan is about 130 million. = Japan has a **population** of about 130 million. 日本の人口は約1億3千万だ.

❷ (ある地域の)全住民

・The entire **population** was forced to leave the village after the flood. 洪水(こうずい)のあと村の全住民がやむをえず村を去った. → 原則的には単数として扱(あつか)うが, 住民の一人一人を考える場合は複数として扱うこともある.

populous /pápjələs パピュらス/ 形 人口の多い 関連語 population (人口)

porcelain /pɔ́ːrsəlin ポーセリン/ 名 磁器; 瀬戸物(せともの)

porch /pɔ́ːrtʃ ポーチ/ 名 ❶ (家の入り口から外に突(つ)き出した)玄関(げんかん)

❷《米》ベランダ (veranda)

pork 小 /pɔ́ːrk ポーク/ 名 豚肉(ぶたにく) 関連語 beef (牛肉), mutton (羊肉), chicken (鶏肉(とりにく))

porridge /pɔ́ːridʒ ポーリヂ/ 名《英》ポリッジ → オートミール (oatmeal) やその他の穀類の粉を水または牛乳で煮(に)って作ったかゆ. 朝食としてよく食べる.

port /pɔ́ːrt ポート/ 名 港; 港町
・come into **port** 入港する
・a **port** town 港町
・the **port** of Yokohama 港町横浜 → この of は同格を示す.「横浜港」は Yokohama Port または Yokohama Harbor.
・The ship is back in **port** after a long voyage. その船は長い航海を終えて帰港している.

類似語 (港)
port は人工の港湾(こうわん)設備を持つ大きな貿易港で, 付近の町・都市も含(ふく)むことが多い. **harbor** は船が停泊(ていはく)できる天然または人工の港.

portable /pɔ́ːrtəbl ポータブる/ 形 持ち運びできる, 携帯(けいたい)用の, ポータブルの

porter /pɔ́ːrtər ポータ/ 名 (駅・ホテルなどの)手荷物を運ぶ人, 赤帽(あかぼう), ボーイ

portion /pɔ́ːrʃən ポーション/ 名 部分 (part), 分け前; (食べ物の)よそった分量

portrait A2 /pɔ́ːrtrit ポートレト/ 名 肖像(しょうぞう)画, 肖像写真, ポートレート
・a self-**portrait** 自画像

Portugal /pɔ́ːrtʃugəl ポーチュガる/ 固名 ポルトガル → ヨーロッパ西端(たん)の共和国. 首都はリス

Portuguese 502 five hundred and two

ボン (Lisbon). 公用語はポルトガル語.

Portuguese /pɔ:rtʃuɡí:z ポーチュギーズ/ 形
ポルトガルの; ポルトガル人の; ポルトガル語の
—— 名 ❶ ポルトガル人 → 複数も **Portu-**
guese. ❷ ポルトガル語 → ブラジルでも使われ
ている.

pose /póuz ポウズ/ 名 (絵のモデル・写真撮影(さつ
ぇぃ)などのための)**姿勢, ポーズ**
—— 動 (モデルとして)**姿勢[ポーズ]をとる**

Poseidon /pəsáidən ポセイドン/ 固名 **ポセイ**
ドン → ギリシャ神話で海の神. ローマ神話の
Neptuneにあたる. →**God** ❷

position A2 /pəzíʃən ポズィション/ 名
❶ 位置; 姿勢; (ゲーム・競技などの)**ポジション**
•The runners are **in position**. 走者は位置
についている.
❷ 考え方, 態度; 立場
•What is your **position** on this prob-
lem? この問題についてあなたはどういう考え方
なのですか.
•Just put yourself in my **position**. (あな
た自身を私の立場に置きなさい⇨)私の身にもなっ
てください.
❸ 働き口, 職; (高い)地位
•He got a **position with** a bank. 彼は銀
行に就職した.
•She has a high **position** in the gov-
ernment. 彼女は政府の高官だ.

positive 中 /pázətiv パズィティヴ/ 形
❶ 積極的な; 肯定(こうてい)的な; 前向きな
•a **positive** answer (はいという)肯定の答え
❷ 明確な, はっきりした; 確信のある
•**positive** proof 確実な証拠(しょうこ), 確証
•I'm **positive about** [**of**] it. 私はそのこと
について確信がある[きっとそうだと思う].

positively /pázətivli パズィティヴリ/ 副 積極的
に; 肯定(こうてい)的に; はっきり, 確かに

possess /pəzés ポゼス/ 動 ❶ 所有する →
have よりも形式張った語. ❷ (感情・考え・悪
魔(あくま)などが人に)**とりつく**

possession /pəzéʃən ポゼション/ 名 所有;
(ふつう **possessions** で)所有物, 持ち物

possibility /pɑsəbíləti パスィビリティ/ 名 (複
possibilities /pɑsəbílətiz パスィビリティズ/)
可能性, 見込(こみ); ありそうなこと

possible 中 A2 /pásəbl パスィブる/ 形
❶ 可能な, 実行できる
•a **possible** task 実行可能な仕事

•The plan is **possible**. その計画は実行可能
である.
•**It is possible for** the human race **to**
live in peace. 人類が平和に暮らすことは可能
だ. → It = to live 以下 (→**to** ❾ の ①).
×The human race is possible ~. としな
い.
❷ 起こりうる, ありうる, 〜になるかもしれない
•the only **possible** chance あるかもしれ
ないたった1つのチャンス
•Rain is quite **possible** tonight. 今夜雨に
なることは大いにありうる.
関連語 Nuclear war is **possible**, but not
probable. 核(かく)戦争は可能性としては考えら
れるが実際に起こる恐(おそ)れはあまりない.
→**possible** < **likely** < **probable** < **cer-**
tain の順で実現の確率が高くなる.
as ~ as possible できるだけ〜
•I'll come back **as** soon **as possible**. 私
はできるだけ早く帰ります.
if possible もしできれば, できるなら
•Come at once **if possible**. できるならす
ぐ来てください.

possibly A2 /pásəbli パスィブリ|pɔ́səbli ポスィ
ブリ/ 副 ❶ ひょっとしたら, あるいは, たぶん →
perhaps 類似語
•I may **possibly** go to Europe this
summer. 私は今年の夏ひょっとしたらヨーロッ
パへ行くかもしれない.
会話 Will it rain tomorrow?—**Possibly**.
明日は雨が降りますか.—降るかもしれません.
❷ (**can** を強めて)どうにかして(〜できる), なん
とかして(〜できる)
•I'll do everything I **possibly can** to
help you. 私は君を助けるためになんとかして
できるだけの事はする.
•**Can** you **possibly** lend me ten dol-
lars? なんとか10ドル貸してくれませんか.
❸ (**cannot** を強めて)とても(〜できない)
•I **cannot possibly** go. 私はとても行けませ
ん.

post¹ 小 A1 /póust ポウスト/ 名
❶ (英) 郵便(制度); (ふつう **the post** で) 郵便
物 ((米)) mail)
•Has **the post** come yet? 郵便物はもう来
ましたか.
❷ (英)) 郵便ポスト ((米)) mailbox)
by post (英)) 郵便で ((米)) by mail)

—— 動 《英》(郵便で手紙などを)出す
• **post** a letter 手紙を出す

post² A1 /póust ポウスト/ 動
❶ (**post up** とも) 掲示(けいじ)する, 貼(は)る
❷《コンピューター》投稿(とうこう)する
post a video **on** YouTube ユーチューブに動画を投稿する
—— 名
❶ (立てた)棒, 柱
• a gate **post** 門柱
❷《コンピューター》投稿

post³ /póust ポウスト/ 名 ❶ 地位, 職
• get a **post as** (a) teacher 先生の仕事に就(つ)く
❷ (兵士などがつく)部署, 持ち場
—— 動 部署につかせる, 配置する

postage /póustidʒ ポウステヂ/ 名 郵便料金

póstage stàmp 名 郵便切手 → ふつう単に **stamp** という.

postal /póustl ポウストル/ 形 郵便の

póstal càrd 名《米》(官製)郵便はがき → 英国には料金の印刷されている官製はがきはない. → **postcard**

póstal còde 名 郵便番号 → また《米》zip code,《英》postcode ともいう.

postbox /póustbɑks ポウストバクス/ 名 《英》
❶ 郵便ポスト (《米》mailbox)
❷ 郵便受け (《米》mailbox)

postcard /póustkɑ:rd ポウストカード/ 名 郵便はがき → 官製はがきにも私製はがきや絵はがきにもいう. → **postal card**

postcode /póustkoud ポウストコウド/ 名 《英》郵便番号 → TF10 7PX のように文字と数字を組み合わせたもの. → **zip code**

poster 中 A1 /póustər ポウスタ/ 名
ポスター, びら
• stick [put up] a **poster** on the wall 壁にポスターを貼る

postman /póustmən ポウストマン/ 名
(複 **postmen** /póustmən ポウストマン/)
郵便集配人 (《米》mailman) → 性差別を避(さ)けて **mail carrier** ともいう.

postmaster /póustmæstər ポウストマスタ/ 名 郵便局長

post office 小 A2 /póust ɔ:fis ポウスト オーふィス | póust ɔfis ポウスト オふィス/ 名
郵便局 → **P.O.** または **PO** と略される.

post-office box /póust ɔ:fis bɑ̀ks ポウスト オーふィス バクス/ 名 郵便私書箱 → 郵便局内に設けた郵便受箱. **P.O.B., POB** または **P.O. Box, PO Box** と略す.

postpone /pous(t)póun ポウス(ト)ポウン/ 動 延期する (put off)

postscript /póus(t)skript ポウス(ト)スクリプト/ 名 (手紙の)追伸(ついしん), 追って書き → **P.S.** または **PS** と略す.

pot /pɑ́t パト/ 名
❶ (大小さまざまの丸形の)つぼ, 鉢(はち); (深)鍋(なべ)
→ 日本でいう「(お湯を入れておく)ポット」は《商標》thermos という.
• a cooking **pot** 料理鍋
• a plant **pot** 植木鉢(ばち)

ことわざ A little **pot** is soon hot. 小さなポットはすぐに熱くなる. →「つまらない人間は怒(おこ)りやすい」の意味.

❷ つぼ[ポット] 1杯(ぱい)分
• a small **pot** of beans 小さなつぼ一杯の豆
• We made two **pots** of jam. 私たちはポット2杯分のジャムを作った.

potato 小 A1 /pətéitou ポテイトウ/ 名
(複 **potatoes** /pətéitouz ポテイトウズ/)
ジャガイモ
• a boiled **potato** ゆでたジャガイモ
• a baked **potato** ベークドポテト
• mashed **potato** マッシュポテト
• **potato** salad ポテトサラダ
• We grow **potatoes** in our backyard. 私たちは裏庭でジャガイモを育てている.

potáto chìps,《英》**potáto crìsps** 名 ポテトチップス → **chip**

potential /pəténʃəl ポテンシャる/ 形 可能性のある; 潜在(せんざい)的な
—— 名 可能性, 潜在能力
• He has the **potential** to be a great athlete. 彼は素晴らしい選手になる可能性を秘めている.

potluck /pátlʌk パトらク/ 名 ❶ あり合わせの[間に合わせの]食事 ❷《主に米》持ち寄りの食事会 →**potluck party** [**dinner**, **supper**] などともいう.

Potomac /pətóumək ポトウマク/ 固名 (**the Potomac** (**River**) で) ポトマック川 →米国の首都ワシントンを流れる川で, 河畔(かはん)のサクラは有名.

pottery /pátəri パテリ/ 名 《集合的に》陶器(とうき)類

pouch /páutʃ パウチ/ 名 ❶ 小袋(こぶくろ), ポーチ ❷ 袋(ふくろ)状のもの; (カンガルーなどの)腹袋(はらぶくろ)

poultry /póultri ポウるトリ/ 名 ❶(ニワトリ・七面鳥・アヒルなどの)食用鳥類 →複数として扱(あつか)う. ❷ 食用鳥肉 →単数として扱う.

pound¹ /páund パウンド/ 名
❶ ポンド →重量の単位. 1 ポンドは 16 オンス (ounces) で約 454g.
• a **pound** of sugar 砂糖 1 ポンド
• He weighs a hundred **pounds** [100 **lb.**]. 彼は体重が 100 ポンドある. →数字とともに使われる時には **lb.** と書く (「はかり・てんびん・重さ」という意味のラテン語 Libra から).
❷ ポンド →英国などの貨幣(かへい)単位.
• twenty **pounds** = £20 20 ポンド →数字とともに使われる時には **£** と書くことが多い (ラテン語 Libra から).
• £7.45 (読み方: seven **pounds** forty-five (pence)) 7 ポンド 45 ペンス

pound² /páund パウンド/ 動 どんどんたたく; 打ち砕(くだ)く; (心臓などが)どきんどきんする

pour A2 /pɔ́ːr ポー/ 動 ❶ つぐ, 注ぐ; かける
• **pour** (out) tea お茶をつぐ
• She **poured** me a cup of coffee. 彼女は私にコーヒーを 1 杯(ぱい)ついでくれた. →**pour** A (人) B (飲み物)は「A に B をついであげる」.
❷ どんどん流れる, 注ぐ; ざあざあ降る
• He went out in the **pouring** rain. 彼はざあざあ降りの雨の中を出かけた.
• It is **pouring** (down) outside. 外は土砂降(どしゃぶ)りだ. →**It** は漠然(ばくぜん)と「天候」を表す.
• The people **poured** out of the theater. 人々が劇場からどっと出て来た.

pout /páut パウト/ 動 口をとがらす, ふくれっ面(つら)をする

poverty /pávərti パヴァティ/ 名 貧乏(びんぼう), 貧しさ 関連語「貧乏な」は **poor**.

powder /páudər パウダ/ 名
❶ 粉, 粉末; 粉薬; おしろい
❷ 火薬 (gunpowder)
— 動 ❶ 粉にする, 粉を振(ふ)りかける
❷ (顔などに)おしろいをつける

power 中 A2 /páuər パウア/ 名
❶ 力, 能力
• human [magic] **power** 人間[魔法(まほう)]の力
• I will do everything in my **power**. 私にできる事は何でもします.
• It is within [beyond] my **power** to help you. あなたを援助(えんじょ)することは私にできることです[とても私にはできません].
• Knowledge is **power**. 知識は力である[知識があればいろいろなことができる].
❷ (しばしば **powers** で) 体力, 知力
• mental [physical] **powers** 知力[体力]
• His **powers** are failing. 彼の体力[知力]は衰(おとろ)えてきた.
❸ 権力; 権限; 権力者; 強(大)国
• come to **power** 権力の座につく
• the Great **Powers** (世界の)強大国, 列強
• Brazil is now one of the big economic **powers**. ブラジルは今や経済大国の 1 つだ.
❹ (物理的)エネルギー, 力; 電力 (**electric power** ともいう)
• nuclear **power** 核(かく)エネルギー, 原子力
• geothermal **power** 地熱エネルギー
• a **power** failure 停電
• a **power** plant [《英》station] 発電所

powerful 中 A2 /páuərfəl パウアふる/ 形 力の強い, 強力な; 勢力のある, 有力な
• a **powerful** engine 強力なエンジン
• a **powerful** speech 聴衆(ちょうしゅう)の心に強く響(ひび)くスピーチ
• The nation was once very **powerful**. その国はかつて強大であった.

powerless /páuərlis パウアれス/ 形 無力な

five hundred and five 505 **pre-**

powerlifting /páuərliftiŋ パウアリふティング/
名 **パワーリフティング** → バーベルを使ったスポーツの一種.

pp., pp 略 ＝**pages**（**page**（ページ）の複数形）
→**p.**

P.R., PR 略 **宣伝・広報活動** →**p**ublic **r**elations.

> 参考 日本語では「新製品の PR」というように個々の製品の「宣伝」という意味で使うことが多いが，英語の PR は会社などが社会一般(いっぱん)と良い関係を保つために行う広い意味の広報活動.

practical /prǽktikəl プラクティカる/ 形
❶（観念的・理論的でなく）**実際的な; 現実的な; 実践(じっせん)的な**
・a **practical** person 現実的な[実践的な]人
・His plan is possible, but it is not **practical**. 彼の計画は(実行)可能ではあるが実際的ではない.
・Don't be a dreamer. Be more **practical**. 夢のようなことばかり考えていないでもっと現実的になりなさい.
❷ **実用的な**;（実際的で）**賢明(けんめい)な**
・**practical** English 実用英語
・a **practical** book on cooking 実用的な料理の本
・It's not very **practical** to study all night. 一晩中勉強するのはあまり賢明なことではない.

práctical jóke 名 （実際に行った冗談(じょうだん)）⇨**いたずら，悪ふざけ**

practically /prǽktikəli プラクティカリ/ 副
❶（名目はともかく）**実質的に(は)，事実上**（**really**）; **ほとんど**（**almost**）
❷ **実際的に(は); 現実的に(は)**

practice 小 A1 /prǽktis プラクティス/ 名 ❶ **練習，稽古(けいこ)**
・a **practice** game 練習試合
・I do my piano **practice** every day. 私は毎日ピアノの練習をする.
・You need more **practice** to be a good tennis player. テニスがうまくなるにはもっと練習する必要がある. →**to** ❾ の ③
ことわざ **Practice** makes perfect. 練習すれば完全になる. →「習うより慣れろ」にあたる.

・He was **out of practice** at batting. 彼はバッティングが練習不足だった.
❷ **実行，実践(じっせん)**
・It's a good idea, but will it work **in practice**? いい考えだが，実行してみてうまくいくだろうか.
・You'd better **put** the plan **into practice**. 君はその計画を実行に移したほうがよい.
── 動 ❶ **練習する，稽古をする**
・**practice** batting バッティング練習をする
・**practice** (on) the piano ピアノの練習をする
・He **practices** (speaking) English every day. 彼は英語(を話すこと)を毎日練習している.
・The team **is practicing** for the match on Sunday. チームは日曜の試合に備えて練習をしている. →**is** 助動 ❶
❷（医業・弁護士業を）**営む**
・**practice** law [medicine] 弁護士業[医業]を営む

practise /prǽktis プラクティス/ 動 《英》＝ practice

prairie /pré(ə)ri プレ(ア)リ/ 名 （特に米国中西部地方の）**大草原，プレーリー**

praise /préiz プレイズ/ 名 **称賛(しょうさん)，ほめたたえること**
・**give** [**receive**] **praise** 称賛する[を受ける] →×a praise, ×praises としない.
・give him a medal **in praise of** his brave deed 彼の勇敢(ゆうかん)な行為(こうい)をたたえて勲章(くんしょう)を与(あた)える
── 動 **称賛する，ほめ(たたえ)る**
・Everyone **praised** the team **for** its fair play. 誰(だれ)もがそのチームのフェアプレーぶりを称賛した.

pram /prǽm プラム/ 名 《英話》**ベビーカー**

prawn /prɔ́ːn プローン/ 名 《動物》**クルマエビ，テナガエビ** 類似語 **shrimp** より大きいが，**lobster** より小さくてはさみがない.

pray 中 A1 /préi プレイ/ 動
祈(いの)る 関連語「祈り」は **prayer**.
・**pray to** God 神に祈る
・**pray for** God's help 神の助けを求め祈る

prayer /préər プレア/（→×プレイア/プレイア/ ではない）
名 **祈(いの)り;**（しばしば **prayers** で）**祈りの言葉**

pre- /pri: プリー/ 接頭辞 「～以前の」「前もって

~」の意味を表す:

- **pre**war 戦前の
- **pre-**reading 読む前の

preach /príːtʃ プリーチ/ 動 (牧師などが)**説教する**; (説教を)述べる

preacher /príːtʃər プリーチャ/ 名 **説教者, 牧師**

precious /préʃəs プレシャス/ 形 **高価な, 貴重な, 尊い, 大切な, かわいい**

- **precious** metal 貴金属 →gold (金)や silver (銀)など.
- a **precious** stone 宝石 (jewel)
- a **precious** jewel 高価な宝石
- Nothing is more **precious** than peace. 平和ほど尊いものはない.

precise A2 /prisáis プリサイス/ 形 **正確な, 明確な**

precisely /prisáisli プリサイスリ/ 副 **正確に, 明確に**; (返事に用いて)**全くそのとおり**

predator /prédətər プレダタ/ 名 **捕食[肉食]動物**

predict A2 /pridíkt プリディクト/ 動 (三単現 **predicts** /pridíkts プリディクツ/; 過去・過分 **predicted** /pridíktid プリディクテド/; -ing形 **predicting** /pridíktiŋ プレディクティング/) **予言する, 予測する**

prediction A2 /pridíkʃən プリディクション/ 名 **予言**

preface /préfis プレフェス/ 名 **序文, はしがき**

prefectural /priféktʃərəl プリフェクチャラる/ 形 (日本などの)**県[府]の; 県立[府立]の**

prefecture 🔄 /príːfektʃər プリーふェクチャ/ 名 (日本などの)**県, 府** →(東京)都, (北海)道を指す場合もある.

- Mie [Osaka] **Prefecture** 三重県[大阪府]

prefer A2 /prifáːr プリふァー/ (→アクセントの位置に注意) 動 (三単現 **prefers** /prifáːrz プリふァ〜ズ/; 過去・過分 **preferred** /prifáːrd プリふァ〜ド/; -ing形 **preferring** /prifáːriŋ プリふァ〜リング/) (〜のほうを)**好む, 選ぶ**

🔲基本 **prefer** *A* to *B* B よりも A を好む

🗨会話 Which do you **prefer**, tea or coffee?—I **prefer** coffee **to** tea. 紅茶とコーヒーとではどちらが好きですか.—私は紅茶よりコーヒーのほうが好きです.

- I offered to go with her, but she **preferred** to go alone. 私は彼女といっしょに行こうと申し出たが彼女はひとりで行くことを望んだ.

preference /préfərəns プレふァレンス/ 名 (〜よりも…を)**好むこと; 好み; 好きなもの**

- My parents have a **preference for** coffee. 私の両親はコーヒーのほうを好む
- Which is your **preference**, jazz or rock? ジャズとロックのどちらが好きですか

preheat /priːhíːt プリーヒート/ 動 (オーブンなどを)**前もって温める, 予熱する**

prejudice /prédʒədis プレヂュディス/ 名 **偏見(へんけん), 先入観, 毛嫌(けぎら)い**

premier /primíər プリミア|prémiə プレミア/ 名 **首相(しゅしょう)** (prime minister)

premium /príːmiəm プリーミアム/ 名 **賞金; プレミアム**

at a premium (品物が)供給不足で, 値上がりして

prep /prép プレプ/ 形 **予備の** →preparatory を短くした語.

prepaid /priːpéid プリーペイド/ 形 **料金前払いの, プリペイドの**

preparation /prepəréiʃən プレパレイション/ 名 **準備, 用意**; (教科の)**予習**

preparatory /pripǽrətɔːri プリパラトーリ/ 形 **予備の, 準備の**

prepáratory schòol 名 **予備学校**

> 参考 米国では大学進学のための私立高校, 英国ではパブリックスクール (public school) 進学のための私立小学校を指す. **prep school** ともいう.

prepare 🔄 A2 /pripéər プリペア/ 動

❶ **用意する, 準備する**

- **prepare** a meal 食事の支度(したく)をする
- **prepare** a room **for** a party パーティーのために部屋の準備をする
- **prepare for** a travel [an examination] 旅行[試験]の準備をする
- She is **preparing to** go on a trip tomorrow. 彼女は明日旅行に行く準備をしている.

❷ **〜に(の)用意[準備]をさせる**

- The teacher **prepared** us **for** our examination. 先生は私たちに試験勉強をさせた.
- Ken **prepared** himself **for** the game by practicing every day. ケンは毎日練習をしてその試合に備えた.

president

507

❸ **(be prepared で)** 心の準備ができている, 覚悟(かくご)している

• **Be prepared**. 備えよ常に. → ボーイスカウトのモットー.

• I **am prepared for** the worst [**to do** that task]. 私は最悪の事態に対して心の準備ができている[その仕事をする覚悟でいる].

preposition /prepəzíʃən プレポズィション/ 名 《文法》**前置詞** →at, in, on など.

prép schòol 名 = preparatory school → 見出し語

prescription /priskrípʃən プリスクリプション/ 名 (薬の)**処方箋**(しょほうせん); **処方薬**

presence /prézns プレズンス/ 名
❶ **ある[いる]こと, 存在, 出席**
❷ **(～が)いる所, 面前**

present¹ 小 A1 /préznt プレズント/

名 **贈(おく)り物, プレゼント** → gift

• a birthday **present** 誕生日の贈り物

• She gave me an album **as** [**for**] a **present**. 彼女は私に贈り物としてアルバムをくれた.

• I wanted to buy a **present for** Jim. 私はジムへのプレゼントを買いたかった.

会話 This is a **present for** you. —Oh, thank you. May I open it? これはあなたへのプレゼントです.—どうもありがとう. 開けてもいいですか. → 欧米(おうべい)ではプレゼントをもらったらその場で包みを開けるのがふつう.

• Here is your birthday **present**. I hope you like it. 誕生日のプレゼントです. 気に入ってもらえるといいのですが. → 欧米ではプレゼントを相手に渡(わた)す時に「つまらないものですが」と言って渡す習慣はない.

── /prizént プリゼント/ (→ 名詞との分節・アクセントの位置の違(ちが)いに注意) 動

❶ **贈る, 贈呈(ぞうてい)する**

• **present** a medal **to** him = **present** him **with** a medal 彼にメダルを贈る → **give** よりも改まった語.

❷ **(ラジオ・テレビで番組を)提供する, 放送[放映]する**

• This program was **presented** by ～. この番組は～の提供でお送りしました. → **was** [助動] ❷

❸ **(正式に人を)紹介(しょうかい)する** → **introduce** よりも改まった語.

present oneself (人が正式に)**出頭する, 出**席する; (物が)**現れる**

• He **presented himself** at the police station. 彼は警察署に出頭した.

present² /préznt プレズント/ 形
❶ **出席して(いる), 居合わせて(いる)**

• He is **present** at the meeting. 彼は会合に出席している.

• There were fifty people **present**. 50人の人が出席していた.

POINT 上の例で present は people を修飾(しゅうしょく)する. 名詞を修飾する場合にはこのように名詞の後に置く. 名詞の前にはつけない.

会話 John.—**Present**, sir [ma'am, Ms.]. ジョン.—はい. → 出席点呼の返事. **Here** または **Yes** ともいう.

❷ **現在の, 今の** → 名詞の前にだけつける.

• the **present** captain 現在のキャプテン

• at the **present** time 今(は), 現在(は)

• the **present** tense 《文法》現在時制

── 名 ❶ **(ふつう the present で)現在**
関連語 **past** (過去), **future** (未来)
ことわざ (There is) No time like **the present**. 現在のような[に勝(まさ)る]時はない. → 「善は急げ」にあたる.

❷ **(the present で)《文法》現在形, 現在時制**

at present **現在は, 今**

• She lives in France **at present**. 彼女は現在フランスに住んでいる.

for the present **今のところは, 当分(は)**

• You must stay in bed **for the present**. あなたは当分の間寝(ね)ていなければならない.

presentation 中 /prezəntéiʃən プレゼンテイション/ 名 ❶ **(意見・提案などの)口頭発表, プレゼン(テーション)** ❷ **提出, 提示** ❸ **贈呈(ぞうてい); 贈呈品**

present-day /prézntdei プレズント デイ/ 形 **現代の, 今日(こんにち)の** → 名詞の前にだけつける.

presently /prézntli プレズントリ/ 副
❶ **まもなく, やがて** (soon)
❷ 《主に米》**現在, 目下** (now)

preserve /prizə́ːrv プリザ～ヴ/ 動 **守る, 保存する, 保護する**

── 名 ❶ **(森林・河川(かせん)などの)禁猟(きんりょう)区, 禁漁区** ❷ **(preserves で)保存食品, ジャム**

president 中 /prézədənt プレズィデント/ 名
❶ **(しばしば President で)大統領**

• **President** Kennedy ケネディ大統領

• the **President** of the United States of

America アメリカ合衆国大統領

❷ 社長, 学長, 会長, 頭取, 座長

presidential /prezədénʃəl プレズィデンシャる/
形 大統領の
- a **presidential** election 大統領選挙
- a **presidential** candidate 大統領候補

press /prés プレス/ 動 ❶ 押(お)す, 押しつける
- **press** the button ボタンを押す
- Don't **press** your opinions **on** [**upon**] me. 君の意見を私に押しつけないでくれ.
- The mother **pressed** her baby close to her. 母親は赤ん坊(ぼう)をひしと抱(だ)き締(し)めた. →close to ～ は「～の近くに」.
❷ (衣類などを)プレスする, アイロンをかける → iron よりも一般(いっぱん)的.
- **press** a shirt シャツにアイロンをかける
❸ しつこくせがむ, せき立てる
- He **pressed** me **for** an answer. 彼は私に答えを迫(せま)った.
- They **pressed** him **to** agree to their plan. 彼らは自分たちの案に彼が賛成するようにしつこく迫った[プレッシャーをかけた].
—— 名 ❶ (the press で) (集合的に) 報道機関, マスコミ; 出版物, (特に)新聞, 雑誌; 報道陣(じん), 記者団
- **The** Japanese **press** hasn't mentioned that problem. 日本の報道機関はその問題に触(ふ)れなかった.
- a **press** conference 記者会見
❷ 印刷機 (printing press); 印刷所, 出版社[局]
❸ 圧搾(あっさく)機, 圧縮機; 押すこと; アイロンをかけること

pressure A2 /préʃər プレシャ/ 名
❶ 押(お)すこと, 圧力
- blood **pressure** 血圧
❷ 迫(せま)られること, 圧迫(あっぱく), 強制; 重圧, 重荷
- the **pressure** of necessity [poverty] 必要[貧乏(びんぼう)]に迫られること
- He resigned **under pressure** of work. 彼は仕事の重圧に耐(た)えかねて辞職した.

pretend A2 /priténd プリテンド/ 動 ～のふりをする, ～だと見せかける
- **pretend** to be asleep 眠(ねむ)っているふりをする
- **Pretend** you are happy when you're blue. 憂鬱(ゆううつ)な時は楽しいふりをしなさい.
- The children **pretended to be** cowboys. = The children **pretended that**

they were cowboys. 子供たちは(カウボーイのふりをした ⇨)カウボーイごっこをした.

prettier /prítiər プリティア/ 形 **pretty** の比較(ひかく)級

prettiest /prítiist プリティエスト/ 形 **pretty** の最上級

pretty 中 A1 /príti プリティ/
形 (小さくて)かわいい   意味map
副 かなり
—— 形 (比較級 **prettier** /prítiər プリティア/; 最上級 **prettiest** /prítiist プリティエスト/)
(小さくて)かわいい, きれいな
基本 a **pretty** girl かわいい女の子 →pretty ＋名詞.
- a **pretty** little bird かわいらしい小鳥
- a **pretty** dress かわいらしい服
関連語 There are some **beautiful** roses in the garden. 庭に美しいバラがある.
関連語 **beautiful** は「完成された美しさ」を表すのに対して, **pretty** は「愛らしいこと」を表す.
基本 This flower is very **pretty**. この花はとてもきれいだ. →be 動詞＋pretty.
- This doll is **prettier** than mine. このお人形は私のよりもかわいい.
- These flowers are **the prettiest** in the garden. これらの花は庭で一番きれいだ.
—— 副 (比較変化なし)
かなり, 相当に
- a **pretty** big box かなり大きな箱
- It's **pretty** cold this morning. 今朝はかなり寒い. →It は漠然(ばくぜん)と「気温」を表す.
- He can speak English **pretty** well. 彼はかなりうまく英語がしゃべれます.

pretzel /prétsəl プレッツェる/ 名 プレッツェル → 結び目形をした塩味のパン.

prevent A2 /privént プリヴェント/ 動
❶ 妨(さまた)げる, ～を～できないようにする
- Rain **prevented** the baseball game. (雨が野球の試合を妨げた ⇨)雨で野球の試合ができなかった.
- The heavy rain **prevented** him (**from**) coming. (大雨が彼の来るのを妨げた ⇨)大雨のため彼は来られなかった. →(話)では from が省略されることが多い.
❷ 防ぐ, 予防する
- **prevent** illness 病気を予防する
- **prevent** the disease **from** spreading その病気が広がるのを防ぐ

prevention /privénʃən プリヴェンション/ 名
防止, 予防; 防ぐ物, 防ぐ方法

preview /príːvjuː プリーヴュー/ 名 ❶予習, 下見 ❷(映画の)試写会; 予告編

previous /príːviəs プリーヴィアス/ 形 (時間・順序が)先の, 前の →名詞の前にだけつける.

prey /préi プレイ/ 名 ❶(特に肉食動物の)えじき; 犠牲(ぎせい), (〜の)とりこ, 食いもの ❷他種の生き物を捕(と)らえて食う習性
—— 動 (**prey on** [**upon**] 〜 で) 〜をえじきにする; 〜を悩(なや)ます

price 中 A1 /práis プライス/ 名
値段, 価格; (**prices** で) 物価

•at a high [low] **price** 高い[安い]値段で
•What's the **price** of this camera? このカメラの値段はいくらですか. →×*How much is the price of 〜?* としない.
•He bought the painting **at** the **price of** 200,000,000 (読み方: two hundred million) yen. 彼はその絵を2億円(という値段)で買った.
•**Prices** are going up [down]. 物価が上がって[下がって]いる.

at any price どんな代価[代償(だいしょう)]を払(はら)っても
•I'll buy it **at any price**. 私はどんな代価を払ってもそれを買います.

prick /prík プリク/ 動 (針などで)ちくりと刺(さ)す, つく, 刺して(小さな穴を)あける

prick up one's *ears* (動物が)耳を立てる; 《話》(人が)耳をそばだてる

pride A2 /práid プライド/ 名
❶誇(ほこ)り, 自尊心; 自慢(じまん)の種
関連語「誇りのある」は **proud**.
•His sons are his **pride**. 彼の息子(むすこ)たちは彼の自慢の種.
❷うぬぼれ, 高慢(こうまん)

have [*take*] *pride in* 〜 〜に誇りを持つ; 〜を自慢する
•The old lady **takes** a lot of **pride in** her rose garden. その老婦人は自分のバラ園をとても自慢に思っている.

—— 動 (**pride** *oneself* **on** [**upon**] 〜 で) 〜を誇る, 〜を自慢する
•He **prides himself on** his CD collection. 彼は自分のCDのコレクションを自慢に思っている.

priest /príːst プリースト/ 名 (カトリック教会などの)司祭, (宗教の儀式(ぎしき)をする)祭司, 僧(そう), 神官
•a Catholic **priest** カトリックの司祭
•a Buddhist [Shinto] **priest** 僧[神官]

primary /práimeri プライメリ/ 形 基本の, 初歩の; 第一の, 主要な

prímary schòol 名 《英》小学校 →5〜11歳(さい)までの公立初等教育の学校. アメリカでは **elementary school** ともいう.

prime /práim プライム/ 形 第一の, 一番重要な, 主な
—— 名 全盛(ぜんせい)時, 盛(さか)り

príme mínister 名 総理大臣, 首相(しゅしょう)

príme tìme 名 (テレビの視聴(しちょう)率が一番高い)ゴールデンタイム →通常夜の7〜10時頃(ころ)の時間帯.

primitive /prímətiv プリミティヴ/ 形
❶原始(時代)の ❷原始的な, 素朴(そぼく)な

primrose /prímrouz プリムロウズ/ 名 《植物》サクラソウ →早春に淡黄色(たんおうしょく)の花をつける.

prince A1 /príns プリンス/ 名
(しばしば **Prince** で) 王子
•**Prince** Edward エドワード王子
•the Crown **Prince** 皇太子
•the **Prince** of Wales プリンス・オブ・ウェールズ →見出し語

Prínce of Wáles 名 (**the** をつけて) プリンス・オブ・ウェールズ →英国の皇太子に与(あた)えられる称号.

参考 14世紀初めにイングランドのエドワード1世が, ウェールズで生まれた長男にこの称号を与え, 以来英国の皇太子はこう呼ばれるようになった.「皇太子妃(ひ)」は **the Princess of Wales**.

princess A1 /prínses プリンセス/ 名
(しばしば **Princess** で) 王女; (prince の妻である)妃(きさき), 〜妃(ひ)
•**Princess** Anne アン王女
•the late **Princess** Diana 故ダイアナ妃
•the **Princess** of Wales プリンセス・オブ・ウェールズ →英国皇太子妃の称号.

principal 小 A2 /prínsəpəl プリンスィパる/ 名
(小学校・中学校・高校の)校長; 《英》(特定の大学の)学長

principle 510 five hundred and ten

• the **principal**'s office 校長室

—— 形 主な, 主要な

principle /prínsəpl プリンスィプる/ 名

❶ (物事の)原理, 原則

❷ (しばしば **principles** で) (人の考え方・行動などの)方針, 主義, 信条

in principle 原則的には, だいたいにおいて

on principle 主義として

print 中 A2 /prínt プリント/ 動 ❶印刷する, 出版する; (写真を)プリント[焼き付け]する

• **print** a book in color 本をカラーで印刷する

関連語 He **develops** and **prints** his own photos. 彼は自分の写真は自分で現像・焼き付けをする.

• This book is nicely **printed**. この本は見事に印刷されている. →**is** 助動 ❷

❷ 活字体で書く

• **Print** your name. Do not write it in script. 名前を活字体で書いてください. 筆記体で書いてはいけません.

print out (コンピューターから結果を)打ち出す, プリントアウトする

• I **printed out** the name list and made 30 copies of it. 私は名簿(めいぼ)をプリントアウトしてそれを30部コピーした.

—— 名 ❶ (押(お)してつけられた)跡(あと)

• Robinson Crusoe saw the **print** of a human foot in the sand. ロビンソン・クルーソーは砂の上に人間の足跡(あしあと)を見つけた.

❷ 印刷(された文字); 版画; (ネガを焼き付けた)写真

• a book **with** large print 活字の大きな本

• **make** color **prints** of a film フィルムのカラープリントを作る

• a Japanese wood block **print** 日本の木版画

• This book has clear **print**. この本は印刷がきれいだ.

in print 印刷されて, 出版されて

out of print 絶版になって

prínted màtter 名 印刷物 →「印刷物在中」の意味で封筒(ふうとう)などに書く.

printer A2 /príntər プリンタ/ 名

❶ 印刷業者, 印刷屋さん, 印刷職工

❷ 印刷機, (コンピューターなどの)プリンター

printing /príntiŋ プリンティンヶ/ 名

❶ 印刷; 印刷術 ❷ (写真の)焼き付け

prínting prèss 名 印刷機 →単に **press** ともいう.

priority /praió:rəti プライオーリティ/ 名 (複 **priorities** /praió:rətiz プライオーリティズ/) 優先, 優先権

prism /prízm プリズム/ 名 プリズム

prison /prízn プリズン/ 名 刑務(けいむ)所, 監獄(かんごく) →**jail**

prisoner /príznər プリズナ/ 名 囚人(しゅうじん); 捕虜(ほりょ); とりこ

privacy /práivəsi プライヴァスィ/ 名 (他人から干渉(かんしょう)されないで)ひとりで自由にしていること[権利], プライバシー

private A2 /práivit プライヴェト/ 形

❶ (公(おおやけ)のものでなく)個人の, 私有の; 個人的な, 私的な; 私立の

• a **private** opinion 個人的な意見

• for **private** reasons 個人的な理由で

• a **private** detective 私立探偵(たんてい)

反対語 **Private** schools are usually more expensive than **public** schools. 私立学校はふつう公立学校より費用がかかる.

• She never talks about her **private** life. 彼女は自分の私生活のことは絶対にしゃべらない.

• This lake is **private**, and no fishing is allowed. この湖は私有のもので, 釣(つ)りをすることは禁じられている.

❷ 公にしない, 内密の

• a **private** meeting 非公開の集まり, 仲間うちの会合

❸ (英) 親展の ((米) personal) →他人に開封(かいふう)されたくない手紙の封筒(ふうとう)に上書きする.

in private 内緒(ないしょ)で; 非公式に

privilege /prívəlidʒ プリヴィれヂ/ 名 特権, 特別扱(あっか)い

privileged /prívəlidʒd プリヴィれヂド/ 形 特権を持つ

prize 中 /práiz プライズ/ 名

賞(品), (くじの)景品

• (the) first **prize** 1等賞 →ふつう the をつけない.

• **win** first [second, third] **prize** in a contest コンテストで1 [2, 3]等賞を取る

pro¹ A2 /próu プロウ/ 名形 (話) プロ(の), 専門家(の) →**professional** を短くした形. 名詞の複数形は **pros** /próuz プロウズ/.

• a **pro** golfer プロゴルファー

pro[2] /próu プロウ/ 名 賛成投票, 賛成論 反対語 **con** (反対)

probable /prábəbl プラバブる/ 形 (十中八九)ありそうな, 〜しそうな

probably 中 A2 /prábəbli プラバブリ|prɔ́bəbli プロバブリ/ 副 おそらく, 十中八九は →**perhaps** 類似語
- He will **probably** win. (= It is probable that he will win.) おそらく彼が勝つでしょう.
- 会話 Will he pass the exam? —**Probably** [**Probably not**]. 彼は試験にパスするでしょうか. —おそらくね[おそらくしないでしょう].

problem 中 A1 /prábləm プラブれム| prɔ́bləm プロブれム/ 名

❶ (解決を必要とする社会的・個人的)問題, 課題
- a social **problem** 社会問題
- solve [work out] a **problem** 問題を解決する
- The **problem** is **that** he can't swim at all. 問題は彼が全く泳げないということだ.
- There is a **problem** with his carelessness. 彼の不注意に問題がある.

❷ (数学・理科などの)問題
- solve [**do, work out**] a math **problem** 数学の問題を解く

類似語 英語・歴史などの「問題」は **question** で, そういう問題に「答える」は **answer**.

no problem 問題ない, 大丈夫(だいじょうぶ)だ; (お礼・おわびに対して)どういたしまして; いいですとも

Can I keep this till tomorrow? —**No problem.**
これあしたまで借りていていい? —いいよ.

proceed /prəsí:d プロスィード/ 動 ❶ 前進する, 進む ❷ 続ける, 続行する ❸ 発する, 生じる

process /práses プラセス/ 名 ❶ 過程, プロセス ❷ (製造)方法, 作業(工程)
—— 動 (化学的に食品などを)加工処理する; (コンピューターで情報などを)処理する

procession /prəséʃən プロセション/ 名 行列

processor /prásesər プラセサ/ 名
❶ 加工[処理]業者
❷ (コンピューターの)処理装置

produce 中 A2 /prədjú:s プロデュース/ 動
❶ 生み出す, 生産する, 製造する
- Only a few countries **produce** oil. 石油を産出する国はごくわずかしかない.
- Eight hundred cars are **produced** a week in this factory. この工場では1週間に800台の自動車が生産されている. →**are** 助動 ❷

❷ 取り出す, 提出する, (出して)見せる
- **produce** *one's* driver's license 運転免許(めんきょ)証を出して見せる
- The magician **produced** a bird from his hat. 手品師は帽子(ぼうし)から1羽の鳥を取り出した.

❸ (劇などを)演出[上演, 製作]する
- Our school **produces** a musical every year. 私たちの学校は毎年ミュージカルを上演する.

—— /prádju:s プラデュース/ (→動詞とのアクセントの位置の違い(ちが)いに注意) 名
《集合的に》農産物, 産物
- farm **produce** 農産物 →×a produce, ×produces としない.
- The **produce** from our garden is mainly potatoes and tomatoes. 私たちの菜園からとれるのは主にジャガイモとトマトです.

producer /prədjú:sər プロデューサ/ 名
❶ 生産者, 生産地, 産み出すもの
❷ (劇・映画などの)製作者, プロデューサー

product 中 A2 /prádəkt プラダクト|prɔ́dəkt プロダクト/ 名
❶ 生産物, 産物; 製品
- farm [factory] **products** 農産物[工業製品]
❷ (努力などの)成果, 結果
- His success is a **product** of hard work. 彼の成功は努力の成果だ.

production A2 /prədʌ́kʃən プロダクション/ 名
❶ 作り出すこと; 生産, 製造, 製作
❷ 作り出された物; 産物, 製品, 作品; 生産高

Prof. 略 = **Prof**essor (教授)

profession

profession /prəféʃən プロフェション/ 名 (医者・教師・弁護士など知的)職業

professional 中 A2 /prəféʃənl プロフェショヌる/ 形 職業(上)の, 専門(職)の; プロの →**pro**
• a **professional** baseball player プロ野球選手
—— 名 プロ(選手), くろうと, 専門家
関連語 **amateur** (しろうと(の))

professor /prəfésər プロフェサ/ 名 (大学の)教授 →**Prof.**
• **Professor** Hill ヒル教授
• He is a **professor** of mathematics at Harvard University. 彼はハーバード大学の数学の教授だ.

profile /próufail プロウファイる/ 名 横顔, プロフィール; (新聞などの)簡単な人物紹介(しょうかい)

profit /práfit プラふィト/ 名 利益, 得

profitable /práfitəbl プラふィタブる/ 形 利益のある, もうかる; ためになる

program
中 A1 /próugræm プロウグラム/ 名 ❶ 番組(表), プログラム
• a concert **program** 演奏会のプログラム
• a TV English conversation **program** テレビの英会話番組
• What **programs** are **on** now? 今どんな番組をやっている?
❷ 予定(表), 計画; (コンピューターに入力する)プログラム
• a school **program** 学校行事計画
• make a **program** of a computer game on a personal computer パソコンでコンピューターゲームのプログラムを作る
• What's the **program** for tomorrow? 明日の予定はどうですか.

programme /próugræm プロウグラム/ 名 《英》=program

programmer /próugræmər プロウグラマ/ 名 プログラマー →コンピューターのプログラム作成を担当する技術者.

programming /próugræmiŋ プロウグラミング/ 名 《コンピューター》プログラミング
• **programming** language プログラミング言語 →コンピュータープログラムを作る際に使う一種の言語.

progress /prágres プラグレス/ 名 前進, 進行; 進歩, 発達, 発展
in progress 進行中で[の]

—— /prəgrés プログレス/ (→名詞とのアクセントの位置の違(ちが)いに注意) 動 進む; 進歩する, よくなる

progressive A2 /prəgrésiv プログレスィヴ/ 形 進歩的な; 進んでいく, 前進する

progréssive fórm 名 (the をつけて)《文法》進行形 →be 動詞+現在分詞 (doing) の形.

project 中 /prádʒekt プラチェクト|pródʒekt プロチェクト/ 名
❶ 計画, 企画(きかく); (大規模な)事業
• a **project** for a new airport 新空港計画
❷ (生徒の自主的活動を主とする)研究課題
• for our school **project** 学校の研究課題のために
• do a **project** on 〜 〜についての研究をする
—— /prədʒékt プロチェクト/ (→名詞とのアクセントの位置の違(ちが)いに注意) 動
❶ 計画する
❷ 発射する; (光・影(かげ)・映像などを)投げかける, 映し出す, 映写する
• **project** color slides onto a screen カラースライドをスクリーンに映写する

projector /prədʒéktər プロチェクタ/ 名 映写機

promise A2 /prámis プラミス/ 名
❶ 約束
• **make** a promise 約束する
• **keep** [**break**] one's promise 約束を守る[破る]
• make a **promise to** do so [not **to** do so] そうする[そうしない]という約束をする
❷ 将来の見込(こ)み, 有望さ
• a country with great **promise** 大きな可能性を秘(ひ)めた国
• She **shows** a lot of **promise** as a singer. 彼女は歌手としての見込みが大いにある. → ×a promise, ×promises としない.
—— 動 約束する
• He **promised to** do so [not **to** do so]. 彼はそうする[しない]と約束した.
• He **promised** her **to** pick her up at seven. 彼は彼女に7時に車で迎(むか)えに行くと約束した.
• He **promised** his son a pony for Christmas. 彼は息子(むすこ)にクリスマスには小馬を買ってやると約束した. →promise A B は「AにBを約束する」.

•Dad **promised** (me) **that** he would raise my monthly allowance. 父は(私に)私の毎月のお小遣(こづか)いの額を上げると約束した.

🗣会話 Will you speak for me? —Yes, I **promise**. 私の弁護をしてくれますか.—ええ, 約束します[きっと].

promising /prámisiŋ プラミスィング/ 形 有望な, 見込(こ)みのある

promote /prəmóut プロモウト/ 動
❶ 昇進(しょうしん)させる, 進級させる
❷ (計画・運動などを)促進(そくしん)する, 増進する, 助長する

promotion /prəmóuʃən プロモウション/ 名
❶ 昇進(しょうしん), 進級 ❷ 促進(そくしん), 増進, 助長

prompt /prámpt プランプト/ 形 すばやい, 機敏(きびん)な; 即座(そくざ)の

promptly /prámptli プランプトリ/ 副 すばやく, てきぱきと; 早速(さっそく)

pron. 略 ＝**pron**oun (代名詞)

pronoun /próunaun プロウナウン/ 名 《文法》代名詞

pronounce A2 /prənáuns プロナウンス/ 動 (言葉を)発音する
•How do you **pronounce** this word? この語はどう発音するのですか.

pronunciation A2 /prənʌnsiéiʃən プロナンスィエイション/ 名 発音

proof /prú:f プルーふ/ 名 証拠(しょうこ)(品); 証明
関連語 「証明する」は **prove** /プルーヴ/.
ことわざ The **proof** of the pudding is in the eating. プディングの証明(おいしいかどうか)は食べてみないとわからない. →「何事も実際に試(ため)してみないとわからない」の意味.
── 形 〜に耐(た)えられる, 〜に抵抗(ていこう)できる

-proof 接尾辞 「〜に耐(た)えられる」「防〜」という意味の語をつくる:
•fire**proof** 耐火(たいか)の
•water**proof** 防水の

prop /práp プラプ/ 名 (ふつう props で)小道具 (property)

propel /prəpél プロペる/ 動 (三単現 **propels** /prəpélz プロペるズ/; 過去・過分 **propelled** /prəpéld プロペるド/; -ing形 **propelling** /prəpéliŋ プロペりング/) 推進する, 進ませる

propeller /prəpélər プロペら/ 名 (船の)スクリュー; (飛行機の)**プロペラ**

propelling pencil /prəpèliŋ pénsl プロペりング ペンする/ 名 《英》シャープペンシル (《米》

mechanical pencil) →「シャープペンシル」は和製英語.

proper A2 /prápər プラパ/prɔ́pə プロパ/ 形
❶ ふさわしい, 適切な, 正しい
•Is this dress **proper for** the wedding? このドレスは結婚(けっこん)式にふさわしいかしら.
•That is not the **proper** way to kick a ball. それは正しいボールの蹴(け)り方ではない.
❷ 独特の, 固有の; 本来の
•This attitude is **proper to** a bank clerk. この態度は銀行員特有のものです.
•Return the books to their **proper** places. (図書館などで)本をもとの正しい場所に返しなさい.

properly /prápərli プラパリ/ 副 正しく, 適切に, きちんと

próper nóun 名 《文法》固有名詞 →Bob, Japan, London など.

property /prápərti プラパティ/ 名 (複 **properties** /prápərtiz プラパティズ/) 《集合的に》所有物; (所有する)土地建物, 不動産

prophet /práfit プラふェト/ 名 (神の)預言者; (一般(いっぱん)に)予言する人

proportion /prəpó:rʃən プロポーション/ 名 割合, 比率; 分け前

proposal /prəpóuzəl プロポウザる/ 名
❶ 提案; 計画
❷ 結婚(けっこん)の申し込(こ)み, プロポーズ

propose /prəpóuz プロポウズ/ 動 ❶ 提案する
❷ (結婚(けっこん)を)申し込(こ)む

prose /próuz プロウズ/ 名 散文, 散文体
関連語 **verse** (韻文(いんぶん)), **poetry** (詩)

prospect /práspekt プラスペクト/ 名 (しばしば **prospects** で) (将来の)見通し, (成功の)見込(こ)み

prosper /práspər プラスパ/ 動 栄える, うまくいく

prosperity /praspérati プラスペリティ/ 名 (複 **prosperities** /praspératiz プラスペリティズ/) 繁栄(はんえい), 成功

prosperous /prásparas プラスペラス/ 形 栄えている, うまくいっている, 裕福(ゆうふく)な

protect 中 /prətékt プロテクト/ 動 保護する, 守る
•We **protected** ourselves **from** wild animals. 我々は野獣(やじゅう)から身を守った.
•We must **protect** the crops **against** frost. 我々は作物を霜(しも)から守らなければなら

protection 514 five hundred and fourteen

ない.

・Football players wear helmets to **protect** their heads. フットボール選手は頭を保護するためにヘルメットをかぶる.

protection /prətékʃən プロテクション/ 名
保護; (～から)守ってくれる物[人]

protest /prətést プロテスト/ 動 ❶(強く)反対する, 異議申し立てをする, 抗議(こうぎ)する ❷主張する, ～だとはっきりと言う
── /próutest プロウテスト/ (→動詞とのアクセントの位置の違(ちが)いに注意) 名 抗議, 異議(申し立て), 反対

Protestant /prátistənt プラテスタント/ 名 (カトリック教徒に対して)新教徒, プロテスタント → 16世紀の宗教改革でカトリックの教義に反対(protest)して分離(ぶんり)した. →**Catholic**

protractor /proutrǽktər プロウトラクタ/ 名
分度器

proud 中 /práud プラウド/ 形 ❶(いい意味で)誇(ほこ)りを持っている, プライド[自尊心]がある
・a **proud** girl 誇りを持っている女の子
・We are **proud of** our mother. 私たちは母を誇りに思っています.
・I am **proud to** say that you are my son. おまえが私の子だと言えることを私は誇りに思う. →不定詞 to say は「言えて」. →**to** の④
❷(悪い意味で)威張(いば)った, 思い上がった, 高慢(こうまん)な; 得意(そう)な
・I don't like **proud** people. 私は高慢な人たちは嫌(きら)いだ.
・He is **proud that** his father is a rich man. 彼は父が金持ちだと威張っている.

proudly /práudli プラウドリ/ 副 ❶誇(ほこ)らしげに ❷威張(いば)って, おうへいに

prove /prú:v プルーヴ/ (→×/プロウヴ/ ではない)
動 ❶証明する, 示す 関連語「証明」は **proof**. ❷(prove (to be) ～ で) ～であることがわかる, ～となる

proverb /právə:rb プラヴァ～ブ/ 名 ことわざ

provide 中 A2 /prəváid プロヴァイド/ 動
用意する, 準備する; 供給する, 与(あた)える; (将来・危険などに)備える
関連語「用意」は **provision**.
・**provide** a meal 食事を用意する
・**provide** each guest **with** a car ＝ **provide** a car **for** each guest お客一人一人に車を1台ずつ用意する

・**provide for** old age 老後のために用意する, 老後に備える
・Sheep **provide** (us **with**) wool. 羊は(私たちに)羊毛を供給する.
・This house **is provided with** central heating. この家にはセントラルヒーティングの設備がある.

province /právins プラヴィンス/ 名 ❶(カナダなどの)州, 県; (「土佐の国」などの)国 ❷(the **provinces** で) (都会に対して)田舎(いなか), 地方

provision /prəvíʒən プロヴィジョン/ 名 ❶用意, 準備; 提供 関連語「用意する」は **provide**. ❷(provisions で) 食糧(しょくりょう)

prune /prú:n プルーン/ 名 プルーン, 干しスモモ →**plum**

P.S., PS 略 追伸(ついしん) →**post**script.

psalm /sá:m サーム/ 名 賛美歌

psychologist A2 /saikálədʒist サイカロヂスト| saikɔ́lədʒist サイコロヂスト/ 名 心理学者

psychology /saikálədʒi サイカロヂ/ 名 心理学; 心理(状態)

PTA 略 ピーティーエー →**Parent-Teacher Association** (父母と教師の会).

PTO 略 《米》ピーティーオー →**Parent-Teacher Organization** (父母と教師の会).

pub /páb パブ/ 名 《英語》居酒屋, 大衆酒場, パブ →public house を短くした語.

public A2 /páblik パブリク/ 形
公(おおやけ)の, 公衆(用)の, 公共の; 公立の
・a **public** hall 公会堂
・a **public** school 《米》公立学校; 《英》寄宿制私立中学・高校
・a **public** library (公立の)公共図書館
・a **public** bath 公衆浴場
── 名 (the **public** で) (一般(いっぱん)の)人々, 大衆; 国民
・the Japanese **public** 日本国民
・the reading **public** 本を読む人々, 読者層
・The museum is open to **the public**. その博物館は(一般に)公開されている.

in public 人前で; 公然と
・Don't shout **in public**. 人前で大声を出すな.

make public 公表する, 公刊する →受け身(公表される)で使われることが多い.
・The information hasn't been **made public**. その情報はまだ公開されていない. →**been** 助動 ❷

publication /pʌbləkéiʃən パブリケイション/ 图
出版, 発行; 出版物

públic hóuse 图 (英)居酒屋, 大衆酒場, パ
ブ →酒を飲みながら世間話をしたりダーツ
(darts)をしたりする. またビールとサンドイッチ
で昼食をとる人や家族連れも多い. 話し言葉では
pub という.

públic opínion 图 世論

públic relátions 图 広報(活動), ピーアー
ル →**P.R.** または **PR** と略す. →**P.R.**

públic schóol 图
❶ (英国の)パブリックスクール →13〜18歳(さい)
までの上流階級の子弟(してい)のために設立された寄
宿制の私立中等学校. 現在では女子も受け入れるよ
うになった. イートン, ラグビーなどが有名.
❷ (米)(初等・中等)公立学校

públic spírit 图 公共心

publish A2 /pʌ́bliʃ パブリシュ/ 動
❶ 出版する, 発行する
• This dictionary was first **published** in
1959 (読み方: nineteen fifty-nine). この辞
書は1959年に初めて出版された[この辞書の初版
は1959年です].
❷ 発表する, 公表する
• The news of the kidnapping was not
published for three days. その誘拐(ゆうかい)
のニュースは3日間公表されなかった[伏(ふ)せられ
ていた].

publisher /pʌ́bliʃər パブリシャ/ 图 出版社, 出
版業者, 発行する人

pudding 小 /púdiŋ プディング/ 图 プディング

> 参考 「プディング」には甘(あま)くないも
> のもある. 日本でいう「プリン」は **custard**
> /カスタド/ **pudding** という (牛乳と卵に砂糖・
> 香料(こうりょう)を加えた蒸(む)し菓子(がし).

puddle /pʌ́dl パドル/ 图 (雨などで道にできる)
水たまり

puff /pʌ́f パフ/ 動 (激しく体を動かしたあとな
ど)はあはあと息をする; (タバコの煙(けむり)など)ぷ
っと吹く, (ほおを)ぷっとふくらませる
── 图 ❶ (風・煙・蒸気が)ぱっと吹くこと, ひと吹
き ❷ ふわっとふくらんだ菓子(かし)

Pulitzer Prize /pjùːlitsər práiz ピューリッツァ
プライズ/ 固名 ピューリッツァー賞 →米国の新聞
業者 J. Pulitzer(1847–1911)の遺志(いし)によ
って設けられた賞で, 毎年米国における新聞報道・

文芸・音楽などの優(すぐ)れた業績に対して与(あた)えら
れる.

pull 中 A2 /púl プル/ 動
❶ 引く, 引っ張る; 引き抜(ぬ)く
• **pull** a sled そりを引く
• **pull** his ear＝**pull** him **by** the ear 彼の
耳を引っ張る
• **pull** a chair up to the table テーブルの方
に椅子(いす)を引き寄せる →up to 〜 は「〜まで」.
• **pull** (**at**) a sleeve 袖(そで)を引っ張る
• **pull** (**on**) a rope ロープをぐいと引く
• **pull** a door open 戸を引いて開ける →
open は形容詞. pull A B (形容詞)は「Aを引
っ張ってB(の状態)にする」.
反対語 Don't **pull**! Push! 引いちゃあだめだ!
押(お)すんだ!
• He **pulled** the wounded soldier to the
nearby bush. 彼は負傷した兵士を近くの茂(しげ)
みまで引っ張って行った.
• The horse was **pulling** the cart along
the road. その馬は道に沿って荷車を引いてい
た. →was 助動 ❶
• Stop **pulling**! You're hurting my arm!
そんなに引っ張らないで! 腕(うで)が痛い! →pull-
ing は動名詞(引っ張ること)で Stop の目的語.
❷ (ボート・列車などが)進む; (自動車など)(ある方
向へ)動く[動かす], 寄る[寄せる] →pull in,
pull out, pull over

pull down 引き降ろす; (家などを)取り壊(こわ)
す
• They **pulled down** the old house. 彼ら
はその古い家を取り壊した.

pull in 引っ込(こ)める; (列車などが)入って来る

pull off 引き抜く; (長靴(ながぐつ)・靴下(くつした)など
を)(さっと引っ張って)脱(ぬ)ぐ

pull on (セーター・靴下などを引っ張って)着る,
はく, はめる

pull out (歯・コルクなどを)抜く; (ポケットなど
から物を)出す; (列車・船が)出て行く
• I had my bad tooth **pulled out**. 私は虫
歯を抜いてもらった. →have A＋過去分詞は「A
を〜してもらう」.
• The train **pulled out** of the station. 列
車が駅から出て行った.

pull over ①(セーターなどを)頭からかぶって
着る ②(車などを)道路の端(はし)に寄せる

pull together 力を合わせる

pull up ①引き上げる, 引き抜く

pullover 516 five hundred and sixteen

• **pull up** weeds 雑草を引き抜く
② (車などが)止まる
• A taxi **pulled up** at the gate. タクシーが門のところで止まった.

—— 名 引くこと, 引く力, 引力
• give the rope a **pull** = give a **pull** on [at] the rope ロープを引っ張る

pullover /púlouvər プろウヴァ/ 名 プルオーバ
—— →頭からかぶって着るセーター[シャツ].

pulp /pálp パるプ/ 名 ❶ (モモ・ブドウなどのやわらかい)果肉 ❷ パルプ →木材をくだいてどろどろにしたもの. 紙の原料.

pulse /páls パるス/ 名 脈, 脈拍(みゃくはく)

puma /pjúːmə ピューマ/ 名 《動物》ピューマ, アメリカライオン (cougar)

pump /pámp パンプ/ 名 ポンプ
—— 動 (pump up とも) ポンプで~をくむ; ポンプで(空気などを)入れる

pumpkin 中 /pámpkin パンプキン/ 名 カボチャ
• three **pumpkins** カボチャ3つ
• eat **pumpkin** カボチャを食べる →この意味では ×a pumpkin, ×pumpkins としない.
• a **pumpkin** pie パンプキンパイ →感謝祭には付き物.

punch[1] /pántʃ パンチ/ 名
❶ 穴あけ(器), 切符(きっぷ)切りばさみ, パンチ
❷ 握(にぎ)り拳(こぶし)で打つこと, パンチ
—— 動 ❶ (パンチで)穴をあける, (切符を)切る
❷ げんこつで打つ

punch[2] /pántʃ パンチ/ 名 パンチ, ポンチ →果汁(かじゅう)に砂糖・ソーダ水などを加えた飲み物.

punctual /pánktʃuəl パンクチュアる/ 形 約束の時間を守る, 時間に遅(おく)れない

punctuation A2 /pànktʃuéiʃən パンクチュエイション/ 名 句読点をつけること; 句読法

punctuátion màrk 名 句読点 →comma (,), colon (:), semicolon (;), period (.), exclamation mark (!), question mark (?), dash (—) など.

puncture /pánktʃər パンクチャ/ 名 (とがった先であけられた)小さい穴; 《英》(タイヤの)パンク(の穴)
—— 動 (とがった先で)穴をあける; パンクする

punish /pániʃ パニシュ/ 動 罰(ばっ)する
• **punish** him **for** being late 遅刻(ちこく)したことで彼を罰する

punishment /pániʃmənt パニシュメント/ 名

罰(ばっ), 刑罰(けいばつ); 罰(ばっ)すること, 罰されること

pupil[1] /pjúːpil ピューピる/ 名 (小・中学校の)生徒; (個人指導を受ける)弟子(でし), 生徒 →《米》では小学生, 《英》では小・中学生を指す.
類似語 **student** は「(《米》中学校以上, 《英》大学・専門学校の)学生」.
• He [She] is a **pupil** at K elementary school. 彼[彼女]はK小学校の生徒です.
• How many **pupils** are there in your school? あなたの学校には生徒が何人いますか.

pupil[2] /pjúːpil ピューピる/ 名 瞳(ひとみ)

puppet /pápit パペット/ 名 (指・ひもで動かす)人形

púppet shòw [plày] 名 人形劇

puppy 中 /pápi パピ/ 名 (複 **puppies** /pápiz パピズ/) 子犬

púppy wàlker 名 パピーウォーカー →将来盲導(もうどう)犬になる子犬の初歩訓練を引き受けるボランティア家族の人.

purchase /páːrtʃəs パ〜チャス/ 動 購入(こうにゅう)する, 買う (buy)
—— 名 購入, 買い物; 買った品物

pure /pjúər ピュア/ 形 ❶ まじりけのない, 純粋(じゅんすい)な ❷ 汚(よご)れていない, きれいな, 清い

purely /pjúərli ピュアり/ 副 純粋(じゅんすい)に; 全く; ただ単に (only)

Puritan /pjú(ə)rətn ピュ(ア)リトン/ 名 清教徒, ピューリタン →16~17世紀のイギリスにおこったプロテスタントの一派. → **Pilgrim Fathers**

purple 小 A1 /páːrpl パ〜プる/ 形
紫(むらさき)色の →violet よりも赤みがかった色.
—— 名 紫色; 紫色の服

purpose A2 /páːrpəs パ〜パス/ 名 目的, つもり
• **for** this **purpose** この目的で
• What's the **purpose** of your visit? あなたの訪問の目的は何ですか. →外国へ入国する手続きの時に聞かれる.

on purpose わざと
• It was an accident—I didn't do it **on purpose**. あれは偶然(ぐうぜん)でわざとやったのではない.

purr /páːr パ〜/ 動名 (ネコがうれしくて喉(のど)を)ゴロゴロ鳴らす(音)

purse /páːrs パ〜ス/ 名
❶ (硬貨(こうか)を入れるための)財布(さいふ), がま口
関連語 「札(さつ)入れ」は **wallet**.

purse　　wallet

❷《米》(女性用)ハンドバッグ (handbag)

purser /pə́ːrsər パーサ/ 名 (旅客(りょかく)機・客船などの)**事務長, パーサー** → 会計その他の庶務(しょむ)をつかさどり, 乗客へのサービス・安全にも責任を持つ.

pursue A2 /pərs(j)úː パス(ュ)ー/ 動 **追いかける; (知識・快楽などを)追い求める**

pursuit /pərs(j)úːt パス(ュ)ート/ 名
❶ **追いかけること, 追跡(ついせき); 追求**
❷ (**pursuits** で) **仕事; 趣味**(しゅみ) (hobby)

push A1 /púʃ プシュ/ 動
❶ **押**(お)**す**
- **push** a button　ボタンを押す
- **push** a stroller　ベビーカーを押す
- **push** everything into a bag　バッグの中へ何でも押し込(こ)む
- **push** a door open　戸を押して開ける → open は形容詞. push A B (形容詞)は「Aを押してB(の状態)にする」.

反対語 **Push** the door; don't **pull**.　ドアを押しなさい. 引いてはだめです.

❷ (押しのけるようにして)**進む**
- The movie star **pushed** (his way) **through** his fans.　その映画スターはファンの間をかき分けて進んだ.

❸ (計画などを)**押し進める; (意見・品物などを)押し付ける; (push A to** *do* **で) A にぜひ〜しろと言う**
- My parents **pushed** me **to** quit the baseball club.　私の両親は私にどうしても野球部をやめなさいと言った.

push aside [away] 押しのける, 押しやる

push down 下に押す; 押し倒(たお)す
- **Push** the lever **down** in case of emergency.　非常の場合はこのレバーを下に押してください.

push in 押し込む; (列に)割り込む

push off (ボートを岸から)押し出す; 出発する, 立ち去る

push on 押し進む, 押し進める

push out 押し出す

push up 押し上げる

—— 名 押すこと, ひと押し
- give (him) a **push**　(彼を)押す →×give a push *to him* とはいわない.

pushchair /púʃtʃeər プシュチェア/ 名 《英》腰(こし)かけ式ベビーカー (《米》stroller)

pussy /púsi プスィ/ 名 (複 **pussies** /púsiz プスィズ/) ネコ (cat), 子ネコちゃん, にゃあにゃ → cat の小児(しょうに)語. またネコを呼ぶ時やお話の中のネコの名前に使う. **pussycat** /púsikæt プスィキャト/ ともいう.

put 小 A1 /pút プト/

動 ❶ **置く; 付ける**　　意味 map
❷ **〜を(ある状態に)する**
❸ **言い表す; 書き付ける**

—— 動
三単現	**puts** /púts プツ/
過去・過分	**put**
-ing形	**putting** /pútiŋ プティング/

→ 原形・過去形・過去分詞がどれも同じ形であることに注意.

❶ **置く; 付ける**
基本 **put a book on the desk**　本を机の上に置く → put+名詞+場所を表す副詞(句).
- **put** water **in** the bottle　瓶(びん)に水を入れる
- **put** a coat **on** a hanger　コートをハンガーにかける
- **put** a stamp **on** the envelope　封筒(ふうとう)に切手を貼(は)る
- Don't **put** your head **out of** the window.　窓から頭[顔]を出すな.
- Let's **put** the DVD in the DVD player.　その DVD を DVD プレーヤーにかけてみよう.
- He **puts** his money in the bank every month.　彼は毎月銀行に金を預ける.
- He **put** his ear to the wall.　彼は壁(かべ)に

put

耳を当てた. →現在形なら He put*s* ~.

会話
Where did you **put** the newspaper?
—I **put** it on the side table.
新聞をどこに置きましたか.—サイドテーブルの上に置きました.

- He **was** caught by the police and **put** in prison. 彼は警察に捕(と)らえられて留置場に入れられた. →受け身の文. → **was** [助動] ❷
- I'm **putting** a new lock on the door. 私はドアに新しい鍵(かぎ)を付けているところです. →現在進行形の文. → **am** [助動] ❶

❷ ~を(ある状態に)する, ~を(~)させる
- **put** a room in order （部屋を整頓(せいとん)の状態にする ⇨）部屋を整頓する
- **put** a baby to bed 赤ん坊(ぼう)を寝(ね)かせる

❸ 言い表す, 言う; 書き付ける, 記入する
- **Put** this sentence **into** English. この文を英語に訳しなさい.
- **Put** your name at the top of the sheet. 名前を用紙の一番上に書きなさい.

put away [aside] 片付ける; とっておく
- **Put** your things **away**. あなたの物を片付けなさい.

put back (元の所へ)返す, (あとへ)戻(もど)す
- **Put** these books **back**. これらの本を元(の所)に戻しなさい.

put down 下に置く, 降ろす; (力で)押(お)さえ付ける; 書き留める
- Please **put down** your pens and listen to me. ペンを置いて私の話を聞いてください.
- He **put down** all the names of the guests. 彼は客の名前を全部書き留めた.

put forth (芽などを)出す, (力を)出す
- **put forth** buds 芽を出す, 芽をふく

put in 入れる, (言葉を)差しはさむ
- **put in** the plug プラグを差し込(こ)む
- **put in** an order for ~ ~の注文を入れる[を注文する]
- **Put in** the right words. 正しい言葉を入れなさい.

put off 延ばす, 延期する
ことわざ Don't **put off** till tomorrow what you can do today. きょうできることをあしたに延ばすな. →関係代名詞 what 以下 (~するもの[事])は put off の目的語.

put /プト/

三単現 **puts** /プツ/　　過去・過分 **put** /プト/
-ing形 **putting** /プティング/

教科書によく出る意味

[動] ❶ (~を~に)置く, のせる, 入れる, つける
- Would you **put** this pen in the box? このペンを箱に入れていただけますか？
- He **put** some honey on the pancake. 彼はパンケーキにはちみつをかけた.

❷ ~を(ある状態に)する
- My sister **put** her room in order. 姉[妹]は自分の部屋を片付けた.

教科書によく出る連語

put on 着る, 身に着ける
- He **put** his hat **on** and smiled. 彼は帽子(ぼうし)をかぶってほほえんだ.

five hundred and nineteen 519 **pyramid**

- The game has been **put off** till next Friday. 試合は次の金曜日まで延期された. → **been** 助動 ❷

put on ① 着る, かぶる, はく → **wear** 動 ❶
- **put on** a sweater ＝ **put** a sweater **on** セーターを着る

② (劇を)**上演する**
- **put on** a musical ミュージカルを上演する

③ (電灯などを)**つける**
- **Put** all the lights **on**. 明かりを全部つけなさい.

④ (体重などを)**増す**
- I easily **put on** weight if I don't exercise. 私は運動をしないとすぐ太る.

⑤ (人に)**電話を代わる**, (人を)**電話に出す**
- **put** Jack **on** (電話で)ジャックと代わる, ジャックを電話に出す

put out 出す; (明かり・火などを)消す
- **put out** a futon ふとんを敷(い)く
- **put out** the light 明かりを消す
- **Put** this stray cat **out** right now. このの(ら)ネコをすぐに外に出しなさい.
- The firefighters soon **put** the fire **out**. 消防士たちが火事をすぐに消した.

put together 合わせる, つぎ合わせる
- **put** the broken pieces **together** 壊(こわ)れた破片(はへん)を継(つ)ぎ合わせる

- He is stronger than all of us **put together**. 彼は私たちみんなを合わせたよりももっと強い[私たちが束になっても彼のほうがまだ強い]. → 過去分詞 put (合わせられた)は all of us を修飾(しゅうしょく)する.

put up 上げる, 掲(かか)げる; (テントを)張る, (傘(かさ)を)さす, (旗を)立てる, (小屋を)建てる
- **put up** a notice 掲示(けいじ)を出す
- **put up** a tent テントを張る
- **put up** *one's* umbrella 傘をさす

put up at ～ ～に泊(と)まる
- We **put up at** a small inn in Kyoto. 私たちは京都の小さな旅館に泊まった.

put up with ～ ～を我慢(がまん)する
- I can't **put up with** such nonsense. そんなばかなことには我慢できない.

puzzle /pÁzl パズル/ 名 ❶ パズル
❷ 不可解な事[人物]; 謎(なぞ), 難問
── 動 頭を悩(なや)ませる, 困惑(こんわく)させる; 頭をひねる

pyjama /pədʒáːmə パヂャーマ/ 名 《英》＝pajama (パジャマ)

pyramid 小 /pírəmid ピラミド/ (→アクセントの位置に注意) 名
(しばしば **Pyramid** で) ピラミッド → 「ピラミッド状のもの」の意味でも使われる.

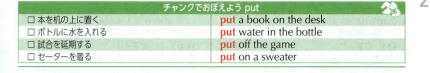

チャンクでおぼえよう put	
□ 本を机の上に置く	**put** a book on the desk
□ ボトルに水を入れる	**put** water in the bottle
□ 試合を延期する	**put** off the game
□ セーターを着る	**put** on a sweater

Q q

Q¹, q /kjúː キュー/ 名 (複 **Q's, q's** /kjúːz キューズ/) キュー → 英語アルファベットの17番目の文字.

Q² /kjúː キュー/ 略 ＝question (質問)

quack /kwæk クワック/ 動 (アヒル (duck) などが)ガーガー鳴く
―― 名 ガーガー → アヒルの鳴き声. **quack-quack** とも表記する.

quack-quack /kwækkwæk クワククワク/ 名
❶ ガーガー → アヒル (duck) の鳴き声.
❷《小児(しょうに)語》アヒルちゃん

quail /kwéil クウェイル/ 名 (複 **quails** /kwéilz クウェイルズ/, **quail**) 《鳥》ウズラ

quake /kwéik クウェイク/ 動
❶ (恐怖(きょうふ)などで)震(ふる)える
❷ (地震(じしん)などで地面が)揺(ゆ)れる
―― 名 ❶ 震動, 動揺(どうよう)
❷《話》＝earthquake (地震)

Quaker /kwéikər クウェイカ/ 固名 クエーカー教徒 → キリスト教新教のフレンド派 (the Religious Society of Friends) の人を外部の人が呼ぶ言葉. 質素な生活, 絶対平和などを主張する.

qualification /kwɑləfikéiʃən クワリふィケイション/ 名 (しばしば **qualifications** で) 資格, 能力

qualify /kwɑ́ləfai クワリふァイ/ 動 (三単現 **qualifies** /kwɑ́ləfaiz クワリふァイズ/; 過去・過分 **qualified** /kwɑ́ləfaid クワリふァイド/; -ing形 **qualifying** /kwɑ́ləfaiiŋ クワリふァイイング/) 資格を与(あた)える; 資格を取る

quality 小 A2 /kwɑ́ləti クワリティ|kwɔ́ləti クウォリティ/ 名 (複 **qualities** /kwɑ́lətiz クワリティズ/) 質, 品質, 良質; 性質, 特性
関連語 prefer **quality** to **quantity** 量より質を重んじる
・paper of poor **quality** 品質の悪い紙
・He has a lot of good **qualities**. 彼はたくさんの美点を持っている.

quantity /kwɑ́ntəti クワンティティ/ 名 (複 **quantities** /kwɑ́ntətiz クワンティティズ/)
❶ 量, 数量
関連語 prefer **quality** to **quantity** 量より質を重んじる

❷ (ふつう **quantities** で) たくさん
in quantity 大量に, たくさん

quarrel /kwɔ́rəl クウォーレル/ 名 口げんか, 口論, 言い争い →**fight**
―― 動 口げんか[口論]する; 文句を言う

quarter A1 /kwɔ́ːrtər クウォータ/ 名
❶ 4分の1 (one fourth, a fourth part); (時間の)15分 関連語 **half** (半分), **whole** (全体)

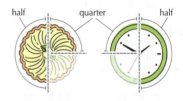

half　　　quarter　　　half

・a **quarter** of an hour　1時間の4分の1 (＝15分)
・a **quarter** past [to] six　6時15分過ぎ[前]
・three **quarters**　4分の3
・Mother divided the pie into **quarters**. お母さんはパイを4等分した.
❷《米・カナダ》25セント(硬貨(こうか))
❸《米》(1年を4つに分けた)学期
❹(ある特色を持った, 都市内の)地域, 地区, 〜街

quartet /kwɔːrtét クウォーテト/ 名《音楽》カルテット; 四重奏[唱]団; 四重奏[唱]曲

quay /kíː キー/ 名 (港の)岸壁(がんぺき), 波止場(はとば), 埠頭(ふとう)

Quebec /kwibék クウィベク/ 固名 ケベック → カナダ東部の州, またその州都. 大多数の住民がフランス語を使用している.

queen 小 A2 /kwíːn クウィーン/ 名
❶ 女王, 王妃(おうひ) → 「女王のような人・物」に対しても使う.
・**Queen** Elizabeth II (読み方: the second) エリザベス2世
・the **queen** of the cherry blossom festival　桜祭りの女王
❷ 女王バチ, 女王アリ
❸ (トランプ・チェスの)クイーン

five hundred and twenty-one　521　**quiet**

• the **queen** of hearts　ハートのクイーン

queer /kwíər クウィア/ 形　奇妙(きみょう)な, 変な, 変わった

question 小 A1 /kwéstʃən クウェスチョン/ 名

(複 **questions** /kwéstʃənz クウェスチョンズ/)

❶ 質問, 問い, (試験の)問題; 《文法》疑問文 → **problem** ❷ 類似語

反対語 **questions** and **answers** 質疑応答

• **answer** a **question** 質問に答える

• **ask** him a **question** 彼に質問をする →**ask** a **question of** him ともいえるが, 形式張った感じ.

• That's a good **question**. それはいい質問だ. → しばしば微妙(びみょう)で答えるのが難しい問題に対してもいう.

• I have a **question about** your school. 君の学校について質問があります.

• Can I **ask** you a **question**, Miss Smith? スミス先生, 質問をしてもいいですか.

• I could **answer** only one **question** on the history test. 私は歴史のテストでたった1つの問題しかできなかった.

• There were thirty **questions** in today's English test. きょうの英語のテストは質問[問題]が30あった.

❷ 疑い, 疑問

• **There is no question** about his honesty. = His honesty is **beyond question**. 彼の正直さには疑問の余地がない.

❸ (解決すべき)問題 (problem)

• It's not a **question** of money; it's a **question** of time. それはお金の問題ではなく, 時間の問題だ.

• We talked about the **question** of bullying. 私たちはいじめの問題について話し合った.

• The **question** is how to do it. 問題はどうやってそれをするかだ[そのやり方だ].

• The **question** is whether he will come or not. 問題は彼が来るかどうかということです.

out of the question 問題にならない, とても不可能な

• I have no money, so a new bicycle is **out of the question**. 私はお金がないので, 新しい自転車を買うなんてとてもできない.

—— 動 (三単現 **questions** /kwéstʃənz クウェ

スチョンズ/; 過去・過分 **questioned** /kwéstʃənd クウェスチョンド/; -ing形 **questioning** /kwéstʃəniŋ クウェスチョニング/)

(いろいろと)質問する

• He often **questions** me about my brother studying abroad. 彼はしばしば外国に留学している私の兄について質問する.

• He **was questioned** by a police officer. 彼は警官に尋問(じんもん)された. →受け身の文. →**was** 助動 ❷

quéstion màrk 名　疑問符(ふ) (?), クエスチョンマーク

queue /kjú: キュー/ 名　《英》(順番を待つ人・車の)列 (《米》line)

—— 動 (三単現 **queues** /kjú:z キューズ/; 過去・過分 **queued** /kjú:d キュード/; -ing形 **queu(e)ing** /kjú:iŋ キューイング/) 《英》(**queue up** とも) 列を作る, (一列に)並ぶ (line (up))

quick A2 /kwík クウィク/ 形

❶ すばやい, 速い, 短時間の

反対語 **slow** (遅(おそ)い)

• have a **quick** shower [breakfast] さっとシャワーを浴びる[朝食を済ませる]

• Be **quick about** your work. さっさと仕事をしなさい.

❷ 覚えるのが速い, わかりの速い, 利口な

• a **quick** learner 覚えるのが速い生徒

❸ 気の速い, せっかちな, 短気な

—— 副 《話》すばやく, 速く, 急いで (quickly)

quickly 中 A1 /kwíkli クウィクリ/

副 (比較級 **more quickly**; 最上級 **most quickly**)

すばやく, 速く, 急いで, すぐに

反対語 **slowly** (ゆっくり)

• I walked **quickly**. 私は速く歩いた.

• Doctor, come **quickly**. 先生, すぐ来てください.

• He **quickly** finished his meal. 彼は急いで食事を済ませた.

quiet 中 A1 /kwáiət クワイエト/ 形

❶ 静かな, 音[声]を立てない; 穏(おだ)やかな

反対語 **noisy** (さわがしい)

• a **quiet** night 静かな夜

• keep **quiet** (黙(だ)って, 動かないで)静かにしている

quietly 522 five hundred and twenty-two

- Be **quiet**! (おしゃべりをやめて)静かにして.
- You must be **quiet** in the library. 図書館の中では静かにしなければいけない.

❷ 平穏(へいおん)な, 平和な, 穏やかな; おとなしい, 無口な, 物静かな

- a **quiet** man (物静かな)おとなしい人
- a **quiet** life 静かな[平穏な]生活
- He spent a **quiet** evening at home. 彼は家でくつろいだ夕べを過ごした.
- The sea is **quiet** today. きょうは海が穏やかです.

—— 名 静けさ; 平穏

- the **quiet** of the night 夜の静寂(せいじゃく)
- 関連語 live in **peace** and **quiet** 平穏に暮らす

quietly A2 /kwáiətli クワイエトリ/ 副 静かに

quilt /kwílt クウィルト/ 名 (キルティングの)ベッド用掛(か)けぶとん, 羽ぶとん →羽毛(うもう)・羊毛などを入れキルティングしたもの.

quintet /kwintét クウィンテト/ 名 《音楽》五重奏[唱]曲, 五重奏[唱]団, クインテット

quit A2 /kwít クウィト/ 動 (三単現 **quits** /kwíts クウィッ/; 過去・過分 **quit**, **quitted** /kwítid クウィテド/; ing形 **quitting** /kwítiŋ クウィティング/) やめる, 中止する; 去る

- **quit** one's job 仕事をやめる
- **quit** reading 本を読むのをやめる
- **quit** school 学校をやめる
- You always **quit** when you are losing; that's not fair. お前は負け出すといつもやめるけど, それはフェアじゃないぞ.

quite 中 A2 /kwáit クワイト/ 副

❶ 全く, 完全に, すっかり (completely) →修飾(しゅうしょく)する語の前に置く.

- It's **quite** impossible. それは全く不可能だ.
- She is **quite** well now. 彼女は(病気が治って)もうすっかり元気です.
- I **quite** agree with you. 私は全く君と同意見です.

❷《意味を強めて》本当に, とても; かなり, まあまあ →修飾する語の前に置く. 前後関係によって強さの程度に幅(はば)がある.

- **quite** often しょっちゅう
- **quite** a long time かなり[ずいぶん]長い間 →quite は a, an の前に置かれる.
- It is **quite** cold for spring. 春にしてはかなり寒い. →It は漠然と「気温」を表す.

quite a few かなりたくさん(の)

- There are **quite a few** foreigners in my neighborhood. うちの近所にはかなりたくさんの外国人がいます.

quiz 小 A2 /kwíz クウィズ/ 名 (複 **quizzes** /kwíziz クウィゼズ/)

❶ (簡単な)小テスト, 試験 (test)

- Each week the teacher gives us a **quiz** in spelling. 毎週先生はスペリングの試験をする.

❷ クイズ

- a **quiz** show [program] (ラジオ・テレビなどの)クイズ番組

quotation /kwoutéiʃən クウォウテイション/ 名 引用; 引用文, 引用語句

quotátion màrks 名 引用符(ふ) → ' ' または " ". 引用した部分や会話文につける.

quote /kwóut クウォウト/ 動 (他人の言葉・文章をそのまま)引用する

R, r /ɑːr アー/ 名 (複 **R's, r's** /ɑːrz アーズ/)
アール → 英語アルファベットの18番目の文字.

rabbit 小 A1 /rǽbit ラビト/ 名
(動物)ウサギ, (特に)アナウサギ 類似語 rabbit よりも耳が長く大型の「野ウサギ」を一般(いっぱん)に **hare** といい, 小型のウサギを **rabbit** という.
• keep a **rabbit** ウサギを飼う

イメージ (rabbit)
ウサギは多産で1度に4～5匹(ひき)の子を年に数回産むので breed like rabbits (ウサギのように子を産む)は「たくさんの子を産む」の意味.

raccoon /rækúːn ラクーン/ 名 (動物)アライグマ

raccóon dòg 名 (動物)タヌキ

race[1] /réis レイス/ 名 競走, レース; 競争
• a horse **race** (1回の)競馬
• a mile **race** 1マイル競走
• run [have] a **race** 競走する, かけっこする
• win [lose] a **race** 競走に勝つ[負ける]
ことわざ Slow and steady wins the **race**. ゆっくりで着実なのが競走に勝つ. →「せいては事を仕損じる」にあたる.
——動 競走する; 疾走(しっそう)する, 走る
• I'll **race** you **to** the bus stop. バス停まで君と競走しよう.
• The car **raced** down the expressway. その車は高速道路を疾走して行った.
• Bob and Ken were **racing** (**against**) each other. ボブとケンは互(たが)いに競走していた.

race[2] /réis レイス/ 名 人種; (動植物の大分類としての)類
• the white **race** 白色人種
• people of different **races** いろいろな人種の人々
• the human **race** 人類

racial /réiʃəl レイシャる/ 形 人種の, 人種的な

rack /rǽk ラク/ 名 (物を載(の)せる)棚(たな), 網棚(あみだな), ～掛(か)け

racket 小 A2 /rǽkit ラケト/ 名 (テニス・バドミントンなどの)ラケット → ふつうはフレームにネットを張ってあるものをいう. → **bat**[1]

radar /réidɑːr レイダー/ 名 電波探知(法); 電波探知機, レーダー

radiation /rèidiéiʃən レイディエイション/ 名
❶ 放射; 放射すること
• ultraviolet **radiation** 紫外線の放射
❷ 放射線; 放射エネルギー
• Nuclear **radiation** is dangerous. 核からの放射線は危険だ.

radii /réidiai レイディアイ/ 名 **radius** (半径)の複数形

radio 中 A1 /réidiou レイディオウ/ (→×/ラディオ/ではない) 名 (複 **radios** /réidiouz レイディオウズ/) ❶ ラジオ(放送); 無線(通信)
• a **radio** program ラジオ放送番組
• a **radio** station ラジオ放送局
• **radio** English programs ラジオ英語講座
• listen to **the radio** ラジオを聞く
• **turn on** [**off**] the **radio** ラジオをかける[切る]
• I heard the news **on** [**over**] the **radio**. 私はそのニュースをラジオで聞いた.
• Ships send messages to each other **by radio**. 船は互(たが)いに無線で交信する.
❷ ラジオ受信機, ラジオ → **radio set** ともいう.
• a transistor **radio** トランジスターラジオ
• a **radio** cassette recorder ラジカセ

radioactive /rèidiouǽktiv レイディオウアクティヴ/ 形 放射能のある, 放射性の

radioactivity /rèidiouæktívəti レイディオウアクティヴィティ/ 名 放射能

radish /rǽdiʃ ラディシュ/ 名 (植物)ハツカダイコン, ラディッシュ

radium /réidiəm レイディアム/ 名 (化学)ラジウム →キュリー夫妻が発見した放射性金属元素.

radius /réidiəs レイディアス/ 名 (複 **radii** /réidiai レイディアイ/, **radiuses** /-iz レイディアセズ/) 半径 関連語 **diameter** (直径)

raft /rǽft ラふト/ 名 いかだ; ゴムボート
——動 (川を)いかだで下る; いかだで運ぶ

rafting /rǽftiŋ ラふティング/ 名 ラフティング →いかだやゴムボートでの渓流(けいりゅう)下り.

rag /rǽg ラグ/ 图 ぼろ切れ; (**rags** で) ぼろ(服)

rág dòll 图 ぬいぐるみ人形

rage /réidʒ レイヂ/ 图 激怒(げきど); (風・波などの)猛威(もうい), 激しさ
—— 動 ❶ かんかんに腹を立てる, 激怒する
❷ (嵐(あらし)・病気などが)荒(あ)れ狂(くる)う

ragged /rǽgid ラゲド/ 形 ❶ (布・服などが)ぼろぼろの; ぼろを着た ❷ ぎざぎざの, でこぼこの; (頭髪(とうはつ)・庭草などが)ぼうぼうの

raid /réid レイド/ 图 (急な)襲撃(しゅうげき)
—— 動 ある場所を急襲する, 襲(おそ)う

rail /réil レイる/ 图 ❶ (柵(さく)の)横(よこ)に渡(わた)した木, 横棒, (階段の)手すり; (**rails** で) 柵, フェンス ❷ (鉄道の)レール; 鉄道 (railroad)

by rail 鉄道で, 列車で
関連語 It is quicker to travel **by rail** than **by road**. 自動車で行くより電車で行くほうが速い.

railroad /réilroud レイるロウド/ 图 《米》鉄道; 鉄道線路
• a **railroad** accident 鉄道事故
• a **railroad** crossing 鉄道踏切(ふみきり)
• a **railroad** station 停車場, 駅

railway /réilwei レイるウェイ/ 图 《英》= railroad

rain 中 A1 /réin レイン/ 图
雨
• a drop of **rain** 1滴(てき)の雨, 雨粒(あまつぶ) → ×a rain としない.
• heavy **rain** 大雨
• The ground is dry. We need some **rain**. 地面が乾(かわ)いている. 我々は雨が必要だ. →×rains としない.
• My coat is wet because I was out **in the rain**. 外の雨の中にいたので私の上着はぬれています.
• It looks like **rain**. 雨になりそうだ. → 場合によっては「(今見たところ)雨が降っているらしい」という意味にもなる. It は漠然(ばくぜん)と「天候」を表す.
• We **have had** a lot of [little] **rain** this summer. 今年の夏は雨が多かった[少なかった]. → 現在完了(かんりょう)の文.
ことわざ After the **rain** comes the sun. 雨の後には日が照る. → 主語は the sun.「悲しい事の後にはよい事がある」の意味.「雨降って地固まる」にあたる.

rain or shine 雨でも晴れでも, 晴雨にかかわらず
—— 動 (三単現 **rains** /réinz レインズ/; 過去・過分 **rained** /réind レインド/; -ing形 **raining** /réiniŋ レイニング/)
雨が降る → 主語には漠然と「天候」を表す it を使う.
• It began to **rain**. 雨が降り出した.
• In Japan it **rains** a lot in June. 日本では6月にたくさん雨が降る.
• It **rained** hard all night. 一晩中雨がひどく降った.
• It **is raining**. 雨が降っている. → 現在進行形の文. → **is** 助動 ❶
• It will stop **raining** before evening. 夕方までには雨はやむでしょう. → raining は動名詞(降ること)で stop の目的語.

rainbow 小 /réinbou レインボウ/ 图 虹(にじ)
• The **rainbow** has seven colors: red, orange, yellow, green, blue, indigo, and violet. 虹は7つの色を持っている. すなわち赤, オレンジ, 黄色, 緑, 青, 藍(あい), それに紫(むらさき).

参考 「虹の7色」の頭文字(かしらもじ)の覚え方: **R**ichard **o**f **Y**ork **G**ained **B**attles **I**n **V**ain. (ヨークのリチャードは戦(いくさ)に勝って戦争に負けた.)

raincoat A2 /réinkout レインコウト/ 图 レインコート

raindrop /réindrap レインドラプ/ 图 雨粒(あまつぶ) (a drop of rain)

rainfall /réinfɔːl レインふぉーる/ 图 降雨, 雨; (雪・みぞれなども含(ふく)めて)降水量

ráin fòrest 图 熱帯雨林 → 雨の多い熱帯地方の樹林で, 高い常緑樹がうっそうと茂(しげ)っている.

rainstorm /réinstɔːrm レインストーム/ 图 暴風雨 (a storm with heavy rain)

rainwater /réinwɔːtər レインウォータ/ 图 雨水

rainy 小 A1 /réini レイニ/ 形 (比較級 **rainier** /réiniər レイニア/; 最上級 **rainiest** /réiniist レイニエスト/)
雨降りの, よく雨の降る, 雨の多い
• a **rainy** day 雨(降り)の日 →「いざという時, 万一の場合」の意味でも使う.
• the **rainy** season 雨の多い季節, 雨季, つゆ

five hundred and twenty-five　525　**rap**

•We had **rainy** weather last month. 先月は雨の日が多かった.

•On **rainy** Sundays I stay home and watch television. 雨の日曜日には私は家にいてテレビを見ています.

•The day was cold and **rainy**. その日は寒くて雨降りだった[雨の降る寒い日だった]. ➡英語では cold and rainy の語順がふつう.

•Put money aside **for a rainy day**. 雨の日(いざという時)のためにお金をためておきなさい.

raise 中 A2 /réiz レイズ/ 動

❶ 上げる, 持ち上げる, 起こす, 高くする; (家・碑(ひ)などを)建てる

•**raise** one's hand 手を上げる

•**raise** an allowance 小遣(こづか)いの額を上げる

•**raise** one's voice 声を張り上げる, 声を荒(あ)らげる; 声を立てる

•**Raise** your hand if you have a question. 質問があるなら手を上げてください.

•That railroad company **raises** the fares every year. あの鉄道会社は毎年運賃を上げる.

•The old man **raised** his hat to the lady. その老人はその女性に帽子(ぼうし)を上げて挨拶(あいさつ)した.

❷ (子供・作物・家畜(かちく)を)育てる; 飼育する, 栽培(さいばい)する

•**raise** three children 3人の子供を育てる

•**raise** cattle 牛を飼う

•**raise** roses バラを栽培する

❸ (資金などを)集める

•**raise** money for people starving in Africa 飢(う)えているアフリカ難民のために募金(ぼきん)する

raise one's eyebrows (眉(まゆ)を上げる ⇨)目を丸くする, 眉をひそめる ➡驚(おどろ)き・非難の表情.

── 名 《米》(給料・小遣い・値段などを)上げること(《英》rise)

•I got a **raise in** my allowance. 私はお小遣いを上げてもらった.

raisin /réizn レイズン/ 名 干しブドウ, レーズン(dried grape)

rake /réik レイク/ 名 熊手(くまで)

── 動 (**rake up** とも)熊手でかき集める

rally /ræli ラリ/ 名 (複 **rallies** /ræliz ラリズ/)

❶ 大集会 ❷ 自動車ラリー ➡公道で運転技術を競(きそ)う長距離(きょり)自動車競走.

Ramadan /ræmədɑ́:n ラマダーン/ 名 ラマダーン ➡イスラム暦(れき)の9月. イスラム教徒はこの月の間, 日の出から日没(にちぼつ)まで断食(だんじき)する.

ramp /ræmp ランプ/ 名 (高さの違(ちが)う2つの路面をつなぐ)傾斜(けいしゃ)路; ランプ

Ramsar Convention /ræmsɑ:r kənvénʃən ラムサー コンヴェンション/ 名 ラムサール条約 ➡1971年イランの Ramsar で採択(さいたく)された国際条約. 湿地およびそこに生息する動植物や水鳥の保全を目的とする.

ran 中 /ræn ラン/ 動 **run** の過去形

ranch /ræntʃ ランチ/ 名 (米国の西部・南部に見られる)大牧場

random /rændəm ランダム/ 形 手当たり次第(しだい)の, 思いつくままの

at random 手当たり次第に, でたらめに, 思いつくままに

rang /ræŋ ラング/ 動 **ring** の過去形

range A2 /réindʒ レインヂ/ 名

❶ (人・物の)列, 並び; 山脈

•a mountain **range** ＝a **range** of mountains 山脈, 連山

❷ 《米》(広大な)放牧地

❸ (変動の)幅(はば), 範囲(はんい); 射程距離(きょり)

•There is a wide **range** in the price(s) of television sets. テレビの値段にはいろいろと幅があります.

❹ (主に米) (料理用)レンジ (《英》cooker)

── 動 ❶ 並べる, 整列させる; 並ぶ

❷ (範囲が)～にわたる[及(およ)ぶ]

•Wages **range** from ¥900 to ¥1,200 per hour. 時給は900円から1,200円まである.

rank /ræŋk ランク/ 名 ❶ 階級, ランク, 地位 ❷ (人・物の)列; 《英》タクシー乗り場 ➡**taxi rank** (《米》taxi stand) ともいう.

── 動 ❶ (順位で)並べる, ランク付けをする ❷ 地位を占(し)める, 位する

ranking /ræŋkiŋ ランキング/ 名 順位

ransom /rænsəm ランサム/ 名 身代金(みのしろきん)

rap A2 /ræp ラプ/ (➡wrap と同音)名

❶ ラップ音楽 ➡**rap music** ともいう.

❷ こつんとたたくこと

── 動 (三単現 **raps** /ræps ラプス/ 過去・過分 **rapped** /ræpt ラプト/; -ing形 **rapping**

rapid 526 five hundred and twenty-six

/rǽpiŋ ラピング/) ❶こつんとたたく →**knock**よりも強い. ❷(新聞などで)批判する, 非難する

rapid /rǽpid ラピド/ 形 速い, 急な
—— 名 (**rapids** で) 急流, 早瀬(はやせ)

rapidly /rǽpidli ラピドリ/ 副 速く, 急速に, どんどん, 急いで

rare¹ /réər レア/ 形 まれな, 珍(めずら)しい
関連語 This is a **rare** stamp. It **rarely** appears at auction. これは珍しい切手だ. めったに競売に付されることがない.

rare² /réər レア/ 形 (肉が)生焼けの, レアの

rarely /réərli レアリ/ 副 めったに〜しない; めったにないほど

rascal /rǽskəl ラスカル/ 名 悪漢, ならず者, ごろつき; いたずらっ子

rash¹ /rǽʃ ラシュ/ 形 せっかちな, そそっかしい, 無謀(むぼう)な

rash² /rǽʃ ラシュ/ 名 吹(ふ)き出物, 発疹(はっしん/ほっしん)

raspberry /rǽzberi ラズベリ/ 名 (榎) **raspberries** /rǽzberiz ラズベリズ/) (果物) ラズベリー, キイチゴ(の実)

rat A1 /rǽt ラト/ 名 (動物) ネズミ →野ネズミや日本のイエネズミなど大型のもの. 類似語 ハツカネズミは **mouse** で, rat の半分以下の大きさしかない.

▎**イメージ** (rat)
穀物を食い荒(あ)らしたり, いろいろな病原菌(きん)を媒介(ばいかい)するので悪者のイメージがある. また沈没(ちんぼつ)しそうな船からは rat がいち早く姿を消すと言い伝えられているところから「裏切者」の意味で使われ, He is a rat. は「彼は裏切者だ」, smell a rat (ネズミのにおいがする)は「何か怪(あや)しいぞ」の意味.

rate A2 /réit レイト/ 名 ❶割合, 率
•the birth [death] **rate** 出生[死亡]率
❷速度
•**at** a fast **rate** 速い速度で
•**at the rate of** 60 miles an hour 1時間60マイルの速度で →an hour は「1時間につき」.
❸料金
•telephone **rates** 電話料金
•the parking **rate** 駐車(ちゅうしゃ)料金
❹等級 (rank)
•a first-**rate** movie 第一級の映画
at any rate とにかく, どっちにしても

rather A2 /rǽðər ラざ/ 副

❶(主に A **rather than** B で) BよりはむしろA, どちらかと言えばBよりA
•The color is blue **rather than** green. その色は緑というよりむしろ青です.

❷かなり, とても (quite); 幾分(いくぶん), 少々 (a little) →前後関係によって程度に幅(はば)があるが, very まではいかないまでも, 程度の高いことを示すことが多い.
•It is **rather** cold today. きょうはかなり寒い.
•It's **rather** a good idea. =It's a **rather** good idea. それはとてもいい考えだ.
•Our baby can walk **rather** well. うちの赤ちゃんはなかなか上手に歩けます.

❸((or) **rather** で) (話) より正確に言うと

would rather do (**than** do) (〜するより)むしろ〜したい
•I **would rather** go with you **than** stay at home. 家にいるよりはあなたといっしょに行きたい.

rating A2 /réitiŋ レイティング/ 名 ❶評価, 格付け ❷(ふつう **ratings** で) (テレビなどの)視聴(しちょう)率

ratio /réiʃ(i)ou レイショウ/ 名 比, 比率, 割合

rattle /rǽtl ラトル/ 動 ガタガタ鳴る; (馬車などが)ガラガラ通る; ガタガタ鳴らす
—— 名 ❶ ガタガタ[ガラガラ]いう音
❷(おもちゃの)ガラガラ

rattlesnake /rǽtlsneik ラトルスネイク/ 名 (動物) ガラガラヘビ

raven /réivn レイヴン/ 名 (鳥) ワタリガラス →北半球に分布する大型のカラス.

raw A2 /rɔ́ː ロー/ 形 生の, 料理していない; 加工していない
•**raw** meat 生の肉
•a **raw** egg 生卵
•**raw** materials 原料
•eat fish **raw** 魚を生で食べる →raw は「生の状態で」の意味.

ray A2 /réi レイ/ 名 光線; 放射線
•X-**rays** X線
•the direct **rays** of the sun 直射日光

razor /réizər レイザ/ 名 かみそり

Rd., Rd 略 =Road (〜通り)

re- /ri: リー/ 接頭辞 「再び」「もとへ」「新たに」などの意味を表す:
•**reuse** 再利用する
•**retake** 取り戻(もど)す

're 中 A1 略 《話》**are** の短縮形

reach 中 A2 /ríːtʃ リーチ/ 動

❶ 〜**に着く**，〜**に到達**(とうたつ)**する** (arrive at [in], get to); (〜まで)**達する**, (〜に)**届く**
- **reach** the top 頂上に着く
- **reach** the shore 岸に着く
- **reach** home at six 6時に家に着く
- I can **reach** the book on the shelf. 私は棚(たな)の上の本に手が届く．
- This string is too short. It won't **reach**. このひもは短過ぎる．これじゃ届かないでしょう．
- This train **reaches** Nagoya at 6:30 (読み方: six thirty) p.m. この列車は午後6時30分に名古屋に着きます．
- No sound **reached** my ear. 何の物音も私の耳に届かなかった[聞こえなかった]．

❷ (**reach out** とも) (手などを)**差し出す**, **伸**(の)**ばす**; **手を伸ばして取る**
- **reach out** (*one's* hand) **for** 〜 〜を取ろうとして手を伸ばす
- I **reached** to pick an apple from the tree. 私は木からリンゴをもぎ取ろうと手を伸ばした．

❸ (電話などで)**連絡**(れんらく)**を取る**

How can I **reach** you? —You can **reach** me at this (phone) number. どうやったらあなたと連絡が取れますか．—この電話番号で私につながります．

- You've **reached** the Ota family. We can't get to the phone right now. Please leave your name and a short message. 《留守電の応答メッセージで》(あなたは太田家に連絡されました ⇨)こちらは太田です．ただ今電話に出られません．お名前とメッセージをどうぞ．→ have reached は現在完了(かんりょう)形．→ **have** 助動 ❶

—— 名 (手などを)**伸ばすこと**; **届く範囲**(はんい)
- a boxer with a long **reach** リーチのあるボクサー
- The grapes were **beyond** his **reach**. そのブドウは(高い所になっていて)彼には届かなかった．
- Keep the lighter **out of reach of** the children. ライターは子供たちの手の届かない所に置いておきなさい．
- The apples were **within** my **reach**. リンゴは私の手の届く所にあった．
- Zushi is **within** easy **reach** of Tokyo. 逗子は東京から簡単に行ける所にある．

react /riǽkt リアクト/ 動 (〜に対して)**反応を示す**, **振**(ふ)**る舞**(ま)**う**; **反発する**
- How did he **react to** that news? その知らせに対して彼はどんな反応を示しましたか．

reaction /riǽkʃən リアクション/ 名 反応; 反響(はんきょう)

read 小 A1 /ríːd リード/ 動

三単現	**reads** /ríːdz リーヅ/
過去・過分	**read** /réd レド/ → つづり字は原形と同じだが, 発音が変わることに注意.
-ing形	**reading** /ríːdiŋ リーディング/

❶ **読む**, **読書する**; **読んで聞かせる**
POINT 声を出して読む場合にも出さないで読む場合にもいう．

基本 **I read.** 私は読書する．→ 主語+read.
- My little brother can't **read** yet. 私の弟はまだ字が読めない．

基本 **I read a book.** 私は本を読む．→ 主語+read+目的語．

関連語 Mr. Smith can **speak** Japanese but he can't **read** or **write** it. スミスさんは日本語をしゃべることはできるが読んだり書いたりはできない．
- She **reads** poetry very well. 彼女はとても上手に詩を読む[詩の朗読がうまい]．
- **Read** this sentence **aloud**. この文を声に出して読みなさい[音読しなさい]．
- She **read** the story **to** her children. = She **read** her children the story. 彼女は子供たちにその物語を読んで聞かせた．→ 現在形なら reads. 後の文は read *A B* で「AにBを読んで聞かせた」．
- I **read about** his death in the newspaper yesterday. 昨日私は彼の死を新聞で読んで知った．
- **Have** you **read** the book before? 君はその本を(前に)読んだことがありますか．→ read は過去分詞．現在完了(かんりょう)の文．→ **have** 助動 ❷
- The Bible **is read** all over the world. 聖書は世界中で読まれている．→ read は過去分詞．受け身の文．→ **is** 助動 ❷

reader 528

- Susie **is reading** in her room. スージーは自分の部屋で読書している. →現在進行形の文. →**is** [助動] ❶
- He is very fond of **reading** comics. 彼は漫画(まんが)を読むのが大好きだ. →reading は動名詞(読むこと)で前置詞 of の目的語.

❷ **読み取る，読む**
- **read** music 楽譜(がくふ)を読む
- **read** the clock 時計の見方がわかる
- **read** her palm 彼女の手相を見る
- Mother can **read** my thoughts. 母は私が何を考えているかわかる

❸ **(計器など)指し示す；～と書いてある**
- The thermometer **reads** 30℃ (読み方: thirty degrees centigrade). 温度計がセ氏30度を示している.
- Her letter **reads** as follows. 彼女の手紙は次のように書いてある. →as follows は「次のように」.

read out (名簿(めいぼ)・文章などを)**読み上げる**

read through ～ **～を最後まで読み通す，通読する**

read to oneself **声を出さないで読む，黙読(もくどく)する** (read silently)

reader [A1] /ríːdər リーダ/ [名]

❶ **読者，読書家**
- a fast **reader** 本を読むのが速い人
- a great **reader** 大の読書家
- a palm **reader** 手相を見る人

❷ **リーダー，読本** →読解学習用の物語本.
- an English **reader** 英語読本

readily /rédili レディリ/ [副] ❶ **快く；早速(さっそく)，すぐに** ❷ **簡単に，わけなく** (easily)

reading [A1] /ríːdiŋ リーディング/ [動] read の -ing 形 (現在分詞・動名詞)

── [名] ❶ **読書；読み方；(詩などの)朗読(会)**
[関連語] **reading** and **writing** 読み書き
❷ **(集合的に)読み物**

réading ròom [名] (図書館などの)**読書室**

ready

ready [小] [A1] /rédi レディ/ [形] (比較級) **readier** /rédiər レディア/; (最上級) **readiest** /rédiist レディエスト/)

❶ **用意ができて，準備ができて，いつでも～できるようになって**

[基本] Breakfast is ready. 朝食の用意ができたよ. →動詞＋ready. ❸ の場合をのぞき名詞の前にはつけない.

- Your bath is **ready**. おふろの用意ができました.
- Is everything **ready for** the party? パーティーの用意は全部いいですか.
- The fields are **ready for** harvesting. 畑は刈(か)り取られるばかりになっている.
- I'm **ready to** go to school. 私は学校へ出かける用意ができた. →to go は ready を修飾(しゅうしょく)する不定詞. →**to** ❾ の ④
- We were getting the room **ready for** the party. 私たちはパーティーのために部屋の準備をしていた. →get A B (形容詞)は「AをB(の状態)にする」.

❷ **(ふつう be ready to do で)喜んで～する，進んで～する；今にも～しそうである，～しがちである**
- He **is** always **ready to** help others. 彼はいつでも喜んで人を助けます.
- I'm **ready to** listen to his idea. 私は喜んで彼の考えを聞きます.

❸ **即座(そくざ)の，手近にある，すぐに使える**
- a **ready** answer 即座の返答, 即答(そくとう)
- **ready** cash [money] 手元にある現金
- He always has his dictionary **ready** to hand. 彼はいつも辞書を手に取ってすぐ使えるところに置いている.

Ready, steady [get set], go! (英) 位置について，用意，どん! (On your mark(s), get set, go!)

ready-made /redi méid レディ メイド/ [形] **既成(きせい)の，出来合いの**
[反対語] **custom-made** (注文して作らせた)

real

real [中] [A1] /ríː(ə)l リ(ー)ア(ル)/ [形]

本当の，本物の；実際の，現実の
- a **real** friend 本当の友人
- a **real** pearl 本物の真珠(しんじゅ)
- It is not fiction. It is a **real** story. それは作り話ではない. 本当の話だ.
- Such a thing doesn't happen in **real** life. そういう事は現実の生活では起こらない.
- The picture looks quite **real**. その絵は全く本物のようだ. →look は「～のように見える」.

realise /ríː(ə)laiz リ(ー)アライズ/ [動] (英) = realize

reality /riæləti リアリティ/ [名] (複) **realities** /riælətiz リアリティズ/) **現実(性)，実在(性)**

•His dream of having his own house became a **reality**. 自分の家を持ちたいという彼の夢は現実となった.

in reality 実際は, 実は

realize 中 A2 /ríː(ː)əlaiz リ(ー)アライズ/ 動

❶ 理解する, よくわかる; 気づく

•He **realized** the importance of the news. 彼はその知らせの重要性がわかった.

❷ (希望などを)実現する

•At last his dreams were **realized**. (=At last his dream came true.) ついに彼の夢は実現された.

really 小 A1 /ríː(ː)əli リ(ー)アリ/ 副

(→比較変化なし)

❶ 本当に, 実際に (truly); 本当は, 実は (in fact)

•John's father was a **really** great man. ジョンのお父さんは本当に偉い人でした.

•Do you **really** want to go? 君は本当に行きたいのか.

•He looks a little foolish, but is **really** very wise. 彼は少しばかに見えるが本当はとても賢い.

Are you busy?—Not **really**. Why?
忙しい?—いや別に. どうして?

❷ (間投詞のように使って)本当？, うそ, へえー →相手の言葉に対してあいづちを打つ時に使い, 軽い驚き・疑い・興味などを示す.

She doesn't like ice cream.—**Really**?
彼女はアイスクリームが嫌いなんだ.—へえー[うそ].

She doesn't like ice cream.
Really?

reap /ríːp リープ/ 動 刈る, 刈り取る, 収穫（しゅうかく）する →今は **harvest** のほうがふつう.

関連語 Farmers **sow** seeds in the spring and **reap** in the autumn. 農夫は春に種をまき秋に刈り取る.

rear /ríər リア/ 名 後ろ, 後部; 裏

反対語 Father sat in the **front** of the car and I sat in the **rear**. 父は車の前の座席に座って私は後ろの座席に座った.

—— 形 後ろの

rearview mirror /ríərvjuː mírər リアヴューミラ/ 名 (自動車・自転車の)バックミラー →「バックミラー」は和製英語.

reason 中 A1 /ríːzn リーズン/ 名

❶ 理由, わけ

•**for** this **reason** こういう理由で

•I want to know the **reason for** his absence. 私は彼の欠席の理由が知りたい.

•What is the **reason for** his absence? (=Why is he absent?) 彼の欠席の理由は何ですか.

•There is no **reason to** doubt his word. 彼の言葉を疑う理由は何もない. →to doubt (疑う～)は reason を修飾する不定詞. → **to** ❾ の ②

•She had a bad cold. **That is the reason** (**why**) she was absent from school yesterday. 彼女はひどい風邪をひきました. それが彼女が昨日学校を休んだ理由です.

⚠POINT 上の例の why は reason にかかる関係副詞で, しばしば省略される. the reason のほうを省略して That is why she was ～. としてもよい.

❷ 理性, (筋道を立てて)考える力

•Only humans have **reason**; animals do not. 人間だけに理性がある. 動物にはない. →×*a* reason, ×reason*s* としない.

❸ 道理; 分別

•**listen to reason** 道理に耳を傾ける, もっともなことと思う →×*a* reason, ×reason*s* としない.

•There is **reason** in what he says. 彼の言うことには道理がある.

reasonable /ríːznəbl リーズナブル/ 形 道理をわきまえた, 分別のある; 道理にかなった; 適当な, (値段が)手頃な

会話 I can't do it, Mike.—Be **reasonable**. マイク, 僕にはそれはできないよ.—(道

rebec 530 five hundred and thirty

理をわきまえなさい ⇨ 落ち着いて考えてごらん.

関連語 The price of strawberries is **reasonable** in June. They are not **expensive**. イチゴの値段は6月は手頃です. (その頃の)イチゴは高くありません.

rebec /ríːbek リーベク/ 图 《楽器》レベック → **violin** の元になった古い弦の楽器.
• horsehead **rebec** 馬頭琴(ばとうきん) → モンゴルの弦楽器で, horsehead fiddle ともいう.

rebound /ribáund リバウンド/ 動 跳(は)ね返る

rebuild /riːbíld リービルド/ 動 (三単現 **rebuilds** /riːbíldz リービルヅ/; 過去・過分 **rebuilt** /riːbílt リービルト/; -ing形 **rebuilding** /riːbíldiŋ リービルディング/)
再建する; 立て直す; 取り戻す

rebus /ríːbəs リーバス/ 图 判じ物の絵, 絵まじり文 → 文中の単語や単語中の音節 (syllable) の発音を絵や記号で表して, 人に当てさせるパズル.

recall /rikɔ́ːl リコール/ 動 ❶ 思い出す (remember) ❷ (大使などを本国へ)呼び戻(もど)す ❸ (注文などを)取り消す, (不良品などを)回収する; 《米》(住民投票によって市長など公務員を)解任する, リコールする

receipt A2 /risíːt リスィート/ 图
領収書, レシート, 受け取り
• May I **have** a **receipt**, please? レシートをいただけませんか.
• He gave me a **receipt for** the money. 彼はその代金のレシートを私にくれた.

receive 中 A2 /risíːv リスィーヴ/ 動
受け取る, 受ける, もらう → **accept**
• **receive** a letter **from** him 彼から手紙を受け取る
• I **received** your letter this morning. 今朝あなたのお手紙を受け取りました.
• My plan **was received** with great interest. 私の案は非常な興味をもって受け取られた. → **was** 〔助動〕 ❷
• Giving is better than **receiving**. 与(あた)えることは受けることよりもよい. → receiving は動名詞(受け取ること).

receiver /risíːvər リスィーヴァ/ 图
❶ 受取人; (テニスなどで)サーブを受ける側の人
❷ (電話の)受話器, (ラジオ・テレビの)受信機

recent A2 /ríːsnt リースント/ 形 近頃(ちかごろ)の, 最近の → 名詞の前にだけつける.
• a **recent** film 最近の映画
• in **recent** years 近年, 近頃

recently 中 A2 /ríːsntli リースントリ/ 副
近頃(ちかごろ), 最近 → ふつう完了(かんりょう)形, 過去形とともに使う.

会話 Have you seen John **recently**? —Yes, I saw him yesterday. 最近ジョンに会った?—うん, 昨日会ったよ.

reception /risépʃən リセプション/ 图
❶ 受け取ること, 受け入れる[られる]こと
❷ 《英》(ホテル・病院・会社などの)受付 → **reception desk** (《米》front desk) ともいう.
❸ 歓迎(かんげい)会, レセプション

receptionist A2 /risépʃənist リセプショニスト/ 图 (病院・会社などの)受付係

recess /risés リセス/ 图 (授業・会議などの)休み時間, 休憩(きゅうけい)(時間)

recipe /résəpi レスィピ/ 图 (料理などの)作り方, レシピ → 「〜に至る道[原因, 秘けつ]」などの意味でも使われる.

recital /risáitl リサイトル/ 图 独奏会, 独唱会, リサイタル

recitation /resətéiʃən レスィテイション/ 图 (聴衆(ちょうしゅう)の前で行う詩などの)暗唱, 朗読; 《米》(生徒が予習した事を先生の前で)暗唱すること

recite /risáit リサイト/ 動 (多くの人の前で)暗唱する; 朗読する

reckless /réklis レクれス/ 形 向こう見ずの, むちゃな, 無謀(むぼう)な

reckon /rékən レコン/ 動 ❶ 計算する, 数える (count) ❷ 〜とみなす; 〜と思う (think)

recognise /rékəgnaiz レコグナイズ/ 動 《英》 =recognize

recognition /rekəgníʃən レコグニション/ 图 (前に知っていた人・事を)思い出してわかること, 認知(にんち)

recognize /rékəgnaiz レコグナイズ/ 動
❶ (誰(だれ)だか・何だかが)わかる, 思い出す
❷ 認める, 承認(しょうにん)する

recollect /rekəlékt レコれクト/ 動 思い出す, 回想する

recollection /rekəlékʃən レコれクション/ 图 思い出すこと, 記憶(きおく); 思い出

recommend 中 /rekəménd レコメンド/ 動
推薦(すいせん)する, 勧(すす)める
• **recommend** him **for** the job その仕事に彼を推薦する
• The teacher **recommended** this dictionary to us. = The teacher **recommended** us this dictionary. 先生は私たち

にこの辞書を推薦した. →後の文は recommend *A B* で「AにBを推薦する」.

recommendation /rekəmendéiʃən レコメンデイション/ 图 **推薦**(すいせん), **お薦**(すす)**め**; 勧告
- a letter of **recommendation** 推薦状
- What flavor do you like? —Any **recommendations**? 「どの味にしますか.」「何かおすすめはありますか.」

reconstruction /ri:kənstrʌ́kʃən リーコンストラクション/ 图 **再建**; 改築; 再現

record 中 A2 /rékərd レコド|rékɔ:d レコード/ (→アクセントの位置に注意) 图
❶ 記録; (学校の)**成績**; (競技などの)**最高記録**
- **keep a record** of ～ ～の記録をつけておく
- **break** [**hold**] **the record** (競技で)記録を破る[持っている]
- **have** a fine **record** at school 学校の成績が優秀(ゆうしゅう)である
- His **record** at school is excellent. 彼の学校での成績は優秀である.
- Who **holds** the **record for** the high jump? 走り高跳(とび)の記録は誰(だれ)が持っているのですか.
- He **set** a new school **record for** the 100 meters. 彼は100メートル競走の校内新記録を立てた.
❷ (音楽などの)レコード
- an Elvis Presley **record** = a **record** by Elvis Presley エルビス・プレスリーのレコード
- **play** [**put on**] a **record** レコードをかける
── /rikɔ́:rd リコード/ (→名詞とのアクセントの位置の違(ちが)いに注意) 動
❶ 記録する, 書き留める
❷ 録音する, 録画する, 吹(ふ)き込(こ)む
- **record** the music on an IC recorder その音楽をICレコーダーに録音する

recorder 小 /rikɔ́:rdər リコーダ/ 图
❶ 録音機; (いろいろな)記録装置; 記録係
- a voice **recorder** ボイスレコーダー
❷ 《楽器》リコーダー ──たて笛の一種.

recording /rikɔ́:rdiŋ リコーディング/ 图 記録; 録音(すること), 録画(すること)

récord plàyer 图 レコードプレーヤー

recover /rikʌ́vər リカヴァ/ 動 (失った物を)取り戻(もど)す; (病気などから)回復する, 治る

recovery /rikʌ́vəri リカヴァリ/ 图 (複 **recoveries** /rikʌ́vəriz リカヴァリズ/) 元に戻(もど)る[戻す]こと, 回復, 回収

recreation /rekriéiʃən レクリエイション/ 图 (仕事の後の趣味(しゅみ)・運動などの)骨休め; 気晴らし, レクリエーション

recruit /rikrú:t リクルート/ 動 (軍隊・会社・チームなどに人を)新しく入れる, 補充(ほじゅう)する
── 图 新兵; 新メンバー, 新会員, 新入社員

rectangle 小 /réktæŋgl レクタングる/ 图 長方形 関連語 **square** (正方形)

recyclable /ri:sáikləbl リーサイクらぶる/ 形 リサイクル可能な, 再利用できる

recycle 中 A2 /ri:sáikl リーサイクる/ 動 (廃品(はいひん)などを)再生(利用)する, リサイクルする
- We can **recycle** cans and bottles. 缶(かん)や瓶(びん)は再生利用できる.

recycling /ri:sáikliŋ リーサイクりング/ 图 (廃品(はいひん)などの)再生(利用), リサイクル

red 小 A1 /réd レド/ 形 (比較級 **redder** /rédər レダ/; 最上級 **reddest** /rédist レデスト/) 赤い
他基本 **a red rose** 赤いバラ →red+名詞.
他基本 **This rose is red**. このバラは赤い. →be 動詞+red.
- He turned **red** with anger. 彼は怒(いか)りで真っ赤になった.
── 图 (複 **reds** /rédz レツ/) 赤, 赤色; 赤い服
- Santa Claus is dressed in **red**. サンタクロースは赤い服を着ています. →この場合は ×a red, ×reds としない.

in the red (会計が)赤字で

イメージ (red)
赤は血の色への連想から「情熱的, 活動的」のイメージがある. またフランス革命以来, 赤い旗は「革命」のシンボルとされている. 赤には「高貴」のイメージもあり「赤いじゅうたん (red carpet)」は貴賓(きひん)を迎える時に使われる.

Réd Créscent 固名 (the をつけて) 赤新月 →イスラム教国の赤十字団体.

Réd Cróss 固名 (the をつけて) 赤十字社

réd fóx 图 《動物》アカギツネ

Réd Séa 固名 (the をつけて) 紅海 →アフリカとアラビア半島の間の海で, スエズ運河によって地中海と通じている.

reduce 中 /ridjú:s リデュース/ 動 (サイズ・数量・程度を)小さくする, 下げる, 減らす; 減る
- **reduce** speed [*one's* weight] スピードを落とす[体重を減らす]
- This medicine will **reduce** the pain.

この薬を飲めばその痛みは弱まるでしょう.

reduction /ridʌkʃən リダクション/ 名 (サイズ・数量・程度を)**下げること, 減少, 値下げ**(額)

redwood /rédwud レドゥド/ 名 《植物》**アメリカスギ** → カリフォルニア州に産するセコイアの一種で, 高さ 100 m 以上になる.

reed /ríːd リード/ 名 《植物》**アシ, ヨシ**

reed organ /ríːd ɔ̀ːrɡən リード オーガン/ 名 《楽器》**リードオルガン** → 日本で一般(いっぱん)に「オルガン」といっているもの.

reef /ríːf リーフ/ 名 (水面下または水面近くの)**暗礁**(あんしょう)

reel /ríːl リール/ 名 (フィルム・釣(つ)り糸・テープなどを巻く)**リール**

refer A2 /rifə́ːr リファ〜/ 動 (三単現 **refers** /rifə́ːrz リファ〜ズ/; 過去・過分 **referred** /rifə́ːrd リファ〜ド/; -ing形 **referring** /rifə́ːriŋ リファ〜リング/)

❶ (refer to 〜 で) 〜のことを言う, 〜に言及(げんきゅう)する, 〜を指す

●She **referred to** her private life in the speech. 彼女は講演の中で自分の私生活に触(ふ)れた.

❷ (refer to 〜 で) 〜を参考にする, 〜を調べる, 〜を見る

●Please **refer to** page 15. 15ページを参照のこと[見よ].

●You can't **refer to** your notebook when you are taking the exam. 試験中はノートを見てはいけない.

referee /refəríː レフェリー/ 名 (フットボール・ボクシングなどの)**審判**(しんぱん)**員, レフェリー**
類似語 野球などの審判員は **umpire**, コンテストなどの審判員は **judge**.

reference /réfərəns レファレンス/ 名
❶ (〜への)**言及**(げんきゅう), **言及箇所**(かしょ)
❷ **調べること, 参照, 参考**(図書)

refill /riːfíl リーフィる/ 動 **再び満たす, 詰め替える**
── /ríːfil リーフィる/ (→動詞とのアクセントの位置の違いに注意) 名 **詰め替えるもの**
●a **refill** for a ball-point pen ボールペンの替え芯(しん)

refine /rifáin リファイン/ 動
❶ (不純物を除去して)**純化する, 精製する**
❷ **洗練する, 磨**(みが)**きをかける**

reflect A2 /riflékt リフれクト/ 動 **反射する; 反映する; (鏡・水面などが)映す**

●A mirror **reflects** light. 鏡は光を反射する.

●The lake **reflected** the trees along its banks. 湖は岸沿いの木を映していた.

reflection /riflékʃən リフれクション/ 名 **反射, 反映, (鏡などに)映った姿**

reform /rifɔ́ːrm リフォーム/ 動 **改革する, 改良[改善]する; (行いなどを)改める**
── 名 **改良, 改善, 改革**

reformation /refərméiʃən レフォメイション/ 名
❶ **改正, 改良, 改革**
❷ (the Reformation で) **宗教改革** → 16世紀の初めにカトリック教会内に起こった改革運動で, その結果新教徒 (Protestants) が生まれた.

reformer /rifɔ́ːrmər リフォーマ/ 名 **改革者**

refrain /rifréin リフれイン/ 名 (歌・詩の)**繰**(く)**り返しの部分, リフレイン**

refresh /rifréʃ リフれシュ/ 動 **気分を爽**(さわ)**やかにする, 生気を与**(あた)**える, 元気にする**

refreshment /rifréʃmənt リフれシュメント/ 名
❶ **気分を爽**(さわ)**やかにすること[物]; 休養**
❷ (ふつう **refreshments** で) **軽い食事, 飲み物; (パーティーなどでの)お茶菓子**(がし)

refrigerator A2 /rifrídʒəreitər リフリヂェレイタ/ 名 **冷蔵庫; 冷凍**(れいとう)**室** → **fridge** ともいう.

refuge /réfjuːdʒ レふューヂ/ 名 **避難**(ひなん), **避難所**

refugee /refjudʒíː レふュヂー/ 名 **難民, 避難**(ひなん)**者, 亡命者**

●a war **refugee** 戦争難民

●The **refugees** ran away across the border. 難民たちは国境を越(こ)えて逃(に)げた.

refusal /rifjúːzəl リフューザる/ 名 **断ること, 拒絶**(きょぜつ)

refuse /rifjúːz リフューズ/ 動 **断る, 拒絶**(きょぜつ)**する, 拒否**(きょひ)**する**

●She **refuses to** eat carrots. 彼女は(ニンジンを食べるのを拒否する ⇨)どうしてもニンジンを食べようとしない.

●Bob **refused** my offer of help. ボブは手伝おうという私の申し出を断った.

●I offered to help him, but he **refused**. 私は彼に手伝うと申し出たが, 彼は断った.

regard /rigáːrd リガード/ 動 **〜とみなす, 〜と考える** (consider)
── 名 ❶ **注意, 配慮**(はいりょ), **心配り**
❷ **尊敬** (respect); **好意**
❸ (regards で) **よろしくという挨拶**(あいさつ)

in [with] regard to 〜 〜に関して(は)

five hundred and thirty-three　533　**relax**

(about)

regarding /rigάːrdiŋ リガーディング/ 前 《文》
～に関して(は)，～について(言えば)

region /ríːdʒən リーヂョン/ 名 (ある特徴(とくちょう)を持った広い)地域，地方，地帯

register /rédʒistər レヂスタ/ 名
❶ 記録(簿(ぼ))，登録(簿)，～(名)簿
❷ レジスター → **cash register** ともいう．スーパーなどの出口にある「レジ」は checkout，あるいは checkout counter といい，「レジ係」は cashier という．
── 動 ❶ 登録する，記録する　❷(感情などを)示す；(目盛りが)示す　❸(手紙などを)書留にする

regret A2 /rigrét リグレト/ 動 (三単現 **regrets** /rigréts リグレツ/ 過去・過分 **regretted** /rigrétid リグレテド/; -ing形 **regretting** /rigrétiŋ リグレティング/)
後悔(こうかい)する，残念に思う，気の毒に思う
・**regret** one's mistake　間違(まちが)いを悔(く)やむ
・I **regret that** I did not study hard at school.　私は学校で一生懸命(けんめい)勉強しなかったことを後悔しています．
・I **regret to** say that I cannot help you.　(お助けできないと言うことを残念に思う ⇨)残念ながら君を助けてあげられない．→ I'm sorry to say that ～. より改まった言い方．
── 名 後悔；残念
・I felt **regret** for telling her a lie.　私は彼女にうそをついたことを後悔した．
to A's regret　(Aにとって)残念なことに
・Much **to** my **regret**, I didn't watch the game.　とても残念なことに私はその試合を見なかった．

regretfully /rigrétfəli リグレトふり/ 副 残念そうに；後悔して

regular A2 /régjulər レギュら/ 形
❶ 規則正しい；整然とした
・a **regular** life　規則正しい生活
・at **regular** intervals　規則的な間隔(かんかく)をあけて
・Your heartbeat is **regular**.　君の脈拍(みゃくはく)は正常です．
❷ 定期的な；いつもの，決まった，ふつうの；正規の
・a **regular** customer at that store　その店のいつものお客[お得意さん]
・one's **regular** seat in class　授業でのいつ

もの席
・a **regular** player　レギュラー選手，正選手
・a **regular** roof　ふつうの屋根
・at **regular** hours　決まった時間に
・There is a **regular** bus service between the station and the museum.　駅と博物館の間には定期バスが走っている．
・You must have **regular** meals.　食事は決まった時間にきちんととらなければいけない．
── 名 正選手，レギュラー

regularly A2 /régjulərli レギュらり/ 副 規則正しく；定期的に，いつも休まないで

regulation /regjuléiʃən レギュれイション/ 名 規則，規定

rehearsal /rihəːrsəl リハ～サる/ 名 (公演前の)稽古(けいこ)，練習，リハーサル

reign /réin レイン/ 名 統治；(王・女王の)在位期間，治世
── 動 王位にある，君臨する；統治する

rein /réin レイン/ (→rain (雨)と同音) 名 (ふつう **reins** で) 手綱(たづな)

reindeer /réindiər レインディア/ 名 《動物》トナカイ→複数も **reindeer**.

reject /ridʒékt リヂェクト/ 動 断る，はねつける (refuse)

rejection /ridʒékʃən リヂェクション/ 名 拒絶(きょぜつ)，拒否(きょひ)；不認可(ふにんか)，不採用

rejoice /ridʒɔ́is リヂョイス/ 動 喜ぶ；喜ばせる

relate /riléit リれイト/ 動 ❶ 物語る，話す，述べる　❷ 結び付ける，関連させる；関係がある，結び付いている

relation /riléiʃən リれイション/ 名 ❶ 関係　❷ 親戚(しんせき) (relative)

relationship /riléiʃənʃip リれイションシプ/ 名 関係，関連；人間[親戚(しんせき)]関係

relative /rélətiv レらティヴ/ 名 親類，親戚(しんせき) →血縁(けつえん)関係，あるいは婚姻(こんいん)関係でつながっている人．
・He has no **relatives** in this town.　彼はこの町には親戚がいない．
── 形 ❶ 関係のある，関連した
・a discussion **relative to** education　教育に関連した議論
❷ (他の物と関連させて初めて意味がある)相対的な；比較(ひかく)的な，比べた時の

relatively /rélətivli レらティヴリ/ 副 比較(ひかく)的，割合(に)

relax 中 A2 /rilǽks リらクス/ 動 (筋肉・規則な

relaxed 534 five hundred and thirty-four

どを)緩(ゆる)める, (気分などを)ゆったりさせる, く
つろがせる, 緩(ゆる)む, くつろぐ, リラックスする
- **relax** the regulations 規則を緩める
- Listening to jazz **relaxes** me. ジャズを
聞いているとくつろいだ気分になる.
- I like to **relax** after supper by listen-
ing to music. 私は夕食後音楽を聞いてくつろ
ぐのが好きだ.

relaxed Ⓐ2 /rilǽkst リらクスト/ 形 くつろいだ,
リラックスした; 緩(ゆる)んだ

relaxing /rilǽksiŋ リらクスィング/ 形 くつろが
せる, ゆったりとさせる

relay 中 /ríːlei リーれイ/ 名
❶ 交替(こうたい); 交替者
- work **in relays** 交替で働く
❷ リレー競走 → **relay race** ともいう.
❸ (ラジオ・テレビの)中継(ちゅうけい)放送
―― 動 (伝言などを)中継(っ)ぎする; 中継放送する
- **relay** a message **to** Joan ジョーンに伝言
を伝える
- The game was **relayed** by satellite
from Sydney. その試合は通信衛星によってシ
ドニーから中継放送された.

release Ⓐ2 /rilíːs リリース/ 動
❶ 釈放(しゃくほう)する; 放す
- The hostages were **released**. 人質(ひとじち)
は釈放された.
❷ (ニュース・声明などを)発表する; (CDなどを)
発売する, (映画を)封切(ふうぎ)りする, 公開する
―― 名 ❶ 釈放, 免除(めんじょ)
❷ (CDなどの)発売; (映画の)封切り

reliable /riláiəbl リらイアブる/ 形 信頼(しんらい)で
きる, 当てになる, 確実な

relief /rilíːf リリーふ/ 名 ❶ ほっとした思い, 安
心; 痛くなくなること ❷ 救助, 救援(きゅうえん); 救援
物資 ❸ 交替(こうたい), 休み; 交替者

relieve /rilíːv リリーヴ/ 動 ❶ (苦痛・心配など
を)軽くする, 取り除く; 安心させる ❷ 助ける, 救
援(きゅうえん)する ❸ 交替(こうたい)してやる, 休ませる

religion /rilídʒən リリヂョン/ 名 宗教, ～教;
信仰(しんこう)

religious /rilídʒəs リリヂャス/ 形 宗教の; 宗教
的な, 信仰(しんこう)の(厚い)

reluctantly /rilʌ́ktəntli リらクタントり/ 副 い
やいやながら, しぶしぶ

rely /riláɪ リらイ/ 動 (三単現 **relies** /riláiz リら
イズ/; 過去・過分 **relied** /riláid リらイド/;
-ing形 **relying** /riláiiŋ リらイイング/)

(**rely on** [**upon**] ～ で) ～に頼(たよ)る, ～を当
てにする, ～を信頼(しんらい)する

remain Ⓐ2 /riméin リメイン/ 動
❶ (行かないで)残る, とどまる; (後に)残っている
- Only one day **remains** before school
begins again. また学校が始まるまでにあと1
日しか残っていない.
- Cinderella **remained at** home. シンデ
レラは家に残った.
❷ (引き続き)～である, ～のままでいる → ～のと
ころには remain の補語として形容詞, 現在分
詞, 過去分詞, 名詞などが来る.
- He **remained** silent. 彼は黙(だま)っていた.
- It will **remain** cold for a few days. お
天気は2～3日寒いままでしょう[この寒さは
2～3日続くでしょう].
- The train was very crowded and I
had to **remain** standing all the way. 電
車はとても混んでいたので私はずっと立ったまま
でいなければならなかった.
- We often quarreled but **remained**
friends. 私たちはよくけんかをしたけれどずっ
と友達でいた.
―― 名 (**remains** で) ❶ 残り, 残り物
- the **remains of** a meal 食事の残り物
❷ 遺跡(いせき) (ruins)
- the **remains of** a Greek temple ギリシ
ャ神殿(しんでん)の遺跡

remark /rimɑ́ːrk リマーク/ 名 (簡単な)感想, 意
見, 気のついた事, 一言
―― 動 (感想などを簡単に)言う, 述べる

remarkable /rimɑ́ːrkəbl リマーカブる/ 形
注目すべき, 目立った; 並外れた, 珍(めずら)しい

remarkably /rimɑ́ːrkəbli リマーカブり/ 副
著(いちじる)しく, 目立って, とても

remedy /rémədi レメディ/ 名 (複 **remedies**
/rémədiz レメディズ/) 治療(ちりょう)法; 薬

remember 中 Ⓐ1 /rimémbər
リメンバ/

動 ❶ 覚えている; 思い出す ｜意味map
❷ (**remember to** *do* で) 忘れずに
～する
❸ (**remember** *A* **to** *B* で) AからB
へよろしくと伝える

―― 動 (三単現 **remembers** /rimémbərz リ
メンバズ/; 過去・過分 **remembered** /ri-
mémbərd リメンバド/; -ing形 **remembering**

/rimémbəriŋ リメンバリング/)
❶ 覚えている, 忘れていない; 思い出す

基本 **if I remember right** (もし私が正しく覚えていれば ⇨)私の記憶(きおく)に間違(まちが)いがなければ →remember+副詞.

基本 **I remember her phone number**. 私は彼女の電話番号を覚えている. →remember+名詞(句).

POINT remember は「覚えている」という「状態」を表す語なので, ふつう進行形 (be remembering) にしない.

• **Remember that** you must go to the dentist today. きょうは歯医者に行くことを覚えておきなさい[忘れてはだめよ].

• **Remember**, at first you must jog slowly. (覚えておきなさい ⇨)いいですか, 初めはゆっくり走らなければいけません.

• I **remember** see**ing** this movie on TV. この映画はテレビで見た覚えがある. →remember *doing* は「(過去に)〜したことを覚えている」. →❷ 第1例

• Now I **remember**. やっと思い出した[ああそうだった].

反対語 I always **remember** faces, but I **forget** names. 私は顔はいつも思い出せるのだが名前が思い出せない. →remember はしばしば can remember (思い出すことができる)のように訳してよい.

• I want something to **remember** her by. 私は(それによって彼女を思い出す ⇨)彼女の思い出になる物が欲(ほ)しい.

文法 ちょっとくわしく
上の例で, 不定詞 to remember (思い出す〜)は something を修飾(しゅうしょく)する (→**to** ❾ の ②). 意味のつながりの上では to remember her by something だが, something が不定詞の前に出る.

• A cat **remembers** people who are kind to it. ネコは自分に親切な人を覚えている.

• After a while I **remembered** where I was. しばらくして私は自分がどこにいるのか[そこがどこだか]思い出した.

• His name will **be remembered** forever. 彼の名前は永遠に記憶されるでしょう. →受け身の文. →**be** 助動 ❷

❷ (**remember to** *do* で) 忘れずに〜する, 必ず〜する

• **Remember to** mail the letter. (=Don't forget to mail the letter.) 忘れずにこの手紙を出してください. →remember to *do* は「(これから)〜することを覚えている, 忘れずに(これから)〜する」.

• **Remember to** look both ways before crossing. 道路を横断する前には必ず左右を見なさい.

会話 Did you **remember to** bring your dictionary?—Oh, I forgot. 忘れずに辞書を持って来ましたか.—あ, 忘れた.

❸ (**remember** *A* **to** *B* で) AからBへよろしくと伝える

• **Remember** me **to** all your family. お宅の皆(みな)さまによろしくお伝えください.

remind 中 A2 /rimáind リマインド/ 動
思い出させる, 気づかせる

• **remind** him **of** 〜 彼に〜のことを思い出させる

• **remind** him **to** *do* 〜するのを忘れないように彼に注意する

• This picture **reminds** me **of** the days I spent with you last summer. (この写真は去年の夏私があなたと過ごした日々のことを思い出させる ⇨)この写真を見ると去年の夏あなたと過ごした日々のことを思い出す.

• **Remind** me **to** call him tomorrow. あした私が彼に電話することを(気づかせてくれ ⇨)忘れていたら注意して.

• Oh, that **reminds** me. I have to call him. あ, それで思い出した. 彼に電話しなきゃ.

reminder /rimáindər リマインダ/ 名 思い出させる人[もの]

remote A2 /rimóut リモウト/ 形 (距離(きょり)・時間・関係が)遠い, 遠く離(はな)れた; 人里離れた

• a **remote** island 遠く離れた島

remóte contról 名 遠隔(えんかく)操作, リモコン

removal /rimúːvəl リムーヴァる/ 名 除去, 撤

remove

去(てっきょ); 移転

remove /rimúːv リムーヴ/ 動 (ふたなどを)取り外す, (疑い・不安・邪魔(じゃま)物などを)取り除く, (食卓(しょくたく)の皿などを)片付ける; (衣類などを)脱(ぬ)ぐ

- **remove** a landmine 地雷(じらい)を取り除く
- **remove** the plates **from** the table 食卓から(食後の)皿を片付ける
- **remove** all doubts すべての疑惑(ぎわく)を取り除く
- We **removed** his name **from** the list. 私たちは名簿(めいぼ)から彼の名前を外した.
- Landmines are not easily **removed**. 地雷の撤去(てっきょ)は簡単ではない.

renaissance /renəsɑ́ːns レネサーンス| rənéisəns レネイサンス/ 名 ❶復興, 復活

❷(the Renaissance で) 文芸復興, ルネサンス →14〜16世紀にイタリアから起こりヨーロッパに広がった古典芸術や学問の復興運動.

rend /rénd レンド/ 動 三単現 **rends** /réndz レンヅ/; 過去・過分 **rent** /rént レント/; -ing形 **rending** /réndiŋ レンディング/) 《文》引き裂く, ちぎる

renew /rinjúː リニュー/ 動 ❶新しくする; (古くなった物を新しい物に)取り替(か)える; (契約(けいやく)などを)更新(こうしん)する ❷(元気などを)取り戻(もど)す, 回復する; 再び始める, 繰(く)り返す

renewable /rinjúːəbl リニューアブる/ 形 更新(こうしん)[回復, 再生]できる

- **renewable** energy 再生可能エネルギー

rent A2 /rént レント/ 名 (家・土地・車・ビデオなどの)使用料 →貸す側からすれば「貸し賃」, 借りる側からすれば「借り賃」.

- How much **rent** do you pay for your apartment? あなたはアパート代をいくら払(はら)っていますか.

For Rent 《米》(広告・掲示などで)貸し家[貸し部屋, 空室]あり →英国では **To Let** という.

—— 動 ❶(使用料を払って)借りる
- **rent** an apartment アパートを借りる
- **rent** a car [a video] 車[ビデオ]を借りる

❷(**rent out** とも)(使用料を取って)貸す; 貸される

- **rent** (out) an apartment アパートを貸す
- She **rented** me her spare room. = She **rented** her spare room to me. 彼女は空き部屋を私に貸してくれた. →前の文は rent A (人) B (部屋など) で「AにBを貸す」.
- This room **rents for** 50,000 (読み方: fifty thousand) yen a month. この部屋はひと月5万円で貸される[部屋代は月5万円です].

rent-a-car /réntəkɑːr レンタカー/ 名 《米》貸し自動車, レンタカー

rental /réntl レンタる/ 名 賃貸(ちんたい)(料)

- a video **rental** store ビデオレンタル店

repair A2 /ripéər リペア/ 動 (大がかりな, あるいは複雑な故障・破損を)修繕(しゅうぜん)する, 修理する, 直す

類似語 **mend** ((簡単な故障・破損を)直す)

- **repair** a TV set テレビを修理する
- have [get] a TV set **repaired** テレビを直してもらう →have [get] A+過去分詞は「Aを〜してもらう」.
- I want the TV set **repaired**. 私はテレビを直してもらいたい. →want A+過去分詞は「Aを〜してもらいたい」.

—— 名 修繕, 修理, 手入れ

under repair 修理中で, 修復中で

- This road is **under repair**. この道路は修理中です.

repeat 中 A1 /ripíːt リピート/ 動

繰(く)り返す, 繰り返して言う

- **Repeat** (the sentence) **after** me. 私のあとについて(その文を)言いなさい.
- Will you **repeat** the question, please? 質問をもう一度言ってくれませんか.
- History **repeats** itself. 歴史は繰り返す. →「歴史上の出来事は同じような経過をたどって繰り返し起こるものだ」の意味.

repeatedly /ripíːtidli リピーテドリ/ 副 繰(く)り返して, 何度も

repetition /repətíʃən レペティション/ 名 繰(く)り返し, 反復 関連語 「繰り返す」は **repeat**.

replace A2 /ripléis リプれイス/ 動

❶元の所に置く, 戻(もど)す

- I **replaced** the book on the shelf. 私はその本を棚(たな)の上に戻した.

❷ 取り替(か)える; ～に取って代わる

- **replace** an old calendar **with** a new one 古いカレンダーを新しいのと取り替える → one=calendar.
- John **replaced** Bob **as** pitcher. 投手としてジョンがボブに取って代わった.

reply A2 /riplái リプ**ラ**イ/ **動** **三単現 replies** /ripláiz リプ**ラ**イズ; **過去・過分** **replied** /ripláid リプ**ラ**イド/ **-ing形 replying** /ripláiiŋ リプ**ラ**イinグ/

(口頭・文章・動作で)**答える, 返事をする, 回答する**

類似語 **answer** よりも形式張った語.

- **reply to** him 彼に答える[返事を出す] → ×*reply him* としない.
- He readily **replies** to any question. 彼はどんな質問にも快く答えてくれる.
- "No, thank you," she **replied**. 「いいえ, けっこうです」と彼女は答えた.
- He **replied that** he liked the movie very much. 彼はその映画が大好きだと答えた.
- The audience **replied with** shouts and cheers. 聴衆(ちょうしゅう)は歓声(かんせい)と拍手(はくしゅ)で答えた.

—— **名** (**複 replies** /ripláiz リプ**ラ**イズ/)

(口頭・文章・動作による)**答え, 返事, 回答**

- **make a reply** 返事をする[書く]
- **make no reply** 返事をしない[書かない]

in reply 答えて, 返事に

- He said nothing **in reply**. 彼は何も答えなかった.

report 中 A2 /ripɔ́:rt リ**ポー**ト/ **動**

報告する; 報道する

- **report** an accident **to** the police 事故を警察に報告する
- **report on** the result of the election 選挙の結果について報告する
- The radio **reports** the news. ラジオはニュースを報道する.
- The accident was **reported** in the newspaper. その事故は新聞で報道された.

—— **名** ❶ **報告, 報告書, レポート; 報道** **関連語**

「論文」という意味での「レポート」は **paper**.

- a book **report** ある本についてのレポート
- a newspaper **report** 新聞記事
- the weather **report** 天気予報
- a sheet of **report** paper レポート用紙1枚
- **write** a **report about** [**on**] ～ ～について報告書を書く

❷ (学校の)**成績, 成績表**

- 《米》a **report** card = 《英》a school **report** (学校の)成績通知表
- get a good **report** card 良い成績通知表をもらう

reporter A1 /ripɔ́:rtər リ**ポー**タ/ **名**

報告者; (新聞・雑誌・放送の)報道記者, レポーター

represent A2 /reprizént レプリ**ゼン**ト/ **動**

❶ **表す, 意味する, 象徴(しょうちょう)する**

- The dove **represents** peace. ハトは平和を象徴している.
- This red line on the map **represents** a bus route. 地図上のこの赤い線はバス路線を表している.

❷ **代表する, ～の代表者[代理人]である**

- An ambassador **represents** his or her country abroad. 大使は外国で自分の国を代表する.

representative /reprizéntətiv レプリ**ゼン**タティヴ/ **名** **代表者; 代議士, 代理人**

reproach /ripróutʃ リプ**ロウ**チ/ **名** **しかること, 非難**

—— **動** **しかる, 非難する**

reproduce /ri:prədjú:s リープロ**デュー**ス/ **動**

❶ **再生する, 再現する** ❷ **複製する, 複写する**

reproduction /ri:prədʌ́kʃən リープロ**ダク**ション/ **名** ❶ **再生, 再現** ❷ **複製, 複写**

republic /ripʌ́blik リ**パブ**リク/ **名** **共和国** →**国** の元首が国民によって選ばれる仕組みの国. 世襲(せしゅう)などによる king, queen, emperor (皇帝(こうてい), 天皇)が元首である国は **monarchy** /mánərki **マ**ナキ/ という.

republican /ripʌ́blikən リ**パブ**リカン/ **形**

❶ **共和国の**

❷ **(Republican で)** 《米》**共和党の**

—— **名** **(Republican で)** **(米国の)共和党員** → 「民主党員」は Democrat.

Repúblican Párty **固名** **(the をつけて)** **共和党** →米国の2大政党の1つ. →**Democratic Party**

reputation /repjutéiʃən レピュ**テイ**ション/ **名** **評判**

request A2 /rikwést リク**ウェ**スト/ **名** **頼(たの)み, 願い, 要請(ようせい); リクエスト(曲)**

- **on request** 要請があり次第(しだい)
- **by request** 要請されて, 求めに応じて
- **at** the **request of** A = **at** A's **request** Aの依頼(いらい)で, Aに頼まれて

require 538 five hundred and thirty-eight

•He **made** a **request for** more days off. 彼はもっと多くの休暇(きゅうか)が欲(ほ)しいと言った.
—— **動** (丁寧(ていねい)に)頼む, 願う, 要請する
•You are **requested to** be quiet in the library. あなたがたは図書室では静粛(せいしゅく)にするように求められている[図書室ではご静粛に願います].

require /rikwáiər リクワイア/ **動** 要求する, 必要である

rescue 中 /réskju: レスキュー/ (→アクセントの位置に注意) **動** 救い出す, 救助する (save)
•The firefighters **rescued** a baby **from** the burning house. 消防士たちが燃えている家から赤ん坊(ぼう)を救い出した.
—— **名** 救助, 救援(きゅうえん)
•**go** [**come**] **to** his **rescue** 彼の救助に行く[来る]

research 中 A2 /rí:sə:rtʃ リーサ〜チ, risə́:rtʃ リサ〜チ/ **名** 研究, 調査
•cancer **research** がんの研究
•do **research into** 〜 〜の研究をする

researcher 中 /risə́:rtʃər リサ〜チャ/ **名** 研究者, 調査員

resemblance /rizémbləns リゼンブランス/ **名** 似ていること, 類似(るいじ)(点)

resemble /rizémbl リゼンブる/ **動** 似ている →進行形や受け身形にしない.

reservation /rezərvéiʃən レザヴェイション/ **名** ❶ 取っておくこと, 保留 ❷ (座席などの)予約 → しばしば複数形 (**reservations**) で使われる. ❸ (アメリカ先住民のための)指定保留地 →ふつう広大な山林地帯.

reserve /rizə́:rv リザ〜ヴ/ **動** ❶ 取っておく, たくわえておく ❷ (座席・部屋などを)予約する (book)
—— **名** ❶ たくわえ, 備え ❷ (ある目的のための)保護地, 保護区

reserved /rizə́:rvd リザ〜ヴド/ **形** 予約済みの, 貸し切りの; 予備の

residence /rézidəns レズィデンス/ **名** 住宅, 邸宅(ていたく); 居住

resident /rézidənt レズィデント/ **名** 住民, 居住者

resign /rizáin リザイン/ **動** 辞職する, 辞任する

resignation /rezignéiʃən レズィグネイション/ **名** ❶ 辞職; 辞表 ❷ 諦(あきら)め

resist /rizíst リズィスト/ **動** ❶ 抵抗(ていこう)する, 反抗(はんこう)する ❷ 我慢(がまん)する; 耐(た)える, 侵(お

か)されない

resistance /rizístəns リズィスタンス/ **名** 抵抗(ていこう), 反抗(はんこう); 抵抗力; (しばしば **the Resistance** で) (占領(せんりょう)軍への)地下抵抗運動, レジスタンス

resolution /rezəlú:ʃən レゾるーション/ **名** ❶ 決心, 決意, 決断 ❷ (採決などによる公的な)決議; 決議案 ❸ (問題などの)解決, 決着

resolve /rizálv リザるヴ/ **動** ❶ 決心する; (採決して)決める, 決議する ❷ (問題などを)解決する, 決着をつける; (疑いなどを)解消する

resort /rizɔ́:rt リゾート/ **名** ❶ 人のよく行く所, 盛(さか)り場, 行楽地
•a holiday **resort** 休日の行楽地
•a seaside **resort** 海浜(かいひん)の行楽地
•a summer [winter] **resort** 夏[冬]の行楽地 (山・海・スキー場・天然スケート場など)
❷ 頼(たの)みの綱(つな), 最後の手段
•**as** a **last resort** 最後の手段として
—— **動** (手段・方法に)訴(うった)える, 〜を使う, 〜の力を借りる
•**resort to** force 暴力に訴える

resource /risɔ́:rs リソース/ **名** (ふつう **resources** で)資源, 資産; 源泉
•natural **resources** 天然資源

respect 中 /rispékt リスペクト/ **動** 尊敬する; 尊重する
•I **respect** an honest person. 私は正直な人を尊敬する.
•I **respect** your opinion, but I don't agree with it. 私は君の意見を尊重する[貴重だと思う]が, 賛成はしません.
—— **名** ❶ 尊敬; 尊重
•**have respect for** 〜 〜を尊敬[尊重]する → ×a respect, ×respects としない.
❷ 箇所(かしょ), (〜の)点 (point)
•**in** this **respect** この点において
•I agree with you **in** some **respects**, but on the whole I don't agree. 私はいくつかの点では君に賛成だが, 全体としては賛成しない.

respectable /rispéktəbl リスペクタブる/ **形** 尊敬される, 評判のいい, 立派な

Respéct for the Áged Dày **名** (日本の)敬老の日 →9月の第3月曜日.

respectful /rispéktfəl リスペクトふる/ **形** (人に)敬意を表する, ていねいな, 礼儀(れいぎ)正しい
•He is always **respectful to** older peo-

ple. 彼は年上の人にはいつも礼儀正しい.

respectfully /rispéktfəli リスペクトふり/ 副
敬意をもって, つつしんで

respond /rispánd リスパンド/ 動 答える (reply); 応じる, 反応を示す (react)

•How did he **respond to** your question? 君の質問に対して彼はどのように答えましたか.

response A2 /rispáns リスパンス/ 名 答え, 返答 (reply); 反応 (reaction)

•He made no **response to** my question. 彼は私の質問に何の返答もしなかった.

responsibility /rispənsəbíləti リスパンスィビリティ/ 名 (複 **responsibilities** /rispənsəbílətiz リスパンスィビリティズ/) 責任, 義務; (責任を持たされている)務め, 仕事

responsible /rispánsəbl リスパンスィブる/ 形
責任のある, 責任を負うべき; (地位・仕事など)責任の重い

•a very **responsible** job とても責任の重い仕事

•A bus driver is **responsible for** the safety of the passengers. バスの運転手は乗客の安全に対して責任がある.

•Who is **responsible for** breaking this window? この窓を壊(こわ)したのは誰(だれ)の責任ですか[誰がこの窓を壊したのか].

•The cold weather is **responsible for** the poor crop. (寒い天候が不作に対して責任がある ⇨)寒い天候が不作の原因だ.

rest¹ 中 /rést レスト/ 名

休息, 休養, 休息(きゅうけい)

•**have [take]** a **rest** ひと休みする

•We stopped **for** a **rest**. 私たちは休息のために立ち止まった[立ち止まって休んだ].

•I **had** a good night's **rest**. 私は一晩ゆっくり休んだ[ぐっすり眠(ねむ)った].

•We **took** a week's **rest** after our hard work. 私たちはきつい仕事の後1週間(仕事を)休んだ.

—— 動 ❶ **休む**, 休息する, 休憩する

•**rest from** work 仕事をやめて休む

•**rest** one's horse [eyes] 馬[目]を休ませる

反対語 We **worked** three hours and **rested** half an hour. 我々は3時間働いて30分休憩した.

❷ 静止する, 止まる; 置く, もたせかける

•His eyes **rested on** [**upon**] a pretty

girl. 彼の視線は美しい少女の上に注がれた.

•He **rested** the ladder **against** the wall. 彼ははしごを壁(かべ)に立てかけておいた.

rest² /rést レスト/ 名 (**the rest** で)残り; 他の物, 他の人々

•**The rest** of his life was spent in Spain. 彼の生涯(しょうがい)の残りはスペインで過ごされた[彼はスペインで余生を送った]. ➡この場合の rest は単数扱(あつか)い.

•Only three of the apples were good. **The rest** were rotten. そのリンゴのうちの3つだけがよくて, 残りは腐(くさ)っていた. ➡この場合の rest は複数扱い.

restaurant 小 A1 /réstərənt レストラント/ (➡最後の t も発音することに注意) 名
レストラン, 料理店, 食堂 ➡ハンバーガー店から高級レストランまでさまざまな規模のものについていう.

•**run** a small **restaurant** 小さな食堂を経営する

•work **in** a **restaurant** 食堂で働く

•have lunch **at** an Italian **restaurant** イタリア料理店で昼食を食べる

restless /réstlis レストれス/ 形 ❶不安な; 眠(ねむ)れない ❷落ち着かない, じっとしていない

restore /ristɔ́:r リストー/ 動 (元の位置・持ち主・地位・状態・形に)戻(もど)す, 返す; (健康などを)取り戻す, 回復する; (建物などを)復元する

restorer /ristɔ́:rər リストーラー/ 名 修復者, 復元者

restrict /ristríkt リストリクト/ 動 制限する (limit)

rest room, restroom 中 /rést ru:m レストルーム/ 名 《米》(デパート・劇場などの)洗面所, トイレ

result 中 A1 /rizʌ́lt リザるト/ 名
結果; (試験・競技の)成績; (計算の)答え

•one's test **result** テストの結果

•**as a result** その結果(として)

•**as a result** of ~ ~の結果(として), ~のために

•What was the **result** of the game? 試合の結果はどうでしたか.

—— 動 ❶ (**result from** ~ で) ~から生じる, ~から起こる

•Sickness often **results from** eating too

resume 540 five hundred and forty

much. 病気はしばしば食べ過ぎから起こる.
❷ (**result in ~** で) ~になる, ~に終わる
- Eating too much often **results in** sickness. 食べ過ぎるとよく病気になる.

resume /rizjúːm リズューム/ 動 (三単現 **resumes** /rizjúːmz リズュームズ/; 過去・過分 **resumed** /rizjúːmd リズュームド/; -ing形 **resuming** /rizjúːmiŋ リズューミング/)
《文》(中断したあと)再び始める[始まる], 続ける[続く]

résumé /rézumei レズメイ/ 名 ❶ 《米》履歴(れき)書 ❷ (講演などの)概略(がいりゃく)
類似語 **summary** (要約)

retire A2 /ritáiər リタイア/ 動 退く, 引き下がる; 引退する
- **retire** to *one's* room 自分の部屋に引き下がる
- He **retired from** the game because he was hurt. 彼は負傷したのでゲームを退いた[退場した].
- My father will **retire** at the age of sixty-five. 私の父は65歳(さい)で退職するでしょう.

retired A2 /ritáiərd リタイアド/ 形 (→比較変化なし) 引退した, 退職した

retreat /ritríːt リトリート/ 動 退く, 退却(たいきゃく)する
—— 名 ❶ 退却(の合図)
❷ 引きこもる場所, 憩(いこ)いの場所

retriever /ritríːvər リトリーヴァ/ 名 レトリーバー →訓練された猟犬(りょうけん)の一種.

return 中 A2 /ritə́ːrn リターン/ 動
❶ 帰る, 戻(もど)る (go back, come back)
- **return from ~** ~から帰る[戻る]
- **return to ~** ~へ帰る[戻る]
- **return** home 家へ帰る →home は副詞で「家へ」.
- **Return to** your seat. 自分の席に戻りなさい.
- I slept well, but the pain **returned** this morning. 私はよく眠(ねむ)れたのだが, 今朝はまた痛みが戻って来た.
❷ 返す, 戻す
- **return** a book **to** the library 図書館に本を返す
- I **returned** the blow. 私は殴(なぐ)り返した.
—— 名 ❶ 帰り; 戻って来ること; 再び巡(めぐ)って来ること

- his **return from** America 彼が米国から戻ってくること, 彼の米国からの帰国
- He died **on** his **return to** Japan. 彼は日本に帰国するとすぐに死んだ. →on は「~するとすぐ」. →on 前 ❹
- **I wish you many happy returns of the day**. =**Many happy returns!** 《英》この(めでたい)日が何回も巡って来ることを祈(いの)ります. →誕生日を祝う決まり文句.
❷ 《英》往復切符(きっぷ) (《米》round-trip ticket) →**return ticket** ともいう. ❸ (タイプライター・コンピューターの)リターンキー
—— 形 帰りの; 《英》往復の; お返しの
- a **return** ticket 《米》帰りの切符; 《英》往復切符 →米国では「往復切符」は **round-trip ticket** という.
- a **return** match [game] リターンマッチ, 雪辱(せつじょく)戦

by return of mail=《英》*by return of post* 折り返し(郵便で)
in return (*for ~*) (~の)お返しに
- I'd like to give him some present **in return for** his kindness. 彼に親切にしてもらったのでお返しに何かプレゼントをしたい.

reunion A2 /riːjúːnjən リーユーニャン/ 名 同窓会
- a class **reunion** クラス会

reuse /riːjúːz リーユーズ/ 動 再利用する
—— /riːjúːs リーユース/ 名 再利用

reveal A2 /rivíːl リヴィール/ 動 (秘密などを)漏(も)らす; (隠(かく)れていた物を)見せる, 明らかにする
- **reveal** a secret 秘密を漏らす
- At last the truth was **revealed to** us. ついにその真実が私たちに明らかにされた.

revenge /rivéndʒ リヴェンヂ/ 名 復讐(ふくしゅう), 仕返し; 恨(うら)み

reverse /rivə́ːrs リヴァ~ス/ 形 逆の, 反対の; 裏の
—— 名 (the reverse で) 逆, 反対; 裏側
—— 動 逆にする, ひっくり返す; くつがえす

review A1 /rivjúː リヴュー/ 名
❶ 見直し; 回想; 《米》復習 (《英》revision)
- a **review** of the educational system 教育制度の見直し
- a **review** of past events 過去の出来事の回想
- **review** exercises 復習問題

❷ 批評, 評論

•a book **review** 書評

――**動** ❶ 見直す; 回想する; 《米》復習する (《英》revise)

•I **reviewed** my notes for the test. 私はテストのためにノートしてある事を復習した.

❷ 批評する, 評論する

revise /riváiz リヴァイズ/ **動**
❶ (作品などを)改訂(かいてい)する, 改正する, 修正する; (意見などを)改める, 変更(へんこう)する
❷ 《英》復習する (《米》review)

revision /rivíʒən リヴィジョン/ **名** ❶ 改訂(かいてい), 改正, 修正 ❷ 《英》復習 (《米》review)

revival /riváivəl リヴァイヴァる/ **名** 復活, 回復; (劇・映画の)再上演[映]

revive /riváiv リヴァイヴ/ **動** 生き返る, 復活する

revolt /rivóult リヴォウるト/ **動** 反乱を起こす, 反抗(はんこう)する

――**名** 反乱, 反逆

revolution /revəlúːʃən レヴォるーション/ **名** ❶ 革命, 大改革 ❷ (天体などの)回転

revolutionary /revəlúːʃəneri レヴォるーショネリ/ **形** 革命の, 革命的な

revolve /riválv リヴァるヴ/ **動** 回転する, 回る

revolver /riválvər リヴァるヴァ/ **名** (回転式連発)ピストル, リボルバー

reward /riwɔ́ːrd リウォード/ **名** (善行・悪事に対する)報(むく)い, 報酬(ほうしゅう), ほうび; 懸賞(けんしょう)金, 謝礼

――**動** 報いる, ほうびをやる

rewrite /riːráit リーライト/ **動** (三単現 **rewrites** /riːráits リーライツ/; 過去 **rewrote** /riːróut リーロウト/; 過分 **rewritten** /riːrítn リーリトン/; -ing形 **rewriting** /riːráitiŋ リーライティング/) 再び書く; 書き直す

Rhine /ráin ライン/ **固名** (the Rhine で) ライン川 →アルプスに発しドイツの西部を流れ北海に注ぐ.

rhino /ráinou ライノウ/ **名** (複 **rhinos** /ráinouz ライノウズ/) 《話》=rhinoceros

rhinoceros /rainásərəs ライナセロス/ **名** 《動物》サイ

Rhode Island /ròud áilənd ロウド アイらンド/ **固名** ロードアイランド →米国ニューイングランド地方の1州. **R.I.**, (郵便で) **RI** と略す.

rhyme /ráim ライム/ **名** (複 **rhymes** /ráimz ライムズ/) ❶ (韻(いん)を踏んだ)詩, 歌; 韻文

•Mother Goose **rhymes** マザーグースの歌

❷ (～と)韻を踏む語

•"Pearl" is a **rhyme** for "girl." pearl は girl と韻を踏む.

rhythm A2 /ríðm リズム/ **名** リズム, 律動, 調子

•keep **rhythm** with *one's* foot 足でリズムをとる

rhythm and blues **名** リズムアンドブルース →アメリカ黒人の音楽でブルースに独特の強いリズムが結び付いたもの. **R & B** と略す.

rhythmic /ríðmik リズミク/ **形** =rhythmical

rhythmical /ríðmikəl リズミカる/ **形** リズムのある, 律動的, 調子のよい

RI 略 =Rhode Island

rib /ríb リブ/ **名** 肋骨(ろっこつ), あばら骨

ribbon A1 /ríbən リボン/ **名** リボン →「リボン状のもの, 細長い帯状のもの」についてもいう.

•She wore a red **ribbon** in her hair. 彼女は髪(かみ)に赤いリボンを付けていた.

rice 小 A1 /ráis ライス/ **名**

米; (炊(た)いた)ご飯, イネ →×a rice, ×rices としない.

•cook [boil] **rice** ご飯を炊く

•grow **rice** イネを育てる, 稲作(いなさく)をする

•a **rice** ball おむすび

•(a) **rice** cake おもち

•**rice** pudding ライスプディング →米をミルクで煮(に)て砂糖で甘(あま)くしたもの.

イメージ (rice)
米は1粒(つぶ)からたくさんの実がなるので多産のイメージがあり, 欧米(おうべい)では結婚(けっこん)式を終えた新郎(しんろう)新婦にお米を投げかける風習がある.

rice cake **名** 餅(もち)

rice cooker **名** 炊飯(すいはん)器

rice cracker **名** せんべい

rice field [paddy] **名** 稲田(いなだ), 田, たんぼ

rich 中 A1 /rítʃ リチ/ **形** (比較級 **richer** /rítʃər リチャ/; 最上級 **richest** /rítʃist リチェスト/)

❶ 金持ちの, 富んだ, 裕福(ゆうふく)な

基本 **a rich man** 金持ちの人, 金持ち →rich +名詞.

•the **rich** = **rich** people 金持ちの人々 →「the+形容詞」で「～の人々」.
He is rich. 彼は金持ちだ. →be 動詞+rich.
•He became **rich**. 彼は金持ちになった.
反対語 Some people are **rich** and some people are **poor**. 金持ちの人もいれば貧乏な人もいる.
•He is much **richer than** his brother. 彼は兄[弟]よりもずっと金持ちだ.
•He was the **richest** man in the village. 彼は村一番の金持ちであった.
❷ 豊かな, 豊富な; (土地が)肥えた
•a **rich** harvest 豊かな収穫, 豊作
•**rich** soil 肥えた土
•Lemons are **rich in** vitamin C. レモンはビタミンCが豊富だ.
❸ 高価な, 豪華な, ぜいたくな
•**rich** jewels 高価な宝石
❹ (食べ物が)こってりした, こくのある; (色が)濃い, 強烈な; (声が)豊かな

riches /rítʃiz リチェズ/ 名 富, 財産 (wealth)

rickshaw /rík∫ɔː リクショー/ 名 人力車 →日本語の「力車」が英語化したもの.

rid /ríd リド/ 動 (三単現 **rids** /rídz リヅ/; 過去・過分 **rid**, **ridded** /rídid リデド/; -ing形 **ridding** /rídiŋ リディング/)
(いやな物を)取り除く
get rid of ～ ～を取り除く, 追い払う; ～から逃れる →rid は過去分詞.

ridden /rídn リドン/ 動 **ride** の過去分詞

riddle /rídl リドル/ 名 謎; なぞなぞ(遊び)

ride 小 A1 /ráid ライド/ 動
三単現 **rides** /ráidz ライヅ/
過去 **rode** /róud ロウド/
過分 **ridden** /rídn リドン/
-ing形 **riding** /ráidiŋ ライディング/
乗る, 乗って行く; 馬に乗る
ride a horse [**a bike**, **a motorbike**] 馬[自転車, バイク]に乗る →ride+名詞.
•**ride** a bus [a train, a taxi, a boat] バス[電車, タクシー, ボート]に乗る →(英)では「馬・自転車」などまたいで乗る乗り物以外には take を使う.
•**ride on** [**in**] a bus バスに乗る
•**ride** away (馬・車などに乗って)走り去る

•**ride** to work 車で仕事に行く →work は名詞.
関連語 Will you **ride** back or **walk** back? 乗って帰りますかそれとも歩いて帰りますか. →ride back はふつう「自転車[バイク]に乗って帰る」の意味.
関連語 Usually Mary **drives** the car and Sam **rides** beside her. たいていメアリーが車を運転してサムが隣に乗る.
•Mother **rides** the bus to work. 母はバスに乗って仕事に行きます.
•The children **rode** their bicycles home. 子供たちは自転車に乗って家へ帰った. →home は副詞で「家へ」.
•**Have** you ever **ridden** a camel? 君はラクダに乗ったことがある? →現在完了の文. →**have** 助動 ❷
•Surfers **are riding** the waves toward the shore. サーファーたちは岸に向かって波に乗っている. →現在進行形の文. →**are** 助動 ❶
——— 名 (複 **rides** /ráidz ライヅ/)
(馬・自転車・車・バスなどに)乗ること, 乗せてもらう[あげる]こと; (観覧車など遊園地の)乗り物; 乗り物旅行
•a bus **ride** バスに乗って行くこと, バス旅行
•**go for** a **ride** ドライブ[乗馬]に出かける
•**give ～** a **ride** ～を車に乗せてやる →(英)では give ～ a **lift** ともいう.
•**take** a boat **ride** ボートに乗って遊覧する
•Thank you for the **ride**. 乗せてくれてありがとう.
•I **took** a **ride** on a sightseeing bus. 私は観光バスに乗って行った.
•Father **gave** me a **ride to** school this morning. 父は今朝私を学校まで車に乗せて行ってくれた.

How far is it? —It's about a two-hour train **ride** from Tokyo.
どのくらい遠いの. —東京から電車で2時間ぐらいだ.

rider /ráidər ライダ/ 名 乗る人; 騎手

ridge /rídʒ リヂ/ 名 (山の)背, 尾根, (屋根の)棟, (畑などの)うね

ridiculous /ridíkjələs リディキュラス/ 形 ばかばかしい, ばかげた, 滑稽な; とんでもない

riding /ráidiŋ ライディング/ 動 **ride** の -ing 形（現在分詞・動名詞）
— 名 乗馬 →**horse riding** ともいう.
rifle /ráifl ライふる/ 名 **ライフル銃**(じゅう)

right
小 A1 /ráit ライト/ (→gh は発音しない)

	意味 map
形 ❶ 正しい	
❷ 右の	
❸ 健康な	
副 ❶ 正しく	
❷ まっすぐ, ちょうど	
❸ 右へ	
名 ❶ 正しい事	
❷ (正当な)権利	
❸ 右	

— 形 (比較級 **righter** /ráitər ライタ/; 最上級 **rightest** /ráitist ライテスト/)

❶ 正しい, 間違(まちが)っていない; 適した

基本 the **right** answer 正しい答え →**right**＋名詞.

right

wrong

参考 上の図の採点は日本式. 米国では逆に, 正解に✓(→**tick**)をつけ不正解を丸で囲むことが多い.

●the **right** dress **for** a dance ダンスパーティーに適した[ふさわしい]服
●He is the **right** person **for** the job. 彼はその仕事にもってこいの人だ.
基本 **He is right.** 彼(の言うこと)は正しい. →**be** 動詞＋**right**.
●That's **right**. ＝You're **right**. そのとおりです. →**Right.** だけでもよい.
反対語 You are **right** and I'm **wrong**. 君が正しくて私が間違ってる.
●Can you tell me the **right** time? 正しい[正確な]時間を教えてくれませんか.
●Is this the **right** road to the museum? (これは博物館への正しい道ですか ⇨)博物館へは

この道を行けばよいのですか.
●Learn to say the **right** thing at the **right** time. 適切な時に適切な事が言えるようになりなさい.

❷ 右の, 右側の
●*one's* **right** hand 右手
●a **right** fielder (野球の)右翼(うよく)手, ライト
●on the **right** side 右側に
反対語 In Japan traffic keeps to the **left**, not the **right**, side of the road. 日本では車は右側通行でなく左側通行です. →**left** も **right** も **side** と結び付く.

❸ 健康な, 調子のいい (**well**)
●My right leg doesn't feel **right**. 私の右足は調子がおかしい.

❹ (紙・布の)表(おもて)の
●Which is the **right** side of this paper? この紙はどっちが表ですか.

— 副 (→比較変化なし)

❶ 正しく, 間違いなく; うまく
●I answered **right**. 私は正しく答えた[私の答えは正しかった].
反対語 Did you guess **right** or **wrong**? 君が言ったことは当たった? 外れた?
●Our baby can't hold his spoon **right** yet. うちの赤ん坊(ぼう)はまだスプーンをちゃんと持てません.

❷ まっすぐ, 全く, ちょうど, 真(ま)〜 →次に来る語句を強める.
●**right** here ちょうどここで, この場に
●**right** now 今すぐ, たった今
●**right** in the middle 真ん真ん中に[を]
●**right** over *one's* head 頭の真上に[を]
●go **right** home まっすぐ家に帰る
●Please come **right** in. さあどうぞお入りください.
●Jack stood **right** in front of the goal. ジャックはゴールの真ん前に立った. →**in front of** 〜 は「〜の前に」.
●We left **right** after dinner. 食事の後すぐ私たちは出かけた. →**left** は **leave** (出かける)の過去形.

❸ 右へ, 右の方に[を]
●Turn **right** at the next corner. 次の角を右に曲がりなさい.
反対語 Look **right** and **left** before you cross the road. 道路を横断する前に左右を見なさい.

right angle

── 名 (複 **rights** /ráits ライツ/)
❶ 正しい事; 正義
[反意語] know **right** from **wrong** よい事と悪い事[善悪]の区別がわかる
❷ (正当な)権利
• the **right to** vote 投票する権利[選挙権]
• civil **rights** 公民権 ➔特に選挙権・被(ひ)選挙権など.
• You have no **right to** read my letters. 君には僕の手紙を読む権利はない.
❸ 右, 右側; (野球の)ライト
• **to** the **right** 右の方へ
• **on** the **right** 右の方に, 右側に[の]
• sit on his **right** 彼の右側に座(すわ)る
• turn to the **right** 右に曲がる, 右折する
[反意語] from **right** to **left** 右から左へ
[掲示] Keep to the **right**. 右側通行.

all right A1 ① よろしい, オーケー

I'm ready.—**All right**. Let's go.
用意できたよ.—よし, 出かけよう.
Can I use your PC?—**All right**, but give it back soon.
君のパソコン借りてもいいかな.—オーケー, でもすぐに返してくれよ.

② 元気で, 無事で

Are you **all right**?—No problem.
大丈夫(だいじょうぶ)?—平気だよ.

[会話] I'm sorry.—That's **all right**. すみま

せん.—いいえ, なんでもありません.
③ 申し分ない, 結構で
• Everything is **all right** at home. うちでは万事(ばんじ)うまくいっています.
④ 間違いなく, きっと
• He'll come **all right**. 彼はきっと来るよ.
be in the right (~の言うことは)正しい, (~は(~を主張・要求する)権利がある
~, right? ~ですよね, ~でしょ? ➔自分が言ったことを確かめたり念を押(お)したりする時の言い方で, Is that right? を短くしたもの.
• You're Bob's sister, **right**? 君はボブの妹[お姉さん]ですよね.
right away すぐに
(That's [You're]) Right. そのとおりです

ríght ángle 名 直角, 90°

right-handed /rait hǽndid ライト ハンデド/
形 右ききの, 右手でする; 右回りの
[反意語] Are you **right-handed** or **left-handed**? 君は右ききですか左ききですか.

rightly /ráitli ライトリ/ 副 ❶ 正しく, 正確に
❷《文全体を修飾(しゅうしょく)して》正当にも, 当然のことながら

rigid /rídʒid リヂド/ 形 堅(かた)い, 曲がらない (stiff); 柔軟(じゅうなん)性のない, 厳しい (very strict)

rim /rím リム/ 名 (丸い)へり, 縁(ふち); (車輪の)枠(わく), リム

ring[1] A2 /ríŋ リング/ 名
❶ 円, 丸; 輪; 指輪
• a wedding **ring** 結婚(けっこん)指輪
• a key **ring** (鍵(かぎ)をたくさん通しておく)鍵輪
➔ key ring をいくつか束ねた, いわゆる日本語でいう「キーホルダー」は key chain という (「キーホルダー」は和製英語).
• the **rings** around Saturn 土星の輪
• the **rings** of a tree 木の年輪
• dance in a **ring** 輪になって踊(おど)る
• She has a gold **ring on** her finger. 彼女は指に金の指輪をしている.
• The circus tiger jumped through a **ring** of fire. サーカスのトラは火の輪をとび抜(ぬ)けた.
❷ (相撲(すもう)・サーカスなどの円形の)競技場, 土俵, 演技場; (ボクシングの)リング

ring[2] A1 /ríŋ リング/ 動
[三単現] **rings** /ríŋz リングズ/
[過去] **rang** /rǽŋ ラング/

| 過去 | **rung** /ráŋ ラング/ |
| -ing形 | **ringing** /ríŋiŋ リンギング/ |

❶ (ベルなどが)**鳴る**, 鳴り響(ひび)く; (ベルなどを)鳴らす

・**ring** the doorbell 玄関(げんかん)のベルを鳴らす
・Begin the exam when the bell **rings**. ベルが鳴ったら試験を始めなさい.
・The telephone is **ringing**. 電話が鳴っている. →**is** [助動] ❶
・My ears are **ringing**. 私は耳鳴りがしている.
・She **rang for** the maid [**for** tea]. 彼女はベルを鳴らしてメイドを呼んだ[お茶を持ってきてと言った].
・The alarm clock **has rung**, and I must get up. 目覚ましが鳴ったから起きなければ. →**have** [助動] ❶

❷《英》(**ring up** とも)**電話をかける**(《米》call (up))

・**ring** home 家に電話をかける →home は副詞で「家へ[に]」.
・**ring** back 《英》電話をかけ返す(《米》call back)
・**ring** off 《英》電話を切る(hang up)
・**Ring** him **up** tomorrow. あした彼に電話してくれ.

── [名] ❶ (ベルを)鳴らすこと; (ベルの)鳴る音, 響き

❷《英》電話(をかけること)(《米》call)

・I'll **give** you a **ring** tonight. 今晩君に電話をします.

rink /ríŋk リンク/ [名] (アイス・ローラー)スケート場

rinse /ríns リンス/ [動] ゆすぐ, すすぐ
── [名] ゆすぎ, すすぎ(洗い)

Rio de Janeiro /ríːou dei ʒəníərou リーオウ デイ ジャニアロウ/ [固名] **リオデジャネイロ** →ブラジル(Brazil)の旧首都. **Rio** と略す.

riot /ráiət ライオト/ [名] 暴動, 騒動(そうどう)
── [動] 暴動[騒動]を起こす

ripe /ráip ライプ/ [形] ❶ (果物・穀物などが)**熟した**, 実った, 熟(う)れた, 食べ頃(ころ)の
・**ripe** grapes 熟したブドウ
・The corn was **ripe** in the fields. トウモロコシは畑で実っていた.

❷ 成熟した, 円熟した, 機の熟した
・a **ripe** mind 円熟した心

ripple /rípl リプル/ [名] さざ波; さざ波の音, さらさら流れる水の音; (人声などの)さざめき
── [動] さざ波を立てる; さざ波が立つ

Rip Van Winkle /ríp væn wíŋkl リプ ヴァン ウィンクル/ [固名] **リップ・ヴァン・ウィンクル**

参考 アメリカ民間伝承の中で最も有名な人物の1人で, W. アーヴィング作『スケッチブック』の中の物語およびその主人公の名. リップは畑仕事の嫌(きら)いな怠(なま)け者で, ある日狩(か)りに出かけた山の中で酒を飲み, そこで20年間眠(ねむ)り続け, 村へ帰って来た時は社会が一変していたという.

rise 中 /ráiz ライズ/
[動] ❶ 昇(のぼ)る, 上がる 意味map
❷ (程度・地位などが)上がる
❸ 起きる
❹ そびえ立つ
❺ 起こる
[名] ❶《英》(値段などの)上昇(じょうしょう)
❷ 上り(坂)

── [動]
三単現	**rises** /ráiziz ライゼズ/
過去	**rose** /róuz ロウズ/
過分	**risen** /rízn リズン/
-ing形	**rising** /ráiziŋ ライズィング/

❶ **昇る, 上がる** (go up, come up)

[中基本] **rise** high above the earth 地上高く上がる →rise+副詞(句).

[反対語] The sun **rises** in the east and **sets** in the west. 太陽は東に[東から]昇り西に[西へ]沈(しず)む.

・The river **rises** after heavy rain. 大雨の後では川の水かさが増す.
・The sun **rose over** the mountain. 太陽が山の上に昇った.
・The wind is **rising**. 風が強くなってきた.
・The moon **has** not **risen** yet. 月はまだ出ていない. →現在完了(かんりょう)の文. →**have**

risen

[助動] ❶
- The curtain **is rising** slowly. 幕が静かに上がっていきます. →現在進行形の文. →**is** [助動] ❶
- Smoke is **rising from** the chimney. 煙突(えんとつ)から煙(けむり)が立ち昇っている.

❷ (程度・位地などが)**上がる**, 高くなる, 増す
[反対語] Prices are **rising** but they will soon **fall**. 物価が上がってきていますが, まもなく下がるでしょう.
- The wind **rose** rapidly. 風がどんどん強くなった.
- The temperature that day **rose** to 35℃ (読み方: thirty-five degrees centigrade). その日の気温はセ氏35度まで上がった.
- Their voices **rose** in [with] excitement. 興奮のあまり彼らの声は高くなった.
- He **rose** to become a branch manager. =He **rose** to the position of branch manager. 彼は出世して支店長になった.

❸ **起きる** (get up); **立ち上がる** (stand up) →形式張った言い方.
- **rise to** *one's* **feet** 立ち上がる
- He **rises** very early. 彼はとても早起きだ.
- Please **rise from** your seat when you speak. 発言する時は椅子(いす)から立ってください.

❹ そびえ立つ, (土地が)高くなる
- The mountain **rises above** the clouds. その山は雲の上にそびえている.
- The hills **rise** sharply **from** the shore. 海岸から丘(おか)が切り立っている.

❺ 起こる, 生じる
- The Rhine **rises** in the Alps. ライン川はアルプスに源を発する.
- Tears **rose** to her eyes. 彼女の目に涙(なみだ)が浮(う)かんだ.

── [名] (⑲ **rises** /ráiziz ライゼズ/)
❶ (《英》)(値段・地位・賃金・調子などの)**上昇**, 増加, 昇進(しょうしん) (《米》raise)
- a **rise in** wages (《英》)賃金の上昇, ベースアップ (《米》 a raise in wages)

❷ 上り(坂), 丘
❸ 発生, 起源

give rise to ～ ～を引き起こす (bring about), ～の原因となる (cause)
on the rise 上昇中で

risen /rízn リズン/ (→× /ライズン/ ではない) [動]
rise の過去分詞

riser /ráizər ライザ/ [名] 起きる人 →前に形容詞が付く.

rising /ráiziŋ ライズィング/ [動] rise の -ing 形 (現在分詞・動名詞)
── [形] 上がる, 昇(のぼ)る
- the **rising** sun (昇る)朝日
── [名] 上がること, 上昇(じょうしょう)
- the **rising** of the sun 日の出

risk /rísk リスク/ [名] (けがをしたり損をしたりする)**危険**, 危険性, 恐(おそ)れ
- **run [take]** a **risk** 危険を冒(おか)す
- If you go out in this cold weather, there is a **risk of** catching cold. こんな寒い中の外出は風邪(かぜ)をひく恐れがある.

at any risk どんな危険を冒しても, 何が何でも

at the risk of ～ ～の危険を冒して
- The boy tried to save the old man **at the risk of** his own life. 少年は自分の命を賭(か)けて[命の危険を顧(かえり)みず]その老人を救おうとした.

── [動] (生命などを)賭ける, 危険にさらす

ritual /rítʃuəl リチュアゥ/ [名] (⑲ **rituals** /rítʃuəlz リチュアゥズ/) ❶ (宗教上の)**儀式**(ぎしき); しきたり ❷ (日常の)決まりきった習慣
── [形] 儀式の

rival /ráivəl ライヴァゥ/ [名] 競争相手, ライバル; 匹敵(ひってき)する人[物]

river /rívər リヴァ/ [名] (⑲ **rivers** /rívərz リヴァズ/) **川** →ある程度の広さを持った自然の水の流れ.

- fish **in** a **river** 川で釣(つ)りをする
- go fishing **in** a **river** 川へ釣りに行く →×*to* a river としない.
- The **River** Thames **flows [runs]** through London. テムズ川はロンドンを流れている.

> 参考 川の名は米国では **the Hudson River** (ハドソン川), 英国では **the River Thames** (テムズ川)のようにいう. 両方とも River を省略して **the Hudson, the Thames** としてもよい. 必ず the がつくことに注意.

[類似語] **stream** ((river よりも小さな)川, 流れ),

brook ((泉から流れ出る)小川), **canal** (運河)

riverbank /rívərbæŋk リヴァバンク/ 图 川岸, 土手

riverboat /rívərbout リヴァボウト/ 图 川船

riverside /rívərsaid リヴァサイド/ 图 川岸, 河畔(かはん), 川べり
── 形 川岸の, 河畔の

road 中 A2 /róud ロウド/ 图
道路, 道, 街道(かいどう) →「〜を達成する方法・手段」の意味でも使われる.

• ride away **along** the **road** (馬・車などに乗って)道を走り去る
• There is heavy traffic **on** the **road**. その道路は交通が激しい.
• The **road to** success is paved with hard work. 成功への道は努力で舗装(ほそう)されている. →「努力を重ねてこそ成功に至る」の意味.

類似語 (道)

road は車が行き来できる程度に広い道で, ある地域とある地域を結ぶもの. **street** は片側あるいは両側に建物の並んだ街中(まちなか)の通り. **path** は森の中の小道や公園の歩道.

by road 道路を通って →「電車によって」(by rail)でなく「車や徒歩で」の意味.
• send the goods **by road** 品物をトラック便で送る

roadside /róudsaid ロウドサイド/ 图 道端(みちばた), 路傍(ろぼう)
── 形 道端の

róad sígn 图 道路標識

roar /rɔ́ːr ロー/ 動 (ライオンなどが)ほえる, (風・海などが)とどろく, (エンジンが)うなる; (観衆などが)笑いどよめく
── 图 ほえる声, うなり(声)とどろき; (笑いの)どよめき

roast A2 /róust ロウスト/ 動 (肉を)焼く, あぶる; (豆などを)煎(い)る
• **roast** a turkey [chestnuts] 七面鳥[クリ]を焼く
── 图 焼き肉; 焼き肉用の肉, ロース
── 形 焼いた, あぶった
• **roast** beef ローストビーフ

rob A2 /ráb ラブ/ 動 (三単現 **robs** /rábz ラブズ/; 過去・過分 **robbed** /rábd ラブド/; -ing形 **robbing** /rábiŋ ラビング/)
(金品(きんぴん)を奪(うば)うために)襲(おそ)う, (襲って)奪い取る, 強奪(ごうだつ)する
• **rob** a bank 銀行を襲う → rob は目的語に「(金品などのある)場所」「人」をとり, 「金品」を目的語にしない. ×rob *money* としない.
• Two armed men **robbed** the bank. 2人の凶器(きょうき)を持った男が銀行強盗(ごうとう)をした.
• Robin Hood **robbed** the rich to help the poor. ロビン・フッドは貧しい人々を助けるために金持ちから金品を奪った.
• He **robbed** me **of** my watch. 彼は私から時計を奪い取った. → rob *A* of *B* は「Aから Bを奪い取る」.
• I **was robbed of** my watch. 私は時計を奪われた.

robber /rábər ラバ/ 图 強盗(ごうとう) →こっそり盗(ぬす)むのは **thief** /すィーふ/.

robbery A2 /rábəri ラバリ/ 图 (複 **robberies** /rábəriz ラバリズ/) (力ずくで)奪(うば)うこと, 強奪(ごうだつ); 強盗(ごうとう)[盗難(とうなん)]事件

robe /róub ロウブ/ 图 ❶長いゆったりした服, ローブ, 化粧(けしょう)着, 部屋着 ❷(ふつう **robes** で)式服, 職服 →司祭・裁判官などが着る裾(すそ)の長い衣服.

robin A2 /rábin ラビン/ 图 (鳥) コマドリ, ロビン

イメージ (robin)

イギリスでは人家近くにもすみ, ほとんど1年中その鳴き声を聞くことができる. イギリス人に最も親しまれている鳥で, 同国の国鳥. 北米では早春から美しい声で鳴き始めるので, 春を告げる鳥として知られる.

Robin Hood /rábin húd ラビン フド/ 固名 ロビン・フッド →中世イギリスの伝説上の英雄(えいゆう). シャーウッドの森に住み, 悪代官や金持ちの貴族などから金を奪(うば)って貧しい人々に与(あた)えたという.

Robinson Crusoe 548 five hundred and forty-eight

Robinson Crusoe /rábinsn krú:sou ラ
ビンスン クルーソウ/ 固名 ロビンソン・クルーソー →
英国の小説家 D. デフォーの小説の主人公. 航海中
に難破して流れ着いた無人島で28年間自給自足の
生活をした.

robot 中 /róubat ロウバト|róubɔt ロウボト/ 名
ロボット

robotic /roubá:tik ロウバーティク/ 形 (ロボット
操作で)自動的な; (動きなどが)ロボットの(ような)

rock¹ 中 A2 /rák ラク|rɔ́k ロク/ 名
❶岩, 岩石
•It is as hard as (a) **rock**. それは岩のように
堅(かた)い.
•We climbed up among the **rocks**. 私
たちは岩の間を登った.
❷ (ふつう **rocks** で) 岩礁(がんしょう), 暗礁
•The ship went on the **rocks** and sank.
その船は暗礁に乗り上げて沈没(ちんぼつ)した.
❸ (米) 石, 小石 (stone)
•I threw a **rock** into the pond. 私は池の
中に石を投げた.

rock² /rák ラク/ 動 (左右に, あるいは前後に)
揺(ゆ)り動かす, 揺する, 揺さぶる; 揺れ動く
•**rock** a cradle 揺りかごを揺る
•The boat **rocked** in the waves. ボート
は波の中で揺れ動いた.
── 名 《音楽》ロック →**rock and roll**,
rock'n'roll (ロックンロール)とも呼ばれる.

róck cándy 名 《米》氷砂糖 (《英》sugar
candy)

rock-climbing /rák klaimiŋ ラク クらイミン
グ/ 名 岩登り, ロッククライミング

rocket /rákit ラケト/ 名 ❶(宇宙船などの推進
用)ロケット; (ロケット)ミサイル, 宇宙船(カプセ
ル) ❷打ち上げ花火 (firework); 信号弾(だん)

Rockies /rákiz ラキズ/ 固名 (the Rockies
で) =the Rocky Mountains (ロッキー山脈)

rocking chair /rákiŋ tʃèər ラキング チェア/
名 揺(ゆ)り椅子(いす), ロッキングチェア

rocking horse /rákiŋ hɔ̀ːrs ラキング ホース/
名 (子供用の)揺(ゆ)り木馬

rock'n'roll /ráknróul ラクンロウる/ 名 ロック
ンロール →**rock and roll** の省略形. 単に
rock ともいう.

rocky /ráki ラキ/ 形 (比較級 **rockier**
/rákiər ラキア/; 最上級 **rockiest** /rákiist ラ
キエスト/) 岩の(ような), 岩の多い

Rócky Móuntains 固名 (the をつけて)

ロッキー山脈 →北アメリカ西部を南北に縦走する
大山脈.

rod /rád ラド/ 名 (木・竹・金属などの)細い棒, さ
お; (刑罰(けいばつ)用)むち
ことわざ Spare the **rod** and spoil the
child. むちを控(ひか)えれば子供をだめにする. →
「かわいい子には旅をさせよ」にあたる.

rode 中 /róud ロウド/ 動 **ride** の過去形

rodeo /roudéiou ロウデイオウ/ 名 (複 **rodeos**
/roudéiouz ロウデイオウズ/) ロデオ →暴れ馬に乗
ったり, 投げ縄(なわ)で牛を捕(と)らえたりするカウボ
ーイの競技会.

role A1 /róul ロウる/ 名 (役者の)役割, 役; 役目
•the leading **role** 主役
•a mother's **role** 母親の役目[仕事]
•**play** an important **role** in a school
play 学校劇で重要な役を演じる

róle mòdel 名 (見習うべき)お手本

róle plày 名 ロールプレイ →現実に似せた場
面を設定し, それぞれの役割を演じさせることで対
応を学ばせる教育方法.

roll 中 A2 /róul ロウる/ 動
❶ 転がる, 転がってくる[いく]; 転がす, 転がして
いく[くる]
•The ball **rolled to** my feet. そのボールは
私の足元に転がってきた.
•Tears **rolled down** her cheeks. 涙(なみだ)
が彼女のほおを伝わって流れ落ちた.
•Several men were **rolling** a big log
along the road. 数人の男たちが道に沿って大
きな丸太を転がしていた. →**were** 助動 ❶
❷ (車輪で)進んで行く; (時間などが)過ぎて行く
•The train **rolled into** Cairo Station. 列
車はカイロ駅に滑(すべ)り込(こ)んだ.
❸ 巻く, 丸める; くるむ
•He **rolled** the clay **into** a ball. 彼はその
粘土(ねんど)を丸めて玉にした.
❹(roll out とも) (ローラーなどで)平らに伸(の)
ばす[ならす]
•**roll** pastry **out** to make a pie パイを作
るために生地を(めん棒で)平らに伸ばす
❺ (船が)横揺(ゆ)れする 関連語 「縦揺れする」は
pitch.
•The ship **rolled** in the waves. 船は波間
に揺れた.
❻ (雷(かみなり)・太鼓(たいこ)などが)ゴロゴロ鳴る, とど
ろく
•In the distance we could hear the

thunder **rolling**. 遠くで雷がゴロゴロ鳴っているのが聞こえた. ➡hear *A doing* は「Aが～しているのが聞こえる」.

roll by 通り過ぎる

roll over (ころころと)転がる; 転がす

roll up 巻き上げる; (くるくると)丸める, 巻く
• **roll up** *one's* sleeves シャツの袖(そで)をまくり上げる
• He took down the map from the wall and **rolled** it **up**. 彼は壁(かべ)から地図を取り外して丸めた.

―― 图 ❶ 巻き物; 巻いたもの, ひと巻き
• **a roll of** toilet paper トイレットペーパーひと巻き
❷ 名簿(めいぼ), 出席簿(ぼ)
• **call** the roll (名簿を読んで)出席をとる
❸ ロールパン
❹ (船の)横揺れ 関連語「縦揺れ」は **pitch**.
❺ (雷・太鼓などの)とどろき
• a **roll** of thunder 雷のごろごろいう音, 雷鳴(らいめい)

roller /róulər ロウら/ 图 ❶ **ローラー** ➡地ならし・ペンキ塗(ぬ)り・印刷などに使う.

róller còaster 中 图 (遊園地の)**ジェットコースター** ➡「ジェットコースター」は和製英語.

róller skàte 图 **ローラースケートの靴**(くつ)

roller-skate /róulərskeit ロウらスケイト/ 動 ローラースケートをする

roller-skating /róulərskeitiŋ ロウらスケイティング/ 图 (スポーツの)**ローラースケート**

Roman /róumən ロウマン/ 形 (古代・現代)**ローマの; ローマ人の**

―― 图 (古代・現代の)**ローマ人, ローマ市民**
ことわざ When (you are) in Rome, do as the **Romans** do. ローマにいる時はローマ人のするようにしなさい. ➡「新しい環境(かんきょう)に移ったらそこの風習に従うのがよい」の意味.「郷(ごう)に入っては郷に従え」にあたる.

Róman Cátholic 形 图 (ローマ)**カトリック教の; (ローマ)カトリック教徒** →**Catholic Church**

Róman Cátholic Chúrch 固名 (the をつけて) (ローマ)**カトリック教会** →**Catholic Church**

romance /roumǽns ロウマンス/ 图 **恋愛**(れんあい), **ロマンス; 恋愛物語**

Róman Émpire 固名 (the をつけて) ローマ帝国(ていこく) ➡紀元前27年に起こり, 395年

東西に分離(ぶんり)し, 西ローマ帝国は476年, 東ローマ帝国は1453年に滅(ほろ)びた.

Romania /rouméiniə ロウメイニア/ 固名 **ルーマニア** ➡ヨーロッパ南東部の国. 首都はブカレスト.

Róman númerals 图 **ローマ数字** ➡ローマ字を使って表す数字. I, II, III, IV (＝4), V (＝5), VI (＝6), X (＝10), L (＝50), C (＝100), D (＝500), M (＝1000)など.

Romansh /roumáːnʃ ロウマーンシュ/ 图 **ロマンシュ語** ➡スイスで使われている4つのことばの1つ. →**Switzerland**

romantic A2 /roumǽntik ロウマンティク/ 形 **恋愛**(れんあい)**の; 恋愛小説に出てくるような, ロマンチックな**

Romany /ráməni ラマニ/ 图 (優 **Romanies** /ráməniz ラマニズ/) ❶ **ロマ, ジプシー**

参考 ヨーロッパ各地に散在する漂泊(ひょうはく)民族の人. 昔は馬車 (**gypsy wagon**) を家とし, 占(うらな)い・音楽・馬の売買などを生業とした. **Gypsy** は現在では差別的な呼び方と考えられ, **Romany** を使うほうがよい.

❷ **ロマニー語** ➡ロマの言葉.

Rome /róum ロウム/ 固名 **ローマ** ➡イタリアの首都.
ことわざ **Rome** was not built in a day. ローマは一日で建設されたのではない. ➡「大事業は短期間ではできない」の意味.
• All roads lead to **Rome**. すべての道はローマに通じる. ➡「方法はいろいろあるがどの方法でも目的を達することができる」の意味.

Romeo /róumiou ロウミオウ/ 固名 **ロミオ** ➡シェークスピア作 *Romeo and Juliet* (『ロミオとジュリエット』) の主人公の青年の名.

roof A2 /rúːf ルーふ/ 图 (優 **roofs** /rúːfs ルーふス, rúːvz ルーヴズ/) **屋根, 屋上**
• the **roof** of a car 自動車の屋根[てっぺん]
• Some houses have flat **roofs**. 平たい屋根の家もある.

róof gàrden 图 **屋上庭園;**《米》**屋上レストラン**

rookie /rúki ルキ/ 图 (野球の)**新人選手, ルーキー; (一般**(いっぱん)**に)新参者, 初心者**

room 小 A1 /rúːm ルーム/ 图
(優 **rooms** /rúːmz ルームズ/)

roommate 550 five hundred and fifty

❶ 部屋, 室

• a living **room** 居間

• We eat in the dining **room**. 私たちは食堂で食事をします.

• Our house has five **rooms**. 私たちの家は5部屋あります. →**bedroom**

関連語 There was a sign in the window, "**Room** and **board**." 窓に「まかない付き貸し間」という掲示(けいじ)があった.

• The whole **room** laughed [was silent]. 部屋じゅう(の人々)が笑った[沈黙(ちんもく)していた]. →単数扱(あつか)い.

❷ (人・物の占(し)める)スペース, 余地 →この意味では×a room, ×rooms としない.

• This desk takes up too **much room**. この机はあまりに場所を取り過ぎる.

• Is there **room** for me in the car, or is it full? 車には私の乗れる余地がありますか, それともいっぱい?

• There is **room for** improvement in your work. 君の作品は改善の余地がある.

• No one **made room for** the old man to sit down. 誰(だれ)もその老人が座(すわ)るための席を譲(ゆず)ってあげなかった.

roommate /rúːmmeit ルームメイト/ 名 (下宿・寮(りょう)などの)同室の友, 同居人, ルームメイト

Roosevelt /róuzəvelt ロウゼヴェルト/ 固名 (**Franklin Delano Roosevelt**) (デラノウ) フランクリン D. ローズベルト[ルーズベルト] →米国の第32代大統領 (1882–1945). 大恐慌(ふきょう)時代から第2次大戦にかけて12年以上大統領をつとめた.

rooster /rúːstər ルースタ/ 名 《主に米》おんどり (《英》cock)

root[1] A2 /rúːt ルート/ 名 ❶ 根

• the **root** of a plant 植物の根

• the **root** of a tooth 歯の根っこ

• This tree has deep **roots**. この木は根が深い.

• He has **roots** in that town. 彼はその町に根を下ろしている[ほかに移る気はない].

❷ (ふつう the root で) 根本, 原因; (roots で) 起源, ルーツ

• The love of money is **the root** of all evil. 金銭を愛することが諸悪の根源だ.

• This music has its **roots** in the blues. この音楽はブルースにそのルーツを持つ.

❸ (数学の)根(こん), ルート(√)

• a square [cube] **root** 平方根[立方根]

by the roots 根こそぎに

take [*strike*] *root* 根づく

—— 動 根づかせる; 根づく

root up [*out*] 根こそぎにする; 根絶させる

root[2] /rúːt ルート/ 動 《米》応援(おうえん)する; 支持する

rope 小 A2 /róup ロウプ/ 名 (太い)綱(つな), 縄(なわ), ロープ

• **jump** [**skip**] **rope** 縄跳(なわと)びをする

• tie a boat to a post with a **rope** ボートをロープでくいにつなぐ

類似語 次の順序で太くなる: **thread** (糸), **string** (細ひも), **cord** (ひも), **rope** (綱).

ropeway /róupwei ロウプウェイ/ 名 ロープウェー, 空中ケーブル

rose[1] /róuz ロウズ/ 動 **rise** の過去形

rose[2] 中 A1 /róuz ロウズ/ 名

❶ (植物) バラ, バラの花

• a wild **rose** 野バラ

ことわざ No **rose** without a thorn. とげのないバラはない. →「よい事にもその反面には悪い事があるものだ」の意味.

❷ バラ色

> イメージ (rose)
> バラはその姿・香(かお)りから「花の女王」(the queen of flowers) と呼ばれ, イギリスの国花. また「愛・快楽」の象徴(しょうちょう)とされ, Life is not all roses. は「人生は楽しい事ばかりではない」, また gather roses (バラを摘(つ)む)は「快楽を追い求める」の意味.

rosebud /róuzbʌd ロウズバド/ 名 バラのつぼみ

rosebush /róuzbuʃ ロウズブシュ/ 名 バラの木

rosy /róuzi ロウズィ/ 形 (比較級 **rosier** /róuziər ロウズィア/; 最上級 **rosiest** /róuziist ロウズィエスト/) バラ色の, 希望に満ちた

rot /rát ラト/ 動 (三単現 **rots** /ráts ラツ/; 過去・過分 **rotted** /rátid ラテド/; -ing形 **rotting** /rátiŋ ラティング/) 腐(くさ)る, 朽(く)ちる; 腐らせる, 朽ちさせる

rotary /róutəri ロウタリ/ 形 回転する, 回転式の

—— 名 (複 **rotaries** /róutəriz ロウタリズ/) 《米》ロータリー, 円形交差点 (《英》roundabout)

rotate /róuteit ロウテイト/routéit ロウテイト/ 動 回転する, 交替(こうたい)する; 回転させる, 交替する

rotten /rátn ラトン/ 形 腐(くさ)った

rough /ráf ラふ/ 形
❶ (表面が)粗(あら)い, ざらざらの, でこぼこした
反対語 Silk is **smooth**, but wool is **rough**. 絹織物はすべすべしているが毛織物はざらざらしている.
❷ 荒々(あらあら)しい, 乱暴な; 荒れた
❸ 大雑把(ざっぱ)な, だいたいの; 未完成の

roughly A2 /ráfli ラふり/ 副 ❶ 手荒(てあら)く, 乱暴に ❷ およそ, ざっと (about)

roughly speaking 大雑把(ざっぱ)に言えば, およそ

round 中 A2 /ráund ラウンド/

形	❶ 丸い	意味 map
	❷ 回る, 一周の	
前	～の周りに, ～のあちらこちらを	
副	周りに, 周りを	
名	❶ 丸い物, 円	
	❷ 回転	

—— 形 (比較級 **rounder** /ráundər ラウンダ/; 最上級 **roundest** /ráundist ラウンデスト/)
❶ 丸い
• a **round** face 丸顔
• **round** cheeks 丸々としたほお
• **round** shoulders 猫背(ねこぜ)
• The earth is **round**. 地球は丸い.
❷ 回る, 一周の
• a **round** dance 円舞(えんぶ)(曲)
• a **round** trip 《米》往復旅行, 《英》周遊旅行

—— 前 ～の周りに, ～のあちらこちらを → 米国では **around** を使うことが多い.
• a trip **round** the world 世界一周旅行
• look **round** the room 部屋を見回す
• The earth goes **round** the sun. 地球は太陽の周りを回る.
• We sat **round** the table. 私たちはテーブルの周りに座(すわ)った.

—— 副 (→比較変化なし)
周りに, 周りを, ぐるっと; 周囲が → 米国では **around** を使うことが多い.
• look **round** 辺りを見回す; 振(ふ)り返って見る
• turn **round** 回る, ぐるっと向きを変える
• He looked **round** at his audience. 彼はぐるっと聴衆(ちょうしゅう)を見回した.
• Pass these pictures **round**. これらの写真をみんなに回してください.
• The tree is five feet **round**. その木は周囲

5 フィートだ.

—— 名 (複 **rounds** /ráundz ラウンヅ/)
❶ 丸い物, 円, 球
• dance **in a round** 丸くなって踊(おど)る
❷ 回転; (同じような事の)繰(く)り返し
• a **round** of parties パーティーの連続
❸ (しばしば **rounds** で) 巡回(じゅんかい), 巡回ルート, 巡回区域
• **make** [**go**] one's **rounds** 見回る, 巡回する
❹ (ボクシング・ゴルフなどの)ラウンド
• fight fifteen **rounds** 15 ラウンド戦う

all round 周り中(に)

all (**the**) **year round** 一年中

come round 回って来る, 巡(めぐ)って来る

go round 回って行く, 回る; (食べ物などが)行き渡(わた)る

round and round ぐるぐると
• The merry-go-round went **round and round**. メリーゴーラウンドはぐるぐると回った.

round the corner かどを曲がった所に[で・の] →「すぐ近くに[で・の]」の意味がこめられている.
• a store **round the corner** かどを曲がった所にある店
• I met him just **round the corner**. ちょうどかどを曲がった所で彼に会った.

—— 動 (三単現 **rounds** /ráundz ラウンヅ/; 過去・過分 **rounded** /ráundid ラウンデド/; -ing形 **rounding** /ráundiŋ ラウンディング/)
❶ 丸くする
❷ 回る; (かどを)曲がる
• The car **rounded** the corner at high speed. 車がすごいスピードでかどを曲がって行った.

round up (家畜(かちく)・人などを)駆(か)り集める

roundabout A2 /ráundəbaut ラウンダバウト/ 形 遠回りの; (言い方・方法などが)遠回しの
—— 名 《英》
❶ 回転木馬 (merry-go-round)
❷ 円形交差点, ロータリー (《米》rotary)

róund tàble 名 ❶ 円卓(えんたく)会議; 円卓会議の参加者 → テーブルを囲んで自由に意見を交(か)わす非公式の協議. ❷ (the Round Table で) アーサー王とその円卓の騎士(きし)たち → Arthur

round-trip /ráund trip ラウンド トリプ/ 形 《米》往復(旅行)の; 《英》周遊(旅行)の

route /rú:t ルート/ 名 (旅の)道筋, ルート, コー

ス, 〜路: (高速道路などの)号線

routine /ru:tí:n ルーティーン/ 图 (いつも繰(く)り返される)決まりきった事, いつもの仕事; (型にはまった)しきたり, 慣例

row¹ 中 A1 /róu ロウ/ 图
(人・物の)**列**, 並び
• a **row** of trees 1列の樹木, 並木
• a **row** of teeth 歯並び
• We sat in the front **row** at the theater. 私たちは劇場で最前列に座(すわ)った.
• Corn is planted in **rows**. トウモロコシは1列ずつ並べて植えられる. →**is** 助動 ❷

in a row 1列に並んで; 連続して
• The boys stood **in a row**. 少年たちは1列に並んだ.
• He won the contest three years **in a row**. 彼はコンテストに3年連続で優勝した.

row² /róu ロウ/ 動 ❶(舟(ふね)をオールで)こぐ
• **row** a boat ボートをこぐ
• **row across** the lake 舟をこいで湖を渡(わた)る
❷(舟を)こいで運ぶ
• Get in and I'll **row** you **across** the lake. お乗りなさい, 湖の向こうまで舟に乗せてあげますから.
—— 图 舟をこぐこと, ボートこぎ
• **go for** a **row** 舟をこぎに[ボート遊びに]行く

rowboat /róubout ロウボウト/ 图 《米》(オール (oar) でこぐ)小舟(こぶね), ボート →《英》では **rowing boat** という.

rowing /róuiŋ ロウインヶ/ 图 ボート漕(こ)ぎ; ボートレース

rówing bòat 图 《英》=rowboat

royal A2 /rɔ́iəl ロイアる/ 形 王の, 女王の; 王室の
• a **royal** palace 王宮
• the **royal** family 王家, 王室
• a **royal** library 王立図書館

rub /ráb ラブ/ 動 (三単現 **rubs** /rábz ラブズ/; 過去・過分 **rubbed** /rábd ラブド/; -ing形 **rubbing** /rábiŋ ラビンヶ/) こする
rub out こすって消す

rubber /rábər ラバ/ 图 ❶ゴム; 輪ゴム (rubber band) ❷《英》消しゴム (eraser)
—— 形 ゴム(製)の

rubbish /rábiʃ ラビシュ/ 图 《主に英》
❶ごみ, くず (《米》 trash); (台所の)生ごみ (《米》 garbage)

❷くだらないこと, ばかげたこと (nonsense)

ruby /rú:bi ルービ/ 图 (複 **rubies** /rú:biz ルービズ/) (宝石の)ルビー; ルビー色, 真紅(しんく)

rucksack /ráksæk ラクサク, rúksæk ルクサク/ 图 《主に英》リュックサック
類似語 **backpack**, **knapsack**

rude A1 /rú:d ルード/ 形
無礼な, 無作法な, 粗野(そや)な, 乱暴な
• a **rude** reply 無作法な返事
• **rude** manners 無作法
• Don't be **rude** to the guests. お客様に失礼な態度をとってはいけない.
• It's **rude** to ask such a question. そんな質問をするのは失礼です.

rug /rág ラグ/ 图 じゅうたん, 敷(し)き物
関連語 **carpet** (床(ゆか)全体を覆(おお)うじゅうたん)

Rugby, rugby 小 A2 /rágbi ラグビ/ 图
ラグビー →**Rugby football** あるいは **rugger** /rágər ラガ/ ともいう.

語源 (Rugby)
英国中部の小都市ラグビーにある名門のパブリックスクール **Rugby School** にその起源を持つので, この名がつけられた. →**football** ❶

Rúgby fóotball 图 ラグビー →ふつう Rugby (ラグビー), rugger (ラガー)と略称する. →**Rugby**

rugged /rágid ラギド/ 形 ごつごつした, 岩だらけの, でこぼこのある

ruin A2 /rú:in ルーイン/ 图
❶破壊(はかい), 破滅(はめつ); 廃屋(はいおく)
• fall into **ruin** 破滅する, 荒(あ)れ果てる
• be [lie] in **ruins** 破壊されている, めちゃめちゃになっている
• His life is in **ruins**. 彼の人生はめちゃくちゃになった.
❷(ruins で)遺跡(いせき), 廃墟(はいきょ)
• the **ruins** of an old castle 古い城の遺跡
—— 動 破壊する; だめにする, 台無しにする
• Rain **ruined** the picnic. 雨でピクニックが台無しになった.

rule 中 A1 /rú:l ルーる/ 图
❶規則, ルール, 法則
• follow [obey] the **rules** 規則に従う
• break the **rules** 規則を破る
• the **rules** of the game ゲームのルール
• Our school has a **rule** that students must wear white socks. 私たちの学校には

生徒は白いソックスを履(は)かなければならないという規則がある.

❷ 支配, 統治; 支配権
- India was once **under** British **rule**. インドはかつてイギリスの支配下にあった.

as a rule 一般(いっぱん)に, ふつうは (usually)

make it a rule to *do* 〜すること(を習慣)にしている
- My father **makes it a rule** not **to** smoke before breakfast. 父は朝食前にはタバコを吸わないことにしています. →不定詞 (to smoke) を否定する時はその前に not を付ける. it = not to smoke. make *A B* は「A を B にする」.

── 動 ❶ 支配する, 統治する
- Queen Elizabeth I (読み方: the first) **ruled** (her country) for many years. 女王エリザベス 1 世は何年も(国を)統治した.

❷ (裁判官が)判決を下す, 裁決する
❸ (定規で)線[けい線]を引く

ruler 小 A1 /rúːlər ルーラ/ 名
❶ 定規, ものさし ❷ 支配者, 統治者, 君主

rum /rʌ́m ラム/ 名 ラム酒 →サトウキビの糖蜜(とうみつ)から造る強い酒.

rumble /rʌ́mbl ランブル/ 動 ごろごろ鳴る; とどろく
── 名 ごろごろ[がらがら]いう音; 騒音

rumor A2 /rúːmər ルーマ/ 名 (世間の)**うわさ**
- **There is a rumor that** he is going to sell his house. 彼が自分の家を売ろうとしているといううわさがある.
- **Rumor says that** he will come to Japan this fall. この秋彼が来日するといううわさだ.

rumour /rúːmər ルーマ/ 名 《英》= rumor

run 小 A1 /rʌ́n ラン/

動 ❶ (人・動物が)**走る, 走って行く[来る]** 意味map
❷ (電車・バスなどが)**走る; 運行する**
❸ (線路・道などが)**通っている**; (川が)**流れている**
❹ **走らせる; 動かす**
❺ **経営する**

── 動
三単現 **runs** /rʌ́nz ランズ/
過去 **ran** /rǽn ラン/
過分 **run** →原形と同じ形であることに注意.

-ing形 **running** /rʌ́niŋ ラニング/

❶ (人・動物が)**走る, 走って行く[来る]**
基本 **run fast** 速く走る → run + 副詞(句).
- **run to** school 走って学校へ行く
- **run out [in]** 走り出る[駆(か)け込(こ)む]
- **run** home 走って家へ帰る → home は副詞で「家へ」.
- **run** back 走って帰る
- **run around** 走り回る
- **run up** (the steps) (階段を)駆け上がる
- **run down** (the hill) (丘(おか)を)駆け降りる
- **run** a mile 1 マイル走る
- Don't **run** in the corridors. 廊下(ろうか)を走ってはいけない.
- My father **runs** before breakfast. 父は朝食前に走ります.

関連語 I **walked** down the hill, but the boys **ran** down. 私は歩いて丘を下ったが男の子たちは駆け降りた.
- The dog **ran about** in the snow. 犬は雪の中を走り回った.
- We **ran and ran** to the bus stop. 私たちはバス停に向かって懸命(けんめい)に走った. →〜 and 〜 は反復または強意を表す.
- I've just **run** home from school. 私は今学校から走って帰って来たところだ. →現在完了(かんりょう)の文. → **have** [助動]
- **go running** ランニングをしに行く → running は現在分詞. つづり字に注意.
- Bob **is running** with his dog. ボブは彼の犬といっしょに走っている. →現在進行形の文. → **is** [助動] ❶

❷ (電車・バスなどが)**走る; 運行する**, 通っている
- The bus **runs** every hour **from** Nagoya **to** Tokyo. 名古屋から東京までバスが 1 時間おきに運行している.

run 554

- Our bus **ran along** the freeway. 私たちのバスは高速道路を走った.
- The trains aren't **running** today because of heavy snow. 大雪のためきょうは電車が走っておりません.

❸ (線路・道などが)**通っている**; (川が)**流れている**; (水などが)**流れる, 出る**; (靴下(くつした)が)**伝線する**

- The main road **runs** north and south. 大通りは南北に通じている. →north も south も副詞で「北へ」「南へ」.
- A big river **runs through** the city. 大きな川が市を流れている. →「川が流れている」はふつう進行形 (is running) にしない.
- Tears were **running** down her face. 涙(なみだ)が彼女の顔を流れ落ちていた.
- Your nose is **running**. はなが出てますよ.
- Her stocking **ran** when she caught it on a chair. 彼女がストッキングを椅子(いす)に引っ掛(か)けた時ストッキングが伝線した.

❹ **走らせる**; **動かす**; (機械などが調子よく)**動く**

- **run** a motor モーターを動かす
- **run** one's fingers **over** the keys of a piano ピアノのキーに指を走らせる
- He **ran** his eyes over the letter. 彼は手紙に目を走らせた[ざっと目を通した].

❺ **経営する, 運営する**

- **run** a bakery パン屋を営む
- My uncle **runs** a drugstore. 私のおじはドラッグストアをやっている.

❻ (競走・走り使いなどを)**する**

- **run** a race 競走する, かけっこする
- **run** an errand お使いをする

❼ (選挙に)**出馬する, 立候補する**

- **run for** the president of the club クラブの部長選挙に立候補する

❽ (時間的に)**続く, わたる**

- The play **ran** for a year. その芝居(しばい)は1年間続いた.

❾ (〜の状態に)**なる**, (〜の状態に)**入り込む** →好ましくない状態について使う.

- **run** short 不足してくる, 切らす
- I'm **running** short of money. 私はだんだんお金がなくなってきた.
- If you **run into** any trouble, please call me. 何か困ったことになったら私に電話してください.

run across ～ 〜を走って渡(わた)る; 〜とひょっこり出会う (meet by chance)

- **run across** an old friend in Kyoto 京都で昔の友達にひょっこり会う

run after ～ 〜を追いかける; 〜の後から走る

- The cat is **running after** a mouse. ネコがネズミを追いかけている.

run against ～ 〜に突(つ)き当たる

run away 逃(に)げる

- The boy **ran away** from home. 少年は家出をした.

run down ① (車で人・動物を)**ひき倒(たお)す, はねる** ② **駆け降りる, 流れ落ちる**; (機械が)**止まる**, (健康などが)**衰(おとろ)える**

run into ～ 〜に駆け込む, 〜に流れ込む; 〜と偶然(ぐうぜん)に出会う (run across); (車などが)〜に衝突(しょうとつ)する

- We **ran into** each other at Tokyo Station. 私たちは東京駅でばったり会った.

run off 走り去る, 逃げる (run away)

run onto ～ 〜に乗り上げる

run out (of ～) (〜から)走り出る; (〜が)なくなる, (〜を)使い果たす

- We're **running out of** time. そろそろ時間がなくなってきました.

run over ～ 〜の上を走って越(こ)える; 〜からあふれる; (車などが)〜をひく

- A child **was run over** by a car. 子供が車にひかれた. →run は過去分詞で受け身の文. →was [助動] ❷

run through ～ 〜にざっと目を通す

run up to ～ 〜のところまで走って来る, 〜に走り寄る

—— 名 (⑧ **runs** /ránz ランズ/)

❶ **走ること; 競走, かけっこ**

- a mile **run** 1マイル競走
- **go for** a **run** ひと走りする
- go to the park for a **run** 走りに[ジョギン

チャンクでおぼえよう run	
□ 速く走る	**run** fast
□ 学校へ走る	**run** to school
□ 走りまわる	**run** around
□ カゴから逃げる	**run** away from the cage
□ 時間がない	be **running** out of time

グレしに)公園へ行く
- John took his dog for a **run**. ジョンは犬を走らせに連れて行った.

❷ 連続, 続き; (劇・映画の)続演
- The play had a long **run** in New York, but only a short **run** in Tokyo. その芝居はニューヨークではロングランだったが東京での公演は短かった.

❸ (野球・クリケットの)得点
- a three-**run** homer 3点本塁打(ほんるいだ), スリーランホーマー

❹《米》靴下の伝線(《英》ladder)

in the long run 長い間には, ついには, 結局

rung /ráŋ ラング/ 動 **ring** の過去分詞

runner 中 A2 /ránər ラナ/ 名
走る人, (野球・競技などの)走者, ランナー
- a good **runner** 走るのが速い人

running A2 /rániŋ ラニング/ 動 **run** の -ing 形(現在分詞・動名詞)
——名 ❶ 走ること, ランニング; (水などが)出ること
- a pair of **running** shoes ランニングシューズ1足

❷ 経営, 運転
——形 走(ってい)る, 走りながらの; 流れている
- a **running** dog 走っている犬
- **running** water 流れている水, 栓(せん)をひねると出る水, 水道水
- horses **running** in a race 競走で走っている馬たち →このように句として名詞を修飾(しゅうしょく)する時はその名詞の後ろにつく.

runny /ráni ラニ/ 形 (比較級 **runnier** /ránɪər ラニア/; 最上級 **runniest** /ránɪɪst ラニエスト/) 液体状の; 流れる
- have a **runny** nose はなを垂らしている

runway /ránwei ランウェイ/ 名 (飛行場の)滑走路(かっそうろ)

rupee /rúːpiː ルーピー/ 名 ルピー →インド, パキスタン, スリランカなどの通貨.

rural /rú(ə)rəl ル(ア)うる/ 形 田舎(いなか)(風)の, 田園の, 農村の (反対語 **urban** (都市の, 都会(風)の))

rush A2 /ráʃ ラシュ/ 動
❶ 勢いよく走る, 突進(とっしん)する; 急ぐ
- **rush in** 飛び込(こ)んで来る[行く]
- Fire engines **rushed** to the burning house. 消防車は燃えている家に急行した.
- There is no need to **rush**. 急ぐ必要はない.

❷ 急いでする, 急いで運ぶ; せき立てる
- Don't **rush** me when I'm eating. 食事をしている時にせかさないでくれ.
- He was **rushed** to hospital. 彼は急いで病院に運ばれた. → **was** 助動 ❷
——名 ❶ 勢いよく走ること, 突進
❷ (人が)どっと押(お)し寄せること, 殺到(さっとう); 慌(あわ)ただしさ, 忙(いそが)しさ
- be in a **rush** 急いでいる
- make a **rush** for ~ ~を求めて[取ろうとして]殺到する
- There was a great **rush to** California when gold was found there. カリフォルニアで金が発見された時, そこに大勢の人が殺到した.
- What is your **rush**? 何をそんなに忙しくしているの.

rúsh hòur 名 (朝夕の)混雑時間, ラッシュアワー

Rushmore /ráʃmɔːr ラシュモー/ 固名 (**Mount Rushmore** で) ラシュモア山 →米国サウス・ダコタ州にある山. 側面に Washington, Jefferson, Theodore Roosevelt, Lincoln(左から)の4大統領の顔が刻まれている.

Russia 小 /ráʃə ラシャ/ 固名 ロシア連邦(れんぽう) →首都はモスクワ (Moscow).

Russian /ráʃən ラシャン/ 形 ロシア連邦(れんぽう)の; ロシア人の; ロシア語の
——名 ❶ ロシア人 ❷ ロシア語

rust /rást ラスト/ 名 さび
——動 さびる

rustle /rásl ラスる/ 動 (木の葉・紙・布などが)さらさら音を立てる
——名 さらさらいう音

rusty /rásti ラスティ/ 形 (比較級 **rustier** /rástɪər ラスティア/; 最上級 **rustiest** /rástɪɪst ラスティエスト/) さびた →rust+-y.

rye /rái ライ/ 名 ライ麦 →パンやウイスキーを作るのに使われる.

rỳe bréad 名 (ライ麦の粉で作った)黒パン

S¹, s /és エス/ 名 (複 **S's, s's** /ésiz エセズ/) エス → 英語アルファベットの19番目の文字.

S., S² 略 =south (南)

-'s A1 ❶(名詞の所有格を作って)〜の ❷ **is, has, us** を短くした形 → **he's, let's** ❸ 文字・数字・略語などの複数形を作る

$ /dɑ́lər(z) ダラ(ズ)/ ドル (dollar(s)) → 数字の前につける. 縦線が2本の＄とも書く.

sack /sǽk サク/ 名 (麻布(あさぬの)などの)袋(ふくろ); 1袋分

sacred /séikrid セイクレド/ 形 神聖な
・a **sacred** song 聖歌
・In India, cows are regarded as **sacred**. インドでは牛は神聖なものと考えられている.

sacrifice /sǽkrəfais サクリふァイス/ 名 いけにえ, 犠牲(ぎせい)
── 動 犠牲[いけにえ]にする

sad 小 A1 /sǽd サド/
形 (比較級 **sadder** /sǽdər サダ/; 最上級 **saddest** /sǽdist サデスト/)
悲しい → 人を悲しくさせる知らせ・物語などについて, またそれらによって悲しくさせられた人・表情などについていう.

基本 a **sad** story 悲しい物語 →sad+名詞.
・**sad** news 悲しい知らせ, 悲報
・a **sad** look 悲しそうな表情

基本 I am **sad**. 私は悲しい. →be 動詞+sad.
・She is still **sad** about her young brother's death. 彼女は今でも弟の死を悲しんでいる.
・She looks **sad**. I'm afraid something **sad** happened to her. 彼女は悲しそうな顔をしている. 何か悲しい事でも起こったのかしら. → something, anything, nothing などには形容詞が後ろにつく.
・Don't be **sad**. 悲しんではいけません.
・I've never seen a **sadder** movie than this. 私はこれよりも悲しい[こんなに悲しい]映画を見たことがない.
・This is the **saddest** story (that) I have ever read. これは私が今まで読んだ一番悲しい物語だ. → I have ever read は現在完了(かんりょう)の文. → **have** [助動] ❷

saddle /sǽdl サドル/ 名 (馬の)くら; (自転車などの)サドル

sadly A2 /sǽdli サドリ/ 副 悲しそうに, 悲しげに, 寂(さび)しそうに; 《文全体を修飾(しゅうしょく)して》悲しいことに

sadness /sǽdnis サドネス/ 名 悲しみ, 悲しさ

safari /səfɑ́:ri サふァーリ/ 名 サファリ → アフリカなどでの狩猟(しゅりょう)・探検旅行. safari はもとアラビア語で「旅に出る」の意味.

safári pàrk 名 自然動物園, サファリパーク

safe 中 A2 /séif セイふ/ 形

❶ 安全な, 安心な
・a **safe** driver 安心[信頼(しんらい)]できる運転手, 慎重(しんちょう)なドライバー
・Have a **safe** trip! 安全なご旅行を.
・We are **safe** here. ここにいれば安全だ.
・The dog is **safe** with children. その犬は子供といっしょにいても大丈夫(だいじょうぶ)です[かんだりする心配はない].
・Is this dog **safe** to touch? この犬は触(さわ)っても大丈夫ですか. → 不定詞 to touch (触っても) は safe を修飾(しゅうしょく)する. → **to** ❾ の ④
反対語 We are **safe** from **dangerous** animals here. ここなら危険な動物から安全だ[襲(おそ)われる心配はない].

❷(be 動詞, come, arrive などの後につけて) 無事に, 無事で (safely) → **safe and sound** ともいう.
・He **came** home **safe** (**and sound**) after the war. 彼は戦争が終わって無事に家に帰って来た.

❸《野球》(走者が)セーフで
・He was **safe** at second base. 彼は2塁(るい)セーフになった.

── 名 金庫

safely /séifli セイふリ/ 副 安全に, 無事に

safety /séifti セイふティ/ 名 (複 **safeties** /séiftiz セイふティズ/) 安全, 無事

557   **sale**

- **in safety** 無事に, 安全に (safely)
- **with safety** 安全に, 危険なく
- **Safety First** 安全第一 →事故防止の標語.

sáfety bèlt 图 安全ベルト; (飛行機・自動車の)座席ベルト →**seat belt** ともいう.

sáfety pìn 图 安全ピン

Sahara /səhárə サハーラ/ 固名 **(the Sahara** で**)** サハラ砂漠(さばく)

said 中 /séd セド/ 動 **say** の過去形・過去分詞 →発音に注意. ×/séid/ ではない.

sail /séil セイる/ 图 ❶ 帆(ほ)
- **put up [lower] a sail** 帆を張る[降ろす]
- ❷ (特に帆のある)船に乗ること, 帆走(はんそう), 船遊び; 航海, 船旅
- **go for a sail** 航海に出る; 船遊びに行く

set sail 出帆(しゅっぱん)する, 出航する
- They'll **set sail** for Japan next week. 彼らは来週日本へ向けて出航する.

── 動 ❶ (船が)走る, 帆走する; 船で行く, 航海する; (船を)走らせる, 操縦する
- **sail** (across) the Pacific 船で太平洋を横断する
- **sail** away (船が)出て行く
- We **sailed** up [down] the river for six days. 私たちは6日間その川を船で上った[下った].
- He showed us how to **sail** a yacht. 彼は私たちにヨットの操縦法を教えてくれた.
❷ 出港する, 航海に出る
- **sail** on a ship 航海に出る
- The ship [We] **sailed** from Kobe for London. 船[私たち]はロンドンに向けて神戸を出港した.
❸ (雲・飛行船などが帆船(はんせん)のように)滑(すべ)るように動く
- The airship **sailed** slowly overhead. 飛行船は頭上をゆっくりと滑るように飛んでいった.

sailboat /séilbout セイるボウト/ 图 《米》 ヨット, 小さな帆船(はんせん) (《英》 sailing boat) → **yacht**

sailing A2 /séiliŋ セイりング/ 图 出帆(しゅっぱん), 出航; ヨット遊び, 航海

sáiling bòat 图 《英》(小型の)帆船(はんせん), ヨット (《米》 sailboat)

sailor A1 /séilər セイら/ 图
❶ 船員, 船乗り, 水夫; 水兵
❷ (good, bad などの形容詞を伴(ともな)って) 船

に強い[弱い]人
- a good **sailor** 船に強い[酔(よ)わない]人
- a bad [poor] **sailor** 船に弱い[酔う]人

saint /séint セイント/ 图 聖者, 聖人, 聖徒 →聖者の名につけて「聖～」とする時はふつう **St.** または **St** と略す.

Saint Patrick's Day /séin(t) pǽtriks dèi セイント パトリクス デイ/ 固名 聖パトリックの祝日(3月17日)

Sàint Válentine's Dày 图 聖バレンタインの日(2月14日) →**valentine**

sake A2 /séik セイク/ 图 ため, 利益, 目的
for God's [goodness'] sake お願いだから, 頼(たの)むから →怒(いか)り, いらいら, 驚(おどろ)きなどを表して, 命令文や疑問文を強める. 失礼に聞こえることもあるので注意.

for the sake of A＝**for A's sake** Aの(利益・目的の)ために
- He stopped smoking **for the sake of** his health. 彼は健康のため禁煙(きんえん)した.
- He drove slowly **for our sake**. 彼は私たちのためにゆっくり運転してくれた.

salad 小 A1 /sǽləd サらド/ 图
サラダ
- make [prepare] **salad** サラダを作る →×a salad, ×salads としない. 次例のように種類を言う時は別.
- make [have] a **salad** of salmon and eggs for lunch 昼食にサケと卵のサラダを作る[食べる]

salaried /sǽlərid サらリド/ 形 給料 (salary) をもらっている

salary /sǽləri サらリ/ 图 (複 **salaries** /sǽləriz サらリズ/) 給料, 賃金, サラリー →ふつう会社員・公務員の月給. →**wage**

sale A1 /séil セイる/ 图
❶ 販売(はんばい), 売ること 関連語 「売る」は **sell**.
- the **sale** of tickets チケットの販売
❷ (しばしば **sales** で) 売上高, 売れ行き
- This dictionary enjoys large **sales**. この辞書はとてもよく売れています.
❸ 特売, 安売り, バーゲン(セール) →「バーゲンセール」は和製英語. →**bargain**
- I bought this shirt in [at] a **sale**. 私はこのシャツをバーゲンで買った.
- The store is having a **sale** on [of] jeans. あの店ではジーンズの特売中だ.

salesclerk

for sale (個人の家屋・品物などが希望者に)売るために, 売るための
- House **For Sale** 売り家 →広告.
- This lamp is not **for sale**. このランプは売り物ではありません.

on sale (商店で品物が)売られて; 《米》特売中で, 特売で
- New computers are now **on sale**. 新しいコンピュータが今売られている.

salesclerk /séɪlzklɚːrk セイるズクら~ク/ 名
《米》(小売り店の)店員 (《英》shop assistant)

salesman /séɪlzmən セイるズマン/ 名 (複 **salesmen** /séɪlzmən セイるズマン/) 店員; 販売(はんばい)員, セールスマン

salesperson /séɪlzpɚːrsn セイるズパ〜スン/ 名 (複 **salespeople** /séɪlzpiːpl セイるズピープる/) 店員; 販売(はんばい)員 →salesman, saleswoman のような性別を示す語を避(さ)けるために用いる.

saleswoman /séɪlzwʊmən セイるズウマン/ 名 (複 **saleswomen** /séɪlzwɪmɪn セイるズウィメン/) 女性店員; 女性販売(はんばい)員

saliva /səláɪvə サらイヴァ/ 名 つば, 唾液(だえき)

salmon /sǽmən サモン/ 名 ❶ (魚) サケ →複数も **salmon**. 魚も肉も指す. ❷ 薄紅(うすべに)色 →**salmon pink** ともいう.

salon /səlán サらン/ 名 (美容・服飾(ふくしょく)などの)店

saloon /səlúːn サるーン/ 名 ❶ (ホテル・客船などの)大広間 ❷ 《米》(大きな)酒場, バー

salt 中 A2 /sɔːlt ソーるト/ 名 塩, 食塩
- put **salt** on an egg 卵に塩をかける →×a salt, ×salts としない.
- Pass me the **salt**, please. (食卓(しょくたく)で)すみませんが食塩を回してください.

── 形 塩を含(ふく)んだ; 塩辛(から)い; 塩づけの
- **salt** water 塩水
- a **salt** breeze 潮風
- **salt** cod 塩ダラ

Salt Lake City /sɔːlt lèɪk síti ソーるト れイク スィティ/ 固名 ソルト・レイク・シティー →米国ユ

タ州 (Utah) の州都. モルモン教の本部がある.

salty 小 /sɔːlti ソーるティ/ 形 (比較級 **saltier** /sɔːltɪər ソーるティア/; 最上級 **saltiest** /sɔːltiːɪst ソーるティエスト/) 塩辛(から)い, 塩気のある

salute /səlúːt サるート/ 名 敬礼 →ふつう軍人のする挙手の礼.
── 動 敬礼する

samba /sǽmbə サンバ/ 名 《音楽》サンバ →ブラジルの民族舞曲(ぶきょく).

same 中 A1 /séɪm セイム/ 形
(―比較変化なし)

(常に **the same** で) 同じ, 同一の; 同じような
基本 the **same** name 同じ名前 →the same+名詞.
- on **the same** day 同じ日に
- at **the same** time 同じ時間に; 同時に
- in **the same** place 同じ場所で
- in **the same** way 同じ風に, 同じに
- a student at **the same** school 同じ学校の生徒
- Bob and I are in **the same** class. ボブと私は同じクラスにいます.
基本 Our first names are **the same**. 私たちの名前は同じだ. →be 動詞+the same.
- Bob and his cousin are **the same** age. ボブと彼のいとこは同い年だ.
反対語 Ann's hat and my hat are **the same**, but our coats are **different**. アンの帽子(ぼうし)と私のは同じですがコートは違(ちが)います.
- They look **the same** to me. それらは私には同じに見える.

── 代 (ふつう **the same** で) 同じ物[事]

会話
Merry Christmas! ─(**The**) **Same** to you!
クリスマスおめでとう.─おめでとう.

- He may believe me if you say **the same** to him. 君が彼に同じ事を言えば彼は僕(ぼく)の言う事を信じるかもしれない.

all [just] the same ① 全く同じで[に]
- We can meet on Sunday or on Monday. It is **just the same** to me. 私たちは日曜でも月曜でも会えます. 私にはどちらでも同じことです[私はどちらでもかまいません].

② それでもやはり

会話 Would you like me to help?—No, I can do it myself. But thank you **all the same**. 手伝いましょうか.—けっこうです. ひとりでやれます. でもそう言ってくださってありがとう.

much [*about, almost*] *the same* だいたい同じ

- It's **about the same** as the winter in Tokyo. (そこの冬は)東京の冬とだいたい同じです.

the same A *as* ~ ～と同じ A, ～と同じ種類の A

- I am **the same** age **as** she is [《話》**as** her]. 私は彼女と同い年です.
- No one is **the same** at the end **as** he was at the beginning. 終わりが始めと同じ人は誰(だれ)もいない[人間は変わるものだ].

the same A *that* ~ ～と同じ A

- I have **the same** book (**that**) my father gave me ten years ago. 私は父が10年前にくれた本を(今も)持っている. →the same は book を強調して「その同じ本」.

(*The*) *Same to you!* あなたもどうぞ, ご同様に →same **代** **会話**

sample **A2** /sǽmpl サンプる|sáːmpl サーンプる/ **名** 見本, サンプル

- This book is a **sample** copy. この本は見本です.

sanctuary /sǽŋ(k)tʃueri サン(ク)チュエリ/ **名** ❶ 聖域, 避難(ひなん)所 ❷ 保護区, 禁猟(きんりょう)区

sand /sǽnd サンド/ **名** ❶ 砂

- play in the **sand** 砂遊びをする ❷ (**sands** で) 砂浜(すなはま), 砂州(さす); 砂漠(さばく)

sandal /sǽndl サンドる/ **名** サンダル

sandbox /sǽndbɑks サンドバクス/ **名** 《米》砂箱, 砂場 (《主に英》sandpit) →子供の砂遊び用.

sandcastle /sǽndkæsl サンドキャスる/ **名** (浜辺で作る)砂の城

- play **sandcastles** 砂の城を作って遊ぶ

sandpaper /sǽn(d)peipər サン(ド)ペイパ/ **名** 紙やすり

sandpit /sǽn(d)pit サン(ド)ピト/ **名** 《主に英》砂箱, 砂場 (《米》sandbox)

sandwich **小** **A1** /sǽn(d)witʃ サン(ド)ウィッチ/ **名** サンドイッチ

- make **sandwiches** for a picnic ピクニックのためのサンドイッチを作る

- I want two BLT **sandwiches** to go. 持ち帰りで BLT サンドイッチを2つお願いします. →BLT は **b**acon, **l**ettuce, **t**omato の略.
- I ate cheese **sandwiches** for lunch. 昼食にチーズサンドを食べた.

語源 (sandwich)
18世紀中頃(ごろ)のイギリスの町サンドイッチの伯爵(はくしゃく) (**Earl of Sandwich**) ジョン・モンタギューは大のギャンブル好きで, 食事のためのゲームの中断を嫌(きら)って, ゲームをやりながらその場で食べられる「サンドイッチ」を考え出したといわれる.

sandy **A2** /sǽndi サンディ/ **形** (比較級 **sandier** /sǽndiər サンディア/; 最上級 **sandiest** /sǽndiist サンディエスト/) 砂の, 砂地の; 砂だらけの

sane /séin セイン/ **形** 正気の; 理性的な, 分別のある 反対語 **insane** (気のふれた)

San Francisco /sæn frənsískou サン ふランスィスコウ/ **固名** **サンフランシスコ** →米国カリフォルニア州にある太平洋岸の港市.

sang **中** /sǽŋ サング/ **動** sing の過去形

sank /sǽŋk サンク/ **動** sink の過去形

Santa Claus /sǽntə klɔ̀ːz サンタ クローズ/ **固名** **サンタクロース** →《英》では **Father Christmas** ともいう.

Santiago /sæntiáːgou サンティアーゴウ/ **固名** **サンティアゴ** →南米にあるチリ (Chile) の首都.

sap /sǽp サプ/ **名** 樹液

sapphire /sǽfaiər サふァイア/ **名** **サファイア** →透明(とうめい)な深い青色の宝石.

Sarawak /sərάːwɑːk サラーワーク/ **固名** **サラワク** →マレーシア (Malaysia) の1州で, ボルネオ島の北西部を占(し)める.

sardine /sɑːrdíːn サーディーン/ **名** 《魚》小イワシ

sari /sάːri サーリ/ **名** **サリー** →インドの女性が着る民族衣装(いしょう)で, 1枚の布を肩(かた)から腰(こし)に巻き付けるようにして着る.

sash /sǽʃ サシュ/ **名** 窓枠(わく), サッシ

sat /sǽt サト/ **動** sit の過去形・過去分詞

Sat. **略** =**Sat**urday (土曜日)

Satan /séitn セイトン/ **名** 悪魔(あくま), サタン

satellite /sǽtəlait サテライト/ **名** ❶ 衛星, 月 →惑星(わくせい)の周囲を回転している星. 関連語 **planet** (惑星), **star** (恒星(こうせい)) ❷ 人工衛星 →**artificial satellite** ともいう. ❸ (大国の)衛星国

satire 560 five hundred and sixty

satire /sǽtaiər サタイア/ 名 皮肉, 風刺(ふうし); 風刺文学

satisfaction /sæ̀tisfǽkʃən サティスふァクション/ 名 ❶ 満足
❷ 満足を与(あた)えるもの[事], 喜び

satisfactory /sæ̀tisfǽktəri サティスふァクトリ/ 形 満足な, 申し分ない

satisfy A2 /sǽtisfai サティスふァイ/ 動 (三単現 **satisfies** /sǽtisfaiz サティスふァイズ/; 過去・過分 **satisfied** /sǽtisfaid サティスふァイド/; -ing形 **satisfying** /sǽtisfaiiŋ サティスふァイインヶ/) 満足させる
• Nothing **satisfies** him. He is always complaining. 何物も彼を満足させない. 彼はいつも不平を言っている.
• He **satisfied** his hunger with sandwiches and milk. 彼はサンドイッチとミルクで空腹を満たした.
• He is **satisfied with** the result. 彼はその結果に満足している. → 受け身形(満足させられている)であるが「満足している」と訳す.

Saturday 小 A1 /sǽtərdei サタデイ/ 名 (複 **Saturdays** /sǽtərdeiz サタデイズ/)
土曜日 → 週の第7日. 詳(くわ)しい使い方は → **Tuesday**
• **on Saturday** 土曜日に
• **on Saturday** afternoon 土曜日の午後に
• **every Saturday** 毎週土曜日に → 形容詞が前につくと×on — としない.
• **last [next, this] Saturday** 先週の[来週の, 今週の]土曜日(に)
• **from** Monday **through [to] Saturday** 月曜日から土曜日まで
• **Saturday** is the last day of the week. 土曜日は週の最後の日です.
• We enjoy playing tennis on **Saturdays**. 私たちは毎週土曜日に[土曜日にはよく]テニスをして楽しみます.

語源 (Saturday)
「サトゥルヌス (ローマ神話で農業の神) の日」 (Saturn's day) の意味.

Saturn /sǽtərn サタン/ 固名 ❶ サトゥルヌス, サターン → ローマ神話で農業の神. → **Saturday** ❷ 《天文》 土星

sauce A2 /sɔ́ːs ソース/ 名 ソース → 味や色どりを添(そ)えるための調味料. 日本でいう「ソース」ばかりでなく, トマトソースやしょうゆなども含む.

ことわざ Hunger is the best **sauce**. 空腹は最上のソースである. →「空腹にまずいものなし」にあたる.

saucepan /sɔ́ːspæn ソースパン/ 名 シチュー鍋(なべ), ソースパン

saucer /sɔ́ːsər ソーサ/ 名 台皿, 受け皿 → ティーカップなどを載(の)せる小皿. もとは「ソース (sauce) を入れておく皿」の意味.

Saudi Arabia /sáudi əréibiə サウディ アレイビア/ 固名 サウジアラビア → アラビア半島の大部分を占(し)める王国. 首都はリヤド (Riyadh). 公用語はアラビア語.

Saudi Arabian /sáudi əréibiən サウディ アレイビアン/ 形 サウジアラビアの, サウジアラビア人の

sauna /sɔ́ːnə ソーナ, sáunə サウナ/ 名 サウナ, 蒸しぶろ; サウナ浴場

sausage 小 A2 /sɔ́ːsidʒ ソーセヂ/ 名 ソーセージ

savage /sǽvidʒ サヴェヂ/ 形 ❶ 野蛮(やばん)な, 未開の ❷ 野生の (wild); どう猛(もう)な, 残酷(ざんこく)な (cruel)
—— 名 野蛮人

savanna(h) /səvǽnə サヴァナ/ 名 サバンナ, 大草原

save 小 A1 /séiv セイヴ/

動 ❶ 救う, 助ける 意味 map
❷ ためる
❸ 節約する, はぶく

—— 動 (三単現 **saves** /séivz セイヴズ/; 過去・過分 **saved** /séivd セイヴド/; -ing形 **saving** /séiviŋ セイヴィンヶ/)
❶ 救う, 助ける; 守る
• **save** his life 彼の生命を救う
• The firefighters **saved** the child **from** the burning house. 消防士たちはその子供を燃えている家から救った.
• The child was **saved from** the burning house. その子は燃えている家から救出された. → **was** 助動 ❷
❷ ためる, たくわえる, 貯金する; とっておく
• **save** (money) **for** a vacation 休暇(きゅうか)のために貯金する
• He **saved** a dollar a week to buy a bike. 彼は自転車を買うために1週間に1ドルずつためた. → a week は「1週に(つき)」, 不定詞 to buy は「買うために」(→ **to** ❾ の ③).

- **Save** some chocolate for me. = **Save** me some chocolate. 僕(ぼく)にチョコレートとっておいてよ。→あとの文は save A B で「A(のため)にBをとっておく」。

❸ 節約する, はぶく, 使わないようにする
- This machine **saves** us a lot of time and trouble. この機械は私たちに多くの時間と手間をはぶいてくれる。→save A B (時間・労力)は「Aのために Bをはぶく」。
- If you walk to school, you will **save** 5,000 yen a month **on** bus fares. もし君が歩いて学校へ行けば、月にバス代を5,000円うかせることになります。→a month は「1か月に(つき)」。

saving /séiviŋ セイヴィング/ 動 **save** の -ing 形 (現在分詞・動名詞)
—— 名 節約; (savings で) 貯金

savio(u)r /séivjər セイヴィア/ 名 救い主 → Christ (キリスト)のこと。

saw¹ 中 /sɔ́ː ソー/ 動 **see** の過去形

saw² A1 /sɔ́ː ソー/ 名 のこぎり → 日本ののこぎりと違(ちが)って、前方へ押(お)しながら切る。→ **plane**³
—— 動 (三単現 **saws** /sɔ́ːz ソーズ/; 過去

sawed /sɔ́ːd ソード/; 過分 **sawed**, (主に英) **sawn** /sɔ́ːn ソーン/; -ing形 **sawing** /sɔ́ːiŋ ソーイング/)
のこぎりで切る; のこぎりを使う
- **saw** wood のこぎりで木を切る

sawdust /sɔ́ːdʌst ソーダスト/ 名 おがくず
sawmill /sɔ́ːmil ソーミる/ 名 製材所
sax /sǽks サクス/ 名 《話》=saxophone
saxophone /sǽksəfoun サクソふォウン/ 名 サキソフォン, サックス → 金属製の木管楽器の一種。

say 小 A1 /séi セイ/ 動
| 三単現 | **says** /séz セズ/ |
→発音に注意。×/セイズ/ ではない。
| 過去・過分 | **said** /séd セド/ |
→発音に注意。×/セイド/ ではない。
| -ing形 | **saying** /séiiŋ セイイング/ |

❶ 言う
基本 say "good morning" 「おはよう」と言う→say+名詞(句)。
- **say** goodbye **to** him 彼に「さようなら」と言う[お別れを言う]
- **Say** it again. それをもう一度言いなさい。

say /セイ/

| 三単現 **says** /セズ/ | 過去・過分 **said** /セド/ |
| -ing形 **saying** /セイインヶ/ | |

教科書によく出る**意味**

動 ❶ 言う
- She **said** goodbye to him. 彼女は彼に別れをつげた。

❷ (本などに)〜と書いてある
- The book **says** Japan is a beautiful country. 日本は美しい国だとその本に書いてある。

教科書によく出る**連語**

say hi [hello] to 〜　〜によろしくと伝える
- Please **say hi to** your parents. ご両親によろしくお伝えください。

say

- I have something to **say to** you. 私は君に言う事[話]がある. → 不定詞 to say (言うべき〜)は something を修飾(しゅうしょく)する. → **to ⑨** の②

- I did not know what to **say**. 私は何と言ってよいかわからなかった. → what to say は「何を言うべきか」. → **to ⑨** の⑤

- It is hard to **say** which blouse is nicer. どっちのブラウスがいいか言うのは難しい. → It=不定詞 to say (言うこと)以下. → **to ⑨** の①

関連語 I cannot hear what you **say**, please **speak** louder. あなたの言うことが聞こえません, どうかもっと大きな声でしゃべってください.

関連語 What did he **say** about me? **Tell** me, please. 彼は私のこと何て言ったの. お願い, 教えて.

関連語 (言う)

say は「自分の考えや気持ちを言葉で表す」こと. **speak** は「言葉を口に出す」ことで, 話す行為(こうい)に重点がある. **tell** は「(話の内容を)伝える, 〜のことを教える, 告げる」.

- I've come to **say** goodbye. 私はお別れを言いに来ました. → 不定詞 to say は「言うために」. → **to ⑨** の③

- I'm sorry to **say** (that) I cannot go with you. (〜と言うのを残念に思う ⇨) 残念ながら私は君といっしょに行くことができない → 不定詞 to say は sorry を修飾する. → **to ⑨** の④

- He **says that** he can speak French. = He **says**, "I can speak French." 彼はフランス語がしゃべれると言っている.

- He **said** nothing. 彼は何も言わなかった.

- I **said** to my uncle, "I've never seen such a thing." 「そんな物は見たことがない」と私はおじに言った.

会話 Did you **say** "books"? —No, I didn't. —What did you **say**? —I **said** "box." 「ブックス」(本)とおっしゃったんですか. —いいえ, そうは言いませんでした. —何とおっしゃったんですか. —「ボックス」(箱)と言ったんです.

- John **said** in his letter **that** he would visit us next month. ジョンは来月うちに来ると(手紙の中で言った ⇨)手紙で言ってよこした.

- "How wonderful!" **said** Jane. 「なんてす

ばらしいんでしょう」とジェーンは言った.

POINT 人の言葉をそのまま伝える時の say の位置は文頭, 文末, あるいは伝える内容が長い時には文中のいずれでもよい.

- He **is said** to be very rich. =**It is said that** he is very rich. (=**People say that** he is very rich. → 成句) 彼はとても金持ちだと言われている[金持ちだといううわさだ]. → 受け身の文. → **is** [助動] ②

- What **is** he **saying**? I can't hear him. 彼は何と言っているのですか. 私には彼の言っていることが聞こえません. → 現在進行形の文. → **is** [助動] ①

- She went out without **saying** a word. 彼女は一言も言わずに出て行った. → saying は動名詞で前置詞 (without) の目的語.

- **Saying** is one thing and doing (is) another. 言うことと行うことは別のことだ. → Saying は動名詞(言うこと)で文の主語. → *A is* **one thing**, *B* (*is*) **another.** (**one** 成句)

❷ (本・手紙・掲示(けいじ)などに)〜と書いてある

- The sign **says**, "Danger." 看板には「危険」と書いてある.

- Her letter **says** she'll arrive on Sunday. 彼女の手紙には日曜日に着くと書いてある.

- An old story **says**, "A hare is making rice cakes on the moon." 昔話の本には「ウサギが月で餅(もち)をついている」と書いてある.

- There is a notice **saying**, "Please stand on the right." 「右側にお立ちください」と書いた掲示がある. → saying は現在分詞(〜と書いてある)で notice を修飾する.

❸ まあ, たとえば (**let's say** ともいう); 《米》《間投詞のように使って》 ねえ, ちょっと, おい (《英》I say)

- If we go to, **say** Kyoto, will you come with us? 私たちがもし, たとえば京都に行くとしたら, 君もいっしょに来ますか.

I say! 《英》ねえ, ちょっと, おい

People [***They***] ***say*** (***that***) ~. 世間では〜と言っている, 〜といううわさ[話]です

- **People say that** he is a good singer. (=He is said to be a good singer.) 彼は歌がうまいと言われている.

say to *oneself* 自分に言いきかせる, 心に思う; ひとり言を言う

- "I'll do my best," he **said to himself**. 「私は全力を尽(つ)くそう」と彼は心に思った.

563 **scary**

that is (*to say*) すなわち
- My grandfather left all his wealth to his youngest son, **that is to say**, to my father. 私の祖父は彼の財産全部を彼の末子すなわち私の父に残した.

to say nothing of ~ ～は言うまでもなく, ～はもちろんのこと
- He can speak Italian, **to say nothing of** English. 彼は英語はもちろんのことイタリア語も話せる.

You don't say! 《話》(驚いて, または驚いたふりをして)まさか, そんな.

You said it! 《話》全く君の言うとおりだ

What do you say to ~? ～はどうですか
- **What do you say to** (taking) a walk in the park? 公園を散歩しようよ.

—— 名 (**a** [*one's*] **say** で) 言いたい事, 言い分; 言う機会[権利]
- We all have our **say**. 私たちには皆(みな)それぞれ言い分がある.
- Let me have my **say**. 私にも言わせてくれ.

saying /séiiŋ セイイング/ 動 **say** の -ing 形 (現在分詞・動名詞)

—— 名 ❶ 言う[言った]こと ❷ ことわざ, 格言
- As the **saying** goes, "Time is money." 格言にも言うとおり「時は金なり」だ.

says /séz セズ/ 動 **say** の3人称(しょう)単数現在形 →発音に注意. ×/セイズ/ ではない.

SC 略 =South Carolina

scald /skɔ́:ld スコールド/ 名 (熱湯・蒸気などによる)やけど →**burn**

—— 動 (熱湯・蒸気などで)やけどさせる; やけどする

scale A2 /skéil スケイる/ 名 ❶(計器の)目盛り ❷てんびんの皿; (しばしば **scales** で) てんびん, はかり; 体重計 ❸(地図などの)縮尺, 比率 ❹段階; 規模, スケール
- on a large [small] **scale** 大[小]規模に

scallop /skáləp スカらプ, skǽləp スキャらプ/ 名 《動物》(ふつう **scallops** で) ホタテガイ; (食用になる)ホタテの貝柱; ホタテの殻

scan /skǽn スキャン/ 動 (三単現 **scans**

/skǽnz スキャンズ/; /skǽnd スキャンド/; /skǽniŋ スキャニング/) ❶細かく調べる ❷《コンピューター》スキャンする 関連語 「スキャンする器具」は **scanner**.

過去・過分 **scanned** -ing形 **scanning**

scandal /skǽndl スキャンドる/ 名 (世間を騒(さわ)がす)恥(は)ずべき行為(こうい), 醜聞(しゅうぶん), スキャンダル

Scandinavia /skændənéiviə スキャンディネイヴィア/ 固名 ❶スカンジナビア, 北欧(ほくおう) →ノルウェー, スウェーデン, デンマーク, また時にフィンランド, アイスランドを含(ふく)めた地域をいう. ❷スカンジナビア半島 →**the Scandinavian Peninsula** /スキャンディネイヴィアン ペニンスら/ ともいう.

scar /skɑ́:r スカー/ 名 (切り傷・やけどなどの)傷跡(きずあと)

scarce /skéərs スケアス/ 形 乏(とぼ)しい, 不足で, 少ない, 手に入りにくい

scarcely /skéərsli スケアスり/ 副 ほとんど～ない (hardly)

scare /skéər スケア/ 動 怖(こわ)がらせる, おびえさせる; おびえる, 怖がる
- **scare** away 脅(おど)かして追い払(はら)う
- A strange sound **scared** me. 奇妙(きみょう)な音が私をおびえさせた.
- The children **were scared** and ran away. 子供たちは怖がって逃(に)げた. →were scared は受け身形(怖がらせられた)であるが「怖がった」と訳す.

—— 名 おびえ, 恐怖(きょうふ)

scarecrow /skéərkrou スケアクロウ/ 名 かかし →scare (怖(こわ)がらせる)+crow (カラス).

scared 中 /skéərd スケアド/ 形 おびえた, 怖(こわ)がっている; (be scared of ～で) ～が怖い →**scare** 動
- I'm **scared** of dogs. 私は犬が怖い.

scarf A2 /skɑ́:rf スカーふ/ 名 (複 **scarfs** /skɑ́:rfs スカーふス/, **scarves** /skɑ́:rvz スカーヴズ/) えり巻き, スカーフ, マフラー

scarlet /skɑ́:rlit スカーれット/ 名形 緋色(ひいろ)(の), 鮮(あざ)やかな赤色(の)

scary 中 /skéəri スケアリ/ 形 (比較級 **scarier**

チャンクでおぼえよう say	
□「おはよう」と言う	**say** "good morning"
□ 彼にお別れを言う	**say** good-bye to him
□ 自分に言い聞かせる	**say** to myself
□ その標識には「危ない」と書いてある.	The sign **says**, "Danger."

scatter 564 five hundred and sixty-four

/skéəriər スケアリア/;
/skéəriist スケアリエスト/) 《話》(物事が)おっかない, 恐(おそ)ろしい →scare+-y. 　　**最上級 scariest**

scatter /skǽtər スキャタ/ 動 まく, まき散らす, (追い)散らす; 散る

scene 🈴 A2 /síːn スィーン/ 名
❶ (事件などの)現場
•the **scene** of the accident 事故現場
•An ambulance arrived on the **scene**. 救急車が現場に到着(とうちゃく)した.
❷ (劇・小説などの)舞台(ぶたい), 場面, 1 シーン
•*Hamlet*, Act I, **Scene** ii ハムレット第1幕第2場 →I, ii はそれぞれ one, two と読む.
•This is an interesting book. The **scene** is Paris in the 1850s (読み方: eighteen fifties). これはおもしろい本です. 舞台は1850年代のパリです.
❸ (一つ一つの)景色, 光景 →scenery
•I enjoyed the changing **scene** from the window of the train. 列車の窓から変わっていく景色を楽しく眺(なが)めた.

make a scene (人前で泣いたりわめいたり)大騒(さわ)ぎをする

scenery A2 /síːnəri スィーナリ/ 名 (全体の)風景, 景色 **関連語** 個々の「景色」は **scene**, **view**.

scenic /síːnik スィーニク/ 形 風景の; 景色のよい

scent /sént セント/ 名 ❶ におい, 香(かお)り; 《英》香水(こうすい) (perfume) ❷ (動物があとに残した)臭跡(しゅうせき) →調査・捜索(そうさく)などの「(そこに残された)手がかり」の意味でも使われる.
❸ (猟犬(りょうけん)などの)嗅覚(きゅうかく); (人の)直感

schedule 🈴 A2 /skédʒuːl スケデュール| ʃédjuːl シェデュール/ 名 (仕事などの)予定(表), スケジュール; 《米》時間表, 時刻表 (timetable)
•a class **schedule** クラスの時間割
•a train **schedule** 列車時刻表
•a television **schedule** テレビ番組表
•I have a full [heavy, tight] **schedule** for next week. 私は来週はスケジュールが詰(つ)まっている[ハードスケジュールだ]. →「ハードスケジュール」は和製英語.

according to schedule スケジュールどおりに

behind schedule 定刻[予定]より遅(おく)れて
•The airplane was an hour **behind**

schedule. 飛行機は予定より1時間遅れた.

on schedule 時刻表どおりに, 定刻に
•The airplane reached Paris **on schedule**. 飛行機は定刻にパリに着いた.
── 動 (期日などを)決める, 予定表を作る[に入れる], 予定する
•The match is **scheduled** for Sunday afternoon. その試合は日曜午後に予定されている.

scheme /skíːm スキーム/ 名 計画, 案 (plan); たくらみ

scholar /skálər スカら/ 名
❶ (ふつう人文科学系の)学者, 学問のある人
❷ 奨学(しょうがく)生, 特待生

scholarship /skálərʃip スカらシプ/ 名
❶ 奨学(しょうがく)金, スカラシップ ❷ 学問, 学識

school¹ 小 A1 /skúːl スクール/ (→ch は /k/ と発音する) 名
(複 **schools** /skúːlz スクールズ/)
❶ 学校
•an elementary **school** 小学校
•a junior high **school** 中学校
•a senior high **school** 高等学校
•a public [private] **school** 公立[私立]学校
•a night **school** 夜間学校
•a boarding **school** 全寮(りょう)制の学校
•a boys' [girls'] **school** 男子[女子]校
•a driving **school** 自動車教習所
•an English conversation **school** 英会話学校
•go to **school** 学校へ(勉強しに)行く, 入学する
•after **school** 学校が済んでから, 放課後に
•at [in] **school** 学校(の授業)で; 在学中で; 授業中で →in the school は「校内に, 校内で」.
•leave **school** 卒業する; 退学する
•leave for **school** 学校へ出かける
•The **principal** lives near the **school**. 校長先生は学校の近くに住んでいる.
　🅿POINT the がつくのは「校舎」の意味のとき. school が本来の目的(教育・勉強)を意味する時は ×a school, ×the school としない.
•He walks to **school**. 彼は歩いて学校へ行く.
•**School** is over. 学校[授業]が終わった.
•We will have no **school** tomorrow. あしたは学校がありません[休みです].

- I am a first-year student **at** junior high **school**. 私は中学1年生です.
- She attends Sunday **school** every week. 彼女は(教会の)日曜学校に毎週通っている.
- We are learning English at [in] **school**. 我々は学校で英語を習っている.
- **School** begins at eight. 学校[授業]は8時に始まります.
- Their **school** and ours are **sister schools**. 彼らの学校と私たちの学校は姉妹(しまい)校です.

 会話

Where do you go to **school**?—I go to Tokyo Junior High **School**.
君はどこの学校へ行っていますか.—私は東京中学校に行っています.

How do you go to **school**?—(I go to **school**) By bus.
どうやって学校へ行っていますか.—バスで行っています.

❷ **全校の生徒** → 単数としても複数としても扱(あつか)われる.
- The principal speaks to the whole **school** every Monday. 校長先生は毎週月曜日に全校生徒に話をする.

❸ (大学の)**学部**; 《米話》**大学** →「学部」については「法学」「医学」のような特殊(とくしゅ)な専門学部についていう.
- Does your university have a medical **school**? 君の大学に医学部はありますか.

❹ (芸術や学問の)**流派, 学派**
- an old painting of the Kano **school** of the fifteenth century 15世紀狩野(かのう)派の古い絵画

school² /skúːl スクーる/ 名 (魚・クジラ・オットセイなどの)**群れ**

schoolbag /skúːlbæɡ スクーるバグ/ 名 **学校カバン**

schóol bòok 名 **教科書** (textbook)

schoolboy /skúːlbɔi スクーるボイ/ 名 **男子生徒**

schóol bùs 名 **通学バス, スクールバス**

schoolchild A2 /skúːltʃaild スクーるチャイるド/ 名 (複 **schoolchildren** /skúːltʃildrən スクーるチるドレン/) **学童, 生徒** → schoolboy, schoolgirl のこと.

schóol dày 名 ❶ **授業[登校]日** ❷ (**school days** で) **学校[学生]時代** → schoolday と1語でも書く.

schóol fèstival 名 (学校の)**文化祭, 学園祭**

schoolgirl /skúːlɡəːrl スクーるガ～る/ 名 **女子生徒**

schóol hòur(s) 名 **授業時間**

schoolhouse /skúːlhaus スクーるハウス/ 名 (複 **schoolhouses** /skúːlhauziz スクーるハウゼス/) →発音に注意. (特に村の小学校の)**校舎**

schooling /skúːliŋ スクーりング/ 名 (正規の)**学校教育**; (通信教育の)**教室授業, スクーリング**

schóol lìfe 名 **学校生活**

schóol lùnch 名 (昼の)**学校給食**

schoolmate /skúːlmeit スクーるメイト/ 名 **学校友達, 学友, 同窓生**

schóol nèwspaper 名 **学校新聞**

schóol òffice 名 (学校の)**事務室**

schóol repòrt 名 《英》**成績表, 通知表** (《米》report card)

schóol sòng 名 **校歌**

schoolteacher /skúːltiːtʃər スクーるティーチャ/ 名 (小・中・高校の)**先生**

schóol trìp 名 **修学旅行**

schóol ùniform 名 (学校の)**制服**

schoolwork A2 /skúːlwəːrk スクーるワ～ク/ 名 **学校の勉強** →授業や宿題.

schoolyard /skúːljaːrd スクーるヤード/ 名 《米》**校庭, 運動場** (playground) → yard² ❶

schóol yéar 名 (**the** をつけて) **学年度** → 1年のうち授業・学校行事などのある期間. 英米ではふつう9月から翌年の6月まで.

Schweitzer /ʃwáitsər シュワイツァ/ 固名 (**Albert Schweitzer**) シュバイツァー → フランスの医師・哲学(てつがく)者 (1875–1965). アフリカで住民の医療(いりょう)に生涯(しょうがい)をささげた.

science 小 A1 /sáiəns サイエンス/ 名

❶ **理科, 自然科学** → **natural science** ともいう. 物理学・化学・生物学など.
- a **science** teacher = a teacher of **science** 理科の先生
- a **science** museum 科学博物館

❷ (広い意味で)**科学, 学問, ～学**
- social **science** 社会科学 → 社会学・経済学・政治学など.
- computer **science** コンピューター学, コンピューターサイエンス

science fiction 566 five hundred and sixty-six

scíence fíction 名 空想科学小説, エスエフ
→ SF, sf と略す.

scientific A2 /saiəntífik サイエンティフィック/ 形
(自然)科学の, 理科の; 科学的な
• a **scientific** experiment 科学の[理科の]実験
• a **scientific** method 科学的方法

scientist 小 A1 /sáiəntist サイエンティスト/ 名
科学者, (特に)自然科学者

scissors 小 A2 /sízərz スィザズ/ 名 (複) はさみ
• a pair of **scissors** はさみ1丁
• cut a ribbon with **scissors** はさみでテープカットをする
• The **scissors** are not sharp. そのはさみはよく切れないよ.

scold /skóuld スコウるド/ 動 しかる, 小言を言う
• Mother **scolded** me **for** coming home late. 家へ帰るのが遅(おそ)かったので母は私をしかった.

scone /skóun スコウン/ 名 スコーン → 丸い焼き菓子(がし). クリームやジャムを上につけて食べる.

scoop /skú:p スクープ/ 名 ❶ すくう道具; (長い柄(え)の)大さじ, (小)シャベル, スコップ
❷ (新聞などの)特だね, スクープ
── 動 ❶ すくい上げる, かき集める
❷ 特だね記事を出す, スクープする

scooter /skú:tər スクータ/ 名 ❶ (片足で地面を蹴(け)りながら乗る)スクーター ❷ (原動機付きの)スクーター → motor scooter ともいう.

scorch /skɔ́:rtʃ スコーチ/ 動 焦(こ)がす; 焦げる

score /skɔ́:r スコー/ 名
❶ (競技・テストの)得点, 点数, スコア
• keep (the) **score** (試合中)スコアをつける
• What's the **score** now? 今スコアはどうですか.
• The **score** is 5 to 4. スコアは5対4だ.
• Her **score** on the test was 93. 彼女のテストの点数は93点だった.
❷ 20; (**scores** で) たくさん, 多数
• a **score** of people 20人の人
• **scores** of people たくさんの人々
❸ 楽譜(がくふ), (映画などの)背景音楽
── 動 (競技・テストで)得点する; 得点を記録する
• **score** a point 1点取る
• **score** a goal (サッカーなどで)得点する
• **score** two runs in the third inning (野球で)3回に2点入れる

scoreboard /skɔ́:rbɔːrd スコーボード/ 名 得点掲示(けいじ)板, スコアボード

scorebook /skɔ́:rbuk スコーブク/ 名 得点記入帳, スコアブック

scoreless /skɔ́:rlis スコーれス/ 形 無得点の, 0点の → score+-less.

scorn /skɔ́:rn スコーン/ 動 軽蔑(けいべつ)する, あざ笑う
── 名 軽蔑, あざ笑い; 軽蔑の対象, 物笑いの種

scorpion /skɔ́:rpiən スコーピオン/ 名 《動物》サソリ

Scot /skát スカト/ 名 スコットランド人 → Scotsman

Scotch /skátʃ スカチ/ 形 スコットランドの; スコットランド人の; スコットランド語の → 産物の前につける時以外はスコットランドではScotch よりも **Scots, Scottish** のほうを使う.

Scotland /skátlənd スカトらンド/ 固名 スコットランド → イギリス本土 (Britain 島)の北部地方. 18世紀の初めにイングランド (England) と合併(がっぺい)した. 首都はエジンバラ (Edinburgh).

Scots /skáts スカツ/ 形 スコットランドの; スコットランド人の; スコットランド語の
── 名 スコットランド語

Scotsman /skátsmən スカツマン/ 名 (複 **Scotsmen** /skátsmən スカツマン/) (特に男性の)スコットランド人 → 特にスコットランド人が自分たちを指して使う語.

Scotswoman /skátswumən スカツウマン/ 名 (複 **Scotswomen** /skátswimin スカツウィメン/) (女性の)スコットランド人 → Scot, Scotsman

Scottish /skátiʃ スカティシュ/ 形 スコットランドの; スコットランド人の; スコットランド語の
── 名 ❶ (the Scottish で) スコットランド人 (全体) ❷ (米) スコットランド語 → スコットランドでは Scots という.

scout /skáut スカウト/ 名 ❶ 偵察(ていさつ)する人[物]; 斥候(せっこう); 偵察艦(ていさつかん)[機] ❷ (有望新人を探し出す)スカウト ❸ ボーイ[ガール]スカウトの団員 → boy scout

scowl /skául スカウる/ 動 顔をしかめる; にらみつける
── 名 しかめっつら, 仏頂面(ぶっちょうづら)

scramble /skrǽmbl スクランブる/ 動 かき混ぜる
• **scrambled** eggs スクランブルエッグ, いり

卵

scrap /skrǽp スクラプ/ 图 ❶ かけら, 切れ端(はし) ❷ (再製原料の)くず鉄, 廃品(はいひん)

scrapbook /skrǽpbuk スクラプブク/ 图 (新聞などの)切り抜(ぬ)き帳, スクラップブック

scrape /skréip スクレイプ/ 動 こする, こすり取る; すりむく

scratch /skrǽtʃ スクラチ/ 動 ひっかく, かすり傷をつける, (かゆい所を)かく
―― 图 ひっかくこと; ひっかき[かすり]傷

scream A2 /skríːm スクリーム/ 動 キャーと叫(さけ)ぶ, 悲鳴をあげる
•**scream with** pain [fear] 痛くて[怖(こわ)くて]キャーと叫ぶ
•She **screamed for** help. 彼女は悲鳴をあげて助けを求めた.
―― 图 キャーという叫び声, 悲鳴
•give a little **scream** 小さな悲鳴をあげる

screech /skríːtʃ スクリーチ/ 图 鋭(するど)い音, キーッという音, 金切り声
―― 動 かん高い音[声]を出す

screen A2 /skríːn スクリーン/ 图 ❶ (映画・テレビ・コンピューターなどの)スクリーン, 画面 ❷ ついたて, びょうぶ, (見えないように)遮(さえぎ)る物, (虫よけの)網戸(あみど)
•a window **screen** (窓にはめ込(こ)む)網戸 ❸ 映画(界)
•The story was a success on stage and **screen**. その物語は舞台(ぶたい)(演劇)でも映画でも成功をおさめた.
―― 動 ❶ 遮る; かばう ❷ (適性・健康状態などをみるために)審査(しんさ)する, 検査する

screw A2 /skrúː スクルー/ 图 ❶ ねじ, ねじくぎ ❷ (船の)スクリュー, (飛行機の)プロペラ (propeller)
―― 動 ねじで締(し)める[止める]; ねじる, (電球などを)ねじってはめる

screwdriver /skrúːdraivər スクルードライヴァ/ 图 ねじ回し, ドライバー

script A2 /skrípt スクリプト/ 图 ❶ (印刷に対して)手書き ❷ (劇・映画などの)台本, スクリプト

scroll /skróul スクロウル/ 動 (コンピューター)(画面を)スクロールする, 前後左右に動かす
―― 图 (羊皮紙・パピルス紙などの)巻き物

scrub /skrʌ́b スクラブ/ 動 〔三単現〕 **scrubs** /skrʌ́bz スクラブズ/; 〔過去・過分〕 **scrubbed** /skrʌ́bd スクラブド/; 〔-ing形〕 **scrubbing** /skrʌ́biŋ スクラビング/) ごしごしこする

scrunchie /skrʌ́ntʃi スクランチ/ 图 (米) シュシュ → 布の輪にゴムを通した髪(かみ)飾り.

scuba /skúːbə スクーバ/ 图 スキューバ → 潜水(せんすい)用の呼吸装置.

scúba dìving 图 スキューバダイビング

sculptor /skʌ́lptər スカるプタ/ 图 彫刻(ちょうこく)家

sculpture /skʌ́lptʃər スカるプチャ/ 图 彫刻(ちょうこく); 彫刻品, 彫像(ちょうぞう)
•a fine piece of **sculpture** 1個の見事な彫刻

SD 略 ＝South Dakota

SDGs /esdiːdʒíːz エスディージーズ/ 略 持続可能な開発目標 → **S**ustainable **D**evelopment **G**oals.

> 🐻参考　誰一人取り残さない (leave no one behind) 持続可能な社会を実現するための, 17の国際目標. 2030年までにすべての国が達成することを目指している.

sea

sea 小 A1 /síː スィー/ (→see (見る)と同音) 图 (複 **seas** /síːz スィーズ/) 海
•go to the **sea** (海水浴・避暑(ひしょ)などの目的で)海岸へ行く →the がつくことに注意. →**go to sea**
•swim in the **sea** 海で泳ぐ
•live **by** the **sea** 海のそばに住む
•a calm [rough] **sea** 穏(おだ)やかな[荒(あ)れた]海 →「(ある状態の)海」をいう時はしばしば「a+形容詞＋sea」になる.
•the **Sea** of Japan 日本海 → このように陸地に囲まれているような海の名前に使う. → **ocean**
•the Seven **Seas** 7つの海 → 北極海, 南極海, 南北太平洋, 南北大西洋, インド洋.
•The boat was struck by heavy **seas**. ボートは高波に打たれた. → 「(ある状態の)波」を意味する時はしばしば複数形を使う.

at sea 海上で[に]; 航海中で → at the sea は「海岸で」.
•a ship **at sea** 航海中の船
•a long way out **at sea** はるか海上で
•There was a storm **at sea**. 海には嵐(あらし)があった[海上は嵐だった].

by sea 海路を, 船で
•Do you go there **by sea** or by air? 君は

sea cucumber 568 five hundred and sixty-eight

そこへ船で行くのか飛行機で行くのか.

by sea mail 船便で

go to sea 船乗りになる (become a sailor); 航海に出る →go to **the** sea は「海岸へ行く」.

séa cùcumber 名 《動物》ナマコ

seafood 小 A2 /síːfuːd スィーフード/ 名
(魚介(ぎょかい)類などの)海産食品

séa gùll 名 《鳥》カモメ

séa hòrse 名 《動物》タツノオトシゴ

seal¹ /síːl スィール/ 名 《動物》アザラシ, オットセイ, アシカ →「オットセイ」は特に **fur seal** ともいう.

seal² /síːl スィール/ 名 ❶ 印鑑(いんかん), (印鑑で押(お)された)印; (文書に付けられた)印章

> 🐻参考 欧米(おうべい)では重要な公文書以外には印鑑を使わず, 自分のサインで済ませることが多い.

❷ (手紙などの)封(ふう); (封筒(ふうとう)の裏などに張る)シール ❸ (〜の)印
── 動 ❶ 封をする, ふさぐ ❷ 印鑑を押す, 調印する

séa lèvel 名 (平均)海面

sèa level ríse 名 海面上昇(じょうしょう)

séa lìon 名 《動物》トド, アシカ

seam /síːm スィーム/ 名 ぬい目, つぎ目

seaman /síːmən スィーマン/ 名 (複 **seamen** /síːmən スィーマン/) 水夫, 船乗り; 水兵 →男性に限定しない場合は **sailor**, **mariner** を用いるほうがよい.

Séa of Japán 固名 (the をつけて) 日本海

séa òtter 名 《動物》ラッコ

seaport /síːpɔːrt スィーポート/ 名 海港; 港市, 港町 →単に **port** ともいう.

search 中 A2 /sə́ːrtʃ サ〜チ/ 動
さがす, 捜索(そうさく)する, 調べる
• **search** the bag カバンの中をさがす
• **search for** the bag (=look for the bag) カバンをさがす
• I **searched** my pockets for the ticket. 私はポケットをさぐって切符(きっぷ)をさがした.
── 名 さがすこと, 探索(たんさく)
• make a **search** for 〜 〜をさがす

in search of 〜 〜をさがしに
• We went into the wood **in search of**

acorns. 私たちはドングリをさがしに森へ行った.

séarch èngine 名 《コンピューター》検索エンジン →インターネットで情報を検索するときに使うウェブサイト(のシステム).

searchlight /sə́ːrtʃlait サ〜チライト/ 名 サーチライト, 探照灯

seashell /síːʃel スィーシェる/ 名 (海産貝類の)貝殻(かいがら)

seashore /síːʃɔːr スィーショー/ 名 海岸, 海辺

seasick /síːsik スィースィク/ 形 船に酔(よ)った

seaside A2 /síːsaid スィーサイド/ 名 海岸, 海辺 →海水浴地・海岸の保養地など.
• a **seaside** hotel 海岸のホテル
• a **seaside** resort 海水浴場
• I go to the **seaside** for my holidays. 私は休暇(きゅうか)には海岸へ行きます.

season 小 /síːzn スィーズン/ 名 (複 **seasons** /síːznz スィーズンズ/)
❶ 季節
• Autumn is the best **season** for reading. 秋は読書に最適の季節です.
• 会話 What **season** is it now in Australia?—It's winter there. オーストラリアでは今何の季節ですか.—あちらでは冬です. →it, It は漠然(ばくぜん)と「時」を表す.
• 会話 How many **seasons** are there in a year?—There are four. 1年にはいくつの季節がありますか.—4つあります.
• The tropics have only a wet **season** and a dry **season**. 熱帯地方には雨季と乾季(かんき)しかない.
❷ (ある事が盛(さか)んに行われる)時季, シーズン, (作物などの)出盛(でざか)り期
• the skiing **season** スキーシーズン
• the strawberry **season** イチゴの出盛り期, イチゴの旬(しゅん)
• Children eagerly wait for the Christmas **season**. 子供たちはクリスマスシーズンを心から待ち望む.

in season 盛りの; 時を得た, 折よい
• Strawberries are now **in season**. イチゴは今が盛りだ.

out of season 時季外れの; 時機を失した
• Oysters are now **out of season**. カキは今は季節外れだ.

── 動 (三単現 **seasons** /síːznz スィーズンズ/; 過去・過分 **seasoned** /síːznd スィーズンド/;

-ing形 seasoning /síːznɪŋ スィーズニング/
(食べ物などに)味をつける

•**season** steak with salt and pepper ステーキに塩とコショウで味をつける

seasonal /síːznəl スィーズナル/ 形 季節の, ある季節に限られている, 季節によって変わる

séason tìcket 图 (劇場・競技場などの)通し切符(きっぷ), 定期入場券; 定期(乗車)券

seat 中 A1 /síːt スィート/ 图
❶ 席, 座(すわ)る 物[所] →具体的には chair, bench, stool などあらゆるものを含(ふく)む.

•a driver's **seat** 運転手席

•a window **seat** 窓側の席

基本 take [have] a **seat** 座る, 席に着く

•sit in the front **seat** of the car 車の前の座席に座る

•Go back to your **seat**. 自分の席に帰りなさい.

•I couldn't get a **seat** on the bus. 私はバスで座れなかった.

•Bring two more chairs. Then we will have enough **seats** for everyone. あと2つ椅子(いす)を持って来なさい. そうすればすべての人に対して十分な席があるでしょう[みんな座れます].

❷ (椅子の)座る部分, シート; (体・ズボンの)しり

•The **seat** of his jeans is patched. 彼のジーパンのしりの部分には継(つ)ぎが当てられている.

❸ 所在地; 中心地

•Washington, D.C. is the **seat** of the US Government. ワシントン D.C. はアメリカ政府の所在地である.

── 動 ❶ 着席させる, 座らせる

•be **seated** 座る, 座っている →受け身形(座らせられる)だが, 「座る, 座っている」と訳す.

•**seat** *oneself* (自分を座らせる ⇨)座る

•Please be **seated**. どうぞおかけください. →改まった言い方. ふつう Please sit down. という.

•They **seated** themselves around the table. 彼らはテーブルの周りの席についた.

❷ ~人分の座席がある

•This theater **seats** 500 people. この劇場は座席が500ある.

séat bèlt 图 (飛行機・自動車などの)シートベルト, 座席ベルト (safety belt)

Seattle /siǽtl スィアトル/ 固名 シアトル →米

国の最北西部ワシントン州にある港市.

séa tùrtle 图 ウミガメ →tortoise

seaweed /síːwiːd スィーウィード/ 图 海草; のり

second¹ 小 A1 /sékənd セカンド/ 形
(→比較変化なし)

❶ 2番目の

基本 the **second** half (フットボール試合などの)後半 →the second+名詞.

•the **second** month of the year 一年の第2の月(2月)

•a **second**-year student 2年生

•on the **second** floor 《米》2階に, 《英》3階に →floor

•Ken is our **second** son. ケンはうちの次男です.

•He won **second** prize in the contest. 彼はコンテストで2等賞をとった. →ふつう ×the second prize としない.

•Canada is the **second** biggest country in the world. カナダは世界で2番目に大きな国です.

❷ (a second ~ で) もう1つの, 別の (another)

•May I have **a second** cup of coffee, please? コーヒーもう1杯(はい)いただけますか. →2杯(はい)目についてだけいう.

•I think he is **a second** Ichiro. 私は彼を第2のイチローだと思う.

── 副 (→比較変化なし) 2番目に, 次に; 2等で

関連語 Maria finished the test **first**, and I finished **second**. マリアが最初にテストを終え私が次に終わった.

── 图 (複 **seconds** /sékəndz セカンヅ/)

❶ (the second で) 2番目; (月の)2日 →日の場合は 2nd と略す. 使い方については →third

•on the **2nd** of May=on May 2 (読み方: (the) second) 5月2日に

•Elizabeth **the Second**=Elizabeth **II** エリザベス2世

•My house is **second** from the corner. 私の家はかどから2軒(けん)目です. →ふつう ×the second としない.

•Paul was **the second** to come to the party. ポールがパーティーに来た2番目の人だった [2番目にポールが来た]. →不定詞 to come は second を修飾(しゅうしょく)する. こうい

second 570 five hundred and seventy

う時の to come は「来た〜」と過去の意味に訳
すとよい.

❷ (seconds で) (食事の)**お代わり**
• Can I have **seconds**? お代わりしてもいい
ですか.

second² A2 /sékənd セカンド/ 图

❶ (時間の)**秒**
• There are sixty **seconds** in a minute.
1分には60秒ある.

❷ ちょっとの間 →minute ❷
• in a **second** すぐ, たちまち
• Wait [Just] a **second**. ちょっと待ってくれ.

secondary /sékənderi セカンデリ/ 形 **第二**
(位)の; 二次的な, 副〜; (重要さなどが)**二の次の**
関連語「第一の」は **primary**.

sécondary schòol 图 **中等学校 →小学**
校と大学の中間で日本の中学・高校にあたる. 米国
の high school, 英国の public school な
ど.

sécond flóor 图 (the をつけて)《米》**2**
階; 《英》**3階 →floor**

sécond hànd 图 (時計の)**秒針** 関連語
hour hand (時針), **minute hand** (分針)

secondhand /sekəndh ́ænd セカンドハンド/
形 **中古の, お古の** (used)

sécond lánguage 图 **第二言語 →母語の**
ほかに学び使用する主要な言語.

secondly /sékəndli セカンドリ/ 副 **第2に, 次**
に →ふつう事柄(ことがら)を順番に言う時に使う.

secret 中 A2 /síːkrit スィークレト/ 形 **秘密の**
• a **secret** place 人目につかない場所
• a **secret** agent 秘密情報部員, スパイ
• Don't tell this to anybody. Keep it **se-**
cret. これは誰(だれ)にも言うな. 秘密にしておけ.

—— 图 **秘密; 秘けつ;** (自然界などの)**神秘**
• the **secret** of his success 彼の成功の秘け
つ
• keep a **secret** 秘密を守る
• Keep it a **secret**. それを秘密にしておいて.

in secret **秘密に, こっそり, 内緒**(ないしょ)**で**

secretary A2 /sékrəteri セクレタリ/ 图
(複 **secretaries** /sékrəteriz セクレタリズ/)

❶ 秘書 ❷ (しばしば **Secretary** で) 《米》(他
国の大臣にあたる各省の)**長官;** 《英》(**国務)大臣**
• The foreign minister is called "the
Secretary of State" in the United
States. 外務大臣は米国では「国務長官」と呼ば
れる.

secretly /síːkritli スィークレトリ/ 副 **秘密に, こ**
っそり, 内緒(ないしょ)**で** (in secret)

section A1 /sékʃən セクション/ 图
❶ (切って分けられた)**部分,** (ある目的のために区
分された)**場所;** (官庁・会社などの)**部門, 〜課;** (デ
パートなどの)**〜売場;** (都市の)**区域**
❷ (新聞の)**欄**(らん)**;** (本の)**節**
• the sports **section** of a newspaper 新
聞のスポーツ欄
❸ 断面図

secure /sikjúər スィキュア/ 形 **❶ 安全な, 安心**
な, 確実な ❷ (鍵(かぎ)・結び目など)**しっかりしまっ**
た[結ばれた]
—— 動 **❶** (危険などから)**安全にする, 守る**
❷ (戸・窓など)**しっかり閉める**
❸ (苦労して)**手に入れる, 確保する**

security /sikjúərəti スィキュアリティ/ 图
(複 **securities** /sikjúərətiz スィキュアリティズ/)
安全 (safety)**; 安心**

see 小 A1 /síː スィー/

動 **❶ 見る, 見える**
❷ 会う
❸ (医者に)**診**(み)**てもらう**
❹ (人を)**見送る**
❺ 考える
❻ わかる

意味 map

—— 動

三単現	**sees** /síːz スィーズ/
過去	**saw** /sɔ́ː ソー/
過分	**seen** /síːn スィーン/
-ing形	**seeing** /síːiŋ スィーイング/

❶ 見る, 見える; 見物する
動 基本 **see** a movie 映画を見る **→see+名詞.**
• **See** page 10. 10ページを見なさい.
• You **see** his house over there. (君は彼
の家を向こうに見る ⇨)向こうに見えるのが彼の家
です. **→**「見る, 見える」の意味ではふつう進行形
にしない.
• We cannot **see** Mt. Fuji from here. こ
こからでは富士山は見えない.
• There are many places to **see** in Kyo-
to. 京都には見る場所がたくさんある. **→**不定詞
to see (見る〜)は前の名詞 places を修飾(しゅうし
ょく)する. **→to ❾** の ②
• We went to **see** a movie about Helen
Keller. 私たちはヘレン・ケラーの映画を見に行
った. **→**不定詞 to see は「見るために」. **→to**

see /スィー/ 小 A1

三単現 **sees** /スィーズ/
過去 **saw** /ソー/
過分 **seen** /スィーン/
-ing形 **seeing** /スィーインぐ/

イメージ
自然と目に入る状態

教科書によく出る 意味

動 ❶ 見える，見る；見物する
- You'll **see** so many stars tonight. 今夜は星がたくさん見えるでしょう．
- There are many places to **see** around here.
  この辺りは見物する場所がたくさんある．

❷ 会う
- I'm glad to **see** you. あなたにお会いできてうれしいです．

❸ (医者に)みてもらう
- Did you go and **see** a doctor? お医者さんにみてもらいましたか？

❻ わかる，理解する
- I **see** your point. あなたが言わんとすることはわかります．

教科書によく出る 連語

I see. わかりました，なるほど
- Oh, **I see**. Thanks a lot for your help.
  ああ，わかりました．助けてくれてありがとう．

See you (~). じゃあまた，さようなら
- **See you** tomorrow [later, soon].
  またあした [あとで，近いうちに] (会いましょう)．

Let's see. えーと，そうですね
- Well, **let's** [**let me**] **see** …. えーと，そうですね…．

see

❾の❸

🔰基本 Cats can **see** well in the dark. ネコは暗いところでもよく見える。→see＋副詞(句).

関連語 We **hear** with our ears, and **see** with our eyes. 我々は耳で聞き, 目で見る.

- My brother is short-sighted, but he **sees** well with his glasses. 私の兄[弟]は近視ですが, 眼鏡をかければよく見えます.
- I **saw** that movie last week. 私はその映画を先週見ました.
- I **saw** her in a dream last night. 私はゆうべ(夢の中で彼女を見た ⇨)彼女の夢を見た.

関連語 We **looked** at the sky and **saw** millions of stars. 私たちは空を見ると無数の星が見えた.

類似語 (見る)
see は特に見ようとしなくても「目に入る, 見える」こと. **look** は見ようと注意して「見る」こと.

- I **saw** him swim across the river. 私は彼が川を泳ぎ渡(わた)るのを(初めから終わりまで)見た. →**see** A do は「A が〜するのを見る」. 受け身形は He was seen to swim across the river (by me). to swim と to がつくことに注意.
- I **saw** him walking down the street. 私は彼が通りを歩いて行くのを見た. →**see** A doing は「A が〜しているのを見る」.
- Many boats **are seen** on the lake. 湖上にはたくさんのボートが見られる[見える]. →受け身の文. →**are** [助動] ❷
- He **was seen** running away. 彼は逃(に)げていくところを見られた. →They saw him running away. (彼らは彼が逃げていくのを見た)の受け身形.
- Kawasemi is a bird **seen** near rivers and lakes. カワセミは川や湖の近くで見られる鳥です. →過去分詞 seen (見られる)は前の名詞 a bird を修飾する.
- I **have seen** a panda in China once. 私は中国で一度パンダを見たことがある. →現在完了(かんりょう)の文. →**have** [助動] ❷
- I have never **seen** such a beautiful flower. こんなに美しい花を私は見たことがない.
- This is the most elegant car that I have ever **seen**. これが今までに見たうちで一番エレガントな車だ. →that は関係代名詞.

ことわざ **Seeing** is believing. 見ることは信じることだ. →Seeing (見ること)は動名詞で文の主語.「実際に自分の目で見れば, なるほどと納得(なっとく)する」の意味.「百聞は一見にしかず」にあたる.

❷ 会う, たずねて行く
- Come and **see** me some day. いつか遊びに来てください.
- Lucy came to **see** me yesterday. ルーシーが昨日私に会いに[遊びに]来た. →不定詞 to see は「会うために」. →**to** ❾ の❸
- I went to the hospital to **see** my uncle. 私はおじに会うために[おじのお見舞(みま)いに]病院へ行った.
- I'm very glad to **see** you. お目にかかれてとてもうれしいです. →不定詞 to see は「会えて」. →**to** ❾ の❹
- I **have** not **seen** him for a long time. 私は長い間彼に会っていない. →**have** [助動] ❸
- I'll **see** you again tomorrow. またあした会おう.
- (I'll) **See** you!＝(I'll be) **Seeing** you! じゃあまた, さよなら.

会話
Goodbye! **See** you later.—OK. Bye! さようなら! またあとで.—わかったわ. じゃあ!

- **See** you then. その時会いましょう.
- She's **seeing** Tom. 彼女はトムとつきあっている.

❸ (医者に)診てもらう; (医者が)診察(しんさつ)する
- You had better go and **see** a doctor. あなたは医者に診てもらいに行ったほうがいい. →had better do は「〜したほうがいい, 〜しなさい」.
- The doctor will **see** you soon. 先生がすぐあなたを診察します.

❹ (人を)見送る, 送りとどける →**see 〜 off**
- I will **see** you home. 君を家まで送ろう. →home は副詞で「家へ」.
- Always **see** your guests to the door. いつもお客さんを戸口[玄関(げんかん)]までお送りしなさい.
- The whole family **saw** Grandmother to the station. 家族みんなでおばあちゃんを駅

まで送って行った.
❺ **考える**; 見てみる, 調べる; 気をつける
- Let me **see**, where does he live? (私に考えさせてください ⇨) えーと, 彼はどこに住んでいるんだっけ. →**Let me see.** (**let** 成句)
- 会話 May Kate come to tea?―Well, **I will see**. ケイトをお茶に呼んでいいですか.―そうだな, 考えてみよう. →「だめ」の遠回しな言い方.
- Someone is knocking at the door. **Go and see** who it is. 誰かがドアをノックしている. 誰だか見ておいで.
- **See that** you behave yourself. 行儀よくするように気をつけなさい.
❻ **わかる**, 理解する (understand)

Do you **see** what I mean?―Yes, I do.
私の言う意味がおわかりですか.―ええ, わかります.

- I **see** your point. 君の言いたいこと[お話]はわかります.
- I **see**, it's very interesting. なるほど, それはとてもおもしろいですね.
- 会話 Which horse will win?―We'll **see**. どの馬が勝つかな.―そのうちわかるよ.
I see. わかりました, なるほど →**see** ❻
Let's [Let me] see. えーと, そうですね →**let** 成句
see ~ off ~を見送る
- Let's go to the airport to **see** them **off**. 彼らを見送りに空港へ行こう.
see through ~ ~をすかして見る
see ~ through ~を最後まで見る
see to ~ (仕事など)を引き受ける, ~の面倒をみる; ~に気をつける
- You wash the dishes, and I'll **see to** the ironing. あなたはお皿を洗ってちょうだい, アイロンかけは私がします.
you see (君がわかっているように ⇨) あのね, いいね, ね →文頭・文中・文末につけて, 聞き手の注意を促すのに使う.
- **You see**, I'm very hungry. あのね, とてもおなかがすいているんだ.
- You mustn't tell him about it, **you see**. そのことを彼に言ってはだめだよ, いいね.

seed 中 A2 /síːd スィード/ 名 (野菜・花などの小さな)種, 種子 →**stone** ❸
- sow [plant] **seeds** 種をまく
── 動 (土地に)**種をまく**
- **seed** the field with wheat 畑に小麦をまく

seek A2 /síːk スィーク/ 動 (三単現 **seeks** /síːks スィークス/; 過去・過分 **sought** /sɔ́ːt ソート/; ing形 **seeking** /síːkiŋ スィーキング/)
❶ **さがす**, 求める
- **seek** advice [help] 忠告[助力]を求める
❷ (**seek to** *do* で) ~しようと努める →try to *do* よりも形式張った表現.
seek out さがし出す

seem A2 /síːm スィーム/ 動 **~のように思える[見える], ~らしい** →**appear** ❷
- These books **seem** easy to read. これらの本は読みやすそうだ.
- 関連語 She **seems** (to be) sick, because she **looks** pale. 彼女は病気のようだ, 見たところ顔色が悪いから.
- The police officer **seemed** (to be) a strong man. その警官は強そうに見えた.
it seems that ~ ~のように見える[思える], ~らしい
- **It seems** (to me) **that** he is happy. (私には)彼は幸せそうに見える.

seen 中 /síːn スィーン/ 動 **see** の過去分詞
seesaw /síːsɔː スィーソー/ 名 シーソー
séesaw gáme [mátch] 名 シーソーゲーム → 追いつ追われつの接戦のこと.
seize /síːz スィーズ/ 動 (急に強く)つかむ; 捕らえる
seldom /séldəm セルダム/ 副 めったに~ない, まれに, たまに → seldom の位置は be 動詞や助動詞の次, 一般動詞の前.
select /silékt セレクト/ 動 **選ぶ**, 選択する →**choose**

チャンクでおぼえよう see	
□ 映画を見る	**see** a movie
□ また会いましょう.	**See** you again.
□ 医者に診せる	**see** a doctor
□ 要点を理解する	**see** the point

selection

- **I selected** the book (that) I wanted to read. 私は自分が読みたい本を選んだ.
- He was **selected** for the team. 彼はチームの一員に選抜(せんばつ)された.

── 形 精選した, よりぬきの, つぶよりの

selection /silékʃən セレクション/ 名
❶ 選ぶこと, 選ばれること, 選択(せんたく)
❷ 選ばれた人[物]; 選び集めた物, 選集

self A1 /sélf セるふ/ 名 (複 **selves** /sélvz セるヴズ/)
自分, 自己; 自分の事
- I know my own **self** best. 私のことは私が一番よく知っています.

self-defense /self diféns セるふ ディフェンス/ 名 ❶ 自己防衛, 自衛; (法律の)正当防衛 ❷ 護身術

self-help /self hélp セるふ へるプ/ 名 自助, 自立 →他人の力に頼(たよ)らないで自分の力によって生活し, また向上していくこと.
ことわざ **Self-help** is the best help. 自助は最上の助けである.

selfish /sélfiʃ セるふィシュ/ 形 わがままな, 自分本位の, 利己的な
- Don't be so **selfish**! Give some to your sister. そんなにわがまましてはだめ[自分ばかり欲張っちゃだめ]. 妹にもあげなさい.

selfishness /sélfiʃnis セるふィシュネス/ 名 わがまま, 自分本位, 利己主義

self-service /self sə́ːrvis セるふ サ〜ヴィス/ 名 形 セルフサービス(の)

sell 中 A1 /sél セる/ 動
|三単現| **sells** /sélz セるズ/
|過去・過分| **sold** /sóuld ソウるド/
|-ing形| **selling** /séliŋ セりングゥ/

❶ 売る, 売っている 反対語 **buy** (買う)

sell   buy

基本 **sell** a car 車を売る →sell+名詞.
- **sell** an old bicycle **for** 1,000 yen 古い自転車を1,000円で売る
- They sell T-shirts **at** 1,000 yen. 彼らはTシャツを1,000円で売る.

POINT ふつう金額には **for** を使うが,「(1つ)につき」という気持ちが強い時は **at** を使う.

- They **sell** jeans **at** a low price at that store. あの店ではジーンズを安く売っている. →price の前には at を使う.

基本 **sell** her an old piano =**sell** an old piano to her 彼女に古いピアノを売る →sell A B=sell B to A で「AにBを売る」.
- He will **sell** you a ticket. = He will **sell** a ticket **to** you. あの人があなたに切符(きっぷ)を売ってくれるでしょう.
- Our country has a lot of things to **sell** to other countries. わが国は外国に売る物をたくさん持っている. →不定詞 to sell (売るための〜)は a lot of things を修飾(しゅうしょく)する. → **to** ❾ の②
- That store **sells** dresses made in Paris. あの店ではパリ仕立てのドレスを売っている. →made は過去分詞(つくられた)で dresses を修飾する.

反対語 We **sold** our old house and **bought** a new one. 我々は古い家を売って新しい家を買った. →bought は buy の過去形.
- Magazines **are sold** at the supermarket. 雑誌はスーパーマーケットで売られている. →sold は過去分詞で受け身の文. → **are** |助動| ❷
- An old man **was selling** balloons at the corner of the street. 1人の老人が町角で風船を売っていた. →過去進行形の文. → **was** |助動| ❶

❷ 売れる, 売られている →「品物」が主語になる.
- Cold drinks **sell** well in hot weather. 暑い天候の時は冷たい飲み物がよく売れる.
- These bags **sell** (= are **sold**) at 1,000 yen each. これらのかばんは1つ1,000円で売られている.

sell out (商品などを)売り尽(つ)くす, 売り切る
- The tickets will be **sold out** before Tuesday. 火曜日までに切符は売り切れてしまうでしょう.
- Sorry, we are **sold out**. (切符売場などで)もう売り切れました.

seller /sélər セら/ 名 ❶ 売る人, 売り手, セールスマン 反対語 **buyer** (買い手) ❷ 売れるもの

semester A2 /siméstər セメスタ/ 名 (前期・後期2学期制の)学期 →米国・ドイツ・日本などの

大学で採用されている. →**term** ❶

semicolon /sémikoulən セミコウ(ろ)ン/ 名
セミコロン →「；」符号(ふごう)のこと. コンマ「，」より大きくピリオド「.」より小さな文の切れ目を表す.

semifinal /semifáinəl セミふァイナる/ 形 準決勝の
── 名 準決勝戦 →準々決勝戦は **quarterfinal**.

senate /sénit セネト/ 名 ❶ (**the Senate** で) (米国・カナダなど二院制議会の)**上院** (the Upper House) →**congress** ❷
❷ (古代ローマの)元老院

senator /sénətər セネタ/ 名 ❶ (米国・カナダなどの)**上院議員** ❷ (古代ローマの)元老院議員

send 中 A2 /sénd センド/ 動

三単現	**sends** /séndz センヅ/
過去・過分	**sent** /sént セント/
-ing形	**sending** /séndiŋ センディング/

❶ 送る, (手紙などを)出す, (電報を)打つ
🏠基本 **send** a message by e-mail Eメールでメッセージを送る →send+名詞.
🏠基本 **send** him a Christmas card ＝**send** a Christmas card to him 彼にクリスマスカードを送る →send A B＝send B to A で「AにBを送る」.
• My uncle **sends** me a present for my birthday every year. おじは毎年私の誕生日にプレゼントを私に送ってくれる.
• I **sent** him a telegram of congratulations. 私は彼に祝電を打った.
• These cherry trees **were sent** from Japan early in the 20th century. これらのサクラの木は20世紀の初めに日本から送られたものです. →sent は過去分詞で受け身の文. →**were** 助動 ❷
• **Have** you **sent** a thank-you letter to your uncle? おじさんにお礼状を出しましたか. →現在完了(かんりょう)の文. →**have** 助動 ❶
• Thank you for **sending** me a nice present. すてきなプレゼントをお送りくださってありがとうございます. →前置詞 (for)+動名詞 (sending).

❷ (人を)使いにやる, 行かせる
• **send** the child to school [bed] 子供を学校へやる[寝(ね)かせる]
• **send** him on an errand 彼をお使いに行かせる
• John's mother **sent** him to the store.

ジョンのお母さんは彼をお店へお使いにやった.
• The teacher **sent** him home because he was ill. 彼の具合が悪かったので先生は彼を家に帰した. →home は副詞で「家へ」.

send away 追い払(はら)う; 派遣(はけん)する
send back 送り返す
• The letter was **sent back** to him. その手紙は彼のところへ送り返されてきた.

send for ～ ～を呼びにやる; ～を取り寄せる
• You are sick. I'll **send for** the doctor at once. 君は病気だよ. すぐ医者を呼びにやろう.

send forth (香(かお)りなどを)放つ, 発散する, 出す

send in (郵送で書類・申込(もうしこみ)書などを)提出する; (人を)入れる, 通す
• **send in** an application 願書を郵送で提出する
• Please **send** him **in**. 彼をお通しなさい.

send off (荷物などを)発送する, 出す; (人を)送り出す, 見送る; (試合で)退場させる →**send-off**

send out 出す, 発散する; 送り出す, 発送する
send up 上げる, 飛ばす
• **send up** a rocket ロケットを打ち上げる

send-off /séndɔːf センドーふ/ 名 ❶ 見送り, 送別; 送別会 ❷ (反則による)退場

Senegal /seniɡɔ́ːl セニゴーる/ 固名 セネガル →アフリカ大陸最西端(たん)の共和国. フランス語(公用語)のほかウォロフ語が使われている. 首都はダカール.

senior A2 /síːnjər スィーニャ/ 形 ❶ 年上の →父子同名などの時父の名に添(そ)えて子と区別する. **Sr.**, **Sr** または **sr.**, **sr** と略す.
関連語 John Brown, **Senior**, is the father of John Brown, **Junior**. ジョン・ブラウン1世はジョン・ブラウン2世の父です.
• He is ten years **senior to** me. 彼は私より10歳(さい)年上だ.
❷ 先輩(せんぱい)の, 上司の
• His wife is **senior to** him in the company. 彼の妻は会社で彼の先輩[上司]だった.

── 名 ❶ 年長者; 先輩, 上司
• He is ten years my **senior**. 彼は私より10歳年上だ.
❷ (米) シニア →高校・大学で最上級学年の学生. →**junior** 名 ❷

sénior cítizen 名 高齢(こうれい)者 →ふつう年金生活のお年寄りをいう.

sénior hígh schòol 名 《米》高等学校 →単に **senior high** ともいう. →**high school**

sensation /senséiʃən センセイション/ 名
❶(五感で感じる)感覚, (漠然(ばくぜん)とした)感じ, 気持ち ❷(観客・世間の)大きな興奮, 大騒(さわ)ぎ, 大評判, センセーション

sense A2 /séns センス/ 名
❶(肉体的)感覚
• the five **senses** 五感 →視覚・聴覚(ちょうかく)・嗅覚(きゅうかく)・味覚・触覚(しょっかく).
• A dog has a keen **sense** of smell. 犬の嗅覚は鋭(するど)い.
❷(五感によって受ける)感じ, 〜感
• When you do your job well, you have a **sense** of satisfaction. (君は)自分の仕事を立派にすると満足感を覚えます.
❸わかる心, センス; (精神的)感覚, 観念
• a **sense** of beauty 美的センス, 審美眼(しんびがん)
• a **sense** of duty 義務感
• He has a **sense** of humor. 彼はユーモアのセンスがある.
❹分別, 思慮(しりょ), 良識
• common **sense** 常識 →×a sense, ×senses などとしない. common knowledge は「誰(だれ)でも知っている知識」.
• If you have any **sense**, you will not start in this rain. もし君に良識があるならこの雨の中に出て行かないだろう.
❺(**senses** で)(正常な)意識, 正気
• lose one's **senses** 正気を失う, 気絶する
• be out of one's **senses** 正気を失っている, 気がふれている
• come to one's **senses** 意識を回復する; 迷いから覚める
• His **senses** were clear to the last. 彼の意識は最後まではっきりしていた.
❻意味; (何かをやるだけの)意義
• in a **sense** ある意味では, ある程度は
• in this **sense** この意味で
• What is the **sense** of starting while it's raining? 雨が降っているのに出かけるわけは何かね[出かけて何になるのか].

make sense 意味をなす, よくわかる
• This **sentence** doesn't **make sense**. この文章は意味をなさない.

make sense of ~ 〜を理解する, 〜がわかる →ふつう疑問文・否定文で使う.
• Can you **make sense of** what he says? 彼の言うことが理解できますか.

sensible /sénsəbl センスィブる/ 形 良識のある, 賢明(けんめい)な; 実際的な

sensitive /sénsitiv センスィティヴ/ 形 敏感(びんかん)な, 感じやすい; 傷つきやすい

sensitively /sénsətivli センスィティヴリ/ 副 慎重(しんちょう)に; 敏感(びんかん)に

sensor /sénsər センサ/ 名 (光・温度・放射能などの)感知装置, センサー

sent 中 /sént セント/ 動 send の過去形・過去分詞

sentence A1 /séntəns センテンス/ 名
❶《文法》文 →1語 (a word) あるいはそれ以上の語 (words) が集まって1つのまとまった内容を持つ文法上の「文」.
• You put a period at the end of a **sentence**. 文の終わりにはピリオドを打つ.
❷判決; 刑(けい)
• pass **sentence** on [upon] ~ 〜に判決を下す
• The judge gave him a ten-year prison **sentence**. 裁判官は彼に10年の刑を言い渡(わた)した.
── 動 判決を下す, 刑を言い渡す
• He was **sentenced to** death. 彼は死刑(しけい)を宣告された. →**was** 助動 ❷

sentiment /séntəmənt センティメント/ 名 (優(やさ)しく知的な)感情, 気持ち, (細やかな)情感

sentimental /sentəméntl センティメントる/ 形 感傷[感情]的な, 涙(なみだ)もろい, センチメンタルな

Seoul /sóul ソウる/ 固名 ソウル →大韓民国(だいかんみんこく) (South Korea) の首都. →**Korea**

Sep. 略 =**Sep**tember (9月)

separate A2 /sépəreit セパレイト/ 動 分ける, 離(はな)す; 別れる, 離れる
• **separate** good apples from bad ones よいリンゴと悪いリンゴを分ける
• The two gardens are **separated** by a wall. 2つの庭は塀(へい)で分けられている.
• We **separated** at the station. 私たちは駅で別れた.
── /séparət セパラト/ (→動詞との発音の違(ちが)いに注意) 形 分かれた, 別々の
• They sleep in **separate** rooms. 彼らは

別々の部屋で眠(ねむ)ります.
- Keep good and bad apples **separate**. よいリンゴと悪いリンゴを別々にしておきなさい. →keep A B (形容詞)は「AをB(の状態)にしておく」.
- In those days black people's lives were **separate** and unequal. その頃(ころ)黒人の生活は隔離(かくり)されていて平等ではなかった.

separately /sépərətli セパラトリ/ 副 **分かれて, 別々に**
反対語 Did they go **together** or **separately**? 彼らはいっしょに行ったのですかそれとも別々に行ったのですか.

separation /sepəréiʃən セパレイション/ 名 **分けること; 別れていること; 分離(ぶんり)(点)**

Sept. 略 =**Sept**ember (9月)

September 小 A1 /septémbər セプテンバァ/ 名 **9月** →**Sept.** または **Sep.** と略す. 詳(くわ)しい使い方は →**June**
- in **September** 9月に
- on **September** 20 (読み方: (the) twentieth) 9月20日に

語源 (September)
ラテン語で「7番目の月」の意味. 古代ローマの暦(こよみ)では1年が10か月で, 3月から始まった.

Serbia /sə́:rbiə サ〜ビア/ 固名 **セルビア** →ヨーロッパ南東部の国. 首都はベオグラード. 使用言語はセルビア語など.

Serbian /sə́:rbiən サ〜ビアン/ 名 形 **セルビア人(の); セルビア語(の)**

serene /səri:n セリーン/ 形 (天気が)**晴れ渡(わた)った**; (態度・表情などが)**静かな, 落ち着いた**

sergeant /sá:rdʒənt サーヂェント/ 名 **軍曹(ぐんそう); 巡査(じゅんさ)部長**

series /sí(ə)ri:z スィ(ア)リーズ/ 名 (複 **series**) (同じような物の)**連続, 続き;** (出版・放送・試合の)**シリーズ(物)** →ふつう単数扱(あつか)い. 複数も **series**.

serious 中 /sí(ə)riəs スィ(ア)リアス/ 形
❶ **真面目な, 真剣(しんけん)な;** (冗談(じょうだん)でなく)**本気の**
- a **serious** person 真面目な人
- look **serious** 真剣[深刻]な顔をしている

Are you **serious** or joking?—I'm serious. 本気で言っているの, それとも冗談なの.—本気さ.

- Are you **serious** about going to Africa? アフリカへ行くってのは本気の話なのか.

❷ (問題などが)**重大な;** (病状などが)**重い**
- a **serious** illness 重病, (命に関わる)危険な病気
- make a **serious** mistake 重大な誤りをする
- I hope his illness is not **serious**. 彼の病気が重くなければよいが.

seriously A2 /sí(ə)riəsli スィ(ア)リアスリ/ 副
❶ **真面目に, 真剣(しんけん)に, 本気で**
❷ **重大に, ひどく**
- He is **seriously** injured. 彼は重傷だ.

sermon /sə́:rmən サ〜モン/ 名 (教会で牧師の行う)**説教;** (話)(親などの)**お説教, 小言**

servant /sə́:rvənt サ〜ヴァント/ 名 ❶ **召使(めしつか)い, 使用人; 用務員** →性別に関係なく使う.
❷ (市民・国民への)**奉仕(ほうし)者, 公務員** →ふつう public [civil] servant という形で使われる.
- Police officers and firefighters are public **servants**. 警察官や消防士は公務員である.

serve 中 A2 /sə́:rv サ〜ヴ/ 動
❶ (〜のために)**働く, 仕える, 勤める, 奉仕(ほうし)する;** (店員が客に)**応対する**
- **serve** one's master 主人に仕える
- **serve** in the army 陸軍に勤務する
- **serve** a customer 客に応対する
- Mr. Smith **serves** as mayor of this city. スミス氏はこの市の市長として勤めている[市長をしている]. →is serving としても意味はほとんど同じ.
- He **served** as a bridge across the Pacific. 彼は太平洋のかけ橋としての役割を果たした[日米の親善に尽(つ)くした].

会話 Are you being **served**?—Yes, I'm being taken care of. / No, thank you. I'm just looking. (店員が)ご用を承(うけたまわ)っておりますでしょうか.—ええ, 大丈夫(だいじょうぶ)です./いいえ, いいんです. 見ているだけですから.
→質問の文は受け身の現在進行形の文.

❷ (〜の)**役に立つ,** (必要を)**満たす,** (目的に)**かなう, 間に合う**
- This sofa will **serve** as a bed. このソフ

server 578 five hundred and seventy-eight

ァーはベッドとして使えるだろう.

•I'll be glad if I can **serve** you. あなたの
お役に立てればうれしいです.

•One pie will **serve** six people. パイ1
枚で6人分はあります.

❸(食べ物を食卓(しょくたく)に)**出す**,(食事を人に)
振(ふ)る**舞**(ま)**う; 供給する**

•**serve** him with tea=**serve** him tea 彼
にお茶を出す ➡ 後ろの文は serve A (人) B (飲
食物)で「AにBを振る舞う」.

•Mother **served** ice cream to us. =
Mother **served** us ice cream. お母さんが
私たちにアイスクリームを出してくれた.

•Soup was **served** first. まずスープが出さ
れた. ➡**was** [助動] ❷

❹(テニスなどで)**サーブをする**

•It's my turn to **serve**. 今度は私がサーブを
する番だ. ➡It=to serve. ➡**to** ❾ の ①

―― [名] (テニス・卓球などの)**サーブ, サービス**

server /sə́ːrvər サ〜ヴァ/ [名] ❶(テニス・バレー
ボールで)**サーブする人** ❷(コンピューターの)**サ
ーバー** ➡ネットワーク内のコンピューターを管理
するコンピューター. ❸(レストランの)**サーバー**
➡性差別を避(さ)けて waiter や waitress をこ
う呼ぶことがある. Sir!, Ma'am! と呼びかける.

service 🈂 /sə́ːrvis サ〜ヴィス/ [名]

❶**奉仕**(ほうし), **勤務; 役だつこと, 貢献**(こうけん)

•social **service** 社会奉仕, (政府や公共機関に
よる)社会福祉(ふくし)事業

•We are always at your **service**. 私たち
はいつでもあなたのお役に立ちます[用があったら
いつでも申しつけてください].

•George Washington did many **ser-
vices** for his country. ジョージ・ワシントン
は国家のために多大な貢献をした.

❷(公共に奉仕する)**業務, 事業;** (交通の)**便, 運転;**
(客への)**サービス**

•(a) bus **service** バスの便

•a regular air **service** 定期航空便

•The **service** in the restaurant was
good. そのレストランのサービスはよかった.

❸**礼拝(式), 式**

•a church **service** 教会の礼拝式

❹(テニスなどの)**サーブ, サーブの仕方, サーブの
番**

•It's your **service**. (= It's your turn to
serve.) あなたのサーブです[あなたがサーブする
番です].

in service (バス・エレベーターなどが)**運行中
で**

out of service (バス・エレベーターなどが)**運
休中で**

sérvice dòg [名] **介助**(かいじょ)**犬**

sérvice stàtion [名] **ガソリンスタンド, サ
ービスステーション** ➡ガソリンなどの給油ができ
るほか, 車の修理・整備ができるところを特に指す.

serving /sə́ːrviŋ サ〜ヴィング/ [名] (飲食物の)**1
杯, 1人前**

―― [形] (料理の)**取り分け用の; 配膳**(はいぜん)**用の**

sesame /sésəmi セサミ/ [名] **ゴマ(の実)**

Open sesame! 開けゴマ! ➡「アリババと
40人の盗賊(とうぞく)」の話の中に出てくる開門のま
じないの言葉. ➡**Ali Baba**

session /séʃən セション/ [名] ❶(特定の活動の)
期間 ❷(議会・法廷(ほうてい)などが)**開会[開廷]して
いること; 開会[開廷]期間** ❸《米》(学校の)**学期**

set 🈩 🄰 /sét セト/

[動]	❶(太陽・月が)**沈**(しず)**む**	意味 map
	❷**置く; 当てる**	
	❸(正しい位置に)**整える**	
[名]	❶**セット**	
	❷(ラジオ・テレビの)**受信機, 受像機**	

―― [動]

三単現	**sets** /séts セツ/
過去・過分	**set**
-ing形	**setting** /sétiŋ セティング/

➡原形・過去形・過去分詞がどれも同じ形である
ことに注意.

❶(太陽・月が)**沈む** ➡**sink**

反対語 The sun **rises** in the east and **sets**
in the west. 太陽は東から昇(のぼ)り西に沈む.

•The sun **set** about an hour ago. 太陽は
1時間くらい前に沈んだ. ➡現在形なら sets.

•The sun **is setting** below the horizon.
太陽が地平線の下に沈もうとしている. ➡**is** [助動]
❶

❷**置く, 据**(す)**える; 当てる, つける** 類似語 **put** よ
りも改まった語で, 適切な位置にきちんと置くこ
と. 目的語により適当に訳語を変えること.

•**set** the television in the corner テレビ
をすみに置く

•**set** a picture in a frame 額縁(がくぶち)に絵を
入れる

•**set** a violin under *one's* chin バイオリ
ンをあごの下に当てる

five hundred and seventy-nine　　579　　**settlement**

・**set** music to a poem　詩に曲をつける

❸ (正しい位置に)**整える**, **セットする**; **設定する**, **決める**, (宿題・テストなどを)**課す**; (記録を)**樹立する**

・**set** a table for dinner　食事のために食卓(しょくたく)の用意をする →テーブルクロスを敷(し)いて食器類を並べること.

・**set** *one's* hair　髪(かみ)をセットする

・**set** the time　(ビデオ録画などのために)時間を設定する

・**set** the alarm for five　目覚まし時計を5時にセットする

・**set** a day for the meeting　ミーティングの日を決める

・The teacher **set** us a test on English words.　先生は私たちに英単語のテストをした. →set *A B* は「AにBを課す」. set は過去形.

・Our team **set** a new record.　私たちのチームは新記録を樹立した.

・A day **is set** for the planting of trees.　植樹のために日が定められている. →set は過去分詞で受け身の文. →**is** [助動] ❷

❹ ～を～させる, ～を～にする

・**set** a machine going　機械を動かす →set *A do*ing で「Aを～させる」.

・**set** a slave free　奴隷(どれい)を自由にする[解放する] →set *A B* (形容詞(句)など)で「AをB(の状態)にする」.

・**set** him to work　彼を働かせる →work は名詞.

・The slaves **were set** free.　奴隷は解放された. →set は過去分詞で受け身の文.

❺ 固まる

・Jelly **sets** as it cools.　ゼリーは冷えるにつれて固まる.

set about ～　～に取りかかる, ～を始める
set aside　脇(わき)に置く, 別に取っておく
set in　(梅雨(つゆ)などが)始まる

・The rainy season **sets in** about the middle of June.　梅雨は6月の半ば頃(ごろ)に始まる.

set off　出発する; 爆発(ばくはつ)させる, 発射する
set out　出発する

・**set out** on a trip [for London]　旅行に出かける[ロンドンに向かって出発する]

set to　～を始める, ～に取りかかる
set up　立てる, 建てる, 創設する; (テントなどを)張る; (商売などを)始める

―― [名] (④ **sets** /séts セツ/)

❶ **セット**, 組, そろい; 仲間

・a tea **set**　ティーセットひとそろい

・a chess **set**　チェスのこまのひとそろい

・a **set** of tools　(大工などの)道具一式

❷ (ラジオ・テレビの)受信機, 受像機

・a television **set**=a TV **set**　テレビ

❸ (テニスの)**セット**

・win [lose] the first **set**　第1セットをとる[失う]

❹ (劇などの)舞台(ぶたい)装置

―― [形] (→比較変化なし)

❶ (あらかじめ)決められた

・a **set** phrase　決まり文句, 成句, イディオム (idiom)

❷ 動かない, こわばった; 頑固(がんこ)な

❸ 用意して

・On your mark(s), get **set**, go!　(競走のスタートの時)位置について, 用意, どん!

・We are all **set** for our travel.　私たちは旅行の準備がすっかりできています.

setsquare, set square　/sét-skweər セトスクウェア/ [名] 《英》三角定規 (《米》triangle)

setting　/sétin セティング/ [動] **set** の -ing 形 (現在分詞・動名詞)

―― [形] (太陽・月が)沈(しず)んでいく

・the **setting** sun　入り日

―― [名] ❶ (太陽・月が)沈むこと ❷ (小説などの)(舞台(ぶたい))装置, 場面, 背景

settle　/sétl セトル/ [動] ❶ 解決する, 決める; 片付ける ❷ 居場所を定める, 住みつく, 落ち着く; 定住させる, 落ち着かせる; (鳥などが)止まる

❸ (心・天気など)落ち着かせる; 落ち着く

settle down　落ち着く
settle in　(新しい環境(かんきょう)に)落ち着く, 慣れる

settlement　/sétlmənt セトルメント/ [名]
❶ (問題などの)解決, 決定, 精算 ❷ 植民; 植民

チャンクでおぼえよう set	
□ 日が沈む	the sun **sets**
□ 隅(すみ)にテレビを置く	**set** the television in the corner
□ 夕食の準備をする	**set** a table for dinner
□ 5時に目覚ましをかける	**set** the alarm for five

seven

地; (辺境の)町, 村

seven 小 A1 /sévn セヴン/ 名

(複 **sevens** /sévnz セヴンズ/)

7; 7時, 7分; 7歳(さい), 7人[個] → 使い方については →**three**

関連語 Lesson **Seven** (= The **Seventh** Lesson) 第7課

- It is **seven** past **seven**. 7時7分過ぎです.
- **Seven** is a lucky number. 7は縁起(えんぎ)のいい数字だ.

―― 形 7の; 7人[個]の; 7で

- **seven** girls 7人の少女たち
- It is **seven** minutes to seven. 7時7分前です. → 後ろの seven は名詞. It は漠然(ばくぜん)と「時間」を表す.
- He is just **seven**. 彼はちょうど7歳です.

seventeen 小 A1 /sévntíːn セヴンティーン/ 名 (複 **seventeens** /sévntíːnz セヴンティーンズ/) 17; 17分, 17歳(さい), 17人[個]

関連語 Lesson **Seventeen** (= The **Seventeenth** Lesson) 第17課

- Look at the picture on page **seventeen**. 17ページの絵を見なさい.

―― 形 17の; 17人[個]の; 17歳で

- **seventeen** boys 17人の男の子
- He will be **seventeen** next week. 彼は来週17歳になります.

seventeenth /sévntíːnθ セヴンティーンす/ 名 形 17番目の; (月の)17日 → **17th** と略す.

- in the **seventeenth** century 17世紀に
- on the **17th** of October = on October 17 (読み方: (the) seventeenth) 10月17日に

seventh 中 /sévnθ セヴンす/ 名 形 (複 **sevenths** /sévnθs セヴンすス/)

❶ 7番目(の); (月の)7日 → **7th** と略す. 使い方については →**third**

- in the **seventh** century 7世紀に
- on the **7th** of January = on January 7 (読み方: (the) seventh) 1月7日に
- The **seventh** day of the week is Saturday. 週の7番目の日は土曜日です.

❷ 7分の1(の)

- a **seventh** part = one **seventh** 7分の1
- two **sevenths** 7分の2

seventieth /sévntiiθ セヴンティエす/ 名 形

70番目(の) → **70th** と略す.

seventy 小 A1 /sévnti セヴンティ/ 名

(複 **seventies** /sévntiz セヴンティズ/)

❶ 70; 70歳(さい)

- Open your books to page **seventy**. 本の70ページを開きなさい.
- He died at **seventy**. 彼は70歳で死んだ.

❷ (**seventies** で) (年齢(ねんれい)の)70代; (世紀の)70年代 → seventy から seventy-nine まで.

- Granpa is in his **seventies**. おじいちゃんは70代です.
- He was a rock superstar in the nineteen-**seventies**. 彼は1970年代のロックのスーパー・スターだった.

―― 形 70の; 70歳で, 70人[個]の

- **seventy** apples 70個のリンゴ
- She will be **seventy** next year. 彼女は来年70歳になる.

several 中 A2 /sévrəl セヴラる/ 形

いくつかの, いく人かの, 数~

❓POINT few (少しの)よりは多いが, **many** (たくさんの)とまではいかない数を表す.

- **several** books 数冊の本
- **several** times 数回, 何度か
- **several** children いく人かの子供たち
- **several** years later 数年後に

―― 代 数人, 数個

- **several** of them それらのうちの数個[彼らのうちの数人]

severe /sivíər スィヴィア/ 形

❶ (天候・病気などが)厳しい, 激しい, ひどい

- **severe** cold 厳しい寒さ
- a **severe** headache 激しい頭痛
- The cold is very **severe** this winter. この冬は寒さがとても厳しい.

❷ (取り扱(あつか)いなどが)厳しい, 厳格な

- a **severe** punishment 厳しい罰(ばつ), 厳罰(げんばつ)

severely /sivíərli スィヴィアリ/ 副 厳しく; ひどく

sew A2 /sóu ソウ/ 動 (三単現 **sews** /sóuz ソウズ/; 過去 **sewed** /sóud ソウド/; 過分 **sewed**, **sewn** /sóun ソウン/; -ing形 **sewing** /sóuiŋ ソウイング/)

縫(ぬ)う, 縫い付ける; 縫い物をする

- **sew** a dress 服を縫う

- •sew a button on the shirt シャツにボタンを縫い付ける
- •She **sews** very well. 彼女は裁縫(さいほう)がとてもうまい.
- •A button came off my coat, and she **sewed** it on for me. コートのボタンがとれてしまって,彼女がそれを付けてくれた.

sewing /sóuiŋ ソウイング/ 名 裁縫(さいほう)
séwing machìne 名 ミシン
sewn /sóun ソウン/ 動 **sew** の過去分詞
sex /séks セクス/ 名 ❶(男女の)性

会話 What **sex** is your kitten? —It's a male. 君の子ネコは雄(おす)ですか雌(めす)ですか. —雄です.

❷ 性行為(こうい), セックス

SF, sf 略 空想科学小説, エスエフ →science fiction.
sh /ʃː シー/ 間 しーっ, 静かに →**shh** ともつづる.
shabby /ʃǽbi シャビ/ 形 (比較級 **shabbier** /ʃǽbiər シャビア/; 最上級 **shabbiest** /ʃǽbiist シャビエスト/) みすぼらしい, 汚(きたな)い, ぼろぼろの

shade A2 /ʃéid シェイド/ 名 ❶ 日陰(かげ), 陰
反対語 **light** and **shade** 光と陰, 明暗
- •the **shade** of a tree 木陰(かげ) →**shadow**
- •The children are playing in the **shade**. 子供たちは日陰で遊んでいる.

類似語 (かげ)
shade は「何かの陰になって光の届かない漠(ばくぜん)と暗い日陰」. **shadow** は「人影(かげ)のように輪郭(りんかく)のある影」.

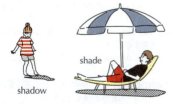
shade
shadow

❷ (色の明暗の度合いを示す)色合い
- •a deep [light] **shade** of blue 濃(こ)い[薄(うす)い]青色
- •What **shade** of red is your dress? あなたのドレスはどんな赤?

❸ (電灯などの)かさ, シェード; 日よけ, ブライン

ド →しばしば a lampshade (電灯のかさ), a window shade (ブラインド)のように複合語の形で使われる.

—— 動 陰にする, 陰を投げかける; 日を遮(さえぎ)る
- •The streets are **shaded** by [with] trees. その街路は木で陰になっている.
- •May **shaded** her eyes with her hand. メイは(日を避(さ)けて)目の上に手をかざした.

shadow A2 /ʃǽdou シャドウ/ 名 影(かげ), 物影, 影法師(ぼうし) →**shade** 類似語
- •the **shadow** of a tree (地面などにくっきり映った)木の影
- •The dog barked at his own **shadow** in the water. その犬は水に映った自分の影に向かってほえた.

shady /ʃéidi シェイディ/ 形 (比較級 **shadier** /ʃéidiər シェイディア/; 最上級 **shadiest** /ʃéidiist シェイディエスト/) 陰(かげ)の多い, 木陰(かげ)の多い, 陰を作る →**shade**+**-y**.

shake A1 /ʃéik シェイク/ 動 (三単現 **shakes** /ʃéiks シェイクス/; 過去 **shook** /ʃúk シュク/; 過分 **shaken** /ʃéikn シェイクン/; -ing形 **shaking** /ʃéikiŋ シェイキング/)
振(ふ)る, 揺(ゆ)さぶる; 揺れる, 震(ふる)える
- •**shake** *one's* head 頭を(横に)振る →否定・不信・戸惑(とまど)い・感嘆(かんたん)などを示す. →**nod**
- •**shake** like a leaf [a jelly] 木の葉[ゼリー]のように震える
- •**Shake** the bottle before you take the medicine. 薬を飲む前に瓶(びん)を振りなさい.
- •My house **shakes** when the trains go by. 電車がそばを通り過ぎる時私の家は揺れます.
- •He **was shaking** with fear [cold]. 彼は恐(おそ)ろしくて[寒くて]ぶるぶる震えていた. →**was** 助動 ❶
- •He **shook** the dust **from** the rug. 彼はじゅうたんを振ってほこりを落とした.
- •During the earthquake the building **shook**. 地震(じしん)の間建物が揺れた.
- •He **was** badly **shaken** by the news. 彼はその知らせを聞いてひどく(揺さぶられた ⇨)動揺(どうよう)した[ショックを受けた]. →**was** 助動 ❷

shake hands (with ~) (~と)握手(あくしゅ)する
- •Let's **shake hands** and be friends. 握手して友達に[仲良く]なろう.
- •I **shook hands with** each of them. 私

shaken

は彼らの一人一人と握手した.

shake off 振り放す, 振り払(はら)う, 振り落とす, (病気・悪い習慣などを)追い払う

——名 ❶ 振ること, 振動(しんどう)

❷ ミルクセーキ[シェイク] → **milk shake**

shaken /ʃéikn シェイクン/ 動 **shake** の過去分詞

Shakespeare /ʃéikspiər シェイクスピア/ 固名 (**William Shakespeare**) ウィリアム・シェークスピア → 英国の大劇作家・詩人 (1564–1616).『ベニスの商人』『ロミオとジュリエット』『ハムレット』『リア王』など約40作品の劇を書いた.

shall A2 /弱形 ʃ(ə)l シャる, 強形 ʃǽl シャる/ 助動

過去 **should** /ʃud シュド/

❶ **(I [We] shall** *do* **で)** (私(たち)は)〜するでしょう, 〜になるだろう → 「単純な未来」を表す.《米》では **will** を使う.《英》でも今では **will** がふつう.

• **I shall** die if I drink this. もしこれを飲めば私は死ぬだろう.

• **I shall** be fifteen years old next week. 私は来週15歳(さい)になります.

• **We shall** overcome some day. 私たちはいつの日にか勝利するだろう.

❷ **(Shall I [we]** *do*? **で)** (私(たち)は) 〜しましょうか; 〜するだろうか → 「単純な未来」の疑問文 (《米》ではふつう will), または「相手の気持ち・意見を聞く」疑問文 (この時は /ʃǽl シャる/ と強く発音する).

• **Shall I** die if I drink this? もしこれを飲めば私は死ぬでしょうか.

Shall I open the window? —Yes, please (do)./No, thank you.
窓をあけましょうか.—ええ, そうしてください./いいえ, けっこうです.

会話
Let's play tennis, **shall we**? —Yes, let's./No, let's not.
テニスやろうよ, ね.—うん, そうしよう./いや, よそう.

→ Let's *do*, shall we? は「〜しましょうよ」.

• **What shall I** do next? 私は今度は何をしましょうか.

会話 **Shall we** sing this song?—(we の中に聞き手が含(ふく)まれている場合) Yes, let's./No, let's not. [(we の中に聞き手が含まれていない場合) Yes, please (do)./No, please don't.] この歌を歌いましょうか.—ええ, 歌いましょう./いいえ, よしましょう. [ええ, そうしてください./いいえ, けっこうです.]

❸ **(You [He, She, They] shall** *do* **で)** (君[彼, 彼女, 彼ら]に)〜してやる, 〜させよう

POINT 話し手の意志を表す. /ʃǽl シャる/ と強く発音する. この言い方はいばって聞こえるので, 大人が子供に言うような時以外は使わない.

• If you are a good boy, **you shall** have a cake (=I will give you a cake). もし君がいい子だったら(私は)君にケーキをあげよう.

shallot /ʃəlát シャらト/ 名 (植物) エシャロット → タマネギの一種で香味(こうみ)野菜として使われる.

shallow /ʃǽlou シャろウ/ 形 浅い
反対語 **deep** (深い)

shame /ʃéim シェイム/ 名 ❶ 恥(は)ずかしさ; 恥辱(ちじょく), 不名誉(めいよ)

• feel **shame** 恥ずかしくなる → ×a shame, ×shames としない.

• blush with **shame** 恥ずかしさで顔を赤らめる

• in **shame** 恥じて

❷ **(a shame で)** 恥ずべき事[人]; ひどい事, 残念なこと (a pity)

• What **a shame**! なんてひどい事だ[残念な事だ].

• It is **a shame** that it rained on her wedding day. 彼女の結婚(けっこん)式の日に雨が降ったとはひどい話だ.

Shame on 〜 〜よ, 恥(はじ)を知れ[みっともないことをするな]

• **Shame on** you. 恥を知れ[みっともないことをするな].

shampoo A2 /ʃæmpú: シャンプー/ 動 頭髪(とうはつ)を洗う, 洗髪(せんぱつ)する
——名 (洗髪用)シャンプー

Shanghai /ʃæŋhái シャンハイ/ 固名 シャンハイ, 上海 → 中国東部の海港都市.

shan't /ʃænt シャント/ 《英》 **shall not** を短くした形

shape 小 A2 /ʃéip シェイプ/ 名

❶ 形, 姿, 格好
- The **shape** of an orange is round. オレンジの形は丸い.
- The earth is like an orange in **shape**. 地球は形(において)はオレンジに似ている.

❷ 状態, 調子
- I am **in** good [bad] **shape**. 私は体の調子がいい[悪い].

—— 動 **形づくる**
- **shape** clay **into** a ball 粘土(ねんど)をまるめる

share 中 A1 /ʃéər シェア/ 名

❶ 分け前; 分担

❷ 《主に英》(会社の)**株, 株式 →stock ❷**

—— 動 **❶ いっしょに使う**; (意見などを)**ともにする, 互(たが)いに分け合う**; (負担などを)**分担する**
- **share** the expenses 費用を分担する
- **share** joys and sorrows **with** her 喜びも悲しみも彼女とともにする
- The brothers **share** the same room. その兄弟は同じ部屋をいっしょに使っている.

❷ 分けてやる, 分配する
- Please **share** your lunch **with** your little brother. お弁当を弟に分けてあげてね.

shark /ʃɑ́ːrk シャーク/ 名 《魚》サメ

sharp /ʃɑ́ːrp シャープ/ 形 **❶ 鋭(するど)い**
- a **sharp** knife 鋭い[よく切れる]ナイフ
- a **sharp** pencil とがった鉛筆(えんぴつ) →日本語でいう「シャープペンシル」は英語では mechanical [《英》propelling] pencil という.
- a **sharp** curve 鋭い[急]カーブ
- a **sharp** rise in prices 物価の急上昇(じょうしょう)
- a **sharp** pain 鋭い[激しい]痛み
- a **sharp** cry 鋭い[かん高い]叫(さけ)び声
- John is very **sharp**. ジョンはとても頭が切れる.

❷ はっきりした; 厳しい; (味など)ぴりっとした

—— 副 **❶** (時間に)**きっかり**
- at eight o'clock **sharp** きっかり8時に

—— 名 《音楽》**シャープ, 半音高い音; シャープの記号(♯)**

sharpen /ʃɑ́ːrpn シャープン/ 動 **鋭(するど)くする, とがらせる,** (鉛筆(えんぴつ)などを)**けずる,** (刃物(はもの)を)**研(と)ぐ; 鋭くなる, とがる**

sharpener /ʃɑ́ːrpnər シャープナ/ 名 **研(と)ぐ物[人], けずる物[人], 鉛筆(えんぴつ)けずり**

sharply /ʃɑ́ːrpli シャープリ/ 副 **鋭(するど)く; 急に; 厳しく, 怒(おこ)って**

shatter /ʃǽtər シャタ/ 動 (粉々に)**打ち砕(くだ)く, 破壊(はかい)する; 砕ける**

shave /ʃéiv シェイヴ/ 動 (三単現 **shaves** /ʃéivz シェイヴズ/; 過去 **shaved** /ʃéivd シェイヴド/; 過分 **shaved, shaven** /ʃéivn シェイヴン/; ing形 **shaving** /ʃéiviŋ シェイヴィング/) (ひげなどを)**そる**

—— 名 **ひげをそること, ひげそり**

shàved íce 中 名 **かき氷**

shaven /ʃéivn シェイヴン/ 動 **shave** の過去分詞

shawl /ʃɔ́ːl ショーる/ 名 **ショール, 肩(かた)かけ**

she 小 A1 /ʃiː シー/ 代 (複 **they** /ðei ゼイ/) **彼女は, 彼女が**

POINT 自分 (I) と自分が話をしている相手 (you) 以外のひとりの女性を指す言葉.

関連語 **her** (彼女の, 彼女を[に]), **hers** (彼女のもの), **they** (彼女たちは[が])

she の変化

	単 数 形	複 数 形
主　格	**she** (彼女は[が])	they (彼女らは[が])
所 有 格	**her** (彼女の)	their (彼女らの)
目 的 格	**her** (彼女を[に])	them (彼女らを[に])
所有代名詞	**hers** (彼女のもの)	theirs (彼女らのもの)

- That is my sister. **She** is a college student. あれはうちの姉です. 彼女は[姉は]大学生です.
- My mother has an older sister. **She** lives in Okayama. 母には姉が1人おります. その姉[おば]は岡山に住んでいます.
- **会話** How old is this baby? —**She** is three months old. この赤ちゃんは生まれてどれくらいたちますか. —3ヶ月です.

POINT 辞書では一応「彼女は[が]」のような訳語を与(あた)えているが, 実際に英文を訳す時は, できるだけ「彼女」という言葉を使わないで, 「その人は」「その少女は」「母は」「そのおばあさんは」「メアリーは」のように, she が指している

shed 584 five hundred and eighty-four

人物をもう一度はっきり言うようにしたほうが
よい.

shed¹ /ʃéd シェド/ 名 **小屋, 物置き**; (自転車な
どの)**置き場, 車庫**

shed² /ʃéd シェド/ 動 (三単現 **sheds** /ʃédz
シェヅ/; 過去・過分 **shed**; -ing形 **shedding**
/ʃédiŋ シェディング/) → 原形・過去形・過去分詞がど
れも同じ形であることに注意.

❶ (涙(なみだ)などを)**流す**; (木が葉を)**落とす**

❷ (光・熱などを)**発散する, 放つ**

she'd /ʃiːd シード/ **she had**, **she would** を
短くした形

sheep 小 A1 /ʃíːp シープ/ 名

羊 → 複数形も **sheep**.

関連語 **lamb** (/らム/ 子羊(の肉)), **wool** (/ウる/ 羊
毛), **mutton** (/マトン/ 羊肉)

•a flock of **sheep** 羊の群れ

•All the **sheep** are out in the pasture.
羊たちは全部牧場に出ている.

イメージ (sheep)

sheep は羊飼いの言いつけに従うおとなしい動
物で, その乳や肉また毛などがすべて人間に役だ
つことから「無邪気(むじゃき), 純潔, 従順, 善良, 有
用」などのイメージがある. またキリスト教では
「Christ (キリスト)と人間」あるいは「牧師と
信者」の関係は「**shepherd** (羊 飼 い)と
sheep」の関係に見立てられる.

sheepdog /ʃíːpdɔːg シープドーグ/ 名 **牧羊犬**

sheer /ʃíər シア/ 形 (比較級 **sheerer** /ʃíərə
シアラ/; 最上級 **sheerest** /ʃíərist シアリスト/)
❶ **まったくの; 純粋の** ❷ (崖(がけ)など)**切り立った**

sheet /ʃíːt シート/ 名 ❶ **シーツ, 敷布**(しきふ)

•a clean **sheet** 清潔なシーツ

❷ (紙・ガラス・金属板などの)**1枚**; (切手の)**シート**

•a large **sheet** of report paper 大きなレポ
ート用紙1枚

•two **sheets** of test paper テスト用紙2枚

•a **sheet** of glass 板ガラス

•One more **sheet**, please. もう1枚くださ
い.

•Write your answer on the back of the
sheet. 答えを用紙の裏に書きなさい.

shelf 中 A1 /ʃélf シェるフ/ 名 (復 **shelves**
/ʃélvz シェるヴズ/) **棚**(たな)

•the top **shelf** of a bookcase 本箱の一番
上の棚

shell A2 /ʃél シェる/ 名 **貝殻**(かいがら); (カメ・カニ・
エビなどの)**甲**(こう); (クルミ・卵などの)**殻**(から), (豆

の)**さや**; (パイなどの)**皮**

she'll /ʃiːl シーる/ **she will** を短くした形

shellfish /ʃélfiʃ シェるふィシュ/ 名 (shell を持
つ)**貝**; **エビ, カニ(類)** → 複数形も **shellfish**.

shelter /ʃéltər シェるタ/ 名 ❶ (風雨・攻撃(こうげ
き)などから)**守ってくれる物[場所], 避難**(ひなん)**所**

❷ **保護, 避難**

── 動 **保護する, かばう; 避難する**

shelves /ʃélvz シェるヴズ/ 名 shelf の複数形

shepherd /ʃépərd シェパド/ 名 **羊飼い; 牧羊
犬, シェパード** → **sheep**

sheriff /ʃérif シェリふ/ 名 ❶ (米国の郡の)**保安
官, シェリフ** → 住民によって選ばれる郡の司法最
高責任者.

❷ 《もと英》**州長官, 代官**

Sherlock Holmes /ʃɔ́ːrlɑk hóumz シャ
~らク ホウムズ/ 固名 **シャーロック・ホームズ** → 英
国の作家コナン・ドイルが生み出した名探偵(たんてい).

sherry /ʃéri シェリ/ 名 **シェリー酒** → スペイン
産の強い白ワイン.

she's /ʃiːz シーズ/ **she is**, **she has** を短くし
た形

•**She's** (=She is) very kind. 彼女はとても
親切だ.

•**She's** (=She has) been to Paris. 彼女は
パリへ行ったことがある. → 現在完了(かんりょう)の文.

shh /ʃ: シー/ 間 =sh

shield /ʃíːld シーるド/ 名 **盾**(たて); **守ってくれる物**
[人]

shift /ʃíft シふト/ 動 (位置など)**変える, 移す; 変
わる, 移る**

── 名 ❶ **変化, 変更**(へんこう), **移動** ❷ (交替(こうたい)
の)**勤務**; (交替の)**勤務グループ**

shilling /ʃíliŋ シリング/ 名 **シリング** → もと英
国の貨幣(かへい)単位, またはその価値の白銅貨. 今の
5 pence にあたる.

shin /ʃín シン/ 名 **向こうずね**

shine A2 /ʃáin シャイン/ 動 (三単現 **shines**
/ʃáinz シャインズ/; 過去・過分 **shone** /ʃóun シ
ョウン/, ❷ の意味では **shined** /ʃáind シャイン
ド/; -ing形 **shining** /ʃáiniŋ シャイニング/)

❶ **光る, 輝**(かがや)**く, 照る**

•The moon **shines** at night. 月は夜輝く.

•The sun **was shining** bright, but the
wind was cold. 太陽は明るく輝いていたが風
は冷たかった. → **was** 助動 ❶

•Her face **shone** with joy. 彼女の顔は喜び
で輝いた.

- The sun **hasn't shone** in three days. 太陽は3日も輝いていない[顔を見せない]. → **have** [助動] ❸

❷ 磨(みが)く
- I **shine** my shoes once a week. 私は週1回靴(くつ)を磨きます.

── [名] 光, 輝き, 光沢(こうたく), つや

rain or shine 雨でも晴れでも, 晴雨にかかわらず

shiny /ʃáini シャイニ/ [形] (比較級 **shinier** /ʃáiniər シャイニア/ 最上級 **shiniest** /ʃáiniist シャイニエスト/) ❶ 光っている, ぴかぴかの → shine+-y. ❷ 晴れた

ship 中 A1 /ʃíp シプ/ [名]
船 → 大洋を航海する大型の船をいう. → **boat**
- a cargo **ship** 貨物船
- About one hundred people were on the **ship**. 船には約100人乗っていた.

by ship 船で, 海路で

── [動] (三単現 **ships** /ʃíps シプス/; 過去・過分 **shipped** /ʃípt シプト/; -ing形 **shipping** /ʃípiŋ シピング/)
(貨物を)船に積む; 船で送る; (トラック・列車などで)運送する
- **ship** products by rail [by air] 製品を鉄道便で送る[空輸する]
- The cargo **was shipped** from New York. その貨物はニューヨークから船で送られた. → **was** [助動] ❷

shipping /ʃípiŋ シピング/ [動] **ship** の -ing 形 (現在分詞・動名詞)

── [名] 送料

shipyard /ʃípjɑːrd シプヤード/ [名] 造船所 → **yard**[2] ❷

shirt 小 A1 /ʃə́ːrt シャート/ [名]

ワイシャツ, シャツ; (女性の)ブラウス → 日本語の「ワイシャツ」は white shirt がなまったもの.「下着のシャツ」はふつう **undershirt** という.
- put on [take off] a **shirt** ワイシャツを着る[脱(ぬ)ぐ]

shiver /ʃívər シヴァ/ [動] 震(ふる)える, 身震(みぶる)いする

── [名] 身震い, 震え

shock A2 /ʃɑ́k シャク/ [名] (精神的な)ショック, 打撃(だげき); (爆発(ばくはつ)などの)衝撃(しょうげき); 電気ショック
- be **in shock** ショックを受けた状態にある

- His death was a great **shock** to us. 彼の死は我々にとって大きなショックだった.
- the **shock** of an explosion 爆発の衝撃
- If you touch an electric wire, you will get a **shock**. 電線に触(さわ)ると感電しますよ.

── [動] ショックを与(あた)える, ぎょっとさせる
- His sudden death **shocked** her. 彼の突然(とつぜん)の死は彼女にショックを与えた.
- She was **shocked** to hear the news of his death. 彼女は彼の死の知らせを聞いてショックを受けた.

shocking /ʃɑ́kiŋ シャキング/ [形] 衝撃(しょうげき)的な, ぎょっとさせる, ショッキングな; ひどい

shoe 小 A1 /ʃúː シュー/ [名]

靴(くつ), 短靴 → 《米》ではくるぶしまで覆(おお)う「深靴」もいう.《英》では「深靴」は **boot**.

shoe   《米》shoe   boot
       《英》boot

- a **shoe** store 靴屋さん, 靴店
- a pair of **shoes** 靴1足
- two pairs of **shoes** 靴2足
- with *one's* **shoes** on 靴をはいて[はいたまま]
- put on [take off] *one's* **shoes** 靴をはく[脱(ぬ)ぐ]
- He wore no **shoes**. 彼は靴を履(は)いていなかった.
- Suppose you were in his **shoe**. 彼の靴をはいてみたらどうだろう. →「彼の立場[立場が逆]になったらどうだろう」の意味.

shoelace /ʃúːleis シューレイス/ [名] 靴(くつ)ひも
shoemaker /ʃúːmeikər シューメイカ/ [名] 靴(くつ)職人, 靴屋さん
shoeshine /ʃúːʃain シューシャイン/ [名]《米》靴磨(くつみが)き
shoestring /ʃúːstriŋ シューストリング/ [名]《米》=shoelace
shone /ʃóun ショウン|ʃɔ́n ション/ [動] **shine** ❶ の過去形・過去分詞
shook /ʃúk シュク/ [動] **shake** の過去形
shoot 中 A2 /ʃúːt シュート/ [動]

shooting

三単現	**shoots**	/ʃúːts シューツ/
過去・過分	**shot**	/ʃát シャト/
-ing形	**shooting**	/ʃúːtiŋ シューティング/

❶ (銃(じゅう)・弓などを)撃(う)つ, 射る; (的・動物などを)撃つ

- **shoot** an arrow 矢を射る
- **shoot** a gun 鉄砲(てっぽう)を撃つ
- **shoot** a bear クマを撃つ[射殺する]
- **shoot** *oneself* (自分自身を撃つ ⇨)ピストル自殺する
- He **shoots** well. 彼は射撃(しゃげき)がうまい.
- He **was shooting** arrows at the target. 彼は的を目がけて弓を射ていた. →**was** 助動 ❶
- He **shot** at a deer but missed it. 彼はシカを狙(ねら)って撃ったが外してしまった.
- The deer **was shot** in the leg. そのシカは脚(あし)を撃たれた. →shot は過去分詞で受け身の文. →**was** 助動 ❷
- He was **shot** and killed. 彼は射殺された. →killed も過去分詞で was につながる.

❷ (質問・視線などを)投げ(かけ)る; さっと通り過ぎる, 矢のように走る; 勢いよく飛び出る

- **shoot** questions at ～ ～に矢つぎばやに質問を浴びせる
- The car **shot** past us. その車は私たちをさっと追い抜(ぬ)いて行った.

❸ (サッカー・バスケットボールなどで)シュートする

- He **shot** five times and scored twice. 彼は5回シュートして2回ゴールに入れた.

go shooting (銃を用いた)猟(りょう)に出かける

— 名 ❶ 射撃; 射撃会, 狩猟(しゅりょう)旅行

❷ 新芽, 苗(なえ); 若枝

- a bamboo **shoot** たけのこ

shooting /ʃúːtiŋ シューティング/ 名 射撃(しゃげき), 狙撃(そげき), 発射

shóoting stár 名 流星, 流れ星

shop 小 A1 /ʃáp シャプ/ʃɔ́p ショプ/ 名

(複 **shops** /ʃáps シャプス/)

❶ (主に英)小売店, 店 →米国では小さな店, あるいは特定のものを売る店以外は **store** という.

- a flower **shop** 花屋さん
- a pet [jeans, sports] **shop** ペット[ジーンズ, スポーツ]店
- keep a **shop** 店を開いている, 小売業をする

❷ (いろいろな)仕事場

- a carpenter's **shop** 大工の作業場
- a repair **shop** 修理工場

— 動 (三単現 **shops** /ʃáps シャプス/; 過去・過分 **shopped** /ʃápt シャプト/; -ing形 **shopping** /ʃápiŋ シャピング/)
買い物をする, ショッピングする

- **shop** at a grocer's 食品店で買い物する
- She **shops** every Saturday afternoon. 彼女はいつも土曜日の午後はショッピングする.
- He **shopped** around in Akihabara to buy a computer. 彼はコンピューターを買うために秋葉原の店をあちこち見て回った.
- Mother is out **shopping** for Christmas presents. 母はクリスマスプレゼントの買い物をしに外出しています. →現在分詞 shopping は「買い物をしに」.

go shopping 買い物に行く

- Mother **has gone shopping** in Ginza. 母は銀座へ買い物に出かけました. →現在完了(かんりょう)の文 (→**have** 助動 ❶). ×*to* Ginza としない.
- 会話 Let's **go shopping** in Shibuya. —Great! 渋谷に買い物いこうよ. —いいね!

shóp assìstant A2 名 《英》(小売り店の)店員, 《米》salesclerk)

shopkeeper /ʃápkiːpər シャプキーパ/ 名 《主に英》小売商人[店主] →**shop** ❶

shopper /ʃápər シャパ/ 名 買い物客

shopping 中 A1 /ʃápiŋ シャピング/ ʃɔ́piŋ ショピング/ 名 買い物

- a **shopping** center ショッピングセンター
- I often do my **shopping** at the supermarket. 私はそのスーパーマーケットでよく買い物をする.
- I have some **shopping** to do this afternoon. 私はきょうの午後買い物がある. →不定詞 to do (する～)は前の名詞 shopping を修飾(しゅうしょく)する.

— 動 shop の -ing 形 (現在分詞・動名詞)

shópping bàg 名 《米》ショッピングバッグ →店で買った品物を入れてくれる紙製やビニール製の袋(ふくろ). 英国では **carrier bag** という.

shópping càrt, 《英》 **shópping tròlley** 名 ショッピングカート

shore A2 /ʃɔ́ːr ショー/ 名 (海・湖・川の)岸; 海岸

- swim to (the) **shore** 岸に向かって泳ぐ
- play on the **shore** 海岸で遊ぶ

・come [go] on **shore** 上陸する

short /ʃɔːrt ショート/ 形
(比較級 **shorter** /ʃɔːrtər ショータ/; 最上級 **shortest** /ʃɔːrtist ショーテスト/)

❶ 短い

a **short** pencil 短い鉛筆(えんぴつ) → short+名詞.

・a **short** story 短編小説
・a **short** speech 短い演説
・a **short** visit to London 短期間のロンドン訪問
・a **short** time ago つい先頃(ごろ), しばらく前に

反対語 This skirt is too **long**. I want a **short** one (=skirt). このスカートは長過ぎます. 私は短いスカートが欲(ほ)しいのです.

・Mozart's life was very **short**. モーツァルトの生涯(しょうがい)はとても短かった.

・The days are growing **shorter**. 日はだんだん短くなってきた. → 現在進行形の文.

・This is **the shortest** way to the nearest bus stop. これが最寄りのバス停に行く一番の近道です.

short / long / short / tall

❷ 背が低い

反対語 I am **short** but my brother is **tall**. 私は背が低いが兄は背が高い. → be 動詞+short.

・I am (three inches) **shorter** than Bob. 私はボブより(3インチ)背が低い.

❸ (短過ぎて)そっけない; ぶあいそうな; 短気な

・a **short** answer ぶっきらぼうな返事
・She was very **short** with me on the phone. 電話では彼女は私にとてもそっけなかった.

❹ 不足している, 足りない → **be short of** ~

・He gave me **short** change. (彼は私に足りないおつりを渡(わた)した ➡)彼のくれたおつりは足りなかった.
・Our team is two players **short**. 私たちのチームは選手が2名足りません. → **two play-ers** (2名の選手)は short を修飾(しゅうしょく)する副詞句.

── 副 (→比較変化なし)

急に (suddenly), だし抜(ぬ)けに

・stop **short** 急に立ち止まる; 途中(とちゅう)でやめる

── 名 (複 **shorts** /ʃɔːrts ショーツ/)

(**shorts** で)

❶ 半ズボン, (運動用)ショートパンツ
❷《米》パンツ(男性の下着)(《英》**underpants**)

be short of ~ ~が足りない, ~が不足である

・I couldn't buy the dictionary because I **was short of** money. お金が足りなくて私はその辞書が買えなかった.

come [fall] short of ~ ~に達しない, ~に及(およ)ばない

cut short 切って短くする, 途中で[早めに]終わらせる; 話を途中で遮(さえぎ)る

・We **cut short** our holiday. 我々は休暇(きゅうか)を短くした[切り詰(つ)めた].

for short 略して

・His name is Benjamin, but we call him Ben **for short**. 彼の名前はベンジャミンだが私たちは短くベンと呼んでいる.

in short 手短に言えば, 要するに

run short (**of ~**) (~が)不足する, (~を)切らす

・The drinks **ran short** at the picnic. ピクニックでは飲み物が足りなくなった.
・We are **running short of** funds. 私たちは資金がだんだん不足してきた.

shortage /ʃɔːrtidʒ ショーテヂ/ 名 不足, 欠乏(けつぼう)

shortcoming /ʃɔːrtkʌmiŋ ショートカミング/ 名 (ふつう **shortcomings** で)欠点, 短所; 不足

shortcut /ʃɔːrtkʌt ショートカト/ 名 近道

shorten /ʃɔːrtn ショートン/ 動 短くする, 縮める; 短くなる, 縮まる

shortly /ʃɔːrtli ショートリ/ 副 ❶じきに, まもなく (soon) ❷手短に, ぶっきらぼうに

shorts A2 /ʃɔːrts ショーツ/ 名 ❶ 半ズボン, (運動用の)ショートパンツ → 複数扱(あつか)い. ❷《米》(男性用下着の)パンツ (《英》**underpants**)

shortsighted /ʃɔːrtsáitid ショートサイテド/ 形 近眼の; 近視眼的な

shortstop /ʃɔːrtstɑp ショートスタプ/ 名 (野球

の)**ショート**, **遊撃手**(ゆうげきしゅ)

shot[1] 中 /ʃát シャト/ 動 **shoot** の過去形・過去分詞

shot[2] A2 /ʃát シャト/ 名

❶ 発射, 発砲(はっぽう); 銃声(じゅうせい)

❷ 砲弾(ほうだん), 弾丸; (砲丸投げの)砲丸

•the **shot** put 砲丸投げ

❸ 射撃(しゃげき)する人

❹ (バスケットボール・サッカーなどの)**シュート**, (ゴルフなどの)**ショット**

•**make** a good **shot** 見事なシュートをする

❺ (話)注射 (injection)

❻ (スナップ)写真

shotgun /ʃátgʌn シャトガン/ 名 **散弾銃**(さんだんじゅう), **猟銃**(りょうじゅう), **ショットガン**

should 中 A1 /強形 ʃud シュド, 弱形 ʃúd シュド/ (→l は発音しない) 助動

❶ **shall** の過去形

✅POINT 次の2つの例で shall ではなく should が使われているのは, 主節の動詞 (thought, asked) と時制を一致(いっち)させるため. → **could, would**

•I thought I **should** not see him again. 私は彼に二度と会わないだろうと思った. →I think I shall not see him again. の過去形. →**shall** ❶

•I asked if I **should** open the window. (=I said, "Shall I open the window?") 窓をあけましょうかと私は尋(たず)ねた. →**shall** ❷

❷ (義務・当然)~**すべきである**, ~**したほうがいい** →この意味では /ʃúd シュド/ と強く発音する.

関連語 強制の度合は **should** < **ought to** < **must** の順で強くなる.

•You **should** study harder. 君はもっと勉強すべきだ.

•You **should** be more careful. 君はもっと注意深くなければならない.

•There **should** be no more wars. もう戦争があってはならない.

•You **shouldn't** speak like that to your mother. 君はお母さんにそんな風に言ってはいけない.

(会話) Can I have beer? —No. You **should** have Coke. ビール飲んでいい?—だめだよ. コーラにしなさい.

•What **should** we do? 一体どうしたらいい

んだろう. →What shall we do? よりも強い当惑(とうわく)・驚(おどろ)きなどを表す.

•Where **should** I get off? (バス・電車で)どこで降りたらよいでしょう.

❸ (見込(こ)み・推測)~**するはずだ**, **きっと~だろう**

•They **should** be home by now. 彼らは今頃(いまごろ)はもう家に着いているはずだ.

•How **should** I know where he is? 彼がどこにいるかどうして私が知っているはずがありますか. →反問することで強い疑問を表す.

❹ (It ~ that A should do で) A が~する[である]とは~だ, A が~する[である]なんて~だ

•It is strange that he **should** say such a thing. 彼がそんな事を言うとは変だ. →It = that 以下. should を使うと単に he says ~という場合と違(ちが)って「驚き・意外」などの感情が入る.

I should like to do ~**したいと思います** (=I would like to *do*) →丁寧(ていねい)な言い方. 話し言葉では I'd like to *do*. →**would like to** *do* (**like**[1] 成句)

if ~ should do **万一[ひょっとして]~ならば** →可能性が非常に低い未来の事柄(ことがら)を仮定していう. should は強く発音する.

•if it **should** rain tomorrow 万一あした雨が降ったら

shoulder A1 /ʃóuldər ショウるダ/ 名 肩(かた)

•tap him on the **shoulder** (注意を促(うなが)すために)彼の肩をたたく

•carry a pair of skis on *one's* **shoulder** スキーをかついで行く

•shrug *one's* **shoulders** 肩をすくめる →**shrug**

•Father is carrying the baby on his **shoulders**. 父親が赤ん坊(ぼう)を肩車(かたぐるま)している.

shouldn't /ʃúdnt シュドント/ **should not** を短くした形

shout 中 A2 /ʃáut シャウト/ 動 (三単現 **shouts** /ʃáuts シャウツ/; 過去・過分 **shouted** /ʃáutid シャウテド/; ing形 **shouting** /ʃáutiŋ シャウティング/)

叫(さけ)ぶ, 大声で言う, 大声を出す, どなる

•**shout** back 叫び返す

•**shout** for help 大声で助けを求める

•**shout** for [with] joy うれしくて大声を上げ

five hundred and eighty-nine　589　**show**

る, 歓声(かんせい)を上げる
- **shout** to him 彼に大声で呼びかける
- He often **shouts** at me for my mistakes. 私がミスをすると彼はよく私をどなる.
- We had to **shout** to talk to each other because it was very windy. 風がとても強かったので,私たちは話し合うために大声を出さなければならなかった. →had to *do* は have to *do*(〜しなければならない)の過去.
- "Watch your step!" **shouted** the boy. 「足元に気をつけて!」と少年は叫んだ.
- I can hear you very well, so stop **shouting**. 君のしゃべるのはとてもよく聞こえるからがなりたてるのはやめてくれ. →shouting は動名詞(がなりたてること)で stop の目的語.

── 名 (複) **shouts** /ʃáuts シャウツ/)
叫び, 叫び声
- with a **shout** 大声[喚声(かんせい)]を上げて
- give a **shout** of joy 歓声を上げる

shovel /ʃʌ́vl シャヴる/ 名 シャベル
── 動 (三単現 **shovels** /ʃʌ́vlz シャヴるズ/; 過去・過分 **shovel(l)ed** /ʃʌ́ld シャヴるド/; -ing形 **shovel(l)ing** /ʃʌ́vliŋ シャヴりンぐ/)
シャベルですくう[掘(ほ)る]

show 小 A1 /ʃóu ショウ/

	意味 map
動	❶ 見せる
	❷ 見える
	❸ 教える
	❹ 案内する

── 動
三単現 **shows** /ʃóuz ショウズ/
過去 **showed** /ʃóud ショウド/
過分 **shown** /ʃóun ショウン/, **showed**
-ing形 **showing** /ʃóuiŋ ショウインぐ/

❶ 見せる, 示す; 上映[上演]する, 陳列(ちんれつ)する
(中)基本 **show** a bicycle 自転車を見せる → show+名詞.
(中)基本 **show** her my new necklace = **show** my new necklace to her 彼女に私の新しいネックレスを見せる →show *A B* = show *B* to *A* は「*A*に*B*を見せる」.
- **Show** your tickets, please. 切符(きっぷ)をお見せください[拝見いたします].
- She always **shows** kindness **to** animals. 彼女はいつも動物に優(やさ)しさを示す[優しくしてやる].
- His cough **shows** that he smokes too much. (彼のせきは彼がタバコを吸い過ぎることを示す ⇨)彼がせきをするのはタバコを吸い過ぎる証拠(しょうこ)だ.
- He **showed** his friends his new bicycle. = He **showed** his new bicycle **to** his friends. 彼は友達に自分の新しい自転車を見せた.
- **Show** me your marks in math. I **have shown** you mine. 君の数学の点を見せてくれ, 僕(ぼく)の点は見せたのだから. →後ろの文は現在完了(かんりょう)の文. →**have** 助動 ❶
- The theater **is showing** *Hamlet* now. その映画館は今「ハムレット」を上映中です. →現在進行形の文. →**is** 助動 ❶

❷ 見える, 現れる
- Stars began to **show** in the sky. 空に星が見え始めた. →不定詞 to show (見えること)は began の目的語. →**to** ❾ の ①
- Only a part of an iceberg **shows** above the water. 氷山の一部だけしか水面上に出ていない.
- The movie is **showing** now in that theater. その映画は現在あの映画館で上映されている.

❸ 教える, 説明する
- I'll **show** you how to play chess. チェスのやり方を君に教えてあげよう.
- Please **show** me the way to the station. どうぞ駅へ行く道を教えてください.
POINT **show** 〜 the way to 〜 は道順を地図に書いて教えたり, 目的地まで案内するという意味.「言葉だけで道順を教える」は tell 〜 the way to 〜.

❹ 案内する
- **show** him into the room 彼を部屋の中へ案内する
- **Show** him in. 彼を中にお通ししなさい.
- **show** him **around** 彼を案内して回る
- **show** him **around** downtown Tokyo 彼を連れて東京の繁華(はんか)街を案内する

show off 見せびらかす, これ見よがしに振(ふ)る舞(ま)う, 目立とうとする

show up 《話》姿を見せる, 現れる; (正体を)あばく

• I waited for an hour, but she didn't **show up**. 私は1時間待ったが彼女は現れなかった.

―― 名 (複 **shows** /ʃóuz ショウズ/)

❶ 見せること, 展示, 表示

• a **show** window (商店の)陳列窓, ショーウインドー.

• vote by a **show of hands** 挙手によって決を採る

❷ 展覧会, 品評会; (芝居(しばい)・映画・サーカスなど)見せ物, ショー, (ラジオ・テレビの)番組

• a dog [flower] **show** 犬[花]の品評会

• a quiz **show** (テレビの)クイズ番組

• watch a TV **show** about ~ ~についてのテレビ番組を見る

❸ 見せかけ, ふり, 見せびらかし, 見え

• She wears her jewels **for show**. 彼女は人に見せびらかすために宝石をつけている. ➡ ×a show, ×shows としない.

showcase /ʃóukeis ショウケイス/ 名 (店・博物館などの)**陳列**用ガラスケース

shower 中 A1 /ʃáuər シャウア/ 名

❶ にわか雨, 夕立; にわか雪

• be caught in a **shower** にわか雨に遭(あ)う

• April **showers** bring May flowers. 4月の雨は5月の花をもたらす.

❷ シャワー ➡**shower bath** ともいう.

• take [have] a **shower** シャワーを浴びる

• Many people take a **shower** every morning. 多くの人は毎朝シャワーを浴びる.

❸《米》プレゼントパーティー ➡結婚(けっこん)・出産の近い女性に友人たちがちょっとしたプレゼントを持ち寄ってお祝いをする集まり.

―― 動 ❶ (it を主語にして) にわか雨が降る; 雨のように降り注ぐ; 雨のように浴びせる, 惜(お)しみなく与(あた)える

• It **showered** on and off. にわか雨が降ったりやんだりした.

• The guests **showered** rice on the bride and bridegroom. お客さんたちは新郎(しんろう)新婦にお米を浴びせかけた. ➡**rice**

❷ シャワーを浴びる

shown /ʃóun ショウン/ 動 **show** の過去分詞

showroom /ʃóuru:m ショウルーム/ 名 (商品などの)**陳列**室, 展示場, ショールーム

shrank /ʃrǽŋk シュランク/ 動 **shrink** の過去形

shrewd /ʃrú:d シュルード/ 形 (利害に敏感(びんかん)で)賢(かしこ)い, 抜(ぬ)け目のない, 鋭(するど)い

shriek /ʃríːk シュリーク/ 動 キャーと言う, 悲鳴を上げる, 金切り声を出す

―― 名 キャーという声, 悲鳴, 金切り声

shrill /ʃríl シュリる/ 形 かん高い, けたたましい

shrimp /ʃrímp シュリンプ/ 名《動物》小エビ
 類似語 **prawn** よりも小さいものをいう.

shrine 小 /ʃráin シュライン/ 名
(聖者の遺骨・遺品などを祭った)**聖堂**, 神殿(しんでん); (日本の)神社, 神宮(じんぐう)

• the **shrine** of St. Thomas 聖トマス聖堂

• (the) Yasukuni **Shrine** 靖国神社

関連語 Kyoto has a lot of **shrines** and **temples**. 京都にはたくさんの神社や寺[神社仏閣]がある.

shrink /ʃríŋk シュリンク/ 動 (三単現 **shrinks** /ʃríŋks シュリンクス/; 過去 **shrank** /ʃrǽŋk シュランク/, **shrunk** /ʃrʌ́ŋk シュランク/; 過分 **shrunk**, **shrunken** /ʃrʌ́ŋkn シュランクン/; -ing形 **shrinking** /ʃríŋkiŋ シュリンキング/)
(布などが)縮む

shrub /ʃrʌ́b シュラブ/ 名 低木, かん木 ➡ツツジやバラなどだけの低い植物類で根元から葉や小枝を出す.

　　　類似語（かん木）

shrub と **bush** はともに「かん木」の意味だが, ふつう庭園などに植えられて手入れのされているものを shrub, 野生のものを bush という.

shrug /ʃrʌ́g シュラグ/ 動 (三単現 **shrugs** /ʃrʌ́gz シュラグズ/; 過去・過分 **shrugged** /ʃrʌ́gd シュラグド/; -ing形 **shrugging** /ʃrʌ́giŋ シュラギング/) (肩(かた)を)**すくめる**

チャンクでおぼえよう show	
□ チケットを見せる	**show** the tickets
□ 彼女に私の新しい靴(くつ)を見せる	**show** her my new shoes
□ 君にチェスのやり方を教える	**show** you how to play chess
□ 彼に東京を案内する	**show** him around Tokyo
□ 彼女はここに現れなかった.	She didn't **show** up here.

•**shrug** *one's* **shoulders** 肩をすくめる

> **参考** 口を「へ」の字にして，首を少し曲げ，両肩(かた)を上げ，てのひらを上にして両腕(うで)を曲げるしぐさ．以上のしぐさを全部行う場合も，その一部(あるいは１つ)を行う場合もある．疑い・ためらい・無関心・不賛成・驚(おどろ)き・照れ隠(かく)しなどを表す．

── 名 (肩を)すくめること

shrunk /ʃrʌ́ŋk シュランク/ 動 **shrink** の過去形・過去分詞

shudder /ʃʌ́dər シャダ/ 動 (寒くてまたは怖(こわ)くて)**身震**(みぶる)**いする，ぞっとする**
── 名 身震い；ぞっとする思い，戦慄(せんりつ)

shut A2 /ʃʌ́t シャト/ 動 三単現 **shuts** /ʃʌ́ts シャツ/; 過去・過分 **shut**; -ing形 **shutting** /ʃʌ́tiŋ シャティング/) → 原形・過去形・過去分詞がどれも同じ形であることに注意．
閉める，閉じる；閉まる (close)
基本 **shut** the door 戸を閉める → shut+名詞
•**Shut** your eyes and go to sleep. 目をつぶって眠(ねむ)りなさい．
基本 This window won't **shut**. この窓はなかなか閉まらない．→ 主語+shut．
•This store **shuts** at six. この店は６時に閉まる[閉店する]．
関連語 He **shut** the book and **closed** his eyes. 彼は本を閉じて目をつぶった．→ 現在形なら He shuts 〜．
類似語 **shut** と **close** はほとんど同じ意味で使われるが，**shut** は「ぴしゃりと強く」，**close** は「ゆっくりと静かに」という感じ．
•The gate **was shut** at once. 門は直ちに閉められた．→ shut は過去分詞で受け身の文．→ **was** 助動 ❷
•Keep your mouth **shut**. (おまえの口を閉じられたままにしておけ ⇨)お黙(だま)り．→ shut は過去分詞で形容詞のように使われたもの．keep *A B* (形容詞)は「*A*を*B*(の状態)にしておく」
•He **was shutting** the windows. 彼は窓を閉めていた．→ 過去進行形の文．→ **was** 助動 ❶

shut down (工場などを)**閉鎖**(へいさ)**する**；(機械などを)**止める，止まる**

shut in 閉じ込(こ)める；取り囲む

shut off (水道・ガス・電気・光・音などを)**止める，遮**(さえぎ)**る**

shut out 閉め出す，遮る；(野球などで相手を)**完封**(かんぷう)**する，シャットアウトする**
•Tanaka **shut out** the New York Mets on three hits. 田中はニューヨーク・メッツを３安打で完封した．

shut up 閉じ込める；(店・家などを)**閉める**；(話)黙らせる，黙る
•Helen Keller was **shut up** in a dark, silent world. ヘレン・ケラーは暗い沈黙(ちんもく)の世界に閉じこめられた[目も見えず耳も聞こえなくなってしまった]．
•Just **shut up**! ちょっと黙ってくれないか．

shutter /ʃʌ́tər シャタ/ 名 ❶(ふつう **shutters** で)よろい戸，雨戸，(商店などの)シャッター ❷(カメラの)シャッター

shuttle /ʃʌ́tl シャトる/ 名 ❶(短距離間を定期的に往復する)シャトル便，折り返し運転 → a **shuttle train** [**bus**] などともいう． ❷(機(はた)織りの)杼(ひ) → 横糸を通す道具．

shuttlecock /ʃʌ́tlkɑk シャトるカク/ 名 (バドミントンの)羽根

shy 中 A1 /ʃái シャイ/ 形 (比較級 **shyer, shier** /ʃáiər シャイア/; 最上級 **shyest, shiest** /ʃáiist シャイエスト/)
恥(は)**ずかしがり屋の，内気な，人見知りの**
•a **shy** smile はにかんだ微笑(びしょう)
•At the party she was very **shy** and didn't say a word. パーティーで彼女はとても恥ずかしがって一言も口をきかなかった．

shyness /ʃáinis シャイネス/ 名 内気さ；はにかみ；臆病(おくびょう)

sick 中 A1 /sík スィク/ 形
(比較級 **sicker** /síkər スィカ/; 最上級 **sickest** /síkist スィケスト/)
❶病気の；病気で，病気に → 動詞の後には英国ではふつう **ill, unwell** を使う．
基本 a **sick** child 病気の子供 → sick+名詞．
•the **sick** =**sick** people (病人たち)

sickle

592

five hundred and ninety-two

基本 She is **sick** in bed. 彼女は病気で寝(ね)ている. →be 動詞＋sick.

• He looks **sick**. 彼は具合が悪そうだ.

• I became [got] **sick**. 私は具合が悪くなった. →sick を ❷ の意味にとれば「吐(は)き気がした」.

• She **has been sick** since last Friday. 彼女は先週の金曜日からずっと病気です. →現在完了(かんりょう)の文. →**have** 助動 ❸

❷ **吐き気がする, 気分が悪い** →名詞の前にはつけない.

• feel [get] **sick** 吐き気がする

• I feel **sick** in buses. 私はバスに乗ると酔(よ)う.

• The sea was rough and I felt **sick** on the boat. 海が荒(あ)れていて私は船酔(ふなよ)いで吐き気がした.

❸ **いやになって, うんざりして**

• I am **sick** of comic books. 私は漫画(まんが)の本にはあきあきした.

sickle /síkl スィクル/ 名 鎌(かま)

sickness /síknis スィクネス/ 名 ❶ 病気 (illness) ❷ 吐(は)き気

side 中 A1 /sáid サイド/ 名

❶ (左右・上下などの)**側**(がわ), (表裏・内外などの)**面**

• the right [left] **side** of the road 道の右[左]側

• the right [wrong] **side** of the cloth 布の表[裏]側

• the west [east] **side** of the city 市の西[東]側

• this [the other] **side** of the river 川のこちら[向こう]側

• From the earth we see only one **side** of the moon. 地球からは月の片側だけしか見えない.

• There is printing on both **sides** of the paper. その紙の両面に印刷してあります.

• There are two **sides** to these matters. こういう事柄(ことがら)には(プラスとマイナスの)2つの面があります.

❷ (敵・味方の)**側, 方**

• the other **side** 相手側

• Our **side** won the football game. 私たちの側がフットボールの試合に勝った.

会話 Which **side** are you on?—I'm on Ken's **side**, because he is always on

the **side** of the weak. 君はどっち側に賛成なんだ. —僕(ぼく)はケンの側だ. だってケンはいつも弱い方の味方だからだ. →質問の文は意味のつながりでは on which side (どっちの側に)だが, which は疑問詞なので which side が文頭に出る.

• He is my relative on my mother's **side**. 彼は私の母方の親戚(しんせき)です.

❸ **横, 脇**(わき), **そば; 側面; 横腹**

• a door at the **side** of the house 家の横[側面]にあるドア

• sit by the **side** of the road 道端(みちばた)に座(すわ)る

• sit by his **side** 彼の横に座る

• I have a pain in my left **side**. 私は左の横腹が痛い.

• I slept on my **side**. 私は横向きになって眠(ねむ)った.

❹ (人・事・物を見る)**面, 側面**; (数学の)**辺, 側面**

• consider the question **from all sides** その問題をあらゆる面から考える

• I always try to look on the bright **side** of things. 私は常に物事の明るい側[明るい面]を見ようと努める.

• A box has six **sides**. 箱は6面ある.

—— 形 **側面(から)の, 横(から)の; 付け足しの**

• a **side** door 横のドア

• a **side** street 脇道, 横丁

• a **side** dish サイドディッシュ

side by side 並んで

• They were sitting **side by side** on the bench. 彼らはベンチに並んで座っていた.

take sides 味方をする, 肩(かた)を持つ

• I didn't **take sides** when Bob and Tom argued. ボブとトムが議論した時私はどちらの肩も持たなかった.

sidewalk /sáidwɔːk サイドウォーク/ 名 《米》 (道路の)**歩道** →英国ではふつう **pavement**.

sigh /sái サイ/ 動 **ため息をつく**

• **sigh** with relief ほっとしてため息をつく

—— 名 **ため息**

• with a **sigh** ため息をついて

sight A1 /sáit サイト/ (→gh は発音しない) 名

❶ **見ること; 視力; 見える範囲**(はんい), **視界**

• **have** good [poor] **sight** 視力がいい[弱い], 目がいい[悪い] →×a sight, ×sights としない.

• catch [lose] **sight of** 〜 〜を見つける[見失う]

593   signal

- **lose** *one's* **sight** 視力を失う, 失明する
- Birds have better **sight** than dogs. 鳥は犬よりも目がいい.
- I fell in love with her at first **sight**. 私は一目で彼女に恋(こい)をした.

❷ 光景, 眺(なが)め; **(the sights** で**)** 名所
- see [do] **the sights** of Kyoto 京都の名所を見物する, 京都見物をする
- We enjoyed seeing **the sights** of Paris. 我々はパリの名所見物を楽しんだ.
- The Grand Canyon is a wonderful **sight**. グランドキャニオンはすばらしい眺めだ.

at the sight (**of ～**) (**～を**)見るとすぐ, 見て
- They ran away **at the sight of** a police officer. (= They ran away as soon as they saw a police officer.) 彼らは警官を見て逃(に)げ出した.

in sight (**of ～**) (**～が**)見える所に
- There is not a ship **in sight**. 1隻(せき)の船も見えない.
- We are [came] **in sight of** the island. 私たちはその島の見える所にいる[来た].

out of sight 見えない所に
- The ship is [went] **out of sight**. 船は見えない[見えなくなった].

ことわざ **Out of sight**, out of mind. 目に見えなくなれば心から消えて行く. →「長い間会わないでいるとどんなに親しかった人でも記憶(きおく)から消えていく」の意味.「去る者は日々に疎(うと)し」にあたる.

sightseeing 中 A2 /sáitsìːiŋ サイトスィーイング/ (→gh は発音しない) 名 形
観光(の), 見物(の), 遊覧(の)
- a **sightseeing** bus 観光バス
- go on a **sightseeing** tour of London by bus バスでロンドンの観光旅行に出かける
- go **sightseeing** (in [at] ～) (～に[を])見物に行く
- do some **sightseeing** (in [at] ～) (～に[を])見物する

sightseer /sáitsìːər サイトスィーアー/ 名 観光客, 見物人

sign 中 A1 /sáin サイン/ (→g は発音しない)

名 ❶記号; 看板   意味 map
❷ 合図
❸ 印(しるし)

動 ❶ (手紙・書類などに)署名する
❷ 合図する

—— 名 (榎 **signs** /sáinz サインズ/)
❶ 記号, 符号(ふごう), 標識; 看板
- the plus **sign** プラス記号(＋)
- an inn **sign** 宿屋の看板
- The traffic **sign** says, "No right turn." その交通標識には「右折禁止」とある.

❷ 合図, 手まね, 身振(みぶ)り
- make a **sign** 合図をする
- The police officer made a **sign** to stop. 警官は止まれと合図をした.

❸ 印, きざし, けはい
- a **sign** of spring 春の印[きざし, けはい]
- as a **sign** of my love 私の愛の印として
- Shaking hands is a **sign** of friendship. 握手(あくしゅ)は友愛の印である.

—— 動 (三単現 **signs** /sáinz サインズ/; 過去・過分 **signed** /sáind サインド/; -ing形 **signing** /sáiniŋ サイニング/)
❶ (手紙・書類などに)署名する, サインする
- **sign** the receipt 領収書にサインする
❷ 合図する, 身振りで示す; 手話を用いる
- **sign** (to) him to come here 彼にここへ来るように合図する
- I can **sign** a little. 私は少し手話ができる.

sign up (署名して)契約(けいやく)を結ぶ; 参加申し込みをする
- **sign up** for summer camp サマーキャンプの参加申し込みをする

参考 「サインする」という動詞では **sign** を使うが, 名詞として日本語でいう「サイン」には ×*sign* を使わない. 野球の「サイン」は **signal**, 手紙・書類などに記す「サイン」は **signature** /スィグナチャ/, 芸能人などの「サイン」や自著を人に贈(おく)る時にその書物に記す「サイン」は **autograph** /オートグラフ/.

signal /síɡnl スィグヌル/ 名 信号, 合図; (野球の)サイン; 信号機
- send a **signal** for help by radio 無線で救助信号を送る
- A red traffic light is a stop **signal**. 赤信号は停止信号である.

—— 動 (三単現 **signals** /síɡnlz スィグヌルズ/; 過去・過分 **signal(l)ed** /síɡnld スィグヌルド/;

signature 594 five hundred and ninety-four

-ing形 signal(l)ing /síɡnliŋ スィグヌリング/
信号する, 合図する; (野球などで)〜のサインを出す; 信号で知らせる
• **signal** for help 信号[合図]で救助を求める
• **signal** (to) the pitcher to throw a curve ピッチャーにカーブのサインを出す
• The police officer **signaled** the driver to stop. 警官は運転手に止まれと合図した.

signature /síɡnətʃər スィグナチャ/ 图 (手紙・書類などの)署名, サイン →**sign**

signboard /sáinbɔːrd サインボード/ 图 掲示板, 告知版, 看板

significance /siɡnífikəns スィグニフィカンス/ 图 意味, 意義, 重要性

significant A2 /siɡnífikənt スィグニフィカント/ 形 ❶ 重要な, 意義のある ❷ 意味ありげな

sígn lànguage 图 手話, 手話法
• American **Sign Language** アメリカ手話 →米国やカナダで使われる手話で, ASL と略される.

silence A2 /sáiləns サイレンス/ 图 しゃべらないこと, 沈黙(ちんもく), 無口; 音のしないこと, 静けさ
• **Silence**, please! お静かに願います.
• There was a short **silence** between them. 2人の間にはしばし沈黙があった.
• I'm sorry for my long **silence**. 長いことご無沙汰(ぶさた)して申し訳ございません.
ことわざ Speech is silver, **silence** is golden. 雄弁(ゆうべん)は銀, 沈黙は金. →**golden** ❶ **ことわざ**

in silence 沈黙のうちに, 黙(だま)って, 静まりかえって
• They listened to his words **in** complete **silence**. 彼らはしんと静まりかえって彼の言葉に耳を傾(かたむ)けた.

silent /sáilənt サイレント/ 形 沈黙(ちんもく)の, 無言の, 無口な; 静かな, ひっそりとした
• **silent** reading 黙読(もくどく)
• a **silent** night 静かな夜
• sing "**Silent** Night" 「きよしこの夜」を歌う
• a **silent** film [picture] 無声映画, サイレント映画
• remain **silent** 黙(だま)っている
• Be **silent**, please. どうぞ静かにしてください.
• You must be **silent** while others are speaking. ほかの人が話している時は君は黙っていなければいけない.

silently A2 /sáiləntli サイレントリ/ 副 黙(だま)って; 静かに

silhouette /siluét シルエト/ 图 影, 輪郭(りんかく), シルエット →明るい背景にくっきりと浮かび出るものをいう.
• the **silhouettes** of mountains against the rising sun 朝日に浮かぶ山々のシルエット

silk /sílk スィルク/ 图 絹; 絹糸; 絹織物

Sílk Ròad [Ròute] 固名 (**the** をつけて) シルクロード, 絹の道 →中国からローマに至る昔の交易路. 中国からは絹が, 西洋からは羊毛や金や銀などが運ばれた.

silkworm /sílkwəːrm スィルクワ〜ム/ 图 《虫》カイコ

silly A2 /síli スィリ/ 形 (比較級 **sillier** /síliər スィリア/; 最上級 **silliest** /síliist スィリエスト/) ばかな, 愚(おろ)かな; ばかげた
• If you ask a **silly** question, you'll get a **silly** answer. ばかげた質問をするとばかげた答えが返ってくる.
• Don't be **silly**. You can't drive home in this snowstorm. ばかなことを言うな. こんな吹雪(ふぶき)の中を車で帰れるわけがないじゃないか.
• That's **the silliest** joke I've ever heard. そんなくだらない冗談(じょうだん)は今まで聞いたことがない.

silo /sáilou サイロウ/ 图 (**silos** /sáilouz サイロウズ/) サイロ →飼料用の牧草・穀物などを入れておくための円筒(えんとう)形の建物.

silver 中 A2 /sílvər スィルヴァ/ 图 銀; 《集合的に》銀貨 (silver coins); 銀食器類; 銀色
—— 形 銀の, 銀製の; 銀色の
• a **silver** spoon [coin] 銀のさじ[銀貨]
• **silver** hair 銀髪(ぎんぱつ)

sílver wédding 图 銀婚(ぎんこん)式 →結婚(けっこん) 25周年のお祝い.

similar 中 A2 /símələr スィミラ/ 形 同じような, 似ている
• **similar** dresses 同じような洋服
• be **similar** to 〜 〜に似ている, 〜と同様だ
関連語 Your blouse is **similar** to mine, and our scarfs are **alike** too. あなたのブラウスは私のと似ている, そしてスカーフも似ている.

類似語 (似ている)
similar と **alike** はほとんど同じ意味で使われるが, similar が名詞の前にも動詞の後にも

使われるのに対して, alike は動詞の後にしか使われない.

simmer /símər スィマ/ 動 ❶ (スープなどが, たぎらない程度で)**ことこと煮える**, (やかんの湯が)沸(わ)く; とろ火でことこと煮る ❷ (怒りなどで)煮えくり返る

simple 中 A2 /símpl スィンプる/ 形
❶ **簡単な, わかりやすい, 易**(やさ)**しい** (easy)
• a **simple** question 簡単な問題
• It's a **simple** job—anyone can do it. それは簡単な仕事だから誰(だれ)にだってできる.
• The questions were very **simple**. 問題はとても易しかった.

❷ **質素な, 派手でない**
• We eat **simple** food, wear **simple** clothes and lead a **simple** life. 私たちは質素な食事をし質素な服を着て質素な生活をしています.

❸ **純真な, 素朴**(そぼく)**な; 気取らない, 素直**(すなお)**な**
• He is as **simple** as a child. 彼は子供のように純真です.

❹ **単純な, 愚**(おろ)**かな** (foolish)
• She was **simple** enough to believe him. 彼女は彼の言うことを信じるほど単純であった[単純にも彼の言うことを信じた].

simply A2 /símpli スィンプリ/ 副
❶ **簡単に, 易**(やさ)**しく; 質素に**
• The story is written very **simply**. その物語は非常に易しく書かれている.

❷ **単に, ただ** (only, just)
• It is **simply** a question of time. それは単に時間の問題です.
• He **simply** said, "No." 彼はただ「いや」と言った.

simulation /simjuléiʃən スィミュれイション/ 名 **模擬**(もぎ)**実験, シミュレーション**

sin /sín スィン/ 名 (道徳・宗教上の)**罪, 罪悪** → **crime**

since 中 A2 /síns スィンス/

前	～から(ずっと)	意味 map
接	❶ ～してから(ずっと)	
	❷ ～だから	

—— 前 **～から**(ずっと), **～以来**(ずっと)
🐻基本 **since** yesterday 昨日から → since＋過去の時点を示す名詞(句).
• **since** 2003 (読み方: two thousand and three) 2003年以来
• **since** then その時から, その時以来

since 中 A2 /スィンス/

基本の意味

「(ある時点)からずっと」が基本の意味(前・接❶). より以前の時点から継続している行為(い)・状態がいつ始まったのかを表す. この意味では, 普通は継続を表す完了形といっしょに用いる. 接❷の「～だから」の意味は, きっかけとなるできごとがある時点で発生したことを理由・原因とみなすことで生じる.

イメージ

Zzz…

～からずっと

教科書によく出る 使い方

前　I have been living in Tokyo **since** 2007.
　　私は2007年からずっと東京に暮らしている.

接　❶ I have been playing basketball **since** I was 11 years old.
　　私は11歳の時からバスケットボールを続けている.

sincere 596 five hundred and ninety-six

・**since** this morning [last summer] 今朝 [この前の夏]から

・I have lived here **since** 2019 (読み方: twenty nineteen). 2019年以来私はここに住んでいる. →since はふつうこのように現在完了(かんりょう)形とともに使われる. →**have** [助動] ❸

・It has been raining **since** yesterday. 昨日からずっと雨が降っている.

・Ten years have passed **since** then. =It is [It has been] ten years **since** then. その時から10年たった. →It は漠然(ばくぜん)と「時間」を表す. →**have** [助動] ❶

―― [接] ❶ ～してから(ずっと), ～して以来

🎙基本 **since** I came here 私がここに来てから →since+文(過去形).

・I have lived here **since** I came to New York. 私はニューヨークに来てからずっとここに住んでいる.

・Ten years have passed **since** he died. = It is [It has been] ten years **since** he died. 彼が死んでから10年たった. →It は漠然と「時間」を表す.

・It's [It has been] a long time **since** we first met. 初めてお会いしてからずいぶんたちますね.

❷ ～だから →**because** ❶

・**Since** I bought a new radio, I'll give you the old one. 私は新しいラジオを買ったから古いのを君にやろう.

―― [副] (→比較変化なし) その後

・ever **since** その後ずっと →ever (ずっと)は since の意味を強める.

・He caught cold last Sunday and has been in bed ever **since**. 彼は日曜に風邪(か ぜ)をひきその後ずっと寝込(ねこ)んでいる.

sincere /sinsíər スィンスィア/ [形] 誠実な, 真面目な; 誠意のある, 心からの

sincerely /sinsíərli スィンスィアリ/ [副] 誠実に, 心から

Sincerely yours = *Yours sincerely* 敬具 →手紙の最後に書く言葉. →**yours** ❸

sing 小 A1 /síŋ スィング/ [動]

三単現	**sings** /síŋz スィングズ/
過去	**sang** /sǽŋ サング/
過分	**sung** /sʌ́ŋ サング/
-ing形	**singing** /síŋiŋ スィンギング/

歌う; (小鳥などが)さえずる

関連語 「歌」は **song**.

🎙基本 They **sing** very well. 彼らはとても上手に歌う[歌がとてもうまい]. →sing+副詞(句).

🎙基本 We **sing** English songs. 我々は英語の歌を歌う. →sing+名詞(句).

・Please **sing** us a song. =Please **sing** a song for [to] us. 私たちに歌を1曲歌ってください. →sing A (人) B (歌)=sing B for [to] A は「AにBを歌ってあげる」.

・She **sings** in the church choir. 彼女は教会の聖歌隊で歌う.

・We **sang** "Happy Birthday" to Ann. 私たちはアンに「ハッピーバースデー」を歌ってあげた.

・They **sang** "Silent Night" to the organ. 彼らはオルガンに合わせて「きよしこの夜」を歌った.

・This song **is sung** in many countries. この歌は多くの国で歌われている. →受け身の文. →**is** [助動] ❷

・The birds **are singing** merrily in the trees. 小鳥がこずえで楽しそうにさえずっている. →現在進行形の文. →**are** [助動] ❶

sing along (楽器・歌手などに合わせて)いっしょに歌う

sing out 大声で歌う

sing. [略] =**sing**ular (単数形)

Singapore 中 /síŋgəpɔːr スィンガポー/ [固名] シンガポール →マレー半島南端(なんたん)に浮(う)かぶ島国(共和国)で淡路島くらいの広さ. 同国の首都. 公用語はマレー語, 中国語, 英語, タミル語.

singer 小 A1 /síŋər スィンガ/ [名]

歌う人, 歌手

・a good **singer** 上手な歌手; 歌のうまい人

singer-songwriter /sìŋərsɔ́ːŋraitər スィンガソーングライタ/ [名] シンガーソングライター →自分で作詞作曲した歌を歌う歌手.

singing 小 A2 /síŋiŋ スィンギング/ [動] **sing** の -ing 形 (現在分詞・動名詞)

―― [名] 歌うこと, 歌声, 歌

single A2 /síŋgl スィングる/ [形] ❶ たった1つの

・He did not say a **single** word. 彼はただの一言も言わなかった.

❷ (ホテルの部屋・ベッドなど)ひとり用の; (試合など)1対1の; 《英》(切 符(きっぷ) が)片道 の (《米》one-way)

- a **single** bed シングルベッド
- a **single** ticket 片道切符 →単に **single** ともいう.

❸ 独身の
- a **single** man [woman] 独身男性[女性]
関連語 Is he **married** or **single**? —He is **single**. 彼は結婚(けっこん)していますかそれとも独身ですか.—彼は独身です.

── 名 ❶(**singles** で)(テニスの)**シングルス**
関連語 I like to play **singles** rather than **doubles**. 私はダブルスよりもシングルスをやりたい.

❷《英》片道切符 (single ticket; 《米》one-way ticket)

❸ 独身者

❹ (野球の)**単打**, **シングルヒット**

singular A2 /síŋɡjulər スィンギュら/ 名 形
《文法》単数(の), 単数形(の) →**sing.** と略す.「複数(の)」は **plural**.

sink A2 /síŋk スィンク/ 動 (三単現 **sinks** /síŋks スィンクス/; 過去 **sank** /sǽŋk サンク/, **sunk** /sʌ́ŋk サンク/; 過分 **sunk**; -ing形 **sinking** /síŋkiŋ スィンキング/)
沈(しず)む; 沈める
- a **sinking** ship 沈みかけている船
反対語 Wood **floats** in water, but metal **sinks**. 木は水に浮(う)くが金属は沈む.
- The sun is **sinking** in the west. 太陽が西に沈もうとしている.
- The heavy waves **sank** the little boat. 荒波(あらなみ)がその小舟(こぶね)を沈めた.
- Kenichi **sank** into the chair and went to sleep. 健一は椅子(いす)に体を沈め眠(ねむ)り込(こ)んだ.
- His voice **sank** to a whisper. 彼の声は低くなってささやき声になった.
- The boat **was sunk** by the heavy waves. その舟は荒波によって沈められた.

── 名 (台所・浴室の)**流し(台)** →英国では浴室のものは **washbasin** という.

sinner /sínər スィナ/ 名
(道徳・宗教上の)**罪** (sin) **を犯(おか)した人, 罪人**
類似語 **criminal** ((法を犯した)犯罪者)

sip /síp スィプ/ 動 (三単現 **sips** /síps スィプス/; 過去・過分 **sipped** /sípt スィプト/; -ing形 **sipping** /sípiŋ スィピング/)
すする, ちびちび (少しずつ)飲む

── 名 **すすること, ひと口**

sir A1 /弱 sər サ~, 強 sə́ːr サ~/ 名
❶ 先生, あなた, おじさん, もしもし
POINT 目上の人・先生・店の客・見知らぬ人など丁寧(ていねい)さが必要な男性に対する呼びかけの敬称. 日本語には無理に訳さなくてもよい. 女性には **ma'am** /マム/ という.
- "Good morning, **sir**," said Bob to his teacher. 「(先生,) おはようございます」とボブは先生に挨拶(あいさつ)した.
- Can I help you, **sir**? (店員などが)いらっしゃいませ(何か差し上げましょうか).

❷ (**Sir** で) **サー** →英国で knight や准男爵(じゅんだんしゃく)の位を持つ人の名につける敬称.
- **Sir** Winston (Churchill) サー・ウインストン(・チャーチル) →× *Sir Churchill* としない.

siren /sáiərən サイ(ア)レン/ 名 **サイレン, 警笛**

sister 小 A1 /sístər スィスタ/ 名
(複 **sisters** /sístərz スィスタズ/)
❶ **姉, 妹**

参考 ふつうは姉妹(しまい)の区別をせずに単に **sister** という. 特に区別していう時は an **older** [《英》**elder**] **sister** (姉), a **younger sister** (妹)という. また《米》では小さな弟や妹が「姉」を a **big sister**, 兄や姉が小さな「妹」を a **little sister** ともいう. 日本語では「お姉さん」と呼びかけるが, 英語では名前を言う.

関連語 I have one **brother** and one **sister**. 私には兄[弟]が1人と姉[妹]が1人おります.
- This is my little **sister** Betty. こちらは妹のベティーです.
- She was like a **sister** to the boy. 彼女はその少年にとって姉[妹]のような存在だった.
- Your school and ours are **sister** schools. 君たちの学校と僕(ぼく)たちの学校は姉妹校だ.
- Tokyo and New York are **sister** cities. 東京とニューヨークは姉妹都市です.

 会話

Do you have any **sisters**? —No, I don't.
君にはお姉さんか妹さんがいますか.—いいえ, いません.

sit 598 five hundred and ninety-eight

❷ **(Sister** で) (カトリック教会の)**修道女, シスター** →敬称として名前に付けたり, 呼びかけに使うこともある.

•**Sister** Rosemary シスター・ローズマリー

sit 小 A1 /sít スィト/ 動

三単現	**sits** /síts スィツ/
過去・過分	**sat** /sét サト/
-ing形	**sitting** /sítiŋ スィティング/

❶ **座(すわ)る; 座っている** →「座る」という「動作」に力点をおく時はしばしば **sit down** という.

反対語 **stand** (立つ)

他基本 **sit** on a chair 椅子(いす)に座る →sit+場所を示す副詞(句).

•**sit** in an armchair 肘掛(ひじか)け椅子に座る → ふかふかした「椅子」に座る時は in.

•**sit** down on a bench ベンチに腰(こし)を下ろす

•**sit** by the fire 火のそばに座(ってい)る

•**sit** at a desk 机に向かって座(ってい)る

•**sit** still じっと座っている

•**Sit** down, please. = Please **sit** down. どうぞおかけください.

•He **sits** beside me in the classroom. 教室では彼は私の脇(わき)に座っている.

•The whole family **sat** at the table. 家族が全員食卓(しょくたく)についた.

•The dog **sat** and looked at me. 犬はおすわりをして私を見た.

•She **sat** reading by the fire. 彼女は炉端(ろばた)に座って本を読んでいた. →sit *doing* は「～しながら座っている, 座って～している」.

•He **is sitting** at the computer. 彼はコンピューターに向かって座っている. →現在進行形の文(→is 助動 ❶). この進行形は「状態」を強調する.

•I like **sitting** by the window. 私は窓辺に座るのが好きだ. →sitting は動名詞(座ること)で like の目的語.

❷ **座らせる**

•She **sat** her baby on the cushion. 彼女は赤ちゃんをクッションに座らせた.

❸ **(鳥などが)止まる; (巣について)卵を抱(だ)く**

•I saw a bird **sitting** on a branch. 鳥が枝に止まっているのが見えた. →see A *doing* は「Aが～しているのを見る」.

•The hens are **sitting** on their eggs. めんどりは卵を抱いているところです.

sit (**for**) ~ ① (主に英) (筆記試験)を受ける

•**sit** (**for**) an examination (=take an examination) 試験を受ける

② (肖像(しょうぞう)画・写真)を描(か)いて[とって]もらう

•The class will **sit for** a photo today. きょうはクラス写真を撮(と)ってもらう.

sit up ① (背筋を伸(の)ばして)きちんと座る; (寝(ね)た姿勢から)上体を起こす(→sit-up), (犬が)ちんちんする

•**sit up** in bed ベッドの上に身を起こす

•**Sit up** straight. 背筋を伸ばして座りなさい.

② (遅(おそ)くまで寝ないで)起きている

•We **sat up** talking all night. 私たちは一晩じゅう寝ないで語り明かした.

site 中 A1 /sáit サイト/ 名

❶ (~のある[あった])**場所**, (~のための)**用地**

•the **site** for a new airport 新しい空港の(建設)用地

•Gettysburg was the **site** of a Civil War battle. ゲティスバーグは南北戦争の古戦場だ.

❷ (インターネットの)**サイト, ウェブサイト** (website)

•find many interesting facts about them on the **site** サイト上でそれらについてのおもしろい情報をたくさん見つける

•For more information, visit our **site** on the Internet. もっと知りたければインターネットのサイトを見てね.

sitting /sítiŋ スィティング/ 名 **座(すわ)っていること, 着席**

— 形 **座っている**

sítting ròom A2 名 **居間** (living room)

sítting vólleyball 名 **シッティングバレーボール** →座(すわ)った姿勢で行うバレーボールで, パラリンピックの種目のひとつ.

situated /sítʃueitid スィチュエイテド/ 形 **(~に)位置して, (~に)ある**

situation 中 A2 /sitʃuéiʃən スィチュエイション/ 名 ❶ **立場, 状態**

•be in a difficult **situation** 困難な立場にある

❷ **事態, 状況**

•improve the **situation** 事態を改善する

•the international **situation** 国際情勢

sit-up /sítʌp スィタプ/ 名 (ふつう **sit-ups** で) (寝(ね)ている姿勢から上半身を起こす)**腹筋運動**

six 小 A1 /síks スィクス/ 名 (複 **sixes** /síksiz スィクスィズ/) 6; 6時; 6分; 6歳(さい), 6人[個]
➡ 使い方については → **three**
関連語 Lesson **Six** (=The **Sixth** Lesson) 第6課
・at **six** past **six** 6時6分過ぎに
・a child of **six** 6歳の子供
── 形 6の, 6人[個]の, 6歳で
・**six** oranges 6個のオレンジ
・It is **six** minutes past six. 6時6分過ぎです. ➡ It は漠然(ばくぜん)と「時間」を表す.
・He is just **six**. 彼はちょうど6歳だ.

sixteen 小 A1 /sikstí:n スィクスティーン/ 名 (複 **sixteens** /sikstí:nz スィクスティーンズ/) 16; 16分; 16歳(さい), 16人[個]
関連語 Lesson **Sixteen** (= The **Sixteenth** Lesson) 第16課
・It is **sixteen** to four. 4時16分前です.
── 形 16の; 16人[個]の, 16歳で
・**sixteen** girls 16人の女子
・He will be **sixteen** next week. 彼は来週16歳になります.

sixteenth /sikstí:nθ スィクスティーンす/ 名形 16番目(の); (月の)16日 ➡ **16th** と略す.
・on the **16th** of October = October **16** (読み方: (the) sixteenth) 10月16日に

sixth 中 /síksθ スィクスす/ 名形 (複 **sixths** /síksθs スィクスすス/) ❶ 6番目(の); (月の)6日 ➡ **6th** と略す. 使い方については → **third**
・the **sixth** period 6時間目
・on the **6th** of January = on January **6** (読み方: (the) sixth) 1月6日に
❷ 6分の1(の)
・a **sixth** part = one **sixth** 6分の1
・five **sixths** 6分の5

sixtieth /síkstiiθ スィクスティイす/ 名形 60番目(の) ➡ **60th** と略す.

sixty 小 A1 /síksti スィクスティ/ 名 (複 **sixties** /síkstiz スィクスティズ/)
❶ 60; 60歳(さい)
❷ (**sixties** で) (年齢(ねんれい)の)60代; (世紀の)60年代 ➡ sixty から sixty-nine まで.
・She is in her early **sixties**. 彼女は60代の初めです.
・in the nineteen-**sixties** 1960年代に

── 形 60の; 60歳で
・**sixty** cars 60台の車
・My grandfather is **sixty**. 私の祖父は60歳です.

size 中 A1 /sáiz サイズ/ 名
大きさ; (帽子(ぼうし)・手袋(ぶくろ)・靴(くつ)などの)寸法, サイズ
・the **size** of a living room 居間の大きさ
・It's the **size** of a tennis ball. それはテニスボールぐらいの大きさです.
・This house is the same **size** as that one. この家はその家と同じ大きさです.
会話 Do you have shoes in my **size**? —What **size** shoes do you take? —I take **size** 9. 私のサイズに合う靴がありますか.—あなたはどれくらいのサイズの靴を履(は)いていますか. —サイズは9です.
・This store has three **sizes** of oranges: small, medium, and large. この店ではオレンジを大中小の3つの大きさに分けてあります.

skate 小 A2 /skéit スケイト/ 名
(ふつう **skates** で) アイススケート靴(くつ) (ice skates); ローラースケート靴 (roller skates) ➡ スポーツとしての「スケート」は **skating**.
・a pair of **skates** スケート靴1足
── 動 スケートで滑(すべ)る, スケートをする
・Jack **skates** very well. ジャックはスケートがとてもうまい.
・Some boys and girls are **skating** on the ice. 何人かの少年少女が氷の上でスケートをしている.
go skating スケートに行く

skateboard /skéitbɔːrd スケイトボード/ 名動 スケートボード(に乗って遊ぶ)

skateboarding A2 /skéitbɔːrdiŋ スケイトボーディング/ 名 スケートボードに乗ること, スケートボーディング

skater /skéitər スケイタ/ 名 スケートをする人, スケーター
・a good [poor] **skater** スケートの上手な[下手な]人

skating A2 /skéitiŋ スケイティング/ 動 skate の -ing 形 (現在分詞・動名詞)
── 名 (スポーツとしての)スケート

skáting rìnk 名 アイス[ローラー]スケート場 ➡ 単に **rink** ともいう.

skeleton /skélətn スケルトン/ 名 骸骨(がいこつ); 骨格; (ビルなどの)骨組み

sketch 600 six hundred

sketch /skétʃ スケチ/ 图
❶ 写生画, スケッチ; 略図
•make [draw] a **sketch** of Mt. Asama
浅間山をスケッチする
❷ (計画・出来事などの)あらまし, 概略(がいりゃく)
(outline)
❸ (小説・劇・音楽などの)短い作品, 小品
── 動 スケッチ[写生]する

sketchbook /skétʃbuk スケチブク/ 图 スケッチブック, 写生帳

ski 小 A2 /skíː スキー/ 图 (複 **skis** /skíːz スキーズ/)
(ふつう **skis** で) (雪・水上で使う)スキー(板) → スポーツとしての「スキー」は **skiing**.
•a pair of **skis** スキー一組
•glide down a slope on **skis** スキーで斜面(しゃめん)を滑(すべ)る
── 動 スキーで滑る, (水上)スキーをする
•Let's **ski**. スキーをしよう.
•I like to **ski**. =I like **skiing**. 私はスキーが好きだ. →to ski (不定詞. スキーをすること), skiing (動名詞. スキーをすること)はともに like の目的語.
•Mary **skis** very well. メアリーはスキーがとてもうまい.
•We **skied** down the hill. 私たちはスキーで丘(おか)を滑り下りた.
•Many boys **are skiing** at the foot of the hill. たくさんの少年たちが丘のふもとでスキーをしている. →are 助動 ❶
go skiing スキーに行く
•Let's **go skiing** at Shiga Heights. 志賀高原にスキーに行こうよ.

skier /skíːər スキーア/ 图 スキーをする人, スキーヤー

skiing 小 A2 /skíːiŋ スキーイング/ 動 **ski** の -ing 形 (現在分詞・動名詞)
── 图 (スポーツとしての)スキー
•I like **skiing** very much. 私はスキーがとても好きです.

skilful /skílfəl スキるふる/ 形 《英》=skillful

ski lift 图 (スキー場の)リフト → 単に **lift** とも.

skill 中 A1 /skíl スキる/ 图
熟練した能力, 技能, 腕前(うでまえ), スキル; うまさ
•basic computer **skills** コンピューターの基本的技能
•He has great **skill** in teaching English

to children. 彼は子供に英語を教えるのがとてもうまい.
•She plays the piano with **skill**. 彼女は上手にピアノを弾(ひ)く.

skilled /skíld スキるド/ 形 ❶ 熟練した, 腕(うで)のいい (skillful)
❷ (仕事など)熟練を必要とする

skillful /skílfəl スキるふる/ 形 《主に米》熟練した, 腕(うで)のいい, 上手な

skin 中 /skín スキン/ 图
❶ 皮膚(ひふ), 肌(はだ); (動物の)毛皮
•a bear's **skin** クマの毛皮
•Babies have soft **skin**. 赤ちゃんはやわらかい肌をしている.
•We got wet to the **skin**. 我々は肌までぬれた[ずぶぬれになった].
❷ (果物の)皮
•a banana **skin** = the **skin** of a banana バナナの皮
•Peaches have thin **skins**. モモは皮が薄(うす)い.

skín dìving 图 スキンダイビング → 簡単な装具をつけて水中に潜(もぐ)るスポーツ.

skinny /skíni スキニ/ 形 (比較級 **skinnier** /skíniər スキニア/; 最上級 **skinniest** /skíni-ist スキニエスト/) (やせて)骨と皮ばかりの → skin +-y.

skip /skíp スキプ/ 動 (三単現 **skips** /skíps スキプス/; 過去・過分 **skipped** /skípt スキプト/; -ing形 **skipping** /skípiŋ スキピング/)
❶ 軽く飛ぶ, 跳(は)ねる; (ひょいと)飛び越(こ)す; 縄跳(なわと)びをする ❷ (途中(とちゅう)を)抜(ぬ)かす, 飛ばす, 省く

skipjack tuna /skípdʒæk tjúːnə スキプチャク テューナ/ 图 《魚》カツオ

skirt A1 /skə́ːrt スカ〜ト/ 图 スカート
•wear [put on] a **skirt** スカートをはいている[はく]
•a woman in long brown **skirt** 長い茶色のスカートをはいた女性

skit /skít スキト/ 图 寸劇, 軽い風刺(ふうし)劇

skunk /skʌ́ŋk スカンク/ 图 《動物》スカンク → 白黒のしまのある北米イタチ (weasel) 科の動物.

sky 小 A1 /skái スカイ/ 图 (複 **skies** /skáiz スカイズ/) 空 → 人の視界に入る上空.
•in the **sky** 空に
•a blue **sky** 青空

- **POINT** sky の前に形容詞がない時には必ず the をつける. sky を形容詞とともに使う時には a をつけることがある.
- a cloudy **sky** 曇(くも)り空
- White clouds sail across the **sky**. 白い雲が空を(横切って)流れていく.
- Skylarks are singing high up in the **sky**. ヒバリが空高くさえずっている.

skydiving /skáidaiviŋ スカイダイヴィング/ 名 スカイダイビング

skylark /skáilɑːrk スカイラーク/ 名 《鳥》ヒバリ

skyline /skáilain スカイライン/ 名
❶ 地平線 (horizon)
❷ (山・高層ビルなどが)空に描(えが)く輪郭(りんかく)

skyscraper /skáiskreipər スカイスクレイパ/ 名 摩天楼(まてんろう), 高層ビル

slam /slǽm スラム/ 動 (三単現 **slams** /slǽmz スラムズ/; 過去・過分 **slammed** /slǽmd スラムド/; -ing形 **slamming** /slǽmiŋ スラミング/)
❶ ばたんとしめる; ばたんとしまる
- **slam** a door ドアをばたんとしめる
❷ ばたんと置く[投げる], 強く打つ

slam-dunk /slǽm dʌŋk スラム ダンク/ 動 (バスケットボールで)激しくダンクシュートする

slang /slǽŋ スラング/ 名 俗語(ぞくご), スラング

slant /slǽnt スラント/ 動 傾(かたむ)く, 傾斜(けいしゃ)する
—— 名 傾斜 (slope)

slap /slǽp スラプ/ 動 (三単現 **slaps** /slǽps スラプス/; 過去・過分 **slapped** /slǽpt スラプト/; -ing形 **slapping** /slǽpiŋ スラピング/)
(平手・平たい物で)ぴしゃりと打つ
—— 名 (てのひら・平たい物で)ぴしゃりと打つこと, 平手打ち

slash /slǽʃ スラシュ/ 名 斜線(しゃせん)(/)

slave A2 /sléiv スレイヴ/ 名 奴隷(どれい)

slavery /sléivəri スレイヴァリ/ 名 奴隷(どれい)制度; 奴隷の身分

sled /sléd スレド/ 名 (馬・犬に引かせる)そり; (子供の雪遊び用)小型そり

sledge /sléd3 スレチ/ 名 =sled

sleep 中 A1 /slíːp スリープ/ 動

三単現	**sleeps** /slíːps スリープス/
過去・過分	**slept** /slépt スレプト/
-ing形	**sleeping** /slíːpiŋ スリーピング/

眠(ねむ)る, 睡眠(すいみん)をとる

基本 **sleep** well よく眠る → sleep + 副詞(句).
- Did you **sleep** well last night? ゆうべはよく眠れましたか.
- Most bears **sleep** through the winter. たいていのクマは冬眠(とうみん)する.
- She **sleeps** (for) eight hours every night. 彼女は毎晩8時間眠る.

関連語 I usually **go to bed** at ten and **wake up** at six in the morning. So I **sleep** for eight hours. 私はたいてい10時に寝(ね)て朝の6時に起きます. ですから8時間睡眠をとっています.

go to bed   sleep

- We **slept** in a log cabin for the night. 私たちはその晩丸太小屋で眠った.
- He **hasn't slept** at all for two days. 彼は2日間一睡(いっすい)もしていない. → 現在完了(かんりょう)の文. → **have** 助動 ❸
- a sleeping dog 眠っている犬 → sleeping は現在分詞.
- a dog **sleeping** in a doghouse 犬小屋で眠っている犬
- A lion **was sleeping** in the cage. ライオンがおりの中で眠っていた. → 過去進行形の文. → **was** 助動 ❶

—— 名 眠り, 睡眠
- a deep [sound] **sleep** 深い[安らかな]眠り
- winter **sleep** 冬眠
- have a good **sleep** ぐっすり眠る
- get three hours' **sleep** 3時間の睡眠をとる
- My father often talks in his **sleep**. 私の父はよく寝言(ねごと)を言う.

関連語 Get some **sleep** while the baby is **asleep**. 赤ん坊(ぼう)が眠っている間に少し眠りなさい.

get to sleep 眠りにつく, 寝つく
関連語 I **went to bed** early, but I couldn't **get to sleep** till late. 私は早く床(とこ)についたが遅(おそ)くまで寝つけなかった.

go to sleep 眠る; 《話》(手などが)しびれる

sleeper

- I **went to sleep** as I was reading. 私は本を読みながら眠ってしまった.
- When I sit on my legs, they soon **go to sleep**. 私は正座すると足がすぐしびれる.

sleeper /slí:pər スリーパ/ 名 ❶ 眠(ねむ)(ってい)る人 ❷ 寝台(しんだい)車 (sleeping car)

sléeping bàg 名 (キャンプや登山に使う)寝袋(ねぶくろ) → sleeping は動名詞.

sléeping càr 名 (鉄道の)寝台(しんだい)車 (sleeper) → sleeping は動名詞.

sleepless A2 /slí:plis スリープレス/ 形 眠(ねむ)れない → sleep+-less.

- spend a **sleepless** night 眠れない夜を過ごす

sleepy 小 A2 /slí:pi スリーピ/ 形 (比較級 **sleepier** /slí:piər スリーピア/; 最上級 **sleepiest** /slí:piist スリーピエスト/) 眠(ねむ)い, 眠そうな → sleep+-y.

- feel **sleepy** 眠く感じる, 眠い
- look **sleepy** 眠そうな顔をしている
- I am very **sleepy**. 私はひどく眠い.

sleepyhead /slí:pihed スリーピヘド/ 名 (子供などに)眠(ねむ)たがり屋, 寝坊(ねぼう)

sleeve /slí:v スリーヴ/ 名 袖(そで)

sleigh /sléi スレイ/ 名 乗用ぞり → 馬に引かせる乗用の軽快なそり.

slender /sléndər スレンダ/ 形 細い, ほっそりした, すらりとした

反対語 My mother is **slender**, but my father is **stout**. 母はほっそりしているけど父は太っている.

slept 中 /slépt スレプト/ 動 sleep の過去形・過去分詞

slice A2 /sláis スライス/ 名 (薄(うす)い)ひと切れ, 1 枚

- a **slice** of bread 薄く切ったパン 1 枚

—— 動 (パン・ハムなどを)薄く切る

slid /slíd スリド/ 動 slide の過去形・過去分詞

slide A2 /sláid スライド/ 動 (三単現 **slides** /sláidz スライヅ/; 過去・過分 **slid** /slíd スリド/; -ing形 **sliding** /sláidiŋ スライディング/) 滑(すべ)る; (野球で)滑り込(こ)む; (滑るように)すーっと動く

- **slide** into second base 2 塁(るい)に滑り込む
- The children were **sliding** on the ice. 子供たちは氷の上を滑っていた.
- We **slid** down the hill on a sled. 私たちはそりで丘(おか)を滑り降りた.

—— 名 ❶ 滑ること, (野球の)スライディング

- make a hard **slide** into home plate 猛然(もうぜん)と本塁(ほんるい)に滑り込む

❷ (子供の)滑り台

- slide down a **slide** 滑り台を滑り降りる

❸ (プレゼンテーションソフトなどの)スライド, (顕微鏡(けんびきょう)の)スライド板

- create [make] **slides** for a classroom presentation 授業でのプレゼンテーションのためのスライドを作る

slight /sláit スライト/ 形 わずかな, ささいな

会話 Do you know where he is?—No, I don't have the **slightest** idea. 彼がどこにいるか知っていますか.—いいえ, (最もわずかな見当もつかない ⇨)さっぱりわかりません.

slightly /sláitli スライトリ/ 副 少しばかり, ちょっと, かすかに

slim A2 /slím スリム/ 形 (比較級 **slimmer** /slímər スリマ/; 最上級 **slimmest** /slímist スリメスト/) (格好よく)ほっそりした, スリムな (slender)

slip /slíp スリプ/ 動 (三単現 **slips** /slíps スリプス/; 過去・過分 **slipped** /slípt スリプト/; -ing形 **slipping** /slípiŋ スリピング/) ❶ (うっかり)滑(すべ)る, 滑って転ぶ; (滑るように)すっと動く

❷ (服, 靴(くつ)などを)するっと身につける[外す]

—— 名 ❶ (うっかり)滑ること

❷ (うっかりした)間違(まちが)い, あやまり

ことわざ There's many a **slip** between cup and lip. 茶わんと唇(くちびる)の間(のように近い距離(きょり))でもお茶をこぼすことが多い. →「思わぬミスというものはあるものだ」の意味.

❸ (女性用の)肌(はだ)着, スリップ

❹ (紙などの)細長い 1 片(ぺん), 付箋(ふせん)

slipper /slípər スリパ/ 名 室内ばき, スリッパ → 日本でいう「スリッパ」から軽い室内靴(くつ)まで広く指す.

- a pair of **slippers** スリッパ 1 足
- the glass **slipper** ガラスの靴(くつ) → Cinderella のお話に登場する. 片方だけなので単数.

slippery /slípəri スリパリ/ 形 (比較級 **slipperier** /slípəriər スリパリア/; 最上級 **slipperiest** /slípəriist スリパリエスト/) 滑(すべ)りやすい, つるつる滑る; 滑ってつかみにくい

slope /slóup スロウプ/ 名 坂, 斜面(しゃめん), スロープ

- a gentle **slope** 緩(ゆる)い坂道

—— 動 傾斜(けいしゃ)する, 坂になっている
slot /slɑ́t スラト/ 名 (公衆電話・自動販売(はんばい)機などの)料金投げ入れ口
sloth /slɔ́:θ スろース/ 名 ❶《動物》ナマケモノ →中南米産のほ乳動物. 木の枝にぶら下がって生活する. ❷《文》怠惰(たいだ)
slót machìne 名 ❶ スロットマシン →ギャンブル用ゲーム機. ❷《英》自動販売(はんばい)機
slow A1 /slóu スろウ/ 形
❶ 遅(おそ)い, のろい 反対語 **fast**(速い)
• a **slow** runner 走るのが遅い人
• a **slow** worker 仕事ののろい人
• He was **slow in** everything. 彼はすべての事にのろかった.
• He is **slow to** learn English. = He is **slow in** learning English. 彼は英語を覚えるのが遅い.
ことわざ **Slow** and steady wins the race. 遅くても着実なのが勝負に勝つ. →slow も steady (着実な) も形容詞だが1つの意味の単位として文の主語になっている.「急がば回れ」にあたる.
❷ (時計が)遅(おく)れて →ふつう名詞の前にはつけない. 反対語 **fast**(進んで)
• Your watch is **slow**. あなたの時計は遅れている.
• My watch is three minutes **slow**. 私の時計は3分遅(おく)れている. →「3分遅れる」は lose three minutes.
—— 副 ゆっくり (slowly)
• Walk **slow** in the school hall. 講堂の中はゆっくり歩きなさい.
—— 動 (**slow down** [**up**] とも) 速度を落とす; 速度が落ちる; (進行・効果などを)遅らせる
• The driver **slowed down** at a red light. 運転手は赤信号を見て速度を落とした.
slowly 中 A2 /slóuli スろウリ/ 副
ゆっくり, のろく, のろのろと
反対語 **fast**(速く), **quickly**(すばやく)
• walk **slowly** ゆっくり歩く
• Read a little more **slowly**. もう少しゆっくり読みなさい.
slum /slʌ́m スらム/ 名 (ふつう **the slums** で) 貧民(ひんみん)街, スラム街
slump /slʌ́mp スらンプ/ 名 ❶ 不振(ふしん), 不調, スランプ ❷ 不景気, (株価・物価などの)暴落
sly /slái スらイ/ 形 (比較級 **slyer**, **slier** /sláiər スらイア/; 最上級 **slyest**, **sliest** /slái-ist スらイエスト/) ずるい, 悪賢(わるがしこ)い; いたずらっぽい

small 小 A1 /smɔ́:l スモーる/
形 (比較級 **smaller** /smɔ́:lər スモーら/; 最上級 **smallest** /smɔ́:list スモーれスト/)
小さい
POINT 広さ・数量・価値などが客観的に見てふつうよりも小さいものについていう. → **little** 形
基本 a **small** room 小さな[狭(せま)い]部屋 → small+名詞.
• a **small** income 少ない[わずかな]収入
• a **small** matter 小さな[つまらない]問題
• a **small** letter 小文字
関連語 a **capital** letter (大文字)
• in a **small** voice 小さな[低い]声で
• This book is for **small** children. この本は小さな子供たちのためのものです.
反対語 The kitten is **small**. The cat is **large**. 子ネコは小さい. 親ネコは大きい. → be 動詞+small.
• The boy is very **small** for his age. その少年は年のわりにはとても小さい.
• It grew **smaller** and **smaller**. それはだんだん小さくなった. →比較(ひかく)級+and+比較級は「だんだん[ますます]〜」.
• Mary is **smaller** than her younger brother, but their mother is **the smallest** in the family. メアリーは弟よりも小さい, しかし彼らのお母さんは家族の中で一番小さい.

large

small

smart A1 /smɑ́:rt スマート/ 形
❶ 利口な, 頭の回転が速い (bright)
• a **smart** boy [dog] 利口な少年[犬]
• Ed is **smart** in math. エドは数学がよくできる.
❷ きちんとした (neat); かっこいい, しゃれた, いかした, 流行の (fashionable)
• Ann looked **smart** in her new dress. アンは新しい服を着てすてきだった.
❸ 抜(ぬ)け目のない; 生意気な

smartphone 604 six hundred and four

• make a **smart** remark to ～ ～に対して生意気なことを言う

smartphone 中 /smάːrtfoun スマートふォウン/ 图 **スマートフォン**, **スマホ**

smash /smǽʃ スマシュ/ 動 (三単現 **smashes** /smǽʃəz スマシュズ/; 過去・過分 **smashed** /smǽʃt スマシュト/; -ing形 **smashing** /smǽʃiŋ スマシング/) ❶ 粉々にする[なる]; 激突する ❷ (テニスなどで)スマッシュを打つ
—— 图 ❶ (映画・歌などの)大ヒット →**smash hit** ともいう. ❷ (テニスなどの)スマッシュ, 強打 ❸ 粉々になること; 激突

smell 中 A1 /smél スメる/ 動

三単現	**smells** /smélz スメるズ/
過去・過分	**smelled** /sméld スメるド/, **smelt** /smélt スメると/
-ing形	**smelling** /sméliŋ スメリング/

❶ においがする; いやなにおいがする
• **smell** good いい[おいしそうな]においがする
• **smell** of gas ガスのにおいがする
• This rose **smells** sweet. このバラはいい香(かお)りがする.
• This fish **smells**. = This fish **smells** bad. この魚は腐(くさ)ったにおいがする. →smell が単独で使われると, ふつう「悪臭(あくしゅう)がする」の意味.
❷ においを嗅(か)ぐ; においに気づく
• **smell** roses バラのにおいを嗅ぐ
• I can **smell** rubber burning. (私は)ゴムが焼ける(においを嗅ぐことができる ⇨)においがするよ.
• The air **smelled** of pine trees. 辺りの空気は松の木のにおいがした.
—— 图 ❶ におい; いやなにおい
• a sweet [bad] **smell** よい[いやな]におい
• There is a **smell of** fried chicken in this room. この部屋はフライドチキンのにおいがする.
❷ においを嗅ぐこと; においをかぎ分ける能力
• a keen sense of **smell** 鋭(するど)い嗅覚(きゅうかく)

smelly /sméli スメリ/ 形 (比較級 **smellier** /sméliər スメリア/; 最上級 **smelliest** /sméliist スメリエスト/) いやなにおいの, くさい →smell +-y.

smelt /smélt スメると/ 動 **smell** の過去形・過去分詞

smile 小 A1 /smáil スマイる/ 動
(三単現 **smiles** /smáilz スマイるズ/; 過去・過分 **smiled** /smáild スマイるド/; -ing形 **smiling** /smáiliŋ スマイリング/)
ほほえむ, にっこり笑う, 微笑(びしょう)する
• **smile** at a child 子供にほほえみかける, 子供を見てにっこり笑う
• He never **smiles**. 彼はにこりともしない.
• I **smiled at** the girl and she **smiled** back. 私がその少女にほほえみかけるとその少女もほほえみ返した.
• Fortune **smiled** on [upon] him. 幸運の女神(めがみ)が彼にほほえみかけた.
• Jane **is** always **smiling**. ジェーンはいつもにこにこしている. →「繰(く)り返されること」を表す現在進行形の文. →is 助動 ❶
—— 图 (複 **smiles** /smáilz スマイるズ/)
ほほえみ, 微笑
• with a **smile** 微笑をたたえて, にっこり笑って
• "Good morning," he said with a friendly **smile**. 彼は親しげなほほえみを浮(う)かべて「おはよう」と言った.

smiley /smáili スマイリ/ 图 **スマイリー** →Eメールなどで使う感情などを表す絵文字.

smog /smάg スマグ/ 图 **スモッグ** →煙(けむり)を含(ふく)んだ濃霧(のうむ). **smoke** (煙)と **fog** (濃霧)を組み合わせてつくった語.

smoke A1 /smóuk スモウク/ 图
❶ 煙(けむり)
• **Smoke** was rising from the top of Mt. Sakurajima. 桜島のてっぺんから煙が上がっていた. →×a smoke, ×smokes としない.
ことわざ There is no **smoke** without fire. 火の無い所に煙は立たない. →「多少の事実がなければうわさの立つはずがない」の意味.
❷ (a smoke で) (タバコ)一服
• have a **smoke** タバコを一服吸う
—— 動 ❶ 煙を出す, 煙(けむ)る, いぶる; いぶす, くん製にする →smoked
❷ (タバコを)吸う
• **smoke** a cigarette (紙巻き)タバコを吸う
• My father doesn't **smoke**. 父はタバコを吸いません.

smoked /smóukt スモウクト/ 形 くん製の

smoker /smóukər スモウカ/ 图 タバコを吸う人, 喫煙(きつえん)家

smoking A1 /smóukiŋ スモウキング/ 名 喫煙(きつえん), タバコを吸うこと

• **Smoking** is not good for your health. 喫煙は健康によくない.

掲示 No **smoking**. 禁煙(きんえん).

smooth A2 /smúːð スムーず/ (→× /スムーす/ ではない) 形 ❶ なめらかな, すべすべした

反対語 **rough** (ざらざらの, でこぼこの)

• a **smooth** road （でこぼこの無い)平らな道路

❷ (海面などが)穏(おだ)やかな; (動きなどが)なめらかな, スムーズな

• The sea was as **smooth** as glass. 海は鏡のように静かであった.

• The airplane made a **smooth** landing. 飛行機は滑(すべ)るように着陸した.

—— 動 なめらかにする, 平らにする

• **smooth out** wrinkles with an iron アイロンでしわを伸(の)ばす

smoothly A2 /smúːðli スムーずり/ 副 なめらかに, するすると; スムーズに

snack 小 A2 /snǽk スナク/ 名 (正規の食事の間の)軽食

• a **snack** bar 軽食堂, スナック

• eat [have] a **snack** before going to bed 寝(ね)る前に軽い食事をとる

snail /snéil スネイる/ 名 《動物》カタツムリ

snake 小 A1 /snéik スネイク/ 名 《動物》ヘビ

• **Snakes** coil up [hiss]. ヘビはとぐろを巻く[シューという].

イメージ (snake)

ヘビはエデン (Eden) の園(その)でエバをそそのかして禁断の木の実を食べさせたという旧約聖書の記述から「誘惑(ゆうわく)者」「悪魔(あくま)」といった悪いイメージがあり,「裏切者」などの意味でも使われる.

snap /snǽp スナプ/ 動 (三単現 **snaps** /snǽps スナプス/; 過去・過分 **snapped** /snǽpt スナプト/; -ing形 **snapping** /snǽpiŋ スナピング/)

❶ パチンと鳴る[鳴らす]; ポキンと折れる[折る], プツンと切れる[切る] ❷ パクッとかみつく; (怒(おこ)って)かみつくように言う, がなる ❸ (ドア・ふたなどが)パチンと〜する ❹ スナップ写真を撮(と)る

—— 名 ❶ パチン・ポキンなどという音; ポキンと折る[折れる]こと ❷ スナップ写真 (snapshot) ❸ (服・手袋(ぶくろ)などの)留め金, スナップ

snapshot /snǽpʃɑt スナプシャト/ 名 スナップ写真

snatch /snǽtʃ スナチ/ 動 ひったくる; (**snatch at ~** で)〜をひったくろうとする

sneak /sníːk スニーク/ 動 (三単現 **sneaks** /sníːks スニークス/; 過去・過分 **sneaked** /sníːkt スニークト/, 《米》 **snuck** /snʌ́k スナク/; -ing形 **sneaking** /sníːkiŋ スニーキング/) こそこそ動く[歩く]; うろうろする

sneaker /sníːkər スニーカ/ 名 (**sneakers** で) 運動靴(ぐつ), スニーカー

sneeze /sníːz スニーズ/ 動 くしゃみをする → **Bless you!** (**bless** 成句)

—— 名 くしゃみ

sniff /sníf スニふ/ 動 ❶ 鼻をすする ❷ くんくんにおいを嗅(か)ぐ

Snoopy /snúːpi スヌーピ/ 固名 スヌーピー → 米国の漫画(まんが)家 C. シュルツ作の『ピーナッツ』に登場する冒険(ぼうけん)好きのビーグル犬.

snore /snɔ́ːr スノー/ 名 動 いびき(をかく)

snorkel /snɔ́ːrkəl スノーケる/ 名 シュノーケル → 筒先(つつさき)を水面に出して使う潜水(せんすい)用の呼吸管.

—— 動 シュノーケルを使って泳ぐ

snow 小 A1 /snóu スノウ/ 名

雪, 雪降り

• heavy **snow** 大雪

• walk in the **snow** 雪の降る中を歩く

• We will **have snow** in the afternoon. 午後は雪になるだろう. →× a snow, × snows としない.

• We **have** a lot of **snow** in February. 2月にはたくさん雪が降る.

• There is still some **snow** on the ground even in May. 5月になっても地面にはまだいくらか雪が残っている.

• Her wedding dress is as white as **snow**. 彼女のウェディングドレスは雪のように白い.

• When the **snow** falls, we can have a snowball fight. 雪が降ると私たちは雪合戦ができます.

—— 動 (三単現 **snows** /snóuz スノウズ/; 過去・過分 **snowed** /snóud スノウド/; -ing形 **snowing** /snóuiŋ スノウイング/)

雪が降る → 主語には漠然(ばくぜん)と「天候」を表す it を使う. → **rain** 動

snowball 606 six hundred and six

- It **snows** in winter. 冬には雪が降る.
- It **snowed** ten inches. 雪が10インチ降った.
- It **is snowing** hard. ひどく雪が降っている.
→現在進行形の文. →**is** [助動] ❶

snowball /snɔ́ubɔːl スノウボール/ 名 (雪合戦に使う)雪だま, 雪つぶて

snowboard /snóubɔːrd スノウボード/ 名 (道具としての)スノーボード
── 動 スノーボードをする

snowboarding A2 /snóubɔːrdiŋ スノウボーディング/ 名 (スポーツとしての)スノーボード

snowcapped /snóukæpt スノウキャプト/ 形 (山頂が)雪をかぶった

snów còne 名 《米》(カップに入れてシロップをかけた)かき氷

snowfall /snóufɔːl スノウフォール/ 名 雪が降ること, 降雪; 降雪量

snowflake /snóufleik スノウふれイク/ 名 雪のひとひら, 雪片(せっぺん)

snowman /snóumæn スノウマン/ 名 (複 **snowmen** /snóumen スノウメン/) 雪だるま

snowmobile /snóumoubiːl スノウモウビール/ 名 雪上車, スノーモービル

snowshoe /snóuʃuː スノウシュー/ 名 雪靴(ゆきぐつ), かんじき

snowstorm /snóustɔːrm スノウストーム/ 名 吹雪(ふぶき), 大雪降り

Snów Whíte 固名 「白雪姫(ひめ)」 →『グリム童話集』の中の１つ. →**Grimm**

snowy 小 A1 /snóui スノウイ/ 形
(比較級 **snowier** /snóuiər スノウイア/; 最上級 **snowiest** /snóuiist スノウイエスト/)
雪の降る; 雪の多い, 雪深い, 雪の積もった →snow+-y.
- a **snowy** day [season] 雪の降る日[季節]
- It is **snowy** outside. 外は雪が降っている[積もっている]. →It は漠然(ばくぜん)と「天候」を表す.

SNS 略 《コンピューター》ソーシャルネットワーキングサービス →**social networking service**

SO 小 A1 /sóu ソウ/
副 ❶ そんなに　　　　意味map
　　❷ そのように, そう
接 だから
── 副 ❶ **そんなに, こんなに; とても, ずいぶん**

[基本] Don't be **so** angry. そんなに怒(おこ)るな. →so+形容詞.
- He is not **so** tall. 彼はそんなに背が高くない.

[基本] Don't walk **so** fast. そんなに速く歩かないでくれよ. →so+副詞.
- Thank you **so** much (=very much). どうもありがとう.
- Do you learn **so** many subjects? あなたはそんなにたくさんの教科を学ぶのですか.
- I've never seen **so** big a cat. 私はこんなに大きなネコを見たことがない. →so big a cat の語順に注意. ×*a so big* cat としない.
- I'm **so** happy. 私はとても幸せだ.

❷ **そのように, そう** →前述の言葉を指す.
- I told you **so**. そう言ったじゃないか[私の言ったとおりだろう].

Will it rain tomorrow?—I think **so**.
あしたは雨かな.—そうよね.

Will it rain tomorrow?
I think so.

Are you coming to the party? —I hope **so**.
パーティーにいらっしゃいますか.—そうしたいと思っていますが.

That's my father's car.—Is that **so**?
あれはうちの父の車だよ.—ほんと[そう].
→「驚(おどろ)き・疑問」の気持ちが強い時は上り調子に, 単に「相づち」を打つ時は下り調子に言う.

- I hear you lived in that town once. If **so**, you must know Mr. Smith. 君は昔その町に住んでいたそうだけど, もしそうならスミスさんを知っているはずだ.

[会話] She is happy.—**Só** she ís. 彼女は幸せだ.—全くだ.

[POINT] 強勢の位置と, So+主語+動詞という語順に注意. 主語 (she) は前の文と同一人物である.

[会話] She is happy.—**Só** is hé. 彼女は幸せ

six hundred and seven　607　**soar**

だ. —彼もそうだ.

POINT So＋動詞＋主語という語順. 主語 (he) が前の文と別の人物であることに注意.

・My mother loves lilies, and **so** do I. 母はユリが大好きですが私もそうです.

── 接 **だから, それで** → **and so** とも言う.

・It was raining, (**and**) **so** I didn't go for a walk. 雨が降っていたから私は散歩に出かけなかった.

and so on [***forth***] **～など** → **and** 成句

not so ～ as A **A(と比べてそれ)ほど～でない** (not as ～ as A がふつう)

・He is **not so** tall **as** you. 彼は君ほど背が高くない.

～ or so **～かそこいら, ～くらい**

・in a week **or so** 1週間かそこいらで

so as to *do* **～するように, ～するために**

・Arrange the words **so as to** make a complete sentence. 完全な文になるようにそれらの単語を並べなさい.

so A ***as to*** *do* **とても A で～してくれる, ～するほど A で**

・He was **so** kind **as to** show me around Kyoto. 彼はとても親切で[親切にも]私を連れて京都を案内してくれた.

・I am not **so** stupid **as to** believe that. 私はそれを信じるほどばかではない.

so far **そこまで(は); 今までのところでは**

・I can agree with you **so far**. 私はそこまでは君に賛成してもよい.

・**So far** we have been quite successful. 今までのところでは我々はとてもうまくいっている.

so far as ～ **～する限りでは; ～まで(遠く)** (as far as ～)

・**So far as** I know, Ken is an honest boy. 私の知っている限りではケンは正直な少年です.

So long. 《話》**さようなら** → 親しい間柄(あいだがら)で使い, 目上の人に対しては使わない.

so long as ～ **～する限りは, ～さえすれば** (as long as ～)

・I am happy **so long as** you are with me. あなたがいっしょにいてくれる限り私は幸福です.

so much for ～ **～のことはそれだけ, ～はそれでおしまい**

・It's raining, and it seems it will con-

tinue all day. So, **so much for** the picnic. 雨が降っていて1日中降り続けそうだ. だからピクニックは取りやめだ.

so (***that***) ***～*** **その結果～, それで～** → ふつう so の前にコンマ (,) がある. 口語ではふつう that をはぶく.

・I took my coat off, **so** (**that**) I could move more freely. 私は上着を脱(ぬ)いだのでずっと動きやすくなった.

so A ***that ～*** **とても A なので～**

・This book is **so** difficult **that** I can't read it. この本はとても難しくて私には読めない. → This book is **too** difficult **for me to** read. と同様の意味.

・He was **so** rich **that** he could buy a Cadillac. 彼はとても金持ちだったのでキャデラックを買うことができた. → He was rich **enough to** buy a Cadillac. と書き替えられる.

so (***that***) A ***will*** [***can, may***] *do* **A が～する[できる]ように** → 口語ではふつう that をはぶく.

・Hurry up **so** (**that**) you **will** be in time. 時間に間に合うように急ぎなさい. → まず so that 以下から訳すことに注意.

・He ran **so** (**that**) he **wouldn't** miss the first train. 始発の列車に乗り遅(おく)れないように彼は走った. → 主節の動詞 (ran) が過去だから, that 以下の動詞もそれに合わせて過去 (would) になる.

so to say [***speak***] **言わば**

So what? **それがどうした[そんなことどうだっていいじゃないか, そんなこと知ったことか]**

soak /sóuk ソウク/ 動 ❶(水に)**ひたす, つける; ぬらす, びしょぬれにする** ❷**ひたる, しみ込(こ)む; びしょぬれになる**

soak up **吸い取る, 吸収する**

so-and-so /sóuənsou ソウアンソウ/ 名 (複 **so-and-sos** /sóuənsouz ソウアンソウズ/) **誰(だれ)それ, 何々** → 名前を忘れたか言いたくない場合に使う代用語.

soap A2 /sóup ソウプ/ 名 **せっけん**

・a cake [bar] of **soap** せっけん1個 → ×a soap, ×soap*s* としない.

・Wash your hands well with **soap** (and water). せっけんでよく手を洗いなさい.

soar /sɔ́ːr ソー/ 動 **高く飛ぶ** (fly high), **舞(ま)い上がる** (fly upward); **急上昇(じょうしょう)する**

sob /sáb サブ/ |動| |三単現| **sobs** /sábz サブズ/; |過去・過分| **sobbed** /sábd サブド/; |-ing形| **sobbing** /sábiŋ サビング/)
(声を上げて)泣きじゃくる
——|名| むせび泣き

sober /sóubər ソウバ/ |形| 酔(ょ)ってない, しらふの |反対語| **drunk** (酒に酔った)

so-called /sou kɔ́:ld ソウ コールド/ |形| いわゆる「「そう言われている[そう言っている]」が実際にはそうでない」といったふくみで使われることが多い. 名詞の前にだけつける.

soccer |小| |A1| /sákər サカ|sɔ́kə ソカ/
|名| サッカー →**football**
• a **soccer** ball サッカーボール
• a **soccer** player サッカー選手
• a **soccer** match [team] サッカーの試合[チーム]
• play **soccer** サッカーをする

sociable /sóuʃəbl ソウシャブる/ |形| ❶社交的[好き]な ❷打ち解けた

social |小| |A1| /sóuʃəl ソウシャる/ |形|
❶(人間)社会の, 社会的な
• **social** life [problems] 社会生活[問題]
• a **social** worker 社会福祉(ふくし)事業従事者, ソーシャルワーカー
• the **social** pages of a newspaper 新聞の社会面
❷社交のための, 親睦(しんぼく)のための
• **social** activities like dancing and golf ダンスやゴルフのような社交活動
• Our school has a lot of **social** events. 私たちの学校では親睦のための行事がたくさんあります.

social distancing /sòuʃəl dístənsiŋ ソウシャる ディスタンスィング/ |名| 社会的距離の確保 →感染症が拡大しないよう, 他の人との間に距離を取ること. physical distansing ともいう.

sòcial média |名| ソーシャルメディア → SNS・ブログなど, インターネットで個人の情報発信・交換を行うメディア.

social networking service /sòuʃəl nétwə:rkiŋ sə̀:rvis ソウシャる ネトワ〜キング サ〜ヴィス/ |名| 《コンピューター》ソーシャルネットワーキングサービス →インターネット上で知人同士の情報発信・交換を行えるサービス. **SNS** と略される.

sócial stúdies |中| |名| (小・中学校などで学ぶ)社会科

• our **social studies** teacher 私たちの社会科の先生

society |中| |A2| /səsáiəti ソサイエティ/ |名| (複 **societies** /səsáiətiz ソサイエティズ/)
❶ 社会
• a member of **society** 社会の一員
• Western **society** 西欧(せいおう)社会
• the progress of human **society** 人間社会の進歩
❷(ある目的のために結成された)人々の集まり, 会, 協会
• the English Speaking **Society** 英会話研究会, ESS
• a film **society** 映画同好会
• the Red Cross **Society** 赤十字社

sock |A2| /sák サク/ |名| ソックス, 短い靴下(くつした) |類似語| **stocking** (長靴下(ながくつした))
• a pair of **socks** 靴下1足
• wear **socks** 靴下を履(は)いている

socket /sákit サケト/ |名| (物を差し込(こ)む)受け口, (電球をはめる)ソケット, (プラグを差し込む)壁(かべ)ソケット →**outlet**

Socrates /sákrəti:z サクラティーズ/ |固名| ソクラテス →ギリシャの哲学(てつがく)者 (470?-399 B.C.). プラトン (Plato) の師.

soda |A2| /sóudə ソウダ/ |名| ❶炭酸水 →**soda water** ともいう. ❷炭酸飲料, ソーダ →炭酸水に果物・シロップ・アイスクリームなどを入れた清涼(せいりょう)飲料. **soda pop** ともいう. →**juice**

sofa |A1| /sóufə ソウふァ/ |名| ソファー, 長椅子(いす)

soft |小| |A2| /sɔ́:ft ソーふト|sɔ́ft ソふト/ |形|
❶ やわらかい, なめらかな
• a **soft** pillow やわらかい枕(まくら)
• A baby has very **soft** skin. 赤ちゃんはとてもやわらかい肌(はだ)をしている.
|反対語| Do you like a **soft** bed or a **hard** one? 君はやわらかいベッドが好きですか, 堅(かた)いベッドが好きですか.
❷穏(おだ)やかな, 優(やさ)しい, 静かな
• **soft** music 静かな音楽
• in a **soft** voice 優しい声で

softball /sɔ́:ftbɔ:l ソーふトボーる/ |名| (球技の)ソフトボール; ソフトボール用のボール

sóft drínk |A2| |名| (アルコール分を含(ふく)まない)清涼(せいりょう)飲料

soften /sɔ́:fn ソーふン/ |動| やわらかくする, やわらげる; やわらかくなる, 和(やわ)らぐ

six hundred and nine 609 some

softly A2 /sɔ́ːftli ソーフトリ/ 副 やわらかく, 穏(おだ)やかに, 優(やさ)しく, 静かに, そっと

sóftténnis 名 軟式(なんしき)テニス

software A2 /sɔ́ːftweər ソーフトウェア/ 名 ソフトウェア →コンピューターに入れるプログラムのこと. →**hardware**

soil /sɔ́il ソイる/ 名 ❶ 土, 土壌(どじょう) →植物を育てる地表部分の土. ❷ 土地, 国 (country)

solar /sóulər ソウら/ 形 太陽の →**lunar**
• **solar** energy [heat] 太陽エネルギー[熱]
• a **solar** panel 太陽電池板
• a **solar** eclipse 日食

sòlar céll 名 太陽電池 (solar battery)

sòlar pówer 名 太陽エネルギー

sólar sỳstem 名 (the をつけて) 太陽系

sold 中 /sóuld ソウるド/ 動 **sell** の過去形・過去分詞

soldier A2 /sóuldʒər ソウるチャ/ 名 (陸軍の)兵士, 兵; 軍人 →**sailor** ❶

sole¹ /sóul ソウる/ 形 たったひとりの, 唯一(ゆいいつ)の (only)

sole² /sóul ソウる/ 名 足の裏; (靴(くつ)・スリッパなどの)底

solid /sálid サりド/ 形 固体の; 堅(かた)い, がっしりした; 中身が詰(つ)まっている
関連語 Water is **liquid**, but it turns **solid** when it freezes. 水は液体であるが凍(こお)ると固体になる.
反対語 A tennis ball is **hollow**, but a golf ball is **solid**. テニスのボールは中がからだが, ゴルフボールは中身が詰まっている.
—— 名 固体 関連語 **liquid** (液体), **gas** (気体), **fluid** (流体)

solitary /sálətèri サりテリ/ 形 たったひとり[1つ]の, 孤独(こどく)の; 寂(さび)しい, 人里離(はな)れた

solo /sóulou ソウろウ/ 名 (複 **solos** /sóulouz ソウろウズ/) 独唱, 独奏, ソロ

Solomon /sáləmən サろモン/ 固名 ソロモン →紀元前10世紀頃(ごろ)のイスラエルの王. その知恵(ちえ)と財宝で有名. →**David**

solution 中 A2 /səlúːʃən ソるーション/ 名
❶ (問題などの)解決; 解答, 答え
• The **solutions to** the problems are at the end of the book. 問題の解答は巻末にあります.
❷ (物質の)溶解(ようかい); 溶液(ようえき)

solve 中 A1 /sálv サるヴ/sɔ́lv ソるヴ/ 動 (問題などを)解く, 解決する

• **solve** the problem [the mystery] その問題[その謎(なぞ)]を解く
• How can you **solve** these problems? どうしたらこれらの問題を解決できますか.

Somalia /səmáːliə ソマーリア/ 固名 ソマリア →アフリカ東部の共和国. ソマリ語(公用語)のほか英語, イタリア語, アラビア語が使われている. 首都はモガディシュ.

some 小 A1 /弱形 s(ə)m サム, 強形 sʌ́m サム/

形 ❶ いくつかの, いくらかの 意味map
❷ (some+複数名詞で) ある(一部の)〜
❸ (some+単数名詞で) ある〜
代 ❶ いくらか
❷ (全体の中の)ある人たち

—— 形 (→比較変化なし)
❶ いくつかの, いくらかの, 多少の, 数〜 → /səm サム/ と弱く発音する. ふつう肯定(こうてい)の平叙(へいじょ)文で使い, 疑問文・否定文では any が代わりに使われる. →**several**
基本 **some** apples いくつかのリンゴ → some+数えられる名詞の複数形. すべて(次の❷❸も)名詞(句)の前にだけつける.
• **some** books 数冊の本
• **some** girls 数人の少女たち
• **some** years ago 数年前に, 何年か前に
基本 **some** money いくらかのお金 → some+数えられない名詞.
• **some** milk [bread] いくらかの牛乳[パン]
• for **some** time しばらくの間
• There is still **some** snow on the ground. 地面にはまだ少し雪が残っている.
• Go to the supermarket and buy **some** tomatoes and milk. スーパーへ行って(数個の)トマトと(いくらかの)牛乳を買って来てちょうだい. →some は日本語には訳さないほうがよいことが多い.
関連語 There are **some** lions in the zoo, but there aren't **any** koalas. その動物園にはライオンが(何頭か)いるがコアラは(全然)いません.
関連語 There is **some** sugar, but there isn't **any** milk. 砂糖は(いくらか)あるがミルクは(全然)ありません.

Do you have any relatives in

somebody

America? —Yes, I have **some** relatives in San Francisco.
君はアメリカに(何人か)親戚(しんせき)がいますか.—はい,(私は)何人かサンフランシスコに親戚がおります.

•Will you have **some** coffee? コーヒーをあげましょうか.

POINT yes (はい)という答えを期待・予想している疑問文では×*any* ではなく some を使う.

•May I have **some** more cake? ケーキをもう少しいただけませんか.

❷(some＋複数名詞で)**ある(一部の)~** → /sʌ́m サム/ と強く発音する.「ある~は,またある~は」のように対比する時は, **some ~, some ~** とも **some ~, other ~** とも用いる.

•**Some** birds can't fly. ある鳥たちは飛ぶことができない[飛べない鳥たちもいる].

•In Canada **some** people speak English and **some** people speak French. カナダでは英語を話す人もいるしフランス語を話す人もいる.

•**Some** boys like baseball and **other** boys like soccer. 野球の好きな少年もいればサッカーの好きな少年もいる.

❸(some＋単数名詞で)**ある~, 何かの, どこかの** → /sʌ́m サム/ と強く発音する. → **certain**

•He came from **some** small town in Brazil. 彼はブラジルのある小さな町からやって来た.

•Let's have lunch in **some** cool place. どこか涼(すず)しい所で昼飯を食べよう.

── 副(→比較変化なし) **約~, およそ** (about)

•I visited Nara **some** ten years ago. 私は10年ほど前に奈良へ行った.

── 代 ❶ **いくらか, 多少, 何人か** → /sʌ́m サム/ と強く発音する.

•**some of** the Stevie Wonder's songs スティーヴィー・ワンダーの歌の何曲か

•**some of** that cloth その布のいくらか

•**some of** us 我々のうちのなん人か

文法 ちょっとくわしく
some of の次には限定された名詞が続く. 従ってその名詞には the, that, my などがつく.
○ some of **the** songs
× some of *songs*
○ some of **that** cloth
× some of *cloth*

人称(にんしょう)代名詞 (us, you, them など)は, それ自体が限定された人や物を示しているからそのままでよい.

•Don't eat all the cake. Leave **some** for Mary. ケーキを全部食べちゃわないで. メアリーにも少しとっておきなさい.

会話 Do you want any milk? —Yes, give me **some**. 牛乳いる?—うん, 少しちょうだい.

❷(全体の中の)**ある人たち, ある物** → /sʌ́m サム/ と強く発音する. しばしば **some ~, others ~**. あるいは **some ~, some ~**. の形で使われる.

•**Some** say "yes," and **others** say "no." ある人々は「賛成」と言い, またほかの人々は「反対」と言う [yes と言う人もいれば no と言う人もいる].

•**Some** study French and **some** study Spanish. フランス語を勉強する人もいるし, スペイン語を勉強する人もいる.

for some time しばらくの間
in some way なんらかの方法で, なんとかして

some day (未来の)**いつか** → someday と1語にもつづる. → **one day** (**one** 形 ❷)

•He will be a great football player **some day**. 彼はいつの日か偉大(いだい)なサッカー選手になるだろう.

some other time [day] いつかそのうち
sóme tíme (未来の)いつか, そのうち → **sometime**

•**some time** in June 6月のいつか, いつか6月中に

sòme tíme しばらくの間

•**some time** later しばらく後で

somebody A2 /sʌ́mbədi サムバディ/ 代 誰(だれ)か, ある人 → ふつう肯定(こうてい)の平叙(へいじょ)文で使う. someone より口語的な語. 疑問文・否定文では anybody が代わりに使われる.

•**Somebody** is at the door. 誰かが玄関(げんかん)に来ているよ.

•**Somebody** loves me. I wonder who he is. 誰かが私に恋(こい)している. 誰かしら.

someday 小 A2 /sʌ́mdei サムデイ/ 副 (未来の)**いつか** → **some day** と2語にもつづる. → **one day** (**one** 形 ❷)

somehow /sámhau サムハウ/ 副

❶ 何とかして, どうにかして (in some way) →**somehow or other** ともいう.

•I passed the math test **somehow** (**or other**). 私は何とか数学のテストに合格した.

❷ どういうものか, 何となく (for some reason)

•**Somehow** I don't like him. 私は彼が何となく嫌(きら)いだ.

someone 中 A1 /sámwʌn サムワン/ 代 誰(だれ)か, ある人 (somebody) →ふつう肯定(こうてい)の平叙(へいじょ)文で使う. 疑問文・否定文では **anyone** が代わりに使われる.

•**someone** else 誰かほかの人

•**Someone** called you yesterday. I didn't ask who he was. 誰かから昨日君に電話があったよ. どなたか聞かなかったけど.

•Mr.Brown, may I introduce **someone** to you? This is Mr. Kato, my English teacher. ブラウンさん, ある方をご紹介(しょうかい)したいのですが. こちらは加藤先生で, 私の英語の先生です.

somersault /sámərsɔːlt サマソールト/ 名 とんぼ返り, (前方[後方)回転, 空中回転, 宙返り

something 小 A1 /sámθiŋ サムすィング/ 代 (何かある)物, 事 →肯定(こうてい)の平叙(へいじょ)文に使う. 疑問文・否定文では **anything** が代わりに使われる.

基本 **something** white 何か白い物 → something + 形容詞. something, anything, nothing に形容詞がつく時は常に後ろにつく.

•**something** strange 何か変な物

•**something** important 何か大事な事

•**something** to eat [to drink] (何か)食べ物[飲み物] →上の例の不定詞 to eat [to drink] (食べる[飲む]ための〜)は something を修飾(しゅうしょく)する. →**to ❾** の ②

•I have **something** to tell you. 私は君にちょっと伝えたい事がある.

•He felt **something** warm in his heart. 彼は心の中になにか温かい物を感じた[心の温まる思いがした].

•Here's **something** for you. (ここに君のためのある物がある ⇨)これを君にあげます. → 贈(おく)り物を渡す時の決まり文句.

•The boys are always playing cowboys or **something** like that. 男の子はいつもカウボーイごっこか何かをしている. →or something like that は「またはそのようなもの」.

—— 名 大した人物, 大した事柄(ことがら)

•Some people want to be **something** and others want to do **something**. 大した人物になりたいと思う人もいるし, 大した事をしたいと思う人もいる. →不定詞 to be, to do はそれぞれ want の目的語. →**to ❾** の ①

sometime /sámtaim サムタイム/ 副 (過去・未来の)いつか, ある時, そのうち →**some time** と2語にもつづる. sometimes と混同しないこと.

sometimes 小 /sámtaimz サムタイムズ/ 副 時々, 時には →sometimes の位置は文頭, 文末, あるいは一般(いっぱん)動詞の前, be 動詞・助動詞の次.

関連語 I go to the movies **sometimes**, but not **often**. 私は時々映画を見に行きますがしょっちゅうではありません.

•**Sometimes** my sister makes cookies for us. 時々姉[妹]は私たちにクッキーを作ってくれる.

•She **sometimes** plays tennis with us. 彼女は時々私たちとテニスをします.

•He is **sometimes** late for school. 彼は時々学校に遅刻(ちこく)する.

somewhat /sám(h)wɑt サム(ホ)ワト/ 副 いくらか, やや, 幾分(いくぶん)か, 少々

somewhere A2 /sám(h)weər サム(ホ)ウェア/ 副 どこか, どこかに, どこかへ →**anywhere**

•I have left my umbrella **somewhere**. どこかに傘(かさ)を忘れてきた.

•Mr. Uchiyama lives **somewhere** in this neighborhood. 内山先生はどこかこの近所に住んでいる.

son 中 A1 /sán サン/ (→sun (太陽)と同音) 名 (複 **sons** /sánz サンズ/) 息子(むすこ)

•a rich man's **son** 金持ちの息子

•my oldest [eldest] **son** 私の長男

•my youngest **son** 私の末の息子

関連語 The farmer had two **sons** and a **daughter**. その農夫には2人の息子と1人の娘(むすめ)がおりました.

song

song 小 A1 /sɔ́ːŋ ソーング|sɔ́ŋ ソング/ 名
❶ 歌 関連語 「歌う」は sing.
- an old English **song** 古いイギリスの[英語の]歌
- a Christmas **song** クリスマスの歌, クリスマスキャロル (Christmas carol)
- sing a folk **song** フォークソングを歌う
❷ 鳥のさえずり

songwriter /sɔ́ːŋraitər ソーングライタ/ 名 (ポピュラーソングの)(作詞)作曲家

soon

soon 中 A1 /súːn スーン/
副 (比較級 **sooner** /súːnər スーナ/; 最上級 **soonest** /súːnist スーネスト/)
❶ すぐ, まもなく
- Come back **soon**. すぐ帰って来なさい.
- **Soon** it will be dark. まもなく暗くなるでしょう.
- We'll **soon** be home. もうすぐ家に着く.
- Dinner will be ready very **soon**. 食事はすぐ支度(したく)ができます.
- They started **soon** after sunrise. 彼らは日の出後まもなく出発した.

❷ 早く, 早めに (early)

Well, I must be going now. —So **soon**?
さあ, そろそろ帰らなければなりません. —もうですか.

- He finished his homework **sooner** than I expected. 彼は私が思ったより早く宿題を終えた.
- The **sooner**, the better. 早ければ早いほどよい. → **the** 副 ❶
- I can't finish the homework until eight o'clock at the **soonest**. 宿題はいくら早くても8時までには終わらない.

as soon as ~ ～するとすぐ
- **As soon as** he saw a police officer, he ran away. 彼は警官を見るとすぐ走って逃(に)げた.

as soon as ~ can = ***as soon as possible*** できるだけ早く
- Come **as soon as** you can. なるべく早く来い.

- I want to see you **as soon as possible**. 私はできるだけ早くあなたに会いたい.

sooner or later 遅(おそ)かれ早かれ

sooth /súːθ スーズ/ 動 ❶ (感情などを)なだめる ❷ (痛みなどを)和(やわ)らげる

soprano /səprǽnou ソプラノウ/ 名 (複 **sopranos** /səprǽnouz ソプラノウズ/) ソプラノ; ソプラノ歌手

sore /sɔ́ːr ソー/ 形 (触(さわ)ると)痛い, ひりひりする, ずきずき痛む
- have a **sore** throat 喉(のど)が痛い

sorrow /sárou サロウ/ 名 (長く深い)悲しみ, 悲嘆(ひたん) 反対語 **joy** (喜び)

sorrowful /sároufəl サロウふる/ 形 悲しい; 悲しみに満ちた

sorry

sorry 小 A1 /sári サリ|sɔ́ri ソリ/ 形
(比較級 **sorrier** /sáriər サリア/, **more sorry**; 最上級 **sorriest** /sáriist サリエスト/, **most sorry**)
❶ すまなく思って; 残念に思って → 名詞の前にはつけない.

POINT 「おわび・残念」の気持ちを表したり, 「他人に対する同情」を表したりする時の言葉.

基本 **I'm sorry.** = **Sorry!** 失礼, すみません, ごめんなさい. → be 動詞+sorry. 間違(まちが)って人の足を踏(ふ)んだりした時などに言うおわびの言葉. 英米では Thank you (ありがとう)とともに日常生活の中で大切な言葉とされている.

基本 **I'm sorry** (that) **I cannot help you.** お手伝いできなくて申し訳ありません. → I'm sorry+(that) 節.

I'm **sorry** (that) I'm late. —That's all right. [Never mind. / Don't worry about it.]
遅刻(ちこく)してすみません. —そんなことかまいませんよ[気にしないでください].

six hundred and thirteen 613 **soup**

•I couldn't help you very much. I'm **sorry** about that. 君をあまり助けられなかった. そのことについてはすまなく思っています.

🗨️会話 Can you lend me 5,000 yen? —**Sorry**, but I can't. 私に5,000円貸してくれませんか.—あいにくだが貸せません.

🔵基本 I'm **sorry** to trouble you. ご面倒(めんどう)をおかけしてすみません. →I'm sorry to *do* は「～してすみません」. 不定詞 to trouble は sorry を修飾(しゅうしょく)している (→**to ❾** の④).

•I am **sorry to say** (that) I cannot come to your party. (こんなことを言って申し訳ないのですが ⇨)残念ながらあなたのパーティーには出られません.

•You will be **sorry** for this some day. 君はこの事をいつか後悔(こうかい)するだろう.

❷ かわいそうで, 気の毒で, 悲しく →名詞の前にはつけない.

•I am **sorry** about your accident. あなたの事故の件はお気の毒です.

•She was **sorry for** the little lost dog. 彼女はその迷子の子犬をかわいそうに思った.

•I'm **sorry to** hear that you are sick. ご病気と聞いて心を痛めております.

Sorry? (語尾(ごび)を上げて発音して)もう一度おっしゃってください, 何ですか? (Pardon?; Excuse me?)

•**Sorry?** What did you say? はい? なんておっしゃいました?

sort /sɔ́ːrt ソート/ 图 種類(kind), タイプ

•a new **sort of** computer 新しい型のコンピューター

•this **sort of** apple＝apples **of** this **sort** この種類のリンゴ

•There are all **sorts of** books in the library. 図書館にはあらゆる種類の本がある.

•What **sort of** music do you like? 君はどういう音楽が好きですか.

SOS /ésoués エスオウエス/ 图 遭難(そうなん)信号, エスオーエス

so-so /sóu sou ソウソウ/ 形副 あまりよくはないがあまり悪くもない, まあまあ(の)

sought /sɔ́ːt ソート/ 動 **seek** の過去形・過去分詞

soul /sóul ソウる/ 图 ❶ 魂(たましい), 霊魂(れいこん); 精神, 心 (spirit)

反対語 Only the **body** dies, but the **soul** lives forever. 死ぬのは肉体だけで霊魂は永遠に生きる.

関連語 He put his (**heart and**) **soul** into his work. 彼は自分の仕事に(心と魂 ⇨)精魂(せいこん)を込(こ)めた.

❷ 人間, 人 (person)

sound¹ 小 A2 /sáund サウンド/ 图 音, 響(ひび)き 類似語 **noise** (騒音(そうおん))

•make a **sound** 音を立てる

•**Sound** travels through the air. 音は空中を伝わる.

— 動 ❶ 響く, 鳴る; 鳴らす

•His voice **sounded** like thunder. 彼の声は雷(かみなり)のように響いた.

•The driver **sounded** the horn. 運転手はクラクションを鳴らした.

❷ (～と)聞こえる, (～に)思える (seem)

•**sound** true [nice, strange] 本当に[すてきに, 奇妙(きみょう)に]聞こえる[思える] →sound＋形容詞.

•That **sounds** great! それはすごいじゃないか.

•That **sounds** like fun. それはおもしろそうだ.

•The song **sounded** sweet. その歌は(美しく聞こえた ⇨)美しかった.

🗨️会話 How does two-thirty **sound**? —Two-thirty **sounds** fine. 2時半ならよさそうだ.

sound² /sáund サウンド/ 形 ❶ 健全な, 健康な; 妥当(だとう)な, しっかりした

ことわざ A **sound** mind in a **sound** body. 健全な精神は健全な身体に(宿ることが理想である).

❷ (睡眠(すいみん)が)ぐっすりの

— 副 (睡眠を)ぐっすりと, 十分に

soundproof /sáundpruːf サウンドプルーふ/ 形 防音の →-proof

sóund wàve 图 音波

soup 小 A1 /súːp スープ/ 图 スープ

•eat **soup** (スプーンで)スープを飲む

•drink **soup** from a cup カップからスープを飲む

•I **have soup** every day. 私は毎日スープを飲みます.

•Do you want some **soup**? スープを召(め)

し上がりますか.

drink　　　eat

sour 小 /sáuər サウア/ 形 **すっぱい**
- **sour** fruit すっぱい果物
- **sour** milk (腐(くさ)って)すっぱくなった牛乳
- go [turn] **sour** (腐って)すっぱくなる

反対語 Melons are **sweet**, but lemons are **sour**. メロンは甘(あま)いがレモンはすっぱい.

source A2 /sɔ́ːrs ソース/ 名 ❶ **水源(地), 源**; (ニュースなどの)**情報源, 出どころ**
- the **source** of the river その川の源
- a news **source** ニュースの出どころ, ニュースソース
- a **source** of energy エネルギー源
- Reliable **sources** say the prime minister will visit Washington this fall. 信頼(しんらい)できる筋からの話では首相(しゅしょう)は今秋ワシントンを訪問するとのことだ.

❷ (物事の)**原因, 起こり**
- Heavy drinking is the **source** of many problems. 過度の飲酒は多くの問題を引き起こす元です.

sóur grápes 名 **すっぱいぶどう** →「負け惜(お)しみ」の意味. イソップ物語で, ブドウの房(ふさ)に届かないキツネが「あのブドウはどうせすっぱいだろう」と言ったことから.

south 中 A2 /sáuθ サウす/ 名
❶ (the south で) **南, 南方; 南部(地方)**
- in **the south** of the U.S.A. 米国の南部に
- to **the south** of the U.S.A. 米国の南の方に
- Mexico is **in the south of** North America. メキシコは北アメリカの南部にある.

関連語 **The south** of England is warmer than **the north**. イングランドの南部は北部よりも暖かい.

❷ (the South で) (米国の)**南部(地方), 南部諸州** →オハイオ川より南にある諸州.
- **The South** fought the North in the Civil War. 南北戦争で南部は北部と戦った.

—— 形 **南の, 南部の; 南向きの**; (風が)**南からの**
- a **south** wind 南風
- a **south** window 南向きの窓, 南窓
- on the **south** side 南側に

—— 副 **南へ[に], 南方へ[に]**
- sail **south** 南へ航海する
- The lake is (ten miles) **south** of the town. その湖は町の南方(10マイルの所)にある.

関連語 The wild geese fly **south** in the winter and **north** in the summer. ガンは冬になると南へ飛んで行き, 夏になると北へ飛んで行く.

South Africa /sàuθ ǽfrikə サウす アふリカ/ 固名 **南アフリカ共和国** →アフリカ大陸南端(たん)の共和国. 首都はプレトリア. 公用語は英語, アフリカーンス語.

South America /sáuθ əmérikə サウす アメリカ/ 固名 **南アメリカ, 南米**

Sòuth Ásia 固名 **南アジア**

South Carolina /sáuθ kærəláinə サウす キャロらイナ/ 固名 **サウスカロライナ** →米国南東部の州. **S.C.**, (郵便で) **SC** と略す.

South Dakota /sáuθ dəkóutə サウす ダコウタ/ 固名 **サウスダコタ** →米国中西部の州. **S. Dak.**, (郵便で) **SD** と略す.

southeast /sauθíːst サウすイースト/ 名 **南東, 南東部, 南東地方**

—— 形 **南東(へ)の; 南東向きの**; (風が)**南東からの**
—— 副 **南東へ[に]; 南東から**

Southeast Asia /sáuθiːst éiʒə サウすイースト エイジャ/ 固名 **東南アジア**

southeastern /sauθíːstərn サウすイースタン/ 形 **南東の, 南東地方の; 南東からの**

southern /sʌ́ðərn サざン/ (→ou を /ʌ ア/ と発音することに注意. ×/サウざン/ ではない) 形 **南の, 南方の; 南部の; 南からの**
- in the **southern** part of the country 国の南部に

Sóuthern Cróss 固名 (the をつけて) **南十字星**

Sóuthern Hémisphere 固名 (the をつけて) **南半球** 反対語 **Northern Hemisphere** (北半球)

Sòuth Koréa 固名 **韓国**(かんこく) →正式名は大韓民国(だいかんみんこく). →**Korea**

South Pacific /sauθpəsífik サウすパスィふィク/ 固名 (the をつけて) **南太平洋** (the South Seas)

six hundred and fifteen 615 **spare**

South Pole /sáuθ póul サウす ポウる/ 固名
(the をつけて**)** 南極

South Seas /sáuθ sí:z サウす スィーズ/ 固名
⊛ **(the** をつけて**)** 南太平洋

southward /sáuθwərd サウすワド/ 形 南方
(へ)の, 南へ向いた
── 副 南方へ[に]

southwards /sáuθwərdz サウすワツ/ 副《主
に英》=southward

southwest /sauθwést サウすウェスト/ 名 南
西, 南西部, 南西地方
── 形 南西(へ)の, 南西向きの; (風が)南西からの
── 副 南西へ[に]; 南西から

southwestern /sauθwéstərn サウすウェスタ
ン/ 形 南西の, 南西地方の; 南西からの

souvenir 中 /su:vəníər スーヴェニア/ 名
記念品, みやげ物
•a **souvenir** shop みやげ物店
•buy a cowboy hat as a **souvenir** of
America アメリカのおみやげにカウボーイハッ
トを買う

Soviet Union /sóuviet jú:njən ソウヴィエト
ユーニオン/ 固名 **(the Soviet Union** で**)** ソビ
エト連邦(れんぽう), ソ連 ➡ 世界最初の社会主義国家.
1991年に崩壊(ほうかい)した.

sow /sóu ソウ/ 動 **(**三単現 **sows** /sóuz ソウ
ズ/; 過去 **sowed** /sóud ソウド/; 過分 **sown**
/sóun ソウン/, **sowed**; -ing形 **sowing**
/sóuiŋ ソウイング/**)** (種などを)**まく**; 種をまく

soybean /sɔ́ibi:n ソイビーン/ 名 大豆

soy sauce /sɔ́i sɔ́:s ソイ ソース/ 名 (日本の)
しょうゆ ➡単に **soy** ともいう.

space 中 A2 /spéis スペイス/ 名
❶ (一定の)空間, 場所; 余地 (room); 間隔(かんか
く), スペース
•an open **space** 空き地, 広場
•Park your car in that **space** over
there. 車を向こうの空いている所に止めてくだ
さい.
•This table takes up a lot of **space**. この
テーブルは多くの場所を取る. ➡×spaces としな
い.
•Is there **space** in the car **for** another
person? 車にはもう1人分の空きがありますか
[もう1人乗れますか].
•When you write English, you must
leave a **space** between the words. 英語
を書く時には単語と単語の間はスペースをあけな

ければいけない.
❷ (大気圏外(けんがい)の)宇宙 (outer space); (無
限の)空間
•**space** flight 宇宙飛行
•**space** travel 宇宙旅行
•a **space** rocket [shuttle] 宇宙ロケット[連
絡(れんらく)船]
•travel in **space** 宇宙旅行をする ➡×a
space, ×the space としない.
•The rocket was launched into **space**.
ロケットは大気圏外に打ち上げられた.

Spáce Àge 名 **(the** をつけて**)** 宇宙時代

spacecraft /spéiskræft スペイスクラふト/ 名
=spaceship

spaceship A2 /spéisʃip スペイスシプ/ 名 宇宙
船

spáce stàtion 名 宇宙ステーション

spáce sùit 名 宇宙服

spáce wàlk 名 宇宙遊泳

spade /spéid スペイド/ 名 ❶ すき, 踏(ふ)みぐわ
➡ 平らな刃(は)にまっすぐな柄(え)をつけた土を掘(ほ)
り起こす農具. ❷ (トランプの)スペード札

spaghetti 小 A2 /spəgéti スパゲティ/ (➡h は
発音しない) 名 スパゲッティ
•I'll have **spaghetti** and salad. (注文で)
スパゲッティとサラダにします.

Spain 小 /spéin スペイン/ 固名
スペイン ➡ ヨーロッパ南西端(たん)の王国. 首都はマ
ドリッド (Madrid). 公用語はスペイン語.

span /spǽn スパン/ 名 (短い)期間, 長さ; 距離(き
より)

Spaniard /spǽnjəd スパニャド/ 名 スペイン人
→ Hispanic

Spanish 中 /spǽniʃ スパニッシュ/ 形
スペインの; スペイン人の; スペイン語の
•**Spanish** people スペインの人々
── 名 スペイン語; **(the Spanish** で**)** スペイ
ン人(全体)
•**Spanish** is also spoken in Central and
South America. スペイン語は中南米でも話さ
れている.

spank /spǽŋk スパンク/ 動 (罰(ばつ)として子供の
お尻(しり)を)ぴしゃっとぶつ

spanner /spǽnər スパナ/ 名 《英》 ス パ ナ
(《米》wrench) ➡ ボルトの締(し)め付け・取り外し
に使う工具.

spare /spéər スペア/ 動
❶ なしで済ます; 分けてやる, さく

spark

❷ (出費・労力などを)使い惜(お)しみする, 惜しむ; 節約する →ふつう否定文で使う.

ことわざ **Spare** the rod and spoil the child. むちを控(ひか)えれば子供をだめにする. →「甘(あま)やかして育てると子供はだめになる」の意味.「かわいい子には旅をさせよ」にあたる.

── 形 予備の, 余分の, 暇な →名詞の前にだけつける.

spark /spáːrk スパーク/ 名 火花, 火の粉

sparkle /spáːrkl スパークる/ 動 (ダイヤモンドのように)きらきら光る

sparrow /spǽrou スパロウ/ 名 《鳥》スズメ
• scatter away like **sparrows** スズメが飛び散るように(ぱっと四方八方に)逃(に)げ散る

spat /spǽt スパト/ 動 spit の過去形・過去分詞

speak 小 A1 /spíːk スピーク/ 動

三単現	**speaks** /spíːks スピークス/
過去	**spoke** /spóuk スポウク/
過分	**spoken** /spóukn スポウクン/
-ing形	**speaking** /spíːkiŋ スピーキング/

❶ しゃべる, 話す

POINT 単に言葉を発することからまとまった内容の事柄(ことがら)をしゃべることまで幅(はば)広く使われる. → **say** 関連語

基本 **speak** to him 彼に[と]話をする, 彼に話しかける →speak＋前置詞＋(代)名詞.
• **speak** with him 《主に米》彼と話をする; 彼と話し合う, 相談する
• **speak** about ～ ～について話す
• **speak** of ～ ～のことを口にする, ～について話す
• This child cannot **speak** yet. この子はまだしゃべれません.
• Don't **speak** so fast. そんなに速くしゃべらないでください.
• She was so sad that she did not want to **speak to** anyone. 彼女はとても悲しかったので誰(だれ)とも話したくなかった.

基本 **speak** English 英語をしゃべる → speak＋名詞.

会話
Do you **speak** English?—Yes, I do. Can I help you?
英語を話せますか.—ええ, 話せます. 何かお手伝いしましょうか[何かお困りですか].

Do you speak English?
Yes, I do. Can I help you?

• Mrs. Oka often **speaks of** her son. 岡さんはよく自分の息子(むすこ)のことを口にする.

会話 What did he **speak about**?—He **spoke about** his trip. 彼は何について話しましたか.—彼は自分の旅行について話しました. →質問の文は speak about what (何について話す)だが, what は疑問詞なので文頭に出る.

• I said nothing to you. I just **spoke to** the parrot. 僕(ぼく)は君には何も言わないよ. オウムに物を言っただけだよ. → **say** 関連語

• I have seen Mr. White, but I'**ve** never **spoken** to him. 私はホワイトさんを見たことはあるが話したことはない. →現在完了(かんりょう)の文. → **have** 助動 ❷

• English **is spoken** in Australia. オーストラリアでは英語が話されている. →受け身の文. → **is** 助動 ❷

• I **was spoken to** by a lady on the street. 私は通りである婦人に話しかけられた. →A lady spoke to me ~. の受け身形. was spoken to の to を落とさないこと.

• Speak when you're **spoken** to. 話しかけられたら話しなさい. →(特に親が子に)「人が話をしている最中(さいちゅう)にかってに割り込(こ)んではいけません」という意味でも使う.

• He learned the language **spoken** in that country. 彼はその国で話されている言葉[その国の言葉]を覚えた. →spoken (話されている)は前の名詞 language を修飾(しゅうしょく)する.

• He **is speaking** to Ms. Green in English. 彼はグリーン先生に英語で話している. →現在進行形の文. → **is** 助動 ❶

会話
Hello, (this is) Mr. West **speaking**. May [Can] I speak to Sam, please?—**Speaking**.
(電話で)もしもしこちらはウエストです. サムと話したいのですが.—僕です.

six hundred and seventeen　617　**spectator**

- Do you like **speaking** English? あなたは英語をしゃべるのが好きですか. →動名詞 speaking (しゃべること)は like の目的語.
- **Speaking** English is a lot of fun. 英語をしゃべることはとても楽しい. →動名詞 speaking は文の主語.

❷ 演説する, 話をする 関連語「演説」は **speech**.

- The President will **speak** tonight on TV. 大統領が今夜テレビで演説する.
- The chair **spoke** for an hour at the meeting. 議長は会議で1時間話をした.

generally [*roughly, strictly*] *speaking* 一般(いっぱん)的に[ざっと, 厳密に]言えば

not to speak of ~ ～は言うまでもなく

so to speak 言わば, 言ってみれば

speak for ~ ～を代弁[代表]する; ～の弁護をする

speak ill [*well*] *of ~* ～のことを悪く[よく]言う

- Don't **speak ill of** others. 人の悪口を言うな.

speaking of ~ ～について話せば, ～と言えば (talking about [of] ~)

- **Speaking of** your paper, next Tuesday is the deadline. レポートについて言えば, 来週の火曜日が締切(しめきり)です.

speak out [*up*]　(聞こえるように)大きな声で言う; 思い切って言う

- **Speak up!** I can't hear you. もっと大きな声で話してください. 聞こえません.
- You should **speak out** yourself. あなたは思っている事を思い切って言うべきです.

speak to ~ ～に[と]話をする, ～に話しかける

speaker 中 A2 /spíːkər スピーカ/ 名

❶ 話す人, 話している人; 演説者

- a good [poor] **speaker** 話の上手な[下手な]人
- a good **speaker** of English 英語を上手に話す人

❷ (the Speaker で) (英米下院の)議長

❸ (ラウド)スピーカー, 拡声器

Speakers' Corner /spíːkərz kɔ́ːrnər スピーカズ コーナ/ 名 演説広場, スピーカーズコーナー →自由に討論会や演説会が行われるロンドンのハイドパーク (Hyde Park) 内の一角.

spear /spíər スピア/ 名 やり

special 小 A1 /spéʃəl スペシャる/ 形

(ふつうと違(ちが)って)特別の, 特殊(とくしゅ)な

- a **special** friend of mine 私の特別の友達, 私の親友
- **special** shoes for jogging ジョギングのための特別な靴(くつ)
- There is nothing **special** in his letter. 彼の手紙にはこれといって特別なことは書いてない. →nothing, something, anything などには形容詞が後ろにつく.
- That case is **special**. Such a thing seldom happens. そのケースは特別です. そんな事はめったに起こりません.

—— 名 ❶ 特別な人[物], 特別番組

❷ (奉仕(ほうし)価格の)特別メニュー, 特売品

- today's **special** 本日のおすすめ(料理) →食堂の「日替(ひがわ)り定食」などもこう表現する.

specialist /spéʃəlist スペシャリスト/ 名 専門家; 専門医

speciality /speʃiǽləti スペシアリティ/ 名 《英》=specialty

specialize /spéʃəlaiz スペシャらイズ/ 動 専門にする, 専攻(せんこう)する

specially /spéʃəli スペシャリ/ 副 特に, 特別に; わざわざ

specialty /spéʃəlti スペシャるティ/ 名

(複 **specialties** /spéʃəltiz スペシャるティズ/)

❶ 専門(の研究・仕事), 専攻(せんこう); 得意の分野

❷ (土地の)特産物, 名物; (店などの)自慢(じまん)の品, 売り物

species /spíːʃiːz スピーシーズ/ 名 (複 **species**) (生物学上の)種(しゅ) →動植物の分類上の単位で, お互(たが)いの交配が可能なグループ. 複数も **species**.

- the human **species** 人類
- endangered **species** 絶滅(ぜつめつ)危惧(きぐ)種 →人工開発や自然環境(かんきょう)の変化によって絶滅の危機にひんしている動植物.

specific A2 /spisífik スピスィふィク/ 形 特定の, 具体的な

specimen /spésimin スペスィメン/ 名 見本, 標本, サンプル

spectacle /spéktəkl スペクタクる/ 名 (目を見張るような)光景, 見もの; (すばらしい)見せ物, ショー

spectator /spektéitər スペクテイタ/ 名 見物人; 観客

sped /spéd スペド/ [動] **speed** の過去形・過去分詞

speech 中 A1 /spíːtʃ スピーチ/ [名]

❶ 演説, スピーチ, 挨拶(あいさつ) →つづり字に注意. ×*speach* ではない.「演説する, 話す」は **speak**.
- make [give] a **speech** 演説する
- a **speech** contest 弁論大会
- At Speakers' Corner you can **make a speech** on any subject. (ハイドパークの)演説広場ではどんなテーマについて演説してもよい.

❷ 話すこと, 話す力; 話し方
- freedom of **speech** 言論の自由 →×*a* speech, ×speech*es* としない.
- Children learn **speech** before they learn writing. 子供は書くことより話すことを先に覚える.
- His **speech** shows that he comes from the Kansai district. 彼の話しぶりから彼が関西の人だということがわかる.

ことわざ **Speech** is silver, silence is golden. 雄弁(ゆうべん)は銀, 沈黙(ちんもく)は金. →**golden** ❶ ことわざ

speed 中 A2 /spíːd スピード/ [名]

速力, 速さ, スピード
- gather [gain] **speed** スピードを上げる
- at full [top] **speed** 全速力で
- at a **speed** of sixty kilometers an hour 1時間60キロのスピードで, 時速60キロで → an hour は「1時間につき」.
- The **speed** limit on this road is 55 miles an hour. この道路での制限速度は時速55マイルです.

ことわざ More haste, less **speed**. より急げばより遅(おく)れる. →「急がば回れ」にあたる.

—— [動] (三単現 **speeds** /spíːdz スピーヅ/; 過去・過分 **sped** /spéd スペド/, **speeded** /spíːdid スピーデド/; -ing形 **speeding** /spíːdiŋ スピーディング/)

❶ 急ぐ, 疾走(しっそう)する; 急がせる
反対語 Don't **slow down**. **Speed up**. 速度を下げるのではなく, 上げなさい.

❷ (車が[で])制限速度以上で走る, スピード違反(いはん)をする
- He got a ticket because he **was speeding**. 彼はスピード違反をしたので(交通違反)チケットをもらった. →**was** [助動] ❶

speedy /spíːdi スピーディ/ [形]
(比較級 **speedier** /spíːdiər スピーディア/; 最上級 **speediest** /spíːdiist スピーディエスト/)
急速な, 速い, 早速(さっそく)の, スピーディーな → speed+-y.

spell 小 A2 /spél スペル/ [動]
三単現 **spells** /spélz スペルズ/
過去・過分 **spelled** /spéld スペルド/, **spelt** /spélt スペルト/
-ing形 **spelling** /spéliŋ スペリング/

(文字を)つづる, つづりを言う
- Please **spell** your name. お名前のつづりを言ってください.
- That word is difficult to **spell**. その語はつづるのが難しい. →不定詞 to spell (つづるのが)は difficult を修飾(しゅうしょく)する. →**to** ❾ の④

会話 How do you **spell** "bird"? —It's **spelt** b-i-r-d. bird という語はどうつづりますか.—それは b-i-r-d (/ビー-アイ-アー-ディー/) とつづられます.
- Some words are not read as they **are spelt**. つづられるようには[つづりどおりには]読まれない語もある. →**are** [助動] ❷

spelling /spéliŋ スペリング/ [名] (単語の)つづり, スペリング; (単語を)つづること

spelt /spélt スペルト/ [動] **spell** の過去形・過去分詞

spend 中 A1 /spénd スペンド/ [動]
三単現 **spends** /spéndz スペンヅ/
過去・過分 **spent** /spént スペント/
-ing形 **spending** /spéndiŋ スペンディング/

❶ (お金を)使う, 費(つい)やす
基本 **spend** a lot of money たくさんのお金を使う →spend+名詞.
関連語 Never **spend** more than you **earn**. 稼(かせ)ぐ以上のお金を使うな.
- She **spends** a lot of money on [for]

six hundred and nineteen 619 **spiritually**

food. 彼女は食費にたくさんのお金を使う.
• I **spent** $50 to fix my camera. 私のカメラを修理するのに50ドル使った.
• A lot of money **was spent** on repairs for this car. この車の修理にはたくさんのお金が費やされた[金がかかった]. → spent は過去分詞で受け身の文. → **was** [助動] ❷
❷ (時間を)**過ごす**, 費やす, かける
• **spend** a sleepless night 眠(ねむ)れない夜を過ごす
• I'll **spend** this summer in the country. 私はこの夏を田舎(いなか)で過ごします.
• How did you **spend** your Christmas vacation? クリスマス休暇(きゅうか)をどう過ごしましたか.
• He came back to his hometown to **spend** the rest of his life there. 彼は余生を送るために故郷に帰って来た. → 不定詞 to spend は「送るために」→ **to** ❾ の ③
• I **spent** an hour reading. 私は本を読んで1時間過ごした. → spend *A* (時間) *doing* は「～をしてAを過ごす」.
• Don't **spend** such a lot of time dressing yourself. 服を着るのにそんなに時間をかけるな.

spent 🈯 /spént スペント/ [動] spend の過去形・過去分詞

Sphinx /sfíŋks スふィンクス/ [名] **(the Sphinx で) ❶ スフィンクス**

> 🐻 参考 ギリシャ神話で, 頭部は女でライオンの胴体(どうたい)と翼(つばさ)を持った怪物(かいぶつ). テーベの町外れの岩の上に座(すわ)って, 通る人に「朝は4本足, 昼は2本足, 夕は3本足, しかも足の多い時ほど弱い物は何」という謎(なぞ)をかけて, 解けない者を殺したという(答えは「人間」).

❷ (エジプト・ギザの)**大スフィンクス像**

spice /spáis スパイス/ [名] **薬味, 香辛料**(こうしんりょう), **スパイス**

spicy 🈠 /spáisi スパイスィ/ [形] (比較級 **spicier** /spáisiər スパイスィァ/; 最上級 **spiciest** /spáisiist スパイスィエスト/) **香辛料**(こうしんりょう)**の入った, スパイスのきいた**
• I don't like **spicy** food. 私はスパイスのきいた食べ物は苦手だ.

spider /spáidər スパイダ/ [名] 《虫》**クモ**

spill A2 /spíl スピる/ [動] (三単現 **spills** /spílz スピるズ/; 過去・過分 **spilled** /spíld スピるド/, **spilt** /spílt スピるト/; -ing形 **spilling** /spíliŋ スピりング/) (うっかり水などを)**こぼす**; **こぼれる**
• **spill** tea on the carpet カーペットの上にお茶をこぼす
• cry over **spilt** milk こぼれたミルクを惜(お)しんで泣く, 過ぎたことをくよくよする → spilt は過去分詞(こぼされた)が形容詞のように使われたもの. → **cry** [動] ことわざ
• She **spilled** salt all over the table. 彼女はテーブルじゅうに食塩をこぼしてしまった.

spilt /spílt スピると/ [動] spill の過去形・過去分詞

spin /spín スピン/ [動] (三単現 **spins** /spínz スピンズ/; 過去・過分 **spun** /spán スパン/; -ing形 **spinning** /spíniŋ スピニング/)
❶ (こまなどを)**回す**; **回る**
❷ (繊維(せんい)によりをかけて糸を)**作る**, (糸を)**つむぐ**; (クモなどが糸を)**出す**; (糸を出して巣などを)**作る**
── [名] **くるくる回ること, 回転**

spinach /spínitʃ スピニッチ|spínidʒ スピニヂ/ [名] **ホウレンソウ**

spine /spáin スパイン/ [名] ❶ **背骨, 脊柱**(せきちゅう)
❷ (サボテンなどの)**とげ**

spirit /spírit スピリト/ [名] ❶ **精神, 心; 霊**(れい)
• a **spirit** of adventure 冒険(ぼうけん)精神, 冒険心
• public **spirit** 公共心
• Lafcadio Hearn understood the **spirit** of Japan. ラフカディオ・ハーンは日本精神を理解していた.
❷ **元気, 気力; 勇気; (spirits で) 気分**
• the fighting **spirit** 闘志(とうし)
• He played the game with **spirit**. 彼は張り切って試合をした.
• The happy girl was in good [high] **spirits**. その楽しそうな少女は上機嫌(きげん)だった.
❸ (しばしば **spirits** で) (ウイスキーなどの)**強い酒**

That's the spirit. その意気だ, その調子だ
── [動] (しばしば **spirit away** で) ひそかに連れ出す, 隠(かく)す

spiritual /spíritʃuəl スピリチュアる/ [形] ❶ **魂**(たましい)**の; 精神的な** ❷ **宗教上の, 信仰**(しんこう)**上の**

spiritually /spíritʃuəli スピリチュアり/ [副] **精神的に; 気高く; 敬けんに**

spit /spít スピット/ 動 (三単現 **spits** /spíts スピッ
ツ/; 過去・過分 **spat** /spǽt スパト/, **spit**;
-ing形 **spitting** /spítiŋ スピティング/)
唾(つば)を吐(は)く; (唾・果物の種などを)吐く
掲示 No **spitting**. 唾を吐かないでください.

spite /spáit スパイト/ 名 悪意, 恨(うら)み
in spite of ～ ～にもかかわらず, ～なのに

splash 中 A2 /splǽʃ スプラシュ/ 動
(水・泥(どろ)などを)はねる; はねかかる
• The passing car **splashed** mud over me [**splashed** me with mud]. 走っていく車が私に泥をはねかけた.
• The children were happily **splashing** in the pool. 子供たちはプールで楽しそうに水をバシャバシャやっていた.
── 名 (水・泥などの)はね, 飛沫(しぶき), しぶき; はねかける音, バシャン
• make a **splash** 水をはねかける
• with a **splash** バシャンと

splendid /spléndid スプレンディド/ 形 見事な, 立派な, すばらしい

split A2 /splít スプリット/ 動 (三単現 **splits** /splíts スプリッツ/; 過去・過分 **split**; -ing形 **splitting** /splítiŋ スプリティング/) ⇒原形・過去形・過去分詞がどれも同じ形であることに注意.
裂(さ)く, 分ける, 分裂(ぶんれつ)させる; 裂ける, 分かれる, 分裂する
• **split** the bill 割り勘(かん)にする
• Here the river **splits** into two. その川はここで2つに分かれる.
── 名 裂け目, 割れ目; 分裂, 仲間割れ

spoil /spóil スポイル/ 動 (三単現 **spoils** /spóilz スポイルズ/; 過去・過分 **spoiled** /spóild スポイルド/, **spoilt** /spóilt スポイルト/; -ing形 **spoiling** /spóiliŋ スポイリング/)
❶ だめにする, 台無しにする; (食べ物が)悪くなる, 腐(くさ)る
• The rain **spoilt** the picnic. 雨のためにピクニックが台無しになってしまった.
• The meat will **spoil** if you leave it in the sun. 肉をひなたに置きっぱなしにしておくと腐ります.
❷ (子供などを)甘(あま)やかしてわがままにする
• They **spoilt** their son by giving him everything he wanted. 彼らは息子(むすこ)が欲(ほ)しがる物を何でも与(あた)えて息子をわがままにしてしまった.

spoilt /spóilt スポイルト/ 動 **spoil** の過去形・過去分詞

spoke 中 /spóuk スポウク/ 動 **speak** の過去形

spoken 中 /spóukn スポウクン/ 動 **speak** の過去分詞
── 形 話される, 口語の →colloquial
• **spoken** language 話し言葉, 口語

sponge /spándʒ スパンヂ/ 名 スポンジ, 海綿

spónge càke 名 スポンジケーキ

spoon A2 /spúːn スプーン/ 名
❶ スプーン, さじ
• eat soup with a **spoon** スープをスプーンで飲む
❷ スプーン[さじ]1杯(はい) (spoonful)
• two **spoons** of sugar スプーン2杯の砂糖

spoonful /spúːnful スプーンふる/ 名 スプーン1杯(はい), 1さじ
• a **spoonful** of honey ハチミツ1さじ

sport 小 A1 /spɔ́ːrt スポート/ 名
(複 **sports** /spɔ́ːrts スポーツ/)
❶ スポーツ, 運動, 競技
POINT ルールに従って争う競技だけでなく, ジョギング・乗馬など体を動かして楽しむものすべてをいう.
• a popular **sport** 人気のあるスポーツ
• winter **sports** 冬季スポーツ
• indoor [outdoor] **sports** 屋内[屋外]競技
• Tennis is my favorite **sport**. テニスは私の大好きなスポーツです.
• Mary doesn't do any **sport**. メアリーは何もスポーツをしません.

What **sport** do you play? —I play football.
君はどんなスポーツをしますか. ―私はフットボールをやります.

❷ (ふつう **sports** で) スポーツの(ための), スポーツ用の →形容詞のように名詞の前に置く. 米国では **sport** という形も使う.
• a **sports** club [shirt, car] スポーツクラブ[シャツ, カー]

spórt clímbing 名 スポーツ・クライミング
→競技として岩壁(がんぺき)を登るもの.

sportscaster /spɔ́ːrtskæstər スポーツキャスタ/ 名 スポーツキャスター →テレビ・ラジオなどで

six hundred and twenty-one　621　**spring**

スポーツニュースを伝える人.

spórts dày 名 《英》(学校の)**運動会(の日), 体育祭(の日)** (《米》field day)

sportsman /spɔ́ːrtsmən スポーツマン/ 名 (複 **sportsmen** /spɔ́ːrtsmən スポーツマン/)

❶ **スポーツマン** → 特にフェアプレーの精神を持ち結果としての勝敗にこだわらない人をいう.

❷ (男性の)**スポーツ愛好家** → 特に狩猟(しゅりょう)・乗馬・釣(つ)りなどのスポーツを楽しむ人. 性差別を避(さ)けて, sportsperson, sports lover ともいう.

sportsmanship /spɔ́ːrtsmənʃip スポーツマンシプ/ 名 (フェアプレーを尊ぶ)**スポーツマン精神; スポーツマンらしいいさぎよい態度**

sportsperson /spɔ́ːrtspəːrsn スポーツパ〜スン/ 名 **スポーツマン** → **sportsman**

sportswear /spɔ́ːrtsweər スポーツウェア/ 名 **運動着, スポーツウェア**

sportswoman /spɔ́ːrtswumən スポーツウマン/ 名 (複 **sportswomen** /spɔ́ːrtswimin スポーツウィメン/) (女性の)**スポーツ愛好家, スポーツウーマン** → **sportsman**

sportswriter /spɔ́ːrtsraitər スポーツライタ/ 名 **スポーツライター, スポーツ記者**

sporty /spɔ́ːrti スポーティ/ 形 (比較級 **sportier** /spɔ́ːrtiər スポーティア/; 最上級 **sportiest** /spɔ́ːrtiist スポーティエスト/) ❶ (服装などが)**スポーツに適した** ❷ 《英》**スポーツ好きな, スポーツが得意な**

spot A1 /spát スパト|spɔ́t スポト/ 名

❶ **斑点**(はんてん), **まだら, ぶち; しみ, 汚**(よご)**れ, 汚点**(おてん); **にきび; あざ**

• A tiger has stripes and a leopard has **spots**. トラにはしま, ヒョウには斑点がある.

❷ **場所, 地点; 所**

• The cat is sitting in a sunny **spot**. ネコがひなたに座(すわ)っている.

on the spot **その場に[で], 直ちに**

── 動 (三単現 **spots** /spáts スパツ/; 過去・過分 **spotted** /spátid スパテド/; -ing形 **spotting** /spátiŋ スパティング/)

❶ **斑点[しみ]を付ける, 汚す; しみが付く**

❷ **見つける, 見抜**(ぬ)**く**

spotlight /spátlait スパートライト/ 名

❶ **スポットライト**

• stand in the **spotlight** スポットライトをあびる

❷ **世間の注目**

spout /spáut スパウト/ 名 (雨どいの)**排水管の口; (やかんなどの)注ぎ口**

sprain /spréin スプレイン/ 動 (手首・足首などを)**くじく, 捻挫**(ねんざ)**する**

sprang /spræŋ スプラング/ 動 **spring** の過去形

spray /spréi スプレイ/ 名 ❶ **水しぶき, 水煙**(けむり) ❷ (ペンキ・消毒薬・香水(こうすい)などの)**噴霧**(ふんむ), **噴霧器, スプレー**

── 動 (ペンキ・消毒薬・香水などを)**吹**(ふ)**きかける, スプレーする**

spread 中 A2 /spréd スプレド/ 動

三単現	**spreads** /sprédz スプレヅ/
過去・過分	**spread** → 原形と同じ形であることに注意.
-ing形	**spreading** /sprédiŋ スプレディング/

❶ **広げる, 広める; 広がる, 広まる**

• **spread** (out) the map on the table テーブルの上に地図を広げる

• **spread** butter **on** the bread パンにバターを塗(ぬ)る

• This paint **spreads** easily. このペンキは伸(の)びがいい.

ことわざ Bad news **spreads** fast. 悪い知らせはすぐ広がる. → 「悪事千里を走る」にあたる.

• The cherry trees **are spreading** their branches toward the river. サクラの木は川の方に枝を広げている. → **are** 助動 ❶

• The bird **spread** its wings and flew away. 鳥は翼(つばさ)を広げて飛んでいった. → 現在形なら spreads ～.

• His name **spread** all over Europe. 彼の名前はヨーロッパ中に広まった.

• The flu **spread** rapidly in the school. インフルエンザはたちまち全校に広がった.

❷ (テーブルに食べ物を)**並べる**

• The table **was spread with** wonderful dishes. テーブルにはすばらしいごちそうが並べられた. → spread は過去分詞で受け身の文. → **was** 助動 ❶

── 名 ❶ **広がり, 普及**(ふきゅう); (病気の)**流行**

❷ **スプレッド** → パンやクラッカーなどに塗って食べるバター・ジャムなど.

spring 小 A1 /spríŋ スプリング/

名 ❶ **春**　　　　　　意味 map

❷ **泉**

springboard

――名 (複 **springs** /spríŋz スプリングズ/)

❶ 春 関連語 **summer**（夏），**fall**［**autumn**］（秋），**winter**（冬）
- **in** (the) **spring** 春に
- early in **spring** 春早く，早春の頃(ころ)
- late in **spring** 春遅(おそ)く，晩春の頃
- in the **spring** of 2010 2010年の春に
- last **spring** 去年の春(に) →×*in* last spring としない．
- **Spring** is here.（春がここにいる ⇨）春が来た［もう春だ］．
- September, October, and November are the **spring** months in Australia. 9月，10月，11月はオーストラリアでは春の月だ．

❷ 泉，わき水
- a **spring** in the woods 森の中の泉
- a hot **spring** 温泉

❸ 跳(と)ぶこと，跳躍(ちょうやく)
- give a **spring** ピョンと跳ぶ

❹ ぜんまい，ばね

――動
三単現 **springs** /spríŋz スプリングズ/
過去 **sprang** /spræŋ スプラング/，
sprung /spráŋ スプラング/
過分 **sprung**
-ing形 **springing** /spríŋiŋ スプリンギング/

❶（ピョンと）跳ぶ，跳(は)ねる →**jump** のほうがふつう．
- **spring** to *one's* feet ぱっと立ち上がる
- Push this button and the lid of the box **springs** open. このボタンを押(お)すと箱のふたがピョンと開く．→**open** は形容詞(開いた)．
- The fox suddenly **sprang** at the rabbit. キツネは突然(とつぜん)ウサギに跳びかかった．

❷（しばしば **spring up** で）急に現れる；（水・涙(なみだ)が）わき出る
- Grass **springs up** in April. 4月になると草がもえ出てくる．

springboard /spríŋbɔːrd スプリングボード/ 名 （水泳の)飛び込(こ)み板，（体操の)跳躍(ちょうやく)板

spring roll 名 春巻(はるまき) →《米》では **egg roll** ともいう．

sprinkle /spríŋkl スプリンクる/ 動 （パラパラと)振(ふ)りかける，まき散らす；（雨・雪が)ぱらつく

sprinkler /spríŋklər スプリンクら/ 名 スプリンクラー →芝生(しばふ)の水やりや火災時に水をまく装置．

sprint /sprínt スプリント/ 名 短距離(きょり)競走，スプリント；全力疾走(しっそう)
――動 全速力で走る

sprout /spráut スプラウト/ 名 芽；新芽
――動 ❶ 芽が出る；発芽させる ❷（急)成長する

sprung /spráŋ スプラング/ 動 **spring** の過去形・過去分詞

spun /spán スパン/ 動 **spin** の過去形・過去分詞

sputnik /spúːtnik スプートニク/ 名 スプートニク →旧ソ連の人工衛星．世界初のその第1号は1957年に打ち上げられた．「スプートニク」はロシア語で「道連れ」の意味．

spy A1 /spái スパイ/ 名 (複 **spies** /spáiz スパイズ/) スパイ
――動 (三単現 **spies** /spáiz スパイズ/；過去・過分 **spied** /spáid スパイド/；-ing形 **spying** /spáiiŋ スパイイング/) ひそかに見張る，スパイする
- **spy on** a person 人をひそかに見張る［観察する］

square 小 A2 /skwéər スクウェア/ 名
❶ 正方形，真四角；(将棋(しょうぎ)盤(ばん)・チェス盤などの)目
- Graph paper is divided into **squares**. グラフ用紙は正方形に区切られている．

❷ 広場 →四方を建物・街路で囲まれた広い場所で，小さな公園としても使われている．
- Trafalgar **Square** （ロンドンの)トラファルガー広場

❸《数学》2乗，平方
- 3 meters **square** 3メートル平方
- The **square** of five is twenty-five. 5の2乗は25である．

――形 ❶ 正方形の，四角な；直角の
- a **square** box 四角い箱
- a **square** corner 四角い［直角の］かど
- a **square** jaw 角ばったあご
- **square** shoulders 角ばった肩(かた)，いかり肩
- a **square** piece of paper 四角い紙
- He is a **square** peg (in a round hole)

six hundred and twenty-three 623 **stair**

in the class. 彼はクラスの中で, (丸い穴に)四角いくだ。→「クラスメートと全く性格が合わない」の意味.

❷ **2乗の, 平方の**

•9 **square** meters (=3 meters square) 9平方メートル

•a **square** root 平方根

squáre dànce 图 スクエアダンス →4組のペアが真ん中に四角い形を作るようにして踊(おど)るダンス.

squash¹ /skwáʃ スクワッシュ/ 图 ❶ (英) **スカッシュ** =果汁をもとにした清涼飲料.

•lemon **squash** レモンスカッシュ

❷ 《スポーツ》 **スカッシュ** →壁(かべ)に向かってボールを交互(こうご)に打ち合うスポーツ.

squash² /skwáʃ スクワッシュ/ 图 (傻 **squash-es** /skwáʃəz スクワシズ/, **squash**) 《米》《植物》**カボチャ**

squeak /skwíːk スクウィーク/ 動 (ドアなどが)きしむ, (人が)キーキー声で言う, (ネズミなどが)チューチューいう

—— 图 きしむ音, キーキー声, チューチューいう鳴き声

squeeze /skwíːz スクウィーズ/ 動 ❶ しぼる, しぼり出す; 握(にぎ)り締(し)める, 抱(だ)き締める

❷ (無理に)詰(つ)め込(こ)む[入り込む], 無理に通る

squid /skwíd スクイド/ 图 《動物》**イカ** →単数形も複数形も同じ形. ただし異なった種類をいう時は **squids**.

squirrel /skwə́ːrəl スクワ〜レる/ 图 《動物》**リス**

Sr(.), sr(.) 略 =senior (父親のほうの) 関連語 **Jr(.), jr(.)** (息子(むすこ)のほうの)

Sri Lanka /sríː láːŋkə スリー ら〜ンカ/ 固名 **スリランカ** →インドの南東にある島国(共和国)で北海道の80%くらいの広さ. 公用語はシンハラ語, タミル語.

St., St 略 ❶ =Street (〜街, 〜通り)

❷ =Saint (聖〜) →キリスト教の聖者 (saint) の名前の前につける. 聖者やそれにちなむ寺院・祝祭日・地名などにも使う.

stab /stǽb スタブ/ 動 [三単現] **stabs** /stǽbz スタブズ/; 過去・過分 **stabbed** /stǽbd スタブド/; -ing形 **stabbing** /stǽbiŋ スタビング/]
(刃物(はもの)で)突(つ)き刺(さ)す

stable¹ /stéibl ステイブる/ 形 しっかりした, ぐらつかない, 安定した

stable² /stéibl ステイブる/ 图 うまや, 馬小屋; (ボクシングなどの)ジム, 相撲(すもう)部屋

stack /stǽk スタク/ 图 干し草を積み上げた山, 麦わらの山; (物を積み上げた)山 (pile)

—— 動 (しばしば **stack up** で) 積み上げる, 積み重ねる

stadium 小 A2 /stéidiəm ステイディアム/ (→×/スタディアム/ ではない) 图
(周囲に観覧席のある)競技場, スタジアム

staff 中 A2 /stǽf スタふ/ 图
《集合的に》職員, 部員, 社員, スタッフ

•the teaching **staff** of a school 学校の教職員(全員)

•He is a member of (the) **staff**. =He is a **staff** member. 彼はスタッフの1人です. →×He is a staff. としない.

•I am on the **staff** of the school paper. 私は学校新聞の編集部員です.

stage 中 A1 /stéidʒ ステイチ/ 图

❶ (劇場などの)舞台(ぶたい), ステージ; (the stage で) 演劇

•appear on the **stage** 舞台に登場する

•go on **stage** (演技をするため)舞台に上がる

•go on **the stage** 舞台に登る; 俳優になる

•He chose **the stage** as a career. 彼は職業として演劇を選んだ.

❷ (成長・発達の)段階(だんかい), 時期

•The work is in its final **stage**. その仕事は今最終段階に来ています.

❸ (多段式ロケットの)段

•a three-**stage** rocket 3段式ロケット

stagecoach /stéidʒkout/ ステイチコウチ/ 图
駅馬車 →駅々で馬を取り替(か)えながら, 旅客(りょかく)を輸送した4〜6頭だての大型馬車.

stagger /stǽɡər スタガ/ 動 よろめく, よろめきながら歩く

stain /stéin ステイン/ 图 汚(よご)れ, しみ; 汚点(おてん)

—— 動 汚す; 汚れる

stained glass /stéind glǽs ステインド グらス/ 图 (教会の窓などの)ステンドグラス

stainless /stéinlis ステインれス/ 形 ステンレス(製)の; (金属が)さびない; 汚(よご)れ[しみ]のない

stáinless stéel 图 ステンレス(鋼)

stair 中 A2 /stéər ステア/ 图 (stairs で) (屋内の)階段 →upstairs, downstairs →単数としても複数としても扱(あつか)われる.

•go up [down] the **stairs** 階段を上る[下りる]

・take the **stairs** to the third floor 階段で3階へ行く(上る・下りる)

staircase /stéərkeis ステアケイス/ 图 =stairway

stairway /stéərwei ステアウェイ/ 图 **階段** → 手すりなども含(ふく)む全構造をいう.

stale /stéil ステイル/ 形 **新鮮(しんせん)さを失った, 古くなった; 古くさい, 使い古した**

stalk /stɔ́:k ストーク/ 图 (植物の)**茎**(くき)

stall /stɔ́:l ストール/ 图 (駅・マーケットなどの)**売店, 屋台; 売り場, カウンター** → 簡単に取り外しや組み立てができるような小さな店.

stammer /stǽmər スタマ/ 動 **どもる; どもりながら言う**

stamp A2 /stǽmp スタンプ/ 图
❶ **切手**
・a postage **stamp** (郵便)切手
・put a **stamp** on a picture postcard 絵はがきに切手を貼(は)る
・collect **stamps** 切手を収集する
・Can I have an 84-yen **stamp**, please? 84円切手をください.
❷ **判, スタンプ; (押(お)された)印, 消印** → **seal**[2]
・a rubber **stamp** ゴム印
・My passport has **stamps** from various countries. 私のパスポートにはいろいろな国のスタンプが押してある.

── 動 ❶ **切手を貼る**
・**Stamp** the picture postcard and then mail it. その絵はがきに切手を貼ってからポストに入れてね.
❷ **印[判]を押す**
・**stamp** "Urgent" on the letter 手紙に「至急」の判を押す
❸ **足を踏(ふ)み鳴らす, 踏みつける**
・**stamp** out a fire 火を踏み消す
・He **stamped** his foot in anger. 彼は怒(おこ)って足を踏み鳴らした.

stámp àlbum 图 切手アルバム
stámp colléctiing 图 切手収集
stámp colléctor 图 切手収集家

stand 小 A1 /stǽnd スタンド/

動 ❶ 立つ; 立っている　　意味 map
❷ 立てる
❸ (ある状態で)である
图 ❶ (物を載(の)せる・立てる)台
❷ (the stands で)スタンド, 観覧席

── 動
三単現 **stands** /stǽndz スタンヅ/
過去・過分 **stood** /stúd ストゥド/
-ing形 **standing** /stǽndiŋ スタンディング/

❶ **立つ; 立っている**
(成) 基本 **stand up** 立つ, 立ち上がる → stand+副詞(句).
・**stand** still じっと立っている → still stand は「いまでも立っている」.
・**stand** in line 1列に並んで立つ, 1列に並ぶ
・**stand** on *one*'s hands (両手の上に立つ ⇨)逆立ちする
・Please **stand up**. どうぞお立ちください.
反対語 Don't **stand**. **Sit down**. 立っていないで座(すわ)りなさい.

stand up　　sit down

・An old castle **stands** on the cliff. 古い城が崖(がけ)の上に立っている.
・He **stood up** and said, "We are right. You are wrong.". 彼は立ち上がって「私たちは正しい. 君たちが間違(まちが)っている」と言った.
・We **stood** waiting for a bus. 私たちはバスを立って待っていた. → stand *doing* は「立って~している」.
・The bird **is standing** on one leg. あの鳥は一本足で立っている.
POINT 上の例は現在進行形の文 (→ **is** 助動 ❶). 主語が人・動物の場合の be standing は「状態」を強めて言うのに使う.
「物が立っている」という「状態」を表す時の stand はふつう進行形にしない.
・I know the boy **standing** under the tree. 私はあの木の下に立っている少年を知っている. → 現在分詞 standing (立っている~)は boy を修飾(しゅうしょく)する.

❷ **立てる, 立たせる**
・**stand** books up on a shelf 本を棚(たな)に立てる
・**stand** a ladder against the wall はしご

six hundred and twenty-five 625 **star**

を壁(かべ)に立てかける

❸(ある状態で)**ある** → 意味は be とほぼ同じ.

• The door **stood** open. 戸はあいていた. → open は形容詞(開いた).

• The thermometer **stands** at 20℃. (読み方: twenty degrees centigrade) 温度計はセ氏20度である.

• The basketball player **stands** seven feet! そのバスケットボール選手は身長が7フィートもある!

❹耐(た)**える, 我 慢(がまん) する** → ふつう can, can't とともに否定文や疑問文で使われる.

• I can't **stand** that noise. 私はあのうるさい音にはとても我慢できない.

stand back **後ろにさがる**

• "**Stand back!**" called the police officer to the crowd. 「後ろにさがって!」と警官が群衆に叫(さけ)んだ.

stand by **何もしないで黙(だま)って見ている, 傍観(ぼうかん)する; 待機する, スタンバイする**

• Why are you all **standing by**? Come and help me. どうしてみんなぼんやり立っているの. 来て手伝ってよ.

stand by ～ **～のそばに立つ; ～に味方する, ～を助ける; ～を守る**

stand for ～ **～を表す; ～を支持する**

• The sign £ **stands for** pound. £ /リーブラ/ という記号はポンドを表す.

stand out **突(つ)き出る; くっきりと見える, 目立つ →outstanding**

• He is very tall and **stands out** in a crowd. 彼はとても背が高く人でも目立つ.

—— 名 (複 **stands** /stǽndz スタンズ/)

❶(物を載せる・立てる)台; 売店, 屋台(stall)

• an umbrella **stand** 傘(かさ)立て

• a popcorn **stand** ポップコーン売り場

• a *soba* **stand** そばの屋台

❷(the stands で)スタンド, 観覧席

• hit a ball into **the stands** ボールをスタンドに打ち込(こ)む

❸立つこと, 停止, 抵抗(ていこう)

❹立場, 立つ場所, 持ち場; 《米》タクシー乗り場 →「タクシー乗り場」の意味では taxi stand (《英》taxi rank) ともいう.

standard /stǽndərd スタンダド/ 名 **標準, 水準, レベル**

—— 形 **標準の; 最高水準の, 優(すぐ)れた**

stándard Énglish 名 **標準英語** →米国で

は中西部地方の教養のある人々の英語, 英国ではロンドンを中心とした南部地方の教養のある人々の英語.

stándard tìme 名 **標準時** →各国・各地方で公式に使う時間.

standing /stǽndiŋ スタンディング/ 動 **stand** の -ing 形(現在分詞・動名詞)

—— 形 **立っている; 立った姿勢で行われる**

• a **standing** start (競走で立ったままスタートする)スタンディングスタート

standpoint /stǽndpoint スタンドポイント/ 名 (物事を判断する時の)**立場, 見地, 観点**

staple /stéipl ステイプる/ 名 (ある国・地方などの)**主要産物**

—— 形 **主要な**

stapler /stéiplər ステイプら/ 名 **ホッチキス** → 「ホッチキス」は考案者の名前で, 製品名としては和製英語.

star 小 A1 /stάːr スター/ 名

(複 **stars** /stάːrz スターズ/)

❶**星, 恒星(こうせい); (名詞の前につけて) 星の, 星に関する** 関連語 **planet** (惑星(わくせい)), **comet** (彗星(すいせい))

• a falling [shooting] **star** 流れ星

• the first **star** of the evening (夕方の最初の星 ⇨)一番星

• a **star** map 星座図

• Our sun is one of the **stars**. 私たちの太陽も星の1つだ.

• Little **stars** were twinkling over the woods. 森の上には小さな星たちがぴかぴか光っていた.

❷**星形のもの, 星印**

❸(映画・スポーツなどの)スター, 花形, 人気者; (名詞の前につけて)スターの, 花形の; 優(すぐ)れた

• a big **star** 大スター

• a film [movie] **star** 映画スター

• a baseball **star** 野球のスター

• a **star** player 主役俳優, 花形選手

—— 動 (三単現 **stars** /stάːrz スターズ/; 過去・過分 **starred** /stάːrd スタード/; -ing形 **starring** /stάːriŋ スターリング/)

❶星で飾(かざ)る; 星印をつける

❷スターとして出演する, 主演する; (映画・劇などが人・物を)スターとして出演させる, 主役にする

• The film **starred** a rookie actor. (その映画は新人の俳優を主演させた ⇨)その映画の主演

stare 626

者は新人の俳優だ.
- an anime movie **starring** a cat-style robot with a strange pocket 不思議なポケットを持ったネコ型のロボットを主役にしているアニメ映画

stare /stéər ステア/ 動 目を丸くして見る, じっと見つめる, じろじろ見る

starfish /stáːrfiʃ スターフィシュ/ 名 《動物》ヒトデ ⇒複数形については →**fish**

starlight /stáːrlait スターライト/ 名 星の光, 星明かり

starry /stáːri スターリ/ 形 (比較級 **starrier** /stáːriər スターリア/ 最上級 **starriest** /stáːriist スターリエスト/) 星でいっぱい輝(かがや)いた, 星のように輝いた, きらきらした

Stars and Stripes 固名 (**the** をつけて) 星条旗 →米国国旗. 横の赤白13条は独立当時の州を表し, 青地中の50の白い星は州の数を示す.

start 小 A1 /stáːrt スタート/ 動 (三単現 **starts** /stáːrts スターツ/ 過去・過分 **started** /stáːrtid スターテド/ -ing形 **starting** /stáːrtiŋ スターティング/)

❶ 出発する, たつ

基本 **start** from Narita 成田から出発する[成田をたつ] → start+前置詞+名詞.
- **start** for school 学校へ向けて出発する, 学校へ出かける
- **start** from Paris for Rome (= leave Paris for Rome) パリをたってローマに向かう
- **start** on a trip 旅に立つ
- He **starts** for school at eight in the morning. 彼は朝8時に学校へ出かける.
- On July 16, 1969, Apollo 11 **started** for the moon. 1969年7月16日アポロ11号は月を目指して飛び立った.
- The train **has** just **started**. 列車は今出たところです. → 現在完了(かんりょう)の文. →**have** 助動 ❶

❷ 始める, 発足(ほっそく/はっそく)させる; 始まる

基本 **start** a race レースを始める → start+名詞.
- **start** running [to run] (=begin running [to run]) 走り始める, 走り出す → 動名詞 running (走ること), 不定詞 to run (走ること)はともに start の目的語 (→**to** ❾ の ①).
- **start** a fund 資金集めを始める
- **start** a group to protect nature 自然を

保護するために1つの団体を発足させる → 不定詞 to protect は「保護するために」(→**to** ❾ の ③), あるいは「保護するための(団体)」(→**to** ❾ の ②)と考えてもよい.
- It **started** raining [to rain]. 雨が降り始めた. → It は漠然(ばくぜん)と「天候」を表す.

反対語 She **starts** work at nine and **finishes** at five. 彼女は9時に仕事を始めて5時に終わる.
- The game **was started** at 6:30 (読み方: six thirty) in the evening. 試合は夕方の6時半に開始された. → started は過去分詞で受け身の文. →**was** 助動 ❷
- When you press this button, the music **starts**. このボタンを押(お)すと音楽がスタートする.

会話

What time does school **start**? —It **starts** at eight.
学校は何時に始まりますか.—8時に始まります.

❸ (機械・事業などを)スタートさせる; 動き出す
- **start** an engine エンジンをかける
- **start** a car 自動車をスタートさせる
- **start** a school newspaper 学校新聞の発行を始める
- The car won't **start**. 車がどうしても動かない.

start off [**out**] 出発する

start over (**again**) (また)最初からやり直す

start with ~ ~で始まる, ~から始める
- The dictionary **starts with** the letter A. 辞書はAから始まる.

to start with まず第一に, 初めに (=to begin with)

— 名 (複 **starts** /stáːrts スターツ/)

❶ 出発(点), スタート; 開始
- make a **start** 出発する, 始める
- from the **start** 始めから

反対語 He was ahead **at the start**, but last **at the finish**. 彼は初めは先頭だったが最後はビリだった.
- We **made** an early **start** in the morning. 私たちは朝早く出発した.

❷ びっくり[ぎょっ]とすること, びっくり
- with a **start** びくっとして, はっとして

from start to finish 始めから終わりまで

starter /stá:rtər スタータ/ 图 始める人[もの]; 出足[動き]が…な人; 競走参加者; 先発選手; スタート合図係; 発車係; 起動装置, スターター

stárting pìtcher〔plàyer, líneup〕 图 先発投手[選手, メンバー]

startle /stá:rtl スタートゥる/ 動 びっくりさせる, ぎょっとさせる

starvation /sta:rvéiʃən スターヴェイション/ 图 飢餓(きが), 餓死(がし)

starve /stá:rv スターヴ/ 動 飢(う)える, 餓死(がし)する; 餓死させる

starving /stá:rviŋ スターヴィング/ 形 餓(う)えた, 餓死(がし)寸前の

state 🅰🄼 /stéit ステイト/ 图
❶ 国家, 国 → **country** 類似語
•an independent **state** 独立国
•This TV station is run by the **state**. このテレビ局は国に運営されている[国営だ].
❷ (しばしば **State** で)(米国・オーストラリアの)州 → **county**
•a **state** university [college] 州立大学
•Ohio **State**=the **State** of Ohio オハイオ州
•There are fifty **states** in the United States. 米国には50の州がある.
🈁会話 What **state** are you from? —I'm from New York. どこの州から来られたのですか.—ニューヨーク州からです.
❸ (the States で) 米国 → ふつう米国人が国外で自分の国を指していう時に使う.
❹ 状態, ありさま
•My house is very old and is **in a bad state**. 私の家はとても古くて状態が悪い.
— 動 (言葉・文書で正式に)述べる

Státe flówer 图 州花 → 米国各州で制定されているその州を象徴(しょうちょう)する花.

statement 🅰🄼 /stéitmənt ステイトメント/ 图 陳述(ちんじゅつ), 声明(書)

statesman /stéitsmən ステイツマン/ 图 (複 **statesmen** /stéitsmən ステイツマン/) 政治家 → 性差別を避(さ)けて statesperson ともいう. 類似語 **statesman** はふつう立派で尊敬される政治家. **politician** は悪い意味で使われることもある.

stateswoman /stéitswumən ステイツウマン/ 图 (複 **stateswomen** /stéitswimin ステイツウィミン/) (女性の)政治家 → **statesman**

station 小 🅰🄵 /stéiʃən ステイション/ 图 (複 **stations** /stéiʃənz ステイションズ/)
❶ (鉄道の)駅; (バスなどの)発着所
•a railroad [railway] **station** 鉄道の駅 → ふつうは単に **station** という.
•a subway **station** 地下鉄の駅
•Tokyo **Station** 東京駅 → 駅名には ×*the* がつかない.
•a bus **station** バス発着所, バスターミナル
•get off [change trains] at the next **station** 次の駅で降りる[乗り換(か)える]
•This train stops at every **station**. この電車は各駅に止まる.
関連語 Is there a **bus stop** or a **bus station** near here? この近くにバス停かバスターミナルがありますか.
❷ ～署, ～局, ～所, 本部
•a TV [radio] **station** テレビ[ラジオ]局
•a fire [police] **station** 消防[警察]署
•a weather **station** 測候所
•a gas **station** ガソリンスタンド
•a power **station** [plant] 発電所

stationary /stéiʃəneri ステイショネリ/ (→ stationery (文房具)と同音) 形 静止した; 据(す)えつけの

stationer /stéiʃənər ステイショナ/ 图 文房具(ぶんぼうぐ)商

stationery /stéiʃəneri ステイショネリ/ 图 文房具(ぶんぼうぐ)類

stationmaster /stéiʃənmæstər ステイションマスタ/ 图 (鉄道の)駅長

statue 小 🅰🄼 /stǽtʃu スタチュー/ 图 像, 彫像(ちょうぞう) → 特に等身大かそれ以上のものをいう.
•a marble [bronze] **statue** 大理石像[銅像]

Státue of Líberty 小 固名 (the をつけて) 自由の女神(めがみ)像 → ニューヨーク湾(わん)内の島にある銅像で台座も含(ふく)め高さ約93メートル.

stave /stéiv ステイヴ/ 图 ❶ (おけ・たるの)板; (はしごの)段 ❷ (音楽) 五線譜(ふ)

stay 小 🅰🄵 /stéi ステイ/ 動 (三単現 **stays** /stéiz ステイズ/; 過去・過分 **stayed** /stéid ステイド/; -ing形 **staying** /stéiiŋ ステイイング/)
❶ とどまる, いる, 滞在(たいざい)する, 泊(と)まる
🅰🄱基本 **stay** (at) home 家にとどまる[いる] → stay＋副詞(句). home だけでも「家に」という

steadily

意味の副詞.

- **stay** in＝stay (at) home（家にいる）
- **stay** behind（行かないで）あとに残る, 残留する, 留守番する
- **stay** with *one's* uncle おじの家に泊まる →stay with＋人.
- **stay at** a hotel [*one's* uncle's] ホテル[おじの家]に泊まる →stay at＋場所.
- 反対語 **Stay** here. Don't **go away**. ここにいなさい. ほかへ行ってはだめ.
- On Sundays he usually **stays** (at) home. 日曜日には彼はたいてい家にいます.
- Please come and **stay with** us for a few days. 2～3日泊まりにいらっしゃい.
- Who are you going to **stay with**? あなたは誰(だれ)のところに滞在するつもりですか. →意味のつながりの上では stay with who（誰のところに滞在する）だが, who は疑問詞なので文頭に出る.
- Let's **stay** to the end of the movie. 映画の終わりまでいようよ.
- **Stay** on this road until you come to the first intersection. 最初の交差点までこの道を進みなさい.
- He had a bad cold and **stayed** in bed for a week. 彼はひどい風邪(かぜ)をひいて1週間寝(ね)たきりだった.
- She **is staying** with her aunt. 彼女はおばの家に滞在しています. →現在進行形の文. →is 助動 ❶
- She **has been staying** with her aunt since last Sunday. 彼女はこの前の日曜日からずっとおばのところにいます. →現在完了(かんりょう)進行形の文. →have 助動 ❸

❷ ～のままでいる (remain)

- **stay** young いつまでも〔若いままでいる ⇨〕 若い →stay＋形容詞.
- **stay** still じっとしている, 静止している
- **stay** awake 目を覚ましている
- I hope the weather will **stay** fine. このよい天気が続いてくれるといいと思う.
- We **stayed** friends for many years. 私たちは何年もの間友達だった. →stay＋名詞.

stay away (from ～) （～から）離(はな)れている;（～を）欠席する[休む];（～を）留守にする

- He sometimes **stays away from** school. 彼は時々学校を休む.

stay out 外にいる; 外泊(がいはく)する

stay up （寝ないで）起きている (sit up)

- We **stayed up** very late last night. 私たちはゆうべはとても遅(おそ)くまで起きていた.

── 名 (複 **stays** /stéiz ステイズ/) 滞在

- during my **stay** in Canada 私のカナダ滞在中
- After a week's **stay** in Italy, I went to France. イタリアに1週間滞在したのち私はフランスへ行った.
- How did you enjoy your **stay** there? （そこの滞在を君はどのように楽しみましたか ⇨）そこにいた間いかがでしたか.

steadily /stédili ステディリ/ 副 着実に, 着々と, 一定のペースで →steady＋-ly.

steady /stédi ステディ/ 形 (比較級 **steadier** /stédiər ステディア/; 最上級 **steadiest** /stédiist ステディエスト/) ❶ ぐらつかない, しっかりした ❷ いつまでも変わらない, むらのない, 着実な

go steady 《話》いつも特定の相手とデートする, ステディーな関係になる

steak 小 A2 /stéik ステイク/ (→ea を /ei エイ/ と発音することに注意) 名

❶ **ステーキ**, ビーフステーキ (beefsteak)

🔊会話 How would you like your **steak**? —Rare [Medium, Well-done], please. ステーキはどのように焼きましょうか.—レアに[ふつうに, よく焼いたのに]してください.

❷ （魚の）厚い切り身

steal A2 /stí:l スティール/ 動 (三単現 **steals** /stí:lz スティールズ/; 過去 **stole** /stóul ストウル/; 過分 **stolen** /stóuln ストウルン/; -ing形 **stealing** /stí:liŋ スティーリング/)

❶ （こっそり）盗(ぬす)む →rob

- This cat often **steals** our dog's food. このネコはよくうちの犬の餌(えさ)を盗む.
- He **stole** a camera from the store. 彼はその店からカメラを盗んだ.
- a **stolen** car 盗まれた車, 盗難(とうなん)車 →過去分詞(盗まれた)が形容詞として使われたもの.
- Our bicycle was **stolen** last night. うちの自転車がゆうべ盗まれた. →受け身の文.
- I had my money **stolen**. 私はお金を盗まれた. →have A＋過去分詞は「Aを～される」.

❷ こっそり～する;（野球で）盗塁(とうるい)する

- **steal** into [out of] the room こっそり部屋に入り込(こ)む[部屋から出ていく]
- **steal** a glance at ～ ～をこっそり見る, ～を盗み見する

・Yamada **stole** second. 山田は2塁(るい)に盗塁[スチール]した.

steam /stí:m スティーム/ 名 蒸気, 湯気, スチーム

—— 動 ❶ 湯気を立てる
❷ (蒸気で)蒸(む)す, ふかす

steamboat /stí:mbout スティームボウト/ 名 小型汽船, 蒸気船

stéam èngine 名 蒸気機関(車)
stéam locomòtive 名 蒸気機関車 →日本語の「SL」はこれの頭文字(かしらもじ).

steel /stí:l スティーる/ 名 鋼鉄, はがね
steep /stí:p スティープ/ 形 けわしい, (坂が)急な
steeple /stí:pl スティープる/ 名 (教会などの)尖塔(せんとう); 細くて先がとがった形の屋根を持つ塔.

steer /stíər スティア/ 動 (自動車・船・飛行機などの)かじをとる, 操縦する; (かじを操(あやつ)って)進む

steering wheel /stíəriŋ (h)wí:l スティアリング(ホ)ウィーる/ 名 (自動車・船・飛行機などの)ハンドル →単に **wheel** ともいう. →**handle**

stem /stém ステム/ 名 ❶ (草花の)茎(くき)
❷ 船首, へさき (bow)

step 中 A1 /stép ステプ/

名 ❶ 足の運び, 一歩 意味 map
❷ 足音 (footstep)
❸ (踏(ふ)み)段; (**steps** で)階段
動 (一歩・少し)歩く

—— 名 (複 **steps** /stéps ステプス/)

❶ (歩く時・走る時・踊る時の)足の運び, 一歩, ステップ; 足取り, 歩調
・take a **step** forward 前に一歩出る
・If you move a **step**, I'll shoot! 一歩でも動くと撃(う)つぞ.
・Watch your **step**. 足もとに気をつけて.

Watch your step!

・That's one small **step** for a man, one giant leap for mankind. 1人の人間にとってこれは小さな一歩だが, 人類にとっては大きな飛躍(ひやく)だ. →米国アポロ11号の船長 Neil A. Armstrong が人類として初めて月面に降り立った時の第一声.

・She stood a few **steps** away **from** us. 彼女は私たちから2～3歩離(はな)れたところに立っていた.
・His **step** was fast and light. 彼の足取りは速くて軽かった.
・He walked with quick **steps**. 彼は速い足取りで歩いた.

❷ 足音 (footstep); 足跡(あしあと) (footprint)
・I heard some **steps** on the stairs. 階段で足音が聞こえた.

❸ (階段・はしごの)(踏み)段; (**steps** で) (ふつう屋外の)階段 →**stair**
・go up the **steps** to the door 戸口への階段を上がって行く
・go down the **steps** into the cellar 地下室への階段を降りて行く
・Mind the **step**. (段があるから)段に気をつけろ. →Mind your step. は「足もとに気をつけろ」.
・She came down the **steps**. 彼女は階段を降りて来た.

keep step with ~ ～と歩調を合わせる
step by step 一歩一歩, 着実に
take steps 処置をする, 手段をとる

—— 動 (三単現 **steps** /stéps ステプス/; 過去・過分 **stepped** /stépt ステプト/; -ing形 **stepping** /stépiŋ ステピング/)
(一歩・少し)歩く; 踏む
・**step** aside 脇(わき)によける, 避(さ)ける
・**step** out (建物・乗り物などから)出る[降りる]
・**step** on the brake ブレーキを踏む
・**step** over a puddle 水たまりをまたいで通る
・When your name is called, **step** forward. 名前を呼ばれたら前へ出なさい.
・**Step** in, please. どうぞお入りください.
・Sorry! Did I **step on** your foot? 失礼! 足を踏んだでしょうか.
・They **stepped** into a boat. 彼らはボートに乗り込(こ)んだ.

stepladder /stéplædər ステプらダ/ 名 きゃたつ, 踏(ふ)み台

stereo /stériou ステレオウ/ 名 (複 **stereos** /stériouz ステレオウズ/) ステレオ

stern[1] /stə́:rn スターン/ 形 厳格な, 厳しい (strict, severe)

stern[2] /stə́:rn スターン/ 名 船尾(せんび), とも →

stew
bow³

stew /stjúː ステュー/ 名 シチュー
• We had beef **stew** for dinner. 私たちは晩ご飯にビーフシチューを食べた.

steward /stjúərd スチュアド/ 名 (客船・旅客(りょかく)機・列車内の男性の)**客室乗務員, スチュワード** → **flight attendant**

stewardess /stjúərdis スチュアデス/ 名 (客船・旅客(りょかく)機・列車内の女性の)**客室乗務員, スチュワーデス** → **flight attendant**

stick¹ /stík スティク/ 動 (三単現 **sticks** /stíks スティクス/; 過去・過分 **stuck** /stʌ́k スタク/; -ing形 **sticking** /stíkiŋ スティキング/)
❶ 突(つ)き刺(さ)す; 突き刺さる
• **stick** one's finger with a needle 針で指を刺す
• He **stuck** his fork into a potato. 彼はフォークをジャガイモに突き刺した.
• There is a fish bone **stuck** in my throat. 喉(のど)に魚の骨が刺さっている. → stuck (過去分詞. 突き刺された～)は a fish bone を修飾(しゅうしょく)する.
• A thorn **stuck** in my foot. とげが足に刺さった.
❷ (のりなどで)貼(は)る, くっ付ける; くっ付く
• **Stick** a stamp on the envelope. 封筒(ふうとう)に切手を貼りなさい.
❸ (のりで付けたように)動かない, 動かなくなる
• Our car **stuck** in the mud. 私たちの車は泥(どろ)にはまって動かなくなってしまった.

stick out 突き出す; 突き出る
• **stick out** one's tongue 舌を出す

stick to ～ ～にくっ付いて離(はな)れない; ～を固く守る
• **stick to** one's promise 約束を固く守る
• **stick to** one's work 仕事をやめない[あくまで続ける]

stick² /stík スティク/ 名
❶ 棒きれ; (落ちたり切り取られたりした)小枝; (キャンディーなどの)棒状の物
• a **stick** of candy (棒状の)キャンディー1本
• a bundle of **sticks** (薪(たきぎ)にする)小枝の束
• gather **sticks** for a fire 火をたくために小枝を集める
❷ つえ, ステッキ → **walking stick** ともいう.
• walk with a **stick** つえをついて歩く
❸ (ホッケーの)スティック; 指揮棒

sticker /stíkər スティカ/ 名 ステッカー, のり付

きラベル[ポスター] → 表面に絵や文字を印刷したのり付きの「シール」のこと. **seal** にはこの意味はない.

sticky /stíki スティキ/ 形 (比較級 **stickier** /stíkiər スティキア/; 最上級 **stickiest** /stíkiist スティキエスト/) ねばねばする, べたべたする, くっ付く → stick+-y.

sticky note 名 のり付きふせん紙, 《商標》ポストイット

stiff /stíf スティフ/ 形 固い, こわばった
• **stiff** cardboard 固いボール紙
• My neck is very **stiff**; I can't turn my head. (私の首はとても固い ⇒)肩(かた)がとてもこっていて首を回せない.

still 小 A1 /stíl スティる/

副	❶ 今でも, まだ	意味map
	❷ なお一層	
形	静かな; じっとして動かない	

—— 副 (→比較変化なし)
❶ 今でも, 今なお, まだ → **yet** ❶
最頻基本 He is **still** asleep. 彼はまだ眠(ねむ)っている. → **still** の位置は be 動詞の後, 一般(いっぱん)動詞の前.
最頻基本 I **still** love you. 私は今でも君を愛しています.
• It's **still** dark outside. 外はまだ暗い. →「もう暗い」は It's **already** dark.
• It is **still** raining. まだ雨が降っている.
• Is he **still** angry? 彼はまだ怒(おこ)っていますか.
• The ground is **still** covered with snow. 地面はまだ雪に覆(おお)われている.
• The light of his room was **still** on. 彼の部屋の明かりはまだついていた.
❷ なお一層, さらに → 形容詞・副詞の比較(ひかく)級を強める.
• Bob is tall, but Lucy is **still** taller. ボブは背が高いがルーシーはさらに高い.
❸ それでも
• I knocked harder. **Still** there was no answer. 私はもっと強くノックした. しかしそれでも返事がなかった.

—— 形 (比較級 **stiller** /stílər スティら/; 最上級 **stillest** /stílist スティれスト/)
静かな; じっとして動かない; 静止した
• a **still** night 静かな夜
• keep **still** じっとしている; 黙(だま)っている

six hundred and thirty-one　631　**stop**

- stand **still** じっと動かないで立っている
- sit **still** じっと座(すわ)っている
- The sea was calm and **still**. 海は波もなく静かであった.

stilt /stílt スティるト/ 名 **(stilts で) 竹馬**

sting /stíŋ スティング/ 名 ❶(ハチなどの)**針**; (植物の)**とげ** ❷刺**すこと, 刺されること; 刺し傷**
類似語 **bite** ((蚊(か)が)刺すこと, (蚊の)刺し傷)
── 動 (三単現 **stings** /stíŋz スティングズ/; 過去・過分 **stung** /stʌ́ŋ スタング/; -ing形 **stinging** /stíŋiŋ スティンギング/)(針で)**刺す; 刺すような痛みを感じさせる; 刺すように痛む**

stingy /stíndʒi スティンヂ/ 形 (比較級 **stingier** /stíndʒiər スティンヂア/; 最上級 **stingiest** /stíndʒiist スティンヂエスト/)
《話》**けちな; 乏(とぼ)しい**

stir /stə́ːr スタ〜/ 動 (三単現 **stirs** /stə́ːrz スタ〜ズ/; 過去・過分 **stirred** /stə́ːrd スタ〜ド/; -ing形 **stirring** /stə́ːriŋ スタ〜リング/)
(かすかに)**動かす; かき回す; 動く**

stitch /stítʃ スティチ/ 名 **一針, 一縫(ぬ)い**
ことわざ A **stitch** in time saves nine. よい時期の一針は九針を省く.→「事は手遅(おく)れになれば労力が多くなる」の意味.

stock /sták スタク/ 名 ❶**たくわえ, 貯蔵; (商品の)在庫, ストック, 在庫品** ❷《米》(会社の)**株, 株式 (《主に英》share)**
── 動 **仕入れる, 備える**

stóck exchànge 名 **証券取引所**

Stockholm /stákhou(l)m スタクホウ(る)ム/ 固名 **ストックホルム** →スウェーデン (Sweden) の首都.

stocking /stákiŋ スタキング/ 名 **ストッキング, (女性用)長靴下(くつした)** 類似語 **sock** (短い靴下)
- a pair of **stockings** 靴下1足

stockroom /stá:kru:m スタクルーム/ 名 (商品・物資などの)**貯蔵室, 倉庫**

stole /stóul ストウる/ 動 **steal の過去形**

stolen /stóuln ストウるン/ 動 **steal の過去分詞**

stomach /stʌ́mək スタマク/ 名 **胃; (俗(ぞく)に)腹 →belly**
- I have a pain in my **stomach**. (= I have a stomachache.) 私は胃[おなか]が痛い.

stomachache A2 /stʌ́məkeik スタマクエイク/ 名 **腹痛; 胃痛 →ache**
- I have a **stomachache**. 私は胃[おなか]が痛い.

- John is absent from school with a **stomachache**. ジョンはおなかが痛くて学校を休んでいます.

stomp /stámp スタンプ/ 動 (不機嫌に)**どたばた歩く**

stone A1 /stóun ストウン/ 名
❶**石, 小石; 石材**
- as hard as **stone** 石のように硬(かた)い →石の持っている性質をいっているから物質名詞として扱(あつか)い, ×a stone としない.
- a bridge of **stone**＝a **stone** bridge 石橋 →石材を意味する時は ×a stone としない.
- The bridge is built of **stone**. その橋は石で造られている.
- I've got a **stone** in my shoe. 靴(くつ)の中に石ころが入ってしまった.
- Don't **throw stones** at the birds. 小鳥に石を投げるな.
❷**宝石 (jewel)** →precious (/プレシャス/ (貴重な))をつけて a **precious stone** ともいう.
❸(ウメ・サクランボなどの堅(かた)い)**種 →seed**

Stóne Àge 名 **石器時代**

stony /stóuni ストウニ/ 形 (比較級 **stonier** /stóuniər ストウニア/; 最上級 **stoniest** /stóuniist ストウニエスト/)**石の多い, 石ころだらけの; 石のような, 冷たい, 無表情な →stone＋-y.**

stood /stúd ストゥド/ 動 **stand の過去形・過去分詞**

stool /stú:l ストゥーる/ 名 (背のない)**腰(こし)かけ, スツール**

stoop /stú:p ストゥープ/ 動 **かがむ, 前かがみになる**

stop 小 A1 /stáp スタプ|stɔ́p ストプ/

動 ❶**止める; 止まる**　意味map
❷(出る物・出入り口などを)**止める, ふさぐ**
名 ❶**止まること, 停止**
❷(バスなどの)**停留所**
── 動 (三単現 **stops** /stáps スタプス/; 過去・過分 **stopped** /stápt スタプト/; -ing形 **stopping** /stápiŋ スタピング/)
❶**止める, やめる; やめさせる; 止まる**
中学基本 **stop** a car 車を止める →stop＋名詞.
- **stop** a fight けんかを止める
- **stop** talking 話すのをやめる
POINT 上の例の talking は talk (話す)の動名詞で, stop の目的語.

store

- **stop** to talk 話をするために立ち止まる，立ち止まって話をする

> **POINT** 上の例の不定詞 to talk は「話をするために」．stop は不定詞を目的語にとらない．

- **stop** him from *doing* 彼が~するのをやめさせる[彼に~させない]
- **Stop**, thief! 止まれ，どろぼう!
- **Stop** him! He's stolen my bag! その男を止めてくれ[捕(つか)まえてくれ]! その男が私のかばんを盗(ぬす)んだんだ! → He's stolen (= He has stolen) は現在完了(かんりょう)の文．→ **have** [助動] ❶
- 基本 The bus **stops** in front of the zoo. バスは動物園前で止まります．→ stop+場所を示す副詞(句).
- It **stopped** raining. = The rain **stopped**. 雨がやんだ．→ It は漠然(ばくぜん)と「天候」を表す．
- He **stopped** reading the notice and went away. 彼は掲示(けいじ)を読むのをやめて立ち去った．
- He **stopped** to read the notice. = He **stopped** and read (過去形 /レド/) the notice. 彼は掲示を読むために立ち止まった[立ち止まって掲示を読んだ]．
- The rain **has stopped** and the sun is shining. 雨がやんで日が照っている．→ has stopped は現在完了形．→ **have** [助動] ❶
- I **was stopped** by a police officer. 私は警官に呼び止められた．→ stopped は過去分詞で受け身の文．→ **was** [助動] ❷
- The rain **is stopping**. 雨がやみかけている．→ 現在進行形の文．→ **is** [助動] ❶
- Our train ran all night without **stopping** at any station. 我々の乗った列車はどこの駅にも止まらずに一晩じゅう走った．→ 動名詞 stopping (止まること)は前置詞 without の目的語．

❷ (出る物・出入り口などを)**止める**，ふさぐ，栓(せん)をする

- **stop** water [gas] 水道[ガス]を止める
- **stop** (up) a hole in the pipe パイプの穴をふさぐ
- **stop** (up) a bottle 瓶(びん)に栓をする
- She **stopped** her ears with her fingers. 彼女は指で耳をふさいだ．

***stop by* [*in*]** 《米》(途中(とちゅう)で)ちょっと立ち寄る

- Won't you **stop by** for a coffee? ちょっとうちに寄ってコーヒーでもいいかが?

Stop it! 《話》やめて!

***stop over* [*off*]** (旅行の)途中で降りる，途中下車する

- We **stopped over** in Boston for the night. 私たちは途中ボストンで1泊(ぱく)した．

── 名 (複 **stops** /stáps スタプス/)

❶ **止まること**，やめること，停止，休止

- come to a **stop** 止まる
- put a **stop** to ~ ~をやめる[やめさせる]
- The train came to a sudden **stop**. 電車が急停止した．
- We'll have a short **stop** here, and you can get off the bus. ここで少し停車しますからバスから降りてもいいです．

❷ (バスなどの)**停留所**

- a bus stop バス停留所
- I get off at the next **stop**. 私は次の停留所で降ります．

store 小 A1 /stɔ́ːr ストー/ 名

(複 **stores** /stɔ́ːrz ストーズ/)

❶ 《米》**店**，商店 → 英国ではふつう **shop** という．

- a fruit **store** 果物屋さん
- keep a **store** 店をやっている → **storekeeper**
- play **store** (子供が)お店屋さんごっこをする
- We buy clothing at this **store**. 私たちはこの店で衣類を買う．

❷ **たくわえ**，貯蔵; たくさん

- have a good **store** of food たくさんの食糧(しょくりょう)のたくわえがある

in store たくわえて，用意されて

- We have a lot of food **in store**. 私たちはたくさんの食糧を用意してある．

── 動 (三単現 **stores** /stɔ́ːrz ストーズ/; 過去・過分 **stored** /stɔ́ːrd ストード/; -ing形 **storing** /stɔ́ːriŋ ストーリング/)

six hundred and thirty-three　633　**straight**

たくわえる, 貯蔵する; しまっておく

storehouse /stɔ́:rhaus ストーハウス/ 图 **倉庫**

storekeeper /stɔ́:rki:pər ストーキーパ/ 图 《米》店の主人, 小売商(人) (《英》shopkeeper)

storeroom /stɔ́:rru:m ストールーム/ 图 **貯蔵室, 物置**

storey /stɔ́:ri ストーリ/ 图 《英》=story²

stork /stɔ́:rk ストーク/ 图 《鳥》コウノトリ

イメージ〈stork〉

よく人家の煙突(えんとつ)の上に巣を作る. コウノトリが巣をつくった家には幸福が訪(おとず)れるとか, コウノトリは赤ちゃんをくわえて運んで来るという言い伝えがある.

---

storm A2 /stɔ́:rm ストーム/ 图 **嵐(あらし), 暴風雨** →「突然(とつぜん)の激しい音・感情」などの意味でも使われる. →**snowstorm**

• Their boat sank in the **storm**. 彼らの(乗った)舟(ふね)は嵐で沈(しず)んだ.

• We're going to have a **storm** tonight. 今夜は嵐がやって来そうだ. →be going to do は「〜しようとしている」.

• a **storm** of cheers 喝采(かっさい)の嵐, 嵐のような喝采

stormy /stɔ́:rmi ストーミ/ 形 (比較級 **stormier** /stɔ́:rmiər ストーミア/; 最上級 **stormiest** /stɔ́:rmiist ストーミエスト/) 嵐(あらし)の, 暴風雨の; 荒(あ)れ狂(くる)う

story¹ 小 A1 /stɔ́:ri ストーリ/ 图 (複 **stories** /stɔ́:riz ストーリズ/)

❶ **物語, 話**

POINT 本当の話にも架空(かくう)の話にも, また書かれたものにも口で述べられたものにも幅(はば)広く使う.

• a fairy **story** (=a fairy tale) おとぎ話

• a **story** of adventure 冒険(ぼうけん)物語

• a short **story** 短編小説

• a newspaper **story** 新聞記事

• Tell us a **story**, Grandma. おばあちゃん, 私たちにお話してよ.

• There's an old Japanese **story** about the moon. 月についての日本の昔話がある.

• She told them the **story** of her life. 彼女は彼らに自分の身の上話をした.

❷ **作り話, でたらめ** →ふつう子供の間で, あるいは子供に対して使う.

• Don't tell **stories**! でたらめ言わないで.

story² /stɔ́:ri ストーリ/ 图 (複 **stories** /stɔ́:riz ストーリズ/) 《米》(家の)**階** →英国では **storey** とつづる. 建物の高さに重点を置いてその階層をいう時に使う. →**floor** ❷

• a two-**story** house 2階建ての家

• a house of three **stories** 3階建ての家

• How many **stories** does the building have? そのビルは何階建てですか.

• The Empire State Building is one hundred two **stories** high. エンパイアステートビルは102階の高さがある.

storybook /stɔ́:ribuk ストーリブク/ 图 **物語の本, 童話の本**

storyteller /stɔ́:ritelər ストーリテラ/ 图 **物語を語る人; 物語作家**

storytelling /stɔ́:riteliŋ ストーリテリング/ 图 **物語を話す[書く]こと**

stout /stáut スタウト/ 形 ❶ **丈夫(じょうぶ)な, 強い; 勇敢(ゆうかん)な** ❷ **太った** →**fat** の遠回しな言い方.

stove A2 /stóuv ストウヴ/ 图

❶ (暖房(だんぼう)用)**ストーブ, 暖炉(だんろ)** →一般(いっぱん)的には **heater** という.

❷ 《米》料理こんろ, レンジ (《英》cooker)

• Mother cooks on a gas **stove**. 母はガスレンジで料理をする.

St. Patrick's Day /sein(t) pǽtrikz dèi セイント パトリクズ デイ/ 图 **聖パトリックの祝日**(3月17日) →聖パトリックはアイルランドの守護聖人.

St. Paul's Cathedral /sein(t) pɔ́:lz kəθí:drəl セイント ポーるズ カすィードラる/ 固名 (ロンドンの)**セントポール大聖堂**

St. Peter's Basilica /sein(t) pí:tərz bəsílikə セイント ピータズ バシリカ/ 固名 **サンピエトロ大聖堂** →バチカン市国にあるローマカトリック教会の総本山.

straight 小 A1 /stréit ストレイト/ (→gh は発音しない) 形 ❶ **まっすぐな**

• a **straight** road まっすぐな道

• a **straight** line 直線

❷ **正直な, 率直(そっちょく)な**

• I'll give you a **straight** answer. 正直に[率直に]お答えしましょう.

• He is always **straight with** me. 彼は私にはいつも率直にものを言う.

—— 副 ❶ **まっすぐに**

• go **straight** on まっすぐに進んで行く

straighten

634　six hundred and thirty-four

• go **straight** home （どこにも寄らずに）まっすぐ家へ帰る

• She looked me **straight** in the eye. 彼女はまっすぐに私の目を見た.

❷ 正直に, 率直に

• Tell me **straight**. 正直に話してくれ.

❸ 続けて, ぶっ続けに

• for three weeks **straight** 3週間連続で

straighten /stréitn ストレイトン/ 動 まっすぐにする; まっすぐになる

strain /stréin ストレイン/ 動 ❶（綱(つな)などが）ぴんと張る;（目・耳を）精いっぱい働かせる ❷（筋肉などを）最大限[無理]に使う;（使い過ぎて）痛める,（筋などを）違(ちが)える, くじく ❸（液体を）こす

strait /stréit ストレイト/ 名 海峡(かいきょう)

Stráits of Dóver 固名 （the をつけて）ドーバー海峡(かいきょう) → 英国のドーバー (Dover) とフランスのカレー (Calais) との間の海峡(最短幅(はば)約32km)で, 英国からヨーロッパ大陸に最も近い距離(きょり). 遠泳のコースとしても有名.

strange 中 A1 /stréindʒ ストレインヂ/

形 ❶ 見た[聞いた]ことのない, 未知の; 未経験で

• There is a **strange** cat in our garden. うちの庭に見慣れないネコがいるよ.

❷ 変な, 奇妙(きみょう)な, 不思議な

• A **strange** thing happened. 不思議な事が起こった.

• There is something **strange** about him. 彼には何か変なところがある. → something, anything, nothing などには形容詞が後ろにつく.

会話 Tom's ill in bed with a bad cold. —That's **strange**. I saw him in the supermarket this morning. トムはひどい風邪(かぜ)をひいて寝(ね)ているよ. —それは変だな. 今朝スーパーで彼を見かけたよ.

• It is **strange that** John is not here. He always comes at this time. ジョンがここにいないとは変だ. 彼はいつもこの時間に来るのに. → It=that 以下.

ことわざ Fact is **stranger** than fiction. 事実は小説よりも奇(き)なり.

feel strange （目まいなどして）体の調子が変だ;（いつもと）勝手が違(ちが)って変な気がする, 落ち着かない

• I **feel strange** on the first day at school after a long vacation. 長い休暇(きゅ

うか)の後の学校での第1日めはどうも落ち着かない.

strange to say 不思議な話だが

• **Strange to say**, this bird cannot fly. 不思議なことにこの鳥は飛べないのです.

strangely /stréindʒli ストレインヂリ/ 副 奇妙(きみょう)に; 不思議そうに; 不思議なことには

stranger A2 /stréindʒər ストレインヂャ/ 名

❶ 見知らぬ人, よその人, 他人

• He is a **stranger** [no **stranger**] to me. 彼は私には見知らぬ人[知っている人]だ.

• We are **strangers** to each other. 私たちはお互(たが)いに知らない同士だった.

❷ よそから（初めて）来た者, 不案内の人

• I am a **stranger** here. 私はここは初めてです(からこの辺については知りません).

strap /stráp ストラプ/ 名 （革(かわ), 布などの）ひも, バンド, ストラップ;（電車などの）つり革;（服などの）肩(かた)ひも → 時計の革バンド, ショルダーバッグのつりひも, ブックバンドなど.

strategy A2 /strátədʒi ストラテヂ/ 名 （複 **strategies** /strátədʒiz ストラテヂズ/）（大がかりな）戦略, 作戦

straw /stró: ストロー/ 名 ❶ わら, 麦わら ❷（飲み物用の）ストロー

strawberry 小 /stró:beri ストローベリ/ 名 （複 **strawberries** /stró:beriz ストローベリズ/）《果物》イチゴ

stray /stréi ストレイ/ 動 迷い出る, 道に迷う, さまよう

── 形 迷い出た, 道に迷った → 名詞の前にだけつける.

stream /strí:m ストリーム/ 名

❶ 小川,（川・液体などの）流れ

• a small **stream** 小さな小川

• a **stream** of tears 流れ出る涙(なみだ)

• swim against [with] the **stream** 流れに逆らって[乗って]泳ぐ

❷（人・車などの）流れ

• There is a long **stream** of cars on the road. 道路には自動車の長い流れがある[自動車が長く続いて動いている].

── 動 流れる

• The moonlight **streamed** into the room. 月の光が部屋の中に流れ込(こ)んだ.

• Tears **were streaming** down her cheeks. 涙が彼女のほおを流れ落ちていた.

streamer /strí:mər ストリーマ/ 名 飾りリボン;（船の出航・パレードなどで用いる）紙テープ

streamline /strí:mlain ストリームライン/ 動
流線形にする; 合理化する, 簡素化する
―― 名 形 流線形(の)

street 小 A1 /strí:t ストリート/ 名
(複 **streets** /strí:ts ストリーツ/)
通り, 街路 →片側あるいは両側に建物が並んでいる道. 宛名(あてな)で書く時はしばしば **St.** または **St** と略す. →**avenue**
• walk along [up, down] the **street** 通りを歩く
• cross a **street** 通りを渡(わた)る
• Madison **Street** マディソン街
• a shopping **street** 商店街
• I met Bob on [in] the **street**. 私は通りでボブに出会った. →ふつう米国では on, 英国では in が使われる.
🗨会話 **On** [**In**] what **street** do you live? —I live **on** [**in**] Park **Street**. あなたは何通りに住んでいるのですか.―私はパーク通りに住んでいます.
• The **streets** are busy now. 通りは(どこも)今混んでいます.

streetcar /strí:tka:r ストリートカー/ 名 《米》市街電車, 路面電車 (《英》tram)

stréet children 图 浮浪(ふろう)児, ストリートチルドレン →災害・貧困(ひんこん)などで住む家がなく, 路上で生活している子供たちのこと.

strength A2 /stréŋθ ストレンヶす/ 名 力, 体力; 強さ, 強度 関連語 「強い」は **strong**.
• the **strength** of a rope ロープの強度
• a man of great **strength** 非常に力の強い男
• I pulled the rope with all my **strength**. 私は力いっぱいロープを引いた.

strengthen /stréŋθn ストレンヶすン/ 動 強くする; 強くなる

stress /strés ストレス/ 名 ❶ 圧迫(あっぱく), 圧力; (精神的)緊張(きんちょう)感, ストレス ❷ 強調, 重点 ❸ (発音する時の)強勢, アクセント (accent)
―― 動 ❶ 強調する, 力説する ❷ 強勢[アクセント]を置く, 強く発音する

stretch /strétʃ ストレチ/ 動 伸(の)ばす, 張る, 広げる (**stretch out** ともいう); 伸びる
―― 名 ❶ 伸ばす[広げる]こと; 伸び ❷ 広々とした広がり; (時間・仕事などの)ひと続き

stretcher /strétʃər ストレチャ/ 名 担架(たんか), ストレッチャー

strict A1 /stríkt ストリクト/ 形
❶ 厳格な, 厳しい
• **strict** rules 厳格な規則
• Our teacher is **strict** but fair. 私たちの先生は厳しいけれど公平だ.
❷ 厳密な, 正確な

strictly /stríktli ストリクトリ/ 副 厳しく; 厳密に
strictly speaking 厳密に言えば

stridden /strídn ストリドン/ 動 **stride** の過去分詞

stride /stráid ストライド/ 動 (三単現 **strides** /stráidz ストライヅ/; 過去 **strode** /stróud ストロウド/; 過分 **stridden** /strídn ストリドン/; -ing形 **striding** /stráidiŋ ストライディンヶ/)
大またに歩く; またぐ
―― 名 大また(の歩き方); ひとまたぎ
• at a **stride** ひとまたぎに
• walk with rapid **strides** 大またに急いで歩く

strike A2 /stráik ストライク/ 動
三単現	**strikes** /stráiks ストライクス/
過去・過分	**struck** /strʌk ストラク/
-ing形	**striking** /stráikiŋ ストライキンヶ/
❶ 打つ (hit); たたく, 殴(なぐ)る; (時計が時を)打つ →**beat**
• **strike** a ball with a bat バットでボールを打つ
• **strike** him on the head [in the face] 彼の頭[顔]を殴る →strike A (人) on [in] the B (体の部分)は「AのBを打つ」.
ことわざ **Strike** while the iron is hot. 鉄は熱いうちに打て. →「機会を逃(のが)すな」の意味.
• The clock is now **striking** twelve. 時計が今12時を打っている. →**is** 助動 ❶
• A stone **struck** me **on** the head. 石が私の頭にあたった.
• His head **struck** the floor when he fell. 彼は倒(たお)れた時頭を床(ゆか)にぶつけた.
• The tree **was struck** by lightning. その木は稲妻(いなずま)に打たれた. →**was** 助動 ❷
❷ (マッチを)する, (マッチをすって火を)つける
• **strike** a match マッチをする
• **strike** a light (マッチをすって)火をつける
❸ 思いつく, 心を打つ, ～と思わせる
• A good idea just **struck** me. 今ちょうどいい考えが浮(う)かんだ.
❹ ストライキをする
• The workers are **striking** for higher

strikeout 636 six hundred and thirty-six

wages. 労働者は賃上げを求めてスト中だ.

strike out （野球で）三振(さんしん)させる[する]; （文字などを）消す, 削除(さくじょ)する (cross out)

── 名 ❶ 打つこと, 攻撃(こうげき)

❷ （野球の）ストライク →**ball**¹ ❸

• Three **strikes** and you're out. スリーストライクでアウト.

❸ （労働運動の）ストライキ

• go on **strike** ストライキをする

• The workers are on **strike** for a raise. 労働者は賃上げを求めてスト中だ.

strikeout /stráikaut ストライカウト/ 名 《野球》三振(さんしん)

striking /stráikiŋ ストライキング/ 形 目だった, 人目をひく

string A2 /stríŋ ストリング/ 名 ❶ ひも
類似語 string は thread よりも太く, cord よりも細いもの. →**cord**

• a piece of **string** 1本のひも

• He tied the books together with **string**. 彼はひもで本を縛(しば)った.

❷ （ひもに通した）ひとつなぎ, じゅずつなぎ, 一連

• a **string** of pearls （糸に通した）真珠(しんじゅ)のひとつなぎ, (1本の)真珠の首飾(かざ)り

• a **string** of paper crane （ひとつながりの折り鶴）⇨千羽鶴

❸ （楽器の）弦(げん), (弓の)弦(つる); **(the strings で) 弦楽器(部), ストリングス**

stringed instrument /stríŋd ínstrumənt ストリングド インストルメント/ 名 弦(げん)楽器

strip¹ /stríp ストリプ/ 動 三単現 **strips** /stríps ストリプス/; 過去・過分 **stripped** /strípt ストリプト/ -ing形 **stripping** /strípiŋ ストリピング/ 脱(ぬ)がせる, 裸(はだか)にする, (皮などを)はぐ; 裸になる

strip² /stríp ストリプ/ 名 細長い1片(ぺん)

stripe /stráip ストライプ/ 名 筋, しま

striped /stráipt ストライプト/ 形 筋のある, しまの →**stripe**

strive /stráiv ストライヴ/ 動 三単現 **strives** /stráivz ストライヴズ/; 過去 **strove** /stróuv ストロウヴ/, **strived** /stráivd ストライヴド/; 過分 **striven** /strívn ストリヴン/, **strived**; -ing形 **striving** /stráiviŋ ストライヴィング/ 努力する, 懸命(けんめい)になる

striven /strívn ストリヴン/ 動 **strive** の過去分詞

strode /stróud ストロウド/ 動 **stride** の過去形

stroke /stróuk ストロウク/ 名
❶ 打つこと, 一撃(いちげき); (時計・鐘(かね)の)打つ音
❷ （水泳の）ひとかき, (ボートの)ひとこぎ, (テニスなどの)ひと打ち; (ペンの)一筆; (やさしい)ひとなで →規則的に繰(く)り返す動作の1回分の動き・そのやり方.
❸ 思いがけないこと; (病気の)発作(ほっさ), 脳溢血(のういっけつ)

── 動 なでる, さする

stroll /stróul ストロウル/ 動 ぶらぶら歩く, 散歩する

── 名 ぶらぶら歩き, 散歩

stroller /stróulər ストロウら/ 名 ❶ ぶらぶら歩く人 ❷ 《米》腰(こし)かけ式ベビーカー（《英》pushchair) →「ベビーカー」は和製英語. →**baby buggy**

strong 小 A1 /stró:ŋ ストローング|strɔ́ŋ ストロング/ 形 比較級 **stronger** /stró:ŋgər ストローンガ/; 最上級 **strongest** /stró:ŋgist ストローンゲスト/ (→比較級・最上級は /g グ/ の音が入るので注意)

❶ （力が）強い, 丈夫(じょうぶ)な, 頑健(がんけん)な
基本 a **strong** wind 強い風 →strong＋名詞

• a **strong** man （力の)強い人, 力持ち.
基本 He is very **strong**. 彼はとても力が強い. →be 動詞＋strong.
反対語 He has a **weak** body, but his mind is **strong**. 彼は体は弱いが精神は強い.
会話 Which is **stronger**, a lion or a tiger?—A tiger is (**stronger**) than a lion. ライオンとトラとどちらが強いでしょうか.—トラです.

• I think an elephant is the **strongest** of all the animals. ゾウはすべての動物のうちで一番強いと思います.

❷ （味・においなどが）濃(こ)い, 強い

• **Strong** coffee keeps you awake. （濃いコーヒーは君を目ざめさせておく ⇨）濃いコーヒーを飲むと眠(ねむ)れなくなるよ. →keep A B (形容詞)は「AをB(の状態)にさせておく」.

• There's a **strong** smell of gas. すごくガスのにおいがする.

❸ 得意な, 優(すぐ)れた

• Speaking English is his **strong** point. 英語をしゃべるのは彼の得意とするところだ.

❹ （数の後につけて)総勢～の

six hundred and thirty-seven　637　**stuff**

・an army 10,000 **strong** 総勢1万の軍隊

strongly A2 /strɔ́ːŋli ストローングリ/ 副 強く

strove /stróuv ストロウヴ/ 動 **strive** の過去形

struck /strák ストラク/ 動 **strike** の過去形・過去分詞

structure A2 /stráktʃər ストラクチャ/ 名
❶ 構造 ❷ 建物, 建造物 (building)

struggle /strʌ́gl ストラグル/ 動 もがく; 戦う, 奮闘(ふんとう)する
・**struggle** for ～ ～を得ようとして戦う[苦闘(くとう)する]
・**struggle** to *do* ～しようともがく[奮闘する]
・**struggle** with [against] ～ ～と戦う
── 名 もがき, 苦闘

stubborn /stʌ́bərn スタボン/ 形 頑固(がんこ)な, 強情(ごうじょう)な; 手に負えない

stuck /stʌ́k スタク/ 動 **stick**¹ の過去形・過去分詞

student 小 A1 /stjúːdənt ステューデント/ 名 (複 **students** /stjúːdənts ステューデンツ/) ❶ 生徒, 学生 →**pupil**¹

⦿POINT 米国では中学校以上, 英国では大学の学生を指す.

・a high school **student** ハイスクールの生徒
・a college **student** 大学生
・I'm a second year **student**. 私は2年生です.
・There are 300 **students** in our school. 私たちの学校には300人の生徒がいます.
❷ 研究者, 研究家
・a **student** of Shakespeare シェークスピアの研究者

stúdent téacher 名 教育実習生, 教生

studied /stʌ́did スタディド/ 動 **study** の過去形・過去分詞

studies /stʌ́diz スタディズ/ 動 名 **study** 動 の3人称(しょう)単数現在形; **study** 名 の複数形

studio /stjúːdiou ステューディオウ/ (×/スタディオ/ ではない) 名 (複 **studios** /stjúːdiouz ステューディオウズ/) (芸術家の)仕事場, 制作室, スタジオ, アトリエ; 映画撮影(さつえい)所; 放送スタジオ, (CDなどの)録音室

study 小 A1 /stʌ́di スタディ/ 動 (三単現 **studies** /stʌ́diz スタディズ/; 過去・過分 **studied** /stʌ́did スタディド/; ‐ing形 **studying**

/stʌ́diiŋ スタディイング/)
❶ 勉強する, 研究する →**learn**
困基本 **study** for a test テストのために勉強する →study＋副詞(句).
・**study** abroad 外国で勉強する, 海外留学をする
困基本 We **study** English at school. 私たちは学校で英語を勉強します. →study＋名詞.
・She **studies** French on television. 彼女はテレビでフランス語を勉強します.
・She wants to go to France to **study** French. 彼女はフランス語を勉強するためにフランスへ行きたがっている. →不定詞 to study は「勉強するために」. →**to** ❾ の ③
関連語 Pat **studied** Japanese at college and **learned** to read some Chinese characters as well. パットは大学で日本語を勉強して漢字も少し読めるようになった.
・She **has studied** Spanish for two years. 彼女はスペイン語を2年間勉強した. →現在完了(かんりょう)の文. →**have** 助動 ❸
・English **is studied** all over the world. 英語は世界中で勉強されている. →studied は過去分詞で受け身の文. →**is** 助動 ❷
・He **is studying** at his desk. 彼は自分の机で勉強している. →現在進行形の文. →**is** 助動 ❶
・My brother **has been studying** English for six years. 私の兄は英語を6年間勉強している. →現在完了進行形の文. →**have** 助動 ❸
❷ (よく)調べる (examine)
・We **studied** the map before we went driving. 私たちはドライブに出かける前に地図をよく調べた.
── 名 (複 **studies** /stʌ́diz スタディズ/)
❶ 勉強, 研究; 学問
・the **study** of a foreign language 外国語の勉強
・social **studies** (教科の)社会科
❷ 勉強部屋, 書斎(しょさい)

stúdy hàll 名 《米》(学校の)自習室

stúdy pèriod 名 (時間割に組み込(こ)まれている)自習時間

stuff A2 /stʌ́f スタフ/ 名 物体; (漠然(ばくぜん)と)物, 持ち物
・old **stuff** 古物, 古いがらくた →×a stuff, stuffs としない.
・What is that red **stuff**? その赤い物は何で

stuffed 638 six hundred and thirty-eight

すか.

会話 Morning, Bob. Anything new? —No, just the same old **stuff**. おはよう, ボブ. なにか変わった事でもあるかい.—いや, 相変わらずさ.

―― **動** 詰(つ)め込(こ)む, 詰め物をする
• **stuff** a cushion with feathers クッションに羽毛(うもう)を詰める

stuffed /stʌft スタフト/ **形** 詰(つ)め物をされた; ぬいぐるみの
• a **stuffed** animal ぬいぐるみの動物

stumble /stʌmbl スタンブる/ **動** つまずく, よろける

stump /stʌmp スタンプ/ **名** (木の)切り株; (一般(いっぱん)に)短い切れ端(はし) ➡鉛筆(えんぴつ)の使い残し・ろうそくの燃えさしなど.

stun /stʌn スタン/ **動** (三単現 **stuns** /stʌnz スタンズ/; 過去・過分 **stunned** /stʌnd スタンド/; -ing形 **stunning** /stʌniŋ スタニング/)
打って気絶させる; 肝(きも)をつぶさせる, びっくりさせる

stung /stʌŋ スタング/ **動** **sting** の過去形・過去分詞

stupid /stjúːpid ステューピド/ **形** ばかな (foolish), 頭の悪い; ばかげた, くだらない

St. Valentine's Day /sein(t) vǽləntainz dèi セイン(ト) ヴァれンタインズ デイ/ **名**
聖バレンタインの祭日, バレンタインデー ➡**valentine**

style **中** **A2** /stáil スタイる/ **名**
❶ (生活・行動・芸術などの)様式, 型, スタイル
• a painting **style** 画法
• the Japanese **style** 和風, 日本式
• the American **style** of life アメリカ風の生活様式
• a church in Gothic **style** ゴシック様式の教会
❷ (服装などの)スタイル, (流行の)型
• Mary's blouse is the latest **style**. メアリーのブラウスは最新のスタイルです.
• This **style** of skirt is now in [out of] fashion. この型のスカートは今流行している[いない].

stylish /stáiliʃ スタイリシュ/ **形** 流行の; かっこいい

stylist /stáilist スタイリスト/ **名** 美容師; (服飾(ふくしょく)・室内装飾(しょく)などの)デザイナー **類似語** **hairdresser** (美容師)

sub /sʌb サブ/ **名** 《話》代役, (スポーツで)補欠, サブ

subject **小** **A1** /sʌbdʒikt サブチェクト/

名 ❶ 教科   **意味 map**
❷ (研究・話などの)主題
❸ 《文法》(文の)主語

―― **名** (複 **subjects** /sʌbdʒikts サブチェクツ/)
❶ 教科, 科目
• English is my favorite **subject**. 英語は私の大好きな教科です.
• I like English best of all my **subjects**. 私は全教科の中で英語が一番好きです.
• What **subjects** do you have on Monday? 月曜日にはどういう教科があるの?
❷ (研究・話などの)主題, テーマ, 題目, 話題
• change the **subject** 話題を変える
• The **subject** for our composition is "My Dream." 私たちの作文の題は「私の夢」だ.
❸ 《文法》(文の)主語, 主部

submarine /sʌbməriːn サブマリーン/ **名** 潜水艦(せんすいかん)

substance /sʌbstəns サブスタンス/ **名** 物質

subtitle /sʌbtaitl サブタイトる/ **名**
❶ (書物などの)副表題, サブタイトル
❷ (subtitles で)(映画・テレビ・動画の)字幕

subtract /səbtrǽkt サブトラクト/ **動** 引く; 引き算をする **反対語** **add** (足し算をする)

subtraction /səbtrǽkʃən サブトラクション/ **名** 引き算 **反対語** **addition** (足し算)

suburb /sʌbəːrb サバ〜ブ/ **名** 郊外(こうがい), 郊外住宅地
• a quiet **suburb** of London ロンドンの静かな郊外
• We live in the **suburbs**. 私たちは郊外に住んでいます. ➡一般(いっぱん)的に「郊外」という時はこのように the suburbs とする.

subway **中** **A1** /sʌbwei サブウェイ/ **名**
❶ 《米》地下鉄 (《英》underground) ➡**tube** ❷
• a **subway** station 地下鉄の駅
• go by **subway** 地下鉄で行く ➡×by a [the] subway としない. ➡**by** **前** ❶
• You can easily get there **by subway**. そこには地下鉄で簡単に行けます.
❷ 《英》地下道 (《米》underpass)

succeed **A2** /səksíːd サクスィード/ **動**

six hundred and thirty-nine 639 **such**

❶ **成功する, うまく～する** 関連語 「成功」は **success**. 反対語 **fail** (失敗する)

• **succeed** in an examination 試験に(成功する⇒)合格する

• **succeed** in winn**ing** the championship 選手権を獲得(かくとく)する(のに成功する)

• I hope you will **succeed in** life. あなたが人生において成功される[出世する]ことを願っております.

• Our efforts **succeeded**. 私たちの努力は成功した[成果をおさめた].

❷ **～に続く; あとを継(つ)ぐ** 関連語 「連続, 継承(けいしょう)」は **succession**.

• The storm **was succeeded** by calm. (嵐(あらし)は静けさに続かれた⇒)嵐の後はなぎが来た. → **was** 助動 ❷

• When the king died, his son **succeeded** him [to the throne]. 王が死ぬと王子が彼のあとを[王位を]継いだ. → succeed ＋「人」. succeed to＋「称号, 財産, 職業」の形に注意.

success A2 /səksés サクセス/ (→アクセントの位置に注意) 名

❶ **成功, うまくやること** 関連語 「成功する」は **succeed**.

• have [achieve] **success** 成功する →×a success, ×successes としない.

• **success** in life 人生における成功, 出世

• He tried to open the safe without **success**. 彼はその金庫を開けようとしたがうまくいかなかった.

• Her **success in** school comes from hard work. 彼女が学校で成績がいいのは一生懸命(けんめい)勉強するからです.

❷ **成功した事; 成功した人, 成功者**

• The party was a **success**. そのパーティーは成功でした[盛会(せいかい)だった].

• She is a great **success** as a singer. 彼女は歌手として大成功者だ.

successful 中 A1 /səksésfəl サクセスふる/ 形
成功した, うまくいった

• the first **successful** moon rocket 初めて成功した月ロケット

• The party was very **successful**. そのパーティーは大成功でした.

• He was **successful in** the examination. 彼は試験に合格した.

successfully A2 /səksésfəli サクセスふり/ 副
うまい具合に, 見事に

succession /səkséʃən サクセション/ 名 連続; あとを継(つ)ぐこと, 相続, 継承(けいしょう) → **succeed** ❷

successor /səksésər サクセサ/ 名 後継(こうけい)者, 継承(けいしょう)者, 後任, 相続者

such 中 A2 /sʌtʃ サチ/ 形 (→比較変化なし)

❶ **このような, こういう, そのような, そんな**

会話 基本 **such** a thing このような事 → such a ＋名詞の単数形. ×a such thing としない.

• **such** a book このような本, そのような本

• I have never read **such** an interesting book. 私はこんなおもしろい本を読んだことがない.

• All **such** books are useful. そういう本はすべて有益です.

POINT all, some, no, any, many などは such の前につく.

• I said no **such** thing. 私はそんな事は一切(いっさい)言いませんでした.

• I don't like tea and coffee and **such** drinks. 私は紅茶とかコーヒーとかそういった飲み物は嫌(きら)いです.

❷ (「形容詞＋名詞」を修飾(しゅうしょく)して) **非常に, とても, すごく**; (直接「名詞」の前につけて) **非常な, すごい**

• He is **such** a nice person. 彼はとてもいい人だ. → such a＋形容詞＋名詞.

• We've had **such** a fine time. (私たちは)とても楽しかった.

• He left in **such** a hurry. 彼は大急ぎで帰りました.

• The firefighters showed **such** courage! 消防士たちは非常な勇気を示した.

such A as B＝A(,) _such as_ B B のような A

• **such** a book **as** this＝a book **such as** this このような本

• We study **such** subjects **as** English, mathematics, and science. 私たちは英語, 数学, 理科のような教科を勉強する.

• Autumn gives us fruits, **such as** pears, apples, and grapes. 秋は私たちにナシ, リンゴ, ブドウのような果物を与(あた)えてくれる.

such A _that_ ～ とても A なので～

• He is **such** a good boy **that** everybody likes him. (＝He is so good (a boy) that everybody likes him.) 彼はとてもいい子なので誰(だれ)でも彼が好きだ.

suck 640 six hundred and forty

●I was in **such** a hurry **that** I forgot to lock the door. 私はとても急いでいたのでドアに鍵(かぎ)をかけるのを忘れた.

suck /sák サク/ 動 ❶ (汁(しる)・蜜(みつ)・空気など を)吸う ❷ (あめ・指などを)しゃぶる

Sudan /su:dǽn スーダン/ 固名 (the Sudan で) スーダン共和国 →アフリカ北東部の国. 首都はハルツーム. 公用語はアラビア語, 英語.

Sudanese /su:dəní:z スーダニーズ/ 形 スーダン(人)の →Sudan
── 名 スーダン人 →複数も **Sudanese**.

sudden A2 /sádn サドン/ 形 急の, 突然(とつぜん)の
●There was a **sudden** change in the weather. 天気が急に変わった.
all of a sudden 突然, だし抜(ぬ)けに

suddenly 中 /sádnli サドンリ/ 副 急に, 突然(とつぜん), ふと

Suez Canal /su:èz kənǽl スーエズ カナる/ 固名 (the をつけて) スエズ運河

suffer 中 /sáfər サふァ/ 動
❶ (苦痛・損害などを)受ける, 被(こうむ)る →目的語には pain (苦痛), loss (損失), grief (悲しみ)など「苦痛・不快」を表す語をとる.
●**suffer** pain 苦痛を受ける, 苦しむ
●**suffer** a great loss 大損害を被る
❷ (ふつう **suffer from** 〜 で) (〜で)苦しむ, 悩(なや)む; (病気など)に**かかる** →from の次には「病気・貧困(ひんこん)・飢(う)え」など「苦痛」の原因を示す語が来る.
●**suffer from** a headache 頭痛がする
●He was **suffering from** hunger and cold. 彼は空腹と寒さに苦しんでいた.

suffering /sáfəriŋ サふァリング/ 名 苦しみ, 苦痛; (しばしば **sufferings** で) 苦難, 苦労

sufficient /səfíʃənt サふィシェント/ 形 十分な, 〜に必要なだけの →enough

sugar A1 /ʃúgər シュガ/ 名 砂糖
●a lump [a cube] of **sugar** 角砂糖1個 → ×a sugar としない.
●two spoonfuls of **sugar** スプーン2杯(はい)の砂糖 →口語ではしばしば two sugars という. →会話の用例
●I put some **sugar** in my coffee. 私はコーヒーに少し砂糖を入れます.
（会話）How many **sugars**?—Two, please. お砂糖何杯入れる?—2杯.

súgar cándy 名 (英) 氷砂糖 ((米) rock candy)

súgar càne 名 サトウキビ

suggest A2 /səgdʒést サグチェスト|sədʒést サチェスト/ 動 ❶ (こうしてはどうかと)**提案する**
●**suggest** a plan 計画を提案する
●**suggest** taking a walk 散歩をしようと言う
●He **suggested** a swim, and we all agreed. 彼が泳ぐのはどうだと言いだして, 私たちはみんな賛成した.
●He **suggested** that we (should) go on a picnic. (=He said, "Let's go on a picnic.") ピクニックに行こうと彼は提案した.
❷ それとなく言う, ほのめかす; それとなく示す, 思いつかせる
●Her look **suggested** (that) she was happy. 彼女の表情は彼女が幸福であることを示していた.

suggestion A1 /səgdʒéstʃən サグチェスチョン/ 名 (こうしてはどうかという)**提案**, サジェスチョン
●make a **suggestion** 提案する
●I have a **suggestion**. 私に提案があります.
●Do you have any **suggestions**? 何か提案がありますか.
●I made a **suggestion** that we (should) go on a picnic next Sunday. こんどの日曜日にピクニックへ行こうと私は提案した.

suicide /sú:əsaid スーイサイド/ 名 自殺

suit 中 A2 /sú:t スート/ 名
❶ スーツ, 背広, 上下ひとそろいの服
●Mr. Smith is wearing a blue **suit**. スミス氏はブルーのスーツを着ている.
●She had a new **suit** on. 彼女は新しいスーツを着ていた.
❷ 〜用の服, 〜着
●a bathing **suit** (=a swimsuit) 水着
── 動 ❶ 適する, 好都合である
（会話）What time **suits** you best?—Five o'clock (**suits** me best). 何時が君には一番好都合ですか.—5時です.
●The houses are **suited** for the climate here. 家屋はここの気候に合わされている(合うように建てられている.)
❷ 似合う
●Long hair doesn't **suit** him. 長髪(ちょうはつ)は彼には似合わない.

suitable A2 /sú:təbl スータブる/ 形 適当な, 適した, ふさわしい

six hundred and forty-one 641 **sunny**

•This dress is **suitable** for traveling. この服は旅行に着て行くのにいい.

suitcase A2 /súːtkeis スートケイス/ 名 **小型旅行カバン, スーツケース** →**trunk** ❸

sum A1 /sám サム/ 名 ❶ **合計, 総計**
•The **sum** of 7 and 3 is 10. 7と3を足すと10である.
❷ (お金の)**額, 金額**
•a large **sum** (of money) 多額の金
❸ (英) (しばしば **sums** で)(算数の)**計算**
•do **sums** 計算をする
── 動 (三単現 **sums** /sámz サムズ/; 過去・過分 **summed** /sámd サムド/; -ing形 **summing** /sámiŋ サミング/)
❶ (ふつう **sum up** で)合計する
❷ 要点を述べる, 要約する

Sumatra /suːmáːtrə スーマートラ/ 固名 **スマトラ** →インドネシア共和国に属する大きな島.

Sumatran /suːmáːtrən スーマートラン/ 形 スマトラ(島)の

summary A2 /sáməri サマリ/ 名 (複 **summaries** /sáməriz サマリズ/) **要約, まとめ**

summer 小 A1 /sámər サマ/ 名
(複 **summers** /sámərz サマズ/)
夏; (名詞の前につけて)夏の 関連語 **spring** (春), **fall** [**autumn**] (秋), **winter** (冬)
•in (the) **summer** 夏に
•this **summer** 今年の夏(に) →×in this summer としない.
•last **summer** 去年の夏(に)
•next **summer** 来年の夏(に)
•all **summer** 夏中
•the **summer** vacation [holidays] 夏休み
•a **summer** resort 夏の行楽地, 避暑(ひしょ)地
•In Australia, December, January, and February are the **summer** months. オーストラリアでは12月, 1月, 2月が夏の月です.

summit /sámit サミト/ 名 ❶ (山などの)**頂上** (top) ❷ (国家間の)**首脳会談** →**summit meeting, summit conference** ともいう.

sun 小 A1 /sán サン/ (→son (息子(むすこ))と同音) 名
❶ **太陽** 関連語 **solar** (太陽の); **moon** (月), **earth** (地球)
•The **sun** is rising. 太陽は昇(のぼ)りつつある [昇ってきた].

•Our **sun** is one of the stars. 私たちの太陽も恒星(こうせい)の1つだ.
❷ **日光, ひなた**
•sit in **the sun** ひなたに座(すわ)る, ひなたぼっこをする
関連語 It's too hot **in the sun**. Let's sit **in the shade**. ひなたは暑過ぎる. 日陰(かげ)にすわろう.
•Don't get too much **sun** at the beach. 海岸で日に当たり過ぎてはだめよ.

Sun. 略 =**Sun**day (日曜日)

sunburnt /sánbəːrnt サンバ〜ント/ 形 (肌(はだ)がひりひりするほど)日に焼けて →**suntanned**

sundae /sándei サンデイ/ 名 **サンデー** →ナッツや果物などをのせたりシロップをかけたりしたアイスクリーム.

Sunday 小 A1 /sándei サンデイ/ 名
(複 **Sundays** /sándeiz サンデイズ/)
日曜日 →週の第1日. 詳(くわ)しい使い方は → **Tuesday**
•on **Sunday** 日曜日に
•next **Sunday** 来週の日曜日(に) →×on next Sunday としない.
•last **Sunday** この前の日曜日(に), 先週の日曜日(に)
•every **Sunday** 毎日曜日, 日曜日ごとに
•on **Sundays** 日曜日にはいつも[よく]

語源 (Sunday)
「太陽の日」(the day of the sun) の意味.

Sùnday bést [**clóthes**] 名 (話) よそ行きの服

sunflower A2 /sánflauər サンふラウア/ 名 (植物)ヒマワリ

sung /sáŋ サング/ 動 **sing** の過去分詞

sunglasses A2 /sánglæsəz サングらスィズ/ 名 **サングラス**
•wear **sunglasses** サングラスをかけている

sunk /sáŋk サンク/ 動 **sink** の過去分詞

sunlight A2 /sánlait サンらイト/ 名 **日光**

sunny 小 A1 /sáni サニ/ 形 (比較級 **sunnier** /sániər サニア/; 最上級 **sunniest** /sániist サニエスト/)
❶ **日の照っている, 晴れ渡(わた)った; 日当たりのよい**
•a **sunny** day 晴れた日

A B C D E F G H I J K L M N O P Q R **S** T U V W X Y Z

sunny-side up

- a **sunny** room 日当たりのいい部屋
- I hope it will be **sunny** tomorrow. あした晴れるといいですね。
❷ 陽気な, 明るい (cheerful)
- a **sunny** smile 明るいほほえみ

sunny-side up /sʌ́ni said ʌ́p サニ サイド アプ/ [形] 《米》(卵を)**目玉焼きにした**

sunrise 中 /sʌ́nraiz サンライズ/ [名] **日の出, 日の出の光景; 日の出時**

sunscreen /sʌ́nskriːn サンスクリーン/ [名] **日焼け止めクリーム[ローション]**

sunset /sʌ́nset サンセト/ [名] **日没**(にちぼつ)**, 日没の光景; 日暮れ時**
- at **sunset** 夕暮れ時に, 夕方に
- after **sunset** 日没後に, 日が暮れてから

sunshine A1 /sʌ́nʃain サンシャイン/ [名]
(直射する)**日光; ひなた**
- enjoy the **sunshine** 日光を楽しむ, ひなたぼっこをする, 太陽の光を浴びる
- in the **sunshine** ひなたで[に]
[ことわざ] After rain comes **sunshine**. 雨の後には日が射す。→「悪い事の後にはよい事が来るものだ」の意味。主語は sunshine。「雨降って地固まる」にあたる。
- You are my **sunshine**. 君は私の太陽(私に明るさをくれる人)です。

suntanned /sʌ́ntænd サンタンド/ [形] (健康に)**日焼けした →sunburnt**

super A1 /súːpər スーパ/ [形]
《話》**超**(ちょう)**一流の, 抜群**(ばつぐん)**の, 飛び抜**(ぬ)**けた**

superhighway /suːpərháiwei スーパハイウェイ/ [名] 《米》**高速道路** (expressway)

superior /supí(ə)riər スピ(ア)リア/ [形] **優**(すぐ)**れた, 上等の; ランクが上の** [反対語] **inferior** (劣(おと)った)
—— [名] ❶ **上司, 上役** ❷ (Lake Superior で) **スペリオル湖 →北米五大湖の1つ。→Great Lakes**

superlative A2 /səpə́ːrlətiv サパ〜ラティヴ/ [形] **最高の;《文法》(形容詞・副詞が)最上級の**

Superman /súːpərmæn スーパマン/ [固名] **スーパーマン**

supermarket 小 A1

/súːpərmɑːrkit スーパマーケト/ [名]
スーパー(マーケット)

superstar A2 /súːpərstɑːr スーパスター/ [名] (映画・音楽・スポーツ界などの)**大スター**

superstition /suːpərstíʃən スーパスティション/ [名] **迷信**(めいしん)

supervise /súːpərvaiz スーパヴァイズ/ [動] **監督する**

supper A2 /sʌ́pər サパ/ [名] **夕食, 晩ご飯; 夜食**
- have [eat] **supper** 夕食を食べる →×a supper, ×the supper としない。
- at **supper** 夕食の時に, 夕食中に
- after **supper** 夕食後に
- have ~ for **supper** 夕食に~を食べる

> [参考] 1日のうちで最もごちそうの出る食事を **dinner** という。米国での食事はふつう **breakfast—lunch—dinner**。
> 英国では breakfast—lunch—dinner の家庭もあるが一般(いっぱん)に労働者の家庭では **breakfast—dinner—tea—supper** がふつうで, **supper** は夜の8時〜9時頃(ごろ),「ミルクとクッキー」のようなごく軽いものになることが多い。

supply /səplái サプライ/ [動]
(三単現) **supplies** /səpláiz サプライズ/;
(過去・過分) **supplied** /səpláid サプライド/;
(-ing形) **supplying** /səpláiiŋ サプライイング/
(必要な物・不足の物を)**供給する, 与**(あた)**える**
—— [名] **供給; 供給物,** (供給するためにたくわえてある)**量, ストック**
[反対語] **supply** and **demand** 需要(じゅよう)と供給。→日本語と語順が逆であることに注意。

support 中 A2 /səpɔ́ːrt サポート/ [動]
❶ (下から)**支える;** (人・意見などを)**支持する, 支援**(しえん)**する**
- This chair won't **support** his weight. この椅子(いす)は彼の体重を支えきれないだろう。
- We **supported** his plan. 私たちは彼の計画を支持した。
❷ (家族など)**養う;** (生命など)**支える, 維持**(いじ)**する**
- **support** a large family 大家族を養う
—— [名] **支え; 支持, 支援**
- They got **support** from some rich people. 彼らは金持ちたちからの支援を得た。

supporter /səpɔ́ːrtər サポータ/ [名] **支持者;** (特定のスポーツチームの)**サポーター, 応援**(おうえん)**者**

suppose /səpóuz サポウズ/ [動]
❶ (~ではないかと)**思う, 考える, 推定する**

- I **suppose** you are right. 君の言うとおりだと私は思う.
- You are Mr. Jones, I **suppose**. あなたはジョーンズさんじゃありませんか.
- I **suppose** (that) he is over eighty. ＝I **suppose** him **to** be over eighty. 彼は80歳(さい)は越(こ)えているでしょう.

会話 Is he right?—I **suppose** so. 彼の言っていることは正しいだろうか.―正しいんじゃないの. →あまり気乗りしない返事の仕方.

❷ (仮定する; (**Suppose** [**Supposing**] ～で) もし～なら (if)
- **Suppose** our teacher finds us, what shall we do? もし先生が僕(ぼく)たちを見つけたらどうしよう.
- **Supposing** (that) this is true, what would you do? もしこれが本当だとしたら君はどうしますか.

be supposed to *do* 《約束・義務・規則などから》～することになっている, ～するはずだ
- He **is supposed to** be here at seven. 彼は7時にここに来ることになっている.
- You **are** not **supposed to** play baseball here. ここでは野球をしてはいけないことになっている.

supreme /suprí:m スプリーム/ 形 最高の, 最大の, この上ない

Súpreme Cóurt 名 (**the** をつけて)《米》(国および各州の)**最高裁判所** →英国では上院の下に置かれている最高法廷(ほうてい)がこれに相当する.

sure 小 A1 /ʃúər シュア/ 形

(比較級 **surer** /ʃúərər シュアラ/, **more sure**; 最上級 **surest** /ʃúərist シュアレスト/, **most sure**)

❶ (動詞の後につけて) 確かで, 確信して

中基本 I think it's true, but I'm not **sure**. 私はそれは本当のことだと思うけれど確かではありません. → be 動詞＋sure.
- I'm **sure** of his honesty. 私は彼の正直さを確信している.
- I'm **sure** (that) she will succeed. 私は彼女が成功すると確信している.
- I think she lives on May Street, but I'm not **sure** about the number. 彼女はメイ通りに住んでいると思うが番地は確かではない.
- I'm not **sure** if I can come tomorrow. あした来られるかどうか確かでない.

 会話

Are you **sure** (that) you locked the door?—No, I'm not quite **sure**. 君は確かにドアに鍵(かぎ)をかけたのか.―いや, あまり確かじゃない.

❷ (名詞の前につけて) 確かな, 信頼(しんらい)できる
- He has a **sure** eye for color. 彼は色彩(しきさい)に対する確かな目を持っている.
- Thunder is a **sure** sign of rain. 雷鳴(らいめい)は雨の確かな前兆だ.

── 副 (→比較変化なし)
確かに (surely); (返事で) もちろん (certainly) →目上の人には使わない.
- **Sure** you can! きっと君ならできるさ.

 会話

Do you like it?—**Sure**, I do. 君それ好き?―もちろん好きだよ.

Do you like it?

Sure, I do.

Will you open the window?—**Sure**. 窓を開けてください.―はい.

be sure to *do* きっと～する
- He **is sure to** come. (＝I am sure he will come.) 彼はきっと来ます.
- **Be sure to** come. きっと来なさいよ.

for sure 確かに; 確実に
- That's **for sure**. それは確かだ.

make sure 確かめる
- **Make sure** (that) you have the key. 鍵を持っていることを確かめなさい.
- Are you **sure** Bob will come tomorrow? Ask him to **make sure**. 確かにボブはあした来るのかい. (確かめるために ⇨)念のために彼に聞いてごらん.

sure enough 予期したとおり, やっぱり, 果たせるかな

to be sure (なるほど)確かに

surely 644 six hundred and forty-four

•**To be sure**, she is not rich, but she is smart. なるほど彼女は金持ちではないが頭がいい.

surely /ʃúərli シュアリ/ 副 ❶確かに, きっと; 確実に ❷《否定文で》まさか, よもや

surf A1 /sə́ːrf サ～ふ/ 名 (岸に砕(くだ)ける)寄せ波

―― 動 ❶サーフィンをする →surfing
•go **surfing** サーフィンをしに行く
❷(インターネットで)いろいろなサイトを見て回る
•**surf** the Internet ネットサーフィンする

surface /sə́ːrfis サ～ふェス/ (→×/サ～ふェイス/ ではない) 名 表面, 面

surfboard /sə́ːrfbɔːrd サ～ふボード/ 名 サーフボード

surfer /sə́ːrfər サ～ふァ/ 名 サーファー

surfing 中 A2 /sə́ːrfiŋ サ～ふィング/ 名 波乗り, サーフィン

surgeon /sə́ːrdʒən サ～ヂョン/ 名 外科(げか)医 →physician

surgery /sə́ːrdʒəri サ～ヂャリ/ 名 (複 surgeries /sə́ːrdʒəriz サ～ヂャリズ/) 外科(げか); 外科手術
•undergo **surgery** 外科手術を受ける

surname A2 /sə́ːrneim サ～ネイム/ 名 姓(せい) →family [last] name ともいう. →name

surprise 中 A1 /sərpráiz サプライズ/

名 ❶驚(おどろ)き
•a look of **surprise** 驚きの表情
•show no **surprise** 驚いた様子を見せない
❷びっくりさせる事[物], 思いがけない事
•Don't tell him about the present. It's a **surprise**. プレゼントのことは彼に黙(だま)っていて. (それはびっくりさせる物だ ⇨)びっくりさせてやるんだから.
•I have a **surprise** for you. 私は君に対して[君を]びっくりさせる物を持っている. →プレゼントをする時またはびっくりさせるニュースがある時などの言葉.
•Your visit is a pleasant **surprise**. (君の訪問はうれしい驚きだ ⇨)君が来てくれてびっくりしたがうれしいよ.
•We'll give Mary a **surprise** party on her birthday. 私たちはメアリーの誕生日にサプライズパーティーを開くつもりだ[急に誕生パーティーを開いてメアリーを驚かしてやるつもりだ].

in surprise びっくりして, 驚いて
•She stared at me **in surprise**. 彼女はびっくりして私を見つめた.

to A's surprise A が驚いたことには
•**To** our **surprise**, the dog danced to the music. 私たちがびっくりしたことにはその犬は音楽に合わせて踊(おど)った.

―― 動 ❶驚かせる, びっくりさせる
•Don't tell Kate that I'm here. I'll **surprise** her. 僕(ぼく)がここにいることをケイトに言うなよ. びっくりさせてやるんだから.
•The news **surprised** us. その知らせは私たちを驚かせた.
❷(**be surprised at ~** で)(~に)驚く, びっくりする; (**be surprised to** do で)(~して)驚く
•We **were surprised at** the news. 私たちはその知らせにびっくりした. →「びっくりさせられた」であるが「びっくりした」と訳す.
•I'm **surprised to** see you here. (私は君にここで会ってびっくりしている ⇨)ここで君に会うとは驚いた. →不定詞 to see は「~に会って」. →to ❾ の ④
•I **was** very (much) **surprised to** hear of his sudden death. 彼の突然(とつぜん)の死のことを聞いて私はとてもびっくりした. →surprised を強めるには very, あるいは very much を使う.

surprised 中 A2 /sərpráizd サプライズド/ 形
❶驚(おどろ)いた, びっくりした
•a **surprised** look 驚いた顔[表情]
❷(**be surprised at ~** で)(~に)驚く, びっくりする; (**be surprised to** do で)(~して)驚く →surprise 動 ❷

surprising A2 /sərpráiziŋ サプライズィング/ 形 驚(おどろ)くべき, 意外な, すばらしい
•**surprising** news 驚くべきニュース
•It is **surprising** that she can speak so many languages. 彼女がそんなに多くの言葉を話せるとは驚きだ. →It=that 以下.

surprisingly /sərpráiziŋli サプライズィングリ/ 副 驚(おどろ)くほど; 驚いたことに

surround /səráund サラウンド/ 動 囲む, 取り巻く
•A high wall **surrounds** the prison. 高い塀(へい)が監獄(かんごく)を囲んでいる.
•Our country is **surrounded** by the sea. わが国は海に囲まれている.

• Give up! You're **surrounded**! 諦(あきら)めろ！おまえは包囲されている！

surrounding /səráundiŋ サラウンディング/ 形 周囲の

——名 (**surroundings** で)周囲の状況(じょうきょう), 環境(かんきょう)

survey A1 /sə:rvéi サ〜ヴェイ/ 動
❶ 見渡(わた)す; 全体的に見る[考える]; 概観(がいかん)する
❷ (実地に)調査する; 測量する

—— /sə́:rvei サ〜ヴェイ/ (→動詞とのアクセントの位置の違(ちが)いに注意) 名
❶ 概観, 見渡すこと
❷ 調査; 測量

• conduct [make] a **survey** of 〜 〜の調査を行う

survival /sərváivəl サヴァイヴァる/ 名 生き残ること, 生存; 生存者;《形容詞的に》生存の, 非常時用の

• a **survival** kit 非常用携行(けいこう)品一式

survive 中 A2 /sərváiv サヴァイヴ/ 動 生き残る; 〜より長生きする 関連語「生き残ること, 生存」は **survival**.

• Only a few houses **survived** the earthquake. その地震(じしん)で残った家はほんの数軒(すうけん)しかなかった.

survivor 中 /sərváivər サヴァイヴァ/ 名 生き残った人, 生存者

sushi 小 /sú:ʃi スーシ/ 名 すし →日本語から.

suspect /səspékt サスペクト/ 動 (〜だろうと)思う (think); 疑う 類似語「〜ではないだろうと思う」は **doubt**.

—— /sáspekt サスペクト/ (→動詞とのアクセントの位置の違(ちが)いに注意) 名 疑わしい人, 容疑者

suspend /səspénd サスペンド/ 動
❶ つるす, ぶら下げる (hang)
❷ (一時的に)中止する, 停止する; 停学にする

suspender /səspéndər サスペンダ/ 名
❶ (**suspenders** で) 《米》(ズボンをつる)サスペンダー, つりスカートのつりひも
❷ (ふつう **suspenders** で) 《英》靴下(くつした)止め, ガーター

suspense /səspéns サスペンス/ 名 (結果はどうなるだろうかという)気がかり, 不安, サスペンス

suspicion /səspíʃən サスピション/ 名 疑い → **suspect**

suspicious /səspíʃəs サスピシャス/ 形
❶ 疑い深い, 疑って; 疑うような
❷ 疑いを持たせる, 怪(あや)しい, 疑わしい

sustainability /səsteinəbíləti サステイナビリティ/ 名 持続可能性, サステナビリティ

sustainable /səstéinəbl サステイナブる/ 形 支えうる; 持続できる

• **Sustainable** Development Goals 持続可能な開発目標 → **SDGs**

Swahili /swɑ:hí:li スワーヒーリ/ 名
(® **Swahili**(**s**) /swɑ:hí:li(z) スワーヒーリ(ズ)/)
❶ スワヒリ族の人 →アフリカのタンザニアおよびその近隣(きんりん)に住む種族の人. ❷ スワヒリ語 →中央アフリカ東部で使われる言語.

swallow[1] /swálou スワろウ/ 名 《鳥》ツバメ
ことわざ One **swallow** doesn't make a summer. ツバメが1羽(イギリスへ飛び帰って)来ても(本格的な)夏にはならない(からまだ冬服をしまわないほうがいい). →「早合点してはいけない」の意味.

swallow[2] A2 /swálou スワろウ/ 動 飲み込(こ)む

• **swallow** up (すっかり)飲み込む, 飲み尽(つ)くす

• A snake **swallowed** the frog. ヘビがそのカエルを飲み込んだ.

—— 名 飲み込むこと, ひと飲み

swam /swǽm スワム/ 動 **swim** の過去形

swamp /swámp スワンプ/ 名 沼地(ぬまち), 湿地(しっち)

swan /swán スワン|swón スウォン/ 名 《鳥》白鳥

swarm /swɔ́:rm スウォーム/ 名 (ミツバチ・昆虫(こんちゅう)・鳥・人などの)群れ, たくさん
—— 動 群がる

sway /swéi スウェイ/ 動 ❶ 揺(ゆ)れる ❷ (意見・計画などを)変えさせる, 左右する, 動かす

swear /swéər スウェア/ 動 (三単現 **swears** /swéərz スウェアズ/; 過去 **swore** /swɔ́:r スウォー/; 過分 **sworn** /swɔ́:rn スウォーン/; -ing形 **swearing** /swéəriŋ スウェアリング/)
❶ 宣誓(せんせい)する, 誓(ちか)う ❷ 口ぎたなく罵(のの

sweat

いる, 毒づく, 呪(のろ)う (curse)

sweat A2 /swét スウェット/ 名 汗(あせ)
── 動 汗をかく; 汗をかかせる

sweater 小 A2 /swétər スウェタ/ 名
セーター

- put on a **sweater** セーターを着る
- I'm wearing a **sweater** over my shirt.
私はシャツの上にセーターを着ている.

語源〈sweater〉

sweat (汗(あせ)をかかせる)＋**-er**(「～する物」の意味の接尾辞(せつびじ)). 北国の船乗りなどが着たものを, スポーツ選手が汗をかいて減量するために着るようになった.

swéat pànts 名 トレーニングパンツ →この意味での「トレーニングパンツ」は和製英語. 英語で training pants というとおしめが取れるころの「幼児用パンツ」のこと.

swéat shirt 名 トレーナー(シャツ) →この意味での「トレーナー」は和製英語. 英語で trainer は「コーチ, 指導者」.

sweaty /swéti スウェティ/ 形 (比較級
sweatier /swétiər スウェティア/; 最上級
sweatiest /swétiist スウェティエスト/) (びっしょり)汗をかいた, 汗まみれの; 汗くさい; 汗をかかせるような

Swede /swíːd スウィード/ 名 スウェーデン人

Sweden /swíːdn スウィードン/ 固名 スウェーデン →北欧(ほくおう)のスカンジナビア半島の東部を占(し)める王国. 首都はストックホルム (Stockholm). 公用語はスウェーデン語.

Swedish /swíːdiʃ スウィーディシュ/ 形 スウェーデンの; スウェーデン人の; スウェーデン語の
── 名 ❶ スウェーデン語 ❷ (the Swedish で) スウェーデン人(全体)

sweep /swíːp スウィープ/ 動 (三単現 **sweeps** /swíːps スウィープス/; 過去・過分 **swept** /swépt スウェプト/; -ing形 **sweeping** /swíːpiŋ スウィーピング/) ❶ 掃(は)く, 掃除(そうじ)する ❷ (掃くように)押(お)し流す, 一掃(いっそう)する; さっと通っていく
── 名 掃くこと, 掃除; 一掃

sweeper /swíːpər スウィーパ/ 名 掃除(そうじ)人; 掃除機

sweet

sweet 小 A1 /swíːt スウィート/ 形
❶ (味が)甘(あま)い 関連語 **bitter** (苦い), **sour** (すっぱい), **hot** (辛(から)い)

- **sweet** cakes 甘いケーキ
- taste **sweet** 甘い味がする, (味が)甘い
- I like **sweet** things very much. 私は甘い物が大好きです[大の甘党(あまとう)です].
- This cake is too **sweet**. このケーキは甘過ぎる.

sweet　　sour

bitter　　hot

❷ (香(かお)り・声・音など)快い, 美しい; (気立ての)優(やさ)しい; (姿・形など)かわいらしい →人の感覚に快感を与(あた)える場合に使う.

- a **sweet** smell (甘い)いい香り
- a **sweet** voice (女性の)きれいな声
- **sweet** music 美しい[甘美(かんび)な]音楽
- smell **sweet** いい香りがする
- That's very **sweet** of you. それは本当にご親切に.

── 名 ❶ (英) (ふつう **sweets** で) 甘い菓子(か
し) →キャラメル・チョコレート・ドロップなど砂糖を使った菓子. 米国では **candy** という.
❷ (英) (食後のデザートで出す)甘い物 →プディング, ゼリー, タルトパイなど.

sweetheart A2 /swíːthɑːrt スウィートハート/
名 恋人(こいびと); (呼びかけて)ねえ, きみ, あなた
→相手の性別に関係なく使う.

swéet pèa 名 《植物》スイートピー →いい香(かお)りの花をつけるマメ科の植物.

swéet potàto 名 サツマイモ

swell /swél スウェる/ 動 (三単現 **swells** /swélz スウェるズ/; 過去 **swelled** /swéld スウェるド/; 過分 **swelled**, **swollen** /swóulən スウォウれン/; -ing形 **swelling** /swéliŋ スウェリング/) ふくらむ, 腫(は)れる, 増える; ふくらませる, 増す

── 名 大きくなること, ふくらみ, 腫れ; (波の)うねり

swept /swépt スウェプト/ 動 **sweep** の過去形・過去分詞

swift /swíft スウィふト/ 形 とても速い, すばやい

six hundred and forty-seven　　647　　swore

(fast, quick)

swiftly /swíftli スウィフトリ/ 副 速く, すばやく, 速(すみ)やかに, 早速(さっそく)

swim 小 A1 /swím スウィム/ 動

三単現 **swims** /swímz スウィムズ/
過去 **swam** /swǽm スワム/
過分 **swum** /swʌ́m スワム/
-ing形 **swimming** /swímiŋ スウィミング/

❶ 泳ぐ; 泳いで渡(わた)る

基本 **swim** across the river 川を泳いで渡る →swim＋前置詞＋名詞.

• **swim** to the other side of the river 川の向こう岸へ泳いで行く

• **swim** on one's back 背泳ぎをする

• **swim** three miles ３マイル泳ぐ

• Bob **swims** very well. (＝Bob is a very good swimmer.) ボブはとても泳ぎがうまい.

• Bob **swam** across the lake. ボブは湖を泳いで渡った.

• Some men and women **have swum** across the English Channel—twenty miles of cold rough water! (今までに)何人かの男女がイギリス海峡(かいきょう)を泳いで渡った—20マイルの冷たい荒海(あらうみ)を! →現在完了(かんりょう)の文. →have 助動

• go **swimming** 泳ぎに行く →swimming は現在分詞. go doing は「～しに行く」.

• The children **are swimming** in the river. 子供たちは川で泳いでいる. →現在進行形の文. →are 助動 ❶

• What's that black thing **swimming** in the water? 水の中で泳いでいるあの黒いものは何ですか. →swimming は現在分詞(泳いでいる～)で thing を修飾(しゅうしょく)する.

• **Swimming** in this river is dangerous. この川で泳ぐことは危険です. →動名詞 Swimming (泳ぐこと)は文の主語.

❷ めまいがする, ふらふらする

• My head is **swimming** from the heat. 暑くて私はめまいがする.

—— 名 (🔊 **swims** /swímz スウィムズ/)
泳ぎ, 水泳

• go for a **swim** 泳ぎに行く

• have [take] a **swim** ひと泳ぎする, 泳ぐ

swimmer /swímər スウィマ/ 名 泳ぐ人, 泳ぎ手

• a good [poor] **swimmer** 泳ぎの上手な[下手な]人

• Bob is a very good **swimmer**. (＝Bob swims very well.) ボブはとても泳ぎがうまい.

swimming 小 A1 /swímiŋ スウィミング/ 動 swim の -ing 形 (現在分詞・動名詞)
—— 名 水泳

• **swimming** trunks 水泳パンツ →swimsuit

• a **swimming** club 水泳クラブ

• He is good [poor] at **swimming**. 彼は泳ぎがうまい[下手だ].

swímming pòol A1 名 水泳プール →単に **pool** ともいう.

swimsuit A2 /swímsuːt スウィムスート/ 名 水泳着, 水着 参考 「水泳パンツ」は **swimming trunks**.

swimwear /swímweər スウィムウェア/ 名 《集合的に》水着(類)

swing /swíŋ スウィング/ 動 (三単現 **swings** /swíŋz スウィングズ/; 過去・過分 **swung** /swʌ́ŋ スワング/; -ing形 **swinging** /swíŋiŋ スウィンギング/) ❶ 揺(ゆ)り動かす, 振(ふ)る, ぶらぶらつるす; 揺れる, ぶらぶらする; ぶらんこに乗る →固定した一端(いったん)を基点にして「揺り動かす, 揺れる」こと. ❷ ぐるっと回る; ぐるっと回す
—— 名 ❶ 振り回すこと, スウィング; 振動(しんどう), 揺れ ❷ ぶらんこ

Swiss /swís スウィス/ 形 スイスの; スイス人の →Switzerland
—— 名 ❶ スイス人 →複数も Swiss. ❷ (the Swiss で) スイス人(全体), スイス国民 (the people of Switzerland)

switch /swítʃ スウィッチ/ 名 ❶ (電気の)スイッチ ❷ 転換(てんかん), 切り替(か)え
—— 動 ❶ スイッチをひねる ❷ 切り替える; 取り替える

Switzerland /swítsərlənd スウィッツァランド/ 固名 スイス →ヨーロッパ中部の共和国. 首都はベルン (Bern). 公用語はフランス語, ドイツ語, イタリア語, ロマンシュ語. →Swiss

swollen /swóulən スウォウラン/ 動 swell の過去分詞

sword /sɔ́ːrd ソード/ →×/スウォード/ と発音しないこと. 名 刀, 剣(けん)

• draw a **sword** 剣を抜(ぬ)く

swore /swɔ́ːr スウォー/ 動 swear の過去形

sworn 648 six hundred and forty-eight

sworn /swɔ́ːrn スウォーン/ 動 **swear** の過去分詞

swum /swʌ́m スワム/ 動 **swim** の過去分詞

swung /swʌ́ŋ スワング/ 動 **swing** の過去形・過去分詞

Sydney 小 /sídni スィドニ/ 固名 シドニー ➔
オーストラリア東岸にある都市.

syllable /síləbl スィらブる/ 名 音節 ➔ひとまとまりの音として発音される音の単位. syl·la·ble
は3音節.

symbol 中 A2 /símbəl スィンボる/ 名
❶ 象徴(しょうちょう), シンボル
•The dove is a **symbol** of peace. ハトは平和の象徴である.
❷ 符号(ふごう), 記号, 印
•a chemical **symbol** 化学記号

symbolic(al) /simbɑ́lik スィンバリク, simbɑ́likəl スィンバリカる/ 形 象徴(しょうちょう)の な

sympathetic /simpəθétik スィンパせティク/
形 ❶同情的な, 思いやりのある ❷(考え・気持ちが)一致(いっち)して, 賛成で; 気の合った

sympathize /símpəθaiz スィンパさイズ/ 動
❶同情する, 気の毒に思う ❷(意見・行動などに)賛成する

sympathy /símpəθi スィンパすィ/ 名
(❀ **sympathies** /símpəθiz スィンパすィズ/)
❶ 同情, 思いやり

❷ (意見・行動などへの)共鳴, 賛成

symphony A2 /símfəni スィンふォニ/ 名
(❀ **symphonies** /símfəniz スィンふォニズ/)
交響(こうきょう)曲, シンフォニー
•a **symphony** orchestra 交響楽団

symptom /símptəm スィンプトム/ 名
(病気の)徴候(ちょうこう), 症状(しょうじょう); (一般(いっぱん)に)印, きざし

syrup /sírəp スィラプ/ 名 シロップ

system 中 A2 /sístim スィステム/ 名
❶ 組織, 系統, ～網(もう)
•the solar **system** 太陽系
•Our country has a very good railroad **system**. わが国にはとてもすばらしい鉄道網がある.
❷ 制度, システム
•the postal **system** 郵便制度
•a **system** of education [government] 教育[政治]制度
❸ (体系的な)方式, ～法; 一貫(いっかん)した手順
•a central heating **system** 集中暖房(だんぼう)方式, セントラルヒーティングシステム
•Mother has a **system** for doing her housework. 母は家事を行うのに一貫した手順を持っている.

systematic /sistimǽtik スィステマティク/ 形
組織的な, 体系的な

T, t¹ /tíː ティー/ 名 (複 **T's, t's** /tíːz ティーズ/)
❶ ティー←英語アルファベットの20番目の文字. ❷ (**T** で) T字形のもの

t., t² 略 =ton

tab¹ /tǽb タブ/ 名 (服の)えりづり, 掛けひも; (帳簿(ちょうぼ)・カードの見出し用)耳ラベル; (防寒帽(ぼうかんぼう)の)耳覆(おお)い; (缶(かん)などの引っ張って開ける)つまみ, プルタブ

tab² /tǽb タブ/ 名 タブ←タイプライターやパソコンで, バーやカーソルをあらかじめ設定した位置まで一気に移動させるキー.

table 小 A1 /téibl テイブル/ 名
(複 **tables** /téiblz テイブルズ/)
❶ テーブル, 食卓(しょくたく) 類似語 **desk** (机)
・a dining **table** 食事用テーブル, 食卓
・a coffee [card] **table** コーヒー[トランプ用]テーブル
・a **table** lamp 卓上(たくじょう)スタンド
・Put all the plates **on** the **table**. お皿を全部テーブルの上に並べてください.
・We eat supper **at** the kitchen **table**. 私たちは台所のテーブルで夕食を食べます. → **at (the) table**
❷ (各種の)表
・a **table** of contents (本の)目次

at (the) table テーブルで (→❶); 食卓について, 食事中で[に]
・They looked happy **at table**. 彼らは食事中うれしそうな顔をしていた.
・We were **at** the supper **table** when the telephone rang. 電話が鳴った時私たちは夕飯の食卓についていた.

clear the table (食後に)食卓のものを片付ける, 食事の後片付けをする

set [lay, spread] the table 食卓の用意をする←set [lay] the table は食事のためテーブルを整えること, または整えて食器や料理を並べること. spread the table は後者の意味だけ.

tablecloth /téiblklɔːθ テイブルクローす/ 名 テーブルクロス

táble mànners 名 食事の作法, テーブルマナー

tablespoon A2 /téiblspuːn テイブるスプーン/ 名 食卓(しょくたく)用スプーン←大皿から各自の小皿に分けるもの, また計量用の大さじ.

tablet 中 /tǽblit タブれト/ 名
❶ 《主に英》(平らな)錠剤(じょうざい)
❷ 《主に米》(はぎ取り式)メモ帳
❸ 《コンピューター》タブレット

table tennis 中 A2 /téibl tènis テイブる テニス/ 名 卓球(たっきゅう), ピンポン→**ping-pong** よりふつうの語.
・play **table tennis** 卓球をする

tabletop /téibltɑp テイブるタプ/ 名 テーブルの表面
── 形 卓上(たくじょう)用の

taboo /təbúː タブー/ 名 (複 **taboos** /təbúːz タブーズ/) 禁制, タブー→風習上, 口に出して言ったり行ったりしてはいけないとされている事.

tackle /tǽkl タクる/ 名 (ラグビー・アメリカンフットボールの)タックル
── 動 タックルする, 組み付く, 組み伏(ふ)せる; (問題・仕事に)取り組む

taco /tɑ́ːkou ターコウ/ 名 (複 **tacos** /tɑ́ːkouz ターコウズ/) タコス→トウモロコシの粉で作った皮を焼いてひき肉やチーズやレタスをはさんだメキシコ料理.

tadpole /tǽdpoul タドポウる/ 名 《動物》オタマジャクシ
関連語 A **tadpole** grows into a **frog**. オタマジャクシは大きくなってカエルになる.

tae kwon do /taikwɑːndóu タイクワーンドウ/ 名 テコンドー→空手に似た韓国の格闘技.

tag¹ /tǽg タグ/ 名 (値段・名前・番号の)札

tag² /tǽg タグ/ 名 鬼(おに)ごっこ
関連語 Let's play **tag** in the playground. I'll be it. 運動場で鬼ごっこをしよう. 僕(ぼく)が鬼になるよ.

Tagalog /təgɑ́ːləg タガーログ/ 名 ❶ タガログ人→フィリピンのマニラおよびその周辺に昔から住んでいる民族の人. ❷ タガログ語→これを標準化したものがフィリピノ語 (Filipino) で, フィリピン共和国の公用語の1つ.

tail

650

six hundred and fifty

tail /téil テイル/ 名

❶ (動物の)尾(お), しっぽ →「尾に似たもの」を指すのにも使われる.

• The dog has a long [short] **tail**. その犬のしっぽは長い[短い].

• the **tail** of a kite [a comet] (たこあげの)たこ[彗星(すいせい)]のしっぽ

• Tuck in your shirt **tail**(s). シャツのすそを(ズボン[スカート])の中へ入れなさい.

❷ (tails で) 硬貨(こうか)の裏面(りめん)

反対語 "Heads or **tails**?" he called, tossing a coin. 「表か裏か?」と彼はコインをはじき上げながら叫(さけ)んだ.

taillight /téillait テイるライト/ 名 (車などの)テールライト, 尾灯(びとう) 関連語 「前灯」は **headlight**.

tailor /téilər テイら/ 名 (紳士(しんし)服の)仕立屋さん →注文を受けて主に男性用の服を作る. 関連語 「婦人服・子供服の仕立屋」は **dressmaker**.

Taipei /taipéi タイペイ/ 固名 タイペイ, 台北 →台湾(たいわん) (Taiwan) の首都.

Taiwan /tàiwá:n タイワーン/ 固名 台湾

Taiwanese /taiwəní:z タイワニーズ/ 形 台湾(人)の

—— 名 (複 **Taiwanese**) 台湾人

Taj Mahal 小 /tà:dʒ məhá:l ターヂ マハール/ 固名 (the をつけて) タージマハル →インドのアグラ市にある白大理石の建築物.

take 小 A1 /téik テイク/

動 ❶ (手に)取る; (手に取って)持って行く, 連れて行く

❷ 受け取る; 勝ち取る

❸ (乗り物に)乗る; (道・コースを)とって行く

❹ (時間・労力などを)とる; (時間が)かかる

❺ (新聞などを定期的に)とる, (部屋などを短期間)借りる

❻ (写真・コピー・記録などを)とる

❼ (授業・試験などを)受ける

❽ 《話》(ある行動を)する, とる

❾ (物が場所を)とる

意味 map

—— 動

三単現 **takes** /téiks テイクス/
過去 **took** /túk トゥク/
過分 **taken** /téikn テイクン/
-ing形 **taking** /téikiŋ テイキング/

❶ (手に)取る, つかむ; (手に取って)持って行く, 連れて行く 反対語 **bring** (持って[連れて]来る)

画基本 **take** a card トランプの札を1枚取る → take+名詞.

• **take up** the receiver 受話器を取り上げる

• **Take** my hand. We'll cross the street together. 私の手を取って[手につかまって]. いっしょに道を渡(わた)ろう.

• **take** lunch **to** school 学校へ弁当を持って行く

• Daddy will **take** me **to** the ball game. パパが僕(ぼく)を野球の試合に連れて行ってくれる.

• **Take** an umbrella with you. 傘(かさ)を持って行きなさい.

• He **takes** his dog for a walk every morning. 彼は毎朝犬を散歩に連れて行く.

• The mother **took** the baby **in** her arms. 母親は両腕(りょううで)に赤ん坊(ぼう)を抱(だ)き上げた.

• The teacher **took** the comic book **away from** me. 先生は漫画(まんが)の本を私から取り上げた.

• He **took** me home in his car. 彼は車で私を家まで送ってくれた. →home は副詞で「家へ」.

• Who **has taken** my bicycle? 誰(だれ)が僕の自転車を持ってったんだ[自転車をとったのは誰だ]. →現在完了(かんりょう)の文. →**have** 助動 ❶

• When African people **were taken** to America, they **took** their songs and dances with them. アフリカ人はアメリカへ連れて行かれた時自分たちの歌と踊(おど)りをいっしょに持って行った. →were taken は受け身形. →**were** 助動 ❷

• We **are taking** some sandwiches and Coke on our picnic. 私たちはピクニックにサンドイッチとコーラを持って行きます. →「近い未来」を示す現在進行形の文. →**are** 助動 ❶

❷ 受け取る, もらう; 勝ち取る; 捕(と)らえる, 捕っ(か)まえる; (力ずくで)奪(うば)い取る →いずれも「自分の物にする」ことを表す.

反対語 He **gives** me money and **takes** the cloth. 彼は私にお金を与(あた)え, その布を受け取ります.

• He didn't **take** my advice. 彼は私の忠告を取り入れなかった.

• He **took** first prize in the flower show. 彼は花の品評会で1等を取った.

take

反対語 Our team **took** the first game and **lost** the second. わがチームは第1ゲームを取り, 第2ゲームを落とした.

Hello. Can I **take** your order?—Yes, I'd like two double cheeseburgers and one orange juice, please. いらっしゃいませ. ご注文は何になさいますか.—ダブルチーズバーガー2つとオレンジジュース1つください.

❸《交通手段としてとる》(乗り物に)**乗る**, 〜に乗って行く, 使う;(道・コースを)とって行く
- **take** a bus [a taxi, a train] バス[タクシー, 電車]に乗る
- **take** a bus home from work 職場からバスで家に帰る →home は副詞で「家へ」.
- I always **take** a bus **to** school. 私はいつも学校へバスで行きます.
- He **took** a short cut home. 彼は近道をして家に帰った.

❹(時間・労力などを)とる, **必要とする** (need); (時間が)かかる
- **take** (a long) time (長い)時間がかかる
- The task **took** us two hours. = We **took** two hours to complete the task. (その仕事は私たちにとって2時間とった ⇨)その仕事をするのに私たちは2時間かかった.
- **Take** your time. ゆっくり時間をかけてやりなさい.
- It **takes** five eggs **to** make this cake. このケーキを作るには卵が5個必要です. →It = to make 以下. →**to** ❾ の①
- It **took** four men to carry the stone. その石を運ぶのに4人の男が必要だった.
- It **takes** (me) only five minutes to walk there. そこへ歩いていくのに(私にとって)5分しかかからない. →It は漠然と「時間」を表すと考えてもよいし, It=to walk (歩いていくこと)以下と考えてもよい.
- How long does it **take** to get to school by bus? バスで学校へ行くのにどのくらいかかりますか.

❺(新聞などを定期的に)**とる**, (席などを)予約して取る, (部屋などを短期間)借りる;(品物を選んで)買う;(例として)取り上げる
- I'll **take** this one [it]. (店で)これ[それ]を買

います.
- We **take** two newspapers. うちは新聞を2紙とっている.
- We **took** a cottage at the beach for the summer. 私たちは夏を過ごすために海辺の別荘(べっそう)を借りた.
- **Take** the population, for example. たとえば人口問題を取り上げてみよう.

❻(写真・コピー・記録などを)**とる**, 書き取る;(寸法・脈などを)とる
- **take** a video ビデオをとる
- **take** a picture of 〜 〜の写真を撮(と)る
- **take** a copy of 〜 〜のコピーをとる
- **Take** my picture with this camera. このカメラで僕の写真を撮ってよ.
- This is a famous picture **taken** in the Meiji era. これは明治時代に撮られた有名な写真です. →過去分詞 taken (撮られた〜)は picture を修飾(しゅうしょく)する.
- The police officer **took** (**down**) the number of our car. 警官は私たちの車のナンバーを書き留めた.
- The nurse **took** my temperature. 看護師は私の体温を計った.

❼(授業・試験などを)**受ける**;(クラスを)受け持つ;(責任などを)引き受ける, とる
- **take** piano lessons ピアノのレッスンを受ける
- I have to **take** a history test today. 私はきょう歴史の試験を受けなければならない.
- Mr. Oka **takes** our class for English. 岡先生が我々のクラスの英語を受け持っています.

❽(話)(**take a**+「行動を表す名詞」で)(ある行動を)**する**, とる

⚠POINT この時の take 自身にはそれほどはっきりした意味がなく, 次の名詞と同じ形の動詞とほぼ同じ意味になる. take の代わりに have を使ってもよい.

- **take** a walk 散歩をする
- **take** a rest 休息をとる
- **take** a bath [a shower] ふろに入る[シャワーを浴びる]
- **take** a drive [a trip] ドライブ[旅行]する
- **take** a look (at 〜) (〜を)見る
- **take** a step forward 前に一歩出る

❾(物が場所を)**とる**;(人が席・地位などに)つく
- This bed **takes** (**up**) too much room. このベッドは場所をとり過ぎる.

take 小 A1 /テイク/

三単現 takes /テイクス/	過去 took /トゥク/
過分 taken /テイクン/	-ing形 taking /テイキング/

いっしょに持っていく

教科書によく出る意味

動 ❶ 取る；持って行く，連れて行く

- May I **take** your order?
  (レストランで)ご注文をうかがってもよろしいですか？
- Please **take** it to your home. それを家に持って行ってください．

❸ (乗り物に)乗る

- He **took** a bus home. 彼はバスに乗って家に帰った．

❹ (時間が)かかる

- How long does it **take** to get there?
  そこに着くのにどのくらい時間がかかりますか？
- It **takes** only five minutes by bus. バスでほんの5分しかかかりません．

❺ 買う

- I'll **take** it. (買い物で)それをください．

❻ (写真などを)とる

- Have you **taken** a lot of pictures? 写真はたくさんとりましたか？

❽ (take a ～ で)～する
- He **takes a** bath in the morning. 彼は朝[午前中に]おふろに入る.

❿ (薬を)飲む
- You should **take** this medicine. この薬を飲んだほうがいいですよ.

 教科書によく出る 連語

take off　脱ぐ；(飛行機などが)離陸する
- Please **take off** your shoes here. ここで靴を脱いでください.
- He never **took** his hat **off**. 彼は決して帽子を脱がなかった.
- The airplane soon **took off**. 飛行機はまもなく飛び立った.

take away ～　～を連れ去る，持ち去る
- Someone **took away** our dog. 誰かが私たちの犬を連れ去った.

take out ～　～を取り出す，連れ出す
- He **took out** a pen. 彼はペンを取り出した.

take care (of ～)　(～の)世話をする，(～に)気をつける
- I **take care of** my sisters every day. 私は毎日妹たちの世話をする.
- **Take care**. 気をつけて.

take part in ～　～に参加する
- We are going to **take part in** the festival. 私たちはそのお祭りに参加します.

take a class　授業を受ける
- We **take a** computer **class** once a week.
  私たちは週1回コンピュータの授業を受けます.

take a seat　席に着く
- Please **take a seat**. どうぞご着席ください.

take 654 six hundred and fifty-four

- Ben **took** a seat in the front of the bus. ベンはバスの前の方に席を取った[座(すわ)った].

❿ (飲食物を体内に)**とる, 食べる, 飲む, 吸う**

- **take** a deep breath 深く息を吸い込(こ)む, 深呼吸をする
- Don't forget to **take** your medicine. 薬を飲むのを忘れないでね. → 液体の薬でも ✕drink 〜 といわない.
- The Japanese **take** too much salt. 日本人は塩分をとり過ぎる.

⓫ **(take A from B で) B から A を取る**

- If you **take** 4 (**away**) **from** 10, you have [get] 6. 10 から 4 を取れば[引けば] 6 が残る.
- The book **takes** its title **from** the Bible. その本は書名を聖書から取っている.

⓬ (人の言葉などを)(悪く[良く])**とる; (〜と)受け取る[考える]**

- **take** his words badly [well, seriously] 彼の言葉を悪く[良く, 真面目に]とる[解釈(かいしゃく)する]

be taken ill 病気にかかる

- Ben **was taken ill** at school today. ベンはきょう学校で具合が悪くなった.

take after 〜 (特に親)に似る

- She **takes after** her mother. 彼女は母親に似ている.

take away ① 持って[連れて]行ってしまう, 取り上げる → ❶

② 《英》(ハンバーガー店などで注文した飲食物を)持って帰る (《米》take out)

③ (数を)引く → ⓫

take back 取り返す, 連れ戻(もど)す; 連れて[持って]帰る; 取り消す

take care of 〜 〜の世話をする; 〜に気をつける → **care** 图 成句

take down ① (手に取って)降ろす

② 取り壊(こわ)す

③ 書き取る[留める] → ❻

take A for B A を B と思う, A を B と間違(まちが)う

- I **took** him **for** his brother. 私は彼を彼の兄[弟]だと思った.

take in ① 取り入れる, 持ち[連れ]込む; 吸収する ②《話》だます, 引っ掛(か)ける

take it easy ①《話》気楽に[ゆっくり, ほどほどに]やる, リラックスする

- **Take it easy.** The roads are icy. ゆっくりやれ[運転しろ]. 道が凍(こお)ってるぞ.

②《話》(別れの挨拶(あいさつ)に使って)じゃあね, 頑張(がんば)れよ

take off ① 脱(ぬ)ぐ, 外す, 取り[連れ]去る; 立ち去る

- **take off** *one's* shoes = **take** *one's* shoes **off** 靴(くつ)を脱ぐ

② (飛行機などが[で])離陸(りりく)する → **takeoff**

- Flight 107 (読み方: one o /オウ/ seven) to Paris will **take off** in five minutes. パリ行き 107 便はあと 5 分で離陸いたします.

take on ① (仕事・責任などを)引き受ける

② (〜の様子を)見せ始める, 帯びる

take out ① 取り出す, 連れ出す; (歯・しみなどを)抜(ぬ)く, 取り除く

②《米》(ハンバーガー店などで注文した飲食物を)持ち帰る (《英》take away)

take over (仕事などを)引き継(つ)ぐ, 取って代わる; 支配する

take part in 〜 〜に参加する → **part** 图 成句

take place 起こる, 行われる → **place** 图 成句

take to 〜 ① 〜を好きになる, 〜になつく

- The children soon **took to** their new teacher. 子供たちは新しい先生がすぐに好きになった.

② 〜するようになる, 〜を始める

- **take to** flight (鳥が)飛び立つ, 舞(ま)い上がる

take up ① 取り上げる, 持ち上げる, 吸い上げる ② (時間・場所を)とる (→ ❾)

チャンクでおぼえよう take	
□ バスで学校に行く	**take** a bus to school
□ 2 時間かかる	**take** two hours
□ これを買います.	I'll **take** this one.
□ 彼女の写真を撮る	**take** a picture of her
□ ピアノのレッスンを受ける	**take** piano lessons
□ 休む	**take** a rest
□ コンテストに参加する	**take** part in a contest

takeaway /téikəwei テイカウェイ/ 名形 《英》
=takeout

taken 中 /téikn テイクン/ 動 take の過去分詞

takeoff /téikɔ:f テイコーフ/ 名 (飛行機の)離陸(りりく), 出発 →**take off** (take 成句)

takeout /téikaut テイカウト/ 名形 《米》 持ち帰り用の料理[料理店](の) (《英》takeaway)

tale /téil テイル/ 名 物語, お話 (story)
- a fairy **tale** おとぎ話, 童話

tell tales 人の秘密を言いふらす[漏(も)らす], チクる

talent A2 /tǽlənt タレント/ 名
❶ (生まれながらの)才能
- Ann **has** a great **talent for** music [**as** a musician]. アンは優(すぐ)れた音楽[音楽家として]の才能がある.

❷ 才能のある人(たち), 人材 →集合的にも一個人にも使う.

参考 「テレビによく登場する人」という意味での「テレビタレント」は和製英語で, 英語の talent にはそのような意味はない.「芸人」「芸能人」を意味する「タレント」は **entertainer** や **personality** という.

talented /tǽləntid タレンテド/ 形 才能のある

talk A1 /tɔ́:k トーク/ (→l は発音しない)
動 (三単現 **talks** /tɔ́:ks トークス/; 過去・過分 **talked** /tɔ́:kt トークト/; -ing形 **talking** /tɔ́:kiŋ トーキング/)

❶ 話す, しゃべる, 話をする
基本 **talk together** いっしょに話す →talk+副詞(句).
- **talk in** English 英語で話をする
- **talk with** [**to**] him 彼と話す →《米》では with, 《英》では to が使われることが多い.
- **talk about** one's hobby 自分の趣味(しゅみ)について話す
- **talk with** one's fingers [hands] 指を使って話をする, 手話をする
- He often **talks** in his sleep. 彼はよく寝言(ねごと)を言う.
- Who did you **talk with**? あなたは誰(だれ)と話したのですか.

POINT 意味のつながりの上では talk with who (=whom) (誰と話をする)だから with を省略しないこと.

- They have a lot of things to **talk about**, but they have no one to **talk to**. 彼らは話すことはたくさんあるのだが話をする相手がいないのだ.

POINT 不定詞 to talk about (～について話すための), to talk to (～と話をする)はともにその前の a lot of things, no one を修飾(しゅうしょく)する. →**to** ❾ の ②

関連語 You mustn't **talk** while the principal is **speaking**. 校長先生がお話をしている間はおしゃべりをしてはいけません. →**talk** は「おしゃべりする」, **speak** は「まとまった内容を口に出して伝える」.

- Let's **talk over** a cup of coffee. コーヒーを飲みながら話そう.
- Hello, this is Ken. Can I **talk to** Meg, please? もしもし, こちらはケンです. メグさんと話したいのですが.
- We **talked about** our plans for the summer. 私たちは夏を過ごすプランについて話し合った[相談した].
- Ann **is** now **talking with** her boyfriend on the phone. アンは今男友達と電話で話している. →現在進行形. →**is** 助動 ❶
- Stop **talking**, please. おしゃべりをやめてください. →talking は動名詞(しゃべること)で stop の目的語.

掲示 No **talking** in the library. 図書館の中で私語はしないこと. →talking は動名詞(しゃべること).

❷ ～のことを話す
- The men at the party were **talking** politics [baseball, business, cars] all night. そのパーティーにいた男たちは一晩中政治[野球, 仕事, 車]の話をしていた.

talk back 《話》 口答えする (answer back)
- Don't **talk back** to your father! お父さんに口答えするんじゃない!

talk big 《話》 大きいことを言う, ほらを吹(ふ)く, 大ぶろしきを広げる

talking about [of] ～ 《話》 ～と言えば
- **Talking about** movies, have you seen the new "Star Wars" movie yet? 映画と言えば, 君は『スターウォーズ』の新作はもう見たかい.

talk of ～ ～のことについて話す[うわさする]
ことわざ **Talk of** the devil, and he is sure to appear. 悪魔(あくま)のことを話すときっと悪魔

が出る. →「人のうわさ話をしていると, そのうわさの当人がそこへやって来る」の意味.「うわさをすれば影(かげ)がさす」にあたる.

- We **talked of** going shopping, but we didn't have much money. 私たちは買い物に行こうかと話していたが, 私たちはあまりお金を持っていなかった(ので行かなかった). →「言っていたが実行しなかった」を暗示することが多い.

talk over ~ ~について話し合う, 相談する
- Let's **talk** it **over** this evening. 今晩そのことを相談しよう.
- I have something to **talk over** with you. 君に相談したい事がある.

talk to oneself ひとり言を言う

―― 名 (複) **talks** /tɔ́ːks トークス/
❶ 話, おしゃべり; 話し合い
- peace **talks** in Paris パリでの平和会談
- **have** a long **talk with** ~ ~と長話をする

❷ スピーチ, 講演
- The astronaut **gave** an interesting **talk on** space travel. その宇宙飛行士は宇宙旅行のおもしろい話をしてくれた.

❸ 話の種, うわさ, うわさの種
- Ben's new bicycle is **the talk of** all his friends. ベンの新しい自転車は彼の友達みんなの話の種だ.

talkative /tɔ́ːkətiv トーカティヴ/ 形 **話好きな, おしゃべりの**

tall 中 A1 /tɔ́ːl トール/ 形 (比較級 **taller** /tɔ́ːlər トーら/; 最上級 **tallest** /tɔ́ːlist トーれスト/)
❶ 背が高い, (細長く)高い

tall　　short

基本 a **tall** boy 背の高い男の子 → tall + 名詞.
- a **tall** tree [building] 高い木[ビル]
  反対語 My sister is very **tall**. My father **short**. 姉はとても背が高い. 父は背が低い. → be 動詞+tall.
- My brother is **as tall as** Dad. 兄は父と同

じくらい背が高い.
- I am **taller** than my little sister, but Dad is much **taller** than I am [《話》than me]. 僕は妹よりは背が高いけれど, 父は僕よりもっとずっと背が高い.
- Ken is **the tallest in** the class [**of us all**]. ケンがクラス[僕たち全員]の中では一番背が高い.

❷ (背の)高さが~で → 背の高い・低いに関係なく使う.

　会話

How **tall** are you? — I am 5 feet 3 (inches) **tall**.
君は身長はどれくらいですか.―(身長は)5フィート3インチです.
→ be 動詞+数字+tall. 数字は tall を修飾(しゅうしょく)する.

❸ おおげさな, 信じられない
- a **tall** tale [story] おおげさなほら話

tambourine /tæmbərí:n タンバリーン/ 名 《楽器》タンバリン

tame /téim テイム/ 形 (動物が)飼いならされた, 人によくなれた, おとなしい 反対語 **wild**(野生の)
―― 動 (動物を)飼いならす

Tamil /tæmil タミる/ 名 ❶ タミル人 → インド南部やセイロン島の民族の1つ. ❷ タミル語

tan /tǽn タン/ 動 (三単現 **tans** /tǽnz タンズ/; 過去・過分 **tanned** /tǽnd タンド/; -ing形 **tanning** /tǽniŋ タニング/)
(日光などが皮膚(ひふ)を)日焼けさせる; (人が)日焼けする → **suntanned**
―― 名 日焼け色; 黄褐(おうかっ)色

tangerine /tændʒərí:n タンジェリーン/ 名 タンジールミカン → タンジールはアフリカ北部モロッコの港市でここからヨーロッパに初めてミカンが伝えられた. 日本のミカンとよく似ている.

tangle /tǽŋgl タングる/ 動 もつれる; もつれさせる

tank /tǽŋk タンク/ 名 ❶ (貯蔵用)タンク
- an oil **tank** 石油タンク
❷ 戦車, タンク

tanker /tǽŋkər タンカ/ 名 (石油などを運ぶ)油送船, タンカー; タンクローリー車

Tanzania /tænzəní:ə タンザニーア/ 固名 タンザニア → アフリカ中央東部にある共和国. 首都は

ダルエスサラーム(法律上はドドマ). 公用語は英語とスワヒリ語.

tap[1] /tǽp タプ/ 動 〔三単現〕 **taps** /tǽps タプス/; 〔過去・過分〕 **tapped** /tǽpt タプト/; 〔-ing形〕 **tapping** /tǽpiŋ タピング/) 軽くたたく
── 名 軽くたたくこと; コツコツ[トントン]たたく音

tap[2] A2 /tǽp タプ/ 名 《英》(水道・ガスなどの)蛇口(じゃぐち), コック(《米》faucet); (酒だるなどの)飲み口, 栓(せん)
•**turn on** the **tap**=**turn** the **tap on** 蛇口を開ける
•**turn off** the **tap**=**turn** the **tap off** 蛇口を閉める

tape A2 /téip テイプ/ 名 テープ ➡カセットテープやビデオテープなど録音・録画用テープ, また粘着(ねんちゃく)用テープ, 紙[布]テープなど.
•Carl was the first to **reach** the **tape**. カールが1着で決勝のテープを切った.
── 動 ❶ テープ[リボン]で縛(しば)る, テープで貼(は)る[とめる] ❷ テープに録音[録画]する

tápe mèasure 名 巻き尺, メジャー
tápe recòrder 名 テープレコーダー

tar /tάːr ター/ 名 タール ➡石炭・木を乾留(かんりゅう)する時にできる黒くねばねばした液体.

target A2 /tάːrgit ターゲト/ 名 的, 標的
•**aim at** the **target** 的に狙(ねら)いをつける
•**hit** [**miss**] the **target** 的に命中する[を外す]

tart /tάːrt タート/ 名 タルト ➡フルーツやジャムを上に載(の)せたり, 中にくるんだりした小さなパイケーキ.

tartan /tάːrtən タータン/ 名 タータン ➡格子(こうし)じまの毛織物. スコットランド高地地方では各氏族に特有の柄(がら)がありキルト (kilt) などに使う. ➡**kilt**

task A2 /tǽsk タスク|tάːsk タースク/ 名 (親・先生・上司などに言われた)**仕事, すべきこと, 務め, 任務**

taste 中 /téist テイスト/ 名

❶ **味; 味覚**
•a sweet [bitter] **taste** 甘(あま)い[苦い]味
•This cake **has** a sweet **taste**. このケーキは甘い味です.

❷ **好み, 趣味**(しゅみ); (〜の良さがわかる)**センス**
•**have** a **taste for** 〜 〜の味[良さ]がわかる, 〜に趣味を持つ, 〜が好きだ
•Kate has good **taste in** clothes. ケイトは服装のセンスがいい.

ことわざ There is no accounting for **tastes**. 人の好みは説明できない. ➡There is no 〜 =〜することはできない. account for =説明する. 「タデ食う虫も好き好き」にあたる.

❸ (a taste of 〜 で) 〜のひと口, 〜の味見
•**have** a **taste of** a pie パイをひと口食べる
•My sister **gave** me **a taste of** her tart. 姉は私に自分のタルトをひと口くれました.

in good [*bad*] *taste* いい[悪い]趣味で, いい[ひどい]センスで
•The furniture in their house is **in good taste**. 彼らの家の家具はセンスがいい.

to A's taste Aの好み[趣味]に合って[合うように]
•This sweater is not **to** my **taste**. このセーターは私の好みじゃないわ.

── 動 ❶ **味わう, 味を見る**
•**Taste** this soup to see if it is good. このスープおいしいかどうかちょっと味見をしてちょうだい.

❷ (飲食物が〜の)**味がする**; (人が)**味を感じる**
•This candy **tastes** good [sweet]. このキャンディーはおいしい[甘い].
•This soup **tastes of** garlic. このスープはニンニクの味がする.
•**What** does it **taste like**? それはどんな味がするの. ➡意味のつながりの上では like what (どのような)であるが, what は疑問詞なので文頭に出る.
•I can **taste** the pepper in this stew. このシチューはコショウの味がしますね.

taster /téistər テイスタ/ 名 (ワインなどの)鑑定(かんてい)**人, 味きき**

tasty 中 /téisti テイスティ/ 形 〔比較級〕 **tastier** /téistiər テイスティア/; 〔最上級〕 **tastiest** /téisti-ist テイスティエスト/) (飲食物の)**味がいい, おいしい** ➡taste+-y.

tattoo /tætúː タトゥー/ 名 (複 **tattoos** /tætúːz タトゥーズ/) **入墨**(いれずみ)
── 動 **入墨をする**

taught 中 /tɔ́ːt トート/ (➡gh は発音しない) 動 **teach** の過去形・過去分詞

tax /tǽks タクス/ 名 **税, 税金**
── 動 (人・収入・品物に)**税金をかける**

taxi 小 A1 /tǽksi タクスィ/ 名 (複 **taxi(e)s** /tǽksiz タクスィズ/) **タクシー**

- go **by taxi** タクシーで行く ➡×by a [the] taxi としない。➡ **by** ❶
- **take** [**call**] **a taxi** タクシーに乗る[を呼ぶ]
- **a taxi** driver タクシーの運転手
- **a taxi stand** 《米》タクシー乗り場 ➡英国では a taxi rank という。
- I took a **taxi** from the airport to the hotel. 私は空港からホテルまでタクシーに乗った。

T-bone stèak 名 Tボーンステーキ ➡T字型の骨のついた牛肉のステーキ. 単に **T-bone** ともいう。

tea 小 A1 /tíː ティー/ 名

❶ 茶, (特に)紅茶; 茶の葉, 茶の木

POINT ふつうは紅茶 (**black tea**) のこと. 日本の緑茶は **green tea**.

- **a cup** [**two cups**] **of tea** お茶1杯(ぱい)[2杯] ➡《話》では単に a tea, two teas のようにもいう。➡ ❶ の最後の用例
- **tea with** milk [lemon] ミルク[レモン]ティー ➡×milk [lemon] tea とはいわない。
- **have** [**drink**] **tea** at teatime ティータイムに紅茶を飲む
- **make tea** お茶をいれる
- **serve** him herb **tea** 彼にハーブティーを出す
- Won't you have **a cup of tea**? お茶を1杯いかがですか。
- Let's have a **tea break**. お茶の時間にしようか。
- 関連語 Put some **tea** into the **teapot** and add boiling water. ティーポットにお茶の葉を入れて熱湯を注いでください。
- Two **teas** and two coffees, please. 紅茶2つとコーヒー2つください。

❷ (午後の)お茶の会; 《主に英》午後のお茶, ティー

参考 イギリスの多くの家庭で, 夕方の4〜5時頃(ごろ)クッキーやサンドイッチなどを食べながら飲むお茶で, 昼食と夕食の間の一種の食事. **afternoon** [**five-o'clock**] **tea** ともいう。

- Come and **have tea with** us tomorrow. 明日うちのお茶に来ませんか。
- I was invited **to** [**for**] Ms. Smith's **tea**. 私はスミスさんのお茶(会)に呼ばれた。

téa bàg 名 ティーバッグ
téa cèremony 名 (日本の)茶道(さどう)

teach 小 A1 /tíːtʃ ティーチ/ 動

三単現	**teaches** /tíːtʃiz ティーチェズ/
過去・過分	**taught** /tɔ́ːt トート/
-ing形	**teaching** /tíːtʃiŋ ティーチング/

(人を・人に知識や技術を)**教える**

類似語 **tell** (情報を言葉で説明して教える), **show** (具体例を示したり, 案内したりして教える)

teach   tell   show

- 基本 **teach** English 英語を教える ➡teach+(代)名詞.
- **teach** him 彼を教える
- 基本 **teach** him English =**teach** English to him 彼に英語を教える ➡teach A B = teach B to A は「AにBを教える」.
- I **teach** my dog a new trick every day. 私はうちの犬に毎日新しい芸を教える。
- 基本 **teach** at a junior high school 中学校で教える ➡teach+副詞(句).
- My sister wants to **teach** (elementary school). 私の姉は(小学校の)先生になりたがっています。
- 関連語 Our English **teacher teaches** very well. 私たちの英語の先生はとても上手に教えてくれる。
- Ms. Mori **teaches** us English. = Ms. Mori **teaches** English **to** us. 森先生が私たちに英語を教えます。
- My father **taught** me **how to** swim. 父が私に泳ぎ(方)を教えてくれた. ➡how to do は「〜する方法」.
- We **are taught** French **by** Ms. Green. 私たちはグリーン先生にフランス語を教わります

six hundred and fifty-nine　659　**teaspoon**

［習います］. →taught は過去分詞で受け身の文.
→are 助動 ❷
•Is French **taught at** your school? 君の学校ではフランス語が教えられていますか.
•He **is teaching** his dog to shake hands. 彼は自分の犬に「お手」を教えています. →teaching は現在分詞で現在進行形の文. →is 助動 ❶
•She likes **teaching** children. 彼女は子供たちを教えることが好きです. →teaching は動名詞(教えること)で likes の目的語.

teach oneself 自分で勉強する, 独学する
•I **taught myself** English. (= I learned English for [by] myself.) 私は独学で英語を勉強した.

teacher 小 A1 /tíːtʃər ティーチャ/ 名

(複 **teachers** /tíːtʃərz ティーチャズ/)
先生, 教師 →幼稚(ようち)園から大学の先生まで, 性別に関係なく使う.
•a homeroom **teacher** クラス担任の先生
•the **teachers'** room 職員室
•an English **teacher**＝a **teacher** of English 英語の先生 →an English téacher のように後ろの語を強く言うと「イギリス人の先生」.
会話 Ms. Mori, who is that **teacher**? —He is Mr. Ono. 森先生, あの先生はどなたですか.—あの方は小野先生です.
POINT 「森先生」を ×Mori teacher とはいわない. また呼びかける時にも ×Teacher! ではなく, 名前に Mr. /ミスタ/, Ms. /ミズ/ などの敬称をつけて呼ぶ.

teaching /tíːtʃiŋ ティーチング/ 動 **teach** の -ing 形 (現在分詞・動名詞)
—— 名 ❶ 教えること; 教職
関連語 Our English **teacher** is very good at **teaching**. 私たちの英語の先生は教え方［授業］がとても上手です.
❷ (しばしば **teachings** で) 教え
•the **teachings** of Christ [in the Bible] キリスト［聖書］の教え

teacup /tíːkʌp ティーカプ/ 名 ティーカップ, 紅茶茶わん

team 小 A1 /tíːm ティーム/ 名

❶ (野球などの) チーム, (いっしょに活動する) 団, 組
•make **the team** チームのレギュラーになる

•make a **team** は「チームを作る」.
•He plays **on** [(英) **in**] our school soccer **team**. 彼はわが校のサッカーチームでプレーしている.
•A **team of** doctors is looking after the sick baby. 医師団が病気の赤ん坊(ぼう)の治療(ちりょう)をしている.
❷ (荷車・そりを引くための牛・犬などの) チーム
•a dog **team** (そりを引く)犬のチーム

teammate 中 /tíːmmeit ティームメイト/ 名 同じチームのメンバー, チームメイト

teamwork /tíːmwəːrk ティームワーク/ 名 チームワーク

teapot /tíːpɑt ティーパト/ 名 ティーポット, 急須, 茶瓶(ちゃびん)

tear¹ 中 A2 /tíər ティア/ 名
(しばしば **tears** で) 涙(なみだ)
•**with tears** in one's eyes 目に涙を浮(う)かべて
•**dry** one's **tears** 涙を拭(ふ)く
•**shed tears** 涙を流す
•Her eyes were full of **tears**. 彼女の目は涙でいっぱいだった.
•**Tears ran down** her cheeks. 涙が彼女のほおを伝って流れた.

burst into tears わっと泣き出す
in tears 涙を流して, 泣いて
•We were **in tears** when we heard the sad news. その悲しい知らせを聞いた時, 私たちは泣いた.
•She ran out of the room **in tears**. 彼女は泣きながら部屋から走り出た.

tear² /téər テア/ (→tear¹ との発音の違(ちが)いに注意) 動 (三単現 **tears** /téərz テアズ/; 過去 **tore** /tɔ́ːr トー/; 過分 **torn** /tɔ́ːrn トーン/; -ing形 **tearing** /téəriŋ テアリング/)
❶ 裂(さ)く, 破る; 裂ける, 破れる ❷ 引きちぎる, はぎ取る, むしる
—— 名 裂け目, ほころび

teardrop /tíərdrɑp ティアドラプ/ 名 涙(のしずく), 大粒(つぶ)の涙

tearoom /tíːruːm ティールーム/ 名 喫茶(きっさ)店, (ホテルなどの)喫茶室 →英国では teashop ともいう.

tease /tíːz ティーズ/ 動 からかう, いじめる

téa sèt [sèrvice] 名 紅茶道具一式

teaspoon /tíːspuːn ティースプーン/ 名 ティースプーン, 茶さじ, 小さじ

teatime /tíːtaim ティータイム/ 名 (午後の)**お茶の時間** →**tea** ❷

téa tòwel 名 《英》(食器用の)**布巾**(ふきん)(《米》 dish towel)

tech /ték テク/ 名 《英》《話》実業専修学校 → **technical college** ともいう.

technical /téknikəl テクニカる/ 形 ❶ 技術(上)の, 技術的な, 工業(技術)の ❷ 専門的な, 専門の

technique 中 /tekníːk テクニーク/ 名 (科学・芸術・スポーツなどの)**技術, 技巧**(ぎこう), **テクニック**

technology A1 /teknάlədʒi テクナろヂ| teknɔ́lədʒi テクノろヂ/
(複 **technologies** /teknάlədʒiz テクナろヂズ/)
科学技術, テクノロジー → **Technology and Home Economics** は教科の「技術家庭科」.

technólogy and hóme económics 名 (教科の)技術家庭科 → 単数扱(あつか)い.

teddy bear /tédi bèər テディ ベア/ 名 テディ・ベア → クマのぬいぐるみ.

- Everybody grows up loving a **teddy bear** of his or her own. 誰(だれ)でも自分のテディ・ベアをかわいがりながら大人になっていきます.

> 参考 米国26代大統領セオドア(愛称(あいしょう) Teddy)・ルーズベルトが狩(か)りで子グマの命を助けたという話からこれが売られるようになった.

teenage A2 /tíːneidʒ ティーネイヂ/ 形 10代の → 名詞の前にだけつける. →**teens**
- **teenage** boys and girls 10代の少年少女

teenager A2 /tíːneidʒər ティーネイヂャ/ 名 10代の少年[少女], ティーンエージャー →**teens**

teens /tíːnz ティーンズ/ 名 (複) (年齢(ねんれい)の)10代 → 語尾(ごび)に -teen のつく thirteen から nineteen までの年齢.

teeth 中 /tíːθ ティーす/
名 **tooth** の複数形
❶ (人・動物の)**歯**
- brush [clean] one's **teeth** 歯を磨(みが)く
- You have **a** fine **set of teeth**. 君は歯並びがきれいですね.
❷ (くし・のこぎり・歯車などの)**歯**

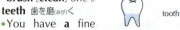
teeth
tooth

- the **teeth** of a comb [a saw] くし[のこぎり]の歯

tele- /télə テれ/ 「遠くへ, 遠くの」の意味の合成語をつくる

telegram /téləgræm テれグラム/ 名 電報, 電文 →**telegraph** によって送られる通信文.

telegraph /téləgræf テれグラふ/ 名 電信(機) →**telegram** を送るシステム.

telephone A1 /téləfoun テれふォウン/ 名 電話; 電話機, (特に)受話器 →話し言葉では **phone** ということが多い. →**phone**
- answer the **telephone** 電話に出る
- May I use your **telephone**? 電話をお借りしてもいいですか.

on [**over**] **the telephone** 電話で; 電話口に(出て), 電話中で
- talk with him **on the telephone** 彼と電話で話す

── 動 (〜に)電話をかける; 電話で言う[伝える] →改まった言い方で, ふつう話し言葉では《米》**call** (**up**), 《英》**ring** (**up**) という.

télephone bòok 名 電話帳

télephone bòoth, 《英》**télephone bòx** 名 公衆電話ボックス

télephone càrd 名 テレホンカード

télephone diréctory 名 = telephone book

télephone nùmber 名 電話番号

telescope /téləskoup テれスコウプ/ 名 望遠鏡
- I looked at the moon **through** a **telescope**. 私は望遠鏡で月を見た.

television A1 /téləvìʒən テれヴィジョン/ 名
テレビ(放送); (**television set** とも) テレビ(受像機) →**TV** と略す.

- **watch television** テレビを見る →この television は「テレビ放送」の意味なので ×a [the] television としない.
- buy a new **television** 新しいテレビを買う →この television は「テレビ受像機」の意味なので a をつける.
- **turn on** [**off**] the **television** (**set**) テレビをつける[消す]
- watch a baseball game **on television** テレビで野球の試合を見る
- appear **on television** テレビに出る[出演する]
- What's **on television** tonight? 今晩はテレビでどんな番組がありますか.

six hundred and sixty-one 661 **tell**

- a **television** program テレビ番組
- a **television** schedule テレビ番組表

tell 小 A1 /tél テる/

動	❶ 言う	意味map
	❷ 知らせる，教える	
	❸ Aに～するように言う[命令する]	
	❹ わかる	

―― 動

三単現	**tells** /télz テるズ/
過去・過分	**told** /tóuld トゥるド/
-ing形	**telling** /téliŋ テりング/

❶ 言う，話す，話して聞かせる

[動基本] **tell** a story お話をする →tell＋名詞．

- **tell** a lie [the truth] うそ[本当のこと]を言う
- [動基本] **tell** him 彼に言う →×tell *to* him としない．
- [動基本] **tell** them a story ＝ **tell** a story to them 彼らに物語を話す[お話をする] →tell *A B*＝tell *B* to *A* は「Aに Bを話す」．
- **tell** the children **about** fishing 子供たちに釣(つ)りについて話す
- My uncle often **tells** me about UFOs. おじはよく僕(ぼく)にユーフォーの話をしてくれます．
- He **told** me (that) he was a spy. 彼は私に自分はスパイだと言った．→《話》では that を省く．伝える相手 (me) を省くことはできない．tell の代わりに say を使うと He said **to** me that ～ となる．

文法　ちょっとくわしく

直接話法 ⇨人の言葉を，その人が言ったままの形で伝える言い方：
He **said to me**, "**I'll invite you** to the party." 「君をパーティーに招待するよ」と彼は私に言った．

間接話法 ⇨人の言葉を，伝える人の言葉に直して伝える言い方：
He **told me** (**that**) **he would invite me** to the party.

- Many stories **are told about** [of] his

courage. 彼の勇気について多くの話が語られている. →told は過去分詞で受け身の文. →**are** 助動 ❷

- **Is** he **telling** the truth? 彼は真実を話していますか. →現在進行形の文. →**is** 助動 ❶

❷ (相手が知らない事を)知らせる，教える → **teach** 類似語

- Can you **tell** me the time, please? 時間を教えてもらえますか.
- **tell** (him) one's name (彼に)自分の名前を教える →**say** one's name は「自分の名前を声に出して言う」.
- Please **tell** me the way to the post office. 郵便局へ行く道を教えてください.

⊘POINT tell は口で教えてもらう場合. 地図を書いたり案内して教えてほしい時は **show** me the way という. ×*teach* me the way ～ とはいわない.

❸ (**tell** *A* **to** *do* で) Aに～するように言う[命令する]

- **Tell** him **to** come at once. 彼にすぐ来るように言え.
- Mother **told** me **not to** go there alone. (＝Mother said to me, "Don't go there alone.") 母は私にひとりでそこへ行くなと言った.
- I was **told** not **to** go there alone. 私はひとりでそこへ行くなと言われた.
- Do as I **tell** you [Do as you are **told**]. 私が言うようにしなさい[君は言われたとおりにしなさい]. →両文とも文末に to do が省略されている.

❹ (**can tell** で) わかる，見分ける

- **Can** you **tell** the difference between margarine and butter? マーガリンとバターの違(ちが)いがわかりますか.

I tell you. ＝***I'm telling you.*** 本当に，確かに，絶対に

- It's boiling hot outside, **I tell you!** 外はうだるように暑いぜ, 本当に!

I told you so. (私は君にそう言った ⇨)私が言ったとおりでしょ, だから言ったじゃないの

チャンクでおぼえよう tell	
□ 話をする	**tell** a story
□ 彼らに話をする	**tell** them a story
□ 子供たちに魚釣りの話をする	**tell** the children about fishing
□ 彼女に郵便局への行き方を教える	**tell** her the way to the post office
□ …を教えていただけますか	Could you **tell** me ...?

temper

662 six hundred and sixty-two

***tell** A **from** B* A と B を区別する, A と B の見分けがつく →❹
- I can't **tell** Paul **from** Mike—they're twins. 私はポールとマイクの区別がつかない. 彼らは双子(ふたご)なのです.

***tell on** ~* ～の告げ口をする, ～を言いつける
- If you hit me, I'll **tell on** you to Mother. もし僕をぶったらお前のことママに言いつけちゃうからな.

tell tales →**tale** 成句

to tell** (**you**) **the truth 本当のことを言うと, 実を言うと, 実は

temper /témpər テンパ/ 名
❶ 気質, 気性(きしょう); (その時の)気分
- **have** a gentle [violent, short] **temper** 優(やさ)しい [荒々(あらあら)しい, 気短な]気質である
- **keep** [lose] *one's* **temper** 平静を保つ[失う]
- He is **in** a good [bad] **temper**. 彼は機嫌(きげん)がいい[悪い].
❷ 短気, かんしゃく, 怒(おこ)りっぽさ
- **fly into** a **temper** かんしゃくを起こす

temperate /témpərit テンパレト/ 形 (気候が)温暖な, 穏(おだ)やかな

Témperate Zòne 名 (**the** をつけて)温帯

temperature 中 A2 /témpərətʃər テンパラチャ/ 名
❶ 温度, 気温
- The **temperature** outside is very high today. きょうは外の気温はとても高い.
- 会話 What's the **temperature** today?—It's 30℃ (読み方: thirty degrees centigrade). きょうの気温は何度ですか.—(セ氏)30度です.
❷ 体温; (平熱以上の)熱 (fever)
- My sister **had** a (high) **temperature**. 妹は熱があった.
- Her **temperature** is 101 degrees. 彼女の熱は(カ氏)101度ある. →英米の体温計はふつうカ氏式. 大人の平熱はふつうカ氏98.6度(=セ氏37度)くらいまで.
- 関連語 Take your **temperature** with this **thermometer** and see if you have a **fever**. この体温計で体温を計って熱があるかどうかみなさい.

tempest /témpist テンペスト/ 名 大暴風雨, 大嵐(あらし) (violent storm)

temple 小 A1 /témpl テンプる/ 名

神殿(しんでん), 寺院

関連語 (temple)
temple は古代ギリシャ・ローマ, エジプト, 現代のヒンズー教, 仏教, ユダヤ教などの礼拝所. キリスト教のものは **church**, **chapel**, イスラム教のものは **mosque** という. 日本では仏教の寺を **temple**, 神社は **shrine** という.

- the **temple** of Apollo アポロの神殿
- (the) Horyuji **Temple** 法隆寺

temporary /témpəreri テンポレリ/ 形 一時的な, 仮の, 臨時の

tempt /témpt テンプト/ 動 誘惑(ゆうわく)する, 誘(さそ)う

temptation /temptéiʃən テンプテイション/ 名 誘惑(ゆうわく); 誘惑するもの 関連語 「誘惑する」は **tempt**.

ten 小 A1 /tén テン/ 名 (複 tens /ténz テンズ/) 10, 10人[個]; 10歳(さい); 10時[分, ドル, ポンドなど] →使い方については →three

関連語 Lesson **Ten** (= The **Tenth** Lesson) 第10課
- a girl of **ten** 10歳の少女
- It's **ten** past ten. 今10時10分です.
- 会話 How many are there?—There **are ten**. 何人いますか[何個ありますか].—10人います[10個あります]. →複数扱(あつか)い.
— 形 10の, 10人[個]の; 10歳で
- My sister is **ten** (years old). 妹は10歳です.

ten to one 《話》 間違(まちが)いなく, きっと → 「(私が負けたら君の)1ドルに対して10ドル(あげる)」の意味.

tend /ténd テンド/ 動 (**tend to** *do* で) ～しがちである, ～する傾向(けいこう)がある

tendency /téndənsi テンデンスィ/ 名 (複 **tendencies** /téndənsiz テンデンスィズ/) 傾向(けいこう)

tender /téndər テンダ/ 形
❶ (肉などが)やわらかい; か弱い, デリケートな
- This steak is very **tender**. このステーキはとてもやわらかい.
- Babies have **tender** skin. 赤ちゃんは肌(はだ)がやわらかい.
❷ (心の)優(やさ)しい, 思いやりのある
- Mother Teresa had a **tender** heart. マ

ザー・テレサは優しい心の持ち主だった.
tenderly /téndərli テンダリ/ 副 優(やさ)しく, 親切に
Tennessee /tenəsí: テネスィー/ 固名 テネシー →米国南東部の州. **Tenn.**, (郵便で) **TN** と略す.

tennis 小 A1 /ténis テニス/ 名

テニス, 庭球
• **play tennis** テニスをする
→×play a [the] tennis としない.
• a good [poor] **tennis** player テニスのうまい[下手な]人
• a **tennis** ball [racket] テニスボール[ラケット]
• a **tennis** court テニスコート

tenor /ténər テナ/ 名 《音楽》テノール; テノール歌手[楽器]
tense¹ /téns テンス/ 名 《文法》時制 →現在, 過去, 未来など, 文中の動詞が表す動作・状態がいつ行われるか, その「時の違(ちが)い」を示す動詞の形.
tense² /téns テンス/ 形 (神経などが)緊張(きんちょう)した, 張り詰(つ)めて, ぴりぴりして; (ロープなど)ぴんと張った
tension /ténʃən テンション/ 名 (複 **tensions** /ténʃənz テンションズ/)
❶ (精神的な)緊張(きんちょう)
• reduce [ease] **tension** 緊張を緩和(かんわ)する
❷ (**tensions** で) (個人・国家間の)緊張した状態[関係]
tent 中 /tént テント/ 名 テント
• pitch [put up] a **tent** テントを張る
• strike a **tent** テントを畳(たた)む
tenth 中 /ténθ テンす/ 名形 (複 **tenths** /ténθs テンすス/)
❶ 10番目(の), (月の)10日 →**10th** と略す. 使い方については →**third**
• the **tenth** century 10世紀
• on the **tenth** of May 5月10日に →手紙の日付などで書く時には on May 10 (読み方: May (the) tenth).
❷ 10分の1(の)
• a **tenth** part=one **tenth** 10分の1
• three **tenths** 10分の3
関連語 There were **ten** of us, so each of us was given a **tenth** of the cake. 私たちは10人いたので, それぞれのケーキの10分の1をもらった.

term /tə́:rm ターム/ 名 ❶ (学校の)学期
❷ (専門)用語, 術語
❸ (**terms** で) (人との)間柄(あいだがら), (人間)関係
terminal /tə́:rmənl ターミヌる/ 名 (鉄道・バスなどの)終点, 終着駅, 始発駅
—— 形 ❶ 終わりの; 終点の ❷ 学期ごとの; 学期末の
terrace /térəs テラス/ 名 ❶ テラス →家の庭やレストランなどの前に張り出した飲食のできる部分. またはアパートの部屋から外へ張り出したベランダ.

❷ (段々畑のように)ひな壇(だん)式になった土地, (頂上を平たくならした)高台, 台地
❸ 《英》集合住宅棟(とう)

terrible 中 A1 /térəbl テリブる/ 形

❶ 恐(おそ)ろしい, 怖(こわ)い
• We have just heard some **terrible** news. 私たちはたった今, 恐ろしいニュースを聞いたところだ.
• Landmines are **terrible**. 地雷(じらい)というのは恐ろしいものです.
❷ 《話》ひどい, ひどく悪い (very bad), ひどくお粗末(そまつ)な (very poor)
• **terrible** weather ひどい天気
• I had a **terrible** time at the party. そのパーティーではとてもつまらなかった.
• You look **terrible**. 君, 顔色がすごく悪いよ.
• That film was **terrible**. あの映画はひどいものだった.
terribly /térəbli テリブリ/ 副 《話》ひどく (very badly), とても (very)
terrific /tərífik テリふィク/ 形
❶ 恐(おそ)ろしい; 《話》すさまじい, ものすごい
❷ 《話》すごい, すばらしい (very good)
terrify A2 /térəfai テリふァイ/ 動 (三単現 **terrifies** /térəfaiz テリふァイズ/; 過去・過分 **terrified** /térəfaid テリふァイド/; -ing形 **terrifying** /térəfaiiŋ テリふァイイング/)
(身がすくむほど)おびえさせる, 怖(こわ)がらせる →

territory 664 six hundred and sixty-four

terror
- Thunder **terrifies** our dog very much. 雷(かみなり)はうちの犬をひどく怖がらせる.
- The hiker **was terrified** by the sight of the bear. ハイカーはクマの姿を見て身がすくんだ. → was terrified は受け身形(おびえさせられた)であるが「身がすくんだ」と訳す.

territory /térətɔːri テリトーリ/ 名 (複 **territories** /térətɔːriz テリトーリズ/) ❶ (広大な)地域; 地方 ❷ 領土; (アメリカなどの)準州 → まだ州 (state) に昇格(しょうかく)していない地域.

terror /térər テラ/ 名 (身がすくむほどの)恐(おそ)ろしさ, 恐怖(きょうふ); 恐ろしい物[人]
- in **terror** おびえて, 恐怖のあまり

terrorist A2 /térərist テラリスト/ 名 テロリスト

test 中 A1 /tést テスト/ 名
試験; 検査, テスト
- a history **test**＝a **test** in [on] history 歴史の試験
- **do** [have, take] a blood **test** 血液検査をする[受ける]
- **give** [have] a **test** 試験をする[受ける]
- **pass** [fail] a driving **test** 運転免許(めんきょ)試験に受かる[落ちる]
- He did very well **on** [in] the English **test**. 彼は英語の試験で非常によい成績だった.
- I will **have** an English **test** tomorrow. 私は明日英語のテストがある.

—— 動 試験[検査]をする, 試す
- Our teacher **tested** us **in** history [on English verbs]. 私たちの先生は私たちに歴史の[英語の動詞についての]試験をした.
- I want to **test** the motorbike before I buy it. 私は買う前にそのバイクを試(ため)してみたい.

tést pàper 名 試験問題[答案]; (化学の)試験紙

Texas /téksəs テクサス/ 固名 テキサス → 米国南西部の州. Tex., (郵便で) TX と略す.

text A2 /tékst テクスト/ 名 ❶ (本の注・挿(さ)し絵などに対して)本文 → しばしば数えられない名詞として扱(あつか)う. ❷ (翻訳(ほんやく)に対して)原文, 原典, テキスト → しばしば数えられない名詞として扱う. ❸ 教科書 (textbook)
—— 動 ＝text message

textbook 中 A2 /tékstbuk テクストブク/ 名 教科書

- my English **textbook** 私の英語の教科書

textile /tékstail テクスタイル/ 名 (ふつう **textiles** で) 織物, 布(地) → **cloth** より改まった感じの語.

text message A2 /tékst mésidʒ テクスト メセヂ/ 名 (携帯(けいたい)電話 (cellphone) による)メール
—— 動 (携帯電話で)メールを送る → 単に **text** ともいう.

texture /tékstʃər テクスチャ/ 名 きめ, 手触り

Thai /tái タイ/ 名形 タイ人(の); タイ語(の); タイの 関連語「タイ国」は Thailand.

Thailand 小 /táilænd タイランド/ 固名 タイ → アジア南東部の王国. 首都はバンコク (Bangkok). 公用語はタイ語 (Thai).

Thames /témz テムズ/ 固名 (the Thames で) テムズ川 → 英国南部を流れロンドンを貫流(かんりゅう)して北海に注ぐ.

than 中 A1 /ðən ザン/ 接

❶ ～よりも
(ら)基本 I am taller **than** he is [《話》 **than** him]. 僕(ぼく)は彼よりも背が高い. → 形容詞の比較(ひかく)級＋than. 《話》では than を前置詞と考え, than him のように目的格の代名詞が続くことが多い.
(ら)基本 Carl runs faster **than** I do [《話》 **than** me]. カールは僕よりも速く走ります. → 副詞の比較級＋than.
- This bird is **more** beautiful **than** that one. この鳥はあの鳥よりも美しい.
- I like coffee **better than** tea. 私は紅茶よりコーヒーのほうが好きです.
- I love you more **than** him (＝I love him). 私は彼(を愛している)よりもあなたのほうをもっと愛している.
- It is **less** hot in September **than** in August. 9月は8月ほど暑くない.
- There are **more than** twenty people in the room. その部屋には20人以上の人がいます.

❷ (other than ～ で) ～よりほかの
- I have no **other** friend **than** you. ＝I have no friend **other than** you. 僕には君よりほかに[君のほかに]友達はいないんだ.

❸ (rather than ～ で) ～よりむしろ
- I would **rather** go today **than** tomorrow. 私はあしたよりむしろきょう行きたい.

thank 小 A1 /θǽŋk サンク/ 動

(三単現 **thanks** /θǽŋks サンクス/; 過去・過分 **thanked** /θǽŋkt サンクト/; -ing形 **thanking** /θǽŋkiŋ サンキング/)

〜に感謝する, ありがたいと思う, 礼を言う

基本 **Thank** you. ありがとう, 感謝します, (軽く感謝して)すみません; (物を勧められて)いただきます. →主語 I, We はふつう省略するが, 演説の終わりなど改まった場合には I thank you. と言うこともある.

A: How are you?
B: Very well, **thank you**. And you?
A: Very well, **thank you**.
A: お元気ですか.
B: ありがとう[おかげさまで], 元気です. あなたは?
A: ありがとう, 元気でやってます.

A: I'll help you.
B: Oh, **thank you** very [so] much.
A: You're welcome [《英》Not at all].
A: お手伝いしましょう.
B: ああ, どうもありがとうございます.
A: どういたしまして.

Would you like a cookie? —**Thank you** [No, **thank you**].
クッキーはいかが.—ありがとう, いただきます[いいえ, けっこうです].

会話 **Thank** you very much, Mr. Smith.
—**Thank** yóu. スミス先生, 大変ありがとうございました.—こちらこそありがとう. →「こちらこそありがとう」と言う時は you を強く発音する.

会話 Would you like to stop at a coffee shop? —No, I'm in a hurry, but **thank** you all the same [**Thank** you, but I'm in a hurry]. 喫茶(きっさ)店に寄って行きませんか.—いや, 急いでいるので, でも(誘(さそ)ってくれて)どうもありがとう[ありがとう, でも急いでいるので].

基本 **Thank** you very much for your nice present. すてきな贈(おく)り物をどうもありがとうございます. →thank A (人) for B (物・行為(こうい))は「B について A に感謝する」.

• **Thank** you for listening. (スピーチなどの終わりに)ご清聴ありがとうございます.

• Susie **thanks** you very much **for** sending her such a pretty doll. スージーはあなたがあんなかわいいお人形を送ってくれたのでとても感謝しています.

• People **thanked** God **for** their harvest. 人々は収穫(しゅうかく)を神に感謝した.

No, thank you. いいえ, けっこうです →相手の申し出を断る表現.

Thank God! ありがたい!

• **Thank God**, my father is safe. ああ, よかった. 父は無事だった.

—— 名 (複 **thanks** /θǽŋks サンクス/)

(thanks で) 感謝

Have another cake. —**Thanks** [No, **thanks**].
ケーキをもう1つどうぞ.—ありがとう[いいえ, もうけっこう].

• **Thanks very much**. = **Thanks a lot**. = **Many thanks**. 本当にありがとう.
• **Thanks for** your letter. お手紙ありがとう.
• They **gave thanks to** God for their harvest. 彼らは収穫を神に感謝した.

No, thanks. いいえ, けっこうです →No, thank you. のくだけた表現.

thanks to 〜 〜のおかげで

• **Thanks to** the doctor, I'm well again. お医者さんのおかげで私は回復した.

thankful /θǽŋkfəl サンクフル/ 形 **感謝して(いる), ありがたく思って**

• He was **thankful to** Mary **for** her kindness. 彼は親切にしてもらってメアリーに感謝していた.

Thanksgiving (Day) /θæŋksgíviŋ(dèi) サンクスギヴィング(デイ)/ 名 感謝祭

参考 米国では11月の第4木曜日, カナダでは10月の第2月曜日に過去1年間の神

thank-you 666

の恵(めぐ)みに感謝する祭日で, 家族は親元に集まり, 七面鳥やカボチャパイなどのごちそうを食べて祝う. メイフラワー号でアメリカに渡(わた)って来た清教徒たちが1621年10月最初の収穫(しゅうかく)を神に感謝して祝った祭りが始まり.

thank-you /θǽŋkju: サンキュー/ 形 **感謝の, お礼の** → 名詞の前にだけつける.

—— 名 感謝の言葉[贈(おく)り物, 行為(こうい)]

that 小 A1 /ðǽt ざット/

代 ❶ それは[が], あれは[が]   意味map
❷ それを, あれを
❸ (that of ～ で) ～のそれ
❹ ～する(ところの)

形 その, あの

接 ❶ ～ということ
❷ ～なので, ～して
❸ ～という
❹ (so [such] ～ that で) とても～なので

—— 代 (複 **those** /ðóuz ぞウズ/)

❶ **それは[が], あれは[が], あの人は[が]**

POINT 少し離(はな)れた所にあるもの, また少し前に見たり聞いたりしたもの, 相手が言った事などを指す.

基本 **That** is the morning star. あれが明けの明星(みょうじょう)だ. → That は文の主語.

• Look! **That is** [**That's**] Mt. Fuji. 見て! あれが富士山だよ.

会話
What is **that**? Is **that** a bird or a plane?—It's a bird.
あれは何だ? 鳥か, それとも飛行機か.—(あれは)鳥だ.
→ 特に「あれは」と指し示すのでなく, 単に前に話題に出たものを受けるだけの時は **it** を使う.

What is that? Is that a bird or a plane?
It's a bird!

Let's play cards. —Yes. **That**'ll (= **That** will) be fun!
トランプをしようよ.—うん, おもしろそうだ.

I'm sorry. I broke your glass. —**That**'s all right.
すみません. あなたのコップを割ってしまいました.—そんなのいいよ.

関連語 **This** is my umbrella and **that** is yours. これは僕(ぼく)の傘(かさ)で, あれが君のだ. → 近くのものを指すは **this**.

• **That's all** for today. きょうはこれでおしまいにしよう. → × This is ～ としない.

• **That's it**. それだ, そのとおり.

❷ **それを, あれを** → 人を指すことはない.

基本 Give me **that**. それを私にください. → that は動詞 (Give) の(直接)目的語.

• I'm sorry. I don't understand. Please say **that** again. すみません. よくわからないので, もう一度それを言ってください.

• He died last year? I didn't know **that**. 彼が去年死んだ? それは知らなかった.

• We played baseball and **after that** we went home. 僕たちは野球をして, そのあと家に帰った. → 前置詞 + that.

❸ **(that of ～ で) ～のそれ** → 前にある「the +名詞」を繰(く)り返す代わりに使う.

• The story is like **that** (= the story) **of** Robinson Crusoe. その話はロビンソン・クルーソーの話に似ている.

• The population of Tokyo is larger than **that of** New York. 東京の人口はニューヨーク(の人口)より多い.

❹ **～する(ところの)** → 前にある名詞を修飾(しゅうしょく)する関係代名詞用法. この場合の that は日本語には表現しない.

• This is the boy **that** loves Mary. これはメアリーを愛している男の子です.

文法 ちょっとくわしく
上の文は This is **the boy**. **He** loves Mary. の2つの文を1つの文で言うために He を that に変えて結び合わせたもの. したがって that は2つの文を**関係づけて**おり, また He (the boy の**代名詞**)の役目も果たしているので**関係代名詞**と呼ばれる. that は He と同じように loves の主語の働きをしている. こういう場合の the boy を関係代名詞の**先行詞**という. 関係代名詞

that は先行詞として「人」「動物」「物」のどれでも取ることができる. →**who** ❸, **which** ❸

• This is the dog **that** bit me. これが私にかみついた犬です.

• This is the boy (**that**) Mary loves. これはメアリーが愛している男の子です.

文法 ちょっとくわしく

上の文は This is **the boy**. Mary loves **him**. の2文を1文にしたもの. him を that に変えて the boy のすぐ次に置くと上文のようになる. that は him と同じものであるから loves の目的語である. このような目的格の関係代名詞は省略してもよい.

• This is the letter (**that**) she gave me. これが彼女が私にくれた手紙です.

• This is the cat **that** ate the mice **that** lived in the house **that** Jack built. これがジャックが建てた家にすんでいたネズミを食べたネコです.

• This is **the best** movie (**that**) I have ever seen. これは私が今までに見た最も優(すぐ)れた映画だ. →最上級の形容詞や, **first, only, all, every** などが先行詞を修飾している時は, 先行詞が人・物であっても that を使うことが多い.

• This is **all** (**that**) I can do for you. これが君のために私がしてやれるすべてだ[私が君にしてあげられるのはこれだけだ].

that is (**to say**) すなわち

• He died the next year, **that is**, in 2010. 彼はその翌年, すなわち2010年に死んだ.

—— 形 その, あの

🈚基本 **that** star あの[その]星 →that＋単数形の名詞. that は the よりも強く指し示す言い方.

• (in) **that** way そのようにして

🈯関連語 **that** cat and **those** kittens あのネコとあの子ネコたち →複数形の名詞の前では that は those になる.

• **that** day [night, year] あの日[夜, 年](に) →on などの前置詞をつけないでも「あの日に(は)」などの意味にもなる.

• **that** bag **of yours** 君のあのカバン

• **That** boy over there is Ken. 向こうにいるあの少年がケンです.

—— /ðət ざト/ 接

❶ ～ということ

✅POINT that は後ろの節(主語と述語の関係を含(ふく)む文の一部. →**clause**)をひとまとめにくくる役目をする. したがって that 以下の節がひとまとまりであることがはっきりわかるような場合には that を省略することが多い.

• **Say** (**that**) you love me. 私を愛していると(いうことを)言ってください.

• **I think** (**that**) she will come soon. 私は彼女はすぐ来る(だろう)と思います.

• **I know** (**that**) he lives in Kyoto. 私は彼が京都に住んでいることを知っている.

• **I knew** (**that**) he lived in Kyoto. 私は彼が京都に住んでいることを知っていた. →主節の動詞 (knew) が過去なのでそれに合わせて that 以下の動詞も過去 (lived) にする. ×「住んでい**た**ことを知っていた」と訳さない.

• **It is** true **that** he did it. 彼がそれをしたということは本当だ. →It=that 以下. that は省略しない.

❷ ～なので, ～して →理由や原因を述べる節を導く.

• **I am glad** (**that**) you came. 君が来て私はうれしい.

• **I am sorry** (**that**) you can't come. 君が来られなくて[来られないとは]残念だ.

❸ ～という →that 以下はその前の名詞の内容を述べていて, 名詞と that 以下は同格.

• the fact **that** the earth is round 地球が丸いという事実

• There is a rumor **that** our teacher is leaving. 私たちの先生が学校をやめるといううわさがある.

❹ (**so** [**such**] ～ **that** で) とても～なので

• She is **so** kind **that** everybody likes her. ＝She is **such** a kind girl **that** everybody likes her. 彼女はとても優(やさ)しいのでみんな彼女が好きだ. →so＋形容詞[副詞], such＋(形容詞＋)名詞.

• He is **so** busy **that** he can't come to the party. (＝He is too busy to come to the party.) 彼はとても忙(いそが)しいのでパーティーに来られません.

• It rained **so** hard **that** the game was put off. とても激しく雨が降ったのでゲームは延期された.

❺ (**so that** A **will** [**can, may**] do で) A が

thatch　668　six hundred and sixty-eight

～する[できる]ように →**so** 成句

❻**(so that ～ で)** その結果～, それで～ →ふつう so の前にコンマ (,) がある.

•He got up very late, **so that** he missed the train. 彼は寝坊(ねぼう)した. その結果[それで]列車に乗り遅(おく)れた.

—— 副 (→比較変化なし) 《話》**そんなに** (so), それほど

•I can't eat **that** much. 私はそんなにたくさんは食べられません.

•I didn't know it was **that** big. 私はそれがそんなに大きいとは知りませんでした.

thatch /θǽtʃ ザッチ/ 名 **わらぶきの屋根; 屋根をふく[作る]ためのわら**

—— 動 **わらで屋根をふく[作る]**

•a **thatched** roof わらぶきの屋根 → thatched は過去分詞(わらで屋根をふかれた)が形容詞のように使われたもの.

that'll /ðǽtl ザトる/ **that will** を短くした形

that's /ðǽts ザッツ/ **that is** を短くした形

the 小 A1 /弱形 ðə ざ, ði ずィ, 強形 ðíː ずィー/

(→母音(ぼいん)(アイウエオに似た音)の前では /ðí ずィ/, 子音(しいん)の前では /ðə ざ/ と発音する) 冠

❶**その, あの**

✓POINT 話の中で特定のものを指す時に使う. **that** よりも軽い言葉で, 前後関係によっては日本語に訳さないこともある.

介 基本 **the** dog その犬 →the+数えられる名詞の単数形. 聞いて[読んで]いる人が, どの犬が既(すで)に知っている時, またはその人にどの犬かを示したい時に言う. 強く「その犬」と指す時は **that** dog という.

介 基本 **the** cats そのネコたち →the+数えられる名詞の複数形. 特定のネコたち全部をいう. the をつけないで単に cats というと漠然(ばくぜん)とネコ一般(いっぱん)を指す.

介 基本 **the** old dog その年老いた犬 →the+形容詞+名詞. この the は母音の前なので発音は /ðí ずィ/.

•I have a dog and three cats. **The** dog is white and **the** cats are black. 私は1匹(びき)の犬と3匹のネコを飼っている. (その)犬は白で(その)ネコたちは黒です. →初めて相手に話す時は a dog, 冠詞(かんし)をつけないで three cats.

•Please shut **the** door. どうぞ(その開いている)ドアを閉めてください.

•The school is over there. (その)学校は向こうにある.

❷**(the+前後の説明語句によって限定された名詞)** →日本語には訳さないことが多い.

•**the** cat **on the roof** 屋根の上の(あの)ネコ

•**the tallest** boy in our class 私たちのクラスで一番背の高い少年

•**the most** beautiful flower in this garden この庭で一番きれいな花

•**the first** train 1番[始発]列車

•**The** principal **of our school** is Mr. White. わが校の校長はホワイト先生だ.

•**The** January of 2011 (読み方: two thousand eleven) was very cold. 2011年の1月はとても寒かった. →曜日・休日・月にはふつう ×a, ×the をつけないが, 特定の時の曜日・月になると the がつく.

❸**(the+単数名詞) ～というもの** →動植物・機械・楽器など, 同じ種類のもの全部を代表する. 日本語には訳さなくてもよい.

•**The** horse is a beautiful animal. 馬(うま)(という動物)は美しい動物である. →形式張った言い方. ふつう話し言葉では Horses are beautiful animals. または A horse is a beautiful animal. という. →a ❷

•I can play **the** piano. 私はピアノが弾(ひ)ける. →「楽器を弾く」という時の楽器名にはふつう the をつける.

•I like to listen to **the** radio. 僕(ぼく)はラジオを聞くのが好きだ. →「テレビを見る」は watch television で, ×the をつけない.

❹**(the+ただ1つしかないもの・自然現象・方角など)** →日本語には訳さない.

•**the** sun [moon] 太陽[月]

•**the** sky [sea] 空[海]

•**the** earth [world] 地球[世界]

•**the** east [west] 東[西]

•**the** left [right] 左[右]

•in **the** morning [afternoon, evening] 午前中[午後, 夕方]に

•**The** sun rises in **the** east and sets in **the** west. 太陽は東に昇(のぼ)り西に沈(しず)む.

❺**(the+固有名詞)** →人名・地名などの固有名詞はふつう ×the をつけないが, 次の場合には the をつける. 日本語には訳さない.

•**the** Mississippi ミシシッピ川 →the+川の名前. the がつかないと「ミシシッピ州」の意味.

•**the** Pacific (Ocean) 太平洋 →the+海の

名前.

• **the** West (東洋に対して)西洋; (アメリカの)西部地方 ➡the+地域名.

• **the** Alps アルプス山脈 ➡the+山脈や群島など複数形の固有名詞.

• **the** Sahara サハラ砂漠(さばく) ➡the+砂漠名.

• **the** White House ホワイトハウス ➡the+公共の建物, 特に官庁・美術館・博物館・図書館・映画館・ホテル・動物園などの名.

• **the** United States of America アメリカ合衆国 ➡「アメリカ」は ×the をつけず, America という.

• **the** Queen Elizabeth クイーンエリザベス号 ➡the+船の名. the がつかないと「エリザベス女王」の意味.

• **the** New York Times ニューヨークタイムズ ➡the+新聞名.

• **the** Japanese 日本人(全体) ➡「1人[2人]の日本人」は a [two] Japanese.

• **the** Americans アメリカ人(全体) ➡the+複数形の国民名.「1人[2人]のアメリカ人」は an American [two Americans].

• **the** Browns ブラウン家(の人々) ➡the+複数形の家族名.「1人のブラウン家の人」は a Brown.

❻ (前置詞+**the**+身体の部分を表す語) ➡日本語には訳さない.

• She hit me **on the** head. 彼女は僕のことぶったんだ, 頭を. ➡ぶたれた人に重点を置く言い方. She hit my head. (僕の頭をぶった)はぶたれた場所に重点がある.

❼ (**the**+形容詞) ~の人々

• **the** poor (=poor people) 貧しい人々 ➡「貧しい人」は a poor person.

• **the** rich (=rich people) 金持ちたち

❽ (by **the**+単位を表す語) ~単位で, ~ぎめで

• hire a car **by the** hour 車を1時間いくらで[時間ぎめで]借りる

• In this job, I am paid **by the** day. この仕事では私は1日いくらで[日給で]支払(しはら)われています.

—— 副 ❶ (**the**+比較(ひかく)級, **the**+比較級) ~すればするほど, それだけますます~する

• **The more** you eat, **the fatter** you get. 君は食べれば食べるほどますます太る.

📢会話 When do you want this work done?—**The sooner**, **the better**. この仕事はいつまでにすればよいのですか.—早ければ早い

ほどいいです. ➡問いの文は want A+過去分詞で「Aが~されることを欲(ほっ)する, Aを~してもらいたい」.

❷ ((all) **the**+比較級) それだけ(ますます)

• His speech was **the better for** being short. 彼のスピーチは短かったぶんだけよかった.

theater 🀄 🅐1 /θíətər すィアタ/ 名

❶ 劇場; (米)映画館 ➡**movie theater** ともいう.

• go to **the theater** (to see ~) (~を見に)劇場に行く

• We saw a play **at** the new **theater**. 私たちはその新しい劇場で芝居(しばい)を見た.

❷ (**the theater** で) 演劇

• I am interested in **the theater**. 私は演劇に興味を持っています.

theatre /θíətər すィアタ/ 名 《英》=theater

their 小 🅐1 /ðéər ゼア/ 代

彼らの, 彼女たちの; それらの ➡they の所有格.
➡**they** 関連語 **his** (彼の), **her** (彼女の)

🏠基本 **their** house 彼ら(みんな)の家 ➡their+単数名詞.

• **their** houses 彼ら(それぞれ)の家 ➡their+複数名詞.

• that car of **their** father's 彼らの父のあの車

• We have two dogs. **Their** names are Ella and Fido. 私たちは犬を2匹(ひき)飼っています. それらの名前はエラとファイドーです.

theirs 🀄 🅐2 /ðéərz ゼアズ/ 代

❶ 彼らのもの, 彼女たちのもの; それらのもの ➡単数のものにも, 複数のものにもいう. ➡**they**
関連語 **his** (彼のもの), **hers** (彼女のもの)

• This dog is **theirs**. (= This is their dog.) この犬は彼らのものです.

• Our school is older than **theirs** (= their school). 私たちの学校は彼らの(学校)より古い.

• Your hands are big, but **theirs** (=their hands) are small. 君の手は大きいけれど彼らのは小さい.

❷ (~ of theirs で) 彼らの~

• a friend **of theirs** (= one of their friends) 彼らの友人(の1人)

• Look at that house **of theirs**! 彼らのあの家を見てごらん!

them 670

them 小 A1 /ðəm ゼム/ 代

彼らを[に], 彼女らを[に]; それらを[に] →they
の目的格. →they 関連語 their (彼らの)

• Ken and Naomi love their mother.
She loves **them** (= Ken and Naomi),
too. ケンとナオミは自分たちのお母さんが大好
きです. お母さんも2人を愛しています.

• I gave **them** two apples. = I gave two
apples **to them**. 私は彼ら[その人たち]にリン
ゴを2個あげた. →最初の them は動詞 (gave)
の間接目的語. 後の them は前置詞 (to) の目的
語.

theme /θíːm すィーム/ 名 ❶(芸術作品・研究・討
論などの)**主題, テーマ** (subject)

• The **theme of** this book is love. この本
のテーマは愛である.

❷《米》(学校で課せられる)**作文**

• We must write one **theme** a week in
school. 私たちは学校で1週間に1つ作文を書
かなければならない.

théme sòng [**tùne, mùsic**] 名 (映
画・ミュージカルの)**主題歌[曲]**, (ラジオ・テレビ番
組の)**テーマソング**

themselves 中 A2 /ðəmsélvz ゼムセるヴズ/ 代

→himself (彼自身), herself (彼女自身), it-
self (それ自身)の複数形. →oneself

❶ 彼ら自身(を[に]), 彼女たち自身(を[に]); それら
自身(を[に])

• Bob and Becky hid **themselves** in the
cave. ボブとベッキーは洞穴(ほらあな)に身を隠(かく)
した[洞穴に隠れた].

ことわざ Heaven helps those who help
themselves. 天は自ら助くる者を助く(神は人
に頼(たよ)らず自分でやる人を助けてくれる). →
those who ~ は「~する人々」.

関連語 **They** dressed quickly and looked
at **themselves** in the mirror. 彼らは急いで
服を着て, 鏡で自分の姿を見た.

• The children kept all the ice cream
for **themselves**. 子供たちはアイスクリームを
自分たちのために全部とっておいた.

❷ 彼ら自身で[が], 彼女たち自身で[が]

• In the camp the children made a
meal **themselves**. キャンプでは子供たちは自
分たちで食事を作った.

❸ いつもの彼ら[彼女ら], 本来の彼ら[彼女ら]

by themselves 自分たちだけで (alone);

独力で

• The family live in a large castle **all by
themselves**. その一家は大きな城に彼らだけで
住んでいる. →all (全く)は by themselves を
強めるために添(そ)えられたもの.

for themselves 自分たちの力で, 独力で; 自
分たちのために →❶ (最後の用例)

then 小 A1 /ðén ゼン/

副 ❶ その時
❷ (and then とも) それから
❸ 《話》それでは

意味 map

── 副 ❶ その時 (at that time), (その)**当時**

• I first met Meg in 2000. I was five
then. 僕(ぼく)は2000年に初めてメグと会った.
その時僕は5歳(さい)だった.

関連語 We lived in Kyoto **then**, but **now**
we live in Tokyo. 当時私たちは京都にいた
が, 今は東京に住んでいる.

• He went out of the room. **Just then**
the telephone rang. 彼は部屋から出た. ちょ
うどその時電話が鳴った.

❷ (and then とも) **それから**, その後(で), その
次に →「すぐあと」の場合と, 「しばらくしてあと」
の場合とがある.

• The seesaw goes up **and then** it goes
down. シーソーは上に上がり, それから下に下
りる.

• I had a bath **and then** went to bed. 私
はふろに入ってそれから寝(ね)ました.

• Standing beside John is Paul, **then**
Ringo, **and then** George. ジョンの横に立
っているのがポール, それからリンゴ, そしてその
次がジョージです. →Paul 以下が文の主語で is
が動詞.

❸ 《話》**それでは**, それなら, そうすると

会話 It is not an animal, a plant, or a
mineral.—What is it, **then**? それは動物で
も植物でも鉱物でもありません.—それではそれは
何ですか.

会話 I'm very busy today.—Well, **then**,
come some other day. 私はきょうはとても
忙(いそが)しいのです.—ではいつかほかの日にいらっ
しゃい.

── 名 その時 →前置詞 (by, from, since,
till, until など)の目的語として使われる.

• by **then** その時までに

• from **then** on = since **then** その時以来

there

- We'll meet next week. Until **then**, goodbye. 来週会いましょう. じゃその時までさようなら.

(**every**) **now and then** 時たま, 時折
- I don't jog every day, just **now and then**. 僕は毎日ジョギングをしているわけではなく, ほんの時たまするだけです.

theory /θíəri ティオリ/ 名 (複 **theories** /θíəriz ティオリズ/) 学説, 説; (実際に対して)理論

in theory 理論上は

therapy /θérəpi セラピ/ 名 (病気・障害などの)治療(ちりょう), 療法(りょうほう)

there 小 A1 /ðéər ゼア/ 副
(→比較変化なし)

❶ そこに, そこで, そこへ, あそこに[で, へ]

基本 go **there** そこへ行く →動詞＋there. ×go *to* there としない.
- live **there** そこに住んでいる
- **over there** (向こうの)あそこに, 向こうに[の]

関連語 Sit **there**, not **here**. ここでなくあそこに座(すわ)りなさい.

Sit there, not here.

- Put the books **over there** on the shelf. それらの本を向こうの棚(たな)の上に置いてくれ. →場所をいう時は, まず漠然(ばくぜん)と (over there＝向こうに), 次に具体的に (on the shelf＝棚の上に)の順でいう.

会話 Where is Bob?—(He is) Up **there**, on the roof. ボブはどこ?—あそこの上, あの屋根の上よ.
- **Are you there**, Paul? (隣(となり)の部屋などに向かって)ポール, あなたそこにいるの; (電話口で)ポール, あなた聞いているの.
- **Is Ken there?** (電話で)ケンはいますか.
- I like Okinawa; the people **there** are very kind. 私沖縄が好き. あそこの人たちってとても親切なんですもの. →名詞＋there で形容詞的な使い方.

❷ **(There is [are] 〜 で) 〜がある, 〜がいる**

→There は主語の位置にあるが主語ではなく, is [are] の次に来る語が主語. この There には「そこに」の意味はない. 口語では there is, there are はそれぞれ **there's, there're** と縮めていう.

基本 **There** is a cat on the roof. 屋根の上に (1匹(ぴき)の)ネコがいます. →There is＋単数の主語＋場所を表す語句.

POINT 「そのネコ[君のネコ]は～にいる」など, 特定のものの「ありか, 所在」を表す時は The [Your] cat is on the roof. のようにいう. ふつうは ×There is *the* cat on the roof. としない.

- **There is** [(話) **There's**] someone at the door. 玄関(げんかん)に誰(だれ)か来ています.
- **There's** a hole in the bucket. バケツに穴があいています.
- **There's** a good restaurant there! あそこにいいレストランがあるよ. →文末の there は「あそこに」.

会話

Is there a coffee shop near here? —Yes, **there is** [No, **there isn't**]. この近くにコーヒーショップはありますか.—ええ, あります[いいえ, ありません].
→疑問文は Is there＋主語? 否定文は There is not＋主語./There isn't＋主語.

- **There is** not a cloud in the sky. 空には雲ひとつありません.

基本 **There** are [(話) **There're**] two books on the desk. 机の上に2冊の本がある. →There are＋複数の主語＋場所を表す語句.
- **There are not any** books on the desk. ＝**There are no** books on the desk. 机の上には本は (1冊も)ない.
- **Are there any** books on the desk? 机の上に本がありますか.
- **There are** many ways to help people, **aren't there**? 人を助けるたくさんの方法があるのですね. →不定詞 to help (助ける～)は many ways を修飾(しゅうしょく)する (→**to** ❾ の ②). aren't there? は「あるのですね」と念を押(お)す用法.

会話 What is in the box?—**There are some** kittens.—**How many** kittens **are there**?—(**There are**) Three. その箱の中には何がいるの.—子ネコが何匹(びき)かいます.—何匹の

therefore 672

子ネコがいるの.—3匹います.→最初「何が~?」と聞く時は What は単数として使う.

- **There was** a big fire last night. 昨夜大きな火事があった.
- **There were** fourteen candles on my birthday cake. 私のバースデーケーキには14本のろうそくがありました.
- **There will** [《話》**There'll**] **be** a concert by our brass band next month. 来月吹奏楽部のコンサートがあります.
- **There's** a big dog barking in front of the door. ドアの前で大きな犬がほえてる.→A big dog is barking ~. と同じ意味.

❸ **(there+be 以外の動詞+主語で) ~が~する** →❷ の「There is [are]+主語」の変形で, is [are] のところに live (住んでいる), come (来る)など存在や到着(とうちゃく)を表す動詞が来る.

- Once upon a time **there lived** an old man and his old wife. 昔々おじいさんとおばあさんが住んでいました.
- The witch waved her hand and **there appeared** a frog. 魔女(まじょ)が手を振(ふ)ると1匹のカエルが現れました.
- **There seems** (to be) no hope. 望みが無いように思える.

❹ **(相手の注意を促(うなが)して)ほら, そら**

- **There** comes the bus. ほら, バスが来た.→There+動詞+主語.

《会話》The bus is late.—**There** it comes. バスが遅(おそ)いですね.—あっ, 来ましたよ.→主語が代名詞(he, it, theyなど)の時はThere+主語+動詞.

- **There** goes Ken on his new bicycle. ほら, ケンが新しい自転車に乗って行くよ.

《会話》Mother, I cut my finger.—**There, there**, I'll kiss it and make it better. ママ, 指を切っちゃった.—よしよし, そこにキスして治してあげましょうね.

here and there あちらこちらに →here 成句

Hi [Hello] there. やあこんにちは →ごく親しい間柄(あいだがら)で使う.

there is no doing 《話》~することはできない

- **There is no telling** which side will win. どちら側が勝つか言うことができない[わからない].

There's a good boy [girl]. いい子(だか

ら)ね

There you are! はい, これを(どうぞ) →相手が欲(ほ)しがっていたものを出しながら言う言葉.

- **There you are!** A nice cup of coffee. はい, これをどうぞ. おいしいコーヒーよ.

—— 图 そこ, あそこ

- He will go to Sydney first and from **there** to Canberra. 彼はまずシドニーへ行ってそこからキャンベラへ行くだろう.

therefore A2 /ðéərfɔːr ゼアふォー/ 副 **それゆえに, したがって** →(and) so より堅(かた)い表現.

- He had a bad cold, and **therefore** could not go to school. 彼はひどい風邪(かぜ)をひいて, それで学校に行けなかった.
- I think, **therefore** I am. 私は考える. ゆえに私が存在する.→フランスの哲学(てつがく)者デカルトの言葉. この therefore は接続詞的用法.

there'll /ðéərl ゼアる/ **there will** を短くした形

there're /ðéərər ゼアラ/ **there are** を短くした形

there's /ðéərz ゼアズ/ **there is, there has** を短くした形

thermometer /θərmámətər サメタ/ 图 **体温計; 温度計, 寒暖計**

thermos /θə́ːrməs さ〜モス/ 图 《商標》**サーモス** →「魔法瓶(まほうびん), ポット」のこと. この意味での「ポット」は和製英語. 英語の pot は「つぼ, 鍋(なべ)」.

these 中 A1 /ðíːz ずィーズ/

意味map
代 ❶ これらは[が]
❷ これらを
形 ❶ これらの
❷ この頃(ごろ)の

—— 代 ❶ **これらは[が], この人たちは[が]** →this の複数形. 関連語 **those** (あれらは[が])

《基本》This is my mother and **these** are my sisters. これは私の母で, これらは私の姉妹(しまい)たちです.→these は文の主語.

What are **these**?—They are CDs. これらは何?—(それらは) CD よ.
→特に「これらは」と指し示す以外は they を使う.

関連語 **These** are hens; **those** are crows.

six hundred and seventy-three 673 **thick**

これ(ら)はめんどりです. あれ(ら)はカラスです.
→遠くの2つ以上の物を指し示すのは **those**.
❷ **これらを**
[囲]基本 Read **these**—they are very interesting. これらを読んでごらん. とてもおもしろいよ. →these は動詞 (Read) の目的語.
•He knows about **these**. 彼はこれらについて知っている. →these は前置詞 (about) の目的語.
── 形 ❶ **これらの, この, こういった**
[囲]基本 this dog and **these** puppies この犬とこれらの子犬たち →these+複数形の名詞.
[関連語] I like **these** shoes better than **those**. 私はその靴(くつ)よりこの靴のほうが好きです. →these shoes は「1足の靴」を指す.
•**These** friends of mine are very kind. これら私の友人たちはとても親切です.
❷ **この頃の, 近頃(ちかごろ)の, 最近の**
•It's cold **these days**. この頃は寒い. →×in these days としない. 「その頃(ころ)は」は in those days.
•My father is busy **these days**. 父は最近忙(いそが)しい.
one of these days いつか近いうちに

they **[小] [A1]** /ðei ゼイ/ **[代]**

❶ **彼らは[が], 彼女たちは[が]; それらは[が]** →それぞれ **he** (彼は), **she** (彼女は), **it** (それは) の複数形. **[関連語] them** (彼ら[彼女ら]を[に]), **their** (彼ら[彼女ら]の), **theirs** (彼ら[彼女ら]のもの)

they の変化

	単 数 形	複 数 形
主 格	he, she, it	**they**
所 有 格	his, her, its	**their**
目 的 格	him, her, it	**them**
所有代名詞	his, hers	**theirs**

[囲]基本 Ken and Naomi are friends. He is Japanese and she is American. **They** (=Ken and Naomi) play together. ケンとナオミは友達です. 彼は日本人, 彼女はアメリカ人です. 彼らはいっしょに遊びます. →They は文の主語.

[会話] I put three books here; where are **they** (= the three books)?—**They're** (= **They are**) on your desk. 僕(ぼく)ここに本を3冊置いたんだけど, (それらは)どこにあるかな.—(それらは)あなたの机の上にあるわよ. →口語では they are を **they're** と縮めていう.
[関連語] Their purses were stolen and **they** have no money with **them**. 彼らの財布(さいふ)は盗(ぬす)まれ彼らは金を持っていません.
❷ (漠然(ばくぜん)と)**人々, 世間の人**; (ある地域・場所の)**人たち** →日本語に訳さないことが多い.
•**They** sell wine at that store. あの店(の人々)はワインを売っている.
•**They** say (**that**) Eri will marry. エリが結婚(けっこん)すると世間の人々は言っている[といううわさだ].
•**They** speak English in Canada. カナダでは(人々は)英語を話す.
[会話] Do **they** have snow in Hawaii? —No, **they** have no snow there. ハワイは雪が降りますか.—いいえ, あそこが雪が降りません.

they'd /ðeid ゼイド/ **they had**, **they would** を短くした形
they'll /ðeil ゼイる/ **they will** を短くした形
they're /ðeiər ゼイア/ **they are** を短くした形
they've /ðeiv ゼイヴ/ **they have** を短くした形

thick **[中] [A1]** /θik すィク/ **[形]**

❶ **厚い**; (数を表す語+**thick** で)**厚さが〜で**
[反対語] thin (薄(うす)い)
•a **thick** carpet 厚いカーペット
•a **thick** slice of bread パンの厚切り1枚
[関連語] This board is 30cm **long**, 20cm **wide**, and 2cm **thick**. この板は縦30センチ, 横20センチ, 厚さ2センチです.
[会話] How thick is the ice? —It is two inches **thick**. 氷の厚さはどれくらいある?—厚さ2インチだ.
•Snow lay **thick** on the ground. 雪は地面に厚く積もった.
[反対語] This paper is too **thin**. I want some **thicker** paper. この紙は薄過ぎる. もっと厚い紙が欲(ほ)しい.
❷ **太い [反対語] thin** (細い)
•a **thick** rope 太い綱(つな)
•a **thick** neck ずんぐりした首

❸ 隙間(すきま)なく生えた[集まった], (木・毛などが)密生した; (液体などが)濃厚(のうこう)な, 濃(こ)い 反対語 **thin** (まばらな, 薄い)
- a **thick** forest 茂(しげ)った[うっそうとした]森
- **thick** hair 濃い[ふさふさした]髪(かみ)
- (a) **thick** fog 濃い霧(きり), 濃霧(のうむ)
- **thick** pea soup 濃い豆スープ

―― 副 厚く
- Slice the cheese **thick**. チーズを厚く切ってください.

thief A2 /θíːf スィーフ/ 名 (複 **thieves** /θíːvz スィーヴズ/) (こっそり盗(ぬす)む)どろぼう, こそどろ, 空き巣, かっぱらい 関連語 **robber** (強盗(ごうとう))
- Stop, **thief**! 待て, どろぼう!
- Who's the **thief**? 盗んだのは誰(だれ)だ.
- Ali Baba and the forty **thieves** アリババと40人の盗賊(とうぞく)

thigh /θái サイ/ 名 太もも

thin A1 /θín スィン/ 形 (比較級 **thinner** /θínər スィナ/; 最上級 **thinnest** /θínist スィネスト/) ❶ 薄(うす)い 反対語 **thick** (厚い)
- **thin** ice 薄い氷
- a **thin** slice of bread パンの薄切り1枚
- The ice on the pond is too **thin** for skating. 池の氷はスケートには薄過ぎる.

❷ 細い, 細長い; (弱々しく)やせた 反対語 **thick** (太い), **fat** (太った)
- a **thin** needle [voice] 細い針[か細い声]
  関連語 She's not **slim**; she's **thin**. 彼女はほっそりしてるんじゃない. やせこけてるんだ.

→ ふつう **slim** は健康的に「ほっそり」している, **thin** は病弱な感じで「やせている」.

slim

thin

❸ (液体などが)薄い, (毛・聴衆(ちょうしゅう)などが)まばらな 反対語 **thick** (濃(こ)い, 密生した)
- **thin** soup 薄いスープ
- a **thin** mist 薄い霧(きり), もや
- Father is **getting** very **thin** on top. 父は頭のてっぺんがとても薄くなってきました.

―― 副 (比較級 **thinner** /θínər スィナ/; 最上級 **thinnest** /θínist スィネスト/) 薄く
- Slice the ham **thin**. ハムを薄く切って.

thing 小 A1 /θíŋ スィング/ 名

❶ 物; 事
- an interesting **thing** おもしろい物[事]
- living **things** 生き物
- that red **thing** on the desk 机の上のあの赤い物
- buy a lot of **things** at the supermarket スーパーマーケットでたくさんの物を買う
- There are books, pencils, crayons, and many other **things** on Ken's desk. ケンの机の上には本, 鉛筆(えんぴつ), クレヨン, そのほかたくさんの物があります.
- She has bad teeth, because she likes sweet **things**. 彼女は甘(あま)い物が好きなので虫歯がある.
- That's a very bad **thing** to do. それはとてもしてはいけない事ですよ.

❷ (one's **things** で) (~の)持ち物, 身の回りの品, 着る物; (~ **things** で) ~用品
- Take your **things** with you. Don't leave them in this classroom. あなたがたの持ち物は持っていきなさい. この教室に置いておいてはいけない.
- Don't forget to bring your school **things** with you. 忘れずに勉強道具を持っていらっしゃい.

❸ (**things** で) 物事; 事態, 状況(じょうきょう); 様子.
- **Things** are getting bad. 事態はだんだん悪くなってきている.
- **How are things** (**going**) with you? 調子はどうですか.
- He takes **things** too seriously. 彼は物事を真面目に考え過ぎる.

think 小 A1 /θíŋk スィンク/ 動
三単現	**thinks** /θíŋks スィンクス/
過去・過分	**thought** /θɔ́ːt ソート/
-ing形	**thinking** /θíŋkiŋ スィンキング/

❶ (〜と)考える, (〜だと)思う

基本 I **think** so. 私はそう思います. →think+副詞.

• I don't **think** so. 私はそうは思いません, 私はそうではないと思います.

基本 I **think** (that) Ken is nice. =Ken is nice, I **think**. 私はケンはすてきだと思う. →think+that 節. that はしばしば省略される.

• He **thinks** he is right. 彼は自分(の言うこと)が正しいと思っている.

• I don't **think** Ken will come today. 私はきょうケンは来ないと思う.

POINT 「〜しないと思う」は英語ではふつう, 「〜するとは思わない」のようにいう(英文では先に否定形をいう).

会話 Do you **think** this is a monster? —No, I don't **think** so.—Then, **what** do you **think** this is?—I **think** it's a kind of shark. 君はこれが怪獣(かいじゅう)だと思うか.—いや, そうは思わない.—ではこれは何だと思う?—サメの一種だと思う.

文法 ちょっとくわしく
「これは何だ」は What **is** this? ⇨ What+動詞+主語.

「これは何だと思うか」は What do you think **this is**?→What の次に do you think を挿入(そうにゅう)すると, is this は this is (主語+動詞)になる.

• **Where** do you **think** she lives? 彼女はどこに住んでいると思いますか.

POINT 「彼女はどこに住んでいるか」は Where does she live?. do you think (思うか)を入れると上文のようになる.

• "Ken is nice," she **thought**. 「ケンってすてき」と彼女は思った.

• She **thought** (that) Ken was nice. 彼女はケンがすてきだと思った. →主節の動詞 (thought) が過去なのでそれに合わせて that 以下の動詞も過去 (was) にする. ×「ケンがすてき**だった**と思った」と訳さない.

• He **thought** and **thought**, and at last he made up his mind to do it. 彼はいろいろ考えたあげく, ついにそれをしようと決心した. →〜 and 〜 は「反復または強意」を表す.

• I **was thinking** that the plan would go well. その計画はうまくいくと思っていました. →think の意味を強調する形の過去進行形の文.

think 小 A1 /すィンク/

三単現 **thinks** /すィンクス/ 　　過去・過分 **thought** /そート/
-ing形 **thinking** /すィンキング/

教科書によく出る意味

[動] ❶ (〜と)**考える**, (〜だと)**思う**

 I **think** soccer is more popular than baseball.
野球よりサッカーのほうが人気だと思う.

❷ (いろいろと頭を使って)**考える**

 Please **think** about it for a while. それについてしばらく考えてください.

教科書によく出る連語

think of 〜　〜のことを考える；〜を思いつく

 I **thought of** leaving the club. 私はクラブをやめようかと考えた.

thinker 676 six hundred and seventy-six

→**was** [助動] ❶

❷(いろいろと頭を使って)**考える**
- **think** carefully [hard] 注意深く[一生懸命(けんめい)に]考える
- **think about** the question その問題について考える
- 【会話】May Jimmy come to our party? —I'll **think about** it. ジミーも私たちのパーティーに来ても[呼んでも]いい?—(そのことについては)考えておこう. →断る時の遠回しな言い方.
- Ann is **thinking about** Ken all the time. アンはいつもケンのことばかり考えています. →think の意味を強調する現在進行形.
- He did it without **thinking**. 彼は考えないでそれをやった. →前置詞＋動名詞 thinking (考えること).

think ahead 前もって考える, 予測する

think of ～ ①～のことを(よく)**考える**, ～について考える (think about)
- I **thought of** you all day. 私は一日中あなたのことを考えていた.
- **What do you think of** his plan? 彼の案をどう思う?
- We **are thinking of** going on a picnic. 私たちはピクニックに行こうかと思っている.

②～を考えつく, ～を思いつく
- **think of** a good plan 名案を思いつく
- I remember his face, but I cannot **think of** his name. 私は彼の顔は覚えているのだが, 名前を思い出せない.
- I never **thought of** seeing you again. また君に会おうとは思わなかった.

think ～ of A A のことを～と思う, A を～と評価する
- **think well** [highly] **of** him 彼のことをよく思う[彼を高く評価する]
- **think ill** [badly] **of** him 彼を悪く思う
- **think little of** his work 彼の作品を低く評価する, 彼の作品を認めない
- My father **thinks nothing of** walking one hour to work. 父は1時間も歩いて会社に通うのを何とも思っていない.

think over ～ ～のことをよく考える

- I must **think** it **over**. そのことをよく考えてみなければなりません.

thinker /θíŋkər スィンカ/ [名] ❶ 思想家
❷(複合語で)～な考えの人

thinking /θíŋkiŋ スィンキング/ [動] think の -ing 形 (現在分詞・動名詞)
── [名] 考えること; 思考; 意見
── [形] 考える; 思考力のある

third [小] [A2] /θə́ːrd サ〜ド/ [名]
(復 **thirds** /θə́ːrdz サ〜ヅ/)

❶(**the third** で)3番目の人[物]; (月の)3日 →**3rd** と略す.
- **the third** of May 5月3日 →手紙の日付などで書く時は, 《米》May 3 (読み方: May (the) third), 《英》3 May (読み方: the third of May, May the third) とするのがふつう.
- He came **on the third**. 彼は今月の3日に来ました.
- Richard **III** リチャード3世 →Richard the Third と読む.

❷3分の1
- a [one] **third** of the money その金の3分の1
- two **thirds** 3分の2

── [形] ❶3番目の
- [基本] The **Third** Lesson (= Lesson Three) 第3課 →third＋名詞.
- the **third** floor 《米》3階, 《英》4階
- **third** base (野球の)3塁(るい), サードベース →「3塁打(るいだ)」は a three-base hit.
- Today is my sister's **third** birthday. きょうは妹の3回目の誕生日です.
- I am in (the) **third** grade. 私は3年生です.
- Bob is the **third** boy from the left. ボブは左から3番目の男の子です.
- [基本] I am **third** in the class this term. Ken is first and Naomi (is) second. 私は今学期はクラスで3番です. ケンが1番, ナオミが2番です. →be 動詞＋third.

❷3分の1の
- a **third** part 3分の1(の部分)

チャンクでおぼえよう think	
□ 彼女は優しいと思う	**think** (that) she is nice
□ 慎重に考える	**think** carefully
□ 質問について考える	**think** about the question
□ あなたのことを考える	**think** of you

― 副 3番目に[で]
- Bob came in **third** in the race. ボブはそのレースで3着に入った.
- Chicago is the **third** largest city in the United States. シカゴは米国で3番目に大きな都市です.

thirdly /θə́ːrdli さ〜ドリ/ 副 第3に, 3番目に
→列挙する時に使う.

thirst /θə́ːrst さ〜スト/ 名 喉(のど)の渇(かわ)き

thirsty 中 A2 /θə́ːrsti さ〜スティ/ 形
(比較級) **thirstier** /θə́ːrstiər さ〜スティア/;
(最上級) **thirstiest** /θə́ːrstiist さ〜スティエスト/)

❶ 喉(のど)の渇(かわ)いた, 喉が渇いて
- I **am** [**feel**] very **thirsty**. Give me something to drink. 私はとても喉が渇いた. 何か飲み物をください.

❷ 喉の渇く, 喉を渇かせる
- Digging is **thirsty** work. 穴掘(ほ)り仕事は喉が渇きます.

thirteen 小 A1 /θəːrtíːn さ〜ティーン/
名 形 (複 **thirteens** /θəːrtíːnz さ〜ティーンズ/)
13(の), 13人[個](の); 13歳(さい)(で); 13分[ドル, ポンドなど]
- **thirteen** boys 13人の男の子たち
- He is **thirteen** (years old). 彼は13歳だ.

thirteenth 中 /θəːrtíːnθ さ〜ティーンす/ 名 形
13番目(の), (月の)13日 →**13th** と略す.
- the **13th** of May 5月13日
- Ken's **thirteenth** birthday ケンの13回目の誕生日
- Friday the **13th** is said to be very unlucky. 13日の金曜日はとても不吉(ふきつ)だと言われている.

thirtieth /θə́ːrtiiθ さ〜ティィす/ 名 形 30番目(の), 第30の(人・物); (月の)30日 →**30th** と略す.
- the **30th** of May 5月30日
- It was his **thirtieth** birthday last week. 先週は彼の30回目の誕生日でした.

thirty 小 A1 /θə́ːrti さ〜ティ/ 名
(複 **thirties** /θə́ːrtiz さ〜ティズ/)
❶ 30, 30人[個]; 30歳(さい); 30分[ドル, ポンドなど]
- It's two **thirty**. 今2時30分です.
❷ (**thirties** で) (年齢(ねんれい)の)30代; (世紀の)30年代 →**thirty** から **thirty-nine** まで.

- He is in his late **thirties**. 彼は30代後半だ.
- **in** the 1930s (読み方: nineteen thirties) 1930年代に

― 形 30の, 30人[個]の; 30歳で
- **thirty** minutes 30分
- My brother is **thirty** (years old). 私の兄は30歳です.

this 小 A1 /ðís ずィス/

代	❶ これは[が]	意味 map
	❷ これを	
	❸ 今; ここ	
形	❶ この	
	❷ 今の, 今(こん)〜	

― 代 (複 **these** /ðíːz ずィーズ/)

❶ これは[が], この人は[が] 関連語 (少し)離(はな)れた物・人などを指すのは **that**.
基本 **This** is my coat and that is yours. これは私のコートであれがあなたのよ. →**This** は文の主語.

that

this

What is **this**?―It's a CD player.
これは何ですか.―(これは) CDプレーヤーです.
→特に「これは」と指し示すのでなく, 単に前に話題に出たものを受けるだけの時は **it** を使う.

- Mother, **this** is Naomi. Naomi, **this** is my mother. お母さん, こちらがナオミさんです. ナオミ, こちらが母です. →人を紹介(しょうかい)する時の言い方. ×*she* [*he*] is 〜 としない.

Who is **this** [《英》that], please?
―Hello. **This** is Ken (speaking). Is **this** [《英》that] Paul?
(電話で)そちらはどなたですか.―もしもし,

thistle

(こちら)ケンです．(そちらは)ポールかい．

Who is this? / This is Ken.

❷ **これを**
- Read **this**—you'll like it. これを読んでごらん．君も気に入るよ． → this は動詞 (Read) の目的語．
- Now hear **this**! ねえ，これから話すこと聞いてよ．
- **At this**, he left the room. こう言って[これを聞いて]彼は部屋を出ていった． → this は前置詞 (At) の目的語．

❸ **今，この時，きょう；ここ，この場所**
- **This** is my fifteenth birthday. きょうは私の15回目の誕生日です．
- **This** is a nice place. ここはすてきなところだ．
- **This** is my first visit to London. ロンドンに来たのはこれが初めてです．

── 形 ❶ **この，こちらの**

基本 **this** dog この犬 → this＋単数形の名詞．×a this dog としない．

関連語 **this** dog and **these** puppies この犬とこの子犬たち → 複数形の名詞の前では this は these になる．

関連語 **This** coat is mine and **that** (one) is yours. このコートは私ので，あれが君のだ．
- **This way**, please. こちらへどうぞ．
- **This** bag of mine is too small. 僕(ぼく)のこのカバンは小さ過ぎる．

❷ **今の，今～**(週，月など)，**この，きょうの**
- **this** morning きょうの朝(は)，今朝(は)

> **文法 ちょっとくわしく**
> 「**this**＋時を表す名詞」は名詞句と同時に副詞句にもなる．たとえば「今朝」「今朝は」はともに **this morning** でよい．「今朝は」を ×**in** this morning としない．「朝に，午前中に」は **in the morning**.

- **this** week [month, year] 今週[今月，今年](は，に)
- **this** Friday 今週の金曜日(は，に)
- **this** time 今時分(は)，今度(は)
- in June **this** year 今年の6月に → ×of this year としない．
- I'm going to Hawaii **this** summer. 私はこの夏ハワイに行く予定です．

thistle /θísl スィスる/ 名 《植物》アザミ(の花)

thorn /θɔ́ːrn ソーン/ 名 (植物の)とげ，針

ことわざ Roses have **thorns**. ＝ (There is) No rose without a **thorn**. バラにとげあり(とげのないバラはない)． → 「外見の美しいものは人を傷つけるものを隠(かく)し持っているから用心せよ」の意味．

thorough /θə́ːrou さ～ロウ/θʌ́rə サラ/ 形 (仕事などが)徹底(てってい)的な，完全な；(人が)緻密(ちみつ)な，きちょうめんな

thoroughly /θə́ːrouli さ～ロウリ/θʌ́rəli サラリ/ 副 徹底(てってい)的に，すっかり，全く

those 中 A1 /ðóuz ゾウズ/ 代

❶ **それらは[が]，あれらは[が]，その[あの]人たちは[が]** → that の複数形． 関連語 these (これらは[が])

基本 **These** are carnations and **those** are roses. これらはカーネーションであれらはバラです． → those は文の主語．
- **Those** were my happiest days. それら[その頃(ころ)]は私の最も幸せな時代だった．

会話
What are **those**?—They are roses.
あれらは何ですか．―(あれらは)バラだ．
→ 特に「あれらは」と指し示す以外は they を使う．

❷ **それらを，あれらを**

基本 I like **those** better than these. 私はこれらよりもそれらのほうが好きだ． → those は動詞 (like) の目的語．
- He knows about **those**. 彼はそれらについて知っている． → those は前置詞 (about) の目的語．

❸ (**those of ～** で)(～の)それら → **that** 代 ❸
- Her eyes are like **those** (=the eyes) **of** a cat. 彼女の目はまるでネコのそれ[目]のようだ．

❹ (**those who ～** で)(～する)人々 (people)

six hundred and seventy-nine　679　**thousand**

- •**those** (**who** are) present　居合わせた人々
→present は形容詞.

ことわざ Heaven helps **those who** help themselves. 天は自ら助くる者を助く. →**themselves** ❶

—— 形　それらの, その; あれらの, あの

基本 **those** stars あれらの星 →those＋複数形の名詞.

- •**those** shoes of yours　あなたのあの靴(くつ)
→×your those shoes, ×those your shoes とはいわない. those shoes は「1足の靴」を指している.

関連語 **Those** birds over there are crows and **these** birds here are chickens. 向こうにいるあれらの鳥はカラスで, ここにいるこれらの鳥はニワトリです.

- •In **those** days there was no television. その頃はテレビはなかった.

though 中 A2 /ðóu ゾウ/ (→gh は発音しない) 接

❶ (〜する)けれども (although) →口語では although よりも though を使う.

- •I'm happy, **though** I'm poor. = **Though** I'm poor, I'm happy. 私はお金はないけれど幸せです. →I'm poor, **but** I'm happy. とほぼ同じ意味.
- •I did poorly on the test, **though** I studied very hard. 私は一生懸命(けんめい)勉強したけれどテストはあまりできませんでした.
- •**Though** (it is) cold, it's a nice day for playing tennis. きょうは寒いけれどテニスをするには絶好の日だ.

❷ もっとも〜ではあるけれど

- •Helen is an interesting girl, **though** I don't like her. ヘレンはおもしろい女の子だ. もっとも私は好きではないがね.

as though 〜　まるで〜のように (as if)

- •He talks **as though** he knew everything. 彼はまるで何でも知っているみたいに話す.

even though 〜　① 〜であるのに, 〜するのに →even は though の意味を強めているだけ. ② たとえ〜でも (even if 〜)

—— 副 《話》でも, もっとも →ふつう文末に置く.

- •Helen is an interesting girl. I don't like her, **though**. ヘレンはおもしろい女の子だ. まあ, 僕(ぼく)は好きじゃないけど.

thought 中 A2 /θɔ́ːt ソート/ (→gh は発音しな

い) 動　think の過去形・過去分詞

—— 名　❶ 考えること (thinking), 思考, 物思い

- •**at the thought of** 〜　〜のことを考えて, 〜を思うと
- •Father can't hear now. He is deep **in thought**. お父さんには今何を言っても聞こえないよ. 物思いにふけっているから.

❷ 考え (idea), 意見; 思想

- •A **thought** came into his head. 1つの考えが彼の頭に浮(う)かんだ.

❸ 思いやり, 気遣(きづか)い

- •He **shows** no **thought for** others. 彼は他人に対して思いやりがない.

on second thought(s)　(考え直して)やはり →thoughts は《英》.

thoughtful /θɔ́ːtfəl ソートふる/ 形　❶ 考え込(こ)んでいる; 考え深い ❷ 思いやりがある

thoughtless /θɔ́ːtlis ソートれス/ 形

❶ 考えのない, 無分別(むふんべつ)な, 軽率(けいそつ)な

❷ 思いやりのない, 自分のことしか考えない

thousand 中 A2 /θáuzənd サウザンド/ 名

(複 **thousands** /θáuzəndz サウザンヅ/)

千, 1,000; 1,000人[個], 1,000ドル[ポンド, 円など]

- •a [one] **thousand**　1,000 →one thousand は正確な, または強い言い方で「一千」の感じ.
- •two **thousand**　2,000 →×two thousands としない. thousands とするのは thousands of 〜 の場合だけ. →成句
- •ten **thousand**　(1,000 × 10で) 1万, 10,000 →英語には「万」という単位の語はないので, このような言い方をする.
- •a [one] hundred **thousand**　(1,000 × 100で) 10万, 100,000

thousands of 〜　数千の〜, 多数の〜

- •**thousands of** people 何千という人々
- •That island is **thousands of** miles away. その島は数千マイルのかなたにある.

—— 形　❶ 千の, 1,000 の, 1,000人[個]の

- •a [one] **thousand** students 1,000人の生徒
- •two **thousand** dollars [pounds, yen] 2千ドル[ポンド, 円] →×two thousands 〜 としない. yen は単数も複数も同じ形.

❷ とてもたくさんの, 無数の →日本語の「千人力」のように, 「千」は数の多いことも表す.

- •A **thousand** kisses. たくさんのキッスを(あ

Thousand and One Nights 680 six hundred and eighty

なたに送ります). →手紙の最後などにつける言葉.

Thóusand and Óne Níghts 固名
(**the** をつけて)『千夜一夜物語』,『アラビアン・ナイト』 →アラビア民話集. **the Arabian Nights** ともいわれる. thousand and one には「とても多数の」の意味がある.

thread /θréd ｽﾚﾄﾞ/ 名 糸, ぬい糸
―― 動 (針に)糸を通す; (ビーズなどを)糸に通す

threat /θrét ｽﾚﾄ/ 名 ❶ 脅(おど)し, 脅迫(きょうはく); おびやかす物[人], 脅威(きょうい) ❷ (悪い事になりそうな)気配, きざし, 恐(おそ)れ

threaten /θrétn ｽﾚﾄﾝ/ 動 脅(おど)す, 脅迫(きょうはく)する; (災(わざわ)いなどが)おびやかす, 危険にさらす, (～に)迫(せま)っている 関連語「脅し」は **threat**.

three 小 A1 /θríː ｽﾘｰ/ 名
(複 **threes** /θríːz ｽﾘｰｽﾞ/)
3, 3人[個]; 3歳(さい); 3時[分, ドル, ポンドなど]
関連語 Lesson **Three** (= The **Third** Lesson) 第3課
•a child of **three** 3歳の子供
•It's **three** minutes past **three** now. 今3時3分です. →最初の three は形容詞.
•Come to tea **at three** (o'clock). 3時に(うちの)お茶にいらっしゃい.
•The map is on page **three**. 地図は3ページに出ています.
•There were **three** of us in the room. その部屋には私たち3人がいた.
•It cost **three** fifty. それは3ドル50セント[3ポンド50ペンス]でした.
―― 形 3の, 3人[個]の; 3で
慣基本 **three** sisters 3人の姉妹(しまい) →three＋数えられる名詞の複数形.
慣基本 Our baby is **three** (years old). うちの赤ちゃんは3歳です. →three years old では three years は old を修飾(しゅうしょく)する. ( )内がない場合は be 動詞＋three.
•Let's give **three** cheers for the champion. チャンピオンのために万歳(ばんざい)を三唱しよう. →Hip, hip, hooray [hurray]! と3度繰(く)り返す.

thrée R's 名 (**the** をつけて) (教育の基礎(きそ)としての)読み書き算数 →「3つのR」とは reading, writing and arithmetic のこと.

threw /θrúː ｽﾙｰ/ 動 **throw** の過去形
thrill /θríl ｽﾘﾙ/ 動 (喜び・興奮・恐怖(きょうふ)など

で)わくわく[ぞくぞく・ぞっと]させる; わくわく[ぞくぞく・ぞっと]する
―― 名 (喜び・興奮・恐怖などで)わくわく[ぞくぞく・ぞっと]する感じ, スリル

thrilling /θríliŋ ｽﾘﾘﾝｸﾞ/ 形 スリル満点の, ぞくぞくさせる

throat /θróut ｽﾛｳﾄ/ 名 喉(のど) →首 (neck) の前面または内部をいう.
•I **have** a cold and **a sore throat**. 私は風邪(かぜ)をひいて喉が痛いのです.
•A fishbone stuck **in** my **throat**. 魚の骨が喉に刺(さ)さった.
•He **cleared** his **throat** and began to talk. 彼はせき払(ばら)いをしてから話し始めた.

throne /θróun ｽﾛｳﾝ/ 名 王座, 玉座 →国王・女王などの公式の場での座席.「王位, 王権」の意味でも使われる.

through 中 A1 /θrúː ｽﾙｰ/ (→gh は発音しない)

前 ❶ ～を通り抜(ぬ)けて, ～を通って 意味map
❷ (期間・場所)～じゅう
❸ (終了(しゅうりょう))～を終えて
❹ (手段・原因)～を通じて
副 ❶ 通り抜けて, 通して
❷ (始めから)終わりまで, ずっと

―― 前 ❶ ～を通り抜けて, ～を通って
慣基本 go **through** a tunnel トンネルを通り抜ける →動詞＋through＋名詞.
•**look through** a hole 穴からのぞく

関連語 (through と across)
through は立体的な空間 (森, 町など) を通って動くことを表す: We walked **through** the tall sunflowers. 私たちは背の高いヒマワリの花の中を歩いて抜けた.
across は平面 (道路, 野原, 砂漠(さばく)など) を動くことを表す: We walked **across** the desert. 私たちは砂漠を歩いて横断した.

•The Thames **flows through** London. テムズ川はロンドンを(通って)流れる.
•The burglar **came in through** the window. 強盗(ごうとう)は窓から入って来た.
•He **was shot through** the heart. 彼は心臓を撃(う)ち抜かれた. →受け身の文.
❷ (期間・場所)～じゅう, ～を通じて, ～の至るところを[に]; (主に米) (A **through** B で) A

six hundred and eighty-one 681 **through**

からBまで(含めてずっと)
- The baby cried all **through** the night. 赤ちゃんは夜通し泣いた. →all は意味を強める.
- They traveled **through** Europe. 彼らはヨーロッパじゅうを旅行した.
- The shop is open Monday **through** Saturday. その店は月曜から土曜まで営業している.

❸《終了》〜を終えて
- We are **through** school at 3:30 (読み方: three thirty). 学校は3時半に終わる.

❹《手段・原因》〜を通じて, 〜によって(by), 〜のおかげで, 〜のために
- I heard the news **through** Ken. 私はケンを通してそのニュースを聞いた.
- We made friends **through** the Internet. 私たちはネットを通じて仲良くなった.

── 副 (→比較変化なし)

❶ 通り抜けて, 通して; 突っき抜けて
基本 go **through** 通り抜ける →動詞+through.
- Please let me **through**. 通してください.
- I opened the door, and the cat went **through**. 私が戸を開けてやるとネコは(そこから)出ていった.
- Can I **get through** by this road? この道を行って通り抜けられますか.

❷ (始めから)終わりまで, ずっと, ぶっ通しで; すっかり, 全部
- read the book **through** = read **through** the book その本を始めから終わりまで読む
- The baby cried **all night through**. 赤ちゃんは一晩じゅう泣いていた.
- This train goes **through to** Nagasaki. この列車は長崎へ直行します.
- I walked home in the rain and I **was wet through** (**and through**). 私は雨の中を歩いて帰ってすっかりぬれてしまった[びしょぬれになった].

❸《英》(相手に)電話が通じて, つながって

【会話】
Will you put me **through** to Mr. Smith? —Certainly, ...you are **through**.
スミス氏につないでくれませんか.—かしこまりました…先方がお出になりました.

through /すルー/

基本の意味

「(場所を)通り抜けて」が基本の意味(前❶・副❶). 一定の状態が続く期間に注目すると前❷「(期間)を通じて」・副❷「終わりまで, ずっと」の意味が生じ, 途中で通るすべての場所に注目すると前❷「〜じゅうを」の意味が生じる. 通り抜けた結果に注目すると, 前❸「〜を終えて」の意味が生じる. 行為・できごとの手段・原因はどこかに向かう途中で通る場所に似ているというイメージから, 前❹「〜を通じて」の意味が生じる.

〜を通りぬけて

教科書によく出る **使い方**

- 前 ❶ The train passed **through** the tunnel. 列車がトンネルを通過した.
- 前 ❷ Thunder rumbled all **through** the night. 雷が夜通し鳴っていた.
- 前 ❹ I made a lot of friends **through** music. 音楽を通じて多くの友人ができた.

throughout 682 six hundred and eighty-two

━━ 形 (→比較変化なし)

❶ 直通の; (切符(きっぷ)などが)通しの; (道が)通り抜けられる →名詞の前にだけつける.

• a **through** ticket 通し切符

• You don't have to change; this is a **through** train **to** Aomori. 乗り換(かえ)の必要はありません. これは青森直通の列車ですから.

❷ 終わって →名詞の前にはつけない.

• Wait a minute. I'll soon be **through**. ちょっと待って. すぐ終わるよ.

• Are you **through with** your home-work yet? 君はもう宿題は済んだのかい?

throughout /θru:áut ｽルーアウト/ 前 ～じゅう, ～を通じて

throw [CD] [A1] /θróu ｽロウ/ 動

三単現	**throws** /θróuz ｽロウズ/
過去	**threw** /θrú: ｽルー/
過分	**thrown** /θróun ｽロウン/
-ing形	**throwing** /θróuiŋ ｽロウイング/

❶ 投げる, 放る; 投げ出す, 投げ倒(たお)す

関連語 **Throw** a ball to me, and I'll **catch** it. 私にボールを投げてよ, 受けるから.

• Don't **throw** stones **at** the dog. 犬に石を投げちゃだめだよ.

• Ken **throws** with his left hand. ケンは左手で投げます.

• The horse stopped suddenly and **threw** its rider. 馬が突然(とつぜん)止まって乗っていた人を投げ出した.

• I **was thrown from** my bicycle when it hit a fence. 自転車がフェンスにぶつかって僕は自転車から投げ出された. →**was** 助動 ❷

• Ken is **throwing** stones **into** the wa-ter. ケンは水の中に石を投げています. →**is** 助動 ❶

❷ (影(かげ)・視線などを)投げかける, 向ける

• **throw** an angry look at him 彼に怒(いか)りの視線を投げかける

• The trees **threw** long shadows on the ground. 木は地面に長い影を投げた.

throw away ① (不用品を)(投げ)捨てる

② (チャンスなどを)ふいにする

throw down 下へ投げる, (投げ)倒す

throw in 投げ込(こ)む, 投げ入れる; 《話》おまけとして付け加える; (言葉を)差しはさむ

throw off ① 急いで(さっと)脱(ぬ)ぐ

② (さっと)(やっかいなものを)振(ふ)り捨てる[落と

す], (追っ手などを)振り切る, ～から逃(のが)れる

• I've had a cold for weeks and just can't **throw** it **off**. 私はもう何週間も風邪(かぜ)をひいていて抜(ぬ)け切れないのです.

throw on 急いで着る

throw open (ドア・窓を)ぱっと開ける; (一般(いっぱん)の人に)開放[公開]する →open は形容詞.

throw out ① 投げ出す, 放り出す, (不用品を)捨てる; (外に)出す, 追い出す ② (野球・クリケットで)送球して(走者を)アウトにする

throw up ① ぱっと(投げ)上げる, 放り上げる; (建物などを)急いで建てる

② 《話》(食べた物を)吐(は)く

• I was sick at the stomach and felt like **throwing up**. 私は胸がむかむかして吐きそうだった. →throwing は動名詞で throwing up は「吐くこと」.

━━ 名 ❶ 投げること, 投球

• a **throw** of dice さいころを振ること

• the discus [hammer] **throw** 円盤(えんばん)[ハンマー]投げ

• Let me **have** a **throw**. 僕にちょっと投げさせてよ.

• Ken **made** a bad **throw** to first base and the runner was safe. ケンは1塁(るい)に悪送球してランナーはセーフだった.

❷ 投げられた距離(きょり)

• My school is only **a stone's throw from** the station. 私の学校は駅から石を投げても届くぐらいの近さです.

thrown /θróun ｽロウン/ 動 throw の過去分詞

thrush /θrʌ́ʃ ｽラシュ/ 名 《鳥》ツグミ(の類) →美しい鳴き声で知られる.

thrust /θrʌ́st ｽラスト/ 動 (三単現 **thrusts** /θrʌ́sts ｽラスツ/; 過去・過分 **thrust**; -ing形 **thrusting** /θrʌ́stiŋ ｽラスティング/) →原形・過去形・過去分詞がどれも同じ形であることに注意.

(～を)強く押(お)す, (物を)突(つ)っ込(こ)む, 突き刺(さ)す; 押しのけて進む

━━ 名 ❶ ひと突き, ひと押し ❷ (ロケットなどの)推進力

thumb /θʌ́m サム/ (→b は発音しない)名 (手・手袋(ぶくろ)・グローブの)親指

• We have one **thumb** and four **fingers** on each hand. それぞれの手に1本の親指と4本の指がある. →英語ではこのように親指と他の

4本の指とを区別する時と, We have five fingers on each hand. のように区別しない時とがある.

be all thumbs 《話》(指が全部親指であるかのように)**不器用である, 指が思うように動かない**

thumbs down 《話》(親指を下に向けて)**拒絶**[**不賛成, 不満足**](の意思表示)
• give the plan the **thumbs down** その案に反対する

thumbs up 《話》(親指を上に向けて) **承諾**[**賛成, 満足**](の意思表示)
• give the plan the **thumbs up** その案に賛成する

thumbtack /θʌ́mtæk サムタク/ 图 《米》**画びょう** (《英》drawing pin)

thump /θʌ́mp サンプ/ 動 **強く殴(なぐ)る**
—— 图 **強く殴ること; ごつん, どしん** → 音を表す.

thunder /θʌ́ndər サンダ/ 图 **雷**(かみなり), **雷鳴**(らいめい) → 「雷のような音」の意味でも使われる.
関連語 **Thunder** rolls and **lightning** flashes. 雷が鳴り稲妻(いなずま)が光る. → この意味では ×a thunder, ×thunders としない.
—— 動 (it が主語で)**雷が鳴る**

thunderstorm A2 /θʌ́ndərstɔːrm サンダストーム/ 图 **激しい雷雨**(らいう)

Thurs. 略 ＝Thursday (木曜日)

Thursday 小 A1 /θə́ːrzdei サ〜ズデイ/ 图 (複 **Thursdays** /θə́ːrzdeiz サ〜ズデイズ/)
木曜日 → 週の第5日. 詳(くわ)しい使い方は → **Tuesday**
• Today is **Thursday**. ＝It's **Thursday** today. きょうは木曜日です. →×a [the] Thursday としない. It は漠然(ばくぜん)と「時」を表す.
• I saw Ken **last Thursday** [on **Thursday last**]. 私はこの前の木曜日にケンに会った. → ×on last Thursday としない. 次の next Thursday も同じ.
• I will see Ken **next Thursday** [on **Thursday next**]. 私は次の木曜日にケンに会う.
• See you (on) **Thursday** morning. 木曜の朝会おう.

語源 (Thursday)
「雷神(らいじん)トール (Thor＝thunder) の日」の意味.

thus /ðʌ́s ザス/ 副 **こういう風に, こうして; こういうわけで, したがって** → 形式張った語.

tic /tík ティク/ 图 (ふつう **a** をつけて)(特に顔の筋肉の)**けいれん**

tick /tík ティク/ 图 ❶(時計などの)**カチカチ**(という音) ❷(照合・点検の)**チェックの印** (✓など) (check)
—— 動 ❶ **カチカチいう** ❷ 《英》(**tick off** で)**チェックの印をつける** (check off)

ticket 中 A1 /tíkit ティケト/ 图
❶ **切符**(きっぷ), **乗車券, 入場券, チケット**
• a bus [train] **ticket** バス[電車]の切符
• a concert **ticket** ＝a **ticket** for a concert コンサートの切符
• a season **ticket** 定期券
関連語 Buy a **ticket** at the **ticket office**. 切符売場で切符を買いなさい.
• Two **round-trip** [《英》**return**] **tickets** to Rome, please. ローマまで往復切符2枚ください.
❷ 《話》**交通違反**(いはん)**カード, チケット**
• a parking **ticket** 駐車(ちゅうしゃ)違反カード
• My brother **got** a **ticket** for speeding. 兄はスピード違反でチケットを切られた.

tickle /tíkl ティクル/ 動 **くすぐる; くすぐったいと感じる**

tide /táid タイド/ 图 **潮**
• at high [low] **tide** 満ち[引き]潮に
ことわざ Time and **tide** wait for no man. 歳月(さいげつ)人を待たず. → この tide は古い英語で「時期, 好機」. 「年月のたつのは速いから今という「時」を大切にせよ」の意味.

tidy A2 /táidi タイディ/ 形 (比較級 **tidier** /táidiər タイディア/; 最上級 **tidiest** /táidiist タイディエスト/) **よく整頓**(せいとん)**された, 片付いた, きちんとした**
• a **tidy** room きちんとした部屋
• She is always neat and **tidy**. 彼女はいつもきちんとした身なりをしている. → neat も tidy とほとんど同じ意味で, しばしばこのように

tie 684 six hundred and eighty-four

2つ並べて使う.

tie A2 /tái タイ/ 動 (三単現 **ties** /táiz タイズ/; 過去・過分 **tied** /táid タイド/; -ing形 **tying** /táiiŋ タイイング/)

❶ 結ぶ, 縛(しば)る, つなぐ, 結び付ける
• **tie** one's necktie ネクタイを結ぶ
• **tie** one's hair **with** a ribbon リボンで髪(かみ)を結ぶ
• **Tie** your shoes [shoelaces]. 靴(くつ)のひもを結びなさい.

❷ (相手と)同点になる, (試合・記録・得点を)タイにする
• The two teams were **tied at** 2 all. 両チームは2対2で同点になった.

tie up しっかり縛る

── 名 ❶ ネクタイ (《米》 necktie)
• He is **wearing** a blue **tie** today. 彼はきょうはブルーのネクタイをしています.

❷ (競技の)同点, 引き分け, タイ
• **tie** score 同点
• The game was [**ended in**] a **tie**. その試合は引き分けだった[に終わった].

❸ (ふつう **ties** で)つながり, きずな
• family **ties** 家族のきずな

tiger 小 A1 /táigər タイガ/ 名

《動物》(雄(おす)の)トラ →**tigress**
• The **tiger** is roaring. トラがほえている.

tight A1 /táit タイト/ 形 (隙間(すきま)がなくて)きつい, 緩(ゆる)みのない, ゆとりのない
• **tight** jeans ぴったりしたジーンズ
• a **tight** knot 堅(かた)い結び目
• a **tight** rope きつく[ぴんと]張った綱(つな)
• a **tight** schedule (ゆとりがなくて)きついスケジュール, 詰(つ)まっている予定

反対語 These shoes are too **tight** for me. Those shoes are **loose**. この靴(くつ)は私にはきつ過ぎる. その靴は緩い.

── 副 きつく, ぴったり, しっかり, 堅く, ぴんと
• Hold me **tight**. 私をしっかり抱(だ)き締めて.
• Hold (on) **tight** to the railing. 手すりにしっかりつかまっていなさい.
• Please shut the door **tight**. ドアをぴったり閉めてください.

tighten /táitn タイトン/ 動 (きつく)締(し)める, きつくする; きつくなる

tightly /táitli タイトリ/ 副 きつく, しっかりと

tightrope /táitroup タイトロウプ/ 名 (綱渡(つなわ)

tights A2 /táits タイツ/ 名 複 (体操選手などのはく)タイツ; 《英》パンティーストッキング (panty hose)

tigress /táigris タイグレス/ 名 《動物》雌(めす)のトラ

tile /táil タイル/ 名 屋根瓦(がわら); タイル
── 動 タイルを張る. 瓦でふく

till A2 /tíl ティル/ 前 ～まで(ずっと)

POINT ある時点まで動作・状態がずっと続いていることを表す. 同じ意味・用法で使われる語に **until** がある. till の方がくだけた語だが, 文頭では until が多い. →**until**

基本 wait **till** tomorrow あしたまで待つ → till+名詞(句).

関連語 I will come here **by** four, so please wait **till** then. 私は4時までにここに来ますからそれまで待っていてください.

→ **by** は「～までに動作・状態が起こる[完了(かんりょう)する]」こと, **till** は「～までずっと動作・状態が続く」こと.

── 接 ～するまで(ずっと)

基本 Let's wait **till** the rain stops. 雨がやむまで待とう. → till+文.
• He was lonely **till** he met her. 彼は彼女に会うまでは孤独(こどく)だった. → met は過去形だが, 主節の動詞 (was) と同じ時制なので「会う」と訳す.
• The baby cried and cried, **till** (**at last**) she went to sleep. 赤ん坊(ぼう)はわんわん泣いてついに眠(ねむ)ってしまった.

POINT 上の例のように till の前にコンマ (,) がある時は, 前の方から訳してきて「そしてついに」と訳すとよい. 特に till at last の時はそのように訳す.

timber /tímbər ティンバ/ 名 ❶《英》(建築用)材木, 木材 (《米》 lumber) ❷ (木材用)森林地

time 小 A1 /táim タイム/

名 ❶ 時刻, 時間
❷ (過ぎてゆく)時, 時間; (～するための)時間
❸ (ある長さの)時間, 期間; (楽しい・つらい)時
❹ (しばしば **times** で)時代; (世の中の)情勢
❺ ～度, ～回
❻ ～倍

意味 map

— 名 (複 **times** /táimz タイムズ/)

❶ 時刻, 時間; (〜の・〜する)時間; 時期, ころ

• The **time of** his arrival is eight o'clock in the morning. 彼の到着(とうちゃく)する時間は午前8時です.

• Can you tell me the **time**, please? 時間を教えていただけますか.

• What **time** do you have? =《米話》Do you have the **time** (on you)? 今何時ですか. ➔次の会話参照.

What **time** is it?—It's four (o'clock). It's tea **time**.
今何時?—4時. お茶の時間だ.
➔What **time** is it? は家族や親しい友人間の言い方. it は漠然(ばくぜん)と「時間」を表す.
What **time** do you get up every day?—(I get up) At six.
君は毎日何時に起きるの?—6時に起きます.
➔*At* what time 〜 といわなくてよい.

• It is **time for** lunch [bed]. 昼食の[寝(ね)る]時間です.

• It's **time to go**. 行く時間です. ➔不定詞 to go (行く)は time を修飾(しゅうしょく)する.

• **at** Christmas **time** クリスマスの頃(ころ)に

❷ (過ぎてゆく)時, 時間; (〜するための)時間, 暇(ひま)

• the passing of **time** 時の流れ[経過] ➔×*a* [*the*] time, ×times などとしない.

ことわざ **Time** is money. 時は金なり. ➔ **money** ことわざ

ことわざ **Time** flies. 時は飛んで行く. ➔「時の過ぎ去るのは速い」の意味.「光陰(こういん)矢のごとし」にあたる.

• Don't **waste** (your) **time**. 時間を無駄(むだ)にするな.

• Thank you very much for your **time**. お時間を(割(さ)いて)いただきどうもありがとうございました.

• **Time** is up. もう時間です[時間切れです].

関連語 We live in **time** and **space**. 私たちは時間と空間の中に存在する.

• Do you **have time for** a cup of tea [**to help me**]? お茶を飲む[私の手伝いをする]時間がおありですか. ➔Do you have **the** time? は「今何時ですか」.

• I have no [little] **time** for reading. 私は読書の時間が全く[ほとんど]ない.

• There is [We have] **no time to lose**. (失うべき時間はない ⇨)ぐずぐずしてはいられない. ➔不定詞 to lose (失う)は time を修飾する.

❸ (ある長さの)時間, 期間, 間; (楽しい・つらい)時

• **for a time**=for some **time** しばらくの間

• **after** a (short) **time** しばらくして, ちょっとして

• Ten years **is** a long **time**. 10年というのは長い年月だ. ➔Ten years は形は複数形だが「1つの時間的つながり」と考えて単数扱(あつか)い.

• We waited (**for**) a long **time**. 私たちは長い間待ちました.

• **A long time ago** dinosaurs lived on the earth. 大昔地球上には恐竜(きょうりゅう)がいた.

• **It is a long time since** I saw you last. (最後にお会いしてから長い時間です ⇨)お久しぶりですね.

会話 **How much time** do you need?—That will **take** (a long) **time**. どのぐらいの時間が必要ですか.—それは時間が(長く)かかりますよ. ➔How many times 〜 は「何回 〜」. ➔❺

• **have a good time** 楽しい時を過ごす, 楽しい思いをする

• have a hard **time** つらい時を過ごす, 苦しい思いをする, 苦労する

• It was raining and I had a hard **time** catching a taxi. 雨が降っていたので私はタクシーを捕(つか)まえるのに苦労した.

❹ (しばしば **times** で)時代; (世の中の)情勢, 時勢

• in modern [ancient] **times** 現代[古代]には

• *The New York Times*『ニューヨークタイムズ』➔しばしば新聞名に使われる.

• **Times** have changed. 時代が変わった.

• Millet /ミれイ/ was the most famous painter of his **time**. ミレーは彼の時代の最も有名な画家だった.

❺ 〜度, 〜回

• three **times** 3度, 3回 ➔回数は「数+times」で表すが,「1回, 2回」はふつう once, twice という.

• many **times** 何度も, たびたび

time capsule

- at a **time** 1度に
- 〚会話〛How many **times** (= How often) have you seen that movie?—Ten **times**. 君は何回その映画を見たの?—10回見た.
- this **time** 今度(は)
- next **time** この次(は)
- last **time** 前回(は)
- **for** the first [third] **time** 初めて[3度目に]
- **for** the last **time** これを最後にして
- one more **time** もう一度

❻ 〜倍
- Cinderella is a hundred **times** prettier **than** her sisters. シンデレラは姉たちより100倍は美しい.
- 〚会話〛How large is your country?—It is about twenty **times** as large **as** Japan. = It is about twenty **times** larger **than** Japan. お国はどのくらいの大きさですか. ―(日本と同じ大きさの約20倍 ⇨)日本の約20倍の大きさです.
- 3 **times** 4 is [are, make(s)] 12. 4の3倍は12です. →times はふつう記号の × をかく. 3×4=12 は日本式の考え方では「3の4倍は12だ」だが, 英米では「4の3倍は12」で考え方が逆になる.

all the time (始めから終わりまで)ずっと; いつも
- The baby kept crying **all the time**. 赤ちゃんはずっと泣き通しだった.

at all times いつでも, いつも (always)
(at) any time いつでも; いつ何どき, 今すぐにも
- Come and see me **at any time**. いつでも遊びにいらっしゃい.

at one time ① 一時は, ひところは, かつて(は)
- **At one time** they were friends. かつては彼らは友達同士だった.
② 一度に, いっぺんに

at that time その時(には), (その)当時は
at the same time 同時に
at this time of 〜 〜の今頃(いまごろ)は[になって]
- **At this time of** the year we have a lot of snow. (1年の)今頃はここではたくさん雪が降ります.

at times 時々, 時折 (sometimes)
behind the times 時代に遅(おく)れて

behind (*one's*) ***time*** (予定の)時間に遅れて, 遅刻(ちこく)して
for a long time 長い間
for the time (*being*) 今のところ, 当分の間, 差し当たり
from time to time 時たま, 時折 (now and then)
have a 〜 time 〜な時間を過ごす
- Did you **have a** good **time**? 楽しく過ごしましたか.

in no time (*at all*) あっという間に, たちまち
in time ① 時間に間に合って
- You're just **in time**. 君はちょうど間に合ったよ.
- I ran fast and got to the station **in time** for the last train. 僕(ぼく)は急いで走って最終列車に間に合う時間に駅に着いた.
② やがて, そのうちに
- You'll understand me **in time**. そのうち僕の言うことがわかるよ.

keep good [***bad***] ***time*** (時計の)時間が正確である[ではない]
- My watch **keeps good time**. 私の時計は時間が正確だ.

once upon a time 昔々 → **once** 成句
on time (決められた)時間どおりに[で]
- The train arrived **on time**. 列車は時間どおりに到着した.
- Our teacher is always **on time**. 私たちの先生はいつも時間にきちょうめんです.

some time いつか; しばらくの間 → **some** 成句
take *one's* ***time*** ゆっくり[のんびり]やる

〚会話〛Wait a minute. I'll come soon.—OK. **Take** your **time**. ちょっと待ってください. すぐ行きます.―いいですよ. どうぞごゆっくり.

time after time = ***time and time again*** 何度も何度も, たびたび

── 動 (三単現) **times** /táimz タイムズ/; (過去・過分) **timed** /táimd タイムド/; (-ing形) **timing** /táimiŋ タイミング/ ❶ 時間を計る
❷ 時間を見計らう, タイミングを合わせる

tíme càpsule 名 タイムカプセル

six hundred and eighty-seven　687　**title**

tíme dífference 名 時差

timely /táimli タイムリ/ 形 (比較級 **timelier** /táimliər タイムリア/ 最上級 **timeliest** /táimliist タイムリエスト/) ちょうどよい時の, タイムリーな, タイミングのいい

tíme màchine 名 タイムマシン

timeout /taimáut タイマウト/ 名 タイムアウト ➡ スポーツ競技で選手交替(こうたい)や作戦打ち合わせなどのためのプレー中断.

timer /táimər タイマ/ 名 ❶ タイマー; ストップウォッチ ❷ 時間記録係

timetable A2 /táimteibl タイムテイブる/ 名 時間表, 時刻表, 時間割; (仕事などの)計画表
•a bus **timetable** バスの時刻表
•a school **timetable** 学校の時間割
•There are [We have] two English lessons **on** the **timetable** today. きょうの時間割には英語の授業が2時間ある.

tíme zòne 名 時間帯 ➡ 同じ標準時 (standard time) を使う地域.

timid /tímid ティミド/ 形 臆病(おくびょう)な, 気の小さな; 内気な, おずおずした, 自信のない

timing /táimiŋ タイミング/ 名 タイミング, 時間調節

tin /tín ティン/ 名 ❶ すず; (すずめっきをした)ブリキ ❷ (英) (ブリキ)缶(かん); 缶詰(づめ) (((米)) can)
—— 動 (三単現 **tins** /tínz ティンズ/; 過去・過分 **tinned** /tínd ティンド/; ‑ing形 **tinning** /tíniŋ ティニング/) 《英》缶詰にする

tinkle /tíŋkl ティンクる/ 動 (鈴(すず)などが[を])チリンチリン鳴る[鳴らす]

tiny 中 /táini タイニ/ 形 (比較級 **tinier** /táiniər タイニア/; 最上級 **tiniest** /táiniist タイニエスト/) とても小さい (very small), ちっちゃな, ちっぽけな

tip¹ A2 /típ ティプ/ 名 (とがった・細長い物の)先, 端(はし)
•the **tip** of one's finger [nose, tongue] 指[鼻, 舌]の先
•His name is on the **tip** of my tongue. 彼の名前が私の舌の先にある. ➡「そこまで出かかっているのに思い出せない」の意味.

tip² A2 /típ ティプ/ 名 ❶ チップ, 心づけ
•Here's a **tip** for you. はい, これはチップです.
❷ アドバイス, (役立つ)情報; 秘けつ, こつ
•He gave me some **tips about** [**on**] gar-

dening. 彼は私に園芸のことでいくつか役に立つことを教えてくれた.
—— 動 (三単現 **tips** /típs ティプス/; 過去・過分 **tipped** /típt ティプト/; ‑ing形 **tipping** /típiŋ ティピング/) ~にチップをやる
•I **tipped** the waiter £1. 私はウェーターに1ポンドのチップをあげた.

tiptoe /típtou ティプトウ/ 名 爪先(つまさき)
—— 動 爪先で歩く, そっと[忍(しの)び足で]行く

tire¹ /táiər タイア/ 名 タイヤ

tire² /táiər タイア/ 動 ❶ 疲(つか)れさせる; 疲れる ➡ make ~ tired (~を疲れさせる), get [be] tired (疲れる) を使うほうがふつう. →**tired**
❷ 飽(あ)きさせる; 飽きる

tired 小 A1 /táiərd タイアド/ 形
❶ 疲(つか)れて[た], くたびれて[た]
•a **tired** and sleepy child くたびれて眠(ねむ)くなった子供
•be [feel] **tired** 疲れる, 疲れている
•get **tired** 疲れる
•look **tired** 疲れているように見える
•I am **tired**. I'll go to bed. 疲れた. もう寝(ね)よう.
•We were very **tired** from [after] a long walking. 私たちはずいぶん歩いたのですごく疲れてしまった.
•Digging in the garden made us all **tired out**. (庭の穴掘(ほ)りは私たちみんなを疲れ果てさせた ⇨)庭の穴掘りで私たちはみんなくたくたにくたびれた.
❷ (be tired of ~ で) ~に飽(あ)きる
•Let's play another game. I'm **tired of** this one. ほかのゲームをしよう. 僕(ぼく)はこのゲームは飽きちゃった.
•I am **tired of** reading comic books. 私は漫画(まんが)の本を読むのに飽きた.

tissue /tíʃu: ティシュー/ 名
❶ ティッシュペーパー ➡ この意味では英語で ×tissue paper といわない. → ❷
❷ 薄葉紙(うすようし) ➡ 美術品などを包む薄(うす)くて軽い紙. **tissue paper** ともいう.

title A2 /táitl タイトる/ 名 ❶ タイトル, 題名, 表題, 書名 ❷ 肩書(かたがき), 称号 ➡ Mr. (~さん, ~先生), Doctor (~博士), Professor (~教授), Captain (~船長)など, 名前の前につけて地位・身分・資格・職業などを表す.
❸ 選手権 (championship), タイトル

to

to 小 A1 /tu トゥ/

前 ❶《行き先・到着(とうちゃく)点》〜 **意味map**
へ, 〜に

❷《相手・対象》〜に; 〜にとっては

❸《最終の結果》〜に(なるまで)

❹《所属・付属》〜に(属する)

❺《接触(せっしょく)》〜に

❻《一致(いっち)》〜に合わせて

❼《対比・比較(ひかく)》〜に対して

❽《目的》〜(のため)に

❾《不定詞 (to do) をつくって》

―― 前 ❶《行き先・到着点》〜へ, 〜に, 〜の方へ;
〜まで

🏠基本 go **to** Kyoto 京都へ行く, 京都まで行く
➜動詞+to+名詞.

• get **to** Kyoto 京都に着く

• go **to** school [church] 学校[教会]へ行く

• run **to** the door 戸口の方へ走って来る[行く]

• throw a ball **to** him 彼(の方)にボールを投げる ➜throw a ball **at** him は「彼目がけてボールを投げつける」.

• from Monday **to** Friday 月曜日から金曜日まで

🏠基本 a trip **to** Kyoto 京都への旅 ➜名詞+to+名詞.

• **the way to** the station 駅への道

• She wrote a fan letter **to** Paul. 彼女はポールにファンレターを書いた.

関連語 Come **to** our house **on** Sunday **at** 3. 日曜日(に)3時に私の家にいらっしゃい. ➜日本語では同じ「〜に」が英語ではいろいろな前置詞になることに注意.

• Is this the way **to** Disneyland? ディズニーランドへはこの道でいいのですか.

• My father drives me **to** school on his way **to** work. 父は仕事へ行く途中(とちゅう)私を学校まで車で送ってくれる.

• Turn **to** the left. 左(の方)へ曲がれ.

• My room looks **to** the south. 私の部屋は南の方に向いています[南向きです].

• How far is it from here **to** the station? ここから駅までどれくらいありますか.

• It is ten (minutes) **to** six. (6時まで10分⇨)6時10分前です. ➜It は漠然(ばくぜん)と「時間」を表す. ➜「6時10分過ぎ」は ten (minutes) past [after] six.

❷《相手・対象》〜に; 〜に(対して); 〜にとっては

🏠基本 listen **to** the music 音楽に耳を傾(かたむ)ける

• Give it **to** me. それを僕(ぼく)にくれ.

• Ken is kind **to** his dog. ケンは自分の犬に優(やさ)しい.

• You are everything **to** me. 君は私にとってすべてです[とても大切な人だ].

❸《最終の結果》〜に(なるまで)

• She tore the letter **to** pieces. 彼女はその手紙をずたずたに破った.

• Mother rocked the baby **to** sleep. 母親は赤ちゃんを揺(ゆ)すって寝(ね)かしつけた.

• The poor cat was frozen **to death**. かわいそうにそのネコは凍(こご)え死んだ.

• These trees **grow to** a hundred feet. これらの木は100フィートの高さにまでなる.

• **To my joy [surprise]**, he won! (私が)うれしい[驚(おどろ)いた]ことに, あいつが勝った!

❹《所属・付属》〜に(属する), 〜について(いる), 〜の

• I **belong to** the tennis club. 私はテニス部に所属しています.

• Is this the key **to** the door? これがそのドアの鍵(かぎ)ですか.

❺《接触》〜に; 《付加》〜(の上)に

• She **put** her ear **to** the door. 彼女はドアに耳をくっつけた.

• **Add** 30 **to** 20. 20に30を加えなさい.

❻《一致》〜に合わせて; 〜に合って

• sing **to** the piano ピアノに合わせて歌う, ピアノの伴奏(ばんそう)で歌う

• They skated **to** the music very well. 彼らは音楽に合わせて実にうまく滑(すべ)った.

• His new album is not **to my taste**. 彼のニューアルバムは僕の好みに合わない.

❼《対比》〜に対して; 《比較(ひかく)》〜に比べて

• Our class won the game (by the score of) 11 **to** 7. 私たちのクラスは11対7(のスコア)でそのゲームに勝った.

• I **prefer** tea **to** coffee. 僕はコーヒーよりも紅茶のほうがいい.

❽《目的》〜(のため)に

• When the fire started, he **came to** our rescue. 火事が起こった時彼は私たちを助けに来てくれた.

• **Here's to** your health! 君の健康に乾杯(かんぱい)!

to <small>A1</small> /トゥ/

イメージ

~へ

基本の意味

到着点を表す基本の意味から様々な意味に広がる．空間的な移動の場合には ❶行き先・到着点の意味になり，行為の向かう先の場合には ❷相手・対象・❸結果の意味になる．移動した結果くっついた状態を表すのが ❺接触の意味．物理的な移動は伴わないものの，あるものが別のものに達するように向かって行くイメージから ❹所属・付属・❻一致の意味が生じる．❶行き先・到着点の意味では出発点を表す from といっしょに用いられることも多い．不定詞用法ももとは前置詞の意味に基づいていて，行為の目的が行為の向かう先とみなされ，❾不定詞用法②「〜するための」・③「〜するために」の用法が生じた．

教科書によく出る **使い方**

❶ I went **to** the mall to do some shopping.
 私は買い物のためにショッピングセンターに行った．（to do の to は ❾不定詞用法③）

❷ I gave my old smartphone **to** my brother. 弟に古いスマートフォンをあげた．

❸ The glass was broken **to** pieces. グラスが割れて粉々になった．

❹ Jane belongs **to** the basketball club. ジェーンはバスケットボール部に所属している．

❺ I put my finger **to** my lips and said, "Shh." 私は指を唇に当てて「シー」と言った．

❻ They are dancing **to** the music. 彼らは音楽に合わせて踊っている．

to 690 six hundred and ninety

❾ 《不定詞（**to** *do*）をつくって》

文法　ちょっとくわしく

I go. の go は主語が he（彼）になると He goes. 時制が過去になると I [He] went. のように変化する.

これに対して，I can go. の go は He can go. I [He] could go. のように，主語や時制が変わっても変化しない.

また I want **to go** home.（私はうちに帰りたい）の go も，He wants **to go** home. I [He] wanted **to go** home. のように変化しない.

こういう動詞の形を**不定詞**という（to も含めて不定詞と呼ぶことも多いが，to のついた形を特に「to 不定詞」と呼ぶ）．不定詞は，動詞の性質を持ち続けながら，以下のようにいろいろな品詞の働きをする.

① 《名詞的に》～すること　　　意味 map
② 《形容詞的に》～するための，～すべき
③ 《副詞的に》～するために，その結果～する[になる]
④ 《副詞的に》～して；～するのに(は)

① 《名詞的に》**～すること** →文の主語・補語・目的語になる.

•**To** swim is fun. 泳ぐことはおもしろい. →不定詞 To swim は文の主語.

•I like **to** swim. 私は泳ぐことが好きだ[泳ぎたい]. →to swim は like の目的語.

•**To** see is **to** believe. 見ることは信じることである[自分の目で見ればなるほどと信じるようになる]. →To see は文の主語, to believe は is の補語.「百聞は一見にしかず」にあたる.

•**It** is easy **for** me **to** swim across the river. その川を泳いで渡(わた)ることは私には簡単だ. →It=to swim 以下.「泳ぐ」のは「私」であることを表すのが for me. だから「私がその川を泳いで渡るのは簡単だ」とも訳せる.

🈁会話 **I want to** be an actress.—**I want you to** be a good actress. 私は女優になりたい.—私は君に立派な女優になってもらいたい. →両者の違(ちが)いに注意．前文では「女優」になるのは主語の I, 後文では目的語の you.

•Please **tell** them **to** be quiet. 彼らに静かにするように言ってください.

🈁会話 Do you want **to** go?—No, I don't want **to** /tú: トゥー/. 君は行きたいかい.—いや，行きたくない. →前後関係から明らかな時は同じ動詞の原形（go）を繰(く)り返さないで省略することもある.

② 《形容詞的に》**～するための，～すべき** →すぐ前の名詞を修飾(しゅうしょく)する.

•something **to** eat [**to** drink] 食べるための[飲むための]物，食べ物[飲み物] →to eat, to drink は前の名詞 something を修飾する.

•many things **to** do するべきたくさんの事[たくさんのする事]

•I have something **to** do. 私はしなければならない事がある.

•Ken was the first [the last] **to** come. (ケンが来た最初[最後]の人だった ⇨)ケンが最初[最後]にやって来た. →the first, the last などに不定詞が続く時は, その不定詞を「～した」と過去のように訳すとよい.

•The children have no toys **to** play with. その子供たちは遊ぶおもちゃがない. →意味のつながりの上では play with toys（おもちゃで遊ぶ）だから with を省略しないこと.

③ 《副詞的に》**～するために，その結果～する[になる]** →前の動詞を修飾する.

•go to Hawaii **to** surf サーフィンをするためにハワイへ行く →不定詞 to surf は「目的」を表し, 前の動詞 go を修飾する.

🈁会話 Why are you going to America?—**To** study music. 君はなぜアメリカに行くの.—音楽を勉強するためよ.

•You must be careful not **to** make such a mistake again. 二度とそういう間違(まちが)いをしないように注意しなければいけない. →不定詞を否定する時は not を to の前につける. ×*to not* make としない.

•He grew up **to** be a good pianist. 彼は成長して立派なピアニストになった. →to be は grew の結果「～になる」.

④ 《副詞的に》**～して；～するのに(は)** →前の形容詞を修飾する.

 会話

Hello, Ken. Nice **to** meet you.—Hello, Mary. Nice **to** meet you too.
こんにちは，ケン．お会いできてうれしいわ.—やあ，メアリー．僕も君に会えてうれしいよ. →to meet は「原因・理由」を表す.

My dog is dead.—I'm sorry **to** hear that.

うちの犬が死んだんです.—(それを聞いて気の毒に思う⇨)それはお気の毒に.

- He was **surprised to** hear the news. 彼はその知らせを聞いて驚いた.
- Swimming is easy **to** learn. 水泳は習うのが易(やさ)しい[簡単に覚えられる].
- This river is dangerous **to** swim in. この川は泳ぐのには危険です. →意味のつながりの上では swim in this river (この川で泳ぐ)だから in を省略しないこと.
- Today it is **too** cold **to** swim. きょうは泳ぐには寒過ぎる. →**too** ❷
- Alan is not tall **enough to** ring the doorbell. アランはドアのベルを鳴らせるほど背が高くない. →**enough** 副

❺ **(疑問詞+to** do **で)** ~すればよいか →全体として名詞のはたらきをする.

- **how to** swim どのように泳いだらよいか, 泳ぎ方
- **where [when] to** go どこへ[いつ]行ったらよいか
- I don't know **what to** do [**to** say]. 私は何をすればよいか[言えばよいか]わからない.

❻ **(文頭で)** ~すれば, ~すると →次の文全体を修飾する用法で, 独立不定詞といわれる.

- **To tell** (you) **the truth**, I don't like him. 本当のことを言えば, 私は彼のことが好きではない.

toad /tóud トゥド/ 名 《動物》**ヒキガエル, ガマ**

toadstool /tóudstu:l トゥドストゥーる/ 名 **毒キノコ** →**mushroom**

toast A2 /tóust トウスト/ 名 ❶ **トースト**
- **eat [have] toast** for breakfast 朝食にトーストを食べる →toast は bread (パン)と同じく数えられない物質名詞なので ×a toast, ×toasts としない.

関連語 make **toast** in a **toaster** トースターでトーストを作る
- **a slice** [**a piece**] **of toast** トースト1枚

❷ **祝杯**(しゅくはい), **乾杯**(かんぱい)
- drink a **toast to** ~ ~のために乾杯する

参考 昔は風味をつけるために焼いて味つけしたパンの小片(しょうへん)をワインの中に入れたことから.

── 動 ❶ (パンを)**トーストにする, こんがり焼く**

❷ (~のために)**乾杯する**

toaster /tóustər トゥスタ/ 名 **トースター**

tobacco /təbǽkou タバコウ/ 名 **タバコ, (パイプ用)刻みタバコ**

関連語 **Cigarettes** and **cigars** are made from [with] **tobacco**. 紙巻きタバコや葉巻きはタバコ(という植物)から作られます.

today 小 A1 /tədéi トゥデイ/ 名
❶ **きょう**

What day is **today**?—**Today** is Thursday.
きょうは何曜日ですか.—きょうは木曜日です.
→単に what day といえば「曜日」を聞いていることになる. →**date** 会話

- Have you read **today's** paper? きょうの新聞を読みましたか.
- That's all **for today**. きょうはここまで.

❷ **今日**(にんにち), **現代**
- the teenagers of **today** 今日のティーンエージャーたち

── 副 (→比較変化なし)
❶ **きょう(は)**

関連語 **tomorrow** (あした(は)), **yesterday** (昨日(は))

What day is it **today**?—It is Thursday (**today**).
きょうは何曜日ですか.—木曜日です.
→it, It は漠然(ばくぜん)と「時」を表す.

- I'm busy **today**. 私はきょうは忙(いそが)しい.
- I'll meet [I met] Ken **today**. 私はきょうケンに会うよ[会ったよ].

❷ **今日では, この頃**(ころ)**(は)**
- Many people use cellphones **today**. 今日では多くの人が携帯電話を使う.
- Children **today** do not play such games. 最近の子はそんな遊びをしない.

toddle /tádl タドる/ 動 (幼児などが)**よちよち歩く**

toe 小 A2 /tóu トウ/ 名
❶ **足の指** 関連語 **finger** (手の指)
- a big [little] **toe** 足の親指[小指]

together 692 six hundred and ninety-two

・Can you stand **on** your **toes**? 爪先(つまさき)立ちできる?

❷ (靴(くつ)・靴下などの)**爪先**

together 小 A1 /təɡéðər トゥゲざ/

副 (➙比較変化なし)

❶ いっしょに; いっしょにして, 合わせて

基本 play **together** いっしょに遊ぶ ➙動詞+together.

・**come** [**get**] **together** いっしょに来る[集まる]

・**tie** the ends of the rope **together** ロープの両端(りょうたん)を結び合わせる[結ぶ]

・I love you. We will be **together** forever. あなたを愛しています. 私たちは永遠にいっしょです.

・We have had two sandwiches and two coffees—how much is it all **together**? 私たちはサンドイッチ2人前とコーヒー2杯(はい)もらいました. 全部合わせていくらですか. ➙all together を altogether (全く)と混同しないこと.

・Ken has more CDs than all of ours **put together**. ケンは私たちのもの全部合わせたより多くの CD を持っている. ➙put は過去分詞. all of us put together は「いっしょにされた私たち全部」.

❷ 同時に, いっしょに (at the same time)

・Your letter and his arrived **together**. 君の手紙と彼の手紙が同時に届いた.

・**All together**, hip, hip, hurray! みんないっせいに, ヒップ, ヒップ, フレー!

together with ～ ～といっしょに, ～に加えて

・He sent me a letter **together with** a photograph of his family. 彼は家族の写真を添(そ)えて私に手紙を送ってくれた.

toilet A1 /tɔ́ilit トイれト/ 名 (ホテル・劇場などの)化粧(けしょう)室, 洗面所, トイレ; (水洗)便器

POINT 英米の家庭ではトイレは浴室の中にあるので, 家の中の「トイレ」を遠回しに **bathroom** という.

・go to the **toilet** トイレに行く

・Excuse me, where is the men's [ladies'] **toilet**? すみません, 男性[女性]用トイレはどこですか.

tóilet pàper 名 トイレットペーパー

token /tóukn トウクン/ 名 ❶ 印(しるし); 記念の

品, 形見 ❷ 代用コイン; 《英》商品(引き換(か)え)券 ➙「代用コイン」とは地下鉄・水泳プールなどが料金支払い用に発行するもの.

told 中 /tóuld トウるド/ 動 **tell** の過去形・過去分詞

toll /tóul トウる/ 名 (道路・橋・トンネル・港などの)通行料金[税], 使用料

toll-free /toul fríː トウる ふリー/ 形 (通行料が)無料の; (電話が)フリーダイヤルの; フリーダイヤルで ➙「フリーダイヤル」は和製英語.
―― 副 フリーダイヤルで

tollgate /tóulgeit トウるゲイト/ 名 (有料道路・橋などにある)通行料金徴収(ちょうしゅう)所

tóll ròad 名 有料道路 ➙turnpike

tomato 小 A1 /təméitou トメイトウ|

təmáːtou トマートウ/ (➙×/トマト/ ではない) 名
(複 **tomatoes** /təméitouz トメイトウズ/)
トマト

・**eat** [**slice**] a **tomato** トマトを食べる[薄(うす)く切る]

・We grow **tomatoes** in our garden. 私たちは庭でトマトを作っています.

tomb /túːm トゥーム/ 名 墓 ➙特に墓石のある大きなもの. ➙grave¹

tomboy /támbɔi タンボイ/ 名 おてんば娘(むすめ)

tomorrow 小 A1 /təmárou トゥ

マロウ|təmɔ́rou トゥモロウ/ 名

あした, 明日 ➙時には「近い将来」の意味での「明日」も表す.

関連語 **Today** is Sunday, so **tomorrow** is Monday. きょうは日曜だからあしたは月曜だ.

・I'll call you **tomorrow** morning. 明日の朝君に電話するよ. ➙×on tomorrow morning としない.

・**Tomorrow** will be fine. 明日は晴れるだろう.

・The news will be in **tomorrow's** newspaper. そのニュースはあしたの新聞に出るだろう.

・The electric car is called the car of **tomorrow**. 電気自動車は「明日の車」と呼ばれている.

―― 副 あした(は), 明日は

・(I'll) See you **tomorrow**. あしたまた(会おうね).

・It will be fine **tomorrow**. 明日は晴れるだ

ろう. → It は漠然(ばくぜん)と「天候」を表す.
- **Tomorrow** I will be free. あしたは私は暇(ひま)です.

ton 中 /tʌ́n タン/ 名 **トン**━重量・船の容積などの単位. **t.** または **t** と略す. 1 トン＝(米・カナダ)約907 kg, (英)1,016 kg, (日)1,000 kg.

tone A2 /tóun トウン/ 名 (音・声・色などの)調子, 音色, 口調; 色調 (shade)

tongs /tɔ́ːŋz トーングズ/ 名 複 物をはさんでつかむ道具, 〜ばさみ

tongue /tʌ́ŋ タング/ (→gue は g 1 字の場合と同じ発音) 名 ❶ 舌
- **put [stick]** *one's* **tongue out** 舌を出す → 診察(しんさつ)してもらう時, 人を軽蔑(けいべつ)する時など.
- **hold** *one's* **tongue** (舌を押(お)さえておく ⇨)黙(だま)っている

❷《文》言葉, 言語 (language)
- My **mother [native] tongue** is Japanese. 私の母語は日本語です.

❸ しゃべる力; しゃべり方, 言葉遣(づか)い
- Ann has a **sharp tongue**. アンは口が悪い[毒舌(どくぜつ)家だ].

tóngue twìster 名 (意味よりも舌がもつれて言いにくいのがポイントの)早口言葉 → She sells seashells on the seashore. (彼女は海岸で貝殻(かいがら)を売る)/Peter Piper picked a peck of pickled pepper. (笛吹(ふえふ)きピーターが塩づけペッパーを1ペックすくった).

tonight 中 A1 /tənáit トゥナイト/ (→gh は発音しない) 名
今夜, 今晩
- **Tonight** is Christmas Eve. 今夜はクリスマスイブだ.
- **Tonight's** programs are very boring. 今夜の番組はとてもつまらない.

━━ 副 今夜(は), 今晩
関連語 **Last night** we went to the theater, **tonight** we're going to the movies and **tomorrow night** we'll go to a concert. 昨日の夜は私たちは芝居(しばい)に行きました. 今夜は映画, そして明日の夜はコンサートに行きます.

too 小 A1 /túː トゥー/
副 ❶ (〜も)また 意味 map
❷ あまりに(も)(〜過ぎる)

━━ 副 (→比較変化なし)

❶ (〜も)また, その上, しかも

基本 We have a dog, and (we have) a cat, **too**. うちでは犬を飼っています. それからネコも飼っています. → **too** はふつう文の終わりに置く. **too** の前にはコンマ (,) をつけてもつけなくてもよい.「〜もまた」の「〜」にあたる語を強く発音する.
- She likes cats, and I do, **too**. 彼女はネコが好きで, 僕(ぼく)も好きです.

POINT **too** は肯定(こうてい)文・疑問文で使う. 否定文で「〜もまた…ない」という時は **either** を使って I don't like cats either. (私もネコは好きじゃない)のようにいう.

会話
Naomi is very nice.—I think so **too**. ナオミってとてもすてきだね.—僕もそう思うよ.
I'm sleepy.—I am **too** [《話》Me **too**]. 私眠(ねむ)いわ.—私もよ.

- I can speak French **too**. (I を強く発音すると)私もフランス語が話せる; (French を強く発音すると)私はフランス語も話せる. → I can **also** speak French. も同じ意味だが **too** のほうが 口語的.

❷ あまりに(も)(〜過ぎる)

基本 **too** big あまりにも大きい → too+形容詞.

基本 drive **too** fast あまりに(も)速く運転する → too+副詞.

基本 **too** hot to drink 飲むには熱過ぎる, 熱過ぎて飲めない → too+形容詞[副詞]+to *do*.

- These shoes are **too** big **for** me. この靴(くつ)は私には大き過ぎる.
- You talk **too** much. 君はしゃべり過ぎる.
- This tea is **too** hot; I can't drink it. = This tea is **too** hot (**for** me) **to** drink. このお茶はあまりに熱過ぎて私には飲めません. → This tea is **so** hot **that** I can't drink it. と言い換(か)えることもできる.

会話 You're **too** young to be in love.—I'm old enough! 君は恋(こい)をするには若過ぎるよ.—私はもう大人だわ!
- The doctor came at last, but it was **too** late. 医者がやっと来たが, もう遅(おそ)過ぎた.

ことわざ It is never **too** late to learn. 学ぶ

took 694 six hundred and ninety-four

のに遅過ぎるということは決してない.

🗨️会話 I have a cold.—**That's too bad**. 私は風邪(かぜ)をひいているのです.—(それはとても悪い ⇨)それはお気の毒ですね.

***cannot* do [*be*] *too* ~** どんなに~しても[~であっても]~過ぎることはない

•I **cannot** thank you **too** much. 私はあなたにいくら感謝してもしきれない[お礼の言いようもありません].

•You **cannot** be **too** careful of your health. 健康にはいくら注意してもし過ぎることはない.

took 中 /túk トゥク/ 動 **take** の過去形

tool 中 A1 /túːl トゥーる/ 名
(手で使う)**道具**, **工具**
•a carpenter's **tools** 大工道具
•a set of **tools**=a **tool** kit 工具一式

toot /túːt トゥート/ 名 (警笛・らっぱなどを)**鳴らすこと**
—— 動 (警笛・らっぱなどを)**鳴らす**; (警笛・らっぱなどが)**鳴る**

tooth 小 A1 /túːθ トゥーす/ 名 (複 **teeth** /tíːθ ティーす/)
❶(人・動物などの)**歯**
•brush [clean] *one's* **teeth** 歯を磨(みが)く
•My **front** [**back**] **tooth** came out. 私の前[奥(おく)]歯が1本抜(ぬ)けました.
❷(歯車・のこぎり・くしなどの)**歯**
•This comb has lost two of its **teeth**. このくしは歯が2本欠けています.

toothache A2 /túːθeik トゥーセイク/ 名 **歯痛**
•I have a bad **toothache**. 私はとても歯が痛い.

toothbrush A2 /túːθbrʌʃ トゥーすブラシ/ 名 **歯ブラシ**

toothpaste /túːθpeist トゥーすペイスト/ 名 **練り歯磨(みが)き**

toothpick /túːθpik トゥーすピク/ 名 **つまようじ**

top¹ 小 A1 /táp タプ|tɔ́p トプ/ 名
❶**一番上の部分**, **頂上**, **てっぺん**
•the **top** of a mountain 山の頂上
•She climbed to the **top** of the jungle gym. 彼女はジャングルジムの一番上に登った.
反対語 You'll see Hokkaido at the **top** of the map and Okinawa at the **bottom**.

地図の上部には北海道, 下部には沖縄が見えるでしょう.
❷(テーブルなどの)**表面**, **上面**; (瓶(びん)などの)**ふた**
•wipe the **top** of a table テーブルの上を拭(ふ)く
•The cake has a cherry **on top**. そのケーキは上にサクランボが載(の)っている.
•Please **take** the **top** off [**put** the **top** on] the ketchup bottle. ケチャップの瓶のふたを取って[ふたをして]ください.
❸**最高の席**, **上座**; (成績など)**トップ(の人)**
•at the **top** of the table テーブルの上座に
•Ken is (**at**) the **top** of his class. ケンはクラスのトップです.
❹(セーター, ブラウスなど)**上着**
•She is wearing blue jeans and a matching **top**. 彼女はブルージーンズとそれに合う上着を着ている.
❺(野球の回の)**表** 反対語 **bottom** (裏)
•the **top** of the ninth inning 9回の表
—— 形 **一番上の**; **最高(位)の**, **トップの**
•the **top** floor 最上階
•the **top** shelf 最上段の棚(たな)
•the **top** girl in the class クラスでトップの女の子
•a **top** soccer player 一流のサッカー選手
•run at **top** speed フルスピードで走る
•It ranks among the **top** 10. それはベストテンの中に[10位以内に]入っている.

at the top of *one's* ***voice*** あらん限りの声で, ありったけの声を張り上げて

from top to toe [***bottom***] 頭のてっぺんから爪先(つまさき)まで[(物の)上から下まで]

on top of ~ ~の上に(重ねて); ~に加えて
•Put your paper **on top of** the others. ほかの答案の上にあなたのを置きなさい.

top² /táp タプ/ 名 **こま**
•spin a **top** こまを回す

topic 中 A1 /tápik タピク|tɔ́pik トピク/ 名 **話題**; (講演, エッセイなどの)**テーマ**, **題目** (subject)
•Let's **change** the **topic** (of conversation). 話題を変えよう.

topping /tápiŋ タピング/ 名 (料理の)**トッピング**

tòp sécret 名 **極秘**(ごくひ)(**事項**(じこう))

six hundred and ninety-five 695　touch

torch /tɔ́ːrtʃ トーチ/ 名 ❶ たいまつ
❷ (英) 懐中(かいちゅう)電灯 ((米) flashlight)

tore /tɔ́ːr トー/ 動 **tear**² の過去形

torn /tɔ́ːrn トーン/ 動 **tear**² の過去分詞

tornado /tɔːrnéidou トーネイドウ/ 名 (復 **tornado(e)s** /tɔːrnéidouz トーネイドウズ/) 大竜巻(たつまき), 大つむじ風, トルネード →**twister** ともいう.

Toronto /tərántou トラントウ/ 固名 トロント →カナダのオンタリオ州 (Ontario) の州都.

torrent /tɔ́ːrənt トーレント/ 名 急流, 激流

tortilla /tɔːrtíːjə トーティーヤ/ 名 トルティーヤ →トウモロコシ粉で作るメキシコのパン, またはスペインの厚焼き卵.

tortoise /tɔ́ːrtəs トータス/ 名 (動物) カメ →陸や川・湖などにすむもの. 類似語 「ウミガメ」は **turtle** /タ〜トル/.

torture /tɔ́ːrtʃər トーチャ/ 名 拷問(ごうもん)
── 動 拷問にかける

toss /tɔ́ːs トース/ 動 ❶ ぽいと(軽く)投げる; 放り上げる
•Ken **tossed** the ball **to** Ben. ケンはボールをベンにトスした.
❷ (順番などを決めるためにコインを)指ではじき上げる, トスする •Heads or tails? (表が出るか裏が出るか)と聞いてからはじき上げる.
会話 Who will play first? —**Let's toss up**. どっちが先にやる?—トスで決めよう.
── 名 ❶ 軽く投げ(上げ)ること; コイン投げ, トス ❷ 揺(ゆ)れ(ること), (頭を)つんと反らせること

total /tóutl トウタル/ 名 合計, 総額
•**in total** 合計で
•The **total of** two and three is five. 2と3の合計は5.
•My savings came to a **total** of 20,000 yen. 僕(ぼく)の貯金は全部で2万円になった.
── 形 合計の, 全体の
•What is the **total** number of students in your school? 君の学校の生徒総数は何人ですか.
── 動 (三単現 **totals** /tóutlz トウタルズ/; 過去・過分 **total(l)ed** /tóutld トウタルド/; -ing形 **total(l)ing** /tóutliŋ トウタリング/) 合計する; 合計〜となる
会話 Please **total** this bill for me. —Your bill **totals** twenty dollars. この伝票を合計してください.—お勘定(かんじょう)は合計で20ドルになります.

totally /tóutli トウトリ/ 副 完全に, 全く (completely)

tote bag /tóut bæg トウト バグ/ 名 トートバッグ

touch 中 A1 /tʌ́tʃ タチ/ 動

❶ 触(ふ)れる, 触(さわ)る; 届く
•**touch** the wet paint **with** one's finger 塗(ぬ)りたてのペンキに指で触る
•**touch** the keys of a piano ピアノのキーをたたく
•**touch** him **on the** shoulder 彼の肩(かた)に触れる, 彼の肩を軽くたたく →**touch** A (人) **on the** B (体の部分)は「A の B に触れる」.
掲示 Please don't **touch**. 触れないでください. →展覧会, 商店などで.
•Can you **touch** your toes? 君は爪先(つまさき)に手が届きますか.
•Your jeans are **touching** the ground. 君のジーンズ地面に触れて[引きずって]るよ. →**are** 助動 ❶
❷ 〜の胸[心]を打つ, 〜の心に触れる
•Her sad story **touched** us deeply [We **were** deeply **touched** by her sad story]. 彼女の悲しい話は強く私たちの胸を打った[彼女の悲しい話に私たちは強く胸打たれた]. →**were touched** は受け身形. →**were** 助動 ❷

touch down (ラグビー・アメリカンフットボールなどで)タッチダウンする; (飛行機が)着陸する →**touchdown**

── 名 ❶ 触る[触られる]こと, 接触(せっしょく); 手触(てざわ)り, 感触(かんしょく)
•I **felt** a **touch on** my shoulder and turned around. 私は肩を軽くたたかれたような気がして振(ふ)り向いた.
•Blind people read **by touch**. 目の見えない人は手で触って字を読む.
•Velvet has a soft **touch**. = Velvet is soft **to** the **touch**. ビロードは手触りがやわらかい.
❷ (楽器の弾(ひ)き方・筆の使い方などの)タッチ, 指[筆]の使い方
•She plays the piano **with** a light **touch**. 彼女は軽いタッチでピアノを弾く.

in touch (**with 〜**) (〜と)接触を保って, (〜と)連絡(れんらく)をとって
•I'll be [get] **in touch with** you next

touchdown 696 six hundred and ninety-six

week. 来週あなたに(手紙や電話などで)連絡をとります.

keep in touch (with ~) (~と)連絡をとり続ける, 接触を保つ
• **Keep in touch with** me while you are gone. 向こうに行っても僕(ぼく)に連絡をとっていてくれよ.

lose touch (with ~) (~と)接触がなくなる, ~と連絡がとれなくなる

touchdown /tʌ́tʃdaun タチダウン/ 名
❶ (ラグビー・アメリカンフットボールなどで)**タッチダウン**(による得点)
❷ (飛行機の)**着陸**

touchline /tʌ́tʃlain タチライン/ 名 (フットボール・サッカーなどの)**タッチライン** → ゴールラインと直角に引かれた側線.

tough 中 /tʌ́f タフ/ 形
❶ (肉などが)**堅(かた)い** 反対語 **tender** (やわらかい)
• **tough** meat 堅い肉
• This steak is **tough**. I can't cut it. このステーキは堅くて私には切れない.
❷ (人が)**粘(ねば)り強い, タフな**; (物が)**丈夫(じょうぶ)な**
• You need **tough** shoes for climbing. 山登りには丈夫な靴(くつ)がいる.
❸ (仕事などが)**やっかいな, 手に負えない**
• a **tough** problem やっかいな問題

tour 小 A2 /túər トゥア/ 名
❶ (観光)**旅行, ツアー**; (バンド・劇団などの)**巡回(じゅんかい)公演旅行, 旅回り** → いろいろな所を回って, 出発点に帰ってくるまでの周遊旅行をいう. → **travel**
• a **tour** bus 観光バス
• **go on** a **tour** (観光)旅行に出かける
• My brother is now **making** a cycling **tour of** Canada. 兄は今カナダを自転車旅行しています. → 日本語の「ツアー」は団体旅行を意味することが多いが, 英語の tour は1人でもよい.
• They came to Japan on a concert **tour**. 彼らはコンサートツアーで日本に来た.
❷ (短期間の)**見物, 見学, 見て回ること**
• Our class **made a tour of** the museum. 私たちのクラスは博物館見学をしました.
── 動 (観光)旅行する
• **tour** (**around** [**in**]) Europe ヨーロッパ旅行をする

tourism /túərizm トゥアリズム/ 名 **観光(事業)**;

(観光)旅行

tourist 中 A2 /túərist トゥアリスト/ 名
観光客, 旅行者

tóurist bùreau 名 = tourist information center

tóurist clàss 名 (飛行機・船などの席で一番安い)**ツーリストクラス, エコノミークラス** (economy class)

tóurist informàtion cènter 名 旅行案内所

tournament 中 /túərnəment トゥアナメント/ 名 (リーグ戦に対して)**勝ち抜(ぬ)き戦, トーナメント**

tow /tóu トウ/ 動 (車・船などをロープ・チェーンなどで)**引く, 引いて行く**

toward A2 /tɔ́:rd トード, təwɔ́:rd トゥウォード/ 前
❶ **~の方へ, ~に向かって**
• **go toward** town 町の方へ行く
POINT この表現は大雑把(ざっぱ)に方向を示すだけで, 町まで行ったかどうかはわからない. go **to** town は「町まで行く」.
• The house **faces toward** the south. その家は南向きです.
• She stood with her back **toward** me. 彼女は私に背中を向けて立っていた.
❷ **~頃(ころ), ~近く**
• The rain stopped **toward** morning. 朝方になって雨はやんだ.
• Can we meet **toward** the end of this month? 今月の末頃お会いできますか.
❸ **~に対して(の)**
• What is your feeling **toward** her? 彼女に対する君の気持はどうなんですか.

towards /tɔ́:rdz トーヅ, təwɔ́:rdz トゥウォーヅ/ 前 《主に英》=toward

tów-away zòne [àrea] 名 **駐車(ちゅうしゃ)違反(いはん)車撤去(てっきょ)地区**

towel 中 A1 /táuəl タウエル/ 名
タオル, (タオル地の)手ぬぐい
• a dish [(英) tea] **towel** (皿を拭(ふ)く)布巾(ふきん)
• a roll of paper kitchen **towel** 台所用の紙タオルひと巻き[1ロール]
• dry *one's* hands on [with] a **towel** タオルで手を拭く
• dry *one's* body **with** a **towel** タオルで体を拭く

tower 小 A1 /táuər タウア/ 名

塔(とう), タワー
- Tokyo **Tower** 東京タワー
- a control **tower** (航空)管制塔, コントロールタワー
- a television [clock] **tower** テレビ塔[時計台]

Tówer (of Lóndon) 固名 (**the** をつけて) ロンドン塔(とう) →ロンドン市内テムズ河畔(かはん)にある古い城. 昔は王宮, その後は監獄(かんごく)・処刑(しょけい)場, 現在は博物館.

town 小 A1 /táun タウン/ 名

(複 **towns** /táunz タウンズ/)
❶ (村・市に対して)町
- a small [large] **town** 小さな[大きな]町
- I live in a **town** near Nagoya. 私は名古屋の近くの町に住んでいます.
関連語 A **town** is bigger than a **village** and smaller than a **city**. 町は村よりは大きく市よりは小さい.
- New York is a wonderful **town**. ニューヨークはすばらしい町です. →実際には市 (city) でも, (特にそこに住む人は)ふだんの会話では town と呼ぶことが多い.

❷ (田舎(いなか)に対して)町, 都会
- **town** life 都会生活
反意語 Do you live in a **town** or in the **country**? 君は都会[町]に住んでるの, 田舎に住んでるの?
❸ (郊外(こうがい)・市外に対してにぎやかな)町, (町や市の)中心地区, 市街, 都心(部)
- go to **town** 町へ行く →×go to a [the] town としない. 「市[村]へ行く」は go to the city [the village].
- Let's go to **town** for dinner. 晩ご飯を食べに町へ行こう.
反意語 He works in **town** and lives in the **suburbs**. 彼は町[都心]で仕事をし郊外に住

んでいます.
❹ (**the town** で) 町の人々, 町民
- **The** whole **town** is talking about the news. 町中の人がそのニュースのことでもちきりだ. →町の人全部をひとまとまりと考えて単数扱(あつかい).

tówn háll 名 町役場, 市役所, 市庁; (その中の)町民[市民]ホール

toy 中 A1 /tɔ́i トイ/ 名

おもちゃ
- The baby is **playing with** a **toy** (car). 赤ちゃんはおもちゃの(車で)遊んでいます.

toyshop /tɔ́iʃɑp トイシャプ/ 名 おもちゃ屋さん

trace /tréis トレイス/ 名 (動物などがいた[通った])跡(あと), 足跡; 形跡(けいせき)
—— 動 ❶ 〜の跡をたどる, 〜を追跡する; (由来などを)さかのぼる ❷ なぞって写す, トレースする
関連語 Put **tracing paper** over the map and **trace** it. 地図の上にトレーシングペーパーを載(の)せてその地図を写してくれ.

track 小 A2 /trǽk トラク/ 名
❶ (動物などの) 通った跡(あと), 足跡; (踏(ふ)まれてできた)小道
- rabbit **tracks** on the snow 雪の上に残されたウサギの足跡
❷ (競技場などの)トラック, 走路; トラック競技, (フィールド競技もふくめて)陸上競技
- run on a **track** トラックを走る
❸ (鉄道などの)線路, 軌道(きどう); (米) プラットホーム
- railroad [(英) railway] **tracks** 鉄道線路
- **Track** 3 3番線

keep [lose] track of 〜 〜の跡をつける[見失う], 〜の消息を知っている[がわからなくなる]

tráck and fíeld 名 陸上競技

tractor /trǽktər トラクタ/ 名 トラクター, けん引車

trade A2 /tréid トレイド/ 名
❶ 貿易; 商取り引き, 商売
- foreign **trade** 外国貿易
- Japan **does a lot of trade with** foreign countries. 日本は外国とたくさん貿易をしている. →×a trade, ×trades などとしない.
❷ 《米》交換(こうかん) (=exchange)
- Let's **make a trade of** this CD of mine **for** yours. 僕(ぼく)のこのCDと君の(CD)を交換

trademark

しようよ.
❸ (特に手先を使う技術的な)職業, 商売
会話 What's your father's **trade**? —He is a carpenter [an electrician, a baker]. お父さんのお仕事は何ですか.—父は大工[電気工, パン屋]です.

by trade 商売は, 職業は
・I am a mason **by trade**. 私の職業は石工[れんが職人]です.

— 動 ❶ 商売をする; 貿易をする
・**trade with** foreign countries 外国と貿易をする
・My father **trades in** coffee. 父はコーヒー豆の商売をしています.
❷ 交換する (exchange)
・**trade** seats **with** him 彼と席を交換する
・Won't you **trade** your soccer ball **for** my rugby ball? 君のサッカーボールと僕のラグビーボールを交換しないか.

trademark /tréidmɑːrk トレイドマーク/ 名
商標, トレードマーク

trader /tréidər トレイダ/ 名 貿易業者, 商人

tráde(s) únion 名 (英)労働組合 ((米) labor union)

tráde wínd(s) 名 貿易風 →赤道近くでいつも赤道方向に吹(ふ)く風. 昔貿易船が利用した.

tradition A2 /trədíʃən トラディション/ 名
❶ (語り伝えられた)伝統, 慣習, しきたり
・It's a **tradition** to eat turkey on [at] Thanksgiving. 感謝祭に七面鳥を食べるのは昔からのしきたりです.
・Our school has a long **tradition**. 私たちの学校は長い伝統を持っている.
❷ 言い伝え, 伝説

traditional 小 A2 /trədíʃənl トラディショナる/ 形 ❶ 伝統的な, しきたりの; (考え方・やり方が)昔風の
・**traditional** Japanese foods for New Year 正月の日本の伝統的な食べ物
❷ 語り伝えられた, 伝説の

traffic 中 A2 /træfik トラふィック/ 名
(車・人などの)交通(量), 行き来, 往来
・one-way **traffic** 一方通行 →「一方通行の通り」は a one-way street.
・**control** [**direct**] **traffic** 交通整理をする ×a traffic, ×traffics としない.
・a **traffic** accident 交通事故
・a **traffic** jam 交通渋滞(じゅうたい)

掲示 No **traffic**. 通行禁止.
・The city streets are full of **traffic**. 町の通りは車や人の往来でいっぱいだ.
・There is heavy **traffic** today. = The **traffic** is heavy today. きょうは交通量[人通り]が多い. → traffic は道路にかかる「重量」と考えて, heavy (重い)という語を使う. →**busy** ❷
・There is very little **traffic** [The **traffic** is light] on this road. この道路は交通量が少ない.
・Air **traffic** is heaviest in the early evening. 夕方近くは飛行機の発着が最も激しい.

tráffic líghts [sígnals] 名 交通信号(灯)

New York の歩行者用信号

tragedy /trædʒədi トラヂェディ/ 名 (複 **tragedies** /trædʒədiz トラヂェディズ/)
❶ 悲劇 関連語 **comedy** (喜劇)
❷ 悲劇的な事, 悲しい出来事

tragic /trædʒik トラヂク/ 形 (→比較変化なし) 悲劇の; 悲惨(ひさん)な 反対語 **comic** (喜劇の) 関連語 **tragedy** (悲劇)

trail /tréil トレイる/ 動 ❶ (〜を)引きずる; (つる草などが)はう; (煙(けむり)などが)たなびく
❷ 〜の跡(あと)を追う; (〜の後を)足を引きずるように歩いていく
— 名 ❶ (動物などの通った)跡, (動物の)においの跡; (走り去る車の)長い土ぼこり, (船・飛行機の)航跡(こうせき) ❷ (荒野(こうや)・山地の)踏(ふ)みつけられてできた道, 小道

trailer /tréilər トレイら/ 名 ❶ (トラクター・トラックなどに引かれる貨物用)トレーラー
❷ (米) トレーラーハウス ((英) caravan) →車に引かれる移動住宅. 簡易生活ができるような設備のあるトレーラーハウス用の駐車(ちゅうしゃ)場を **trailer park** という.

train 小 A1 /tréin トレイン/ 名
❶ 列車, (連結した)電車, 汽車
関連語 列車の1台1台は (米) **car**, (英) **carriage** または **coach** という.

six hundred and ninety-nine　699　**trap**

- go to school **by train** 電車で通学する →
×by a [the] train としない.
- **get on [off] a train** 電車に乗る[から降りる]
- **take [catch, miss] the last train** 最終電車に乗る[間に合う, 乗り損(そこ)ねる]
- **change trains** at Shinjuku Station 新宿駅で電車を乗り換(か)える →trains と複数形になることに注意.
- Is this the (right) **train for** Osaka? これは大阪行きの電車ですか.
- I'll get on the 5:30 p.m. (読み方: five thirty p.m.) **train** from Tokyo Station. 私は東京駅で午後5時30分の電車に乗ります.
❷ (隊列を組んで進む動物・馬車の)**長い列**
- Wagon **trains** crossed the plains. 荷馬車隊の長い列が大草原を渡(わた)っていった.
── 動 ❶ (動物・人を)**訓練する, しつける; 訓練を受ける**
- I have **trained** my dog **to** stand up and beg. 私は愛犬にちんちんするようにしつけた. →**have** 助動 ❶
❷ (試合に備えて)**練習する, トレーニングする; 練習[トレーニング]させる**
- I am **training** hard **for** the race. 私はそのレースに備えて一生懸命(けんめい)トレーニングをしています. →**am** 助動 ❶

trainer /tréinər トレイナ/ 图 (選手などを)訓練する人, コーチ, トレーナー; (動物の)調教師; (**trainers** で) トレーニングシューズ →日本語の「トレーナー(シャツ)」は英語では sweat shirt という.
- a seal **trainer** アザラシ[アシカ, オットセイ]の調教師

training A2 /tréiniŋ トレイニング/ 图 トレーニング, 訓練; (試合に備えての)練習
- a **training** center トレーニングセンター
- go into **training** トレーニングを始める

traitor /tréitər トレイタ/ 图 裏切り者, 反逆者

tram A2 /trǽm トラム/ 图 《英》市街電車, 路面電車 (《米》streetcar)

tramcar /trǽmkɑːr トラムカー/ 图 《英》= tram

tramline /trǽmlain トラムライン/ 图 《英》市街電車路線

tramp /trǽmp トランプ/ 图 ホームレス; 浮浪(ふろう)者

trample /trǽmpl トランプる/ 動 踏(ふ)みつける, 踏みにじる

trampoline /trǽmpəli:n トランポリーン/ 图 トランポリン

transfer /trænsfə́:r トランスふァ〜/ 動 (三単現 **transfers** /trænsfə́:rz トランスふァ〜ズ/; 過去・過分 **transferred** /trænsfə́:rd トランスふァ〜ド/; -ing形 **transferring** /trænsfə́:riŋ トランスふァ〜リング/)
(人・物などが)**移る**; (人・物などを)**移す**
── /trǽnsfə:r トランスふァ〜/ 图 ❶移動, 転任, 転校 ❷《米》乗り換(か)え; 乗り換え切符(きっぷ) →アメリカの市内バスはこの切符をもらうと追加料金なしで乗り換えができる.

transform /trænsfɔ́:rm トランスふォーム/ 動 (形・様子などをすっかり)**変える, 変化させる** →**change** より堅(かた)い感じの語.

translate 🔵 /trænsleit トランスれイト/ 動 **訳す, 翻訳(ほんやく)する; 通訳する** →書かれたものを訳す場合にも, 話し言葉を通訳する場合にも使う. →**interpret**
- **translate** a poem **from** English **into** Japanese 詩を英語から日本語に翻訳する
- I can't read this English letter. Will you **translate** it for me? 私この英文の手紙が読めないの. 訳してくれる?

translation /trænsléiʃən トランスれイション/ 图 ❶ 翻訳(ほんやく)(すること); 通訳 ❷ 翻訳された物, 訳文, 翻訳書

translator /trænsléitər トランスれイタ/ 图 翻訳(ほんやく)者[家]; 通訳(者)

transparent /trænspǽrənt トランスパレント/ 形 透明(とうめい)な; (うそなどが)見えすいた

transport /trænspɔ́:rt トランスポート/ 動 (乗客・貨物を)**輸送する, 運送する, 運ぶ** →**carry, take** より堅(かた)い語.
── /trǽnspɔ:rt トランスポート/ (→動詞とのアクセントの位置の違(ちが)いに注意) 图 《主に英》(乗客・貨物の)輸送, 運送; 輸送[交通]機関, 《英話》交通手段 (《米》transportation)

transportation /trænspərtéiʃən トランスポテイション/ 图 《主に米》(乗客・貨物の)輸送, 運送; 輸送[交通]機関, 《米話》交通手段 (《英》transport)

trap A2 /trǽp トラプ/ 图 わな
- **fall into** a **trap** = **be caught in** a **trap** わなに掛(か)かる
- **set [lay]** a **trap for ~** 〜にわなを仕掛(しか)ける
── 動 (三単現 **traps** /trǽps トラプス/;

trash 700 seven hundred

過去・過分 **trapped** /trǽpt トラプト/; ┃-ing形┃
trapping /trǽpiŋ トラピング/）わなに掛ける，
わなで捕(つか)まえる

trash 中 /trǽʃ トラシュ/ 名
《米》ごみ，くず，がらくた（《英》rubbish）

travel 中 A1 /trǽvl トラヴる/ 動 （三単現
travels /trǽvlz トラヴるズ/；過去・過分 **trav-
el(l)ed** /trǽvld トラヴるド/；┃-ing形┃ **trav-
el(l)ing** /trǽvliŋ トラヴリング/）

❶ **旅行する**，旅をする；(遠方へ乗り物で)**行く**

• **travel abroad** 海外旅行をする，外国を旅する

• **travel in** [**to**, **around**, **all over**] Europe
ヨーロッパを[へ，を回って，じゅうをあちこち]旅
行する

• **travel by** airplane [**on the train**] 飛行機
で[列車で]旅をする

• My father **travels** to work by car. 父は
車で仕事に行きます．

❷ **進む**，動いていく；(光・音などが)**伝わる**

• Bad news **travels** fast. 悪い知らせは速く
伝わる．➡「悪事千里を走る」にあたる．

• Light **travels** faster than sound. 光は音
より速く進む[伝わる]．

―― 名 ❶ **旅行(すること)**，旅

類似語 (旅行)

travel は「旅行」という意味の一般(いっぱん)的な
語で，移動することに意味の力点がある．**jour-
ney** はふつう長期の「旅行」で，それに要する
[要した]時間や距離(きょり)を示す語とともに使わ
れることが多い．**trip** は短期間の「旅行」．
tour はぐるっと周遊する「旅行」．

• My grandmother loves **travel**. 私のおば
あちゃんは旅をすることが大好きです．➡×*a
travel*, ×*travels* としない．

• Did you enjoy your **travels in** Eu-
rope? ヨーロッパ各地の旅行は楽しかった?

❷ (**travels** で) 旅行記

• *Gulliver's Travels* 『ガリバー旅行記』

trável àgency [**bùreau**] 旅行代理
店，旅行案内所

travel(l)er A2 /trǽvlər トラヴら/ 名

❶ 旅行者，旅人；旅の好きな人

❷ ジプシー (Gypsy) ➡Gypsy は差別用語と
感じられるので traveler を使うようになった．
➡Romany

trável(l)er's chèck [《英》**chèque**]

名 トラベラーズチェック，旅行者小切手

travel(l)ing /trǽvliŋ トラヴリング/ 形 旅行の，
旅行用の；移動する；(劇団など)旅回りの，巡業(じゅ
んぎょう)の

• a **traveling** library 《米》移動[巡回(じゅんかい)]
図書館

―― 名 旅行，巡業

• a **traveling** bag 旅行カバン

tray /tréi トレイ/ 名 盆(ぼん)，浅い皿，トレー

tread /tréd トレド/ 動 （三単現 **treads** /trédz
トレヅ/ 過去 **trod** /trád トラド/ 過分 **trod**,
trodden /trádn トラドン/; ┃-ing形┃ **treading**
/trédiŋ トレディング/）踏(ふ)む，踏みつぶす

treasure 小 A2 /tréʒər トレジャ/ 名 財宝，富；
宝物，貴重な物；大切な物[人]

• go on a **treasure** hunt 宝探しに行く

―― 動 大事にする，大切に思う；大事にしている

treat /tríːt トリート/ 動

❶ 取り扱(あつか)う，待遇(たいぐう)する；もてなす

• Please don't **treat** me like a child. お
願いだから私を子供扱いしないで．

• They are **treated** unfairly. 彼らは不公平
に取り扱われている．

❷ 治療(ちりょう)する，手当てする

❸ おごる，ごちそうする

• I'll **treat** you to dinner [the movie]. 君
に晩ご飯[その映画]をおごるよ．

―― 名 (食べ物・映画などを)**おごること**，おごる番；
とてもうれしい[楽しい]こと

• This is my **treat**. これは私のおごりです．

• A visit to Disneyland is a great **treat**
even for adults. ディズニーランドへ行くのは
大人にもとても楽しいことだ．

treatment /tríːtmənt トリートメント/ 名

❶ 取り扱(あつか)い(方)，待遇(たいぐう)

❷ 治療(ちりょう)，手当て

treaty /tríːti トリーティ/ 名 （複 **treaties**
/tríːtiz トリーティズ/）(国家間の)**条約**

tree 小 A1 /tríː トリー/ 名
（複 **trees** /tríːz トリーズ/）

(立ち)木，樹木 →wood ➡幹や枝を備えた立ち
木をいう．

• **climb** (**up**) a **tree** 木に登る

• There is a big oak **tree** in our garden.
うちの庭に大きなカシの木が1本ある．

関連語 **Trees** have **branches** and **leaves**.
We get **wood** from **tree trunks**. 木には

枝や葉がある. 木の幹からは材木がとれる.

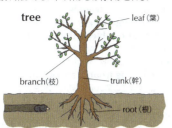

trée dòctor 名 樹木医 →名木や古木の保護・治療(ちりょう)などを行う技術者.

trek /trék トレク/ 動 (三単現 **treks** /tréks トレクス/; 過去・過分 **trekked** /trékt トレクト/; -ing形 **trekking** /trékiŋ トレキング/)
(てくてくと苦労しながら)歩いて旅行する

tremble /trémbl トレンブる/ 動 ぶるぶる震(ふる)える, 揺(ゆ)れる

tremendous /triméndəs トレメンダス/ 形
❶巨大(きょだい)な, ものすごい, すさまじい
❷《話》すばらしい (wonderful)

trench /tréntʃ トレンチ/ 名 (複 **trenches** /tréntʃəz トレンチズ/) (深く長い)みぞ, 堀; (戦場の)塹壕(ざんごう)

trend /trénd トレンド/ 名 傾向(けいこう), 方向, 成り行き

trial /tráiəl トライアる/ 名 ❶試(ため)してみること, 試験, テスト 関連語 「試す」は **try**. ❷裁判, 公判

triangle 小 /tráiæŋgl トライアングる/ 名
❶三角形 ❷《米》三角定規 (《英》setsquare)
❸《楽器》トライアングル

triathlete /traiæθli:t トライアすリート/ 名 トライアスロン選手

triathlon /traiæθlən トライアすろン/ 名 トライアスロン →水泳・自転車ロードレース・長距離走の3種競技.

tribe /tráib トライブ/ 名 部族, 種族

trick 中 A2 /trík トリク/ 名 ❶計略; いたずら
• **play** a **trick on** ~ 〜にいたずらをする
❷手品, トリック; (動物の)芸当

Trick or treat! 《米》お菓子(かし)をくれないといたずらするぞ. →ハロウィーンで子供たちが家々を回って言う言葉. →**Halloween**
── 動 だます (cheat)

tricky /tríki トリキ/ 形 (比較級 **trickier** /tríkiər トリキア/; 最上級 **trickiest** /tríkiist トリキエスト/) ❶計略 (trick) を用いる, ずるい →**trick** +-y. ❷扱(あつか)いにくい, 難しい

tricycle /tráisikl トライスィクる/ 名 三輪車 → tri- は「3つの」, cycle は「輪」.
関連語 Ken rides a **bicycle** and his younger brother rides a **tricycle**. ケンは自転車に乗り, 弟は三輪車に乗る.

tried /tráid トライド/ 動 **try** の過去形・過去分詞

tries /tráiz トライズ/ 動名 **try** 動 の3人称(しょう)単数現在形; **try** 名 の複数形

trigger /trígər トリガ/ 名 (銃(じゅう)の)引き金

trillion /tríljən トリリョン/ 名 兆(ちょう) →million (100万) の2乗.

trim /trím トリム/ 動 (三単現 **trims** /trímz トリムズ/; 過去・過分 **trimmed** /trímd トリムド/; -ing形 **trimming** /trímiŋ トリミング/)
(刈(か)ったり切ったりして)きちんと形を整える, きれいにする, (はさみなどで)切り取る

trio /trí:ou トリーオウ/ 名 (複 **trios** /trí:ouz トリーオウズ/) ❶三重奏[唱]; 三重奏[唱]団, トリオ
❷三人組; 三つぞろい

trip 小 A1 /tríp トリプ/ 名
❶ 旅行 →比較(ひかく)的短期間のものについていう. →**travel** 類似語
• a bus **trip** バス旅行
• a class **trip** クラスの遠足
• **go on** a school **trip** 修学旅行に出かける
• He is going to **take** [**make**] a **trip to** Kyoto. 彼は京都へ旅行をしようとしている.
会話 Have a nice **trip**.—Thank you. どうぞよいご旅行を[行ってらっしゃい].—ありがとう.
❷ (近くまでちょっと)行くこと, 出かけること
• go on a shopping **trip** to town 町へ買い物に行く
• I'll have to **make** a **trip** to the supermarket. 私はスーパーまで行かなくては.
── 動 (三単現 **trips** /tríps トリプス/; 過去・過分 **tripped** /trípt トリプト/; -ing形 **tripping** /trípiŋ トリピング/) つまずく; つまずかせる
• **trip over** a stone [**on** the rope] 石に[ロープに引っ掛(か)かって]つまずく

triple /trípl トリプる/ 形 3倍の; 3重の
関連語 **single** (1つの), **double** (2倍の)
── 名 ❶3倍; (ホテルの)3人用の部屋 ❷3塁打(るいだ) (three-base hit) 関連語 **single** (シングルヒット), **double** (2塁打)

triple jump 702 seven hundred and two

—— 動 3倍にする; 3倍になる

tríple jùmp 名 (**the** をつけて)《競技》三段
跳(と)び

triumph /tráiəmf トライアンフ/ 名 ❶ 大勝利,
大成功 ❷ 勝利[成功]の喜び, 勝利感, 満足感

trivia /tríviə トリヴィア/ 名 ささいなこと →複数
扱(あつか)い.

trod /trád トラド/ 動 **tread** の過去形・過去分詞

trodden /trádn トラドン/ 動 **tread** の過去分
詞

trolley /tráli トラリ/ 名 ❶《米》= streetcar
(市街電車) ❷《主に英》= wagon (ワゴン) ▶
食器や飲食物を運ぶもの, あるいはスーパーマー
ケットなどで使う荷物車.

trombone /trɑmbóun トランボウン/ 名
《楽器》トロンボーン →大きな金管楽器.

troop /trú:p トループ/ 名 ❶ (人・動物の)一群,
一隊, 一団 ❷ (**troops** で) 軍隊, 兵士たち

trophy /tróufi トロウフィ/ 名 (複 **trophies**
/tróufiz トロウフィズ/) (競技の)優勝記念品, トロフ
ィー, 賞品

tropic /trápik トラピク/ 名 (**the tropics** で)
熱帯(地方)
—— 形 熱帯の (tropical)

tropical /trápikəl トラピカる/ 形 熱帯の
• **tropical** countries 熱帯地方の国々
• a **tropical** plant [fish] 熱帯植物[魚]

trot /trát トラト/ 名 ❶ (馬の)速歩 →並み足
(**walk**) と駆(か)け足 (**run, gallop**) との中間の
歩調. ❷ (人の)小走り, 小またの急ぎ足
—— 動 (三単現 **trots** /tráts トラツ/; 過去・過分
trotted /trátid トラテド/; -ing形 **trotting**
/trátiŋ トラティング/)
速歩で走る; (人が)小走りに行く, 急いで行く

trouble 中 A2 /trʌbl トラブる/ 名
❶ 心配, 苦労; 心配事, 困り事, 悩(なや)み(の種)
• His life was full of **trouble** [**troubles**].
彼の人生は苦労だらけでした.
• His son is a great **trouble** to him. 彼の
息子(むすこ)は彼には大きな悩みの種です.
• **What's the trouble** (**with** you)? 何が心
配なの?
• **The trouble is** (**that**) I can't under-
stand the math lesson. 困ったことに僕(ぼく)
は数学の授業がわからないのです.
❷ 困った[やっかいな]事態; (しばしば **troubles**
で) もめ事, 紛争(ふんそう), トラブル
• family **troubles** 家庭のもめ事

• **get into trouble** 困ったことになる
• **make** [**cause**] **trouble** もめ事を起こす
• **ask for trouble** 自分から災難を招く
• He is **in trouble with** the police. 彼は
(悪いことをして)警察沙汰(ざた)になっている.

❸ 余分な手間, 面倒, やっかい, 骨折り
• **I'm having trouble** moving this heavy
box. 僕はこの重い箱を動かすのに苦労していま
す. →現在進行形の文 (→**am** 助動 ❶). have
trouble *doing* は「～するのに苦労する」.
• Thank you for all your **trouble**. わざわ
ざありがとうございます.
●会話 I'm sorry to **give** you so much
trouble.—**No trouble at all.** こんなにご面
倒をおかけして申し訳ありません.—ちっとも面倒
じゃありません[お安いご用です].
• Telephoning **saves** the **trouble** of
writing. 電話すればわざわざ手紙を書く手間が
省ける.

❹ ～病; (機械の)故障
• heart **trouble** 心臓病
• The car had engine **trouble**. その車はエ
ンジントラブルを起こした.
• She's having **trouble** with her com-
puter. 彼女のコンピューターの調子が悪い.

be in trouble 困っている; トラブルに巻き
込(こ)まれている
• He **is in** great **trouble**. 彼はとても困って
いる.

—— 動 ❶ 悩ます, 心配させる; (病気が)苦しめる
• He **troubled** his parents by his poor
work in school. 彼は学校の成績が悪くて両親
に心配をかけた.
• The old woman was **troubled** by
aches and pains. そのおばあさんはいろいろ
な痛みに悩まされた.
• What is **troubling** you? (何が君を悩ませ
ているのか ⇨)君は何が心配なのですか.

❷ わずらわす, 迷惑(めいわく)[手間]をかける; わざわ
ざ～する, 心配する
• **I'm sorry to trouble** you, but can you
tell me the way to the station? ご面倒か
けてすみませんが駅へ行く道を教えていただけま
せんか. →丁寧(ていねい)な言い方.
• **May I trouble you for** [**to pass**] the
salt? すみませんがそのお塩を取っていただけま
せんか. →食卓(しょくたく)で言う言葉.
●会話 Shall I make coffee for you?—Oh,

don't trouble (yourself), thanks. コーヒーをいれましょうか.—ありがとう, でもおかまいなく.

•**Don't trouble to** come if you are busy. 君が忙(いそが)しければわざわざ来なくてもいいよ.

ことわざ Never **trouble** trouble till trouble **troubles** you. 心配事が君を心配させるまでは心配事を心配するな.→「取りこし苦労はするな」の意味. 2番目, 3番目の trouble は名詞.

troublemaker /trʌ́blmeikər トラブ るメイカ/ 名 面倒(めんどう)**なことを引き起こす人, トラブルメーカー**

troublesome /trʌ́blsəm トラブ るサム/ 形 面倒(めんどう)**な, やっかいな**

trousers A1 /tráuzərz トラウザズ/ 名 複 ズボン →《米話》では **pants**.

•**a pair of trousers** ズボン1着 →数える時は ×*a* trousers でなく, この形を使う.

•**put on** [**take off**] *one's* **trousers** ズボンをはく[脱(ぬ)ぐ]

•These **trousers are** too big [tight] for me. このズボンは私には大き[きつ]過ぎる.→「1着のズボン」でも複数扱(あっか)い.

trout /tráut トラウト/ 名 《魚》マス →複数も trout.

Troy /trɔ́i トロイ/ 固名 **トロイ, トロイヤ** →トルコ北西部の古代都市. 紀元前1200年頃(ころ)ギリシャとトロイの間でトロイ戦争が行われたといわれる.

truck A1 /trʌ́k トラク/ 名

❶ トラック →《英》では **lorry** ともいう.

•a dump [《英》dumper] **truck** ダンプカー →「ダンパカー」は和製英語.

•a fire **truck** 消防自動車

•a **truck** driver トラック運転手

関連語 His **car** was hit by a **truck**. 彼の車はトラックにぶつけられた.→英語では truck は car には含めない.

❷ 《英》《鉄道の》屋根なしの貨車

❸ 手押(お)し車, 台車, トロッコ

true 中 A1 /trú: トルー/ 形

❶ 本当の[で], 真実の[で] 関連語 「真実」は **truth**.

•a **true** story 本当の話, 実話

•**true** love 真実の愛

•That's **true**. 本当ですね.

•The starfish is not a **true** fish. ヒトデは本当の魚ではない[魚ではない].

反対語 Is the news **true** or **false**? その知らせは本当ですか, うそですか.

•**It is true that** I saw a flying saucer. 私が空飛ぶ円盤(えんばん)を見たのは本当です. →It = that 以下.

❷ 本当の心[真心]を持った, 誠実な; 忠実な

•a **true** friend 真の友達, 誠実な友

•I'll be always **true to** you. 私はいつも君に誠実です[君を裏切らない].

•She is **true to** her promise. 彼女は自分の約束に誠実です.

come true (希望・予言などが)本当になる, 実現する, 的中する

•His dream [wish] **came true**. 彼の夢[望み]はかなった.

truly A2 /trú:li トルーリ/ 副 本当に; 誠実に; 偽(いつわ)りなく

Yours truly = **Truly yours** 敬具 → **yours** ❸

trumpet 中 /trʌ́mpit トランペト/ 名 《楽器》**トランペット**

•**play** the **trumpet** トランペットを演奏する[吹(ふ)く]

•**blow a trumpet** (けたたましく)トランペットを吹き鳴らす →進軍の合図など.

trumpeter /trʌ́mpətər トランペター/ 名 **トランペット奏者**

trunk /trʌ́ŋk トランク/ 名 ❶(木の)幹; (人間・動物の)胴(どう), 胴体(どうたい) ❷(木の幹のような)象の鼻 ❸(旅行用・保管用の)**トランク** →日本語ではスーツケースもトランクというが, 英語の trunk は1人では持ち運びできないほど大型のもの.

❹《米》(自動車後部の)**トランク** ❺(**trunks** で)(水泳・ボクシングなどの)**パンツ, トランクス**

•swimming **trunks** 水泳パンツ

trust 中 A2 /trʌ́st トラスト/ 名

❶ 信頼(しんらい), 信用; 信頼する人[物]

•I **have** [**put**] complete **trust in** him, so I tell him all my secrets. 私は彼をすっかり信用しているので私の秘密を全部彼にしゃべる.

❷(信用されて)預かること, 世話(をすること)

•leave it in his **trust** それを彼に預ける

── 動 ❶ 信頼する, 信用する

•Don't **trust** him. He is a liar. 彼を信用するな. 彼はうそつきだ.

❷(信用して)預ける, 任せる

truth 704 seven hundred and four

- I'll **trust** my money **to** him. =I'll **trust** him **with** my money. 私は金を彼に預けよう.

truth A2 /trúːθ トルーす/ 名

❶ 本当のこと, 真実, 事実; 真実性
- **speak** [**tell**] the **truth** 本当のことを言う, 真実を語る
- 関連語 Is it **true** that you saw a flying saucer?—Yes, it's the **truth**. 君が空飛ぶ円盤(えんばん)を見たというのは本当か.—ええ, 事実[本当]です.

❷ 真理
- the scientific **truth that** the earth is round 地球は丸いという科学的真理

to tell (*you*) *the truth* 本当のことを言うと, 実は
- **To tell the truth**, I don't like this work. 実を言うと私はこの仕事はいやだ.

truthful /trúːθfəl トルーすふる/ 形 真実の; 真実を言う, 正直な

try 小 A1 /trái トライ/ 動 (三単現 **tries** /tráiz トライズ/; 過去・過分 **tried** /tráid トライド/; -ing形 **trying** /tráiiŋ トライイング/)

❶ (いいかどうかを) 試(ため)す, テストしてみる, 試しに食べて[飲んで, 着て, 使って]みる ➡名詞(試してみること)は trial.
- 血 基本 **try** the brakes ブレーキ(がきくかどうか)を試す ➡try+名詞.
- You should **try** something new. 君は何か新しいことをやってみるべきだ.
- Please **try** some *sashimi*, John. ジョン, お刺身(さしみ)を食べてごらんよ.
- You must **try** the rope before you use it. ロープは使う前に(丈夫(じょうぶ)かどうか)試さなければいけない.
- He **tries** the front door before he goes to bed. 彼は寝(ね)る前に玄関(げんかん)の戸締(じ)まりを確かめる.
- John **tried** eating *sashimi* and liked it. ジョンはお刺身を食べてみてそれが気に入った. ➡eating は動名詞(食べること)で tried の目的語. tried **to** eat は「食べようとした」. ➡❷

- She **is trying** washing her hair with a new shampoo. 彼女は新しいシャンプーで髪(かみ)を洗ってみている. ➡現在進行形の文. →is 助動 ❶

❷ (**try to** *do* で) 〜しようとする, (〜しようと) やってみる, 努める, 努力する; (**try for** 〜 で) 〜を求めて頑張(がんば)る, 〜にチャレンジする

━ 会話 ━
Can you do it?—I'll [Let me] **try**.
君にはそれができますか.—やってみます[やらせてください].

- **Try to** do your best. ベストを尽(つ)くすようにしなさい.
- **Try to** be more careful. もっと気をつけるようにしなさい.
- **try for** medical school 医学部を目指して頑張る
- Please **try not to** be late. 遅(おく)れないようにしなさい. ➡not to be late を否定する. 次例は try を否定する.
- Don't **try to** do such a thing again. こういう事を二度としようとしてはいけません.
- Kate **tried to** eat *sashimi*, but couldn't. ケイトはお刺身を食べようと努めたができなかった.
- **Trying** to understand each other is very important for us to become good friends. お互(たが)いを理解しようと努力することは私たちが仲良くなるためにとても大切なことだ. ➡Trying は動名詞(努力すること)で文の主語.

❸ (人を) 裁判にかける, (事件を) 審理(しんり)する
- The judge **tried** the case. 裁判官はその事件を審理した.
- He **was tried for** murder. 彼は殺人罪で裁判にかけられた. ➡tried は過去分詞で受け身の文. →was 助動 ❷

try and *do* 〈話〉〜するように努める (try to *do*) ➡ふつう命令文で使う.

try on 試しに着て[はいて, かぶって]みる, 試着(しちゃく)してみる
- Anne is **trying on** a dress. アンは洋服を

チャンクでおぼえよう try	
□ ブレーキを試す	**try** the brakes
□ 刺身を食べてみる	**try** some *sashimi*
□ 刺身を食べてみる	**try** eating *sashimi*
□ 刺身を食べようとする	**try** to eat *sashimi*

seven hundred and five | 705 | **tune**

試着している.

try out (機械・計画などを)実際に試してみる
try out for ～ (選手・俳優など)のオーディションを受ける

―― 名 (複 **tries** /tráiz トライズ/)

❶ やってみること, 試み, 試し (trial)

•**have** a **try** 試してみる, トライしてみる
•give it a **try** それを試しにやってみる
•Come on. Just **have** a **try**. You can do it. さあ. ちょっとやってごらんよ. 君はできるから.
•She made a successful jump **on** her third **try**. 彼女は3度目のトライでジャンプに成功した.

❷ (ラグビーの)トライ

•Our team **scored** two **tries**. わがチームは2つのトライをあげた.

T-shirt 中 A1 /tíː ʃəːrt ティー シャ～ト/ 名
ティーシャツ

•I'm looking for a black **T-shirt**. (買い物で)黒いティーシャツを探しているんですが.

tsunami /tsunáːmi ツナーミ/ 名 (複 **tsunami**, **tsunamis** /tsunáːmiz ツナーミズ/) 津波
→日本語から.

tub /tʌ́b タブ/ 名 ❶ たらい, おけ →台所の洗いおけ・バターやラードを入れておく容器など.
❷ 浴槽 (よくそう) (bathtub)

tuba /tjúːbə テューバ/ 名 《楽器》チューバ →低音の大型金管楽器.

tube A1 /tjúːb テューブ/ 名

❶ (細長い)管 (くだ), 筒 (つつ), (絵の具・歯磨 (みが) きの)チューブ; 真空管

•a rubber **tube** ゴムのチューブ, ゴム管
•a **tube** of toothpaste チューブ入り練り歯磨き
•a test **tube** 試験管

❷ (地下鉄などの)地下トンネル; (ロンドンの)地下鉄 →「地下鉄」は一般 (いっぱん) には 《米》**subway**, 《英》**underground** という.

•go by **tube** 地下鉄で行く →×by a [the] tube としない. →**by** ❶
•take [catch] **the tube** 地下鉄に乗る

tuck /tʌ́k タク/ 動 (シャツ・シーツの端 (はし) などを)押 (お) し込 (こ) む, はさみ込む

Tue(s). 略 =**Tue**sday (火曜日)

Tuesday 小 A1 /tjúːzdei テューズデイ/ 名 (複 **Tuesdays** /tjúːzdeiz テューズデイ

ズ/) 火曜日 →週の第3日.

基本 **on Tuesday** 火曜日に
基本 Today is **Tuesday**. = It's **Tuesday** today. きょうは火曜日です. →×a [the] Tuesday としない. It は漠然 (ばくぜん) と「時」を表す.

•I saw Ken on **Tuesday** [**last Tuesday**]. 私はこの前の火曜日にケンに会った. →×on last Tuesday としない. 次も同じ.
•I will see Ken on **Tuesday** [**next Tuesday**]. 私は次の火曜日にケンに会う.
•We meet every **Tuesday**. 私たちは毎週火曜日に会います.
•See you (**on**) **Tuesday** morning [afternoon, evening]. 火曜の朝[午後, 晩]会おう.
•We meet on **Tuesdays**. 私たちは火曜日ごとに[よく火曜日に]会います.

語源 (Tuesday)
「ティーウ (Tiu) の日」の意味. Tiu は北欧 (ほくおう) 神話の戦 (いくさ) の神でローマ神話のマルス (Mars) にあたる.

tug /tʌ́g タグ/ 動 (三単現 **tugs** /tʌ́gz タグズ; 過去・過分 **tugged** /tʌ́gd タグド/; -ing形 **tugging** /tʌ́giŋ タギング/) 力を入れて引っ張る (pull hard)

―― 名 ❶ 力いっぱい引くこと, ぐいと引っ張ること ❷ =tugboat

tugboat /tʌ́gbout タグボウト/ 名 (大型船の出入港を助ける)引き船, タグボート

túg of wár, túg-of-wár 名 綱 (つな) 引き

tulip /tjúːlip テューリプ/ 名 《植物》チューリップ

tumble /tʌ́mbl タンブル/ 動 転ぶ, 倒 (たお) れる, 転がる, 転げ回る; 倒す

tumbler /tʌ́mblər タンブラ/ 名 大型コップ, タンブラー →昔は中のものを飲み干すまで置けないように底が丸くなっていてすぐ転がったので tumbler (転がる物)といった.

tummy /tʌ́mi タミ/ 名 (複 **tummies** /tʌ́miz タミズ/) 《小児 (しょうに) 語》おなか (stomach), ぽんぽん

tuna /tjúːnə テューナ/ 名 《魚》マグロ →複数も tuna.

•**tuna** fish マグロの肉, ツナ
•a **tuna** sandwich ツナサンド(イッチ)

tundra /tʌ́ndrə タンドラ/ 名 ツンドラ →シベリア・カナダ北部にある凍土 (とうど) 地帯.

tune A2 /tjúːn テューン/ 名

Tunisia

❶ (音楽の)曲, 節(ふし), メロディー
- sing [play] a merry **tune** 楽しい曲を歌う[演奏する]
- I knew the **tune** of the song, but I didn't know the words (to it). 私はその歌の曲は知っていたが歌詞を知らなかった.

❷ (声・楽器の)正しい音の高さ, 調子
- sing **in** [**out of**] **tune** 音程(おんてい)正しく[調子外れに]歌う

── 動 (楽器・声の)調子を合わせる, 律律する; (ラジオ・テレビの)チャンネルを合わせる
- **tune** a piano ピアノを調律する
- **tune** the radio to catch the news ニュースを聞くためラジオのチャンネルを合わせる

tune in (ラジオ・テレビの局・番組に)チャンネルを合わせる
- **tune in** to NHK NHK にチャンネルを合わせる

tune up (オーケストラが)楽器の調子を合わせる; (機械などの)調子を整える

Tunisia /tuníːʒə トゥニージャ/ 固名 チュニジア
→ 北アフリカの共和国. 国民の大多数がイスラム教徒. 首都はチュニス (Tunis).

tunnel /tʌ́nl タヌる/ 名 トンネル, 地下道
── 動 (三単現 **tunnels** /tʌ́nlz タヌるズ/; 過去・過分 **tunnel(l)ed** /tʌ́nld タヌるド/; -ing形 **tunnel(l)ing** /tʌ́nliŋ タヌりンぐ/) トンネルを掘(ほ)る

turban /tə́ːrbən ターバン/ 名 (イスラム教徒などの男性が頭に巻く)ターバン

turbine /tə́ːrbin タービン/ 名 タービン → 水・ガス・風などの流体を羽根車に吹(ふ)きつけて軸(じく)を回転させる原動機.

turf /tə́ːrf ターふ/ 名 芝草(しばくさ)の生えた土地, 芝地(しばち); (移植するために芝地から切り取られた土付きの)芝(しば)

関連語 make a **lawn** by laying turfs (芝草の種をまいてでなく)土付きの芝を敷(し)いて芝生(しばふ)を作る

Turk /tə́ːrk ターク/ 名 トルコ人

Turkey /tə́ːrki ターキ/ 固名 トルコ → アジア西部の共和国. 国民の大多数がイスラム教徒. 首都はアンカラ (Ankara).

turkey A1 /tə́ːrki ターキ/ 名 《鳥》 七面鳥(しちめんちょう)

Turkish /tə́ːrkiʃ ターキシュ/ 形 トルコの; トルコ人の; トルコ語の
── 名 トルコ語

turn 小 A1 /tə́ːrn ターン/

意味map

動 ❶ 回る; 回す
❷ 向きを変える, 曲がる, 振(ふ)り向く; 向ける
❸ (上下に)ひっくり返る; ひっくり返す
❹ 変わる; 変える

名 ❶ 回すこと; 曲がること
❷ 曲がりかど
❸ 番, 順番

── 動 (三単現 **turns** /tə́ːrnz ターンズ/; 過去・過分 **turned** /tə́ːrnd ターンド/; -ing形 **turning** /tə́ːrniŋ ターニンぐ/)

❶ 回る, 回転する; 回す

基本 **turn** slowly ゆっくり回る → turn+副詞(句).
- **turn around** the sun 太陽の周りをぐるぐる回る

基本 **turn** the wheel (自動車の)ハンドルを回す → turn+名詞.
- **turn** a doorknob ドアのノブを回す
- The earth **turns** around the sun. 地球は太陽の周りを回る.
- I **turned** the key and opened the door. 私は鍵(かぎ)を回し戸を開けた.
- My head **is turning**. 頭がくらくらする. → 現在進行形の文. → **is** 助動 ❶

❷ 向きを変える, 曲がる, 振り向く; 向ける
- **turn to** the right = **turn right** 右に向く, 右に曲がる → turn right の right は副詞で「右へ, 右に」の意味.
- **turn around** ぐるりと向きを変える, 振り向く
- **turn back** 引き返す, (元に)戻(もど)る
- **turn** a corner かどを曲がる
- The flower **turns toward** the sun. その

seven hundred and seven　707　**turn** 👑

花は太陽の方へ向く.

●**Turn** this **to** the left, and the machine will start. **Turn** it **back**, and the machine will stop. これを左に回すと機械が動く. もとに戻すと止まる.

❸(上下に)ひっくり返る; ひっくり返す, 裏返す, (ページを)めくる

●**turn** a pancake　ホットケーキを裏返す

●**turn** a page　ページをめくる

●The boat **turned upside down**. そのボートはひっくり返った. →upside down は「逆さまに」.

●Ken **turned** a somersault. ケンは宙返りをした.

●Ken **turned** (**over and over**) in bed. ケンはベッドの中で(何度も)寝返(ねがえ)りを打った.

❹変わる, ～になる; 変える

🔴基本 **turn** pale　青くなる, 青ざめる →turn＋形容詞.

●The light **turned** green, and we walked across the street. 信号が青になったので私たちは通りを渡(わた)った.

🔴基本 **turn** into ～　～になる

●The rain **turned into** snow. 雨が雪に変わった.

●The little girl **turned into** a tall, beautiful woman. その小さかった女の子はすらりとした美しい女性になった.

🔴基本 **turn** A into B　A を B に変える

●We'll **turn** this field **into** a tennis court. 私たちはこの畑をテニスコートに変えます.

●The prince **was turned into** a frog by the witch. その王子は魔女(まじょ)によってカエルに変えられた. →turned は過去分詞で受け身の文. →was 助動 ❷

turn aside 顔を背(そむ)ける, 脇(わき)を向く; よける

turn away 向こうに行く; 追い払(はら)う; (顔などを)背ける

turn down ①(音量・火力などを)小さくする

●Please **turn down** the TV—it's too loud. テレビの音を小さくして. 大き過ぎるよ.

②(ページの端(はし)を)折り曲げる, (ベッドカバーなどを)折り返す; (申し出などを)断る

turn in ①(答案などを)提出する, (不用物を)返す ②《話》ベッドに入る, 寝(ね)る

turn off (栓(せん)・スイッチをひねって)止める, 消す

●Please **turn off** the light [the television] before you go out. 外出する前には電灯[テレビ]を消してください.

turn on (栓・スイッチをひねって)つける, 出す

●**Turn on** the heater [the light, the television]. ストーブ[電灯, テレビ]をつけよう.

turn out ①(電灯などを)消す (turn off) ②生産する; 出てくる; (結局)～になる, ～である

●The weather **turned out** fine. 天気は(どうかと思ったら)晴れた.

●It **turned out** that Jim was right. 結局ジムが正しいということがわかった.

turn over (ページなどを)めくる (→❸); ひっくり返る[返す]; 引き渡す; よく考える

turn up ①上に向ける; 掘(ほ)り起こす; (音量・ガスの火などを)大きくする ②現れる, やって来る

── 名 (🔊 **turns** /tə́ːrnz タ～ンズ/)

❶回すこと, 回転; 曲がること, ターン

●make a left **turn**　左に曲がる

●take a **turn** for the better [the worse] (急に)よくなる[悪くなる]

❷曲がりかど, カーブ (turning)

●a sharp **turn** in the road　道の急なカーブ

❸番, 順番

●**Wait** your **turn**. 君の番まで待ちなさい.

●It is your **turn** to sing. 君が歌う番だ. →It は漠然(ばくぜん)と「状況(じょうきょう)」を表す. to sing (歌うべき～) は turn を修飾(しゅうしょく)する. →to ❾ の ②

●I washed the dishes yesterday; it's your **turn** today. 昨日僕(ぼく)が皿を洗ったんだからきょうは君の番だよ.

by turns 代わる代わる, 交替(こうたい)に

in turn 順番に, 順次

チャンクでおぼえよう turn	🎧
□ 太陽の周りをまわる	**turn** around the sun
□ ドアノブをまわす	**turn** a doorknob
□ 右に曲がる	**turn** right
□ ページをめくる	**turn** a page
□ 電気を消す	**turn** off the light

A B C D E F G H I J K L M N O P Q R S T U V W X Y Z

turning

708 · seven hundred and eight

take turns doing 交替で〜する
- They **took turns driving** the car. 彼らは交替で車を運転した.

turning /tə́:rniŋ ターニング/ 動 **turn** の -ing 形 (現在分詞・動名詞)
—— 名 曲がりかど

túrning pòint 名 転機, 変わり目, 転換点

turnip /tə́:rnip ターニプ/ 名 《植物》カブ

turnout /tə́:rnaut ターナウト/ 名 (ふつう a turnout で) (集会の)出席者(数), (選挙の)投票(者)数

turnpike /tə́:rnpaik ターンパイク/ 名 《米》有料高速道路

turnstile /tə́:rnstail ターンスタイる/ 名 回転出入り口, 自動改札口 → 硬貨(こうか)や切符(きっぷ)を入れると回転して1人だけ通過できる. 駅や劇場の入り口にある.

turtle /tə́:rtl タートる/ 名 《動物》ウミガメ → **sea turtle** ともいう. → **tortoise** /トータス/

tusk /tʌ́sk タスク/ 名 牙(きば) → 象・イノシシなどのように口の外に突(つ)き出たもの. → **fang**

tutor /tjú:tər テュータ/ 名
❶ 家庭教師 → 住み込(こ)みのこともある.
❷ (英)チューター → 大学で学生の個別指導を担当する教員.

Tuvalu /tú:vəlu: トゥーヴァるー/ 固名 ツバル → 太平洋中部の島国. 首都はフナフティ (Funafuti).

tu-whit tu-whoo /tuwít tuwú: トゥウィト トゥウー/ 間名 ホーホー → フクロウの鳴き声.

TV 小 A1 /tí:ví: ティーヴィー/ 名

テレビ(放送・受像機) → **television** の略. 詳(くわ)しい使い方は → **television**
- **watch TV** テレビを見る
- **turn on** [**off**] **the TV** テレビをつける[消す]
- **buy a new TV** 新しいテレビを買う
- a **TV station** テレビ局
- **watch a soccer game on TV** テレビでサッカーの試合を見る

twelfth 中 /twélfθ トゥウェるふす/ 名 形
(複 **twelfths** /twélfθs トゥウェるふす/)
❶ 12番目(の); (月の)12日 → **12th** と略す. 使い方については → **third**
- the **12th** of May 5月12日
- It's Ken's **twelfth** birthday on Sunday. 日曜はケンの12回目の誕生日だ.
❷ 12分の1(の)

twelve 小 A1 /twélv トゥウェるヴ/ 名 形

(複 **twelves** /twélvz トゥウェるヴズ/)
12(の), 12人[個](の); 12歳(さい)(で); 12時[分, ドル, ポンドなど] → 使い方については → **three**
- **twelve** months 12か月
- I am **twelve** (years old). 私は12歳です.
- It is **twelve** o'clock noon [midnight]. 今昼[夜中]の12時です.

twentieth /twéntiiθ トゥウェンティエす/ 名 形
❶ 20番目(の); (月の)20日 → **20th** と略す.
- the **twentieth** century 20世紀
- the **20th** of last month 先月の20日
❷ 20分の1(の)

twenty 小 A1 /twénti トゥウェンティ/ 名

(複 **twenties** /twéntiz トゥウェンティズ/)
❶ 20, 20人[個]; 20歳(さい); 20分[ドル, ポンドなど]
- It's **twenty** past ten. 今10時20分です.
❷ (**twenties** で) (年齢(ねんれい)の)20代; (世紀の)20年代 → **twenty** から **twenty-nine** まで.
- She is **in** her early **twenties**. 彼女は20代の前半です.
—— 形 20の, 20人[個]の; 20歳で
- He is **twenty** (years old). 彼は20歳だ.

twenty-first /twénti fə:rst トゥウェンティ ふァ〜スト/ 名 形 21番目(の)
- the **twenty-first** century 21世紀

twice 中 A2 /twáis トゥワイス/ 副
❶ 2度, 2回 → **two times** よりこの語のほうがふつう. → **time** ❺
関連語 I have been there **once** or **twice**. 私はそこへ1〜2回行ったことがある.
- We have English **twice** a week. 私たちは英語の授業が1週間に2回ある.
❷ 2倍 → **time** ❻
- **Twice** two is four. 2の2倍は4 [2×2＝4].
- The tower is **twice as** high **as** the church. その塔(とう)は(教会と同じ高さの2倍⇒)教会の2倍高い.

twig /twíg トゥウィグ/ 名 小枝 → **branch**

twilight /twáilait トゥワイらイト/ 名 (日没(にちぼつ)後, 時には日の出前の)薄(うす)明かり; 夕暮れ, たそがれ

twin /twín トゥウィン/ 名 (人・動物の)双子(ふたご)の

seven hundred and nine 709 **tyre**

片方; **(twins** で) 双子
—— 形 双子の, 一対(いっつい)を成す

twinkle /twíŋkl トウィンクる/ 動 (星などが)また
たく, ぴかぴか光る
—— 名 またたき, きらめき

twirl /twə́:rl トワ〜る/ 動 くるくる回す[回る]
—— 名 くるくる回る[回す]こと

twirler /twə́:rlər トワ〜ら/ 名 バトントワラー,
バトンガール →バトンを振(ふ)って行進するバンド
の先頭に立つ人. ふつう **baton twirler** という.
「バトンガール」は和製英語.

twist /twíst トウィスト/ 動 ❶より合わせる, 巻
きつける; 巻きつく ❷(力を入れて)ねじ曲げる,
ねじる; 捻挫(ねんざ)する ❸(道・川などが)曲がりく
ねる; 身をよじる
—— 名 よること, ねじること; ねじれ, 捻挫; (道路
の)カーブ

twister /twístər トウィスタ/ 名 ❶よじる人[物]
→**tongue twister** ❷《英》不正直な人, 詐
欺師(さぎし) ❸《米》竜巻(たつまき) (tornado)

Twitter /twítər トウィタ/ 名 《商標》ツイッタ
ー →短文や写真で情報発信できるソーシャルネッ
トワーキングサービスの旧称. 今は X と呼ばれる.

twitter /twítər トウィタ/ 動 (小鳥が)さえずる
—— 名 さえずり

two 小 A1 /túː トゥー/ (→w は発音しない)
名 (働 **twos** /túːz トゥーズ/)
2, 2人, 2つ; 2歳(さい); 2時[分, ドル, ポンドな
ど] →使い方については →**three**
関連語 Lesson **Two** (= The **Second** Les-
son) 第2課
•It's **two** minutes to **two**. 今2時2分前で
す. →初めの two は形容詞.
•School is over **at two** (o'clock). 学校は
2時に終わります.
•Please cut the apple **in two**. そのリンゴ
を2つに切ってください.
—— 形 2の, 2人[2つ]の; 2歳で
•**two** eyes 2つの目
•I have **one** brother and **two** sisters. 私
には兄弟が1人, 姉妹(しまい)が2人います.
•Our baby is **two** (years old). うちの赤ち
ゃんは2歳です.

TX 略 =Texas

tying /táiiŋ タイインぐ/ 動 **tie** の -ing 形 (現在
分詞・動名詞)

type 中 A1 /táip タイプ/ 名

❶ 型, タイプ, 種類; 典型 (model)
•a new **type of** car 新しいタイプの車 →×a
new type of a car としない.
•I like Italian-**type** ice cream. 私はイタ
リアンタイプのアイスクリームが好きです.
•He is not the teacher **type**. 彼は先生タイ
プではないね.
•He is **my type**. 彼は私の(好みの)タイプよ.
•She is the **type** of person I like—kind
and friendly. 彼女は私の好きなタイプの人で
す. 優(やさ)しくて愛想がいい.
•What is your blood **type**? 君の血液型は
何型ですか.
•What **type** of music do you like? 君は
どんな種類の音楽が好きですか.

❷ 活字; (印刷された)文字
•Children's books are usually printed
in large type. 子供の本はたいてい大きな活字
で印刷されている.

—— 動 (コンピューター・タイプライターなどを使
って文章を)打つ, 書く; タイプする; **(type in**
で)(パソコンに)打ち込(こ)む
•**type** a letter 手紙をタイプで打つ, 手紙をタ
イプする
•a **typed** letter タイプで打った手紙
→typed は type の過去分詞(タイプで打たれた)
が形容詞のように使われたもの.
•First **type in** the address. (パソコンで)最
初に(先方の)アドレスを打ち込みなさい.

typewriter /táipraitər タイプライタ/ 名 タイ
プライター, タイプ

typhoon /taifúːn タイふーン/ 名 台風 →**hur-
ricane**
•Many **typhoons hit** Japan during
summer. 多くの台風が夏日本を襲(おそ)う.

typical /típikəl ティピカる/ 形 典型的な, いかに
も～らしい; **(be typical of ～** で) ～の典型で
ある, ～に特有のものである

typically /típikəli ティピカリ/ 副 典型的に, い
かにも～らしく

typist /táipist タイピスト/ 名 タイプライターを
打つ人; タイピスト

tyrannosaurus /tirænəsɔ́ːrəs ティラノソーラ
ス/ 名 ティラノサウルス →白亜紀(はくあき)の恐竜(き
ょうりゅう).

tyrant /tái(ə)rənt タイ(ア)ラント/ 名 暴君; 専制
君主

tyre /táiər タイア/ 名 《英》=tire[1]

A
B
C
D
E
F
G
H
I
J
K
L
M
N
O
P
Q
R
S
T
U
V
W
X
Y
Z

U u

U, u /júː ユー/ 名 (複 **U's, u's** /júːz ユーズ/)
❶ ユー → 英語アルファベットの21番目の文字.
❷ (U で) U字形のもの

UCLA 略 カリフォルニア大学ロサンゼルス校 → **U**niversity of **C**alifornia at **L**os **A**ngeles.

UFO /juːefóu ユーエフオウ, júːfou ユーフォウ/ 略 未確認(かくにん)飛行物体, ユーフォー → **u**nidentified (未確認の) **f**lying **o**bject.

Uganda /juːgǽndə ユーギャンダ/ 固名 ウガンダ → アフリカ中東部の共和国. 首都はカンパラ (Kampala).

ugly A1 /ʌ́gli アグリ/ 形 (比較級 **uglier** /ʌ́gliər アグリア/; 最上級 **ugliest** /ʌ́gliist アグリエスト/) ❶ 醜(みにく)い, 不格好な
• an **ugly** toad 醜いヒキガエル
• That building is old and **ugly**. あの建物は古くて不格好だ.
• Our teacher told us the story of *The Ugly Duckling*. 先生は私たちに『みにくいアヒルの子』のお話をしてくれました.
❷ 不快な, いやな, ひどい
• an **ugly** scene いやな光景
• **ugly** weather いやな[ひどい]天気, 悪くなりそうな天気

uh 小 /ə アー/ 間 ❶ あー, えー → ためらいを表す発声. ❷ え?; 〜でしょ (huh) → 聞き返したり, 同意を求めたりする時の発声.

uh-huh /əhʌ́ アハ/ 間 うん (yes); うんうん, なるほど → 肯定(こうてい)の返事に使ったり, あいづちを打ったりする時の言葉.

U.K., UK /júːkéi ユーケイ/ 略 (**the U.K., the UK** で) 英国, 連合王国 (the **U**nited **K**ingdom)

ukulele /juːkəléili ユークレイリ/ (→日本語との発音の違いに注意) 名 《楽器》ウクレレ

ultra /ʌ́ltrə アるトラ/ 形 極端(きょくたん)な, 超(ちょう)〜, 過激な

ultrasonic /ʌ̀ltrəsánik アるトラサニク/ 形 超音波の

ultraviolet /ʌ̀ltrəváiələt アるトラヴァイオれト/ 形 紫外線の

• **ultraviolet** ray 紫外線

Uluru /úːluru ウールル/ 固名 ウルル → エアーズ・ロック (Ayers Rock) のオーストラリア先住民の呼び名. → **Ayers Rock**

um, umm 小 /ʌm, əm アム/ 間 うーん → 言おうとしてためらったり, 話の途中(とちゅう)で言葉に詰(つ)まったりする時に発する音.

umbrella 小 A1 /ʌmbrélə アンブレら/ 名 傘(かさ); 雨傘(あまがさ)

• **put up** [**open**] an **umbrella** 傘をさす, 傘を広げる
• **put down** [**shut, fold**] an **umbrella** 傘を畳(たた)む, 傘を閉じる[つぼめる]
• a beach [garden] **umbrella** ビーチパラソル[庭園用日よけ] → **parasol**
• Come **under** my **umbrella**. 私の傘に入りなさい.

umpire /ʌ́mpaiər アンパイア/ (→アクセントの位置に注意) 名 審判(しんぱん)員, アンパイア → 野球・テニス・バレーボールなどの審判員をいう. 類似語 バスケットボール・ボクシングなどの「審判員」は **referee**, コンテストなどの「審判員」は **judge**.

U.N., UN /júːén ユーエン/ 略 (ふつう **the U.N., the UN** で) 国際連合 (the **U**nited **N**ations)

un- /ʌn アン/ 接頭辞 「打ち消し」「反対」の意味を表す

unable /ʌnéibl アネイブる/ 形 (**be unable to** *do* で) 〜することができない (cannot *do*) → **able**

unbelievable /ʌ̀nbilíːvəbl アンビリーヴァブる/ 形 信じられない(ほどの) → **believe**

uncertain A2 /ʌnsə́ːrtn アンサ〜トン/ 形
❶ 確信[自信]がない, 確かでない
❷ 変わりやすい, 不安定な, 当てにならない

unchanged /ʌntʃéindʒd アンチェインヂド/ 形 (元と)変わらない, 元のままの → **change**

uncle 中 A1 /ʌ́ŋkl アンクる/ 名 (複 **uncles** /ʌ́ŋklz アンクるズ/)

❶ おじ →父母の兄弟. おば (aunt /アント/) の夫.
• This is my **uncle** Ichiro. He is my father's [mother's] brother. こちらは私のおじの一郎です. 彼は私の父[母]の兄弟です.
• Let's go fishing, **Uncle** (Jim)! (ジム)おじさん, 釣(つ)りに行こうよ.
• I'm going to stay at my **uncle's**. 私はおじさんの所へ泊(と)まりに行くところです. →my uncle's=my uncle's house.
関連語 When **Aunt** Mary got married, we got a new **uncle**. メアリーおばさんが結婚(けっこん)して, 新しいおじさんができた.
• Sam has become an **uncle**. サムは(兄弟に子供が生まれて)おじさんになった.
❷ (よその)おじさん
• **Uncle** Joe is a friend of the neighborhood children. ジョーおじさんは近所の子供たちの友達です.
say [cry] uncle 《米話》参(まい)った[降参(こうさん)]と言う
• The bully twisted Ben's arm and said, "**Cry uncle**." "Uncle! Uncle!" Ben cried. いじめっ子はベンの腕(うで)をねじって, 「参ったと言え」と言った. ベンは「降参, 降参」と叫(さけ)んだ.

unclean /ʌnklíːn アンクリーン/ 形 不潔な; (宗教上)不浄(ふじょう)な

Uncle Sam /ʌ́ŋkl sǽm アンクる サム/ 固名 アンクルサム, サムおじさん →典型的アメリカ人または米国政府の意味で漫画(まんが)などに出てくる. 「英国人」の愛称はジョン・ブル (**John Bull**).

uncomfortable A2 /ʌnkʌ́mfərtəbl アンカンふォタブる/ 形 ここちがよくない, 快適でない → **comfortable**

uncommon /ʌnkʌ́mən アンカモン/ 形 めったに(見られ)ない, 珍(めずら)しい (rare) → **common**

unconscious /ʌnkɑ́nʃəs アンカンシャス/ 形
❶ 意識を失って, 意識不明で[の], 気絶して[た] → **conscious** ❷ 気づかない, 知らない; 無意識の

uncover /ʌnkʌ́vər アンカヴァ/ 動
❶ 覆(おお)い[ふた]を取る → **cover**
❷ (秘密などを)あばく, 明るみに出す; (遺跡(いせき)を)発掘(はっくつ)する

under 小 A1 /ʌ́ndər アンダ/ 前

❶《位置が》～の下に[で], ～の下へ[を]; ～の下の → **below**
基本 **under** the table テーブルの下に, テーブルの下の →under+名詞.
• hide **under** the table テーブルの下に隠(かく)れる
• a cat **under** the desk 机の下のネコ
反対語 The cat is **under** the table, and the mouse is **on** it. ネコはテーブルの下に, ネズミはテーブルの上にいます.
反対語 The dog jumped **over** the fence, and the cat crawled **under** it. 犬は柵(さく)を飛び越(こ)えたが, ネコは柵の下をくぐり抜(ぬ)けた.
• He has a book **under** his arm. (彼は本を1冊腕(うで)の下に持っている ⇒)彼は本を1冊抱(かか)えている.
• She is wearing a blue shirt **under** her sweater. 彼女はセーターの下に青いシャツを着ている.
• They went **under** water to catch fish. 彼らは魚を取りに水に潜(もぐ)った.
❷《数量が》～より下で, ～未満で[の]
反対語 over (～より上で)
• children **under** six (years old) 6歳(さい)未満の子供 →under A は「Aを含(ふく)まないでそれより下」.
• He is still **under** fifty. 彼はまだ50前です.
• His salary is **under** 200,000 (読み方: two hundred thousand) yen. 彼の月給は20万円までいっていない.
❸《指導・影響(えいきょう)など》～のもとに; 《修理など》～を受けて, ～中で
• The children worked well **under** the kind teacher. 子供たちは優(やさ)しい先生のもとでよく勉強しました.
• My sister is **under** the care of a doctor. 姉[妹]はお医者さんの治療(ちりょう)を受けています[医者にかかっています].
• The school library is **under** construction. 学校図書館は建築中です.
—— 副 (⇒比較変化なし)
下へ, 下(の方)に
• go **under** 下の方へ行く, 沈(しず)む

undergo /ʌndərgóu アンダゴウ/ 動 (三単現 **undergoes** /ʌndərgóuz アンダゴウズ/; 過去

underground

underwent /ʌ̀ndərwént アンダウェント/;
過分 undergone /ʌ̀ndərɡɔ́ːn アンダゴーン/;
-ing形 undergoing /ʌ̀ndərɡóuiŋ アンダゴウインℊ/ 経験する (experience); (手術・試験など)を受ける

underground /ʌ́ndərɡraund アンダグラウンド/ 形 地下の

- an **underground** railroad [《英》 railway] 地下鉄

―― 名 (**the underground** で)《英》地下鉄 (《米》subway) → **tube**

- go by **underground** 地下鉄で行く →×by an underground, ×by undergrounds としない.

―― /ʌ̀ndərɡráund アンダグラウンド/ (→形容詞・名詞とのアクセントの位置の違(ちが)いに注意) 副 地下で[に]

- Moles live **underground**. モグラは地中にすんでいる.

underline A1 /ʌ̀ndərláin アンダらイン/ 動 アンダーライン[下線]を引く

- **underline** the word その語に下線を引く
- In writing, we **underline** titles of books. 書く時には, 本のタイトルには下線を引きます. →英文ではこのほか, 外来語や特に強調したい語などに下線を引く. 活字になるとその部分は斜体(しゃたい)になる.

undernourished /ʌ̀ndərnə́ːriʃt アンダナ～リシュト/ 形 栄養不良の

underpants /ʌ́ndərpænts アンダパンツ/ 名 複 (男性用下着の)パンツ

underpass /ʌ́ndərpæs アンダパス/ 名 地下道 (《英》subway)

undershirt /ʌ́ndərʃəːrt アンダシャ～ト/ 名 (男子用)アンダーシャツ, ランニングシャツ, 肌着(はだぎ) (《英》 vest)

understand 中 A2 /ʌ̀ndərsténd アンダスタンド/ 動

三単現 **understands** /ʌ̀ndərsténdz アンダスタンツ/

under A1 /アンダ/

基本の意味

何かの真下にある状態が基本の意味 (前 ❶). 比喩的に数量が一定の値より下であることも表す (前 ❷). 比喩的に何らかの力の影響「下」にあるというイメージから, 前 ❸「～のもとに, ～を受けて」の意味が生じる.

イメージ

～の下に

 教科書によく出る 使い方

- 前 ❶ A dog is lying **under** the table. テーブルの下で犬が寝そべっている.
- 前 ❷ Children **under** 13 are not allowed on some social media. SNSによっては13歳未満の子どもの使用は認められていない.
- 前 ❸ He was **under** a lot of stress then. 彼はその頃(ころ)大きなストレスを受けていた.

|過去・過分| **understood**
/ʌndərstúd アンダストゥッド/
|-ing形| **understanding**
/ʌndərstǽndiŋ アンダスタンディング/

❶ **理解する**, (〜が)**わかる**, 理解して[わかって]いる

⚠POINT understand は「理解している」という「状態」を表す動詞なので, ふつう進行形 (be understanding) にしない.

🏠基本 **understand** English 英語を理解する, 英語がわかる →understand＋名詞.

• **understand** him 彼を理解する, 彼の言う[する]ことがわかる

• Fred **understands** Japanese very well. フレッドは日本語がとてもよくわかる.

Don't be late so often, Ken.—Yes, sir. I **understand**.
ケン, そんなにいつも遅刻(ちこく)するな.—はい, 先生, わかりました.
→現在形の understand が日本語では「わかります」とならないことに注意.

• My parents don't **understand** me. 両親は私のことをわかってくれない.

• I cannot **understand** why you are angry with me. 私はなぜ君が僕(ぼく)に怒(おこ)っているのかわかりません.

• He spoke quickly, but I **understood** what he said. 彼は早口でしゃべったが, 私は彼が何を言ったのか理解できた.

• **Have** you **understood** the lesson? 習ったことはわかりましたか. →現在完了(かんりょう)の文. →**have** |助動| ❶

• Can you **make** yourself **understood** in English? 君は英語で自分の言いたいことを(理解されるようにできますか ⇨ 理解してもらえますか. →understood は過去分詞. make A＋過去分詞は「Aを〜されるようにする」.

❷ (**I**[**We**] **understand** (**that**) 〜 で) 〜と聞いて(知って)います, 〜だそうですね →丁寧(ていねい)な言い方.

• **I understand** (**that**) you like fishing. 釣(つ)りがお好きだと伺(うかが)いました.

understanding 中 /ʌndərstǽndiŋ アンダスタンディング/ |動| **understand** の -ing 形 (現在分詞・動名詞)

— |名| ❶ **理解**, **わかること**; **理解力**

• Ben **has a** good **understanding of** mathematics. ベンは数学をよく理解しています[数学がよくわかっています].

❷ (お互(たが)いに)**理解し合うこと**, **相互**(そうご)**理解**, **了解**(りょうかい)

• We **reached** [**came to**] an **understanding** after our long discussion. 長い議論の後で私たちは意見の一致(いっち)を見た[相互理解に達した].

— |形| **理解のある**, **思いやりのある**

• an **understanding** parent 理解のある親, よくわかってくれる親

understood 中 /ʌndərstúd アンダストゥッド/ |動| **understand** の過去形・過去分詞

underwater A2 /ʌndərwɔ́ːtər アンダウォータ/ |形| 水中(で)の, 水中用の, 水面下の

• **underwater** plants 水中植物
• an **underwater** camera 水中カメラ

— |副| 水中を[で, に]

• I can swim **underwater**. 僕(ぼく)は水中に潜(もぐ)って泳げます.

underwear /ʌ́ndərweər アンダウェア/ |名| 《集合的に》下着(類)

undo /ʌndúː アンドゥー/ |動| (三単現 **undoes** /ʌndʌ́z アンダズ/; 過去 **undid** /ʌndíd アンディド/; 過分 **undone** /ʌndʌ́n アンダン/; -ing形 **undoing** /ʌndúːiŋ アンドゥーイング/)

❶ (ボタンなどを)**外す**, (ひもなどを)**ほどく**, (包みを)**あける** ❷ (一度したことを)**元の状態に戻**(もど)**す**; 無かったことにする, 帳消しにする

undone /ʌndʌ́n アンダン/ |動| **undo** の過去分詞

— |形| ❶ しないままで, 未完成で ❷ 外れて; ほどけて

undoubtedly /ʌndáutidli アンダウテドリ/ |副| 疑いなく, 確かに, きっと (certainly)

undress /ʌndrés アンドレス/ |動| 服を脱(ぬ)がせる; 服を脱ぐ →**dress** |動|

undress oneself ＝ **get undressed** 服を脱ぐ

uneasy A2 /ʌníːzi アニーズィ/ |形| (比較級 **uneasier** /ʌníːziər アニーズィア/; 最上級 **uneasiest** /ʌníːziist アニーズィエスト/)

不安な, 心配な; 落ち着かない →**easy**

• spend an **uneasy** night 不安な夜を過ごす
• I feel very **uneasy about** the test. テストのことがとても心配だ[気にかかる].

unequal /ʌníːkwəl アニークワる/ 形 等しくない, 不平等な →**equal**

UNESCO /juːnéskou ユーネスコウ/ 名 ユネスコ → 国際連合の1機関. the United Nations Educational, Scientific, and Cultural Organization (国際連合教育科学文化機構)の頭文字(かしらもじ)をつないだもの.

uneven /ʌníːvn アニーヴン/ 形 平らでない, でこぼこの (rough) →**even** 形

unexpected /ʌnikspéktid アニクスペクテド/ 形 予想外の, 思いがけない, 不意の

unexpectedly /ʌnikspéktidli アニクスペクテドり/ 副 思いがけなく, 予想外に

unfair A2 /ʌnféər アンふェア/ 形 不公平な; フェアでない, 不正な →**fair**¹

unfairly /ʌnféərli アンふェアリ/ 副 不正に, 不公平に, 不当に

unfamiliar /ʌnfəmíljər アンふァミリア/ 形 よく知らない; 見覚えのない; 見[聞き]なれない →**familiar**

unfasten /ʌnfǽsn アンふァスン/ 動 (ベルト・ボタンなどを)外す, (結んだものを)ほどく, (服の)ボタンを外す; 外れる, ほどける →**fasten**

unfold /ʌnfóuld アンふォウるド/ 動
❶ (折り畳(たた)んだ物を)広げる, 開く →**fold**
❷ 広がる, 展開する, 明らかになる

unforgettable A2 /ʌnfərgétəbl アンふォゲタブる/ 形 忘れられない; (いつまでも)記憶に残る
• **unforgettable** days 忘れられない日々

unfortunate /ʌnfɔ́ːrtʃənit アンふォーチュネト/ 形 不運な, 不幸な 関連語 「不運」は **misfortune**. →**fortunate**

unfortunately A2 /ʌnfɔ́ːrtʃənitli アンふォーチュネトリ/ 副 不運にも, 運悪く, あいにく

unfriendly /ʌnfréndli アンふレンドリ/ 形 好意的でない, 不親切な, よそよそしい →**friendly**

unhappy A2 /ʌnhǽpi アンハピ/ 形 (比較級 **unhappier** /ʌnhǽpiər アンハピア/; 最上級 **unhappiest** /ʌnhǽpiist アンハピエスト/) 不幸な, みじめな, 悲しい (sad), うれしくない →**happy**
• an **unhappy** child 不幸せな子
• feel **unhappy** 悲しい思いをする, 悲しい
• look **unhappy** 悲しそうに見える
• I am very **unhappy**. My dog died. 私とっても悲しい. 犬が死んじゃったの.
• Mother is **unhappy about** my poor grades. 母は私の不成績に機嫌(きげん)が悪い.

unhealthy A2 /ʌnhélθi アンヘるすィ/ 形 (比較級 **unhealthier** /ʌnhélθiər アンヘるすィア/; 最上級 **unhealthiest** /ʌnhélθiist アンヘるすィエスト/) 健康でない; 健康によくない

unheard /ʌnhə́ːrd アンハ~ド/ 形 聞こえない; 聞いてもらえない

uni- /júːni ユーニ/ 「1つの」「単一の」という意味の合成語をつくる:
• **uni**cycle 一輪車

UNICEF /júːnisef ユーニセふ/ 名 ユニセフ → 国際連合の1機関 The United Nations International Children's Fund (国際連合児童基金)のこと. 以前の名称 The United Nations International Children's Emergency Fund の頭文字(かしらもじ)から.

unicorn /júːnəkɔːrn ユーニコーン/ 名 一角獣(いっかくじゅう) → 額に1本角がある馬に似た空想上の動物で, 英国王家の紋章(もんしょう)に用いられている.

unicycle 小 /júːnisaikl ユーニサイクる/ 名 一輪車

uniform 小 A2 /júːnəfɔːrm ユーニふォーム/ 名 制服, ユニフォーム
• a school **uniform** 学校の制服
• a woman **in** nurse's **uniform** 看護師の制服を着た女性
── 形 同一の, 一様(いちよう)の

unimportant A2 /ʌnimpɔ́ːrtənt アニンポータント/ 形 重要でない →**important**

union /júːnjən ユーニョン/ 名
❶ 結合(すること), 合併(がっぺい); 団結
ことわざ **Union** is strength. 団結は力なり. → 「ひとりひとりの力は弱くてもみんなが1つにまとまれば強い力になる」の意味.
❷ 労働組合 → 《米》では **labor union**, 《英》では **trade union** ともいう.
❸ 連合国家, 連邦(れんぽう)

Únion Jáck 固名 (**the** をつけて) ユニオンジャック, 英国国旗 → 18世紀にスコットランドが, 19世紀にはアイルランドがイングランドに併合(へいごう)され, 3つの国旗 (jack) が結合してでき

seven hundred and fifteen 715 **university**

unique 🔴 /juːníːk ユーニーク/ 形
たった1つしかない, 唯一(ゆいいつ)の, 類のない
• This is a **unique** fossil. これは世界にたった1つしかない化石です.
• This animal is **unique to** Australia. この動物はオーストラリアにしかいません.

unit 🔴 A2 /júːnit ユーニット/ 名
❶ (全体を構成する)単位; (ひとまとまりの内容を学習する)単元; (機関・団体の)部門, グループ
• Let's study Book 3, **Unit** 5 today. きょうは第3巻の第5単元を勉強しよう.
• The family is a basic social **unit**. 家族は社会を構成する1つの基本単位である.
❷ (長さ・重さなどを測る標準の)単位
• A second is the smallest **unit** of time. 1秒は時間の最小単位である.
❸ (いくつかの単品の組み合わせで1セットになっている家具・機械の)ユニット
• a kitchen **unit** (システムキッチンを構成する1点の)キッチン家具 → 食器棚(だな), 流し台, オーブンなど.

unite /juːnáit ユーナイト/ 動 結合する, 1つにする[なる], 団結させる[する]

united /juːnáitid ユーナイテド/ 形 結ばれた, 団結した; (政治的に)連合した

United Arab Emirates /juːnáitid ǽrəb ímirəts ユーナイテド アラブ イミレツ/ 固名
(the をつけて) アラブ首長国連邦(れんぽう) → 7つの首長国からなる連邦. UAE と略す. 首都はアブダビ (Abu Dhabi).

United Kíngdom 固名 (the をつけて)
連合王国, 英国, イギリス

参考 大ブリテン島のイングランド・ウェールズ・スコットランドと, アイルランド島の北アイルランドとから成る英本国のこと. 正式名は **The United Kingdom of Great Britain and Northern Ireland** (グレートブリテンおよび北アイルランド連合王国). **the U.K.** または **the UK** と略す. またもともとは地名である (**Great**) **Britain** を the U.K., the UK と同じ国名としても使うことが多い. 首都はロンドン (London), 公用語は英語のほか, スコットランドではゲール語, ウェールズではウェールズ語も使われる.

Uníted Nátions 固名 (the をつけて) 国際連合 → 世界平和・安全保障・文化交流などを目的として1945年に結成. **the U.N.** または **the UN** と略す.
• The United Nations is working for world peace. 国際連合は世界平和のために活動している. → 単数扱(あつか)い.

Uníted Státes 🔴 固名 (the をつけて)
合衆国, 米国, アメリカ

参考 50の州 (States) と首都ワシントン D.C. (Washington, D.C.) が連合して成る共和国. 正式名は **the United States of America** (アメリカ合衆国). **the U.S.(A.)**, または **the US(A)** と略す. 《話》では単に **America** ともいうが, この語は南北アメリカ大陸全体をも指すので, アメリカ人は **the** (**United**) **States** を多く使う. 英語のほか, 多民族国家なのでスペイン語, イタリア語などが使われている.

• The United States is one of the largest countries in the world. 合衆国は世界で最も広い国の1つです. → 単数扱(あつか)い.

unity /júːnəti ユーニティ/ 名 ❶ 単一(性); 一貫(いっかん)性; 統一; まとまり ❷ 調和; 一致(いっち)

universal /juːnəvə́ːrsəl ユーニヴァ～サる/ 形
すべての人々の(ための), 世界的な, 全世界の; どこにでもある[見られる]
• **universal** design ユニバーサル・デザイン → すべての人が使えるよう配慮(はいりょ)された設計.

Univérsal Stúdio 固名 ユニバーサルスタジオ → 映画製作会社 Universal による映画のテーマパーク. 世界の数か所にある.

universe /júːnəvəːrs ユーニヴァ～ス/ 名 (しばしば **the universe** で) 宇宙 (cosmos) → 地球や大気圏(けん)の内外も含(ふく)めた全世界.「大気圏外の宇宙」は (**outer**) **space**.

university 🔴 A2 /juːnəvə́ːrsəti ユーニヴァ～スィティ/ 名 (複 **universities** /juːnəvə́ːrsətiz ユーニヴァ～スィティズ/) 大学 → ふつう, いろいろな学部 (college) を持つ総合大学をいう. → **college**
• Yale **University** イェール大学
• the **University** of California at Berkeley カリフォルニア大学バークレー校
• go to a [the] **university** 大学へ行く[行っている] → 《英》では a, the を略すのがふつう.

unkind

716 seven hundred and sixteen

•My brother is a **university** student. 私の兄は大学生です.

•He's studying history **at the** [a] **university**. 彼はその[ある]大学で歴史学を勉強しています.

(会話) Where does he go to college? —He goes to the **University** of Tokyo. 彼はどこの大学に行ってるの?—東京大学に行ってます.

unkind /ʌnkáind アンカインド/ 形 **不親切な, 思いやりのない, 優(やさ)しくない → kind²**

•The ugly sisters were **unkind to** Cinderella. 醜(みにく)い姉たちはシンデレラに優しくしてくれませんでした.

unknown A2 /ʌnnóun アンノウン/ 形 **知られていない, 未知の; 無名の → known**

•an **unknown** country 未知の国

•The name and age of the suspect are **unknown to** the police. その容疑者の氏名と年齢は警察にはつかめていない.

•James Dean was almost **unknown** before he played that part. ジェームズ・ディーンはその役を演じる前はほとんど無名だった.

unleash /ʌnlíːʃ アンリーシュ/ 動 (抑(おさ)えられた感情・力などを)**爆発させる**

unless /ʌnlés アンレス/ 接 **もし〜でなければ**

unlike A2 /ʌnláik アンライク/ 形 前 **(〜に)似ていない(で), (〜と)違(ちが)って →unlike** の次に(代)名詞(つまり目的語)が続けば unlike は前置詞. **→like²** 前 形

•The twins are quite **unlike**. その双子(ふたご)は全く似ていません.

•**Unlike** his brother, he is kind. 兄[弟]に似ず彼は優(やさ)しい.

•**It's unlike** him **to** be so late. こんなに遅(おく)れるなんて彼らしくないね.

unlikely /ʌnláikli アンライクリ/ 形 (比較級) **more unlikely, unlikelier** /ʌnláikliər アンライクリア/; (最上級) **most unlikely, unlikeliest** /ʌnláikliist アンライクリエスト/) **ありそうもない → likely**

unlock /ʌnlák アンラク/ 動 (鍵(かぎ)で)**開ける** (open with a key) **→lock** 動

unlucky /ʌnláki アンラキ/ 形 (比較級) **unluckier** /ʌnlákiər アンラキア/, **more unlucky**; (最上級) **unluckiest** /ʌnlákiist アンラキエスト/, **most unlucky**) **不運な, 運の悪い; 縁起(えんぎ)の悪い → lucky**

unnecessary A2 /ʌnnésəseri アンネセセリ/ 形 **不必要な, 無用な →necessary**

unpleasant A2 /ʌnpléznt アンプレズント/ 形 **不愉快(ゆかい)な, いやな →pleasant**

unplug /ʌnplʌ́g アンプラグ/ 動 (器具などの)**プラグ[コンセント]を抜(ぬ)く**

unpopular /ʌnpápjulər アンパピュら/ 形 **人気がない, 評判の悪い →popular**

unreasonable /ʌnríːznəbl アンリーズナブる/ 形 **道理に合わない, 非常識な; (値段が)高道ぎる, 不当な →reasonable**

untie /ʌntái アンタイ/ 動 (三単現 **unties** /ʌntáiz アンタイズ/; 過去・過分 **untied** /ʌntáid アンタイド/; -ing形 **untying** /ʌntáiiŋ アンタイイング/) **ほどく, 解く; (つないである犬などを)放してやる →tie** 動

until 中 A1 /ʌntíl アンティる/ 前

〜まで(ずっと)

(POINT) ある時までずっと動作・状態が続くことを表す. 同じ意味・用法で使われる語に **till** があるが, ふつうは **until** を使う. スペリングでは until は l が1つ, till は2つあることに注意.

(命基本) **until** three o'clock 3時まで →until ＋名詞(句).

•**from** morning **until** night 朝から晩までずっと

•Good-bye **until** tomorrow. あしたまでさようなら[じゃあまたあしたね].

•My sister did **not** come back **until** midnight. 妹[姉]は真夜中まで帰って来なかった[真夜中になってやっと帰って来た].

•I will come here **by** four, so please wait **until** then. 私は4時までにここへ来ますから, それまで待っててください. **→by** ➎

—— 接 **〜するまで(ずっと)**

(命基本) Good-bye **until** I see you next. 今度会う時までさようなら. →until＋文.

•Let's wait **until** he comes. 彼が来るまで待っていようよ.

•He was lonely **until** he met her. 彼は彼女に会うまでは孤独(こどく)だった. →met は過去形だが, 主節の動詞(was)と同じ時制なので「会う」と訳す.

•We will **not** start **until** he comes. 彼が来るまでは私たちは出発しません[彼が来たら私たちは出発します].

•The baby cried and cried, **until** (at

last) she went to sleep. 赤ちゃんはわんわん泣いて，そしてついに眠(ねむ)った．

✓POINT until の前にコンマ (,) がある時は，前から訳してきて「そしてついに」とする．特に until at last の時はそのように訳す．

untrue /ʌntrúː アントルー/ 形 真実でない，偽(いつわ)りの，不誠実な →**true**

unused¹ /ʌnjúːst アニュースト/ (→unused² との発音の違(ちが)いに注意) 形 (～に)慣れていない，経験のない →**used¹**

unused² /ʌnjúːzd アニューズド/ 形 使われていない，未使用の，新品の →**used²**

unusual A2 /ʌnjúːʒuəl アニュージュアル/ 形 ふつうでない，まれな，珍(めずら)しい →**usual**

unusually /ʌnjúːʒuəli アニュージュアリ/ 副 異常に，いつもと違(ちが)って，珍(めずら)しく；とても

unwilling /ʌnwíliŋ アンウィリング/ 形 気が進まない，いやいやながらの；**(be unwilling to** *do* で**) ～する気になれない，～するのがいやだ →**willing**

unwise /ʌnwáiz アンワイズ/ 形 愚(おろ)かな，無分別(むふんべつ)な →**wise**

up 小 A1 /ʌ́p アプ/

副 ❶ 上へ，上の方へ[に，で，の] 意味 map
❷ 起き(上がっ)て
❸ (中心地点・話し手など)の方へ
前 ❶ ～を上がって
❷ (道路など)に沿って，(道)を

—— 副 (→比較変化なし)

❶ 上へ，上の方へ[に，で，の]；(地図で「北」が上の方にあることから)北国で[は]；(量などが)上がって
基本 go **up** 上の方へ行く，上がる，昇(のぼ)る →動詞+up.

• **look up** 上の方を見る，見上げる

• **toss** a ball **up** ボールを上にトスする[投げ上げる]

基本 **up** in the sky 上の(方の)空に，上空に[で] →up+場所を示す副詞句．up でだいたいの方向を示し，in the sky でさらに具体的な場所を示す．

• **up** there 上のあそこに[で]，あの高い所に[で]；北国のそちらは

• The sun is **up**. 太陽が(地平線から)昇っている[昇った]．

• The rocket is going **up** in the sky. ロケットが空に上がって行く．

• He looked **up** at the sky. 彼は空を見上げ

up 小 A1 /アプ/

基本の意味

副 ❶ 「(低い位置から)上へ」が基本の意味．下から上に移動した結果に注目すると 副 ❶ 「(位置が)上に」の意味になる．活動する時には立ち上が(ってい)ることから，副 ❷ 「起き(上がっ)て」の意味が生じる．遠くにあるものが近づいてくると高さが増すように見えることから，副 ❸ 「(中心地点・話し手など)の方へ」の意味が生じる．

イメージ　上へ

 教科書によく出る 使い方

副 ❶ The kite went **up** in the sky. たこが空高く上がった．
副 ❷ Wake **up**! It's already seven! 起きなさい！もう7時だぞ！
副 ❸ Yoko, come **up** to the teachers' office after class.
　　洋子，授業が終わったら職員室に来なさい．

up

た.

反対語 When I go **up**, you go **down**. (シーソーで)僕(ぼく)が上がると君は下がる.

- The balloon went **up** and **up** and **up**. 風船は上へ上へと昇っていった.
- **This Side Up**. こちら側が上. →荷物を入れた段ボール箱などに書いてある文句.
- **Pull** your socks **up**. 靴下(くつした)を上に上げなさい(ずり落ちていますよ). →《英話》「気を引き締(し)めて頑張(がんば)れ」の意味でも言う.
- What is that white thing **up** there? 高い所にあるあの白い物は何ですか.
- **Speak up**! I can't hear you. もっと大きな声で! 聞こえないよ.

❷ 起き(上がっ)て; まっすぐ立てて

- **get up** 起きる, 起き[立ち]上がる
- **stand up** 立ち上がる, 起立する
- **sit up** (ベッドの上などで)起き上がる, 体を起こす; 背筋を伸(の)ばして座(すわ)る; 寝(ね)ないで起きている
- I get **up** at six in the morning. 私は朝6時に起きます.

会話
Is he **up** yet?—Yes, he's **up** but not down yet.
彼はもう起きましたか.—ええ, 起きていますがまだ下に降りて来ていません.
→「2階の寝室(しんしつ)から降りて来ていない」の意味.

- **Wake up**! It's eight o'clock. 起きなさい. もう8時よ.
- She **was** [**stayed**, **sat**] **up** all night, reading a book. 彼女は一晩中起きて本を読んでいました.

❸ (中心地点・話し手など)の方へ, ～へ →南から北へ, 下町から山の手へ, または話題の中心地へ向かうこと. 実際の位置が上にあるわけではない.

- Come **up**, boys. みんなこっちへおいで.
- He walked **up** to me and said, "Hi." 彼は私の所へ歩いて来て「やあ」と言った.

❹ すっかり, つきて →ある状態・動作が一番上の行きつく所までいくことを表す.

- **eat up** すっかり[全部]食べてしまう, 食べ尽(つ)くす
- **Drink up**, Ben. (グラスの中のワインなどを)すっかり飲んでしまえよ[飲み干せよ], ベン.
- He **tore up** her letter. 彼は彼女の手紙をすっかり[ずたずたに]破いた.
- (Your) Time is **up**. もう時間です[時間切れです][やめなさい].

❺《米》《野球》打順で, 打席に立って (at bat)

- "You're **up** next," said the coach. 「次は君の打順だぞ」とコーチが言った.

── 前 ❶ ～を上がって, ～の上の方へ[に]

基本 run **up** the stairs 階段を駆(か)け上がる →up+名詞(句).

- climb **up** a tree 木に登る
- Jack and Jill went **up** the hill. ジャックとジルは丘(おか)を登っていきました.
- Carp swam **up** the waterfall. コイが滝(たき)を泳ぎのぼった.
- He rowed his boat **up** the river. 彼はボートをこいで川をさかのぼっていった.
- An elevator carries you **up** the tower. エレベーターが塔(とう)の上まで君を運ぶ.

❷ (道路など)に沿って, (道)を (along)

- Go **up** the street to the bank and turn left. 銀行の所までこの通りをずっと行ってそこで左に曲がりなさい.

── 形 (→比較変化なし) 上りの →名詞の前にだけつける. 反対語 **down** (下りの)

- an **up** train 上り列車
- The child tried to go down the **up** escalator. その子は上りのエスカレーターを下に降りていこうとした.

be up to ～ 《話》～の責任[義務]である; ～次第(しだい)である

- It's **up to** you to get to school on time. 学校に遅(おく)れないで来るのは君(たち)の義務です.

up and down (～を)上下に, (～を)上がったり下がったり; (～を)行ったり来たり, (～を)あちらこちらと

- walk **up and down** (in) the room 部屋の中をあちこち歩き回る

up to ～ (最高)～まで

- **up to** that time その時まで
- run [walk] **up to** him 彼のところまで走って[歩いて]来る
- This car will hold **up to** five people. この車は最高5人まで乗せることができる.

What's up? 《話》何があったのですか?, どうしたの?; (軽く挨拶(あいさつ)代わりに)やあ, どうしてる? →**what** 成句

update /ʌpdéit アプデイト/ 動 (記事・数字・型などを)最新のものにする，アップデートする
── 名 最新のものにすること；最新情報

uphill /ʌphíl アプヒる/ 形 副 上り坂の；坂の上へ
反対語 **downhill** (下り坂の；坂を下って)

uplifting /ʌplíftiŋ アプリふティング/ 形 気持ちを高揚(こうよう)させる，上向きにさせる

upload /ʌploud アプろウド/ 動 《コンピューター》(プログラム・データなどを)アップロードする
── 名 アップロード；アップロードしたファイル[プログラム] 反対語 **download** (ダウンロード)

upon A2 /əpɑ́n アパン/ 前 =on (〜の上に)

> 類似語 (on と upon)
> **upon** は **on** よりも書き言葉で使われることが多いが，文の中で **on** より音の響(ひび)きがよい時には話し言葉でも使われる．また once **upon** a time (昔々)，come **upon** 〜 (〜に偶然(ぐうぜん)出会う)，**on** Sunday (日曜日に)，**on** television (テレビで)などのように，どちらを使うか決まっている場合もある．

once upon a time 昔々 →once 成句

upper /ʌ́pər アパ/ 形 上の方の，上の；上位の；上流の →名詞の前にだけつける．
have [*get*] *the upper hand of* [*over, with*] 〜 《話》〜の上手(うわて)をいく，〜に勝(まさ)る

Úpper Hóuse 名 (the をつけて) (二院制議会の)上院 →日本の参議院 (the House of Councillors /ざ ハウス オヴ カウンスィらズ/) もこう呼ばれることがある．関連語 **the Lower House** (下院)

upright /ʌ́prait アプライト/ 形 まっすぐ立った，直立の；垂直(すいちょく)の

úpright piáno 名 (家庭用の)アップライト[たて型]ピアノ →grand piano

upset A2 /ʌpsét アプセト/ 動 (三単現 **upsets** /ʌpséts アプセッ/；過去・過分 **upset**；-ing形 **upsetting** /ʌpsétiŋ アプセティング/) →原形・過去形・過去分詞がどれも同じ形であることに注意．
❶ ひっくり返す，倒(たお)す (knock over)
•Don't stand up; you'll **upset** the boat. 立たないで．ボートがひっくり返るよ．
•The cat **upset** the goldfish bowl. ネコが金魚鉢(ばち)をひっくり返した．→現在形なら up-sets.
❷ (決まっていた計画などを)ひっくり返す，くつがえす，めちゃめちゃにする；(悪い食べ物が胃を)壊(こわ)す，具合を悪くする
•Rain **upset** our plan for a picnic. 雨が私たちのピクニックの計画を台無しにした．
•Eating all that candy will **upset** your stomach. そのキャンディーを全部食べたらおなかを壊すよ．
❸ 気を動転(どうてん)させる，うろたえさせる，慌(あわ)てさせる
•The news of his friend's death **upset** him greatly. 友人の死の知らせは彼をひどく動転させた．
•I'm a little **upset**. 私少し困ってるの．→受け身形(困らせられている)であるが「困っている」と訳す．
•He **was upset** by the news of his friend's death. 彼は友人の死の知らせで気が動転した．
── 形 気が動転している，取り乱した
•get **upset** about 〜 〜のことで取り乱す
•The news made many people **upset**. その知らせに多くの人が動揺(どうよう)した．

upside /ʌ́psaid アプサイド/ 名 上側，上面
upside down 逆さまに，ひっくり返って

upside-down /ʌpsaid dáun アプサイド ダウン/ 形 上下逆さまの，ひっくり返した

upstairs A2 /ʌpstéərz アプステアズ/ 副 階段を上がって，2階に[へ]，上の階[部屋]に[へ]；2階で，上の階[部屋]で
•**go upstairs** 階段を上がっていく，2階[上の階]へ行く →欧米(おうべい)では寝室(しんしつ)や浴室が2階にあることが多く，「寝室[トイレ]に行く」の意味で使われることもある．
•Go **upstairs** to your bedroom. 2階[上]の君の寝室へ行きなさい．→upstairs でだいたいの方向を，次に to your bedroom で具体的な場所を示す．
反対語 We cook and eat **downstairs** and sleep **upstairs**. うちでは下で食事を作って食べ，上で寝(ね)ます．
•My room is on the third floor and his is **upstairs** from that. 私の部屋は3階にあり，彼の部屋はその上の階[4階]にある．
── 形 2階の，上の階の →名詞の前にだけつける．
•an **upstairs** bedroom 2階の寝室
── 名 2階，上の階 →ふつうすぐ上の階 (an upper floor) だけを指す(単数扱(あつか)い)．いく

up-to-date 720 seven hundred and twenty

つかの上の階 (upper floors) を指す時は複数扱い.

up-to-date /ʌp tə déit アプトゥデイト/ 形 最新の(情報が入っている); 現代的な, モダンな, 流行の(先端(せんたん)をいく)

uptown /ʌ́ptáun アプタウン/ 名 形 《米》(繁華(はんか)街から離れた)住宅地区(の)

upward /ʌ́pwərd アプワド/ 副 上の方へ[を]
—— 形 上の方に向かった, 上向きの

~ and upward ~(およびそれ)以上

upwards /ʌ́pwərdz アプワヅ/ 副 《主に英》= upward

uranium /ju(ə)réiniəm ユ(ア)レイニアム/ 名 《化学》ウラニウム →放射能を持つ元素. ウラニウム発見直前に発見された天王星(てんのうせい) (Uranus) にちなんでつけられた.

Uranus /jú(ə)rənəs ユ(ア)ラナス/ 固名
❶ ウラノス →ギリシャ神話で, 地上に熱, 光, 雨を与(あた)える天の神. ❷ 《天文》天王星(てんのうせい)

urban /ə́:rbən ア〜バン/ 形 都市の; (田舎(いなか)に対して)都会(風)の
反対語 Some people like **rural** life. Others prefer **urban** life. 田舎の生活が好きな人もいれば, 都会の生活を好む人もいる.

Urdu /úərdu ウアドゥー/ 名 ウルドゥー語 →パキスタンやインドで話されている言語のひとつ.

urge /ə́:rdʒ ア〜チ/ 動 急がせる, せきたてる, 強く勧(すす)める

urgent /ə́:rdʒənt ア〜チェント/ 形 急を要する, 差し迫(せま)った, 緊急(きんきゅう)の

Uruguay /júərəgwai ユアルグワイ/ 固名
ウルグアイ →南米南東部大西洋岸の共和国. 公用語はスペイン語. 首都はモンテビデオ.

U.S., US 中 /jú:és ユーエス/ 略 (the U.S., the US で) (アメリカ)合衆国 (the United States)
•My father is going to **the U.S.** on business. 父は仕事で合衆国へ行きます.
•**the U.S.** team 米国チーム

us 小 A1 /əs アス/ 代
私たちを, 私たちに →we の目的格. →we
基本 Please help **us**. どうぞ私たちを助けて[手伝って]ください. →us は動詞 (help) の目的語.
関連語 We love **our** parents, and they love **us**, too. 私たちは私たちの両親を愛していて, 両親も私たちを愛してくれます.

•Please come and see **us** tomorrow. (明日来て私たちに会ってください ⇨)あしたうちにあそびに来てください.
会話 Let's (= Let **us**) sing, shall we? —Yes, let's. さあ, いっしょに歌おう.—そうしよう. →この us は相手も含(ふく)む.
基本 Our aunt gave **us** a present. = Our aunt gave a present to **us**. 私たちのおばが私たちにプレゼントをくれた. →give A B =give B to A は「AにBを与(あた)える」. 前の文では A (us) は give の間接目的語, B (a present) は直接目的語. 後ろの文の A (us) は前置詞 (to) の目的語.
•Will you come with **us**? 君は私たちといっしょに来ますか.
•**All** [**Many**, **Some**] of **us** will go to high school. 私たちのすべて[多く, 何人か]は高校へ行きます.

U.S.A., USA /jú:eséi ユーエスエイ/ 略 (the U.S.A., the USA で) アメリカ合衆国 (the United States of America)

use 小 A1 /jú:z ユーズ/ 動
(三単現 **uses** /jú:ziz ユーゼズ/; 過去・過分 **used** /jú:zd ユーズド/; -ing形 **using** /jú:ziŋ ユーズィン(グ)/)
使う, 使用する, 利用する
基本 **use** a bus バスを使う[利用する] →use ＋名詞.
•**use** his dictionary 彼の辞書を(借りて)使う →「人の物をその場でちょっと借りて使う」場合も use.
•Do you **use** the school library often? 君は学校図書館をよく利用しますか.
•**Use** your head. 頭を使い[働かせ]なさい.
•Do you know **how to use** a cash card? 君はキャッシュカードの使い方を知っている?
•He **uses** too much sugar in his tea. 彼は紅茶に砂糖を使い[入れ]過ぎる.
•Ken **used** a carrot for the snowman's nose. ケンは雪だるまの鼻にニンジンを使った. →used¹ /ユースト/ と混同しないこと.
•**Have** we **used** all the writing paper? (私たちは)もう便せんは全部使ってしまったかしら. →現在完了(かんりょう)の文. →have 助動 ❶
•English and French **are** both **used** in Canada. カナダでは英語とフランス語の両方が

使われる. →**used** は過去分詞で受け身の文. →
are 助動 ❷

•**Are** you **using** my dictionary? 君僕(ぼく)
の辞書使っている? →現在進行形の文. →**are**
助動 ❶

use up 使い果たす
•I **used up** all my allowance for this
month. 私は今月のお小遣(こづか)いを全部使って
しまった.

— /júːs ユース/ (→動詞との発音の違(ちが)いに注
意) 名 (⑧ **uses** /júːsiz ユーセズ/)

❶ 使う[使われる]こと, 使用; 使用法

•the **use of** a computer コンピューターを
使う[使った]こと, コンピューターの使い方

•**for** the **use of** students ＝for students'
use 生徒が使うために[の]

•This playground is for the **use** of chil-
dren only. この運動場は子供専用だ.

❷ 役に立つこと, 使い道, 用途(ようと)

•The Internet has many **uses**. インター
ネットには多くの使い道がある.

•**What's** the **use of having** a car if you
can't drive? 運転もできないのに車なんか持
てて何になるのですか.

be of use 役に立つ (be useful)
•**be** (**of**) **no use** 役に立たない (be useless),
無駄(むだ)である →no, any の前の of は省略され
ることがある.

•Your advice **was of** great **use** to me.
君の忠告は私にはとても役に立った.

come into use 使われるようになる

have no use for ～ ～には用がない, ～な
どいらない
•I **have no use for** this old sweater. 私
はこの古いセーターはもういらないわ.

in use 使われて, 使用されて
•This bike has been **in** daily **use** for
ten years. この自転車はもう10年間毎日使わ
れています.

It is no use doing [*to do*]. ～しても無
駄である
•Forget about your stolen money. **It is
no use crying** over spilt milk. 盗(ぬす)まれ
た金のことは忘れろ.「覆水(ふくすい)盆(ぼん)に返らず」
だ. →**cry** ことわざ

make use of ～ ～を利用[使用]する
•You should **make** more **use of** your
dictionary. 君(たち)はもっと辞書を使ったほう

がいいね.

out of use 使われないで, 使用されなくなって
•Word processors are **out of use** now.
ワープロはもう使われていない.

put ～ to (*good*) *use* ～を有効に使う, ～
を利用する
•**Put** your dictionary **to** (**good**) **use**. 辞
書を利用しなさい[よく引きなさい].

used¹ 中 A2 /júːst ユースト/ (→used² との発
音の違いに注意) 形

(**be used to** /ユーストゥ/ ～ で) ～に慣れている;
(**get** [**become**] **used to** ～ で) ～に慣れ(て
く)る →この to は前置詞だから後には名詞(句)か
動名詞が続く.

•Penguins **are used to** cold weather.
ペンギンは寒い気候に慣れている.

•The boy from the city **was** not **used
to** life on the farm. 都会から来たその男の子
は農場生活に慣れていなかった.

•Grandfather **is used to** getting up ear-
ly. 祖父は早起きに慣れている.

— 動 (**used to** *do* で) 以前は～だった; 以前
はよく～した(ものだ) →**would** ❹

•Grandfather **used to** drink every day.
Now he doesn't. 祖父は昔は毎日お酒を飲ん
でいましたが, 今は飲みません.

•My father didn't **use to** drink, but
now he does. 父は昔はお酒を飲まなかったの
ですが, 今は飲みます.

•Did he **use to** go to work on his bike?
彼は以前は自転車で仕事に行っていましたか.

•There **used to** be a green field
here—now there's a supermarket. 以前
はここは草地だった―今はスーパーが建っている.

used² 中 A2 /júːzd ユーズド/ 動 use の過去形・
過去分詞

— 形 使われた, お古の, 中古の (second-
hand); 使用済みの →名詞の前にだけつける.

•a **used** car 中古車

•a **used** book 古本

useful 中 A2 /júːsfəl ユースふる/ 形 (比較級
more useful 最上級 **most useful**)
役に立つ, 便利な, 有益な

基本 a **useful** tool 役に立つ道具 →useful
＋名詞.

•a **useful** dictionary **for** students 学生に
とって役に立つ辞書

基本 A pocket knife is very **useful** on a

useless 722 seven hundred and twenty-two

camping trip. ポケットナイフはキャンプ旅行ではとても役に立ちます. →be 動詞+useful.

• He is very **useful** in the kitchen; he is a good cook. 彼は台所ではとても役に立つ. 料理がうまいのだ.

• She made herself **useful** around the house. 彼女は(家で自分自身を役立つようにした⇨)家事の手伝いをした. →make *A B* (形容詞)は「A を B (の状態)にする」.

• A helicopter is sometimes **more useful** than an airplane. ヘリコプターは時には飛行機よりも役に立つ.

• A flashlight is one of **the most useful** things when camping. キャンプでは懐中(かいちゅう)電灯は最も役に立つ物の1つだ.

useless /júːslis ユースれス/ 形 役に立たない, 不用な; 無駄(むだ)な, 無益な

user /júːzər ユーザ/ 名 使用者, 利用者

user-friendly /júːzər fréndli ユーザ ふレンドリ/ 形 (コンピューターなどが)使用者にとって使いやすい, 便利な

usher /ʌ́ʃər アシャ/ 名 (劇場・教会などで人を席・部屋へ)案内する人, 案内係

—— 動 (人を席・部屋へ)案内する

usual A2 /júːʒuəl ユージュアる/ 形 いつも(どおり)の, ふつうの

• by the **usual** route いつもの道筋をたどって, いつものルートで

• Let's meet at the **usual** place at the **usual** time. いつもの所でいつもの時間に会いましょう.

反対語 What is your **usual** bedtime?—(It is) Ten o'clock, unless something **unusual** happens. 君がいつも寝(ね)る時間は何時ですか.—10時です, 変わったことでもない限りはね.

• It's **usual** for children **to** like sweets. 子供が甘(あま)い物が好きなのはふつうのことだ.

as usual いつものように, 相変わらず

• He went to bed at ten **as usual**. 彼はいつものように10時に寝た.

than usual いつもよりも, ふだんよりも

• He went to bed earlier **than usual**. 彼はいつもより早く寝た.

usually 小 A1 /júːʒuəli ユージュアリ/

副 たいてい, いつも(は), ふつう

POINT **always** (いつも)ではないが, **often** (しばしば)よりは多い.

• I **usually** go to bed at ten. 私はいつも10時に寝(ね)る. →usually の位置は一般(いっぱん)動詞の前, be 動詞の後. ただし意味を強調するために文頭に来ることもある.

• My brother is **usually** at home on Sunday, but today he is out. 兄は日曜はいつもうちにいるのだが, きょうは出ている.

UT 略 =Utah

Utah /júːtɑ ユータ/ 固名 ユタ →米国西部の州. 州都 Salt Lake City にはモルモン教の本部がある. **UT.**, (郵便で) **UT** と略す.

utensil /juːténsəl ユーテンスィる/ 名 (特にキッチンで使う小型の)用具, 道具, 器具 →tool

utility /juːtíləti ユーティリティ/ 名 (複 **utilities** /juːtílətiz ユーティリティズ/) ❶ 役に立つこと, 有用性, 効用 ❷ 公益事業, 公共設備 →生活にとって最も有用な電気・ガス・水道など(の施設(しせつ)・設備). **public utility** ともいう.

utility room 名 ユーティリティールーム →洗濯(せんたく)機を置いたり仕事場に使ったり物を保管するのに使う便利な小部屋.

utmost /ʌ́tmoust アトモウスト/ 名形 最大限(の)

Utopia /juː(ː)tóupiə ユ(ー)トウピア/ 名 ユートピア, 理想郷(きょう) →イギリスの政治家トマス・モアが1516年に発表した『ユートピア』に出てくる, すべてが理想的な状態の島の名前.「どこにもない場所」という意味のギリシャ語からつくった語.

utter¹ /ʌ́tər アタ/ 形 全くの, 完全な, 真の →名詞の前にだけつける.

utter² /ʌ́tər アタ/ 動 《文》(言葉などを)発する, 述べる

U-turn /júː təːrn ユータ～ン/ 名 Uターン 掲示 No **U-turn**. Uターン禁止.

V v

V, v[1] /víː ヴィー/ [名] (⑱ **V's, v's** /víːz ヴィーズ/) ❶ ブイ → 英語アルファベットの22番目の文字. ❷(**V** で) V字形のもの ❸(**V** で)(ローマ数字の)5

v., v[2] [略] =**versus** (〜対〜)

VA [略] =**Virginia**

vacancy /véikənsi ヴェイカンスィ/ [名] (⑱ **vacancies** /véikənsiz ヴェイカンスィズ/) (ホテル・アパートなどの)**空室, 空き部屋; 空き地; 空虚(くうきょ)**

vacant /véikənt ヴェイカント/ [形] (家・部屋・席・地位・時間などが)**空(あ)いている** (empty), **人が入ってない; 空席の, 欠員の;** (心など)**うつろな**

vacation 小 A1 /veikéiʃ(ə)n ヴェイケイション|vəkéiʃ(ə)n ヴァケイション/ [名] (⑱ **vacations** /veikéiʃ(ə)nz ヴェイケイションズ/)

《主に米》**休暇(きゅうか), 休み, バカンス** (《主に英》holiday)

•the Christmas [summer] **vacation** クリスマス休暇[夏休み]

•**take** [**get**] ten days' **vacation** 10日間の休暇をとる → 数日の休暇でも ✗vacation**s** としない.

•We are going to the beach when my father **has** his **vacation**. 私たちは父が休暇をとる時に海へ行く予定です.

***on vacation* 休暇で[の], バカンスで[の]**

•go to France **on vacation** 休暇で[休暇をとって]フランスに行く

•The school is [We are] **on** summer **vacation**. 学校[私たち]は夏休み中だ.

•The bus was carrying a party **on vacation**. バスは休暇旅行の一行を運んでいた.

vacuum /vǽkjuəm ヴァキュアム/ [名] ❶ 真空 ❷《話》電気掃除(そうじ)機 → **vacuum cleaner** ともいう.

—— [動] 《話》電気掃除機で掃除する

vague /véig ヴェイグ/ (→ -gue は g が1文字の場合と同じように /g グ/ と発音する) [形] (物の形・考えなどが)**ぼんやりした, はっきりしない, 不明確な, 曖昧(あいまい)な**

vain /véin ヴェイン/ [形] ❶ うぬぼれた, うぬぼれ[虚栄(きょえい)心]の強い ❷ 無駄(むだ)な (useless)

***in vain* 無駄に, むなしく, 成果なく**

valentine /vǽləntain ヴァレンタイン/ [名] ❶ バレンタインカード, バレンタインのプレゼント

> 🐻 参考　2月14日の聖バレンタインの日((**Saint**) **Valentine's Day**) に愛を込(こ)めて, 友人, 家族, 先生, 恋人(こいびと)などに送るカード (**valentine card**) や菓子(かし)・花など. 子供たちは学校でバレンタインカードの作り方を習ったり, 教室をたくさんの赤いハートマークで飾(かざ)ってクラスパーティーをし, 若者たちはダンスパーティーなどでこの日を祝う. 女性からチョコレートを贈(おく)る習慣は無い.

❷(特にこの日選ばれた)恋人

•Be my **Valentine**. 私のバレンタインになって. → バレンタインカードに書く文句.

valley A2 /vǽli ヴァリ/ [名] 谷(間), (ふつう川の流れの周辺に広がる広大な)山あいの平野; (川の)流域

•the Mississippi (River) **Valley** ミシシッピ川の流域

valuable /vǽljuəbl ヴァリュアブル/ [形] 高価な, 貴重な, 大切な

—— [名] (ふつう **valuables** で) 貴重品

value A2 /vǽlju ヴァリュー/ [名] 価値 (worth), 値打ち; 価格, 値段

•Your old bike has little **value**. 君の古い自転車はほとんど値打ちが無い.

•People have started to realize the **value** of clean air and water. 人々はきれいな空気と水の価値を認識(にんしき)し始めた.

***of value* 貴重な, 価値がある** (valuable)

•a book **of** great **value** 非常に貴重な本

•The library is **of** great **value** to us. 図書館は私たちにとってとても貴重だ.

—— [動] ❶ 評価する, 〜の価値を見積もる

•**value** the diamond **at** one million yen そのダイヤを百万円と評価する

valve 724 seven hundred and twenty-four

❷尊重する, 大切にする
• Jim **values** Joe's friendship. ジムはジョーの友情を大切にしている.

valve /vǽlv ヴァルヴ/ 图 (水・ガスの流れる量を調節する)バルブ; (心臓の)弁

vampire /vǽmpaiər ヴァンパイア/ 图 吸血鬼(き), バンパイア

van /vǽn ヴァン/ 图 (大型の)箱型の貨物自動車, バン ➡caravan を短くした語.

Vancouver /vænkú:vər ヴァンクーヴァ/ 固名
❶バンクーバー ➡カナダ太平洋岸の港市.
❷バンクーバー島 ➡カナダ南西部ブリティッシュコロンビア州南方の島.

van Gogh /vən góu ヴァン ゴウ/ 固名 (Vincent /ヴィンセント/ **van Gogh**) ヴァン・ゴッホ ➡後期印象派のオランダの画家 (1853–90).

vanilla /vənílə ヴァニラ/ 图 バニラ ➡ラン科の熱帯つる植物からとった香料(こうりょう).

vanish /vǽniʃ ヴァニシュ/ 動 (急に)消える (disappear suddenly), 消えて見えなくなる

vanity /vǽnəti ヴァニティ/ 图 (榎 **vanities** /vǽnətiz ヴァニティズ/) うぬぼれ; 虚栄(きょえい)心 →**vain**

vapo(u)r /véipər ヴェイパ/ 图 蒸気, 水蒸気, 湯気 (steam)

variety 中 /vəráiəti ヴァライエティ/ 图 (榎 **varieties** /vəráiətiz ヴァライエティズ/)
❶変化に富んでいること, 変化, 多様性
• I don't like my job, because there is not much **variety** in it. 私は私の仕事が好きではない. なぜなら私の仕事にはあまり変化が無いからだ.
ことわざ **Variety** is the spice of life. 変化は生活に味を添(そ)えるもの.
❷種類 (kind); **(a variety [varieties] of 〜 で) いろいろな(種類の)〜**
• A new **variety of** butterfly was found on an island in the Pacific. チョウの新種が太平洋上の島で発見された.
• They grow ten different **varieties of** rose here. ここでは10品種のさまざまなバラを栽培(さいばい)しています.
❸(英)バラエティーショー ➡歌・踊(おど)り・コント・手品などいろいろな芸で構成されるショー. **variety show** ともいう.

various 中 /vé(ə)riəs ヴェ(ア)リアス/ 形
いろいろな (different)
• shoes of **various** sizes いろいろなサイズ

の靴(くつ)
• **various** kinds of animals いろいろな種類の動物

vary /vé(ə)ri ヴェ(ア)リ/ 動 三単現 **varies** /vé(ə)riz ヴェ(ア)リズ/; 過去・過分 **varied** /vé(ə)rid ヴェ(ア)リド/; -ing形 **varying** /vé(ə)riiŋ ヴェ(ア)リインぐ/) (いろいろに)変わる, 変化する, 異なる; 変える, 変化を与(あた)える

vase A1 /véis ヴェイス|vá:z ヴァーズ/ 图
花瓶(かびん), つぼ
• There are some roses in the **vase**. 花瓶にバラが何本か生けてある.

vast /vǽst ヴァスト/ 形 広大な; 途方(とほう)もなく大きな, ばく大な

Vatican /vǽtikən ヴァティカン/ 图 **(the Vatican で) バチカン宮殿**(きゅうでん) ➡ローマ西のバチカンの丘(おか)にある壮大(そうだい)な建物. 教皇 (Pope) はここに定住し, 世界のローマカトリック教会を統括(とうかつ)している.

Vátican Cíty 固名 **(the をつけて) バチカン市国** ➡バチカン宮殿(きゅうでん) (the Vatican) のある全地域で教皇を元首とする世界最小の独立国. 公用語はイタリア語, ラテン語.

vault /vɔ́:lt ヴォールト/ 图 地下金庫室; (ワインなどの)地下貯蔵室, (教会の)地下納骨(のうこつ)室

vegan /vígən ヴィーガン/ 图 ビーガン, 厳格な菜食主義者 ➡卵・チーズ・牛乳なども含(ふく)めた動物性食品を一切食べない人.

vegetable 小 A1 /védʒ(ə)təbl
ヴェチタブる/ 图 野菜
• a **vegetable** garden 野菜畑
• **vegetable** soup 野菜スープ
• **vegetable** oil 植物油
• green **vegetables** 青野菜類, 青物類
• We **grow vegetables** in our backyard. 私たちは裏庭で野菜を作っています.
会話 What **vegetables** do you want with your meat? —Peas and carrots, please. 肉に添(そ)える野菜は何がよろしいですか. —豆とニンジンにしてください.

végetable stòre 图 (米)八百屋(やおや)さん (《英》greengrocer's (shop)) ➡英米では特に野菜だけを売る店は少ない.

vegetarian /vedʒətéəriən ヴェチテアリアン/ 图 菜食主義者, ベジタリアン ➡肉・野菜を食べない人. 類似語 卵・チーズ・牛乳なども含(ふく)めた動物性食品を一切食べない場合は **vegan** という.

―― 形 菜食主義の; (メニューなどが)**野菜だけの**

vehicle /víːikl ヴィーイクる/ 名 **乗り物** →乗用車・バス・トラック・電車など乗り物一般(いっぱん)を指す言葉.

veil /véil ヴェイる/ 名 (女性が顔にかける)**ベール**

vein /véin ヴェイン/ 名 ❶ **静脈**(じょうみゃく), 血管 ❷ (葉の)**葉脈**(ようみゃく)

Velcro /vélkrou ヴェるクロウ/ 名 **面ファスナー**, 《商標》**マジックテープ** (hook-and-loop fastener) →Velcro は《商標》.

velvet /vélvit ヴェるヴェット/ 名 **ビロード, ベルベット**

vender /véndər ヴェンダ/ 名 ❶ **行商人** ❷ **自動販売**(はんばい)**機** (vending machine)

vending machine /véndiŋ məʃíːn ヴェンディング マシーン/ 名 **自動販売**(はんばい)**機**
•buy a bottle of water **from a vending machine** 自動販売機で水を1本買う

vendor /véndər ヴェンダ/ 名 =vender

Venetian /vəníːʃən ヴェニーシャン/ 形 **ベネチアの, ベニスの**
―― 名 **ベネチア[ベニス]の人**

Venezuela /venəzwéilə ヴェネズウェイら/ 固名 **ベネズエラ** →南米北部の共和国. 首都はカラカス (Caracas). 公用語はスペイン語.

Venice /vénis ヴェニス/ 固名 **ベネチア, ベニス** →イタリア北東部の都市.

ventilation /ventəléiʃən ヴェンティれイション/ 名 **換気**(かんき) **換気装置**

venture /véntʃər ヴェンチャ/ 名 **冒険**(ぼうけん); 冒険的な事業, ベンチャービジネス

Venus /víːnəs ヴィーナス/ 固名 ❶ **ビーナス** → ローマ神話で美と愛の女神(めがみ). ギリシャ神話のアフロディテ (Aphrodite) にあたる. ❷ 《天文》**金星**

veranda(h) /vərǽndə ヴェランダ/ 名 **ベランダ** →米国では **porch** ともいう.

verb A2 /váːrb ヴァ～ブ/ 名 《文法》**動詞**

Vermont /vərmánt ヴァ～マント/ 固名 **バーモント** →米国東北端(たん)の州. Vt., (郵便で) VT と略す.

Vérnal Équinox Dày 名 **春分の日** →3月21日頃(ごろ).

versatile /váːrsətail ヴァ～サタイる/ 形 **多才な, 何でもできる**

verse /váːrs ヴァ～ス/ 名 **韻文**(いんぶん); 詩
関連語 一般(いっぱん)的に「詩」という時は **poetry**. 「散文」は **prose**.

version /váːrʒən ヴァ～ジョン/ 名 **～版; 翻訳**(ほんやく)

versus /váːrsəs ヴァ～サス/ 前 (訴訟(そしょう)・試合などで)**～対～** → **v.** または **vs.** と略すが, 《英》ではピリオドをつけないことが多い.

vertical /váːrtikəl ヴァ～ティカる/ 形 **垂直な; 直立の; 縦の**
反対語 The walls of a room are **vertical**, the floor (is) **horizontal**. 部屋の壁(かべ)は垂直で床(ゆか)は水平である.

very 小 A1 /véri ヴェリ/ 副
(→比較変化なし)
❶ **とても, 非常に, たいへん**
基本 **very** good とてもよい →very+形容詞.
•a **very** nice boy とてもすてきな男の子
会話 Were the movies interesting?—Yes, **very**. 映画はおもしろかった?—はい, とても. →very の次に interesting が省略されている.
基本 run **very** fast とても速く走る →very+副詞.

会話
How are you?—I'm **very** fine, thank you.
お元気ですか.—ありがとう, とても元気です.

•She can play the piano **very** well. 彼女はとてもうまくピアノが弾(ひ)ける.
•I like sports **very** much. 私はスポーツがとても好きです. →「とても～する」と動詞を修飾(しゅうしょく)する時は much あるいは very much.
•**Thank you very much**. どうもありがとうございます.
•I think this dictionary is **very** good, but he says that one is **much** better. 私はこの辞典がとてもいいと思うのですが, 彼はあっちのほうがずっといいと言うのです.
POINT 比較(ひかく)級を強める時は very ではなく much を使う.
•Ken is a **very** nice boy and I like him **very** much. ケンはとてもすてきな男の子で, 私は彼がとても好きです.
•I'm **very** tired. 私はとても疲(つか)れている.
POINT 過去分詞はふつう much で強めるが,

Vespucci

tired (疲れた)のように形容詞化した過去分詞は very で強める.

- I was **very** (much) surprised [interested, excited, pleased]. 私はとても驚(おどろ)いた[興味をもった, 興奮した, 喜んだ].

POINT be+過去分詞(受け身)で, 気持ちの状態を表す時, その過去分詞は形容詞になったと感じられて, 特に《話》では very で強める.

❷（否定文で）**あまり**（〜ではない）, **たいして**（〜ではない）

会話 Are you **very** busy now?—No, not **very**. 君今とても忙(いそが)しい?—いや, そんなでもない.

- It isn't **very** cold this morning. 今朝はあまり寒くない.

- She can't play the piano **very** well. 彼女はピアノを弾くのがあまりうまくない.

—— 形（→比較変化なし）

❶ **まさにその〜**, **ちょうどその〜** →次の名詞を強める.

- This is **the very** dictionary (that) I wanted. これは私が欲(ほ)しかったまさにその辞書だ[ちょうどこんな辞書が欲しいと思っていたんだ].

- John was killed on **this very** spot. まさにこの場所でジョンは殺されたのだ.

❷ **〜でさえ**; **〜しただけで**

- His **very** son does not understand him. 実の息子(むすこ)でさえ彼を理解しない.

- The **very** thought of his family made him homesick. 家族のことをちょっと思うだけで彼はホームシックになった. →make A B (形容詞)は「AをBの状態にする」.

Vespucci /vespúːtʃi ヴェスプーチ/ 固名

(**Amerigo** /アーメリーゴウ/ **Vespucci**) ヴェスプッチ →イタリアの商人で探検家 (1454–1512). 1497年, 現在のアメリカ本土に到達(とうたつ)した. America は彼の名にちなんだもの.

vessel /vésl ヴェスる/ 名 ❶ 容器, 入れ物, 器(うつわ) ❷ (比較(ひかく)的大きな)船, 船舶(せんぱく) ❸ (生物体内の)管, 導管(どうかん)

vest 小 /vést ヴェスト/ 名

❶《米》**ベスト**, **チョッキ**（《英》waistcoat）

❷《英》肌着(はだぎ), **ランニングシャツ, アンダーシャツ**（《米》undershirt）

vet 小 /vét ヴェト/ 名

《話》獣医(じゅうい) →veterinarian

- I want to be a **vet**. 私は獣医になりたい.

veteran /vétərən ヴェテラン/ 名 ❶（その道の）老練家, 経験豊富な人 →日本語でいう「ベテラン」は expert というほうがよい場合が多い.

❷ 退役(たいえき)軍人

—— 形 老練な, 経験豊かな, ベテランの

Véterans Dày 名《米・カナダ》退役(たいえき)軍人の日 →退役軍人の功績を称える日で法定休日 (11月11日).

veterinarian /vetərinéəriən ヴェテリネアリアン/ 名《米》獣医(じゅうい) →《話》では vet という.

via /váiə ヴァイア/ 前 〜経由で, 〜回りで (by way of); 〜によって

vibrate /váibreit ヴァイブレイト/ 動 震動(しんどう)する, 震(ふる)える

vice- /váis ヴァイス/ 接頭辞「副〜」「〜代理」という意味の語をつくる:

- **vice**-captain 副主将
- **vice**-president 副大統領, 副社長

victim 中 /víktim ヴィクティム/ 名（戦争などで死んだ）犠牲(ぎせい)者, (災害などの)被害(ひがい)者

- **victims of** war 戦争の犠牲者たち
- **victims of** the earthquake 地震(じしん)の被災(ひさい)者たち
- A few years ago, Susan was the **victim** of a car accident. 数年前スーザンは車の事故に遭(あ)った.

victor /víktər ヴィクタ/ 名 勝利者, 優勝者 →大げさな語. ふつう **winner** を使う.

Victoria /viktɔ́ːriə ヴィクトーリア/ 固名

(**Queen Victoria**) ビクトリア女王 →英国の女王 (1819–1901).

victory /víktəri ヴィクトリ/ 名（複 **victories** /víktəriz ヴィクトリズ/）勝利, 優勝

- **win** [**gain**] a **victory over** 〜 〜に対して勝利を収める, 〜に勝つ

反対語 Napoleon had many **victories** before his **defeat** at Waterloo (/ウォータる–/). ナポレオンはワーテルローで敗北を喫(きっ)する前にいくつもの勝利を収めた.

video 中 A1 /vídiou ヴィディオウ/ 名（複 **videos** /vídiouz ヴィディオウズ/）

❶ **ビデオ**, (テレビ番組などの)録画映像

❷ **ビデオテープ** (videotape)

❸ **動画, ビデオクリップ**

—— 形 テレビ(用)の; テレビ映像の

- a **video** camera ビデオカメラ

video cassette /vìdiou kəsét ヴィディオウ カセト/ 名 ビデオカセット

seven hundred and twenty-seven　727　**violet**

vìdeo cassétte recòrder 名 ビデオデッキ →**VCR** と略す. **videotape recorder** ともいう.

vídeo gàme 中 A2 名 テレビゲーム →「テレビゲーム」は和製英語. この意味では ×*TV game* とはいわない.
• play a **video game** テレビゲームをする

vídeo recòrder 名 = videotape recorder

videotape /vídiouteip ヴィデオウテイプ/ 名 ビデオテープ
── 動 (ビデオテープに)録画する

vídeotape recòrder 名 ビデオデッキ →**VTR** と略す. **video recorder, video cassette recorder** ともいう.

Vienna /viénə ヴィエナ/ 固名 ウィーン →オーストリア (Austria) の首都.

Vietnam /vietná:m ヴィエトナーム/ 固名 ベトナム →**Viet Nam** と2語にもつづる. 東南アジアの社会主義共和国. 首都はハノイ (Hanoi).

Vietnamese /vietnəmí:z ヴィエトナミーズ/ 形 ベトナムの, ベトナム人の; ベトナム語の
── 名 ❶ベトナム人 →複数形も **Vietnamese**. ❷ベトナム語

view 中 A2 /vjú: ヴュー/ 名
❶《見えるもの》景色, 眺(なが)め
• The **view from** the hilltop is beautiful. その丘(おか)からの眺めはすばらしい.
• You can **get** [**have**] a wonderful **view of** the lake from the window. 窓から湖のすばらしい景色が見えますよ.
❷《見える範囲(はんい)》視界, 視野
• **come into view** 見えてくる
• go **out of view** 見えなくなる
❸(物の)見方, 考え方, 見解 (opinion)
• *one's* **view** of nature (〜の)自然についての見方, 自然観
• Tell me your **view**(**s**) **on** [**about**] this matter. この件に関して君の意見を言ってくれ.
• **In my view**, smoking is very bad for the health. 私の考えではタバコを吸うのは健康にとって極(きわ)めて悪い.

in view (*of* 〜) (〜の)見える所に[で]
• At last we came **in view of** the lake. とうとう私たちはその湖の見える所へやって来た[湖が見えてきた].

on view 展示して, 公開して

viewer /vjú:ər ヴューア/ 名 (テレビの)視聴(しちょ

う)者 関連語「ラジオの聴取(ちょうしゅ)者」は **listener**.

Viking, viking /váikiŋ ヴァイキング/ 名 バイキング →8〜10世紀頃(ごろ)ヨーロッパの海岸地方を荒(あ)らしたスカンジナビア人の海賊(かいぞく).

villa /vílə ヴィラ/ 名 別邸(べってい), 別荘(べっそう) →田園や海辺にある広い庭園つきの屋敷(やしき). 休日などに利用する.

village 中 A2 /vílidʒ ヴィレヂ/ 名
(⊗ **villages** /vílidʒiz ヴィレヂズ/)
❶ 村, 村落 →**town** (町)よりも小さなもの.
• a fishing **village** 漁村
• a **village** church 村の教会
• I lived **in** a little mountain **village**. 私は小さな山村に住んでいました.
関連語 A **town** is bigger than a **village** and smaller than a **city**. 町は村よりは大きく市よりは小さい.
❷(**the village** で) 村の人みんな, 村民(たち)
• All **the village** welcomed him. 村人みんなが[村を挙げて]彼を歓迎(かんげい)した.

villager /vílidʒər ヴィレヂャ/ 名 村の人, 村人

villain /vílən ヴィラン/ 名 (映画・物語の中の)悪者, 悪漢

Vinci /víntʃi ヴィンチ/ 固名 →da Vinci

vine /váin ヴァイン/ 名 ❶ブドウの木
関連語 Beautiful bunches of **grapes** are hanging from the **vines**. 見事なブドウの房(ふさ)がブドウの木から垂れ下がっている.
❷ つる(植物), つる草

vinegar /vínigər ヴィネガ/ 名 酢(す)

vineyard /vínjərd ヴィニャド/ 名 ブドウ畑

viola /vióulə ヴィオウラ/ 名 《楽器》ビオラ →バイオリンとチェロの中間ほどの大きさの弦(げん)楽器.

violence /váiələns ヴァイオレンス/ 名 暴力, 乱暴, 暴行; 荒々(あらあら)しさ

violent A2 /váiələnt ヴァイオレント/ 形 激しい, 猛烈(もうれつ)な, 乱暴な, 暴力的な

violet /váiəlit ヴァイオレト/ 名
❶《植物》スミレ

イメージ (violet)
石や草の陰(かげ)にひっそりかわいらしく咲(さ)くことから「慎(つつ)み深さ」「誠実な愛」を表す. このようなイメージのために昔から **violet** は多くの詩人たちによってうたわれてきた. 野生の **violet** を改良したものが **pansy** (三色スミレ).

violin

❷ スミレ色, 青紫(あおむらさき)色

violin 小 A2 /vaiəlín ヴァイオリン/ (→アクセントの位置に注意) 图 《楽器》**バイオリン**
- play [practice] the **violin** バイオリンを弾(ひ)く[練習する]

関連語 **violinist** (バイオリニスト), **string** (バイオリンの弦(げん)), **bow** (弓)

violinist /vaiəlínɪst ヴァイオリニスト/ 图 **バイオリンを弾(ひ)く人, バイオリニスト**

VIP /ví:aipí: ヴィーアイピー/ 略 重要人物 →**very important person** の頭文字(かしらもじ)を組み合わせたもの.

virgin /və́:rdʒɪn ヴァ〜チン/ 图 処女, 童貞(どうてい)
—— 形 まだ誰(だれ)も手をつけていない, 人が足を踏(ふ)み入れた[手を触(ふ)れた]ことのない; 初めての

Virginia /vərdʒínjə ヴァチニア/ 固名 バージニア →アメリカ東部の州. **Va.**, (郵便で) **VA** と略す.

Virgin Máry [**Móther**] 固名 (**the** をつけて) 聖母マリア →イエス・キリストの母. →**Christ**

virtual /və́:rtʃuəl ヴァ〜チュアる/ 形 仮想の, バーチャルな; 事実[実際]上の
- **virtual** reality バーチャルリアリティ[仮想現実]

virtue /və́:rtʃu: ヴァ〜チュー/ 图 ❶ 美徳, 徳 →正直・親切・公正・勇気・忍耐(にんたい)など. ❷ 美点, 長所

virus /váiərəs ヴァイアラス/ 图 **ウイルス, 病原体**; (コンピューターの)**ウイルス**

visa /ví:zə ヴィーザ/ 图 **ビザ, (入国)査証(さしょう)** →旅行先の政府が行うパスポート (**passport**) などの確認(かくにん).

visible /vízəbl ヴィズィブる/ 形 **目に見える**
反対語 **invisible** (目に見えない)

vision /víʒən ヴィジョン/ 图
❶ 視力 (**eyesight**); 先見の明, ビジョン
❷ (未来の)理想像, (将来の)夢; (夢うつつで見る)幻(まぼろし), 幻影(げんえい)

visit

visit 小 A1 /vízɪt ヴィズィット/ 動
(三単現 **visits** /vízɪts ヴィズィッツ/; 過去・過分 **visited** /vízɪtɪd ヴィズィテド/; -ing形 **visiting** /vízɪtɪŋ ヴィズィティング/)
❶ (人を)**訪問する, 訪ねる; 〜に会いに行く[来る], 〜を見舞(みま)う; 〜の所へ泊(と)まりに行く[来る]**

使基本 **visit** a friend 友達を訪ねる, 友達に会いに行く, 友達の所へ遊びに行く →**visit**＋名詞.
- **visit** a sick friend 病気の友達を見舞う
- **visit** a dentist 歯医者に行く
- **visit** with a friend 友達を訪ねて泊まる
- **visit** in Rome ローマへ行き滞在(たいざい)する
- Aunt Polly usually **visits** us for two weeks in the spring. ポリーおばさんはいつも春になると2週間ほどうちへ泊まりがけで遊びに来ます.
- He **visited** his doctor for a checkup. 彼は健康診断(しんだん)のためにかかりつけの医者の所へ行った.
- We **were visited** by our old friend yesterday. 昨日私たちは(昔の友達に訪問された ⇨)昔の友達の訪問を受けた. →**visited** は過去分詞で受け身の文. →**were** 助動 ❷
- I **am visiting** my cousin for two weeks. 私はいとこの所へ2週間ほど泊まりがけで遊びに来ています[行くところです]. →現在進行形の文. →**am** 助動 ❶

❷ (場所を)**訪(おとず)れる, 見物に行く[来る], 見学に行く[来る]; (ウェブサイトに)アクセスする**
- **visit** Kyoto 京都を訪れる
- **visit** a museum 博物館見学に行く[来る]
- **visit** a lot of websites いろいろなウェブサイトにアクセスする
- The museum is **visited** by a lot of foreign people every year. その博物館は毎年(多くの外国人に見学される ⇨)多くの外国人が見学に訪れる.
- Where did you **visit** last summer? 昨年の夏はどこへ行きましたか.
- I **have** never **visited** Kyoto. 私はまだ京都に行ったことがない. →現在完了(かんりょう)の文. →**have** 助動 ❷
- There are many famous places **to visit** near this town. この町の付近は見物する名所が多い. →不定詞 to visit (見物するための〜) は places を修飾(しゅうしょく)する. →**to** ❾ の ②

—— 图 (復 **visits** /vízɪts ヴィズィッツ/)
訪問, 見舞い; 見物, 見学
- **during** my **visit** to Paris 私のパリ訪問中
- **pay** a **visit** to 〜＝**pay** 〜 a **visit** 〜を訪問する
- have a **visit** from 〜 〜の訪問を受ける
- have a **visit** with 〜 訪問して〜に滞在する
- This is my first **visit** to London. (これが私のロンドンへの最初の訪問です ⇨)私がロンドン

seven hundred and twenty-nine　729　**volunteer**

へ来たのはこれが初めてです.
- We **had** a **visit from** your teacher. あなたの先生がうちに訪ねていらしたわ.
- I **had** a long pleasant **visit with** my uncle in Kobe. 私は神戸のおじの所に長く楽しい滞在をした.

visiting /vízitiŋ ヴィズィティング/ [動] visit の -ing 形 (現在分詞・動名詞)
—— [名][形] 訪問(の), 視察(の)
- **visiting** hours (病院の)面会時間

visitor [中] [A2] /vízitər ヴィズィタ/ [名]
訪問者, 訪問客, 来客; 見舞(みま)い客; 観光客, 見学者; (旅館などの)泊(と)まり客
- We'll have two **visitors** from New Zealand tomorrow. あしたニュージーランドからお客が２人うちに来ます.
- The museum is full of student **visitors**. 博物館は見学の学生でいっぱいだ.
- [会話] Do you live here? —No, we are just **visitors**. 皆(みな)さんはこちらにお住まいですか.—いいえ, 観光に来ている者です.

visual /vízuəl ヴィジュアる/ [形] 視覚(用)の, 物を見るための; 目の, 目に見える

vital /váitl ヴァイトる/ [形]
❶ 生命の, 生命に欠くことのできない; 命に関わる, 致命(ちめい)的な; 極(きわ)めて重要[必要]な
❷ 活力に満ちた, 生き生きした (lively)

vitamin /váitəmin ヴァイタミン|vítəmin ヴィタミン/ [名] ビタミン

vivid /vívid ヴィヴィド/ [形] (色彩(しきさい)・印象・描写(びょうしゃ)などが)鮮(あざ)やかな; はっきりした, 生き生きした

vividly /vívidli ヴィヴィドり/ [副] 鮮(あざ)やかに, はっきりと; 生き生きと; 生々しく

vocabulary [A2] /voukǽbjuləri ヴォウキャビュらり/ [名] (複 **vocabularies** /voukǽbjuləriz ヴォウキャビュらリズ/)
❶ 語彙(ごい), 用語範囲(はんい) → ある言語・社会・個人などが使用する全単語.
- *one's* English **vocabulary** その人の英語の語彙
- The writer has a large **vocabulary**. A young child has a small **vocabulary**. その作家は語彙が豊富だ. 小さな子供は語彙が貧弱(ひんじゃく)だ. → ×vocabular*ies* としない.
❷ 単語集, 用語集
- Our English textbook has a **vocabulary** in the back. 私たちの英語の教科書は後

ろに単語集がついている.

vocal /vóukəl ヴォウカる/ [形] 声の, 音声の

voice [中] [A2] /vɔis ヴォイス/ [名]
❶ 声
- **in** a loud [small] **voice** 大声[小声]で
- [会話] Can you **hear** my **voice**? —No, your **voice** is too small. Please speak **in** a louder **voice**. 私の声が聞こえますか.—いや, 君の声は小さ過ぎる. もっと大きな声で話してくれ.
- I shouted so much at the football game that I **lost** my **voice**. 私はフットボールの試合でとても大きな声で叫(さけ)んだので(声を失った ⇨)声が出なくなった.
❷《文法》態(たい) → is [助動]

vol. [略] =volume (巻) → 複数 **volumes** の略は **vols.**

volcano /valkéinou ヴァるケイノウ/ [名] (複 **volcano(e)s** /valkéinouz ヴァるケイノウズ/) 火山
- The village was destroyed when the **volcano erupted**. 火山が爆発(ばくはつ)してその村は破壊(はかい)された.

volleyball [小] [A1] /válibɔ:l ヴァリボーる|vɔ́libɔ:l ヴォりボーる/ [名]
バレーボール; バレーボール用の球 → volley (ボレー)はボールが地面や床(ゆか)につかないうちに打ち[蹴(け)り]返すこと.
- play **volleyball** バレーボールをする → ×play a [the] volleyball としない.
- a **volleyball** court バレーボールコート

volume /váljum ヴァりュム/ [名]
❶ 量, 容積, 体積; 音量, ボリューム
- Please **turn down** [**up**] the **volume on** the TV. テレビのボリュームを下げて[上げて]ください.
❷《文》書物; (全集物などの中の)巻(かん), 冊 → **vol.** (複数 **vols.**) と略す.

voluntary /válənteri ヴァらンテリ/ [形] (強制でなく)自発的な, 自分から進んでする, ボランティアの

volunteer [小] /valəntíər ヴァらンティア|vɔləntíə ヴォらンティア/ (→アクセントの位置に注意) [名] 自分から進んでやる人, 志願者, ボランティア; 志願兵, 義勇(ぎゆう)兵
- Are there any **volunteers for** cleaning the blackboard? 誰(だれ)か黒板を拭(ふ)いてきれ

vomit   730   seven hundred and thirty

いにするのを進んでやってくれる人はいませんか.

—— 形 **自発的な, 志願の, ボランティアの**

• do **volunteer** work at a hospital　病院でボランティアの仕事をする

• There are many **volunteer** workers in that old people's home.　その老人ホームにはたくさんのボランティアの人々が働いています.

—— 動 **(～すると)自発的に申し出る; (奉仕(ほうし)などを)進んでする; 志願する; 志願兵になる**

• Bill's father **volunteered to** coach the boys' baseball team.　ビルの父はその少年野球チームのコーチを進んで申し出た.

vomit /vámit ヴァミト/ 動 **(食べ物を)吐(は)く, 戻(もど)す** ◆《話》では **throw up** という.

vote A1 /vóut ヴォウト/ 動 **(～に)投票する; 投票[挙手]で決める**

• **vote for** [**against**] him　彼に賛成[反対]の投票をする[挙手をする]

• the right to **vote**　投票する権利[選挙権]

—— 名 ❶ **投票; (投票・発声・挙手・起立などによる)票決, 採決**

• take a **vote**　採決する, 決をとる

• **give** a **vote** to ～　～に1票を投じる

❷ **(ふつう the vote で) 選挙権**

✎会話 Do you have the right to vote? —We are too young to **have the vote**.　君たちは選挙権を持っていますか.—私たちはまだ若過ぎて選挙権がありません.

❸ **(投票で入る[入った])票; (the vote で) 投票総数[結果], 得票(とくひょう)数**

• He **had** 15 **votes**.　彼は15票を取った.

• The bill was passed by 250 **votes** to 200.　法案は250票対200票で可決された.

• Because of rainy weather, **the vote** was small.　雨で投票総数は少なかった.

voter /vóutər ヴォウタ/ 名 **投票者, 有権者**

vow /váu ヴァウ/ 名 **誓(ちか)い, 誓約(せいやく)**

—— 動 **誓う, 誓いを立てる, 誓約する**

vowel /váuəl ヴァウエる/ 名 **母音(ぼいん)** →日本語の「ア」「イ」「ウ」「エ」「オ」のように舌・唇(くちびる)・歯などに邪魔(じゃま)されずに出る音声.

voyage /vóiidʒ ヴォイエヂ/ 名 **航海, 船の旅; 宇宙旅行**

• a **voyage around** the world　世界一周航海

• **go on** a voyage　航海に出る

• **make** [**take**] a **voyage across** the Pacific Ocean　太平洋横断の航海をする

• **Have a nice** [**pleasant**] **voyage**.　どうぞ楽しい船旅をしてください.

• Columbus arrived at South America **on** his third **voyage** in 1498.　コロンブスは1498年3度目の航海で南アメリカに到着(とうちゃく)しました.

vs., vs 略 =versus (～対～)

V́-sign 名 V サイン

> 🐻 参考　手のひらを相手に向けた V サインは「勝利」(victory)を表すが, 同じしぐさで「平和」(peace)を意味することもある. またイギリスでは手のひらを自分に向けた V サインは相手をばかにするジェスチャー.

VTR 略 **ビデオデッキ** →videotape recorder.

vulgar /válgər ヴァるガ/ 形 **下品な, 俗悪(ぞくあく)な**

vulture /váltʃər ヴァるチャ/ 名 《鳥》**ハゲワシ, ハゲタカ**

W¹, w /dʌ́blju: ダブリュー/ 名 (複 **W's, w's** /dʌ́blju:z ダブリューズ/) ダブリュー →英語アルファベットの23番目の文字

W., W² 略 ❶ =west (西) ❷ =watt(s) (ワット)

WA 略 =Washington (州)

wade /wéid ウェイド/ 動 (水の中を)歩く, (雪・泥(どろ)など歩きにくいところを)歩いて進む; (川の中を歩いていくように)苦労して進む

wafer /wéifər ウェイファ/ 名 ウエハース →アイスクリームに添(そ)えたり, 病人や幼児に食べさせたりする薄(うす)い軽焼き菓子(がし).

waffle /wáfl ワふる/ 名 ワッフル →小麦粉・牛乳・卵などを混ぜ, 特別の焼き型 (**waffle iron**) で焼いた菓子(かし). 蜂蜜(はちみつ)やシロップをかけて食べる.

wag /wǽg ワグ/ 動 (三単現 **wags** /wǽgz ワグズ/; 過去・過分 **wagged** /wǽgd ワグド/; -ing形 **wagging** /wǽgiŋ ワギンぐ/) (尾(お)などを)振(ふ)る, 揺(ゆ)する; 振れる, 揺れる

wage /wéidʒ ウェイヂ/ 名 (ふつう **wages** で) 賃金 →特に肉体労働をする人々への週給・日給を指すことが多い. →**salary**

会話 What is his weekly **wage**? —His **wages** are $300 a week. 彼の週給はいくらですか.—彼の週給は300ドルだ. →賃金の額を尋(たず)ねる時は単数形 (wage) を使うのがふつう.

wagon /wǽgən ワゴン/ 名

❶ (4輪で馬に引かれる)荷車
• a covered **wagon** ほろ馬車

❷ (子供の)おもちゃのワゴン
• Ben pulled his brother **in** his **wagon**. ベンは弟をワゴンに乗せて引いた.

❸ 《米》小型の運搬(うんぱん)自動車, ワゴン車 (= station wagon)
• a milk **wagon** ミルク運搬車

❹ 《英》屋根なし貨車 (《米》 freight car)

❺ 《米》(食器・飲食物を運ぶ)ワゴン (《英》 trolley) →**tea [dinner] wagon** ともいう.

waist /wéist ウェイスト/ 名 腰(こし)(のくびれた部分), ウエスト →**hip**

waistcoat /wéistkout ウェイストコウト/ 名 《英》ベスト, チョッキ (《米》 vest)

wait 小 A1 /wéit ウェイト/

動 (三単現 **waits** /wéits ウェイツ/; 過去・過分 **waited** /wéitid ウェイテド/; -ing形 **waiting** /wéitiŋ ウェイティング/)

❶ 待つ, (**wait for** ~ で)~を待つ

POINT 誰(だれ)かが来る[何かが起こる]までじっとしていること.

基本 **wait** one hour 1時間待つ →wait＋副詞(句). one hour=for one hour (1時間の間).

• **Wait** a minute [a moment]. ちょっと待ってくれ.

• Please **wait** here till I come back. 私が帰って来るまでここで待っててね.

基本 **wait** for Ken ケンを待つ →wait for ＋名詞. ×wait Ken としない.

• I'll **wait for** you at the school gate. 私は校門のところで君を待っています.

• I can't **wait for** the summer vacation. 私は夏休みを待てない[夏休みが待ち遠しい].

• I **waited for** her letter for weeks. ＝I **waited** (for) weeks **for** her letter. 私は彼女の手紙を何週間も待った.

• At the crossing, we **waited for** the train **to** pass. 私たちは踏切(ふみきり)で列車が通り過ぎるのを待った. →wait for A to do は「Aが~するのを待つ」.

• She **is** anxiously **waiting for** his return. 彼女は心配しながら彼の帰りを待っている. →現在進行形の文. →**is** 助動 ❶

• Hurry up, Ken! Breakfast is **waiting for** you. ケン, 急いで. 朝ご飯が待ってるよ. →

「物が待っている」場合はふつう進行形になる.
- I'm sorry I've **kept** you **waiting** so long. 長い間お待たせしてすみません. →**keep** *A doing* は「Aを〜させておく」.

❷ (順番・チャンスなどを)待つ
- **Wait** your turn. 君の番(が来るの)を待ちなさい.
- Don't **wait** supper for me. I will be very late tonight. 私は今晩帰りがとても遅くなるので私のために夕食を待たないでください[待たずに始めてください].

wait and see じっくり待って様子を見る, (命令文で)待ってて[見てて]ごらんなさい

【会話】What's for supper, darling?—**Wait and see**. ねえー, 晩ご飯は何.—まあ(楽しみに)待ってなって.

wait on 〜 (店で客の)用を聞く, 〜に給仕をする; 〜に仕える, 〜の世話をする

【関連語】We **waited** for the **waiter** to **wait on** us. 私たちはウェーターが注文を取りに来るのを待った. →不定詞 to wait on (〜の用を聞く)は形の上では名詞 waiter を修飾する (→**to** ❾ の②)が, waiter は to wait on の意味上の主語なので「ウェーターが注文を取りに来るのを」と訳すのがよい.

── 图 待つこと, 待ち時間
- We **had** a long **wait for** the bus. 私たちはバスを長い間待った.

lie in wait for 〜 〜を待ち伏せする
- The cat lay in wait for the bird. ネコはその鳥を待ち伏せしていた.

waiter A1 /wéitər ウェイタ/ 图
(男性の)給仕, ウェーター, ボーイ
【関連語】waitress (ウェートレス)

【POINT】近年は性差別を避けて **server** と言うことが多い. その時の呼びかけには **Sir!** (男性に対して), **Ma'am!** (女性に対して)という.

【会話】**Waiter!** What is this fly doing in my soup?—He is doing the backstroke, sir. ウェーター! このハエは私のスープの中で何をしているのかね.—お客様, 彼は背泳ぎをしております(笑い話). →呼びかける時は ×*a*, ×*the* をつけない.

wáiting lìst 图 順番待ちの名簿
wáiting ròom 图 待合室
waitperson /wéitpə̀:rsən ウェイトパースン/ 图 給仕(をする人) →性別を避けて, waiter, waitress をこう呼ぶことがある.

【類似語】**server** (サーバー)

waitress A1 /wéitris ウェイトレス/ 图 ウェートレス →**waiter**

wake 中 A1 /wéik ウェイク/ 動
【三単現】 **wakes** /wéiks ウェイクス/
【過去】 **woke** /wóuk ウォウク/, **waked** /wéikt ウェイクト/
【過分】 **woken** /wóukn ウォウクン/, **woke, waked**
【-ing形】 **waking** /wéikiŋ ウェイキング/

(**wake up** とも) 目が覚める, 起きる; 目を覚まさせる, 起こす
- **Wake up**, Bob. ボブ, 起きなさい.
- Don't **wake** him (**up**). He is tired. 彼を起こすな. 彼は疲れている(のだから).
- I **wake** (**up**) at seven every morning. 私は毎朝7時に目が覚める.

【関連語】**get up** は「目を覚まして寝床から離れる」ことまでいう.

get up
wake

- He **was waked** by the bell of the alarm clock. 彼は目覚まし時計のベルの音で起こされた. →**was**【助動】❷

waken /wéikn ウェイクン/ 動 目を覚まさせる →**wake** を使うほうがふつう.

Wales /wéilz ウェイルズ/ 固名 ウェールズ

【参考】大ブリテン島 (Great Britain) の南西部の地方. 古くからケルト系ブリトン人が住んでいたが, 16世紀にアングロサクソン人のイングランドに併合された. 公用語は英語とウェールズ語 (Welsh).

walk 小 A1 /wɔ́:k ウォーク/ (l は発音しない) 動 (三単現 **walks** /wɔ́:ks ウォークス/; 過去・過分 **walked** /wɔ́:kt ウォークト/; -ing形 **walking** /wɔ́:kiŋ ウォーキング/)

❶ 歩く, 歩いて行く; 散歩をする

【基本】**walk fast** 速く歩く →walk+副詞.

seven hundred and thirty-three 733 **wander**

- **walk about** 歩き回る, 散歩する
- **walk away** 歩き去る, 歩いて行ってしまう

関連語 Don't **run**. **Walk** slowly. 走っては
いけません. ゆっくり歩きなさい.

基本 **walk** to school 学校へ歩いて行く, 歩
いて通学する →walk+前置詞+場所を表す名詞.

- **walk along** the street 通りを歩いて行く
- He **walks** with his dog every day. 彼は
毎日犬と散歩をします.
- We **walked** (for) three hours [miles].
私たちは3時間[マイル]歩いた.
- Mr. Jones and his wife **are walking
around** the pond. ジョーンズ夫妻が池の周
りを散歩している. →現在進行形の文. →**are**
助動 ①
- Kay and Bob **came walking** toward
us. ケイとボブが私たちの方へ歩いて来た. →
walking は現在分詞. come *doing* は「〜し
ながら来る, 〜して来る」.

❷ **連れて歩く, 歩いて送る**, (犬などを)**散歩させる**

- I'll **walk** you **home** [**to** the bus stop].
あなたを家まで[バス停まで](歩いて)送って行きま
しょう. →home は副詞で「家へ」.
- Ken is **walking** his dog Sandy. ケンは犬
のサンディーを散歩させています.

❸ 《野球》(打者がフォアボールで1塁(るい)に)**歩く**;
(投手が打者を)**歩かせる**

—— 名 (複) **walks** /wɔ́:ks ウォークス/)

❶ **歩くこと, 散歩, ハイキング**

基本 go for [take, have] a **walk** 散歩に行
く, 散歩する

- take a dog **for** a **walk** 犬を散歩に連れて行
く
- I often go to the park for a **walk**. 私は
よく公園へ散歩に行く.
- Let's take a **walk in** the park [**on** the
beach]. 公園を[浜辺(はまべ)を]散歩しよう.

❷ **歩く道のり, 歩く距離**(きょり)

- My house is a ten-minute **walk from**
the station. 私の家は駅から歩いて10分(の距
離)です.

❸ **歩道**, (特に公園などの)**散歩道**

- There are many beautiful **walks** in the
park. その公園には美しい散歩道がたくさんあ
る.

❹ 《野球》**フォアボール(で歩くこと)** →「フォアボ
ール」は和製英語. a base on balls ともいう.

- give ~ a **walk** ~にフォアボールを与(あた)え

る, ~を四球で歩かせる

walker /wɔ́:kər ウォーカ/ 名 **歩く人; ハイキン
グする人**

walkie-talkie /wɔ:ki tɔ́:ki ウォーキトーキ/
名 **携帯(けいたい)用トランシーバー**

walking A2 /wɔ́:kiŋ ウォーキング/ (→lは発音し
ない) 動 **walk** の -ing 形 (現在分詞・動名詞)

—— 名 **歩くこと, 歩行**

wálking stíck 名 **ステッキ** (cane), **つえ**

wall 小 A1 /wɔ́:l ウォール/ 名 (複 **walls**
/wɔ́:lz ウォールズ/)

❶ **壁(かべ)**

- hang a picture **on** the **wall** 壁に絵をかけ
る

ことわざ **Walls** have ears. 壁に耳(あり), 一人
言えば三人聞く. →「秘密は漏(も)れやすいから注意
しなさい」という意味.

❷ (石・れんが・板などの)**塀(へい)**

- a stone [brick] **wall** 石[れんが]の塀
- He **climbed over** the **wall** into the
garden. 彼は塀を乗り越(こ)えて庭に入り込(こ)ん
だ.

wallet A2 /wɔ́lit ワレト/ 名 **札(さつ)入れ, 財布(さい
ふ)** →折り畳(たた)み式で仕切りのあるもの. →
purse

wallpaper /wɔ́:lpeipər ウォールペイパ/ 名
壁紙(かべがみ)

Wáll Strèet 固名 **ウォール街**

参考 ニューヨーク市の南にあり, 株式取
引所・銀行・証券会社などが集まって米国経済
の中心となっている通り. 17世紀なかばオラ
ンダ植民者たちが英国人などの敵が入れない
ように塀(へい) (wall) を作ったことからこう呼
ばれるようになった.

walnut /wɔ́:lnʌt ウォールナト/ 名 《植物》**クル
ミ; クルミの木**

walrus /wɔ́:lrəs ウォールラス/ 名 《動物》**セイウ
チ** →北極海にすむ海獣(かいじゅう). アザラシ (seal)
より大きく, 2本の長い牙(きば) (tusk) がある.

waltz /wɔ́:l(t)s ウォールツ, ウォールズ/ 名 《音楽》**ワ
ルツ; ワルツ曲, 円舞(えんぶ)曲**

—— 動 **ワルツを踊(おど)る**

wand /wɑ́nd ワンド/ 名 (魔法(まほう)使い・奇術(き
じゅつ)師などが使う)**細いつえ, 棒** →**fairy**

wander A2 /wɑ́ndər ワンダ/ 動 (あてもなく)
歩き回る, ぶらぶら歩く; さまよう, 放浪(ほうろう)す

wanna

- **wander about** ぶらぶら歩き回る, さまよい歩く
- **wander off** はぐれる, 迷子になる

wanna /wánə ワナ/ ＝want (to) (〜したい; 〜が欲(ほ)しい)

want 小 A1 /wɔ́nt ワント | wɔ́nt ウォント/

動 ❶ (〜が)欲(ほ)しい, (〜を)欲しがる　意味 map
❷ (**want to** *do* で) (〜することを)望む, 〜したい
❸ (**want** A **to** *do* で) Aに〜してもらいたい

名 不足

—— 動 (三単現 **wants** /wɔ́nts ワンツ/; 過去・過分 **wanted** /wɔ́ntid ワンテド/; -ing形 **wanting** /wɔ́ntiŋ ワンティング/)

❶ (〜が)欲しい, (〜を)欲しがる, 望んでいる
基本 I **want** a friend. 私は友人が欲しい. → want+(代)名詞.
- Everyone **wants** peace. 誰(だれ)もが平和を望んでいる. → want はふつう進行形にならないから, 「望んでいる」を ✕is wanting としない.
- I don't **want** any more cake. 私はもうこれ以上ケーキは欲しくない.

 会話
What do you **want** for your birthday?—I **want** a new bicycle.
君は誕生日に何が欲しい?—新しい自転車が欲しい.

- They **wanted** something to eat. 彼らは食べるための何か[食べ物]が欲しかった. →不定詞 to eat (食べる〜)は something を修飾(しゅうしょく)する. →**to** ❾ の ②

❷ (**want to** *do* で) (〜することを)望む, 〜したい → 不定詞 (to *do*) は want の目的語. → **to** ❾ の ①
基本 I **want** to go home. 私は家に帰りたい.

 会話
Where do you **want to** go?—I **want to** go to Disneyland.
君はどこへ行きたいの?—私はディズニーランドへ行きたい.

- You can go there if you **want to** (go). もし行きたければそこへ行ってもいいよ.
- I **wanted to** be a professional skier

---

want 小 A1 /ワント | ウォント/

三単現 **wants** /ワンツ/　　過去・過分 **wanted** /ワンテド/
-ing形 **wanting** /ワンティング/

 教科書によく出る 意味

動 ❶ (〜が)ほしい, (〜を)ほしがる
　What does he **want**? 彼は何をほしがっているの?
　They **wanted** a better future. 彼らはよりよい未来がほしかった.

❷ (**want to** *do* で)〜したい
　I **want to** be a musician. 私はミュージシャンになりたい.

❸ (**want** A **to** *do* で)Aに〜してもらいたい
　My father **wants** me **to** be a doctor.
　父は私に医者になってもらいたいと思っている.

when I was a child. 私は子供の頃(ころ)プロのスキーヤーになりたかった．
• **I've wanted to** buy that guitar for two years. 私はあのギターを2年前から買いたいと思っていた．→現在完了(かんりょう)の文. → have 助動 ❸

❸ (**want** A **to** do で) **A に～してもらいたい，A に～することを要求する**
• I **want** you **to** come and help me. 私は君に助けに来てもらいたい．
• She **wanted** her son **to** be an artist. 彼女は息子(むすこ)に芸術家になってもらいたかった．
• What do you **want** me **to** do? 君は私に何をしてもらいたいのですか[どんなご用をしましょうか]．

❹ (～に)**用がある，求める**；《主に英》**必要とする** (need)
• The teacher **wants** you. 先生が君に用があるって．
• The murderer **is wanted** by the police. その殺人犯は指名手配中である．→受け身の文. → **is** 助動 ❷
掲示 **Wanted**: a cook. コックを求む．→求人広告. A cook **wanted**. (= A cook **is wanted**.) とも表記する．
• This plant **wants** water. この植物は水を必要としている[水をやらなければいけない]．

❺ **事欠**(ことか)**く，不自由する**
• As a child he did not **want for** anything. 子供の頃は彼は何不自由なく育った．

—— 名 (複 **wants** /wánts ワンツ/)
不足，欠乏(けつぼう) (lack); **必要** (need)
• I'm sick **for** [**from**] **want of** sleep. 私は睡眠(すいみん)不足で気分が悪い．
• People in Africa are **in want of** food. アフリカの人々は食糧(しょくりょう)を必要としている．

war 中 A1 /wɔ́:r ウォー/ 名

戦争，戦い
関連語 **war** and **peace** 戦争と平和
• a nuclear **war** 核(かく)戦争
• a **war** against air pollution 大気汚染(おせん)反対闘争(とうそう)
• A **war broke out** between the two nations. その2国間で戦争が起こった．
• Her son was killed **in** the **war**. 彼女の息子(むすこ)は(戦争で殺された ⇨)戦死した．
関連語 Soldiers fight many **battles** in a **war**. 兵士は1度の戦争中にたくさんの戦闘(せんとう)をする．→ **war** は「戦争全体」を指し，**battle** は「個々の戦闘」をいう．

at war (**with** ～) (～と)**交戦中で**
• The two countries **were at war** for five years. その2国は5年間も戦争状態にあった．
• They live in countries **at war**. 彼らは戦争中の国に住んでいる．

go to war (国が)**戦争を開始する**

ward /wɔ́:rd ウォード/ 名 ❶ (病院の)**共同病室；病棟**(びょうとう) ❷ (都市の行政区画である)**区**

wardrobe /wɔ́:rdroub ウォードロウブ/ 名 ❶ **洋服だんす** ❷ (個人の)**衣装**(いしょう)**全部，持ち衣装**

ware /wéər ウェア/ (→ wear (着る)と同音) 名 (**wares** で) **商品**，《他の語と結びついて》**～製品**，(陶器(とうき)などの)**～焼き**

warehouse /wéərhaus ウェアハウス/ 名 (複 **warehouses** /wéərhauziz ウェアハウゼズ/) **倉庫**

warm 中 A1 /wɔ́:rm ウォーム/ 形

(比較級 **warmer** /wɔ́:rmər ウォーマ/; 最上級 **warmest** /wɔ́:rmist ウォーメスト/)

❶ (気温が)**暖かい**
関連語 **cool** (涼(すず)しい), **hot** (暑い)

warm　　　　　cool

中 基本 a **warm** day 暖かい日 → warm +名詞．
中 基本 Winter is cold. Spring is **warm**. (=It is **warm** in spring.) 冬は寒い．春は暖かい．→ be 動詞+warm. It は漠然(ばくぜん)と「気温」を示す．「冬が暖かい」には warm を使わず，

チャンクでおぼえよう want	
□ 何か食べるものが欲しい	**want** something to eat
□ 家に帰りたい	**want** to go home
□ あなたに来て欲しい	**want** you to come

warm-hearted

This winter is **mild** (温暖だ). などという.
- **get warm** 暖かくなる, (体が)温まる
- My cheeks are **warm from** the fever. 私のほおは熱のせいでほてっている.
- Please open the window. I'm too **warm**! その窓を開けてください. 暑いから.
- In winter Florida is much **warmer** than New York. 冬のフロリダ州はニューヨーク州よりずっと暖かい.

❷ (心が)**温かい**; (色など)**温かい感じの**
- a **warm** heart 温かい心
- a **warm** welcome 温かい歓迎(かんげい)
- **warm** colors (赤・オレンジ・黄色などの)温かい色, 暖色(だんしょく)

── 動 (三単現 **warms** /wɔ́ːrmz ウォームズ/; 過去・過分 **warmed** /wɔ́ːrmd ウォームド/; -ing形 **warming** /wɔ́ːrmiŋ ウォーミング/) **暖める, 温める; 暖かくなる, 温かくなる**
- **warm** a room 部屋を暖める
- Come near the fire and **warm** yourself. 火の近くへ来て温まりなさい.
- The mother rabbit **warms** her babies **with** her own body. 母ウサギは自分の体でその子たちを温める.
- His kind words **warmed** her heart. 彼の優(やさ)しい言葉が彼女の心を温かくした.

warm up 暖める, 温める, 暖まる, 温まる; (競技などの前に体を暖めるために)軽い準備運動をする, ウォーミングアップする
- The room is **warming up**. 部屋がだんだん暖まってきた.

warm-hearted /wɔːrm hάːrtid ウォームハーテド/ 形 心の温かい, 思いやりのある →**heart-warming**

warming /wɔ́ːrmiŋ ウォーミング/ 名 暖かくなること[すること]

warmly /wɔ́ːrmli ウォームリ/ 副 温かく; 心から

warmth /wɔ́ːrmθ ウォームす/ 名 暖かさ; 温かさ, 思いやり

warm-up /wɔ́ːrmʌp ウォーマプ/ 名 (競技などの前に体を暖めてほぐす)準備運動, ウォーミングアップ

warn /wɔ́ːrn ウォーン/ 動 ～に警告する, ～に注意する; ～に前もって知らせておく

warning /wɔ́ːrniŋ ウォーニング/ 名 警告, 警報, 注意

Wár of Indepéndence 固名 (**the** を

つけて) (米国の)**独立戦争** →英国の植民地であった北米13の州が本国から独立しようとして戦った戦争 (1775-1783).

warrior /wɔ́ːriər ウォーリア/ 名 《文》戦士, 兵士, 武士

was 中 A1 /弱 wəz ワズ, 強 wáz ワズ; wɔ́z ウォズ/ 動 be 動詞 **am, is** の過去形.

❶ **～であった, ～だった**
- **I** [**He**] **was** a little child then; I **am** [He **is**] now twenty. その頃(ころ)私[彼]は小さな子供でした. 今では私[彼]は20歳(さい)です.
→主語+was+名詞[形容詞]. 主語には I, he, she, it や単数の名詞がなる.

Was he sick yesterday? ─Yes, he **wás**.
彼は昨日病気だったの?─ええ, そうです.
→Was+主語+～? で疑問文. was が文末に来る時は強く発音する.

- He **was not** [(話) **wasn't**] rich, but he **was** happy. 彼は金持ちではなかったが幸福だった. →主語+was not [wasn't]+～で否定文.

❷ (～に)**いた**, (～に)**あった**
- He **was** in New York last month, but he is now in London. 彼は先月はニューヨークにいたが今はロンドンにいる. →主語+was+場所を示す副詞(句).
- He **wasn't** there, **was** he? 彼はそこにいませんでしたね. →～, was he? は「～でしたね」と念を押(お)す用法.

会話 There **was** an earthquake last night.─**Was** there? I didn't notice it. 昨夜地震(じしん)がありました.─そうですか. 私は気がつきませんでした.

── 助動 ❶ (**was** do**ing** で) **～していた; ～しようとしていた** →過去進行形.
- I **was** study**ing** in the library when the earthquake occurred. 地震が起きた時私は図書室で勉強していた.

会話 **Was** May **playing** the piano?─Yes, she **was**. メイはピアノを弾(ひ)いていましたか.─はい, 弾いていました.
- Where **was** Mr. James **going**? ジェームズさんはどこへ行くところでしたか.

❷ (**was**+過去分詞で) **～された** →過去の受け

seven hundred and thirty-seven　737　**wasp**

身.

•She **was loved** by everyone. 彼女はみんなに愛された.

•His brother **was killed** in the war. 彼の兄[弟]はその戦争で(殺された ⇨)死んだ. ➡事故・戦争などで「死ぬ」は受け身形でいう.

wash 小 A1 /wɑ́ʃ ワッシュ|wɔ́ʃ ウォッシュ/ 動
(三単現 **washes** /wɑ́ʃiz ワッシェズ/; 過去・過分 **washed** /wɑ́ʃt ワッシュト/; -ing形 **washing** /wɑ́ʃiŋ ワッシング/)

❶ **洗う**; (〜を)**洗濯(せんたく)する**; 手[顔・体]を**洗う**
•動基本 **wash** the dishes (食後の)食器類を洗う ➡wash+名詞.

関連語 **wash** the clothes in a **washing machine** 洗濯機で衣類を洗濯する
•She **washed** and went to bed. 彼女は体を洗って寝た.
•You must **wash** (your hands) before meals. 食事の前には手を洗わないといけません.
•Where can I **wash** my hands? どこで手を洗えますか. ➡他人の家などで「トイレはどちらですか」の意味にもなる.
•He usually **washes** the clothes on Monday. 彼はふつう月曜日に洗濯をします.
•**Have** you **washed** your dirty shirt? 君は自分の汚(よご)れたシャツをもう洗濯しましたか. ➡現在完了(かんりょう)の文. →have 助動 ❶
•Mother **is washing** the dishes in the kitchen. 母は台所で食器を洗っています. ➡現在進行形の文. →is 助動 ❶

❷ (人が汚れなどを)**洗い落とす**; (波が岸を)**洗う**, (〜に)**打ち寄せる**; (流れが)**さらっていく**, (洗い)**流す**
•**wash** the stain **off** [**out of**] the carpet じゅうたんのしみを洗い落とす
•The waves **washed** (**upon**) the shore. 波は岸を洗った[岸に波が寄せた].
•The bridge **was washed away** by the flood. 洪水(こうずい)で橋が流された. ➡washed は過去分詞で受け身の文. →was 助動 ❷

wash away (洪水などが)**洗い流す**

wash up 《米》(食事前に)**手(や顔)を洗う**; 《英》(使った食器類を全部)**洗う**, **皿洗いをする**; (波が〜を)**打ち上げる**
•Who **washes up** after dinner? 食後の洗い物は誰(だれ)がするのですか.

── 名 (復 **washes** /wɑ́ʃiz ワッシェズ/)

❶ **洗うこと, 洗濯**
•**have** a **wash** 顔や手を洗う
•**Give** your car a good **wash**. 君の車をよく洗いなさい.
•Your shirt is in the **wash**. あなたのシャツは洗濯中です.

❷ 《集合的に》**洗濯物**
•a large [big] **wash** たくさんの洗濯物 ➡×*many* washes としない.
•**hang** the **wash** on the line 洗濯物をロープに干す
•We **do** the **wash** on Monday. 私たちは月曜日に洗濯をします.

washbasin /wɑ́ʃbeisn ワッシュベイスン/ 名
《英》**洗面台, 洗面器** →sink

washcloth /wɑ́ʃklɔːθ ワッシュクろーす/ 名 《米》(入浴用の)**小さいタオル**

washer /wɑ́ʃər ワッシャ/ 名 《米》**洗濯(せんたく)機** (washing machine)

washing /wɑ́ʃiŋ ワッシング/ 動 **wash** の -ing形 (現在分詞・動名詞)
── 名 ❶ **洗濯(せんたく)**
❷ (**the washing** で)《集合的に》**洗濯物**
•do **the washing** 洗濯をする
•**hang out the washing** on the line 洗濯物をロープに干す

wáshing machine A2 名 **洗濯(せんたく)機**

Washington /wɑ́ʃiŋtən ワシントン/ 固名
❶ **ワシントン**

参考 米国の首都. メリーランド州 (Maryland) とバージニア州 (Virginia) の間, ポトマック川 (the Potomac) 沿岸にある. 州に属さない特別区 (the District of Columbia) の略字をつけ **Washington, D.C.** とし, ワシントン州と区別する.

❷ **ワシントン州** ➡米国北西端(たん)の州. **Wash.**, (郵便で) **WA** と略す.
❸ (**George Washington**) **ジョージ・ワシントン** ➡米国独立戦争の総司令官 (1732–1799). 米国初代大統領.

wasn't /wɑ́znt ワズント/ **was not** を短くした形 →was

会話 Was she homesick? —No, she **wasn't**. 彼女はホームシックにかかりましたか. —いや, かかりませんでした.

wasp /wɑ́sp ワスプ/ 名 《虫》**スズメバチ** ➡大

waste 738 seven hundred and thirty-eight

型で腰(こし)が細くくびれている.

waste 中 /wéist ウェイスト/ 動 **無駄**(むだ)**に使う, 浪費**(ろうひ)**する**

- **waste** money [time] 金[時間]を浪費する
- **waste** *one's* strength 体力を無駄に消耗(しょうもう)する
- My brother **wastes** time and money **on** pachinko. 僕(ぼく)の兄はパチンコに時間とお金を浪費している.

waste away (体力が)衰(おとろ)える, 衰弱(すいじゃく)**する**

── 名 ❶ **無駄(使い), 浪費**

- a **waste** of money [time] 金[時間]の浪費

❷ **くず, 廃物**(はいぶつ)

- kitchen **waste** (台所の)生ごみ
- industrial **waste** 産業廃棄(はいき)物
- Factory **waste** pollutes our rivers. 工場廃棄物は私たちの川を汚染(おせん)する.

── 形 **くずの, 廃物の, 不用の; 荒**(あ)**れた, 不毛の** → 名詞の前にだけ使う.

- **waste** water 廃水(はいすい), 汚水(おすい)
- **waste** ground (雑草が生えてごみなどが捨てられている)荒れ地

go to waste 無駄になる, 廃物になる

wastebasket /wéistbæskit ウェイストバスケット/ 名 《米》紙くずかご (《英》waste-paper basket)

wasteful /wéistfəl ウェイストふる/ 形 **むだに使う, 浪費**(ろうひ)**する**

wastepaper /wéistpeipər ウェイストペイパ/ 名 **紙くず**

wástepaper bàsket 名 《英》=wastebasket

watch 小 A1 /wátʃ ワチ|wɔ́tʃ ウォチ/

名	❶ 腕(うで)**時計**
	❷ **見張り, 警戒**(けいかい)
動	❶ **じっと見る, 気をつけて見る**
	❷ **見張る**

意味 map

── 名 (複 **watches** /wátʃiz ワチェズ/)

❶ **腕時計, 懐中**(かいちゅう)**時計** → 携帯(けいたい)用の時計をいう. 関連語 **clock** (置き時計, 掛(か)け時計)

- a digital **watch** デジタル腕時計
- It is two o'clock **by** my **watch**. 私の時計では2時です.
- My **watch** is two minutes **slow** [**fast**]. 私の時計は2分遅(おく)れて[進んで]いる.
- My father **wears** a Swiss **watch**. 私の父

はスイス製の腕時計をしています.

- My **watch keeps good time**. = My **watch** is **correct**. 私の時計は正確だ.
- My **watch gains** [**loses**] a little. 私の時計は少し進む[遅れる].

❷ **見張り, 用心, 警戒**

be on the watch for ~ ~を見張っている, ~を警戒している, ~によく気をつける

keep (*a*) *watch on ~* ~の見張りをする, ~を注意[警戒]する

- The anxious villagers are **keeping a watch on** the level of the river. 不安な村人たちは[村人たちは不安気に]川の水位を見張っている.

── 動 (三単現 **watches** /wátʃiz ワチェズ/; 過去・過分 **watched** /wátʃt ワチト/; -ing形 **watching** /wátʃiŋ ワチング/)

❶ **じっと見る, 気をつけて見る** → ふつう動いている物を見つめることをいう. → look ❶ 類似語

注基本 **watch** television テレビを見る → watch+名詞.

- **watch** a baseball game (on TV) (テレビで)野球の試合を見る
- **watch** the fireworks 花火を見物する
- He usually **watches** television after supper. 彼はたいてい夕食後テレビを見る.

関連語 If you **watch** carefully, you might **see** a falling star. 注意してじっと見ていれば流れ星が見えるかもしれません.

- **Watch** me do it. 私がそれをするのをよく見ていなさい. → watch *A do* は「Aが~するのをじっと見る」.
- We **watched** the sun go**ing** down. 私たちは太陽が沈(しず)んでいくのをじっと見詰めていた. → watch *A doing* は「Aが~しているのをじっと見る」.
- He **was watching** her carefully. 彼は彼女(の動き)を注意深くじっと見ていた. → 過去進行形の文. → was 助動 ❶
- **Watching** birds is a popular hobby among British people. 野鳥の観察は英国人の間で多く見られる趣味(しゅみ)である. → 動名詞 Watching (見ること)は文の主語.

❷ **見張る, 番をする, 気をつける**

- **watch** the sheep 羊の群れの番をする
- **watch** a baby 赤ちゃんのお守(も)りをする
- **Watch** your step! 足元に気をつけて!
- Will you **watch** my clothes while I

waterproof

have a swim? 僕(ぼく)がひと泳ぎする間服の番をしていてくれる?

watch for ~ ~を気をつけて待ち構える

• Could you **watch for** the postman? 郵便屋さんが来るので気をつけてもらえますか.

watch out (***for ~***) (~を)警戒[用心]する

watchdog /wátʃdɔːg ワチドーグ/ 名 監視人; 番犬

watchmaker /wátʃmeikər ワチメイカ/ 名 時計工; 時計メーカー

watchman /wátʃmən ワチマン/ 名 (複 **watchmen** /wátʃmən ワチマン/) (ビルの)警備員, ガードマン →男性に限定しない場合は **guard** を用いるほうがよい.

water 小 A1 /wɔ́ːtər ウォータ/ 名

(複 **waters** /wɔ́ːtərz ウォータズ/)

❶ 水

• hot [cold] **water** 湯[冷たい水, 冷水]

• sea [rain] **water** 海水[雨水]

• **a glass of water** コップ1杯(はい)の水

> POINT water は「水」という意味では1つ2つと数えられないから ×*a* water, ×*two* waters などとしない.「水1杯, 2杯」は水を入れる容器を表す語を使って, a glass of water (コップ1杯の水), two glasses of water (コップ2杯の水)のようにいう.

• **a drink of water** 1杯の水 →a drink は「ひと飲み」の意味.

• **some [much] water** いくらかの[たくさんの]水 →×*many* waters としない.

• drinking **water**=**water** to drink 飲料水 →不定詞 to drink (飲むための~)は water を修飾(しゅうしょく)する. →to ❾ の ②

• May I **have** a glass [a drink] of **water**? 水を1杯いただけますか.

• a **water** bottle 水筒

❷ (**the water** で) (川・池・湖・海などの)水中, 水面; ((the) **waters** で) 川, 湖, 海

• He fell **into the water**. 彼は水の中へ落ちた.

• It's fun to ski **on the water**. 水上スキーをするのはおもしろい.

• The Titanic went down **under the water**. タイタニック号は水中へ沈(しず)んでいった.

• From the plane we saw **the** blue **waters** of the Pacific. 飛行機から太平洋の青い

海原(うなばら)が見えた.

> ことわざ Still **waters** run deep. 音を立てないで流れる川は深い. →「考えの深い人は黙(だま)っている」の意味.

— 動 (三単現 **waters** /wɔ́ːtərz ウォータズ/; 過去・過分 **watered** /wɔ́ːtərd ウォータド/; -ing形 **watering** /wɔ́ːtəriŋ ウォータリング/)

❶ 水をやる, 水をまく; 水で薄(うす)める

• **water** the street 通りに水をまく

• **water down** the juice ジュースを水で薄める

• Mr. White is **watering** the flowers in the garden. ホワイトさんが庭の花に水をやっている.

❷ (目から)涙(なみだ)**が出る**, (口から)唾(つば)[よだれ]**が出る**

• My mouth **watered** when I saw the cake. 私はそのケーキを見たらよだれが出てきた.

wáter bìrd 名 水鳥 →白鳥, カモ, アヒル(など).

wáter bùffalo 名 《動物》水牛 →単に **buffalo** ともいう.

watercolo(u)r /wɔ́ːtərkʌlər ウォータから/ 名 (**watercolo(u)rs** で) 水彩(すいさい)絵の具; 水彩画

waterfall /wɔ́ːtərfɔːl ウォータふォール/ 名 滝(たき) →単に **fall** ともいう.

waterhole /wɔ́ːtərhoul ウォータホウる/ 名 (野生動物たちの)水飲み場 →**water hole** と2語にもつづる.

watering /wɔ́ːtəriŋ ウォータリング/ 名 水まき, 散水

— 形 水を供給する, 水を注ぐ[まく]; 温泉[鉱泉]の; 海水浴場の; 涙ぐんだ

wátering càn 名 (水まきに使う)じょうろ →《米》では **watering pot** ともいう.

wátering hòle 名 =waterhole

wáter lìly 名 《植物》スイレン →ハス (lotus) に似た水生植物.

watermelon 小 /wɔ́ːtərmelən ウォータメろン/ 名 《果物》スイカ →西洋のスイカは日本のものより大きく, ラグビーボール形のものが多い.「水分 (water) の多いメロン (melon)」の意味.

wáter pòlo 名 水球 →7人ずつの2チームが泳ぎながらボールを敵のゴールに投げ込(こ)むスポーツ.

waterproof /wɔ́ːtərpruːf ウォータブルーふ/ 形

water-ski 740 seven hundred and forty

水を通さない, 防水の → **-proof**

water-ski /wɔ́ːtərskiː ウォータスキー/ 動 水上
スキーをする

water-skiing /wɔ́ːtərskiːiŋ ウォータスキーイン
グ/ 图 (スポーツとしての)水上スキー →「スキー
板 (2枚1組)」は (**water**) **skis** という.

waterway /wɔ́ːtərwei ウォータウェイ/ 图 (船
が通れる河川(かせん)・湖など自然の)水路, 運河

waterwheel /wɔ́ːtər(h)wiːl ウォータ(ホ)ウィー
ル/ 图 水車 → これを原動力として作業を行う所
が **mill** (水車小屋, 製粉所).

watt /wát ワト/ 图 ワット → 電力の単位. **W**
または **w** と略す. Watt の名前から.

Watt /wát ワト/ 固名 (**James Watt**) ジェー
ムズ・ワット → スコットランドの技師 (1736–
1819). 蒸気機関を完成した.

wave 中 A2 /wéiv ウェイヴ/ 图
❶ 波, (髪(かみ)の)ウェーブ
• sound [light, electric] **waves** 音波[光波,
電波]
• The big **waves** were **breaking** against
the rocks. 大きな波が岩に当たって砕(くだ)けて
いた. → **were** 助動 ❶
• You can't swim here today because
the **waves** are too **high**. きょうは波が高過
ぎるからここでは泳いじゃだめです.
• His hair has a **natural wave**. 彼の髪は天
然パーマだ.
❷ 手を振(ふ)ること, 一振り
• She **gave a wave of** hello from across
the street. 彼女は通りの向こうから挨拶(あいさつ)
の手を振った.
── 動 振る; (合図に)手を振る, 振り回す; (波のよ
うに)揺(ゆ)れる, (旗などが)ひらひらする
• **wave** *one's* hand [handkerchief] (別れ
の挨拶に)手[ハンカチ]を振る
• The flag is **waving** in the wind. 旗は風
に揺れている.
• He is **waving to** us. 彼は私たちに手を振っ
ている. → **is** 助動 ❶
wave aside 払(はら)いのける, (提案などを)退(しり
ぞ)ける
wave away (手を振って)あっちへ行けと合図
する, 追い払う
wáve pòwer 图 波力

wax /wǽks ワクス/ 图 ろう; (床(ゆか)・家具などを
磨(みが)く)ワックス
関連語 **Candles** are made of **wax**. ろうそ

くはろうでできている.
── 動 ～にワックスをかける

way 小 A1 /wéi ウェイ/

图 ❶ (～へ行く)道
❷ 道のり
❸ 方向, 方角
❹ 方法, やり方
❺ 方面, 点

意味map

── 图 (複 **ways** /wéiz ウェイズ/)
❶ (～へ行く)道
POINT 必ずしも道路そのものをいうわけではな
い. 道路そのものの意味では **highway** (幹線道
路)のような合成語として使われる.
• the **way to** the station 駅へ行く道
• the **way home** [**back**] 帰り道 → home
は副詞で「家へ」の意味.
• Please **tell** me the **way to** your house.
お宅へ行く道を教えてください.
• You lead the **way**, and we'll follow.
君が先に立って案内してくれ. そしたら僕(ぼく)たち
はあとについて行くから.
• The plane **took** the shortest **way to**
London by flying over the North Pole.
飛行機は北極の上を飛ぶことによってロンドンへ
の最短の航路をとった.
• The children **lost** their **way** in the
wood, but soon they **found** a **way**
through it. 子供たちは森の中で道に迷ったが,
まもなくそこを抜(ぬ)け出す道を見つけた[何とか抜
け出すことができた].
❷ 道のり, 距離(きょり) (distance)
• a long **way** 長い道のり; 《副詞的に》遠くに
• **It is** a long [short] **way** from here to
our school. ここから私たちの学校までは遠い
[近い]. → It は漠然(ばくぜん)と「距離」を表す.
• I'll go part of the **way** with you, but I
don't have time to go the whole **way**.
途中(とちゅう)までごいっしょしますが最後までごいっ
しょする時間はありません.
❸ 方向, 方角 (direction)
掲示 **One way**. 一方通行 → 道路標識.
• (**Come**) **This way**, please. どうぞこちら
へ. →×**To** this way としない.
• The post office isn't **this way**, it's **that**
way. 郵便局はこっちの方ではありません, あち
らの方です.
• Which **way** (= In what direction) did

he run away? 彼はどっちに逃(に)げましたか.

•If you are going our **way**, please get into our car. 私たちの行く方向へ行かれるなら, どうぞこの車にお乗りなさい.

•Bob and Jim said goodbye to each other and **went** their separate **ways** home. ボブとジムはお互(たが)いにさよならを言ってそれぞれの家路を帰って行った.

❹ 方法 (method), やり方, しかた, 風

•in some **way** なんらかの方法で, なんとかして

•in strange **ways** 奇妙(きみょう)なやり方で, 見たことのない様子で

•the best **way to** learn [**of** learn**ing**] English 英語を学ぶ最もいい方法 →不定詞 to learn (学ぶ〜)は way を修飾(しゅうしょく)する. → **to** ❾ の ②

•the American **way** of life [living] アメリカ人の生活様式

•Do it (in) **this way**. それをこんな風にしてやってごらん. → in をつけないほうがふつう.

> 文法 ちょっとくわしく
> **this** [**that, the**] **way** は一般(いっぱん)的に言って, 前置詞 **in** をつけてもつけなくても同じ意味だが, 文脈によっては **in** をつけるほうがふつうの場合と, つけないほうがふつうの場合があるから注意. 下の2例参照.

•In that **way** he became very rich in a few years. そういう風にして彼は数年間で大金持ちになった.

•You're putting in the CD the wrong **way**. 君は違(ちが)ったやり方で CD を入れている[CD の入れ方が違うよ].

•**This is the way** I solve the puzzle. これが私がそのパズルを解くやり方です[パズルはこういう風にして解くのです].

•I love the **way** she smiles [walks]. 私は彼女の笑い方[歩き方]が大好きです.

ことわざ Where there's a will, there's a **way**. 意志のあるところには(何らかの)方法[道]がある. →「何よりもやる気が大事」の意味.

❺ 方面, 点

•This is better than that in many **ways**. これはいろいろな点でそれよりよい.

❻ (do one's **way** で) 〜しながら進んで行く

•I **felt** my **way** to the door in the dark.

私は暗闇(くらやみ)の中をドアまで手探(てさぐ)りで進んだ.

•He **pushed** his **way through** the crowd. 彼は人混みを押(お)し分けて進んだ.

all the way (その道を)ずっと; はるばる

•He ran **all the way** to school. 彼は学校までずっと走った.

•He came **all the way from** Africa. 彼はアフリカからはるばるやって来た.

by the way ついでながら, ところで

by way of 〜 〜を通って, 〜を経由して (via)

•Ben came to Japan **by way of** Hawaii. ベンはハワイ経由で日本に来た.

give way (to 〜) ①(〜に)道を譲(ゆず)る

•The boy **gave way to** an old lady at the door. その男の子は入口で老婦人に道を譲った.

②(重みで)崩(くず)れ落ちる, 壊(こわ)れる

•The old bridge finally **gave way**. その古い橋はついに崩れ落ちた.

go out of one's **way** 回り道をする

go one's (**own**) **way** わが道を行く, 自分の思いどおりにする

have one's (**own**) **way** 自分のやり方でやる, 好き(勝手)にする

in a way ある点[意味]で

in the [A's] **way** (Aの)邪魔(じゃま)になって, 行く手をふさいで → **out of the way**

•Don't leave your bicycle there; it will **get in the way**. 自転車をそこに置いておかないでください. 邪魔になるから.

•A mail carrier tried to get to the mailbox, but a big dog was **in** his **way**. 郵便屋さんは郵便箱の所へ行こうとしたが大きな犬が行く手をふさいでいた.

make one's **way** 進む, 行く (go) → make の代わりにほかの動詞を使って「いろいろな進み方」を表すことがある. → ❻

•He **made** his **way** through the crowd. 彼は群衆をかき分けて進んだ.

make way (for 〜) (〜に)道を譲る[あける]

•**Make way for** the fire truck! 消防車に道をあけろ!

no way 《話》決して〜しない; (**No way!** で) とんでもない, だめだ

on the [one's] **way** 途中で; (〜に)向かって

•**on the way to** Los Angeles ロサンゼルスへ行く途中で[へ向かって]

way in

- **on** one's **way** to and from school 学校の行き帰りに
- **on the way** home 家へ帰る途中で

Please tell me the **way** to the stadium.—Come with me; I am **on my way** there.
球場への道を教えてください.—いっしょにいらっしゃい. 僕もそこへ行くところですから.

out of the way 邪魔にならない所に
- Get **out of the way**. どいてくれ.

this way and that あちらこちら(といろいろな方向に)

there's no way (**that**) ~ 《話》決して~しない
- **There's no way** we can fall. 僕らが倒れるなんてありっこないさ.

under way (物事が)進行中で
- get **under way** (物事が)始まる, 動き出す

wáy ín 图 入り口 (entrance)
wáy óut 图 出口 (exit)
WC 略 水洗式便所 ▶**w**ater **c**loset. 古い表現.

参考 日本では WC は公衆トイレの掲示(けいじ)として使われるが, 英国では家の設計図や広告などで使われ, 掲示用には WC でなく, Gentlemen (男子用), Ladies (女子用)を使う. → **toilet**

we 小 A1 /wi(:) ウィ(ー)/ 代

❶ 私たちは, 私たちが, 我々は[が] →I² の複数形. 関連語 **our** (私たちの), **us** (私たちに[を]), **ours** (私たちのもの)

we の変化

	単 数 形	複 数 形
主　　　格	I (私は[が])	**we** (私たちは[が])
所 有 格	my (私の)	**our** (私たちの)
目 的 格	me (私を[に])	**us** (私たちを[に])
所有代名詞	mine (私のもの)	**ours** (私たちのもの)

基本 Jack and I are friends. **We** (=Jack and I) are always together. ジャックと私は友達です. 私たち[ジャックと私]はいつもいっしょです. → We は文の主語.

- **We** are [《話》**We're**] brothers. 私たちは兄弟です.
- **We have** five children. 私たち(妻と私)には子供が5人います.

会話 Do **we have** an English test today, Mr. Green?—Yes, you do. グリーン先生, 私たちきょう英語のテストありますか.—ええ, (君たちは)あります. → この we は話し相手のグリーン先生を含(ふく)まないので, 答える時は you となる.

会話 Do **we** have an English test today, Bob?—No, **we** don't. ボブ, 僕(ぼく)たちきょう英語のテストあるの?—いや, ないよ. → この we は話し相手のボブを含んでいるので, 答える時は we となる.

関連語 **Our** purses were stolen and **we** have no money with **us**. 私たちは財布(さいふ)を盗(ぬす)まれてお金の持ち合わせが無い.

❷ 私たちは→「同じ国・地域・会社・店などにいる, 自分を含めた人々」を指す. → **you** ❸
- **We** Japanese are fond of hot baths. 私たち日本人はふろが好きです. → We と Japanese は同格.
- In Japan, **we** have a lot of rain in June. (日本では私たちは6月に多くの雨を持つ ⇨) 日本では6月は雨が多い.
- **We** serve only the best in this restaurant. このレストランで手前どもは[手前どものレストランでは]上のものしかお出ししておりません.

❸ 私たちはみな, 人は→「自分を含めた一般(いっぱん)の人々」. → **one** 代 ❷, **you** ❹
- **We** should know more about Asia. 私たちはアジアについてもっと知るべきだ.

weak 中 A2 /wíːk ウィーク/ 形

❶ 弱い, 力の無い
- a **weak** point 弱点, ウィークポイント
- **weak** eyes [sight] 弱い視力, 弱視
- **get** [**grow**] **weak** 弱くなる, 弱る
- He has a **weak** heart [will]. 彼は心臓[意志]が弱い.
- Science is my **weak** subject. 理科は私の弱い(不得意の)教科です.

反対語 She is **good at** [**strong in**] math

but **weak in** English. 彼女は数学には強いが英語は弱い(苦手だ).
- The strong should protect the **weak**. 強い人々は弱い人々を守るべきだ. →the strong＝strong people, the weak＝weak people.
- Mr. Smith was getting [becoming] **weaker** and **weaker** every day. スミス氏は日ましに弱っていった. →比較級＋and＋比較級は「ますます～」.

❷ (液体などが) 薄い
- **weak** tea 薄いお茶
- This coffee is too **weak**. このコーヒーは薄過ぎる.

weaken /wíːkn ウィークン/ 動 弱くする; 弱くなる

weakly /wíːkli ウィークリ/ 副 弱々しく, 力なく

weakness /wíːknis ウィークネス/ 名 ❶ 弱いこと, 弱さ, (体力の)衰弱; 弱点, 短所 ❷ (抵抗しようとしてもできないほどの)大好物

wealth A2 /wélθ ウェるす/ 名 富, 資産, 財産 (riches)
- a family of (great) **wealth** 大金持ち[資産家]

ことわざ Health is better than **wealth**. 健康は富に勝る.

wealthy /wélθi ウェるすィ/ 形 (比較級)
wealthier /wélθiər ウェるすィア/; (最上級)
wealthiest /wélθiist ウェるすィエスト/)
裕福な, 金持ちの (rich)

weapon /wépən ウェポン/ 名 武器
- nuclear **weapons** 核兵器
- Her smile is her best **weapon**. 彼女のほほえみは彼女の最大の武器だ.

POINT ピストル, ナイフ, ミサイルなどふつうの戦闘用武器のほか, 拳, 石, ネコの爪, 労働者のストライキ, 優しいほほえみなども weapon になる.

wear 小 A1 /wéər ウェア/ 動
三単現 **wears** /wéərz ウェアズ/
過去 **wore** /wɔ́ːr ウォー/
過分 **worn** /wɔ́ːrn ウォーン/
-ing形 **wearing** /wéəriŋ ウェアリング/

❶ 身に着けている, 着ている, はいている, かぶっている, (ひげ・髪を)生やしている

POINT 服・帽子・時計・靴・眼鏡・指輪・ひげなどを「身に着けている状態」を意味する.「身に着ける動作」は **put on**.

put on

wear

- **wear** black **shoes** 黒い靴を履いている
- **wear** a **ring** 指輪をはめている
- **wear** a **necklace** ネックレスをしている
- **wear glasses** 眼鏡をかけている
- **wear** a **beard** あごひげを生やしている
- **wear** a **smile** ほほえみを浮かべている
- **wear perfume** 香水をつけている
- He always **wears** a dark coat and a blue tie. 彼はいつも黒っぽい上着に青いネクタイをしている.
- She **wears** her hair short. 彼女は髪を短くしている. →wear A B (形容詞)は「AをB(の状態)で身に着けている」.
- She **is wearing** beautiful **jewels** today. 彼女はきょうは美しい宝石をつけている. →進行形 (→**is** 助動 ❶)は「一時的に身に着けている」の意味.
- She **wore** a yellow **ribbon** in her hair. 彼女は髪に黄色いリボンを結んでいた.

❷ (**wear out** [**away**, **down** など]とも) すり減らす, すり減る; (人を)疲れさせる
- I **wear out** four pairs of shoes each year. 私は毎年4足の靴を履きつぶす.
- My sweater is **wearing** thin at the elbows. 僕のセーターは肘のところがすり減って薄くなってきている.
- Tony **has worn** his socks **into** holes. トニーは穴があくまでソックスを履いた. →**have** 助動 ❸
- My school uniform is **worn out**. 私の制服はすり切れている. →**is** 助動 ❷
- I'm **worn out from** a long drive. 長いドライブで私は疲れ果てている.

❸ 長くもつ
- This shirt **wore** very well; it lasted for more than ten years. このシャツはとても長もちした. 10年以上ももった.

wearable

━名 ❶《集合的に》衣服 (clothing)
- children's **wear** 子供服 →×a wear, ×wears としない.
- one's everyday [casual] **wear** ふだん着

❷ すり切れ, 着古し, 使い古し, いたみ
- My shoes are showing signs of **wear**. 私の靴はあちこちすり切れてきた.

wearable /wé(ə)rəbl ウェ(ア)ラブル/ **形** (コンピューターなどが)身につけられる, 着用[装置]できる; (服などが)着やすい

weary /wíəri ウィアリ/ **形** (比較級 **wearier** /wíəriər ウィアリア/; 最上級 **weariest** /wíəriist ウィアリエスト/)
❶ とても疲(つか)れた (very tired)
❷ あきあきして, うんざりして; 退屈(たいくつ)な

weasel /wíːzl ウィーズル/ **名**《動物》イタチ

weather 小 A1 /wéðər ウェざ/ **名**
(そのときどきの)**天気, 天候, 空模様**
関連語 climate (気候)
- **good [bad] weather** よい[悪い]天気, 好天[悪天候] →×a weather, ×weathers としない.
- **nice [fine] weather** いい天気, 晴天
- **rainy [wet] weather** 雨天, 雨降り
- The **weather was** cold yesterday. = We **had** cold weather yesterday. 昨日は寒かった.

会話 What was the **weather like [How was the weather]** in Chicago?—It was fine, but very windy. シカゴの天気はどうでしたか.—晴れていたがとても風が強かった.
- We cannot go out **in** this stormy **weather**. この嵐(あらし)では外へ出られない.

under the weather ちょっと気分がよくない
- I feel **under the weather** today. きょうはちょっと気分が悪い.

weathercock /wéðərkɑk ウェざカク/ **名** 風見鶏(かざみどり), 風向計

wéather fòrecast **名** 天気予報

会話 What's the **weather forecast** for today?—It's "Cloudy with occasional rain showers." きょうの天気予報は何ですか.—「曇(くも)り時々にわか雨」です.

wéather fòrecaster **名** (テレビ・ラジオの)気象予報士

wéather màp [chàrt] **名** 天気図

wéather repòrt **名** 天気予報

weather vane /wéðər vèin ウェざ ヴェイン/ **名** 風見(かざみ), 風向計 →**weathercock**

weave /wíːv ウィーヴ/ **動** (三単現 **weaves** /wíːvz ウィーヴズ/; 過去 **wove** /wóuv ウォウヴ/, **weaved** /wíːvd ウィーヴド/; 過分 **woven** /wóuvn ウォウヴン/, **weaved**; -ing形 **weaving** /wíːviŋ ウィーヴィング/)
織る; 編む; (クモが巣を)張る →**web ❶**

web A2 /wéb ウェブ/ **名**
❶ クモの巣 (cobweb)
- A spider is **weaving [spinning]** a **web**. クモが巣を張っている.
❷ (the Web で)《コンピューター》ウェブ → (世界中にクモの巣のように張り巡(めぐ)らされた)インターネット情報提供サービス. **the World Wide Web** (WWW または www と略す) のこと.
- look for information on **the Web** ウェブで情報を探す

wéb pàge(s) A2 **名**《コンピューター》ウェブページ →インターネット上の情報ページのこと.

website 中 A2 /wébsait ウェブサイト/ **名**《コンピューター》ウェブサイト →**Web site** あるいは **web site** と2語にもつづる. 情報提供している会社・団体・個人などの情報が載(の)っているインターネット上の場所・所在地. →**homepage, home page**

Wed. 略 =**Wed**nesday (水曜日)

we'd /wi(ː)d ウィ(ー)ド/ **we had**, **we would**, **we should** を短くした形
- **We'd** (= We had) been to Kyoto several times before then. 私たちはそれより前に数回京都に行ったことがあった.
- **We'd** (= We would) like to go to the movie. 私たちはその映画を見に行きたい.

wedding A2 /wédiŋ ウェディング/ **名**
❶ 結婚(けっこん)式 →ふつう教会での式の後, 新婦の家で行われる披露(ひろう)パーティーまで含(ふく)めて wedding という. →**marriage**
❷ 結婚記念日
- a silver [golden] **wedding** 銀[金]婚(こん)式 →それぞれ25周年, 50周年の結婚記念日.

関連語 (wedding)
bride (花嫁(はなよめ)), **bridegroom** (花婿(はなむこ)), **engagement** (婚約(こんやく)), **marriage** (結婚), **honeymoon** (ハネムーン)

wédding càke 名 ウェディングケーキ

wédding drèss 名 ウェディングドレス, 結婚(けっこん)衣装(いしょう)

wédding ring 名 結婚(けっこん)指輪(ゆびわ) → 左の薬指 (ring finger) にはめられる.

Wednesday 小 A1 /wénzdei ウェンズデイ/ (→d は発音しない) 名

(複 **Wednesdays** /wénzdeiz ウェンズデイズ/)

水曜日 →週の第4日. 詳(くわ)しい使い方は → **Tuesday**

- on **Wednesday** 水曜日に
- Today is **Wednesday**. = It's **Wednesday** today. きょうは水曜日です. →×*a* [*the*] Wednesday としない. It は漠然(ばくぜん)と「時」を表す.
- I saw Ken last **Wednesday**. 私はこの前の水曜にケンに会った. →×*on* last Wednesday としない. 次例も同じ.
- I will see Ken next **Wednesday**. 私はこの次の水曜日にケンに会います.
- See you (**on**) **Wednesday** morning. 水曜日の朝会おう.

語源 (Wednesday)
「ウォドン (Woden) の日」の意味. Woden はアングロ・サクソン族の神話の主神で, 北欧(ほくおう)神話の Odin (オーディン) にあたる.

weed /wíːd ウィード/ 名 雑草
—— 動 ~の雑草を取る, 草刈りをする

week 小 A1 /wíːk ウィーク/ 名

(複 **weeks** /wíːks ウィークス/)

❶ (日曜から始まる)週; (特定の日からの)1週間, 7日間
- **this week** 今週(に) →「今週に」という意味でも ×*in* this week としない.
- **next** [**last**] **week** 来[先]週
- **every week** 毎週
- **for** a **week** 1週間, 7日の間
- **the week before last** (先週の前の週 ⇨)先々週
- **the week after next** (来週の次の週 ⇨)再来週
- **day of the week** 曜日
- a **week** from [ago] today 来週[先週]のきょう →《英》では today week または a week today といって, 来週か先週かは文脈で判断する.
- **weeks ago** 数週間も前に
- Sunday is the first day of the **week**. 日曜日は週の最初の日です. →ふつう新しい週は日曜から始まるが, 月曜からという説もある.

会話
What day (of the **week**) is it today?
—It's Monday.
きょうは何曜日ですか.—月曜です.
→it, It は漠然(ばくぜん)と「時」を表す. what day (何の日)といえば, 日付ではなく曜日を意味する.

❷ (仕事・学校のある)**平日**, **ウィークデー** →土曜日と日曜日以外の日々. その中の「1日」が a weekday.

関連語 We go to school during the **week** and play on [《英》at] the **weekend**. 私たちは平日は学校に行き週末は遊ぶ.
- A school **week** is five days. 学校の授業のある日は週5日です.

❸ (~ **Week** で) ~週間
- Bird [Book] **Week** 愛鳥[読書]週間
- Traffic Safety **Week** 交通安全週間

by the week 週単位で, 1週間いくらで, 週ぎめで

week after week = ***week in, (and) week out*** 毎週毎週

weekday A2 /wíːkdei ウィークデイ/ 名 平日, ウィークデー →土曜日と日曜日以外の日. → **week** ❷
- My father is busy **on weekdays**. 私の父はウィークデーは忙(いそが)しい.
- **weekday** flights from Tokyo to Paris 東京発パリ行きの平日便

weekend 中 A1 /wíːkend ウィークエンド/ 名 週末, ウィークエンド →土・日曜日.
- last **weekend** 先週の週末(に)
- a **weekend** trip 週末旅行
- stay at the seaside **over** the **weekend** 週末の間海辺に滞在(たいざい)する
- **spend** a **weekend** at the seaside 週末を海辺で過ごす

会話 We are going skiing this **weekend**.—That's great! Have a nice **weekend**! 私たちの週末スキーに行くの.—すてきね. いい週末を. →×*on* this weekend などと

weekly

しない.
- We are going to the country **for** [**on**, 《英》**at**] **the weekend**. 私たちは週末に田舎(いなか)へ出かけます.

weekly A2 /wí:kli ウィークリ/ 形 毎週の; 週1回の, 週刊の
- a **weekly** magazine 週刊誌

—— 副 毎週 (every week), 週1回 (once a week)

—— 名 (複 **weeklies** /wí:kliz ウィークリズ/) 週刊誌, 週刊新聞

weep A2 /wí:p ウィープ/ 動 (三単現 **weeps** /wí:ps ウィープス/; 過去・過分 **wept** /wépt ウェプト/; -ing形 **weeping** /wí:piŋ ウィーピング/) (涙(なみだ)を流して)泣く 類似語 **cry** (泣く), **sob** (泣きじゃくる)
- **weep** bitterly at the news of his death 彼の死の知らせを聞いておいおい泣く
- **weep with** [**for**] **joy** うれし泣きする

weigh A2 /wéi ウェイ/ 動
❶ ~の重さをはかる 関連語 「重さ」は **weight**.
- The grocer **weighed** the potatoes. 食料品店の人がジャガイモの重さをはかった.
- I **weigh** myself on the bathroom scales once a month. 私は月1回浴室の体重計で体重をはかる.

❷ ~の重さがある
- The potatoes **weighed** 10 kilograms. ジャガイモの重さは10キロあった.

会話 How much do you **weigh**? —I **weigh** 60 kilograms. 君は体重がどれだけありますか.—私は体重が60キロです. →×How heavy are you? などといわない.

weight A2 /wéit ウェイト/ (→gh は発音しない) 名 ❶ 重さ, 重量, 体重 関連語 「重さをはかる[がある]」は **weigh**.
- **lose** [**put on**, **gain**] **weight** 体重が減る[増える], やせる[太る]

会話 What's your weight? —My weight is 55 kilograms. I've **gained weight** a little. 君体重がどれくらいあるの.—55キロです.少し体重が増えました.

❷ 重い物; 分銅(ふんどう), おもり; (重量挙げの)ウエート
- lift **weights** 重量挙げをする

wéight lifting 名 重量挙げ

weird /wíərd ウィアド/ 形 気味の悪い, 奇妙(きみょう)な (strange)

welcome

welcome 小 A1 /wélkəm ウェるカム/

間	いらっしゃい!	意味 map
形	❶ 歓迎(かんげい)される	
名	歓迎	
動	歓迎する	

—— 間 いらっしゃい!, ようこそ!

使基本 **Welcome** home [back, back home]! お帰りなさい. →welcome＋場所を示す副詞(句). 旅行などで長く留守をしていた人などにいう. 毎日帰ってくる人には **hello**, **hi** などという.
- **Welcome to** Japan! ようこそ日本へ.

—— 形 (比較級 **more welcome**; 最上級 **most welcome**)
❶ 歓迎される, (もらって)うれしい, ありがたい

使基本 a **welcome** letter [guest] うれしい手紙[来てくれてうれしい客] →welcome＋名詞.

使基本 You are always **welcome** in my home. 僕(ぼく)の家では君はいつでも歓迎だ. →be 動詞＋welcome.

❷ (**be welcome to** do で) 自由に[かってに]～していい
- You **are welcome to** use my car. 君は私の車を自由に使っていいよ.

You are welcome. 《主に米》どういたしまして →単に **Welcome.** ともいう. 《英》では **Not at all.** や **That's all right.** ともいう.

会話
Thank you very much for your kind help.—You are **welcome**.
手を貸していただいてどうもありがとうございました.—どういたしまして.

—— 名 (複 **welcomes** /wélkəmz ウェるカムズ/) 歓迎
- **give** them a warm **welcome** (彼らに温かい歓迎を与(あた)える ⇨)彼らを温かく迎(むか)える

seven hundred and forty-seven　747　**well**

- **receive** a hearty [cold] **welcome** 心からの歓迎[冷たいもてなし]を受ける
— 動 (三単現 **welcomes** /wélkəmz ウェるカムズ/; 過去・過分 **welcomed** /wélkəmd ウェるカムド/; -ing形 **welcoming** /wélkəmiŋ ウェるカミング/) **歓迎する, 迎える**
- They **welcomed** me warmly. 彼らは私を温かく迎えてくれた.

wélcome màt 名 (Welcome と書いてある)**ドアマット** (doormat)

welfare /wélfeər ウェるフェア/ 名 ❶ **福祉**(ふくし) → 満足すべき生活環境(かんきょう). ❷ **生活保護**

well[1]

小 A1 /wél ウェる/

副	❶ うまく, 上手に, よく ❷ (程度が)よく, 十分に	意味 map
形	❶ 健康で, 元気で[に], (元気・気分が)よい, よく ❷ (具合・都合などが)よい	
間	さあ; さて	

— 副

| 比較級 | **better** /bétər ベタ/ |
| 最上級 | **best** /bést ベスト/ |

❶ **うまく, 上手に, よく; 立派に**
基本 You dance [sing] **well**. 君は上手に踊(おど)る[歌う]ね. (You are a good dancer [singer].) → 動詞+well.
- Everything is going **well**. 万事(ばんじ)うまく[順調に]いっている.
- Your work is **well** done. 君の仕事[作品]はよくできている. → 受け身の文(よくなされている)であるが「よくできている」と訳す.
- He sings **better** than I do [《話》 than me]. 彼は私よりうまく歌う[歌がうまい].

Can you speak English **well**? —I speak it pretty **well** but I speak Japanese **better**. Akiko speaks English **best** in our class.
君は英語をうまく話せますか.—かなりうまく話せますが, 日本語のほうがもっとうまく話せます. 私たちのクラスでは晶子さんが一番上手に英語を話します.

❷ (程度が)**よく, 十分に**
- **Mix** the paint **well**. ペンキをよく混ぜなさい.

- Did you **sleep well** last night? ゆうべはよく眠(ねむ)りましたか.

Do you know Mr. Green? —Yes, I know him very **well**.
君はグリーンさんを知ってる?—はい, とてもよく知ってます.

- Everybody **speaks well of** him. 誰(だれ)もが彼のことをよく言う[ほめる].
- They are **well off**. 彼らは裕福(ゆうふく)に暮らしている. →**off** 副 ❻

— 形

| 比較級 | **better** /bétər ベタ/ |
| 最上級 | **best** /bést ベスト/ |

❶ **健康で, 元気で[に], (元気・気分が)よい, よく** →名詞の前にはつけない.
基本 am [is, are] **well** 健康である →be 動詞+well. well は名詞の前につける用法はないので, 「健康な人」はふつう a healthy man などという.
- **get well** (病気が)治る, よくなる
- **feel well** 気分がよい, 具合がよい
- **look well** 顔色がよい, 元気そうに見える
反対語 Are you still **sick** [《英》**ill**] or are you **well**? 君はまだ具合が悪いですか, それとも元気になりましたか.

How are you? —I am very **well**, thank you.
お元気ですか.—ありがとう, とても元気です.

- He is getting **better**. 彼はだんだんよくなっている.
- I feel **better** than yesterday. 私は昨日より(もっと)気分がよい.
- I feel **best** in the morning. 私は朝のうちが一番気分がいい.

❷ (具合・都合などが)**よい**
- All is now **well with** me. 私は今万事うまくいっています[すべて順調です].
- ことわざ All is **well** that ends well. 終わりよければすべてよし. → シェークスピアの喜劇のタイトル. 後の well は副詞. 関係代名詞 that 以下は All を修飾(しゅうしょく)する.

— 間 **さあ, えーと; さて, ところで; まあね**

会話
Can I see you again? —**Well**, I'm not sure.
また君に会える?—さあ, わからないわ.
Did you like the concert? —**Well**, yes, not bad.
コンサートはよかったかい.—まあね. 悪くはなかったよ[けっこうよかったよ].
How much was it? —**Well**, let me see, er, ...
それはいくらだったの.—えーと, そうですね, えーと, ….

How much was it ?
Well, let me see, er, ….

- **Well**, I must go now. さてと, そろそろ帰らなければ.
- **Well**(, **well**)! What a surprise! あらまあ! これは驚(おどろ)いた!

会話 Dad, may I ask you something? —**Well**? パパ, お願いがあるの.—なんだい?

~ as well 《話》(~も)また, その上~も (too) → 文の終わりに来る.
- Cindy can dance and sing **as well**. シンディは踊りもできるし歌も歌える.

A **as well as** *B* ① B 同様に A も; B はもちろん A も
- He can speak German **as well as** English. (= He can speak not only English but (also) German.) 彼は英語はもちろんドイツ語もしゃべれます.
- She is smart **as well as** beautiful. 彼女は美しいだけでなく頭もいい.
- You **as well as** I **are** wrong. (= Not only I but (also) you are wrong.) 私と同様君も間違(まちが)っている. → You が主語だから動詞は are となり, ×am とはならない. ふつうは We are both wrong. という.

② B と同じくらいうまく A も
- I can swim **as well as** my brother. 僕(ぼく)も兄さんと同じくらいうまく泳げるよ.

may [*might*] *as well* do (*as* do) (~するくらいなら)~するほうがいいだろう
- We **may as well** go home. He's over an hour late already. 僕たち(ずっと彼を待ってるより)家へ帰ったほうがいいよ. 彼もう1時間以上遅(おく)れてるのだから.
- You won't listen to me. I **might as well** talk to a wall (**as** talk to you). 君は私の話を聞こうとしない. (君に話すくらいなら)壁(かべ)に向かって話したほうがましだ.

may well do ~するのももっともだ
- He **may well** be proud of his bright daughter. 彼が自分のかしこい娘(むすめ)を自慢(じまん)するのももっともだ.

Well done! よくできた!, よくやった(, おめでとう)!, うまい!
- I hear you passed the exam. **Well done!** 試験に受かったんだってね. よくやったね, おめでとう!

well² /wél ウェる/ 名 (水・石油・ガスなどを採掘(さいくつ)するための)井戸(いど); 泉 (spring)
- an oil **well** 油井(ゆせい)

we'll /wi(:)l ウィ(ー)る/ **we will** を短くした形
- **We'll** have an English test tomorrow. 私たちは明日英語のテストがある.

well-done /wel dán ウェるダン/ 形
❶ 立派に行われた, よくできた → **Well done!** (**well**¹ 成句)
❷ 十分に煮(に)えた[焼けた] → **rare**²

会話 How do you like your steak? —I like it **well-done**. ステーキの焼き加減はどうしますか.—ウェルダンにしてください[よく焼いてください].

Wellington /wélintən ウェリントン/ 固名
ウェリントン → ニュージーランド (New Zealand) の首都.

well-known A2 /wel nóun ウェるノウン/ 形
よく知れ渡(わた)った, 有名な (famous)
- a **well-known** writer 有名な作家
- The Mona Lisa is **well-known** all over the world. モナリザ(の絵)は世界中に知られている.

well-off /wél ɔ́:f ウェるオーフ/ 形 裕福(ゆうふく)な, 暮らし向きのよい

Welsh /wélʃ ウェるシュ/ 形 ウェールズ (Wales) の; ウェールズ人の; ウェールズ語の
── 名 ❶ (the Welsh で) ウェールズ人(全体)
❷ ウェールズ語 → **Wales**

went 中 /wént ウェント/ 動 **go** の過去形

wept /wépt ウェプト/ 動 **weep** の過去形・過去分詞

were 中 A1 /弱 wər ワ～, 強 wə́ːr ワ～/
動 →be 動詞 **are** の過去形.

❶ **〜であった，〜だった**

基本 We [They] **were** little children then. We [They] are now over sixty. その頃(ころ)私たち[彼ら]は小さな子供だった. 今では私たち[彼ら]は60歳(さい)を過ぎた. →主語+ were+名詞[形容詞]. 主語には you, we, they や複数の名詞がなる.

Were you busy last week? —Yes, we wére. 君たちは先週は忙(いそが)しかったの?—ええ, 忙しかったです.
→Were+主語+〜? で疑問文. were が文末に来る時は強く発音する.

・We **were not** [《話》**weren't**] rich, but we **were** happy. 私たちは金持ちではなかったが幸福でした. →否定文.

❷ **(〜に)いた, あった**

・We **were** at home yesterday. 私たちは昨日は家にいました. →主語+were+場所を示す副詞(句).

・You **weren't** at home, **were** you? 君はうちにいませんでしたね. →〜, were you? は「〜でしたね」と念を押(お)す用法.

・There **were** two fires in Kanda last night. 昨夜神田で2件の火事があった.

❸ (仮定法過去の文で)**〜であったら** →仮定法の文では主語が I や it など単数であっても were になるが, 口語では単数の場合は was もよく使われる. →**wish** 動 ❸

— 助動 ❶ **(were** *doing* で) **〜していた; 〜しようとしていた** →過去進行形.

・We **were studying** in the library when the earthquake occurred. 地震(じしん)が起きた時私たちは図書室で勉強していた.

会話 Were Mary and Jane **playing** tennis?—No, they **weren't**. メアリーとジェーンはテニスをしていましたか.—いいえ, していませんでした.

・Where **were** Mr. and Mrs. Smith **going**? スミス夫妻はどこへ行くところでしたか.

❷ **(were+過去分詞で) 〜された** →過去の受け身.

・The twins **were loved** by everyone. その双子(ふたご)はみんなに愛された.

・Many men **were killed** in the war. たくさんの男たちがその戦争で死んだ. →事故・戦争などで「死ぬ」は受け身形で表現する.

we're /wi(ː)ər ウィ(ー)ア/ **we are** の短縮形

・**We're** good friends. 私たちは仲良しだ.

weren't /wə́ːrnt ワ～ント/ **were not** の短縮形 →**were**

会話 Were you there then? —No, we **weren't**. 君たちはその時そこにいたの?—いいえ, いませんでした.

west 中 A2 /wést ウェスト/ 名

❶ **(the west** で) **西, 西方; 西部(地方)**
反対語 **east** (東)

・**in the west** of Tokyo 東京の西部に
・**to the west** of Tokyo 東京の西の方に
・The sun sets in **the west**. 太陽は西に沈(しず)む.
・Our school is in **the west** of the town. 私たちの学校は町の西部にある.
・France is to **the west** of Austria. フランスはオーストリアの西方にある.

❷ **(the West** で) **西洋, 欧米(おうべい)**
反対語 **The West** has much to learn from **the East**. 西洋は東洋から学ぶべきものが多い.

❸ **(the West** で)《米》(米国の)**西部** →ミシシッピ川より西の地域.

— 形 **西の, 西部の; 西向きの; (風が)西から吹(ふ)く**

・a **west** wind 西風
・the **west** coast of the United States アメリカ西海岸

— 副 **西へ[に], 西方へ[に]**

・**sail west** 西へ航海する
・My room **faces west**. 私の部屋は西に向いている.
・The lake **is** (seven miles) **west** of our town. その湖は私たちの町の西方 (7マイルの所)にある.

western /wéstərn ウェスタン/ 形

❶ **西の, 西方の, 西部の** 反対語 **eastern** (東の)

・**western** Europe 西ヨーロッパ

❷ **(Western** で) **西洋(風)の, 欧米(おうべい)の; (米国の)西部の**

・**Western** countries 欧米諸国

Western Hemisphere 750   seven hundred and fifty

- **Western** civilization 西欧(せいおう)文明
- a **Western** film 西部劇映画
- a **Western**-style building 西洋風の建物, 洋館

—— 名 (しばしば **Western** で)(劇・映画・物語などの)西部劇, ウエスタン
- watch a **Western** on TV テレビで西部劇を見る

Wéstern Hémisphere 固名 (the をつけて)西半球 反対語 **Eastern Hemisphere** (東半球)

West Indies /wést índiz ウェスト インディズ/ 固名 複 (the West Indies で)西インド諸島
→ キューバ, ジャマイカなど米国フロリダ州と南米の間に散在する諸島.

Westminster Abbey /wéstminstər æbi ウェストミンスタ アビ/ 固名 ウエストミンスター寺院 → **gothic** (写真)

> 参考   英国の首都ロンドンにあるゴシック式教会堂. 11 世紀半ばに建てられて以来, 英国を代表する教会となり, **the Abbey** と呼ばれる. 代々の国王の戴冠(たいかん)式はここで行われ, 王家や重要人物が埋葬(まいそう)されている. チョーサー, ディケンズなどの詩人・作家の墓がある一画は「詩人コーナー」(**Poets' Corner**)と呼ばれる.

West Virginia /wést vəːrdʒíniə ウェスト ヴァ~ヂニア/ 固名 ウエストバージニア →米国中東部の州. **W.Va.** または(郵便で)**WV** と略す.

westward /wéstwərd ウェストワド/ 形 西方(へ)の, 西へ向いた —— 副 西方へ[に]

westwards /wéstwərdz ウェストワツ/ 副 《主に英》=westward

wet 中 A2 /wét ウェト/ 形 (比較級 **wetter** /wétər ウェタ/; 最上級 **wettest** /wétist ウェティスト/) ぬれた, 湿(しめ)った; 雨の(降る) (rainy) 反対語 **dry** (乾(かわ)いた)
- a **wet** towel ぬれたタオル
- a **wet** day 雨(降り)の日
- the **wet** season (=the rainy season) 雨季
- get **wet** to the skin=get **wet** through びしょぬれになる

掲示 **Wet** paint. ペンキ塗(ぬ)りたて.
- Her eyes were **wet** with tears. 彼女の目は涙(なみだ)でぬれていた.

- The day was cold and **wet**. その日は雨で寒かった.
- I will not go if it is **wet**. 雨なら私は行かない.

—— 動 (三単現 **wets** /wéts ウェツ/; 過去・過分 **wet**, **wetted** /wétid ウェテド/; -ing形 **wetting** /wétiŋ ウェティング/)
ぬらす; 湿らす 反対語 **dry** (乾かす)

wetland /wétlænd ウェトランド/ 名 (ふつう **wetlands** で)湿地(しっち), 湿原(しつげん)

we've /wi(:)v ウィ(ー)ヴ/ we have を短くした形
- **We've** done our work. 私たちは仕事を終えてしまった.

whale 小 /(h)wéil (ホ)ウェイる/ 名 《動物》クジラ
- a school [a herd] of whales クジラの群れ, 一群のクジラ

whále wàtching 名 ホエールウォッチング → 船に乗って海でクジラやイルカを観察すること.

whaling /(h)wéiliŋ (ホ)ウェイリング/ 名 捕鯨(ほげい)

wharf /(h)wɔ́ːrf (ホ)ウォーふ/ 名 (複 **wharves** /(h)wɔ́ːrvz (ホ)ウォーヴズ/, **wharfs** /-fs -ふス/) 波止場(はとば), 埠頭(ふとう)

what 小 A1 /(h)wát (ホ)ワト, (h)wʌ́t (ホ)ワト|wɔ́t ウォト/

代 ❶ 何   意味 map
  ❷ 何を
  ❸ 何が
  ❹ (～する)もの[こと]
形 ❶ 何の
  ❷ (感嘆(かんたん)文で)なんと(いう)～!

—— 代 ❶ 何, どんなもの[こと]; (値段が)いくら (how much)

会話 基本 **What** is this? (◝). これは何ですか.

POINT This is *what*. (これは「何」である)が疑問文になって ⇨ **Is this** *what*? さらに what が文頭に出て ⇨ **What is this?** となる.

会話 **What** is her name?—It's Sylvia. 彼女の名前は何というのですか.—(彼女の名前は)シルビアです.
- **What** is your address [phone number]? 君の住所はどこ[電話番号は何番]ですか.

会話 **What** is your father? —He's a teacher. 君のお父さんは何をしている人ですか.

seven hundred and fifty-one　751　**what**

一父は教師です.

POINT 上の会話例は「職業・身分」を聞く時の言い方. ただし, What is your father's job? または What does your father do? というほうがふつう. → **who** ❶

•**What** is the time [the date]? 今何時[きょうは何日]ですか.

•**What** is the price of this dictionary? この辞書の値段はいくらですか.

•**What**'s the weather like in New York? ニューヨークのお天気はどうですか.

> **文法　ちょっとくわしく**
> この what は like (前置詞)の目的語.
> **The weather is like *what* in New York.** (お天気はニューヨークでは「どのようで」ある)が疑問文になって ⇨**Is the weather like *what* New York?** さらに what が文頭に出て ⇨**What is the weather like in New York?** となる.

会話 What is this? (↘) Do you know **what this is?** (↗)—Yes, I do. It's a panda. これは何だ? 君はこれが何だか知っていますか.—ええ, 知っています. パンダです.

POINT What is this? は文の一部に組み入れられると what this is の語順になる.

会話 **What** do you think **this is?** —I think it's a kind of shark. 君はこれが何だと思いますか.—サメの一種だと思います. → Yes, No の答えを求めない疑問文の場合はこの語順になる. 前例との違(ちが)いに注意.

❷何を

基本 **What** do you have? (↘) 君は何を持っているのですか.

POINT You have *what*. (君は「何」を持っている)が疑問文になって ⇨**Do you have *what*?** さらに what が文頭に出て ⇨**What do you have?** となる.

会話 **What** does your father do? —He works for a bank. 君のお父さんは何をしていらっしゃるのですか.—銀行に勤めています.

•**What can I do for you?** (店員などが「あなたのために私は何ができますか」⇨)何かご用ですか; 何を差し上げましょうか. → Can I help you? ともいう.

•**What** do you think of this movie? この映画をどうお考えですか. → × How do you

think ~? としない.

会話 **What** are you reading, Bob? —Sorry. **What** did you say? ボブ, 何を読んでいるの.—すみません. 今何ておっしゃったのですか. → 親しい友人などには単に **What?** (↗)ともいう.

会話 I know **what** you're going to say. —**What?**—That's **what**! ぼく君が何て言おうとしているか知ってるよ.—何だ?—「何だ」だよ. → 子供たちの言葉遊びの1つ.

•You are **what** you do, not **what** you say. 君(にとって大事なこと)は何をするかであって, 何を言うかではない[言葉よりも行動が大事だ].

•I didn't know **what to do**. 私は何をすべきか[どうしていいか]わからなかった.

❸何が

基本 **What** happened? 何が起こったんだ.

POINT What が文の主語の時は「主語＋動詞」の語順のままでよい.

•**What's** (=**What is**) on the moon? 月には何がいますか.

•**What** makes you so sad? (何が君をそんなに悲しくするのか ⇨)なぜ君はそんなに悲しいの. → make *A B* (形容詞)は「AをB(の状態)にする」.

•**What** made you think so? (何が君にそう考えさせたのか ⇨)なぜ君はそう考えたのか. → make *A do* は「Aに～させる」.

❹(関係代名詞として)(～する)もの[こと], (～である)もの[こと]

•**what** I want 私が欲(ほ)しいもの

•**what** happened after that その後で起こった事

•This is **what** I want. これは私が欲しいものです.

•I don't believe **what** he says. 私は彼の言うことを信じない.

•You don't have to be afraid of **what** you are. 君は(自分がそうであるところのもの⇨)自分というものを不安に思う必要はない.

•**What** I want is freedom. 私が欲しいものは自由だ.

•**What** he said is true. 彼が言ったことは本当だ.

•**What** I like best is fishing. 僕(ぼく)が一番好きなことは魚釣(つ)りです.

•**What** happened after that was very interesting. その後起きた事はとてもおもしろ

whatever

752   seven hundred and fifty-two

かった.

── 形 (→比較変化なし)

❶ 何の, 何という, どんな

🔵基本 **what** time 何時 →what+名詞.

• **what** color [shape] どんな色[形]

• **what** day of the week [the month] 何曜日[何日]

🟢会話 **What** time is it? (↘)—It's six thirty. 今何時ですか.—6時半です. →it, It は漠然(ばくぜん)と「時間」を表す.

🟢会話 **What** day is today?—Today is Friday. きょうは何曜日?—きょうは金曜日だ. →単に What day といえば「曜日」を聞くことになる.

• **What** color do you like best? 君は何色が一番好きですか. →選ぶものが限定されている時は which (どの〜)を使う: Which color do you like, green, red, or white? (どの色が好きですか, 緑, 赤それとも白?)

• **What** TV program do you watch on Sunday? あなたは日曜日にはどんなテレビ番組を見ますか.

🟢会話 **What** kind of dog has no tail?—A hot dog. どんな種類のドッグ(犬)がしっぽが無いか[しっぽが無いのはどんな犬か].—ホットドッグ. →質問文は What kind of dog が文の主語だから語順はそのままでよい.

❷ (感嘆文で) **なんと(いう)〜!**

🔵基本 **What** a fool you are! なんというばかだおまえは. →同じ意味を How foolish you are! ともいえる. →**how** ❺

🔴POINT You are a fool. (君はばかだ)の文の a fool を強めるために what をつけて ⇨**You are** *what a fool*. さらに what a fool というひとつながりの句を文頭に出して ⇨**What a fool you are!** となる. 疑問文ではないから ×What a fool *are you!* としない.

• **What** a big dog (it is)! (それは)なんて大きな犬なんだろう.

• **What** beautiful flowers (they are)! (あれらは)なんてきれいな花なんでしょう.

• **What** a (fine) view! なんてすばらしい眺(ながめ)めだ.

── 間 《話》 **何だって** →驚(おどろ)きや怒(いか)りの気持ちを表す.

• **What**! More snow? (↗) 何だって, また雪?

• **What**! You're late again? 何, 君はまた遅

刻(ちこく)したのかい?

So what? 《話》 **だからなんだって言うのさ** → 相手の言うことに関心がなかったり, 相手に責められて開き直る時の言葉.

What about 〜? **〜についてあなたはどう思いますか, 〜はどうですか** →提案したり相手の意見や情報を求める言い方. **How about 〜?** ともいう.

• **What about** (going for) a walk with me? ごいっしょに散歩(をするの)はいかがですか.

• The movies? **What about** your homework? 映画ですって? あなた宿題はどうするの?

What about it? 《話》 **それがどうしたのか, それが何だっていうのか** →くだけた話し言葉.

What do you say to 〜? 《話》 **〜はどうですか, 〜しませんか**

• **What do you say to** (going for) a walk? 散歩に行きませんか.

What (〜) for? **何のために; なぜ** (why)

🟢会話 I want to go home now. —**What for?** すぐに家に帰りたい.—何のために[なぜ]?

🟢会話 **What** is this box **for?** —It's for holding CDs. この箱は何に使うの.—それは CD を入れるのです.

what is called = **what we** [**you, they**] **call** **いわゆる**

• He is **what is called** a walking dictionary. 彼はいわゆる生き字引きです.

What is the matter (**with you**)? **どうしたの, どうかしたの**

What's new? 《話》 **どう, お変わりない?, (最近)何かおもしろいことがありますか** →**Anything new?** ともいう.

🟢会話 Hi, Ken. **What's new?** —Nothing much. **What's new with** you? やあ, ケン, どうしてる?—相変わらずさ. 君のほうはどうだい.

What's up? 《話》 **何があったのですか?, どうしたの?; (軽い挨拶(あいさつ)代わりに)やあ, どうしてる?**

• I heard a shout—**what's up?** 叫(さけ)び声が聞こえたね. どうしたんだろう.

whatever A2 /(h)wɑtévər (ホ)ワトエヴァ/ 代

❶ (**〜する**)**もの**[**こと**]**は何でも**

• **whatever** you want 君が欲(ほ)しいものは何でも →what you want (あなたが欲しいもの)を強めた言い方.

seven hundred and fifty-three　753　**when**

- **Whatever** he says is true. 彼の言うことは何でも本当だ.
- Do **whatever** you like. (= Do anything that you like.) 何でも君の好きなことをしなさい.

❷ たとえ何が(〜)しても, たとえ何を(〜)しても

- **Whatever** happens [**Whatever** you do], I'll trust you. (= No matter what happens [No matter what you do], I'll trust you.) たとえ何が起ころうと[たとえあなたが何をなさろうと]私はあなたを信頼(しんらい)します.

→no matter what 〜 (matter 成句)

—— 形 **❶ (〜する)どんな〜でも**

- Read **whatever** book you like. (= Read any book you like.) 何でも君の好きな本を読みなさい.

❷ たとえどんな〜が(〜)しても, たとえどんな〜を(〜)しても

- **Whatever** book you read, read it carefully. たとえどんな本を君が読むにしても, それを注意深く読みなさい.

what's /(h)wɑ́ts (ホ)ワッツ/ **what is**, **what has** を短くした形

- **What's** that? (= What is that?) それは何ですか.
- **What's** happened? (= What has happened?) 何が起こったんだ. →現在完了(かんりょう)の文.

wheat /(h)wíːt (ホ)ウィート/ 图 小麦 →(英)では **corn** ともいう. (米)で corn といえば「トウモロコシ」のこと. 関連語 **barley** (大麦), **rye** (ライ麦), **oats** (オート麦), **flour** (小麦粉)

- a **wheat** field=a field of **wheat** 小麦畑
- a good [bad] crop of **wheat** 小麦の豊作[不作] →×a wheat, ×wheats としない.
- **a grain of wheat** 麦の1粒(つぶ), 1粒の麦

wheel A1 /(h)wíːl (ホ)ウィール/ 图

❶ 車輪 **❷ (車などの)ハンドル** →**steering wheel** ともいう.「ハンドル」は和製英語.

at the wheel (車・船などを)運転して, ハンドルを取って

wheelbarrow /(h)wíːlbærou (ホ)ウィールバロウ/ 图 (1輪の)**手押(おし)し車, カート**

wheelchair 小 A2 /(h)wíːltʃeər (ホ)ウィールチェア/ 图 **車椅子(いす)**

when 小 A1 /(h)wén (ホ)ウェン/

副 **❶ いつ**　　意味map

❷ (名詞+when+文で) 〜する〜

接 **❶ (〜する)時**

❷ (〜する)にもかかわらず

—— 副 (→比較変化なし)

❶ いつ →時間だけでなく,「日・曜日・月・季節・年・漠然(ばくぜん)とした時期」などを尋(たず)ねるのに使う.

基本 **When** is your birthday? (↘) 君の誕生日はいつですか.

POINT Your birthday is *when*. (君の誕生日は「いつ」である)が疑問文になって ⇨**Is your birthday** *when***?** さらに when が文頭に出て ⇨**When is your birthday?** となる.

- **When** was that? それはいつでしたか.

基本 **When** do you get up? 君はいつ[何時に]起きますか.

POINT You get up *when*. (君は「何時に」起きる)が疑問文になって ⇨**Do you get up** *when***?** さらに when が文頭に出て ⇨**When do you get up?** となる.

会話 **When** does school start in Japan? —(It starts) In April. 日本では学校はいつ始まるの.—4月です.

- **When** did you see him? 君は彼にいつ会いましたか.
- **When** will he come? 彼はいつ来るだろうか.
- Ask him **when** he will come. 彼にいつ来るか聞いてごらん. →when 以下は文の一部に組み入れられるとこの語順になる.

会話 **When** do you think he **will come**?—I think he will come soon. 彼いつ来ると思う?—もうすぐ来ると思う. →Yes, No の答えを求めない疑問文はこの語順になる.

- He didn't tell me **when to come**. 彼は私にいつ来るべきかを[いつ来いとは]言わなかった.
- **Say when**. よい時になったら言ってください. →飲み物をついだり, 写真を撮(と)る時などに使う表現. よい時になったら "When!" "That's enough." (十分です), "Ready." (用意できました)などと言う.

❷ (名詞+when+文で) 〜する〜

> 文法 ちょっとくわしく
>
> 前にある「時を表す語(名詞)」を修飾(しゅうしょく)する **関係副詞用法**. この場合の when は日本語には訳さない.

whenever 754 seven hundred and fifty-four

・the day **when** Gandhi died ガンジーが死んだ日

・I can't forget the day **when** we first met. 私は私たちが初めて会ったあの日を忘れることができない.

・Autumn is the season **when** school festivals are held. 秋は学園祭が行われる季節です.

❸ **(, when＋文で) するとその時(〜する) (and then)**

文法 ちょっとくわしく
前の文に付け足しの説明をする**関係副詞用法**. ふつう when の前にコンマをつける.

・He was leaving the room, **when** the telephone rang. 彼が部屋を出ようとしたら, その時電話が鳴った.

── 接 ❶ **(〜する)時, (〜する)と, (〜)したら**
🔰基本 I am happy **when** I am with you. ＝**When** I am with you, I am happy. 君といっしょにいる時私は楽しい.

・He was not happy **when** he was a little boy. 彼は小さな子供の時は幸福ではなかった.

・**When** (you are) angry, count to ten; **when** (you are) very angry, a hundred. 腹が立ったら10まで数えなさい. とても腹が立ったら100まで数えなさい.

・I'll leave **when** he comes. 彼が来たら私は出かける. ➡「(未来に)〜したら」は現在時制を使う. ×when he *will come* としない.

・Anne wants to be a pianist **when** she grows up. アンは大きくなったらピアニストになりたいと思っている.

❷ **(〜する)にもかかわらず, なのに**

・He came to help me **when** he was very busy. 彼はとても忙(いそが)しいのに私の手伝いに来てくれた.

・How can you say that **when** you know nothing about it? それについて君は何も知らないのにどうしてそんなことが言えるのか.

whenever /(h)wenévər (ホ)ウェネヴァ/ 接
❶ **(〜する)時はいつでも; 〜するたびに** ➡when を強めたもの. ❷ **たとえいつ (〜して)も**

where 小 A1 /(h)wéər (ホ)ウェア/ 副
(➡比較変化なし)

❶ **どこに, どこへ, どこで, どこを[が]**
🔰基本 **Where** is the bus stop? (↘) バス停はどこにありますか.

🔵POINT The bus stop is *where*. (バス停は「どこに」ある)が疑問文になって ⇨**Is the bus stop** *where*? さらに where が文頭に出て ⇨**Where is the bus stop?** となる.

💬会話 **Where** is my cap? ―It's on your head! 僕(ぼく)の帽子(ぼうし)はどこだろう.―君の頭の上だよ!

💬会話 **Where** am I [are we], officer? ―You [We] are in Oxford Street. おまわりさん, (私[私たち]はどこにいるのか. ⇨)ここはどこですか.―ここはオックスフォードストリートです. ➡×*Where is here* [*this*]? などといわない.

💬会話 **Where** is the pain? ―In my back. (痛みはどこですか ⇨)どこが痛いのですか.―背中です.

🔰基本 **Where** do you live? 君はどこに住んでいるのですか.

🔵POINT You live *where*. (君は「どこに」住んでいる)が疑問文になって ⇨**Do you live** *where*? さらに where が文頭に出て ⇨**Where do you live?** となる.

💬会話 **Where** do you come from? ＝**Where are you from?** ―I come [am] from Okinawa. 君はどこの出身ですか.―沖縄の出身です. ➡come from 〜 (come 成句)

💬会話 **Where** do you go to school? ―I go to Tokyo Junior High School. 君はどこの学校に行ってるの.―東京中学です.

💬会話 **Where** are you going, Ken? ―(I'm going) To the post office. どこへ行くの, ケン.―郵便局へ行くところです. ➡誰(だれ)にでも気軽に「どこ行くの?」と聞くのはエチケットに反する.

・I didn't know **where to park** my car. 私は車をどこに駐車(ちゅうしゃ)すべきか[駐車したらいいか]わからなかった.

💬会話 **Where to**? ―To Victoria Station, please. どちらまでですか.―ヴィクトリア駅までお願いします. ➡タクシー運転手との会話.

・**Where** is he? Do you know **where he is**? (↗) 彼はどこにいるの? 君は彼がどこにいるのか知ってるかい? ➡where 以下は文の一部に組み入れられるとこの語順になる.

seven hundred and fifty-five　755

- **Where** do you think **he is**? (↘) 彼はどこにいると思いますか. →Yes, No の答えを求めない疑問文ではこの語順になる. 前例との違(ちが)いに注意.

❷ (名詞＋**where**＋文で) ～する～

> **文法　ちょっとくわしく**
> 前にある「場所を表す語(名詞)」を修飾(しゅうしょく)する**関係副詞用法**. この場合のwhere は日本語には訳さない.

- the house **where** I live 私が住む家
- the company **where** my father works 私の父が勤めている会社
- This is the house **where** Jack was born. これがジャックが生まれた家です.
- That's (the place) **where** I first met her. あそこが私が彼女に初めて会った所です. →《話》では the place を省略することが多い.

❸ (, **where**＋文で) そしてそこで(～する) (and there)

> **文法　ちょっとくわしく**
> 前の文につけ足しの説明をする**関係副詞用法**. ふつう where の前にコンマをつける.

- He came to Japan, **where** he stayed for the rest of his life. 彼は日本にやって来た. そして生涯(しょうがい)日本にいた.

—— 接 (～する)所に[へ]

- Stay **where** you are. 君が今いる所にいなさい.
- Go **where** you like. I don't mind. 君は好きな所へ行きなさい. 私は構わない.

whereabouts /(h)wéərəbàuts (ホ)ウェアラバウツ/ 名 《話》いどころ, ありか →単数としても複数としても扱(あつか)われる.

where're /(h)wéərər (ホ)ウェアラ/ **where are** を短くした形

where's /(h)wéərz (ホ)ウェアズ/ **where is**, **where has** を短くした形

- **Where's** (＝where is) Mother? お母さんはどこ.
- **Where's** (＝where has) Mother gone? お母さんはどこへ行ってしまったのかしら.

wherever /(h)weərévər (ホ)ウェアレヴァ/ 接
❶ (～する)所へはどこ(へ)でも →where を強めた言い方. ❷ どこに[へ] (～して)も

whether /(h)wéðər (ホ)ウェざ/ 接
❶ (～する)かどうか

- Ask your mother **whether** you can go. お母さんに君が行ってもいいかどうか聞いてごらん. →この whether の代わりに if を使ってもよい.
- Please let me know **whether** you can come **or not**. ＝ Please let me know **whether or not** you can come. 君が来られるか来られないか知らせてください.
- I wondered **whether to** stay **or** to go home. 私は残るべきか家に帰るべきか迷った.

❷ (**whether** A **or** B で) AであろうとBであろうと

- **Whether** it rains **or** not, I must go to see him. ＝I must go to see him **whether** it rains **or** not. 雨が降っても降らなくても私は彼に会いに行かねばならない.
- It doesn't matter **whether** it rains **or** shines. 雨が降ろうが晴れようが問題ではない. →It=whether 以下.

which 中 A1 /(h)wítʃ (ホ)ウィチ/

代 ❶ どちらが, どれが　　意味 map
　❷ どちらを, どれを
形 どちらの, どの

—— 代 ❶ どちらが, どれが

基本 **Which** is your umbrella? (↘) どれ[どっち]が君の傘(かさ)ですか. →Which は疑問詞で, また文の主語.
- **Which** is stronger (↘), a lion (↗) **or** a tiger? (↘) ライオンとトラではどっちが強い?
- **Which** of you broke my camera? 君たちのうちの誰(だれ)が私のカメラを壊(こわ)したんだい? →×Who of you ～? としない. of you がなければ, 人を表すには who が使われ, Who broke my camera? となる.

会話 Do you know **which** is yours? (↗) —Yes, I do. This is mine. どちらが君のだかわかる?—うん, わかる. これが私のだ.
- **Which** do you think **is yours**? (↘)—I think this is mine. どちらが君のだと思う?—これが私のだと思う. →Yes, No の答えを求めない疑問文ではこの語順になる. 前例との違(ちが)いに注意.

❷ どちらを, どれを

基本 **Which** do you like better (↘), dogs (↗) or cats? (↘)—I like cats better. 犬とネコとではどちらが好きですか.—ネコのほうが好きです.

whichever

POINT You like *which* better. (あなたは「どちらを」より好みます)が疑問文になると ⇨ **Do you like *which* better?** さらに which が文頭に出て ⇨**Which do you like better?** となる.

•**Which** will you buy, this or that? 君はどっちを買うの, こっち, それともあっち?

❸(名詞+**which**+文で) ～する～

> **文法 ちょっとくわしく**
> 前にある「人以外のものを表す語(名詞)」を修飾(しゅうしょく)する**関係代名詞用法**. この場合の which は日本語には訳さない. 関係代名詞の詳(くわ)しい説明については → **that 代** ❹

•the cat **which** is sleeping 眠(ねむ)っているネコ →which は is sleeping の主語の働きをして主格.

•the cat **which** I like best 私が一番好きなネコ →which は like の目的語の働きをして目的格. 目的格の which は省略できる.

•the house (**which**) we built 私たちが建てた家

•the house (**which**) we live in = the house in **which** we live 私たちが住んでいる家 →**where 副** ❷

•That is the house in **which** we lived ten years ago. あれが私たちが10年前に住んでいた家です.

❹(, **which**+文で) そしてそれは(～する); そしてそれを(～する)

> **文法 ちょっとくわしく**
> 前の語につけ足しの説明をする**関係代名詞用法**. ふつう which の前にコンマをつける.

•That's Mt. Fuji, **which** is the highest mountain in Japan. あれが富士山だ. そしてそれは日本で一番高い山だ.

•I bought a watch, **which** I lost the next day. 私は時計を買った. そしてそれを翌日なくしてしまった.

—— **形** どちらの, どの

基本 **which** book どちらの[どの]本 → which+名詞

•**Which** book is yours, this or that? どちらの本が君のか. これか, あれか.

•**Which** girl is your sister? どの女の子が君

の妹さんですか. →形容詞の which は人にも使われる.

•**Which** watch will you buy, this one or that one? 君はどっちの時計を買うの, これ? それともあれ? →one=watch.

•Please tell me **which** watch **to** buy. どちらの[どの]時計を買うべきか教えてください.

whichever /(h)witʃévər (ホ)ウィチエヴァ/ **代 形** →whichever の次に名詞が来れば **形**, 単独なら **代**. ❶ どちら (の～)でも (～する)ほう → which を強めた言い方. ❷ たとえどちら (の～)が (～して)も; たとえどちら (の～)を (～して)も

while 中 A2 /(h)wáil (ホ)ワイる/ **接**

❶(～する)間に

•Please sit down **while** you wait. お待ちになる間どうぞお座(すわ)りください.

•**While** Mother was cooking in the kitchen, Father was washing the car. 母が台所で料理をしている間, 父は車を洗っていた.

•You don't bow **while** (you are) shaking hands. 握手(あくしゅ)しながらおじぎをしたりはしない.

ことわざ Work **while** you work, play **while** you play. 働く間は働き遊ぶ間は遊べ.

❷(～する)のに, ～だが (although)

•**While** she doesn't love me, I love her very much. 彼女は私を愛していないけれど, 私は彼女をとても愛している.

❸(, **while** ～ で) ところが一方では(～する) (but)

•He is very poor, **while** his brother is the richest man in the village. 彼は貧乏(びんぼう)だが, 彼の兄[弟]は村一番の金持ちだ.

—— **名** 間, 時間; しばらく

•**for** a (little) **while** (ほんの)しばらくの間

•for a long **while** 長い間

•**in** a (little) **while** まもなく, すぐに

•**after** a **while** しばらくして

•all the **while** その間じゅうずっと

•a little [long] **while ago** ちょっと[ずっと]前に

•We waited for a bus (for) quite a **while**. 私たちはかなり長い間バスを待った. → for なしで副詞句的に使うことがある.

会話 Where were you? I was looking for you.—I've been here **all this while**. どこにいたの. 探していたんだよ.—私は今までず

っとここにいたよ.

be worth** (A's) **while ((Aが)時間をかけるだけの)**価値がある** →**worth** 成句

whine /hwáin (ホ)ワイン/ 動 (犬が悲しそうに)**くーんと鼻を鳴らす**; (子どもが)**ぴーぴー泣く, むずかる**; (サイレン・エンジンなどが)**ぴゅーんと音を立てる**; (人が)**泣きごとを言う, ぐちをこぼす**

— 名 **くーんと鳴く声; むずかる声; ぴゅーんと鳴る音**

whip /(h)wíp (ホ)ウィプ/ 名 **むち**

— 動 (三単現 **whips** /(h)wíps (ホ)ウィプス/; 過去・過分 **whipped** /(h)wípt (ホ)ウィプト/; -ing形 **whipping** /(h)wípiŋ (ホ)ウィピング/)

❶ **むちで打つ, むちを当てる** ❷ (卵・クリームなどをかき回して)**泡**(あわ)**立てる**

whirl /(h)wə́:rl (ホ)ワ～る/ 動 **ぐるぐる回る[回す]**

whisker /(h)wískər (ホ)ウィスカ/ 名

❶ (**whiskers** で) **ほおひげ** →**beard**

❷ (犬・ネコ・ネズミなどの)**ひげ**

whisk(e)y /(h)wíski (ホ)ウィスキ/ 名 **ウイスキー**

whisper /(h)wíspər (ホ)ウィスパ/ 動 **ささやく, 小声で話す, ひそひそ話す**

•He **whispered** (something) **to** his wife. 彼は妻に(何か)ささやいた.

— 名 **ささやき(声); ひそひそ話**

•speak **in** a **whisper** ひそひそ声で話す

whistle /(h)wísl (ホ)ウィスる/ 動 **口笛を吹**(ふ)**く, 笛[汽笛**(きてき)**]を鳴らす**; (風が)**ピューッと鳴る**

•Bob **whistled to** his dog. ボブは自分の犬に向かって口笛を吹いた.

•Can you **whistle** that tune for me? 私にその曲を口笛で吹いてくださいませんか.

— 名 **口笛**; (合図用の)**笛, ホイッスル; 汽笛**

•**blow** a **whistle** ホイッスル[汽笛]を鳴らす

white 小 A1 /(h)wáit (ホ)ワイト/ 形

(比較級 **whiter** /(h)wáitər (ホ)ワイタ/; 最上級 **whitest** /(h)wáitist (ホ)ワイテスト/)

❶ 白い, **白色の; 白人の**

基本 **white** snow 白い雪 →white+名詞.

•a **white** bear 白クマ

•**white** people 白人

基本 Snow is **white**. 雪は白い. →be 動詞+white.

•(as) **white** as snow 雪のように真っ白で.

❷ (顔色が)**青白い, 青ざめた**

•(as) **white** as a sheet (恐怖(きょうふ)や病気で)白いシーツのように真っ青で.

•She **went** [**turned**] **white with** fear. 彼女は恐怖で青ざめた.

— 名 (複 **whites** /(h)wáits (ホ)ワイツ/)

❶ 白, **白色**; 白い服, **白衣; 白人**

•The nurse was (dressed) **in white**. 看護師は白い服を着ていた. →×a white, ×whites としない.

関連語 There were both **blacks** and **whites** at the meeting. その集会には黒人と白人の両方がいた.

掲示 **Whites** only 白人専用 →米国などで昔見られた差別的な掲示(けいじ).

❷ **卵の白身**; (目の)**白目**

関連語 A fried egg has its **white** around the **yolk** [((米)) **yellow**]. 目玉焼きは黄身の周りが白身だ.

whiteboard /hwáitbɔ:rd (ホ)ワイトボード/ 名 **ホワイトボード, 白板**

whíte Chrístmas 名 **ホワイトクリスマス** →雪景色の中で迎(むか)えるクリスマス. → **Christmas**

white-collar /(h)wáit kálər (ホ)ワイト カら/ 形 **事務職の, ホワイトカラーの** →名詞の前にだけつける. えり (collar) の白いワイシャツを着ているイメージから. 関連語 **blue-collar** (肉体労働の)

Whitehall /(h)wáithɔ:l (ホ)ワイトホーる/ 名 **ホワイトホール** →ロンドンの官庁街. この通りにある王室所有の大宴会(えんかい)場の壁(かべ)が白く塗(ぬ)ってあったことから.「英国官庁」「英国政府」の意味でも使う.

White House /(h)wáit hàus (ホ)ワイト ハウス/ 固名 (**the** をつけて) **ホワイトハウス** →ワシントンにある米国大統領官邸(かんてい). 外側が白く塗(ぬ)られている. a whíte hóuse と発音すると「白い家」の意味になる.

who 小 A1 /hú: フー/ 代

❶ **誰**(だれ), **誰が**

whoever 758 seven hundred and fifty-eight

🏛基本 **Who** is he? (↘) 彼は誰ですか. →「名前・関係」を聞く時の言い方.

🔵POINT He is *who*. (彼は「誰」です)が疑問文になると ⇨**Is he** *who***?** さらに who が文頭に出て ⇨**Who is he?** となる.
相手に面と向かって Who are you? (お前は誰だ?) と言うのは失礼になるので, What is your name, please? とか May I have [ask] your name, please? などという.

🟢会話 **Who's** (=**Who is**) Ken?—He is my brother. ケンって誰?—僕(ぼく)の兄弟さ.

🟢会話 Do you know **who he is**? (↗)—Yes, I do. He is Paul. 彼が誰だか君は知っていますか.—ええ, 知っています. 彼はポールです. →who 以下は文の一部に組み入れられるとこの語順になる.

🟢会話 **Who** do you think **he is**? (↘)—I think he is your father. 彼は誰だと思いますか.—私は彼はあなたのお父さんだと思います. →Yes, No の答えを求めない疑問文ではこの語順になる. 前例との違(ちが)いに注意.

🏛基本 **Who** plays the guitar? (↘) 誰がギターを弾(ひ)くのですか.

🔵POINT Who が文の主語の時は「主語+動詞」の語順のままでよい.

🟢会話 **Who** teaches you English? —Mr. Smith does. 誰が君たちに英語を教えますか.—スミス先生です.

•**Who** can skate better (↘), Bob (↗) or Ken? (↘) どちらがスケート上手なの, ボブそれともケン? →×*Which* can ~ としない. ただし, Which **of** you can skate better? (君たちのうちのどちらがスケートは上手なの).

•**Who** is calling, please? (誰が電話をかけているか ⇨)どちら様ですか.

•**Who's** there? Oh, it's you! そこにいるのは誰? ああ, 君か!

•**Who knows**? 誰にわかるだろう[誰にもわからない].

•**Who cares**? 誰が気にするだろうか[誰も気にしない].

❷ 《話》誰を, 誰に →**whom** ❶

🏛基本 **Who** do you like best? (↘) 君は誰が一番好きですか.

🔵POINT You like *who* best. (君は「誰を」一番好きです)が疑問文になって ⇨**Do you like** *who* **best?** さらに who が文頭に出て ⇨ **Who do you like best?** となる.

•**Who** did you see yesterday? 君は昨日誰に会ったのですか.

•**Who** were you talking with? 君は誰と話していたのですか. →意味のつながりの上では talk with who (=whom) (誰と話をする)だから with を省略しないこと.

❸ **(名詞+who ~ で) ~する~**

> 📗文法 ちょっとくわしく
> 前にある「人を表す語(名詞)」を修飾(しゅうしょく)する関係代名詞用法. この場合の who は日本語に訳さない. 関係代名詞の詳(くわ)しい説明については →**that** 代 ❹

•the boy **who** is playing the guitar ギターを弾いている少年 →who は is playing の主語の働きをして主格. who is を省略して the boy playing the guitar でも意味は同じ.

•Do you know the boy **who** is playing the guitar over there? あそこでギターを弾いている男の子を知ってる?

•Nobody really knows who did it except the person **who** did it. それをした人以外は誰がそれをしたか実際は誰も知らない. →前の who は疑問詞(誰が).

❹ **(, who ~ で) そしてその人は(~する)**

> 📗文法 ちょっとくわしく
> 前の語につけ足しの説明をする関係代名詞用法. ふつう who の前にコンマをつける.

•This is Mr. Smith, **who** is the principal of our school. こちらはスミス先生, わが校の校長先生です.

whoever /huːévər フーエヴァ/ 代 ❶ (~する人は)誰(だれ)でも →who を強めた言い方.
❷ たとえ誰が (~して)も, (~が)たとえ誰で(あろうと)も

whole 中 A2 /hóul ホウる/ 形
❶ **(the [*one's*] whole+単数名詞で) 全部の, 全体の, 全~**

> 📗類似語 (全部)
> **whole** は全体をひとまとまりとみて「全部の」, **all** はひとまとまりでもばらばらでもとにかく「全部」.

•the whole school 学校全体, 全校

•the whole world (=all the world) 全世界

•his whole life (=all his life) 彼の全生涯(しょうがい)

seven hundred and fifty-nine　759　**whose**

・**The whole** class **is** (＝All the class are) in favor of the plan. クラス全体がその計画に賛成だ.
・Tell me **the whole** story. 私に何もかも[一部始終(しじゅう)]話してよ.
❷ (時間など)まる〜
・the **whole** afternoon 午後じゅう全部, 午後まるまる
・a [the] **whole** day まる1日[その日1日]
・for a **whole** year まる1年間
・It snowed for two **whole** days. まる2日雪が降り続いた.
❸ ((代)名詞＋**whole** で) (〜を)**まるごと, ぱくりとひと口で**
・He ate the cake **whole**. 彼はそのケーキをぱくりとひと口で食べた. →He ate the whole cake. (そのケーキを全部食べた)との違(ちが)いに注意.
── 名 **全体, 全部**
・She put the **whole** of her money into the bank. 彼女はお金の全額を銀行に入れた.

as a whole (ばらばらでなく)**ひとまとまりのものとして(の), 全体として(の)**
[反対語]I want to consider these problems **as a whole**, not **one by one**. 私はこの問題を一つ一つではなくて, 一体のものとして考えてみたい.

on the whole **全体として考えると, だいたい**
・There are a few mistakes, but **on the whole** your essay is quite good. 間違(まちが)いは2〜3あるけれど, 全体からみて君の作文はなかなかよくできている.

who'll /húːl フール/ **who will** を短くした形

wholly /hóu(l)li ホウ(る)リ/ 副 **すっかり, 全く, 完全に**

whom A2 /húːm フーム/ 代
❶ (文)誰(だれ)を, 誰に →who の目的格.
・**Whom** do you like best? (↘) 君は誰が一番好きですか. →とても改まった言い方. 文頭のWhom は話し言葉では Who になる. →who ❷
[会話]With **whom** will you go? (＝(話) Who will you go with?)—I'll go with Lucy. 君は誰と(いっしょに)行くのですか.—私はルーシーと行きます.
[会話]I am going to buy a necklace. —For **whom**?—For my wife. 僕(ぼく)はネックレスを買おう.—誰のために(買うの).—妻にだよ.

❷ (文)(名詞＋**whom**＋文で) 〜する〜

> **文法　ちょっとくわしく**
> 前にある「人を表す語(名詞)」を修飾(しゅうしょく)する関係代名詞用法. who の目的格でふつうは省略されるか, 代わりの関係代名詞 that を使うほうが多い. この場合の whom は日本語には訳さない. 関係代名詞の詳(くわ)しい説明は →that 代 ❹

・the girl (**whom**) he loves 彼が愛している女の子
・That is the girl (**whom**) Bob loves. あれがボブが愛してる女の子だよ.
・The boy with **whom** I went to the movies (＝(話) who I went to the movies with) is Jimmy. 私がいっしょに映画に行った男の子はジミーだよ.
❸ (, **whom**＋文で) そしてその人を (〜する), そしてその人に (〜する)

> **文法　ちょっとくわしく**
> 前の語につけ足しの説明をする関係代名詞用法. ふつう whom の前にコンマがある. この whom は省略できず, that で代用することもできない.

・My brother, **whom** (＝(話) who) you met yesterday, is a doctor. 私の兄は, 昨日あなたが会った人ですが, 医者をしています.
・I introduced him to Jane, **whom** (＝(話) who) he fell in love with at first sight. 私は彼をジェーンに紹介(しょうかい)した. すると彼は彼女に一目で恋(こい)してしまった.

who's /húːz フーズ/ **who is**, **who has** を短くした形 →**who**
・**Who's** (＝Who is) that gentleman? あの男の人はどなたですか.
・**Who's** (＝Who has) done it? 誰(だれ)がそれをしたのか. →現在完了(かんりょう)の文.

whose 中 A1 /húːz フーズ/ 代
❶ 誰(だれ)の →who, which の所有格.
[基本]**Whose** book is this? (↘) これは誰の本ですか.
[POINT]This is *whose book*. (これは「誰の本」です)が疑問文になって ⇨**Is this** *whose book*? さらに whose book が文頭に出て ⇨**Whose book is this?** となる.
[会話]**Whose** shoes are those?—They're

why 760 seven hundred and sixty

mine [my shoes]. それは誰の靴(くつ)ですか.—それは私のもの[私の靴]です.

🔊基本 **Whose** book is missing? 誰の本がなくなったのですか.

✅POINT Whose ～ が文の主語の時は「主語＋動詞」の語順のままでよい.

🔊基本 **Whose** umbrella did you borrow? 君は誰の傘(かさ)を借りたのですか.

✅POINT You borrowed *whose umbrella*. (君は「誰の傘」を借りた)が疑問文になって ⇨ **Did you borrow** *whose umbrella*? さらに whose umbrella が文頭に出て ⇨ **Whose umbrella did you borrow?** となる.

• Do you know **whose book this is**? (↗) これは誰の本だか君は知っていますか. →whose 以下は文の一部に組み入れられるとこの語順になる.

🗨会話 **Whose** book do you think **this is**? (↘)—I think it's Bob's. これは誰の本だと思いますか.—ボブの(本)だと思います. →Yes, No の答えを求めない疑問文ではこの語順になる. 前例との違(ちが)いに注意.

❷ 誰のもの

🔊基本 **Whose** is this? これは誰の(もの)ですか.

🗨会話 **Whose** is that car outside?—It's my uncle's. 外にあるあの車は誰のですか.—それは私のおじさんのです.

❸ (名詞＋whose ～＋文で) その～が～する～; その～を[に]～する～

┌─ 文法　ちょっとくわしく ─┐
前にある「人または物を表す語(名詞)」を修飾(しゅうしょく)する**関係代名詞用法**. この場合の whose はふつう日本語には訳さない. 関係代名詞の詳(くわ)しい説明については →**that** 代 ❹

• a boy **whose** hair is very long (その)髪(かみ)がとても長い男の子 →whose hair は is の主語.

• a book **whose** cover is red 表紙が赤色の本 →a book the cover of which is red ともいえるがぎこちない言い方. a book with a red cover が一番ふつう.

• a friend **whose** sister I like very much その妹[姉]を私がとても気に入っている友人 →whose sister は like の目的語.

• I have a friend **whose** father is a doctor. 私にはお父さんが医者をしている友達がいます.

❹ (, whose ～ で) そしてその～は～する, そしてその～を[に]～する

┌─ 文法　ちょっとくわしく ─┐
前の語につけ足しの説明をする**関係代名詞用法**. ふつう whose の前にコンマをつける.

• That boy, **whose** hair is red, is my brother. あの少年は, 髪の毛が赤い少年ですが, 私の兄[弟]です.

• This is Paul, **whose** brother Mike you met yesterday. こちらポールです. 兄[弟]のマイクには昨日お会いになりましたね.

why 小 A1 /(h)wái (ホ)ワイ/ 副

❶ なぜ, どうして

🔊基本 **Why** are you late? (↘) 君はどうして遅(おく)れたのですか.

✅POINT You are late *why*. (君は「なぜ」遅れた)が疑問文になって ⇨**Are you late** *why*? さらに why が文頭に出て ⇨**Why are you late?** となる.

🗨会話 **Why** is he absent?—Because he is sick. なぜ彼は休みなのか.—病気だからです. →理由を答える時は Because ～.

🗨会話 I'm very happy now.—**Why**? 私は今とてもうれしいんだ.—どうして?

🔊基本 **Why** do you want a new camera? 君はなぜ新しいカメラが欲(ほ)しいの?

✅POINT You want a new camera *why*. (君は「なぜ」新しいカメラが欲しい)が疑問文になって ⇨**Do you want a new camera** *why*? さらに why が文頭に出て ⇨**Why do you want a new camera?** となる.

🗨会話 Excuse me, sir! You mustn't park your car here.—**Why not**? すみません, ここに駐車(ちゅうしゃ)してはいけないのですが.—どうしていけないのですか. →**Why not?** (成句)

🗨会話 **Why** is he absent this morning?—I don't know **why he is** absent. なぜ彼は今朝休んでいるのですか.—彼がなぜ休みなのか私は知りません. →why 以下は文の一部に組み入れられるとこの語順になる.

🗨会話 **Why** do you think **he is** absent?—I think he is sick. なぜ彼が休んでいると思

いますか.—彼は病気なのだと思います. →Yes, No の答えを求めない疑問文ではこの語順になる. 前例との違(ちが)いに注意.
❷ (**the reason why**+文で) **なぜ～するかという理由**

> **文法 ちょっとくわしく**
> 前にある **reason** (理由)を修飾(しゅうしょく)する**関係副詞用法**. why か the reason のどちらかが省略されることがある.

- This is **the reason why** he is absent. これが彼が欠席している理由です.
- I want to know **the reason** (**why**) you were absent yesterday. 君が昨日欠席した理由を知りたい.
- That's (**the reason**) **why** everyone likes him. それがみんなが彼を好きな理由です[そんなわけでみんな彼を好きなんです].
- I can see **why**. 理由がわかります. →why 以下が省略された形.

── 間 **おや, なに, まあ, でも, ええ** →驚(おどろ)き・反対または単に言い始めのきっかけとして使う.
- **Why**, look, it's Takeshi. おや, ねえ見てよ, タケシだわ.
- Going out? **Why**, it's already dark. 出かけるの? でも, もう真っ暗だよ.
- 会話 Do you want to come, too, Bob? —**Why**, yes! ボブ, 君も来たい?—ええ, もちろん.

Why don't you do? = *Why not do?* = *Why not ~?* **～してはどうか, ～しませんか**
→親しい人に提案したり, 申し出たりするくだけた言い方. 自分も含(ふく)めて言う時は **Why don't we do?**
- **Why don't you** [**Why not**] come and see us someday? いつかうちに遊びに来ないか.
- 会話 When shall we go to the movie? —**Why not** sometime next week? いつその映画を見に行こうか.—来週のいつかはどう?

Why not? **なぜだめなのか; いいじゃないの, そうしなさいよ, もちろんさ**
- 会話 May I invite Kay?—**Why not?** She is a nice girl. ケイを招待してもいい?—もちろんよ. あの子はいい子だもの.

wicked /wíkid ウィキド/ (→×/ウィクト/ ではない) 形 **不正な, 邪悪(じゃあく)な, 意地悪な; いたずらっぽい**

wide 中 A2 /wáid ワイド/ 形 (比較級 **wider** /wáidər ワイダ/; 最上級 **widest** /wáidist ワイデスト/) **幅(はば)の広い; 幅が～ある** 関連語「幅」は **width**. 反対語 **narrow** (狭(せま)い)

wide　　　narrow

- a **wide** river 広い川
- a **wide** knowledge of music 音楽に関する幅広い知識

関連語 a table 2 meters **long** and 1 meter **wide** 長さ2メートル, 幅1メートルのテーブル →2 meters, 1 meter はそれぞれ long, wide を修飾(しゅうしょく)する.
- The Mississippi is very **wide**. ミシシッピ川はとても幅が広い.
- 会話 How **wide** is this street? —It is twenty meters **wide**. この通りは幅がどれだけありますか.—幅20メートルです.
- The main road is **wider** than this street. 幹線道路はこの通りよりも広い.

── 副 **広く, 大きく開いて**
- The sleepy boy opened his mouth **wide** and yawned. その眠(ねむ)そうな男の子は口を大きく開けてあくびをした.
- The window was **wide** open because it was very hot. 窓は広く開いていた. とても暑かったので.
- The baby is **wide** awake. 赤ちゃんはぱっちり目を開けて[目覚めて]いる.
- You are **wide** off the mark. 君は的から遠く外れている. →「大間違(ちが)いをしている」の意味にも使う.

far and wide **広くほうぼうを[に], 四方八方を[に]**

widely A2 /wáidli ワイドリ/ 副 **広く; 大いに**

widen /wáidn ワイドン/ 動 **(幅(はば)を)広くする; (幅が)広くなる**

widow /wídou ウィドウ/ 名 **夫を亡(な)くした女性, 未亡人, やもめ**
関連語 **widower** (妻を亡くした男性)

widower /wídouər ウィドウア/ 名 **妻を亡(な)く**

width

した男性, 男やもめ

関連語 widow (夫を亡くした女性)

width /wídθ ウィドす, wítθ ウィトす/ 名 幅(はば), 広さ →「幅の広い」は wide.

関連語 a table 2 meters **in length** and 1 meter **in width** 長さ2 m 幅1 m のテーブル

関連語 The **width** of this river is 50 meters. = This river is 50 meters in **width**. (=This river is 50 meters **wide**.) この川の幅は50メートルだ.

wife 中 A1 /wáif ワイふ/ 名 (複 **wives** /wáivz ワイヴズ/) 妻, 奥(おく)さん, 夫人

関連語 husband (夫)

Wi(-)Fi /wáifai ワイふァイ/ 名 《コンピューター》ワイファイ → 無線ネットワーク接続の規格のひとつ.

wig /wíg ウィグ/ 名 かつら, (部分的な)**ウィッグ**

wild 中 A2 /wáild ワイるド/ 形

❶ (動物・植物が)野生の
- **wild** animals [flowers] 野生の動物[花]
- **wild** birds [roses] 野鳥[野バラ]

❷ (土地・人が)文明化されていない, 未開の, 自然のままの, 荒(あ)れ果てた
- They traveled through the **wild** Amazon jungle. 彼らはアマゾンの未開のジャングルを進んで行った.

❸ (天候・海などが)荒れ狂(くる)う, 乱れた; (人・行動などが)乱暴な
- a **wild** sea [wind] 荒れ狂う海[風]
- a **wild** horse 手に負えないあばれ馬

❹ とんでもない, とても[途方(とほう)]もない
- a **wild** idea 途方もない考え

❺ 気が狂いそうな, 熱狂(ねっきょう)的な, 夢中の; 《英話》怒(いか)り狂って
- He was **wild** with hunger. 彼は空腹で気がおかしくなりそうだった.

go wild (人が)熱狂する; 怒り狂う
run wild (植物が)はびこる

—— 名 ❶ (ふつう **the wilds** で) 荒野(こうや), 荒れ地 ❷ (**the wild** で) 野生(の状態・生活)
- koalas in the **wild** 野生のコアラ

wildcat /wáildkæt ワイるドキャト/ 名 《動物》ヤマネコ

wíld dúck 名 《鳥》カモ

wilderness /wíldərnis ウィるダネス/ 名 荒野(こうや), 原生林地帯

wíld góose 名 《鳥》ガン

wildlife /wáildlaif ワイるドらイふ/ 名 《集合的に》野生動物; 野生植物

will¹ 小 A1 /弱形 (w)(ə)l (ウィ)る, 強形 wíl ウィる/

助動 ❶ (自然の成り行きでこの先～する)でしょう, (～する)だろう 意味 map
❷ (**I [We] will** do で) (私(たち)は)～するつもりである
❸ (**Will you** do? で) (君は)～しますか, ～しませんか; ～してくれませんか

—— **助動**

過去 would /弱形 wud ウド, 強形 wúd ウド/

❶ (自然の成り行きでこの先～する)でしょう, (～する)だろう →「単純な未来」を表す.
- I **will** [《話》**I'll**] be fifteen on my next birthday. 私は今度の誕生日で15歳(さい)になります. → will＋動詞の原形.
- You **will** [《話》**You'll**] see a shooting star tonight. 今夜は流れ星が見えるよ.
- He **will** [《話》**He'll**] soon get well. 彼はじき(病気が)よくなるでしょう.
- Perhaps it **will** [《話》**it'll**] snow tomorrow. 明日は多分雪が降るだろう.
- He **will not** [《話》**won't**] come to the party. 彼はパーティーには来ないだろう.
- There **will** be a school play next week. 来週学校劇があります.

会話

Will you be free next Sunday?
—Yes, I **will**.
君は来週の日曜日は暇(ひま)ですか. —はい, 暇です. → Will＋主語＋動詞の原形で疑問文.
A: **Will** Paul come tomorrow?
B: No, he **won't**.
A: Then when **will** he come?
B: He **will** come on Sunday.
A: ポールは明日来るでしょうか.
B: いや, 来ないでしょう.
A: では彼はいつ来るでしょうか.
B: 彼は日曜に来るでしょう.

❷ (**I [We] will** do で) (私(たち)は)～するつ

wind 764 seven hundred and sixty-four

反対語 Our school baseball team had ten **wins** and two **losses** [**defeats**] this season. わが校の野球部は今シーズン10勝2敗だった.

wind¹ 中 A1 /wínd ウィンド/ 名

(複 **winds** /wíndz ウィンヅ/)

❶ 風 関連語 **breeze** (そよ風), **gale** (大風), **storm** (暴風), **typhoon** (台風)

•a cold **wind** 冷たい風, 寒風

•the **wind** of an electric fan 扇風(せんぷう)機の風

•**The wind** is strong [**A** strong **wind** is blowing] today. きょうは風が強い[強い風が吹(ふ)いている]. →単に「風が[は]」という時はふつう the wind, 「強い風」のように形容詞がつくと, a [an]+形容詞+wind となる.

•There is **no wind** (blowing) today. きょうは風が全然(吹いてい)ない. →blowing (吹いている~)は wind を修飾(しゅうしょく)する.

❷ 息, 呼吸 (breath)

•**lose** one's **wind** 息切れがする

•The boy was out of **wind** from running home. 少年は走って家へ帰って来たので息を切らしていた.

wind² /wáind ワインド/ (→wind¹ との発音の違いに注意) 動 (三単現 **winds** /wáindz ワインヅ/; 過去・過分 **wound** /wáund ワウンド/; -ing形 **winding** /wáindiŋ ワインディング/)

❶ (包帯などを)巻く, (ぐるぐる)巻きつける; (つる植物など)巻きつく ❷ (道・川が)うねる, 曲がりくねっている

wínd fàrm 名 風力発電基地

wínd instrument 名 管楽器, 吹奏(すいそう)楽器

windmill /wíndmil ウィンドミる/ 名 風車, 風車小屋 →製粉所の臼(うす)を回したり, 耕地の水あげなどに使う.

window 中 A1 /wíndou ウィンドウ/ 名 (複 **windows** /wíndouz ウィンドウズ/)

❶ 窓

•**open** [**shut**, **close**] the **window** 窓を開ける[閉める]

•**look out** (**of**) the **window** 窓から外を見る →《米》では of をいわないことが多い.

•Don't throw cans out of the car **window**. 車[列車]の窓から空き缶(かん)を投げてはいけない.

•Who **broke** the **window**? 窓を壊(こわ)した[窓ガラスを割った]のは誰(だれ)だ.

❷ 窓口; (店の)ショーウインドー (show window)

•a ticket **window** 切符(きっぷ)を売る窓口

•Please ask **at window** No. 3. 3番窓口でお聞きください.

❸ 《コンピューター》 ウィンドウ →画面上にそれぞれ異なるデータを表示できる四角い窓形の領域.

window bòx 名 ウインドーボックス, プランター →窓の下枠(わく)に取り付けた細長い植木箱で, この中で草花などを育てる.

windowpane /wíndoupein ウィンドウペイン/ 名 (1枚の)窓ガラス

wínd pòwer 名 風力

windsurfing /wíndsə:rfiŋ ウィンドサ~ふィング/ 名 ウィンドサーフィン →サーフボードに帆(ほ)を張って水上を帆走(はんそう)するスポーツ.

windy A2 /wíndi ウィンディ/ 形 (比較級 **windier** /wíndiər ウィンディア/; 最上級 **windiest** /wíndiist ウィンディエスト/)

風の吹(ふ)く, 風の強い →wind (風)+-y.

•It was **windy** all day yesterday. 昨日は一日じゅう風が強かった. →It は漠然(ばくぜん)と「天候」を表す.

•Chicago's nickname is the "**Windy City**". シカゴのあだ名は「風の町」です.

wine A2 /wáin ワイン/ 名 ワイン, ぶどう酒

•I like red [white] **wine**. 私は赤[白]ワインが好きだ. →wine は1つ, 2つと数えられないから ✕a wine, ✕wines としない.

•**A glass** [**A bottle**] **of wine**, please. ワイン1杯(はい)[1本]ください. →wine の数量は入れものを使って表す.

•Let's **have some wine** with dinner. ディナーを食べながらワインを飲もう.

wing 中 /wíŋ ウィング/ 名

❶ (鳥・飛行機の)翼(つばさ); (昆虫(こんちゅう)の)羽 関連語 A bird's **wing** is covered with **feathers**. 鳥の翼は羽毛(うもう)で覆(おお)われている.

•The bird **spread** its **wings** and flew away. 鳥は翼を広げて飛び去った.

❷ (建物などの中心から横に張り出した)翼(よく), 袖(そで); (ふつう **wings** で) (観客からは見えない舞台(ぶたい)の両すみの)袖

•the west **wing** of a hospital 病院の西側

もりである, ~しようと思う →「自分(たち)の意志」を表す.
- **I will** love you forever. 私は君を永遠に愛するつもりだ[愛します].
- **We will** [**We'll**] do our best. 私たちは全力を尽(つ)くすつもりだ[尽くします].
- 会話 Will you play tennis with us? —Yes, **I will**. 私たちとテニスをしませんか.—ええ, やりましょう. → 最初の Will は ❸.

❸ **(Will you** *do***?** で**)** (君は)**~しますか, ~しませんか; ~してくれませんか**
POINT 相手の「意志」を尋ねたり, 頼(たの)んだりするのに使う. もっと丁寧(ていねい)に言う時は **Would you** *do*? を使う.
- **Will you** have some cake? ケーキを召(め)し上がりますか[ケーキはいかがですか].
- **Won't you** come in? お入りになりませんか[どうぞお入りなさいよ]. → won't = will not. Will you come in? よりも強く勧(すす)める言い方.

Will you please lend me the book? —All right.
私にその本を貸してくれませんか.—いいですよ.

- Pass (me) the salt, **will you?** お塩を回して[取って]くださいませんか. → 命令文の後につける. ~, will you? (↗) だと相手に頼む言い方になり, ~, will you (↘) だと「~してください」と軽い命令の言い方になる.

❹ (繰(く)り返して)**よく~する; どうしても~しようとする** → 現在の習慣や強い主張・拒否(きょひ)を表す. → **would** ❸❹
- She **will** read comics for hours. 彼女は何時間も漫画(まんが)を読んでいることがよくある.
- This door **will** nót open. このドアはどうしても開こうとしない.

will² /wíl ウィる/ 名 ❶ **意志, 決意** → **willing**
- **against** *one's* **will** 意志に反して, いやいや, 心ならずも
- a person **with** a strong **will** 強い意志を持った人, 意志の強い人
- He bought a motorbike against the **will** of his parents. 彼は両親の意志に逆らってバイクを買った.
- ことわざ Where there's a **will** there's a way. 意志のあるところには(何らかの)方法[道]がある. →「何よりもやる気が大事」の意味.

❷ **遺言**(ゆいごん), **遺言書**
- He left the house to his wife **in** his **will**. 彼はその遺言書の中で妻に家を残した.

at will 意のままに, 自分の思い通りに
of one's own (*free*) *will* 自由意志で, 自ら進んで

willing /wíliŋ ウィりンぐ/ 形 ❶ **(be willing to** *do* **で) (必要なら・頼(たの)まれれば)いやがらないで~する, 自発的に[進んで]~する**
- **I am** quite **willing to** help you. お手伝いするのはいっこうにかまいません.
- If you need a volunteer, **I'm willing** (**to be** a volunteer). ボランティアが必要なら私がやります.

❷ **自発的な, やる気のある** → 名詞の前にだけつける.
- He is a **willing** student. 彼はやる気のある学生です.

willingly /wíliŋli ウィりンぐり/ 副 いやがらずに, 進んで, 喜んで

willow /wílou ウィろウ/ 名 《植物》ヤナギ

win 小 A1 /wín ウィン/ 動

三単現	**wins** /wínz ウィンズ/
過去・過分	**won** /wán ワン/
-ing形	**winning** /wíniŋ ウィニンぐ/

❶ (戦争・競技などに)**勝つ** 反対語 **lose** (負ける)
- **win** a race [a battle, a bet, an election] 競走[戦い, 賭(か)け, 選挙]に勝つ
- ことわざ Slow and steady **wins** the race. (『イソップ物語』の中の「ウサギとカメ」のカメのように)のろくても着実なのが勝負に勝つ.
- Which team **won?** どっちのチームが勝ったの?
- Our team **won** the baseball game (by) 10 to 1. わがチームは野球の試合に10対1で勝った.

❷ (勝利・名声・権利などを)**勝ち取る; (賞・賞金[品]などを)獲得**(かくとく)**する, 受賞する**
- **win** a victory [a prize] 勝利[賞]を得る
- **win** fame 名声を博する, 有名になる
- **win** the right to vote 選挙権を勝ち取る
- He **won** second prize in the contest. 彼はコンテストで2等賞を獲得した.

win or lose 勝っても負けても
—— 名 **勝ち, 勝利**

seven hundred and sixty-five　765　**wise**

の袖, 西側病棟(びょうとう)

- The actors are waiting **in** the **wings**.
俳優たちは舞台の袖で(出番を)待っている.

❸ (サッカーなどの)**ウイング**

on the wing 飛んで(いる)

- I saw some butterflies **on the wing**.
数ひきのチョウが飛んでいるのが見えた.

wink /wíŋk ウィンク/ 動

❶ ウインクする, 目くばせする

> 参考　英米ではさまざまな意味を込めて wink する. たとえば「これはほんの冗談(じょうだん)さ」「これは秘密にしてね」「頑張(がんば)れよ」「よくやった」「わかってるよ」など.

❷ (星・光が)きらきらする; (明りが)点滅(てんめつ)する

―― 名 ❶ ウインク, 目くばせ

❷ またたく間, 一瞬(いっしゅん)

winner 中 A2 /wínər ウィナ/ 名

❶ 勝つ[勝った]人, 勝利者 →win

- Who was the **winner** of the women's singles? 女子シングルスの優勝者は誰(だれ)ですか.

❷ 受賞者; 優勝者

- She was the **winner** of the Nobel Prize for Peace in 2014. 彼女は2014年度のノーベル平和賞の受賞者です.

winning /wíniŋ ウィニング/ 形 勝った, 優勝の; 決勝の →win

―― 名 勝つこと, 勝利

winter 小 A1 /wíntər ウィンタ/ 名

(複 **winters** /wíntərz ウィンタズ/)

冬; (名詞の前につけて)冬の →南半球のオーストラリア, ニュージーランドなどでは6月から8月くらいまでが冬.

- **Winter** is over. 冬が終わった. →「季節」の語にはふつう ×a, ×the をつけない.

- It was a very cold **winter**. とても寒い冬でした. →形容詞がつくと a [an] ＋形容詞＋ winter. It は漠然(ばくぜん)と「その時は」ほどの意味で, 日本語には訳さない.

- I go skiing **in** (the) **winter** every year.
私は毎年冬にはスキーに行きます. →in などの前置詞の次では the winter となることもある.

- **this winter** 今年の冬(には) →this, last, next などがつくと ×in なしで「この[この前の,

次の]冬に」の意味を表す.

- It wasn't very cold **last winter**. 去年の冬はあまり寒くなかった.

- **winter** sports [clothes] 冬のスポーツ[冬服]

- on a cold **winter** morning 寒い冬の朝に

- **winter** sleep 冬眠(とうみん)

wipe /wáip ワイプ/ 動 拭(ふ)く, ぬぐう; 拭き取る

- **wipe** a table テーブルを拭く

- **wipe** one's hands **on** a towel タオルで手を拭く

- **wipe** one's eyes 目をぬぐう[涙(なみだ)を拭く]

- **wipe off** the stains on [from] the glass グラスの[から]汚(よご)れを拭き取る

- **wipe up** the milk on [from] the floor 床(ゆか)に[床から]こぼれたミルクを拭き取る

- **wipe** a floor clean 床をきれいに拭く → clean は形容詞(きれいな)で, 「どのような状態に」床を拭く(wipe a floor)かを表す.

wipe out 完全に破壊(はかい)する, 一掃(いっそう)する

wiper /wáipər ワイパ/ 名 拭(ふ)く人; 拭く物; 黒板拭き, (車の)ワイパー

wire /wáiər ワイア/ 名 ❶ 針金, ワイヤー; 電線

- a **wire** fence [basket] 金網(かなあみ)の柵(さく) [かご]

- a telephone **wire** 電話線

- tie ～ with (a piece of) **wire** 針金で～を縛(しば)る

❷《米話》電報 (telegram)

- **by wire** 電報で →×by a wire としない.

- **send** a **wire to** ～ ～に電報を打つ

―― 動 ❶《米話》電報を打つ, 電報で知らせる

- He **wired** me congratulations. 彼は私に祝電を打ってくれた.

- He **wired** me **about** her accident. 彼は彼女の事故のことを電報で私に知らせてきた.

❷ (家などに)電線を引く, 配線する

Wisconsin /wiskánsin ウィスカンスィン/ 固名 ウィスコンシン →米国中央北部の州. **Wis.**, **Wisc.**, (郵便で) **WI** と略す.

wisdom A2 /wízdəm ウィズダム/ 名 賢明(けんめい)なこと, 賢明さ, 分別, 知恵(ちえ)

- a man **of wisdom** (＝a wise man) 賢(かし)こい男, 賢人(けんじん)

wise A2 /wáiz ワイズ/ 形 賢(かしこ)い, 賢明(けんめい)な, 分別のある →単に「頭がいい」「記憶(きおく)力がいい」の意味ではない. →clever

- a **wise** man 賢い人, 賢人(けんじん)

wisely 766 seven hundred and sixty-six

・**a wise** choice 賢明な選択(せんたく)

・**You are not wise** [**It is not wise of you**] **to** go swimming if the sea is rough. 海が荒(あ)れているなら泳ぎに行くなんて賢いことじゃない.

関連語 Older people are **wiser** than younger ones, because **wisdom** comes with age. 年配の人は若者よりもっと賢明である. なぜなら分別は年齢(ねんれい)とともについてくるものだから.

wisely /wáizli ワイズリ/ 副 賢明(けんめい)**に**(**も**)

wish 小 A1 /wíʃ ウィシュ/ 動

❶ 願う, 望む

・**wish on** a falling star 流れ星に願いをかける

・**wish for** world peace 世界平和を願う

・I **wish** you (the best of) luck [success]. あなたの(最高の)ご幸運[ご成功]を祈(いの)ります. →wish A (人) B は「A のために B がありますようにと願う」.

・I **wish** you a Merry Christmas. (君に楽しいクリスマスを願う ⇨)クリスマスおめでとう. →カードなどに書く文句. 会話では単に **Merry Christmas!** という.

・He **wished** her a happy birthday. 彼は彼女に誕生日おめでとうと言った.

・Anne **wished that** she could get a new doll. アンは新しいお人形がもらえますようにと祈った.

・My sister is **wishing** for a bicycle at Christmas. 妹はクリスマスに自転車が欲(ほ)しいと言っています.

❷ (**wish to** do で) (～することを)願う, できれば～したいと思う

類似語 **wish** は **want** より改まった丁寧(ていねい)な言い方. 日常的には **want** が多く使われる.

・I **wish to** go abroad some day. 私はいつか外国へ行きたい.

・He **wished to** cross the river, but he had no boat. 彼はその川を渡(わた)りたかったが, ボートがなかった.

・You can come with me, **if you wish**. もし君が来たければいっしょにおいでよ.

・**How I wish to** see my parents! どんなに両親に会いたいことか[両親に会いたいなあ]!

❸ (**wish**＋文(過去形)で) (～)であればいいと願う, (～)すればいいと思う(が, 実際はそうでないの

が残念だ) →現在の事実と異なることをいっている仮定法過去の文.

・I **wish** I **were** a bird. I wish to fly to you. 私が鳥だったらいいのに. あなたの所に飛んで行きたい. →be 動詞は主語に関係なく were を使うが, 主語が you 以外の単数の時, 口語では was も多く使われる.

・I **wish** I **had** a brother. 私にお兄さん[弟]がいたらいいのになあ.

・I can't swim. I **wish** I **could**. 私は泳げない. 泳げるといいのになあ.

・How I **wish** I could fly! ああ, 空を飛べればいいのになあ!

── 名 ❶ 願い, 望み; 望みの物[事], 願い事

・**My wish is to** be an actor. 私の望みは俳優になることです.

・He finally **got** his **wish**—a new camera. 彼はとうとう望みの物—新しいカメラ—を手に入れた.

・**make a wish** 願い事をする

・If you **make a wish** when you see a falling star, your **wish** will **come true**. 流れ星を見た時願い事をすれば, あなたの願いはかなえられる. →wishbone

❷ (**wishes** で) 人の幸せを願う気持ち, 祝福の言葉

・Aunt Betsy **sends** us **good wishes for** a happy new year. ベッツィおばさんから私たちに新年おめでとうですって.

・Please **give** your mother my **best wishes**. = Please **give** my **best wishes to** your mother. お母様によろしくお伝えください.

・**With best wishes**, Ken Nishii. それではご多幸を祈りながら, 西井賢より. →手紙の結びやプレゼントに添(そ)えて書く言葉.

wishbone /wíʃboun ウィシュボウン/ 名 鳥の胸にあるY字形の骨(叉骨(さこつ)), 願いの骨 →引っ張り合って長い方 (a lucky break) を取った人の願い事がかなえられるといわれる.

wit /wít ウィト/ 名 機知, ウイット

類似語 (ユーモア)

wit はとっさのひらめきで出る知的なユーモアで, 聞いた人が感心しながらどっと笑う (laugh) ようなもの. **humor** (ユーモア) は物事のおかしさを心優(やさ)しく温かい目を通して表現するもので, あとになっても微笑(びしょう) (smile) が出てくるようなもの.

witch /wítʃ ウィチ/ 名 女の魔法(まほう)使い, 魔女(まじょ) 関連語 「男の魔法使い」は **wizard**.

 参考 　悪魔(あくま) (devil) の力を借りて魔術(まじゅつ) (magic) を行うと信じられた女性. 先のとがった黒い大きな帽子(ぼうし)をかぶった醜(みにく)い老婆(ろうば)の姿で, ほうきの柄(え) (broomstick) にまたがって夜空を飛び回り, 黒ネコなどを手先に使って, 人にまじない (spell) をかけたり, 作物を不作にしたりといった悪さをするといわれた. 中世のヨーロッパでは多くの無実の女性と, さらには男性もが魔女狩(まじょが)り (**witch hunt**) の名のもとに迫害(はくがい)された.

with 小 A1 /wið ウィズ/

前 ❶ ～といっしょに, ～ととも に　意味 map
❷ 《付属するもの》～を持っている, ～の付いた
❸ 《感情・態度》～をもって
❹ (**with** *A B* (形容詞)で) A が B の状況[状態]で

―― 前 ❶ ～といっしょに, ～とともに

基本 **with** a dog 犬と(いっしょに), 犬を連れて(いる) →with+名詞.
• **with** him 彼と(いっしょに) →with+目的格の代名詞. ×with *he* としない.
• go **with** him 彼といっしょに行く
• a boy **with** a dog 犬を連れている少年
• I go to school **with** Ben and Joe. 私はベンやジョーといっしょに学校へ行く.
• Jim was not **with** me yesterday. 昨日はジムは私といっしょではなかった.
• I'm sending you some pictures **with** this letter. 私はこの手紙とともに[に同封(どうふう)して]何枚かの写真をあなたに送ります.
• I will **bring** my brother **with** me. 私は弟を(私といっしょに)連れて行きます.
• **Take** an umbrella **with** you. 傘(かさ)を持って行きなさい.
• I **have** no money **with** me. 私は今お金を全然持ち合わせていない. →with me をつけな

❺《相手》～と, ～に(対して)
❻《時間的に》～とともに
❼《道具・材料》～を使って, ～で
❽ ～にとって(は)

with 小 A1 /ウィズ/

基本の意味

同じ時間・場所にいる[ある]ことを表す「～といっしょに」が基本の意味(❶). 何かを持っていることや何かが付属していることに注目すると, ❷所有・付属, ❸「(感情・態度)をもって」, ❼道具・材料の意味になる. 何かが同時に成立していることに注目すると, ❹「～の状況で」の意味になる. 行為をいっしょに行う人に注目すると, ❺相手の意味になる.

イメージ
～といっしょに

 教科書によく出る 使い方

❶ I go to school **with** my friend Yui. 私は友だちの唯といっしょに登校します.
❷ Who is that man **with** a red scarf? 赤いスカーフのあの男性は誰？
❸ Martha greeted us **with** a big smile. マーサは満面の笑みで私たちを出迎えた.
❺ We need to talk **with** her. 私たちは彼女と話をする必要がある.

with

いと「私は(ここにも家にも銀行にもどこにも)全くお金がありません[一文無しです]」の意味.

- Are you **with** me? (説明の途中(とちゅう)で)(あなたは私といっしょにいますか ⇨)ここまではよろしいですか.

❷《付属するものがいっしょに》**～を持っている, ～の付いた; ～を持ったままで**

- a girl **with** long hair 長い髪(かみ)の毛の[ロングヘアの]女の子
- a monster **with** a huge mouth 巨大(きょだい)な口をした怪物(かいぶつ)
- Do you know that big boy **with** a camera? 君はカメラを持ったあの大きな少年を知っていますか.
- I'm Tom Brown **with** today's news. (私はきょうのニュースを持っている[伝える]トム・ブラウンです ⇨)皆(みな)さん, トム・ブラウンです. きょうのニュースをお伝えします.
- She said goodbye **with** tears in her eyes. 彼女は目に涙(なみだ)を浮(う)かべて別れを告げた.

❸《ある感情・態度といっしょに》**～をもって, ～して**

- **with** a smile 微笑(びしょう)をもって, にこにこして
- **with** joy 喜びをもって, 喜んで
- **with** ease 簡単に, やすやすと (easily)
- **with** (great) **care** (とても)注意して

🗨会話 Will you help me? —Yes, **with pleasure.** 手伝ってくれますか.—はい, 喜んで.

❹ **(with** A B (形容詞)で) **A が B の状況[状態]で**

- sleep **with** the windows open (窓があいている状態で ⇨)窓を開けたまま眠(ねむ)る → open は形容詞(あいている).
- Don't speak **with** your mouth full. 口に食べ物をいっぱい入れてしゃべるな.

❺《相手といっしょに》**～と, ～に(対して), ～を相手に; ～に賛成して, ～とよく合って**

- **talk with** one's father 父と話をする, 父に相談する
- connect A **with** B A と B をつなぐ
- mix blue **with** red 青と赤を混ぜる
- I often **fight with** my brother. 私はよく兄[弟]とけんかをする.
- I had a lot of fun **with** him. 私は彼といっしょでとてもおもしろかった[彼はとてもおもしろい人だった].

- I agree **with** you. 私は君に賛成だ.
- Are you **with** me or against me? 君は僕(ぼく)に賛成なのか反対なのか.

❻《時間的にいっしょに》**～とともに**

- rise **with** the lark ヒバリとともに起きる[早起きする]
- **With** those words, he left. 彼はその言葉とともに[そう言って]去って行った.
- **With** the coming of spring, the birds returned. 春の訪(おとず)れとともに鳥たちも帰ってきた.

❼《道具・材料》**～を使って** (using), **～で;**《原因・理由》**～のせいで**

- eat **with** (a) knife and fork ナイフとフォークで食べる
- study **with** a computer コンピューターを使って勉強する
- cut **with** a knife ナイフで切る
- I took these pictures **with** this camera. 私はこのカメラでこれらの写真を撮(と)った.

反対語 He is eating his soup **with** a spoon, but his brother is eating **without** a spoon. 彼はスプーンでスープを飲んでいるが, 彼の弟はスプーンなしで[を使わないで]飲んでいる.

- The streets were crowded **with** people. 通りは人で混み合っていた.
- He was in bed **with** a cold. 彼は風邪(かぜ)で寝(ね)ていた.
- That place became very dirty **with** trash and cans. その場所はごみや缶(かん)でとても汚(きたな)くなった.

❽ **～にとって(は), ～について, ～に関して**

- It's **all right with** me. 私についてはそれでけっこうです.
- Something is **wrong with** this radio. このラジオはどこかが故障している.
- What's **the matter with** you? どうしたの(具合が悪そうだけど, 心配事でもあるの).
- What's **with** you? (いつものあなたと違(ちが)うけど). → 前の文との違いに注意.
- Anne **helps** me **with** my English homework. (アンが英語の宿題について私を助ける ⇨)アンが私の英語の宿題を手伝ってくれます.

with all ～ あれほど～がありながら, あんな～にもかかわらず

- **With all** his money, he was not happy at all. あんなに金がありながら，彼はちっとも幸福ではなかった．

withdraw /wiðdrɔ́ː ウィずドローー/ 動 三単現
withdraws /wiðdrɔ́ːz ウィずドローズ/; 過去
withdrew /wiðdrúː ウィずドルー/; 過分
withdrawn /wiðdrɔ́ːn ウィずドローン/; -ing形
withdrawing /wiðdrɔ́ːiŋ ウィずドローイング/)
❶ 引っ込(こ)める; (預金を)引き出す; (軍隊などを)退却(たいきゃく)させる ❷ 引っ込む; 引き下がる, 退く; 撤退(てったい)する

wither /wíðər ウィざ/ 動 (しばしば wither away で) しぼむ, しおれる, 枯(か)れる; しぼませる, しおれさせる, 枯らす

within A2 /wiðín ウィずィン/ 前 〜以内に[で]; 〜の範囲(はんい)内に[で]
• within a week 1週間以内に
• I live **within** ten minutes' walk of the school. 私は学校から歩いて10分以内に住んでいます．

without 中 A2 /wiðáut ウィざウト/ 前
❶ 〜なしで, 〜なしに; 〜のない
基本 go out **without** one's hat [coat, umbrella] 帽子(ぼうし)をかぶらないで[コートを着ないで, 傘(かさ)を持たないで]出かける →動詞+without+(代)名詞．
• I can't live **without** you. 私は君なしでは生きられない．
基本 marriage **without** love 愛の無い結婚(けっこん) →名詞+without+名詞．
• I drink coffee **without** sugar. 私は砂糖を入れないコーヒーを飲む．
• The cowboy in the movie was a man **without** fear. その映画に出てきたカウボーイは恐(おそ)れを知らない男だった．
❷ (**without** *doing* で) 〜しないで, 〜せずに
• He went out of the room **without** saying a word. 彼は一言も言わずに部屋から出て行った．
• You can't make an omelette **without** breaking a few eggs. 卵をいくつか割らなければオムレツはつくれない. →「何かを達成するには犠牲(ぎせい)がつきものだ」の意味．

do [*go*] *without* ~ 〜なしで済ませる, 〜がなくてもなんとかやっていく
• We can't **do without** the phone in our daily life. 私たちは日常生活において電話なしではやっていけない．

not [*never*] *do without doing* 〜せず

without 中 A2 /ウィざウト/

基本の意味
「〜なしで」が基本の意味．いっしょにあるべき人・物がない，するべきことをしていないというニュアンスであることが多い．

イメージ
〜なしで

教科書によく出る **使い方**

❶ It's cold outside. Don't go out **without** your coat.
外は寒いよ．上着なしで外に出ないでね．

❷ John left for school **without** eating breakfast.
ジョンは朝食を食べずに学校に出かけて行った．

witness

770　seven hundred and seventy

には〜しない, すれば必ず〜する

• I can**not** speak English **without making** mistakes. 私は英語をしゃべると必ず間違(まちが)いをする.

without fail 間違いなく, 必ず

witness /wítnis ウィトネス/ 图 (事件などの)目撃(もくげき)者, (法廷(ほうてい)などでの)証人
── 動 目撃する; 証言する

wives /wáivz ワイヴズ/ 图 **wife** の複数形

wizard /wízərd ウィザド/ 图 男の魔法(まほう)使い
関連語 「魔女(まじょ)」は **witch**.

woke /wóuk ウォウク/ 動 **wake** の過去形

woken /wóukn ウォウクン/ 動 **wake** の過去分詞

wolf /wúlf ウるふ/ 图 (複 **wolves** /wúlvz ウるヴズ/) (動物)オオカミ

• **a pack of wolves** オオカミの群れ

• I am **as hungry as a wolf**. 私はオオカミのように腹ぺこだ.

cry wolf 「オオカミが来た」と叫(さけ)ぶ ➙「うそを言って人を騒(さわ)がせたり, 人騒がせなデマを飛ばす」の意味.

参考 『イソップ物語』で羊飼いの少年が「オオカミが来た!」とうそを言っては人をだましておもしろがったので, 本当にオオカミが来た時には誰(だれ)にも信じてもらえなかったという話から.

woman 小 A1 /wúmən ウマン/ (➙o

を /u ウ/ と発音することに注意) 图
(複 **women** /wímin ウィメン/)
(大人の)女性, 婦人 関連語 **man** (男性)

• a young **woman** and an old lady 1人の若い女性と 1人の老婦人 ➙**old woman** より **old lady** と言ったほうが感じがよい.

• the **women**'s room 女性用トイレ ➙ WOMEN と掲示(けいじ)してある.

wombat /wámbæt ワンバト/ 图 (動物)ウォンバット ➙オーストラリア原産の有袋類(ゆうたいるい).

women 中 /wímin ウィメン/ (➙o を /i イ/ と発音することに注意) 图 **woman** の複数形

won 中 /wán ワン/ 動 **win** の過去形・過去分詞

wonder 中 A2 /wándər ワンダ/ 動
❶ (不思議さ・すばらしさに)驚(おどろ)く, 驚嘆(きょうたん)する; 不思議に思う

• We **wondered at** the beautiful sunset.

私たちは美しい日没(にちぼつ)の光景に驚嘆した.

• I **wonder** (**that**) he was not killed in the airplane accident. 彼がその飛行機事故で死ななかったとは驚いた[よく死ななかったものだ].

❷ (**wonder if** [**who**, **what**, *etc.*] 〜 で) (〜する)かしら(と思う), 〜かどうかを知りたいと思う

• I **wonder if** it is true. それは本当なのだろうか.

• I **wonder who** she is. ＝**Who** is she, I **wonder**? あの女の人は誰(だれ)だろう.

• I **wonder why** I am so sleepy. どうしてこんなに眠(ねむ)いのかしら.

• I **wonder when** he will come. 彼はいつ来るだろうか.

• She **wondered which** sweater to buy. 彼女はどっちのセーターを買おうかしらと思った.

• I'm just **wondering whether** I should go to the movies. ＝I'm just **wondering about** going to the movies. 映画に行こうかどうしようかと考えているところです.

── 图 ❶ (すばらしい物・不思議な物への)驚きの気持ち, 驚嘆, 驚異(きょう)の念

• When I saw Niagara Falls, I was **filled with wonder**. ナイアガラの滝(たき)を見た時私は驚異の念に満たされた. ➙×*a* wonder, ×wonders としない.

関連語 Paul looked in **wonder** at the spaceship. It was so **wonderful**. ポールはその宇宙船に驚きの目を見張った. それはとてもすばらしかった.

❷ 不思議なもの[事], 驚くべき事[人], 驚異

• The Pyramids are one of the Seven **Wonders** of the World. ピラミッドは世界の七不思議の 1 つです.

• **It is a wonder that** such a little boy can play the piano so well. こんなに小さな少年がこんなに上手にピアノを演奏できるとは驚きだ. ➙It=that 以下.

• (**It is**) **No wonder** (**that**) the boy is excited. This is the first time he got on board a plane. その男の子がはしゃぐのも不思議じゃないよ. 飛行機に乗ったのはこれがはじめてなのだから.

wonderful 小 A1 /wándərfəl

ワンダふる/ 形 (比較級 **more wonderful**;

seven hundred and seventy-one　771　**woollen**

最上級 **most wonderful**)

❶ (びっくりするほど) **すばらしい, とてもすてきな** (great)

📚基本 a **wonderful** present [person, dinner] とてもすばらしい贈(おく)り物[人, ごちそう] →wonderful＋名詞.

•Lucy is a **wonderful** cook. ルーシーはすばらしい料理人だ[料理がすばらしく上手だ].

📚基本 You are **wonderful**. 君はとてもすばらしい. →be 動詞＋wonderful.

会話 Let's go on a picnic tomorrow. —That's **wonderful**. あしたピクニックに行こうよ. —わあ, すてきね.

•It is **wonderful** to hear that she is having a baby. (彼女がおめでただと聞くことはすばらしい ⇨)おめでただそうでこんなすてきなことはございません. →It ＝to hear 以下.

❷ 驚(おどろ)く**べき, 不思議な**

•a **wonderful** invention 驚くべき発明

•"Aladdin and the **Wonderful** Lamp" 「アラジンと不思議なランプ」→『千夜一夜物語』の中の１つ.

wonderland /wʌ́ndərlænd ワンダランド/ 名 (童話の)**不思議の国, おとぎの国; すばらしい所**

•*Alice's Adventures in* **Wonderland** 『不思議の国のアリス』→童話の書名.

•Sapporo is a winter **wonderland** for skiers. 札幌はスキーヤーたちにとってまさに冬のおとぎの国です.

won't /wóunt ウォウント/ **will not** を短くした形

wood A2 /wúd ウド/ 名

❶ (切った)**木, 木材, 材木** →立ち木 (tree) でなく, 家や家具を作る用材.

•a chip [a piece] of wood 木の切れっ端(ぱし), 木切れ, 小さな木片(もくへん) →×a wood, ×woods としない.

•**wood** carving 木彫(もくちょう)

関連語 We get **wood** from **trees**, and wood is sawed into **boards**. 私たちは立ち木から材木を得る. そして材木はのこぎりで切られて板材になる.

•My house is made **of wood**. 私の家は木造です.

❷ **まき, 薪**(たきぎ)

•**gather wood** for a fire たき火用の薪を集める

•Put some **wood** on the fire. 火にまきを

入れなさい.

❸ (しばしば複数形 **woods** でも使う) **森, 林, 里山**

→**forest** 類似語

•camp **in** the **wood**(s) 森の中でキャンプをする

•walk **through** the **wood**(s) 森の中を歩いて行く

•The children lost their way in the **wood**. 子供たちは森の中で道に迷った.

woodblock /wúdblɑk ウドブラク/ 名

❶ **木版画;** (木版画の)**版木** →**wood block** と2語にもつづる.

❷ (楽器) **ウッドブロック** →木魚のような音の打楽器.

woodchuck /wúdtʃʌk ウドチャク/ 名 《動物》**ウッドチャック** →米国北東部やカナダにいるリス科の動物. groundhog ともいう (→**groundhog**).

woodcut /wúdkʌt ウドカト/ 名 **木版画; 版木**(はんぎ)

woodcutter /wúdkʌtər ウドカタ/ 名 **木こり**

wooden A2 /wúdn ウドン/ 形 **木製の, 木造の**

•a **wooden** box 木の箱

•That's not **wooden**—it's plastic. あれは木製じゃありません—プラスチックです.

woodpecker /wúdpekər ウドペカ/ 名 《鳥》**キツツキ**

woodwork /wúdwəːrk ウドワ〜ク/ 名 《英》＝woodworking

woodworking /wúdwəːrkiŋ ウドワ〜キング/ 名 《米》**木工** →木で家具などを作ること.

woof /wúf ウふ/ 間 **ウー** →犬などのうなり声. →**bark** 動 関連語

wool A2 /wúl ウる/ (→×/ウーる/ ではない) 名

❶ **羊(またはヤギなど)の毛, 羊毛**

•**shear wool** from a sheep 羊から毛を刈(か)り取る →×a wool, ×wools としない.

❷ **毛糸; ウール(製品)**

•a **wool** blanket ウールの毛布

•This jacket is made of 100% **wool**. この上着はウール100パーセントだ. →100%は one hundred percent と読む.

•I **wear wool** in winter and cotton in summer. 私は冬はウール, 夏は木綿(もめん)の服を着ます.

wool(l)en /wúlən ウれン/ 形 **羊毛(製)の, ウールの**

word

word 小 A1 /wə́ːrd ワ～ド/

名 ❶ 単語, 語 意味map
❷ 言葉
❸ (words で) 歌詞
❹ (one's word で) 約束

――名 (複) words /wə́ːrdz ワ～ヅ/

❶ 単語, 語

• an English **word** 英語の単語

関連語 The **word** "pen" has three **letters**. pen という語は 3 つの文字を持っている [3 つの文字からできている].

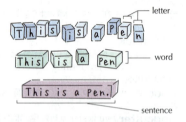

• What is the English **word** for "jisho"? 「辞書」にあたる英語の単語は何ですか.
• Write an essay about your dream in 1,000 **words**. あなたの夢についての作文を 1,000 語で書きなさい.

❷ 言葉; (ちょっと) 一言, 手短な話

• in a **word** 一言で言えば, 要するに
• in other **words** ほかの言葉で言えば, 言い換えれば
• a person [a man, a woman] of few [many] **words** 言葉数の少ない [多い] 人
• a **word** of thanks お礼の言葉
• She didn't say a **word** about it. 彼女はそれについては一言も言わなかった.
• May I **have a word with** you? ちょっとお話があるのですが.
• Mr. Smith is now going to **say a few words**. これからスミス先生が一言ご挨拶(あいさつ)をされます.
• This flower is too beautiful **for words**. この花は美し過ぎて言葉では言えない.

❸ (words で) 歌詞, (劇の) せりふ

• Do you remember the **words** of "Yesterday"? 君は「イエスタデイ」の歌詞を覚えていますか.

❹ (one's word で) 約束, 自分の言った事

• a man [a woman] **of his** [**her**] **word** 約束を守る人 →×words としない.
• **keep** [**break**] one's **word** 約束を守る [破る]
• I **give** you my **word that** I will not tell your secret. 君の秘密をしゃべらないことを約束するよ.

❺ 知らせ, 便り

• Please **send** me **word** as soon as you get there. そこに着いたらすぐに私に知らせてください. →×a word, ×words としない.

by word of mouth (書面(しょめん)でなく)口頭で, 口伝えで

wórd gàme 名 言葉遊び

wórd pròcessor 名 ワードプロセッサー, ワープロ

wore /wɔ́ːr ウォー/ 動 **wear** の過去形

work 小 A1 /wə́ːrk ワ～ク/

動 ❶ 働く; 勉強する 意味map
❷ (機械などが)調子よく動く (run), (薬などが)効く

名 ❶ 仕事; 勉強
❷ 作品

――動 (三単現) **works** /wə́ːrks ワ～クス/;
過去・過分 **worked** /wə́ːrkt ワ～クト/; -ing形 **working** /wə́ːrkiŋ ワ～キング/)

❶ 働く; 勉強する; 努力する

基本 **work** hard 熱心に働く; 熱心に勉強する, 努力する →work+副詞(句).
• **work** for world peace 世界平和のために働く [努力する]

会話
Where do you **work**? —I **work** in [for, at] a hospital as a nurse.
あなたはどこで働いているのですか.—私は病院に看護師として勤めています.

反対語 **Work** while you work, **play** while you play. 働く時は働き, 遊ぶ時は遊べ.
• My sister **works** very hard **at** school. 妹[姉]は学校でとてもよく勉強している.
• I **worked** in the garden all day long. 私は庭で 1 日中働いた.
• Some farmers **are working on** the farm. 農夫たちが農場で働いている. →現在進行形の文. →**are** [助動] ❶

seven hundred and seventy-three　773　**worker**

- Mother is busy **working** in the kitchen. 母は台所で忙(いそが)しく働いている. → working は現在分詞. be busy *doing* は「〜で忙しい, 忙しく〜している」.
- **Working** in a restaurant must be a hard job. レストランで働くのは大変な仕事に違(ちが)いない. → working は動名詞(働くこと)で文の主語.

❷ (機械などが)**調子よく動く** (run), (計画などが)**うまくいく**, (薬などが)**効く**; (機械を)**動かす, 運転する**, (人を)**働かせる**

- This machine doesn't **work**, but that one is **working** all right. この機械はよく動きません[調子がよくありません]が, あっちの機械はちゃんと動いています.
- A compass does not **work** at the South Pole. 磁石は南極では作動しない.
- This medicine **works** for heart trouble. この薬は心臓病に効く.
- Please show me how to **work** this washing machine. この洗濯(せんたく)機の動かし方を教えてください.

work at 〜 〜で働く; 懸命(けんめい)に〜の仕事[勉強]をする, 〜に取り組む

- Bob **worked** very hard **at** [**on**] the difficult math problem. ボブはその数学の難問に懸命に取り組んだ.

work on 〜 〜で働く; 〜の仕事[勉強]をする, 〜に取り組む; 〜に働きかける

- **work on** a model airplane 模型飛行機の製作に取り組む[を作る]
- His music **worked on** the minds of the audience. 彼の音楽は聞く者の心に訴(うった)えた.

work out (問題を)解く; 考え出す; (計画などが)うまくいく, 結果が〜になる

- **work out** a crossword puzzle クロスワードパズルを解く
- Everything **worked out** all right in the end. 最後にはすべてがうまくいった.

—— 图(㉘ **works** /wə́:rks ワ〜クス/)

❶ **仕事**, 労働; 勉強 → 日本語の「仕事」より意味の幅(はば)が広い.

- **a piece** [**a lot**] **of work** 1つ[たくさん]の仕事 → ×*a* work, ×works などとしない.
- **easy** [**hard**] **work** 易(やさ)しい[困難な]仕事
- **go to work** 仕事にいく → 成句
- **look for work** 仕事の口を探す → この work は「仕事の口, 職, 勤め先」の意味で **job** と同じ. ただし job は **a job** となる.

🗨会話 What **work** does he do?＝What is his **work**?—His **work** is teaching. 彼はどんな仕事をしているのか[彼の職業は何か].—彼の職業は教師です.

- I have a lot of **work** to do today. 私はきょうはしなければならないことがたくさんある. → 不定詞 to do (する〜)は work を修飾(しゅうしょく)する. →to ❾の ②

ことわざ All **work** and no play makes Jack a dull boy. 勉強ばかりして遊ばなければジャックはばかな少年になる. → make *A B* は「*A* を *B* にする」.「よく学びよく遊べ」にあたる.

❷ **作品, 作ったもの**

- a **work** of art 芸術作品[美術品]
- the **works** of Picasso [Soseki, Mozart] ピカソ[漱石, モーツァルト]の作品

❸ (**works** で) 工場, 製作所

- an iron **works** 鉄工場, 製鉄所

at work 働いて, 仕事中で

- Father is **at work** in the garden now. 父は今庭で働いています.

掲示 Men **at work**. 工事[作業]中 → Men **working**. ともいう.

- He is hard **at work** on a big picture. 彼は絵の大作に熱心に取り組んでいる.

go to work 仕事に出かける, 出勤する; 仕事に取りかかる (set [get] to work)

out of work 失業して(いる)

- Naomi is **out of work** and she is looking for a job. ナオミは失業していて職を探している.

set [***get***] ***to work*** 仕事に取りかかる

workbook /wə́:rkbuk ワ〜クブク/ 图 (学習用)ワークブック, 練習問題帳

worker 中 A1 /wə́:rkər ワ〜カ/ 图 働く人, 仕事をする人, 労働者, 従業員; 勉強する人

チャンクでおぼえよう work	
□ 熱心に働く	**work** hard
□ 一日中作業する	**work** all day long
□ その機械は調子が悪い.	The machine doesn't **work**.
□ しなければならないこと	**work** to do

working 774

- a factory **worker** 工場労働者, 工員
- an office **worker** 事務所で働く人, 事務員, 会社員, サラリーマン
- a slow **worker** 仕事の遅(おそ)い人
- a hard **worker** 勉強家[働き者]

working /wə́ːrkiŋ ワ~キング/ 動 **work** の -ing 形 (現在分詞・動名詞)
—— 形 働いている, 労働[仕事]をしている; 作業(用)の, 労働の
- **working** hours 労働時間[執務(しつむ)時間]
- the **working** class(es) 労働者階級

workman /wə́ːrkmən ワ~クマン/ 名 (複 **workmen** /wə́ːrkmən ワ~クマン/) 肉体労働者, 工員; (特に)職人

workplace /wə́ːrkpleis ワ~クプれイス/ 名 職場

worksheet /wə́ːrkʃiːt ワ~クシート/ 名
❶ (試験の)問題用紙
❷ 《コンピューター》ワークシート

workshop /wə́ːrkʃɑp ワ~クシャプ/ 名 ❶ (工作・修理用の)仕事場, 作業室, (小さな)工場, 工房(こうぼう) ❷ (小グループの)研究会, 勉強会, 講習会

world 小 A1 /wə́ːrld ワ~るド/ 名
(複 **worlds** /wə́ːrldz ワ~るヅ/)
❶ (the world で) 世界; 世界じゅうの人々
- **in the world** 世界で[の] ➡成句
- **all over the world** 世界じゅう, 世界じゅうで[の]
- **the world**'s greatest singer 世界最高の歌手
- The Nile is the longest river in **the world**. ナイル川は世界で一番長い川だ.
- All the people in **the world** wish for **world** peace. 世界のすべての人々が世界の平和を願っている.
- He traveled around **the world** in 80 days. 彼は80日間で世界一周旅行をした.
- **The whole world** [**All the world**] **is** waiting for an end to the war. 世界じゅうの人々がその戦争の終結を待っている. ➡現在進行形の文.「世界じゅうの人々」をひとまとまりに考えて単数扱(あつか)い.
❷ (特定の分野の)世界, ~界
- **in** the **world of** pop music ポップスの世界で(は)
- He entered the business **world** after college. 彼は大学卒業後ビジネスの世界に入った

た.
❸ (the world で) 世の中, 世間(の人々)
- He is young and doesn't know **the world**. 彼は若いので世の中を知らない.

a [*the*] *world of* ~ 山ほどの~
- **a world of** ideas 山ほどのアイディア, アイディアいっぱい

in the world 世界で[の] (➡ ❶); 《疑問文を強めて》一体全体 (on earth)
- **What in the world** are you doing? 一体全体君は何をしているのか.
- **Who in the world** are you? 一体全体お前は何者だ.

Wórld Cúp 名 (the をつけて) ワールドカップ ➡ スポーツなどの世界選手権大会.

Wòrld Héritage Lìst 固名 世界遺産登録名簿(めいぼ)

Wòrld Héritage Sìte 固名 世界遺産

Wórld Séries 固名 (the をつけて) ワールドシリーズ ➡ 米国の2つのメジャーリーグの優勝チーム同士で争う全米プロ野球選手権大会.

Wórld Wár 名 世界大戦

Wórld Wár I [**II**] 固名 第一[二]次世界大戦 ➡ I [II] は 《ワン[トゥー]》と読む. the First [Second] World War ともいう.

worldwide A2 /wə̀ːrldwáid ワ~るドワイド/ 形 世界じゅうに広がった, 世界的な

Wòrld Wìde Wéb 固名 (the をつけて) 《コンピューター》ワールド・ワイド・ウェブ ➡ インターネット上の情報を結びつけたシステム. ➡ **web** ❷

worm /wə́ːrm ワ~ム/ 名 虫 ➡ ミミズ (earthworm) など足の無い虫や昆虫(こんちゅう)の幼虫など.

worn /wɔ́ːrn ウォーン/ 動 **wear** の過去分詞
—— 形 すり減った, すり切れた, 使い古した

worn-out /wɔ̀ːrnáut ウォーナウト/ 形 (もう使えないほど)すり切れた, 使い古した; へとへとに疲(つか)れきった

worried 中 A2 /wə́ːrid ワ~リド/ 動 **worry** の過去形・過去分詞
—— 形 心配そうな, 不安げな ➡ **worry**
- a **worried** look 心配そうな[困った]顔つき
- You look **worried**. Is something wrong? 君は心配そうな顔をしているね. 何か困ったことでもあるの?
- I**'m worried** about my baby. He has a bad cold. 私は赤ん坊(ぼう)のことが心配です. ひどい風邪(かぜ)をひいているのです.

worry 中 A1 /wə́:ri ワ～リ|wʌ́ri ワリ/
動 (三単現 **worries** /wə́:riz ワ～リズ/; 過去・過分 **worried** /wə́:rid ワ～リド/; -ing形 **worrying** /wə́:riiŋ ワ～リイング/)
心配する, 気をもむ, くよくよする; 心配させる, 気をもませる, 悩(なや)ませる

- Don't **worry**. She'll soon come back. 心配しないで. 彼女はすぐ帰って来るよ.

Don't worry. She'll soon come back.

- Don't **worry** your sister; she is busy. お姉ちゃんにうるさくしちゃだめ. お姉ちゃんは忙(いそが)しいのよ.
- He's **worrying about** his exam. 彼は試験のことをくよくよ気にしている.
- Don't cry. There's nothing **to worry** about. 泣かないで. 何も心配することはないよ. → 意味のつながりの上では worry about nothing だから about を省略しないこと.
- Mother **worries** when we are late from school. 私たちが学校から帰るのが遅(おそ)くなると母は心配します.
- What **worries** you? (何が君を心配させるのか ⇨) 君は何を心配しているのか.
- The test **worried** me, but it was very easy. テストが気がかりだったがテストはとても易(やさ)しかった.

── 名 (複 **worries** /wə́:riz ワ～リズ/)
心配, 苦労; 心配事, 悩みの種

- I couldn't sleep all night with [for] **worry**. 私は心配で一晩じゅう眠(ねむ)れなかった.
- The lazy boy was a constant **worry** to his mother. その怠(なま)け者の少年は母親にとっていつも悩みの種だった.

worse A2 /wə́:rs ワ～ス/ 形

❶ もっと悪い[下手な, ひどい] →**bad** の比較(ひかく)級. →**worst**

- Nothing is **worse** than war. 戦争より悪いものはない.

❷ (病気が)もっと悪い →**ill** の比較級.
関連語 He was **ill** yesterday, but today he is much **worse**. 彼は昨日具合が悪かったが, きょうはもっとよくない.

- During the night the sick man became **worse and worse**. 夜の間に病人はますます悪くなった. →比較級+and+比較級は「ますます～」.

反対語 She seemed to be getting **better** yesterday, but today she is **worse**. 彼女は昨日はよくなっているように見えたのにきょうは悪化している.

── 副 もっと悪く, もっとまずく; もっとひどく
→**badly, ill** の比較級.

- He drives **worse** than his sister. 彼は姉より運転が下手だ.
- It was late at night, and, even **worse**, there was snowstorm outside. 夜も遅(おそ)かった, それにもっと悪いことに外は吹雪(ふぶき)だった.

worship /wə́:rʃip ワ～シプ/ 動 (三単現 **worships** /wə́:rʃips ワ～シプス/; 過去・過分 **worship(p)ed** /wə́:rʃipt ワ～シプト/; -ing形 **worship(p)ing** /wə́:rʃipiŋ ワ～シピング/)
❶ (神・人・物を)崇拝(すうはい)する, 敬う ❷ (教会で)礼拝する

── 名 ❶ 崇拝, 敬うこと ❷ 礼拝(式)

worst A2 /wə́:rst ワ～スト/ 形 最も悪い[下手な], 最悪の; 一番ひどい →**bad, ill** の最上級.

- Ken is the **worst in** the class **at** swimming. = Ken is the **worst** swimmer in the class. ケンはクラスで一番水泳が下手です.

反対語 Bob is the **best** boy in school; Cal is the **worst** (boy). ボブは学校で最もよい子で, キャルは最も悪い.

- This is the **worst** movie (that) I have ever seen. これは私が今まで見た最もひどい映画だ.

── 副 最も悪く, 一番下手に; 最もひどく
関連語 Jim and Mary played **badly**, but I played **worst** of all! ジムもメアリーも下手なプレーをしたけれど, みんなの中では僕(ぼく)のプレーが一番まずかった.

- **Worst** of all she is a liar. 何よりも悪いことには彼女はうそつきだ.

── 名 (the worst で) 最悪の事[物], 最悪の事態[場合]

at (the) worst 最悪の場合で[でも]

worth /wə́:rθ ワ～す/ 形 (**worth**+名詞で) ～の値打ちがある, ～に値(あたい)する, ～の値段であ

worthless

る; **(worth** do**ing** で**)** ~する価値がある
- This old coin is **worth** 10,000 yen today. この古銭は今日(こんにち)では1万円の値打ちがある.

ことわざ A bird in the hand is **worth** two in the bush. 手の中の1羽の鳥はやぶの中の2羽の値打ちがある. →「不確実な2より確実な1のほうが価値がある」の意味.「明日の百よりきょうの五十」にあたる.
- That movie is **worth** see**ing**. その映画は一見の価値がある.
- Paris is a city **worth** visit**ing**. パリは行ってみる値打ちのある都市です.

be worth (*A's*) *while* ((A が)時間をかけるだけの)価値がある

—— 名 価値, 値打ち
- ten dollars' **worth** of presents 10ドル分のプレゼント

worthless /wə́ːrθlis ワ~すれス/ 形 価値の無い, 役に立たない, つまらない

worthwhile /wə́ːrθ(h)wáil ワ~す(ホ)ワイる/ 形 (骨を折る・時間をかけるだけの)価値のある

worthy /wə́ːrði ワ~ずィ/ 形 (比較級 **worthier** /wə́ːrðiər ワ~ずィアァ/, **more worthy**; 最上級 **worthiest** /wə́ːrðiist ワ~ずィエスト/, **most worthy**) **(worthy of** ~ で**)** ~にふさわしい, ~に値(あたい)する

would 小 A1

/弱形 wəd ウド, 強形 wúd ウド/ (→l は発音しない)

助動 ❶ (~する)だろう; (~する)つもりだ 意味map
❷ **(Would you** do**?** で**)** ~してくださいませんか
❸ どうしても~しようとした

—— 助動 ❶ (~する)だろう; (~する)つもりだ
→will¹ の過去形として使われる場合.
- I thought (that) it **would** rain. 私は雨が降るだろうと思った.

POINT 主節の動詞 (thought) が過去なのでそれに合わせて that 以下の助動詞も過去の would になる.「雨が降っただろうと思った」と訳さないこと.
- I said I **would** [**I'd**] do my best. (= I said, "I will do my best.") 私はベストを尽(つ)くすつもりだと言った. →《話》では I would は I'd と短くなる.
❷ **(Would you** do**?** で**)** ~してくださいませ

んか →Will you do? より丁寧(ていねい)な言い方.
- **Would you** please help me? = Help me, **would you** (please)? どうか私を助けていただけませんか.

❸ どうしても~しようとした →過去の強い意志を表す.
- I warned, but he **would** do it. 私は注意したが彼はどうしてもそれをすると言ってきかなかった.
- Mother **would** not let me go swimming alone. 母はどうしても私をひとりで泳ぎに行かせてくれなかった.
- The door **wouldn't** [**would** not] open. 戸はどうしても開かなかった.

❹ よく~したものだ →過去によく繰(く)り返された行為(こうい)を表す. →**used to** do (**used¹** 動)
- He **would** wait for her outside the school gate. 彼は校門の外で彼女を待っていたものだ.

❺ (もし~ならば)~するだろうに, ~するのだが →本当はそうでない[できない]ことを頭の中で想像して言う仮定法での用法.
- **If I were** rich [**I had** a lot of money], I **would** travel around the world. もし私がお金持ち[たくさんお金があった]なら, 世界一周旅行をするのだが(, 実際はお金が無いからできない).「旅行したのだが」と訳さないこと.

would like ~ ~を欲(ほ)しいと思う (want), ~をいただきたい →丁寧な言い方.
- I **would** [**I'd**] **like** ice cream, please. アイスクリームをいただきたいのですが.

Would you **like** coffee (↗) or something? (↗)—Yes, coffee, please.
コーヒーか何かいかがですか.—はい, コーヒーをいただきます.

Would you like coffee or something?
Yes, coffee, please.

would like to do ~したいと思う (want

seven hundred and seventy-seven　777　**write**

to *do*) ➡丁寧な言い方.

•I **would** [**I'd**] **like to** have a cup of tea. お茶を1杯(はい)いただきたいのですが.

•**Would** you **like to** come in? 中へお入りになりませんか.

would rather *do* (**than** *do*) どちらかと言えば(〜するより)〜したいと思う ➡丁寧な言い方.

🔵会話 Would you like a cup of tea?—I'd (＝I would) **rather** have coffee, please. お茶を1杯いかがですか.—できれば(お茶より)コーヒーをいただきたいと思います.

•I'd **rather** not do the job at all **than** do it by halves. 私はその仕事を中途(ちゅうと)はんぱにやるくらいなら全然やらないほうがいい.

wouldn't /wúdnt ウドント/ **would not** を短くした形

wound[1] /wáund ワウンド/ 動 **wind**[2] (巻く) の過去形・過去分詞

wound[2] /wúːnd ウーンド/ (➡**wound**[1] との発音の違いに注意) 名 (刃物(はもの)・弾丸(だんがん)などによる)傷, けが, 負傷

類似語 事故などによる「けが」は **injury**.

── 動 傷つける, 負傷させる

wounded /wúːndid ウーンデド/ 形 (刃物(はもの)・弾丸(だんがん)などによって)負傷した, けがをした; 傷つけられた

wove /wóuv ウォウヴ/ 動 **weave** の過去形

woven /wóuvn ウォウヴン/ 動 **weave** の過去分詞

wow 小 /wáu ワウ/ 間 《話》うわー!, まあ!, あっ! ➡驚(おどろ)き・喜びなどを表す.

wrap 中 /rǽp ラプ/ (➡wr- というつながりでは w は発音しない) 動 (三単現 **wraps** /rǽps ラプス/; 過去・過分 **wrapped** /rǽpt ラプト/; -ing形 **wrapping** /rǽpiŋ ラピング/) 包む, くるむ, 巻く; くるまる

•**wrap** a present **in** pretty paper プレゼントをきれいな紙に包む

•It's very cold outside. **Wrap** (yourself) **up** well when you go out. 外はとても寒い. 出かける時はよくくるまって[暖かくして]行きなさい.

•The town **was wrapped** in fog. 町は霧(きり)に包まれていた.

•**wrapping** paper 包み紙, 包装紙

wreath /ríːθ リース/ (➡wr- というつながりでは w は発音しない) 名 (複 **wreaths** /ríːðz リーズ/) (➡/θ す/ が /ð ず/ になることに注意) 花輪, 花の冠(かんむり)

•a Christmas **wreath** クリスマスのリース

wreck /rék レク/ 名 難破船; (難破船・墜落(ついらく)機などの)残骸(ざんがい)

── 動 (嵐(あらし)などが船を)難破させる, めちゃめちゃに壊(こわ)す; (**be wrecked** で)(船が)難破する, (船の乗員が)遭難(そうなん)する

wrench /réntʃ レンチ/ 動 ねじる, ひねる, ねじって取る, もぎ取る

── 名 《米》スパナ (《英》spanner) ➡ボルトの締(し)め付け・取り外しに使う工具.

wrestle /résl レスる/ 動 ❶ レスリングをする, 相撲(すもう)を取る, 取っ組み合いをする

❷ (問題などに)取り組む

wrestler /réslər レスら/ 名 レスリング選手, レスラー; (日本・モンゴル・韓国(かんこく)などの相撲(すもう)の)力士

wrestling /résliŋ レスリング/ (➡wr- というつながりでは w は発音しない) 名 レスリング; 相撲(すもう)

•arm **wrestling** 腕相撲(うでずもう)

•a **wrestling** match レスリングの試合

wring /ríŋ リング/ 動 (三単現 **wrings** /ríŋz リングズ/; 過去・過分 **wrung** /ráŋ ランヶ/; -ing形 **wringing** /ríŋiŋ リンギング/) (タオルなどを)絞(しぼ)る; (水を)絞り出す

wrinkle /ríŋkl リンクる/ 名 (皮膚(ひふ)・布の)しわ

── 動 しわが寄る; しわを寄せる

wrist /ríst リスト/ 名 手首 関連語 **ankle** (足首)

wristwatch /rístwɑtʃ リストワチ/ 名 腕(うで)時計

write 小 A1 /ráit ライト/ (➡wr- というつながりでは w は発音しない) 動

三単現	**writes** /ráits ライツ/
過去	**wrote** /róut ロウト/
過分	**written** /rítn リトン/
-ing形	**writing** /ráitiŋ ライティング/

❶ 書く, 文字[文章]を書く

動基本 **write** *one's* name 自分の名前を書く ➡write＋名詞.

•**write** a story [a poem, a book, a song] お話[詩, 本, 歌詞]を書く

•**write** English well 英語を上手に書く

動基本 **write** a letter to him＝**write** him a letter 彼に手紙を書く ➡単に **write to him** というほうがふつう (➔ ❷). 後ろの文は write *A*

writer 778 seven hundred and seventy-eight

(人) *B* (手紙)で「AにBを書く」.

• **Write** me a letter soon. すぐ私に手紙を書いてください.

• My brother is six and he can't **write** very well. 私の弟は6歳(さい)で字があまりうまく書けません.

• He always **writes** with his left hand. 彼はいつも左手で字を書きます.

• He **wrote** a story **for** the school newspaper. 彼は学校新聞にお話を書いた.

• a letter **written** in English 英語で書かれた手紙→written (書かれた)は前の名詞 letter を修飾(しゅうしょく)する.

🟢会話 **Have** you **written** your paper yet?—No, I haven't (**written** it yet). 君はもうレポートを書いてしまった?—いや, まだ書いていない. →現在完了(かんりょう)の文. →**have** [助動] ❶

• This drama **was written** by Shakespeare. この劇はシェークスピアによって書かれた. →受け身の文. →**was** [助動] ❷

• You're telling a lie. It's **written** on [all over] your face. 君はうそをついているね. 顔に書いてあるよ.

🟢会話 What **is** she **writing**?—She's **writing** a letter to her mother. 彼女は何を書いていますか.—お母さんに手紙を書いています. →現在進行形の文. →**is** [助動] ❶

❷ 手紙を書く, 手紙を出す, 便りをする

• **write to** him 彼に手紙を書く →《米話》では **write him** ともいう.

• **write** home 家へ手紙を出す →home は副詞で「家へ」.

• She **wrote** me **that** everything was going well. 彼女は万事(ばんじ)順調であると手紙に書いてきた.

write back 返事を書く

• Please **write** me **back** soon. すぐに私に返事をください.

write down 書き留める, 書いておく, 記録する

• **Write down** the answers in your notebook. 答えをノートに書きなさい.

write in ① 書き込(こ)む

• **write in** *one's* diary 日記をつける

② (新聞社などへ)手紙を書く, 投書する

• I **wrote in** to the newspaper and complained about that article. 私は新聞

社に投書してその記事について文句を言った.

write in for ~ ~を手紙で申し込む[請求(せいきゅう)する]

write out 詳(くわ)しく(全部)書く, 書き上げる; 清書する

writer 🀄 A1 /ráitər ライタ/ (→wr- というつながりでは w は発音しない) [名]
書く[書いた]人, 筆者; 作家, 著者

• the **writer** of this letter この手紙を書いた人

• the **writer** of this book この本の著者

• a **writer** of short stories 短編小説作家

• She is the best **writer** in our class. 彼女はクラスで一番文章のうまい人だ.

writing A2 /ráitiŋ ライティング/ (→wr- というつながりでは w は発音しない) [動] **write** の -ing 形 (現在分詞・動名詞)

── [名] ❶ (文などを)書くこと, 作文, 著述
🔵関連語 **reading** and **writing** 読み書き

• **writing** paper 便せん; 原稿(げんこう)用紙

• a **writing** desk 書き物机
🔵関連語 I like **writing**. I want to be a **writer**. 私は文章を書くことが好きです. 作家になりたいと思っています.

❷ 書かれた文字, 筆跡(ひっせき) (handwriting); 書かれた物, 文書

• Your **writing** is very bad. I can't read it. 君の字は実にひどいね. とても読めないよ.

• She is studying American women's **writing** in the 20th century. 彼女は20世紀のアメリカ女性作家の書いた物を研究している. →×writing*s* としない.

❸ (the [*A's*] **writings** で) (ある作家の書いた)全部の)作品, 著作

• His **writings** are very popular. 彼の作品はとても人気があります.

written 🀄 /rítn リトン/ (→wr- というつながりでは w は発音しない) [動] **write** の過去分詞

── [形] 書かれた, 書かれる; 書面による

• a **written** examination 筆記試験, ペーパーテスト. →この意味での「ペーパーテスト」は和製英語 (paper test は「紙質検査」の意味).

wrong 🀄 A1 /rɔ́ːŋ ローング|rɔ́ŋ ロング/ (→wr- というつながりでは w は発音しない)

[形] ❶ 間違(まちが)った
❷ (道徳的に)悪い
❸ 調子が悪い

意味 map

副 間違って
名 悪い事

── 形 (比較級 **more wrong**; 最上級 **most wrong**)

❶ 間違った, 誤った; 適当でない; 裏側の, 逆の

基本 **the wrong answer** 間違った答え → the wrong＋名詞.

・take the **wrong** train 間違った電車に乗る, 乗る電車を間違える

・have the **wrong** number 間違い電話をかける

Hello, is this Mr. Smith? —Sorry, you have the **wrong** number.
もしもし, スミスさんですか.—いいえ, 番号が違(ちが)いますよ.

・He always says the **wrong** thing at the **wrong** moment. 彼はいつも言ってはいけない時に言ってはいけない事を言う.

基本 **Your answer is wrong.** 君の答えは間違っている. → be 動詞＋wrong.

反対語 I was **wrong** and you were **right**. 私が間違っていました. あなたが正しかったのです.

❷ (道徳的に)悪い, 正しくない

・Telling a lie is **wrong**. =It is **wrong** to tell a lie. うそを言うことは悪い. → It=to tell (言うこと)以下.

❸ 調子が悪い, 具合が悪い, 故障して

・Something [Nothing] is **wrong** with the TV. そのテレビはどこかがおかしい[どこもおかしい所はない].

基本 **What's wrong (with you)?** どうかしたの?

What's wrong?

会話 **What's wrong with** this soup? —There's nothing **wrong with** it; I'm just not hungry. このスープ何か変かしら.—スープがどうこうじゃないんです. ただおなかがすいてないだけです.

── 副 (→比較変化なし)

間違って, 誤って

・I did my homework **wrong** and had to do it again. 私は宿題を間違えてやったので, やりなおさなければならなかった.

反対語 Naomi spelled nine words **right** and one (word) **wrong**. ナオミは9語は正しくつづり, 1語つづりを間違えた.

・Oh, no, please don't get me **wrong**! いや, とんでもない. 僕(ぼく)の言葉を取り違えないで!

── 名 (複 **wrongs** /rɔ́ːŋz ローンズ/)

悪い事, 不正(行為(こうい))

・**do wrong** 悪い事をする, 悪事を働く → 個々の行為ではなく, 一般(いっぱん)に「悪」を指す時は ×a wrong, ×wrongs としない.

反対語 Small children do not know **right** from **wrong**. 小さな子供たちはいい事と悪い事の区別がつかない.

be in the wrong 間違っている

反対語 You **are in the wrong**. He **is in the right**. 君(の言う事)は間違っている. 彼が正しいよ.

go wrong ①道を誤る, 悪の道に入る ②(事が)うまくいかない; 調子が悪くなる

・Nothing ever **goes wrong** with my computer. 私のコンピューターはどこも悪いところがありません.

wrong side out 裏側を外にして, 裏返しに (inside out)

・You are wearing your sweater **wrong side out**. 君はセーターを裏返しに着ているよ.

wrote 中 /róut ロウト/ (→wr- というつながりでは w は発音しない) 動 **write** の過去形

wrung /rʌ́ŋ ラング/ 動 **wring** の過去形・過去分詞

WV 略 ＝West Virginia

WWW, www 略 ＝ the World Wide Web → web ❷

WY 略 ＝Wyoming

Wyoming /waióumiŋ ワイオウミング/ 固名 ワイオミング → アメリカ北西部の州. **Wyo.**, **Wy.**, (郵便で) **WY** と略す.

X x 𝒳 𝓍

X, x /éks エクス/ 名 (複 **X's, x's** /éksiz エクセズ/)
❶ エックス → 英語アルファベットの24番目の文字.
❷ **(X で)** (ローマ数字の) 10 → X, XII, IX はそれぞれ ten, twelve, nine と読む.
- **XII** (X+II で) =12
- **IX** (X−I で) =9
- Chapter **X** 第10章
❸ (数学などで) 未知数 → **y** ❷
❹ 記号としての X → 下の絵のようにいろいろなものを表す.

xenophobia /zenəfóubiə ゼノフォウビア/ 名
外国人嫌(ぎら)い, 外国恐怖症(きょうふしょう)

xenophobic /zenəfóubik ゼノフォウビク/ 形
外国人嫌(ぎら)いの, 外国恐怖症(きょうふしょう)の

Xerox /zí(ə)raks ズィ(ア)ラクス/ 名 (しばしば **xerox** で) (商標) ゼロックス; ゼロックスでコピーしたもの
── 動 (しばしば **xerox** で) ゼロックス(など)でコピーする

Xing /krɔ́ːsiŋ クロースィング/ 名 横断箇所(かしょ), 横断歩道 (crossing) → 主に道路標識で使う. cross を X で表したもの.
- deer **Xing** シカ横断箇所
- school **Xing** 学童横断歩道

Xmas /krísməs クリスマス/ 名 = Christmas (クリスマス) → X は「キリスト」の意味のギリシャ語の頭文字(かしらもじ), mas は古い英語で「祝日」の意味. 特にカードに書く時に使われる. *X'mas* と書くのは間違(まちが)い.
- Merry **Xmas**! メリークリスマス!

X-ray /éks rei エクス レイ/ 名
❶ **(X-rays で)** レントゲン線, X 線
❷ レントゲン写真, X 線写真
- The doctor **took** an **X-ray of** my chest. 医者は私の胸のX線写真を撮(と)った.

> 語源 (X-ray)
> X線は19世紀末のドイツの物理学者レントゲンが発見した放射線だが, 当時は正体がよくわからなかったので, 「未知のもの」を表すXをつけてX線と名づけた.

── 形 レントゲン線の[による], X線の[による]
── 動 〜のレントゲン写真を撮る; X線で治療(ちりょう)する
- The doctor **X-rayed** my chest. 医者は私の胸のX線写真を撮った.

xylophone /záiləfoun ザイロフォウン/ 名
(楽器) 木琴(もっきん), シロホン
- play the **xylophone** 木琴を演奏する

署名の代わり　　キスマーク　　寸法 (X は by と読む) 42×31　　(投票で) この人を選びます　　(地図上の) 地点

Y y 𝒴 𝓎

Y, y /wái ワイ/ 图 (圈 **Y's, y's** /wáiz ワイズ/)
❶ ワイ →英語アルファベットの25番目の文字.
❷ (数学などで)未知数 →x ❸

¥ /jén イェン/ 略 (通貨の)円 (yen) →数字の前につける.

-y 接尾辞 「～でいっぱいの」「～の性質の」の意味を表す.
• grassy 草の生えた
• sleepy 眠(ねむ)い

yacht /jάt ヤット/ (→ch は発音しない) 图
ヨット →帆(ほ)だけで走るレース・レジャー用セーリングヨット, また客室やエンジンの付いた豪華なクルーザーまで含(ふく)む. 日本でいう小型の「ヨット」は英語では《米》sailboat,《英》sailing boat などという.
• a **yacht** race ヨットレース
• We went for a sail **on** a friend's **yacht**. 私たちは友達のヨットで帆走(はんそう)に出た.
—— 動 ヨットに乗る, ヨットで走る
• **go yachting** ヨット乗りに出かける
• We like to **yacht** near Enoshima. 私たちは江ノ島(えのしま)の近くでヨットに乗るのが好きだ.

yak /jǽk ヤク/ 图 《動物》ヤク →チベット山地の野牛の一種. 家畜(かちく)化されたヤクは乳や肉を提供し, 長い毛は布などの原料となる.

Yankee /jǽŋki ヤンキー/ 图 《話》ヤンキー →外国人が米国人一般(いっぱん)のあだ名として使う.

yard¹ A1 /jάːrd ヤード/ 图 ヤード, (主に布を測る時に)ヤール →長さの単位. 1 yard＝3 feet＝0.9144 m.
• a **yard** of cloth 布1ヤール
• That football field is 120 **yards** long. あのフットボール競技場は長さが120ヤードです.

yard² A1 /jάːrd ヤード/ 图 (圈 **yards** /jάːrdz ヤーヅ/)
❶ (家などの周りの)庭, 中庭, 裏庭; (学校の)校庭, 運動場
• a back [front] **yard** (家の)裏庭[前庭]
• The children are playing **in** the **yard**. 子供たちは庭[校庭]で遊んでいます.

• Mother is hanging out the washing **in** the **yard**. 母は庭で洗濯(せんたく)物を干している.

類似語 (庭)
英国では, 芝(しば)以外は何も植えないで, 時にはコンクリートなどで固めた庭を **yard** といい, 植木や花, 野菜などを植えた庭を **garden** という. 米国ではその両方ともを yard というが, 特に芝生(しばふ)のある裏庭をいうことが多い.

❷ 作業場; (囲いをした)置き場
• a lumber **yard** 材木置き場
• a railroad **yard** (鉄道の)操車場, 駅の構内
• The road was lined with builders' **yards**. 道路沿いには建設業者の資材置き場が並んでいた.

yarn /jάːrn ヤーン/ 图 毛糸, 編み糸

yawn /jɔ́ːn ヨーン/ 動 あくびをする; あくびしながら言う
—— 图 あくび

yea /jéi イェイ/ 間 《米》頑張(がんば)れ!, フレー →運動選手[チーム]などを応援(おうえん)する時のかけ声.

yeah 中 A2 /jéə イェア/ 副 《話》＝yes

year 小 A1 /jíər イア/

图 ❶ 年, 1 年(間) ❷ ～歳(さい) ❸ 学年　意味 map

—— 图 (圈 **years** /jíərz イアズ/)
❶ **年, 1 年(間)**
• **this year** 今年(は) →×in this year としない. 次例の場合も同じ.
• **last [next] year** 去年(は)[来年(は)]
• **every year** 毎年
• **years ago** 何年も前に →years は漠然(ばくぜん)と「数年」を表し, 気持ちの上では「長い年月」という意味. **many years ago** といえばもっとはっきり「長い年月」を表す.
• **years** later 何年もたってから
• for a **year** 1 年間
• **for years** 何年もの間
• **the year before last** (去年の前の年 ⇨)おととし, 一昨年

yearbook

- **the year after next**（来年の次の年 ⇨）再来年
- **a good [bad] year** よい[悪い]年, 景気のよい[悪い]年, 豊作[不作]の年
- A **year** passed. 1年がたちました.

> Happy New **Year**! —(The) Same to you!
> 新年おめでとう.—おめでとう. ➔文字で書く時は **A Happy New Year!** と A をつける.

- In Japan there are four seasons in a **year**. 日本では1年に4つの季節がある.
- I'm going to Spain **this year**. 今年私はスペインに行きます.
- I was born **in** the **year** 1998(読み方: nineteen ninety-eight). 私は1998年に生まれた. ➔ふつうは the year をつけずに in 1998という.
- I'll see you again **a year from today**. 1年後のきょうまたお目にかかりましょう.
- We moved to our new house **a year ago today**. 私たちは1年前のきょう新居に引っ越してきました.
- I have studied English **for** three **years**. 私は英語を3年間勉強しました. ➔現在完了(かんりょう)の文. ➔**have** [助動] ❸
- Our three **years** in junior high school was a short time. 中学校での3年間は短かった. ➔ three years をひとまとまりと考えて単数扱(あつか)い.

❷ ~歳; **(years** で**) 年齢**(ねんれい) (age)

[慣][基本]My little brother is three **years** old. 私の弟は3歳です. ➔ three years は old (年取った, ~(歳)で)を修飾(しゅうしょく)する. したがって three years old はひとつながりの句.
- Jack is two **years** older than I am [《話》 than me]. ジャックは私より2歳年上です.
- a three-**year**-old child = a child three **years** old 3歳の子 ➔ ×three-year**s**-old ~ としない.
- He is a big boy for his **years** (= his age). 彼は年のわりには体の大きい子だ.

❸ 学年, 年度

- I am in the third **year** of junior high school. 私は中学3年生です.

- The new school **year** begins in September in America. アメリカでは新学年は9月に始まる.

all (the) year around [《英》 **round**] = **all (the) year** = **the year around** [《英》 **round**] 一年中

- The top of the mountain is covered with snow **all (the) year around**. その山の頂上は一年中雪で覆(おお)われている.

from year to year = **year after year** = **year by year** 来る年も来る年も, 年々

~ of the year その年最も優(すぐ)れた~, 年間最優秀(ゆうしゅう)の~

- Young Musician **of the Year** 年間最優秀若手ミュージシャン

yearbook /jíərbuk イアブク/ [名] ❶ 年鑑(ねんかん), 年報 ❷《米》卒業記念アルバム

yearly /jíərli イアリ/ [形] 年1回の, 毎年の; 一年の

── [副] 年1回 (once a year); 毎年 (every year)

yell /jél イェル/ [動] 大声を上げる (shout loudly), わめく, 金切り声を上げる; 大声で言う
── [名] ❶ 金切り声, 叫(さけ)び声, わめき
❷《米》エール ➔応援(おうえん)団がリーダーの指示でいっせいに送る声援(せいえん).

yellow 小 [A1] /jélou イェロウ/ [形]

[比較級] **yellower** /jélouər イェロウア/; [最上級] **yellowest** /jélouist イェロウエスト/)

❶ **黄色の, 黄色い**

[慣][基本]a **yellow** flower 黄色い花 ➔ yellow + 名詞.

[慣][基本]Lemons are **yellow**. レモンは黄色だ. ➔ be 動詞+yellow.

❷《差別的に》**黄色**(おうしょく)**人種の**

> イメージ (yellow)
> 建設現場の黄色いヘルメットのように, 人に注意を呼びかける色として黄色を使うのは日英同じだが, 英語では「臆病(おくびょう)」の連想もあって, He is yellow. は「彼は臆病だ」の意味.

── [名] （**(複) yellows** /jélouz イェロウズ/）

❶ 黄色; 黄色の服[絵の具, ペンキ]

❷《米》(卵の)黄身 (yolk)

Yéllow Cáb [固名] イエローキャブ ➔米国最大のタクシー会社, また車体が黄色のそのタクシー.

yéllow páges [名] **(the** をつけて**) イエロー**

ページ →黄色いページに印刷されている職業別電話帳[欄(らん)].

Yemen /jémən イェメン/ 固名 **イエメン** →アラビア半島南端(たん)の共和国. 公用語はアラビア語. 首都はサヌア.

yen 小 /jén イェン/ 名 **円** →日本の貨幣(かへい)単位. ¥という記号を使う.

会話 How much is it?—It's 500 **yen**. おいくらですか.—500円です. →yen は複数形も同じ形で×500 yens としない.

yes 小 A1 /jés イェス/ 副

❶ **はい, ええ, そうです**

Are you happy?—**Yes**.
君は幸福ですか.—はい.
Would you like a cup of tea?—**Yes**, please.
お茶を1杯(ぱい)いかが.—はい, いただきます.
She is very interesting.—**Yes**, she is.
彼女は実におもしろいね.—ええ, そうですね.
Do you love me?—**Yes**, I do.
あなた私のこと愛してる?—うん, 愛してる.
Don't you love me?—**Yes**, I dó love you.
あなた私のこと愛してないの?—いや, とても愛してるよ.
→do は love を強める. 英語では問いが「〜ですか」でも「〜ではないですか」でも, 答えが「そうだ」と肯定(こうてい)する時は yes を使う. 日本語の「はい」「いいえ」の使い方と逆になる場合があるから注意.
I'm not a very good driver.—**Yes**, you are. You drive very well.
私は運転があまりうまくない.—いや, そんなことはない. 君はとても運転がうまい.

❷ (呼びかけられて) **はい**

会話 Bob!—**Yes**, Mother. What do you want? ボブ!—はい, お母さん. 何でしょうか.

❸ (**Yes?** (↗) で) **何でしょう, え?; それで?** →相手の呼びかけに応えたり, 話の先を促(うなが)したりするのに使う.

── 名 (複) **yes(s)es** /jésiz イェセズ/)
はいという返事, イエス, 賛成投票

反対語 Did you say **yes** or **no**?—I said **yes**. 君はイエスと言ったのノーと言ったの?—イ

エスと言った.
●How many **yeses** were there? イエスと言った人は何人[賛成票は何票]でしたか.

yesterday 中 A1 /jéstərdei イェスタデイ/ 名 (複 **yesterdays** /jéstərdeiz イェスタデイズ/) **昨日**

中基本 Today is Friday, so **yesterday** was Thursday. きょうは金曜だから, 昨日は木曜だった.
●**Yesterday** was very cold. (= It was very cold yesterday.) 昨日はとても寒かった. →( ) 内の文の yesterday は副詞. It は漠然(ばくぜん)と「気温」を表す.
●I called him **yesterday** morning. 私は昨日の朝彼に電話をした. →「昨日の朝〜した」という時, ×on yesterday morning などと前置詞をつけない.
●The news was in **yesterday's** paper. そのニュースは昨日の新聞に出ていた.
●It's already **yesterday's** news. それはもう昨日のニュースだ. →「もう古い話だ」の意味.

── 副 **昨日(は)**
●It was Thursday **yesterday**. (= Yesterday was Thursday.) 昨日は木曜日でした. →It は漠然と「時」を表す. ( ) 内の文の yesterday は名詞.
●It was very hot **yesterday**. = **Yesterday** it was very hot. 昨日はとても暑かった. →It, it は漠然と「気温」を表す.

yet 中 A1 /jét イェト/ 副 (→比較変化なし)

❶ 《否定文で》 **まだ(〜しない)**
●He is **not** here **yet**. = He is **not yet** here. 彼はまだここに来ていません. →yet はふつう文末に来る. 後ろの文は文語的.
●Let's climb some more. We're **not** at the top **yet**. もう少し登りましょう. まだ頂上じゃないんです.
●**Don't** eat your dessert **yet**. まだデザートを食べちゃだめよ.

関連語 Bob is **still** playing baseball. He isn't studying **yet**. ボブはまだ野球をしてます. まだ勉強にかかっていません.
→肯定(こうてい)文の「まだ(〜だ)」は **still**.

Hasn't he come **yet**?—No, not **yet**.

yield

彼はまだ来ていませんか.—ええ, まだです. →not yet は He has **not** come **yet**. を短くした言い方. ともに現在完了(かんりょう)の文 (→have [助動] ❶).

❷《肯定の疑問文で》**もう**(〜したか), **既**(すで)**に**
- Are you homesick **yet**? 君はもう家が恋(こい)しくなったの?

[会話] Is Bob out of bed **yet**?—No, he isn't awake yet. He is still asleep. ボブはもう起きましたか.—いや, まだ起きていない. まだ眠(ねむ)っている. →2番目の yet は ❶.

[関連語] Has the postman come **yet**?—Yes, he has **already** come. 郵便屋さんはもう来ましたか.—はい, もう来ました. [関連語]肯定の平叙(へいじょ)文の「もう(〜した)」は **already**.

—— [接] **ところが**(驚(おどろ)いたことに, 意外なことに) →**and yet** ともいう.

- It is still raining, **yet** the sun is coming out. まだ雨が降っているのに太陽が顔を出し始めた.

and yet それなのに, ところが →[接]
as yet 今まで[それまで]のところでは, まだ

yield /jí:ld イールド/ [動] ❶ (譲歩(じょうほ)して)**差し出す, 譲**(ゆず)**る, 与**(あた)**える**; (圧力などに)**屈**(くっ)**する**
❷ (土地などが)(作物を)**産み出す** (produce), (利益などを)**もたらす**

—— [名] **生産**(高); **収穫**(しゅうかく)(高); **収益**(しゅうえき)(高)

Y.M.C.A., YMCA /wáiemsi:éi ワイエムスィーエイ/ [略] (**the** をつけて) **キリスト教青年会** → the **Y**oung **M**en's **C**hristian **A**ssociation. →**Y.W.C.A.**

yodel /jóudəl ヨウデル/ [名] 《音楽》**ヨーデル**
スイスやチロル地方の民謡(みんよう)などで用いられる歌い方で, 地声(じごえ)と裏声を使う.

yoga /jóugə ヨウガ/ [名] **ヨガ** →古代インド発祥(はっしょう)の修行法のひとつ. 最近は美容や健康のために行う人が増えている.

yog(h)urt 小 A1 /jóugərt ヨウガト|jɔ́gət ヨガト/ [名] **ヨーグルト**

yolk /jóuk ヨウク/ [名] (卵の)**黄身**
[関連語] I like only the **yolk** of an egg and my sister likes only the **white**. 私は卵の黄身しか好きじゃありませんが妹は白身しか好きじゃありません.

yon /ján ヤン/ [形] [副] =yonder

yonder /jándər ヤンダ/ [形] [副] **向こうの; 向こうに** →古めかしい言い方.

you 小 A1 /ju: ユー/ [代]
❶ **あなたは**[**が**]; **あなたたちは**[**が**] →単数・複数とも同じ形. [関連語] **your** (あなた(たち)の), **yours** (あなた(たち)のもの)

you の変化

	単 数 形, 複 数 形
主 格	**you** (あなたは[が], あなたたちは[が])
所 有 格	**your** (あなたの, あなたたちの)
目 的 格	**you** (あなたを[に], あなたたちを[に])
所有代名詞	**yours** (あなたのもの, あなたたちのもの)

[基本] **You** are my sunshine, Diana. ダイアナ, あなたは僕(ぼく)の太陽です. →You は文の主語.

[関連語] **You** and **I** are good friends. あなたと私は親友です. →×I and you とせず, You and 〜 の語順がふつう.

- **You** are right. あなた(たち)(の言うこと)は正しい.
- **Are you** Mr. Green? あなたはグリーンさんですか.

How **áre you**, Mr. Smith?—Fine, thank you, and how **are yóu**?
スミスさんお元気ですか.—ありがとう, 元気です, あなたは? →thank you の you は目的格. →❷

- **You** love me and I love **you**. あなたは私を愛しそして私はあなたを愛している. →I love you. の you は ❷.
- **Do you** love me? あなたは私を愛していますか.
- **You** don't love me, do **you**? あなたは私を愛していないんですね. →〜, do you? は「〜ですね」と念を押(お)す用法.

[会話] Hello, Mary. This is John.—Oh, it's **yóu**. (電話で)もしもし, メアリー. ジョンです.—ああ, あなたなの. →この you は is の補語.

seven hundred and eighty-five 785 **your**

•Jim, **yóu** go away! ジム, (おまえ)とっとと行っちまえ! →特に you と名指して注意をひく命令文.

関連語 **You yourself** said so. Keep **your** word. 君自身がそう言ったんだよ. 約束は守れよ.

❷ **あなたを[に]; あなたたちを[に]**

使基本 I love **you**. 私はあなた(たち)を愛しています. →you は動詞 (love) の目的語.

使基本 I'll give **you** this book. ＝I'll give this book to **you**. 私は君にこの本をあげます. →前の文の you は動詞 (give) の間接目的語で, this book が直接目的語. 後ろの文の you は前置詞 (to) の目的語.

会話 Thank **you**. —You are welcome. ありがとう.—どういたしまして. →後ろの文の You は ❶.

•Listen, all of **you**. 皆(みな)さん, お聞きなさい.

❸ **あなた方は** →「同じ国・地域・会社・店などにいる, 相手を含(ふく)めた人々」のことを表す. →**we** ❷

•Do **you** speak English in Canada? (あなたの国である)カナダでは英語を話しますか.

•Do **you** sell postage stamps? あなた方の店では郵便切手を売っていますか.

❹ 《一般(いっぱん)的に》**人は, 誰**(だれ)**でも** →漠然(ばくぜん)と「相手を含めた人々」を指す. 日本語には訳さないほうがよい場合が多い. →**one** 代 ❷, **we** ❸

•**You** don't know what will happen in the future. 未来に何が起こるか誰にもわからない.

you know **～ね; えーと; あなたも知っているように** →**know** 成句

you see **いいですか, ほら, ね** →**see** 成句

you'd /juːd ユード/ **you had, you would** を短くした形

you'll /juːl ユーる/ **you will** を短くした形

•**You'll** know the truth before long. まもなく君は真相を知るだろう.

young

中 A1 /jʌ́ŋ ヤング/ (→ou を /ʌ ア/ と発音することに注意) 形

(比較級 **younger** /jʌ́ŋɡər ヤンガ; 最上級 **youngest** /jʌ́ŋɡist ヤンゲスト/) (→比較級・最上級は /ɡ グ/ の音が入るので注意)

❶ (人・動物などが)**若い, 幼い; 若いほうの**

使基本 a **young** man 若い男の人, 若者, 青年 →young＋名詞.

•a **young** boy [girl] 男の子[女の子]

•a **young** child 幼い子供, 幼児

•a **young** apple tree リンゴの若木

•Are you talking about Dr. Bill Wood or **young** Bill? 君はビル・ウッド博士のことを言っているのですか, それとも若いほうの(息子(むすこ)さんの)ビルのことを言っているのですか.

•**The young** are often rash. 若者たちはしばしば軽率(けいそつ)である. →The young = Young people. 話し言葉では young people を使うほうがふつう.

使基本 Her children are **young**. 彼女の子供たちは幼い. →be 動詞＋young.

•You are too **young** to know the meaning of love. 君は愛の意味がわかるには若過ぎる[まだ若いから愛の意味がわからない].

•my **younger** brother 私の弟

•He is two years **younger** than you. 彼は君よりも2歳(さい)若い. →two years は younger を修飾(しゅうしょく)する. したがって two years younger はひとつながりの句. →次例

•How many years **younger** is he than you? 彼はあなたよりいくつ年下ですか. →×How *many years* is he *younger* than you? としない.

•my **youngest** sister 私の一番下の妹

•Who is **the youngest of** them? 彼らのうちで誰(だれ)が一番年が若いの?

❷ **若々しい** (youthful); **若い人の(ような)**

反対語 My grandmother is **old** in years but **young** at heart. 私のおばあちゃんは年は取っているけど気は若い.

•Picasso always **looked young** for his age. ピカソはいつも年のわりに若くみえた. →look＋形容詞は「～(のよう)に見える」.

•How does she **stay** so **young**? どうやって彼女はあんなに若々しさを保っているのだろう. →stay＋形容詞は「～のままでいる」.

•That tie is too **young** for you. そのネクタイはあなたには若向き過ぎるわ.

young and old **老いも若きも, みんな**

── 名 《集合的に》(動物・鳥などの)**子供たち**

•The mother tiger guards her **young**. 母トラはその子供たちを守る.

your

小 A1 /juər ユア/ 代

you're

あなたの; あなたたちの →you (あなた(たち)は) の所有格. →**you**

基本 **your** pen あなたの (所有している)ペン →your+名詞.

•**your** book 君の持っている本; あなたの書いた本 → 「所有」のほかに, 「あなたが書いた」も表す.

•**your** brother 君の兄[弟]; 君たちの兄[弟] → どちらの意味かは前後関係で決まる.

•**your** brothers 君の兄弟たち; 君たちの兄弟たち

•that hat of **your** father's 君のお父さんのその帽子(ぼうし)

•Ken, can I use **your** pen? ケン, 君のペンを使ってもいい?

you're /júər ユーア/ **you are** を短くした形

yours 中 A1 /júərz ユアズ/ 代

❶ あなたのもの; あなたたちのもの →you の所有代名詞. →**you**

POINT 話し相手の所有物について, 1つのものにも2つ以上のものにもいう.

基本 This racket is mine and that is **yours** (=your racket). このラケットは私の(もの)であれば君の(もの)です.

•Our school is older than **yours**. 私たちの学校は君たちの(学校)より古い.

•My eyes are blue; **yours** (= your eyes) are brown. 私の目の色は青で, 君のは茶色だ.

❷ (~ of yours で) あなた(たち)の~

•Is Ken a friend **of yours**? ケンは君の友人(の1人)ですか. →×a your friend としないで, このようにいう.

•May I use that camera **of yours**? 君のそのカメラを使ってもいいですか.

❸ (Yours (ever) で) (いつまでも)あなたのもの → 親しい人への手紙の最後で, 自分の名前をサインする前に記す言葉. ほかに親しさの程度に応じて次のような言い方がある.

•**Yours** affectionately = Affectionately **yours** ⇨特に親しい家族, 親戚(しんせき)など. → **affectionately**

•**Yours** sincerely=Sincerely **yours** ⇨ふつうの知人に. →**sincerely**

•**Yours** truly [faithfully] = Truly [Faithfully] **yours** ⇨初めて手紙を出す相手や会社宛(あて)の手紙で.

yourself 中 A1 /juərsélf ユアセるふ/

代 (複) **yourselves** /juərsélvz ユアセるヴズ/)

❶ あなた自身を[に]; あなた, 自分

関連語 yourselves (あなたたち自身を[に], あなたたち, 自分たち) →**oneself**

•Ken, please introduce **yourself**. ケン, (あなた自身を紹介(しょうかい)してください ⇨)自己紹介をどうぞ.

関連語 Did **you** hurt **yourself** when you fell? 転んだ時けがをしましたか. →hurt yourself は「(あなたが)あなた自身をけがさせる ⇨けがをする」.

•Dress **yourself** quickly. Breakfast is ready. 急いで服を着なさい. 朝ご飯ができてますよ. →dress yourself は「(あなたが)あなた自身に服を着せる ⇨服を着る」.

•Look at **yourself** in the mirror! 鏡で自分の顔[姿]を見てごらん.

•Take care of **yourself**. お体を大切にしてください.

❷ あなた自身で[が], 自分で

•Do it **yourself**. (人の助けを借りないで)自分でそれをしなさい.

•You said so **yourself**. = You **yourself** said so. (ほかの人ではない)君自身がそう言ったのだ. →yourself を文末に置くほうが口語的.

❸ 《話》 いつものあなた, 本来のあなた

•You are not **yourself** today. きょうのあなたはいつものあなたではない.

by yourself (あなた)ひとり(ぼっち)で (alone); 独力で

•Do you live (all) **by yourself**? 君は(全く)ひとりで暮らしているの? →all は yourself を強める言葉.

for yourself 独力で, ひとりで; 自分のために

help yourself (**to ~**) (~をあなたが)自分で取って食べる[飲む] →**help** one**self** (**to ~**) (**help** 成句)

yourselves /juərsélvz ユアセるヴズ/ 代

❶ あなたたち自身を[に]; あなたたち, 自分たち →yourself の複数形. 詳(くわ)しい使い方は → **yourself**

•Did you all enjoy **yourselves** at the party yesterday? 君たちはみんな昨日のパーティーは楽しかった?

❷ あなたたち自身で[が]

❸ いつものあなたたち, 本来のあなたたち

seven hundred and eighty-seven 787 **Y.W.C.A.**

youth A2 /júːθ ユーす/ 名
(複 **youths** /júːðz ユーずズ/) (→《米》では /júːθs ユーすス/ とも発音する)

❶ **若さ, 若いこと**
●You have both **youth** and hope. 君には若さと希望がある. →×a youth, ×youth*s* としない.

❷ **若い時, 青春時代**
関連語 In his **youth** (= when he was **young**) he was a good runner. 彼は若いころは名ランナーだった.

❸ **若い男性** (young man), (10代の)**男の子**
●My father was attacked by two **youths** on a back street. 父は裏通りで2人の若者に襲(おそ)われた. →《英》では「若いやつ」と軽蔑(けいべつ)的に使われることが多い.

❹ (**the youth** で)《集合的に》**若い人々**
(young people)
●**The youth of** today like dancing very much. 今日(こんにち)の若者たちは踊(おど)るのがとても好きだ. →複数扱(あつか)い.

youthful /júːθfəl ユーすふる/ 形 **若々しい, はつらつとした; 若者の, 若者らしい**

yóuth hòstel 名 **ユースホステル** →旅行する青年たちのための安くて健全な宿泊(しゅくはく)施設(しせつ).

you've /juːv ユーヴ/ **you have** を短くした形
●**You've** done your work very well, haven't you? 君(たち)はとても立派に仕事をやりましたね.

yo-yo /jóu jou ヨウ ヨウ/ 名 (複 **yo-yos** /jóujouz ヨウヨウズ/) (おもちゃの)**ヨーヨー**
●**spin** a yo-yo ヨーヨーを回す

yum /jʌ́m ヤム/ 間 《話》**おいしい!** →**yum-yum** ともいう.

yummy 小 /jʌ́mi ヤミ/ 形 (比較級 **yummier** /jʌ́miər ヤミア/; 最上級 **yummiest** /jʌ́miist ヤミエスト/) 《話》**とてもおいしい**

Y.W.C.A., YWCA /wáidʌbljuːsiːéi ワイダブリュスィーエイ/ 略 (**the** をつけて) **キリスト教女子青年会** →the Young Women's Christian Association. →**Y.M.C.A.**

Z z

Z, z /zí: ズィー|zéd ゼド/ 图 (圈 **Z's, z's** /zí:z ズィーズ/) ゼット → 英語アルファベットの26番目の文字.

Zambia /zémbiə ザンビア/ 固名 ザンビア → アフリカ南部の共和国. 首都はルサカ (Lusaka).

zeal /zí:l ズィール/ 图 熱意, 熱中, 熱心さ
- **zeal** for education 教育への熱意

zealous /zéləs ゼらス/ 形 熱心な, 熱中した, 熱狂した
- have **zealous** eyes (for ~) (~に対して)熱心な目をしている

zebra 小 /zí:brə ズィーブラ/ 图 (動物) シマウマ, ゼブラ
- A **zebra** has black and white stripes on its body. シマウマは体に白黒のしまがある.

zébra cróssing 图 《英》横断歩道 → シマウマのように白黒のしまに塗ってあることから. ふつう「横断歩道」は (**pedestrian**) **crossing** という. 《米》では **crosswalk**.

zenith /zí:nəθ ズィーニす|zénəθ ゼニす/ 图 (**the zenith** で) 天頂; 頂点, 絶頂

zero 小 /zíərou ズィアロウ/ (→× / ゼロ) ではない)
图 (圈 **zero(e)s** /zíərouz ズィアロウズ/)
❶ 零(れい), ゼロ, 0
- ten degrees **above** [**below**] **zero** 10度 [零下10度]
- Two minus two is **zero**. 2引く2は0 [2−2=0].
- I **got** a **zero** on the English test. 私は英語のテストで0点を取った.
- The temperature was **zero** (degrees) last night. 昨夜は気温が零度でした. → **degree**s と複数形になることに注意.
- In the number 1,000, there are three **zeros**. 1,000という数字にはゼロが3つある.

〈数字0の読み方〉
① zero: 数学や理科などで.
0.5=zero point five
② O /ou オウ/: 電話や部屋などの番号で.
500-3026 = five O O [double O]-three O two six
③ nothing: チームでやる試合のスコアなどで.
The score is still 0 to 0. ⇨《米》zero to zero とも. (スコアは依然(いぜん)0対0だ.)
④ love: テニスの試合のスコアで.
30−0=thirty love

❷ 《形容詞的に》ゼロの, 無の
- **zero** tolerance ゼロ容認. → 小さな違反でも厳しく取りしまること.

zero-g /zíərou dʒí ズィアロウ チー/ 图 無重力状態 (zero gravity)

zèro grávity 图 無重力状態

zest /zést ゼスト/ 图 ❶ 熱意, (強い)興味 ❷ 風味; おもむき

Zeus /zú:s ズース|zjú:s ズュース/ 固名 ゼウス → ギリシャ神話で神々の王. オリンポス山頂に住み, 稲妻(いなずま)を武器とする. ローマ神話の **Jupiter** にあたる.

zigzag /zígzæg ズィグザグ/ 图形 ジグザグ(の), ジグザグ線[模様](の), Z字形(の); ジグザグ形の物
- walk **in zigzags** ジグザグに歩く, 千鳥足で歩く
- a **zigzag** path ジグザグの小道, うねうねした道

—— 副 ジグザグに

—— 動 (三単現 **zigzags** /zígzægz ズィグザグズ/; 過去・過分 **zigzagged** /zígzægd ズィグザグド/; -ing形 **zigzagging** /zígzægiŋ ズィグザギング/) ジグザグに進む

- Lightning **zigzagged** across the sky. 稲妻(いなずま)が空をジグザグに走った.

zillion /zíljən ズィリョン/ 图 《話》ばく大な数

seven hundred and eighty-nine　789　**ZZZ**

Zimbabwe /zimábːwi ズィンバーブウィ/ 固名
ジンバブエ →アフリカ南部の共和国. 首都はハラーレ (Harare).

zip /zíp ズィプ/ 名 《英》=zipper
—— 動 (三単現 **zips** /zíps ズィプス/; 過去・過分 **zipped** /zípt ズィプト/; -ing形 **zipping** /zípiŋ ズィピング/)
❶ (〜の)ジッパー[ファスナー, チャック]を閉める[開ける]
•**zip** (up) one's jacket 上着のジッパーを上げる[閉める]
•**zip** a bag open カバンのファスナーを開ける→open は形容詞(開いている(状態に)).
❷ びゅーんと飛ぶ(ように進む)
•The snowball **zipped** past my ear. (雪合戦の)雪だまがびゅーんと僕(ぼく)の耳をかすめて飛んでいった.

zip code /zíp kòud ズィプ コウド/ 名 《米》郵便番号(制度) →米国では 10006 のように5個の数字で, 州名の後に書く. 英国では postcode (→postcode) という.

zíp fástener 名 《英》=zipper

zipper /zípər ズィパ/ 名 《米》ジッパー, ファスナー (《英》zip (fastener)), チャック
•**pull up** [**down**] a **zipper on** a jacket 上着のジッパーを上げる[下げて開ける]

zodiac /zóudiæk ゾウディアク/ 名 (**the zodiac** で) 黄道帯(こうどうたい); 黄道(こうどう)十二宮図

> 参考　地球から見て太陽が運行すると見られる天球の道が「黄道帯」で, これを12等分したものを「十二宮」(**the signs of the zodiac**) と呼び, それぞれに星座の名(「さそり」,「しし」など動物名が多い)をつけてある. 地球から見れば, 太陽は1年かかってこの十二宮を一つ一つ通過するように見える. 現在は主に星占(うらな)いに利用される.

zone A2 /zóun ゾウン/ 名

❶ 地域, 地区, 地帯, ゾーン
•a safety [no-parking] **zone** 安全[駐車(ちゅうしゃ)禁止]地帯
•Drive slowly **in** school **zones**. スクールゾーンでは車のスピードを落とせ.
❷ (温帯・熱帯などの)帯
•the Temperate [Frigid] **Zone** 温帯[寒帯]

ZOO 小 A1 /zúː ズー/ 名 (複 **zoos** /zúːz ズーズ/)
❶ 動物園 →**zoological garden**(**s**) を短くした語. ❷ 《話》雑然とした場所[状態]

zookeeper /zúːkiːpər ズーキーパ/ 名 (動物園の)飼育係

zoological /zouəládʒikəl ゾウオらヂカる/ 形 動物の; 動物学の

zóological gárden(**s**) 名 動物園 →英国では複数形を多く使う. 話し言葉では短く **zoo** というほうがふつう.

zoologist /zouálədʒist ゾウアろヂスト/ 名 動物学者

zoology /zouálədʒi ゾウアろヂ/ 名 動物学
•study **zoology** 動物学を研究する →学問の名前には ×a, ×the をつけず, 複数形もない.

zoom /zúːm ズーム/ 動 ❶ (飛行機が)急上昇(じょうしょう)する; (車などが)びゅーんと走る, ぶっ飛ばす ❷ (カメラが)ズームイン[アウト]する
•The TV camera **zoomed in on** the child's face. テレビカメラはその子供の顔をぱっとクローズアップして写した.

zóom lèns 名 ズームレンズ

zucchini /zukíːni ズキーニ/ 名 (複 **zucchini**) 《米》《植物》ズッキーニ →形がキュウリに似た野菜でカボチャの一種. 《英》では courgette /kuəʒét クヂェット/ と呼ぶ.

ZZZ, zzz /z ズー/ 間 グーグー, ガーガー →漫画(まんが)などで眠(ねむ)っていることやいびきの音を表す.

◎ 不規則動詞変化表 (一部助動詞を含む．赤色の語はこの辞典で指定した基本語)

現在形（原形）	三単現	過去形	過去分詞	現在分詞
am (**be**) (〜である)	——	**was**	**been**	being
are (**be**) (〜である)	——	**were**	**been**	being
arise (起こる)	arises	**arose**	**arisen**	arising
awake (起こす)	awakes	**awoke, awaked**	**awoken, awoke, awaked**	awaking
babysit (子守をする)	babysits	**babysat**	**babysat**	babysitting
bear (産む，耐える)	bears	**bore**	**born(e)**	bearing
beat (打つ)	beats	**beat**	**beat(en)**	beating
become (〜になる)	becomes	**became**	**become**	becoming
begin (始まる)	begins	**began**	**begun**	beginning
bend (曲げる)	bends	**bent**	**bent**	bending
bet (かける)	bets	**bet(ted)**	**bet(ted)**	betting
bind (しばる)	binds	**bound**	**bound**	binding
bite (かむ)	bites	**bit**	**bitten, bit**	biting
bleed (出血する)	bleeds	**bled**	**bled**	bleeding
blow ((風が)吹く)	blows	**blew**	**blown**	blowing
break (壊す)	breaks	**broke**	**broken**	breaking
breed (育てる)	breeds	**bred**	**bred**	breeding
bring (持って来る)	brings	**brought**	**brought**	bringing
broadcast (放送する)	broadcasts	**broadcast(ed)**	**broadcast(ed)**	broadcasting
build (建てる)	builds	**built**	**built**	building
burn (燃やす)	burns	**burned, burnt**	**burned, burnt**	burning
burst (破裂する)	bursts	**burst**	**burst**	bursting
bust (壊す，壊れる)	busts	**busted, bust**	**busted, bust**	busting
buy (買う)	buys	**bought**	**bought**	buying
can (〜することができる)	——	**could**	——	——
cast (投げる)	casts	**cast**	**cast**	casting
catch (つかまえる)	catches	**caught**	**caught**	catching
choose (選ぶ)	chooses	**chose**	**chosen**	choosing
cling (しがみつく)	clings	**clung**	**clung**	clinging
come (来る)	comes	**came**	**come**	coming
cost ((金が)かかる)	costs	**cost**	**cost**	costing
creep (はう)	creeps	**crept**	**crept**	creeping
cut (切る)	cuts	**cut**	**cut**	cutting
deal (あつかう)	deals	**dealt**	**dealt**	dealing
die (死ぬ)	dies	**died**	**died**	dying
dig (掘る)	digs	**dug**	**dug**	digging
dive (飛び込む)	dives	**dived, dove**	**dived**	diving
do (する)	does	**did**	**done**	doing

現在形(原形)	三単現	過去形	過去分詞	現在分詞
draw ((線を)引く)	draws	**drew**	**drawn**	drawing
dream (夢をみる)	dreams	**dreamed, dreamt**	**dreamed, dreamt**	dreaming
drink (飲む)	drinks	**drank**	**drunk**	drinking
drive ((車を)運転する)	drives	**drove**	**driven**	driving
eat (食べる)	eats	**ate**	**eaten**	eating
fall (落ちる)	falls	**fell**	**fallen**	falling
feed (えさをやる)	feeds	**fed**	**fed**	feeding
feel ((体・心に)感じる)	feels	**felt**	**felt**	feeling
fight (戦う)	fights	**fought**	**fought**	fighting
find (見つける)	finds	**found**	**found**	finding
fit (合う)	fits	**fitted, fit**	**fitted, fit**	fitting
flee (逃げる)	flees	**fled**	**fled**	fleeing
fling (投げつける)	flings	**flung**	**flung**	flinging
fly (飛ぶ)	flies	**flew**	**flown**	flying
forbid (禁じる)	forbids	**forbad(e)**	**forbidden, forbid**	forbidding
forecast ((天気などを)予報する)	forecasts	**forecast(ed)**	**forecast(ed)**	forecasting
forget (忘れる)	forgets	**forgot**	**forgotten, forgot**	forgetting
forgive ((心から)許す)	forgives	**forgave**	**forgiven**	forgiving
freeze (凍る)	freezes	**froze**	**frozen**	freezing
get (手に入れる)	gets	**got**	**got(ten)**	getting
give (あたえる)	gives	**gave**	**given**	giving
go (行く)	goes	**went**	**gone**	going
grind ((粉に)ひく)	grinds	**ground**	**ground**	grinding
grow (成長する)	grows	**grew**	**grown**	growing
hang (かける)	hangs	**hung, hanged**	**hung, hanged**	hanging
have (持っている)	has	**had**	**had**	having
hear (聞こえる)	hears	**heard**	**heard**	hearing
hide (かくれる)	hides	**hid**	**hid(den)**	hiding
hit (打つ)	hits	**hit**	**hit**	hitting
hold (持つ)	holds	**held**	**held**	holding
hurt (傷つける)	hurts	**hurt**	**hurt**	hurting
input (入力する)	inputs	**input, inputted**	**input, inputted**	inputting
is (**be**) (〜である)	――	**was**	**been**	being
keep (保存する)	keeps	**kept**	**kept**	keeping
kneel (ひざをつく)	kneels	**knelt, kneeled**	**knelt, kneeled**	kneeling
knit (編む)	knits	**knit(ted)**	**knit(ted)**	knitting
know (知っている)	knows	**knew**	**known**	knowing
lay (置く)	lays	**laid**	**laid**	laying
lead (案内する)	leads	**led**	**led**	leading

現在形(原形)	三単現	過去形	過去分詞	現在分詞
leap(跳ぶ)	leaps	**leaped, leapt**	**leaped, leapt**	leaping
learn(学ぶ)	learns	**learned, learnt**	**learned, learnt**	learning
leave(去る)	leaves	**left**	**left**	leaving
lend(貸す)	lends	lent	lent	lending
let(させる)	lets	**let**	**let**	letting
lie(うそを言う)	lies	lied	lied	lying
lie(横たわる)	lies	lay	lain	lying
light(明かりをつける)	lights	**lighted, lit**	**lighted, lit**	lighting
lose(失う)	loses	lost	lost	losing
make(つくる)	makes	**made**	**made**	making
may(〜してもよい)	——	**might**	——	——
mean(意味する)	means	**meant**	**meant**	meaning
meet(会う)	meets	**met**	**met**	meeting
mistake(思い違いをする)	mistakes	**mistook**	**mistaken**	mistaking
misunderstand(誤解する)	misunderstands	**misunderstood**	**misunderstood**	misunderstanding
mow(刈り取る)	mows	**mowed**	**mowed, mown**	mowing
output(出力する)	outputs	**outputted, output**	**outputted, output**	outputting
overcome(打ち勝つ)	overcomes	**overcame**	**overcome**	overcoming
overhear(もれ聞く)	overhears	**overheard**	**overheard**	overhearing
oversleep(寝過ごす)	oversleeps	**overslept**	**overslept**	oversleeping
overtake(追いつく)	overtakes	**overtook**	**overtaken**	overtaking
pay(支払う)	pays	**paid**	**paid**	paying
picnic(ピクニックに行く)	picnics	**picnicked**	**picnicked**	picnicking
put(置く)	puts	**put**	**put**	putting
quit(やめる)	quits	**quit(ted)**	**quit(ted)**	quitting
read(読む)	reads	**read**	**read**	reading
rebuild(再建する)	rebuilds	**rebuilt**	**rebuilt**	rebuilding
rewrite(再び書く)	rewrites	**rewrote**	**rewritten**	rewriting
rid(取り除く)	rids	**rid(ded)**	**rid(ded)**	ridding
ride(乗る)	rides	**rode**	**ridden**	riding
ring((ベルなどが)鳴る)	rings	**rang**	**rung**	ringing
rise(昇る)	rises	**rose**	**risen**	rising
run(走る)	runs	**ran**	**run**	running
saw(のこぎりで切る)	saws	**sawed**	**sawed, sawn**	sawing
say(言う)	says	**said**	**said**	saying
see(見る)	sees	**saw**	**seen**	seeing
seek(さがす)	seeks	**sought**	**sought**	seeking
sell(売る)	sells	**sold**	**sold**	selling
send(送る)	sends	sent	sent	sending
set(置く)	sets	**set**	**set**	setting

現在形（原形）	三単現	過去形	過去分詞	現在分詞
sew（ぬう）	sews	**sewed**	sewed, sewn	sewing
shake（振る）	shakes	**shook**	**shaken**	shaking
shall（〜するでしょう）	——	**should**	——	——
shave（そる）	shaves	**shaved**	**shaved, shaven**	shaving
shed（（涙などを）流す）	sheds	**shed**	**shed**	shedding
shine（光る，磨く）	shines	**shone, shined**	**shone, shined**	shining
shoot（撃つ）	shoots	**shot**	**shot**	shooting
show（見せる）	shows	**showed**	**shown, showed**	showing
shrink（縮む）	shrinks	**shrank, shrunk**	**shrunk, shrunken**	shrinking
shut（閉める）	shuts	**shut**	**shut**	shutting
sing（歌う）	sings	**sang**	**sung**	singing
sink（沈む）	sinks	**sank, sunk**	**sunk**	sinking
sit（座る）	sits	**sat**	**sat**	sitting
sleep（眠る）	sleeps	**slept**	**slept**	sleeping
slide（すべる）	slides	**slid**	**slid**	sliding
smell（においがする）	smells	**smelled, smelt**	**smelled, smelt**	smelling
sow（（種などを）まく）	sows	**sowed**	**sown, sowed**	sowing
speak（話す）	speaks	**spoke**	**spoken**	speaking
speed（急ぐ）	speeds	**sped, speeded**	**sped, speeded**	speeding
spell（（文字を）つづる）	spells	**spelled, spelt**	**spelled, spelt**	spelling
spend（（お金を）使う）	spends	**spent**	**spent**	spending
spill（こぼす）	spills	**spilled, spilt**	**spilled, spilt**	spilling
spin（回す）	spins	**spun**	**spun**	spinning
spit（つばをはく）	spits	**spat, spit**	**spat, spit**	spitting
split（裂く）	splits	**split**	**split**	splitting
spoil（だめにする）	spoils	**spoiled, spoilt**	**spoiled, spoilt**	spoiling
spread（広げる）	spreads	**spread**	**spread**	spreading
spring（跳ぶ）	springs	**sprang, sprung**	**sprung**	springing
stand（立つ）	stands	**stood**	**stood**	standing
steal（盗む）	steals	**stole**	**stolen**	stealing
stick（つきさす）	sticks	**stuck**	**stuck**	sticking
sting（（針で）さす）	stings	**stung**	**stung**	stinging
stride（大またに歩く）	strides	**strode**	**stridden**	striding
strike（打つ）	strikes	**struck**	**struck**	striking
strive（努力する）	strives	**strove, strived**	**striven, strived**	striving
swear（ちかう）	swears	**swore**	**sworn**	swearing
sweep（掃く）	sweeps	**swept**	**swept**	sweeping
swell（ふくらむ）	swells	**swelled**	**swelled, swollen**	swelling
swim（泳ぐ）	swims	**swam**	**swum**	swimming
swing（ゆり動かす）	swings	**swung**	**swung**	swinging

現在形（原形）	三単現	過去形	過去分詞	現在分詞
take (取る)	takes	took	taken	taking
teach (教える)	teaches	taught	taught	teaching
tear (裂く)	tears	tore	torn	tearing
tell (言う)	tells	told	told	telling
think (考える)	thinks	thought	thought	thinking
throw (投げる)	throws	threw	thrown	throwing
thrust (つっこむ)	thrusts	thrust	thrust	thrusting
tie (結ぶ)	ties	tied	tied	tying
tread (踏む)	treads	trod	trod(den)	treading
undergo (経験する)	undergoes	underwent	undergone	undergoing
understand (理解する)	understands	understood	understood	understanding
undo (外す)	undoes	undid	undone	undoing
untie (ほどく, 解く)	unties	untied	untied	untying
upset (ひっくり返す)	upsets	upset	upset	upsetting
wake (目が覚める)	wakes	woke, waked	woken, woke, waked	waking
wear (身に着けている)	wears	wore	worn	wearing
weave (織る)	weaves	wove, weaved	woven, weaved	weaving
weep (泣く)	weeps	wept	wept	weeping
wet (ぬらす)	wets	wet(ted)	wet(ted)	wetting
will (～するでしょう)	——	would	——	——
win (勝つ)	wins	won	won	winning
wind (巻く)	winds	wound	wound	winding
withdraw (引っこめる)	withdraws	withdrew	withdrawn	withdrawing
wring (しぼる)	wrings	wrung	wrung	wringing
write (書く)	writes	wrote	written	writing

◎ 形容詞・副詞変化表

原級	比較級	最上級
bad (悪い)	worse	worst
far (遠い; 遠くに)	farther / further	farthest / furthest
good (よい)	better	best
ill (病気で; 悪く)	worse	worst
little (小さい; 少し)	less	least
many (多くの)	more	most
much (多くの; 大いに)	more	most
old (古い, 年とった)	older / elder	oldest / eldest
well (健康で; うまく)	better	best

1959年 4 月 5 日	初 版 発 行	
1962年 2 月 1 日	改訂版発行	
1967年 9 月20日	3 訂版発行	
1971年11月10日	第 4 版発行	
1978年 1 月20日	第 5 版発行	
1980年12月20日	第 6 版発行	
1988年 1 月20日	第 7 版発行	
1992年12月 1 日	第 8 版発行	

1996年12月 1 日	第 9 版発行	
2002年 1 月10日	第10版発行	
2006年 1 月10日	第11版発行	
2012年 1 月10日	第12版発行	
2017年 1 月10日	第13版発行	
2022年 1 月10日	第14版発行	
2025年 1 月10日	第15版発行	

ジュニアクラウン中学英和辞典 第15版

2025 年 1 月10日 第 1 刷発行

編 者 田 島 伸 悟 (たじま・しんご)
　　　　三省堂編修所

発 行 者 　株式会社 三省堂 　代表者 瀧本多加志

印 刷 者 　三省堂印刷株式会社

発 行 所 　株式会社 三省堂
　　　　〒102-8371
　　　　東京都千代田区麹町五丁目 7 番地 2
　　　　　　電 話 　(03) 3230-9411
　　　　https://www.sanseido.co.jp/
　　　　商標登録番号 　692809

〈15 版クラウン中学英和・832 pp.〉

落丁本・乱丁本はお取り替えいたします。

ISBN978-4-385-10808-7

本書の内容に関するお問い合わせは，弊社ホームページの「お問い合わせ」フォーム (https://www.sanseido.co.jp/support/) にて承ります。

> 本書を無断で複写複製することは，著作権法上の例外を除き，禁じられています。また，本書を請負業者等の第三者に依頼してスキャン等によってデジタル化することは，たとえ個人や家庭内での利用であっても一切認められておりません。